GRUNDRISSE DES RECHTS

Dörte Poelzig · Kapitalmarktrecht

Kapitalmarktrecht

von

Dr. Dörte Poelzig
o. Professorin an der Universität Leipzig

2. Auflage 2021

C.H.BECK

Zitiervorschlag: *Poelzig* KapMarktR § … Rn. …

www.beck.de

ISBN 978 3 406 76344 1
ISBN E-Book 978 3 406 77292 4

Wilhelmstraße 9, 80801 München
Druck und Bindung: Druckerei C.H.Beck Nördlingen
(Adresse wie Verlag)

Satz: Thomas Schäfer, www.schaefer-buchsatz.de
Umschlaggestaltung: Druckerei C.H.Beck Nördlingen

CO_2 neutral

chbeck.de/nachhaltig

Gedruckt auf säurefreiem, alterungsbeständigem Papier
(hergestellt aus chlorfrei gebleichtem Zellstoff)

Vorwort zur 2. Auflage

Auch in den Jahren seit Erscheinen der ersten Auflage dieses Lehrbuchs hat das Kapitalmarktrecht weiter an Relevanz und Dynamik gewonnen. Skandale wie jüngst um *Wirecard*, aber auch die folgenreichen Verwerfungen an der Börse infolge der COVID-19-Pandemie zeugen von der ungebrochenen Bedeutung des Kapitalmarktes und der Notwendigkeit einer effektiven Finanzregulierung. Den „Motor" der Entwicklung stellt dabei die Europäische Union dar. Auf europäischer Ebene wurde auch in den letzten Jahren eine große Zahl an Rechtsakten verabschiedet, wobei sich die Tendenz zur unmittelbaren Regulierung durch Verordnungen fortgesetzt hat. Auf dieser Linie bewegt sich ebenfalls die für die Ausbildung im Schwerpunkt wohl relevanteste Änderung seit Erscheinen der Erstauflage: War das Prospektrecht lange Zeit auf nationaler Ebene weitestgehend im Wertpapierprospektgesetz (WpPG) geregelt, wurden weite Teile des WpPG am 21.7.2019 durch die europäische Prospektverordnung (VO (EU) 2017/1129) ersetzt.

Für die Neuauflage wurden daher die Kapitel zum Prospektrecht umfassend überarbeitet und aktualisiert. Daneben wurden – insbesondere im Insiderrecht – die Ausführungen gestrafft und neuere Entwicklungslinien eingearbeitet. Neben einer Aktualisierung der zitierten Literatur und der Einarbeitung des neuen Emittentenleitfadens sowie aktueller Q&A's von BaFin und ESMA wurden schließlich auch weitere Grafiken eingefügt, um den Einstieg in das zuweilen unübersichtliche Rechtsgebiet zu erleichtern.

Meinen Mitarbeiterinnen und Mitarbeitern in Leipzig gebührt mein herzlicher Dank für ihren engagierten Einsatz. Für die anregenden Diskussionen und die kritische Durchsicht gilt meinen wissenschaftlichen Mitarbeitern *Carl Strobel* und *Max Bärnreuther* meine Dankbarkeit. Den studentischen Hilfskräften *Leonie Schmidt* sowie *Levin Blochberger*, *Paul Dittrich*, *Louis Graf* und *Jakob Hoffmann* sei ebenfalls vielmals gedankt. Nicht zuletzt wäre die Neuauflage nicht ohne die unschätzbare Unterstützung durch *Anke Haack* im Sekretariat möglich gewesen.

Die Literaturnachweise der 2. Auflage befinden sich auf dem Stand vom 25. November 2020. Auf die angegebenen Internetquellen wurde zuletzt am 25. November 2020 zugegriffen.

Leipzig im November 2020 *Dörte Poelzig*

Aus dem Vorwort zur 1. Auflage (2017)

In Zeiten, in denen Staaten, aber auch Banken in finanzielle Krisen geraten und Unternehmen ebenso wie Privatanleger auf alternative Finanzierungs- und Anlagemöglichkeiten angewiesen sind, rückt der Kapitalmarkt zunehmend in den Fokus der Medien und großer Teile der Gesellschaft. Während noch vor nicht allzu langer Zeit darüber gestritten wurde, ob es sich beim Kapitalmarktrecht um ein eigenständiges Rechtsgebiet handelt, hat sich der Begriff mittlerweile, ua auch in Form von Lehrveranstaltungen, etabliert. Das Kapitalmarktrecht als Rechtsgebiet befindet sich jedoch noch immer im Umbruch und im ständigen Wandel. Die gesteigerte gesellschaftliche Bedeutung des Kapitalmarktes und nicht zuletzt die Finanzmarktkrise im Jahr 2008 haben zu einem regelrechten „Regelungstsunami“[1] geführt, der eine „Literaturlawine“ ausgelöst hat.[2] Ziel der weitgreifenden und komplexen Kapitalmarktregulierung ist es, kein Finanzprodukt, keinen Finanzmarkt und keinen Finanzmarktakteur unbeaufsichtigt und unreguliert zu lassen (Beschluss der G20 im Jahr 2009 in Washington). Vor allem der europäische Gesetzgeber hat nach der Finanzmarktkrise mehrere umfangreiche und detaillierte Reformpakete geschnürt, um eine Wiederholung einer solchen Krise zu verhindern. Das Kapitalmarktrecht ist eine vielschichtige Materie, die nicht nur nationales Recht und Europarecht in sich vereint, sondern auch ökonomische und rechtliche Fragen miteinander verbindet, zivilrechtliche und öffentlich-rechtliche Schnittmengen sowie enge Bezüge zum Bank- und Gesellschaftsrecht aufweist. Die Beschäftigung mit dem Kapitalmarktrecht ist daher spannend, praktisch relevant und an-

---

1 *Mülbert* ZHR 176 (2012), 369.
2 *Hopt* WM 2009, 1873 (1875).

spruchsvoll zugleich. Mit dem Ersten und Zweiten Finanzmarktnovellierungsgesetz (FiMaNoG) hat der deutsche Gesetzgeber die jüngste Novelle zur Umsetzung der europäischen kapitalmarktrechtlichen Vorschriften verabschiedet. Das Buch befindet sich auf dem Stand nach dem Inkrafttreten des 2. FiMaNoG am 3. Januar 2018.

Bei der Vorbereitung des Lehrbuchs haben mich meine Mitarbeiterinnen und Mitarbeiter an der Universität Passau und der Universität Leipzig tatkräftig unterstützt. Dafür möchte ich mich ganz besonders bei meinen wissenschaftlichen Mitarbeiterinnen *Tabea Bauermeister*, *Charlotte Baumanns* und *Julia Krämer* bedanken. Großer Dank gilt auch den wissenschaftlichen Mitarbeitern *Max Bärnreuther* und *Christian Lainer* sowie nicht zuletzt den studentischen Hilfskräften *Jonna Aldick*, *Julian Heyermann*, *Lena Kessenich*, *Anna-Lena Kuntz*, *Jula Mächler*, *Victoria Pfaff*, *Lukas Prusinovsky*, *Tim Sauerhammer*, *Sven Schwarzat*, *Yannick Skowronek* und *Carmen Urban*.

Passau/Leipzig im April 2017 *Dörte Poelzig*

Inhaltsverzeichnis

4. Teil. Regeln am Primärmarkt

Abkürzungsverzeichnis

1. FiMaNoG	Erstes Gesetz zur Novellierung von Finanzmarktvorschriften auf Grund europäischer Rechtsakte (Erstes Finanzmarktnovellierungsgesetz – 1. FiMaNoG) v. 30.6.2016, BGBl. 2016 I 1514
2. FFG	Gesetz über den Wertpapierhandel und zur Änderung börsenrechtlicher und wertpapierrechtlicher Vorschriften (Zweites Finanzmarktförderungsgesetz) v. 26.7.1994, BGBl. 1994 I 1749
2. FiMaNoG	Zweites Gesetz zur Novellierung von Finanzmarktvorschriften auf Grund europäischer Rechtsakte (Zweites Finanzmarktnovellierungsgesetz – 2. FiMaNoG) v. 23.6.2017, BGBl. 2017 I 1693
3. FFG	Gesetz zur weiteren Fortentwicklung des Finanzplatzes Deutschland (Drittes Finanzmarktförderungsgesetz) v. 24.3.1998, BGBl. 1998 I 529
4. FFG	Gesetz zur weiteren Fortentwicklung des Finanzplatzes Deutschland (Viertes Finanzmarktförderungsgesetz) v. 21.6.2002, BGBl. 2002 I 2010
aA	andere Ansicht
ABl.	Amtsblatt
Abs.	Absatz
Abschn.	Abschnitt
AcP	Archiv für die civilistische Praxis (Zeitschrift)
aE	am Ende
AEUV	Vertrag über die Arbeitsweise der Europäischen Union
aF	alte Fassung
AG	Aktiengesellschaft/Die Aktiengesellschaft (Zeitschrift)
AGB	Allgemeine Geschäftsbedingungen
AIF	Alternative Investment Fund
AIFM	Alternative Investment Fund Manager
AktG	Aktiengesetz
allgA	allgemeine Ansicht
AnSVG	Gesetz zur Verbesserung des Anlegerschutzes (Anlegerschutzverbesserungsgesetz – AnSVG) v. 28.10.2004, BGBl. 2004 I 2630
APA	genehmigte Veröffentlichungssysteme (Approved Publication Arrangement)
Arg.	Argumentum

ARM	genehmigte Meldemechanismen (Approved Reporting Mechanism)
Art.	Artikel
Aufl.	Auflage
BaFin	Bundesanstalt für Finanzdienstleistungsaufsicht
BankR-Hdb	Bankrechts-Handbuch
BB	Betriebs-Berater (Zeitschrift)
Begr. RegE	Begründung zu einem Gesetzentwurf der Bundesregierung
Benchmarkverordnung	Verordnung (EU) 2016/1011 des Europäischen Parlaments und des Rates v. 8.6.2016 über Indizes, die bei Finanzinstrumenten und Finanzkontrakten als Referenzwert oder zur Messung der Wertentwicklung eines Investmentfonds verwendet werden, und zur Änderung der Richtlinien 2008/48/EG und 2014/17/EU sowie der Verordnung (EU) Nr. 596/2014, ABl. 2016 L 171, 1
BGB	Bürgerliches Gesetzbuch (BGB)
BGBl.	Bundesgesetzblatt
BGH	Bundesgerichtshof
BGHZ	Entscheidungen des Bundesgerichtshofs in Zivilsachen
BKR	Zeitschrift für Bank- und Kapitalmarktrecht
BörsG	Börsengesetz (BörsG)
BörsO	Börsenordnung
BörsO-FWB	Börsenordnung der Frankfurter Wertpapierbörse
BörsZulV	Verordnung über die Zulassung von Wertpapieren zum regulierten Markt an einer Wertpapierbörse (Börsenzulassungs-Verordnung)
BR-Drs.	Bundesratsdrucksache
Bsp.	Beispiel
Bspw.	beispielsweise
BT-Drs.	Bundestagsdrucksache
BVerfG	Bundesverfassungsgericht
bzgl.	bezüglich
bzw.	beziehungsweise
c.i.c.	culpa in contrahendo
ca.	circa
CCP	Central Counter Party (zentrale Gegenpartei)
CMLJ	Capital Markets Law Journal
CMLR	Common Market Law Review
CRIM-MAD	Richtlinie 2014/57/EU des Europäischen Parlaments und des Rates v. 16.4.2014 über strafrechtliche Sanktionen bei Marktmanipulation (Marktmissbrauchsrichtlinie), ABl. 2014 L 173, 179

CTP .... Bereitsteller konsolidierter Datenticker (Consolidated Tape Provider)
DAX .... Deutscher Aktienindex
DB .... Der Betrieb (Zeitschrift)
DCGK .... Deutscher Corporate Governance Kodex
DelRL .... Delegierte Richtlinie
DelVO .... Delegierte Verordnung
DepotG .... Gesetz über die Verwahrung und Anschaffung von Wertpapieren (Depotgesetz)
dh .... das heißt
DNotZ .... Deutsche Notar-Zeitschrift
DStR .... Das deutsche Steuerrecht (Zeitschrift)
DVO .... Durchführungsverordnung
eA .... eine Ansicht
EBA .... Europäische Bankenaufsichtsbehörde
ebd. .... ebenda
EBJS .... Ebenroth, Carsten Thomas/Boujong, Karlheinz (Begr.)/Joost, Detlev/Strohn, Lutz (Hrsg.) Handelsgesetzbuch: HGB, Kommentar, 3. Auflage 2014
EG .... Europäische Gemeinschaft
EGMR .... Europäischer Gerichtshof für Menschenrechte
Einl. .... Einleitung
EIOPA .... European Insurance and Occupational Pensions Authority (Europäische Versicherungsaufsichtsbehörde)
EMIR .... European Market Infrastructure Regulation (Verordnung [EU] Nr. 648/2012 des Europäischen Parlaments und des Rates v. 4.7.2012 über OTC-Derivate, zentrale Gegenparteien und Transaktionsregister, ABl. 2012 L 201, 1)
ErwGr .... Erwägungsgrund
ESCL PraktikerHdB Wertpapier- und Derivatengeschäft .... Ellenberger, Jürgen/Schäfer, Holger/Clouth, Berndt/Lang, Volker Praktikerhandbuch Wertpapier- und Derivategeschäft, 4. Auflage 2011
ESMA .... European Securities and Markets Authority (Europäische Wertpapier- und Marktaufsichtsbehörde)
ESMA-VO .... Verordnung (EU) Nr. 1095/2010 v. 24.11.2010 zur Errichtung einer Europäischen Aufsichtsbehörde (Europäische Wertpapier und Marktaufsichtsbehörde), zur Änderung des Beschlusses Nr. 716/2009/EG und zur Aufhebung des Beschlusses 2009/77/EG der Kommission, ABl. 2010 L 331, 84
ESRB .... European Systemic Risk Board (Europäischer Ausschuss für Systemrisiken)

ESRB-VO	Verordnung (EU) Nr. 1092/2010 v. 24.11.2010 über die Finanzaufsicht der Europäischen Union auf Makroebene und zur Errichtung eines Europäischen Ausschusses für Systemrisiken, ABl. 2010 L 331, 1
EU	Europäische Union
EuGH	Europäischer Gerichtshof
EURIX	Europäischer Rating Index
europ.	europäisch
EuZW	Europäische Zeitschrift für Wirtschaftsrecht
EWiR	Entscheidungen zum Wirtschaftsrecht
EWR	Europäischer Wirtschaftsraum
f.	folgend (Seite, Randnummer, Paragraf usw)
FAQ	frequently asked questions (häufig gestellte Fragen)
FAZ	Frankfurter Allgemeine Zeitung
ff.	folgende (Seiten, Randnummern, Paragrafen usw)
FinAnV	Verordnung über die Analyse von Finanzinstrumenten (Finanzanalyseverordnung)
FinDAG	Gesetz über die Bundesanstalt für Finanzdienstleistungsaufsicht (Finanzdienstleistungsaufsichtsgesetz)
FK	Frankfurter Kommentar
Fn.	Fußnote
FRUG	Finanzmarktrichtlinie-Umsetzungsgesetz
FS	Festschrift
FWB	Frankfurter Wertpapierbörse
GA	Generalanwalt (Gerichtshof der Europäischen Union)
GAAP	Generally Accepted Accounting Principles
GbR	Gesellschaft bürgerlichen Rechts
gem.	gemäß
GG	Grundgesetz
ggf.	gegebenenfalls
ggü.	gegenüber
GmbH	Gesellschaft mit beschränkter Haftung
GPR	Zeitschrift für das Privatrecht der Europäischen Union
grds.	grundsätzlich
GWB	Gesetz gegen Wettbewerbsbeschränkungen (GWB)
GwG	Gesetz über das Aufspüren von Gewinnen aus schweren Straftaten (Geldwäschegesetz)
GWR	Gesellschafts- und Wirtschaftsrecht (Zeitschrift)
HdB	Handbuch
HGB	Handelsgesetzbuch
hL	herrschende Lehre
hM	herrschende Meinung
Hrsg.	Herausgeber
Hs.	Halbsatz
HV	Hauptversammlung

IAS	International Accounting Standards
idF	in der Fassung
idR	in der Regel
idS	in diesem Sinne
iErg	im Ergebnis
ieS	im engeren Sinne
IFRS	International Financial Reporting Standards
iHv	in Höhe von
inkl.	Inklusive
insbes.	insbesondere
InvAG	Investmentaktiengesellschaft
InvG	Investmentgesetz
IOSCO	International Organization of Securities Commissions
IPO	Initial Public Offering
IRZ	Zeitschrift für Internationale Rechnungslegung
iSd	im Sinne des/der
iSe	im Sinne einer/eines
ISIN	International Security Identification Number
ISS	International Shareholder Services
iSv	im Sinne von
ITS	Implementing Technical Standards (technische Durchführungsstandards)
iVm	in Verbindung mit
iwS	im weiteren Sinne
JuS	Juristische Schulung
JVRB	Just, Clemens/Voß, Thorsten/Ritz, Corinna/Becker, Ralf (Hrsg.), WpHG, Kommentar
JVRZ	Just, Clemens/Voß, Thorsten/Ritz, Corinna/Zeising, Michael (Hrsg.), WpPG mit EU-Prospektverordnung, Kommentar
JZ	JuristenZeitung
KAGB	Kapitalanlagegesetzbuch
Kap.	Kapitel
KapInHaG	Kapitalmarktinformationshaftungsgesetz
KapMuG	Gesetz über Musterverfahren in kapitalmarktrechtlichen Streitigkeiten (Kapitalanleger-Musterverfahrensgesetz)
KG	Kommanditgesellschaft
KK	Kölner Kommentar
KMU	kleine und mittlere Unternehmen
KOM	Europäische Kommission
KVG	Kapitalverwaltungsgesellschaft
KWG	Gesetz über das Kreditwesen (Kreditwesengesetz)
LG	Landgericht

MAD aF	Market Abuse Directive (Richtlinie 2003/6/EG des Europäischen Parlaments und des Rates v. 28.1.2003 über Insider-Geschäfte und Marktmanipulation [Marktmissbrauch], ABl. 2003 L 96, 16)
MaKonV	Verordnung zur Konkretisierung des Verbotes der Marktmanipulation (Marktmanipulations-Konkretisierungsverordnung)
MAR	Market Abuse Regulation (Verordnung [EU] Nr. 596/2014 des europäischen Parlaments und des Rates v. 16.4.2014 über Marktmissbrauch [Marktmissbrauchsverordnung] und zur Aufhebung der Richtlinie 2003/6/EG des Europäischen Parlaments und des Rates und der Richtlinien 2003/124/EG, 2003/125/EG und 2004/72/EG der Kommission, ABl. 2014 L 173, 1)
MHdB	Münchener Handbuch
MiFID II	Markets in Financial Instruments Directive II (Richtlinie 2014/65/EU des Europäischen Parlaments und des Rates v. 15.5.2014 über Märkte für Finanzinstrumente sowie zur Änderung der Richtlinien 2002/92/EG und 2011/61/EU, ABl. 2014 L 173, 349)
MiFID	Markets in Financial Instruments Directive (Richtlinie 2004/39/EG des Europäischen Parlaments und des Rates v. 21.4.2004 über Märkte für Finanzinstrumente, zur Änderung der Richtlinien 85/611/EWG und 93/6/EWG des Rates und der Richtlinie 2000/12/EG des Europäischen Parlaments und des Rates und zur Aufhebung der Richtlinie 93/22/EWG des Rates, ABl. 2004 L 145, 1)
MiFIR	Markets in Financial Instruments Regulation (Verordnung [EU] Nr. 600/2014 des europäischen Parlaments und des Rates v. 15.5.2014 über Märkte für Finanzinstrumente und zur Änderung der Verordnung [EU] Nr. 648/2012, ABl. 2014 L 173, 84)
mind.	mindestens
Mio.	Millionen
Mrd.	Milliarden
MTF	Multilateral Trading Facility (Multilaterales Handelssystem)
MüKo	Münchener Kommentar
mwN	mit weiteren Nachweisen
nF	neue Fassung
NJW	Neue Juristische Wochenschrift
NK	NomosKommentar
Nr.	Nummer/n
NZG	Neue Zeitschrift für Gesellschaftsrecht

NZI	Neue Zeitschrift für Insolvenz- und Sanierungsrecht
NZWiSt	Neue Zeitschrift für Wirtschafts-, Steuer- und Unternehmensstrafrecht
oÄ	oder Ähnliche/s
og	oben genannte/r/s/n
OGAW	Organismen für gemeinsame Anlagen in Wertpapieren
OGAW-RL	Richtlinie 85/611/EWG v. 20.12.1985 zur Koordinierung der Rechts- und Verwaltungsvorschriften betreffend bestimme Organismen für gemeinsame Anlagen in Wertpapieren (OGAW), ABl. 2009 L 302, 32
OHG	Offene Handelsgesellschaft
OLG	Oberlandesgericht
OTC	over the counter
OTF	Organised Trading Facility (Organisiertes Handelssystem)
PD	Prospectus Directive (Richtlinie 2003/71/EG des Europäischen Parlaments und des Rates v. 4.11.2003 betreffend den Prospekt, der beim öffentlichen Angebot von Wertpapieren oder bei deren Zulassung zum Handel zu veröffentlichen ist, und zur Änderung der Richtlinie 2001/34/EG, ABl. 2003 L 345, 64)
PRIIP-VO	Verordnung (EU) Nr. 1286/2014 des Europäischen Parlaments und des Rates v. 26.11.2014 über Basisinformationsblätter für verpackte Anlageprodukte für Kleinanleger und Versicherungsanlageprodukte (PRIIP), ABl. 2014 L 352, 1
RegE	Gesetzentwurf der Bundesregierung
RL	Richtlinie
Rn.	Randnummer
Rs.	Rechtsache
Rspr.	Rechtsprechung
RTS	Regulatory technical standards (technische Regulierungsstandards)
S.	Satz
s.	siehe
SchVG	Gesetz über Schuldverschreibungen aus Gesamtemissionen (Schuldverschreibungsgesetz)
SE	Societas Europaea
SI	Systematischer Internalisierer
Slg.	Sammlung
sog	so genannt
SpruchG	Gesetz über das gesellschaftsrechtliche Spruchverfahren (Spruchverfahrensgesetz)
StGB	Strafgesetzbuch (StGB)
str.	streitig

TD .... Transparency Directive (Richtlinie 2004/109/EG des Europäischen Parlaments und des Rates v. 15.12.2004 zur Harmonisierung der Transparenzanforderungen in Bezug auf Informationen über Emittenten, deren Wertpapiere zum Handel auf einem geregelten Markt zugelassen sind, und zur Änderung der Richtlinie 2001/34/EG, ABl. 2004 L 390, 48)
ua .... und andere; unter anderem
UAbs. .... Unterabsatz
UmwG .... Umwandlungsgesetz
Urt. .... Urteil
usw .... und so weiter
uU .... unter Umständen
v. .... von/m
va .... vor allem
VermAnlG .... Gesetz über Vermögensanlagen (Vermögensanlagengesetz)
vgl. .... vergleiche
VO .... Verordnung
Vorb. .... Vorbemerkung
VSD .... Vertrag mit Schutzwirkungen zu Gunsten Dritter
VuR .... Verbraucher und Recht (Zeitschrift)
VwGO .... Verwaltungsgerichtsordnung
VwVfG .... Verwaltungsverfahrensgesetz
wg. .... wegen
WirtschaftsR .... Wirtschaftsrecht
WM .... Wertpapier-Mitteilungen Teil IV: Zeitschrift für Wirtschafts- und Bankrecht (Zeitschrift)
WpAIV .... Verordnung zur Konkretisierung von Anzeige-, Mitteilungs- und Veröffentlichungspflichten sowie der Pflicht zur Führung von Insiderverzeichnissen nach dem Wertpapierhandelsgesetz (Wertpapierhandelsanzeige- und Insiderverzeichnisverordnung)
WpAV .... Verordnung zur Konkretisierung von Anzeige-, Mitteilungs- und Veröffentlichungspflichten nach dem Wertpapierhandelsgesetz (Wertpapierhandelsanzeigeverordnung
WpDU .... Wertpapierdienstleistungsunternehmen
WpDVerOV .... Verordnung zur Konkretisierung der Verhaltensregeln und Organisationsanforderungen für Wertpapierdienstleistungsunternehmen (Wertpapierdienstleistungs-Verhaltens- und Organisationsverordnung)
WPg .... Die Wirtschaftsprüfung (Zeitschrift)
WpHG .... Gesetz über den Wertpapierhandel (Wertpapierhandelsgesetz)

WpHGMaAnzV	Verordnung über den Einsatz von Mitarbeitern in der Anlageberatung, als Vertriebsbeauftragte oder als Compliance-Beauftragte und über die Anzeigepflichten nach § 34d des Wertpapierhandelsgesetzes (WpHG-Mitarbeiteranzeigeverordnung)
WPO	Gesetz über eine Berufsordnung der Wirtschaftsprüfer (Wirtschaftsprüferordnung)
WpPG	Gesetz über die Erstellung, Billigung und Veröffentlichung des Prospekts, der beim öffentlichen Angebot von Wertpapieren oder bei der Zulassung von Wertpapieren zum Handel an einem organisierten Markt zu veröffentlichen ist (Wertpapierprospektgesetz)
WpÜG	Wertpapiererwerbs- und Übernahmegesetz (WpÜG)
WpÜG-AV	Verordnung über den Inhalt der Angebotsunterlage, die Gegenleistung bei Übernahmeangeboten und Pflichtangeboten und die Befreiung von der Verpflichtung zur Veröffentlichung und zur Abgabe eines Angebots (WpÜG-Angebotsverordnung)
z.	zu
zB	zum Beispiel
ZBB	Zeitschrift für Bankrecht und Bankwirtschaft
ZGR	Zeitschrift für Unternehmens- und Gesellschaftsrecht
ZHR	Zeitschrift für das gesamte Handels- und Wirtschaftsrecht
ZIP	Zeitschrift für Wirtschaftsrecht
ZivilR	Zivilrecht
ZPO	Zivilprozessordnung
zT	zum Teil

Literaturverzeichnis

Angerer/Geibel/Süßmann/*Bearbeiter*	*Angerer, Lutz/Geibel, Stephan/Süßmann, Rainer* (Hrsg.), WpÜG, Kommentar zum Wertpapiererwerbs- und Übernahmegesetz, 3. Aufl. 2017
Arndt/Voß/*Bearbeiter*	*Arndt, Jan-Holger/Voß, Thorsten* (Hrsg.), Verkaufsprospektgesetz, Kommentar, 2008
Assmann FS Lange	*Assmann, Heinz-Dieter,* Der Inhalt des Schadensersatzanspruchs fehlerhaft informierter Kapitalanleger in Medicus, Dieter/Mertens, Hans-Joachim/Nörr, Knut (Hrsg.) Festschrift für Hermann Lange zum 70. Geburtstag, 1992, 345–372
Assmann/Pötzsch/Schneider/*Bearbeiter*	*Assmann, Heinz-Dieter/Pötzsch, Thorsten/Schneider, Uwe H.* (Hrsg.), Wertpapiererwerbs- und Übernahmegesetz, Kommentar, 3. Aufl. 2019
Assmann/Schlitt/v. Kopp-Colomb/*Bearbeiter*	*Assmann, Heinz-Dieter/Schlitt, Michael/v. Kopp-Colomb, Wolf* (Hrsg.), Wertpapierprospektgesetz Verkaufsprospektgesetz: WpPG, VerkProspG, 3. Aufl. 2017
Assmann/Schneider/Mülbert/*Bearbeiter*	*Assmann, Heinz-Dieter/Schneider, Uwe H./Mülbert, Peter O.* (Hrsg.), Wertpapierhandelsrecht, Kommentar, 7. Aufl. 2019
Assmann/Schütze/Buck-Heeb KapAnlR-HdB	*Assmann, Heinz-Dieter/Schütze, Rolf A./Buck-Heeb, Petra* (Hrsg.), Handbuch des Kapitalanlagerechts, 5. Aufl. 2020
Bachmann Das europäische Insiderhandelsverbot	*Bachmann, Gregor,* Das europäische Insiderhandelsverbot, 2015
Bauer Regulierung der Rating-Agenturen	*Bauer, Denise,* Ein Organisationsmodell zur Regulierung der Rating-Agenturen, 2009

Baumbach/Hopt/*Bearbeiter* .... *Baumbach, Adolf* (Begr.)/*Hopt, Klaus* (Hrsg.), Handelsgesetzbuch mit GmbH & Co., Handelsklauseln, Bank- und Börsenrecht, Transportrecht (ohne Seerecht), Kommentar, 38. Aufl. 2018

Baumbach/Hueck/*Bearbeiter* .... *Baumbach, Adolf/Hueck, Alfred* (Hrsg.), GmbHG, Kommentar, 22. Aufl. 2019

Baums Unternehmensfinanzierung ..... *Baums, Theodor*, Recht der Unternehmensfinanzierung, 2017

Baums/Thoma/*Bearbeiter* .... *Baums, Georg/Thoma, Theodor* (Hrsg.), WpÜG, Kommentar zum Wertpapiererwerbs- und Übernahmegesetz, Loseblatt, 11. Aktualisierung 2016 (Stand: August 2016)

BeckOGK/*Bearbeiter* .... *Gsell, Beate/Krüger, Wolfgang/Lorenz, Stephan/Mayer, Jörg/Henssler, Martin* (Hrsg.), Beck-online.-GROSSKOMMENTAR BGB, Stand: 1.1.2020

Boos/Fischer/Schulte-Mattler/*Bearbeiter* .... *Boos, Karl-Heinz/Fischer, Reinfried/Schulte-Mattler, Hermann* (Hrsg.), KWG, CRR-VO, Kommentar zu Kreditwesengesetz, VO (EU) Nr. 575/2013 (CRR) und Ausführungsvorschriften, 5. Aufl. 2016

Brellochs Publizität und Haftung von Aktiengesellschaften *Brellochs, Michael*, Publizität und Haftung von Aktiengesellschaften im System des Europäischen Kapitalmarktrechts, 2005

Brox/Walker SchuldR AT .... *Brox, Hans/Walker, Dietrich*, Allgemeines Schuldrecht, 44. Aufl. 20

Buck-Heeb KapMarktR .... *Buck-Heeb, Petra*, Kapitalmarktrecht, 11. Aufl. 2020

Bunte/Zahrte AGB-Banken .... *Bunte, Hermann-Josef/Zahrte, Kai*, AGB Banken, AGB Sparkassen, Sonderbedingungen, Kommentar, 5. Aufl. 2019

Calliess/Ruffert/*Bearbeiter* .... *Calliess, Christian/Ruffert, Matthias* (Hrsg.), EUV/AEUV, Das Verfassungsrecht der Europäischen Union mit Europäischer Grundrechtecharta, Kommentar, 5. Aufl. 2016

Canaris BankVertrR — *Canaris, Claus-Wilhelm,* Bankvertragsrecht. Teil 1, 4. Aufl. 2005

Canaris HandelsR ... — *Canaris, Claus-Wilhelm,* Handelsrecht, 24. Aufl. 2006

Derleder/Knops/Bamberger HdB zum deutschen und europäischen BankR .... — *Derleder, Peter/Knops, Kai-Oliver/Bamberger, Heinz Georg* (Hrsg.), Handbuch zum deutschen und europäischen Bankrecht, 3. Aufl. 2017

EBJS/*Bearbeiter* .... — *Ebenroth, Carsten Thomas/Boujong, Karlheinz (Begr.)/Joost, Detlev/Strohn, Lutz* (Hrsg.), HGB: Handelsgesetzbuch, Gesamtwerk in 2 Bänden, Band 1: 4. Aufl. 2020; Band 2: 4. Aufl. 2020

Ebke FS Hommelhoff .... — *Ebke, Werner F.,* Die zivilrechtliche Haftung von Vorstand und Aufsichtsrat für fehlerhafte Stellungnahmen nach § 27 WpÜG in Erle, Bernd/Goette, Wulf/Kleindiek, Detlef/Krieger, Gerd /Priester, Hans-Joachim /Schubel, Christian /Schwab, Martin /Teichmann, Christoph /Witt, Carl-Heinz (Hrsg.) Festschrift für Peter Hommelhoff zum 70. Geburtstag, 2012, 161–185

Ehricke/Ekkenga/Oechsler/*Bearbeiter* — *Ehricke, Ulrich/Ekkenga, Jens/Oechsler, Jürgen* (Hrsg.), WpÜG, Wertpapiererwerbs- und Übernahmegesetz, Kommentar, 2003

Eichelberger Marktmanipulation .... — *Eichelberger, Jan,* Das Verbot der Marktmanipulation, 2006

Einsele BankR und KapMarktR .... — *Einsele, Dorothee,* Bank- und Kapitalmarktrecht, nationale und internationale Bankgeschäfte, 4. Aufl. 2018

Ellenberger Prospekthaftung im Wertpapierhandel .... — *Ellenberger, Jürgen,* Prospekthaftung im Wertpapierhandel, 2001

Elster Europäisches Kapitalmarktrecht .... — *Elster, Nico,* Europäisches Kapitalmarktrecht, Recht des Sekundärmarktes, 2002

Emmerich/Habersack/*Bearbeiter* .... — *Emmerich, Volker/Habersack, Mathias* (Hrsg.), Aktien- und GmbH-Konzernrecht, Kommentar, 9. Aufl. 2019

Erbs/Kohlhaas/*Bearbeiter*	*Erbs, Georg* (Begr.)/*Kohlhaas, Max*/*Häberle, Peter* (Hrsg.), Strafrechtliche Nebengesetze, Loseblatt, 227. Ergänzungslieferung November 2019
Erman/*Bearbeiter*	*Erman, Walter* (Begr.)/*Westermann, Harm Peter*/*Grunewald, Barbara*/*Maier-Reimer, Peter* (Hrsg.), Erman BGB, Kommentar, 15. Aufl. 2017
ESCL PraktikerHdB Wertpapier- und Derivatengeschäft	*Ellenberger, Jürgen*/*Schäfer, Holger*/*Clouth, Berndt*/*Lang, Volker* (Hrsg.), Praktikerhandbuch Wertpapier- und Derivategeschäft, 4. Aufl. 2011
FK-KAGB/*Bearbeiter*	*Moritz, Joachim*/*Klebeck, Ulf*/*Jesch, Thomas A.* (Hrsg.), Frankfurter Kommentar zum Kapitalanlagerecht, Band 1: 2016
FK-WpÜG/*Bearbeiter*	*Haarmann, Wilhelm*/*Schüppen, Matthias* (Hrsg.), Frankfurter Kommentar zum WpÜG, 4. Aufl. 2018
Fleischer Informationsasymmetrien im Vertragsrecht	*Fleischer, Holger,* Informationsasymmetrien im Vertragsrecht, 2001
Fuchs/*Bearbeiter*	*Fuchs, Andreas,* Wertpapierhandelsgesetz (WpHG), Kommentar, 2. Aufl. 2016
Gebauer/Teichmann Enzyklopädie Europarecht	*Gebauer, Martin*/*Teichmann, Christoph* (Hrsg.), Enzyklopädie Europarecht, Band 6: 2016
GK-AktG/*Bearbeiter*	*Hirte, Heribert*/*Mülbert, Peter O.*/*Roth, Markus* (Hrsg.), Aktiengesetz, Großkommentar, Band 4: 5. Aufl. 2015
Grabitz/Hilf/Nettesheim/*Bearbeiter*	*Grabitz, Eberhard* (Begr.)/*Hilf, Meinhard*/*Nettesheim, Martin* (Hrsg.), Das Recht der Europäischen Union, Loseblatt, 68. Ergänzungslieferung (Stand: Oktober 2019)
Groß FS Schneider	*Groß, Wolfgang,* Befreiung von der Ad-hoc-Publizitätspflicht nach § 15 Abs. 3 WpHG in Burgard, Ulrich/Hadding, Walther/Mülbert, Peter O./Nietsch, Michael/Welter, Reinhard (Hrsg.) Festschrift für Uwe H. Schneider zum 70. Geburtstag, 2011, 385–400
Groß KapMarktR	*Groß, Wolfgang,* Kapitalmarktrecht, 7. Aufl. 2020
Grunewald GesR	*Grunewald, Barbara,* Gesellschaftsrecht, 10. Aufl. 2017

Grunewald/Schlitt KapMarktR .... *Grunewald, Barbara/Schlitt, Michael,* Einführung in das Kapitalmarktrecht, 4. Aufl. 2019

Habersack/Mülbert/Schlitt KapMarkt-Info-HdB .... *Habersack, Mathias/Mülbert, Peter/Schlitt, Michael* (Hrsg.), Handbuch der Kapitalmarktinformation, 5. Aufl. 2020

Habersack/Mülbert/Schlitt Unternehmensfinanzierung am Kapitalmarkt .... *Habersack, Mathias/Mülbert, Peter/Schlitt, Michael,* Unternehmensfinanzierung am Kapitalmarkt, 4. Aufl. 2019

HK-BGB/*Bearbeiter* *Schulze, Reiner/Dörner, Heinrich/Ebert, Ina/Hoeren, Thomas/Kemper, Rainer/Schreiber, Klaus/Schulte-Nölke, Han/Saenger, Ingo* (Hrsg.), BGB, Handkommentar, 10. Aufl. 2019

HK-KapMStrafR/*Bearbeiter* .... *Park, Tido* (Hrsg.), Kapitalmarktstrafrecht, 5. Aufl. 2019

Hölters/*Bearbeiter* ... *Hölters, Wolfgang* (Hrsg.), Aktiengesetz, Kommentar, 3. Aufl. 2017

Holzborn/*Bearbeiter* *Holzborn, Timo* (Hrsg.), Wertpapierprospektgesetz (WpPG) mit EU-Prospektverordnung und weiterführenden Vorschriften, Kommentar, 2. Aufl. 2014

Hopt Kapitalanlegerschutz .... *Hopt, Klaus,* Der Kapitalanlegerschutz im Recht der Banken, 1996

Hüffer/Koch .... *Hüffer, Uwe/Koch, Jens* (Hrsg.), Aktiengesetz, Kommentar, 13. Aufl. 2018

Immenga/Mestmäcker .... Wettbewerbsrecht .... *Immenga, Ulrich/Mestmäcker, Ernst-Joachim* (Hrsg.), in drei Bänden, Band 1: 6. Aufl. 2019, Band 2: 5. Aufl. 2014, Band 3: 5. Aufl. 2016

Jauernig/*Bearbeiter* .. *Jauernig, Othmar/Stürner, Rolf* (Hrsg.), Bürgerliches Gesetzbuch, Kommentar, 17. Aufl. 2018

JVRB/*Bearbeiter* ...... *Just, Clemens/Voß, Thorsten/Ritz, Corinna/Becker, Ralf* (Hrsg.), Wertpapierhandelsgesetz (WpHG), Kommentar, 2015

JVRZ/*Bearbeiter* ...... *Just, Clemens/Voß, Thorsten/Ritz, Corinna/Zeising, Michael* (Hrsg.), Wertpapierprospektgesetz (WpPG) und EU-Prospektverordnung, 2009

van Kann Vorstand der AG .... *van Kann, Jürgen* (Hrsg.), Vorstand der AG: Führungsaufgaben, Rechtspflichten und Corporate Governance, 2. Aufl. 2017

KK-OWiG/*Bearbeiter* .... *Senge, Lothar* (Hrsg.), Karlsruher Kommentar zum Gesetz über Ordnungswidrigkeiten: OWiG, 5. Aufl. 2017

Klöckner Informationspflichten und Haftung .... *Klöckner, Stefan,* Informationspflichten und Haftung der Organmitglieder börsennotierter Aktiengesellschaften, 2009

Klöhn Kapitalmarkt, Spekulation und Behavioral Finance .... *Klöhn, Lars,* Kapitalmarkt, Spekulation und Behavioral Finance, 2006

KölnKomm AktG/*Bearbeiter* .... *Zöllner, Wolfgang/Noack, Ulrich* (Hrsg.), Kölner Kommentar zum Aktiengesetz, Band 1: 3. Aufl. 2012

KölnKomm KapMuG/*Bearbeiter* ...... *Hess, Burkhard/Reuschle, Fabian/Rimmelspacher, Bruno* (Hrsg.), Kölner Kommentar zum KapMuG, 2. Aufl. 2014

KölnKomm WpHG/*Bearbeiter* .... *Hirte, Heribert/Möllers, Thomas M. J.* (Hrsg.), Kölner Kommentar zum WpHG, 2. Aufl. 2014

KölnKomm WpÜG/*Bearbeiter* .... *Hirte, Heribert/von Bülow, Christoph* (Hrsg.), Kölner Kommentar zum WpÜG, 2. Aufl. 2010

Kumpan FS Hopt .... *Kumpan, Christoph,* Vorteilsabschöpfung bei Interessenkonflikten in Baum, Harald (Hrsg.) Perspektiven des Wirtschaftsrechts, Beiträge für Klaus J. Hopt aus Anlass seiner Emeritierung, 2010, 33–54

Kümpel/Mülbert/Früh/Seyfried BankR und KapMarktR ...... *Kümpel, Siegfried* (Begr.)/*Mülbert, Peter O./Früh, Andreas/Seyfried, Thorsten,* Bank- und Kapitalmarktrecht, 5. Aufl. 2019

Langen/Bunte/*Bearbeiter* .... *Langen, Eugen / Bunte, Hermann-Josef* (Hrsg.), Kartellrecht, Kommentar, 13. Aufl. 2018

Langenbucher AktR *Langenbucher, Katja,* Aktien- und Kapitalmarktrecht, 4. Aufl. 2018

Langenbucher/Bliesener/Spindler/*Bearbeiter* .... *Langenbucher, Katja/Bliesener, Dirk H./Spindler, Gerald* (Hrsg.), Bankrechts-Kommentar, 2. Aufl. 2016

Leisch Informationspflichten nach § 31 WpHG .... *Leisch, Franz,* Informationspflichten nach § 31 WpHG, 2004

Lenenbach KapMarktR .... *Lenenbach, Markus,* Kapitalmarktrecht und kapitalmarktrelevantes Gesellschaftsrecht, 2. Aufl. 2010

Lutter/Bayer/Schmidt Europäisches Unternehmens- und Kapitalmarktrecht .... *Lutter, Marcus/Bayer, Walter/Schmidt, Jessica,* Europäisches Unternehmens- und Kapitalmarktrecht, 6. Aufl. 2017

Marsch-Barner/Schäfer Börsennotierte AG-HdB .... *Marsch-Barner, Reinhard/Schäfer, Frank A.* (Hrsg.), Handbuch börsennotierte AG, Aktien- und Kapitalmarktrecht, 4. Aufl. 2017

Medicus/Lorenz SchuldR AT .... *Medicus, Dieter* (Begr.)/*Lorenz, Stephan,* Schuldrecht I, 21. Aufl. 2015

Medicus/Lorenz SchuldR BT .... *Medicus, Dieter* (Begr.)/*Lorenz, Stephan,* Schuldrecht II, 18. Aufl. 2018

Medicus/Petersen BürgerlR .... *Medicus, Dieter* (Begr.)/*Petersen, Jens,* Bürgerliches Recht, 27. Aufl. 2019

Mennicke Sanktionen gegen Insiderhandel . *Mennicke, Petra,* Sanktionen gegen Insiderhandel, 1996

MHdB GesR IV/*Bearbeiter* .... *Hoffmann-Becking, Michael* (Hrsg.), Münchener Handbuch zum Gesellschaftsrecht, Band 4: 4. Aufl. 2015

Moloney EU Securities and Financial Markets Regulation . *Moloney, Niamh,* EU Securities and Financial Markets Regulation, 2014

MüKoAktG/*Bearbeiter* .... *Goette, Wulf/Habersack, Mathias* (Hrsg.), Münchener Kommentar zum Aktiengesetz, Band 1: 5. Aufl. 2019, Band 2: 5. Aufl. 2019, Band 3: 4. Aufl. 2018, Band 4: 4. Aufl. 2016, Band 5: 5. Aufl. 2020, Band 6: 4. Aufl. 2017, Band 7: 4. Aufl. 2017

MüKoBGB/*Bearbeiter* .... *Säcker, Franz Jürgen/Rixecker, Roland/Oetker, Hartmut/Limperg, Bettina* (Hrsg.), Münchener Kommentar zum Bürgerlichen Gesetzbuch, Band 1: 8. Aufl. 2018, Band 2: 8. Aufl. 2019, Band 6: 7. Aufl. 2017, Band 11: 7. Aufl. 2018

MüKoHGB/*Bearbeiter* .... *Schmidt, Karsten* (Hrsg.), Münchener Kommentar zum Handelsgesetzbuch, Band 5: 4. Aufl. 2018, Band 6: 4. Aufl. 2019

MüKoStGB/*Bearbeiter* .... *Joecks, Wolfgang/Miebach, Klaus* (Hrsg.), Münchener Kommentar zum StGB, Band 7: 3. Aufl. 2019

NK-AktienKapMR/*Bearbeiter* .... *Heidel, Thomas* (Hrsg.), Aktien- und Kapitalmarktrecht, Nomos-Kommentar, 5. Aufl. 2019

NK-WpPG/*Bearbeiter* .... *Müller, Robert* (Hrsg.), Wertpapierprospektgesetz, Nomos-Kommentar, 2. Aufl. 2017

Palandt/*Bearbeiter* ... *Palandt, Otto* (Hrsg.), Bürgerliches Gesetzbuch, Kommentar, 79. Aufl. 2020

Petsch Informationspflichten versus Geheimhaltungsinteressen .... *Petsch, Andrea,* Kapitalmarktrechtliche Informationspflichten versus Geheimhaltungsinteressen des Emittenten, 2012

Posner Economic Analysis of Law .... *Posner, Richard, A.* Economic analysis of law, 9. Aufl. 2014

Rittner/Dreher Europ. und dt. WirtschaftsR .... *Rittner, Fritz/Dreher, Meinrad,* Europäisches und deutsches Wirtschaftsrecht, 3. Aufl. 2007

Rothenhöfer FS Hopt .... *Rothenhöfer, Kai,* Interaktion zwischen Aufsichts- und Zivilrecht in Baum, Harald (Hrsg.) Perspektiven des Wirtschaftsrechts, Beiträge für Klaus J. Hopt aus Anlass seiner Emeritierung, 2010, 55–86

Schäfer GesR .... *Schäfer, Carsten,* Gesellschaftsrecht, 5. Aufl. 2018

Schäfer/Hamann/*Bearbeiter* .... *Schäfer, Frank/Hamann, Uwe* (Hrsg.), Kapitalmarktgesetze, Wertpapierhandelsgesetz, Börsengesetz mit BörsZulV, Wertpapierprospektgesetz, Loseblatt-Kommentar, 2. Aufl., 7. Ergänzungslieferung (Stand: Januar 2013)

Schäfer/Ott Ökonom. Analyse des ZivilR .... *Schäfer, Hans-Bernd/Ott, Claus,* Lehrbuch der ökonomischen Analyse des Zivilrechts, 5. Aufl. 2013/2012

Schäfer/Sethe/Lang Hdb-Vermögensverwaltung .... *Schäfer, Frank A./Sethe, Rolf/Lang, Volker* (Hrsg.), Handbuch der Vermögensverwaltung, in Deutschland, Österreich, der Schweiz und Liechtenstein, 2. Aufl. 2016

Scherer/*Bearbeiter* ... *Scherer, Peter/Behrends, Okko* (Hrsg.), Depotgesetz, Kommentar, 2012

Schimansky/Bunte/Lwowski BankR-HdB .... *Schimansky, Herbert/Bunte, Hermann-Josef/Lwowski, Hans Jürgen* (Hrsg.), Bankrechts-Handbuch, Gesamtwerk in zwei Bänden, 5. Aufl. 2017

Schmidt FS Rebmann .... *Schmidt, Karsten,* Die Strafbarkeit „faktischer Geschäftsführer“ wegen Konkursverschleppung als Methodenproblem in Eyrich, Heinz (Hrsg.) Festschrift für Kurt Rebmann zum 65. Geburtstag, 1989, 419–441

Schmidt GesR .... *Schmidt, Karsten,* Gesellschaftsrecht, 4. Aufl. 2002

Schmidt HandelsR ... *Schmidt, Karsten,* Handelsrecht, 6. Aufl. 2014

Schmidt/Lutter/*Bearbeiter* .... *Schmidt, Karsten/Lutter, Marcus* (Hrsg.), Aktiengesetz, Kommentar in zwei Bänden, 3. Aufl. 2015

Schröder Selbstbefreiung von der Ad-hoc-Publizitätspflicht ...... *Schröder, Sönke,* Die Selbstbefreiung von der Ad-hoc-Publizitätspflicht nach § 15 Abs. 3 WpHG, 2011

Schwark/Zimmer/*Bearbeiter* .... *Schwark, Eberhard/Zimmer, Daniel* (Hrsg.), Kapitalmarktrechts-Kommentar, 5. Aufl. 2020

Semler/v. Schenck ArbeitsHdB für Aufsichtsratsmitglieder .. *Semler, Johannes/von Schenck, Kersten* (Hrsg.), Arbeitshandbuch für Aufsichtsratsmitglieder, 4. Aufl. 2013

Semler/Vollhard/Reichert ArbeitsHdB für die Hauptversammlung .... *Semler, Johannes/Volhard, Rüdiger/Reichert, Jochem* (Hrsg.), Arbeitshandbuch für die Hauptversammlung, 4. Aufl. 2018

Shiller Irrational Exuberance .... *Shiller, Robert J.*, Irrational Exuberance, 3. Aufl. 2015

Simon Administrative Behavior .... *Simon, Herbert A.*, Administrative Behavior, 4. Aufl. 1997

Simon Models of Man .... *Simon, Herbert A.*, Models of Man, 1957

Spindler/Stilz/*Bearbeiter* .... *Spindler, Gerald/Stilz, Eberhard* (Hrsg.), Aktiengesetz, Gesamtwerk in zwei Bänden, 4. Aufl. 2019

Staudinger/*Bearbeiter* .... *Von Staudinger, Julius / Marburger, Peter,* Kommentar zum Bürgerlichen Gesetzbuch, §§ 779 – 811 BGB, 2015

Steiner/Bruns/Stöckl Wertpapiermanagement .... *Steiner, Manfred/Bruns, Christoph/Stöckl, Stefan,* Wertpapiermanagement, 11. Aufl. 2017

Tiedemann Tatbestandsfunktionen im Nebenstrafrecht .... *Tiedemann, Klaus,* Tatbestandsfunktionen im Nebenstrafrecht, 1969

Uhlenbruck/*Bearbeiter* .... *Uhlenbruck, Wilhelm/Hirte, Heribert/Vallendar, Heinz* (Hrsg.), Insolvenzordnung, Kommentar, Band 1: 15. Aufl. 2019, Band 2: 14. Aufl. 2015

Veil Europ. KapMarktR .... *Veil, Rüdiger,* Europäisches Kapitalmarktrecht, 2. Aufl. 2014

Vorwerk/Wolf/*Bearbeiter* .... *Vorwerk, Volkert/Wolf, Christian* (Hrsg.), Kapitalanleger-Musterverfahrensgesetz, Kommentar, 2007

Weitnauer/Boxberger/Anders/*Bearbeiter* .... *Weitnauer, Wolfgang/Boxberger, Lutz/Anders, Dietmar* (Hrsg.), KAGB, Kommentar zum Kapitalanlagegesetzbuch und zur Verordnung über Europäische Risikokapitalfonds mit Bezügen zum AIFM-StAnpG, 2. Aufl. 2017

Wilhelm KapGesR ... *Wilhelm, Jan,* Kapitalgesellschaftsrecht, 5. Aufl. 2020

Wilhelm SachenR	*Wilhelm, Jan,* Sachenrecht, 6. Aufl. 2019
Windbichler GesR ...	*Windbichler, Christine,* Gesellschaftsrecht, 24. Aufl. 2017
Zerey Finanzderivate	*Zerey, Jean-Claude* (Hrsg.), Finanzderivate, 4. Aufl. 2016
Zimmer FS Immenga	*Zimmer, Daniel* Entwicklungslinien des Kapitalmarktrechts in Schwintowski, Hans-Peter (Hrsg.) Entwicklungen im deutschen und europäischen Wirtschaftsrecht, Symposium zum 65. Geburtstag von Ulrich Immenga, 2001, 39–61

1. Teil: Einleitung und Grundlagen

1 Der Kapitalmarkt ist der Ort, an dem das Angebot von und die Nachfrage nach Kapital aufeinandertreffen: Personen, die über einen Überschuss an Kapital verfügen (**Anleger**), stellen das Kapital Unternehmen oder Institutionen der öffentlichen Hand zur Finanzierung ihrer Tätigkeiten zur Verfügung (**Emittenten**). Dieser Vorgang ist volkswirtschaftlich wünschenswert: Anleger haben die Möglichkeit, ihr Kapital gewinnbringend zu investieren, indem sie auf dem Kapitalmarkt Finanzinstrumente erwerben. Emittenten können durch die Ausgabe von Finanzinstrumenten gewinnbringende Projekte mit dem ihnen zur Verfügung gestellten Kapital realisieren. Um diesen Vorgang so effizient wie möglich zu gestalten und ein Marktversagen zu verhindern, bedarf es Regeln. Deren Ziel liegt in der Gewährleistung, dass das überschüssige Kapital der Anleger auf dem Kapitalmarkt investiert wird, und dass es darüber hinaus dort investiert wird, wo seine Verwendung den höchsten Gewinn verspricht (**Allokationseffizienz**). Da Anleger ihr Kapital nur dann auf dem Kapitalmarkt investieren werden, wenn sie darauf vertrauen können, dass sie über alle relevanten Informationen verfügen und nicht übervorteilt werden, müssen die Regeln ein eben solches **Anlegervertrauen** schaffen und schützen.

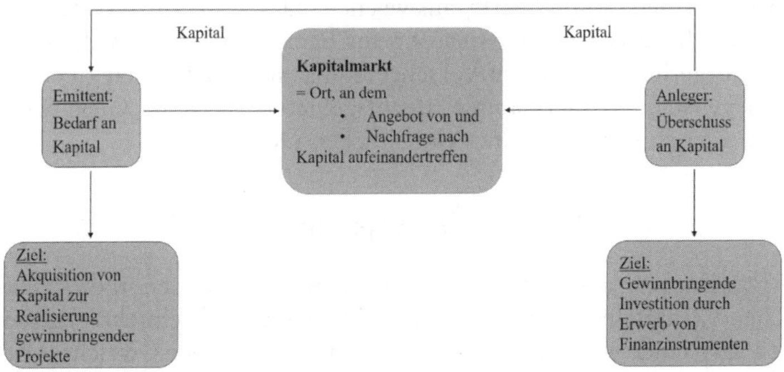

2 Daraus folgen die wesentlichen Aufgaben des Kapitalmarktrechts: Dem Anlegerpublikum sollten möglichst alle für den Wert eines Finanzinstruments relevanten Informationen zur Verfügung stehen,

damit Anleger nicht Gefahr laufen, ein ungeeignetes oder überteuertes Finanzinstrument zu erwerben und sodann enttäuscht ihr Kapital aus dem Markt abziehen. Dem trägt eine Vielzahl kapitalmarktrechtlicher **Informationspflichten** Rechnung, die insbesondere den Emittenten, aber auch andere Akteure des Kapitalmarktes verpflichten, in bestimmten Situationen dem Markt relevante Informationen zugänglich zu machen. Darüber hinaus muss **missbräuchliches Marktverhalten** und die Übervorteilung von Anlegern – wie etwa durch Marktmanipulationen oder Insiderhandel – unterbunden werden. Nur soweit dies gewährleistet ist, wird der Anleger dem Kapitalmarkt vertrauen können und bereit sein, dort sein Kapital zu investieren.

§ 1. Definition, Ziele und Aufgaben des Kapitalmarktrechts

3 Der Kapitalmarkt und damit auch das Kapitalmarktrecht haben in den letzten Jahrzehnten erheblich an Bedeutung gewonnen. Grund hierfür ist auf der einen Seite, dass Unternehmen das für Investitionen erforderliche Kapital nicht mehr ausreichend durch Kredite von Banken abdecken können, sondern zunehmend auf andere Eigen- oder Fremdkapitalgeber angewiesen sind. Auf der anderen Seite können sich Privatanleger immer weniger auf die staatliche Altersvorsorge verlassen und müssen daher zur privaten Altersvorsorge verstärkt auf den Kapitalmarkt ausweichen. Das Kapitalmarktrecht als ursprüngliche Querschnittsmaterie aus bank-, börsen-, gesellschafts- und bürgerlich-rechtlichen Vorschriften hat sich inzwischen zu einem als eigenständig anerkannten Rechtsgebiet entwickelt. Gleichwohl fehlt es noch immer an einer einheitlichen Definition.

I. Recht des Kapitalmarktes

4 Das Kapitalmarktrecht ist nicht in einem umfassenden und einheitlichen „Kapitalmarktrechtsgesetzbuch“ geregelt. Vielmehr setzt es sich aus einer Vielzahl einzelner Gesetze zusammen. Welche Vorschriften zum Kapitalmarktrecht gehören, lässt sich am besten durch ein an den Zielen des Kapitalmarktrechts orientiertes Begriffsverständnis bestimmen. In Anlehnung an eine eingängige von *Hopt* formulierte Formel ist das Kapitalmarktrecht die „Gesamtheit der

Grundsätze und Normen [...], die sich mit dem öffentlichen Vertrieb und Umlauf von Finanzinstrumenten befassen, um den Schutz der Kapitalanleger und den Funktionsschutz von Kapitalmarkt und Wirtschaft zu gewährleisten".[3] Kapitalmarktrechtliche Vorschriften zeichnen sich also durch ihren Regelungsgegenstand – den Kapitalmarkt als Markt für Finanzinstrumente (→ Rn. 5 ff.) – und ihren Regelungszweck – Anleger- und Funktionsschutz (→ Rn. 25 ff.) – aus. Als „Grundgesetz" des Kapitalmarktrechts[4] gilt das Wertpapierhandelsgesetz (**WpHG**),[5] das zum größten Teil am 1.1.1995 in Kraft getreten ist und seitdem vielfach – insbesondere zur Umsetzung europäischer Rechtsakte – geändert wurde. Die letzte umfassende Überarbeitung erfolgte durch die beiden Finanzmarktnovellierungsgesetze (FiMaNoG): Das 1. FiMaNoG[6], das zum 3.7.2017 in Kraft getreten ist, und das **2. FiMaNoG**[7] mit Wirkung seit dem 3.1.2018. Diese dienten der Umsetzung der neuen Finanzmarktrichtlinie (MiFID II)[8] und der Finanzmarktverordnung (MiFIR)[9]. Das WpHG regelt eine Vielzahl von Fragen zum Handel mit Finanzinstrumenten (siehe § 1 Abs. 1 Nr. 3–5 WpHG).

1. Kapitalmarkt als Markt für Finanzinstrumente

Der hier verwendete Begriff des **Kapitalmarktes im weiteren** 5
Sinne[10] erfasst nicht nur den Markt für Wertpapiere (Kapitalmarkt im engeren Sinne), sondern den Markt für Finanzinstrumente iSd § 2 Abs. 4 WpHG. Zu den Finanzinstrumenten gehören neben den Wertpapieren (§ 2 Abs. 1 WpHG), wie zB Aktien oder Schuldverschreibungen (Anleihen), auch Geldmarktinstrumente (§ 2 Abs. 2 WpHG) und Derivate (§ 2 Abs. 3 WpHG), wie zB Aktienoptionen.

3 *Hopt* ZHR 141 (1977), 389 (431).
4 *Hopt* ZHR 159 (1995), 135.
5 Als Ausgangspunkt für die Beschreibung des Kapitalmarktrechts auch *Lenenbach* KapMarktR Rn. 1.9 ff.
6 Erstes Gesetz zur Novellierung von Finanzmarktvorschriften auf Grund europäischer Rechtsakte (Erstes Finanzmarktnovellierungsgesetz – 1. FiMaNoG) v. 30.6.2016, BGBl. 2016 I 1514.
7 Zweites Gesetz zur Novellierung von Finanzmarktvorschriften auf Grund europäischer Rechtsakte (Zweites Finanzmarktnovellierungsgesetz – 2. FiMaNoG) v. 23.6.2017, BGBl. 2017 I 1693.
8 Richtlinie 2014/65/EU des Europäischen Parlaments und des Rates vom 15.5.2014 über Märkte für Finanzinstrumente sowie zur Änderung der Richtlinien 2002/92/EG und 2011/61/EU, ABl. 2014 L 173, 349.
9 Verordnung (EU) Nr. 600/2014 des europäischen Parlaments und des Rates v. 15.5.2014 über Märkte für Finanzinstrumente und zur Änderung der Verordnung (EU) Nr. 648/2012, ABl. 2014 L 173, 84.
10 Zu diesen Begriffen *Buck-Heeb* KapMarktR Rn. 57 f.

Ebenfalls Finanzinstrumente sind Anteile an Investmentvermögen iSd § 1 Abs. 1 Kapitalanlagegesetzbuch (KAGB), zB Immobilienfondsanteile, und Vermögensanlagen iSd § 1 Abs. 2 Vermögensanlagengesetz (VermAnlG), wie zB Nachrangdarlehen. Das Kapitalmarktrecht ist damit nicht auf Kapitalmärkte im engeren Sinne beschränkt, sondern umfasst auch Derivate- und Geldmärkte und wäre wohl genauer als „**Finanzmarktrecht**" zu bezeichnen.[11] Bei Finanzinstrumenten handelt es sich jeweils um mehr oder weniger komplexe Rechtsprodukte, deren Produktmerkmale durch rechtliche Regelungen oder Vereinbarungen definiert werden.

6 Die Funktion von Finanzinstrumenten ist es, das Kapital der Anleger dem Emittenten des Finanzinstruments in Form von Eigen- und Fremdkapital für eine gewisse Dauer zur Verfügung zu stellen.[12] Bei Eigenkapital handelt es sich um grundsätzlich nicht rückzahlbares Kapital.[13] Das trifft auf Unternehmensbeteiligungen zu, wie zB Aktien oder Anteile an einer Personengesellschaft. **Fremdkapital** wird dagegen vom Kapitalnehmer kreditweise bezogen, so dass dem Kapitalgeber (Anleger) nach Ablauf einer vereinbarten Zeit ein Rückzahlungsanspruch zusteht. Fremdkapitalbezogene Finanzinstrumente sind zB Schuldverschreibungen (Anleihen), partiarische Darlehen oder Nachrangdarlehen.

Beispiel: Die Müsli-AG möchte ihr Müsliangebot erweitern, neue Mitarbeiter einstellen und Ladenräume deutschlandweit erwerben. Hierfür benötigt sie Kapital. Da ihr die Bank keinen Kredit zur Verfügung stellt, sucht sie nach Finanzierungsalternativen. Sie könnte hierfür Aktien nach einer Kapitalerhöhung – beispielsweise im Rahmen eines Börsengangs – zur Aufnahme von Eigenkapital veräußern oder aber rückzahlbares Fremdkapital, beispielsweise durch Ausgabe von Anleihen, aufnehmen.

2. Segmente des Kapitalmarktes

7 Der Kapitalmarkt lässt sich nach verschiedenen Kriterien unterteilen.

8 **a) Primär- und Sekundärmarkt.** Häufig wird zwischen Primärmarkt und Sekundärmarkt differenziert. Primärmarkt meint hierbei den Markt, auf dem die neu emittierten Finanzinstrumente erstmalig

---

11 *Merkt/Rossbach* JuS 2003, 217 (224).
12 Vgl. *Langenbucher* AktR § 10 Rn. 1; *Lenenbach* KapMarktR Rn. 10.4; vgl. auch *Wilhelm* KapGesR Rn. 23.
13 Zum Begriff vgl. *Wilhelm* KapGesR Rn. 6f.

platziert, dh erstmalig in den Verkehr gebracht werden **(Emissionsmarkt)**.

Beispiel: Um die Investitionen finanzieren zu können und um ihren Bekanntheitsgrad zu steigern, entscheidet sich die Müsli-AG für einen Börsengang (→ Rn. 6). Hierzu beschließt die Hauptversammlung mit der erforderlichen Mehrheit zunächst eine Kapitalerhöhung (§ 182 AktG). Die dadurch neu geschaffenen Aktien bietet die Müsli-AG gemeinsam mit einem Bankenkonsortium (→ Rn. 183) der breiten Anlegeröffentlichkeit an. Die Anleger zeichnen die Aktien bei den Banken des Konsortiums. Am Ende der Zeichnungsfrist erfolgt die Zuteilung durch die Banken an die Anleger (Primärmarkt).

Auf dem Sekundärmarkt werden die Finanzinstrumente, die sich 9
bereits im Verkehr befinden, zwischen den Anlegern gehandelt. Der Sekundärmarkt ist vor allem für die fungiblen und handelbaren Wertpapiere von praktisch großer Bedeutung. Der bekannteste Sekundärmarkt ist die Wertpapierbörse.

Beispiel: Aktionär A zeichnet 10 Aktien der Müsli-AG bei der K-Bank (→ Rn. 8). Diese werden ihm auch zugeteilt. Der Ausgabekurs liegt bei 25 EUR pro Aktie. Da der Börsenkurs an der Frankfurter Wertpapierbörse (FWB) nun 35 EUR beträgt, entscheidet sich A zum Verkauf seiner Aktien. B kauft diese Aktien über seine Hausbank an der FWB (Sekundärmarkt).

Auf dem Primärmarkt ist das Bedürfnis der Anleger nach Informa- 10
tionen über das neue Finanzinstrument und dessen Emittenten als Hersteller besonders groß. Dem tragen vor allem die umfangreichen Prospektpflichten beim erstmaligen öffentlichen Angebot von Finanzinstrumenten Rechnung (ausführlich → Rn. 230 ff.). Auf dem Sekundärmarkt fließen Informationen in den Preis ein, indem Anleger überbewertete Finanzinstrumente veräußern und unterbewertete Finanzinstrumente erwerben. Auch hier gelten Informationspflichten: etwa die ad-hoc-Publizitätspflicht gem. Art. 17 Marktmissbrauchsverordnung (MAR)[14] (ausführlich → Rn. 494 ff.), die Beteiligungspublizität gem. §§ 33 ff. WpHG (ausführlich → Rn. 602 ff.) und die Regelpublizität gem. §§ 114 ff. WpHG (ausführlich → Rn. 592 ff.). Hierdurch werden dem Markt relevante Informationen aus dem Arkanbereich des Emittenten zugänglich gemacht. Außerdem gilt es, Marktmissbrauch bei der Ausführung und Abwicklung der Kapital-

14 Verordnung (EU) Nr. 596/2014 des europäischen Parlaments und des Rates vom 16.4.2014 über Marktmissbrauch (Marktmissbrauchsverordnung) und zur Aufhebung der Richtlinie 2003/6/EG des Europäischen Parlaments und des Rates und der Richtlinien 2003/124/EG, 2003/125/EG und 2004/72/EG der Kommission, ABl. 2014 L 173, 1.

markttransaktionen zu vermeiden, so etwa durch das Insiderhandelsverbot gem. Art. 14 MAR (ausführlich → Rn. 359ff.) oder das Verbot der Marktmanipulation gem. Art. 15 MAR (ausführlich → Rn. 429ff.).

11 **b) Organisierte Märkte und andere Handelsplätze.** Sekundärmärkte können zudem nach ihrem **Organisationsgrad** in organisierte Märkte und andere Handelsplätze unterschieden werden. **Organisierte Märkte iSd §2 Abs. 11 WpHG** sind multilaterale Systeme, die durch staatliche Stellen genehmigt, geregelt und überwacht werden und die die Interessen einer Vielzahl von Personen am Kauf und Verkauf von dort zum Handel zugelassenen Finanzinstrumenten innerhalb des Systems und nach festgelegten Bestimmungen so zusammenführen, dass ein Vertrag über den Kauf dieser Finanzinstrumente zustande kommt. Das zugrundeliegende Unionsrecht spricht hierbei von geregelten Märkten (Art. 4 Abs. 1 Nr. 21 MiFID II). Organisierte Märkte unterliegen strengen Vorschriften, um die Liquidität zu erhöhen und die Kosten zu senken. Zu den organisierten Märkten gehören in Deutschland die durch das BörsG regulierten öffentlich-rechtlichen **Wertpapierbörsen**. Dort werden nur standardisierte und fungible Wertpapiere iSd § 2 Abs. 1 WpHG gehandelt, die grundsätzlich – mit Ausnahme etwa von Staatsanleihen gem. § 37 BörsG – durch die Börsengeschäftsführung zugelassen werden müssen (siehe § 32 BörsG) und deren Handel sodann mit strengen Publizitäts- und Rechnungslegungspflichten verbunden ist (siehe §§ 33ff., 114ff. WpHG). Zu den anderen **Handelsplätzen** gehören die multilateralen Handelssysteme iSd § 2 Abs. 8 S. 1 Nr. 8 WpHG (MTF), in Deutschland beispielsweise der privatrechtlich organisierte Freiverkehr, sowie gem. § 2 Abs. 8 S. 1 Nr. 9 WpHG die organisierten Handelssysteme (OTF), die in der Regel jeweils keine förmliche Zulassung der Marktteilnehmer bzw. Produkte verlangen und mit weniger strengen Publizitätspflichten verbunden sind (ausführlich → Rn. 213ff.).

12 **c) Termin- und Kassamärkte.** Der Kapitalmarkt lässt sich auch in zeitlicher Hinsicht danach unterscheiden, zu welchem Zeitpunkt die abgeschlossenen Geschäfte erfüllt werden müssen: Auf dem **Kassamarkt** werden Geschäfte abgeschlossen, die **unverzüglich** nach Abschluss des Kaufvertrags gegen Zahlung des Kaufpreises zu erfüllen sind. Nach den einheitlichen Bedingungen für Geschäfte an den deutschen Wertpapierbörsen (Börsenusancen) müssen Lieferung, Abnahme und Bezahlung spätestens zwei Börsentage nach Geschäftsab-

schluss erfolgen. Auf **Terminmärkten** werden Termingeschäfte bzw. Derivate (ausführlich → Rn. 142 ff.) gehandelt, die auf eine spätere Erfüllung gerichtet sein können, um sich so entweder vor Verlusten aus Schwankungen der Marktkurse zu schützen (*hedging*) oder Differenzgewinne aus Kursschwankungen zu erzielen (Spekulation). In der Praxis werden Termingeschäfte in aller Regel nicht durch Übereignung des Basiswerts erfüllt, sondern es erfolgt eine Glattstellung durch Gegengeschäfte, um so finanziell von den Differenzbeträgen zu profitieren. Eine der weltweit größten Terminmärkte ist die Eurex mit Sitz in Eschborn, eine deutsch-schweizerische Tochtergesellschaft der Deutsche Börse AG. Darüber hinaus gibt es einen außerbörslichen OTC-(*over-the-counter*)-Derivatemarkt, auf dem im Wesentlichen Banken und andere Finanzinstitutionen bilateral mit Finanztermingeschäften handeln.

3. Akteure des Kapitalmarktes

Akteure des Kapitalmarktes sind als Marktteilnehmer im eigentlichen Sinne die **Emittenten** als „Hersteller“ der Finanzinstrumente und **Anleger** als „Käufer und Verkäufer“ der Finanzinstrumente. Wertpapierdienstleistungsunternehmen (WpDU), zB Banken oder Finanzdienstleistungsinstitute, agieren als „Händler“ auf dem Kapitalmarkt. Daneben gibt es Institutionen, die den Kapitalmarkt mit notwendigen Informationen versorgen (Informationsintermediäre). 13

a) Emittenten und Anbieter. Unternehmen oder Institutionen der öffentlichen Hand „produzieren“ Finanzinstrumente als Produkte des Kapitalmarktes und fragen hierdurch typischerweise Kapital nach, das sie zur Finanzierung ihrer Tätigkeiten benötigen. Ursprünglich wurden ausschließlich Aussteller von Wertpapieren als Emittenten bezeichnet.[15] Nach heutigem Verständnis handelt es sich bei **Emittenten** um Personen, deren Finanzinstrumente zum Handel ausgeben sind (siehe § 2 Abs. 13–16 WpHG; § 1 Abs. 3 VermAnlG). Emittenten von Aktien sind Aktiengesellschaften und von Staatsanleihen der deutsche Staat oder die Bundesländer. Häufig bieten Emittenten ihre Produkte auch selbst als **Anbieter** öffentlich an (siehe § 2 Nr. 6 WpPG iVm Art. 2 lit. i) EU-ProspektVO). Anbieter kann aber auch eine dritte Person sein. 14

15 *Müller* in Kümpel/Mülbert/Früh/Seyfried BankR und KapMarktR Rn. 15.2.

Beispiel: Bei der Platzierung der jungen Aktien der Müsli-AG im Rahmen des Börsengangs (→ Rn. 8) agiert die Müsli-AG als Emittent und zugleich gemeinsam mit der K-Bank als Anbieter der Aktien. Hat die Müsli-AG die Aktien jedoch zunächst an die K-Bank im Rahmen einer Privatplatzierung veräußert und bietet Letztere später die Aktien dem breiten Anlegerpublikum an, agiert dann die K-Bank, nicht die Müsli-AG, als Anbieter der Aktien.

15 Bestimmte Regelungen – bspw. die Beteiligungspublizität gem. §§ 33 ff. WpHG – gelten nur für **Inlandsemittenten** iSd § 2 Abs. 14 WpHG. Hierbei handelt es sich in erster Linie um Emittenten mit Sitz in Deutschland, deren Finanzinstrumente zum Handel an einem organisierten Markt zugelassen sind, wenn nicht ihre Finanzinstrumente ausschließlich in einem anderen EU/EWR-Staat gehandelt werden. Ausnahmsweise gelten auch Emittenten mit Sitz in einem anderen EU/EWR-Staat als Inlandsemittenten, wenn ihre Finanzinstrumente ausschließlich zum Handel an einem organisierten Markt im Inland zugelassen sind. **MTF-Emittenten** sind Unternehmen, die eine Zulassung ihrer Finanzinstrumente zum Handel in einem multilateralen Handelssystem beantragt oder erhalten haben (§ 2 Abs. 15 WpHG). **OTF-Emittenten** sind Unternehmen, die eine Zulassung ihrer Finanzinstrumente zum Handel in einem organisierten Handelssystem beantragt oder genehmigt haben (§ 2 Abs. 16 WpHG). Das Kapitalmarktrecht differenziert für die Reichweite der Emittentenpflichten zT nach der Größe der Emittenten. Kleine und mittlere Unternehmen (KMU), deren durchschnittliche Marktkapitalisierung in den letzten drei Kalenderjahren weniger als 200 Mio. EUR betrug, unterliegen teilweise geringeren kapitalmarktrechtlichen Anforderungen als große Unternehmen (siehe etwa § 2 Abs. 46 WpHG; Art. 17, 18 MAR).[16]

16 **b) Anleger. Anleger** agieren als „Käufer" oder „Verkäufer" von Finanzinstrumenten. Sie erwerben Finanzinstrumente, um freies Kapital gewinnbringend zum privaten Vermögensaufbau, zur Geldanlage oder Altersvorsorge (Privatanleger) oder aus gewerblichen Gründen (professionelle Anleger) zu investieren. Ihre Anlageentscheidung wird vor allem durch Rendite und Risiko des jeweiligen Finanzinstruments bestimmt. Neben dem Wertzuwachs richten sich

16 S. auch die ab 1.1.2021 geltende VO (EU) 2019/2115 des europäischen Parlaments und des Rates v. 27.11.2019 zur Änderung der Richtlinie 2014/65/EU und der Verordnungen (EU) Nr. 596/2014 und (EU) 2017/1129 zur Förderung der Nutzung von KMU-Wachstumsmärkten (KMU-Wachstumsverordnung), die verschiedene Erleichterungen für KMUs u. a. in die MAR einführen wird.

Art und Umfang der Rendite nach dem jeweiligen Finanzinstrument. So besteht beispielsweise bei Aktien ein Anspruch auf die **Dividende** gem. §§ 58 Abs. 4, 174 Abs. 2 Nr. 2 AktG, also die anteilige Beteiligung am Bilanzgewinn. Fremdkapitalgeber, zB Anleihegläubiger, haben hingegen typischerweise einen gewinnunabhängigen **Zinsanspruch.**[17]

Bei den Anlegern handelt es sich um eine heterogene Gruppe. Ihre 17
Schutzbedürftigkeit divergiert erheblich. Institutionelle oder **professionelle Anleger** – zB Banken, Versicherungen oder Investmentfonds – verfügen im Vergleich zu Privat- oder **Kleinanlegern** über mehr Erfahrung und Finanzkraft und sind daher weniger schutzbedürftig. Diese Differenzierung spiegelt sich in den kapitalmarktrechtlichen Vorschriften wider. So werden im Bereich der Wertpapierdienstleistungen und der Wertpapierprospektpflicht Privatkunden und professionelle Kunden bzw. qualifizierte und nicht qualifizierte Anleger unterschieden (s. § 67 WpHG, Art. 1 Abs. 4 lit. a) ProspektVO → Rn. 241; 792 ff.).[18]

c) Finanzintermediäre, insbesondere Wertpapierdienstleistungs- 18
unternehmen. Damit die Marktteilnehmer auf dem anonymen Kapitalmarkt zusammenfinden, erleichtern Finanzintermediäre Transaktionen zwischen den Emittenten und Anlegern bzw. zwischen den Anlegern untereinander. So treten insbesondere Wertpapierdienstleistungsunternehmen als „Händler" sowohl auf dem Primärmarkt bei einer Fremdemission (→ Rn. 180) als auch auf dem Sekundärmarkt (→ Rn. 9) auf.

Beispiel: Bei dem Erwerb der Aktien der Müsli-AG im Rahmen des Börsengangs durch den Anleger A (→ Rn. 9) agiert die K-Bank als Wertpapierdienstleistungsunternehmen.

Wertpapierdienstleistungsunternehmen sind gem. § 2 Abs. 10 19
WpHG **Kreditinstitute** iSd § 1 Abs. 1 S. 1 Kreditwesengesetz (KWG), **Finanzdienstleistungsinstitute** iSd § 1 Abs. 1a S. 1 KWG und Unternehmen iSd § 53 Abs. 1 S. 1 KWG,[19] die Wertpapierdienstleistungen iSd § 2 Abs. 8 WpHG gewerbsmäßig oder in einem Umfang erbringen, der einen in kaufmännischer Weise eingerichteten

17 *Grunewald* GesR § 10 Rn. 194; *Langenbucher* AktR § 11 Rn. 1.
18 Siehe auch zur Differenzierung in der Rechtsprechung zur Prospektpflicht BGHZ 195, 1 (7) einerseits und BGH NJW 1982, 2823 – BuM-Entscheidung andererseits.
19 Unternehmen iSd § 53 Abs. 1 S. 1 KWG sind inländische Zweigstellen von Unternehmen mit Sitz im Ausland, die Bankgeschäfte betreiben oder Finanzdienstleistungen erbringen.

Geschäftsbetrieb iSd § 1 Abs. 2 HGB erfordert. Zu den **Wertpapierdienstleistungen** gehören gemäß § 2 Abs. 8 WpHG ua Finanzkommissionsgeschäfte und der Eigenhandel, die Anlagevermittlung und -beratung sowie die Vermögensverwaltung, aber auch das Emissions- oder Platzierungsgeschäft (hierzu näher → Rn. 181 ff.). Neben den kapitalmarktrechtlichen Verhaltens- und Organisationsregeln haben Wertpapierdienstleistungsunternehmen auch die bankrechtlichen Regelungen des KWG zu beachten. Insoweit weist das Kapitalmarktrecht enge Schnittstellen zum Bankaufsichtsrecht auf. Als Finanzintermediäre agieren auch **Kapitalverwaltungsgesellschaften**, die Investmentvermögen kollektiv für eine Vielzahl von Anlegern verwalten (→ Rn. 127).

20 **d) Informationsintermediäre.** Da auf dem Kapitalmarkt typischerweise eine Informationsasymmetrie zulasten der Anleger herrscht, die Funktionsfähigkeit des Kapitalmarktes aber davon abhängt, dass die Anleger über die für die Anlageentscheidung relevanten Informationen verfügen (→ Rn. 32 ff.), spielen auch sog **Informationsintermediäre** eine zentrale Rolle. Sie stellen dem Kapitalmarkt notwendige Informationen zur Verfügung und gleichen so Informationsasymmetrien aus. Informationsintermediäre sind vor allem Ratingagenturen, Finanzanalysten, Abschlussprüfer oder Datenbereitstellungsdienste.

21 **aa) Ratingagenturen. Ratingagenturen** sind private Unternehmen, die die Bonität (Kreditwürdigkeit) von Emittenten und Finanzinstrumenten mit einem Rating beurteilen.[20] Die bekanntesten Ratingagenturen haben ihren Sitz in den USA und heißen Moody‘s, Fitch Ratings und Standard & Poor‘s. Sie beurteilen die Wahrscheinlichkeit des Zahlungsausfalls von Forderungen zum Zeitpunkt ihrer Fälligkeit. Das Bewertungsurteil (Rating) wird durch ein System von Buchstaben ausgedrückt. Die bestmögliche Bonität wird meist mit AAA und die schlechteste, dh ein Zahlungsausfall, mit D (Default) gekennzeichnet. Da Ratings für den Kapitalmarkt erhebliche Aussagekraft entfalten und den Ratingagenturen daher eine Mitverantwortung für die Finanzmarktkrise zugeschrieben wird, verabschiedete der europäische Gesetzgeber die Verordnung über Ratingagenturen (Ratingverordnung).[21] Ratingagenturen werden unmittelbar durch

---

20 Siehe zu diesem Abschnitt ausführlich *Lenenbach* KapMarktR Rn. 13.590 ff.

21 Verordnung (EG) Nr. 1060/2009 des Europäischen Parlaments und des Rates v. 16.9.2009 über Ratingagenturen, ABl. 2009 L 302, 1.

die European Securities and Markets Authority (ESMA, Europäische Wertpapier- und Marktaufsichtsbehörde) beaufsichtigt.

bb) Finanzanalysten. Finanzanalysten erstellen, verbreiten und veröffentlichen **Anlageempfehlungen** oder Empfehlungen zu einer Anlagestrategie. Die Informationen sind für ein breites Anlegerpublikum gedacht, um Anlageentscheidungen zu erleichtern. Für Finanzanalysten gelten besondere Pflichten gem. Art. 20 MAR bzw. § 85 WpHG, um missbräuchliche oder fehlerhafte Empfehlungen zu verhindern (→ Rn. 888 ff.). 22

cc) Abschlussprüfer. Emittenten sind sowohl am Primär- als auch am Sekundärmarkt verpflichtet, ihren Jahresabschluss zu veröffentlichen. So müssen am Primärmarkt Wertpapierprospekte (hierzu noch → Rn. 231 ff.) den Jahresabschluss des Emittenten enthalten, s. Art. 2 iVm Anh. 1 Punkt 18.1.1. DelVO (EU) 2019/980. Am Sekundärmarkt sind Jahresabschlüsse im Rahmen der Regelpublizität nach § 114 Abs. 1 S. 1 WpHG (→ Rn. 592) zu veröffentlichen. Der Jahresabschluss muss jeweils mit einem Bestätigungsvermerk eines Abschlussprüfers gem. § 322 HGB versehen sein. Mit der Erteilung des Bestätigungsvermerks attestiert der Abschlussprüfer die ordnungsgemäße Erfüllung der gesetzlichen Vorgaben zur Rechnungslegung. Hinsichtlich der Jahresabschlüsse von Emittenten nehmen Abschlussprüfer somit die Funktion eines „Gatekeepers" ein, der gewährleisten soll, dass den Marktteilnehmern nur ordnungsgemäß erhobenes und zutreffendes Informationsmaterial zur Verfügung gestellt wird.[22] 23

dd) Datenbereitstellungsdienste. Seit dem 3.1.2018 sind zur Umsetzung der MiFID II auch Datenbereitstellungsdienste reguliert (§§ 58 ff. WpHG). Datenbereitstellungsdienste iSd § 2 Abs. 40 WpHG wirken bei der Erfüllung von Veröffentlichungs- und Meldepflichten 24

22 Die Bedeutung und das Gefahrenpotential dieser Stellung wurden jüngst im Rahmen des *Wirecard AG*-Skandals im Sommer 2020 ersichtlich: Trotz erheblicher Bilanzmanipulationen erteilten die Abschlussprüfer den Jahresabschlüssen von *Wirecard* einen Bestätigungsvermerk, womit die fehlerhaften Jahresabschlüsse am Kapitalmarkt veröffentlicht werden konnten. Nachdem die Manipulationen bekannt wurden, verloren die *Wirecard*-Aktien praktisch vollständig an Wert. Als Reaktion haben das Bundesministerium der Finanzen und das Bundesministerium der Justiz und für Verbraucherschutz im Oktober 2020 einen Referentenentwurf für ein Finanzmarktintegritätsstärkungsgesetz (FISG) in die Ressortabstimmung gegeben, in dem u. a. eine Verschärfung der Haftung der Abschlussprüfer vorgesehen ist. Der Regierungsentwurf zum FISG wurde im Dezember 2020 veröffentlicht. Dazu auch *Poelzig* ZBB (im Erscheinen). Näher zum *Gatekeeper*-Begriff *Coffee*, Gatekeepers, 2006.

mit, die die MiFIR insbesondere Betreibern von Handelsplätzen und WpDU auferlegt. Handelsplatzbetreiber und WpDU sind beispielsweise uU nach dem Abschluss von Geschäften über Finanzinstrumente zur Nachhandelstransparenz verpflichtet (→ Rn. 223). Zur Erfüllung dieser Pflicht werden teilweise Datenbereitstellungsdienste iSd § 2 Abs. 37 WpHG eingeschaltet (siehe etwa Art. 20 Abs. 1 S. 2; 21 Abs. 1 S. 2, Abs. 2 MiFIR).

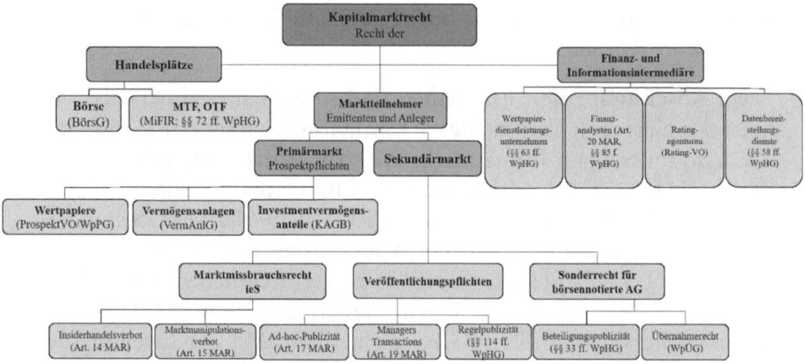

II. Ziele und Aufgaben des Kapitalmarktrechts

1. Funktionsfähigkeit des Kapitalmarktes und institutioneller Anlegerschutz

25 Die grundlegende Aufgabe des Kapitalmarktes liegt in der Steigerung der allgemeinen Wohlfahrt durch die volkswirtschaftlich sinnvolle Verteilung (Allokation) überschüssigen Kapitals. Das anlagefähige Kapital der Anleger soll dort investiert werden, wo es am dringendsten benötigt wird und die größten Gewinnaussichten bei ausreichender Sicherheit verspricht. Dieser Aspekt wird als **allokative Effizienz** des Kapitalmarktes bezeichnet.[23] Das Kapitalmarktrecht dient dazu, die notwendigen Bedingungen für diese Allokation zu schaffen.

23 *Buck-Heeb* KapMarktR Rn. 10.

Der allokativen Funktionsfähigkeit dienen vor allem die kapitalmarktrechtlichen Informationspflichten. Hierdurch soll sichergestellt werden, dass die Anleger rechtzeitig über alle notwendigen Informationen verfügen können, um sachgerechte Anlageentscheidungen treffen zu können. Dabei soll niemand ungerechtfertigte Informationsvorteile ausnutzen können (→ Rn. 494). So müssen Anleger beispielsweise unverzüglich über bußgeld- und schadensersatzrechtlich sanktionierte Manipulationen an den Dieselmotoren der von einer börsennotierten Aktiengesellschaft produzierten Autos informiert werden. Vor dem Hintergrund der damit verbundenen erheblichen negativen wirtschaftlichen Auswirkungen auf das Unternehmen und die getrübten Gewinnaussichten werden die rational handelnden Anleger nach Erhalt der Information ihr Kapital rechtzeitig abziehen, indem sie Aktien veräußern, oder dieses gar nicht erst investieren, indem sie vom Erwerb der Aktien absehen. Dieses Kapital kann dann wiederum zu demjenigen Emittenten fließen, der das Kapital mit dem geringsten Risiko am gewinnbringendsten einsetzen kann. Dieser (Re-)Allokation dient die ad-hoc-Informationspflicht gem. Art. 17 MAR, wonach kursrelevante Insiderinformationen unverzüglich zu veröffentlichen sind (dazu ausführlich → Rn. 494 ff.).

Die Funktionsfähigkeit des Kapitalmarktes erfordert zudem, dass 26
die Grundvoraussetzungen eines wirksamen Marktmechanismus vorliegen (**institutionelle Effizienz**).[24] Dass ein Kapitalmarkt überhaupt funktionieren kann, setzt vor allem das Vertrauen der Anleger in die Integrität und Stabilität der Kapitalmärkte voraus. Denn nur, wenn Anleger in die unbeeinflusste Preisbildung am Kapitalmarkt vertrauen, werden sie ihr Kapital in Finanzinstrumente investieren.

Das Kapitalmarktrecht dient daher auch dem **institutionellen An-** 27
legerschutz , dh es soll die Gesamtheit des Anlegerpublikums schützen. Das Bedürfnis hiernach resultiert aus den besonderen Risiken, denen die Anleger bei der Investition von Kapital ausgesetzt sind, so etwa dem Risiko, dass die Anlage in ihrer Substanz – insbesondere im Falle der Insolvenz des Emittenten – vollständig oder teilweise verloren geht (sog **Bestandsrisiko**). Das **Informationsrisiko** umschreibt die Gefahr, aufgrund unzureichender Informationen eine nicht sachgerechte Anlageentscheidung zu treffen. Mit dem **Konditionenrisiko** ist schließlich die Gefahr gemeint, Anlagen zu nicht marktgerechten Konditionen zu erwerben.[25] Indem die Anleger so weitgehend wie möglich vor diesen Risiken geschützt werden, wird ihr Vertrauen in die Integrität und Stabilität der Kapitalmärkte gestärkt, sodass sich

24 Dazu *Oulds* in Kümpel/Mülbert/Früh/Seyfried BankR und KapMarktR Rn. 11.58; *Veil* in Veil Europ. KapMarktR § 2 Rn. 4, § 16 Rn. 10f.

25 Zu den einzelnen Risiken für Anleger *Hopt* Kapitalanlegerschutz 53f.; *Zimmer* FS Immenga, 2001, 39 (50f.)

die Anleger zur Investition ihres Kapitals am Kapitalmarkt entscheiden.

28 Notwendige Bedingung eines funktionsfähigen Kapitalmarktes ist zudem die **Informationseffizienz**. Ein Markt ist informationseffizient, wenn sämtliche Informationen im Preis enthalten und systematische Überrenditen durch Informationsvorteile ausgeschlossen sind. Dies setzt die korrekte Verarbeitung von Informationen voraus (ausführlich → Rn. 32 ff.). Bezweckt wird hiermit die Herausbildung eines „korrekten" Kurspreises. Dieser besteht dann, wenn alle erheblichen Informationen durch Angebot und Nachfrage in den Kurs eingepreist werden und die Anleger somit allein auf Grundlage des Kurspreises ihre Investitionsentscheidung treffen können.

29 Die Allokation soll außerdem zu möglichst geringen Transaktionskosten erfolgen (**operationale Effizienz**). Transaktionskosten sind die Kosten, die bei der Übertragung von Gütern anfallen. Muss sich ein Anleger im Vorfeld seiner Anlageentscheidung über die Finanzinstrumente selbst informieren, verursacht dies einen entsprechenden Zeit- und Arbeitsaufwand und damit höhere Transaktionskosten. Je weniger Transaktionskosten anfallen, desto höher kann die Rendite der Anleger ausfallen. Ein wirksames Mittel zur Senkung von Transaktionskosten sind Regelungen, die diejenigen zur Offenlegung von Informationen verpflichten, die diese mit dem geringstmöglichen Aufwand beschaffen können. Vor allem die umfangreichen kapitalmarktrechtlichen Informationspflichten des Emittenten – etwa die Prospektpflichten oder die ad-hoc-Publizitätspflicht gem. Art. 17 MAR – dienen der operationalen Funktionsfähigkeit, da der Emittent die relevanten Informationen regelmäßig einfacher ermitteln und bereitstellen kann als andere Marktakteure.

So kann sich beispielsweise der börsennotierte Autohersteller weitaus einfacher und kostengünstiger als jeder einzelne Anleger die Information über die rechtswidrigen Manipulationen an den Dieselmotoren der Autos beschaffen. Der einzelne Anleger hat mangels Einblicks in die Unternehmenssphäre häufig nur schwer oder gar keine Möglichkeit, an die für seine Anlageentscheidung relevanten Informationen zu gelangen.

Insbesondere seit den Reformen infolge der Finanzkrise 2008 wird daneben auch das Ziel der **Finanzstabilität** gesondert erwähnt.[26] Allerdings ist noch unklar, ob es sich dabei tatsächlich um eine echte dritte Zielrichtung kapital-

26 So bspw. ErwGr 17 S. 3 ESMA-VO; ErwGr 52 S. 1 MAR; ErwGr 18 S. 2 CRIM-MAD.

marktrechtlicher Gesetzgebung handelt oder ob die Stabilität des Finanzsystems vielmehr Bestandteil (und Folge) der „klassischen" Regelungsziele des Kapitalmarktrechts ist.[27]

Der **Schutz der Funktionsfähigkeit des Kapitalmarktes** und der **Anlegerschutz** stehen nicht als voneinander unabhängige Ziele des Kapitalmarktrechts nebeneinander, sondern bedingen sich wechselseitig.[28] So ist der wirksame Schutz des Anlegervertrauens zugleich auch notwendige Bedingung für die Funktionsfähigkeit des Kapitalmarktes, da die Anleger ihr Kapital nur dann investieren, wenn sie in die Integrität des Marktes vertrauen können. Gleichzeitig kommt ein funktionsfähiger Kapitalmarkt den Anlegern zugute, da sie ihr Kapital so möglichst gewinnbringend investieren können.[29] Anschaulich hat *Hopt* insoweit die Metapher von den „zwei Seiten derselben Medaille"[30] bzw. den miteinander „kommunizierenden Röhren"[31] geprägt.

Am Beispiel des Ziels einer „korrekten" Kurspreisbildung wird die wechselseitige Beeinflussung der Regelungsziele anschaulich. Einerseits wird das Anlegerkapital nur dann sinnvoll alloziert, wenn die Anleger dem Kurspreis alle wesentlichen Informationen entnehmen und auf dieser Grundlage ihre Anlageentscheidung treffen können. Andererseits bildet sich nur dann ein zutreffender Kurs heraus, wenn der Markt informationseffizient ist, die Informationen also überhaupt erst eingepreist werden können.

Gleichzeitig ist hierdurch auch dem Anlegerschutz gedient. Sind im Kurs eines Finanzinstruments alle wesentlichen Informationen eingepreist, so laufen die Anleger nicht Gefahr, überbewertete Finanzinstrumente zu erwerben oder von anderen Marktteilnehmern übervorteilt zu werden. Demnach sinkt ihr Verlustrisiko, womit die Anleger eher bereit sind, überschüssiges Kapital am Kapitalmarkt zu investieren.

2. Individueller Anlegerschutz

Zu den Schlüsselfragen des Kapitalmarktrechts gehört die Frage, ob und inwieweit die Vorschriften neben dem institutionellen Schutz 30

27 Der europäische Gesetzgeber scheint wohl der ersteren Auffassung zuzuneigen (s. Art. 1 Abs. 5 S. 1 ESMA-VO). Der deutsche Gesetzgeber unterscheidet in § 14 Abs. 1 S. 1 WpHG zwar ebenfalls zwischen der „Stabilität der Finanzmärkte" und dem „Vertrauen in die Funktionsfähigkeit der Finanzmärkte", stellt aber klar, dass beide Aspekte dem Funktionsschutz dienen, s. BT-Drs. 17/1952, 8. Eine Abgrenzung nicht für notwendig haltend *Veil* in Veil Europ. KapMarktR § 2 Rn. 11.

28 Grundlegend *Hopt* ZHR 141 (1977), 389 (431). Ferner *Buck-Heeb* KapMarktR Rn. 7 ff.; *Lenenbach* KapMarktR Rn. 1.48.

29 *Lenenbach* KapMarktR Rn. 1.70.

30 *Hopt* ZHR 159 (1995), 135 (159).

31 *Hopt* Kapitalanlegerschutz 52.

des Anlegerpublikums auch den **individuellen Anlegerschutz**, also den Schutz des einzelnen Anlegers, bezwecken.[32] Zwar gibt es einzelne kapitalmarktrechtliche Vorschriften, die Anlegern Schadensersatzansprüche einräumen, insbesondere die Prospekthaftung gem. §§ 14 ff. WpPG; Art. 11 ProspektVO; §§ 20 f. VermAnlG; § 306 KAGB und die Haftung für fehlerhafte bzw. unterlassene ad-hoc-Informationen gem. §§ 97 f. WpHG (§§ 37b, 37c WpHG aF), die insoweit auch dem individuellen Anleger dienen. Im Übrigen aber ist die Frage nach dem individuellen Anlegerschutz als Regelungsziel der kapitalmarktrechtlichen Verhaltensnormen umstritten, so zB für das Marktmanipulationsverbot (Art. 15 MAR) oder die Pflichten der WpDU (§§ 63 ff. WpHG). Es handelt sich hierbei nicht nur um eine theoretisch spannende Frage, sondern spielt praktisch als Vorfrage etwa für die Begründung von Schadensersatzansprüchen gem. **§ 823 Abs. 2 BGB** iVm der jeweiligen kapitalmarktrechtlichen Regelung (Näheres → Rn. 480 f.; 600; 660; 880), für die Amtshaftung gem. **§ 839 BGB iVm Art. 34 GG** (→ Rn. 266, 952) und für sonstige zivilrechtliche Folgen kapitalmarktrechtswidriger Verhaltensweisen eine wichtige Rolle. Zwar wird die BaFin gem. § 4 Abs. 4 Finanzdienstleistungsaufsichtsgesetz (FinDAG); § 4 Abs. 2 WpÜG ausschließlich im öffentlichen Interesse und nicht im Interesse des einzelnen Anlegers tätig. Allerdings beziehen sich diese Regelungen allein auf die Tätigkeit der BaFin als Aufsichtsbehörde und sollen in erster Linie die Amtshaftung gem. § 839 BGB iVm Art. 34 GG für Fehler der BaFin bei der Kapitalmarktaufsicht ausschließen. Sie enthalten jedoch keine Aussage über die Schutzrichtung der kapitalmarktrechtlichen Pflichten der Marktteilnehmer.[33] Eine allgemeingültige Aussage, ob das Kapitalmarktrecht als solches dem individuellen Anlegerschutz dient, ist daher nicht möglich. Es ist vielmehr für jede einzelne kapitalmarktrechtliche Norm zu bestimmen, ob sie (auch) dem Interesse des einzelnen Anlegers dient.

3. Durchsetzung

31 Da das Kapitalmarktrecht der Funktionsfähigkeit des Kapitalmarktes und dem institutionellen Anlegerschutz dient und damit in erster Linie Aufgaben im öffentlichen Interesse erfüllt, wird die Einhaltung

32 KölnKomm WpHG/*Hirte/Heinrich* Einl. Rn. 11–13; Schwark/Zimmer/*Zimmer* WpHG § 1 Rn. 6.
33 BT-Drs. 14/7033, 34, 36; Schwark/Zimmer/*Noack* WpÜG § 4 Rn. 11 ff.

der kapitalmarktrechtlichen Vorschriften durch Aufsichtsbehörden überwacht. Für die Durchsetzung sind trotz der voranschreitenden europarechtlichen Durchdringung in erster Linie die mitgliedstaatlichen Aufsichtsbehörden verantwortlich (ausführlich → Rn. 913 ff.).[34] Zuständige Aufsichtsbehörde in Deutschland ist die Bundesanstalt für Finanzdienstleistungsaufsicht (BaFin).

III. Kapitalmarktrechtliches Informationsmodell

Nicht erst seit Ausbruch der Finanzmarktkrise 2008 wird darüber 32
diskutiert, ob und vor allem wie der Kapitalmarkt reguliert werden muss, um seine Funktionsfähigkeit zu sichern. Kapitalmärkte sind funktionsfähig, wenn Anleger ihr Kapital in die Finanzinstrumente derjenigen Emittenten investieren, die den Anlegern den höchsten Gewinn bei geringstem Risiko versprechen. Diese allokative Funktionsfähigkeit (→ Rn. 25 ff.) setzt voraus, dass Anleger den möglichen Gewinn und das Risiko einer Investition einschätzen können. Anleger laufen auf dem Kapitalmarkt Gefahr, wirtschaftlich nachteilige Geschäfte abzuschließen, wenn sie den Wert intransparenter Finanzinstrumente (dazu → Rn. 35) nur schwer einschätzen können, weil ihnen die wesentlichen Informationen fehlen. Dieser Gefahr begegnet der Gesetzgeber durch Informationspflichten, welche das zentrale Regelungsinstrument des Kapitalmarktrechts darstellen. Sie existieren sowohl am Primär- als auch am Sekundärmarkt. Hierdurch sollen Anleger die für die Anlageentscheidung notwendigen Informationen erhalten und dadurch Vertrauen in den Kapitalmarkt aufbauen, so dass sie ihr Kapital investieren und Emittenten dieses gewinnbringend verwenden können. Informationspflichten sind somit für die Funktionsfähigkeit des Kapitalmarktes von wesentlicher Bedeutung.

1. Ökonomischer Ausgangspunkt: Markteffizienzhypothese

Der ökonomische Ausgangspunkt des kapitalmarktrechtlichen In- 33
formationsmodells ist die von *Eugene Fama* aufgestellte Markteffizienzhypothese, die sog ***Efficient Capital Market Hypothesis***.[35] Demnach ist ein Kapitalmarkt effizient, wenn der Kurs eines Wertpapiers zu jeder Zeit alle wesentlichen Informationen über das Wertpapier

34 Zum Folgenden *Veil* ZGR 2014, 544 (557 ff.).
35 *Fama* 25 J. Fin. 383 (1970): „A market in which prices always ‚fully reflect' available information is called ‚efficient'."; *Fama* 46 J. Fin. 1575 (1991).

enthält und dementsprechend dessen tatsächlichen Wert widerspiegelt (sog Informationseffizienz).

34 *Fama* unterscheidet drei verschiedene Stufen der Informationseffizienz:[36] Bei einer schwachen Informationseffizienz (*weak*) spiegeln die Marktpreise nur vergangene Ereignisse wider und neue Informationen werden nur langsam eingepreist, so dass der Marktpreis von dem tatsächlichen Wert erheblich abweicht. Ein halbstreng informationseffizienter Kapitalmarkt zeichnet sich dadurch aus, dass die Marktpreise alle öffentlich verfügbaren Informationen über vergangene, aber auch gegenwärtige Ereignisse enthalten und Informationen bei Bekanntwerden sofort eingepreist werden (*semi-strong*). Die strenge Form der Informationseffizienz, die den vollständig informationseffizienten Kapitalmarkt kennzeichnet, liegt vor, wenn alle Informationen in die Preisbildung eingegangen sind, auch wenn sie nicht öffentlich bekannt sind (*strong*). In einem vollständig informationseffizienten Markt sind keine Informationspflichten notwendig, denn hier kann der Anleger darauf vertrauen, dass die Preise alle kursrelevanten Informationen reflektieren.[37] Diese modellhafte Vorstellung, dass alle Informationen frei und kostenlos verfügbar sind und in die Preisbildung einfließen, entspricht jedoch nicht der Realität. In der Realität sind Kapitalmärkte (bestenfalls) nur halbstreng informationseffizient (semi-strong).[38] Vergangene und gegenwärtige Informationen werden eingepreist, sobald sie öffentlich bekannt werden.

Im Falle unterbewerteter Finanzinstrumente erwerben Anleger bei einer positiven Information, so dass die Nachfrage bei gleichbleibendem Angebot und damit der Kurspreis auf den tatsächlichen Wert steigt. Im Falle überbewerteter Finanzinstrumente veräußern Anleger bei negativer Information, so dass das Angebot steigt und damit der Kurspreis fällt.

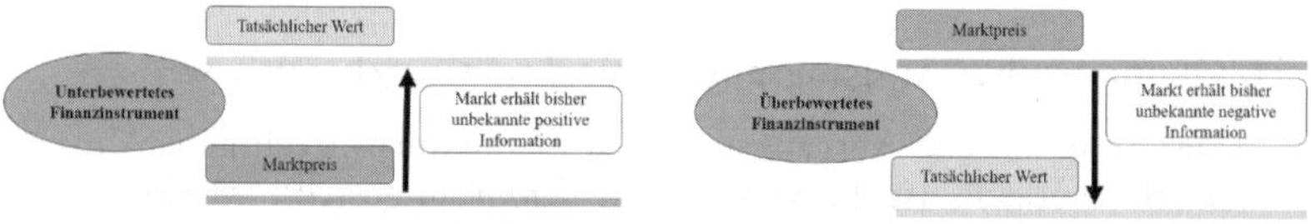

36 *Fama* 25 J. Fin. 383 (1970). Siehe auch *Saari* 29 Stan. L. Rev. 1031, 1041 ff. (1973).
37 *Saari* 29 Stanford Law Review 1031, 1072 (1977).
38 *Gilson/Kraakman* 70 Va. L. Rev. 549, 551 (1984).

2. Kapitalmarktrechtliches Regulierungsbedürfnis

Da Informationen damit auf Grundlage der Kapitalmarkteffizienzhypothese grundsätzlich sinnvoll sind, stellt sich im Weiteren die Frage, warum der Gesetzgeber Informationspflichten eingeführt und nicht auf freiwillige Informationen vertraut hat.[39] Ein Bedürfnis nach Regulierung entsteht allgemein, wenn anderenfalls ein Marktversagen droht. Dass dies der Fall ist, resultiert daraus, dass der Kapitalmarkt durch ein besonderes **Informationsungleichgewicht** (Informationsasymmetrie) geprägt ist.[40] Die Qualität von Finanzinstrumenten ist für Anleger weder wie bei Sachgütern ohne Weiteres vor dem Kauf erkennbar noch wie bei Erfahrungsgütern bei wiederholtem Kauf durch Erfahrung erlernbar. Stattdessen handelt es sich um Vertrauensgüter, bei denen trotz intensiver Recherche wichtige Eigenschaften unbekannt, also dem Vertrauen überlassen bleiben.[41] Während die Emittenten typischerweise über alle bewertungsrelevanten Informationen, insbesondere zu ihrer finanziellen Lage, verfügen, fehlen Anlegern, insbesondere Klein- oder Privatanlegern, häufig die für eine sachgerechte Anlageentscheidung notwendigen Informationen. 35

Steuert man dieser Informationsasymmetrie nicht gegen, so droht das ***market for lemons***-Phänomen *Akerlofs*:[42] 36

Kunde K beabsichtigt, einen Gebrauchtwagen zu kaufen. Der Autohändler bietet ihm ein Fahrzeug zu 15.000 EUR an und versichert ihm, dass es sich um ein ganz herausragendes Exemplar handelt, das diesen Preis voll und ganz wert ist. Daneben bietet er ihm Fahrzeuge jeweils zum durchschnittlichen Preis von 10.000 EUR an. Da K nicht erkennen kann, ob die Fahrzeuge gut oder schlecht erhalten sind, entscheidet er sich schließlich für ein Auto zum Preis von 10.000 EUR. Das Fahrzeug zum Preis von 15.000 EUR ist seinen Preis zwar tatsächlich wert, da den Käufern aber alle notwendigen Informationen zur Bewertung der Qualität sämtlicher Fahrzeuge fehlen, haben Anbieter von Fahrzeugen, deren Wert deutlich über dem Durchschnitt liegen, keine Chance, ihr Fahrzeug zu verkaufen. Langfristig scheiden die Anbieter hochwertiger Autos aus dem Markt aus und es werden nur noch schlechte Autos angeboten. Es kommt zu einem Marktversagen.

---

39 Grundlegend hierzu *Coffee* 70 Va. L. Rev. 717 (1984).

40 Ausführlich hierzu *Fleischer* Informationsasymmetrien im Vertragsrecht 93ff.; *Langenbucher* AktR § 1 Rn. 16ff.

41 Grundlegend *Schäfer/Ott* Ökonom. Analyse des ZivilR 542. Zum Kapitalmarkt *Black* 48 UCLA L.Rev. 781, 786ff. (2001); *Fleischer* Gutachten F zum 64. DJT F 23.

42 *Akerlof*, 84 Quarterly Journal of Economics 488, 488–500 (1970). Als Zitronen (lemon) werden in den USA Autos bezeichnet, die von schlechterer Qualität sind und daher auch als Montagsautos bezeichnet werden.

37 Fehlen Anlegern wesentliche Informationen und können sie die Qualität von Finanzinstrumenten nicht beurteilen, sind sie folglich allenfalls bereit, einen durchschnittlichen Preis für jedwedes Produkt zu zahlen. In einem solchen Umfeld lohnt es sich für Emittenten nicht, qualitativ hochwertige Finanzinstrumente anzubieten, die einen überdurchschnittlichen Preis wert sind und die gleichwohl nur zu einem durchschnittlichen Preis veräußert werden. Die qualitativ hochwertigen Finanzinstrumente scheiden aus dem Markt aus (***adverse selection***), so dass eine Abwärtsspirale beginnt. Auf längere Sicht bilden sich falsche, nicht marktgerechte Preise durch Fehlallokationen heraus. Informationsasymmetrien können demnach zu einem Marktversagen führen.[43] Auf dem Primärmarkt gelten daher vor allem Informationspflichten in Form von Prospektpflichten (Art. 3 Abs. 1, 3 ProspektVO, § 6 VermAnlG; §§ 164, 268 KAGB; → Rn. 230 ff.). Hierdurch sollen dem Anleger die für die Anlageentscheidung notwendigen wertrelevanten Informationen zur Verfügung stehen, so dass er nicht Gefahr läuft, ein überteuertes Instrument von dem Emittenten zu erwerben.

38 Am Sekundärmarkt gelten ebenfalls Informationspflichten, wie etwa die ad-hoc-Publizitätspflicht gem. Art. 17 MAR (→ Rn. 494 ff.) oder die Regelpublizitätspflicht gem. §§ 114 ff. WpHG (→ Rn. 592 ff.). Aufgrund der veröffentlichten Informationen können Anleger überbewertete Instrumente erkennen und veräußern bzw. unterbewertete Instrumente erwerben. Veräußern Anleger überbewertete Finanzinstrumente oder erwerben sie unterbewertete Finanzinstrumente, nähert sich der dem Finanzinstrument zugeschriebene Preis – etwa der Börsenkurs – dem objektiven Wert an. Die Gefahr für Anleger, ein überteuertes Instrument zu erwerben oder ein unterbewertetes Instrument zu veräußern, wird damit gebannt, da die für den Wert des Instruments relevanten Informationen durch den vorangehenden Handel desgleichen bereits in die Preisbildung einfließen. Ergänzend gelten zudem Verbote marktmissbräuchlichen Verhaltens, wie das Insiderhandels- und Marktmanipulationsverbot, wodurch opportunistisches Verhalten einzelner Marktteilnehmer verhindert werden soll.

43 Hierzu *Langenbucher* AktR § 1 Rn. 17.

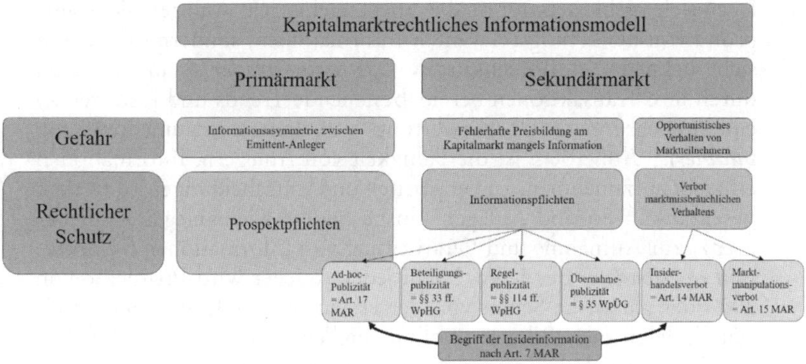

3. Grenzen des Informationsmodells

39 Das Kapitalmarktinformationsmodell fußt jedoch auf einer weiteren zentralen Prämisse der Markteffizienzhypothese (→ Rn. 33), namentlich der Annahme, dass Anleger als sog **homo oeconomicus** auf der Grundlage der wesentlichen Informationen stets rational handeln.[44] Sie investieren idealerweise also in diejenigen Finanzinstrumente, die aus ihrer Sicht aufgrund der verfügbaren Informationen unter Berücksichtigung von Wahrscheinlichkeiten den höchsten Gewinn bei ausreichender Sicherheit versprechen. Auf diese Weise gelangt das Kapital iSd Allokationseffizienz dorthin, wo es am gewinnbringendsten eingesetzt werden kann.

40 In der Realität haben die Prämisse des *homo oeconomicus* und damit auch das kapitalmarktrechtliche Informationsmodell Grenzen: Einen maßgeblichen Beitrag zur Aufdeckung dieser Grenzen hat *Robert Shiller* geleistet, der hierfür zeitgleich mit *Eugene Fama* (und *Lars Peter Hansen*), dem Begründer der *Efficient Capital Market Hypothesis*, einen Nobelpreis für Ökonomie erhalten hat.[45] Nach den Erkenntnissen der **Verhaltensökonomie (*behavioral economics*)**[46] verhalten An-

44 *Cunningham* 62 Geo. Wash. L. Rev. 546, 565 (1994): „The possibility that human beings behave irrationally has been resisted by economics for centuries, and is „assumed out" of the ECMH model.".
45 *Shiller* Irrational Exuberance, 3. Aufl. 2015, 218 ff.
46 *Shleifer,* Inefficient Markets, 2000, 23: „At the most general level, behacioral finance is the study of human fallibilty in competitive markets.".

leger sich nicht stets rational.[47] So handeln viele Anleger nicht aufgrund von bewertungsrelevanten Informationen, sondern orientieren sich vielmehr an Börsenkursen (sog ***noise trader***),[48] intensivieren durch ihre Transaktionen bereits bestehende Trends und forcieren so eine unbegründete Überbewertung von Finanzinstrumenten (sog ***bubbles***).[49] Außerdem ist die Fähigkeit von Anlegern, Informationen effizient aufzunehmen, zu verarbeiten und Entscheidungen zu treffen, beschränkt.[50] So sind Anleger – insbesondere Kleinanleger – nur begrenzt zur Aufnahme und Verarbeitung von Informationen (***information overload***) in der Lage. Nicht jeder Anleger wird Prospekte von 200 oder gar mehr Seiten von der ersten bis zur letzten Seite vollständig lesen oder Bilanzen vollumfänglich verstehen. Mit Hilfe der Kognitionspsychologie und Verhaltenswissenschaft wurden weitere **Verhaltensanomalien** herausgearbeitet: So nehmen Anleger Informationen häufig nur selektiv wahr, blenden vor allem Informationen aus, die den eigenen Interessen widersprechen.[51] Es wurde auch festgestellt, dass Entscheidungen nicht ausschließlich vom tatsächlichen Inhalt der Informationen abhängten, sondern häufig von der Art und Weise, wie diese präsentiert werden (sog Framing- oder Rahmungseffekte).[52] Zudem werden nicht alle möglichen zukünftigen Zustände von Anlegern mit den richtigen Wahrscheinlichkeiten gewichtet, so dass ein falsches Gesamturteil über Risiken oder Chancen entsteht (sog Anomalie des Scenariodenkens). Teilweise werden bedeutende Nachteile außer Acht gelassen, wenn sie nur mit sehr geringer Wahrscheinlichkeit eintreten (sog Wahrscheinlichkeitsanomalie). Selbst ein deutlicher Hinweis auf das mit einer Investition verbundene Risiko des Totalverlustes wird häufig nicht ausreichend bei der Anlageentscheidung berücksichtigt. Viele Anleger, insbesondere Kleinanleger, sind daher im Hinblick auf ihre Unerfahrenheit und Unterlegenheit besonders schutzbedürftig.[53]

41 Dass sich Anleger nach den Erkenntnissen der Verhaltensökonomik auch bei umfassender Information nicht stets rational verhalten,

---

47 *Klöhn* Kapitalmarkt, Spekulation und Behavioral Finance 46f., 156f.; *Langenbucher* AktR § 1 Rn. 30ff.

48 *Black* 41 J. Fin. 529 (1986): „People sometimes trade on noise as if it were information.“.

49 *Shiller* Irrational Exuberance, 2015, 112ff.; *Langenbucher* AktR § 1 Rn. 30.

50 Grundlegend *Simon* Models of Man 198; *ders.*, Administrative Behavior, 4. Aufl. 1997, 93f.

51 *Eidenmüller* JZ 2005, 216 (218).

52 *Tversky/Kahnemann* 59 Journal of Business 251, 257 (1986); *Tversky/Kahnemann* 39 American Psychologist 1984, 341 (343).

53 Fuchs/*Fuchs* WpHG Vor §§ 31ff. Rn. 87.

stellt das kapitalmarktrechtliche Informationsmodell jedoch nicht grundsätzlich in Frage,[54] zumal ein überzeugendes Alternativmodell fehlt. Entsprechend konzentrieren sich die rechtspolitischen Anstrengungen auf eine Optimierung des Umfelds für möglichst informationseffiziente Märkte.[55] Um ein ineffizientes *information overload* zu vermeiden, sind Emittenten beispielsweise zur Erstellung sog **Kurzinformationsblätter** verpflichtet, in denen die wesentlichen Informationen kurz und knapp auf wenigen Seiten zusammengefasst werden (siehe Art. 6 PRIIP-VO;[56] § 64 Abs. 2 WpHG).

Wenn das kapitalmarktrechtliche Informationsmodell versagt, sind 42
darüber hinaus als *ultima ratio* (vorübergehende) Produktverbote bzw. -interventionen möglich. So kann das Bundesfinanzministerium gem. § 100 WpHG (§ 37g WpHG aF) riskante Finanztermingeschäfte durch Rechtsverordnung verbieten, sofern dies zum Schutz der Anleger notwendig ist. Gem. Art. 42 MiFIR und § 15 WpHG (§ 4b WpHG aF) kann die BaFin Vermarktung, Vertrieb und Verkauf von Finanzinstrumenten oder strukturierten Einlagen vorübergehend verbieten, wenn ernsthafte Bedenken hinsichtlich des Anlegerschutzes, des ordnungsgemäßen Funktionierens und der Integrität der Finanz- oder Warenmärkte oder der Stabilität des Finanzsystems bestehen. Subsidiär verfügen auch die europäischen Aufsichtsbehörden ESMA und EBA über entsprechende Befugnisse (Art. 40, 41 MiFIR; → Rn. 915 ff.).

§ 2. Überblick über die Regeln des Kapitalmarktrechts

Das Kapitalmarktrecht ist ein Stückwerk aus verschiedenen Rechts- 43
akten auf unterschiedlichen Regelungsebenen. So besteht das sog **Mehrebenensystem** des Kapitalmarktrechts aus einer Vielzahl von sich zT überlagernden Rechtsquellen: dem internationalen Recht, dem EU-Recht und dem nationalen Recht. Auf den einzelnen Regelungsebenen finden sich wiederum verschiedene Vorschriften, die einzelne Fragen des Kapitalmarktrechts regeln. Diese Vielfalt und Vielschichtigkeit stellt den Rechtsanwender vor große Herausforderungen.

---

54 Für eine Abschaffung der Publizitätspflichten aber *Langevoort* 140 U. Pa. L. Rev. 851, 869 (1992).

55 Siehe ErwGr 49, 51 MAR; ErwGr 1, 2, 16, 18, 24 und 25 TD.

56 Verordnung (EU) Nr. 1286/2014 des Europäischen Parlaments und des Rates vom 26.11.2014 über Basisinformationsblätter für verpackte Anlageprodukte für Kleinanleger und Versicherungsanlageprodukte (PRIIP), ABl. 2014 L 352, 1.

I. Internationales Kapitalmarktrecht

44 Da der Kapitalmarkt weder an nationalen Grenzen noch an den europäischen Außengrenzen Halt macht, haben internationale Normen zwar keine unmittelbar bindende Bedeutung, entfalten aber jedenfalls einen mittelbaren Einfluss auf die Gestaltung nationaler und europäischer Vorschriften. So soll inbesondere die International Organization of Securities Commissions (**IOSCO**), eine seit 1983 bestehende internationale Vereinigung von Wertpapierregulierungsbehörden mit Sitz in Madrid, internationale Standards entwickeln, um den Anlegerschutz und die Erhaltung fairer, wirksamer und transparenter Märkte global zu gewährleisten.[57]

Die IOSCO empfahl beispielsweise ihren Mitgliedern im Jahr 2000 die International Accounting Standards (IAS) bzw. International Financial Reporting Standards (IFRS) als Zulassungsvoraussetzungen an den nationalen Börsen zu etablieren[58]. Seit 2005 ist nach einer EU-Verordnung[59] jede Gesellschaft, deren Wertpapiere an einem geregelten Wertpapiermarkt in der EU gelistet sind, verpflichtet, ihren Konzernabschluss nach IFRS aufzustellen.

II. Europäisches Kapitalmarktrecht

1. Lamfalussy II-Verfahren

45 Das Kapitalmarktrecht besteht zu einem ganz überwiegenden Teil aus europarechtlichen Verordnungen bzw. aus nationalen Vorschriften, die europarechtliche Richtlinien umsetzen. Um den schnelllebigen Veränderungen auf dem Kapitalmarkt Rechnung zu tragen und eine flexible und transparente Rechtssetzung im Kapitalmarktrecht zu ermöglichen, erfolgt die EU-Rechtssetzung seit 2002 in dem sog Lamfalussy-Verfahren[60] in vier Stufen:[61] Die relativ abstrakt formu-

57 Vgl. http://www.iosco.org/about/?subsection=about_iosco.
58 IASC Standards – Assessment Report, Report of the Technical Committee of IOSCO, 16.5.2000 (abrufbar unter: https://www.iosco.org/library/pubdocs/pdf/IOSCOPD109.pdf).
59 VO (EG) Nr. 1606/2002 des Europäischen Parlaments und des Rates vom 19.7.2002 betreffend die Anwendung internationaler Rechnungslegungsstandards, ABl. 2002 L 243, 1.
60 Namensgeber ist Baron Alexandre Lamfalussy, der Vorsitzender des von der Kommission im Juli 2000 eingesetzten Ausschusses der Weisen war.
61 Zum Folgenden ausführlicher *Walla* in Veil Europ. KapMarktR § 2 Rn. 22 ff.; *Veil* ZGR 2014, 544 (551 ff.).

lierten Rahmenrechtsakte werden auf **Level 1** in Form von Richtlinien und Verordnungen im allgemeinen Gesetzgebungsverfahren durch das Europäische Parlament und den Rat auf Vorschlag der Kommission erlassen. Diese werden auf **Level 2** durch Rechtsakte der Kommission und der Europäischen Kapitalmarktaufsichtsbehörde (ESMA) konkretisiert: Wird die Kommission in einer Verordnung oder Richtlinie auf Level 1 zum Erlass delegierter Rechtsakte iSd Art. 290 des Vertrags über die Arbeitsweise der Europäischen Union (AEUV) ermächtigt, bedient sie sich hierfür nach Konsultation der ESMA einer delegierten Verordnung oder Richtlinie auf Level 2. Außerdem erarbeitet die ESMA gem. Art. 10, 15 ESMA-VO[62] auf der Grundlage einer entsprechenden Ermächtigung in einem Level 1-Rahmenrechtsakt **technische Regulierungsstandards** (RTS) und technische Durchführungsstandards (ITS), die jeweils eher technischer Natur sind und keine strategischen oder politischen Entscheidungen enthalten (Art. 10 Abs. 1 UAbs. 2; 15 Abs. 1 S. 2 ESMA-VO). RTS werden nach Zustimmung der Kommission als delegierte Rechtsakte gem. Art. 290 AEUV und ITS als Durchführungsrechtsakte gem. Art. 291 AEUV in Form einer Verordnung oder durch Beschluss rechtsverbindlich durch die Kommission verabschiedet.

Die ESMA ist darüber hinaus auf **Level 3** befugt, unverbindliche 46
Empfehlungen und Leitlinien zu erlassen, um eine möglichst einheitliche Auslegung und Anwendung der verbindlichen Rechtsakte auf Level 2 und 3 in allen Mitgliedstaaten zu erreichen und so ein *level-playing-field* zu schaffen. **Empfehlungen** legen als gem. Art. 288 Abs. 5 AEUV unverbindliche Handlungsformen der Unionsorgane dem Adressaten ein bestimmtes Verhalten nahe.[63] **Leitlinien** sind zwar primärrechtlich nicht vorgesehen, aber vom EuGH als zulässige europäische Handlungsform anerkannt, um eine ständige Verwaltungspraxis zu formulieren.[64] Leitlinien und Empfehlungen sind zwar als sog *soft law* rechtlich grundsätzlich nicht bindend, die mitgliedstaatlichen Behörden und Marktteilnehmer sollen aber gem. Art. 16 Abs. 3 UAbs. 1 ESMA-VO alle erforderlichen Anstrengungen

62 Verordnung (EU) Nr. 1095/2010 des Europäischen Parlaments und des Rates vom 24.11.2010 zur Errichtung einer Europäischen Aufsichtsbehörde (Europäische Wertpapier- und Marktaufsichtsbehörde), zur Änderung des Beschlusses Nr. 716/2009/EG und zur Aufhebung des Beschlusses 2009/77/EG der Kommission, Abl. 2010 L 331, 84.

63 Calliess/Ruffert/*Ruffert* AEUV Art. 288 Rn. 95 f.

64 EuGH Slg. 2005, ECLI:EU:C:2005:408, I-5425 (I-5566) Rn. 209 f.– Dansk Rørindustri ua/Kommission.

unternehmen, um den Leitlinien und Empfehlungen nachzukommen.[65] Gem. Art. 16 Abs. 3 UAbs. 2 und 3 ESMA-VO sind die Mitgliedstaaten zudem iSe *comply-or-explain* verpflichtet, die Einhaltung der Empfehlungen und Leitlinien zu bestätigen oder anderenfalls die Nichteinhaltung unter Angabe von Gründen gegenüber der ESMA anzuzeigen (Art. 16 Abs. 3 UAbs. 2 ESMA-VO). Dies wird wiederum von der ESMA veröffentlicht (ErwGr 26 ESMA-VO). Insoweit entsteht jedenfalls eine faktische Bindungswirkung.

47 Darüber hinaus entfalten Leitlinien „unter bestimmten Voraussetzungen und je nach ihrem Inhalt Rechtswirkungen", soweit sie aus Vertrauensschutz- und Gleichbehandlungsgründen zu beachten sind.[66] Nach der Rechtsprechung des EuGH müssen die mitgliedstaatlichen Gerichte auch europäische Empfehlungen berücksichtigen.[67]

Hält sich ein Marktteilnehmer beispielsweise an die Auslegung einer europäischen Verordnung in einer Empfehlung der ESMA, so scheidet eine Bußgeld- oder Schadensersatzhaftung des Marktteilnehmers in der Regel wegen eines unverschuldeten Rechtsirrtums aus, wenn sich im Nachhinein herausstellt, dass die Auslegung der Verordnung durch die ESMA (nicht offenkundig) unionsrechtswidrig ist.[68]

48 **Level 4** des Lamfalussy II-Verfahrens umfasst schließlich Maßnahmen der Kommission und der ESMA zur Kontrolle der mitgliedstaatlichen Rechtsumsetzung. So überwacht die ESMA gem. Art. 17 ESMA-VO die Mitgliedstaaten und gibt erforderlichenfalls Empfehlungen oder förmliche Stellungnahmen ab oder fasst Beschlüsse. Zudem kann die Kommission uU ein Vertragsverletzungsverfahren gem. Art. 258 AEUV einleiten.

---

65 Näher zur Rechtsnatur und möglichen Auswirkungen: *Walla* BKR 2012, 265 (267).
66 EuGH Slg. 2005, ECLI:EU:C:2005:408, I-5425 (I-5566) Rn. 211 – Dansk Rørindustri ua/Kommission.
67 EuGH Slg. 1989, I-4416 (I-4421) Rn. 18. – Grimaldi.
68 *Veil* in Veil Europ. KapMarktR § 5 Rn. 39.

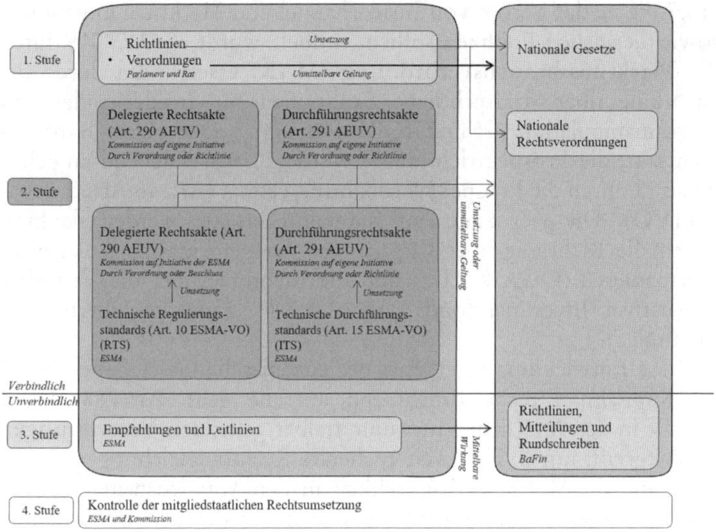

2. Richtlinien und Verordnungen

Lange Zeit dominierte im europäischen Kapitalmarktrecht die 49
Rechtsform der Richtlinie, die gem. Art. 288 Abs. 3 AEUV in nationales Recht umzusetzen und im Wege richtlinienkonformer Auslegung der nationalen Umsetzungsvorschriften zu berücksichtigen sind. So waren die vier im Rahmen des Lamfalussy-Verfahrens erlassenen und inzwischen weitgehend reformierten Rahmenrechtsakte zunächst allesamt als Richtlinie erlassen. Dazu gehören nach wie vor die europäische **Finanzmarktrichtlinie** (MiFID)[69] (MiFID) und ihre Neufassung **MiFID II** sowie die **Transparenzrichtlinie** (**TD**).[70] Die Richtlinie über Insider-Geschäfte und Marktmanipulation (MAD

69 Richtlinie 2004/39/EG des Europäischen Parlaments und des Rates vom 21.4.2004 über Märkte für Finanzinstrumente, zur Änderung der Richtlinien 85/611/EWG und 93/6/EWG des Rates und der Richtlinie 2000/12/EG des Europäischen Parlaments und des Rates und zur Aufhebung der Richtlinie 93/22/EWG des Rates, ABl. 2004 L 145, 1.

70 Richtlinie 2004/109/EG des Europäischen Parlaments und des Rates v. 15.12.2004 zur Harmonisierung der Transparenzanforderungen in Bezug auf Informationen über Emittenten, deren Wertpapiere zum Handel auf einem geregelten Markt zugelassen sind, und zur Änderung der Richtlinie 2001/34/EG, ABl. 2004 L 390, 48.

aF),[71] die ua das Verbot von Insiderhandel und Marktmanipulationen sowie die ad-hoc-Publizitätspflicht enthielt, wurde am 2.7.2016 durch die **Marktmissbrauchsverordnung (MAR)** ersetzt und durch die Richtlinie über strafrechtliche Sanktionen für Insiderhandel und Marktmanipulation ergänzt (CRIM-MAD).[72] Der vierte Rahmenrechtsakt, die Prospektrichtlinie[73], wurde 2019 weitgehend aufgehoben und durch die **Prospektverordnung** ersetzt (Art. 46 Abs. 1 **ProspektVO**). Die vier zentralen Rahmenrechtsakte werden flankiert durch die Richtlinie über Organismen für gemeinsame Anlagen in Wertpapieren (OGAW-RL)[74] und die Richtlinie über die Verwalter alternativer Investmentfonds (AIFM-RL)[75] sowie die Übernahmerichtlinie.[76]

50 Diese Entwicklung zeigt, dass der europäische Gesetzgeber (auch) im Kapitalmarktrecht zunehmend auf die gem. Art. 288 Abs. 2 AEUV in den Mitgliedstaaten unmittelbar geltenden **Verordnungen** zurückgreift, um so eine weitergehende Rechtsangleichung zu erreichen und die Wettbewerbsgleichheit in den Mitgliedstaaten zu fördern.[77] In diesem Zusammenhang sind neben der bereits erwähnten MAR und der Prospektverordnung die Ratingverordnung und die Leerverkaufsverordnung[78] zu nennen. Ferner gehören zu den europäischen Verordnungen die Verordnung über OTC-Derivate (EMIR)[79]

71 Richtlinie 2003/6/EG des Europäischen Parlaments und des Rates v. 28.1.2003 über Insider-Geschäfte und Marktmanipulation (Marktmissbrauch), ABl. 2003 L 96, 16.

72 Richtlinie 2014/57/EU des Europäischen Parlaments und des Rates v. 16.4.2014 über strafrechtliche Sanktionen bei Marktmanipulation, ABl. 2014 L 173, 179.

73 Richtlinie 2003/71/EG des Europäischen Parlaments und des Rates vom 4.11.2003 betreffend den Prospekt, der beim öffentlichen Angebot von Wertpapieren oder bei deren Zulassung zum Handel zu veröffentlichen ist, und zur Änderung der Richtlinie 2001/34/EG, ABl. 2003 L 345/64.

74 Richtlinie 2009/65/EG des Europäischen Parlaments und des Rates v. 13.7.2009 zur Koordinierung der Rechts- und Verwaltungsvorschriften betreffend bestimmte Organismen für gemeinsame Anlagen in Wertpapieren, ABl. 2009 L 302, 32.

75 Richtlinie 2011/61/EU des Europäischen Parlaments und des Rates v. 8.6.2011 über die Verwalter alternativer Investmentfonds und zur Änderung der Richtlinien 2003/41/EG und 2009/65/EG und der Verordnungen (EG) Nr. 1060/2009 und (EU) Nr. 1095/2010, ABl. 2011 L 174, 1.

76 Richtlinie 2004/25/EG des Europäischen Parlaments und des Rates v. 21.4.2004 betreffend Übernahmeangebote, ABl. 2004 L 142, 12.

77 So zB die EU-Kommission in ihrem Vorschlag für die MiFIR, KOM (2011) 652 endg. 6.

78 Verordnung (EU) Nr. 236/2012 des Europäischen Parlaments und des Rates v. 14.3.2012 über Leerverkäufe und bestimmte Aspekte von Credit Default Swaps, ABl. 2012 L 86, 1.

79 Verordnung (EU) Nr. 648/2012 des Europäischen Parlaments und des Rates v. 4.7.2012 über OTC-Derivate, zentrale Gegenparteien und Transaktionsregister, ABl. 2012 L 201, 1.

und die Verordnung zur Regulierung von Benchmarks.[80] Abweichend von dem Vorgehen beim Erlass der MiFID im Jahre 2004, schuf der EU-Gesetzgeber 2014 flankierend zur MiFID II auch eine Finanzmarktverordnung (MiFIR)[81], die gem. Art. 55 MiFIR seit dem 3.1.2018 anwendbar ist und vor allem die Marktinfrastruktur, also die Handelsplätze für Finanzinstrumente, unmittelbar regelt. Zudem wurde am 11.12.2019 die KMU-Wachtstumsmärkte-VO (VO (EU) 2019/2115) im EU-Amtsblatt veröffentlicht. Sie soll kleinen und mittleren Unternehmen (KMU) durch Änderungen in der MAR, der ProspektVO und der MiFID II mit Wirkung ab dem 1.1.2021 die Tätigkeit am Kapitalmarkt erleichtern und die Nutzung von KMU-Wachstumsmärkten fördern.

3. Harmonisierungsgrad

Die kapitalmarktrechtlichen Richtlinien und Verordnungen weisen 51
einen unterschiedlichen Harmonisierungsgrad auf. Sowohl Richtlinien als auch Verordnungen können mindest- oder vollharmonisierend sein.[82] Im Falle einer **Mindestharmonisierung** werden Mindeststandards festgelegt, die die Mitgliedstaaten im nationalen Recht nicht unter-, aber überschreiten dürfen.[83] **Vollharmonisierende** Rechtsakte zeichnen sich dadurch aus, dass die Mitgliedstaaten im Anwendungsbereich des Rechtsakts keine abweichenden, insbesondere auch keine strengeren Regelungen schaffen dürfen.[84] Der Harmonisierungsgrad des jeweiligen europäischen Rechtsakts ist entweder ausdrücklich geregelt oder durch Auslegung, insbesondere anhand der Erwägungsgründe, zu ermitteln. Bei Verordnungen spricht häufig viel für eine Vollharmonisierung, da der europäische Gesetzgeber hiermit regelmäßig eine einheitliche Rechtslage innerhalb der EU schaffen und Regulierungsarbitrage vermeiden will.[85]

---

80 Verordnung (EU) Nr. 2016/1011 des Europäischen Parlaments und des Rates v. 8.6.2016 über Indizes, die bei Finanzinstrumenten und Finanzkontrakten als Referenzwert oder zur Messung der Wertentwicklung eines Investmentfonds verwendet werden, und zur Änderung der Richtlinien 2008/48/EG und 2014/17/EU sowie der Verordnung (EU) Nr. 596/2014, ABl. 2016 L 171, 1.

81 Verordnung (EU) Nr. 600/2014 des Europäischen Parlaments und des Rates vom 15.5.2014 über Märkte für Finanzinstrumente und zur Änderung der Verordnung (EU) Nr. 648/2012, ABl. 2014 L 173, 84.

82 *Schneider* AG 2012, 823 (825); *Veil* ZGR 2014, 544 (569). AA *Mülbert* ZHR 176 (2012), 369 (374).

83 Grabitz/Hilf/Nettesheim/*Tietje* AEUV Art. 114 Rn. 41.

84 Grabitz/Hilf/Nettesheim/*Tietje* AEUV Art. 114 Rn. 39.

85 *Walla* in Veil Europ. KapMarktR § 4 Rn. 31; *Veil* ZGR 2014, 544 (569).

52 Während die europäischen Kapitalmarktrechtsakte ursprünglich vor allem mindestharmonisierenden Charakter hatten, verfolgt der europäische Gesetzgeber in jüngerer Zeit zunehmend einen vollharmonisierenden Ansatz[86] und beschränkt die Mindestharmonisierung nur noch auf eng begrenzte Regelungsbereiche, etwa in der Übernahmerichtlinie.[87] Der Harmonisierungsgrad kann aber auch innerhalb eines Rechtsakts variieren. So sehen auch die grundsätzlich vollharmonisierenden kapitalmarktrechtlichen Richtlinien und Verordnungen für die Aufsicht und Sanktionierung jeweils grundsätzlich nur Mindeststandards vor, denn den Mitgliedstaaten wird insoweit ausdrücklich gestattet, strengere Regelungen vorzuhalten (siehe etwa Art. 30 MAR; Art. 70 Abs. 6 MiFID II).

4. Tendenzen im europäischen Kapitalmarktrecht

53 Die Herausbildung einer „**Europäischen Kapitalmarktunion**" ist bereits in vollem Gange. Mit der jüngsten Überarbeitung der kapitalmarktrechtlichen Richtlinien – TD, MAD und MiFID – ist der europäische Gesetzgeber diesem Ziel einen großen Schritt näher gerückt.[88] Die Bedeutung und der Spielraum der nationalen Gesetzgebung werden daher sukzessive abnehmen,[89] insbesondere durch die grundsätzliche Tendenz hin zur **Vollharmonisierung** und die zunehmende Regulierung durch unmittelbar geltende **Verordnungen.** Das europäische Unionsrecht dringt auch verstärkt in Bereiche vor, die traditionell den Mitgliedstaaten überlassen waren, wie die **Rechtsdurchsetzung.** So werden die Eingriffs- und Koordinationsbefugnisse der ESMA ausgebaut und die Kernelemente des nationalen Aufsichts-, Überwachungs- und Sanktionssystems in allen kapitalmarktrechtlichen Teilgebieten durch Mindeststandards reguliert.[90] Langfristig strebt die ESMA ein sog „Single Rulebook" an, worin sämtliche Fragen zur Anwendung des europäischen Kapitalmarktrechts geregelt werden sollen.[91]

86 Vgl. ErwGr 5 MAR; ErwGr 12 Transparenzrichtlinie-Änderungsrichtlinie; für PD vgl. *Burmeister/Staebe* EuR 2009, 444 (451).
87 *Veil* ZGR 2014, 544 (549, 572); zur Mindestharmonisierung *Krause* BB 2004, 113; vgl. ErwGr 25 Übernahmerichtlinie.
88 Vgl. *Seibt/Wollenschläger* ZIP 2014, 545.
89 *Seibt/Wollenschläger* ZIP 2014, 545 (554).
90 Näheres bei *Seibt/Wollenschläger* AG 2014, 593 (603).
91 *Veil* ZGR 2014, 544 (601 f.).

III. Nationales Kapitalmarktrecht

Obgleich der Kapitalmarkt zunehmend durch unmittelbar anwendbare EU-Verordnungen reguliert wird, besteht das Kapitalmarktrecht noch immer zum Großteil aus nationalen Vorschriften, die allerdings überwiegend europäische Richtlinien umsetzen. Das nationale Kapitalmarktrecht zeichnet sich parallel zu den europäischen Vorgaben dadurch aus, dass es als „Flickwerk" auf eine Vielzahl unterschiedlicher Vorschriften verteilt ist. Allerdings lassen sich die weit verstreuten Einzelregelungen oftmals auf vergleichbare Strukturen zurückführen. So sind etwa die Prospektpflichten für verschiedene Finanzinstrumente auf unterschiedliche Gesetze verteilt, aber nach ähnlichen Grundsätzen aufgebaut (→ Rn. 230 ff.). 54

1. Gesetze

Als „Grundgesetz"[92] des Kapitalmarktrechts gilt das 1994 verabschiedete Gesetz über den Wertpapierhandel (**WpHG**). Anders als der Titel des Gesetzes suggerieren mag, beschränkt sich das WpHG nicht auf den Handel mit Wertpapieren, sondern regelt vor allem den Vertrieb und Handel mit Finanzinstrumenten nach dem erstmaligen Inverkehrbringen (siehe § 1 Abs. 1 Nr. 3–5 WpHG), also im Wesentlichen den **Sekundärmarkt**. Es enthält gem. § 1 Abs. 1 WpHG ua Verhaltenspflichten der Wertpapierdienstleister, wie beispielsweise Banken, die bestimmte Dienstleistungen im Zusammenhang mit Finanzinstrumenten erbringen (siehe §§ 1 Abs. 1 Nr. 1; 2 Abs. 8 WpHG), ergänzende Vorschriften zum Marktmissbrauch (§ 1 Abs. 1 Nr. 3 WpHG) sowie Publizitätspflichten von Emittenten zur Überwachung von Unternehmensabschlüssen (§ 1 Abs. 1 Nr. 6 WpHG) und Aktionären zu den Veränderungen von Stimmrechtsanteilen (§ 1 Abs. 1 Nr. 7 WpHG). Zwar wurden viele Materien – insbesondere das wichtige Marktmissbrauchsrecht, einschließlich des Insider- und Marktmanipulationsrechts – seit Schaffung des WpHG in unmittelbar anwendbare EU-Verordnungen ausgelagert, so dass die Bezeichnung des WpHG als Grundgesetz in Frage gestellt wird.[93] 55

92 Zu diesem Begriff Hopt FS 50 Jahre BGH, Bd. II (2000) 497 (498 ff.) mwN; Schwark/Zimmer/*Schwark/Zimmer* WpHG Einl. Rn. 27.

93 Kritisch zu der Bezeichnung als „Grundgesetz" Assmann/Schneider/Mülbert/*Assmann* WpHG Einl. Rn. 5 ff.

Das WpHG ist aber nach wie vor die „Schaltzentrale" des deutschen Kapitalmarktrechts, da es die nationalen „Anschlussregelungen"[94] zu den ausgelagerten Materien enthält. So enthält es gem. § 1 Abs. 1 Nr. 8 WpHG insbesondere Regelungen zur Aufsicht und Ahndung von Verstößen gegen das WpHG und die kapitalmarktrechtlichen EU-Verordnungen. Sekundärmarktrelevant ist neben dem WpHG auch das Wertpapierübernahmegesetz (**WpÜG**), das öffentliche Angebote zum Erwerb von Aktien börsennotierter Gesellschaften regelt.

56 Dem **Primärmarkt**, dh dem erstmaligen Inverkehrbringen widmen sich vor allem das Wertpapierprospektgesetz (**WpPG**), das ausschließlich für Wertpapiere gilt, und das Vermögensanlagengesetz (**VermAnlG**), das auf sonstige Kapitalanlagen Anwendung findet. Sie regeln bzw. ergänzen jeweils die Prospektpflichten (die sich für Wertpapiere in der ProspektVO befinden und durch Ausnahmen im WpPG konkretisiert werden) und sich darauf beziehende Haftungsansprüche (→ Rn. 230 ff.). Das Kapitalanlagegesetzbuch (**KAGB**) beinhaltet Vorschriften zur Verwaltung von Investmentvermögen (→ Rn. 86 ff.). Mit den neuen Vorgaben zum Produktfreigabeverfahren gem. § 64 Abs. 4, 5; 80 Abs. 9–11 WpHG enthält aber auch das WpHG primärmarktrechtliche Vorschriften (→ Rn. 350 ff.). Das Börsengesetz (**BörsG**) formuliert die Grundregeln der Organisation deutscher Börsen als zentralen Handelsplatz für Finanzinstrumente und ist sowohl für den Primär- als auch den Sekundärmarkt relevant. Es regelt die verschiedenen Börsenorgane, den Börsenhandel und die Feststellung von Börsenpreisen sowie die Zulassung von Wertpapieren zum Börsenhandel.

57 Daneben gibt es eine Reihe weiterer kapitalmarktrechtlicher Gesetze, die Einzelfragen regeln. Das Depotgesetz (**DepotG**) bezieht sich auf organisations- und sachenrechtliche Aspekte der Verwahrung von Wertpapieren in Bankendepots. Das Kapitalanleger-Musterverfahrensgesetz (**KapMuG**) sieht ein im deutschen Zivilrecht neuartiges Musterverfahren für Massenklagen wegen fehlerhafter Kapitalmarktinformationen vor.

---

94 Schwark/Zimmer/*Schwark*/*Zimmer* WpHG Einl. Rn. 27.

2. Sonstige Rechtsgrundlagen

Mit Rücksicht auf die notwendig abstrakt gehaltenen Gesetze und das Bedürfnis nach einer flexiblen und raschen Regulierung ist das Kapitalmarktrecht darüber hinaus durch eine Vielfalt an konkretisierenden untergesetzlichen Vorschriften geprägt. Dazu gehören – neben den zunehmenden europäischen Regelungen – insbesondere nationale Rechtsverordnungen, wie zB die Börsenzulassungsverordnung (**BörsZulV**), die das BörsG ergänzt, und die Wertpapierhandelsanzeigeverordnung (**WpAV**) ergänzend zum WpHG und die Vermögensanlagen-Verkaufsprospektverordnung (**VermVerkProspV**) zum VermAnlG. 58

Weiterhin können die Börsen als Anstalten des öffentlichen Rechts Satzungen erlassen (zur dualen Organisation von öffentlich-rechtlicher Börse und privatrechtlichem Börsenträger → Rn. 157 ff.). Beispiel hierfür sind die **Börsenordnungen,** etwa die Börsenordnung der Frankfurter Wertpapierbörse. Darüber hinaus haben sich Handelsbedingungen (sog **Börsenusancen**) herausgebildet, die zT als Handelsbrauch gem. § 346 HGB eingestuft werden.[95] Schließlich veröffentlicht die **BaFin** unterschiedliche Dokumente, etwa Rundschreiben, Merkblätter oder Berichte. Diese entfalten zwar keine rechtlich bindende Außenwirkung. Sie spiegeln aber die Aufsichtspraxis der BaFin wider und sind daher für die Marktteilnehmer in der Praxis von erheblicher Bedeutung. Zu den wichtigen norminterpretierenden Verwaltungsvorschriften der BaFin, die diese, aber nicht die Gerichte binden, gehört der **Emittentenleitfaden**.[96] 59

IV. Verhältnis zu anderen Rechtsgebieten

Auch wenn sich das Kapitalmarktrecht mittlerweile als eigenständiges Rechtsgebiet etabliert hat, weist es nach wie vor enge Bezüge zu anderen Rechtsgebieten auf. Da es sich bei eigenkapitalbezogenen 60

---

95 Siehe Baumbach/Hopt/*Kumpan* BörsG § 16 Rn. 4.

96 Die aktuelle Version des Emittentenleitfadens setzt sich aus 3 Modulen zusammen: Nachdem Modul A (Überwachung von Unternehmensabschlüssen / Veröffentlichung von Finanzberichten) am 9.8.2018 und Modul B (Informationen über bedeutende Stimmrechtsanteile / Notwendige Informationen für die Wahrnehmung von Rechten aus Wertpapieren) am 30.10.2018 erlassen wurde, folgte am 25.3.2020 die Veröffentlichung des neuen Moduls C (Regelungen aufgrund der Marktmissbrauchsverordnung (MAR)). Der gesamte Leitfaden ist über die Website der BaFin verfügbar (abrufbar unter: https://www.bafin.de/DE/Aufsicht/BoersenMaerkte/Emittentenleitfaden/emittentenleitfaden_node.html).

Finanzinstrumenten, wie beispielsweise Aktien, um Beteiligungen an Kapital- oder Personengesellschaften handelt, ergeben sich vielfältige Schnittstellen zum **Gesellschaftsrecht,** vor allem zum **Aktienrecht** (vgl. § 3 Abs. 2 AktG; → Rn. 764). Enge Bezüge hat das Kapitalmarktrecht auch zum Bankrecht, da Kredit- und Finanzdienstleistungsinstitute auf dem Kapitalmarkt eine zentrale Rolle als Finanzintermediäre einnehmen. Während sich das Kapitalmarktrecht mit dem Verhalten der Kredit- und Finanzdienstleistungsinstitute am Kapitalmarkt befasst, sind Gegenstand des **Bankrechts** insbesondere institutionelle Fragen, wie das Vorhalten von Eigenkapital gem. § 10 KWG oder die Erlaubnispflicht gem. § 32 KWG.[97] Neben Banken und Kreditinstituten treten häufig auch die vom **Versicherungsrecht** erfassten Versicherungsunternehmen als Finanzintermediäre oder Anleger auf. Sie sind durch das Versicherungsaufsichtsgesetz (VAG) und Versicherungsvertragsgesetz (VVG) ebenfalls spezialgesetzlich reguliert.[98] Neben den spezialgesetzlichen Vorschriften sind zudem die auf Kapitalmarkttransaktionen anwendbaren Vorschriften des **bürgerlichen Rechts** und des **Handelsrechts** (§§ 433 ff.; 675; 662 BGB; § 383 HGB) zu beachten.

97 Hintergrund hierfür sind wiederum europäische Richtlinien und Verordnungen, vor allem die Kapitaladäquanzrichtlinie (Richtlinie 2013/36/EU des Europäischen Parlaments und des Rates v. 26.6.2013 über den Zugang zur Tätigkeit von Kreditinstituten und die Beaufsichtigung von Kreditinstituten und Wertpapierfirmen, zur Änderung der Richtlinie 2002/87/EG und zur Aufhebung der Richtlinien 2006/48/EG und 2006/49/EG, ABl. 2013 L 176, 338), die Richtlinien zur Einleger- und Anlegerentschädigung (Richtlinie 97/9/EG des Europäischen Parlaments und des Rates v. 3.3.1997 über Systeme für die Entschädigung der Anleger, ABl. 1997 L 84, 22; Richtlinie 94/19/EG des Europäischen Parlaments und des Rates vom 16.5.1994 über Einlagensicherungssysteme, ABl. 1994 L 135, 5; Richtlinie 2014/49/EU des Europäischen Parlaments und des Rates v. 16.4.2014 über Einlagensicherungssysteme, ABl. 2014 L 173, 149) und die Richtlinie zur Restrukturierung von Banken und Wertpapierfirmen (Richtlinie 2014/59/EU des europäischen Parlaments und des Rates v. 15.5.2014 zur Festlegung eines Rahmens für die Sanierung und Abwicklung von Kreditinstituten und Wertpapierfirmen und zur Änderung der Richtlinie 82/891/EWG des Rates, der Richtlinien 2001/24/EG, 2002/47/EG, 2004/25/EG, 2005/56/EG, 2007/36/EG, 2011/35/EU, 2012/30/EU und 2013/36/EU sowie der Verordnungen (EU) Nr. 1093/2010 und (EU) Nr. 648/2012 des Europäischen Parlaments und des Rates, ABl. 2014 L 173, 190).

98 Unionsrechtliche Vorgaben finden sich vor allem in der Richtlinie 2009/138/EG des Europäischen Parlaments und des Rates v. 25.11.2009 betreffend die Aufnahme und Ausübung der Versicherungs- und der Rückversicherungstätigkeit (Solvabilität II), ABl. 2009 L 335, 1 und der Richtlinie für Versicherungsvermittler (Richtlinie 2002/92/EG des Europäischen Parlaments und des Rates v. 9.12.2002 über Versicherungsvermittlung, ABl. 2003 L 9, 3) bzw. der aktualisierten Fassung in der Versicherungsvertriebsrichtlinie (Richtlinie [EU] 2016/97 des Europäischen Parlaments und des Rates v. 20.1.2016 über Versicherungsvertrieb [IDD], ABl. 2016 L 26, 19).

V. Kapitalmarktrecht als öffentliches Recht und/oder Privatrecht

Kapitalmarktrechtliche Vorschriften werden aufsichtsrechtlich durch die BaFin verfolgt (insbesondere §§ 6 ff.; 120 ff. WpHG) und uU auch strafrechtlich geahndet (insbesondere § 119 WpHG). Zum Teil ordnen die kapitalmarktrechtlichen Vorschriften aber auch spezielle zivilrechtliche Rechtsfolgen an (zB Schadensersatzansprüche gem. §§ 9 ff. WpPG; §§ 20 ff. VermAnlG; § 306 KAGB; §§ 97 f. WpHG oder der Rechtsverlust gem. § 44 WpHG). Dieser Mix aus öffentlich-, straf- und zivilrechtlichen Vorschriften ist keine Besonderheit des Kapitalmarktrechts, sondern ist kennzeichnend für das Wirtschaftsrecht allgemein.[99] Dass die Grenzen zwischen den Teilrechtsordnungen verschwimmen, wird zudem durch die unionsrechtliche Vorprägung des Kapitalmarktrechts noch verstärkt, da das Europarecht von einem eher funktionalen Verständnis des Rechts ausgeht. 61

Gleichwohl ist eine Zuordnung der kapitalmarktrechtlichen Regelungen zum Privatrecht oder zum öffentlichen Recht aus unterschiedlichen Gründen notwendig. Zum einen bestimmt die Zuordnung über den richtigen Rechtsweg zu den Verwaltungsgerichten oder zur ordentlichen Gerichtsbarkeit und damit das einschlägige Verfahrensrecht nach der VwGO oder ZPO. Zum anderen herrschen im öffentlichen Recht und im Privatrecht unterschiedliche methodische und dogmatische Prinzipien. So gelten beispielsweise öffentlich-rechtliche Vorschriften regelmäßig als zwingend, während im Privatrecht der Grundsatz der Privatautonomie und damit der Dispositivität dominiert.[100] Die Zuordnung zum öffentlichen Recht oder zum Privatrecht ist für jede einzelne kapitalmarktrechtliche Regelung gesondert vorzunehmen. 62

So sind die verwaltungsrechtlichen Maßnahmen und bußgeldrechtlichen Sanktionen gem. §§ 6 ff.; 119 ff. WpHG dem öffentlichen Aufsichtsrecht und die Prospekthaftungsvorschriften gem. §§ 9 ff. WpPG; §§ 20 ff. VermAnlG; § 306 KAGB dem Zivilrecht zugehörig. Problematisch ist indes die Einordnung der kapitalmarktrechtlichen **Verhaltensnormen**, wie der Verhaltens- und Organisationspflichten der WpDU gem. §§ 63 ff. WpHG (§§ 31 ff.

---

99 *Rittner/Dreher* Europ. und dt. WirtschaftsR § 1 Rn. 65 ff.
100 *Buck-Heeb* KapMarktR Rn. 41.

WpHG aF). Relevant wird die Zuordnung insbesondere für die Frage nach den vertragsrechtlichen Folgen von Verstößen. Teilweise wird den Verhaltensregeln eine **Doppelnatur** bescheinigt, so dass sie als auch zivilrechtliche Normen zwingende vorvertragliche oder vertragliche Pflichten darstellen.[101] Die hM plädiert indes für eine ausschließlich öffentlich-rechtliche Einordnung der §§ 63 ff. WpHG, die allerdings eine Ausstrahlungswirkung auf die vertraglichen Beziehungen nicht ausschließt (hierzu noch ausführlich → Fall 25 Rn. 852 f.).[102]

63 Unabhängig davon, ob man sich für eine öffentlich-rechtliche Einordnung oder für eine Doppelnatur kapitalmarktrechtlicher Verhaltensnormen entscheidet, folgt ein weiteres methodisches Problem daraus, dass Verstöße häufig sowohl straf- bzw. bußgeldrechtliche als auch zivilrechtliche Rechtsfolgen nach sich ziehen können: So sind einerseits straf- und bußgeldrechtliche Sanktionen gem. §§ 119 f. WpHG, andererseits Schadensersatzansprüche gem. §§ 9 ff. WpPG; §§ 20 ff. VermAnlG; § 306 KAGB; §§ 97 f. WpHG oder ein zivilrechtlicher Rechtsverlust gem. § 44 WpHG; § 59 WpÜG möglich.

Denkbar ist daher beispielsweise, dass über die Auslegung der Mitteilungspflichten gem. §§ 33 ff. WpHG einerseits ein Zivilgericht im Rahmen einer Anfechtungsklage gem. § 246 AktG wegen eines Stimmrechtsverlusts eines Aktionärs gem. § 44 WpHG und andererseits die BaFin bei Verhängung eines Bußgelds gem. § 120 Abs. 2 Nr. 2 lit. d) WpHG befindet. So hat das OLG Köln für weisungsgebundene Legitimationsaktionäre eine Mitteilungspflicht gem. § 21 Abs. 1 WpHG aF (jetzt § 33 WpHG) bejaht; die BaFin hat die Meldepflicht hingegen verneint und daher die Entgegennahme der Mitteilung zurückgewiesen.[103] Inzwischen hat der Gesetzgeber diesen Konflikt durch eine gesetzliche Regelung zunächst in § 21 Abs. 1 WpHG aF und jetzt § 33 Abs. 1 WpHG gelöst, wonach für Legitimationsaktionäre keine Mitteilungspflicht besteht (→ Rn. 612).

---

101 Insbesondere zu den §§ 31 ff. WpHG aF *Benicke* Wertpapiervermögensverwaltung 461 ff.; *Kümpel* BankR und KapMarktR, 3. Aufl. 2004, Rn. 16.522; *Leisch* Informationspflichten nach § 31 WpHG 44 ff.; KölnKomm WpHG/*Möllers* § 31 Rn. 24; *Köndgen* NJW 1996, 558 (569); *Lang* ZBB 2004, 289 (294); *Reich* WM 1997, 1601 (1604); *Schwintowski* VuR 1997, 83 (85 f.); *Veil* WM 2007, 1821 (1825); *Weichert/Wenninger* WM 2007, 627 (635).

102 MüKoHGB/*Ekkenga* Effektengeschäft Rn. 72; Fuchs/*Fuchs* WpHG Vor §§ 31 ff. Rn. 77; Schwark/Zimmer/*Schwark* WpHG Vor §§ 31 ff. Rn. 14 f.; *Mülbert* WM 2007, 1149 (1155).

103 Zu den praktischen Schwierigkeiten, die sich aus einer gespaltenen Anwendung durch Zivilgerichte und die BaFin ergeben können, siehe *Cahn* AG 2013, 459 (459); *Segna* ZGR 2015, 84 (103 f.) am Beispiel der Mitteilungspflichten der Legitimationsaktionäre gemäß §§ 21 ff. WpHG aF und der Entscheidung des OLG Köln NZG 2012, 946. Siehe auch Empfehlung der Kommission v. 11.6.2013, Gemeinsame Grundsätze für kollektive Unterlassungs- und Schadensersatzverfahren in den Mitgliedstaaten bei Verletzung von durch Unionsrecht garantierten Rechten, ABl. 2013 L 201, 60 sowie ErwGr 22.

Ein Nebeneinander öffentlich-rechtlicher und zivilrechtlicher Rechtsfolgen kann also durch eine **„gespaltene Auslegung"** der verletzten Verhaltensnormen[104] zu divergierenden Entscheidungen und damit zu unterschiedlichen Handlungsanweisungen führen.[105] Verantwortlich für die Möglichkeit einer gespaltenen Auslegung derselben Norm – etwa § 33 WpHG – durch Aufsichtsbehörden und Zivilgerichte sind vor allem, wenn auch nicht nur das Bestimmtheits- und Analogieverbot, das nach europarechtlichen[106] und verfassungsrechtlichen Maßstäben (Art. 103 Abs. 2 GG iVm § 1 StGB; § 3 OWiG) für straf- und bußgeldrechtliche Sanktionen,[107] nicht jedoch allgemein im Zivilrecht gilt.[108] Im Wege der analogen Anwendung einer kapitalmarktrechtlichen Verhaltensnorm wäre also ein Verhalten zivilrechtlich untersagt, verwaltungs- und strafrechtlich aber wegen des Analogieverbots zulässig. Um eine solche gespaltene Auslegung zu vermeiden, wenden **hL**[109] und **Rspr.** das Analogieverbot auch im Zivilrecht an, sofern es um Normen geht, die sowohl zivilrechtlich als auch straf- oder bußgeldrechtlich geahndet werden können. Begründung hierfür ist, dass eine gespaltene Auslegung derselben Norm im Zivil- und Strafrecht dem Willen des Gesetzgebers[110] und dem Gebot der Einheit der Rechtsordnung widerspricht.[111] Nach überzeugender Auffassung ist eine gespaltene Auslegung hingegen zulässig und eine Anwendung des Analogieverbots im Zivilrecht daher nicht gebo- 64

104 Grundlegend *Tiedemann* Tatbestandsfunktionen im Nebenstrafrecht 186f., 197f.; kritisch dazu *Schmidt* FS Rebmann, 1989, 419 (436).

105 So auch *Wundenberg* ZGR 2015, 124 (155).

106 Der Grundsatz *nulla poena sine lege* ist auch in Art. 49 Abs. 1 S. 1 EuGrCh bzw. Art. 7 Abs. 1 S. 1 EMRK geregelt.

107 Zur Geltung im Ordnungswidrigkeitenrecht KK-OWiG/*Rogall* § 3 Rn. 51.

108 Zur Übertragung des Analogieverbots auf die zivilrechtliche Haftung für straf- oder bußgeldrechtlich sanktionierte Normen BGHZ 190, 291 (298f.) Rn. 33 (für die §§ 21ff. WpHG aF), siehe auch BGHZ 169, 98 (105f.) Rn. 17 – WMF; *Buck-Heeb* WM 2020, 157, 159; *v. Bülow/Petersen* NZG 2009, 1373 (1375f.); *Fleischer/Bedkowski* DStR 2010, 933 (936f.); *Segna* ZGR 2015, 84 (101); *Veil/Dolff* AG 2010, 385 (389f.); *Widder/Kocher* ZIP 2010, 457 (459). AA *Cahn* ZHR 162 (1998), 1 (9f.).

109 Statt aller Fuchs/*Fuchs* WpHG Einl. Rn. 79; KölnKomm WpÜG/*v. Bülow* § 30 Rn. 35ff.; Schmidt/Lutter/*Veil* AktG Anh. § 22, WpHG Vor §§ 21ff. Rn. 7; Schwark/Zimmer/*Schwark* WpHG Einl. Rn. 34; *Schäfer* in Marsch-Barner/Schäfer Börsennotierte AG-HdB § 17 Rn. 3; *Schanz* DB 2008, 1899 (1904). Für das Kartellrecht Immenga/Mestmäcker/*Immenga/Mestmäcker* GWB Einl. Rn. 76; Langen/Bunte/*Bunte* Einf. Rn. 89. AA Immenga/Mestmäcker/*Dannecker/Biermann* GWB Vorb. § 81 Rn. 39; *Ulmer* WuW 1971, 878 (885).

110 So Fuchs/*Fuchs* WpHG Einl. Rn. 106; ferner Assmann/Schneider/Mülbert/*Assmann* WpHG Einl Rn. 35.

111 Vgl. etwa Fuchs/*Dehlinger/Zimmermann* WpHG Vor § 21 Rn. 25; *v. Bülow/Petersen* NZG 2009, 1373 (1376); *Veil/Dolff* AG 2010, 385 (389).

ten.[112] Da die unterschiedliche Auslegung in der Regel nicht zu echten Normwidersprüchen führt, steht das Gebot der einheitlichen Rechtsordnung einer gespaltenen Auslegung nicht entgegen. Auch der Wille des Gesetzgebers oder europäische Grundsätze verlangen nicht die generelle Beachtung des Analogieverbots gem. Art. 103 Abs. 2 GG bei der Auslegung straf- oder bußgeldbewehrter Normen, soweit es um ihre aufsichts- und zivilrechtliche Durchsetzung geht.[113] Vielmehr entspricht es gerade dem Strafrecht als *ultima ratio*, dass bestimmte Verstöße zivilrechtlich untersagt sein können, ohne dass der Zuwiderhandelnde aber zugleich zu bestrafen ist.

65 Auch wenn es nach hier vertretener Auffassung keine guten Gründe für die Anwendung des Art. 103 Abs. 2 GG im Zivilrecht gibt, bleibt gleichwohl das ungute Gefühl,[114] dass die unterschiedliche Auslegung einer Norm im Nebeneinander von Straf-, Aufsichts- und Zivilrecht zu divergierenden Handlungsanweisungen[115] und somit zu Rechtsunsicherheit bei den Normadressaten führen kann.[116] Daher ist künftig eine stärkere Abstimmung in der Auslegung und Anwendung der kapitalmarktrechtlichen Verhaltensnormen durch Aufsichtsbehörden, Straf- und Zivilgerichte wünschenswert.[117]

Zur vertiefenden Lektüre: *Grundmann*, Europäisierung des Kapitalmarktrechts, in: Klöhn, FS 25 Jahre WpHG, 2019, S. 5; *Hopt*, Vom Aktien- und Börsenrecht zum Kapitalmarktrecht?, ZHR 141 (1977), 389; *ders.*, Grundsatz- und Praxisprobleme nach dem Wertpapierhandelsgesetz, ZHR 159 (1995), 135; *Merkt/Rossbach*, Zur Einführung: Kapitalmarktrecht, JuS 2003, 217; *Park*, Schwerpunktbereich – Einführung in das Kapitalmarktstrafrecht (Teil I und II), JuS 2007, 621, 712; *Schmolke*, Der Lamfalussy-Prozess im Europäischen Kapitalmarktrecht – eine Zwischenbilanz, NZG 2005, 912.

---

112 Grundlegend *Cahn* ZHR 162 (1998), 1 (8 ff.). Zuvor schon (für die §§ 21 ff. WpHG aF) *ders.* AG 1997, 502 (503); siehe auch *Cahn* FS 25 Jahre WpHG, 2019, 41. Außerdem *Oechsler* ZIP 2012, 449 (452 f.); *Schürnbrand* NZG 2011, 1213 ff.; *Poelzig* ZBB 2019, 1 ff.

113 Ausführlich *Schürnbrand* NZG 2011, 1213, (1215); *Poelzig* ZBB 2019, 1 ff.

114 Siehe auch *Jahn*, In der Falle des Insiderrechts, FAZ v. 6.5.2009, 11.

115 Zu den praktischen Schwierigkeiten, die sich aus einer gespaltenen Anwendung durch Zivilgerichte und die BaFin ergeben können, siehe *Cahn* AG 2013, 459; *Segna* ZGR 2015, 84, 103 f. am Beispiel der Mitteilungspflichten der Legitimationsaktionäre gemäß §§ 21 ff. WpHG aF und der Entscheidung des OLG Köln AG 2012, 599. Siehe auch Empfehlung der Kommission vom 11.6.2013 (2013/396/EU) Nr. 33.

116 So auch *Wundenberg* ZGR 2015, 124 (155); *Veil/Dolff* AG 2010, 385 (389).

117 Zu den Möglichkeiten ausführlich *Poelzig* ZGR 2015, 801, (839 ff.); *dies.* ZVglRWiss 117 (2018), 505 (517); *dies.* ZBB 2019, 1 (8 f.).

2. Teil: Finanzinstrumente als Produkte des Kapitalmarktes

Zu den Produkten des Kapitalmarktes, den Finanzinstrumenten iSd § 2 Abs. 4 WpHG, gehören insbesondere Wertpapiere, Vermögensanlagen und Investmentvermögensanteile. Finanzinstrumente sind „Rechtsprodukte", die durch eine Vielzahl von Regelungen ausgestaltet werden. Die Differenzierung zwischen den einzelnen Finanzinstrumenten ist auch für die Anwendung des Kapitalmarktrechts wichtig, da einzelne Gesetze ausschließlich auf bestimmte Produkte anwendbar sind. 66

Das WpPG und §§ 32 ff. BörsG sind beispielweise nur auf Wertpapiere, das VermAnlG nur auf Vermögensanlagen und das KAGB nur auf Investmentvermögensanteile (Organismen für gemeinsame Anlagen) anwendbar.

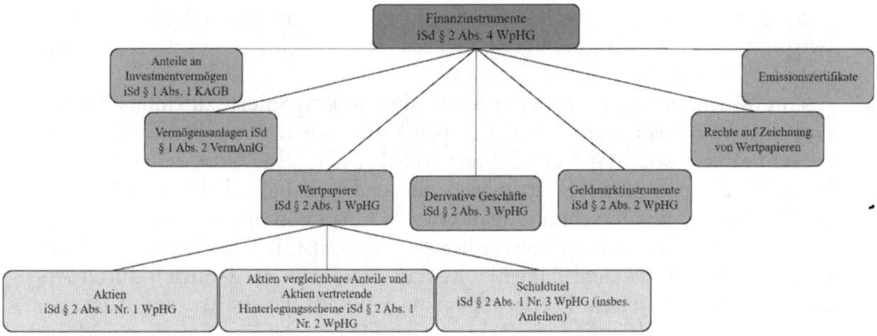

§ 3. Wertpapiere iSd § 2 Abs. 1 WpHG

I. Begriff

Der Wertpapierbegriff wird in § 2 Abs. 1 WpHG allgemein definiert und sodann durch einen nicht abschließenden Beispielskatalog („insbesondere") konkretisiert. Der Wertpapierbegriff des § 2 Abs. 1 WpHG beinhaltet alle Gattungen von übertragbaren Wertpapieren 67 mit Ausnahme von Zahlungsinstrumenten, die ihrer Art nach auf den Finanzmärkten handelbar sind. Das gilt unabhängig davon, ob sie in einer Urkunde verbrieft sind. Im Vergleich zum zivilrechtlichen Wertpapierbegriff ist der kapitalmarktrechtliche Wertpapierbegriff unter Berücksichtigung der kapitalmarktrechtlichen Besonderheiten zum Teil weiter und zum Teil enger gefasst.

68 **Exkurs: Zivilrechtlicher Wertpapierbegriff**[118]

Im Grundsatz umfasst der zivilrechtliche Wertpapierbegriff jede Urkunde, in der ein privates Recht verbrieft ist, zu dessen Geltendmachung die Urkunde vorgelegt werden muss.[119] Unterschieden werden können Wertpapiere im engeren Sinne und solche im weiteren Sinne. Wertpapiere im engeren Sinne verkörpern das verbriefte Recht dergestalt, dass das Recht *aus* dem Papier dem Recht *am* Papier folgt. Der Inhaber des Papiers ist damit als solcher aus dem Papier berechtigt. Über das verbriefte Recht wird verfügt, indem über das Recht am Papier verfügt wird.[120] Das ist der Fall bei **Inhaberpapieren** und bei **Orderpapieren**. So werden Inhaberpapiere nach sachenrechtlichen Grundsätzen übertragen und verpfändet (§§ 929 ff., 1205 ff. BGB). Beispiele für Inhaberpapiere sind die Inhaberschuldverschreibung gem. § 793 BGB und die Inhaberaktie gem. § 10 Abs. 1 S. 1 AktG. Orderpapiere werden durch einen schriftlichen Begebungsvermerk (Indossament) und ein auf die Rechtsübertragung gerichtetes sachenrechtliches Rechtsgeschäft (Begebung) übertragen.[121] Beispiele für Orderpapiere sind der Scheck, Art. 14 ScheckG, und der Wechsel, Art 11 Abs. 1 WechselG.

69 Von Wertpapieren im engeren Sinne sind **Rektapapiere** zu unterscheiden. Das sind Namenspapiere, aus denen prinzipiell nur der namentlich Benannte berechtigt sein soll; der Verpflichtete soll direkt („rekta“) an den Benannten leisten.[122] Beispiele für Rektapapiere sind der Hypothekenbrief (§ 1116 BGB) und Namensschuldverschreibungen etwa in Form von Sparbriefen oder Sparkassenbriefen. Für Rektapapiere gilt § 952 Abs. 2 BGB: Das Recht *am* Papier folgt dem Recht *aus* dem Papier.[123] Rektapapiere werden demnach durch Abtretung der verbrieften Forderung gem. § 398 BGB übertragen. Auch das Sparbuch ist grundsätzlich ein Rektapapier. Da sich die Legitimationswirkung des Sparbuchs aus § 808 BGB ergibt, ist es allerdings nicht nur Rektapapier, sondern auch qualifiziertes Legitimationspapier. Anders als der Name suggeriert handelt es sich bei Namensaktien iSd § 10 Abs. 1 S. 1 AktG nicht um Namenspapiere, sondern um Orderpapiere.[124]

---

118 *Lenenbach* KapMarktR Rn. 2.14 ff.
119 Vgl. zum Ganzen differenziert *Schmidt* HandelsR § 24 I Rn. 3 ff.; MüKoBGB/*Habersack* Vor § 793 Rn. 7 ff.; Staudinger/*Marburger* BGB Vor § 793 Rn. 1 ff.
120 *Schmidt* HandelsR § 24 I Rn. 3.
121 *Wilhelm* SachenR Rn. 1506; MüKoBGB/*Habersack* Vor § 793 Rn. 15.
122 MüKoBGB/*Habersack* Vor § 793 Rn. 16; Staudinger/*Marburger* Vor BGB § 793 Rn. 10.
123 *Schmidt* HandelsR § 24 I Rn. 5; *Wilhelm* SachenR Rn. 1506.
124 *Hüffer/Koch* AktG § 10 Rn. 4; Spindler/Stilz/*Vatter* AktG § 10 Rn. 9.

Gem. § 2 Abs. 1 WpHG sind Wertpapiere alle Gattungen von übertragbaren Wertpapieren mit Ausnahme von Zahlungsinstrumenten, die ihrer Art nach auf den Finanzmärkten handelbar sind. Der **Gattung** nach bestimmbar sind standardisierte Rechte, die nicht individuell vereinbarte Merkmale aufweisen, also austauschbar iSv § 91 BGB sind (**Fungibilität**).[125] Der kapitalmarktrechtliche Wertpapierbegriff ist damit insofern enger als der zivilrechtliche Wertpapierbegriff, da nicht vertretbare Papiere, wie etwa Sparbücher, nicht erfasst sind. Die Austauschbarkeit von kapitalmarktrechtlichen Wertpapieren wird vor allem durch die Identifikationsnummer (*International Security Identification Number*, ISIN) ermöglicht. 70

So wird jedes Wertpapier durch eine zwölfstellige Abkürzung bestehend aus einem Ländercode, einer nationalen Kennnummer und einer Prüfziffer identifiziert. In Deutschland emittierte Wertpapiere werden durch eine ISIN beginnend mit dem Kürzel DE gekennzeichnet (zB adidas AG: DE000A1EWWW0).

Die Wertpapiere müssen übertragbar und auf Finanzmärkten handelbar sein. Umstritten ist, ob dies eine freie Handelbarkeit (Zirkulationsfähigkeit) erfordert, dh ein gugläubiger Erwerb der Wertpapiere möglich sein muss.[126] Hierfür spricht, dass Anleger nur dann in den Kapitalmarkt investieren werden, wenn sie auf den Erwerb der Wertpapiere und vor allem das Behaltendürfen vertrauen können.[127] Namenspapiere (**Rektapapiere**) scheiden daher aus dem kapitalmarktrechtlichen Wertpapierbegriff aus, da Forderungen im Wege der Abtretung gem. §§ 398 ff. BGB grundsätzlich nicht gutgläubig erworben werden können. Daher und auch mangels Austauschbarkeit sind Sparbücher keine Wertpapiere iSd Kapitalmarktrechts. Im Gegensatz zu den Namenspapieren ist bei der Übertragung von **Inhaber- und Orderpapieren** ein gutgläubiger Erwerb gem. §§ 932, 935 Abs. 2 71

125 Assmann/Schneider/Mülbert/*Assmann* Rn. 11; Staub/*Grundmann* Bd. 11/1 5. Teil Rn. 84.

126 Der Gesetzgeber verlangt nur bei Nr. 2 ausdrücklich die Möglichkeit des gutgläubigen Erwerbs, s. Begr RegE BT-Drs. 16/4028, 54. Für das Erfordernis der Zirkulationsfähigkeit bei allen Wertpapieren JVRB/*Ritz* Rn. 20; Schwark/Zimmer/*Kumpan* Rn. 9; wohl auch Staub/*Grundmann* Bd. 11/1 5. Teil Rn. 84, Bd. 11/2 8. Teil Rn. 62; *Buck-Heeb* KapMarktR Rn. 88. Fuchs/*Fuchs* Rn. 18 lässt auch einen vergleichbaren, adäquaten Schutz genügen. Krit. auch Kölner Komm WpHG/*Roth* Rn. 33 ff. AA keine Möglichkeit des gutgläubigen Erwerbs nötig Assmann/Schneider/Mülbert/*Assmann* § 2 Rn. 13; Erbs/Kohlhaas/*Wehowsky* WpHG § 2 Rn. 2; Langenbucher/Bliesener/Spindler/*Spindler* Kap. 33 Rn. 5, die ihre Argumentation vor allem auf Art. 35 Abs. 1 DVO (EG) Nr. 1287/2006 stützen, der die Möglichkeit gutgläubigen Erwerbs nicht voraussetzt.

127 Schwark/Zimmer/*Kumpan* WpHG § 2 Rn. 9.

BGB möglich, so dass es sich hierbei auch um Wertpapiere iSd Kapitalmarktrechts handelt. GmbH-Anteile können zwar ebenfalls gutgläubig erworben werden (§ 16 Abs. 3 GmbHG), aufgrund ihrer eingeschränkten Übertragbarkeit nach § 15 Abs. 3, 4 GmbHG handelt es sich nach hM aber gleichwohl nicht um kapitalmarktrechtliche Wertpapiere.[128]

	Zivilrechtliches Wertpapier ieS (Inhaber- und Orderpapiere)	**Zivilrechtliches Wertpapier iwS (Rektapapiere)**
Definition und Merkmale	▪ Inhaber des Papiers = aus Papier Berechtigter ▪ Recht derart verbrieft, dass *das Recht aus dem Papier dem Recht am Papier folgt* ▪ Verfügung über das verbriefte Recht durch Verfügung über Papier („*Inhaberpapiere werden übertragen wie Klaviere*"; §§ 929 ff. BGB) ▪ Unterscheide Inhaber- u. Orderpapiere	▪ Namentlich Benannter = aus Papier Berechtigter ▪ Recht derart verbrieft, dass *Recht am Papier dem Recht aus dem Papier folgt* (§ 952 Abs. 2 BGB) ▪ Übertragung von Rektapapieren durch Abtretung der verbrieften Forderung nach § 398 S. 1 BGB
Beispiele	▪ Inhaberpapiere: - Übertragung nach §§ 929 ff. BGB; - Beispiele: Inhaberschuldverschreibung iSv § 793 BGB (z.B. Anleihe) und Inhaberaktie iSv § 10 Abs. 1 S. 1 AktG ▪ Orderpapiere - Übertragung durch schriftlichen Begebungsakt (Indossament) und sachenrechtliches Rechtsgeschäft; - Beispiele: Scheck iSv Art. 14 ScheckG und Wechsel iSv Art. 11 Abs. 1 WechselG; Namensaktie iSv § 10 Abs. 1 S. 1 AktG.	▪ Hypothekenbrief iSv § 1116 BGB; ▪ Namensschuldverschreibungen in Form von Sparbriefen oder Sparkassenbriefen; ▪ Nicht: Namensaktien iSv § 10 Abs. 1 S. 1 AktG; diese sind Orderpapiere.

72 Der kapitalmarktrechtliche Wertpapierbegriff reicht an anderer Stelle allerdings auch **weiter** als der zivilrechtliche Wertpapierbegriff: § 2 Abs. 1 WpHG verzichtet ausdücklich auf das Erfordernis einer **Verbriefung** in Urkunden. Daher sind beispielsweise auch Anleihen der öffentlichen Hand, die – wie zB Bundesanleihen, Bundesobligationen oder Bundesschatzanweisungen – in einem Register geführt werden, Wertpapiere iSd § 2 Abs. 1 WpHG. Viele Wertrechte – wie Bezugsaktien oder Unternehmensanleihen in Form von Schuldverschreibungen gemäß § 793 BGB – entstehen jedoch erst mit der Verbriefung in einer Urkunde. Die Wertrechte werden aber regelmäßig in einer Globalurkunde bei der Wertpapiersammelbank, in Deutschland der Clearstream Banking AG, verbrieft (vgl. § 9a DepotG), so dass die Übereignung eines Wertpapiers durch Übertragung des je-

128 KölnKomm WpHG/*Versteegen* § 2 Rn. 5; Schwark/Zimmer/*Kumpan* WpHG § 2 Rn. 10. Zur eingeschränkten Verkehrsfähigkeit Roth/Altmeppen/*Altmeppen* GmbHG § 15 Rn. 66.

weiligen Miteigentumanteils iSd § 1008 BGB an der Globalurkunde gem. §§ 929, 930 BGB erfolgt.[129] Aktionäre einer Aktiengesellschaft haben allerdings grundsätzlich einen Anspruch auf Ausstellung einer Einzelurkunde, sofern dieser nicht durch Satzung ausgeschlossen ist (vgl. § 10 Abs. 5 AktG). Die AG kann im Übrigen selbst bestimmen, ob und wie die Mitgliedschaften verbrieft werden sollen.[130]

Derzeit existieren Bestrebungen, die Emission von vollständig unkörperlichen Wertpapiere zu ermöglichen. So ist in dem am 16.12.2020 veröffentlichten Regierungsentwurf eines „Gesetzes zur Einführung von elektronischen Wertpapieren“[131] vorgesehen, dass Inhaberschuldverschreibungen sowie teilweise auch Anteilsscheine iSd § 95 KAGB durch Eintragung in ein Wertpapierregister emittiert werden können. Eine Erweiterung dieser Möglichkeit auf die Emission von Aktien soll zu einem späteren Zeitpunkt erfolgen.

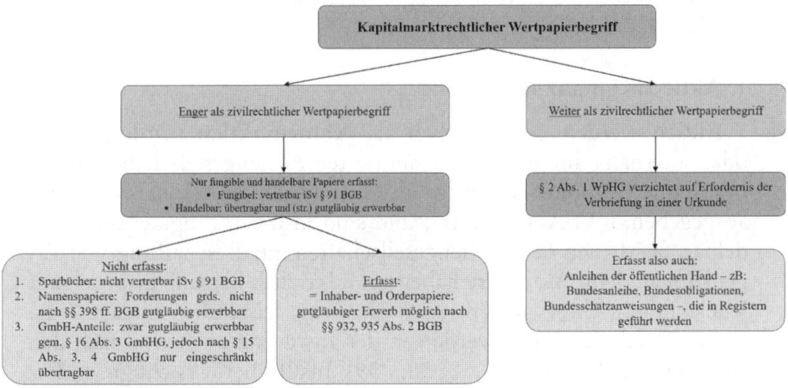

Schließlich sind **Zahlungsinstrumente** wie Bargeld, Schecks oder andere liquide Zahlungsmittel von dem kapitalmarktrechtlichen Wertpapierbegriff ausdrücklich ausgenommen (vgl. § 2 Abs. 1 WpHG). 73

Umstritten ist, wie Kryptowährungen und sogenannte **Token** einzuordnen sind.[132] Anders als das KWG, das Kryptowährungen neuerdings ausdrücklich in § 1 Abs. 11 S. 1 Nr. 10 als Finanzinstrumente 74

---

129 *Brandt* ZBB 2015, 40 (47); zur Übertragung von Miteigentumsanteilen *Wilhelm* SachenR Rn. 738, 855.

130 MüKoAktG/*Heider* § 10 Rn. 6.

131 Regierungsentwurf des Bundesministeriums der Justiz und für Verbraucherschutz und des Bundesministeriums der Finanzen eines Gesetzes zur Einführung von elektronischen Wertpapieren v. 16.12.2020 (abrufbar unter https://www.bmjv.de/SharedDocs/Gesetzgebungsverfahren/DE/Einfuehrung_elektr_Wertpapiere.html).

132 Vgl. dazu Schwark/Zimmer/*Kumpan* § 2 WpHG Rn. 81 ff.

definiert, fehlt eine solche Regelung im WpHG. Die BaFin nimmt eine Einordnung im konkreten Einzelfall je nach Ausgestaltung des jeweiligen Instruments (Art der verknüpften Rechte etc.) vor.[133] In der Literatur werden zumeist jedenfalls solche Token, die Aktien vergleichbar sind und ähnliche Mitgliedschafts- und Dividendenrechte gewähren, als Wertpapier klassifiziert.[134] Currency-Token, wie Bitcoin, sind hingegen durch ihre Nähe zu Zahlungsmitteln gem. § 2 Abs. 1 WpHG vom Wertpapierbegriff ausgenommen.[135]

II. Aktien iSd § 2 Abs. 1 Nr. 1 WpHG

75 Aktien sind gem. § 2 Abs. 1 Nr. 1 WpHG Wertpapiere. Sie bilden rechtlich einen Anteil am Grundkapital einer Aktiengesellschaft entweder in Form von Nennbetrags- oder nennwertlosen Stückaktien, § 8 Abs. 1–3 AktG.

1. Aktie als Finanzinstrument

76 Aktien werden grundsätzlich als **Namensaktien** (Orderpapiere) oder alternativ im Falle börsennotierter Aktiengesellschaften unter bestimmten Voraussetzungen als **Inhaberaktien** (Inhaberpapiere) ausgegeben, § 10 Abs. 1 AktG, und sind insoweit fungibel und handelbar. Sie dienen den Aktiengesellschaften zur Beschaffung von Eigenkapital, denn Aktionäre haben grundsätzlich keinen Anspruch auf Rückzahlung ihrer gemäß § 54 AktG zu leistenden Einlage[136] (s. §§ 57, 71 AktG[137]) und werden in der Insolvenz auch erst nach den Insolvenzgläubigern iSd §§ 38, 39 InsO berücksichtigt (§ 199 InsO).[138] Durch Erwerb einer Aktie wird der Anleger Mitglied der AG und erhält so ein ganzes Bündel von Mitverwaltungsrechten (insbesondere Stimmrechten)[139] und Vermögensrechten[140]. Aus kapitalmarktrechtlicher Anlegersicht sind vor allem die Vermögensrechte ei-

133 BaFin, Hinweisschreiben (WA), GZ: WA 11-QB 4100–2017/0010, BaFin, Virtuelle Währungen/Virtual Currency (VC), Stand 28.4.2016, jeweils abrufbar unter www.bafin.de.

134 Schwark/Zimmer/*Kumpan* § 2 WpHG Rn. 84.

135 *Klöhn/Parhofer* ZIP 2018, 2093 (2098 f.); *Danwerth/Hildner* BKR 2019, 57 (61); *Terlau* in Möslein/Omlor, Fintech-HdB, 2019, § 20 Rn. 128 ff.

136 *Schäfer* GesR § 42 Rn. 10; *Schmidt* GesR 890; *Windbichler* GesR § 25 Rn. 5.

137 Ausführlich hierzu *Wilhelm* KapGesR Rn. 437.

138 Uhlenbruck/*Wegener* InsO § 199 Rn. 6.

139 *Wilhelm* KapGesR Rn. 652 ff.; 1175 ff.

140 Näheres dazu bei *Schäfer* GesR § 43 Rn. 1 ff.; *Wilhelm* KapGesR Rn. 658 ff.; *Windbichler* GesR § 30 Rn. 12 ff., § 32 Rn. 22 ff.

nes Aktionärs bedeutsam.[141] Die Anleger erhoffen sich einen Vermögenszuwachs aus der Beteiligung an dem Bilanzgewinn der AG gem. § 58 Abs. 4 AktG, der sog Dividende, und gegebenenfalls einer Wertsteigerung durch Erhöhung des Aktienkurses. Außerdem haben Altaktionäre bei einer Kapitalerhöhung Anspruch auf den Bezug neuer Aktien gem. § 186 AktG. In diesen Vermögensrechten ist der Anleger nach der Rechtsprechung des BVerfG auch grundsätzlich verfassungsrechtlich durch die Eigentumsfreiheit gem. Art. 14 GG geschützt.[142]

2. Aktie als Mitgliedschaft in der AG

Der Anleger ist als Aktionär immer auch Mitglied der AG und unterliegt insoweit den Vorschriften des AktG. Während das Kapitalmarktrecht unabhängig von der Rechtsform des Emittenten einem funktionsfähigen Kapitalmarkt dient, ist das Aktienrecht das Organisationsrecht der Aktiengesellschaft. Das Kapitalmarktrecht ist in erster Linie öffentliches Recht und gilt damit grundsätzlich zwingend. Das Aktienrecht ist Teil des Privatrechts, angesichts der Satzungsstrenge gem. § 23 Abs. 5 AktG aber gleichwohl der Privatautonomie weitgehend entzogen. Für die börsennotierte Aktiengesellschaft treten vielfältige Schnittmengen und Spannungen zwischen Kapitalmarkt- und Aktienrecht auf, worauf an den maßgeblichen Stellen im Einzelnen einzugehen sein wird.[143] 77

III. Aktien vergleichbare Anteile und Aktien vertretende Hinterlegungsscheine iSd § 2 Abs. 1 Nr. 2 WpHG

Andere Anteile an juristischen Personen, Personenhandelsgesellschaften oder sonstigen Unternehmen sind gem. § 2 Abs. 1 Nr. 2 WpHG kapitalmarktrechtliche Wertpapiere, sofern sie **Aktien vergleichbar** sind. Für die Vergleichbarkeit kommt es auf die allgemeine Definition des Wertpapiers an (→ Rn. 67 ff.). Unternehmensbeteiligungen sind daher Aktien vergleichbar, wenn sie Mitgliedschaftsrechte verkörpern und fungibel sowie handelbar sind. 78

---

141 *Langenbucher* AktR § 1 Rn. 7.

142 BVerfG NJW 2007, 3268 – Minderheitsaktionäre; Squeeze Out. Dazu auch BVerfGE 132, 99 (119) = NJW 2012, 3081 (3082) Rn. 52 – Macrotron; *Grunewald/Schlitt* KapMarktR 367 f.; *Schäfer* GesR § 41 Rn. 29. Im Zusammenhang mit § 327b AktG *Altmeppen* ZIP 2010, 1773.

143 Hierzu insbesondere *Langenbucher* AktR § 1 Rn. 34.

GmbH-Anteile verkörpern zwar Mitgliedschaftsrechte an einer juristischen Person, sind aber wegen ihrer eingeschränkten Übertragbarkeit gem. § 15 Abs. 3, 4 GmbHG mangels Handelbarkeit nicht mit Aktien vergleichbar und deshalb keine Wertpapiere iSd § 2 Abs. 1 WpHG. Nicht mit Aktien vergleichbare Anteile und damit ebenfalls keine Wertpapiere sind **Anteile an Personenhandelsgesellschaften**, da es ihnen aufgrund der personengesellschaftsrechtlichen Gestaltungsfreiheit an der notwendigen Vertretbarkeit iSd § 91 BGB fehlt.[144] Sowohl GmbH-Anteile als auch Anteile an Personenhandelsgesellschaften sind jedoch Vermögensanlagen iSd § 1 VermAnlG (→ Rn. 132 ff.) oder uU Investmentvermögensanteile und damit Finanzinstrumente iSd § 2 Abs. 4 WpHG.

Um Aktien vergleichbare Anteile iSd § 2 Abs. 1 Nr. 2 WpHG handelt es sich beispielsweise bei **Zwischenscheinen** gem. § 8 Abs. 6 AktG, die bis zur Ausgabe der Aktienurkunden vorläufig die Mitgliedschaft in einer AG verkörpern. Wegen der heute üblichen Globalurkunden haben diese Zwischenscheine aber kaum mehr praktische Bedeutung.

79 Aktien vertretende **Hinterlegungsscheine** iSd § 2 Abs. 1 Nr. 2 aE WpHG werden durch Depot- und Wertpapiersammelbanken ausgegeben. Sie erleichtern den Handel mit ausländischen Aktien, indem sie unter dem jeweiligen inländischen Landesrecht emittiert werden und das Recht verkörpern, den Hinterlegungsschein gegen die entsprechende Anzahl ausländischer Aktien einzutauschen. Ein Beispiel hierfür sind die American Depositary Receipts (ADR), die von US-amerikanischen Depotbanken ausgegeben werden. Theoretisch hat der Inhaber des ADR die Möglichkeit, die ADR gegen die entsprechende Menge bei der Bank hinterlegter Aktien zu tauschen.

IV. Schuldtitel iSd § 2 Abs. 1 Nr. 3 WpHG

80 Schuldtitel und damit Wertpapiere sind insbesondere und damit nicht abschließend Genussscheine gem. § 221 Abs. 3 AktG, Inhaberschuldverschreibungen, Orderschuldverschreibungen und Zertifikate, die Schuldtitel vertreten (iSd § 2 Abs. 1 Nr. 3 lit. a) WpHG). Erfasst sind hiervon vor allem die weit verbreiteten Anleihen (*bond*).[145] Eine Anleihe ist ein in einem Wertpapier, dh in einer Urkunde, als Inhaberschuldverschreibung gem. **§ 793 Abs. 1 S. 1 BGB** verbrieftes Schuldversprechen, worin der Anleiheschuldner (Emittent) als Aussteller der Urkunde dem Anleihegläubiger (Anleger) als Inhaber eine Leistung verspricht. Da der Anleger hiernach einen Anspruch auf Rückzahlung des Kapitals hat, handelt es sich um Fremdkapital

144 *Lenenbach* KapMarktR Rn. 2.5.
145 Ausführlich hierzu *Grunewald/Schlitt* KapMarktR 79 ff.

(*debt*). Die Rendite einer Anleihe folgt insbesondere aus dem Anspruch auf Zinsen. Es gelten grundsätzlich die Regelungen der §§ 793 ff. BGB und ergänzend die allgemeinen schuldrechtlichen Vorschriften. Da es sich bei der Anleihe nicht um ein Darlehen iSd § 488 BGB handelt, folgt ein außerordentliches Kündigungsrecht nicht aus § 490 BGB, sondern bei Vorliegen eines wichtigen Grundes allenfalls aus §§ 313 f. BGB.[146] Die Rechte und Pflichten und damit die „Produktmerkmale“ von Anleihen werden in den Anleihebedingungen konkretisiert.[147]

Die **Höhe der Verzinsung** von Anleihen richtet sich in erster Linie nach **81**
dem Ausfall- bzw. Bonitätsrisiko des Emittenten, dh dem Risiko, dass der Anleiheschuldner (Emittent) mit der Rückzahlung in Verzug geraten kann oder gar zahlungsunfähig wird. Je schlechter die Bonität und je höher damit das Ausfallrisiko der Anleihe sind, desto höher ist typischerweise die Verzinsung der Anleihe. Ratingagenturen (→ Rn. 898 ff.) bewerten daher die Bonität von Anleiheemittenten und das Risiko von Anleihen. Insoweit kann unterschieden werden zwischen festverzinslichen und variabel verzinslichen Anleihen. Bei Nullkuponanleihen werden während der Laufzeit keine Zinsen gezahlt. Die **Laufzeit** von Anleihen kann zwischen wenigen Tagen und bis zu 30 Jahren variieren. Darüber hinaus werden auch sog *perpetual bonds* emittiert. Dies sind ewige Anleihen ohne Laufzeitbegrenzung, die damit eine hybride Struktur zwischen Eigen- und Fremdkapital aufweisen.

Da Anleiheforderungen wie unverbriefte Forderungen auf Rückzahlung eines Darlehens mit Kreditsicherheiten abgesichert werden können, können Anleihen auch nach der **Art ihrer Besicherung** unterteilt werden: Hypothekenpfandbriefe verbriefen Anleiheforderungen, die durch Hypotheken an Grundstücken, Schiffen oder Flugzeugen abgesichert sind. Für sie gilt das Pfandbriefgesetz. Ansprüche aus forderungsbesicherten Wertpapieren (sog *asset-backed securities*) sind durch einen Bestand an Forderungen (*assets*) abgesichert.

Unterschieden werden Anleihen auch nach dem jeweiligen Emittenten. Bei Unternehmensanleihen ist der Emittent ein Unternehmen. Eine besondere Form der Anleihe sind die in der Regel nicht besicherten **Staatsanleihen**. Anleiheschuldner (Emittent) sind Staaten oder Bundesländer. In Deutschland werden die Staatsanleihen von der Deutschen Finanzagentur emittiert. Beispiele sind Bundesschatzbriefe, Bundesschatzanweisungen und Bundesobligationen. Sie werden typischerweise nicht in einem Wertpapier verbrieft, sondern als Wertrechte im Bundesschuldbuch registriert.[148]

---

146 Allerdings steht dem Gläubiger einer Anleihe trotz Verschlechterung der wirtschaftlichen Lage des Anleiheschuldners kein Kündigungsrecht § 314 BGB zu, wenn der Schuldner bereits Sanierungsbemühungen nach dem SchVG (→ Rn. 80) beabsichtigt und zeitnah entfaltet hat (BKR 2016, 337 [339 f.] Rn. 28 ff.).

147 Hierzu und zu den verschiedenen Anleihearten *Grunewald/Schlitt* KapMarktR 85 ff.

148 *Grunewald/Schlitt* KapMarktR 100.

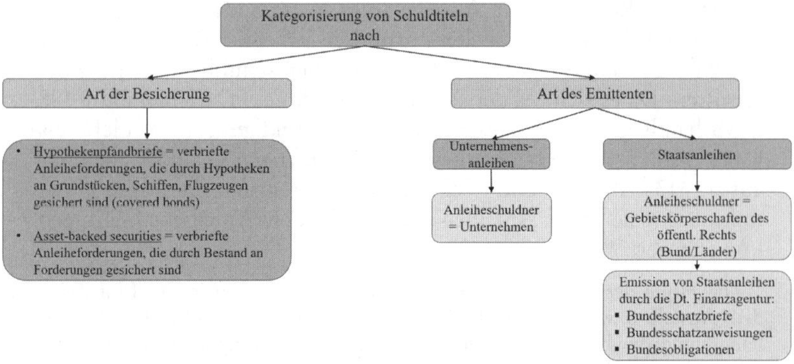

82 Um Schuldtitel iSd § 2 Abs. 1 Nr. 3 lit. a) WpHG handelt es sich auch bei **Orderschuldverschreibungen**, dh Urkunden, in denen der Aussteller verspricht, der in der Urkunde namentlich oder auf Order benannten Person eine Leistung zu erbringen. Keine Schuldtitel sind hingegen **Namensschuldverschreibungen**. Erfasst sind auch **Anleihen mit aktienähnlichen Eigenschaften**.[149] Das sind rechtssystematisch Anleihen, die Rechte begründen, die mit den mitgliedschaftlichen Ansprüchen der Aktionäre konkurrieren können, ohne dass der Anleihegläubiger Mitglied der AG ist. Hierzu gehören die wegen der bestehenden Konkurrenz zwischen Anleihegläubigern und Aktionären gesondert in § 221 AktG geregelten Anleihen. Dort wird unterschieden zwischen **Gewinnschuldverschreibungen** (Abs. 1 Alt. 2), bei denen sich die Zinshöhe (auch) am Gewinn orientiert, **Genussscheinen** (Abs. 3), bei denen dem Inhaber ein schuldrechtlicher Anspruch auf aktionärstypische Vermögensrechte, wie zB auf Beteiligung am Liquidationserlös, zusteht, und Wandelanleihen (Abs. 1 Alt. 1). Letztere gewähren dem Inhaber neben einem festen Zinssatz das Recht, während der Laufzeit der Anleihe diese in Aktien umzutauschen oder Aktien zu beziehen.

83 § 2 Abs. 1 Nr. 3 lit. b) WpHG nennt außerdem sonstige Wertpapiere, die zum Erwerb oder zur Veräußerung von Aktien oder diesen vergleichbaren Anteilen berechtigen oder zu einer Barzahlung führen, die in Abhängigkeit von Wertpapieren, von Währungen, Zinssät-

149 MüKoAktG/*Habersack* § 221 Rn. 1.

zen oder anderen Erträgen, von Waren, Indices oder Messgrößen bestimmt wird. Näheres hierzu regelt die DelVO (EU) 2017/565.[150]

Unter § 2 Abs. 1 Nr. 3 lit. b) WpHG fallen insbesondere Optionsscheine, die das Recht auf Veräußerung von Aktien oder Anleihen (put-Option) oder auf deren Erwerb (call-Option) verbriefen. Erfasst sind auch Index- oder Basketoptionsscheine, die einen Anspruch auf Barzahlung der Differenz verbriefen.[151]

Speziell für Schuldverschreibungen ist das 2009 verabschiedete **Schuldverschreibungsgesetz** (SchVG) zu beachten. Werden Schuldverschreibungen im Rahmen einer Gesamtemission an eine Vielzahl von Anlegern emittiert, werden hierbei typischerweise vorformulierte Bedingungen zur Beschreibung der Leistung sowie der Rechte und Pflichten von Schuldner und Gläubiger iSd § 2 SchVG verwendet (sog Anleihebedingungen). Die vom Schuldner versprochene Leistung muss gemäß § 3 SchVG durch einen sachkundigen Anleger ermittelt werden können. Umstritten ist, ob und inwieweit die §§ 305 ff. BGB anwendbar sind. Jedenfalls das AGB-rechtliche Transparenzgebot gemäß § 307 Abs. 1 S. 2 BGB wird nach allgemeiner Auffassung durch das spezielle **kapitalmarktrechtliche Transparenzgebot** gem. § 3 SchVG verdrängt.[152] Im Übrigen qualifizieren hL und Rspr. die Anleihebedingungen als AGB iSd § 305 Abs. 1 BGB und unterwerfen diese daher der Inhaltskontrolle gem. §§ 307 ff. BGB.[153] Gegen die **Anwendbarkeit der §§ 305 ff. BGB** auf Anleihebedingungen iSd § 2 SchVG spricht jedoch,[154] dass der Anleger etwa bei Fremdemissionen (→ Rn. 180 ff.) die Anleihe von der Emissionsbank erwirbt und eine vertragliche Beziehung iSd § 305 Abs. 1 BGB zwischen Anleger und Emittent als Verwender der Anleihebedingungen nicht besteht.[155] Typischerweise werden die Anleihebedingungen zudem zwischen dem Emittenten und der Emissions- 84

150 Delegierte Verordnung (EU) 2017/565 der Kommission vom 25.4.2016 zur Ergänzung der Richtlinie 2014/65/EU des Europäischen Parlaments und des Rates in Bezug auf die organisatorischen Anforderungen an Wertpapierfirmen und die Bedingungen für die Ausübung ihrer Tätigkeit sowie in Bezug auf die Definition bestimmter Begriffe für die Zwecke der genannten Richtlinie, ABl. 2017 L 87, 1.
151 Fuchs/*Fuchs* WpHG § 2 Rn. 29; Schwark/Zimmer/*Kumpan* WpHG § 2 Rn. 28.
152 *Bliesener/Schneider* in Langenbucher/Bliesener/Spindler 17. Kap. § 3 Rn. 20 mwN. Differenzierend *Lenenbach* KapMarktR Rn. 2.87.
153 BGHZ 119, 305 (312) = NJW 1993, 57 (58) – Klöckner (am Beispiel von Genussscheinbedingungen); MHdB GesR IV/*Scholz* § 64 Rn. 27.
154 Hierzu ausführlich *Grunewald/Schlitt* KapMarktR 104 ff.; *Sester* AcP 209 (2009), 628 (638).
155 *Grunewald/Schlitt* KapMarktR 104.

bank individuell ausgehandelt, so dass es sich insoweit auch nicht um vorformulierte Geschäftsbedingungen handelt.[156] Im Übrigen bestehen auch Zweifel an der AGB-rechtlichen Schutzbedürftigkeit der Anleihegläubiger, die anders als ein typischer Darlehensgeber die Anleihe relativ problemlos am Kapitalmarkt weiterveräußern können und zudem durch die Prospektpflicht nach Art. 3 ProspektVO besonders informiert werden.[157]

85 § 4 SchVG statuiert den **Grundsatz der kollektiven Bindung:** Demnach können die Anleihebedingungen vorsehen, dass sie mit einfacher bzw. uU qualifizierter Mehrheit der Anleihegläubiger mit bindender Wirkung für alle Anleihegläubiger geändert werden können (§ 5 Abs. 4 SchVG). Die Vorschriften ermöglichen auch einen sog **Schuldenschnitt:** Es kann also im Krisenfall mit qualifizierter Mehrheit von 75 Prozent beschlossen werden, dass die Ansprüche aller Anleihegläubiger verringert oder gestundet werden (§ 5 Abs. 4 S. 2 iVm Abs. 3 Nr. 1–3 SchVG).

§ 4. Investmentvermögensanteile iSd § 1 Abs. 1 KAGB

86 **Anteile an Investmentvermögen (Investmentfonds)** sind Finanzinstrumente gem. § 2 Abs. 4 WpHG. Investmentvermögen sind Konstrukte zur **kollektiven Vermögensverwaltung.**[158] Hierbei wird Kapital von einer Vielzahl von Anlegern eingesammelt, um es in verschiedene Vermögensgegenstände zum Nutzen der Anleger zu investieren (§ 1 Abs. 1 KAGB). Diese Vermögensgegenstände können Finanzinstrumente, zB Wertpapiere oder Vermögensanlagen, aber auch andere Vermögenswerte, wie Immobilien oder Handelsschiffe, sein.

87 Die Anleger sind je nach Rechtsform des Investmentvermögens an diesem anteilig beteiligt, so dass sie an der Rendite partizipieren, die die Anlagegegenstände insgesamt erwirtschaften. Der wirtschaftliche Vorteil für den einzelnen Anleger gegenüber der unmittelbaren Investition in die einzelnen Vermögensgegenstände ist die **Portfoliodiversifizierung.**[159]

156 *Bliesener/Schneider* in Langenbucher/Bliesener/Spindler 17. Kap. § 3 Rn. 24.
157 *Bliesener/Schneider* in Langenbucher/Bliesener/Spindler 17. Kap. § 3 Rn. 33.
158 *Lenenbach* KapMarktR Rn. 14.3, 14.21.
159 *Lenenbach* KapMarktR Rn. 14.2.

Kleinanleger K hat 10.000 EUR Kapital zur Verfügung, dass er anlegen kann. Sein Anlageberater hat ihm empfohlen, in Aktien in Europa und den USA, australische Staatsanleihen, Zertifikate, Immobilien und Gold zu investieren.

Da der Fonds im Vergleich zu einzelnen (Privat-)Anlegern über eine größere Summe an Kapital verfügt, kann er die Risiken, die bei einzelnen Anlagegegenständen drohen, durch Investitionen in verschiedene Anlagegegenstände besser streuen.[160] Daneben ermöglichen die Summe des investierten Kapitals und die professionelle Verwaltung der Fonds geringere Transaktionskosten und so höhere Renditen.[161] 88

Investmentvermögensanteile sind gem. § 2 Abs. 4 Nr. 2 WpHG Finanzinstrumente, können aber uU auch Wertpapiere iSd § 2 Abs. 1 WpHG sein, soweit sie fungibel und zirkulationsfähig sind. Das ist bei Anteilen an offenen Investmentvermögen iSd § 1 Abs. 4 KAGB grundsätzlich der Fall, denn diese können regelmäßig zurückgegeben werden.[162] Bei geschlossenen Investmentvermögen ist die Anzahl der Investoren hingegen begrenzt und eine Rückgabe der Anteile ausgeschlossen.[163] 89

Verwaltung und Vertrieb von Investmentvermögen durch sog Kapitalverwaltungsgesellschaften (KVG) regelt das **Kapitalanlagegesetzbuch (KAGB)**, das die **OGAW-RL** und **AIFM-RL** in nationales Recht umsetzt. KVG sind Unternehmen, deren Geschäftsbetrieb darauf gerichtet ist, Investmentvermögen zu verwalten (§ 17 Abs. 1 KAGB). Hierfür benötigen sie eine Erlaubnis der BaFin (§ 20 KAGB). 90

I. Begriff

Der Begriff des **„Investmentvermögens"** wird in § 1 Abs. 1 KAGB durch folgende Merkmale definiert: 91

(1) Organismus für gemeinsame Anlagen,
(2) Einsammlung von Kapital von einer Anzahl von Anlegern,

160 *Lenenbach* KapMarktR Rn. 14.2.
161 *Lenenbach* KapMarktR Rn. 14.4 f.; die Vorstellung, dass professionelle Fondsverwalter bei der Vermögensanlage höhere Renditen erzielen als andere Marktteilnehmer, wird allerdings durch verschiedene Studien immer wieder erschüttert (vgl. *Lenenbach* KapMarktR Rn. 14.5 Fn. 4).
162 *Buck-Heeb* KapMarktR Rn. 1147; *Lenenbach* KapMarktR Rn. 14.49; Fuchs/*Fuchs* WpHG § 2 Rn. 31; *Jakovou* in Langenbucher/Bliesener/Spindler 39. Kap. Rn. 17, 21.
163 *Buck-Heeb* KapMarktR Rn. 1149.

(3) Festgelegte Anlagestrategie,
(4) Investition zum Anlegernutzen,
(5) Kein operativ tätiges Unternehmen.[164]

92 Es muss sich zunächst um einen **Organismus** handeln. Das ist ein rechtlich oder wirtschaftlich selbstständiges „gepooltes" Vermögen. Die konkrete Rechtsform ist unerheblich. Dem KAGB liegt damit ein materieller Investmentvermögensbegriff zugrunde.[165] Das selbstständige Investmentvermögen kann durch Vertrag – zB als Sondervermögen – oder durch Satzung oder Gesellschaftsvertrag – zB als Kapital- oder Personengesellschaft – errichtet werden.[166] Unerheblich ist die **Art der Beteiligung** der Anleger an dem Investmentvermögen. Diese kann gesellschafts- oder schuldrechtlicher Natur sein.[167] Die Anleger müssen allerdings an Gewinn und Verlust des Organismus beteiligt sein. Haben sie einen unbedingten Kapitalrückzahlungsanspruch unabhängig von Gewinn und Verlust des Investmentvermögens, schließt dies eine „gemeinsame Anlage" aus.[168]

Erfasst sind demnach grundsätzlich alle Beteiligungen an einer Gesellschaft, sofern nicht ausnahmsweise – wie bei einer atypischen stillen Gesellschaft – eine Verlustbeteiligung iSd § 231 Abs. 2 HGB ausgeschlossen ist. Auch schuldrechtliche Beteiligungsformen – wie Genussrechte iSd § 221 AktG oder Namensschuldverschreibungen – können bei einer Gewinn- und Verlustbeteiligung Organismen iSd § 1 Abs. 1 KAGB sein.

93 Der Organismus muss Kapital von einer Anzahl von Anlegern einsammeln. Das setzt eine direkte oder indirekte gewerbsmäßige Ansprache potentieller Anleger zwecks Kapitalbeschaffung voraus.[169] Hierfür genügt auch ein einmaliges Tätigwerden, sofern die Anlagebedingungen, die Satzung oder der Gesellschaftsvertrag die Zahl der potentiellen Anleger nicht auf einen Anleger begrenzten (§ 1 Abs. 1 S. 2

164 BaFin Auslegungsschreiben zum Anwendungsbereich des KAGB und zum Begriff des „Investmentvermögens", 14.6.2013, geändert am 9.3.2015 (BaFin Auslegungsschreiben KAGB und Investmentvermögen) I.1. (abrufbar unter: https://www.bafin.de/SharedDocs/Veroeffentlichungen/DE/Auslegungsentscheidung/WA/ae_130614_Anwendungsber_KAGB_begriff_invvermoegen.html).
165 *Buck-Heeb* KapMarktR Rn. 1126; *Emde/Dreibus* BKR 2013, 89 (90).
166 Weitnauer/Boxberger/Anders/*Volhard/Jang* KAGB § 1 Rn. 5.
167 BaFin Auslegungsschreiben KAGB und Investmentvermögen I.1.
168 BaFin Auslegungsschreiben KAGB und Investmentvermögen I.2.; *Buck-Heeb* KapMarktR Rn. 1130.
169 ESMA Leitlinien zu Schlüsselbegriffen der Richtlinie über die Verwalter alternativer Investmentfonds (AIFMD), ESMA/2013/611 DE, 6 Rn. 13 (abrufbar unter https://www.esma.europa.eu/databases-library/esma-library?ref=2013/611); BaFin Auslegungsschreiben KAGB und Investmentvermögen I.3.

KAGB). Eine gewerbsmäßige Ansprache liegt nicht vor, wenn ausschließlich Familienmitglieder adressiert werden (sog **Family-Office-Vehikel**; siehe ErwGr 7 AIFM-RL) oder sich Personen privat zur gemeinsamen Anlage ihres Privatvermögens in sog **Investmentclubs** zusammenschließen.[170]

Der Organismus muss das Kapital „gemäß einer **festgelegten Anlagestrategie**" investieren. Davon ist auszugehen, wenn die Kriterien für die Anlage des Kapitals schriftlich genau fixiert sind (zB Anlage in bestimmte Arten von Vermögensgegenständen oder geographische Regionen, Beschränkungen des Leverage oder der Haltezeiten).[171] Eine festgelegte Anlagestrategie ist strikter als eine allgemeine Geschäftsstrategie. Das eingesammelte Kapital muss im Weiteren zum **Nutzen der Anleger** investiert werden. Dies ist nicht der Fall, wenn die Finanzierung des eigenen Unternehmens im Vordergrund steht.[172] Vom Begriff des Investmentvermögens ausgenommen sind schließlich Unternehmen, die außerhalb des Finanzsektors **operativ tätig** sind.[173] 94

Eine operative Tätigkeit ist beispielsweise die Erzeugung erneuerbarer Energien (Biogas-, Solar-, Windkraftanlagen).[174] Bürgerenergieprojekte, dh Projekte zur Finanzierung und zum Betrieb von Versorgungssystemen und Energieeinsparprojekten auf kommunaler Ebene, sind daher als operativ tätige Unternehmen vom KAGB ausgenommen. Ein Leasingunternehmen, das im Wege des Finanzierungsleasings bewegliche Wirtschaftsgüter an Unternehmen und Privatpersonen (zB Biogasanlagen) verleast, ist hingegen im Finanzsektor tätig und fällt damit in den Anwendungsbereich des KAGB.[175]

Unschädlich ist es grundsätzlich, wenn neben der operativen Tätigkeit auch Investitionen zu Anlagezwecken getätigt werden, solange die operative Tätigkeit den Schwerpunkt der Geschäftstätigkeit bildet.[176] § 2 Abs. 1 KAGB sieht eine Reihe von **Ausnahmen** vor, in denen das KAGB auf die Verwaltung von Investmentvermögen keine Anwendung findet. Das gilt für Holdinggesellschaften, Einrichtungen der betrieblichen Altersvorsorge, internationale Organisationen, nationale Zentralbanken, Sozialversicherungssysteme (§ 2 Abs. 1 Nr. 1–7 KAGB). 95

170 Weitnauer/Boxberger/Anders/*Volhard/Jung* KAGB § 1 Rn. 18.
171 Hierzu BaFin Auslegungsschreiben KAGB und Investmentvermögen I.5.
172 Hierzu *Loritz/Rickmers* NZG 2014, 1241 (1246).
173 *Buck-Heeb* KapMarktR Rn. 1127.
174 BaFin Auslegungsschreiben KAGB und Investmentvermögen I.7.
175 *Loritz/Rickmers* NZG 2014, 1241 (1245).
176 Weitnauer/Boxberger/Anders/*Volhard/Jung* KAGB § 1 Rn. 22; *Rotter/Gierke* VuR 2014, 255.

96 **Fall 1 (Wind-KG):** G ist überzeugter Anhänger von erneuerbaren Energien und will den Ausbau von Windkraftanlagen aktiv vorantreiben. Zu diesem Zweck wirbt er in seinem Bekanntenkreis für die Investition in Windkraftanlagen als attraktive Geldanlage. Da sich das Vorhaben in der ganzen Stadt herumspricht, wird auf diese Weise schnell eine Summe in Höhe von 10 Mio. EUR von 100 verschiedenen Freunden der Windenergie zugesagt. Zur Verwaltung des Vermögens gründet G die „Wind-KG", die unter diesem Namen ordnungsgemäß im Handelsregister eingetragen wird und deren Komplementär (gegen angemessene Bezahlung) G selbst wird. Die 100 Investoren treten der KG als Kommanditisten bei und leisten die zuvor angekündigte Einlage in entsprechender Höhe. In dem Gesellschaftsvertrag wird der Unternehmensgegenstand wie folgt beschrieben: „Die Wind-KG erwirbt verschiedene Windkraftanlagen in Süddeutschland, um diese anschließend an eine geeignete Betreibergesellschaft zu verleasen. Für Betrieb und laufenden Unterhalt der Anlagen sorgt der Leasingnehmer."

Bedarf G für die Gründung der Wind-KG einer Erlaubnis durch die BaFin?

97 **Lösung (Fall 1, → Rn. 96):** Die Geschäftstätigkeit der Wind-KG bedarf einer Erlaubnis durch die BaFin nach § 20 KAGB, wenn sie gemäß § 17 KAGB als KVG ein Investmentvermögen iSd § 1 Abs. 1 KAGB verwaltet. Dafür müsste die Wind-KG ein Organismus, also ein rechtlich oder wirtschaftlich verselbstständigtes „gepooltes" Vermögen sein. Das Gesellschaftsvermögen der KG ist ein solcher Organismus. Es handelt sich auch um eine gemeinsame Anlage, da die Anleger als Kommanditisten an Gewinnen und Verlusten der KG beteiligt sind (siehe §§ 167 Abs. 1, 120 HGB). Fraglich könnte sein, ob das Kapital von einer Anzahl an Anlegern eingesammelt wird, da die Anteile hier lediglich an Bekannte vertrieben werden. Anders als bei rein privaten Vereinigungen von Anlegern in sog Investmentclubs, die nicht vom KAGB erfasst sind, ist hier von einer direkten und indirekten Ansprache im Rahmen der geschäftlichen Tätigkeit der Wind-KG auszugehen, auch wenn der Adressatenkreis auf Bekannte beschränkt ist (aA vertretbar). Auch sind die Anlagebedingungen nicht nur auf einen Anleger begrenzt.

Weiterhin ist die Anlagestrategie der Wind-KG im Gesellschaftsvertrag genau festgelegt. Die Investition erfolgt auch zum Nutzen der Anleger und nicht primär zur Finanzierung der Unternehmenstätigkeit. Die KG fällt jedoch nicht in den Anwendungsbereich des KAGB, wenn es sich um ein operativ tätiges Unternehmen außerhalb des Finanzsektors handelt. Unternehmensgegenstand der Wind-KG sind der Erwerb und das Verleasen der Windkraftanlagen, nicht aber ihre Entwicklung oder ihr Betrieb. Daher fehlt es an einer operativen Tätigkeit. Zudem preist die KG die Beteiligung – anders als etwa bei Industrieanleihen – ausdrücklich als attraktive Geldanlage an, so dass es sich bei der KG um ein Unternehmen der Finanzbranche handelt.

Ergebnis: Die Wind-KG erfüllt damit alle Voraussetzungen des Investmentvermögensbegriffs gem. § 1 KAGB; der Geschäftsbetrieb ist damit erlaubnispflichtig gem. § 20 KAGB. Außerdem darf die KG nur als Investment-KG firmieren (hierzu → Rn. 116 ff.).

II. Unterscheidung von Investmentvermögen

Die konkreten Anforderungen des KAGB an die Verwaltung von Investmentvermögen richten sich nach der Art des verwalteten Investmentvermögens. Hiervon hängt insbesondere ab, in welche Vermögensgegenstände die KVG das eingesammelte Kapital auf welche Weise investieren darf. Die verschiedenen Arten von Investmentvermögen systematisiert das Gesetz anhand von unterschiedlichen Kriterien. Es kann unterschieden werden zwischen OGAW und AIF, zwischen offenen und geschlossenen Investmentvermögen, zwischen Spezial- und Publikumsinvestmentvermögen sowie zwischen inländischen und ausländischen Investmentvermögen. 98

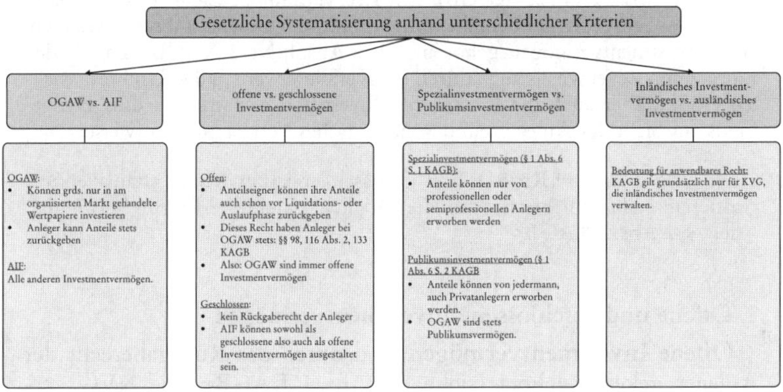

1. OGAW und AIF

Das KAGB unterscheidet zunächst zwischen Organismen für gemeinsame Anlagen in Wertpapiere (OGAW) und Alternativen Investmentfonds (AIF). Bei OGAW handelt es sich gem. § 1 Abs. 2 KAGB um Investmentvermögen, die in den Anwendungsbereich der europä- 99 ischen OGAW-Richtlinie fallen. OGAW zeichnen sich demnach dadurch aus, dass sie ihr Kapital grundsätzlich nur in Wertpapiere, die am organisierten Markt iSd § 2 Abs. 11 WpHG gehandelt werden, und in Geldmarktinstrumente investieren dürfen. Außerdem haben Anleger stets die Möglichkeit, ihre Anteile an die KVG zurückzugeben. Es handelt sich damit um offene Investmentvermögen (→ Rn. 117). **AIF** (§ 1 Abs. 3 KAGB) sind alle anderen Investmentvermögen iSd § 1 Abs. 1 KAGB, die keine OGAW sind. Sie sind durch die europäische AIFM-Richtlinie geregelt. Zu den AIF gehören Investmentvermögen, die beispielsweise in Sachwerte oder in Wertpapiere investieren, die nicht an organisierten Märkten iSd § 2 Abs. 11 WpHG gehandelt werden, oder bei denen Anleger keine Möglichkeit zur jederzeitigen Rückgabe ihrer Anteile haben.

OGAW sind beispielsweise Aktien- oder Anleihefonds. Zu den AIF gehören geschlossene oder offene Immobilien- oder Schiffsfonds sowie Hedgefonds. **Hedgefonds** sind Investmentvermögen, die Leverage in beträchtlichem Umfang einsetzen oder Leerverkäufe tätigen (siehe § 283 Abs. 1 KAGB). Mit **Leverage** sind Methoden gemeint, durch die der Investitionsgrad eines Investmentvermögens durch die Aufnahme von Krediten, Wertpapier-Darlehen, in Derivate eingebettete Hebelfinanzierungen oder auf andere Weise erhöht wird (§ 1 Abs. 19 Nr. 25 KAGB). Ein **Leerverkauf** bezeichnet den Verkauf von Vermögensgegenständen, die im Zeitpunkt des Geschäftsabschlusses nicht zum Investmentvermögen gehören (§ 283 Abs. 1 Nr. 2 KAGB). Durch den Einsatz von Leverage als auch durch Leerverkäufe werden die Renditeaussichten erhöht, aber auch die Risiken der Investition verstärkt, so dass Hedgefonds aus Sicht der Anleger ein besonders hohes Verlustrisiko aufweisen.

100 **Lösung (Fall 1, → Rn. 96):** Will G ausschließlich in Windkraftanlagen investieren, steht ihm hierfür nur die Möglichkeit eines AIF zur Verfügung (siehe § 1 Abs. 2 KAGB).

2. Offene und geschlossene Investmentvermögen

101 **Offene Investmentvermögen** sind durch das Rückgaberecht der Anleger gekennzeichnet (siehe § 1 Abs. 4 KAGB): Die KVG verpflichtet sich, die durch sie ausgegebenen Anteile auf Ersuchen des Anteilsinhabers vor der Liquidations- oder Auslaufphase zurückzunehmen.[177] Bei geschlossenen Investmentvermögen steht den Anlegern kein derartiges Rückgaberecht zu. Da Anlegern bei OGAW zwingend ein derartiges Rückgaberecht zusteht (zB §§ 98, 116

177 *Jakovou* in Langenbucher/Bliesener/Spindler 39. Kap. Rn. 18.

Abs. 2, 133 KAGB), handelt es sich stets um offene Investmentvermögen.[178] AIF können sowohl als offene als auch als geschlossene Investmentvermögen aufgelegt werden, je nachdem, ob die Anlagebedingungen eine Rücknahmepflicht der KVG vorsehen oder nicht (vgl. § 1 Abs. 4 Nr. 2 KAGB).

Bevor das KAGB im Juli 2013 in Kraft getreten ist, wurden die offenen Investmentvermögen durch das Investmentgesetz (InvG aF) geregelt. Geschlossene Investmentvermögen waren hingegen lange Zeit als Produkte des grauen Kapitalmarktes unreguliert; später wurden sie dann zT in das Vermögensanlagengesetz (VermAnlG) aufgenommen und damit jedenfalls einer Prospektpflicht zugeführt. 102

Lösung (Fall 1, → Rn. 96): G hat die Möglichkeit, den AIF als offenes Investmentvermögen aufzulegen, indem er den Kommanditisten in den Anlagebedingungen ein Rückgaberecht einräumt, dh anderenfalls handelt es sich um ein geschlossenes Investmentvermögen (§ 1 Abs. 5 KAGB). 103

3. Spezialinvestmentvermögen und Publikumsinvestmentvermögen

Weiterhin können Investmentvermögen in Publikumsinvestmentvermögen und Spezialinvestmentvermögen unterteilt werden. Die Zuordnung hängt von dem Anlegerkreis des Investmentvermögens ab. Während Anteile an **Spezialinvestmentvermögen** nur von professionellen und semiprofessionellen Anlegern erworben werden können (§ 1 Abs. 6 S. 1 KAGB), können Anteile an **Publikumsinvestmentvermögen** von jedermann, also auch von Privatanlegern, erworben werden. OGAW sind stets Publikumsinvestmentvermögen; AIF können als Spezial-AIF oder als Publikums-AIF aufgelegt werden.[179] 104

Für die Definition des **professionellen Anlegers** verweist § 1 Abs. 19 Nr. 32 KAGB auf die MiFID II. Insofern ist der Begriff identisch mit demjenigen des „professionellen Kunden“ nach § 67 Abs. 2 WpHG und erfasst insbesondere Banken, Versicherungen, Regierungen oder besonders finanzkräftige Unternehmen (ausführlich dazu → Rn. 792 ff.). Um aber darüber hinaus auch Stiftungen, kleineren Family-Offices und hochvermögenden Privatpersonen den Zugang zu Spezial-AIF zu eröffnen, hat der Gesetzgeber in § 1 Abs. 19 Nr. 33 105

178 *Jakovou* in Langenbucher/Bliesener/Spindler 39. Kap. Rn. 18.
179 *Buck-Heeb* KapMarktR Rn. 1143 ff.

KAGB die Kategorie des **semiprofessionellen Anlegers** eingeführt. Hierbei handelt es sich um nicht professionelle Anleger, die in Finanzkraft und Erfahrung professionellen Anlegern gleichstehen: Semiprofessionelle Anleger sind (1) Anleger, die mindestens 200 000 EUR investieren, schriftlich erklären, sich der Risiken bewusst zu sein, und deren Sachverstand, Erfahrungen und Kenntnisse durch die KVG bestätigt werden, (2) Anleger, die bei der KVG eine leitende Position oder Position als Risikoträger bekleiden und (3) Anleger, die mindestens 10 Mio. EUR investieren (vgl. § 1 Abs. 19 Nr. 33 KAGB). Die übrigen Anleger sind **Privatanleger**. Sie können ausschließlich Anteile an Publikumsinvestmentvermögen erwerben. Da professionelle und semiprofessionelle Anleger weniger schutzbedürftig sind als Privatanleger, sind die Anforderungen an die Ausgestaltung der Anlagebedingungen und den Vertrieb von Spezial-AIF weniger streng. Vielfach sind Spezial-AIF von der Anwendung bestimmter KAGB-Normen sogar vollständig ausgenommen (vgl. § 2 Abs. 3–7 KAGB).

106 **Lösung (Fall 1, → Rn. 96):** G hat die Möglichkeit, den AIF als Publikums-AIF für alle Anleger, einschließlich Privatanleger zu öffnen, oder als Spezial-AIF auf professionelle und semiprofessionelle Anleger zu beschränken (§ 1 Abs. 6 KAGB).

4. Inländische und ausländische Investmentvermögen

107 Schließlich differenziert das KAGB zwischen **inländischen Investmentvermögen** und **EU-Investmentvermögen**, die dem Recht eines anderen EU-Mitgliedstaates unterliegen. AIF können zudem dem Recht eines Drittstaates unterliegen, dann werden sie als **ausländische AIF** bezeichnet. Die Einteilung hat Bedeutung für das anwendbare Recht, da das KAGB grundsätzlich nur für KVG gilt, die inländische Investmentvermögen verwalten.

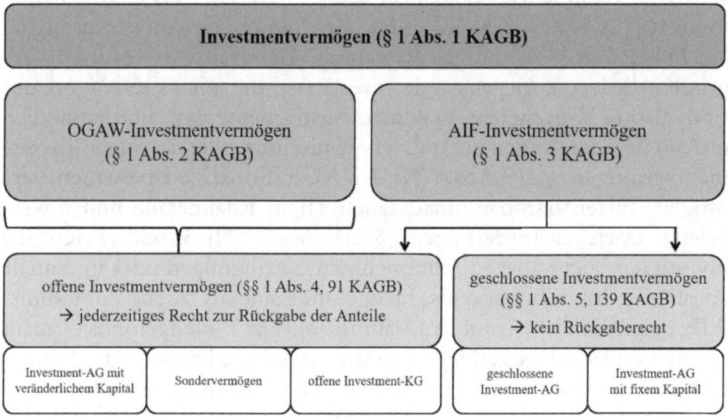

III. Zulässige Anlagen von Investmentvermögen

1. OGAW, §§ 192–213 KAGB

OGAW dürfen ausschließlich in die in §§ 193–198 KAGB genannten Anlageinstrumente investieren, dh hauptsächlich in börsengehandelte Wertpapiere, Geldmarktinstrumente, Bankguthaben, Anteile an anderen OGAW und unter bestimmten Voraussetzungen Anteile an AIF sowie bestimmte Derivate. Keine zulässigen Anlageinstrumente sind Edelmetalle und Zertifikate über Edelmetalle. Einschränkungen gelten ua auch für den Einsatz von Leverage (§§ 200 ff. KAGB) oder das Tätigen von Leerverkäufen (§ 205 KAGB). **Leerverkäufe,** dh der Verkauf von Vermögensgegenständen, die nicht zum OGAW gehören, sind verboten (§ 205 KAGB). 108

2. AIF, §§ 214–292 KAGB

Für die zulässigen Anlagegegenstände von AIF ist zu unterscheiden zwischen Publikums-AIF und Spezial-AIF und sodann jeweils zwischen offenen und geschlossenen AIF. 109

a) Publikums-AIF. aa) Offene Publikums-AIF, §§ 214–260 KAGB. Offene Publikums-AIF dürfen gem. § 214 KAGB ausschließlich als gemischte Investmentvermögen (§§ 218 f. KAGB), als 110 sonstige Investmentvermögen (§§ 220–224 KAGB), als Dach-Hedgefonds (§§ 225–229 KAGB) oder als Immobilien-Sondervermögen (§§ 230–260 KAGB) aufgelegt werden. **Gemischte Investmentvermögen** dürfen in Gegenstände investieren, die auch OGAW erlaubt sind, also in Wertpapiere, Geldmarktinstrumente usw, und zusätzlich in Anteile oder Aktien an anderen gemischten oder sonstigen Investmentvermögen, § 219 Abs. 1 Nr. 2 KAGB. **Sonstige Investmentvermögen** dürfen darüber hinaus auch zB in Edelmetalle und unverbriefte Darlehensforderungen (§ 221 Abs. 1 Nr. 3 und 4 KAGB) investieren, nicht aber in Unternehmensbeteiligungen oder in Anteile an offenen Immobilienfonds. Hedgefonds sind als offene Publikums-AIF grundsätzlich – mit Ausnahme sog Dach-Hedgefonds – nicht möglich. Dach-Hedgefonds investieren in Hedgefonds und unter engen Voraussetzungen in andere Vermögensgegenstände (§ 225 KAGB). Single-Hedgefonds können nur noch als Spezial-AIF für professionelle oder semiprofessionelle Anleger, nicht aber als Publikums-AIF auch für Privatanleger aufgelegt werden. Die zulässigen Vermögensgegenstände eines Immobilien-Sondervermögens beschränken sich auf bestimmte Immobilienwerte (§ 233 KAGB). Für alle Arten offener Publikums-AIF gilt jeweils gem. § 214 KAGB der Grundsatz der **Risikomischung**, wonach grundsätzlich in mehr als drei Vermögensgegenstände mit unterschiedlichen Risiken zu investieren ist.[180] Im Gegensatz zu OGAW dürfen Publikums-AIF einen angemessenen Leverage einsetzen, § 215 KAGB.

111 **bb) Geschlossene Publikums-AIF, §§ 261–272 KAGB.** Die gesetzlichen Vorgaben für die zulässigen Investitionen geschlossener Publikums-AIF sind weniger streng als für offene Publikums-AIF. Geschlossene Publikums-AIF dürfen vor allem auch in Sachwerte – zB in Immobilien, Schiffe, Luftfahrzeuge, Anlagen zur Erzeugung, zum Transport und zur Speicherung von Strom, Gas oder Wärme aus erneuerbaren Energien, Schienenfahrzeuge, Container usw (vgl. § 261 Abs. 2 KAGB) – sowie in Wertpapiere iSd §§ 193–195 KAGB investieren (§§ 261 Abs. 1 und 2 KAGB). **Private Equity Fonds**, dh Beteiligungen an nicht börsennotierten Unternehmen, sind ebenfalls möglich (siehe §§ 261 Abs. 7, Abs. 1 Nr. 4 iVm 287 ff. KAGB). Derivate sind grundsätzlich keine zulässigen Anlagegegenstände, sondern nur ausnahmsweise gem. § 261 Abs. 3 KAGB zur Absicherung von ge-

180 Weitnauer/Boxberger/Anders/*Baum* KAGB § 214 Rn. 9.

haltenen Vermögensgegenständen gegen Wertverlust erlaubt. Geschlossene Publikums-AIF sind gem. § 262 KAGB zudem an den Grundsatz der **Risikomischung** gebunden, so dass Ein-Objekt-Fonds – beispielsweise Investmentvermögen, das lediglich in ein Containerschiff investiert wird – grundsätzlich unzulässig sind. Ausnahmen vom Grundsatz der Risikomischung sind allerdings unter den in der Praxis häufig erfüllten Voraussetzungen des § 262 Abs. 2 KAGB möglich. **Leverage** ist in begrenztem Umfang möglich, § 263 KAGB. **Leerverkäufe** sind hingegen untersagt, § 265 KAGB.

b) Spezial-AIF. Da Anteile an Spezial-AIF nur von professionellen und semiprofessionellen Anlegern erworben werden können, reichen die Investitionsmöglichkeiten wegen der geringeren Schutzbedürftigkeit der Anleger weiter als bei Publikumsinvestmentvermögen. Zu differenzieren ist wiederum zwischen offenen und geschlossenen Spezial-AIF: 112

aa) Offene Spezial-AIF, §§ 273–285 KAGB. Die offenen Spezial-AIF, also Spezial-AIF mit Rückgaberecht der Anleger, sind in drei Formen möglich: als allgemeine offene Spezial-AIF (§ 282 KAGB), Hedgefonds (§ 283 KAGB) und offene Spezial-AIF mit festen Anlagebedingungen (§ 284 KAGB).[181] **Allgemeine offene Spezial-AIF** dürfen grundsätzlich in alle Vermögensgegenstände investieren, deren Verkehrswert ermittelt werden kann, § 282 Abs. 2 KAGB. Dadurch sind die Investitionsmöglichkeiten aber praktisch kaum eingeschränkt, da der Verkehrswert eines Gegenstands stets ermittelt werden kann.[182] Nicht zulässig ist hingegen der Erwerb von Beteiligungen an einem nicht börsennotierten Unternehmen, sofern dadurch die Kontrolle erlangt wird, § 282 Abs. 3 KAGB. Offene Spezial-AIF sind als **Hedgefonds** möglich, deren Anlagebedingungen den Einsatz von Leverage in beträchtlichem Umfang und/oder Leerverkäufe vorsehen (§ 283 Abs. 1 KAGB).[183] Offene Spezial-AIF **mit festen Anlagebedingungen** (§ 284 KAGB) unterfallen grundsätzlich denselben Anlagebeschränkungen wie gemischte Investmentvermögen gem. §§ 192–211, 218–260 KAGB, können aber unter bestimmten Voraussetzungen mit Zustimmung der Anleger hiervon abweichen (§ 284 Abs. 2 KAGB). Sämtliche Spezial-AIF sind zudem an den Grundsatz 113

181 Vgl. *Buck-Heeb* KapMarktR Rn. 1144.
182 Weitnauer/Boxberger/Anders/*Swoboda* KAGB § 287 Rn. 2.
183 Der Begriff „Leverage“ ist in Art. 1 Abs. 19 Nr. 25 KAGB legaldefiniert. S. dazu außerdem Weitnauer/Boxberger/Anders/*Baum* KAGB § 283 Rn. 8 ff.

der **Risikomischung** gebunden (§§ 282 Abs. 1, 284 Abs. 1 KAGB) und dürfen grundsätzlich – mit Ausnahme der Hedgefonds – keine Leerverkäufe tätigen, § 276 KAGB.

bb) Geschlossene Spezial-AIF, §§ 273–277, 285 f. KAGB.

114 Geschlossene Spezial-AIF erwerben in der Praxis häufig als **Private-Equity-Fonds** Beteiligungen an nicht börsennotierten Unternehmen. Private-Equity-Fonds werden nicht selten – so etwa in der „Heuschreckendebatte" 2005 – mit kurzfristig orientierten Finanzinvestoren in Verbindung gebracht, die sich an Unternehmen beteiligen, um sie zu zerlegen und Gewinne auszuschütten und die Beteiligung an dem geschwächten Unternehmen anschließend wieder zu veräußern. Daher sehen §§ 287–292 KAGB für den Fall des Kontrollerwerbs, dh bei Erwerb von mehr als der Hälfte der Stimmrechte an einem nicht börsennotierten Unternehmen (§ 288 Abs. 1 KAGB), besondere Vorschriften zum Schutz des Zielunternehmens vor, die denen nachgebildet sind, die gem. §§ 33 ff. WpHG sowie dem WpÜG auch für die Übernahme börsennotierter Gesellschaften gelten (→ Rn. 603 ff.). So hat die KVG bei Überschreiten der Kontrollschwelle ua das Zielunternehmen und die BaFin hierüber und über die Absichten in Bezug auf die künftige Geschäftstätigkeit des Zielunternehmens und die voraussichtlichen Auswirkungen auf die Beschäftigten zu informieren (§ 290 KAGB). Um ein „Anschleichen" zu verhindern, verpflichtet § 289 KAGB zur Beteiligungspublizität bei Erreichen, Über- oder Unterschreiten bestimmter Schwellenwerte (vgl. auch → Rn. 604). Um eine Zerschlagung des Zielunternehmens in den ersten beiden Jahren nach der Übernahme zu verhindern, schränkt § 292 KAGB zudem Ausschüttungen, Kapitalherabsetzungen und die Rücknahme von Anteilen bzw. Aktien ein.

115 **Lösung (Fall 1, → Rn. 96):** Vor dem Hintergrund, dass G das Investmentvermögen in Windkraftanlagen investieren möchte, fallen jedenfalls **OGAW** sowie **offene Publikums-AIF** heraus, die nicht in Sachwerte investieren dürfen (§§ 192 ff.; 218 ff. KAGB). Ein **geschlossener Publikums-AIF** kann zwar grundsätzlich in Sachwerte investieren (§ 261 Abs. 1 Nr. 1, Abs. 2 Nr. 4 KAGB), muss hierbei aber den Grundsatz der Risikomischung gem. § 262 Abs. 1 KAGB beachten. Der Grundsatz der Risikomischung setzt grundsätzlich voraus, dass in mindestens drei Sachwerte iSd § 261 Abs. 2 KAGB investiert wird, was hier nicht der Fall ist, da ausschließlich in Windkraftanlagen investiert wird. Auch die Voraussetzungen für die Ausnahme in § 262 Abs. 2 KAGB liegen nicht vor, da die Anteile von allen Anlegern unabhängig von der jeweiligen Investitionssumme erworben werden können. Aus dem gleichen Grund scheidet auch ein **offener Spezial-AIF** aus. Dieser darf zwar in Windkraftanlagen investieren, da es sich hierbei um Vermögensgegenstände handelt, die einen Verkehrswert haben (§ 282 Abs. 2 KAGB). Es mangelt aber wiederum an der gem. § 282 Abs. 1 KAGB erforderlichen Risikomischung. Daher bleibt für G nur ein **geschlossener Spezial-AIF**, dessen

Anteile ausschließlich von professionellen und semiprofessionellen Anlegern erworben werden können. Ein geschlossener Spezial-AIF kann gem. § 285 KAGB in Vermögensgegenstände investieren, für die ein Verkehrswert ermittelt werden kann. Der Grundsatz der Risikomischung gilt hier nicht.

IV. Zulässige Rechtsformen der Investmentvermögen

Ob ein Investmentvermögen iSd § 1 Abs. 1 KAGB vorliegt, hängt 116 zwar nicht (mehr) von der gewählten Rechtsform ab. Liegt aber ein Investmentvermögen iSd § 1 Abs. 1 KAGB vor, ist es nur in bestimmten Rechtsformen zulässig und anderenfalls nicht erlaubnisfähig gem. § 20 KAGB. Welche Rechtsform zulässig ist, richtet sich danach, ob es sich um ein offenes oder ein geschlossenes Investmentvermögen handelt.

1. Zulässige Rechtsformen offener Investmentvermögen

Offene inländische Investmentvermögen dürfen gem. § 91 Abs. 1 117 KAGB grundsätzlich nur als Sondervermögen oder als Investmentaktiengesellschaft („Investment-AG") mit veränderlichem Kapital aufgelegt werden. Das gilt unabhängig davon, ob es sich um OGAW oder AIF handelt, ob sie sich an das Publikum oder nur an (semi-) professionelle Anleger richten (→ Rn. 98 ff.). Für Spezial-AIF steht darüber hinaus die Investment-KG zur Verfügung (§ 91 Abs. 2 KAGB).

a) Sondervermögen. Die Bildung von Sondervermögen aus dem 118 eingesammelten Kapital der Anleger ist die klassische – bis 1998 auch die einzig mögliche – Rechtsform eines offenen Investmentvermögens. Grundlage des Sondervermögens bildet der Investmentvertrag zwischen der KVG und den Anlegern (Vertragstyp), der ihre rechtliche Beziehung regelt (→ Rn. 125). Die Vermögensgegenstände des Sondervermögens stehen – je nach Ausgestaltung der Anlagebedingungen – entweder im Miteigentum der Anleger oder im Eigentum der KVG, § 92 Abs. 1 S. 1 KAGB. Die KVG muss das Sondervermögen von ihrem übrigen Vermögen getrennt halten (§ 92 Abs. 1 S. 2 KAGB). Sie ist berechtigt, im eigenen Namen über die Vermögensgegenstände nach Maßgabe der Anlagebedingungen zu verfügen (§ 93 Abs. 1 KAGB) und Rechte, insbesondere auch Stimmrechte aus Aktien im Sondervermögen, auszuüben (§ 94 Abs. 1 KAGB).

119 **b) Investment-AG mit veränderlichem Kapital.** Alternativ können offene Investmentvermögen als Aktiengesellschaft mit veränderlichem Kapital aufgelegt werden. An der **Investment-AG** sind die Anleger als Anlageaktionäre in der Höhe ihrer Einlage beteiligt (Gesellschaftstyp).[184] Satzungsmäßiger Unternehmensgegenstand ist ausschließlich die Anlage und Verwaltung des Investmentvermögens nach einer festgelegten Anlagestrategie und dem Grundsatz der Risikomischung zum Nutzen der Aktionäre (§ 110 Abs. 2 KAGB). Dies kann die Investment-AG selbst durch ihre Gesellschaftsorgane ausführen, dann ist die Investment-AG gleichzeitig ihre eigene **interne KVG**. Alternativ kann die Investment-AG eine **externe KVG** beauftragen. Das Organisationsgefüge unterscheidet sich dann nicht wesentlich von demjenigen eines fremdverwalteten Sondervermögens.

120 Die Investment-AG ist eine Aktiengesellschaft, so dass grundsätzlich ergänzend auch die Vorschriften des **AktG** anwendbar sind. Allerdings sieht das KAGB Abweichungen vor (§ 108 Abs. 2 KAGB). So unterscheidet die Investment-AG zwischen Unternehmens- und Anlageaktien (§ 109 Abs. 1 KAGB), um die gebotene Trennung des Investmentvermögens von dem sonstigen Vermögen der Gesellschaften sicherzustellen. Zudem findet insbesondere die grundsätzlich im Aktienrecht geltende Satzungsstrenge gem. § 23 Abs. 5 AktG (→ Rn. 77) auf die Investment-AG keine Anwendung. Darüber hinaus wird vom aktienrechtlichen Grundsatz des fixen Grundkapitals abgewichen, indem das KAGB diese Sonderform der AG mit einem **veränderlichen Kapital** ausstattet. Dadurch soll die bei offenen Investmentvermögen notwendige Rückgabe der Anteile ermöglicht werden, die rechtlich in den Aktien an der Investment-AG verkörpert sind. Daher verwendet das KAGB insoweit auch nicht den aktienrechtlichen Begriff des Grundkapitals, sondern den Begriff des Gesellschaftskapitals (§ 109 Abs. 1 S. 3 KAGB). Der Vorstand der Investment-AG mit veränderlichem Kapital wird durch das Gesetz ermächtigt, wiederholt neue Aktien gegen Einlagen auszugeben (vgl. § 115 Abs. 1 KAGB) und so ohne Weiteres das Gesellschaftskapital zu erhöhen (vgl. § 115 Abs. 3 KAGB). Umgekehrt wird das Gesellschaftskapital gem. § 116 Abs. 3 KAGB automatisch mit der Rücknahme von Aktien herabgesetzt, ohne dass die aktienrechtlichen Kapitalherabsetzungsvorschriften einzuhalten wären. Entsprechend verändert sich das Gesellschaftskapital fortlaufend und die Invest-

184 *Lenenbach* KapMarktR Rn. 14.39, 14.45.

ment-AG mit veränderlichem Kapital wird zu einem offenen Investmentvermögen. Aus diesem Grund begibt die Investment-AG mit veränderlichem Kapital auch keine Nennbetragsaktien, sondern ausschließlich **Stückaktien** (§ 109 Abs. 1 S. 2, 3 KAGB). Gem. § 116 Abs. 1 KAGB ist in der Satzung das Mindest- und Höchstkapital anzugeben, das jeweils die Grenze für die Ausgabe und Rücknahme von Aktien darstellt. Gem. § 118 KAGB muss die Firma die Bezeichnung „Investmentaktiengesellschaft" oder eine verständliche Abkürzung enthalten. Parallelvorschriften zur Firmierung der anderen Rechtsformen von Investmentvermögen finden sich in §§ 134, 146, 157 KAGB.

c) Offene Investment-KG. Offene Spezial-AIF – nicht jedoch 121
OGAW – können auch als offene Investment-KG organisiert werden (§ 91 Abs. 2 KAGB). Es gelten grundsätzlich die §§ 161 ff. HGB, allerdings zum Schutz der Anleger mit wichtigen Einschränkungen gem. § 127 KAGB. Hat der Investment-Kommanditist seine Einlage erbracht, erlischt der Anspruch der offenen Investment-KG auf Leistung der Einlage (§ 127 Abs. 3 KAGB). Hierdurch soll eine Nachschusspflicht des Anlegers ausgeschlossen werden. Auch eine Pflicht, entstandene Verluste auszugleichen, besteht nicht. Das folgt zwar jeweils auch bereits aus **§ 707 BGB, § 171 Abs. 1 HGB.** Die Bedeutung der kapitalmarktrechtlichen Sonderregelung liegt aber vor allem darin, dass § 707 BGB für unabdingbar und hiervon abweichende Vereinbarungen für unwirksam erklärt werden (§ 127 Abs. 3 S. 4 und 5 KAGB). Die allgemein aus **§ 176 HGB** folgende Haftung des Kommanditisten im Beitrittsstadium wird für die offene Investment-KG durch § 127 Abs. 4 KAGB beschränkt: Der Investment-Kommanditist gilt demnach erst als beigetreten, wenn er im Handelsregister eingetragen wird. Die Zustimmung des Kommanditisten zu einer früheren Geschäftsaufnahme wird dadurch für unbeachtlich erklärt.

2. Zulässige Rechtsformen geschlossener Investmentvermögen

Das KAGB sieht für geschlossene Publikums- und Spezial-AIF 122
ausschließlich die Investment-AG mit fixem Kapital und die geschlossene Investment-KG vor (§ 139 KAGB). Die Bildung eines extern verwalteten Sondervermögens ist nicht zulässig. Die Beschränkung der zulässigen Rechtsformen für geschlossene Investmentvermögen soll insbesondere Haftungsrisiken für die Anleger ausschließen. An der **Investment-AG mit fixem Kapital** sind die Anleger als

Aktionäre in der Höhe ihrer Einlage beteiligt (Gesellschaftstyp). Wie die Investment-AG mit veränderlichem Kapital kann die Investment-AG mit fixem Kapital die Verwaltung selbst als interne KVG durch ihre Gesellschaftsorgane ausführen oder alternativ eine **externe KVG** beauftragen. Es gelten gem. § 140 S. 2 KAGB grundsätzlich die Vorschriften des AktG mit einzelnen Abweichungen. So ist etwa wiederum die Satzungsstrenge gem. § 23 Abs. 5 AktG ausgeschlossen (→ Rn. 120). Im Unterschied zur Investment-AG mit veränderlichem Kapital gelten jedoch für die Investment-AG mit fixem Kapital die strengen Regelungen des AktG zur Kapitalbeschaffung und Kapitalherabsetzung (**§§ 182 ff. AktG**). Sonderregelungen sind insoweit nicht notwendig, da die Anleger kein Rückgaberecht haben und auch keine neuen Anteile ausgegeben werden, so dass das Kapital nicht fortlaufend erhöht oder herabgesetzt werden muss. Außerdem differenziert die Investment-AG mit fixem Kapital auch nicht zwischen Anlage- und Unternehmensaktien.[185] Geschlossene Publikums- und Spezial-AIF können schließlich auch als **geschlossene Investment-KG** organisiert werden (§ 149 KAGB), für die wie für die offene Investment-AG grundsätzlich die Vorschriften des HGB mit den spezialgesetzlichen Einschränkungen gelten (§§ 149 S. 2; 152 Abs. 3, 4 KAGB, → Rn. 121).[186]

123 **Lösung (Fall 1, → Rn. 96):** Den geschlossenen Spezial-AIF kann G als Investment-AG mit fixem Kapital oder als geschlossene Investment-KG auflegen (§ 139 KAGB). Die Bezeichnung als Wind-KG genügt firmenrechtlich demnach nicht, sondern G muss die Bezeichnung „geschlossene Investmentkommanditgesellschaft" oder eine allgemein verständliche Abkürzung wählen (§ 157 KAGB).

V. „Investmentdreieck"

124 Die rechtlichen Beziehungen zwischen der KVG, die das Investmentvermögen verwaltet, der Verwahrstelle, die die Vermögenswerte des Investmentvermögens verwahrt und den Anlegern lassen sich in einem „Investmentdreieck" abbilden.

185 *Buck-Heeb* KapMarktR Rn. 1181; Weitnauer/Boxberger/Anders/*Silberberger* KAGB § 140 Rn. 12.

186 Vgl. *Buck-Heeb* KapMarktR Rn. 1184 ff., 1189 f.

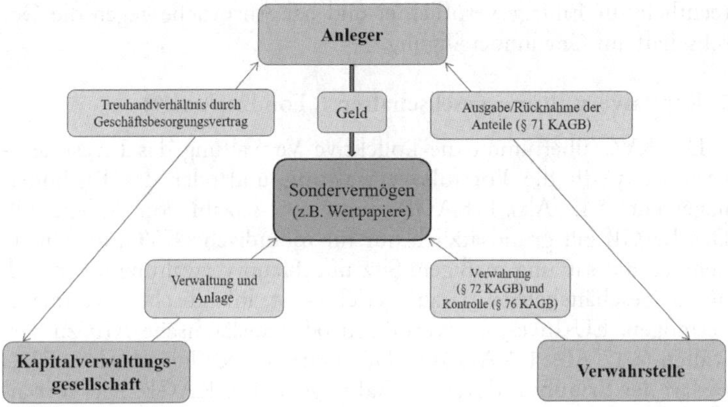

1. Anleger im „Investmentdreieck“

125 Die rechtliche Stellung des Anlegers im Investmentdreieck unterscheidet sich je nach der Rechtsform des Investmentvermögens. Beim Vertragstyp des **Sondervermögens** schließen die Anleger mit der KVG einen Investmentvertrag. Hierbei handelt es sich nach hM um einen Geschäftsbesorgungsvertrag gemäß § 675 BGB, der ein Treuhandverhältnis zwischen KVG und Anleger begründet.[187] Nach aA handelt es sich um einen Vertrag sui generis.[188] Mit dem Abschluss des Investmentvertrags steht den Anlegern ein Anteil an dem Sondervermögen zu. Die Gegenstände des Sondervermögens können sich im Eigentum der KVG oder im Miteigentum der Anleger befinden. Der Anteil des Anlegers am Sondervermögen wird in einem Anteilsschein verbrieft und lautet auf den Inhaber oder den Namen (§ 95 S. 1, 2 KAGB). Hierbei handelt es sich um Finanzinstrumente iSd § 2 Abs. 4 WpHG. Bei inländischen OGAW erfolgt die Ausgabe und Rücknahme der Anteilsscheine durch die Verwahrstelle (§ 73 Abs. 1 KAGB).

126 Bei der Investment-AG oder Investment-KG wird der Anleger jeweils Gesellschafter, entweder (Anlage-)Aktionär oder Kommanditist. Als Investment-Aktionär oder Investment-Kommanditist hat der Anleger Rechte und Pflichten, ist also insbesondere gesellschafts-

187 *Lenenbach* KapMarktR Rn. 14.44, 14.94.
188 *Einsele* BankR und KapMarktR § 10 Rn. 25; *Jakovou* in Langenbucher/Bliesener/Spindler 39. Kap. Rn. 180.

rechtlich zur Einlage verpflichtet und hat Ansprüche gegen die Gesellschaft auf Gewinnbeteiligung.

2. Kapitalverwaltungsgesellschaften („Fondsvehikel")

127 Die KVG übernimmt die kollektive Verwaltung des Investmentvermögens, dh die **Portfolioverwaltung** und/oder das Risikomanagement (§ 17 Abs. 1 KAGB) für eine Vielzahl von Anlegern.[189] Das KAGB gilt grundsätzlich nur für **inländische KVG**, dh Unternehmen mit satzungsmäßigem Sitz und Hauptverwaltung im Inland, deren Geschäftsbetrieb darauf gerichtet ist, inländische Investmentvermögen, EU-Investmentvermögen oder ausländische AIF zu verwalten (§ 17 Abs. 1 KAGB).[190] Der Betrieb einer inländischen KVG bedarf der **Erlaubnis** durch die BaFin gem. § 20 KAGB. Die Verwalter kleinerer AIF-Investmentvermögen sind von der Erlaubnispflicht zum Teil befreit (vgl. § 2 Abs. 4, 5 KAGB), müssen sich jedoch bei der BaFin gem. §§ 44 ff. KAGB registrieren lassen.[191] Für ein Investmentvermögen kann nur eine KVG zuständig sein, die für die Einhaltung der Anforderungen dieses Gesetzes verantwortlich zeichnet, § 17 Abs. 3 KAGB. Umgekehrt kann aber eine KVG mehrere Investmentvermögen verwalten, § 17 Abs. 1 S. 2 KAGB.

128 § 17 Abs. 2 KAGB unterscheidet zwischen externen und internen KVG. **Externe KVG** werden von einem Investmentvermögen oder im Namen eines Investmentvermögens bestellt und sind aufgrund dieser Bestellung für die Verwaltung des Investmentvermögens verantwortlich, § 17 Abs. 2 Nr. 1 KAGB. Externe KVG sind gem. § 18 Abs. 1 KAGB ausschließlich in der Rechtsform der AG, GmbH oder als GmbH & Co. KG zulässig und müssen mit einem Anfangskapital von mindestens 125.000 EUR ausgestattet sein (§ 25 Abs. 1 Nr. 1 lit. b) KAGB). Eine GmbH muss gem. § 18 Abs. 2 KAGB zwingend einen Aufsichtsrat haben.

129 Wird keine externe KVG bestellt, handelt es sich um eine **interne KVG**, § 17 Abs. 2 Nr. 2 KAGB. Dies ist nur möglich, wenn das Investmentvermögen als Investment-AG oder Investment-KG organisiert ist, § 1 Abs. 11, 12 KAGB. Sondervermögen werden demnach

189 Das InvG verwendete früher den Begriff der Kapitalanlagegesellschaft (KAG).
190 Vgl. *Buck-Heeb* KapMarktR Rn. 1159.
191 Nach dem im Dezember 2020 vom BMF veröffentlichten RegE zu einem „Gesetz zur weiteren Stärkung des Anlageschutzes" sollen die Registrierungsmöglichkeiten aus § 2 Abs. 4a, 5 KAGB ersatzos entfallen, sodass die Erlaubnispflicht auch für kleinere AIF-Investmentvermögen gelten würde.

stets durch eine externe KVG verwaltet. Intern verwaltete KVG benötigen ein Mindestanfangskapital in Höhe von 300.000 EUR (§ 25 Abs. 1 Nr. 1 lit. a) KAGB).

3. Verwahrstelle

Die KVG muss eine Verwahrstelle mit der Verwahrung des von ihr 130
verwalteten Investmentvermögens schriftlich beauftragen (§§ 68, 80 KAGB). Verwahrstellen sind regelmäßig Kreditinstitute und Wertpapierfirmen, ferner berufsständisch beaufsichtigte Gesellschaften (zB Wirtschaftsprüfungsgesellschaften). Je nachdem, ob es sich um ein OGAW oder um ein AIF handelt, formuliert das Gesetz unterschiedliche Anforderungen: für **OGAW-Verwahrstellen** in §§ 68 ff. KAGB und für **AIF-Verwahrstellen** in §§ 80 ff. KAGB. Die Aufgaben der Verwahrstelle – Verwahrung der Vermögensgegenstände, Überwachung der Anlageentscheidungen und uU Ausgabe und Rücknahme der Anteile – dienen in erster Linie dem Schutz der Anleger. So sollen Verwahrstellen verhindern, dass die Vermögensgegenstände des Investmentvermögens abhandenkommen oder beschädigt werden.[192] Zur Verwahrung eines OGAW hat die Verwahrstelle die Wertpapiere und Einlagezertifikate daher in ein abgesperrtes Depot zu legen (§ 72 Abs. 1 KAGB). Bei einem AIF richtet sich die Verwahrung nach den jeweiligen Vermögensgegenständen: Verwahrungsfähige Finanzinstrumente werden in einem Depot oder sonst vor Ort bei der Verwahrstelle verwahrt (§ 81 Abs. 1 Nr. 1 KAGB). Bei verwahrunfähigen Vermögensgegenständen – zB Immobilien – hat die Verwahrstelle das Eigentum des AIF oder der KVG zu prüfen, zu dokumentieren und zu aktualisieren (§ 81 Abs. 1 Nr. 2 KAGB). Für abhandengekommene Vermögensgegenstände haftet die Verwahrstelle grundsätzlich verschuldensunabhängig (§§ 77 Abs. 1, 88 Abs. 1 KAGB).[193] Im Falle der bloßen Schlechtleistung, etwa bei Beschädigung der Vermögensgegenstände, haftet sie dagegen verschuldensabhängig iSd § 276 BGB.

Darüber hinaus üben die Verwahrstellen auch eine **Kontrollfunk-** 131
tion aus. So bedarf die KVG vielfach der Zustimmung der Verwahrstelle, um über Gegenstände aus dem Investmentvermögen verfügen zu können (vgl. §§ 75, 84 KAGB). Insbesondere betrifft dies bei AIF Verfügungen über Sachwerte, wie Immobilien oder Schiffe (vgl. § 84 Abs. 1 Nr. 3 KAGB). Die Verwahrstellen überwachen auch, ob die

192 *Lenenbach* KapMarktR Rn. 14.28.
193 Zu den Ausnahmen *Emde/Dreibus* BKR 2013, 89 (96).

KVG das Investmentvermögen den Anlagebedingungen entsprechend investiert. Der OGAW-Verwahrstelle kommt zusätzlich die Aufgabe zu, Anteile bzw. Aktien an dem OGAW auszugeben bzw. zurückzunehmen (§ 71 Abs. 1 KAGB). Bei AIF übernimmt das die KVG selbst, was dann allerdings von der Verwahrstelle überwacht werden soll (§ 83 Abs. 1 Nr. 1 KAGB). Näheres regelt die DelVO (EU) 2016/438.[194]

Zur vertiefenden Lektüre: *Burgard/Heimann*, Das neue Kapitalanlagegesetzbuch, WM 2014, 821; *Dietrich*, Änderungen bei der wertpapierhandelsrechtlichen Beteiligungstransparenz im Zusammenhang mit Investmentvermögen, ZIP 2016, 1612; *Eichhorn*, Die offene Investmentkommanditgesellschaft nach dem Kapitalanlagegesetzbuch (Teil I und II), WM 2016, 110 und 145; *Freitag/Fürbaß*, Wann ist ein Fonds eine Investmentgesellschaft?, ZGR 2016, 729; *Hoch/Preller*, Die zivilrechtsdogmatischen Beziehungen innerhalb des Investmentvielecks, BKR 2019, 22; *Loritz/Rickmers*, Unternehmensfinanzierung im Kapitalmarkt und Kapitalanlagegesetzbuch bei operativ tätigen Unternehmen, NZG 2014, 1241; *Niewerth/Rybarz*, Änderung der Rahmenbedingungen für Immobilienfonds – das AIFM-Umsetzungsgesetz und seine Folgen, WM 2013, 1154; *Paul*, Der Anteilserwerb bei der als Spezial-AIF konzipierten Investmentgesellschaft durch Privatanleger, ZIP 2016, 1009; *Patz*, Das Zusammenwirken zwischen Verwahrstelle, Bewerter, Abschlussprüfer und BaFin bei der Aufsicht über Investmentvermögen nach dem KAGB – Zuständigkeiten bei der Überprüfung der Einhaltung der Bewertungsmaßstäbe und -verfahren für Vermögensgegenstände von AIF und OGAW, BKR 2015, 193; *Poelzig/Volmer*, „Der Bundesminister der Finanzen warnt" – Ein Überblick zum neuen Kapitalanlagegesetzbuch, DNotZ 2014, 483; *Wilhelmi*, Investmentrecht und Anlegerschutz, WM 2019, 2093.

§ 5. Vermögensanlagen iSd § 1 Abs. 2 VermAnlG

I. Begriff

132 Finanzinstrumente iSd § 2 Abs. 4 Nr. 7 WpHG sind im Weiteren die Vermögensanlagen, die in § 1 Abs. 2 VermAnlG in einem abschließenden Katalog definiert und weder in Wertpapieren iSd § 2 Nr. 1 WpPG iVm Art. 2 lit. a) ProspektVO bzw. § 2 Abs. 1 WpHG (mit leicht anderer Definition) verbrieft noch Anteile an Investmentvermögen iSd § 1 Abs. 1 KAGB sind. Ausgenommen sind auch Einla-

194 Delegierte Verordnung (EU) 2016/438 der Kommission vom 17.12.2015 zur Ergänzung der Richtlinie 2009/65/EG des Europäischen Parlaments und des Rates in Bezug auf die Pflichten der Verwahrstellen, ABl. 2016 L 78, 11.

gengeschäfte iSd § 1 Abs. 1 S. 2 Nr. 1 KWG, wie zB Sicht- oder Spareinlagen sowie Festgelder, da das Publikum vor Verlusten durch das KWG ausreichend geschützt ist. Zu den Vermögensanlagen gehören Anteile, die eine Beteiligung am Ergebnis eines Unternehmens gewähren (Nr. 1), insbesondere Anteile an einer GmbH oder Personengesellschaft (GbR, OHG, KG) sowie stille Beteiligungen. Vermögensanlagen sind auch **Genussrechte** iSd § 2 Abs. 1 Nr. 2 VermAnlG, also Rechte mit aktionärstypischem Inhalt gem. § 221 Abs. 3 AktG, insbesondere Rechte mit gewinnorientierter oder –abhängiger Verzinsung.[195] Sofern Genussrechte verbrieft sind, handelt es sich allerdings um Genussscheine und damit um Wertpapiere iSd § 2 Abs. 1 Nr. 3 lit. a) WpHG. Zu den Vermögensanlagen gehören zudem **Namensschuldverschreibungen,** § 1 Abs. 2 Nr. 6 VermAnlG, die – anders als Inhaberschuldverschreibungen – nicht am Markt handelbar und damit keine Wertpapiere gem. § 2 Abs. 1 WpHG sind.[196]

Nachdem Anbieter am Markt durch entsprechende Gestaltung ih- 133
rer Anlageprodukte Gesetzeslücken ausgenutzt hatten, um die Anwendung kapitalmarktrechtlicher Vorschriften insbesondere zu Lasten von Kleinanlegern zu umgehen, hat der Gesetzgeber mit dem am 10.7.2015 in Kraft getretenen Kleinanlegerschutzgesetz den Begriff der Vermögensanlagen und damit den sachlichen Anwendungsbereich des VermAnlG auf partiarische Darlehen, Nachrangdarlehen und bestimmte sonstige Anlagen erweitert. Der Begriff des **partiarischen Darlehens** iSd § 1 Abs. 2 Nr. 3 VermAnlG ist gesetzlich nicht definiert. Hierbei handelt es sich um ein Darlehen, bei dem üblicherweise das Entgelt für die Kapitalüberlassung ganz oder teilweise in einer Gewinn- oder Umsatzbeteiligung besteht. Bei einem **Nachrangdarlehen** iSd § 1 Abs. 2 Nr. 4 VermAnlG handelt es sich um ein nicht verbrieftes Darlehen des Anlegers, das in Abweichung von § 38 InsO mit einem Rangrücktritt in der Insolvenz gem. § 39 Abs. 1 Nr. 5, Abs. 2 InsO verknüpft ist. Der Anleger erhält sein Kapital bei Insolvenz des Kapitalnehmers nur zurück, sofern nach Befriedigung der Banken, Lieferanten und anderen allgemeinen Insolvenzgläubiger noch Vermögen vorhanden sein sollte, was in der Praxis häufig nicht der Fall ist. Hieraus resultiert für den Anleger ein Ausfallrisiko, das sich auch in einem Totalverlust des investierten Kapitals realisieren kann.

---

195 *Hüffer/Koch* AktG § 221 Rn. 25 ff.
196 Vgl. BT-Drs. 16/4028, 54.

134 Außerdem enthält § 1 Abs. 2 Nr. 7 VermAnlG seit 2015 einen **Auffangtatbestand** für Anlagen, die dem Anleger einen Anspruch auf Verzinsung und Rückzahlung gewähren (Alt. 1) oder im Austausch für die zeitweise Überlassung von Geld einen vermögenswerten auf Barausgleich gerichteten Anspruch vermitteln (Alt. 2).

135 Beispiele für Vermögensanlagen iSd § 1 Abs. 2 Nr. 7 Alt. 1 VermAnlG sind Direktinvestments in Sachgüter, wie einzelne Container oder Rohstoffe, mit einem Anspruch auf Rückzahlung und Verzinsung[197] oder eine Investition in Kinofilme, wenn dies mit einem Anspruch auf Rückzahlung und laufende Zinszahlungen verbunden ist. Kaufverträge ohne Zins- und Rückzahlungsanspruch des Anlegers (zB Kauf von Rohstoffen oder Edelmetall, wie Gold oder Silber) sind hingegen nicht erfasst. Zu den Vermögensanlagen iSd § 1 Abs. 2 Nr. 7 Alt. 2 VermAnlG gehören Anlagen, die zwar keinen Zinsanspruch, jedoch einen wirtschaftlich vergleichbaren Anspruch auf Barausgleich gewähren, zB Investments in eine Teakholzplantage, wenn am Ende der Laufzeit Rückzahlung des Kapitals ohne Zins, aber mit Gewinn oder Verlust versprochen wird.

136 Um insbesondere die Planungssicherheit für den Anbieter zur Finanzierung von Investitionen zu erhöhen, verlangt § 5a VermAnlG für Vermögensanlagen grundsätzlich eine Mindestlaufzeit von 24 Monaten ab Zeitpunkt des Erwerbs. Eine vorzeitige Kündigung ist nur mit einer Frist von sechs Monaten möglich.

II. Ausnahmen

137 § 2 Abs. 1 VermAnlG nimmt einzelne Arten von Vermögensanlagen aus dem Anwendungsbereich des VermAnlG aus: Das VermAnlG findet im Wesentlichen keine Anwendung auf partiarische Darlehen, Nachrangdarlehen oder Vermögensanlagen iSv § 1 Abs. 1 Nr. 7 VermAnlG, die **Genossenschaften** ausschließlich ihren Mitgliedern anbieten. Weitgehende Befreiungen von den Prospekt- und Veröffentlichungspflichten gelten für **Schwarmfinanzierungen** in Form des sog Crowdfunding, dh die Vermittlung von Vermögensanlagen ausschließlich im Wege der Anlageberatung oder Anlagevermittlung über eine Internet-Dienstleistungsplattform, wenn die Gesamtemission 2,5 Mio. EUR nicht übersteigt (§ 2a Abs. 1 VermAnlG). Hierdurch soll die Finanzierung von KMU erleichtert werden. Voraussetzung ist, dass die Vermögensanlagen im Wege der Anlageberatung

197 BT-Drs. 18/3994, 39.

oder Anlagevermittlung über eine Internet-Dienstleistungsplattform vermittelt werden, die verpflichtet ist, zu prüfen, ob der Gesamtbetrag der Vermögensanlagen desselben Emittenten, die von einem Anleger erworben werden können, der keine Kapitalgesellschaft ist, grundsätzlich 1.000 EUR nicht übersteigt. Eine Befreiung ist auch bei einem höheren Gesamtbetrag bis zu 10.000 EUR möglich, sofern die Anleger eine entsprechende Selbstauskunft über ein entsprechendes Vermögen bzw. Einkommen abgeben (siehe auch § 65 WpHG; → Rn. 835).

Exkurs: Beim Crowdfunding ieS wird ein konkretes Projekt durch eine Vielzahl von Geldgebern finanziert, die sich über Plattformen im Internet organisieren. Beim sog Crowdsponsoring werden Spenden oder Gegenleistungen eingesammelt, beim Crowdlending erfolgt die Finanzierung darlehensweise und beim sog Crowdinvesting wird der Kapitalgeber an zukünftigen Gewinnen des Projekts beteiligt.[198] All diese Formen der Schwarmfinanzierung fallen unter den Begriff des Crowdfunding iwS. 138

Zudem sind gem. §§ 2b, 2c VermAnlG auch partiarische Darlehen und Nachrangdarlehen zur Finanzierung **sozialer** und **gemeinnütziger Projekte** unter bestimmten Voraussetzungen von den Prospekt- und Veröffentlichungspflichten des VermAnlG befreit (näher dazu → Rn. 322 ff.). 139

Vermögensanlagen, die eine über den eingezahlten Anlagebetrag hinausgehende Haftung der Anleger vorsehen, sind gem. § 5b VermAnlG verboten.[199] Der hierdurch bewirkte **Ausschluss von Nachschusspflichten** ist notwendig, da Erwerber von Vermögensanlagen in der Regel keinen Einfluss auf die Geschäftsführung des Emittenten nehmen und daher Entscheidungen, die zu einer solchen Nachschusspflicht führen, nicht verhindern können.[200] 140

198 Vgl. dazu *Müller/Schmale* Crowdfunding: Aufsichtsrechtliche Pflichten und Verantwortung des Anlegers, 2.6.2014 (abrufbar unter: https://www.bafin.de/SharedDocs/Veroeffentlichungen/DE/Fachartikel/2014/fa_bj_1406_crowdfunding.html;jsessionid=1A16BFB3F100A6DD93815D1E4D10744E.1_cid298?nn=3803924#doc5247230bodyText4).

199 Nach dem am 22.12.2020 vom BMF veröffentlichten RefE eines „Gesetzes zur weiteren Stärkung des Anlegerschutzes“ sollen darüber hinaus auch sog. Blindpool-Anlagen verboten werden. Dies sind Vermögensanlagen, bei denen zum Zeitpunkt der Erstellung des VIB das Anlageobjekt noch nicht bestimmt ist. Der RefE ist abrufbar unter https://www.https://www.bundesfinanzministerium.de/Content/DE/Gesetzestexte/Gesetze_Gesetzesvorhaben/Abteilungen/Abteilung_VII/19_Legislaturperiode/2020-12-22-Anlegerschutzstaerkungsgesetz/0-Gesetz.html

200 RegE Kleinanlegerschutzgesetz BT-Drs. 18/3994, 43.

§ 6. Sonstige Finanzinstrumente

141 Zu den Finanzinstrumenten gehören auch Geldmarktinstrumente gem. § 2 Abs. 4 Nr. 3, Abs. 2 WpHG und derivative Geschäfte gem. § 2 Abs. 4 Nr. 4, Abs. 3 WpHG.

I. Derivative Geschäfte iSd § 2 Abs. 3 WpHG

1. Begriff

142 **Derivative Geschäfte** sind gem. § 2 Abs. 3 WpHG Geschäfte, deren Wert sich von einem Basiswert ableitet (*derivare* [lat.]). Sie sind zudem als Termingeschäfte – anders als **Kassageschäfte** – nicht innerhalb von zwei Börsenarbeitstagen, sondern erst zu einem späteren Zeitpunkt zu erfüllen.[201] Als Basiswerte kommen gem. § 2 Abs. 3 Nr. 1 WpHG ua in Betracht: Wertpapiere, wie Aktien oder Anleihen, Geldmarktinstrumente, Devisen, Indices der Basiswerte, wie zB Dax-Optionen. Basiswerte können unter den Voraussetzungen von § 2 Abs. 3 Nr. 2 WpHG aber auch Waren, Klimavariablen, Inflationsraten oÄ sein, sofern ua die hierauf gerichteten Termingeschäfte durch Barausgleich zu erfüllen sind. Verbriefte Derivate – wie beispielsweise Optionsscheine – erfüllen bereits die Voraussetzungen von § 2 Abs. 1 Nr. 3 lit. b) WpHG und sind damit Wertpapiere, die an Wertpapierbörsen gehandelt werden können. Im Übrigen werden Derivate iSd § 2 Abs. 3 WpHG in standardisierter Form an Terminbörsen (etwa an der deutsch-schweizerischen Eurex in Eschborn oder der EEX in Leipzig) oder zu individuell ausgehandelten Konditionen außerhalb von Börsen (*over the counter*, sog OTC-Derivate) vereinbart und abgewickelt.

143 Es gibt zwei grundlegende Erscheinungsformen von Finanztermingeschäften: unbedingte Verpflichtungen in Form von Festpreisgeschäften und bedingte Verpflichtungen in Form von Optionsgeschäften. **Festpreisgeschäfte** sind Kauf- oder Tauschverträge über Basiswerte, die von beiden Seiten zu dem festgelegten Preis zu einem späteren Zeitpunkt erfüllt werden müssen. Der Käufer verpflichtet sich demnach, den Basiswert (zB. die Aktien) im vereinbarten Umfang zu einem späteren Zeitpunkt zu einem bei Vertragsabschluss

201 Hierzu *Grunewald/Schlitt* KapMarktR 143 ff.

festgelegten Preis zu erwerben („Long Position"); der Verkäufer verpflichtet sich, zu den vereinbarten Konditionen zu veräußern („Short Position"). Da sich beide Parteien gleichermaßen zur Erfüllung verpflichten, besteht hier ein **symmetrisches Risikoprofil.** Börsengehandelte Festpreisgeschäfte sind sog *Futures.* Wenn sie nicht über die Börse, sondern außerbörslich zwischen den Parteien gehandelt werden, nennt man sie *Forwards.*

Um eine Zusammensetzung aus einzelnen auf den jeweiligen Zah- 144
lungszeitpunkt bezogenen Termingeschäften in Form von Festpreisgeschäften handelt es sich bei den sog **Swaps oder Austauschverträgen.**[202] Dies sind Vereinbarungen über den regelmäßigen Austausch von Zahlungsströmen (*cashflows*).

Bei Zinsswaps verpflichten sich die Parteien beispielsweise zur gegenseitigen Zahlung von Zinsen auf einen bestimmten Betrag. Typischerweise verpflichtet sich die eine Seite, einen bei Vertragsschluss vereinbarten Festzinssatz zu zahlen, und die andere Seite, einen variablen Zinssatz, etwa Libor oder Euribor, dh der verbreiteten Referenzzinssätze im Interbankenhandel, zu zahlen. Das kann der Absicherung von Zinsrisiken oder der Spekulation dienen.

Eine **Option** ist das Recht, einen Basiswert zu einem späteren Zeit- 145
punkt zu einem bestimmten Preis zu erwerben (Call-Option) bzw. zu veräußern (Put-Option). Der Optionsberechtigte (Optionskäufer) ist zur Zahlung einer Optionsprämie an den Stillhalter (Optionsverkäufer) verpflichtet. Eine Option ist ein bedingtes Termingeschäft, da der Optionsberechtigte das Recht, aber nicht die Pflicht zur Ausübung der Option hat.[203] Mit Ausübung der Option kommt ein Kaufvertrag über den Basiswert zustande.

A erwirbt eine Aktienoption auf Erwerb der A-Aktien zum Preis von 50 EUR (sog Call-Option) und zahlt hierfür eine Optionsprämie von 5 EUR. Sinkt der Börsenwert der A-Aktie unter 50 EUR, wird A seine Option nicht ausüben, da er die Aktie an der Börse günstiger erwerben kann. Steigt der Börsenwert über 50 EUR, wird er die Option zum Erwerb der Aktie zum Preis von 50 EUR einlösen und häufig sogleich auch wieder an der Börse verkaufen, um so die Differenz als Gewinn einzubehalten.

Hieraus ergibt sich ein **asymmetrisches Risikoprofil:** Der Op- 146
tionsberechtigte verliert im schlechtesten Fall des Kusrverfalls seine Optionsprämie, wenn er die Option nicht ausübt. Steigt aber der Kurs des Basiswerts hat er bei einer Call-Option die Chance auf ei-

202 Schwark/Zimmer/*Kumpan* WpHG § 2 Rn. 38.
203 Schwark/Zimmer/*Kumpan* WpHG § 2 Rn. 37.

nen nach oben unbegrenzten Gewinn, spiegelbildlich hierzu trägt der Stillhalter das Risiko eines unbegrenzten Verlustes.

147 Mit Umsetzung der MiFID II (Art. 4 Abs. 1 Nr. 15 iVm Anhang I Abschnitt C) wurde der Begriff des Finanzinstruments in § 2 Abs. 4 WpHG zum 3.1.2018 auf **Emissionszertifikate** erweitert. Hierbei handelt es sich um besondere derivative Geschäfte iSd § 2 Abs. 3 Nr. 1 lit. f) WpHG. Emissionszertifikate beinhalten das Recht, eine bestimmte Menge Treibhausgase (in erster Linie CO^2) aus einer technischen Anlage freizusetzen.[204] Sie werden in Deutschland vom Bundesumweltamt zugeteilt und sind frei handelbar. Überwiegend werden die Emissionsrechte an der Leipziger Energiebörse EEX (European Energy Exchange) gehandelt. Durch den Erwerb von zusätzlichen Emissionszertifikaten können Unternehmen, die mehr Treibhausgase emittieren, als ihnen erlaubt ist, einer Strafe wegen Überschreitung der erlaubten Emissionen entgehen. Auf der anderen Seite können Unternehmen, die weniger Treibhausgase emittieren, nicht genutzte Emissionsrechte gewinnbringend an andere Unternehmen veräußern. Aber nicht nur Treibhausgase emittierende Unternehmen dürfen mit Emissionszertifikaten handeln, sondern nach Art. 19 Abs. 2 iVm Art. 3 lit. g) Emissionshandelsrichtlinie[205] jede natürliche oder juristische Person.

2. Funktionen und Risiken von Derivaten

148 Derivative Geschäfte dienen der Absicherung von Risiken (hedging). Vor allem, aber nicht nur institutionelle Anleger wie Versicherungen und Investmentfonds handeln mit Derivaten, um sich gegen Kursrisiken abzusichern.[206]

Derzeit liegt der Milchpreis bei ca. 30 Cent pro Liter Milch. Milchbauer M befürchtet, dass der Preis für den Liter Milch im nächsten Jahr weiter sinken wird. Um sich wirtschaftlich einen Verkaufspreis iHv 30 Cent zu sichern, erwirbt er an der Leipziger EEX eine Put-Option zur Veräußerung der Milch zum Ausübungspreis von 30 Cent pro Liter und zahlt dem Vertragspartner, dem sog Stillhalter, hierfür eine Optionsprämie von 1 Cent. Liegt der Milchpreis zum vereinbarten Termin unter dem Ausübungspreis bei 20 Cent pro Liter, ist der Stillhalter zum Barausgleich in Höhe von 10 Cent pro Liter verpflichtet. Wirtschaftlich wird M damit so gestellt, als hätte er die Milch zu 30 Cent pro Liter verkauft. Da der Stillhalter, der auf steigende Kurse gesetzt hat, in diesem Fall Verluste erleidet, zahlt ihm der Options-Käufer eine Options-

204 Ausführlich zu Emissionszertifikaten *Stuhlmacher/Sessel-Zsebik* in Zerey Finanzderivate § 11 Rn. 36–63.

205 Richtlinie 2003/87/EG des Europäischen Parlaments und des Rates vom 13.10.2003 über ein System für den Handel mit Treibhausgasemissionszertifikaten in der Gemeinschaft und zur Änderung der Richtlinie 96/61/EG des Rates, ABl. 2003 L 275, 32.

206 *Lenenbach* KapMarktR Rn. 1.65.

prämie, die den Stillhalter für sein Risiko entschädigen soll. Steigt der Milchpreis allerdings tatsächlich über den Ausübungspreis iHv 30 Cent pro Liter, wird M die Option nicht ausüben und die Milch am freien Markt verkaufen. Die Optionsprämie verfällt dann.

Daneben dienen Derivate aber auch zur Spekulation. Mit relativ 149
geringem Kapitaleinsatz – etwa bei Optionen der Optionsgebühr – kann an Preisveränderungen des Basiswertes überproportional partizipiert werden (sog Hebelwirkung, **leverage effect**). Spekulanten nutzen dies aus und erhoffen sich hohe Gewinne, nehmen aber auch erhebliche Risiken in Kauf. Da sich die Entwicklung der maßgeblichen Marktpreise nicht sicher vorhersagen lässt, handelt es sich hierbei um hochriskante Finanzinstrumente, die bis hin zu einem Totalverlust führen können. Hinzu kommt das sog **Kontrahentenrisiko**, dh das Risiko, dass der Vertragspartner (Kontrahent) nach Vertragsschluss insolvent wird und daher seinen Verpflichtungen aus dem Vertrag nicht mehr nachkommen kann. Dieses Risiko ist durch den hinausgeschobenen Erfüllungszeitpunkt bei Derivativen Geschäften wesentlich höher als bei Verträgen auf dem Kassamarkt.

3. Regelungen

Speziell auf Derivate zugeschnittene Regelungen finden sich in 150
§§ 99 f. WpHG (§§ 37e und 37g WpHG aF). Derivate tragen häufig ein aleatorisches Element in sich, soweit beide Seiten ein Verlustrisiko eingehen und die Rechte und Pflichten vom Zufall oder jedenfalls von subjektiver Unsicherheit abhängen.[207] Sie erfüllen damit jedenfalls den objektiven Tatbestand eines Spiels iSd **§ 762 BGB**. Daher schließt § 99 WpHG den Spieleinwand des § 762 BGB generell für Finanztermingeschäfte mit der Folge aus, dass Ansprüche aus Derivaten zu erfüllen sind. Voraussetzung für § 99 WpHG ist, dass mindestens eine Vertragspartei ein Unternehmen ist, das gewerbsmäßig oder in einem Umfang, der einen in kaufmännischer Weise eingerichteten Geschäftsbetrieb erfordert, Finanztermingeschäfte abschließt oder deren Abschluss vermittelt oder die Anschaffung, Veräußerung oder Vermittlung von Finanztermingeschäften betreibt.

Darüber hinaus enthält § 100 WpHG eine bislang praktisch bedeu- 151
tungslose **Ermächtigung** des Bundesfinanzministeriums, Finanztermingeschäfte durch **Rechtsverordnung** zu verbieten oder zu be-

207 MüKoBGB/*Habersack* § 762 Rn. 4.

schränken.[208] Auf europäischer Ebene befasst sich die European Market Infrastructure Regulation (**EMIR**)[209] speziell mit sog OTC-Derivaten. Derivate werden ganz überwiegend außerbörslich – *over-the-counter* (über den Ladentisch) – bilateral zwischen den Vertragspartnern, im Wesentlichen zwischen institutionellen Anlegern, wie Banken, Versicherungen und Investmentfonds,[210] gehandelt.[211] Mit der EMIR soll ein funktionsfähiger OTC-Derivatemarkt geschaffen werden, indem die Transparenz erhöht und die dem Markt inhärenten Systemrisiken, insbesondere das Kontrahentenrisiko, verringert werden.[212] So verlangt Art. 4 EMIR für OTC-Derivategeschäfte vor allem ein zentrales Clearing, also die finanzielle Abwicklung der Geschäfte über sog **zentrale Gegenparteien**, die als Käufer eines jeden Verkäufers und Verkäufer eines jeden Käufers (*buyer to every seller and seller to every buyer*) agieren und damit das Kreditrisiko der Derivateparteien auf sich nehmen.[213]

152 In Umsetzung der **MiFID II** kann die BaFin gem. §§ 54 ff. WpHG seit dem 3.1.2018 Positionslimits speziell für Warenderivate iSd Art. 2 Abs. 1 Nr. 30 MiFIR festlegen, um Marktmissbrauch vorzubeugen und eine geordnete Preisbildung und Abwicklung auf den Finanz- und Warenmärkten zu gewährleisten (§ 54 Abs. 1 WpHG; siehe auch ErwGr 125 MiFID II). Warenderivate können unter bestimmten Bedingungen übermäßige Preisschwankungen auf den Warenmärkten, etwa erhebliche Preissteigerungen von Nahrungsmitteln, verursachen; dies soll verhindert werden.

---

208 Bisher einmal genutzt RGBl. 1899, 266; Assmann/Schneider/Mülbert/*Mülbert* WpHG § 100 Rn. 1; Schwark/Zimmer/*Zimmer* WpHG § 37g Rn. 4. 2010 wurde ua § 30j WpHG aF eingefügt, der bestimmte Kreditderivate untersagte. Mit Wirksamwerden der europäischen Leerverkaufs-VO wurde die Regelung abgeschafft (Gesetz zur Ausführung der Verordnung [EU] Nr. 236/2012 des Europäischen Parlaments und des Rates v. 6.11.2012 über Leerverkäufe und bestimmte Aspekte von Credit Default Swaps [EU-Leerverkaufs-Ausführungsgesetz], BGBl. 2012 I 2286).

209 Verordnung (EU) Nr. 648/2012 des Europäischen Parlaments und des Rates vom 4.7.2012 über OTC-Derivate, zentrale Gegenparteien und Transaktionsregister, ABl. 2012 L 201, 1.

210 Fuchs/*Jung* WpHG Vor §§ 37e, 37g Rn. 89.

211 Der Anteil außerbörslich gehandelter Derivate am gesamten Derivatemarkt beträgt ca. 86 Prozent (*Rudolf* in Kümpel/Mülbert/Früh/Seyfried BankR und KapMarktR Rn. 19.26). Der Nominalwert ausstehender außerbörslich gehandelter Derivatekontrakte betrug Ende 2016 insgesamt 483 Billionen US $ (http://www.bis.org/publ/otc_hy1705.htm).

212 ErwGr 7 VO (EU) Nr. 648/2012.

213 Durch eine ab Januar 2020 geltende Änderung der EMIR durch die VO (EU) 2019/2099 soll die Beaufsichtigung von zentralen Gegenparteien aus Drittstaaten stärker gesamteuropäisch ausgerichtet werden, was insbesondere für den bevorstehenden Brexit von Relevanz ist.

II. Geldmarktinstrumente iSd § 2 Abs. 2 WpHG

Zu den Finanzinstrumenten gehören schließlich auch Geldmarkt- 153
instrumente iSd § 2 Abs. 4 Nr. 3, Abs. 2 WpHG. Der Geldmarkt zeichnet sich im Vergleich zum Kapitalmarkt ieS dadurch aus, dass es um einen allenfalls kurzfristigen Liquiditätsausgleich geht und der Handel nur zwischen wenigen finanzstarken Teilnehmern im reinen Interbankenverkehr stattfindet. Zu den Geldmarktinstrumenten, die nicht bereits Wertpapiere iSd § 2 Abs. 1 WpHG sind, gehören zB kurzfristige Schuldscheindarlehen oder Schatzwechsel. Schatzanweisungen sind hingegen als Schuldverschreibungen iSd § 793 Abs. 1 S. 1 BGB bereits Wertpapiere gem. § 2 Abs. 1 Nr. 1 WpHG. Termingeldern und Sparbriefen mangelt es an der auch für Geldmarktinstrumente notwendigen Fungibilität (siehe § 2 Abs. 2 WpHG „alle Gattungen"), so dass es sich hierbei nicht um Geldmarktinstrumente und damit auch nicht um Finanzinstrumente handelt. Auch Zahlungsinstrumente sind nicht erfasst.

3. Teil: Marktinfrastruktur

154 Finanzinstrumente werden auf verschiedenen Handelsplätzen gehandelt, die unterschiedlich stark reguliert sind. Es wird gem. § 2 Abs. 22 WpHG differenziert zwischen geregelten bzw. organisierten Märkten (§ 2 Abs. 1 BörsG; § 2 Abs. 11 WpHG), in Deutschland vor allem die Börse, multilateralen Handelssystemen (MTF, § 2 Abs. 8 S. 1 Nr. 8 WpHG) und zudem organisierten Handelssystemen (OTF, § 2 Abs. 8 S. 1 Nr. 9 WpHG). Im Übrigen können Finanzinstrumente auch bilateral außerhalb von Handelsplätzen *over the counter* gehandelt werden (OTC-Handel). Im Gegensatz zu den rein privatrechtlich betriebenen MTFs und OTFs wird der organisierte Markt öffentlich-rechtlich genehmigt, geregelt und überwacht. Bei OTFs hat der Betreiber bei der Zusammenführung von Angebot und Nachfrage ein gewisses Ermessen, was den Betreibern von MTFs und organisierten Märkten nicht zukommt. Während auf organisierten Märkten und MTFs sämtliche Finanzinstrumente gehandelt werden können, sind auf OTFs nur bestimmte Finanzinstrumente handelbar. Vom Kapitalmarktrecht erfasst sind die systematischen Internalisierer gem. § 2 Abs. 8 S. 1 Nr. 2 lit. b) WpHG.

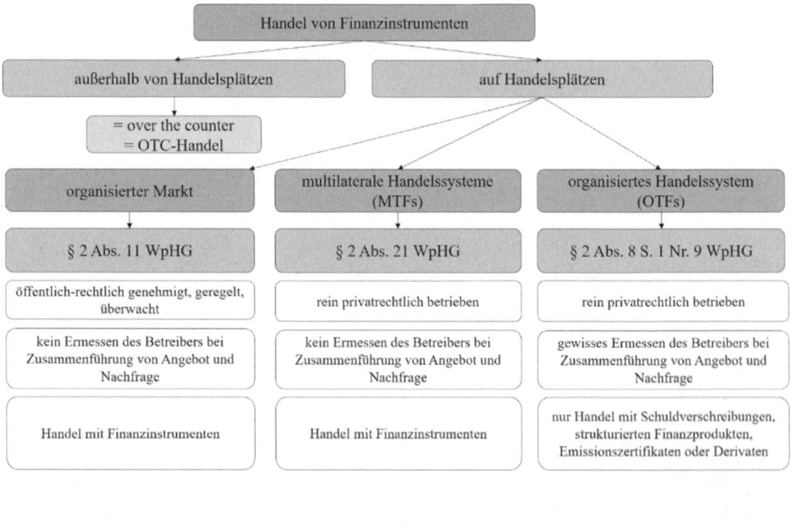

§ 7. Börse als organisierter Markt

Ein organisierter Markt gem. § 2 Abs. 11 WpHG ist ein **multilaterales System,** in dem die **Interessen** – Aufträge, Kursofferten, Interessenbekundungen usw – verschiedener Marktteilnehmer am Kauf oder Verkauf dort gehandelter **Finanzinstrumente zusammengeführt** werden. Dies erfolgt nach festgelegten Regeln, ohne dass dem Betreiber des Marktes ein Ermessensspielraum zusteht.[214] Von den sonstigen multilateralen Handelssystemen unterscheiden sich die organisierten Märkte vor allem dadurch, dass sie staatlich als organisierter Markt genehmigt, geregelt und überwacht sind.[215] Hierbei handelt es sich um ein rein formales Kriterium. Eine Reihe an kapitalmarktrechtlichen Pflichten – wie etwa die Regelpublizität gem. §§ 114 ff. WpHG (§§ 37v, w WpHG aF), die Beteiligungspublizität gem. §§ 33 ff. WpHG (§§ 21 ff. WpHG aF) oder die Pflicht zur Erstellung eines Börsenzulassungsprospekts gem Art. 3 Abs. 3 ProspektVO. Die ProspektVO spricht zwar vom „geregelten Markt", der Begriff ist aber gleichbedeutend mit dem „organisierten Markt". § 3 Abs. 4 WpPG knüpfen an die Zulassung des Finanzinstruments zum organisierten Markt an. Nur Emittenten, deren Finanzinstrumente an einem organisierten Markt gehandelt werden (sollen), müssen diese gesteigerten Pflichten einhalten. 155

Der regulierte Markt an den Börsen ist das einzige multilaterale System in Deutschland, das die Kriterien des organisierten Marktes iSd § 2 Abs. 11 WpHG erfüllt. So gibt es acht Wertpapierbörsen iSd § 2 Abs. 2 BörsG (Frankfurt, Stuttgart, Hamburg, Hannover, Düsseldorf, Berlin, München und Tradegate Exchange in Berlin) und eine Wertpapierterminbörse (Eurex Exchange mit Standorten in Eschborn und Frankfurt). Nachdem zunächst der **Präsenzhandel** an der Börse dominierte, herrscht in der Praxis nunmehr der **elektronische Handel** vor. So findet an der Frankfurter Wertpapierbörse (FWB) Präsenzhandel nur noch zu einem geringen Teil statt, an der Eurex Deutschland und der Warenterminbörse in Hannover ist sogar aus- 156

214 Vgl. Art. 4 Abs. 1 Nr. 21 MiFID II: „nichtdiskretionär".

215 Darauf, dass der Markt in dem gem. Art. 56 MiFID II von den Mitgliedstaaten zu führenden Verzeichnis registriert ist, kommt es für die Qualifizierung als organisierter Markt hingegen nicht an (zur Vorgängervorschrift gem. Art. 47 MiFID I EuGH, C-248/11, ECLI:EU:C:2012:166 = NZG 2012, 590).

schließlich elektronischer Handel möglich. Organisation und Betrieb der Börsen sowie Zulassung zur Börse, Handel und Rückzug von der Börse regelt das **BörsG.**

I. Organisation und Betrieb der Börsen

1. Organisation der Börse

157 Die Börse weist eine **duale Organisationsstruktur** auf: Terminologisch streng zu trennen ist die öffentlich-rechtliche Anstalt der Börse („Public Partner", zB die Frankfurter Wertpapierbörse) von dem privatrechtlichen Börsenträger („Private Partner", zB Deutsche Börse AG). Während die **Börse** als öffentlich-rechtliche Anstalt (§ 2 Abs. 1 BörsG) den Betrieb des regulierten Marktes in hoheitlicher Weise organisiert und überwacht und insoweit nur teilrechtsfähig ist, bedarf sie eines **Börsenträgers**, der die jeweilige Börse errichtet und mit den nötigen personellen, finanziellen und sachlichen Mitteln unterhält und versorgt (§ 5 Abs. 1 BörsG). Hierbei handelt es sich um ein beliehenes privatrechtliches Unternehmen, etwa im Falle der Frankfurter Wertpapierbörse die Deutsche Börse AG, die selbst ebenfalls börsennotiert ist. Unter dem Dach des Börsenträgers wird neben dem regulierten Markt der Börse der Freiverkehr betrieben, der kein organisierter Markt iSd § 2 Abs. 11 WpHG, sondern ein multilaterales Handelssystem iSd § 2 Abs. 8 S. 1 Nr. 8 WpHG ist (→ Rn. 214 ff.).

158 Zur Umsetzung von Art. 45 Abs. 1–5 MiFID II regeln §§ 4a und 4b BörsG seit dem 3.1.2018 besondere Anforderungen an die Geschäftsleitung und das Verwaltungs- oder Aufsichtsorgan des Börsenträgers.

159 Die öffentlich-rechtliche Börse hat mehrere im BörsG festgeschriebene Organe. Der **Börsengeschäftsführung** (§ 15 BörsG) obliegt die Leitung und Vertretung der Börse, soweit nicht der Börsenträger zuständig ist, § 15 Abs. 3 BörsG. Zu den Aufgaben der Börsengeschäftsführung gehören auch die Zulassung und Einbeziehung von Wertpapieren zum Handel gem. §§ 32 ff. BörsG. Der **Börsenrat**, der sich aus Vertretern der Finanzwirtschaft, der Emittenten, der Privatanleger und der institutionellen Anleger zusammensetzt (siehe § 12 Abs. 1 S. 2 BörsG), überwacht die Börsengeschäftsführung (vgl. § 12 Abs. 2 S. 1 BörsG), bestellt ihre Mitglieder und beruft diese auch ab. Daneben erlässt der Börsenrat ua die Börsen- und Gebührenordnung (§ 12 Abs. 2

S. 1 Nr. 1 BörsG). Die **Handelsüberwachungsstelle** (§ 7 BörsG) überwacht als Teil der dreistufigen Börsenaufsicht neben der BaFin und den Landesbörsenaufsichtsbehörden (→ Rn. 954 f.) den Börsenhandel und berichtet den Börsenaufsichtsbehörden regelmäßig. Darüber hinaus kann die jeweilige Landesregierung durch Verordnung Vorschriften für einen Sanktionsausschuss vorsehen (§ 22 BörsG), der börsenrechtliche Verstöße der Börsenteilnehmer sanktioniert.

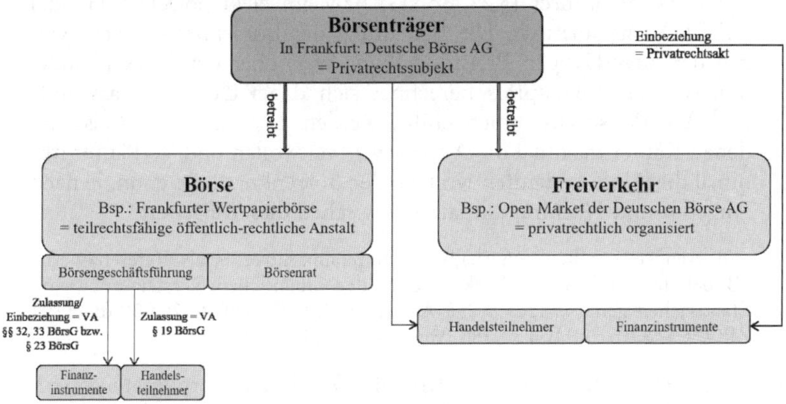

2. Aufgaben der Börse und des Börsenträgers

Für die Errichtung einer Börse bedarf der Börsenträger der schriftlichen Erlaubnis der Börsenaufsichtsbehörde, dh der gem. § 3 Abs. 1 BörsG zuständigen obersten Landesbehörde (präventives Verbot mit Erlaubnisvorbehalt). 160

Für die Aufsicht über die FWB ist beispielsweise das Hessische Wirtschaftsministerium zuständig.

Mit Erteilung der **Erlaubnis** nach § 5 Abs. 1 S. 1 BörsG ist der Börsenträger berechtigt und verpflichtet, die Börse zu errichten und zu betreiben. Er muss die Börse versorgen, fortentwickeln und organisieren, dh insbesondere Interessenskonflikte vermeiden und ein Risikocontrolling einrichten (siehe § 5 Abs. 4 Nr. 1, 2 BörsG). Zu den Aufgaben des Börsenträgers gehört auch, die Funktionsfähigkeit der Technik zu gewährleisten (§ 5 Abs. 4 Nr. 3 BörsG). Der Börsenträger tätigt die privatrechtlichen Rechtsgeschäfte, wie zB den Erwerb von Arbeitsmitteln oder die Anstellung von Beschäftigten. 161

162 Der Börse als öffentlich-rechtlicher Anstalt obliegt hingegen die öffentlich-rechtliche Veranstaltung des Börsenbetriebs. Dazu gehören die hoheitlichen Tätigkeiten der **Zulassung** und Einbeziehung von Wertpapieren durch Verwaltungsakt iSd § 35 VwVfG sowie die Zusammenführung von **Angebot** und **Nachfrage**. Außerdem gilt es, den **Börsenpreis** am regulierten Markt festzustellen, § 24 Abs. 1 S. 1, 2 BörsG; §§ 80ff. BörsO (FWB). Dies geschicht im Präsenzhandel durch Skontroführer (§ 27 BörsG) bzw. im elektronischen Handel (XETRA) automatisch. Die Bedeutung der Börsenpreise reicht wegen der zuverlässigen Preisfeststellung weit über den Börsenhandel hinaus. Der Börsenpreis berechnet sich dabei dadurch, dass Bid- und Ask-Preise zusammengeführt werden. Dies sind die Preise, zu denen Käufer maximal die Aktie erwerben wollen und Verkäufer minimal die Aktie verkaufen wollen. Der Börsenkurs liegt dann, je nach Angebot und Nachfragesituation, zwischen diesen Preisen.

Börsenpreise gelten außerhalb des Kapitalmarktrechts als Referenzwerte, zB bei dem freiwilligen Verkauf oder der öffentlichen Versteigerung von Pfandsachen gem. §§ 1221, 1235 Abs. 2 BGB, außerdem § 1295 BGB, § 821 ZPO, § 373 Abs. 2 HGB; § 186 Abs. 3 S. 4, §§ 304f. AktG.

163 Für Aktien und Aktien vertretende Zertifikate verpflichten §§ 30, 31 BörsG die Börsen außerdem zur Vor- und Nachhandelstransparenz (hierzu ausführlich → Rn. 223). Seit dem 3.1.2018 gelten besondere organisatorische Pflichten gem. §§ 26c–26g WpHG, so etwa in § 26d WpHG zum algorithmischen und elektronischen Handel.

3. Börsenteilnehmer

164 **Börsenteilnehmer** sind die zum Börsenhandel zugelassenen Unternehmen und Börsenhändler (§ 19 Abs. 1 BörsG). Voraussetzung für die Zulassung zum Börsenhandel ist der gewerbsmäßige Handel mit börsenmäßig handelbaren Gegenständen. Die Voraussetzungen der Zulassung erfüllen typischerweise **Kreditinstitute** und **Finanzdienstleistungsunternehmen** und uU auch professionelle Anleger, wie Kapitalverwaltungsgesellschaften iSd KAGB.[216] Privatanleger können hingegen nicht zum Börsenhandel zugelassen werden, sondern sind auf zugelassene Unternehmen als Finanzintermediäre (zB Kreditinstitute) angewiesen. § 19 Abs. 3a WpHG regelt den elektronischen Zugang zur Börse. Werden Geschäfte durch Personen ohne

216 Hierzu Schwark/Zimmer/*Beck* BörsG § 19 Rn. 18.

Zulassung abgeschlossen, sind diese nicht nach § 134 BGB nichtig, da § 19 BörsG kein Verbotsgesetz darstellt.[217]

Angestellte des Unternehmens oder andere natürliche Personen, die für das Unternehmen an der Börse zu handeln berechtigt sein sollen (sog **Börsenhändler**), müssen ebenfalls zum Handel zugelassen werden (§ 19 Abs. 5 BörsG). Ein Börsenhändler darf nur für jeweils ein zugelassenes Unternehmen tätig werden.[218] Die Börsenhändler leiten die Aufträge uU an Börsenmakler weiter, die Angebot und Nachfrage zusammenführen. Hierbei handelt es sich um Handelsmakler iSv § 93 HGB, die von der Börsengeschäftsführung gem. § 19 BörsG zugelassen sind. 165

Um die notwendige Liquidität und Preisfeststellung auch in umsatzschwachen Papieren zu ermöglichen, beauftragt der Börsenträger bestimmte zum Handel zugelassene Unternehmen als sog **Market Maker** bzw. *Designated Sponsors* (FWB). Market Maker stellen regelmäßig limitierte Order auf Angebots- und Nachfrageseite in das Handelssystem ein, und verpflichten sich, Geschäfte über die von ihnen betrauten Wertpapiere auf der Basis laufend gestellter Geld- und Briefkurse abzuschließen. § 26c BörsG verpflichtet die Börsen, Market-Making-Systeme vorzusehen (Abs. 2) und Näheres in der jeweiligen Börsenordnung zu regeln (Abs. 1, 3), zB für die FWB in §§ 94ff. BörsO FWB. Siehe hierzu auch DelVO (EU) 2017/578.[219] 166

Die Ermittlung der Börsenpreise erfolgt im Parkett- und Präzenhandel durch sog **Skontroführer**. Hierbei handelt es sich um Unternehmen, die als Handelsteilnehmer gem. § 27 Abs. 1 S. 1 BörsG eigens zur Feststellung des Börsenpreises zugelassen sind und die ihnen zugewiesenen Orderbücher (Skontren) führen. Jedes Wertpapier wird ausschließlich von einem Skontroführer betreut, der Ankauf- und Verkauforder des jeweiligen Wertpapiers zusammenführt. Sie sind nicht (mehr) hoheitlich tätig und die Ordnungsmäßigkeit der Preisfeststellung durch die Skontroführer wird von den Handelsüberwachungsstellen der Börsen und zusätzlich durch die Börsenaufsichtsbehörden beaufsichtigt. In dem praktisch bedeutsamen elektronischen Handelssystem XETRA bedarf es für die Preisfeststellung 167

217 *Buck-Heeb* KapMarktR Rn. 113.

218 Schwark/Zimmer/*Beck* BörsG § 19 Rn. 18.

219 Delegierte Verordnung (EU) 2017/578 der Kommission vom 13.6.2016 zur Ergänzung der Richtlinie 2014/65/EU des Europäischen Parlaments und des Rates über Märkte für Finanzinstrumente durch technische Regulierungsstandards zur Angabe von Anforderungen an Market-Making-Vereinbarungen und -Systeme, ABl. 2017 L 87, 183.

keines Skontroführers mehr, da das Computersystem selbst die Aufträge ausführt und die Preise bildet.[220]

168 **Emittenten**, deren Wertpapiere an der Börse gehandelt werden, nehmen selbst nicht als Börsenteilnehmer am Handel teil. Besucher der Börse – etwa Börsennachrichtensprecher des Fernsehens – sind ebenfalls keine Handelsteilnehmer, bedürfen aber gleichwohl der Zulassung gem. § 19 Abs. 1, 3 BörsG.

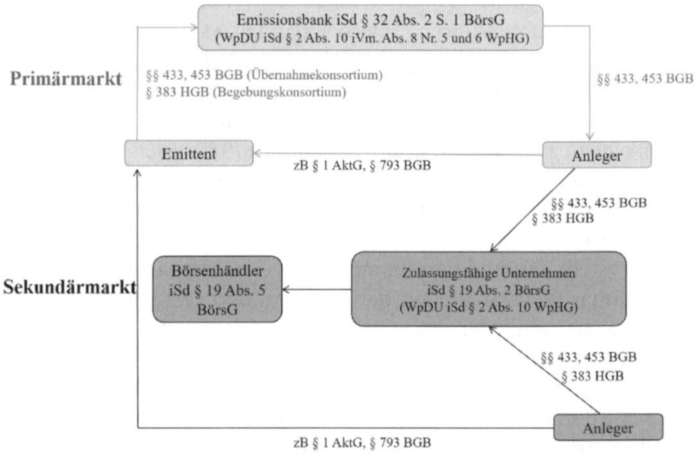

4. Marktsegmente

169 Die BörsO kann für Teilbereiche des regulierten Marktes nach § 42 Abs. 1 BörsG weitergehende Pflichten vorsehen. So gibt es zB an der FWB neben dem einfachen **General Standard**, für den die Zulassung zum regulierten Markt genügt, den sog **Prime Standard,** der nach der BörsO der FWB ua voraussetzt, dass die Emittenten den Jahresabschluss nach den international gebräuchlichen Bilanzierungsregeln IFRS oder US-GAAP erstellen. Die Notierung im *Prime Standard* ist ua Voraussetzung, um in Indizes – wie etwa den DAX oder M-DAX – aufgenommen zu werden.

220 *Lenenbach* KapMarktR Rn. 4.59ff.

II. Zulassung von Wertpapieren zur Börse

Die erstmalige Zulassung von Wertpapieren zum Börsenhandel, das sog *initial public offering* (IPO) oder der Börsengang, ist ein besonders komplexer Vorgang der Emission. 170

1. Vor- und Nachteile einer Börsenzulassung

Die Börsenzulassung erfolgt typischerweise zur **Aufnahme zusätzlichen Kapitals** bei Anleiheemissionen durch Ausgabe von Anleihen oder bei Aktienemissionen nach einer Kapitalerhöhung durch Ausgabe neuer Aktien oder auch durch **Veräußerung** von Aktien durch **Altaktionäre**.[221] Da Wertpapiere an der Börse besonders einfach handelbar sind, erhöht die Börsenzulassung die **Verkehrsfähigkeit** der Wertpapiere, was insbesondere den Anlegern zugutekommt, da sie ihre Wertpapiere relativ problemlos veräußern können. Angesichts dessen werden aber zugleich die Chancen erhöht, die Wertpapiere vollständig und schnell am Markt zu platzieren. Dies wirkt sich wiederum positiv auf den Emissionspreis und damit zugunsten des Emittenten aus. Ein Börsengang verursacht indes auch **Kosten** durch die hierfür erforderlichen Maßnahmen einerseits und durch Pflichten andererseits, die aus der Börsenzulassung folgen. So sind uU im Vorfeld gesellschaftsrechtliche Maßnahmen notwendig und ein umfangreiches Börsenzulassungsprospekt muss erstellt werden, wodurch eine Begleitung durch Rechtsanwälte und Wirtschaftsprüfer notwendig wird. Außerdem werden regelmäßig sog *Roadshows* durchgeführt, dh aufwendige Marketingveranstaltungen des Emittenten für potentielle Investoren. Mit der Börsenzulassung sind auch weitere kostenintensive **Folgepflichten** des Emittenten verknüpft: So muss eine börsennotierte Aktiengesellschaft gem. § 40 Abs. 1 BörsG für später ausgegebene Aktien derselben Gattung ebenfalls die Zulassung zum regulierten Markt beantragen und strengere Maßgaben bei der Rechnungslegung beachten (siehe zB § 264 Abs. 1 S. 2 HGB). Außerdem gelten für den Emittenten besondere Veröffentlichungspflichten (vgl. Art. 17 MAR; §§ 114ff. WpHG, § 161 AktG). Ferner entstehen zusätzliche **Haftungsrisiken**, vor allem wegen fehlender oder fehler- 171

221 Siehe *Langenbucher* AktR § 13 Rn. 27f. Allgemein zu Kapitalerhöhungen bei Kapitalgesellschaften *Wilhelm* KapGesR Rn. 569ff.

hafter Prospekte, §§ 9, 14 WpPG, oder aufgrund eines Verstoßes gegen die ad-hoc-Publizitätspflicht, §§ 97f. WpHG.

172 Die ad-hoc-Publizitätspflicht gem. Art. 17 MAR gilt seit Inkrafttreten der MAR allerdings nicht mehr ausschließlich für Finanzinstrumente, die an der Börse, sondern auch für Finanzinstrumente, die in einem multilateralen Handelssystem oder in einem organisierten Handelssystem gehandelt werden.

173 Schließlich kann es insbesondere bei Aktienemissionen zu einem Machtverlust der bisherigen Aktionäre kommen (**Verwässerungseffekt**), wenn dem Börsengang eine Kapitalerhöhung vorausgeht (→ Rn. 175f.). Zu unterscheiden ist hierbei zwischen einer Verwässerung des stimmrechtlichen Einflusses (*voting dilution*) sowie des Anteilwertes (*value dilution*). All das gilt es im Vorfeld vor der Entscheidung, einen Antrag auf Börsenzulassung zu stellen, abzuwägen.

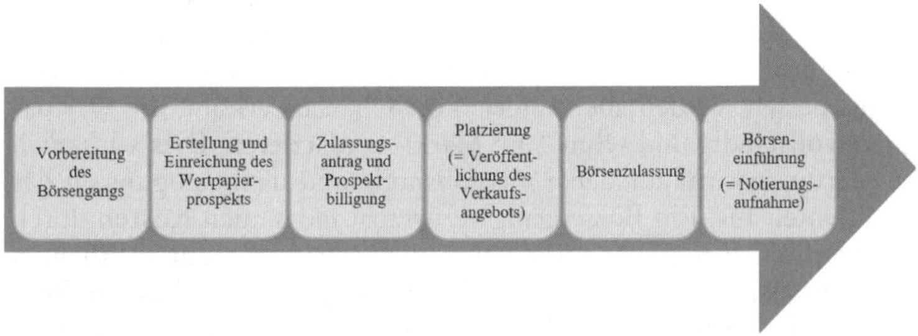

2. Gesellschaftsrechtliche Maßnahmen zur Vorbereitung einer Börsenzulassung

174 Für die Zulassung von Wertpapieren zum Handel an der Börse sind gegebenenfalls vorab gesellschaftsrechtliche Maßnahmen notwendig, um die **Börsenfähigkeit** herzustellen. Das gilt insbesondere, sofern Aktien zum Börsenhandel zugelassen werden sollen. Hierzu kann uU eine Umwandlung von einer nicht börsenfähigen Rechtsform – wie der GmbH oder einer Personenhandelsgesellschaft – in eine AG oder KGaA notwendig sein (§§ 190ff. UmwG). Weiterhin bedarf es einer Entscheidung des Vorstands über den Börsengang und uU bei einer entsprechenden Satzungsregelung der Zustimmung des Aufsichtsrats (§ 111 Abs. 4 S. 2 AktG). Geht dem Börsengang – wie oft – eine Kapitalerhöhung zur Schaffung neuer Aktien voraus (vgl. §§ 182ff., 202ff. AktG), ist zudem ein Beschluss der Hauptversammlung über die Kapitalerhöhung notwendig.

Exkurs: Um neues Eigenkapital durch Ausgabe neuer Aktien zu beschaffen, muss eine Aktiengesellschaft eine Kapitalerhöhung gegen Bar- oder Sacheinlagen durchführen. Hierfür ist das in §§ 182 ff. AktG geregelte Verfahren einzuhalten.[222] Grund für die besonderen Vorschriften ist die unmittelbare Verschiebung der Macht- und Vermögensverhältnisse in der AG, die mit einer Kapitalerhöhung verbunden ist. Werden neue Aktien ausgegeben, sinkt der relative Kapital- und Stimmanteil der einzelnen Altaktionäre. Daher sieht § 186 Abs. 1 AktG ein Bezugsrecht der Altaktionäre vor, um sie vor der Verwässerung ihrer Beteiligungs- und Stimmrechte sowie des Vermögenswerts ihrer Anteile zu schützen.[223] Die neuen Aktien müssen demnach grundsätzlich zunächst den Altaktionären angeboten werden, die ihre Bezugsrechte durch einseitige, empfangsbedürftige, grundsätzlich formlose Bezugserklärung ausüben können. 175

Das Bezugsrecht der Altaktionäre kann jedoch durch Beschluss der Hauptversammlung unter den Voraussetzungen des § 186 Abs. 3 S. 1 AktG auch ausgeschlossen werden. Über die gesetzlich ausdrücklich genannten Voraussetzungen hinaus ist hierfür zudem nach der ständigen Rechtsprechung des BGH ein sachlich rechtfertigender Grund notwendig.[224] Der Auschluss ist sachlich gerechtfertigt, wenn er im Gesellschaftsinteresse liegt, zur Verwirklichung des Gesellschaftsinteresses geeignet und erforderlich ist und in einem angemessenen Verhältnis zu den Nachteilen der Altaktionäre steht.[225] Diese unbestimmten Voraussetzungen wurden durch die Rechtsprechung weitestgehend konkretisiert.[226] Ein Bezugsrechtsausschluss ist insbesondere bei Kapitalerhöhungen bis zu 10 Prozent des Grundkapitals zulässig, wenn der Ausgabebetrag den Börsenpreis nicht wesentlich unterschreitet (§ 186 Abs. 3 S. 4 AktG).[227] 176

Umstritten ist, ob die **Hauptversammlung** auch unabhängig von einer Kapitalerhöhung über den Börsengang als solchen beschließen muss. Für eine Zuständigkeit der Hauptversammlung trägt die **hL** vor, dass die Börsenzulassung mit weitreichenden Folgepflichten verknüpft ist, die eine nicht-börsennotierte AG nicht treffen.[228] Die Börsenzulassung fällt allerdings nicht unter die ausdrücklich in § 119 Abs. 1 AktG geregelten HV-Zuständigkeiten.[229] Der Wortlaut des § 119 Abs. 1 AktG („namentlich") weist jedoch auf eine nicht abschließende Aufzählung mit Raum für eine Ausweitung der Hauptversammlungszuständigkeiten hin.[230] Eine ungeschriebene Hauptver- 177

222 Zur Hauptversammlung siehe *Schäfer* GesR 289.
223 *Schäfer* GesR 309; *Wilhelm* KapGesR Rn. 588.
224 BGHZ 71, 40 (43) = NJW 1978, 1316 (1317).
225 Grundlegend BGHZ 71, 40 (44 ff.) – Kali & Salz.
226 Vgl. Spindler/Stilz/*Servatius* AktG § 186 Rn. 44.
227 Schmidt/Lutter/*Veil* AktG § 186 Rn. 44.
228 *Buck-Heeb* KapMarktR Rn. 166 f.
229 *Lutter* JZ 2003, 684 (686).
230 *Benecke* WM 2004, 1122 (1123).

sammlungszuständigkeit lässt sich daher begründen, wenn die Voraussetzungen der Rechtsprechung des BGH in „Holzmüller"[231] und „Gelatine I"[232] erfüllt sind. Dafür müsste es sich bei dem geplanten Börsengang um eine Geschäftsführungsmaßnahme handeln, die faktisch einer tiefgreifenden Strukturänderung gleichkommt und besonders weit in die Mitgliedschaftsrechte durch Mediatisierung und Verwässerung eingreift.[233] Die Zulassung der Wertpapiere zum Börsenhandel verwässert jedoch an sich nicht den Wert der Wertpapiere.[234] Eine Verwässerung bewirkt allenfalls eine vorhergehende Kapitalerhöhung, die aber – wie gesehen – ohnehin einen HV-Beschluss voraussetzt. Die Rechtsform der AG ist typischerweise auf eine Vielzahl von Anteilseignern angelegt und der Börsengang ist einer AG nicht wesensfremd.[235] Die Herrschaftsbefugnisse der Aktionäre werden durch den Börsengang nicht erheblich verkürzt, so dass es auch an einem Mediatisierungseffekt fehlt.[236] Daher ist eine ungeschriebene Hauptversammlungszuständigkeit für den Börsengang abzulehnen.[237] Hierfür spricht auch, dass der BGH in seinem „Frosta-Beschluss" das Erfordernis eines HV-Beschlusses für den Rückzug von der Börse als *actus contrarius* zum Börsengang ebenfalls verneint (→ Rn. 205).

3. Zulassung und Einbeziehung von Wertpapieren

178 Damit Wertpapiere an einer Börse gehandelt werden können, ist grundsätzlich die Zulassung oder Einbeziehung durch die Börsengeschäftsführung erforderlich (§§ 32 Abs. 1, 33 BörsG). Der Begriff des Wertpapiers wird im BörsG nicht definiert, jedoch an verschiedenen Stellen vorausgesetzt. Nach hM kann insoweit der **Wertpapierbegriff** gem. **§ 2 Abs. 1 WpHG** zugrundegelegt werden.[238] Eine Ausnahme von der Zulassungspflicht gilt für **staatliche Schuldverschreibungen** öffentlich-rechtlicher Emittenten nach § 37 BörsG, also etwa für Staatsanleihen des Bundes oder anderer europäischer Mitgliedstaaten. Sie sind auch ohne Zulassung nach § 32 BörsG an jeder inländischen Börse zum Handel im regulierten Markt zugelassen. Hintergrund für

231 BGHZ 83, 122 (131).
232 BGHZ 159, 30 (44); hierzu *Altmeppen* ZIP 2004, 999.
233 Hierzu im Einzelnen *Langenbucher* AktR § 6 Rn. 42 ff.
234 *Langenbucher* AktR § 6 Rn. 51; § 13 Rn. 24 f.
235 MüKoAktG/*Kubis* § 119 Rn. 84.
236 Hierzu *Langenbucher* AktR § 6 Rn. 50; § 13 Rn. 24 f.
237 *Langenbucher* AktR § 13 Rn. 24 f.; *Lenenbach* KapMarktR Rn. 10.102 f. Angedeutet auch in BGH NJW 2014, 146 (148).
238 Schwark/Zimmer/*Heidelbach* BörsG § 32 Rn. 25; *Trapp* in Habersack/Mülbert/Schlitt Unternehmensfinanzierung am Kapitalmarkt § 37 Rn. 11.

die Privilegierung von staatlichen Schuldverschreibungen ist die Annahme, dass es sich hierbei um besonders sichere Anlagen handelt.

a) Zulassung von Wertpapieren. Die **Zulassung** von **Wertpapieren** zum regulierten Markt der Börse erfolgt durch die Börsengeschäftsführung nach § 32 BörsG in Form eines mitwirkungsbedürftigen Verwaltungsakts gem. § 35 VwVfG. Die Zulassung kann grundsätzlich nur auf gemeinsamen **Antrag** des Emittenten und einer Emissionsbank erteilt werden, § 32 Abs. 2 S. 1 BörsG. Grund für das Antragserfordernis sind die Folgepflichten, die sich aus der Börsenzulassung für den Emittenten ergeben. 179

aa) Fremd- und Selbstemission. Die Zulassung von Wertpapieren zur Börse setzt gem. § 32 Abs. 2 S. 1 BörsG einen Antrag des Emittenten gemeinsam mit einem Kredit- oder Finanzdienstleistungsinstitut (Emissionsbank) voraus (**Fremdemission**). Die Emissionsbank muss an einer inländischen Wertpapierbörse als Handelsteilnehmer zugelassen sein und ein haftendes Eigenkapital von mind. 730.000 EUR nachweisen. Erfüllt ein Emittent selbst diese Voraussetzungen, um als Emissionsbank eine Fremdemission zu begleiten, kann er seine Wertpapiere auch ausnahmsweise direkt bei den Anlegern platzieren (siehe § 32 Abs. 2 S. 3 BörsG). Eine solche **Selbstemission** ist beispielsweise bei der Emission von Pfandbriefen durch Hypothekenbanken möglich. 180

Im Rahmen einer Fremdemission bedient sich der Emittent zur Absatzhilfe einer oder – insbesondere bei umfangreichen Emissionen meist – mehrerer Emissionsbanken (sog Emissionskonsortium) zur Absatzhilfe, um die Wertpapiere am Kapitalmarkt zu platzieren.[239] Die Konsortialbanken werden durch den Emittenten nach der Attraktivität ihrer jeweiligen Konditionen ausgewählt (**„*beauty contest*“**). Der Emittent schließt mit den Emissionsbanken einen Mandatsvertrag (*letter of engagement*), in dem die Einzelheiten der Emission, wie zB die spätere Platzierung, die Festlegung des Emissionspreises oder die Prospekterstellung geregelt werden.[240] 181

Bei einem Emissionskonsortium schließen die Emissionsbanken untereinander einen Konsortialvertrag und bilden nach hM eine Ge- 182

239 ZB bestand das Emissionskonsortium beim Facebook-Börsengang aus 31 Banken, wobei Morgan Stanley die federführende Emissionsbank war.
240 Hierzu *Langenbucher* AktR § 13 Rn. 22.

sellschaft bürgerlichen Rechts gem. §§ 705 ff. BGB.[241] Die **Konsortialführerin** übernimmt eine prominente Rolle innerhalb des Konsortiums, indem sie die Zusammenarbeit koordiniert, das Orderbuch führt und im Wesentlichen die Vorbereitungen mit dem Emittenten trifft. Die Bedeutung der übrigen Emissionsbanken beschränkt sich im Wesentlichen auf die Platzierung der Wertpapiere bei den Anlegern.

183 Im Falle eines **Übernahmekonsortiums** (*firm-commitment underwriting*) kaufen und erwerben die Banken die Wertpapiere gem. §§ 433, 453, 929 BGB von dem Emittenten, halten sie selbst und verkaufen bzw. veräußern sie weiter. Das Absatzrisiko liegt also bei den Banken.

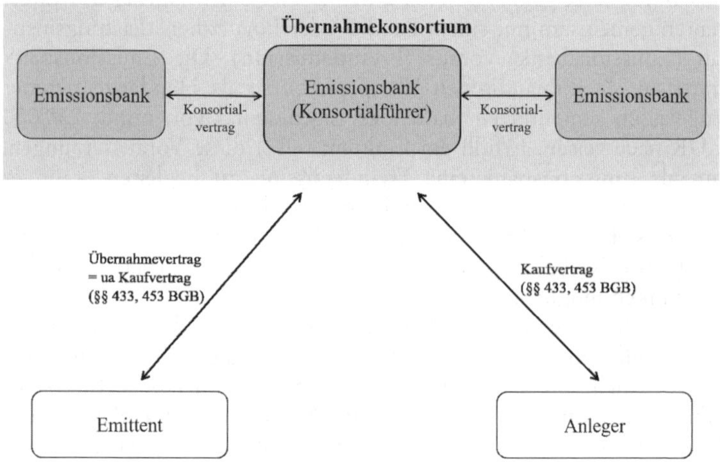

184 Im Gegensatz zum Übernahmekonsortium werden die Emissionsbanken bei dem sog **Begebungskonsortium** (*best-efforts underwriting*) als Kommissionär gem. § 383 HGB tätig, dh sie verkaufen und veräußern die Wertpapiere zwar im eigenen Namen, aber auf Rechnung des Emittenten. Hier trägt der Emittent das Absatzrisiko.[242] Während zwischen Emissionsbank und Emittent ein Kommissionsvertrag gem. § 383 HGB zustande kommt, ist das Ausführungsge-

241 *Einsele* BankR und KapMarktR § 7 Rn. 5; *Grunewald/Schlitt* KapMarktR 195 mwN.

242 Zur Abgrenzung von Kommissions- und Kaufvertrag MüKoHGB/*Häuser* § 383 Rn. 30 ff.

schäft zwischen Emissionsbank und Anleger regelmäßig ein Kaufvertrag über die Wertpapiere.[243] Die Emissionsbank ist als Kommissionärin grundsätzlich verpflichtet, bei dem Ausführungsgeschäft mit dem Anleger mit der Sorgfalt eines ordentlichen Kaufmanns zu handeln und hierbei das Interesse des Emittenten als Kommittenten wahrzunehmen und dessen Weisungen zu befolgen (§ 384 Abs. 1 HGB). Sie muss dem Emittenten herausgeben, was sie aus der Geschäftsbesorgung erlangt hat (§ 384 Abs. 2 HGB), insbesondere die Kaufpreiszahlungen der Anleger. Außerdem muss sie herausgeben, was sie zur Ausführung der Kommission erhalten und nicht verwendet hat (§§ 667, 675 Abs. 1 BGB), also insbesondere unverkäufliche Wertpapiere. Die Emissionsbank erhält als Gegenleistung für ihre Tätigkeit in der Regel eine Provision. In der Praxis werden Übernahme- und Begebungskonsortium häufig in einem sog **Einheitskonsortium** kombiniert, bei dem sich die Banken zur Übernahme und Platzierung verpflichten.[244]

bb) Voraussetzungen der Zulassung. Die Voraussetzungen der 185
Zulassung sind im Einzelnen in § 32 Abs. 3, 4 BörsG geregelt. Absatz 3 Nr. 1 verweist für die weiteren Voraussetzungen auf die VO (EG) 1287/2006, die Durchführungsregeln zur MiFiD enthält, und auf die Börsenzulassungsverordnung (BörsZulV). Der voraussichtliche Kurswert von Aktien muss demnach mindestens 1,25 Mio. EUR und von anderen Wertpapieren mindestens 250.000 EUR betragen (§ 2 BörsZulV). Schließlich muss ein von der BaFin gebilligter Börsenzulassungsprospekt nach der ProspektVO (ergänzt durch das WpPG) bzw. KAGB vorliegen, § 32 Abs. 3 S. 1 Nr. 2 BörsG (→ Rn. 236). Liegen die Voraussetzungen für die Zulassung vor, hat der Emittent grundsätzlich einen Anspruch auf Zulassung (siehe § 32 Abs. 3, 4 BörsG).[245] Durch die Zulassung wird ein öffentlich-rechtliches Nutzungsverhältnis zwischen dem Emittenten und der Börse begründet.

b) Einbeziehung von Wertpapieren. Neben der Zulassung ist 186
auch eine **Einbeziehung** von Wertpapieren zum Handel im regulierten Markt auf Antrag eines Handelsteilnehmers iSd § 19 Abs. 2 BörsG oder von Amts wegen möglich, wenn die Wertpapiere bereits

243 *Canaris* HandelsR § 30 Rn. 4; *Schmidt* HandelsR § 31 Rn. 25.
244 *Grunewald/Schlitt* KapMarktR 192 f.
245 Schwark/Zimmer/*Häuser* BörsG § 32 Rn. 66.

an einer anderen inländischen Börse oder innerhalb der EU zum Handel an einem organisierten Markt zugelassen sind (§ 33 Abs. 1 Nr. 1 lit. a) und lit. b) BörsG). Der Emittent ist zwar von der Einbeziehung zu unterrichten, § 33 Abs. 3 BörsG, er muss der Einbeziehung seiner Wertpapiere gem. § 33 BörsG aber weder zustimmen noch kann er dem grundsätzlich widersprechen. Dies ist sachlich gerechtfertigt, da dem Emittenten durch die Einbeziehung keine zusätzlichen gesetzlichen Pflichten auferlegt werden, sondern die Zulassungsfolgepflichten bereits aus der erstmaligen Zulassung zum Handel an einem anderen organisierten Markt resultieren.

187 **c) Exkurs: Zulassung sonstiger Finanzinstrumente.** Zulassung und Einbeziehung iSd §§ 32, 33 BörsG gelten ausschließlich für Wertpapiere iSd § 2 Abs. 1 WpHG. Neben Wertpapieren können auch andere Wirtschaftsgüter und Rechte und insbesondere auch andere Finanzinstrumente iSd § 2 Abs. 4 WpHG an Börsen gehandelt werden.[246] Anders als im Falle von Wertpapieren besteht allerdings kein Anspruch auf Zulassung gem. § 23 BörsG, wenn die Voraussetzungen vorliegen. Die Zulassung liegt im billigen Ermessen der Börsengeschäftsführung.[247]

Derivate werden in Deutschland vor allem an der Terminbörse EUREX gehandelt. An der Börse EEX (European Energy Exchange) in Leipzig werden Derivate auf Strom, Erdgas, CO^2-Emissionsrechte, Kohle sowie Herkunftsnachweise für Grünstrom gehandelt.

4. Platzierung und Preisfindung

188 Die Platzierung der Wertpapiere bei den Anlegern erfolgt durch ein öffentliches Angebot der Emissionsbanken an die potentiellen Anleger, wobei es sich rechtlich nur um eine Einladung zur Abgabe eines Angebots an einen unbestimmten Personenkreis (*invitatio ad offerendum*) handelt. Das Angebot selbst liegt in der Zeichnung durch die Anleger. Durch Zuteilung der Aktien erklärt die Emissionsbank die Annahme und der Kaufvertrag zwischen Emissionsbank und Anleger kommt zustande.

189 Der Kaufpreis (Emissionspreis bzw. Ausgabekurs) wird üblicherweise im sog **Bookbuilding-Verfahren**[248] festgelegt. Hierbei analysie-

246 *Groß* KapMarktR BörsG § 23 Rn. 2.
247 Schwark/Zimmer/*Beck* BörsG § 23 Rn. 9.
248 *Lenenbach* KapMarktR Rn. 10.188f.

ren und bewerten Analysten der Emissionsbanken zunächst den Emittenten. Während dieser Phase der **Marktsondierung** wird der Emittent vor allem potentiellen institutionellen Anlegern vorgestellt, um das Interesse des Marktes und die Preisgestaltung auszuloten (*Roadshows*). In der nächsten Phase werden die institutionellen Anleger gebeten, Kaufangebote abzugeben. Aus diesen Angeboten und den Einschätzungen der Analysten wird eine Preisspanne festgelegt. Sodann folgt das eigentliche *Bookbuilding*: Hierfür wird eine Frist festgelegt – üblicherweise zwei Wochen – während derer die Anleger aufgefordert werden, ihre Angebote unter Angabe von Preis und Volumen (*limits*) innerhalb der festgelegten Preisspanne abzugeben (*order-taking-period*). Die Konsortialführerin sammelt alle eingegangenen Kaufangebote in einem elektronischen Orderbuch (*bookrunner*). Daraus wird dann ein einheitlicher Emissionspreis berechnet, der zusammen mit dem Emissionsvolumen im Börsenzulassungsprospekt veröffentlicht werden muss (früher siehe § 8 Abs. 1 S. 6 WpPG aF, derzeit Aufnahme als wesentliche Angabe).

Eine besondere Preisstabilisierungsfunktion hat die sog **Greenshoe-Option**[249] (siehe Art. 2 DVO (EG) 2273/2003).[250] Hierbei räumen Emittent oder Altaktionäre der Emissionsbank das Recht ein, nach der Platzierung vorübergehend bei entsprechend hoher Nachfrage eine bestimmte Menge weiterer Wertpapiere zu veräußern (Mehrzuteilungsoption) und die zur Erfüllung erforderlichen Wertpapiere zum Ausgabepreis zu erwerben (Greenshoe-Option). Die Greenshoe-Option wird relevant, wenn die Zeichnungsangebote der Anleger über das ursprüngliche Emissionsvolumen hinausgehen (**Überzeichnung**) und die Emissionsbanken mehr Wertpapiere verkaufen als ihnen im Rahmen der ursprünglichen Emission zur Verfügung stehen (**Mehrzuteilung**). Um die Mehrzuteilung erfüllen zu können, stellen der Emittent oder Altaktionäre den Banken die hierfür notwendigen Wertpapiere im Rahmen einer „Wertpapierleihe“, dh eines Sachdarlehens gem. § 607 BGB, zur Verfügung. Um die geliehenen Wertpapiere in gleicher Art und Güte gem. § 607 Abs. 1 S. 2 BGB zurückzuerstatten, können die Banken nun entweder die 190

249 Die Greenshoe-Option ist nach ihrem ersten Anwendungsfall im Jahr 1963 bei der Greenshoe Manufacturing Corporation (Boston, USA) benannt.

250 Verordnung (EG) Nr. 2273/2003 der Kommission v. 22.12.2003 zur Durchführung der Richtlinie 2003/6/EG des Europäischen Parlaments und des Rates – Ausnahmeregelungen für Rückkaufprogramme und Kursstabilisierungsmaßnahmen, ABl. 2003 L 336, 33. Hierzu *Langenbucher* AktR § 13 Rn. 52; *Lenenbach* KapMarktR Rn. 10.224 ff.; Schwark/Zimmer/*Schwark* WpHG, 4. Aufl. 2010, § 20a Rn. 86 ff.

Greenshoe-Option ausüben oder die erforderlichen Wertpapiere an der Börse erwerben. Die zweite Alternative werden die Emissionsbanken wählen, wenn der Börsenkurs nach der Mehrzuteilung unter den Ausgabepreis fällt. Durch den Erwerb an der Börse können sie den Kurs steigern und so **kursstabilisierend** eingreifen. Nur wenn die Kurse an der Börse über den Ausgabekurs steigen, Kursstabilisierung also nicht nötig ist, erlangt die Greenshoe-Option Bedeutung. In diesem Fall bewahrt sie die Banken davor, sich zur Rückerstattung der geliehenen Aktien zu einem gegenüber dem Ausgabekurs gestiegenen Kurs am Markt eindecken zu müssen. Stattdessen können die Emissionsbanken das Recht ausüben, Wertpapiere des Emittenten von diesem oder von den Altaktionären zum Ausgabekurs zu erwerben. Im Falle von Aktien beschafft sich der Emittent die hierfür notwendigen neuen Aktien im Regelfall durch eine Kapitalerhöhung aus genehmigtem Kapital gem. §§ 202, 203 AktG.[251] Diese Vorgehensweise ist typischerweise geeignet, den Tatbestand des Insiderhandels- und Marktmanipulationsverbots zu erfüllen, wird aber wegen ihrer Kursstabilisierungswirkung, die der Funktionsfähigkeit des Kapitalmarktes zugutekommt, durch Art. 5 Abs. 4 MAR unter bestimmten Voraussetzungen von Art. 14, 15 MAR ausgenommen (→ Rn. 358).

5. Notierung an der Börse (Einführung)

191 Nach Abschluss der Platzierung folgt die Notierung bzw. Einführung der Wertpapiere iSv § 38 BörsG und damit die erstmalige Aufnahme des Handels an der Börse. Die Notierung erfolgt wiederum auf Antrag des Emittenten durch einen Verwaltungsakt der Börsengeschäftsführung (§ 38 Abs. 1 BörsG). Sie darf frühestens einen Werktag nach Veröffentlichung des Prospekts bzw. nach der Zulassung (§ 52 BörsZulV) und muss spätestens 3 Monate nach der Zulassung der Wertpapiere durch die Börsengeschäftsführung erfolgen, § 38 Abs. 4 S. 1 BörsG. Anderenfalls erlischt die Zulassung.

251 *Langenbucher* AktR § 13 Rn. 52. Auch wenn der aktuelle Börsenkurs den Ausgabepreis um ein Vielfaches übersteigt, ist die Kapitalerhöhung nicht gem. § 255 Abs. 2 AktG wegen eines unangemessen niedrigen Ausgabekurses anfechtbar (BGH NZG 2009, 589).

III. Der Börsenhandel aus zivilrechtlicher Perspektive

Nach Einführung der Wertpapiere beginnt der **Börsenhandel zwischen den Anlegern** ohne Beteiligung des Emittenten. Da Privatanleger keinen direkten Zugang zu den Börsen haben, ist ihnen der Handel mit Wertpapieren regelmäßig nur über Banken (oder andere WpDU) möglich, die als Finanzintermediäre Wertpapiere für Anleger kaufen oder verkaufen (sog **Effektengeschäfte**). 192

1. Zustandekommen eines Effektengeschäfts (Verpflichtungsgeschäfte)

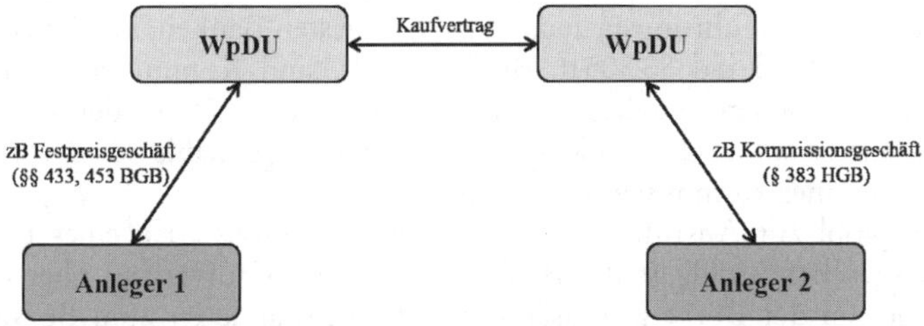

Anleger, die Wertpapiere erwerben oder veräußern möchten, schließen mit ihrer Bank in der Regel einen schuldrechtlichen Kommissions- oder Kaufvertrag ab.[252] Beim **Kommissionsgeschäft** führt die Bank das Börsengeschäft im eigenen Namen, aber auf Rechnung des Kunden aus (§§ 383 ff. HGB; §§ 611, 675 BGB). Ein Anleger, der Wertpapiere erwerben möchte, beauftragt also die Bank gem. § 383 HGB, Wertpapiere im eigenen Namen und auf Rechnung des Anlegers zu kaufen. Hierfür erhält die Bank regelmäßig eine Provision. Zur Ausführung des Kommissionsgeschäfts gem. § 384 Abs. 1 HGB schließt die Bank über die Börse einen Kaufvertrag über die gegenständlichen Wertpapiere mit einem anderen zum Börsenhandel zugelassenen Unternehmen ab. Hierbei handelt es sich häufig ebenfalls um eine Bank, die wiederum mit ihrem Kunden einen Kommissions- oder Kaufvertrag zur Veräußerung des Wertpapiers geschlossen hat. Die Bank ist gem. § 384 Abs. 2 Hs. 2 HGB verpflichtet, die durch Erfüllung des Kaufvertrags erhaltenen Wertpapiere an den Anleger he- 193

252 *Einsele* BankR und KapMarktR § 8 Rn. 6; *Lenenbach* KapMarktR Rn. 4.21.

rauszugeben. Das Beschaffungs- und Kurspreisrisiko trägt beim Kommissionsgeschäft der Anleger.[253] Die Bank ist allerdings gem. § 384 Abs. 1 HGB verpflichtet, im Interesse des Anlegers und nach dessen Weisungen zu handeln.

194 Beim sog **Festpreisgeschäft** kommt zwischen Bank und Anleger ein Kaufvertrag über die Wertpapiere als sonstige Gegenstände zustande (§§ 453, 433 BGB).[254] Um den Kaufvertrag erfüllen zu können, kauft und erwirbt die Bank zunächst das entsprechende Papier an der Börse und übereignet es anschließend dem Kunden.[255] Das Beschaffungs- und Kurspreisrisiko trägt beim Festpreisgeschäft daher grundsätzlich die Bank, die außerdem ihren eigenen Gewinn durch den Kaufpreis erwirtschaften muss,[256] denn eine Provision erhält sie hier nicht. Ob es sich im konkreten Fall um ein Festpreis- oder Kommissionsgeschäft handelt, richtet sich nach dem Inhalt der Vereinbarung. Nach den Ausführungsgrundsätzen der meisten Banken, bei denen es sich um AGB iSd §§ 305 ff. BGB handelt, sind Kommissions- und Festpreisgeschäft als gleichwertig zu betrachten.[257] Zahlt der Kunde eine Provision an die Bank, spricht dies aber regelmäßig für den Abschluss eines Kommissionsvertrags.[258]

195 Sowohl zur Ausführung eines Kommissions- als auch eines Festpreisgeschäfts schließt die Bank jeweils einen Kaufvertrag über das Papier an der Börse grundsätzlich mit einem anderen zum Börsenhandel gem. § 19 Abs. 2 BörsG zugelassenen Unternehmen, etwa einer anderen Bank. Im klassischen Parketthandel waren es die Börsenmakler, die die passenden Kauf- und Verkaufsangebote zusammengeführt haben. Heute wird der Handel zumeist über elektronische Handelssysteme ausgeführt. An der Börse Frankfurt ist dies das **System XETRA**. An den meisten Börsen ist darüber hinaus eine **Clearinggesellschaft**, in Deutschland die Eurex Clearing AG, vorgesehen.[259] Sobald zwei übereinstimmende Kauf- und Verkaufaufträge

---

253 MüKoHGB/*Ekkenga* Effektengeschäft Rn. 70.
254 Zur Mischung von Sach- und Rechtskauf statt aller Palandt/*Weidenkaff* BGB § 453 Rn. 10.
255 *Lenenbach* KapMarktR Rn. 4.87.
256 *Lenenbach* KapMarktR Rn. 4.14.
257 Siehe Nr. 1 Abs. 1 Sonderbedingungen für Wertpapiergeschäfte (abgedruckt in *Langenbucher/Bliesener/Spindler* 36. Kap. Anh. 2321); *Bergmann* in Langenbucher/Bliesener/Spindler 36. Kap. Rn. 15; *Bunte* AGB-Banken Vorb. Sonderbedingungen für Wertpapiergeschäfte Rn. 17.
258 BGH NZG 2002, 920 (921).
259 So zB seit 2003 für alle Geschäftsabschlüsse an der Frankfurter Wertpapierbörse und seit August 2012 für eine Vielzahl der außerbörslich (over-the-counter – OTC) gehandelten Derivate (vgl. Art. 4 Abs. 1 EMIR).

zweier Marktteilnehmer vorliegen, tritt die Clearinggesellschaft als **zentrale Gegenpartei** (central counter party = **CCP**) in den Vertrag ein und wird unmittelbarer Vertragspartner von Käufer und Verkäufer. Sie nimmt gegenüber dem (wirtschaftlichen) Verkäufer die rechtliche Position des Käufers und gegenüber dem (wirtschaftlichen) Käufer die rechtliche Rolle des Verkäufers ein. So wird insbesondere das Risiko einer Vertragspartei, dass die jeweils andere Partei ausfällt (sog Kontrahentenrisiko), verringert. Käufer und Verkäufer bleiben für den jeweils anderen anonym.

2. Die Erfüllung der Effektengeschäfte (Verfügungsgeschäfte)

Zur Erfüllung der Effektengeschäfte sind die Wertpapiere zu übereignen (*Settlement*). Da es sich um Inhaber- und Orderpapiere handelt (→ Rn. 68), knüpft die Übereignung an die Urkunde als bewegliche Sache an[260] und richtet sich daher grundsätzlich nach den §§ 929 ff. BGB. 196

Das *settlement* wird heute fast ausschließlich über das System des Effektengiroverkehrs durchgeführt.[261] Der Anleger hat dabei kein Alleineigentum an einer einzelnen Wertpapierurkunde. Grundlage des Effektengiroverkehrs bildet vielmehr eine **Globalurkunde** iSd § 9a Abs. 1 S. 1 DepotG, die als einzelne Wertpapierurkunde alle Rechte aus einer Emission zusammenfassend in einem sog Girosammelbestand verbrieft.[262] Diese Globalurkunden werden in Deutschland von der **Clearstream Banking AG** in ihrer Funktion als Wertpapiersammelbank grundsätzlich zentral verwahrt (**Sammelverwahrung**). Die Bank des Anlegers kann also die Wertpapiere bei der Clearstream Banking AG in Verwahrung gem. § 700 BGB geben und mit dieser als Hinterleger einen Depotvertrag gem. § 3 Abs. 1 S. 1 DepotG schließen. Der Anleger erhält anstelle des Alleineigentums an der Wertpapierurkunde einen Miteigentumsanteil an dem Sammelbestand gem. § 6 Abs. 1 S. 1 DepotG. Die Miteigentumsanteile der Anleger an der Globalurkunde gem. §§ 9a Abs. 2, 6 DepotG werden auf Depotkonten bei der Wertpapiersammelbank gebucht. Der Anleger ist zudem mittelbarer Besitzer (§ 868 BGB) seiner Miteigentumsanteile. Aus den Buchungen in den Depotbüchern der Wertpapiersammel-

---

260 Es gilt somit der Grundsatz:“Das Recht aus dem Papier folgt dem Recht am Papier.“.

261 Dazu *Baums* Unternehmensfinanzierung § 37 Rn. 74 ff.; *Klanten* in Schimansky/Bunte/Lwowski BankR-HdB § 72 Rn. 102 ff.

262 Zur Entwicklung der Wertpapierverwahrung *Wilhelm* KapGesR Rn. 704.

bank und der Depotbank des Anlegers ergibt sich jeweils deren Fremdbesitzwille.

197 Voraussetzung für die rechtsgeschäftliche Übereignung der Wertpapiere sind **Einigung** und Übergabe gem. §§ 1008, 929 S. 1 BGB. Damit die Verkäuferbank über den Miteigentumsanteil des Veräußerers am Girosammelbestand gem. §§ 1008, 929 S. 1 BGB als Berechtigte verfügen kann, erteilt der Veräußerer der Verkäuferbank zusammen mit seinem Verkaufsauftrag die entsprechende (konkludente) Ermächtigung (§ 185 BGB).[263] Das Angebot zur Einigung über den Übergang des Miteigentumsanteils kann von der Verkäuferbank daher im eigenen Namen abgegeben werden.[264] Die Annahme erklärt die Käuferbank dagegen als Stellvertreterin gem. § 164 BGB im Namen des Erwerbers nach den Grundsätzen des „Geschäfts für den, den es angeht".[265] Besonderheiten weist auch die **Übergabe** iSd § 929 S. 1 BGB auf. Während die Wertpapiersammelbank unmittelbare Fremdbesitzerin iSd § 854 BGB ist, ist die Verkäuferbank mittelbare Fremdbesitzerin erster Stufe gem. § 868 BGB (Verwahrungsvertrag als Besitzmittlungsverhältnis) und der Veräußerer mittelbarer Eigenbesitzer zweiter Stufe (§§ 868, 871 BGB).[266] Die Übertragung des Besitzes erfolgt gem. §§ 1008, 929 S. 1 BGB, indem die Verkäuferbank die Wertpapiersammelbank anweist, den Besitz künftig der Käuferbank iSd § 868 BGB zu mitteln. Hierdurch wird der Erwerber mittelbarer Besitzer iSd §§ 868, 871 BGB der übertragenen Sammelbestandanteile, während der Veräußerer sämtliche Besitzpositionen verloren hat. Da die Käuferbank den Besitz wiederum dem Erwerber mittelt, geht das Eigentum unmittelbar auf diesen über, ein Durchgangserwerb des Verwahrers oder der Depotbanken findet nicht statt. Die Änderung des Fremdbesitzmittlungswillens der Wertpapiersammelbank manifestiert sich in der Umbuchung der Anteile in den Depotkonten, namentlich durch Umschreibung im Verwahrungsbuch gem. § 14 DepotG. Faktisch kann daher von einer Eigentumsübertragung durch **„Einigung und Buchung"** gesprochen werden.[267]

263 *Canaris* BankVertrR Rn. 1998.

264 Bei Einschaltung einer CCP wird diese Erklärung der Verkäuferbank von der CCP als Empfangsvertreterin der Käuferbank angenommen und weitergeleitet (vgl. *Lenenbach* KapMarktR Rn. 6.176).

265 *Lenenbach* KapMarktR Rn. 6.176; *Horn* WM 2002, Sonderbeilage 2, 1 (11); *Patz* BKR 2019, 435 (440 f.).

266 *Lenenbach* KapMarktR Rn. 6.149 ff. Theoretisch kann aber eine beliebige Anzahl von Depotbanken „zwischengeschaltet" werden.

267 So *Canaris* BankVertrR Rn. 2022; siehe auch *Lenenbach* KapMarktR Rn. 6.152.

Die §§ 18 Abs. 3, 24 Abs. 2 S. 1 DepotG regeln spezielle Erwerbstatbestände, wonach unter bestimmten Voraussetzungen das Miteigentum an dem Girosammelbestand auf den Erwerber kraft Gesetzes übergeht. Diese spielen in der Praxis jedoch nur eine untergeordnete Rolle, da in aller Regel bereits vor dem Eintritt dieser speziellen Voraussetzungen eine rechtsgeschäftliche Übereignung nach §§ 1008, 929 ff. BGB erfolgt.[268]

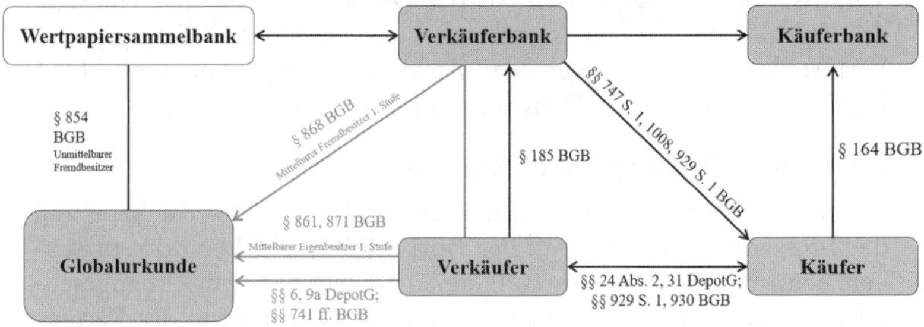

Ist die CCP als zentrale Gegenpartei – wie in der Regel – an dem Geschäft beteiligt, so weist die Verkäuferbank die Wertpapiersammelbank an, den Besitz nicht mehr ihr selbst, sondern der CCP zu mitteln.[269] Praktisch manifestiert sich dieser geänderte Besitzmittlungswille in der Umbuchung der Anteile am Girosammelbestand vom Depotkonto der Verkäuferbank auf das Depotkonto der CCP. Da die CCP den ihr gemittelten Besitz sofort wieder der Verkäuferbank mittelt, kommt es hier aber noch zu keiner Änderung der Eigentumsverhältnisse. Erst die erneute Umbuchung der Eigentumsanteile vom Depotkonto der CCP auf das Depotkonto der Käuferbank, also der erneute Wechsel des Besitzmittlungswillens der Wertpapiersammelbank, führt zur Übertragung des Eigentums. 198

IV. Rückzug von der Börse (Delisting)

Mit dem Börsengang hat der Emittent sein primäres Ziel erreicht: die Beschaffung von Eigen- oder Fremdkapital. Angesichts der strengen Publizitäts- und sonstigen Zulassungsfolgepflichten für Emittenten von Finanzinstrumenten, die an einem organisierten Markt gehandelt werden (dazu ausführlich → Rn. 490 ff.), stellt sich für den Emittenten uU die Frage, ob und inwieweit er sich auch wieder von der Börse zurückziehen kann (*Going Private* oder *Delisting*). Ein solches Delisting geht jedoch zu Lasten der Anleger, da deren Wertpa- 199

268 *Böttcher* DepotG § 24 Rn. 5; Scherer/*Behrends* DepotG § 24 Rn. 30.
269 *Lenenbach* KapMarktR Rn. 6.151.

piere durch den Rückzug von der Börse an Verkehrsfähigkeit einbüßen. Sie verlieren die Möglichkeit, auf einem staatlich kontrollierten Markt ohne Weiteres einen Käufer für ihre Wertpapiere zu finden. Wird bekannt, dass sich ein Emittent von der Börse zurückziehen möchte, sinkt daher typischerweise der Börsenkurs der betreffenden Wertpapiere. Daher gelten für den Rückzug von der Börse besondere Voraussetzungen, die je nach Art des Delistings variieren. Man kann drei Formen des Delistings unterscheiden: das **Cold Delisting** durch Verlust der Börsenfähigkeit, das **Zwangsdelisting** gem. § 39 Abs. 1 BörsG und das reguläre Delisting gem. § 39 Abs. 2 BörsG.

1. Unechtes Delisting (Cold Delisting)

200 Beim unechten Delisting (*Cold-Delisting*) erfolgt der Rückzug von der Börse durch den **Wegfall der Börsenfähigkeit**. Die Börsenfähigkeit kann insbesondere im Falle einer börsennotierten Aktiengesellschaft gem. § 3 Abs. 2 AktG nach einer Verschmelzung des Vermögens (§§ 2 ff. UmwG) auf eine nichtbörsennotierte AG (*Going Private Merger*) oder durch einen Formwechsel (§§ 190 ff. UmwG) in eine GmbH verloren gehen. Bei der Entscheidung über die Verschmelzung oder den Formwechsel ist grundsätzlich die Hauptversammlung zu beteiligen (vgl. §§ 13, 65, 193 UmwG). Zudem haben die Aktionäre bei einem Formwechsel gem. § 207 UmwG und bei der Verschmelzung auf eine nichtbörsennotierte AG gem. § 29 Abs. 1 S. 1 UmwG Anspruch auf eine angemessene Abfindung.

2. Das Zwangsdelisting

201 Das Zwangsdelisting ist in § 39 Abs. 1 BörsG geregelt. Dabei widerruft die **Börsengeschäftsführung** von Amts wegen die Zulassung von Wertpapieren zum Handel im geregelten Markt, wenn ein ordnungsgemäßer Börsenhandel auf Dauer nicht mehr gewährleistet erscheint. Börsenaufsichtsbehörde und BaFin sind von einem Widerruf nach Absatz 1 unverzüglich in Kenntnis zu setzen (§ 39 Abs. 1a BörsG). Gegen das Zwangsdelisting steht dem Emittenten verwaltungsrechtlicher Rechtsschutz gem. §§ 42 Abs. 1, 68 VwGO in Form des Widerspruchs und der Anfechtungsklage zu.[270] Umstritten ist dagegen, ob auch einzelne Anleger des Emittenten widerspruchs- und

270 *Groß* KapMarktR BörsG § 39 Rn. 28; Schäfer/Hamann/*Gebhardt* BörsG § 38 Rn. 40.

anfechtungsbefugt gem. § 42 Abs. 2 VwGO sind.[271] Dafür könnte sprechen, dass der Widerruf der Zulassung in die Rechte der Anleger eingreift, indem die Verkehrsfähigkeit der Aktie durch den Verlust der Börsennotierung eingeschränkt wird.[272] Popularklagen wären zwar nicht zu befürchten, wenn nur diejenigen Anleger widerspruchs- und anfechtungsbefugt wären, die bei Widerruf der Zulassung bereits Inhaber der Wertpapiere sind.[273] Gegen die Widerspruchs- und Anfechtungsbefugnis spricht aber gleichwohl, dass die Börsengeschäftsführung gem. § 15 Abs. 6 BörsG im Allgemeinen und beim Widerruf im Besonderen ausschließlich im öffentlichen Interesse und nicht im Interesse der einzelnen Anleger tätig wird.[274] Zudem erwähnt § 39 Abs. 1 BörsG im Gegensatz zu § 39 Abs. 2 S. 2 BörsG den Schutz der Anleger nicht eigens. Daher ist die Widerspruchs- und Klagebefugnis der Anleger beim Zwangsdelisting abzulehnen.

3. Echtes Delisting (reguläres Delisting)

Von einem echten oder regulären Delisting spricht man, wenn die 202
Zulassung zum Handel am regulierten Markt durch die Börsengeschäftsführung **auf Antrag des Emittenten** widerrufen wird, § 39 Abs. 2 BörsG. Der Widerruf auf Antrag des Emittenten liegt im Ermessen der Börsengeschäftsführung („kann", § 39 Abs. 2 S. 1 BörsG). Da die Anleger durch den Rückzug von der Börse und die damit verbundene Einschränkung der Verkehrsfähigkeit beeinträchtigt werden, hat die Börsengeschäftsführung bei ihrer Ermessensentscheidung auch zu berücksichtigen, ob und inwieweit der Schutz der Anleger gem. § 39 Abs. 2 S. 2 BörsG ausreichend gewährleistet ist. Fraglich ist allerdings, auf welche Weise dem Anlegerschutz Rechnung zu tragen ist. Die Frage nach dem Anlegerschutz gem. § 39 Abs. 2 S. 2 BörsG gilt zwar für den Widerruf der Zulassung sämtlicher Wertpapiere iSd § 2 Abs. 1 WpHG, wird aber vor allem für den Rückzug börsennotierter Aktiengesellschaften relevant.

---

271 Für eine Widerspruchs-/Anfechtungsbefugnis: *Buck-Heeb* KapMarktR Rn. 190; *Langenbucher* AktR § 20 Rn. 21; *Groß* KapMarktR BörsG § 39 Rn. 29; Schwark/Zimmer/*Heidelbach* BörsG § 39 Rn. 40; *Groß* AG 2015, 812 (818); *Reger/Schilha* NJW 2012, 3066 (3067). Dagegen *Brellochs* AG 2014, 633 (643); *Koch/Harnos* NZG 2015, 729 (736).

272 So etwa *Groß* KapMarktR BörsG § 39 Rn. 29.

273 *Groß* KapMarktR BörsG § 39 Rn. 29.

274 *Lenenbach* KapMarktR Rn. 10.359; Schwark/Zimmer/*Heidelbach* BörsG § 32 Rn. 75.

203 **a) Gesellschaftsrechtlicher Schutz der Aktionäre.** Der BGH hatte den Anlegerschutz beim Delisting börsennotierter Aktiengesellschaften in seiner **Macrotron**-Entscheidung[275] im Jahr 2003 zunächst als Aufgabe dem Gesellschaftsrecht zugeordnet. Ähnlich wie in den Fällen des unechten Delistings durch Formwechsel oder Verschmelzung (→ Rn. 200) verlangte der BGH die Zustimmung der Aktionäre zum Delisting in Form eines Hauptversammlungsbeschlusses sowie eine angemessene Abfindung.

204 **aa) Beschluss der Hauptversammlung.** Die Zuständigkeit der Hauptversammlung für die Delisting-Entscheidung lässt sich allerdings weder mit einer Analogie zu § 119 Abs. 1 AktG noch mit einer ungeschriebenen HV-Kompetenz nach der Holzmüller-Doktrin[276] begründen (→ Rn. 177), denn die Einschränkung der Verkehrsfähigkeit kommt keinem gravierenden Struktureingriff von „Holzmüller"-Qualität in die Mitgliedschaftsrechte der Aktionäre gleich.[277] Auch eine Analogie zu § 119 Abs. 1 Nr. 8 AktG (Hauptversammlungszuständigkeit bei Auflösung der Gesellschaft) scheidet aus, da der Wegfall der Börsennotierung mit einer Auflösung der Gesellschaft nicht zu vergleichen ist. Eine eigene Gesellschaftsform der börsen- und nicht börsennotierten Aktiengesellschaft gibt es nicht. Der BGH hat das Erfordernis eines Hauptversammlungsbeschlusses daher unmittelbar auf Art. 14 GG gestützt und dies damit begründet, dass die Einschränkung der Verkehrsfähigkeit durch den Wegfall der Börsennotierung ein Eingriff in das verfassungsrechtlich geschützte Aktieneigentum sei.[278] Nach zum Teil erheblicher Kritik im Schrifttum an dieser Rechtsprechung[279] hat auch das **BVerfG** einen Eingriff in den Schutzbereich von Art. 14 Abs. 1 GG durch den Widerruf der Börsenzulassung abgelehnt.[280] Zwar können die Aktien nach dem Delisting nicht mehr unkompliziert an der Börse veräußert werden, bleiben aber gleichwohl übertragbar, so dass lediglich die tatsächliche, nicht aber die rechtliche Verkehrsfähigkeit der Wertpapiere eingeschränkt wird. Die tatsächliche Verkehrsfähigkeit ist aber nach dem BVerfG nicht vom Schutzbereich des Art. 14 GG umfasst. Der

---

275 BGHZ 153, 47 = BGH NJW 2003, 1032 – Macrotron.
276 Dazu *Wilhelm* KapGesR Rn. 1054.
277 *Wilhelm* KapGesR Rn. 766ff.; *Schwark/Geiser* ZHR 161 (1997), 739 (761f.).
278 BGHZ 153, 47 (55) = NJW 2003, 1032 (1034) – Macrotron.
279 Siehe die Nachweise bei *Langenbucher* AktR § 20 Rn. 9ff.
280 BVerfGE 132, 99 (120) Rn. 54 = NJW 2012, 3081 (3083) – Macrotron, gestützt auf BVerfGE 100, 289 (305) = NJW 1999, 3769 (3771) – DAT/Altana.

BGH hat sodann im **Frosta-Beschluss**[281] im Jahr 2013 seine „Macrotron-Rechtsprechung" aufgegeben. Eine ungeschriebene Hauptversammlungskompetenz liegt demnach bei Entscheidungen über ein Delisting nicht vor. Weder die Zulassung zum Handel an der Börse (→ Rn. 177) noch der Widerruf der Zulassung als *actus contrarius* verlangen daher einen Beschluss der Hauptversammlung.

bb) Anspruch auf Abfindung gegen Rückgabe der Anteile. Abgesehen von der Frage nach den für die Entscheidung über das Delisting zuständigen Gesellschaftsorganen, ist auch zu klären, ob und inwieweit die Anleger einen **Anspruch auf eine angemessene Abfindung** gegen Rückgabe ihrer Anteile haben. So verlangte der **BGH** noch in seiner **Macrotron-Entscheidung**[282] für die Rechtmäßigkeit des auf der Grundlage von Art. 14 Abs. 1 GG notwendigen Hauptversammlungsbeschlusses, dass den Minderheitsaktionären zeitgleich ein entsprechendes Abfindungsangebot unterbreitet wird. Anderenfalls sollte der Hauptversammlungsbeschluss über das Delisting anfechtbar sein. Da der BGH auf den HV-Beschluss in der **Frosta-Entscheidung**[283] verzichtet hat, gibt es keine rechtliche Grundlage mehr für einen entsprechenden Abfindungsanspruch. Zugleich hat der BGH in seiner Frosta-Entscheidung aber auch den Weg einfachgesetzlicher Analogien ausgeschlossen: So kommt eine analoge Anwendung des **§ 207 Abs. 1 Hs. 1 UmwG** nicht in Betracht,[284] da der Verlust der Börsennotierung nicht mit einem Formwechsel iSd § 207 UmwG vergleichbar ist. Ein konzeptioneller Austausch des rechtlichen Gewands der Gesellschaft und der Mitgliedschaft findet beim Delisting nicht statt.[285] 205

Auch eine Analogie zu der Abfindungsregel des **§ 29 Abs. 1 S. 1 Hs. 1 Var. 2 UmwG** bei der Verschmelzung einer börsen- auf eine nicht börsennotierte AG scheidet aus.[286] Wesentliches Merkmal des § 29 UmwG ist ua der Untergang des börsennotierten Rechtsträgers, dessen zwingende Folge der Verlust der Börsennotierung ist.[287] Das freiwillige Delisting führt zwar zum Verlust der Börsennotierung, es fehlt aber die in die Aktionärsstellung eingreifende Strukturmaß- 206

281 BGH NJW 2014, 146.
282 BGHZ 153, 47 = BGH NJW 2003, 1032 – Macrotron.
283 BGH NJW 2014, 146.
284 So noch BayObLG DB 2005, 214 (216 f.).
285 *Kiefner/Gillessen* AG 2012, 645 (653).
286 BGH NJW 2014, 146 (148).
287 *Grunewald/Schlitt* KapMarktR 346 f.

nahme des Untergangs und damit eine vergleichbare Interessenlage zwischen dem unechten Delisting nach § 29 Abs. 1 S. 1 Hs. 1 Var. 2 UmwG und dem regulären Delisting. Eine Barabfindungspflicht lässt sich schließlich auch nicht mit einer **Gesamtanalogie** zu den §§ 305, 320b, 327b AktG sowie §§ 29, 207 UmwG begründen.[288] Gegen eine solche Gesamtanalogie spricht, dass es sich in erster Linie um einen kapitalmarktrechtlichen Vorgang handelt, der sich gerade nicht in vergleichbarer Weise auf die Stellung der Aktionäre auswirkt wie etwa eine Verschmelzung, sondern lediglich die besondere Verkehrsfähigkeit der Aktie im Börsenhandel aufhebt. Da es sich bei dem Delisting nicht um eine gesellschaftsrechtliche Strukturmaßnahme handelt, ist der Anlegerschutz durch kapitalmarktrechtliche Vorschriften zu gewährleisten.

207 **b) Kapitalmarktrechtlicher Schutz der Anleger.** Nach dem Ausschluss des gesellschaftsrechtlichen Schutzes der Aktionäre durch die Frosta-Entscheidung des BGH hat der Gesetzgeber speziell für das Delisting einer börsennotierten Aktiengesellschaft daher den Anlegerschutz mit dem Gesetz zur Umsetzung der Transparenzrichtlinie-Änderungsrichtlinie[289] vom 20.11.2015 in § 39 Abs. 2 S. 3, Abs. 3–6 BörsG kapitalmarktrechtlich näher ausgestaltet.[290]

208 **aa) Angebotspflicht beim Delisting börsennotierter Aktiengesellschaften.** Demnach ist der Widerruf der Börsenzulassung für Wertpapiere iSd § 2 Abs. 2 WpÜG – also Aktien, Aktien vertretende Zertifikate und Wertpapiere, die auf den Erwerb dieser Papiere gerichtet sind, zB Aktienoptionsscheine – nur zulässig, wenn der Emittent mit dem Antrag auf Widerruf zugleich ein öffentliches Angebot an die Inhaber der betroffenen Wertpapiere abgibt, diese zu einer angemessenen Gegenleistung in entsprechender Anwendung des § 31 WpÜG (→ Rn. 725 ff.) zu erwerben (§ 39 Abs. 2 S. 3 Nr. 1, Abs. 3

288 Dafür *Adolff/Tieves* BB 2003, 797 (802); *Benecke* WM 2004, 1122 (1125); *Langenbucher* AktR § 20 Rn. 10.

289 Richtlinie 2013/50/EU des Europäischen Parlaments und des Rates v. 22.10.2013 zur Änderung der Richtlinie 2004/109/EG des Europäischen Parlaments und des Rates zur Harmonisierung der Transparenzanforderungen in Bezug auf Informationen über Emittenten, deren Wertpapiere zum Handel auf einem geregelten Markt zugelassen sind, der Richtlinie 2003/71/EG des Europäischen Parlaments und des Rates betreffend den Prospekt, der beim öffentlichen Angebot von Wertpapieren oder bei deren Zulassung zum Handel zu veröffentlichen ist, sowie der Richtlinie 2007/14/EG der Kommission mit Durchführungsbestimmungen zu bestimmten Vorschriften der Richtlinie 2004/109/EG, ABl. 2013 L 294, 13.

290 Gesetz zur Umsetzung der Transparenzrichtlinie-Änderungsrichtlinie v. 25.11.2015, BGBl. 2015 I 2029. Näheres bei *Goetz* BB 2015, 2691.

S. 2 BörsG). Das Erwerbsangebot ist bei Stellung des Antrags in einer **Angebotsunterlage** iSd § 11 WpÜG (→ Rn. 693 ff.) zu veröffentlichen. Dadurch sollen die Wertpapierinhaber – ähnlich wie zuvor auf gesellschaftsrechtlicher Ebene nach der Macrotron-Rechtsprechung des BGH – die Gelegenheit erhalten, ihre Wertpapiere gegen eine angemessene Abfindung zu veräußern. Dies gilt sowohl für den vollständigen Rückzug von der Börse als auch für den Segmentwechsel vom regulären Markt in den Freiverkehr (**Downgrading**).[291] Die Angebotspflicht gilt jedoch gem. § 39 Abs. 2 S. 3 Nr. 2 BörsG nicht, wenn sich die börsennotierte Aktiengesellschaft lediglich von einem Börsenplatz zurückzieht, die Wertpapiere aber weiterhin zum Handel an einem organisierten Markt im Inland oder einem anderen EU-Mitgliedstaat zugelassen bleiben. Das **Teildelisting** bleibt damit auch ohne Erwerbsangebot möglich.

Beantragt die börsennotierte E-AG den Widerruf der Zulassung an der Münchener Börse, bleiben die Aktien der E-AG aber forthin an der FWB notiert, sind die Anleger nicht schutzbedürftig, da sie ihre Aktien zwar nicht mehr an der Münchener Börse, aber weiterhin an der FWB veräußern können. Etwas Anderes gilt, wenn die E-AG vom regulierten Markt der FWB in den Open Market der FWB wechselt.

Das Erwerbsangebot darf nicht von Bedingungen abhängig gemacht werden (§ 39 Abs. 3 S. 1 BörsG) und muss mit einer **angemessenen Gegenleistung** iSd § 31 WpÜG verbunden sein. Die Angemessenheit der Gegenleistung bemisst sich demnach grundsätzlich nach dem durchschnittlichen inländischen **Börsenkurs** der Aktien – in Abweichung vom WpÜG – innerhalb der letzten sechs Monate vor der veröffentlichten Ankündigung des Erwerbsangebots. Die Gegenleistung hat außerdem zwingend als Geldleistung in Euro zu erfolgen. Ausnahmsweise richtet sich die angemessene Gegenleistung nach dem **Unternehmenswert**, wenn sich in dem maßgeblichen Zeitraum kein angemessener Börsenkurs entwickeln konnte. Davon ist nach dem Gesetz auszugehen, wenn sich marktmissbräuchliches Verhalten – wie Marktmanipulationen oder fehlerhafte ad-hoc-Mitteilungen – nicht nur unwesentlich auf die Preisbildung ausgewirkt haben (§ 39 Abs. 3 S. 3 BörsG) oder der Börsenhandel in den Wertpapieren nur eingeschränkt stattgefunden hat, dh an weniger als einem Drittel der Börsentage Börsenkurse festgestellt werden konnten und mehrere 209

291 BT-Drs. 18/6220, 84.

nacheinander festgestellte Börsenkurse um mehr als 5 Prozent voneinander abweichen (§ 39 Abs. 3 S. 4 BörsG).

210 **bb) Rechtsschutz.** Der Widerruf der Zulassung ist ein Verwaltungsakt iSd § 35 VwVfG, so dass grundsätzlich der Verwaltungsrechtsweg gegen die Börse eröffnet ist. Widerspruchs- und klagebefugt sind Emittent und Emissionsbegleiter. Für den Rechtsschutz der Anleger ist zu differenzieren, ob der Widerruf der Börsenzulassung gem. § 39 Abs. 2 BörsG rechtswidrig ist oder ob das Erwerbsangebot den Anforderungen des § 39 Abs. 3 BörsG nicht genügt, insbesondere also die für den Erwerb angebotene Gegenleistung nicht angemessen iSd § 39 Abs. 3 S. 2 BörsG ist. Die Einhaltung des § 39 Abs. 3 BörsG ist nicht Voraussetzung für die Rechtmäßigkeit des Widerrufs (§ 39 Abs. 6 BörsG).

211 **(a) Verwaltungsrechtlicher Rechtsschutz.** Ist der Widerruf nach § 39 Abs. 2 BörsG rechtswidrig, weil beispielsweise kein öffentliches Angebot iSd § 39 Abs. 2 S. 3 Nr. 1 BörsG unterbreitet wird, können grundsätzlich **Widerspruch** gem. § 68 VwGO erhoben bzw. **Anfechtungsklage** gem. § 42 VwGO eingelegt werden. Umstritten ist allerdings, ob die Anleger widerspruchs- bzw. klagebefugt sind. Der **BGH** bejahte die Widerspruchs- und Klagebefugnis der Anleger – allerdings noch zu § 39 BörsG aF – in einem *obiter dictum* in seiner Frosta-Entscheidung.[292] In der verwaltungsgerichtlichen Rechtsprechung haben sich hingegen einige Gerichte – so etwa das VG Frankfurt a.M.[293] – gegen die drittschützende Wirkung des § 39 Abs. 2 S. 2 BörsG ausgesprochen, andere – wie das VG Düsseldorf[294] – wiederum dafür. Das **BVerwG** hat sich in dieser Frage bislang noch nicht eindeutig positioniert,[295] tendiert aber in einer Stellungnahme zu einer Entscheidung des BVerfG 2010 zur drittschützenden Wirkung.[296] Einzelne Stimmen im **Schrifttum** lehnen eine Klagebefugnis auf der Grundlage von § 39 Abs. 2 BörsG ab, da die Regelung nicht dem einzelnen Anleger, sondern ausschließlich dem öffentlichen Interesse an der Funktionsfähigkeit des Kapitalmarktes und dem Schutz der Anleger als Publikum zu dienen bestimmt sei.[297] Zur Begründung wird

292 BGH NJW-RR 2014, 231.
293 VG Frankfurt a. M. BeckRS 2013, 51275.
294 VG Düsseldorf ZIP 2015, 1733 (1734 f.).
295 *Glienke/Röder* BB 2014, 899 (907).
296 Zur Stellungnahme des 8. Revisionssenats des BVerwG vom 9.8.2010 BVerfGE 132, 99 (114) Rn. 35 – Macrotron.
297 *Roßkopf* ZGR 2014, 487 (506 f.); *Mayen* ZHR 129 (2015), 1 (5 ff.).

vor allem auf § 15 Abs. 6 BörsG verwiesen, wonach die Börsengeschäftsführung im Allgemeinen und damit auch beim Widerruf der Börsenzulassung nur im öffentlichen Interesse handelt.[298] Die wohl **hL** bejaht jedoch ein subjektiv-öffentliches Recht der Anleger und damit die Widerspruchs- und Klagebefugnis gem. § 42 Abs. 2 VwGO.[299] Wesentliches Argument ist, dass § 39 Abs. 2 S. 2 BörsG ausdrücklich ausreichenden Anlegerschutz einfordert. § 15 Abs. 6 BörsG soll lediglich die Haftung der Börsengeschäftsführung aus § 839 BGB; Art. 34 GG und nicht die Rechtsschutzmöglichkeiten der Anleger im Übrigen ausschließen. Daher ist verwaltungsrechtlicher Rechtsschutz der Anleger statthaft, sofern es um die Rechtswidrigkeit des Widerrufs gem. § 39 Abs. 2 BörsG geht.

Anleger sind also insbesondere widerspruchs- bzw. klagebefugt gem. §§ 42, 68 VwGO, wenn die börsennotierte Aktiengesellschaft entgegen § 39 Abs. 2 S. 3 Nr. 1 BörsG keine Unterlage über ein Angebot zum Erwerb aller Wertpapiere veröffentlicht hat.

(b) Zivilrechtlicher Anspruch auf angemessene Gegenleistung. 212
Während bei vollständigem Fehlen einer Angebotsunterlage gem. § 39 Abs. 2 S. 3 Nr. 1 BörsG der verwaltungsrechtliche Rechtsschutz eröffnet ist, ist die Einhaltung des § 39 Abs. 3 BörsG nicht Voraussetzung für die Rechtmäßigkeit des Widerrufs (§ 39 Abs. 6 BörsG). Der Anspruch der Anleger auf eine angemessene Gegenleistung gem. § 39 Abs. 3 S. 2 BörsG iVm § 31 WpÜG ist vielmehr von diesen vor den ordentlichen Gerichten geltend zu machen.[300] Wird die Gegenleistung ausnahmsweise anhand des Unternehmenswerts ermittelt, folgt dies unmittelbar aus der Formulierung des § 39 Abs. 3 S. 3 und 4 BörsG als Zahlungsanspruch. Da der Anspruch auf angemessene Gegenleistung regelmäßig eine Vielzahl an Aktionären betrifft, wurde der Anwendungsbereich des Kapitalanlegermusterverfahrens zur Bündelung der kollektiven Durchsetzung ebenfalls zum 26.11.2015 um die Ansprüche aus § 39 Abs. 3 S. 3 und 4 BörsG erweitert, § 1 Abs. 1 Nr. 3 KapMuG (→ Rn. 961).

Zur vertiefenden Lektüre: *Bungert/Leyendecker-Langner,* Die Neuregelung des Delisting, ZIP 2016, 49; *Drygala/Staake*, Delisting als Strukturmaß-

298 VG Frankfurt a. M. BeckRS 2013, 51275; *Mayen* ZHR 129 (2015), 1 (5 ff.); *Roßkopf* ZGR 2014, 487 (506 f.).
299 *Langenbucher* AktR § 20 Rn. 21 mwN; Baumbach/Hopt/*Kumpan* BörsG § 39 Rn. 6 und 12; *Groß* BörsG § 39 Rn. 29; *Koch/Harnos* NZG 2015, 729 (736); *Thomale* ZGR 2013, 686 (719).
300 BT-Drs. 18/6220, 94.

nahme, ZIP 2013, 905; *Heldt/Royé*, Das Delisting-Urteil des BVerfG aus kapitalmarktrechtlicher Perspektive, AG 2012, 660; *Klöhn*, Delisting – Zehn Jahre später, NZG 2012, 1041; *K. Schmidt*, Aktienrecht: Keine Barabfindung beim Delisting, JuS 2014, 174; *Steuer*, Rechtliche Grundlagen des modernen Aktienhandels, JuS 2018, 415; *Stöber*, Die Zukunft der Macrotron-Regeln zum Delisting nach den jüngsten Entscheidungen des BVerfG und des BGH, BB 2014, 9; *Thomale/Walter*, Delisting als Regulierungsaufgabe, ZGR 2016, 679; *Wackerbarth*, Das neue Delisting-Angebot nach § 39 BörsG oder: Hat der Gesetzgeber hier wirklich gut nachgedacht?, WM 2016, 265; *Wieneke/Schulz*, Durchführung eines Delistings, AG 2016, 809–819.

§ 8. Private Handelsplätze und OTC-Handel

213 Neben den als Anstalten des öffentlichen Rechts organisierten Börsen können Unternehmen, insbesondere Banken und Finanzdienstleistungsinstitute, auch privatrechtlich organisierte Handelsplätze betreiben, auf denen Finanzinstrumente gehandelt werden. Außerhalb von Handelsplätzen können Finanzinstrumente im Übrigen bilateral *over the counter* gehandelt werden (OTC-Handel). Die privaten Handelsplätze und der OTC-Handel werden unmittelbar und europaweit einheitlich durch die VO **600/2014 des Europäischen Parlaments und des Rates vom 15. Mai 2014 über Märkte für Finanzinstrumente und zur Änderung der Verordnung (EU) Nr. 648/2012** (MiFIR) reguliert.

I. Multilaterale Handelssysteme (MTF)

214 Zu den Handelsplätzen gehören multilaterale Handelssysteme (*Multilateral Trading Facility*, MTF) iSd § 2 Abs. 8 S. 1 Nr. 8 WpHG; Art. 2 Abs. 1 Nr. 14 MiFIR iVm Art. 4 Abs. 1 Nr. 22 MiFID II. Hierbei handelt es sich um multilaterale Systeme iSd § 2 Abs. 21 WpHG, in denen die Interessen einer Vielzahl von Personen am Kauf und Verkauf von Finanzinstrumenten auf eine Weise zusammengeführt werden, dass ein Kaufvertrag zustande kommt. Wie an Börsen handeln die Anleger in MTF unmittelbar miteinander.[301] Die privaten MTF-Betreiber führen als Vermittler Angebot und Nachfrage nach Finanzinstrumenten innerhalb des Systems nach nichtdis-

301 *Grunewald/Schlitt* KapMarktR 209.

kretionären Regeln zusammen. Nichtdiskretionär bedeutet, dass die Betreiber keinen Ermessensspielraum bei der Zusammenführung der Interessen haben. MTF unterscheiden sich von organisierten Märkten lediglich formal dadurch, dass sie nicht als organisierter Markt öffentlich-rechtlich genehmigt, geregelt und überwacht werden.[302]

Zu den MTF gehört in Deutschland der **Freiverkehr,** der unter dem Dach der Börse vom Börsenträger neben dem regulierten Markt privatrechtlich organisiert wird. Der Freiverkehr muss von der Börse zugelassen werden und ist deshalb in § 48 BörsG geregelt. 215

Der Freiverkehr an der FWB – der Open Market – ist von der FWB zugelassen und wird unter dem Dach der Deutschen Börse AG geführt.

Es handelt sich aber gleichwohl um einen **außerbörslichen Handel** und nicht um einen organisierten Markt iSd § 2 Abs. 11 WpHG. Die Regeln zur Geschäftsabwicklung und Durchführung des Handels finden sich in der Handelsordnung – der vom Börsenrat erlassenen Satzung – und in den privatrechtlichen AGB des Börsenträgers. Seit dem 3.1.2018 können Börsen einen Freiverkehr als KMU-Wachstumsmarkt gem. § 48a BörsG; § 76 WpHG registrieren lassen. Für KMU-Emittenten, deren Finanzinstrumente dort zum Handel zugelassen sind, gelten an unterschiedlichen Stellen im Vergleich zu großen Emittenten Erleichterungen (→ Rn. 491). 216

Es bedarf im Gegensatz zum organisierten Markt keiner förmlichen Zulassung von Wertpapieren zum Handel im Freiverkehr auf Antrag des Emittenten. Die **Einbeziehung** in den Handel im Freiverkehr geschieht auf Antrag von Handelsteilnehmern oder in einigen Segmenten[303] auf Antrag der Deutschen Börse AG. Die Zustimmung des Emittenten zur Einbeziehung seiner Wertpapiere ist grundsätzlich nicht notwendig (siehe § 48 Abs. 1 S. 4 BörsG). Wenn der Emittent jedoch der Einbeziehung zustimmt, werden an die Einbeziehung **Folgepflichten** des Emittenten geknüpft. So gelten etwa die Offenlegungsvorschriften nach der MAR, insbesondere die ad-hoc-Publizitätspflicht, nur, wenn der Emittent die Einbeziehung seiner Finanzinstrumente selbst beantragt oder erhalten hat (siehe Art. 17 Abs. 1 217

---

302 Schwark/Zimmer/*Zimmer/Kruse* WpHG § 2 Rn. 119.

303 So können gemäß § 10 der AGB der Deuschen Börse AG für den Freiverkehr an der Frankfurter Wertpapierbörse Wertpapiere in das Quotation Board auch auf Antrag der Deutschen Börse AG einbezogen werden; gem § 16 ist im Scale und im Basic Board allerdings ein Antrag des Emittenten nötig.

UAbs. 3 MAR sowie Art. 18 Abs. 7, 19 Abs. 4 lit. b) MAR).[304] Soweit aber die **Qualitätssegmente** im Freiverkehr (etwa der Basic Board oder seit dem 1.3.2017 der Scale (zuvor Entry Standard der FWB)) mit erhöhten zivilrechtlichen Transparenzpflichten verbunden sind,[305] setzt die Einbeziehung dort einen Antrag des Emittenten voraus (siehe § 16 der AGB der Deutsche Börse AG für den Freiverkehr an der FWB).

Weitere Beispiele für MTF sind die jeweils von Investmentbanken betriebenen Handelsplattformen Chi-X Europe Limited und Turquoise, jeweils mit Sitz in London.

218 Das Betreiben von MTF ist eine **Wertpapierdienstleistung** iSd § 2 Abs. 8 S. 1 Nr. 8 WpHG, so dass die MTF-Betreiber als WpDU die in **§§ 63 ff. WpHG** statuierten Pflichten einhalten müssen (ausführlich → Rn. 789, 796 ff.). Insbesondere müssen sie nichtdiskriminierende Voraussetzungen für die Zulassung von Teilnehmern zum Handel formulieren, die dem Betreiber kein Ermessen einräumen und mindestens § 19 Abs. 2, Abs. 4 S. 1 und 2 BörsG entsprechen müssen (§§ 72 Abs. 1 Nr. 1; 74 Abs. 4 WpHG). Die Systembetreiber müssen zudem Regelungen für den Betrieb und die Preisfeststellung festlegen (Nr. 2) und ein angemessenes Verfahren zur Überwachung der Einhaltung der festgelegten Regelungen und der MAR vorhalten (Nr. 3). Der MTF-Betreiber ist nicht zuletzt verpflichtet, alle für die Systemnutzung erforderlichen und zweckdienlichen Informationen öffentlich bekannt zu geben (Nr. 4) und die Vor- und Nachhandelstransparenz zu gewährleisten Art. 3 ff. MiFIR, → Rn. 229).

II. Organisierte Handelssysteme (OTF)

219 Um möglichst alle Handelssysteme zu regulieren, wurde mit der Umsetzung der **MiFID II** zum 3.1.2018 in § 2 Abs. 8 Nr. 9 WpHG eine neue Handelsplatzkategorie des **organisierten Handelssystems** (*Organised Trading Facility*, OTF) eingeführt. Dies ist ein multilaterales System iSd § 2 Abs. 21 WpHG, das die Interessen einer Vielzahl von Personen am Kauf und Verkauf von Finanzinstrumenten in einer Weise zusammenführt, die in einem Vertragsschluss mündet (§ 2

304 Das gilt aber nicht für die Regelpublizität gem. §§ 114 – 118 WpHG, siehe Heidel/*Becker* AktR WpHG § 114–118 Rn. 7; ebenso zur alten Rechtslage Fuchs/*Zimmermann* WpHG Vor §§ 37v bis 37z Rn. 10.

305 Dazu *Born* AG 2012, 226 ff.

Abs. 8 S. 1 Nr. 9 WpHG; vgl. Art. 4 Abs. 1 Nr. 23 MiFID II). OTF unterscheiden sich von den geregelten bzw. organisierten Märkten und MTF vor allem dadurch, dass der OTF-Betreiber über einen gewissen Ermessensspielraum verfügt, ob, wann und in welchem Umfang er zwei oder mehr Aufträge innerhalb des Systems zusammenführt (ErwGr 9 MiFIR). Um jede Form der organisierten Ausführung und Vereinbarung von Handelsgeschäften zu erfassen, die keinem anderen Handelsplatz zugeordnet werden kann, ist der Tatbestand grundsätzlich weit zu verstehen (ErwGr 8 MiFIR). In OTF dürfen ausschließlich Schuldverschreibungen, strukturierte Finanzprodukte, Emissionszertifikate und Derivate, nicht jedoch Aktien oder Aktien vertretende Zertifikate gehandelt werden. OTF-Betreiber sind – wie MTF-Betreiber – Wertpapierdienstleistungsunternehmen und haben daher die Verhaltensregeln gem. §§ 63 ff., insbesondere §§ 72 f.; 75 WpHG zu achten.

Als OTF sind beispielsweise die **Broker-Crossing-Systeme** der Großbanken einzuordnen. **Nicht** erfasst sind hingegen Systeme, in denen Kauf- und Verkaufsinteressen lediglich bekanntgemacht werden und keine Geschäfte im eigentlichen Sinne ausgeführt oder vereinbart werden, wie etwa „**Bulletin Boards**“ (siehe ErwGr 8 MiFIR).

III. Systematische Internalisierer (SI)

§ 2 Abs. 8 S. 1 Nr. 2 lit. b) WpHG definiert die **systematische Internalisierung** als das häufige organisierte und systematische Betreiben von Handel mit Finanzinstrumenten für eigene Rechnung in erheblichem Umfang außerhalb eines organisierten Marktes oder eines MTF oder OTF (§ 2 Abs. 11 WpHG). Die systematischen Internalisierer (SI) sind im Gegensatz zu den Handelsplätzen keine multilateralen Systeme iSd § 2 Abs. 21 WpHG, auf denen verschiedene Interessen in Form von Angebot und Nachfrage zusammengeführt werden. Geschäfte werden vielmehr **bilateral** zwischen dem Anleger und dem SI – typischerweise Banken oder Kreditinstitute – als Vertragspartner geschlossen. Systematische Internalisierer handeln auf eigene Rechnung. Sie tätigen Geschäfte zur Anschaffung und Veräußerung von Finanzinstrumenten im Auftrag des Kunden auf eigene Rechnung, tragen also das Erfüllungs – und Preisrisiko.[306] Waren SI 220

306 Schwark/Zimmer/*Kumpan* WpHG § 2 Rn. 18.

vor dem 2. FiMaNoG auf den Handel mit Aktien beschränkt, ist künftig auch der bilaterale Handel mit Schuldverschreibungen erfasst und wird daher in der Praxis an Bedeutung gewinnen.

221 Unternehmen, die Geschäfte auf eigene Rechnung tätigen, werden zu SI, wenn sie den Handel häufig systematisch in erheblichem Umfang betreiben. § 2 Abs. 8 S. 3, 4 WpHG nennt **objektive Kriterien** um festzustellen, ab wann „in systematischer Weise häufig" und „in erheblichem Umfang" Eigenhandel betrieben wird. Ob der Handel auf eigene Rechnung **häufig systematisch** erfolgt, richtet sich gem. § 2 Abs. 8 S. 3 WpHG nach der Zahl der Geschäfte, die das Unternehmen über ein Finanzinstrument auf eigene Rechnung zur Ausführung von Kundenaufträgen außerhalb eines Handelsplatzes (OTC-Handel) tätigt. Ob der Handel **in erheblichem Umfang** durchgeführt wird, richtet sich gem. § 2 Abs. 8 S. 4 WpHG entweder nach dem Anteil des OTC-Handels an dem Gesamthandelsvolumen des Unternehmens in einem bestimmten Finanzinstrument oder nach dem Verhältnis des OTC-Handels des Unternehmens zum Gesamthandelsvolumen in einem bestimmten Finanzinstrument in der EU. Die genauen Schwellenwerte ergeben sich aus Art. 12–17 DelVO (EU) 2017/565. Auch wenn die Schwellenwerte nicht überschritten werden, können sich Unternehmen freiwillig den Regeln für SI unterwerfen (§ 2 Abs. 8 S. 5 WpHG; siehe Art. 4 Abs. 1 Nr. 20 aE MiFID II).

222 Die systematische Internalisierung durch Eigenhandel ist – wie das Betreiben eines MTF oder OTF – eine Wertpapierdienstleistung gem. § 2 Abs. 8 S. 1 Nr. 2 lit. b) WpHG, so dass die §§ 63 ff. WpHG zu beachten sind. WpDU, die systematische Internalisierung erbringen, müssen dies der BaFin zur Weiterleitung an die ESMA unverzüglich mitteilen (§ 79 WpHG). Die BaFin und die ESMA führen jeweils eine Liste über die Unternehmen, die in Deutschland bzw. in der EU als SI tätig sind. Die Transparenzpflichten der SI, insbesondere zur Vor- und Nachhandelstransparenz, ergeben sich aus Art. 14 ff., 18 MiFIR (→ Rn. 224).

§ 9. Pflichten der Handelsplatzbetreiber und beim OTC-Handel

I. Handelstransparenz

Für die Betreiber von Handelsplätzen sowie Wertpapierfirmen beim OTC-Handel gelten Transparenzpflichten. Seit dem 3.1.2018 sind die Pflichten zur Vor- und Nachhandelstransparenz durch die unmittelbar anwendbare **MiFIR** erstmals europaweit einheitlich geregelt und erheblich erweitert worden. Die bislang geltenden nationalen Vorschriften, insbesondere §§ 30, 31 BörsG aF; §§ 31g; 32a–32d WpHG aF wurden gestrichen bzw. angepasst.[307] Die Transparenzanforderungen gem. Art. 3 ff. MiFIR gelten für alle **Handelsplatzbetreiber** (geregelte Märkte und MTF- sowie OTF-Betreiber), unterscheiden sich aber nach der Art des gehandelten Finanzinstruments. Differenziert wird zwischen Eigenkapital- und Nichteigenkapitalinstrumenten (→ Rn. 6). Art. 3, 6 MiFIR verpflichten Handelsplatzbetreiber zur Vor- und Nachhandelstransparenz beim Handel mit Eigenkapitalinstrumenten, dh Aktien und Aktien vertretenden Zertifikaten und aktienähnlichen Finanzinstrumenten. Darüber hinaus gelten zukünftig auch für den Handel mit Nichteigenkapitalinstrumenten (Schuldverschreibungen, strukturierten Finanzprodukten, Emissionszertifikaten und Derivaten) Vor- und Nachhandelstransparenzpflichten, Art. 8, 10 MiFIR. Im Rahmen der Vorhandelstransparenz müssen die Handelsplatzbetreiber die aktuellen Geld- und Briefkurse und die Tiefe der Handelspositionen zu diesen Kursen während der üblichen Handelszeiten kontinuierlich veröffentlichen (Art. 3, 8 MiFIR). Nach Abschluss der Handelsgeschäfte müssen Preis, Volumen und Zeitpunkt der Geschäfte so nah in Echtzeit wie technisch möglich veröffentlicht werden (**Nachhandelstransparenz**, Art. 6, 10 MiFIR). 223

Art. 20, 21 MiFIR verpflichten Wertpapierfirmen beim **OTC-Handel**, einschließlich der systematischen Internalisierer, zur Nachhandelstransparenz. Die Pflicht zur Nachhandelstransparenz gilt für alle WpDU, die Geschäfte für eigene Rechnung oder im Namen von Kunden außerhalb von Börsen und MTF oder OTF (also etwa per 224

307 RegE 2. FiMaNoG, BT-Drs. 18/10936, 76.

„Telefonhandel") tätigen (Art. 20, 21 MiFIR). Diese Pflicht trifft auch die systematischen Internalisierer, da sie für eigene Rechnung zur Ausführung von Kundenaufträgen handeln (→ Rn. 219). Im Rahmen der Nachhandelstransparenz müssen das Volumen und der Kurs der Geschäfte über Eigenkapitalinstrumente (Art. 20 Abs. 1 MiFIR) und Nichteigenkapitalinstrumente (Art. 21 Abs. 1 MiFIR) sowie der Zeitpunkt ihres Abschlusses veröffentlicht werden. Diese Informationen sind über ein genehmigtes Veröffentlichungssystem (APA) bekanntzugeben (Art. 20 Abs. 1 S. 2; 21 Abs. 1 S. 2 MiFIR; → Rn. 24). Die Pflicht zur Vorhandelstransparenz nach Art. 14f., 18 MiFIR trifft nur SI. Im Übrigen gilt für den OTC-Handel keine Vorhandelstransparenz (ErwGr 22 MiFIR). Da SI Eigenhandel betreiben und damit die Marktpreise selbst bestimmen, besteht ihre Vorhandelstransparenzpflicht darin, verbindliche Kauf- und Verkaufsangebote offenzulegen (Art. 14 Abs. 1, 18 Abs. 1 MiFIR) und diese Kursofferten während der üblichen Handelszeiten kontinuierlich zu veröffentlichen (Art. 15 MiFIR).

II. Aufzeichnungs- und Meldepflichten

225 Um den nationalen Aufsichtsbehörden die Aufdeckung von kapitalmarktrechtswidrigen Verhaltensweisen zu erleichtern, sind die Betreiber von Handelsplätzen iSd § 2 Abs. 22 WpHG und Wertpapierfirmen beim OTC-Handel zu Aufzeichnungen und bestimmten Mitteilungen sowie Meldungen gegenüber der BaFin verpflichtet. Sie müssen nach Art. 25 MiFIR Aufträge und Geschäfte über selbst bzw. über die Plattform gehandelte Finanzinstrumente aufzeichnen und Aufträge nach Art. 26 MiFIR der BaFin melden. Die MiFIR verpflichtet außerdem zur Meldung von zurückgezogenen Offerten (Art. 15 Abs. 1 UAbs. 2, 18 Abs. 4 MiFIR) und von Geschäften mit Finanzinstrumenten, die eine nicht der MiFIR unterliegende Firma über das System abgewickelt hat (Art. 26 Abs. 5 MiFIR).

226 Handelsplatzbetreiber müssen außerdem ausführliche Angaben zu den Finanzinstrumenten machen, die sie zum Handel zugelassen haben, für die ein Antrag auf Zulassung gestellt oder aufgehoben wurde oder die auf ihrem Handelsplatz erstmalig gehandelt werden (Art. 4 MAR). Außerdem müssen sie die BaFin über mögliche (versuchte) Verstöße gegen das Insiderrecht oder Marktmanipulationsverbot unverzüglich unterrichten (Art. 16 Abs. 1 UAbs. 2, Abs. 2 UAbs. 2 iVm Abs. 3 MAR) und darüber hinaus ein wirksames Compliance-System zur Vorbeugung und Aufdeckung von Marktmissbrauch einrichten (Art. 16 Abs. 1 UAbs. 1, Abs. 2 UAbs. 1 MAR; s. auch ErwGr 45 MAR). § 23 Abs. 1 WpHG (zuvor § 10 Abs. 1 WpHG aF) sieht zudem eine Pflicht zur Meldung von Verstößen gegen die Leerverkaufsverordnung vor. Gem. § 23 Abs. 3 WpHG werden die meldepflichtigen Personen wegen fahrlässig unwahrer Anzeigen nicht zur Verantwortung gezogen. Eine vergleichbare Regelung fehlt in Art. 16 MAR.

Mit Umsetzung der **MiFID II** und Geltung der MiFIR sind die 227
Pflichten der MTF- und OTF-Betreiber und SI ergänzend in §§ 72ff. WpHG geregelt: Demnach müssen MTF- oder OTF-Betreiber der BaFin beispielsweise eine ausführliche Beschreibung über die Funktionsweise ihres Handelssystems übermitteln (§ 72 Abs. 3 WpHG). Sie müssen zudem schwerwiegende Verstöße, marktstörende Handelsbedingungen, Verhaltensweisen, die auf nach der MAR verbotene Tätigkeiten hindeuten könnten oder Systemstörungen in Bezug auf ein Finanzinstrument unverzüglich melden (§ 72 Abs. 6 WpHG). Sie müssen auch die Aussetzung des Handels oder den Ausschluss eines Finanzinstruments vom Handel, das den Vorschriften nicht mehr entspricht, gem. § 73 Abs. 1 S. 3 WpHG melden.

§ 10. Differenzierung der Pflichten nach Handelsplätzen

Die Differenzierung zwischen den unterschiedlichen Marktarten ist 228
für die Bestimmung der Pflichten der Marktakteure von Bedeutung. So gelten die Regelpublizitätspflichten der §§ 114ff. WpHG nur an organisierten Märkten (§ 114 Abs. 1 S. 1 iVm § 2 Abs. 14 WpHG; → Rn. 592). Auch die Beteiligungs- und Übernahmepublizitätspflichten gelten nur im Kontext von organisierten Märkten (§ 33 Abs. 1 S. 1 iVm § 2 Abs. 13 WpHG bzw. § 1 Abs. 1 WpÜG; → Rn. 602). Die Prospektpflicht nach Art. 3 Abs. 3 ProspektVO greift nur bei der Zulassung zum Handel der Wertpapiere an einem geregelten Markt ein. Bei MTFs, OTFs und im OTC-Handel liegt keine marktbezogene Prospektpflicht vor. Unabhängig von dem betroffenen Markt, kann jedoch eine Prospktpflicht beim öffentlichen Angebot von Wertpapieren nach Art. 3 Abs. 1 ProspektVO greifen. Allein die MAR-Pflichten sind unabhängig von der jeweiligen Marktart zu beachten (Art. 2 Abs. 1 lit. a) – d) MAR).

	Handel mit Finanzinstrumenten			
	Organisierter Markt	MTF	OTF	OTC
Besteht **Ad-hoc-Publizitätspflicht** nach Art. 17 MAR? Gilt **Insiderhandels-/Marktmanipulationsverbot** nach Art. 14 MAR?	(+): Art. 2 Abs. 1 lit. a) MAR: „geregelter Markt"	(+): Art. 2 Abs. 1 lit. b) MAR: „multilaterales Handelssystem"	(+): Art. 2 Abs. 1 lit. c) MAR: „organisiertes Handelssystem"	Art. 2 Abs. 1 lit. d) MAR: (+), wenn Finanzinstrumente, deren Kurs oder Wert von dem Kurs oder Wert eines unter lit. a) - c) genannten Finanzinstruments abhängt oder sich darauf auswirkt
Besteht **Prospektpflicht** nach Art. 3 ProspektVO?	(+): Art. 3 Abs. 3 ProspektVO: Zulassung zum Handel an einem organisierten Markt	(+), falls öffentliches Angebot nach Art. 3 Abs. 1 ProspektVO	(+), falls öffentliches Angebot nach Art. 3 Abs. 1 ProspektVO	(+), falls öffentliches Angebot nach Art. 3 Abs. 1 ProspektVO
Gilt **Regelpublizität** nach §§ 114 ff. WpHG?	(+): § 114 Abs. 1 S. 1 iVm § 2 Abs. 14 Nr. 1, 2 WpHG (organisierter/geregelter Markt)	(-)	(-)	(-)
Gilt **Beteiligungs-publizität** nach §§ 33 ff. WpPG? Gilt **Übernahme-publizität** nach § 35 WpÜG?	(+): § 33 Abs. 1 S. 1 WpHG (Emittent, für den BRD Herkunftsstaat ist) iVm § 2 Abs. 13 WpHG § 1 Abs. 1 WpÜG (Wertpapiere einer Zielgesellschaft in Form einer Aktiengesellschaft, die zum Handel an einem organisierten Markt zugelassen sind)	(-)	(-)	(-)

Zur vertiefenden Lektüre: *Güllner*, MiFID II: Die neue Handelsplatzarchitektur in der EU, WM 2017, 938; *Hartenfels,* Die Verordnung (EU) Nr. 648/2012 über OTC-Derivate, zentrale Gegenparteien und Transaktionsregister („EMIR"), ZHR 178 (2014), 173; *Hoops,* Das neue Regime für die systematische Internalisierung nach MiFID II: Auswirkungen auf den deutschen Zertifikatehandel, WM 2017, 319; *ders.*, Bedeutung des organisierten Handelssystems in der gegenwärtigen Marktinfrastruktur, RdF 2017, 14; *Köhling/Adler*, Der neue europäische Regulierungsrahmen für OTC-Derivate, WM 2012, 2125; *Kümpel*, Zur öffentlichrechtlichen Organisation der deutschen Wertpapierbörsen, BKR 2003, 3; *Lepczyk*, Schwerpunktbereich – Einführung in das Börsenrecht, JuS 2007, 985; *Linnerz/Freyling,* Delisting im Freiverkehr – Sanktionsregime und Pflichtenprogramm, BB 2017, 1354; *Patz*, Handelsplattformen für Kryptowährungen und Kryptoassets, BKR 2019, 435; *Salewski*, MAD II, MiFID II, EMIR und Co. – Die Ausweitung des europäischen Marktmissbrauchsregimes durch die neue Finanzmarktinfrastruktur, GWR 2012, 265.

4. Teil: Regeln am Primärmarkt

229 Werden Finanzinstrumente erstmals öffentlich angeboten und in den Verkehr gebracht (Primärmarkt),[308] ist die Bereitstellung der relevanten Informationen über die Kapitalmarktprodukte besonders wichtig, um potentiellen Anlegern eine informierte und sachgerechte Anlageentscheidung zu ermöglichen. Würde der Gesetzgeber keine Pflicht zur Informationsbereitstellung statuieren, so drohte der *market for lemons* (→ Rn. 36) und damit unter Umständen der Zusammenbruch des Marktes: Der nicht informierte Anleger kann den Wert des intransparenten Produktes oftmals nur schwer einschätzen, sieht sich also der Gefahr eines überteuerten Erwerbs ausgesetzt. In dieser Situation kann er sich auf zweierlei Weise verhalten: Entweder er verlässt den Markt, was zum Wegfall der Nachfrage führt. Oder aber er fordert von dem Emittenten einen Preisabschlag, der das Risiko des Erwerbs eines minderwertigen Produkts einkalkuliert. Der Emittent eines hochwertigen Produkts wird die Abschlagsforderung als illegitim verweigern und den Markt verlassen, so dass das Angebot an hochwertigen Produkten wegfällt. Es bleibt langfristig ein unattraktiver Markt mit minderwertigen Produkten. Daher gelten verschiedene Prospektpflichten und seit dem 3.1.2018 ein neues Konzept der Product Governance.

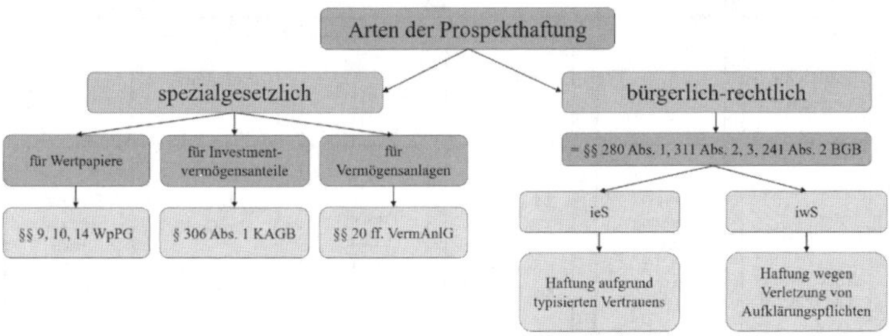

308 Zu dem Begriff, allerdings beschränkt auf Wertpapiere, *Canaris* BankVertrR Rn. 2236 ff.; *Hopt* Prospekthaftung 12. Hierzu ausführlich *Lenenbach* KapMarktR Rn. 10.1 ff.

§ 11. Spezialgesetzliche Prospektpflichten und -haftung

230 Emittenten haben verschiedene spezialgesetzliche Prospektpflichten zu beachten, die je nach der Art des Finanzinstruments in Art. 3 VO (EU) 2017/1129 („EU-ProspektVO") (für Wertpapiere), § 6 VermAnlG (Vermögensanlagen) sowie in §§ 164, 268 KAGB (Investmentvermögensanteile) geregelt sind und jeweils durch eine spezialgesetzliche Prospekthaftung sowie aufsichtsrechtliche Sanktionen flankiert werden. Die spezialgesetzlichen Prospektpflichten finden sich zwar in unterschiedlichen Gesetzen, sind aber in Voraussetzungen und Rechtsfolgen ähnlich aufgebaut. Ergänzend gilt zudem die bürgerlich-rechtliche Prospekthaftung nach §§ 311 Abs. 2, 3, 241 Abs. 2 BGB.

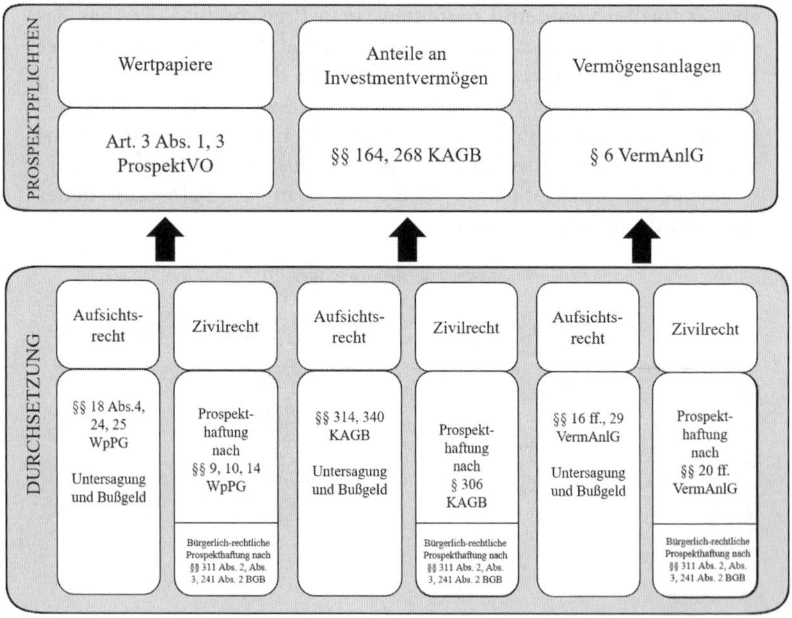

I. Spezialgesetzliche Prospektpflicht und -haftung bei Wertpapieren

Die spezialgesetzliche Prospektpflicht für **Wertpapiere** war ursprünglich zur Umsetzung der europäischen Prospektrichtlinie einheitlich im Wertpapierprospektgesetz (WpPG) geregelt. Die Prospektrichtlinie wurde jedoch mit Wirkung ab dem 3.1.2019 durch die europäische **Prospektverordnung** (VO (EU) 2017/1129) vom 14.6. 2017 ersetzt,[309] um die Kapitalmarktunion voranzutreiben.[310] Die zentrale Änderung zum alten Prospektrecht nach dem WpPG besteht zunächst darin, dass das Wertpapierprospektrecht nunmehr **unmittelbar** in den Mitgliedstaaten geltendes **Verordnungsrecht** ist und die Vorschriften des WpPG weitgehend entfallen. Wie zuvor § 3 Abs. 1, 4 WpPG statuiert die Prospektverordnung die Prospektpflicht für öffentliche Angebote von Wertpapieren und für die Zulassung von Wertpapieren zum Handel an einem geregelten Markt (Art. 3 Abs. 1, 3 ProspektVO). Allerdings werden die **Ausnahmetatbestände** weiter gefasst als im WpPG (hierzu Art. 1 Abs. 2–6; Art. 3 Abs. 2 ProspektVO). Einige zusätzliche Ausnahmen sind zudem in § 3 WpPG enthalten. Die Prospektgestaltung wurde neu geregelt, indem die Prospektzusammenfassung knapper und übersichtlicher formuliert (Art. 7 ProspektVO) und die Darstellung von Risikofaktoren vereinfacht wurde (Art. 16 ProspektVO). Für **KMU** gibt es die Möglichkeit eines vereinfachten Prospekts (sog EU-Wachstumsprospekt) (Art. 15 ProspektVO).[311] Außerdem können Anleger bei der ESMA kostenlos alle im EWR gebilligten Wertpapierprospekte online abrufen (Art. 21 Abs. 6 ProspektVO). Die Prospektverordnung verpflichtet die Mitgliedstaaten, eine zivilrechtliche **Prospekthaftung** nach den Maßgaben von Art. 11 ProspektVO vorzusehen. Schließlich finden sich detaillierte und strenge Vorgaben zur Ausgestaltung der ver- 231

309 Verordnung (EU) 2017/1129 des Europäischen Parlaments und des Rates vom 14. Juni 2017 über den Prospekt, der beim öffentlichen Angebot von Wertpapieren oder bei deren Zulassung zum Handel an einem geregelten Markt zu veröffentlichen ist und zur Aufhebung der Richtlinie 2003/71/EG, ABl. 2017 L 168/12 (abrufbar unter: http://eur-lex.europa.eu/legal-content/DE/TXT/?uri=CELEX%3A32017 R1129). Siehe zur Entstehungsgeschichte Schmitt/Bhatti/Storck ZEuP 2019, 287 (290 ff.). Die ESMA hat auch Q&As zur Prospektverordnung herausgegeben (abrufbar unter: https://www.esma.europa.eu/sites/default/files/library/esma31-62-1258_prospectus_regulation_qas.pdf).

310 Siehe dazu *Bauerschmidt* BKR 2019, 324.

311 Dazu *Bauerschmidt* BKR 2019, 324 (329).

waltungsrechtlichen Aufsicht und Sanktionierung (Art. 31 ff. ProspektVO).

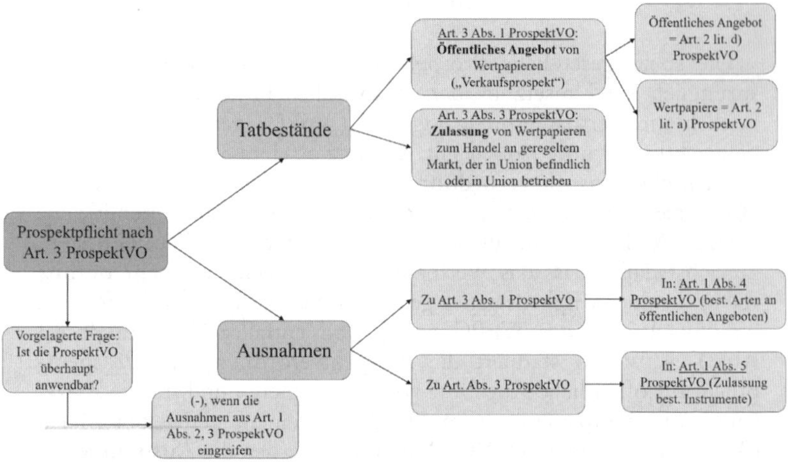

1. Anwendungsbereich

232 Die ProspektVO regelt die Erstellung, Billigung und Veröffentlichung von Prospekten für **Wertpapiere**, die öffentlich angeboten oder zum Handel an einem organisierten Markt zugelassen werden sollen, Art. 1 Abs. 1 ProspektVO. Es gilt hierbei der Wertpapierbegriff des Art. 2 lit. a) ProspektVO, der auf Art. 4 Abs. 1 Nr. 44 MiFID II verweist und inhaltlich § 2 Abs. 1 WpHG ähnelt (→ Rn. 67 ff.).[312] Zu den Wertpapieren gehören demnach ua Aktien, Schuldtitel, insbesondere Schuldverschreibungen, wie zB Anleihen, und Optionsscheine. Ausnahmen vom Anwendungsbereich finden sich in Art. 1 Abs. 2, 3 ProspektVO. Dies betrifft verschiedene Arten von Wertpapieren und gewisse Schwellenwerte.[313] So sind bespielsweise Anteile an den Zentralbanken der EU-Staaten oder Staatsanleihen von der ProspektVO ausgenommen. Weiterhin darf es unterhalb der Emissionsschwelle von 1 Mio. Euro keine Prospektpflicht geben, auch nicht nach dem autonomen nationalen Recht. Allenfalls gewisse ge-

312 Dafür auch BT-Drs. 15/4999, 28, wonach der Wertpapierbegriff des WpPG auf der Richtlinie 2004/39/EG beruht, die für das WpHG maßgeblich war. Für bloß weitgehende Übereinstimmung Schwark/Zimmer/*Kumpan* WpHG § 2 Rn. 5.

313 Dazu ausführlich *Schulz* NZG 2018, 921 (922 ff.).

ringfügige Offenlegungspflichten sind nach nationalem Recht möglich.

2. Prospektpflicht gem. Art. 3 ProspektVO

Art. 3 ProspektVO enthält zwei Tatbestände, die die Prospekt- 233
pflicht begründen: Abs. 1 knüpft an das öffentliche Angebot von Wertpapieren an und Abs. 3 an die Zulassung von Wertpapieren zu einem geregelten Markt (dies entspricht dem organisierten Markt iSd § 2 Abs. 11 WpHG, → Rn. 155).

a) Tatbestände. aa) Öffentliches Angebot. Ein Prospekt muss 234
gem. Art. 3 Abs. 1 ProspektVO erstellt, gem. Art. 20 ff. ProspektVO gebilligt und sodann veröffentlicht werden, wenn es sich um ein öffentliches Angebot von Wertpapieren handelt (Wertpapierverkaufsprospekt). Unter den Begriff des **Angebots** fielen schon immer jedenfalls rechtsverbindliche Verkaufs- oder Tauschangebote. Art. 2 lit. d) ProspektVO ist jedoch weit gefasst und definiert ein öffentliches Angebot als „Mitteilung an die Öffentlichkeit in jedweder Form und auf jedwede Art und Weise, die ausreichende Informationen über die Angebotsbedingungen und die anzubietenden Wertpapiere enthält, um einen Anleger in die Lage zu versetzen, sich für den Kauf oder die Zeichnung jener Wertpapiere zu entscheiden". Daher ist auch die **invitatio ad offerendum** erfasst.[314] Dies wurde vor Inkrafttreten der ProspektVO teilweise abgelehnt, weil der Gesetzgeber in der Begründung des Prospektrichtlinie-Umsetzungsgesetzes[315] allgemeine Werbemaßnahmen vom Angebotsbegriff ausnahm.[316] Andere gingen hingegen bereits nach altem Recht davon aus, dass auch die invitatio ad offerendum ein Angebot iSd Prospektrechts ist. Dass die ProspektVO der letzteren Auffassung zuneigt und das Angebot auch eine bloße invitatio ad offerendum sein kann, dafür sprechen die unionsrechtsautonome Auslegung der ProspektVO sowie die

---

314 So auch *Bauerschmidt* BKR 2019, 324 (325).

315 Gesetz zur Umsetzung der Richtlinie 2003/71/EG des Europäischen Parlaments und des Rates vom 4.11.2003 betreffend den Prospekt, der beim öffentlichen Angebot von Wertpapieren oder bei deren Zulassung zum Handel zu veröffentlichen ist, und zur Änderung der Richtlinie 2001/34/EG (Prospektrichtlinie-Umsetzungsgesetz) v. 27.6.2005, BGBl. 2005 I 1698.

316 Assmann/Schlitt/v. Kopp-Colomb/*v. Kopp-Colomb/Schneider* WpPG § 2 Rn. 54 (diese fordern einen konkreten Informationsgehalt der Mitteilung bezüglich der Wertpapiere, was insbes. bei allg. Werbemaßnahmen und generellen Veröffentlichungen fehlt); *Groß* KapMarktR WpPG § 2 Rn. 17 (dieser fordert eine konkrete Erwerbsmöglichkeit, also die Möglichkeit, das Angebot unmittelbar umsetzen zu können); *Leuering* Der Konzern 2006, 4 (5).

EuGH-Rechtsprechung zu Art. 2 lit. d) ProspektRL, wonach im Interesse des Anlegerschutzes und zur Gewährleistung der Funktionalität des Kapitalmarktes der Begriff weit zu verstehen ist.[317] Diese Ziele verfolgt auch die ProspektVO ausweislich Erwägungsgrund 7, so dass die Rechtsprechung übertragbar ist.[318]

235 Das Angebot muss sich „**an die Öffentlichkeit**" richten. Der Begriff der Öffentlichkeit ist indes nicht näher konkretisiert. Auf einen quantitativen Maßstab kann es dabei nicht ankommen, da keine zahlenmäßige Grenze in Art. 3 ProspektVO aufgenommen wurde. „Öffentlich" ist vielmehr qualitativ in Abgrenzung zu einer **privaten Platzierung** (*Private Placement*) zu bestimmen.[319] Sofern das Angebot an eine unbestimmte und nicht bestimmbare Zahl von Personen gerichtet ist, liegt ein öffentliches Angebot vor.[320]

Ein öffentliches Angebot ist beispielsweise die **öffentliche Umplatzierung**.[321] Dabei verkaufen Altaktionäre an eine Vielzahl von Anlegern ein Paket börsennotierter Aktien.[322] Eine nicht prospektpflichtige **Privatplatzierung** ist jedenfalls der **Pakethandel**, bei dem die Aktien an einen oder einzelne bestimmte Anleger verkauft werden.[323] Nicht prospektpflichtig ist auch das Angebot an individualisierte Kunden oder Kundengruppen einer Bank oder auch an gezielt nach bestimmten Kriterien ausgewählte Arbeitnehmer oder Pensionäre des Emittenten.[324]

236 **bb) Börsenzulassung iSd Art. 3 Abs. 3 ProspektVO.** Die Prospektpflicht nach Art. 3 Abs. 3 ProspektVO entsteht, wenn eine Zulassung zum geregelten Markt beantragt wird. So sind Wertpapiere zum Handel an der Börse gem. § 32 Abs. 3 Nr. 2 BörsG nur zuzulassen, wenn ein Prospekt ordnungsgemäß nach der ProspektVO veröffentlicht wurde. Für die Einbeziehung von Wertpapieren in den Freiverkehr gilt keine Prospektpflicht nach Art. 3 Abs. 3 ProspektVO, sondern allenfalls nach Abs. 1, wenn es sich um ein öffentliches Angebot in diesem Sinne handelt.[325]

---

317 EuGH ECLI:EU:C:2014:2226 Rn. 28–33 = NJW 2015, 685 – Almer Beheer und Daedalus Holding.
318 *Bauerschmidt* BKR 2019, 324 (325).
319 Zum WpPG aF Schwark/Zimmer/*Heidelbach* WpPG § 2 Rn. 21.
320 Zum WpPG aF *Buck-Heeb* KapMarktR Rn. 202; *Langenbucher* AktR § 14 Rn. 9.
321 Hierzu *Grunewald/Schlitt* KapMarktR 67 f.
322 Hierzu *Schlitt/Schäfer* AG 2004, 346.
323 So auch *Grunewald/Schlitt* KapMarktR 68.
324 Vgl. zu Einzelfällen in *Groß* KapMarktR WpPG § 2 Rn. 24 f.
325 Zum WpPG aF Holzborn/*Israel* WpPG § 3 Rn. 9; *Langenbucher* AktR § 14 Rn. 13.

Fall 2: Adalbert (A) interessiert sich für Aktien und hat deshalb das in Deutschland erscheinende Börsenblatt abonniert. Dort liest er eine von der B-Bank geschaltete Anzeige, in der die seit einem Jahr an der FWB gehandelten Aktien der Geh-Online AG (G-AG) unter Angabe von Fakten und Kennzahlen zum Kauf angepriesen werden. Da darin jedoch nicht erwähnt wird, wo er die Aktien kaufen kann, fragt er bei seiner Hausbank nach und erwirbt sie über diese. In Anbetracht eines Kurseinsturzes möchte A wissen, ob eine Haftung der B-Bank in Betracht kommt. 237

Lösung: Möglicherweise besteht ein Anspruch des A gegen die B-Bank aus § 14 Abs. 1 WpPG. Voraussetzung dafür ist, dass die B-Bank zur Erstellung eines Prospekts gem. Art. 3 Abs. 1 ProspektVO verpflichtet war. Hierzu müsste ein öffentliches Angebot von Wertpapieren im Inland vorliegen. Es handelt sich hier um Aktien, mithin Wertpapiere im Sinne der ProspektVO. Dass die Aktien der G-AG bereits seit einem Jahr an der FWB gehandelt werden, steht der Prospektpflicht – anders als noch nach § 1 VerkProspG aF – nicht entgegen.[326] 238

Fraglich ist jedoch, ob es sich auch um ein öffentliches Angebot handelt. Ein öffentliches Angebot ist eine Mitteilung an die Öffentlichkeit in jedweder Form und auf jedwede Art und Weise, die ausreichende Informationen über die Angebotsbedingungen und die anzubietenden Wertpapiere enthält, um einen Anleger in die Lage zu versetzen, sich für den Kauf oder die Zeichnung jener Wertpapiere zu entscheiden. Das Börsenblatt ist frei zugänglich, so dass die Mitteilung an einen unbegrenzten Kreis von Personen gerichtet ist und somit eine öffentliche Mitteilung darstellt. Zweifelhaft ist, ob die Anzeige im Börsenblatt die Anforderungen an ein Angebot erfüllt. Zwar setzt der kapitalmarktrechtliche Begriff des Angebots nach zutreffender Auffassung kein rechtsverbindliches Angebot iSd § 145 BGB voraus, so dass grundsätzlich auch eine invitatio ad offerendum – wie Anzeigen oder Werbung – genügen. Der Anleger muss durch die Informationen aber jedenfalls in die Lage versetzt werden, über den Kauf der Aktien zu entscheiden. In der Zeitungsanzeige wird nicht einmal eine Kontaktadresse für den Erwerb genannt, weshalb eine solche konkrete Erwerbsmöglichkeit hier nicht besteht. Da die Anzeige kein Angebot darstellt, fehlt es an einer Prospektpflicht. Eine Haftung der B-Bank nach § 14 Abs. 1 WpPG scheidet demnach aus.

cc) Ausnahmen von der Prospektpflicht. Die ProspektVO sieht verschiedene Ausnahmen von der grundsätzlichen Prospektpflicht vor, die aufgrund des erheblichen Kosten- und Zeitaufwands, den die Erstellung und Billigung des Prospekts verursacht, von großer praktischer Bedeutung sind. 239

326 JVRZ/*Zeising* WpPG § 3 Rn. 6.

240 (a) **Ausnahmen von der Prospektpflicht für öffentliche Angebote iSd Art. 3 Abs. 1 ProspektVO.** Ausnahmen von der Prospektpflicht aufgrund eines **öffentlichen Angebots iSd Art. 3 Abs. 1 ProspektVO** gelten gem. Art. 1 Abs. 3 UAbs. 1 ProspektVO und Art. 3 Abs. 2 ProspektVO iVm § 3 WpPG für Kleinst- und **Kleinemissionen**: Art. 1 Abs. 3 UAbs. 1 ProspektVO nimmt öffentliche Angebote von Wertpapieren, deren Gesamtgegenwert über einen Zeitraum von 12 Monaten 1 Mio. EUR nicht überschreitet, zwingend – ohne dass die Mitgliedstaaten eine abweichende Regelung vorsehen können – von der Prospektpflicht aus.[327] Darüber hinaus hat der deutsche Gesetzgeber die durch Art. 3 Abs. 2 ProspektVO eröffnete mitgliedstaatliche Option ausgeübt und die Prospektpflicht für Angebote von Wertpapieren ausgeschlossen, deren Gesamtgegenwert über einen Zeitraum von 12 Monaten 8 Mio. EUR nicht überschreitet.[328] Bei einem Angebot mit einem Gegenwert von mehr als 100.000 EUR ist jedoch grundsätzlich[329] an Stelle des Wertpapierprospekts ein Wertpapierinformationsblatt nach § 4 WpPG notwendig, das nicht mehr als drei DIN-A4 Seiten umfassen darf und für dessen Fehlerhaftigkeit bzw. Fehlen gem. §§ 11, 15 WpPG gehaftet wird.[330] Die Ausnahme für Kleinemissionen gem. § 3 Nr. 2 WpPG kann darüber hinaus nur in Anspruch genommen werden, wenn nicht qualifizierte Anleger die Wertpapiere nur im Wege der Anlageberatung oder -vermittlung von einem Wertpapierdienstleistungsunternehmen und nur bis zu einem Schwellenwert von jeweils 1.000 € (unter besonderen Voraussetzungen bis 10.000€) erwerben können (§ 6 WpPG).

241 Weitere Ausnahmen finden sich in Art. 1 Abs. 4 ProspektVO. Danach sind insbesondere Angebote von der Prospektpflicht ausgenommen, die sich ausschließlich an **qualifizierte Anleger** (lit. a) – also etwa Versicherungen, Kreditinstitute oder Regierungen – oder in jedem EWR-Vertragsstaat an **weniger als 150 nicht qualifizierte Anleger** (lit. b) richten. Während es im ersten Fall an der Schutzwürdigkeit qualifizierter Anleger fehlt, weil sie hinreichend andere

327 Ein Prospekt kann nach Art. 4 ProspektVO freiwillig erstellt werden (siehe dazu *Bauerschmidt* BKR 2019, 324 (330)), was im Hinblick auf den Europäischen Pass (→ Rn. 695) sinnvoll sein kann.

328 Zur Entstehungsgeschichte *Bauerschmidt* BKR 2019, 324 (326 f.).

329 Da § 4 Abs. 1 S. 1 WpPG nur auf § 3 Nr. 2 WpPG verweist, sind nach § 3 Nr. 1 WpPG privilegierte Angebote von Wertpapieren von der Pflicht zur Veröffentlichung eines Wertpapierinformationsblatts ausgenommen.

330 Näher hierzu *Poelzig* BKR 2018, 357 (359 ff.); *Schulteis* GWR 2018, 365; *Schulz* NZG 2018, 921 (924 ff.).

Erkenntnismöglichkeiten zur Einschätzung ihrer Chancen und Risiken bei Erwerb der angebotenen Wertpapiere haben,[331] ist im zweiten Fall die Prospektpflicht ausgeschlossen, weil bei der geringen Zahl nicht qualifizierter Anleger ein individuelles Aushandeln zumindest theoretisch möglich ist und deshalb auf eine Prospektpflicht angesichts der damit verbundenen erheblichen Kosten für den Emittenten verzichtet werden kann. Ferner gilt eine Prospektbefreiung bei einem Mindestbetrag bzw. einer Mindeststückelung iHv jeweils 100.000 EUR (lit c; vgl. auch lit. d).

Weiterhin sind gem. Art. 1 Abs. 4 lit. f) ProspektVO öffentliche Angebote von der Prospektpflicht ausgenommen, die im Rahmen eines Übernahmeangebots zum Tausch angeboten werden, sofern die Angebotsunterlage iSv § 11 WpÜG (→ Rn. 693 ff.) Informationen zu der Transaktion und ihren Auswirkungen auf den Emittenten enthält und gem. Art. 21 Abs. 2 ProspektVO der Öffentlichkeit zur Verfügung gestellt wurde. Da bereits hierüber eine ausreichende Information der Anleger gewährleistet ist, ist ein Prospekt nicht mehr erforderlich.[332] Ausnahmen gelten außerdem für Wertpapiere, die anlässlich einer Verschmelzung angeboten werden (lit. g). Hier ist der Verschmelzungsbericht (im deutschen Recht nach § 8 UmwG) eine gleichwertige Informationsgrundlage. Weitere Ausnahmen gelten für die Ausschüttung von Dividenden in Form von Aktien (lit. h), sofern ein Dokument mit bestimmten Informationen zur Verfügung gestellt wurde, und uU für das Angebot von Wertpapieren an Organmitglieder oder Arbeitnehmer, sofern sie ein Dokument mit Informationen über Einzelheiten des Angebots erhalten (lit. i). 242

(b) Ausnahmen von der Börsenzulassungsprospektpflicht iSd Art. 3 Abs. 3 ProspektVO. **Art. 1 Abs. 5 ProspektVO** sieht Ausnahmen von der Börsenzulassungsprospektpflicht gem. Art. 3 Abs. 3 ProspektVO vor. Dies betrifft insbesondere Emissionen von Wertpapieren, die weniger als 20 Prozent der bereits an demselben organisierten Markt zugelassenen Wertpapieren derselben Gattung ausmachen (lit. a). Privilegiert ist auch die Aktienemission von Umtausch- 243

331 EBJS/*Groß* Prospekt-VO Art. 1 Rn. 13.

332 Während Art. 4 Abs. 1 lit. b) der Prospektrichtlinie 2003/71/EG noch forderte, dass anstelle eines Prospekts ein „Dokument verfügbar ist, dessen Angaben nach Ansicht der zuständigen Behörde denen des Prospekts gleichwertig sind", spricht Art. 1 Abs. 4 lit. f) ProspektVO nunmehr lediglich von einem „Dokument […], das Informationen zu der Transaktion und ihren Auswirkungen auf den Emittenten enthält". Ob damit tatsächlich die Anforderungen an den Inhalt des Dokuments herabgesenkt werden sollten, ist unklar. Dazu EBJS/*Groß* Prospekt-VO Art. 1 Rn. 22.

oder Bezugsrechten aus anderen Wertpapieren, die weniger als 20 Prozent der bereits an demselben organisierten Markt zugelassenen Aktien derselben Gattung ausmachen (lit. b; mit Ausnahmen in UAbs. 2).

244 (c) **Kombination von Ausnahmen.** Die Ausnahmen in Art. 1 Abs. 4, Abs. 5 ProspektVO können auch miteinander kombiniert werden, was nunmehr in Art. 1 Abs. 6 ProspektVO geregelt ist.[333] Bei einer Kombination der Ausnahmen in Art. 1 Abs. 5 lit. a) und b) (→ Rn. 243) dürfen die neuen Wertpapiere nur insgesamt 20 Prozent der bereits an demselben organisierten Markt zugelassenen Aktien derselben Gattung ausmachen.

245 **b) Prospektsprache und -format.** Für Wertpapiere von Emittenten mit Sitz in Deutschland, die ausschließlich in Deutschland angeboten werden, muss der Prospekt nach Art. 27 Abs. 1 ProspektVO grundsätzlich in einer von der BaFin anerkannten Sprache erstellt werden. Dies ist nach § 21 Abs. 1 WpPG die deutsche Sprache. Sollen die Wertpapiere ausschließlich in anderen Mitgliedstaaten als dem Herkunftsmitgliedstaat öffentlich angeboten werden, ist der Prospekt in der dort jeweils anerkannten Sprache oder einer in internationalen Finanzkreisen gebräuchlichen Sprache zu veröffentlichen (Art. 27 Abs. 2 S. 1 ProspektVO), was regelmäßig die englische Sprache ist.

246 **Fall 3:** Die Dirndl AG mit Sitz in Passau plant einen Börsengang in Deutschland. Da sie vor allem auch für ausländische Investoren attraktiv sein möchte, soll der Börsenzulassungsprospekt nicht in deutscher, sondern in englischer Sprache erstellt werden. Was wäre ihr zu empfehlen?

247 **Lösung:** Grundsätzlich müssen Emittenten mit Sitz in Deutschland als Herkunftsstaat Prospekte in deutscher Sprache verfassen, wenn sie ihre Wertpapiere an einer inländischen Börse zulassen möchten (Art. 27 Abs. 1 ProspektVO iVm § 21 Abs. 1 WpPG). Soll der Prospekt in englischer Sprache erstellt werden, ist dies möglich, wenn eine deutsche Übersetzung der Zusammenfassung vorhanden ist (§ 21 Abs. 2 WpPG).

248 Prospekte bestehen aus einem Registrierungsformular, einer Wertpapierbeschreibung sowie einer Zusammenfassung. Diese können in einem oder in mehreren Dokumenten abgefasst werden. Für Nichtdividendenwerte – dh Wertpapiere, die weder Aktien noch Aktien

---

333 Früher war dies umstritten, siehe *Bauerschmidt* BKR 2019, 324 (326).

vergleichbar sind – und für Optionsscheine kann unter den Voraussetzungen des Art. 8 ProspektVO ein **Basisprospekt** erstellt werden, in dem die endgültigen Angebotsbedingungen (noch) nicht enthalten sein müssen und die später veröffentlicht werden können (Art. 8 Abs. 4 ProspektVO).[334]

c) Prospektinhalt. Der Prospekt muss gemäß Art. 6 Abs. 1 ProspektVO in leicht analysierbarer und verständlicher Form mindestens alle Informationen enthalten, die im Hinblick auf den Emittenten und die Wertpapiere notwendig sind, um dem Anlegerpublikum ein zutreffendes Urteil über die Vermögenswerte und Verbindlichkeiten, die Finanzlage, die Gewinne und Verluste, die Zukunftsaussichten des Emittenten und jedes Garantiegebers und über die mit diesen Wertpapieren verbundenen Rechte sowie die Gründe für die Emission und ihre Auswirkungen auf den Emittenten zu ermöglichen. Erforderliche Informationen zum Emittenten sind etwa Angaben zur Konzernstruktur oder Einzelheiten zu den Personen der Geschäftsleitung. Zu den notwendigen Informationen gehören auch die für den Emittenten und seine Branche typischen **Risikofaktoren,** zB drohende und vergangene Rechtsstreitigkeiten, Finanzinformationen, insbesondere Jahresabschlüsse, Beschreibung der Geschäfts- und Finanzlage, Informationen zur Unternehmensentwicklung (Trendinformationen) und uU Gewinnprognosen oder -schätzungen.[335] In den Prospekt gehören außerdem die **Angebotsbedingungen,** insbesondere Angaben zur Preisfestsetzung und Zuteilung. Daneben kann die BaFin unter bestimmten Voraussetzungen von der Angabe bestimmter Informationen befreien (Art. 18 ProspektVO), zB wenn die Veröffentlichung öffentlichen Interessen zuwiderlaufen oder dem Emittenten erheblich schaden würde. Im Prospekt können Angaben uU auch durch Verweis auf andere veröffentlichte Dokumente erbracht werden (Art. 19 ProspektVO). Die BaFin kann nach Einreichung des Prospekts zusätzliche Angaben verlangen, wenn dies zum Schutz der Anleger notwendig erscheint (§ 18 Abs. 1 WpPG).[336] Zur wirtschaftlichen Erholung nach der **Covid-19-Pandemie** wurde mit der VO (EU) 2021/337, die am 18.3.2021 in Kraft getreten ist, ein EU-Wiederaufbauprospekt geschaffen. Hierbei handelt es sich um einen 249

334 Vgl. dazu *Bauerschmidt* BKR 2019, 324 (329).
335 Ausführlich *Grunewald/Schlitt* KapMarktR 238 ff.
336 Dazu *Schmitt/Bhatti/Storck* ZEuP 2019, 287 (308).

Kurzprospekt, das „leicht zu erstellen […] leicht zu verstehen […] und leicht zu prüfen und zu billigen ist".[337]

250 Jedes Prospekt muss eine **Zusammenfassung** von nicht mehr als sieben Seiten enthalten. Diese ist gem. Art. 7 Abs. 4 ProspektVO in vier Abschnitte zu unterteilen: (1.) eine Einleitung mit Warnhinweisen, (2.) Basisinformationen über den Emittenten, (3.) Basisinformationen über die Wertpapiere und (4.) Basisinformationen über das öffentliche Angebot von Wertpapieren und/oder die Zulassung zum Handel an einem geregelten Markt.[338] Art. 9 ProspektVO sieht erstmals das sog einheitliche **Registrierungsformular** (das universal registration document) vor, das Angaben etwa zu Organisation, Geschäftstätigkeit, Finanzlage, Geschäftsführung und Beteiligungsstruktur des emittierenden Unternehmens enthält und als allgemeine Beschreibung des Emittenten im Zusammenhang mit verschiedenen Arten von Wertpapierprospekten verwendet werden kann, um so den Billigungsprozess zu verkürzen.[339] Der Prospektinhalt wird durch die DelVO (EU) 2019/980[340] konkretisiert (siehe Art. 13 ProspektVO). Außerdem sind Verlautbarungen der ESMA zu berücksichtigen.[341]

251 **d) Billigung und Veröffentlichung des Prospekts.** Gem. Art. 20 Abs. 1 ProspektVO darf der Prospekt erst nach dessen Billigung durch die BaFin veröffentlicht werden.[342] Die BaFin überprüft die **Vollständigkeit** des Prospekts, einschließlich der Kohärenz und Verständlichkeit, nicht aber die inhaltliche Richtigkeit der Angaben oder

337 ErwGr 5 VO (EU) 2021/337.
338 Zur Zusammenfassung siehe *Schmitt/Bhatti/Storck* ZEuP 2019, 287 (298 ff.).
339 *Schmitt/Bhatti/Storck* ZEuP 2019, 287 (301 f.).
340 Delegierte Verordnung (EU) 2019/980 der Kommission vom 14.3.2019 zur Ergänzung der Verordnung (EU) 2017/1129 des Europäischen Parlaments und des Rates hinsichtlich der Aufmachung, des Inhalts, der Prüfung und der Billigung des Prospekts, der beim öffentlichen Angebot von Wertpapieren oder bei deren Zulassung zum Handel an einem geregelten Markt zu veröffentlichen ist, und zur Aufhebung der Verordnung (EG) Nr. 809/2004 der Kommission, ABl. 2019 L 166, 26.
341 *ESMA*, Final Report – Technical advice under the Prospectus Regulation, ESMA 31-62-800 v. 28.3.2018 (abrufbar unter: https://www.esma.europa.eu/sites/default/files/library/esma31-62-800_final_report_on_technical_advice_under_the_pr.pdf).
342 Näher hierzu BaFin, Prospekterstellung und Billigungsverfahren – Rechtslage seit dem 21.7.2019, abrufbar unter: https://www.bafin.de/DE/Aufsicht/Prospekte/Wertpapiere/ErstellungBilligung/erstellung_billigung_node.html, zuletzt abgerufen am 14.2.2020; BaFin, FAQ – Neue Regeln für Wertpapierprospekte nach EU-Prospektverordnung 2017/1129, abrufbar unter: https://www.bafin.de/DE/Aufsicht/Prospekte/Wertpapiere/NeueEUProspektverordnung/FAQ.html, zuletzt abgerufen am 14.2.2020.

die Bonität des Emittenten.[343] Insoweit besteht häufig eine Erwartungslücke auf Seiten der Öffentlichkeit. Entspricht der Prospekt den gesetzlichen Anforderungen, besteht ein **Anspruch des Anbieters auf Billigung.**[344] Die Billigungsfrist beträgt gem. Art. 20 Abs. 2 ProspektVO grundsätzlich zehn Werktage nach Eingang des Prospekts, für Neuemittenten 20 Werktage (Art. 20 Abs. 3 ProspektVO). Bleibt die BaFin bis zum Ablauf der Frist untätig, wird die Billigung nicht fingiert.[345] Nach seiner Billigung ist der Prospekt bei der BaFin zu hinterlegen und unverzüglich zu veröffentlichen (Art. 21 Abs. 1 ProspektVO). Dies geschieht seit Geltung der ProspektVO grundsätzlich durch Veröffentlichung auf einer der in Art. 21 Abs. 2 ProspektVO genannten Websites in elektronischer Form. Nach Art. 12 Abs. 1 ProspektVO ist der Prospekt zwölf Monate lang nach seiner Veröffentlichung gültig und kann für nachfolgende öffentliche Angebote bzw. Börsenzulassungen von Wertpapieren derselben Gattung verwendet werden. Gem. Art. 24 und 25 ProspektVO können einmal gebilligte Prospekte grenzüberschreitend für öffentliche Angebote oder Börsenzulassungen in anderen Staaten des EWR mit weiterer Billigung verwendet werden.

e) **Aktualisierungspflicht.** Prinzipiell muss der Inhalt des Pros- 252
pekts im **Zeitpunkt der Billigung** richtig sein.[346] Zur Sicherung der Funktionsfähigkeit des Kapitalmarkts[347] verpflichtet Art. 23 ProspektVO aber auch danach zur Aktualisierung bis zum **endgültigen Schluss** des öffentlichen Angebots bzw. – falls später – der Aufnahme der **Notierung**. Treten in diesem Zeitraum wichtige neue Umstände ein, wie zB die Kündigung des Hauptzulieferers oder der Rücktritt des Vorstandsvorsitzenden des Emittenten, oder werden in diesem Zeitraum wesentliche Unrichtigkeiten des Prospekts festgestellt,[348] müssen Emittent, Anbieter oder Zulassungsantragssteller dies in einem entsprechenden Nachtrag angeben bzw. korrigieren und den Nachtrag bei der BaFin einreichen. Maßgeblich für die Frage, ob die

343 Zum WpPG aF *Buck-Heeb* KapMarktR Rn. 224. AA in Holzborn/*Preuße* WpPG § 13 Rn. 22 mwN.

344 *Groß* KapMarktR ProspektVO Art. 20 Rn. 15; noch zu § 13 WpPG aF JVRZ/*Ritz*/*Voß* WpPG § 13 Rn. 68.

345 So aber noch bis zum 1.7.2005 gem. § 8a VerkProspG aF.

346 Generell gilt die Aktualität als Prospektgrundsatz, *Bauerschmidt* BKR 2019, 324 (328).

347 *Lenz*/*Heine* AG 2019, 451.

348 Vgl. BGHZ 139, 225 (232) – Elsflether Werft; OLG Frankfurt a. M. BeckRS 2005, 14589 – EM-TV.

neuen Umstände wichtig bzw. die Unrichtigkeit wesentlich ist, ist wiederum Art. 6 Abs. 1 ProspektVO.[349] Der Nachtrag muss durch die BaFin innerhalb von fünf Arbeitstagen gebilligt werden und ist sodann in der Form des ursprünglichen Prospekts zu veröffentlichen, Art. 23 Abs. 1 UAbs. 2 ProspektVO.

253 Gegenstand einer Nachtragspflicht sind häufig kursrelevante Insiderinformationen, die gem. **Art. 17 MAR** (zuvor § 15 WpHG aF) durch eine ad-hoc-Mitteilung grundsätzlich „unverzüglich" zu veröffentlichen sind (ausführlich → Rn. 465).[350] Konflikte können insoweit auftreten, als die ad-hoc-Veröffentlichung unverzüglich und die Veröffentlichung des Prospektnachtrags erst nach Billigung der BaFin zu erfolgen hat. Unproblematisch ist das Verhältnis von Art. 17 MAR und Art. 23 ProspektVO, solange die Wertpapiere noch nicht zum Handel zugelassen sind und auch noch keine Zulassung beantragt wurde. In diesem Fall ist zwar Art. 23 ProspektVO, nicht aber Art. 17 MAR anwendbar. Im Übrigen – bei einem öffentlichen Angebot von Wertpapieren, die bereits zum Handel zugelassen sind bzw. deren Zulassung beantragt ist – gilt die ad-hoc-Publizitätspflicht gem. Art. 17 MAR neben der Nachtragspflicht gem. Art. 23 ProspektVO. Fraglich ist dann, ob die ad-hoc-Veröffentlichung gem. Art. 17 Abs. 4 MAR aufgeschoben werden kann (dazu eingehend → Rn. 507 ff.), solange das Verfahren zur Billigung des Nachtrags bei der BaFin noch andauert. Das wurde zu § 15 WpHG aF auf Grundlage der Gesetzesbegründung[351] überwiegend abgelehnt[352] und gilt auch für Art. 23 ProspektVO fort.[353] Die ad-hoc-Information ist daher trotz des laufenden Billigungsverfahrens unverzüglich zu veröffentlichen. Dies befreit allerdings nicht von der Aktualisierung des Prospekts im Rahmen der Nachtragspflicht gem. Art. 23 ProspektVO. Anlegern, die ihre auf Erwerb oder Zeichnung gerichtete Willenserklärung vor Veröffentlichung des Nachtrags abgegeben haben, steht gem. Art. 23 Abs. 2 ProspektVO ein **Widerrufsrecht** zu. Die Widerrufsfrist be-

349 *Groß* KapMarktR ProspektVO Art. 23 Rn. 4.
350 Zum Verhältnis von Art. 17 MAR und § 16 WpPG in Schwark/Zimmer/*Heidelbach* WpPG § 16 Rn. 26.
351 RegE-Begr. zum Prospektrichtlinie-Umsetzungsgesetz, BT-Drs. 15/4999, 25 (36).
352 *Meyer* in Habersack/Mülbert/Schlitt Unternehmensfinanzierung am Kapitalmarkt § 36 Rn. 94; zu § 15 WpHG aF in Schwark/Zimmer/*Heidelbach* WpPG § 16 Rn. 5, 26; vgl. auch *Buck-Heeb* KapMarktR Rn. 230 mwN; *Langenbucher* AktR § 14 Rn. 27.
353 *Groß* KapMarktR ProspektVO Art. 23 Rn. 33.

trägt zwei Werktage nach Veröffentlichung des Nachtrags und führt zur Rückabwicklung.[354]

Fall 4 (Nach OLG Frankfurt AG 2006, 162 – EM-TV): Die E-AG bietet im Rahmen eines Börsengangs nach einer Kapitalerhöhung 10 Mio. junge Aktien zur Zeichnung an. Zeichnungsfrist ist vom 10. bis zum 24. September. Die Aktien werden am 27. September zum regulierten Markt an der FWB zugelassen und ab dem 28. September gehandelt. Dem Angebot liegt ein Prospekt zugrunde, worin auf die seit Jahren bestehende enge Geschäftsbeziehung mit dem Hauptabnehmer der E-AG verwiesen wird. Am 1. Oktober kündigt dieser Abnehmer die Geschäftsbeziehung auf und bezieht seine Rohstoffe nunmehr von einem Konkurrenzunternehmen der E-AG. Am 20. Oktober erwirbt K 80 Aktien der E-AG im Wert von 14.000 EUR. Kurz darauf kommt es zu einem totalen Kurseinbruch. K will die E-AG unter anderem aufgrund von § 9 Abs. 1 WpPG in Anspruch nehmen. 254

Besteht ein Anspruch des K gegen die E-AG aus § 9 Abs. 1 WpPG?

Lösung: Fraglich ist, ob K einen Anspruch aus § 9 Abs. 1 S. 1 Nr. 1 WpPG hat. Er hat am 20. Oktober, dh nach Veröffentlichung des Prospekts und innerhalb von sechs Monaten nach Einführung insgesamt 80 Aktien der E-AG erworben. Hierbei handelt es sich um Wertpapiere iSv Art. 2 lit. a) ProspektVO. 255

Ferner müsste die E-AG gem. § 9 Abs. 1 S. 1 Nr. 1 WpPG Verantwortung für den Prospekt übernommen haben. Die E-AG hat Aktien im Rahmen einer Kapitalerhöhung begeben und ist folglich Emittent gem. Art. 2 lit. h) ProspektVO. Als Emittent hat sie gem. § 8 S. 1 WpPG durch eine entsprechende Erklärung im Rahmen der Wertpapierbeschreibung des Prospekts gem. Art. 12 iVm Anh. 11 Punkt 1.2 DelVO (EU) 2019/980 die Verantwortung für die Richtigkeit des gesamten Prospekts übernommen.

Der Prospekt müsste in wesentlichen Angaben unrichtig sein. Die wesentlichen Angaben bestimmen sich nach den Art. 6, 13 ProspektVO iVm der DelVO (EU) 2019/980. Wesentlich sind gem. Art. 6 Abs. 1 lit. a) ProspektVO iVm Art. 2 iVm Anh. 1 Punkt 5.4 DelVO (EU) 2019/980 insbesondere die Geschäftsaussichten des Emittenten. Welche Angaben diesbezüglich aufzunehmen sind, bestimmt sich danach, ob sie objektiv notwendig sind, um dem Anleger ein fundiertes Urteil über die Aussichten des Emittenten zu ermöglichen. Der ersatzlose Wegfall der Geschäftsbeziehung zu dem bisherigen Hauptabnehmer eines Unternehmens zieht einen merklichen Umsatzrückgang nach sich und hat somit erhebliche Auswirkungen auf die zukünftige wirtschaftliche Situation dieses Unternehmens. Daher ist die Kenntnis dieses Umstands für den Anleger zwingend notwendig, um sich

354 *Groß* KapMarktR ProspektVO Art. 23 Rn. 25 ff.; zum alten Recht Schwark/Zimmer/*Heidelbach* WpPG § 16 Rn. 41–48.

ein fundiertes Urteil über die wirtschaftlichen Aussichten des Emittenten bilden zu können. Die Angabe ist mithin wesentlich.

Diese Angabe müsste unrichtig sein. Der für die Beurteilung der Fehlerhaftigkeit maßgebliche Zeitpunkt ist die Billigung des Prospekts durch die BaFin gem. Art. 20 Abs. 1 ProspektVO (*arg. e contrario* Art. 23 Abs. 1 ProspektVO). Die Billigung erfolgte zwingend vor Beginn der Zeichnungsfrist (vgl. Art. 21 Abs. 1 ProspektVO). In diesem Zeitpunkt entsprachen die Angaben im Prospekt den tatsächlichen Umständen. Gem. Art. 23 Abs. 1 ProspektVO ist allerdings jeder wichtige Umstand, der vor dem Schluss des öffentlichen Angebots bzw. vor der Einführung der Wertpapiere in den Handel eintritt, in einem Nachtrag zum Prospekt zu veröffentlichen. Die Zeichnungsfrist endete am 24. September; die Einführung der Aktien in den Handel (vgl. § 38 BörsG) erfolgte am 28. September. Der Prospekt wurde erst danach durch die Aufkündigung der Geschäftsbeziehung durch den Abnehmer am 1. Oktober unrichtig. Zu diesem Zeitpunkt – nach Einführung der Aktien in den Handel an der FWB – war die E-AG aber nicht mehr zur Aktualisierung gem. Art. 23 Abs. 1 ProspektVO verpflichtet.

Ergebnis: Daher besteht kein Anspruch des K aus § 9 Abs. 1 S. 1 Nr. 1 WpPG.

256 **Exkurs:** Zudem ist ein Anspruch aus § 97 Abs. 1 WpHG denkbar, sofern es sich bei der abredewidrigen Veräußerung um eine nicht öffentlich bekannte, präzise und kursrelevante Information und damit um eine Insiderinformation iSd Art. 7 MAR handelt, die nach Art. 17 Abs. 1 MAR unverzüglich veröffentlicht werden müsste. Die Prüfung durch die BaFin im Rahmen des Art. 13, 16 ProspektVO ist kein Grund iSd Art. 17 Abs. 4 MAR, die unverzügliche Veröffentlichung als ad-hoc-Information aufzuschieben (→ Rn. 253; 508 ff.).

257 **f) Werbung.** Art. 22 ProspektVO enthält zum Schutz des Anlegers besondere Vorschriften für Werbung, die sich auf ein öffentliches Wertpapierangebot oder eine Börsenzulassung bezieht. Werbung ist nach der Definition in Art. 2 lit. k) ProspektVO eine Mitteilung, die sich auf ein spezifisches öffentliches Angebot von Wertpapieren oder deren Zulassung zum Handel an einem geregelten Markt bezieht und darauf abstellt, die potenzielle Zeichnung oder den potenziellen Erwerb von Wertpapieren gezielt zu fördern. Dies können zB Werbeanzeigen in Zeitungen oder im Internet, aber auch Analystenpräsentationen bzw. *Roadshows* (→ Rn. 189) sein.[355] Werbeanzeigen müssen als solche erkennbar sein und auf den Prospekt hinweisen, Art. 22

355 Für einen weiten Begriff der Werbung in *Groß* KapMarktR ProspektVO Art. 22 Rn. 5; *Heidelbach/Preuße* BKR 2006, 316 (320).

Abs. 3 ProspektVO. Es gilt zudem das **Konsistenzgebot**, dh alle Informationen über das öffentliche Angebot bzw. die Zulassung müssen mit den im Prospekt enthaltenen Angaben übereinstimmen, Art. 22 Abs. 4 ProspektVO. Im Übrigen ist das **Gleichbehandlungsgebot** gem. Art. 22 Abs. 5 ProspektVO zu beachten. Falls der Anbieter oder Emittent einzelnen Anlegern wesentliche Informationen offenlegt, muss er diese – sofern ausnahmsweise keine Prospektpflicht besteht – allen Adressaten des Angebots zur Verfügung stellen (Art. 22 Abs. 5 lit. a) ProspektVO). Gilt eine Prospektpflicht, ist die Gleichbehandlung durch Aufnahme der betreffenden Informationen in den Prospekt sicherzustellen (Art. 22 Abs. 5 lit. b) ProspektVO).

3. Verwaltungsrechtliche Maßnahmen und Sanktionen der BaFin

Für die verwaltungsrechtlichen Folgen von Verstößen gegen die Prospektpflicht ist zu differenzieren: zum einen danach, ob es um ein Börsenzulassungsprospekt iSd Art. 3 Abs. 3 ProspektVO oder ein Wertpapierverkaufsprospekt iSd Art. 3 Abs. 1 ProspektVO geht, und zum anderen, ob ein Prospekt fehlt oder ein vorhandener Prospekt fehlerhaft, also unvollständig oder unrichtig ist. Fehlt ein **Börsenzulassungsprospekt** entgegen Art. 3 Abs. 3 ProspektVO, werden die Wertpapiere gem. § 32 Abs. 3 Nr. 2 BörsG nicht zum Börsenhandel zugelassen. Wird zwar ein Börsenzulassungsprospekt erstellt, sind aber wesentliche Angaben **unrichtig** oder **unvollständig**, kann die BaFin gem. § 18 Abs. 4 WpPG das Angebot untersagen. Die Angebotsuntersagung ist auch bei einem **Wertpapierverkaufsprospekt** iSd Art. 3 Abs. 1 ProspektVO möglich. Das Fehlen oder die Fehlerhaftigkeit eines Wertpapierverkaufsprospekts stellt zudem gem. § 24 Abs. 3 Nr. 1 WpPG eine bußgeldbewehrte Ordnungswidrigkeit dar, sofern der Prospektpflichtige vorsätzlich oder leichtfertig gehandelt hat. 258

4. Spezialgesetzliche Prospekthaftung

Die ProspektVO enthält selbst keine Anspruchsgrundlage für Schadensersatz geschädigter Anleger. Art. 11 ProspektVO verpflichtet die Mitgliedstaaten jedoch zur Einführung einer Prospekthaftung nach nationalem Recht, die der deutsche Gesetzgeber in §§ 9 ff. WpPG geschaffen hat. Die Tatbestände der Prospekthaftung differenzieren wiederum zum einen nach der Art der jeweiligen Prospektpflicht und zum anderen zwischen dem Fehlen und der Fehlerhaftigkeit eines 259

Prospekts. Die Prospekthaftung für fehlerhafte Börsenzulassungsprospekte ist in § 9 WpPG und für fehlerhafte Wertpapierverkaufsprospekte in § 10 WpPG geregelt. Das Fehlen eines Wertpapierverkaufsprospekts unter Verstoß gegen Art. 3 Abs. 1 ProspektVO wird durch den Haftungstatbestand des § 14 WpPG erfasst. Das Fehlen eines Börsenzulassungsprospekts iSd Art. 3 Abs. 3 ProspektVO ist hingegen nicht mit einer Prospekthaftung verbunden, da in diesem Fall eine Börsenzulassung nach § 32 Abs. 3 Nr. 2 BörsG ausgeschlossen und damit auch kein haftungsbegründender Erwerb der Wertpapiere möglich ist. Für ein fehlerhaftes Wertpapier-Informationsblatt wird nach § 15 WpPG gehaftet.[356]

260 a) **Rechtsnatur.** Die Rechtsnatur der spezialgesetzlichen Prospekthaftung ist umstritten.[357] Teilweise wird sie als vertragliche Haftung qualifiziert.[358] Andere ordnen sie dem **Sonderdeliktsrecht** zu.[359] Die wohl **hL** und **Rspr.** definieren die Prospekthaftung hingegen wegen des besonderen Näheverhältnisses zwischen Emittent und Anleger als kraft Gesetzes eintretende **Vertrauenshaftung**.[360] Zunächst scheidet eine vertragliche Haftung aus, da der Prospekt keine rechtsgeschäftliche Handlung darstellt und die anspruchsberechtigten Anleger die Wertpapiere nicht notwendigerweise aufgrund einer vertraglichen Vereinbarung mit dem Emittenten erwerben. Für die Annahme einer gesetzlichen Vertrauenshaftung spricht zwar, dass der Prospekt als umfassende Produktinformation dient und vom Emittenten auch als verkaufsfördernde Maßnahme zur Platzierung der Wertpapiere veröffentlicht wird, so dass jedenfalls auf dem Primärmarkt ein besonderes Näheverhältnis zwischen Emittent und Anleger entsteht. Gegen eine gesetzliche Vertrauenshaftung spricht aber letztlich, dass die Ansprüche aus der spezialgesetzlichen Prospekthaftung auch Anlegern zustehen, die die Wertpapiere auf dem Sekundärmarkt erworben haben und dort nicht in vorvertraglicher Weise mit dem Emittenten in Kon-

356 Zu § 22a WpPG aF (jetzt § 11 WpPG) *Poelzig* BKR 2018, 357 (361 ff.).

357 Dies war schon vor der Verlagerung der Prospekthaftung in das WpPG umstritten und daran hat sich durch diese Verlagerung nichts geändert, s. *Groß* KapMarktR § 9 WpPG Rn. 9 (dort wird kraft Gesetzes eintretende Vertrauenshaftung vertreten).

358 *Köndgen* AG 1983, 85 (91).

359 Assmann/Schneider/Mülbert/*Hellgardt* WpHG §§ 397 Rn. 50; *Assmann/Kumpan* in Assmann/Schütze/Buck-Heeb KapAnlR-HdB § 5 Rn. 228 mit Verweis auf 3. Aufl. 2007, § 6 Rn. 28; *Hopt* WM 2013, 101 (104); *Hellgardt* Kapitalmarktdeliktsrecht 20 ff.

360 BGHZ 190, 7 (13 f.) Rn. 17; *Canaris* BankVertrR Rn. 2277; *Lenenbach* KapMarktR Rn. 11.428 mwN; *Groß* KapMarktR WpPG § 9 Rn. 9; Schäfer/Hamann/*Hamann* BörsG §§ 44, 45 Rn. 36; Schwark/Zimmer/*Schwark* BörsG §§ 44, 45 Rn. 7; Hopt Verantwortlichkeit der Banken bei Emissionen 48, Fn. 133.

takt getreten sind.[361] Die spezialgesetzliche Prospekthaftung verlangt damit nicht notwendigerweise eine Vertrauensbeziehung zwischen Emittent und Anleger. Daher sprechen gute Argumente für eine sonderdeliktsrechtliche Haftung.[362]

Bei der Diskussion um die Rechtsnatur der Prospekthaftung handelt es sich nicht lediglich um eine rein theoretische Frage, auch wenn die **praktischen Auswirkungen** bei Lichte betrachtet gering sind. Die Einordnung ist grundsätzlich bedeutsam für die Anwendung der einzelnen Tatbestandsmerkmale, insbesondere für die **Zurechnung fremden Verschuldens**, etwa von Rechtsanwälten oder Wirtschaftsprüfern, die der Emittent oder Anbieter mit der Begutachtung der rechtlichen oder wirtschaftlichen Gegebenheiten betraut hat. Während bei einer gesetzlichen Vertrauenshaftung die Voraussetzungen des § 278 BGB maßgeblich sind, erfordert eine sonderdeliktsrechtliche Qualifizierung ein eigenes Verschulden des Haftpflichtigen, etwa in Form eines Organisationsverschuldens.[363] Eine Ausweitung der Haftpflichtigen über § 830 BGB – zB auf Organmitglieder – ist auch bei einer sonderdeliktsrechtlichen Einordnung nicht möglich, da der Gesetzgeber den Kreis der Prospekthaftpflichtigen bewusst auf die Prospektverantwortlichen und -veranlasser begrenzt hat und damit insoweit für die ergänzende Anwendung der allgemeinen Vorschriften keinen Raum lässt (→ Rn. 263 ff.).[364] Auch wenn die Qualifikation im **Kollisionsrecht** autonom nach den Grundsätzen des IPR erfolgt, spielt die sachrechtliche Einordnung der Prospekthaftung auch hier eine wichtige Rolle.[365] 261

b) Haftung für fehlerhafte Prospekte gem. §§ 9, 10 WpPG. Für fehlerhafte Börsenzulassungsprospekte wird gem. § 9 WpPG, für fehlerhafte Wertpapierverkaufsprospekte im Wesentlichen durch Verweis gem. § 10 WpPG auf § 9 WpPG gehaftet. Die Haftung nach §§ 9, 10 WpPG erfasst gem. § 9 Abs. 4 WpPG iVm Art. 1 Abs. 5 lit. e) bis j) 262

361 KölnKomm WpHG/*Möllers/Leisch* §§ 37b, c Rn. 14. AA *Habersack* in Habersack/Mülbert/Schlitt KapMarktInfo-Hdb § 28 Rn. 3; *Mülbert/Steup* WM 2005, 1633 (1638).

362 Das hat der EuGH jedenfalls für die Qualifikation zum Internationalen Zivilverfahrensrecht bestätigt (EuGH ECLI:EU:C:2015: 37 Rn. 48 = NJW 2015, 1581 – Kolassa).

363 Siehe *Langenbucher* AktR § 14 Rn. 33; Schäfer/Hamann/*Hamann* BörsG §§ 44, 45 Rn. 73–77; Schwark/Zimmer/*Schwark* BörsG §§ 44, 45 Rn. 6.

364 *Langenbucher* AktR § 14 Rn. 46.

365 Eingehend hierzu: *Kuntz* WM 2007, 432; *Einsele* ZEuP 2012, 23; *dies.* RabelsZ 2017, 781; *Lehmann* IPRax 2012, 399; *Langenbucher* AktR § 14 Rn. 33; *Groß* KapMarktR WpPG § 9 Rn. 9; Schäfer/Hamann/*Hamann* BörsG §§ 44, 45 Rn. 73–77; Schwark/Zimmer/*Schwark* BörsG §§ 44, 45 Rn. 6.

Nr. v, vi ProspektVO jeweils auch Dokumente, die – wie beispielsweise die Angebotsunterlage nach § 11 WpÜG – eine Befreiung von der Prospektpflicht rechtfertigen (vgl. Art. 1 Abs. 4 lit. f), Abs. 5 lit. e) ProspektVO, → Rn. 242). Die Prospekthaftung gilt jedoch nicht für andere Informationen und Informationsträger, die zwar im Zusammenhang mit einem Angebot von Wertpapieren erstellt werden, aber nicht als Prospekt gem. Art. 20 ProspektVO von der BaFin gebilligt wurden (zB Exposés, Formblätter, Werbemaßnahmen, sog *Research-Reports*, ad-hoc-Mitteilungen nach Art. 17 MAR).[366]

263 **aa) Anspruchsverpflichtete.** Das Gesetz zählt die prospekthaftpflichtigen Personen abschließend auf: Für die Fehlerhaftigkeit eines Prospekts haften demnach diejenigen, die die Verantwortung für den Prospekt übernommen haben (sog **Prospektverantwortliche**, §§ 9 Abs. 1 S. 1 Nr. 1; 10 WpPG) und diejenigen, von denen der Erlass des Prospekts ausgeht (sog **Prospektveranlasser**, §§ 9 Abs. 1 S. 1 Nr. 2, 10 WpPG). Für den Prospekt verantwortlich ist, wer durch Verantwortlichkeitserklärung oder auf andere Weise die Verantwortung für den Gesamtinhalt des Prospekts übernommen hat.[367] In die erste Gruppe der **Prospektverantwortlichen** fällt bei einem **Börsenzulassungsprospekt** gem. § 9 Abs. 1 Nr. 1 WpPG der **Emittent**. Bei einem **Wertpapierverkaufsprospekt** haften als Prospektverantwortliche gem. §§ 10 iVm 9 Abs. 1 Nr. 1 WpPG regelmäßig der Emittent und der Anbieter.[368]

264 Die **Prospektveranlasser** sind die eigentlichen Urheber des Prospekts, also diejenigen, von denen der Erlass des Prospekts ausgeht (§§ 9 Abs. 1 Nr. 2; 10 WpPG). Hierbei handelt es sich um die sog „Hintermänner", die hinter dem Emittenten stehen und neben der Geschäftsleitung besonderen Einfluss ausüben. Nach der Rspr. des BGH genügt es bereits, wenn der Hintermann „auf die Konzeption des konkreten, mit dem Prospekt beworbenen und vertriebenen Modells maßgeblich Einfluss genommen hat und damit letztendlich auch für die Herausgabe des Prospektes verantwortlich ist."[369] Anhaltspunkte hierfür sind ein besonderes wirtschaftliches Eigeninteresse oder eine entsprechende gesellschaftsrechtliche Funktion.

366 Assmann/Schlitt/v. Kopp-Colomb/*Assmann* WpPG §§ 21–23 Rn. 20; *Groß* KapMarktR WpPG § 9 Rn. 25; JVRZ/*Pankoke* BörsG § 44, VerkProspektG § 13 Rn. 15.
367 Assmann/Schlitt/v. Kopp-Colomb/*Assmann* WpPG §§ 21–23 Rn. 76; NK-WpPG/*Müller* § 21 Rn. 16.
368 *Groß* KapMarktR WpHG § 9 Rn. 31; *Mülbert/Steup* in Habersack/Mülbert/Schlitt Unternehmensfinanzierung am Kapitalmarkt § 71 Rn. 72.
369 BGHZ 195, 1 (16) Rn. 36 f.

Prospektveranlasser sind zB die **Konzernmuttergesellschaft** oder ein **Großaktionär**, der auf die Emission und den Prospekt erheblichen Einfluss genommen hat.[370] Die **Vorstandsmitglieder** des Emittenten, insbesondere der Finanzvorstand, haften nicht bereits allein wegen ihrer organschaftlichen Stellung als Prospektveranlasser.[371] Entscheidend ist, ob das Vorstandsmitglied ein besonderes eigenes wirtschaftliches Interesse an der Emission hat, das über das bloße Interesse als Vorstandsmitglied des Emittenten hinausgeht.[372] Dies ist zB der Fall, wenn dem Vorstandsmitglied im Falle eines Börsenganges erhebliche wirtschaftliche Vorteile geboten werden oder dieser ein größeres Aktienpaket hält, das im Rahmen der Emission veräußert werden soll.[373] Eine Prospekthaftung der Organmitglieder lässt sich auch bei einer sonderdeliktsrechtlichen Qualifizierung der Prospekthaftung (→ Rn. 260f.) nicht über § 830 BGB begründen, da die spezialgesetzliche Regelung der Prospekthaftung den Kreis der Haftpflichtigen abschließend regelt.[374] **Emissionsbanken**, die weder Konsortialführer noch Prospektunterzeichner sind und ein bloßes Provisionsinteresse (und damit kein eigenes wirtschaftliches Interesse an der Emission) haben, fallen idR nicht unter § 9 Abs. 1 Nr. 1 WpPG.

Umstritten ist, ob und inwieweit **Experten**, die bei der Prospekterstellung kraft ihrer Sachkunde tätig werden und ihren (fehlerhaften) Teil zum Prospekt beigetragen haben, nach §§ 9, 10 WpPG haften. So erstellen Wirtschaftsprüfer regelmäßig einen sog **Comfort Letter**, also eine Bestätigung, dass die in den Prospekt aufzunehmenden Finanzzahlen richtig sind. In einer sog **Legal Opinion** bestätigen Rechtsanwälte dem Emittenten, dass die rechtlichen Voraussetzungen für die Börsenzulassung oder das öffentliche Angebot der Wertpapiere vorliegen. Da Wirtschaftsprüfer, Rechtsanwälte und sonstige Experten aber jeweils lediglich für einzelne Teile des Prospekts verantwortlich sind und keine Gesamtverantwortung für den Prospekt übernehmen, haften sie der hM zufolge nicht nach Maßgabe von §§ 9, 10 WpPG.[375] Zur allgemeinen bürgerlich-rechtlichen Haftung von Experten → Fall 6 Rn. 306. 265

Billigt die **BaFin** ein fehlerhaftes Prospekt, haftet sie nicht gem. § 9 Abs. 1 Nr. 1, 2 WpPG, da sie keine Verantwortung für den Prospekt 266

370 Siehe BGH NJW-RR 2006, 610; BGHZ 195, 1 (7) Rn. 17ff.
371 Assmann/Schlitt/v. Kopp-Colomb/*Assmann* WpPG, §§ 21 – 23 Rn. 83.
372 Berrar/Meyer/Müller/Singhof/Wolf/*Seiler/Singhof* WpPG § 21 Rn. 95.
373 Vgl. *Groß* KapMarktR WpPG § 9 Rn. 35. Vgl. zum Ganzen auch MüKoHGB/*Singhof* Kap L. Emissionsgeschäft Rn. 288.
374 *Langenbucher* AktR § 14 Rn. 46.
375 *Langenbucher* AktR § 14 Rn. 47; NK-WpPG/*Müller* § 21 Rn. 18; *Assmann/Kumpan* in Assmann/Schütze/Buck-Heeb KapAnlR-HdB § 5 Rn. 163; *Mülbert/Steup* in Habersack/Mülbert/Schlitt Unternehmensfinanzierung am Kapitalmarkt § 41 Rn. 86ff. AA Baumbach/Hopt/*Kumpan* WpPG § 21 Rn. 4; kritisch und wohl aA bzgl. Wirtschaftsprüfer in *Groß* KapMarktR WpHG § 9 Rn. 36f.

übernimmt. Nach Art. 20 Abs. 4 ProspektVO prüft sie nur die Vollständigkeit, Verständlichkeit und Kohärenz und nicht die inhaltliche Richtigkeit. Auch ein Staatshaftunganspruch gem. § 839 BGB, Art. 34 GG scheidet insoweit aus, da die BaFin gem. § 4 Abs. 4 FinDAG lediglich im öffentlichen Interesse und nicht im Interesse des jeweiligen Anlegers tätig wird. Dasselbe gilt auch für die **Börse,** sofern sie durch ihre Geschäftsführung Wertpapiere aufgrund eines fehlerhaften Prospekts zulässt, denn auch sie handelt nur im öffentlichen Interesse (§ 15 Abs. 6 BörsG) und zudem prüft sie nicht die inhaltliche Richtigkeit, sondern nach § 32 Abs. 3 Nr. 2 BörsG nur, ob ein gebilligter Prospekt vorliegt.

267 **bb) Anspruchsberechtigte.** Anspruchsberechtigt ist bei einem fehlerhaften Prospekt derjenige, der die Wertpapiere nach Veröffentlichung des Prospekts und innerhalb von sechs Monaten seit erstmaliger Einführung der Wertpapiere iSd § 38 BörsG (§ 9 Abs. 1 WpPG) bzw. seit dem ersten öffentlichen Angebot im Inland (§ 10 Abs. 1 Nr. 1 WpPG) gegen Entgelt[376] erworben hat. Erwerb iSd §§ 9ff. WpPG meint in unionsrechtskonformer Auslegung den Abschluss des **Verpflichtungsgeschäfts** gem. §§ 453, 433 BGB (Kaufvertrag) bzw. § 383 HGB (Kommissionsgeschäft)[377], denn darin kommt die Anlageentscheidung zum Ausdruck, die durch Prospektpflicht und -haftung geschützt werden soll.[378] Unschädlich für den Haftungsanspruch ist es, wenn die Übereignung der Wertpapiere erst nach Ablauf der Sechsmonatsfrist erfolgt. Unerheblich ist auch, ob der Anleger die Wertpapiere als Ersterwerber unmittelbar von dem Emittenten bzw. der Emissionsbank im Rahmen der Emission oder als Zweiterwerber auf dem Sekundärmarkt von einem Anleger erwirbt.[379]

Die Haftung gilt nur für Wertpapiere, die aufgrund des fehlerhaften Prospekts zugelassen wurden. Da der Anleger aber nur schwer nachweisen kann, dass das erworbene Wertpapier aus der Emission mit dem fehlerhaften Prospekt hervorgeht, erstreckt § 9 Abs. 1 S. 3 WpPG die Prospekthaftung auf ausstattungsgleiche Wertpapiere des-

---

376 § 21 Abs. 1 S. 1 WpPG: „Erwerbspreis", vgl. auch Begr. zu § 44 BörsG aF BT-Drs. 13/8933, 76 rechte Spalte.

377 *Assmann/Kumpan* in Assmann/Schütze/Buck-Heeb KapAnlR-HdB § 5 Rn. 169; *Habersack* in Habersack/Mülbert/Schlitt KapMarktInfo-HdB § 28 Rn. 36.

378 Begr. RegE 3. FFG (zu §§ 44, 45 BörsG aF), BT-Drs. 13/8933, 77; NK-AktienKapMR/*Bergdolt* BörsG § 44 Rn. 48; NK-WpPG/*Müller* § 21 Rn. 12; Schäfer/Hamann/*Hamann* BörsG §§ 44, 45 Rn. 125.

379 NK-AktienKapMR/*Bergdolt* BörsG § 44 Rn. 48.

selben Emittenten, dh insbesondere Wertpapiere mit gleicher Wertpapierkennnummer.[380]

cc) Fehlerhaftigkeit des Prospekts. (1) Wesentliche Angaben. Ein Prospekt ist gem. §§ 9, 10 WpPG fehlerhaft, wenn die für die Beurteilung der Wertpapiere **wesentlichen Angaben unrichtig** oder **unvollständig** sind. Unter den Begriff der **Angaben** fielen nach der früheren Rspr. und der hM zunächst nur dem Beweis zugängliche Tatsachen. Seit dem BuM-Urteil[381] subsumieren der **BGH** und ihm folgend die **hL**[382] hierunter neben **Tatsachen** auch unrichtige **Werturteile** und Prognosen, soweit sie eine hinreichende Tatsachengrundlage haben. Das Gericht begründet dies damit, dass der Wortlaut „Angabe" eine extensive Auslegung erlaubt und es dem durchschnittlichen Anleger kaum möglich ist, zwischen Tatsachen und Prognosen präzise zu differenzieren. Der Anleger verlässt sich vielmehr auf die vom Emittenten angestellte Prognose zur künftigen Geschäftsentwicklung. Um **wesentliche** Angaben handelt es sich, wenn sie ein durchschnittlicher, verständiger Anleger „eher als nicht" bei seiner Anlageentscheidung berücksichtigen würde.[383] 268

Wesentliche Angaben sind beispielsweise die Möglichkeit eines herrschenden Unternehmens, nachteilige Weisungen zu erteilen,[384] oder die Gefährdung von Mieteinnahmen eines Immobilienfonds.[385] Keine wesentliche Angabe ist hingegen in der Regel die genaue Anschrift des Emittenten.

(2) Fehlerhaftigkeit. Der Prospekt ist **unvollständig**, wenn wesentliche Angaben fehlen. Davon ist grundsätzlich[386] auszugehen, wenn der Prospekt nicht alle in Art. 6, 13 ProspektVO iVm DelVO (EU) 2019/980 vorgeschriebenen Mindestangaben enthält (→ Rn. 255). 269

Der Prospekt ist beispielsweise unvollständig, wenn über anhängige Anfechtungsklagen gegen den Kapitalerhöhungsbeschluss, auf dem die Emission beruht, nicht informiert wird.[387] Wesentliche Angaben, bei deren Fehlen der Prospekt unvollständig ist, sind auch die Beteiligung an risikoreichen Transaktionen, eine ungesicherte Forderung gegen Dritte in existentieller Höhe oder

---

380 *Langenbucher* AktR § 14 Rn. 50; *Groß* KapMarktR WpPG § 9 Rn. 69.
381 BGH NJW 1982, 2823 – BuM-Entscheidung.
382 *Lenenbach* KapMarktR Rn. 11.457; *Groß* KapMarktR WpPG § 9 Rn. 40.
383 *Groß* KapMarktR WpPG § 9 Rn. 68; Schäfer/Hamann/*Hamann* BörsG §§ 44, 45 Rn. 148 mwN; *Assmann/Kumpan* in Assmann/Schütze/Buck-Heeb KapAnlR-HdB § 5 Rn. 144.
384 BGHZ 195, 1 (4) Rn. 10ff.
385 BGH NZG 2013, 344.
386 *Langenbucher* AktR § 14 Rn. 39.
387 Vgl. BGHZ 139, 225 – Elsflether Werft.

personelle Verflechtungen mit einer Gesellschaft, mit der ein Beratervertrag besteht.[388]

270 Der Prospekt ist **unrichtig**, wenn wesentliche Angaben im Prospekt nicht der Wirklichkeit entsprechen. Selbst wenn alle Einzelangaben für sich genommen wahrheitsgetreu wiedergegeben werden, kann auch ein unrichtiges **Gesamtbild** des Emittenten zu seiner Vermögens-, Ertrags- und Liquiditätslage die Haftung begründen.[389] So wurden beispielsweise im BuM-Fall[390] die Bilanzwahlrechte zwar rechtmäßig, aber so ausgeübt, dass ein zu positives Gesamtbild entstand (*window dressing*). In so einem Fall begründet der falsche Gesamteindruck die Unrichtigkeit des Prospekts (siehe auch § 264 Abs. 2 S. 1 HGB). Im Übrigen können auch gravierende Prospektgestaltungsmängel, insbesondere die **Unübersichtlichkeit** zur Unrichtigkeit des Prospekts führen.

271 Die Differenzierung zwischen der Unvollständigkeit und der Unrichtigkeit war ursprünglich gem. § 45 BörsG aF entscheidend für den maßgeblichen Verschuldensmaßstab. So hing die Haftung für die Unvollständigkeit des Prospekts von dem böslichen Verschweigen ab, für die Unrichtigkeit von der mindestens grob fahrlässigen Unkenntnis. Nachdem der Gesetzgeber die Differenzierung bereits mit dem 3. Finanzmarktförderungsgesetz vom 24.3.1998 aufgegeben hat, kann die Unvollständigkeit seither als Unterfall der Unrichtigkeit angesehen werden.

272 Ob die Angaben richtig und vollständig sind, hängt von dem maßgeblichen Verständnishorizont ab, wonach das Prospekt beurteilt und sodann mit der objektiven Wirklichkeit verglichen wird. So können bei einem professionellen Anleger im Unterschied zum Privatanleger Fachbegriffe oder wirtschaftliche Zusammenhänge als bekannt vorausgesetzt werden und müssen für ein vollständiges und richtiges Prospekt nicht näher erläutert werden. Vor Geltung der ProspektVO bestimmte sich der maßgebliche Verständnishorizont[391] nach den Kenntnissen und Erfahrungen eines **durchschnittlichen Anlegers**.[392] Unklar ist allerdings, welche Kenntnisse und Erfahrungen von einem durchschnittlichen Anleger erwartet werden können.

---

388 Vgl. OLG Frankfurt a. M. NJW-RR 1994, 946 – Bond; OLG Frankfurt a. M. NZG 1999, 1072 – MHM.

389 *Lenenbach* KapMarktR Rn. 11.460.

390 BGH NJW 1982, 2823 – BuM-Entscheidung.

391 Zur Parallele des „objektiven Empfängerhorizonts" bei der Auslegung von Willenserklärungen *Langenbucher* AktR § 14 Rn. 37.

392 BGHZ 195, 1 (10 f.) Rn. 25.

Der **BGH** hatte für einen **Börsenzulassungsprospekt** in seiner BuM-Entscheidung auf einen durchschnittlichen Anleger abgehoben, „der zwar eine Bilanz zu lesen versteht, aber nicht unbedingt mit der in eingeweihten Kreisen gebräuchlichen Schlüsselsprache vertraut zu sein braucht."[393] Das Kriterium der **Bilanzkunde** ist in der Folge vielfach als zu weitgehend kritisiert worden.[394] Diese vergleichsweise hohen Anforderungen an den durchschnittlichen Anleger werden aber damit begründet, dass Börsenzulassungsprospekte typischerweise ausschließlich von professionellen Anlegern und nicht von Privat- oder Kleinanlegern gelesen werden. Da Letztere keinen unmittelbaren Zugang zum Börsenhandel haben, wenden sie sich für den Erwerb von börsengehandelten Finanzinstrumenten ohnehin regelmäßig an einen börsenkundigen Anlageberater.[395] In einer späteren Entscheidung hat der BGH für ein **Wertpapierverkaufsprospekt** entschieden, dass sich der Verständnishorizont „nach den Fähigkeiten und Erkenntnismöglichkeiten eines durchschnittlichen (Klein-)Anlegers [richtet], der sich allein anhand der Prospektangaben über die Kapitalanlage informiert und über keinerlei Spezialkenntnisse verfügt", wenn sich der Emittent der Wertpapiere „ausdrücklich auch an das unkundige und börsenunerfahrene Publikum" wendet.[396]. Der BGH verzichtet insoweit zumindest bei einem Wertpapierprospekt, der sich ausdrücklich an Kleinanleger richtet, auf das Kriterium der Bilanzkunde.[397] In der **Literatur** wurde teilweise auf einen durchschnittlich verständigen Anleger[398] und teilweise auf den besonders schutzbedürftigen unkundigen Kleinanleger abgestellt.[399] 273

Nicht erst, aber vor allem mit Inkrafttreten der ProspektVO lässt sich die Frage nach dem maßgeblichen Verständnishorizont nicht 274

393 BGH NJW 1982, 2823 – BuM-Entscheidung; BGHZ 195, 1 (10f.) Rn. 25.
394 *Groß* KapMarktR WpPG § 9 Rn. 41; Schwark/Zimmer/*Schwark* BörsG § 45 Rn. 22.
395 *Lenenbach* KapMarktR Rn. 11.449.
396 BGHZ 195, 1 (10f.) Rn. 25.
397 BGHZ 195, 1 (10f.) Rn. 25.
398 *Fleischer* Gutachten 64 DJT, F 44f.; *Habersack* in Habersack/Mülbert/Schlitt KapMarktInfo-HdB § 28 Rn. 15. *Groß* KapMarktR WpPG § 9 Rn. 41ff. stellt auf den „verständigen Anleger" ab, ohne diesen selbst näher zu konkretisieren, und kritisiert die vom BGH vorgenommene Differenzierung. NK-AktienKapMR/*Straßner* WpPG § 5 Rn. 2 stellt weiterhin ohne nähere Ausführungen auf den „klassischen" Begriff des durchschnittlichen Anlegers ab.
399 *Canaris* BankvertrR Rn. 2279. Ebenfalls kritisch zur BGH-Differenzierung verhalten sich *Mülbert/Steup* in Habersack/Mülbert/Schlitt Unternehmensfinanzierung am Kapitalmarkt § 41 Rn. 36ff., die im Anschluss in einer unionsrechtsautonomen Auslegung eigene Kriterien entwickeln und diese an der Formulierung „leicht zu analysierende, knappe und verständliche Form" aus Art. 6 Abs. 2 ProspektVO orientieren.

mehr nach nationalen Maßstäben beantworten. Da die ProspektVO – wie zuvor bereits die Prospektrichtlinie – unterschiedliche Anlegerkategorien berücksichtigt,[400] ist eine solche differenzierte Beurteilung des Verständnishorizontes – je nach Adressatenkreis des Angebots im konkreten Fall – aber auch unter Berücksichtigung des Europarechts überzeugend.[401] Bei **Börsenzulassungsprospekten**, die typischerweise nur von professionellen Anlegern oder Finanzintermediären, nicht jedoch von Privatanlegern gelesen werden, können demnach Spezialkenntnisse erwartet werden, so dass ausführliche Erläuterungen unnötig sind und das Verständnis von Fachbegriffen vorausgesetzt werden kann. Für **Wertpapierverkaufsprospekte**, die ausdrücklich auch börsenunkundige und -unerfahrene Anleger ansprechen, müssen hingegen nach dem objektiven Beurteilungshorizont eines solchen durchschnittlichen Anlegers Fachbegriffe und komplexe Zusammenhänge ausführlicher erläutert werden. Endgültig kann diese Frage aber nur der EuGH etwa in einem Vorlageverfahren nach Art. 267 Abs. 3 AEUV entscheiden.[402] Hier bleibt dann abzuwarten, ob sich die Rechtsprechung des BGH zum Verständnishorizont auch auf europäischer Ebene durchsetzen wird.

275 **(3) Zeitpunkt.** Maßgeblicher **Zeitpunkt** für die Richtigkeit und Vollständigkeit des Prospekts ist grundsätzlich dessen Billigung. Kommt der Emittent aber seiner Aktualisierungspflicht aus Art. 23 Abs. 1 ProspektVO nicht nach (→ Rn. 252), greift die Prospekthaftung ebenfalls.[403] Es liegt dann ein fehlerhafter Prospekt vor, für den die Nachtragspflichtigen haften müssen.[404]

276 **dd) Haftungsbegründende Kausalität.** Im Weiteren muss der Prospekt, nicht notwendigerweise die Fehlerhaftigkeit, ursächlich für den Erwerb der Wertpapiere als schadensbegründendes Ereignis gewesen sein. § 12 Abs. 2 Nr. 1 WpPG enthält angesichts des negativ formulierten Wortlauts eine Beweislastumkehr.[405] Die haftungsbe-

400 Vgl. ErwGr 16 PD.
401 Zur Prospektrichtlinie so auch OLG Frankfurt a. M. NZG 2011, 1158. Kritisch *Zech/Hanowski* NJW 2013, 510 (512), die der Ansicht sind, das europäische Prospektrecht würde höhere Anforderungen an die Kenntnisse und Fähigkeiten des Anlegers stellen. Ausdrücklich noch offen gelassen werden konnte die Frage in BGHZ 195, 1 (11) Rn. 27.
402 Vgl. *Bauerschmidt* BKR 2019, 324 (331 f.).
403 Schwark/Zimmer/*Heidelbach* WpPG § 16 Rn. 49.
404 *Lenenbach* KapMarktR Rn. 11.474.
405 *Buck-Heeb* KapMarktR Rn. 279; EBJS/*Groß* WpPG § 9 Rn. 89; Schwark/Zimmer/*Heidelbach* WpPG § 12 Rn. 14.

gründende Kausalität ist dementsprechend vom Prospektverantwortlichen zu widerlegen. Demnach ist der Anspruch aus §§ 9, 10 WpPG ausgeschlossen, wenn die Wertpapiere nicht aufgrund des Prospekts erworben wurden. § 12 Abs. 2 Nr. 1 WpPG (§ 45 Abs. 2 Nr. 1 BörsG aF) kodifziert die von der Rechtsprechung zuvor entwickelten Grundsätze zur sog **Anlagestimmung.**[406] Die Rechtsprechung ging davon aus, dass mit der Veröffentlichung eines Prospekts typischerweise eine positive Anlagestimmung entsteht. Im Rahmen eines Anscheinsbeweises wurde daher vermutet, dass Anleger, die die Wertpapiere innerhalb eines bestimmten Zeitraums nach der Veröffentlichung eines solchen Prospekts erworben haben, dies aufgrund des Prospektinhalts taten. Dies galt unabhängig davon, ob sie den Prospekt selbst gelesen haben.[407] Diesen Anscheinsbeweis konnte der in Anspruch genommene Prospektpflichtige entkräften, indem er einen atypischen Geschehensablauf – etwa einen erheblichen Kurssturz – nachweisen konnte.

Umstritten ist, welche Anforderungen an den Nachweis der fehlenden haftungsbegründenden Kausalität zu stellen sind. Nach teilweise vertretener Auffassung handelt es sich bei § 12 Abs. 2 Nr. 1 WpPG um eine eigenständige Beweislastregelung, die gem. § 292 ZPO den Beweis des Gegenteils über das Nichtvorliegen der Kausalität verlangt.[408] Prospektverantwortliche und -veranlasser müssen demzufolge beweisen, dass der Anleger die Wertpapiere nicht aufgrund des fehlerhaften Prospekts, sondern aus anderen Gründen erworben hat.[409] 277

Beispiel: Das wäre beispielsweise der Fall, wenn der Anleger die Wertapiere (allein) aufgrund einer Empfehlung durch einen Bekannten oder nach Kenntnisnahme von Presseberichten im Vertrauen auf diese erworben hat.[410]

Im Regelfall wird dem Anspruchsgegner ein solcher Gegenbeweis jedoch nur schwer gelingen, zumal es für die haftungsbegründende Kausalität bereits genügt, wenn der Anleger die Wertpapiere mittelbar aufgrund des Prospekts erworben hat, etwa aufgrund der Emp- 278

---

406 RGZ 80, 196 (204); Siehe Begr. RegE 3. FFG, BT-Drs. 13/8933, 76; *Lenenbach* KapMarktR Rn. 11.497; NK-AktienKapMarktR/*Müller* WpPG § 23 Rn. 9; Schwark/Zimmer/*Schwark* BörsG § 45 Rn. 46f.; *Habersack* in Habersack/Mülbert/Schlitt KapMarktInfo-HdB § 28 Rn. 35.

407 BGHZ 139, 225 (233f.) Elsflether Werft; BGH NJW 1982, 2823 – BuM-Entscheidung; OLG Frankfurt a. M. NJW-RR 1994, 946 (948).

408 *Lenenbach* KapMarktR Rn. 11.498.

409 *Lenenbach* KapMarktR Rn. 11.498.

410 *Langenbucher* AktR § 14 Rn. 60; *Mülbert/Steup* in Habersack/Mülbert/Schlitt Unternehmensfinanzierung am Kapitalmarkt § 41 Rn. 102.

fehlung seines Bankberaters, der seinerseits die Empfehlung auf den Prospekt stützt.[411] Der Anspruchsgegner müsste nachweisen, dass der Prospekt weder unmittelbar noch mittelbar für den Erwerb der Wertpapiere ursächlich wurde.

279 Da § 12 Abs. 2 Nr. 1 WpPG die vorhergehende Rechtsprechung zur Anlagestimmung kodifiziert, muss der Anspruchsgegner nach **hL** nur den Nachweis eines atypischen Geschehensablaufs erbringen.[412] Es genügt hiernach, dass der Anspruchsgegner nachweist, dass der Prospekt keine Anlagestimmung verursacht hat oder diese zum Zeitpunkt des Erwerbs bereits beendet war.[413] Der Nachweis der fehlenden haftungsbegründenden Kausalität ist auch erbracht, wenn die Anlageentscheidung nachweislich auf Gründen außerhalb des Prospekts beruht.

So sind beispielsweise massenhafte negative Pressestimmen[414], die in ihrer Wirkung der Veröffentlichung eines Prospekts vergleichbar sind, die Veröffentlichung eines eindeutig negativen Jahresfinanzberichts oder ein dramatischer Kurssturz von beispielsweise 60 Prozent geeignet, die Anlagestimmung zu zerstören und damit die Vermutung der haftungsbegründenden Kausalität zu widerlegen.[415] Zwar ist grundsätzlich davon auszugehen, dass die Anlagestimmung im Erwerbszeitraum von sechs Monaten nach Prospektveröffentlichung als solche bestehen bleibt. Je länger die Prospektveröffentlichung aber zurückliegt, desto schwächer wird die Anlagestimmung und desto einfacher wird es, den Anscheinsbeweis zu entkräften.[416]

280 § 12 Abs. 2 Nr. 4 WpPG regelt einen speziellen Fall, in dem die Vermutung der haftungsbegründenden Kausalität widerlegt ist. Demnach ist die Haftung ausgeschlossen, wenn der Prospekt vor Abschluss des Erwerbsgeschäfts berichtigt wurde. Dies kann durch eine ad-hoc-Mitteilung, durch einen Jahresabschluss, einen Zwischenbericht oder eine vergleichbare Bekanntmachung erfolgen.[417] Dann geht der Gesetzgeber davon aus, dass der fehlerhafte Prospekt den Erwerb nicht mehr ursächlich beeinflusst haben kann.

---

411 *Lenenbach* KapMarktR Rn. 11.498; *Mülbert/Steup* in Habersack/Mülbert/Schlitt Unternehmensfinanzierung am Kapitalmarkt § 41 Rn. 102.
412 *Langenbucher* AktR § 14 Rn. 61; *Mülbert/Steup* in Habersack/Mülbert/Schlitt Unternehmensfinanzierung am Kapitalmarkt § 41 Rn. 102 mwN.
413 *Langenbucher* AktR § 14 Rn. 61; *Mülbert/Steup* in Habersack/Mülbert/Schlitt Unternehmensfinanzierung am Kapitalmarkt § 41 Rn. 102 mwN.
414 OLG Düsseldorf WM 1984, 586 (596).
415 BGHZ 139, 225 (232 f.) – Elsflether Werft. Siehe auch in Schwark/Zimmer/*Schwark* BörsG § 45 Rn. 47.
416 Schwark/Zimmer/*Schwark* BörsG §§ 44, 45 Rn. 47.
417 *Langenbucher* AktR § 14 Rn. 68.

ee) Verschulden. Nach § 12 Abs. 1 WpPG kann nicht gem. §§ 9 oder 10 WpPG in Anspruch genommen werden, wer nachweist, dass er die Unrichtigkeit oder Unvollständigkeit der Angaben des Prospekts nicht gekannt hat und dass die Unkenntnis nicht auf grober Fahrlässigkeit beruht. Materiell-rechtlich erfordert ein Anspruch nach §§ 9, 10 WpPG also ein Verschulden des Anspruchsgegners. Dieses Verschulden liegt vor, wenn der Prospekthaftpflichtige im maßgeblichen Zeitpunkt der Billigung bzw. bei einem erforderlichen Nachtrag im Zeitpunkt des Art. 23 Abs. 1 ProspektVO die Unrichtigkeit oder Unvollständigkeit des Prospekts kannte oder grob fahrlässig nicht kannte. Trägt der Anspruchsteller vor Gericht zu einem Verschulden des Anspruchsgegners nichts vor, so führt dies gleichwohl nicht dazu, dass seine Klage deswegen abgewiesen wird, denn § 12 Abs. 1 WpPG ist negativ formuliert, kehrt also die **Darlegungs- und Beweislast** um.[418] Vor Gericht hat daher der Anspruchsverpflichtete sein Nichtverschulden darzulegen und bei erheblichem Bestreiten des Klägers zu beweisen, will er den Anspruch nach §§ 9, 10 WpPG zu Fall bringen. 281

Der Begriff der **groben Fahrlässigkeit** knüpft an den Maßstab des § 276 Abs. 2 BGB an und verlangt somit einen besonders schweren Verstoß gegen allgemeine Denksätze, die jedem hätten einleuchten müssen.[419] Der objektive Sorgfaltsmaßstab variiert nach dem jeweiligen Haftungsadressaten. Für den **Emittenten** gilt ein besonders strenger Maßstab: Er hat alle für das Unternehmen maßgeblichen Informationen zu kennen und kann sich daher in der Regel nicht auf lediglich fahrlässige Unkenntnis berufen. Für die **Emissionsbanken** gilt ein weniger strenger Sorgfaltsmaßstab: Sie verfügen üblicherweise nur über die Informationen, die der Emittent ihnen zur Verfügung stellt. Diese muss jedenfalls die konsortialführende Bank auf Plausibilität, Richtigkeit und Vollständigkeit überprüfen.[420] Eine darüber hinausgehende Pflicht der Emissionsbanken, die Buchführung oder den Jahresabschluss des Emittenten zu prüfen, wird überwiegend grundsätzlich abgelehnt.[421] 282

418 *Groß* KapMarktR WpPG § 12 Rn. 3; Baumbach/Hopt/*Kumpan* WpPG § 12 Rn. 1; Kümpel/Mülbert/Früh/Seyfried/*Oulds* Bank- und KapMarktR Rn. 15.839.
419 *Groß* KapMarktR WpPG § 9 Rn. 75, WpPG § 12 Rn. 3.
420 Assmann/Schlitt/v. Kopp-Colomb/*Assmann* WpPG §§ 21–23 Rn. 112 mwN.
421 Gegen eine solche Pflicht: Assmann/Schlitt/v. Kopp-Colomb/*Assmann* WpPG §§ 21–23 Rn. 112 mwN; *Groß* KapMarktR WpPG § 9 Rn. 81 mwN.

283 Da es sich sowohl bei dem Emittenten als auch den Emissionsbanken regelmäßig um juristische Personen oder Personenhandelsgesellschaften handelt, ist das Verschulden der Organmitglieder analog § 31 BGB und das Verschulden sonstiger Mitarbeiter – je nach Einordnung der Prospekthaftung als Vertrauenshaftung oder als sonderdeliktsrechtliche Haftung (→ Rn. 260) – gem. § 278 BGB zuzurechnen bzw. im Rahmen eines Organisationsverschuldens zu berücksichtigen. Zu erwägen ist, ob die **Billigung** eines fehlerhaften Prospekts gem. Art. 20 ProspektVO durch die **BaFin** das Verschulden der Prospektverantwortlichen bzw. -veranlasser ausschließen kann. Dies ist jedenfalls insoweit zu verneinen, als es um einen unrichtigen Prospekt geht, da die BaFin die inhaltliche Richtigkeit der Angaben nicht überprüft (siehe Art. 20 ProspektVO). Soweit es aber um einen unvollständigen Prospekt geht, könnte argumentiert werden, dass Prospektverantwortlichen und -veranlassern keine grobe Fahrlässigkeit vorgeworfen werden kann, wenn auch die BaFin die Unvollständigkeit nicht erkannt und den Prospekt gebilligt hat. Allerdings gilt auch hier, dass die BaFin ausschließlich im öffentlichen Interesse gem. § 4 Abs. 4 FinDAG und nicht im Interesse der Prospektverantwortlichen oder -veranlasser tätig wird.[422]

284 **ff) Sonstige Haftungsausschlussgründe.** Im Übrigen darf kein sonstiger Haftungsausschlussgrund gem. § 12 WpPG vorliegen: Die Prospekthaftung ist demnach ausgeschlossen, sofern der Erwerber den Prospektmangel kannte (§ 12 Abs. 2 Nr. 3 WpPG). Im Übrigen ist ein etwaiges **Mitverschulden** des Anlegers iSd § 254 BGB, zB in Form grob fahrlässiger Unkenntnis der Fehlerhaftigkeit, grundsätzlich nicht zu berücksichtigen. Die Prospekthaftung wird in der Regel auch nicht deshalb ausgeschlossen oder eingeschränkt, weil der Erwerber seine Wertpapiere bei Kursverfall nicht rechtzeitig veräußert und so das Ausmaß des Schadens dadurch möglicherweise nicht gemindert hat.[423] Die Prospekthaftung ist zudem gem. § 12 Abs. 2 Nr. 5 WpPG ausgeschlossen, wenn sich der Prospektfehler ausschließlich aus der **Zusammenfassung** des Prospekts ergibt. Die **Verjährung** der Haftungsansprüche bestimmt sich nach der regelmäßigen Verjährungsfrist gem. §§ 195, 199 BGB.

422 Ebenso: *Groß* KapMarktR WpPG § 9 Rn. 85; Schwark/Zimmer/*Schwark* BörsG §§ 44, 45 Rn. 54.
423 Baumbach/Hopt/*Kumpan* WpPG § 21 Rn. 9f.

Prüfungsschema § 9 WpPG

A. Voraussetzungen

I. Wertpapiere, die auf Grund eines Prospekts zum Börsenhandel zugelassen sind

II. Unrichtigkeit oder Unvollständigkeit wesentlicher Angaben des Prospekts

→ P1: Wesentlichkeit der Angabe (+), wenn durchschnittlicher, verständiger Anleger die Angaben „eher als nicht" bei seiner Anlageentscheidung berücksichtigen würde

→ P2: Verständnishorizont bei der Beurteilung der Unrichtigkeit/Unvollständigkeit

III. Anspruchsberechtigter

→ Person, deren Erwerbsgeschäft nach Veröffentlichung des Prospektes und innerhalb von sechs Monaten nach erstmaliger Einführung der Wertpapiere abgeschlossen wurde

IV. Anspruchsverpflichteter

1. Prospektverantwortliche (§ 9 Abs. 1 S. 1 Nr. 1 WpPG)
2. Prospektveranlasser (§ 9 Abs. 1 S. 1 Nr. 2 WpPG)

V. Verschulden

→ § 12 Abs. 1 WpPG: Beweislastumkehr

→ Kenntnis/grob fahrlässige Unkenntnis

→ Zurechnung analog § 31 BGB oder nach § 278 BGB

VI. Haftungsbegründende Kausalität

→ Kausalität zwischen der Veröffentlichung des Prospektes und dem Erwerb der Wertpapiere

→ § 12 Abs. 2 Nr. 1 WpPG: Beweislastumkehr

→ P3: Anforderungen an den Nachweis fehlender haftungsbegründender Kausalität durch den Anspruchsgegner: voller Gegenbeweis vs. Beweis der fehlenden Anlagestimmung

VII. Haftungsausfüllende Kausalität

→ Kausalität zwischen öffentlichem Bekanntwerden der Unrichtigkeit/Unvollständigkeit und der Minderung des Börsenpreises

→ § 12 Abs. 2 Nr. 2 WpPG: Beweislastumkehr

VIII. Kein Ausschluss nach § 12 Abs. 2 Nr. 3 bis 5 WpPG

B. Rechtsfolge
I. Erwerber noch Inhaber der Wertpapiere (§ 9 Abs. 1 WpPG)
→ Erstattung des Erwerbspreises bis zur Höhe des Ausgabepreises und der mit dem Erwerb verbundenen üblichen Kosten Zug um Zug gegen Rückübertragung der Wertpapiere
II. Erwerber nicht mehr Inhaber der Wertpapiere (§ 9 Abs. 2 WpPG)
→ Zahlung des Unterschiedsbetrags zwischen dem Erwerbspreis bis zur Höhe des Ausgabepreises und dem Veräußerungspreis der Wertpapiere sowie der mit dem Erwerb und der Veräußerung verbundenen üblichen Kosten

Prüfungsschema § 10 WpPG

A. Voraussetzungen
I. Prospekt für öffentlich angebotene Wertpapiere iSv Art. 3 Abs. 1 ProspektVO
II. Unrichtigkeit oder Unvollständigkeit wesentlicher Angaben des Prospekts
→ P1: Wesentlichkeit der Angabe (+), wenn durchschnittlicher, verständiger Anleger die Angaben „eher als nicht“ bei seiner Anlageentscheidung berücksichtigen würde
→ P2: Verständnishorizont bei der Beurteilung der Unrichtigkeit/Unvollständigkeit
III. Anspruchsberechtigter
→ Person, deren Erwerbsgeschäft nach Veröffentlichung des Prospektes und innerhalb von sechs Monaten nach dem ersten öffentlichen Angebot im Inland abgeschlossen wurde (§ 10 Nr. 1 WpPG)
IV. Anspruchsverpflichteter
1. Prospektverantwortliche (§§ 10 iVm 9 Abs. 1 S. 1 Nr. 1 WpPG)
2. Prospektveranlasser (§§ 10 iVm 9 Abs. 1 S. 1 Nr. 2 WpPG)

V. Verschulden
→ § 12 Abs. 1 WpPG: Beweislastumkehr
→ Kenntnis/grob fahrlässige Unkenntnis
→ Zurechnung analog § 31 BGB oder nach § 278 BGB
VI. Haftungsbegründende Kausalität
→ Kausalität zwischen der Veröffentlichung des Prospektes und dem Erwerb der Wertpapiere
→ § 12 Abs. 2 Nr. 1 WpPG: Beweislastumkehr
→ P3: Anforderungen an den Nachweis fehlender haftungsbegründender Kausalität durch den Anspruchsgegner: voller Gegenbeweis vs. Beweis der fehlenden Anlagestimmung
VII. Haftungsausfüllende Kausalität
→ Kausalität zwischen dem öffentlichen Bekanntwerden der Unrichtigkeit/Unvollständigkeit und der Minderung des Börsenpreises
→ § 12 Abs. 2 Nr. 2 WpPG: Beweislastumkehr
VIII. VIII. Kein Ausschluss nach § 12 Abs. 2 Nr. 3–5 WpPG
B. Rechtsfolge
I. Erwerber noch Inhaber der Wertpapiere (§§ 10 iVm 9 Abs. 1 WpPG)
→ Erstattung des Erwerbspreises bis zur Höhe des Ausgabepreises und der mit dem Erwerb verbundenen üblichen Kosten Zug um Zug gegen Rückübertragung der Wertpapiere
II. Erwerber nicht mehr Inhaber der Wertpapiere (§§ 10 iVm 9 Abs. 2 WpPG)
→ Zahlung des Unterschiedsbetrags zwischen dem Erwerbspreis bis zur Höhe des Ausgabepreises und dem Veräußerungspreis der Wertpapiere sowie der mit dem Erwerb und der Veräußerung verbundenen üblichen Kosten

Fall 5 (vgl. BGHZ 139, 225 = NJW 1998, 3345 – Elsflether Werft): Die Donauwerft AG (D-AG) will an die Börse. In der Hauptversammlung am 12. Juli wird daher eine Kapitalerhöhung gegen Bareinlagen mit der erforderlichen Mehrheit beschlossen. Dagegen werden von einigen Aktionären Anfechtungsklagen erhoben. In dem am 30. September von der BaFin gebilligten Börsenzulassungsprospekt, in dem die D-AG ausdrücklich die Ge- 285 währ für die Richtigkeit aller Angaben übernimmt, werden die anhängigen Anfechtungsklagen nicht erwähnt. Nach der Börseneinführung am 15. Oktober erwirbt Boris (B) am 30. Oktober aufgrund einer entsprechenden Empfehlung seines Bankberaters 200 Aktien der D-AG zum seit der Börseneinführung unveränderten Kurs von 10 EUR je Aktie. B selbst hat den Prospekt nie gelesen. Ob der Bankberater den Prospekt gelesen hat, ist offen. Nachdem die Anfechtungsklagen bekannt werden, fällt der Kurs der Aktie am 6. November auf 3 EUR. B begehrt von der D-AG Zahlung von 2.000 EUR zuzüglich der Erwerbskosten Zug um Zug gegen Rückübertragung der Aktien. Besteht dieser Anspruch?

286 **Lösung:** B könnte gegen D einen Anspruch auf Zahlung von 2.000 EUR aus § 9 Abs. 1 S. 1 Nr. 1 WpPG zustehen.

Vorliegend geht es um ein **Börsenzulassungsprospekt** iSd Art. 3 Abs. 3 ProspektVO, so dass § 9 WpPG anwendbar ist. Der Prospekt müsste **fehlerhaft**, dh im Hinblick auf wesentliche Angaben unrichtig oder unvollständig sein. Die Unvollständigkeit könnte sich daraus ergeben, dass der Prospekt die anhängigen Anfechtungsklagen nicht erwähnt. Hierfür spricht, dass wesentliche Angaben zu machen sind, was grundsätzlich auch Rechtstreitigkeiten erfassen kann. Sind die Anfechtungsklagen erfolgreich, führt dies gem. § 248 AktG zur Unwirksamkeit des Beschlusses zur Kapitalerhöhung. Somit würden die neuen Aktien keine Mitgliedschaftsrechte verkörpern. Es handelt sich daher bei der anhängigen Anfechtungsklage um eine **wesentliche Angabe** iSd Art. 6 Abs. 1 ProspektVO, die der durchschnittliche Anleger benötigt, um sich ein zutreffendes Urteil ua über die mit den Wertpapieren verbundenen Rechte zu bilden.

Anspruchsgegner sind gem. § 9 Abs. 1 Nr. 1 WpPG die **Prospektverantwortlichen**, dh diejenigen, die die Verantwortung für den Prospekt übernommen haben. Die D-AG ist als Emittent Zulassungsantragsteller und übernimmt durch ausdrückliche Erklärung gem. Art. 11 Abs. 1 S. 2 ProspektVO, § 8 Abs. 1 WpPG die Verantwortung für den Prospekt. Sie ist damit Prospektverantwortliche iSd § 9 Abs. 1 S. 1 Nr. 1 WpPG. B hat die Aktien nach Veröffentlichung des Prospekts und fünfzehn Tage nach Börseneinführung der Aktien gem. § 38 BörsG und somit innerhalb von sechs Monaten **erworben**.

Der Erwerb der Wertpapiere muss außerdem kausal auf dem Prospekt beruhen. Gem. § 12 Abs. 2 Nr. 1 WpPG besteht ein Anspruch nach § 9 WpPG nicht, sofern die Wertpapiere nicht auf Grund des Prospekts erworben wurden. Fraglich ist, ob der D-AG vorliegend der Nachweis der fehlenden haftungsbegründenden Kausalität nach § 12 Abs. 2 Nr. 1 WpPG gelingen kann. Nach teilweise vertretener Auffassung muss die D-AG den vollständigen Beweis erbringen, dass B die Wertpapiere nicht aufgrund des Prospekts erworben hat. Zwar hat B selbst den Prospekt nicht gelesen. Für die Prospekthaftung genügt aber auch bereits eine mittelbare Kausalität. Dass B die Wertpapiere aufgrund der Empfehlung seines Bankberaters erworben hat, der die Empfehlung seinerseits möglicherweise auf den Prospekt gestützt hat, und damit der Prospekt jedenfalls mittelbar kausal für den Erwerb war, kann die D-AG hier aber nicht nachweisen, denn es blieb offen, ob der Anlageberater selbst den Prospekt gelesen hat. Geht man indes mit der **hL** davon aus, dass § 12 Abs. 2 Nr. 1 WpPG die zuvor von der Rspr. entwickelte Anlagestimmung gesetzlich normiert, genügt es bereits, wenn die D-AG nachweisen kann, dass die Anlagestimmung zB durch zahlreiche negative Presseberichte, negative Ad-hoc-Mitteilungen oder Verkaufsempfehlungen anerkannter Finanzanalysten zerstört wurde. Hierfür lassen sich dem Sachverhalt jedoch keine Anhaltspunkte entnehmen. Daher wird der D-AG der Nachweis der fehlenden haftungsbegründenden Kausalität nicht gelingen. Der Anspruch wird folglich nicht an § 12 Abs. 2 Nr. 1 WpPG scheitern.

Darüber hinaus muss ein **Verschulden** der D-AG vorliegen. Gem. § 12 Abs. 1 WpPG kann die D-AG nicht in Anspruch genommen werden, wenn sie nachweisen kann, dass sie die Unrichtigkeit oder Unvollständigkeit der Angaben des Prospekts nicht gekannt hat und dass die Unkenntnis nicht auf grober Fahrlässigkeit beruht. Der Sorgfaltsmaßstab variiert nach der jeweils in Anspruch genommenen Person. Die D-AG als Emittentin muss grundsätzlich alle relevanten Informationen kennen und kann sich daher regelmäßig nicht auf fehlendes Verschulden berufen. Weitere Ausschlussgründe des § 12 Abs. 2 Nr. 2–5 WpPG greifen nicht.

Folglich hat A einen Anspruch gegen die D-AG auf Zahlung iHv 2.000 EUR zuzüglich der Erwerbskosten Zug um Zug gegen Rückübereignung der Aktien.

c) Haftung für Fehlen eines Wertpapierverkaufsprospekts gem. § 14 WpPG. § 14 WpPG sieht für das Fehlen eines Wertpapierverkaufsprospektes entgegen Art. 3 Abs. 1 ProspektVO ebenfalls eine spezialgesetzliche Prospekthaftung vor. § 14 WpPG setzt voraus, dass unter Verstoß gegen die Prospektpflicht gem. Art. 3 Abs. 1 ProspektVO im Falle eines **öffentlichen Angebots** von Wertpapieren kein Prospekt veröffentlicht wurde. Bei einem unvollständigen Prospekt – zB bei Fehlen der notwendigen Zusammenfassung – kann sich uU die Frage nach der richtigen Anspruchsgrundlage stellen, ob also für das Fehlen gem. § 14 WpPG oder für die Fehlerhaftigkeit gem. § 10 WpPG gehaftet wird. Für die Frage, ob ein Wertpapierverkaufsprospekt fehlt (§ 14 WpPG) oder aber ob ein Prospekt existiert, der lediglich unvollständig und damit fehlerhaft ist (§ 10 WpPG), ist das formale Kriterium der **Billigung** gem. Art. 20 ProspektVO maßgeblich.[424] Wurde ein unvollständiger, aber gleichwohl von der BaFin ge- 287

424 *Klöhn* DB 2012, 1854.

billigter Prospekt veröffentlicht, greift die Haftung wegen Fehlerhaftigkeit gem. § 10 WpPG; für richtige und vollständige, aber nicht gebilligte Prospekte gilt hingegen nach **hM** stets § 14 WpPG.[425]

288 Für das Fehlen eines Prospekts haften gem. § 14 WpPG **Emittent** und **Anbieter**, wenn sie jeweils gem. Art. 3 Abs. 1 ProspektVO zur Veröffentlichung eines Prospekts verpflichtet sind. Nur der Anbieter, nicht jedoch der Emittent haftet hingegen, wenn Wertpapiere beispielsweise im Rahmen einer Zweitplatzierung ohne Wissen des Emittenten angeboten werden.[426] Der Anleger muss die Wertpapiere vor Veröffentlichung eines Prospekts und innerhalb von sechs Monaten nach dem erstmaligen öffentlichen Angebot **erworben** haben (§ 14 Abs. 1 S. 1 WpPG).

289 Da es für § 14 WpPG an einer § 12 WpPG vergleichbaren Regelung fehlt, ist umstritten, ob und inwieweit die Haftung bei Fehlen eines Prospekts von der haftungsbegründenden **Kausalität** iSd § 12 Abs. 2 Nr. 1 WpPG und von einem **Verschulden** iSd § 12 Abs. 1 WpPG abhängig ist. Die unionsrechtskonforme Auslegung hilft insoweit nicht weiter, da Art. 11 ProspektVO lediglich allgemeine Vorgaben zur zivilrechtlichen Haftung und keine konkreten Aussagen zum Verschuldensmaßstab enthält.[427] Für die verschuldensunabhängige Haftung bei Fehlen eines Prospekts sprechen der Wortlaut des § 14 WpPG und die Systematik des Gesetzes, namentlich die Regelung der Ausschlussgründe in § 12 WpPG vor dem Haftungstatbestand gem. § 14 WpPG.[428] Zudem war im Referentenentwurf zu der Vorgängerregelung gem. § 13a VerkProspG aF ein Verschuldenserfordernis zunächst vorgesehen, später aber gestrichen worden. Für eine

---

425 OLG München BeckRS 2011, 25505; Arndt/Voß/*Kind* VerkProspG § 13a Rn. 5; *Groß* KapMarktR WpPG § 14 Rn. 4; NK-AktienKapMR/*Becker* WpPG § 24 Rn. 1; *Assmann/Kumpan* in Assmann/Schütze/Buck-Heeb KapAnlR-HdB § 5 Rn. 217; *Klöhn* DB 2012, 1854; AA *Fleischer* WM 2004, 1897.

426 Baumbach/Hopt/*Kumpan* WpPG § 24 Rn. 2.

427 Die Mitgliedstaaten, die ein zivilrechtliches Haftungsregime für fehlerhafte oder fehlende Prospekte aufgestellt haben, stellen auch unterschiedliche Anforderungen an den Verschuldensmaßstab: Die meisten Mitgliedstaaten verlangen Fahrlässigkeit. Estland, Frankreich und unter gewissen Umständen auch das Vereinigte Königreich verlangen Vorsatz und in fünf Mitgliedstaaten ist die Prospekthaftung als verschuldensunabhängige Haftung ausgestaltet (Bulgarien, Ungarn, Irland, Litauen, Slovenien). Siehe hierzu ESMA Report Comparison of liability regimes in Member States in relation to the Prospectus Directive, 30.5.2013, 13 (abrufbar unter: https://www.esma.europa.eu/sites/default/files/library/2015/11/2013-619_report_liability_-regimes_under_the_prospectus_directive_published_on_website.pdf).

428 *Groß* KapMarktR WpPG § 14 Rn. 4a; für die parallele Problematik in § 15 WpPG in Schwark/Zimmer/*Prescher* WpPG § 15 Rn. 4. Zu § 24 WpPG Holzborn/*Wackerbarth* WpPG § 24 Rn. 10. AA *Mülbert/Steup* in Habersack/Mülbert/Schlitt Unternehmensfinanzierung am Kapitalmarkt § 41 Rn. 123.

verschuldensabhängige Haftung gem. § 14 WpPG spricht jedoch, dass der Gesetzgeber in der Regierungsbegründung zur Vorgängerregelung des § 13a VerkProspG aF betont hatte, dass diese Vorschrift der verschuldensabhängigen Haftung für fehlerhafte Prospekte gem. § 13 VerkProspG aF (nunmehr §§ 9, 10 WpPG) nachgebildet ist.[429] Zudem wäre eine verschuldensunabhängige Haftung eine begründungsbedürftige Ausnahme im kapitalmarktrechtlichen Haftungssystem.[430] Besondere Gründe, weshalb die Haftung für das pflichtwidrige Fehlen eines Prospekts – im Gegensatz zur Haftung für fehlerhafte Prospekte gem. §§ 9, 10 WpPG – auch ohne Verschulden eintreten soll, sind jedoch nicht ersichtlich. Überzeugende Argumente sprechen daher für ein Verschuldenserfordernis in § 14 WpPG wie auch in §§ 9, 10 WpPG.[431] Fraglich ist dann allerdings, ob der allgemeine Verschuldensmaßstab iSd § 276 BGB und eine Haftung auch für einfache Fahrlässigkeit oder der erhöhte Verschuldensmaßstab in Form von Vorsatz und grober Fahrlässigkeit gelten sollen. Da von einer unbewussten Regelungslücke auszugehen ist, spricht die Vergleichbarkeit mit §§ 9, 10 WpPG für die analoge Anwendung des § 12 Abs. 1 WpPG und damit für den erhöhten Verschuldensmaßstab und die Umkehr der Beweislast.[432]

Im Weiteren ist auch die haftungsbegründende Kausalität zwischen 290 dem Fehlen des Prospekts und dem Erwerb der Wertpapiere ungeschriebene Haftungsvoraussetzung. Im Interesse des Anlegerschutzes gilt allerdings auch für die **haftungsbegründende Kausalität** eine Beweislastumkehr analog **§ 12 Abs. 2 Nr. 1 WpPG**. Emittent und Anbieter haften demnach nicht, wenn sie nachweisen können, dass der Anleger das Wertpapier auch bei Veröffentlichung eines Prospektes erworben hätte.[433] Die Grundsätze der Anlagestimmung können bei Fehlen eines Prospekts jedoch nicht angewendet werden.

---

429 RegE AnSVG, BT-Drs. 15/3174, 44.

430 Assmann/Schlitt/v. Kopp-Colomb/*Assmann* WpPG § 24 Rn. 22.

431 *Groß* KapMarktR WpPG § 14 Rn. 4a; Schwark/Zimmer/*Heidelbach* WpPG § 14 Rn. 10; MüKoHGB/*Singhof* Emissionsgeschäft Rn. 288; *Assmann/Kumpan* in Assmann/Schütze/Buck-Heeb KapAnlR-HdB § 5 Rn. 228f.; *Poelzig* BKR 2018, 357 (363).

432 Assmann/Schlitt/v. Kopp-Colomb/*Assmann* WpPG §§ 24 Rn. 23; *Groß* KapMarktR WpPG § 14 Rn. 4a; *Poelzig* BKR 2018, 357 (363).

433 So *Assmann/Kumpan* in Assmann/Schütze/Buck-Heeb KapAnlR-HdB § 5 Rn. 226; *Habersack* in Habersack/Mülbert/Schlitt KapMarktInfo-HdB § 28 Rn. 66; *Mülbert/Steup* in Habersack/Mülbert/Schlitt Unternehmensfinanzierung am Kapitalmarkt § 41 Rn. 104f.; *Schäfer* ZGR 2006, 40 (53). AA in Arndt/Voß/*Kind* VerkProspG § 13a Rn. 12; NK-AktienKapMR/*Becker* WpPG § 24 Rn. 18; *Benecke* BB 2006, 2597 (2599); *Fleischer* WM 2004, 1897 (1902).

Prüfungsschema § 14 WpPG

A. Voraussetzungen
  I. Fehlen eines Prospekts entgegen Art. 3 Abs. 1 ProspektVO
    → Inzidentprüfung der Prospektpflicht nach Art. 3 Abs. 1 ProspektVO
    → P1: Veröffentlichter, jedoch nicht gebilligter Prospekt
  II. Anspruchsberechtigter
    → Person, die vor Prospektveröffentlichung und innerhalb von sechs Monaten nach dem ersten öffentlichen Angebot erwirbt
  III. Anspruchsverpflichteter
    → Emittent und Anbieter
  IV. Verschulden
    → P2: Erfordernis des Verschuldens
    → P3: Entsprechende Anwendung von § 12 Abs. 1 WpPG
  V. Haftungsbegründende Kausalität
    → P4: Erfordernis der haftungsbegründenden Kausalität
    → P5: Entsprechende Anwendung von § 12 Abs. 2 Nr. 1 WpPG
  VI. Haftungsausfüllende Kausalität
    → P6: Erfordernis der haftungsausfüllenden Kausalität
  VII. Kein Ausschluss nach § 14 Abs. 4 WpPG bei Kenntnis des Anlegers

B. Rechtsfolge
  I. Erwerber noch Inhaber der Wertpapiere (§ 14 Abs. 1 WpPG)
    → Erstattung des Erwerbspreises bis zur Höhe des ersten Erwerbspreises und der mit dem Erwerb verbundenen üblichen Kosten Zug um Zug gegen Rückübertragung der Wertpapiere
  II. Erwerber nicht mehr Inhaber der Wertpapiere (§ 14 Abs. 2 WpPG)
    → Zahlung des Unterschiedsbetrags zwischen dem Erwerbspreis und dem Veräußerungspreis der Wertpapiere sowie der mit dem Erwerb und der Veräußerung verbundenen üblichen Kosten

d) Rechtsfolge der Prospekthaftung. Sind die Tatbestandsvoraussetzungen von § 9 Abs. 1 WpPG (iVm § 10 WpPG) bzw. § 14 Abs. 1 WpPG erfüllt, hat der Erwerber gem. §§ 9 Abs. 1, 14 Abs. 1 WpPG Anspruch auf **Erstattung** des **Erwerbspreises** sowie zusätzlich dazu auf die mit dem Erwerb verbundenen üblichen Kosten. Der Anspruch besteht Zug um Zug gegen Rückübertragung der Wertpapiere. Die Prospekthaftpflichtigen haften als **Gesamtschuldner** iSd § 421 BGB (§§ 9 Abs. 1 S. 1, 14 Abs. 1 S. 1 WpPG). Der Anspruch auf Erstattung des Erwerbspreises ist allerdings gem. §§ 9 Abs. 1, 10 WpPG auf den Ausgabe- bzw. **Emissionspreis** sowie gem. § 14 Abs. 1 WpPG auf den ersten Erwerbspreis begrenzt, da die Wertpapiere zu diesem Preis jeweils aufgrund des Prospektes veräußert werden. Nachfolgende Veränderungen des Preises beruhen nach Ansicht des Gesetzgebers nicht mehr auf dem Prospekt und sollen daher auch nicht zu Lasten der Prospektpflichtigen gehen.[434] 291

Beispiel 1: Der Ausgabepreis beträgt 50 EUR. Sodann steigt der Kurs auf 100 EUR. A erwirbt eine Aktie zu 100 EUR. Kommt es nun zu einem Kursverfall auf 20 EUR und besteht im Übrigen ein Prospekthaftungsanspruch, so hat A Anspruch auf Erstattung von 50 EUR gegen Rückgewähr der Aktie.

Beispiel 2: Der Ausgabekurs beträgt wiederum 50 EUR und es kommt zu einem Kursverfall auf 20 EUR. A erwirbt die Aktie aber erst jetzt zu 20 EUR. Der Kurs fällt weiter auf 10 EUR. Besteht im Übrigen ein Prospekthaftungsanspruch, so hat A Anspruch auf Erstattung von 20 EUR gegen Rückgewähr der Aktie.

Hat der Anspruchsberechtigte die Wertpapiere bereits weiterveräußert, kann er die Differenz zwischen dem Erwerbspreis (Grenze: Ausgabe- bzw. Emissionspreis) und dem Veräußerungspreis (inkl. Erwerbs- und Veräußerungskosten) verlangen (§§ 9 Abs. 2; 14 Abs. 2 WpPG).[435]

Beispiel 3: Der Ausgabekurs beträgt 50 EUR. Dann steigt der Kurs auf 100 EUR. A erwirbt eine Aktie zu 100 EUR. Kommt es nun zu einem Kursverfall auf 20 EUR und veräußert A die Aktie zu 20 EUR weiter, so hat A einen Anspruch auf Erstattung von 30 EUR, sofern im Übrigen ein Prospekthaftungsanspruch besteht.

Ohne Anspruch bleiben Anleger allerdings, wenn Erwerbs- und Veräußerungspreis jeweils über dem Ausgabe- bzw. ersten Erwerbspreis liegen, auch 292

434 Begr. RegE 3. FFG, BT-Drs. 13/8933, 78.
435 Auch wenn die Begrenzung auf den ersten Erwerbspreis im Wortlaut des § 14 Abs. 2 WpPG keinen unmittelbaren Niederschlag findet, ist davon auszugehen, dass der Verweis in § 14 Abs. 2 S. 1 WpPG auf § 14 Abs. 1 WpPG auch die Beschränkung auf den ersten Erwerbspreis erfasst.

wenn der Veräußerungspreis unter dem Erwerbspreis liegt und der Anleger damit Verluste erleidet. Im Hinblick darauf, dass der Prospekt nur auf den Ausgabe- bzw. ersten Erwerbspreis Einfluss nimmt und die Entwicklung sowohl des nachfolgenden Erwerbs- als auch Veräußerungspreises hiervon unbeeinflusst bleiben, entspricht dieses Ergebnis aber Sinn und Zweck der Prospekthaftung.[436]

Beispiel 4: Der Ausgabekurs beträgt 30 EUR. Der Kurs steigt anschließend auf 100 EUR. A erwirbt die Aktie zu 100 EUR; im Weiteren fällt der Kurs auf 50 EUR und A veräußert die Aktie nunmehr für 50 EUR weiter. Da der Veräußerungspreis zwar unter dem Erwerbspreis, aber über dem Ausgabepreis liegt, hat A keinen Anspruch aus § 9 WpPG.

293 Schließlich muss für die Haftung wegen fehlerhafter Prospekte gem. §§ 9, 10 WpPG eine **haftungsausfüllende Kausalität** vorliegen. Dass eine solche materiell-rechtlich erforderlich ist, folgt aus § 12 Abs. 2 Nr. 2 WpPG. Danach besteht ein Anspruch nach den §§ 9 oder 10 WpPG nicht, sofern der Sachverhalt, über den unrichtige oder unvollständige Angaben im Prospekt enthalten sind, nicht zu einer Minderung des Börsenpreises der Wertpapiere beigetragen hat. Der Sachverhalt, über den unrichtige oder unvollständige Angaben im Prospekt enthalten sind, muss damit tatsächlich zu der Minderung des Börsenpreises geführt haben. Gelingt dem Anspruchsteller ein solcher Nachweis vor Gericht nicht, so wird seine Klage gleichwohl allein deswegen nicht abgewiesen. Denn § 12 Abs. 2 WpPG kehrt die Beweislast hinsichtlich der haftungsausfüllenden Kausalität um.[437] Die Beweislast für das Fehlen der Kausalität zwischen Veröffentlichung des Prospekts und Erwerb der Wertpapiere obliegt nach § 12 Abs. 2 Nr. 2 WpPG dem Anspruchsgegner.[438] Er muss also darlegen und bei erheblichem Bestreiten des klagenden Anspruchstellers beweisen, dass der Sachverhalt, über den unrichtige oder unvollständige Angaben im Prospekt enthalten sind, nicht zu einer Minderung des Börsenpreises der Wertpapiere beigetragen hat, will er den Anspruch zu Fall bringen.

Die Beweislastumkehr ist beispielsweise widerlegt, wenn eine allgemeine Wirtschaftskrise nachweislich zum Verfall der Kurse geführt hat.

---

436 BT-Drs. 13/8933, 78; *Ellenberger* Prospekthaftung im Wertpapierhandel 60.

437 Baumbach/Hopt/*Kumpan* WpPG § 23 Rn. 2; BT-Drs. 13/8933, 80; Kümpel/Mülbert/Früh/Seyfried/*Oulds* KapMarktR Rn. 15.839; ähnlich *Habersack* in Habersack/Mülbert/Schlitt KapMarktInfo-HdB § 28 Rn. 48.

438 Baumbach/Hopt/*Kumpan* WpPG § 23 Rn. 2; vgl. auch RegE 3. FFG, BT-Drs. 13/8933, 80.

Handelt es sich bei dem Emittenten um eine AG oder eine KGaA, kollidiert der Prospekthaftungsanspruch aus §§ 9 Abs. 1 S. 1, 10, 14 WpPG mit dem gesellschaftsrechtlichen **Kapitalerhaltungsgrundsatz**. Muss die AG oder KGaA als Emittent die Aktien gegen Erstattung des Erwerbspreises zurücknehmen, verstößt das nach dem Wortlaut des § 57 Abs. 1 S. 1 AktG insbesondere gegen das **Verbot der Einlagenrückgewähr**. Für die Auflösung dieses Konflikts werden unterschiedliche Auffassungen vertreten.[439] Eine kaum noch vertretene Ansicht[440] geht von einem unbedingten Vorrang des gesellschaftsrechtlichen Kapitalerhaltungsgrundsatzes aus: Die Ansprüche aus §§ 9 ff. WpPG werden durch das Verbot der Einlagenrückgewähr verdrängt. Diese Ansicht verstößt aber gegen die Konzeption der ProspektVO, nach dessen Art. 2 lit. a) iVm Art. 4 Abs. 1 Nr. 44 lit. a) MiFID II Aktien ausdrücklich erfasst sind. Eine aA, die auf die Rechtsprechung des RG[441] zurückzuführen ist, unterscheidet zwischen dem originären „Zeichnungs-" und dem derivativen „Umsatzerwerb". Erwirbt der Anleger als Zweiterwerber die Aktien auf dem Sekundärmarkt (Umsatzerwerb), stehe er der Gesellschaft wie ein sonstiger deliktischer Drittgläubiger gegenüber, so dass die Prospekthaftung insoweit vorrangig sei.[442] Das Verbot der Einlagenrückgewähr erfasse nur Zahlungen, die an einen Aktionär aufgrund seiner Mitgliedschaft erfolgen. Dies aber sei nur bei dem „Zeichnungserwerb" des Anlegers als Ersterwerber auf dem Primärmarkt der Fall. Die inzwischen wohl **hM** geht hingegen mit überzeugenden Argumenten von einem generellen **Vorrang der Prospekthaftung** gegenüber dem aktienrechtlichen Verbot der Einlagenrückgewähr aus, unabhängig davon, ob es sich um einen originären oder derivativen Erwerb handelt.[443] Der generelle Vorrang der §§ 9 ff. WpPG lässt sich damit begründen, dass die neuere Norm (WpPG) der älteren 294

439 Zu diesem Streit *Lenenbach* KapMarktR Rn. 11.636 ff.
440 Zurückzuführen auf RGZ 54, 128 – Preußische Hypotheken-Aktienbank; bestätigt durch RGZ 62, 29 (K. F. J. & H. AG i. L.) = JW 1906, 32.
441 RGZ 71, 97 (99); 88, 271 (272).
442 OLG Frankfurt a. M. AG 2000, 132 (134); GK-AktG/*Henze* § 57 Rn. 19 ff., 4. Aufl. 2003; *ders.* NZG 2005, 115 ff. Sich wohl anschließend *Kort* NZG 2005, 496 (498).
443 Hölters/*Laubert* AktG § 57 Rn. 3; *Hüffer/Koch* AktG § 57 Rn. 5; MüKoAktG/*Bayer* § 57 Rn. 23 ff.; Schmidt/Lutter/*Fleischer* AktG § 57 Rn. 37; Schwark/Zimmer/*Zimmer/Grotheer* WpHG §§ 37b, 37c Rn. 11 ff.; Spindler/Stilz/*Cahn/v. Spannenberg* AktG § 57 Rn. 47 f.; *Bayer* WM 2013, 961 (969); *Möllers* BB 2005, 1637 (1640). Wohl auch MHdB GesR IV/*Wieser*, 3. Aufl. 2007, § 16 Rn. 58; OLG Stuttgart NZG 2008, 951 (952); LG Frankfurt a. M. WM 1998, 1181. Für §§ 37b, 37c WpHG ebenfalls BGH NZG 2007, 269; BGH NJW 2008, 76 (78). Allerdings für die Prospekthaftung offen lassend BGH NJW 2005, 2450 (2451) – EM-TV.

(*lex posterior derogat legi priori*) und auch die spezielle (WpPG) der allgemeinen Regelung (AktG) *lex specialis* vorgeht.[444] Vor allem aber ist der nationale Gesetzgeber nach Art. 11 ProspektVO unionsrechtlich verpflichtet, eine Prospektpflicht einzuführen,[445] während die Einlagenrückgewähr im Unionsrecht hingegen nicht verboten ist.[446]

295 Haftungsbeschränkende Vereinbarungen vor Entstehung des Anspruchs sind unzulässig (§ 16 Abs. 1 WpPG). Grund hierfür ist, dass mit der Prospekthaftung die Prospektpflicht durchgesetzt werden soll, die (auch) dem öffentlichen Interesse an der Funktionsfähigkeit des Kapitalmarktes dient und über die der anspruchsberechtigte Anleger grundsätzlich nicht verfügen kann. Ist der Anspruch bereits entstanden, ist hingegen ein Vergleich gem. § 779 BGB oder Erlass gem. § 397 BGB möglich.

296 **e) Konkurrenzen.** Neben der spezialgesetzlichen Prospekthaftung bleiben gem. § 16 Abs. 2 WpPG weitergehende vertragliche und deliktsrechtliche Ansprüche unberührt. Ansprüche gem. § 823 Abs. 2 BGB iVm Art. 3 ProspektVO als Schutzgesetz sind jedoch ausgeschlossen, da es sich insoweit nicht um weitergehende Ansprüche handelt und §§ 9 ff. WpPG als *lex specialis* vorrangig sind. Anspruchskonkurrenz besteht hingegen insbesondere zu §§ 826 BGB, 823 Abs. 2 BGB iVm §§ 263, 264a StGB; § 400 AktG. Fraglich ist, ob und inwieweit die sog allgemeine bürgerlich-rechtliche Prospekthaftung ieS im Anwendungsbereich der spezialgesetzlichen Prospekthaftung noch Geltung beanspruchen kann (dazu → Rn. 341 ff.). Eine Haftung aus einem Vertrag mit Schutzwirkung zu Gunsten Dritter des Zweiterwerbers gegen den Emittenten aus dem Kaufvertrag zwischen dem Ersterwerber und dem Emittenten besteht nicht.[447]

297 **Fall 6 (nach BGH NJW 2014, 2345):**[448] Die T-AG legt zur Börsenzulassung von Anleihen einen Wertpapierprospekt auf. Dieser enthält Planrechnungen für die folgenden fünf Jahre, einschließlich Gewinnprognosen und -schätzungen. Im März desselben Jahres beauftragt die T-AG die Wirtschaftsprüfergesellschaft W damit, die Rechnungslegungsunterlagen zu prüfen, um diesen Prüfbericht im Wertpapierprospekt zu veröffentlichen. Der

444 BT-Drs. 13/8933, 78.
445 Vgl. dazu MüKoAktG/*Bayer* § 57 Rn. 25; *Groß* KapMarktR WpPG § 9 Rn. 16 mwN.
446 MüKoAktG/*Bayer* § 57 Rn. 23; *Hüffer/Koch* AktG § 57 Rn. 5; Spindler/Stilz/*Cahn/v. Spannenberg* AktG § 57 Rn. 49.
447 BGH NJW 2017, 3777.
448 Ausführlich hierzu *Ebke* ZGR 44 (2015), 325 ff.

von W verfasste Prüfbericht endet mit der zusammenfassenden Feststellung, dass die Gewinnprognosen und -schätzungen in Übereinstimmung mit den angegebenen Grundlagen ordnungsgemäß aufgestellt worden seien. Das Testat wird in dem im April veröffentlichten Wertpapierprospekt abgedruckt. Im Juli erwirbt der Anleger A mehrere Anleihen der T-AG zum Preis von 9.000 EUR. Zur Übertragung der Anleihen auf A kommt es indes nicht mehr, da die T-AG inzwischen Insolvenz anmelden musste. A will nun die W auf Rückzahlung der 9.000 EUR in Anspruch nehmen, da W einen Fehler in der Planrechnung der T-AG übersehen und insoweit ein falsches Testat im Prospekt abgegeben hat. Mit Erfolg?

Lösung: A. Anspruch A gegen W aus Prospekthaftung gem. § 9 Abs. 1 WpPG 298

Zwar handelt es sich vorliegend um einen fehlerhaften **Börsenzulassungsprospekt** iSd Art. 3 Abs. 3 ProspektVO. Wirtschaftsprüfer zeichnen aber lediglich für einzelne Teile des Prospekts verantwortlich und übernehmen keine Gesamtverantwortung für den Prospekt. Sie sind damit nach überwiegender Auffassung weder **Prospektverantwortliche** noch -veranlasser iSd § 9 Abs. 1 WpPG. Sie haften der hM zufolge daher nicht nach Maßgabe von § 9 WpPG (→ Rn. 265).[449]

B. Anspruch A gegen W aus § 280 Abs. 1 BGB iVm § 311 Abs. 3 BGB

Zu denken ist an eine Haftung nach den Grundsätzen **der bürgerlichrechtlichen Prospekthaftung ieS** aus § 280 Abs. 1 BGB iVm § 311 Abs. 3 BGB (hierzu noch ausführlich → Rn. 329 ff.). Dabei kann offenbleiben, ob der Wirtschaftsprüfer hier kraft seiner Sachkunde als Garant für die Richtigkeit des Prospekts einzustehen hat.[450] Denn ein Anspruch aus bürgerlichrechtlicher Prospekthaftung ieS gem. § 280 Abs. 1 BGB iVm § 311 Abs. 3 BGB scheidet bereits nach § 16 Abs. 2 WpPG aus, wonach neben der spezialgesetzlichen Prospekthaftung weitergehende Ansprüche unberührt bleiben, die auf Grund von Verträgen oder unerlaubten Handlungen erhoben werden können. Da die bürgerlich-rechtliche Prospekthaftung ieS ebenfalls an ein im Prospekt typisiertes Vertrauen anknüpft,[451] kommt sie gem. § 16 Abs. 2 WpPG im Anwendungsbereich der spezialgesetzlichen Prospekthaftung nicht zur Anwendung (→ Rn. 342). Insoweit entfaltet § 9 Abs. 1 WpPG Sperrwirkung gegenüber der bürgerlich-rechtlichen Prospekthaftung ieS. gem. § 280 Abs. 1 BGB iVm § 311 Abs. 3 BGB. Das ist auch und erst recht dann der Fall, wenn der spezialgesetzliche Anspruch aus § 9 WpPG – wie hier – im Ergebnis nicht besteht. Grund für die Sperrwirkung ist nicht

449 Assmann/Schlitt/*v. Kopp-Colomb/Assmann* WpPG §§ 21–23 Rn. 84 (mwN aus den Jahren 2000–2010); kritisch *Groß* KapMarktR WpPG § 14 Rn. 36 f.
450 Vgl. *Schulze* BGB § 311 Rn. 22; Jauernig/*Stadler* BGB § 311 Rn. 65.
451 Bamberger/Roth/Hau/Poseck/*Sutschet* BGB § 311 Rn. 125; Erman/*Kindl* BGB § 311 Rn. 96a ff.; vgl. auch BGH NZG 2014, 741, der die Haftung auf VSD stützt.

das tatsächliche Bestehen eines Anspruchs nach § 9 Abs. 1 WpPG, sondern die abschließende Wertung des Gesetzgebers zur Haftung für Verstöße gegen die Prospektpflicht, die er mit der beschränkten Ausgestaltung der spezialgesetzlichen Prospekthaftung in der Prospekt-VO getroffen hat.

C. Anspruch A gegen W nach § 280 Abs. 1 BGB iVm den Grundsätzen des Vertrages mit Schutzwirkung zugunsten Dritter (VSD)

A könnte gegen W jedoch einen Anspruch auf Schadensersatz in Höhe von 9.000 EUR aus § 280 Abs. 1 BGB iVm den Grundsätzen des VSD haben.[452]

I. Anwendbarkeit

Fraglich ist auch hier zunächst, ob der Schadensersatzanspruch nach § 280 Abs. 1 BGB iVm den Grundsätzen des VSD neben § 9 WpPG zur Anwendung kommen kann. Der Anspruch knüpft an eine Pflichtverletzung iSv § 280 Abs. 1 S. 1 BGB an, namentlich an die Verletzung der vertraglichen Pflicht des Wirtschaftsprüfers zur sorgfältigen Prüfung der Unterlagen und nicht an die Fehlerhaftigkeit des Prospekts. Demzufolge handelt es sich um einen weitergehenden Anspruch iSd § 16 Abs. 2 WpPG, der neben der spezialgesetzlichen Prospekthaftung zur Anwendung kommen kann.

II. Schuldverhältnis gem. § 280 Abs. 1 S. 1 BGB

Das für § 280 Abs. 1 S. 1 BGB erforderliche Schuldverhältnis könnte hier in dem zwischen der T-AG und W geschlossenen Vertrag liegen. Da vorliegend jedoch A selbst nicht Vertragspartei ist, müssten die tatbestandlichen Voraussetzungen eines Vertrages mit Schutzwirkung zugunsten Dritter vorliegen.

1. Vertrag zwischen T-AG und W

Die T-AG betraut die W mit der Prüfung der Rechnungslegungsgrundlagen und der Erstellung eines Prüfberichts. Damit besteht ein **Vertrag** zwischen der T-AG und W gem. § 611 BGB.

2. Leistungsnähe

Um selbst einen Anspruch aus diesem Schuldverhältnis geltend machen zu können, müsste A in den Schutzbereich des Vertrags zwischen der T-AG und W einbezogen sein. Die hierfür erforderliche **Leistungsnähe** setzt voraus, dass A bestimmungsgemäß mit den Gefahren des Vertrages ebenso in Berührung kommt wie die T-AG. Voraussetzung ist, „dass eine von Sachkunde geprägte Stellungnahme oder Begutachtung den Zweck hat, das Vertrauen eines Dritten zu erwecken und – für den Sachkundigen hinreichend erkennbar – Grundlage einer Entscheidung mit wirtschaftlichen Folgen zu werden."[453] Die vertraglich vereinbarte und gem. Art. 3 Abs. 3 iVm Inhalt

452 Auf welche Rechtsgrundlage Ansprüche aus VSD gestützt werden können, ist umstritten: Während sich der BGH in neuerer Zeit der ergänzenden Vertragsauslegung bedient, stützen andere Stimmen im Schrifttum den VSD auf §§ 280 Abs. 1, 311 Abs. 3 S. 1, 241 Abs. 2 BGB oder auf § 328 BGB analog. Unabhängig von der Rechtsgrundlage ist man sich über die Voraussetzungen für einen Vertrag zugunsten Dritter aber einig. Vgl. dazu *Brox/Walker* SchuldR AT § 33 Rn. 6.

453 BGH NJW 2014, 2345 Rn. 14.

der Wertpapierbeschreibung in Anh. III ProspektVO gesetzlich erforderliche Veröffentlichung des Prüfberichts im Wertpapierprospekt soll die Anleger informieren und dementsprechend Grundlage ihrer Anlageentscheidung werden. A kommt mit der Leistung der W demnach bestimmungsgemäß in Berührung.

3. Gläubigerinteresse

Fraglich ist, ob die T-AG ein besonderes Interesse an der Einbeziehung des A in den Schutzbereich des Vertrages hat. Zwar fehlt es hier an einer Wohl-und-Wehe-Beziehung zwischen der T-AG und A. Die T-AG möchte den Prüfbericht aber vereinbarungsgemäß als Anhang des Wertpapierprospekts gegenüber Anlegern verwenden, die davon ihre Anlageentscheidung und damit wesentliche wirtschaftliche Dispositionen abhängig machen. Gegen die Gläubigernähe spricht mit der **hL**, dass die T-AG und A gegenläufige Interessen verfolgen, denn die T-AG möchte ihre Wertpapiere teuer veräußern und ist daher an einem möglichst positiven Prüfbericht interessiert; Anleger A möchte sie hingegen günstig erwerben und ist folglich auch an der Offenlegung negativer Tatsachen im Prüfbericht interessiert. Die Annahme eines Gläubigerinteresses der T-AG an der Einbeziehung der Anleger in den Schutzbereich des Vertrags mit W liefe hier auf eine Fiktion hinaus[454] und der Anspruch wäre nach überzeugender Auffassung bereits an dieser Stelle mangels Gläubigernähe ausgeschlossen. Die **Rspr.** geht hingegen gleichwohl davon aus, dass Personen, die eine besondere, vom Staat bestätigte Sachkunde aufweisen, und in dieser Funktion Gutachten erstellen, wie zB Wirtschaftsprüfer, Steuerberater oder öffentlich bestellte und vereidigte Sachverständige, uU auch nach den Grundsätzen des VSD gegenüber Dritten haften, denen gegenüber der Auftraggeber von dem Gutachten bestimmungsgemäß Gebrauch macht.[455] Folgt man der Rspr., ist also trotz der gegenläufigen Interessen eine Gläubigernähe nicht ausgeschlossen.[456] Der auf Schutz des Anlegers gerichtete Parteiwille der T-AG und damit die Gläubigernähe folgen demnach hier daraus, dass die T-AG den Prüfbericht nur deshalb in Auftrag gibt, um die Anleger auf dieser Grundlage zum Erwerb zu bewegen.[457]

---

454 *Oechsler* LMK 2004, 178 (179); *Medicus/Lorenz* SchuldR AT Rn. 874; *Canaris* ZHR 163 (199), 206 (215 f.).

455 BGH NJW 2014, 2345 Rn. 12. Zu den Voraussetzungen des VSD *Brox/Walker* SchuldR AT § 33 Rn. 7 ff.

456 BGH NJW 2014, 2345 Rn. 13; BGH NJW 1998, 1059 (1060); BGH NJW 1995, 392; BGH NJW 1987, 1758 (1759 f.). Offen gelassen in BGH NJW-RR 2011, 462. Krit. die hL: *Canaris* JZ 1995, 441; *Looschelders* SchuldR AT § 9 Rn. 11 f.; *Medicus/Lorenz* SchuldR AT Rn. 871; *Medicus/Petersen* BürgerlR Rn. 846a; *Westermann/Bydlinski/Weber* SchuldR AT Rn. 16/12.

457 BGH NJW 2014, 2345 Rn. 12. Anders hingegen BGH NJW 2013, 1877 Rn. 9, der die Einbeziehung der Kläger in den Schutzbereich des Vertrags mit der Wirtschaftsprüfungsgesellschaft ohne nähere Begründung verneint und stattdessen Ansprüche aus der bürgerlich-rechtlichen Prospekthaftung ieS gem. §§ 311 Abs. 3 S. 2; 280 Abs. 1; 241 Abs. 2 BGB sowie aus § 823 Abs. 2 BGB iVm § 264a StGB und § 332 HGB, § 826 BGB bejaht.

4. Erkennbarkeit

Folgt man der Rspr. und bejaht die Gläubigernähe, müssten die Leistungs- und Gläubigernähe des A weiterhin bei Vertragsschluss auch für die W erkennbar gewesen sein. Die W kannte die Zweckbestimmung des von der T-AG erteilten Prüfauftrages und musste somit objektiv damit rechnen, dass die von dem Wertpapierprospekt adressierten Anleger und somit auch A in Leistungs- und Gläubigernähe standen.

5. Schutzbedürftigkeit

A müsste schließlich auch **schutzbedürftig** sein. Die Schutzbedürftigkeit des A entfällt jedoch, wenn ihm ein gleichwertiger eigener Anspruch zusteht. In Frage kommt der bestehende Anspruch des A gegen die T-AG nach § 9 Abs. 1 WpPG wegen der Fehlerhaftigkeit des Prospekts. Die Schutzbedürftigkeit scheitert nicht schon daran, dass der Prospekthaftungsanspruch wegen der Insolvenz der T-AG faktisch nicht durchsetzbar und damit für A wertlos ist. Auch auf die unterschiedlichen Verjährungsregeln, mit denen der BGH in seiner Entscheidung im Jahr 2014 die fehlende Gleichwertigkeit noch begründet hat, kann nicht (mehr) abgestellt werden, da die spezialgesetzlichen Prospekthaftungsansprüche nunmehr ebenfalls nach den allgemeinen Vorschriften gem. §§ 195 ff. BGB verjähren.[458] Die **Gleichwertigkeit** zwischen Prospekthaftung und VSD ist auch nicht – wie der BGH zusätzlich betonte – wegen der **unterschiedlichen Zielrichtung** der beiden Rechtsinstitute gegeben.[459] Die Prospekthaftung ist aber deshalb nicht gleichwertig, weil sie dem geschädigten Anleger nur sonderdeliktsrechtliche und keine vertraglichen Ansprüche verschafft und ihre Rechtsfolge im Vergleich zu § 280 Abs. 1 BGB iVm den Grundsätzen des VSD weniger weit reicht. So sind auf den Anspruch gem. § 9 Abs. 1 WpPG die §§ 249 ff. BGB und damit insbesondere § 252 BGB (Ersatz des entgangenen Gewinns) nicht anwendbar.

III. Pflichtverletzung gem. § 280 Abs. 1 S. 1 BGB

W müsste auch eine aus dem Schuldverhältnis zwischen W und T-AG folgende Pflicht verletzt haben. Der Prüfbericht der W bestätigt die Rechnungsgrundlagen für die Gewinnprognosen der T-AG, obwohl zumindest eine Planrechnung nachgewiesenermaßen fehlerhaft war. Durch diese fehlerhafte Erstellung des Prüfberichts hat W die über die Grundsätze des VSD auch gegenüber A bestehende Pflicht verletzt. Eine Haftung nach § 280 Abs. 1 S. 1 BGB scheidet aus, wenn der Schuldner die Pflichtverletzung nicht zu vertreten hat. Es ist aus dem Sachverhalt nicht ersichtlich, dass W die Pflichtverletzung nicht zu vertreten hat (siehe § 280 Abs. 1 S. 2 BGB).

IV. Kausaler Schaden

Fraglich ist im Weiteren, welcher Schaden A durch die Pflichtverletzung entstanden und wie er zu ersetzen ist. Der Schadensumfang richtet sich

458 BGH NJW 2014, 2345 (2347) Rn. 22 aE.
459 BGH NJW 2004, 3420 (3421).

nach §§ 249 ff. BGB und ist somit grundsätzlich auf Naturalrestitution gerichtet. Die geprüften Gewinnerwartungen des Emittenten sind wesentliche Informationen, von denen A seine Anlageentscheidung abhängig gemacht hat. Daher kann A den gesamten Vertragsabschlussschaden von W ersetzt verlangen. Dieser liegt bei A in dem Erwerbspreis iHv 9.000 EUR. Da es sich bei W nicht um den Emittenten handelt, treten hierbei auch keine Konflikte mit dem aktienrechtlichen Kapitalerhaltungsgrundsatz gem. §§ 57, 71 f. AktG auf (hierzu näher → Rn. 294).

Ergebnis: A hat gegen W einen Anspruch auf Schadensersatz iHv 9.000 EUR.

II. Spezialgesetzliche Prospektpflicht und -haftung bei Investmentvermögensanteilen

Für den Vertrieb von Investmentvermögensanteilen (zu dem Begriff → Rn. 86 ff.) sind dem Anleger uU ein Verkaufsprospekt bzw. sonstige Informationen zur Verfügung zu stellen. Für Art und Umfang der erforderlichen Informationen ist zwischen Publikumsinvestmentvermögen und Spezial-AIF und damit nach dem jeweils adressierten Anlegerkreis zu differenzieren. Eine echte Prospektpflicht gilt nur für offene und geschlossene Publikumsinvestmentvermögen (§§ 164, 268 KAGB), die grundsätzlich von allen Anlegern, auch von Privatanlegern, erworben werden können (→ Rn. 104). Im Falle von Spezial-AIF, deren Anteile ausschließlich (semi-)professionelle Anleger erwerben können, sind gem. § 307 KAGB nur bestimmte Informationen vor Vertragsschluss zur Verfügung zu stellen. 299

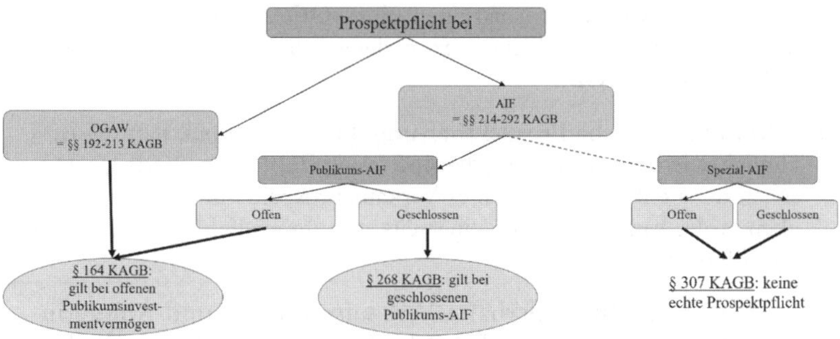

1. Publikumsinvestmentvermögen

300 **a) Prospekt- und Anlegerinformationspflicht.** Für alle Arten von **Publikumsinvestmentvermögen**, dh OGAW und AIF, deren Anteile (auch) von Privatanlegern erworben werden können, muss die KVG ein Verkaufsprospekt und in einem separaten Dokument die wesentlichen Anlegerinformationen (*Key Information Documents*: KID) erstellen. Für offene Publikumsinvestmentvermögen sind die Einzelheiten, insbesondere die notwendigen Mindestangaben des Verkaufsprospekts sowie Form und Inhalt der wesentlichen Anlegerinformationen, in §§ 164–166 KAGB geregelt, für geschlossene Publikums-AIF in §§ 268–270 KAGB, die allerdings in weiten Teilen auf die §§ 164 ff. KAGB verweisen. Die **Verkaufsprospekte** müssen demnach alle erforderlichen Informationen enthalten, damit sich die Anleger über die ihnen angebotene Anlage und insbesondere über die damit verbundenen Risiken ein begründetes Urteil bilden können (§§ 165 Abs. 1, 268 Abs. 1 KAGB). Das separate Dokument mit den **wesentlichen Anlegerinformationen (KID)** ist kurz und in allgemein verständlicher Sprache abzufassen und auf diejenigen Angaben zu den wesentlichen Merkmalen des Investmentvermögens zu beschränken, die Anleger benötigen, um Art und Risiken des Anlageprodukts verstehen zu können (§§ 166 Abs. 1–3; 270 Abs. 1 KAGB). Dies ähnelt inhaltlich den wesentlichen Schlüsselinformationen, die für Wertpapierprospekte gem. Art. 7 Abs. 1 UAbs. 1 ProspektVO in die Zusammenfassung des Prospekts selbst aufzunehmen sind. Anders als in der ProspektVO und im VermAnlG ist eine **Billigung** des Verkaufsprospekts oder der wesentlichen Anlegerinformationen durch die BaFin im KAGB nicht vorgesehen. Verkaufsprospekt und wesentliche Anlegerinformationen eines OGAW sind lediglich bei der BaFin unverzüglich nach erstmaliger Verwendung einzureichen (§ 164 Abs. 4 KAGB).

301 **b) Zivilrechtliche Prospekthaftung.** Für die Prospekthaftung ist – ähnlich wie bereits im Falle der §§ 9 ff. WpPG (→ Rn. 268 ff.) – zwischen der Fehlerhaftigkeit eines Verkaufsprospekts und der wesentlichen Anlegerinformationen einerseits und ihrem Fehlen andererseits zu differenzieren.

302 **aa) Haftung für fehlerhafte Verkaufsprospekte und Anlegerinformationen (KID).** § 306 Abs. 1 KAGB regelt die Haftung für fehlerhafte Verkaufsprospekte iSd §§ 164 f., 268 f. KAGB; § 306 Abs. 2

KAGB die Haftung für fehlerhafte wesentliche Anlegerinformationen iSd §§ 166, 270 KAGB.

(a) **Anspruchsverpflichtete und -berechtigte.** Die **KVG** (zu dem Begriff → Rn. 127 ff.), sonstige Prospektverantwortliche und -veranlasser und der gewerbsmäßige **Verkäufer** der Investmentanteile und -aktien, zB. Finanzdienstleistungsinstitute, haften gem. § 306 Abs. 1 KAGB für fehlerhafte Angaben im **Verkaufsprospekt**. Die KVG und der gewerbsmäßige Verkäufer haften unter den Voraussetzungen des § 306 Abs. 2 KAGB auch für fehlerhafte Anlegerinformationen. Für die Begriffe der **Prospektverantwortlichen** und **-veranlasser** gelten die Ausführungen zum WpPG entsprechend (→ Rn. 263 ff.). Die in § 306 Abs. 1 und 2 KAGB genannten Personen haften als Gesamtschuldner iSd § 421 BGB. Ihre Haftung ist ausgeschlossen, wenn sie die Fehlerhaftigkeit weder positiv kannten noch grob fahrlässig nicht kannten (→ Rn. 306). § 306 Abs. 4 KAGB erweitert den Kreis der Anspruchsverpflichteten zudem auf gewerbsmäßige Vermittler des Verkaufs oder Vertreter. Diese haften allerdings nur, wenn sie die Fehlerhaftigkeit positiv kannten. Wie auch nach § 9 Abs. 1 S. 1 WpPG haften **Experten** – wie Rechtsanwälte oder Wirtschaftsprüfer – grundsätzlich nicht für die Fehlerhaftigkeit des Verkaufsprospekts (→ Rn. 265). Anspruchsberechtigt ist der **Käufer** der Anteile. Anders als im Fall der §§ 9 ff. WpPG kommt es auf den Zeitpunkt des Kaufes nicht an. 303

(b) **Fehlerhaftigkeit des Verkaufsprospekts oder der Anlegerinformationen.** Voraussetzung der Prospekthaftung ist gem. § 306 Abs. 1 KAGB eine unrichtige oder unvollständige Angabe im **Verkaufsprospekt**. Die unrichtigen oder unvollständigen Angaben müssen für die Beurteilung der Investmentanteile bzw. -aktien von **„wesentlicher Bedeutung"** sein (§ 306 Abs. 1 S. 1 KAGB). Beurteilungsmaßstab für die Fehlerhaftigkeit ist der Gesamteindruck des durchschnittlich verständigen Anlegers.[460] Da Anteile an Publikumsinvestmentvermögen (auch) von Privatanlegern erworben werden können, kann es, anders als für Börsenzulassungsprospekte (→ Rn. 274), für die Feststellung des maßgeblichen Beurteilungshorizonts nicht auf den börsenkundigen Anleger ankommen. § 306 Abs. 2 KAGB regelt die Haftung für irreführende, unrichtige oder mit dem Verkaufsprospekt unvereinbare, nicht hingegen für unvoll- 304

460 *Buck-Heeb* KapMarktR Rn. 316. Zum InvG: *Lenenbach* KapMarktR Rn. 14.121.

ständige Angaben in den **wesentlichen Anlegerinformationen (KID).**

305 (c) **Haftungsausschlussgründe.** § 306 Abs. 3 KAGB sieht parallel zu § 12 WpPG Haftungsausschlussgründe vor, deren Nichtvorliegen die in Anspruch genommenen Personen beweisen müssen. Die Haftung ist gem. § 306 Abs. 3 S. 2 Nr. 2 KAGB ausgeschlossen, wenn der Anleger die Investmentanteile oder –aktien nicht **„aufgrund"** des fehlerhaften Verkaufsprospekts bzw. der fehlerhaften wesentlichen Anlegerinformationen erworben hat (**haftungsbegründende Kausalität**). Ebenso wie bei der Wertpapierprospekthaftung (vgl. § 12 Abs. 2 Nr. 1 WpPG) gilt seit Juli 2014 diesbezüglich eine Beweislastumkehr.[461] Hiermit wollte der Gesetzgeber den Gleichlauf zu den entsprechenden Bestimmungen nach dem WpPG und dem VermAnlG herstellen.[462] Da eine § 12 Abs. 2 Nr. 3 WpPG; § 20 Abs. 4 Nr. 2 VermAnlG vergleichbare Regelung in § 306 KAGB fehlt, ist eine Wertminderung der Investmentanteile durch die Fehlerhaftigkeit nicht nötig.

306 Nach § 306 Abs. 2 S. 1 KAGB kann eine Gesellschaft, eine Person oder diejenige Stelle, welche die Anteile oder Aktien im eigenen Namen gewerbsmäßig verkauft hat, nicht nach § 306 Abs. 1 KAGB in Anspruch genommen werden, wenn sie nachweist, dass sie die Unrichtigkeit oder Unvollständigkeit des Verkaufsprospekts gekannt hat und die Unkenntnis nicht auf grober Fahrlässigkeit beruht. Aus dieser Beweislastregel lässt sich – wie bei § 12 Abs. 1 WpPG (→ Rn. 281)– folgern: Der Anspruch nach § 306 Abs. 1 KAGB erfordert materiell-rechtlich ein **Verschulden** des Anspruchsgegners in Form von Kenntnis oder grob fahrlässiger Unkennntnis der Fehlerhaftigkeit. § 306 Abs. 2 S. 1 KAGB kehrt die Darlegungs- und Beweislast insoweit um. Der Beklagte muss darlegen und bei erheblichem Bestreiten des Klägers beweisen, dass er die Unrichtigkeit oder Unvollständigkeit des Verkaufsprospekts nicht gekannt hat und seine Unkenntnis auch nicht auf grober Fahrlässigkeit beruht. Auch eine § 12 Abs. 2 Nr. 3 WpPG entsprechende Sonderregelung zum **Mitverschulden** wurde in § 306 Abs. 3 S. 2 Nr. 1 KAGB eingefügt: Der Anspruch ist hiernach ausgeschlossen, wenn der Käufer zum Er-

461 FK-KAGB/*Merk* § 306 Rn. 30 spricht von einer widerleglichen Vermutung, Weitnauer/Boxberger/Anders/*Paul* KAGB § 306 Rn. 28 f. spricht von einem Tragen der Darlegungs- und Beweislast.

462 Begr. RegE Gesetz zur Anpassung von Gesetzen auf dem Gebiet des Finanzmarkts, BT-Drs. 18/1305, 51.

werbszeitpunkt die Fehlerhaftigkeit des Verkaufsprospekts bzw. der wesentlichen Anlegerinformationen kannte. Mitverschulden des Anlegers in sonstiger Form gem. § 254 BGB ist auch hier ohne Belang (→ Rn. 284).

(d) Rechtsfolge. Der Anspruch ist jeweils auf Naturalrestitution gerichtet, also auf **Rücknahme** der Investmentanteile oder -aktien gegen Erstattung des vom Anleger hierfür gezahlten Betrags, dh des Erwerbspreises sowie sonstiger Erwerbskosten. Eine Deckelung des erstattungsfähigen Erwerbspreises ist – im Gegensatz zu §§ 9 ff. WpPG; 20 VermAnlG sowie zu § 306 Abs. 5 S. 1 KAGB – nicht vorgesehen. 307

bb) Haftung für das Fehlen von Verkaufsprospekten. Wird entgegen der §§ 164 Abs. 1; 268 Abs. 1; 298 Abs. 1; 299 Abs. 1 KAGB kein Verkaufsprospekt veröffentlicht, kann der Erwerber die Übernahme der Investmentanteile oder -aktien gegen Erstattung des Erwerbspreises und der üblichen Erwerbskosten von dem Anbieter verlangen. Der Erwerbspreis ist hier gem. § 306 Abs. 5 S. 1 KAGB auf den ersten Erwerbspreis begrenzt. Der Erwerb muss vor Veröffentlichung eines Verkaufsprospekts und innerhalb von zwei Jahren nach der erstmaligen Platzierung dieser Investmentanteile oder -aktien im Inland erfolgt sein. 308

Prüfungsschema § 306 Abs. 1, 2 KAGB

A. Voraussetzungen
- I. Verkaufsprospekt für Anteile an Investmentvermögen (§ 1 Abs. 1 KAGB)
- II. Unrichtigkeit/Unvollständigkeit von Angaben von wesentlicher Bedeutung (§ 306 Abs. 1 KAGB) oder Unrichtigkeit/Unvereinbarkeit der wesentlichen Anlegerinformationen
- III. Anspruchsberechtigter
  - → Käufer
  - → keine zeitliche Beschränkung (≠ §§ 9, 10, 14 WpPG)
- IV. Tauglicher Anspruchsgegner
  1. Bei § 306 Abs. 1 KAGB:
     - a) Verwaltungsgesellschaft
     - b) Prospektverantwortlicher
     - c) Prospektveranlasser

d) Gewerbsmäßiger Verkäufer oder Vermittler (§ 306 Abs. 4 KAGB)
2. Bei § 306 Abs. 2 KAGB:
a) Verwaltungsgesellschaft
b) Gewerbsmäßiger Verkäufer oder Vermittler (§ 306 Abs. 4 KAGB)
V. Verschulden durch Anspruchsgegner (§ 306 Abs. 3 S. 1 KAGB)
VI. Kausalität zwischen Verkaufsprospekt/wesentlicher Anlegerinformation und Erwerb durch Anspruchsgegner (§ 306 Abs. 3 S. 2 Nr. 2 KAGB)
B. Rechtsfolge
I. Anspruchsteller ist Inhaber der Investmentvermögensanteile (§ 306 Abs. 1 S. 1, Abs. 2 S. 1 KAGB)
→ Erstattung des gezahlten Betrages Zug um Zug gegen Übernahme der Investmentvermögensanteile oder -aktien
II. Anspruchsteller ist nicht mehr Inhaber der Investmentvermögensanteile oder -aktien (§ 306 Abs. 1 S. 2, Abs. 2 S. 2 KAGB)
→ Zahlung des Betrages, um den von Anleger gezahlter Betrag den Rücknahmepreis des Anteils/der Aktie oder andernfalls den Wert des Anteils/der Aktie im Zeitpunkt der Veräußerung übersteigt

309 Die Haftung ist nach § 306 Abs. 5 S. 3 KAGB bei Kenntnis oder grob fahrlässiger Unkenntnis des Erwerbers von der Prospektpflicht ausgeschlossen. Die haftungsbegründende Kausalität wird auch hier widerleglich vermutet.[463] Ob die Haftung nach § 306 Abs. 5 KAGB ein Verschulden voraussetzt oder verschuldensunabhängig ausgestaltet ist, ist ebenso wie bei § 14 WpPG umstritten (→ Rn. 289).[464] Die dort dargelegten Argumente sprechen auch hier dafür, die Verschuldensregel des § 306 Abs. 3 S. 1 KAGB analog auf die Haftung für einen fehlenden Verkaufsprospekt anzuwenden. Eine Haftung für pflichtwidriges Fehlen der **wesentlichen Anlegerinformationen** be-

463 *Assmann/Kumpan* in Assmann/Schütze/Buck-Heeb KapAnlR-HdB § 5 Rn. 397, 436.
464 Für eine verschuldensabhängige Haftung: *Assmann/Kumpan* in Assmann/Schütze/Buck-Heeb KapAnlR-HdB § 5 Rn. 417; für eine verschuldensunabhängige Haftung: FK-KAGB/*Merk* § 306 Rn. 42.

steht nicht. In diesem Fall kann allerdings ein Bußgeld nach § 340 Abs. 2 Nr. 40, 73 KAGB verhängt werden.

Prüfungsschema § 306 Abs. 5 KAGB
A. Voraussetzungen I. Keine Veröffentlichung eines Verkaufsprospekts trotz Veröffentlichungspflicht nach §§ 164 Abs. 1, 268 Abs. 1 KAGB → Inzidentprüfung der Prospektpflicht gem. §§ 164 Abs. 1, 268 Abs. 1 KAGB II. Anspruchsberechtigter → Erwerber von Anteil/Aktie an Investmentvermögen und Erwerbsgeschäft vor Veröffentlichung und innerhalb von zwei Jahren nach erstem Anbieten/Platzieren der Anteile/Aktien des Investmentvermögens im Inland (Parallele zu § 14 WpPG) III. Anspruchsverpflichteter → Anbieter der Anteile/Aktien IV. Verschulden → P1: entsprechende Anwendung von § 306 Abs. 3 S. 1 KAGB streitig wie bei § 14 WpPG V. Kein Ausschluss nach § 306 Abs. 5 S. 3 KAGB B. Rechtsfolge I. Anspruchsteller ist Inhaber der Anteile/Aktien an Investmentvermögen (§ 306 Abs. S. 1, Abs. 2 S. 1 KAGB) → Erstattung des gezahlten Betrages Zug um Zug gegen Übernahme der Anteile/Aktien II. Anspruchsteller ist nicht mehr Inhaber der Investmentvermögensanteile (§ 306 Abs. 1 S. 2, Abs. 2 S. 2 KAGB) → Zahlung des Betrages, um den von Anleger gezahlter Betrag den Rücknahmepreis des Anteils/der Aktie oder andernfalls den Wert des Anteils/der Aktie im Zeitpunkt der Veräußerung übersteigt

c) **Werbung.** Ähnlich wie Art. 22 ProspektVO (→ Rn. 257) formu- 310
liert § 302 KAGB besondere Vorgaben für die Gestaltung von Werbung für OGAW und Publikums-AIF. Diese muss als solche erkennbar sowie redlich und eindeutig und darf nicht irreführend sein (§ 302

Abs. 1 KAGB). Werbung für besonders riskante Anlageformen – wie insbesondere Anteile oder Aktien an Dachhedgefonds – müssen zusätzlich – ähnlich wie Zigarettenpackungen – mit **Warnhinweisen** versehen werden: „Der Bundesminister der Finanzen warnt: Dieser Investmentfonds investiert in Hedgefonds, die keinen gesetzlichen Leverage- oder Risikobeschränkungen unterliegen.“ (vgl. § 228 Abs. 2 KAGB). Werbung, die nicht den gesetzlichen Vorgaben entspricht, kann die BaFin untersagen (vgl. § 302 Abs. 7 KAGB).

2. Spezial-AIF

311 Anteile bzw. Aktien an **Spezial-AIF** können ausschließlich von professionellen und semiprofessionellen Anlegern erworben werden, die weniger schutzbedürftig sind als Privatanleger. Daher ist der Vertrieb von Spezial-AIF mit weniger umfangreichen Informationspflichten verbunden als der Vertrieb von Publikumsinvestmentvermögen. Neben dem Jahresabschluss sind dem Anleger vor Vertragsschluss nur die in § 307 KAGB abschließend aufgezählten Informationen zur Verfügung zu stellen. Ein umfassender Verkaufsprospekt ist demnach nicht erforderlich. Für Fehler in den Informationen zu **Spezial-AIF** wird in entsprechender Anwendung von § 306 Abs. 1, 3, 4 und 6 KAGB gehaftet (§ 307 Abs. 3 KAGB).

	Verkaufsprospekt	Wesentliche Anlegerinformationen
Haftung für Fehlerhaftigkeit	(+): § 306 Abs. 1 KAGB	(+): § 306 Abs. 2 KAGB
Haftung für Fehlen	(+): § 306 Abs. 5 KAGB	(-): Aber: Bußgeld nach § 340 Abs. 2 Nr. 40, 73 KAGB

III. Spezialgesetzliche Prospektpflicht und -haftung bei Vermögensanlagen

312 Gem. § 6 VermAnlG muss auch der Anbieter von Vermögensanlagen einen **Verkaufsprospekt** veröffentlichen, in dem alle für die Anleger notwendigen Angaben über die Vermögensanlagen enthalten

sind. Darüber hinaus verpflichtet § 13 VermAnlG Anbieter von Vermögensanlagen zur Erstellung eines **Vermögensanlagen-Informationsblatts** (VIB).

1. Anwendungsbereich

Die Prospekt- und Informationspflichten gem. §§ 6 ff. VermAnlG gelten gem. § 1 VermAnlG für das öffentliche Angebot von Vermögensanlagen iSd § 1 Abs. 2 VermAnlG (zu dem Begriff → Rn. 132 ff.). § 2 VermAnlG nimmt allerdings bestimmte Arten von Vermögensanlagen von den Prospekt- und Informationspflichten gem. §§ 5a ff. VermAnlG aus. 313

Hierzu gehören beispielsweise Vermögensanlagen, die ausschließlich Personen angeboten werden, die beruflich oder gewerblich für eigene oder fremde Rechnung Wertpapiere oder Vermögensanlagen erwerben oder veräußern und daher wegen ihrer besonderen Sachkunde nicht schutzbedürftig sind (§ 2 Abs. 1 Nr. 4 VermAnlG). Privilegiert sind zudem auch Vermögensanlagen, die von bestimmten, insbesondere **staatlichen Institutionen** angeboten werden und daher als besonders vertrauenswürdige Anlagen gelten, etwa von EU-Mitgliedstaaten oder sonstigen Vertragsstaaten des EWR, von Bundesländern oder aber auch von Kredit- und Finanzdienstleistungsinstituten (§ 2 Abs. 1 Nr. 7 VermAnlG).

Um KMU die Finanzierung zu erleichtern, nimmt § 2a VermAnlG Schwarmfinanzierungen in Form des **Crowdfunding**, also die Finanzierung konkreter Projekte durch eine Vielzahl von Geldgebern, unter bestimmten Voraussetzungen von der Prospektpflicht gem. § 6 VermAnlG aus (→ Rn. 312 ff.). Die Privilegierung befreit jedoch nicht von der Pflicht zur Erstellung eines VIB gem. § 13 VermAnlG. § 2b VermAnlG nimmt zudem die **Finanzierung von sozialen Projekten** unter bestimmten Voraussetzungen von der Prospektpflicht aus. 314

2. Prospekt- und Informationspflichten des Anbieters

Voraussetzung für die Informationspflichten ist ein **öffentliches Angebot** von Vermögensanlagen im Inland (siehe § 6 VermAnlG). Da es an einer gesetzlichen Definition des öffentlichen Angebots im VermAnlG planwidrig fehlt und die Interessenlage mit derjenigen in **§ 2 Nr. 2 WpPG iVm Art. 2 lit. d) ProspektVO** vergleichbar ist, ist diese Vorschrift auf das VermAnlG **analog** anzuwenden (→ Rn. 234 f.). Es genügt demnach jedwede Art der Mitteilung an das Publikum, die den Anleger in die Lage versetzt, über den Er- 315 werb der Vermögensanlage zu entscheiden. Bei einem solchen öffentlichen Angebot ist der Anbieter zur Veröffentlichung eines Verkaufsprospekts (§ 6 VermAnlG), eines Vermögensanlagen-Informationsblatts (VIB; § 13 VermAnlG) und zur Einhaltung bestimmter Bedingungen bei der Gestaltung von Werbematerialien (§ 12 VermAnlG) verpflichtet. In allen diesen Informationen dürfen Vermögensanlagen insbesondere nicht mehr als „Fonds" bezeichnet werden (§§ 7 Abs. 2 S. 3, 13 Abs. 4 S. 5, 12 Abs. 5 VermAnlG). Dadurch sollen Verwechslungen mit den durch das KAGB strenger regulierten Investmentvermögen vermieden werden. § 15 S. 1 VermAnlG verpflichtet den Anbieter, einem Anleger oder einem am Erwerb einer Vermögensanlage Interessierten auf dessen Verlangen während der Dauer des öffentlichen Angebots jederzeit den Verkaufsprospekt und eine aktuelle Fassung des VIB zu übermitteln.

316 **a) Veröffentlichung eines Verkaufsprospekts.** § 6 VermAnlG verpflichtet den Anbieter von Vermögensanlagen zur Veröffentlichung eines Verkaufsprospekts. Der Verkaufsprospekt muss gem. § 7 Abs. 1 VermAnlG alle tatsächlichen und rechtlichen Angaben enthalten, die notwendig sind, um dem Anlegerpublikum eine zutreffende Beurteilung der Vermögensanlagen und des jeweiligen Emittenten zu ermöglichen.

317 Der Verkaufsprospekt darf gem. § 8 Abs. 1 S. 1 VermAnlG erst nach seiner **Billigung** durch die BaFin veröffentlicht werden. Wie bei Wertpapierprospekten nimmt die BaFin lediglich eine **Vollständigkeitsprüfung**, einschließlich einer Prüfung auf Verständlichkeit und Kohärenz vor. Seit Inkrafttreten des Kleinanlegerschutzgesetzes am 10.7.2015 prüft die BaFin gem. § 8 Abs. 1 S. 3 VermAnlG im Rahmen der Kohärenzprüfung insbesondere auch, ob die Vermögens-, Finanz- und Ertragslage des Emittenten und dessen Geschäftsaussichten sowie die Bonität widerspruchsfrei dargestellt sind. Außerdem kann die BaFin zusätzliche Angaben im Prospekt verlangen (§ 15a VermAnlG, siehe bereits zu § 18 Abs. 1 WpPG → Rn. 249), soweit dies zum Schutz des Anlegers geboten ist. Sie kann die Veröffentlichung unvollständiger Verkaufsprospekte (§ 17 VermAnlG) und bei Verstößen gegen die Prospektpflicht öffentliche Angebote untersagen (§ 18 VermAnlG). Gem. § 8a VermAnlG haben gebilligte Verkaufsprospekte eine Gültigkeit von einem Jahr.

318 Ähnlich wie Art. 23 ProspektVO enthält auch § 11 VermAnlG eine **Aktualisierungspflicht**. Demnach muss der Anbieter wichtige neue

Umstände oder wesentliche Unrichtigkeiten, die nach der Billigung und bis zum Ende des öffentlichen Angebots auftreten oder festgestellt werden, in einem **Nachtrag** zum Prospekt veröffentlichen.

b) Vermögensanlagen-Informationsblatt (VIB). Während Wert- 319
papierprospekte gem. Art. 7 ProspektVO eine Zusammenfassung mit Schlüsselinformationen enthalten müssen, hat der Anbieter von Vermögensanlagen zusätzlich zu dem Verkaufsprospekt ein separates **Vermögensanlagen-Informationsblatt** (VIB) zu erstellen, in dem die wesentlichen Informationen knapp auf nicht mehr als drei DIN-A4-Seiten, übersichtlich und verständlich enthalten sind (§ 13 VermAnlG). Anzugeben sind zB die Art der Vermögensanlage, die Anlagestrategie, der Verschuldungsgrad des Emittenten zur Beurteilung des Gläubigerrisikos, die anvisierte Anlegergruppe, die Identität des Anbieters und ein Hinweis auf den letzten Jahresabschluss (§ 13 Abs. 3 Nr. 1, 2, 3, 7, 11, Abs. 4 Nr. 3 VermAnlG). Das VIB muss nicht von der BaFin gebilligt, sondern lediglich gemeinsam mit dem Verkaufsprospekt bei der BaFin hinterlegt werden (§ 14 VermAnlG). Ist die Erstellung eines Verkaufsprospekts nach § 2a oder § 2b VermAnlG ausnahmsweise entbehrlich (→ Rn. 314), muss der Anbieter gleichwohl ein VIB erstellen.

c) Werbung. Der Anbieter muss gem. § 12 VermAnlG auch Ein- 320
schränkungen bei der Gestaltung der Werbung für Vermögensanlagen beachten. Werbung für Vermögensanlagen ist insbesondere nur in Medien möglich, deren „Schwerpunkt zumindest gelegentlich auch auf der Darstellung von wirtschaftlichen Sachverhalten liegt“. Die Werbung für Vermögensanlagen in Bussen und Bahnen, auf Plakaten oder über Postwurfsendungen ist verboten.[465] Darüber hinaus muss die Werbung zusätzlich mit **Warnhinweisen** versehen werden: „Der Erwerb einer Vermögensanlage ist mit nicht unerheblichen Risiken verbunden und kann zum vollständigen Verlust des eingesetzten Vermögens führen. Grundsätzlich gilt: Je höher die Rendite oder der Ertrag, desto größer das Risiko eines Verlustes.“ Der gleiche Hinweis ist auch auf dem VIB auf der ersten Seite hervorgehoben abzubilden, § 13 Abs. 6 VermAnlG. Werbung, die nicht den gesetzlichen Vorgaben entspricht, kann die BaFin untersagen (§ 16 VermAnlG).

465 *Bußalb* Kleinanlegerschutzgesetz: Mehr Transparenz auf dem Grauen Kapitalmarkt, 5.1.2015 (abrufbar unter: https://www.bafin.de/SharedDocs/Veroeffentlichungen/DE/Fachartikel/2015/fa_bj_1501_kleinanlegerschutzgesetz.html).

3. Verwaltungsrechtliche Maßnahmen und Sanktionen

321 Die BaFin kann Werbung (§ 16 VermAnlG), die Veröffentlichung eines Verkaufsprospekts (§ 17 VermAnlG) oder ein öffentliches Angebot (§ 18 VermAnlG) **untersagen**, wenn diese gegen Vorschriften des VermAnlG verstoßen. Die Bundesanstalt kann außerdem vom Anbieter und seit dem 10.7.2015 auch vom Emittenten und von verbundenen Unternehmen **Auskünfte** und die Vorlage von Kopien verlangen (§ 19 VermAnlG) und die Rechnungslegung von Emittenten durch externe **Wirtschaftsprüfer** überprüfen lassen (§ 24 Abs. 5–7 VermAnlG). Rechtsmittel gegen diese Maßnahmen der BaFin haben keine aufschiebende Wirkung (§ 80 Abs. 2 Nr. 3 VwGO iVm § 26a VermAnlG). Aufsichtsrechtliche Maßnahmen können zudem seit dem 10.7.2015 nach § 26b VermAnlG öffentlich bekannt gemacht werden, wenn dies zur Warnung potentieller Anleger geboten ist (sog **Naming-and-Shaming**).

4. Spezialgesetzliche Prospekthaftung gem. §§ 20ff. VermAnlG

322 Die Prospekthaftung gem. §§ 20ff. VermAnlG knüpft an die Pflicht zu Erstellung eines Verkaufsprospekts gem. § 6 VermAnlG an. Die Regelungen orientieren sich im Wesentlichen an den §§ 9, 10, 14 WpPG. Während § 20 VermAnlG – wie §§ 9, 10 WpPG – die Haftung für **fehlerhafte Verkaufsprospekte** regelt, findet sich in § 21 VermAnlG die Prospekthaftung für das **Fehlen eines Verkaufsprospekts** unter Verstoß gegen die Prospektpflicht gem. § 6 VermAnlG.

323 **a) Haftung für fehlerhafte Verkaufsprospekte gem. § 20 VermAnlG.** Wie im Falle der §§ 9, 10 WpPG haften für **fehlerhafte Prospekte** gem. § 20 VermAnlG gesamtschuldnerisch gem. § 421 BGB all diejenigen, die die Verantwortung für den Inhalt des Prospekts übernommen haben (**Prospektverantwortliche**) oder von denen als wirtschaftliche Hintermänner der Erlass des Prospekts ausgeht (**Prospektveranlasser**, zu diesen Begriffen→ Rn. 263ff.). Prospektverantwortliche sind in der Regel die Anbieter und andere Personen, die nach außen die Verantwortung für die Richtigkeit und Vollständigkeit des gesamten Prospekts übernommen haben. **Anspruchsberechtigt** sind Anleger, die die Vermögensanlagen nach Veröffentlichung des Verkaufsprospekts und während des öffentlichen Angebots, spätestens jedoch innerhalb von zwei Jahren – und nicht wie im Falle des § 9 WpPG innerhalb von 6 Monaten – nach dem ersten öffentlichen

Angebot erworben, dh das Verpflichtungsgeschäft abgeschlossen, haben. Im Übrigen ähneln die Anspruchsvoraussetzungen § 9 WpPG, so dass auf die dortigen Ausführungen verwiesen werden kann (→ Rn. 268 ff.).

b) Haftung für das Fehlen eines Verkaufsprospekts gem. § 21 324
VermAnlG. Für das Fehlen eines Verkaufsprospekts unter Verstoß gegen § 6 VermAnlG haften **Anbieter** und **Emittent** gem. § 21 VermAnlG ebenfalls als Gesamtschuldner iSd § 421 BGB. Die Vorschrift ähnelt im Wesentlichen § 14 WpPG, so dass auf die dortigen Ausführungen und Streitpunkte verwiesen werden kann (→ Rn. 287 ff.). Allerdings muss der Anleger die Vermögensanlagen vor Veröffentlichung eines Verkaufsprospekts und innerhalb von zwei Jahren – nicht wie im Falle des § 24 WpPG innerhalb von 6 Monaten – nach dem erstmaligen öffentlichen Angebot **erworben** haben.

c) Haftung für unrichtige oder fehlende VIB gem. § 22 325
VermAnlG. Da die wesentlichen Schlüsselinformationen – anders als im Börsenzulassungs- oder Wertpapierverkaufsprospekt gem. Art. 7 ProspektVO – nicht in Form einer Zusammenfassung Bestandteil des Verkaufsprospekts werden, sondern gesondert im VIB enthalten sind, sieht § 22 VermAnlG neben der Prospekthaftung zudem die Haftung wegen eines **unrichtigen** und seit dem 10.7.2015 auch für das **Fehlen** (§ 22 Abs. 4a Nr. 1 VermAnlG) eines VIB vor. Die Haftung für fehlerhafte oder fehlende VIB gem. § 22 VermAnlG trifft ausschließlich den **Anbieter** der Vermögensanlagen.

	Verkaufsprospekt	VIB
Haftung wegen Fehlerhaftigkeit	(+): § 20 VermAnlG	(+): § 22 VermAnlG
Haftung wegen Fehlen	(+): § 21 VermAnlG	(+): § 22 VermAnlG ≠ Investmentvermögensanteile: dort nur Bußgeld

IV. Zusammenfassung

Summa summarum besteht bei öffentlichen Angeboten von Wert- 326
papieren, Anteilen an Investmentvermögen und Vermögensanlagen

grundsätzlich eine Pflicht, einen Prospekt mit den wesentlichen Informationen zu veröffentlichen bzw. den Anlegern zur Verfügung zu stellen, die für eine sachgemäße Anlageentscheidung notwendig sind. Die **Prospektpflicht** dient der Informationsversorgung der Anleger und damit der Funktionsfähigkeit des Kapitalmarktes und dem Anlegerschutz (zum kapitalmarktrechtlichen Informationsmodell → Rn. 32ff.). Um dem Problem des sog information overload zu begegnen (→ Rn. 40f.), besteht darüber hinaus die Pflicht, eine kurze und übersichtliche Zusammenfassung im Wertpapierprospekt bzw. als gesondertes **Kurzinformationsblatt** (Wertpapierinformationsblatt als Ersatz für den Prospekt, wesentliche Anlegerinformationen und Vermögensinformationsblätter neben dem Prospekt) zur Verfügung zu stellen. Bei Verstößen steht dem Anleger jeweils ein spezialgesetzlicher Anspruch auf Schadensersatz zu. Für die genaue Anspruchsgrundlage der **Prospekthaftung** ist nach dem jeweils angebotenen Finanzinstrument (Wertpapier, Anteile an Investmentvermögen, Vermögensanlagen) und im Weiteren jeweils nach dem Fehlen und der Fehlerhaftigkeit zu differenzieren.

1. Prospektpflicht

327 Bei **Wertpapieren** ist die Haftung für die Fehlerhaftigkeit des Börsenzulassungsprospektes in § 9 WpPG, des Prospektes bei öffentlichen Angeboten in § 10 WpPG und des Wertpapierinformationsblattes in § 11 WpPG kodifiziert. Fehlt beim öffentlichen Angebot von Wertpapieren der Prospekt, wird nach § 14 WpPG gehaftet. Fehlt das Wertpapierinformationsblatt, so folgt die Haftung aus § 15 WpPG. Bei **Anteilen an Investmentvermögen** ergibt sich die Haftung für die Fehlerhaftigkeit des Prospekts aus § 306 Abs. 1 KAGB, für die Fehlerhaftigkeit wesentlicher Anlegerinformationen aus § 306 Abs. 2 KAGB. Fehlt der Verkaufsprospekt, so kann sich ein Anspruch aus § 306 Abs. 5 KAGB ergeben. Für das Fehlen wesentlicher Anlegerinformationen existiert keine Haftungsgrundlage. Die Verletzung der Pflicht, die wesentlichen Anlegerinformationen auf der Internetseite der Verwaltungsgesellschaft zugänglich zu machen, wird allein öffentlich-rechtlich durch den Ordnungswidrigkeitentatbestand nach § 340 Abs. 2 Nr. 38–40, 73 KAGB durchgesetzt. Ist bei **Vermögensanlagen** der Verkaufsprospekt oder das Vermögensinformationsblatt fehlerhaft, so wird nach § 20 VermAnlG bzw. § 22 VermAnlG gehaftet. Darüber hinaus existiert ein Haftungstatbestand

sowohl für das Fehlen des Prospektes als auch – wie bei § 14 WpPG und § 15 WpPG und im Gegensatz zu § 306 Abs. 5 KAGB – für das Fehlen des Informationsblattes.

2. Prospekthaftung

Die Voraussetzungen und Rechtsfolgen der spezialgesetzlichen Prospekthaftung sind mit Ausnahme einzelner Abweichungen im Wesentlichen identisch ausgestaltet. Bei der Prüfung der spezialgesetzlichen Prospekthaftungsansprüche stellen sich vergleichbare Probleme. Sowohl bei §§ 9, 10 WpPG als auch bei § 306 Abs. 1 KAGB und bei § 20 Abs. 1 VermAnlG stellt sich etwa die Frage nach der Auslegung des Begriffes der Wesentlichkeit der Information (→ Rn. 268, 304). Ein weiteres Problemfeld, das allen drei spezialgesetzlichen Haftungsregimen – §§ 9 ff. WpPG, § 306 KAGB und §§ 20 f. VermAnlG – gemein ist, ist das der Bestimmung der Fehlerhaftigkeit der Information und damit des maßgeblichen Verständnishorizonts (→ Rn. 272 ff., 304). Auch die Frage nach den Anforderungen für den Nachweis fehlender haftungsbegründender Kausalität stellt sich bei § 12 Abs. 2 Nr. 1 WpPG, § 306 Abs. 3 S. 2 Nr. 2 KAGB sowie § 20 Abs. 4 Nr. 1 VermAnlG (→ Rn. 276, 305). 328

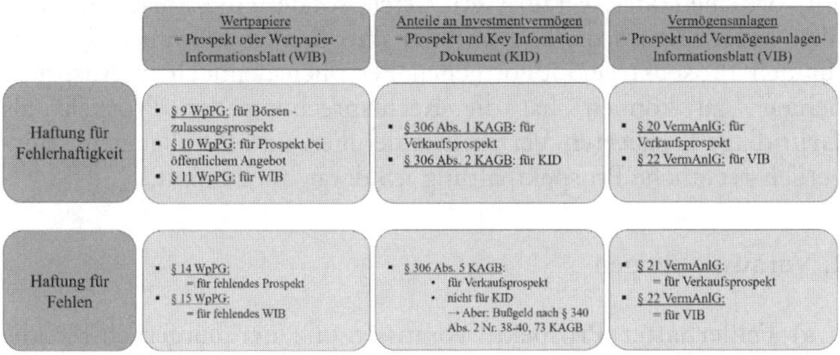

§ 12. Bürgerlich-rechtliche Prospekthaftung

Neben der spezialgesetzlichen Prospekthaftung hat die Rechtsprechung die allgemeine bürgerlich-rechtliche Prospekthaftung aus der c.i.c.-Haftung gem. §§ 311 Abs. 2 280 Abs. 1; 241 Abs. 2 BGB ent- 329 wickelt.[466] Hierbei ist zwischen der bürgerlich-rechtlichen Prospekthaftung im engeren Sinne und im weiteren Sinne zu unterscheiden.

I. Bürgerlich-rechtliche Prospekthaftung ieS

330 Das Bedürfnis für eine allgemeine bürgerlich-rechtliche Prospekthaftung ieS resultierte aus den besonderen Gefahren des weitgehend unregulierten „grauen Kapitalmarktes", für dessen Produkte – vor Inkrafttreten des VermAnlG und des KAGB – weder eine spezialgesetzliche Prospektpflicht noch -haftung vorgesehen waren. Um diese Lücke jedenfalls bei Fehlinformationen der Anleger durch fehlerhafte Prospekte zu schließen, hat die Rechtsprechung die bürgerlich-rechtliche Prospekthaftung ieS neben den Vorläuferregelungen der heutigen §§ 9ff. WpPG, den §§ 44f. BörsG aF, entwickelt. Ausgangspunkt bildet die Sachwalterhaftung gem. §§ 241 Abs. 2; 311 Abs. 2, Abs. 3 S. 2 BGB. Der Sachwalter kann nach den Regeln der c.i.c. aber grundsätzlich nur in Anspruch genommen werden, wenn er in besonderem Maße persönliches Vertrauen für sich in Anspruch nimmt. Daran fehlt es bei fehlerhaften Prospekten, da die Anleger typischerweise nicht in direkten persönlichen Kontakt mit den Prospektverantwortlichen oder -veranlassern treten, sondern die Anlageprodukte über Finanzintermediäre, etwa über ihre Banken erwerben. Um die für den Prospekt verantwortlichen Personen dennoch in Anspruch nehmen zu können, hat die Rechtsprechung den Prospekt als **Grundlage typisierten Vertrauens** definiert und die allgemeine bürgerlich-rechtliche Prospekthaftung ieS daran angeknüpft.[467]

1. Voraussetzungen

331 a) **Fehlerhafter Prospekt.** Voraussetzung der bürgerlich-rechtlichen Prospekthaftung ieS ist das Vorliegen eines unrichtigen oder unvollständigen Prospekts. **Prospekt** meint eine marktbezogene schriftliche Erklärung, die die für die Beurteilung der angebotenen Anlage **wesentlichen Angaben** enthält oder jedenfalls den Anschein eines solchen Inhalts erweckt. Sie muss dabei tatsächlich oder zumindest dem von ihr vermittelten Eindruck nach den Anspruch erheben,

466 BGHZ 77, 172 (175) = BGH NJW 1980, 1840 (1841).
467 *Lenenbach* KapMarktR Rn. 12.96f. mwN.

eine das Publikum **umfassend informierende** Beschreibung der Anlage zu sein.[468]

Nicht schon jede marktschreierische Werbung, die der Anleger ohne Weiteres als solche erkennen kann, ist ein solcher Prospekt. Zu den Prospekten iSd bürgerlich-rechtlichen Prospekthaftung ieS gehören aber informierende Broschüren, die der Anleger seiner Entscheidung zugrundelegen kann, wie beispielsweise Kurzexposés, Serienbriefe und Zeitungsanzeigen.[469] Mündliche Werbegespräche, wie sie zB auf *Roadshows* stattfinden, sind keine Prospekte iSd bürgerlich-rechtlichen Prospekthaftung.

Nach der Rechtsprechung des BGH[470] können auch Einzeldoku- 332
mente, die von einem ausdrücklich als Prospekt bezeichneten Druckwerk getrennt sind, aber zusammen mit diesem vertrieben werden, bei einer gebotenen Gesamtbetrachtung Bestandteil eines Prospekts iSd bürgerlich-rechtlichen Prospekthaftung sein. Die Kurzinformationsblätter (vgl. § 64 Abs. 2 S. 1 WpHG, § 13 Abs. 1 VermAnlG; §§ 164, 166; 268, 270, 298 Abs. 1 S. 2; 318 Abs. 5 KAGB) kommen dagegen grundsätzlich nicht als Prospekte iSd bürgerlich-rechtlichen Prospekthaftung in Betracht.[471]

Der Prospekt ist fehlerhaft, wenn für die Investitionsentscheidung 333
der Anleger wesentliche Angaben über Umstände des Anlageobjekts fehlen oder unzutreffend wiedergegeben werden. Dazu gehören insbesondere die Nachteile und Risiken des Anlageprodukts und Tatsachen, die den Zweck der Anlage vereiteln können.

b) Anspruchsverpflichtete und -berechtigte. Zu dem Kreis der 334
anspruchsverpflichteten Personen hat die Rechtsprechung im Rahmen der allgemeinen bürgerlich-rechtlichen Prospekthaftung drei Fallgruppen entwickelt.[472] Die erste Gruppe besteht aus dem **Herausgeber des Prospekts** und den **Gründern**, Initiatoren und Gestaltern der Gesellschaft, soweit sie das Management bilden oder beherrschen. Zu der zweiten Gruppe gehören die sog **Hintermänner**, die wirtschaftlich hinter der Gesellschaft stehen und auf ihr Geschäftsgebaren oder die Gestaltung des konkreten Anlagemodells besonderen Einfluss ausüben. Der Hintermann muss eine Schlüsselposition einneh-

468 BGHZ 191, 310 (317) Rn. 21.
469 *Lenenbach* KapMarktR Rn. 12.86.
470 BGHZ 191, 310.
471 MüKoBGB/*Emmerich* § 311 Rn. 145 ff.; *Assmann/Kumpan* in Assmann/Schütze/Buck-Heeb KapAnlR-HdB § 5 Rn. 40; *Hebrant* DB 2012, 273 (274); *Müchler* WM 2012, 974 (980); *Schlee/Maywald* BKR 2012, 320 (323 f.).
472 BGHZ 191, 310 mwN.

men, die mit derjenigen der Geschäftsleitung vergleichbar ist. Anhaltspunkte hierfür sind die gesellschaftsrechtliche Funktion und ein erhebliches wirtschaftliches Eigeninteresse an dem Projekt der Anlagegesellschaft. Das trifft beispielsweise auf Mehrheitsgesellschafter zu, die einen Beherrschungs- und Gewinnabführungsvertrag mit der Anlagegesellschaft geschlossen haben, wodurch sie typischerweise maßgeblichen Einfluss auf die Konzeption des Anlagemodells und des Prospekts nehmen können und den Prospekt kennen.[473]

335 Die bürgerlich-rechtliche Prospekthaftung verpflichtet über die spezialgesetzlichen Prospekthaftungstatbestände hinaus auch die **Garanten**. Hierbei handelt es sich um Personen, die mit ihrer beruflichen oder wirtschaftlichen Stellung oder in ihrer Eigenschaft als berufsmäßige Sachkenner eine Garantenstellung einnehmen, sofern sie durch ihr nach außen in Erscheinung tretendes Mitwirken am Prospekt einen besonderen Vertrauenstatbestand schaffen und Erklärungen abgeben.[474]

Zu den Garanten gehören Sachkenner, die in Ausübung ihres Berufs an der Gestaltung des Prospekts mitwirken – typischerweise Rechtsanwälte, Steuerberater und Wirtschaftsprüfer, die mit ihrer Zustimmung im Prospekt als Sachverständige angeführt werden und in dieser Eigenschaft Erklärungen abgeben.[475] Nach der Rechtsprechung des BGH haften darüber hinaus auch diejenigen wie Garanten, die zwar nicht in Ausübung ihres Berufs an der Erstellung des Prospekts mitwirken, aber im Prospekt oder in den dazugehörigen Dokumenten (zum Prospektbegriff → Rn. 331 f.) in mindestens gleicher Weise wie Garanten besonderes Vertrauen in ihre Integrität, Objektivität und Fachkompetenz in Anspruch nehmen und einsetzen, um Einfluss auf die Investitionsentscheidung von potentiellen Anlageinteressenten zu nehmen (dazu noch ausführlich Fall 7 → Rn. 345).[476]

336 Da Garanten keine inhaltliche Gesamtverantwortung für den Prospekt übernehmen, haften sie allerdings nur für die fehlerhaften Angaben im Prospekt, die ihnen zuzurechnen sind.[477] Anspruchsberechtigt ist der **Anleger**, der die Kapitalanlage aufgrund des fehlerhaften Prospekts erworben hat. Die **haftungsbegründende Kausalität** wird – wie im Falle von § 12 Abs. 2 Nr. 1 WpPG, § 20 Abs. 4 Nr. 1

473 BGHZ 195, 1 (17) Rn. 37 ff.; BGH NJW-RR 2006, 610.
474 BGHZ 77, 172 (176 f.); 79, 337 (348); 191, 310 (316); 158, 110 (115); 111, 314 (319); BGH NJW-RR 2008, 1365 (1368) Rn. 18.
475 BGHZ 77, 172 (173); 111, 314 (320).
476 BGHZ 191, 310 (315) Rn. 17 mwN.
477 BGHZ 191, 310 (316 f.) Rn. 19; BGH NZG 2008, 828 (830) Rn. 18 f. mwN; BGH NJW-RR 2007, 1479 (1480) Rn. 15.

VermAnlG sowie § 306 Abs. 3 S. 2 Nr. 2 KAGB – nach ständiger Rechtsprechung grundsätzlich widerleglich vermutet.[478]

c) Verschulden. Die Haftungsadressaten müssen den Prospektfehler zu vertreten haben. Anders als im Falle der spezialgesetzlichen Prospekthaftung gilt hier der allgemeine Verschuldensmaßstab des **§ 276 BGB**. Über die spezialgesetzliche Prospekthaftung hinaus wird also nicht nur für grob fahrlässiges und vorsätzliches, sondern auch für einfach fahrlässiges Verhalten gehaftet. Das Verschulden wird gem. **§ 280 Abs. 1 S. 2 BGB** vermutet und kann von dem Adressaten der Prospekthaftung widerlegt werden. 337

2. Rechtsfolgen

Der geschädigte Anleger kann gem. §§ 311 Abs. 2, 3, 241 Abs. 2, 280 Abs. 1, 249 Abs. 1 BGB Schadensersatz verlangen. Der Anspruch ist auf Ersatz des negativen Interesses, des sog. **Vertrauensschadens**, gerichtet. Der Anleger ist daher so zu stellen, wie er ohne die Pflichtverletzung stünde. Da davon auszugehen ist, dass der Anleger die Anlage bei ordnungsgemäßer Information nicht erworben hätte, besteht der Schaden in dem Erwerb der Anlage. Der Anspruch des Anlegers ist daher gem. § 249 Abs. 1 BGB grundsätzlich auf Vertragsaufhebung[479] bzw. Befreiung von der Verbindlichkeit oder Rückzahlung des Anlagebetrags nebst Agio, Kosten und entgangenem Gewinn Zug um Zug gegen Rückgabe der erworbenen Beteiligung gerichtet. Der Anspruch geht damit über die spezialgesetzliche Prospekthaftung hinaus, als er zum einen nicht auf den ersten Erwerbspreis begrenzt ist und zum anderen auch der entgangene Gewinn verlangt werden kann.[480] 338

Umstritten ist allerdings, ob der Anspruch des Anlegers auf Rückzahlung des Anlagebetrags gem. § 253 Abs. 1 BGB das Bestehen eines **Vermögensschadens** voraussetzt. Der V. Senat des **BGH** verlangt einen solchen Vermögensschaden allgemein für c.i.c.-Ansprüche, die auf die Verletzung vorvertraglicher Informationspflichten gestützt 339

478 BGHZ 115, 213 (223); BGH NJW 2000, 3346; NJW-RR 2012, 1312.

479 Vertragsaufhebung im eigentlichen Sinne kann nur verlangt werden, wenn der Vertragspartner Anspruchsgegner ist. Im Übrigen, insbesondere bei Ansprüchen gegen wirtschaftliche Hintermänner oder Garanten, kann der Anleger nur verlangen, so gestellt zu werden, als wäre der Vertrag aufgehoben worden.

480 BeckOGK/*Herresthal* BGB § 311 Rn. 634 ff.; *Assmann/Kumpan* in Assmann/Schütze/Buck-Heeb KapAnlR-HdB § 5 Rn. 103 ff.; *Assmann* FS Lange, 1992, 345 (361).

werden, um Konkurrenzprobleme zwischen einer Vertragsrückabwicklung über die §§ 280 Abs. 1, 311 Abs. 2, 241 Abs. 2 BGB und den §§ 123, 124 BGB zu vermeiden.[481] Teilweise wird vertreten, dass der Erwerb der Anlage als immaterieller Schaden, nämlich die Beeinträchtigung der Entscheidungsfreiheit, zu werten ist, so dass demnach ein Anspruch auf Vertragsrückabwicklung grundsätzlich ausscheiden müsste.[482] Dieser Ansicht folgt auch der II. Senat des BGH und Teile der obergerichtlichen Rspr.[483] Gegen das Erfordernis eines Vermögensschadens spricht jedoch, dass es sich bei der Rückabwicklung des Erwerbs um einen Fall der Naturalrestitution iSd § 249 Abs. 1 BGB handelt und § 253 Abs. 1 BGB ausdrücklich nur Anwendung findet, soweit es um die Entschädigung in Geld geht.[484] Da eine konkrete Vermögensminderung hiernach nicht erforderlich ist, kommt es im Rahmen der Schadensermittlung auf die Werthaltigkeit der Anlage auch nicht an.[485] Relevant wird diese Streitfrage grundsätzlich nur, wenn der Wert der aufgrund des fehlerhaften Prospekts erworbenen Anlage mindestens dem Erwerbspreis entspricht. Anderenfalls bestünde gerade ein Vermögensschaden.[486] Aber auch nach der Rechtsprechung des V. Senats soll ein Vermögensschaden bereits dann vorliegen, wenn der getäuschte Teil unter dem Einfluss des Irrtums zu einem ursprünglich nicht gewollten Vertragsabschluss schreitet, von dem er andernfalls abgesehen hätte.[487] Daher bedarf der Streit im Ergebnis in den allermeisten Fällen keiner Entscheidung.[488]

340 Der Anleger kann den Schaden allerdings nur soweit verlangen, wie sich der Prospektfehler ausgewirkt hat (**haftungsausfüllende Kausalität**). Anders als im Falle der spezialgesetzlichen Prospekthaftung sind mit der Anlage erzielte Gewinne bei der Schadensberechnung nach den Grundsätzen der **Vorteilsausgleichung** zu berücksichtigen. Von dem Schadensersatzanspruch sind daher insbesondere bereits ausgeschüttete Erträge und Steuervorteile abzuziehen.[489]

---

481 StRSpr seit BGH NJW 1998, 302 (303 ff.); BGH NJW 1998, 898. Ähnlich der VII. Senat in BGH NJW 1992, 228 (230). Zust. *Kaul/Erttmann* DB 2006, 1664 (1666 ff.).
482 Vgl. Soergel/*Ekkenga/Kuntz* BGB Vor § 249 Rn. 62 ff.
483 S. BGH NJW 2005, 1579 f.; OLG Dresden NJW-RR 2006, 1429 (1430).
484 S. *Grigoleit* NJW 1999, 900 (901 f.); MüKoBGB/*Emmerich* BGB § 311 Rn. 78 mwN.
485 Siehe *Assmann/Kumpan* in Assmann/Schütze/Buck-Heeb KapAnlR-HdB § 5 Rn. 104.
486 Zu entsprechenden weiteren Konstellationen *Kaul/Erttmann* DB 2006, 1664 (1666 f.).
487 Vgl. BGH NJW 2005, 1579 f.; OLG Dresden NJW-RR 2006, 1429 (1430).
488 Weiterführend *Dühn*, Schadensersatzhaftung börsennotierter Aktiengesellschaften für fehlerhafte Kapitalmarktinformation, 2003, 150 ff.
489 Hierzu MüKoBGB/*Emmerich* § 311 Rn. 171.

3. Anwendungsbereich und Konkurrenzen

Fraglich ist jedoch, ob und inwieweit die bürgerlich-rechtliche Prospekthaftung ieS neben der **spezialgesetzlich geregelten Prospekthaftung** überhaupt (noch) zur Anwendung kommen kann. Der Gesetzgeber hat die Lücke des „grauen Kapitalmarktes“, die die Rechtsprechung mit der bürgerlich-rechtlichen Prospekthaftung ursprünglich ausfüllen wollte (→ Rn. 330), nach und nach durch das VermAnlG (→ Rn. 312 ff.) und das KAGB (→ Rn. 299 ff.) geschlossen. Bedenklich erscheint die Anwendung der bürgerlich-rechtlichen Prospekthaftung ieS neben den spezialgesetzlichen Haftungstatbeständen vor allem deshalb, weil sie auf der einen Seite weniger strenge Voraussetzungen hat – insbesondere fahrlässige Prospektfehler und auch Garanten einbezieht – und auf der anderen Seite weiterreichende Rechtsfolgen – etwa auch den Ersatz des entgangenen Gewinns – vorsieht. Ob und inwieweit die bürgerlich-rechtliche Prospekthaftung ieS daher gem. § 16 Abs. 2 WpPG; § 20 Abs. 6 S. 2 VermAnlG; § 306 Abs. 6 S. 2 KAGB zur Anwendung kommt, ist umstritten.[490] Nach teilweise vertretener Auffassung ist die bürgerlich-rechtliche Prospekthaftung ieS auch im Anwendungsbereich der spezialgesetzlichen Prospekthaftung weiterhin anwendbar.[491] Dies wurde damit begründet, dass der Gesetzgeber mit dem VermAnlG und dem KAGB den Anlegerschutz verbessern und nicht etwa die Stellung der Anleger – durch Ausschluss der in einzelnen Beziehungen weitergehenden bürgerlich-rechtlichen Prospekthaftung – verschlechtern wollte. 341

Nach **hM**[492] und der Rspr. des **BGH** verdrängen die spezialgesetzlichen Prospekthaftungsvorschriften in ihrem sachlichen Anwendungsbereich die allgemeine bürgerlich-rechtliche Prospekthaftung ieS. Dies folgt aus § 16 Abs. 2 WpPG; § 20 Abs. 6 S. 2 VermAnlG; 342

490 Hierzu MüKoBGB/*Emmerich* § 311 Rn. 143 f.

491 So noch in MüKoBGB/*Emmerich*, 6. Aufl. 2012, § 311 Rn. 153 mwN (in der 7. Auflage wird dies nicht mehr vertreten). Offen gelassen von OLG Hamm Urt. v. 7.11.2011 – 8 U 51/11 – Rn. 43, BeckRS 2011, 26329. In diese Richtung tendierend noch BeckOGK/*Herresthal* BGB § 311 Rn. 626. Für eine möglichst weitreichende Anwendung der bürgerlich-rechtlichen Prospekthaftung ieS außerhalb des Anwendungsbereichs der spezialgesetzlichen Prospekthaftung *Hoffmeyer* NZG 2016, 1133. Ältere Fundstellen zu dieser Ansicht: *Holzborn/Israel* ZIP 2005, 1668 (1671 ff.); *Kersting*, Die Dritthaftung für Informationen im Bürgerlichen Recht, 2007, 504 ff.; *ders.* JR 2009, 221 (224).

492 Assmann/Schlitt/v. Kopp-Colomb/*Assmann* WpPG Vor §§ 21–25 WpPG Rn. 3 ff.; *Buck-Heeb* KapMarktR Rn. 328; MüKoBGB/*Emmerich* § 311 Rn. 143 f.; Staudinger/*Kaiser* (2018) BGB § 311 Rn. 203; *Grundmann* in Schimansky/Bunte/Lwowski BankR-HdB § 112 Rn. 51 ff.; *Schmidt* WM 2019, 1100 (1102).

§ 306 Abs. 6 S. 2 KAGB, wonach neben der spezialgesetzlichen Prospekthaftung nur vertrags- oder deliktsrechtliche Ansprüche zur Anwendung kommen. Da es sich bei der bürgerlich-rechtlichen Prospekthaftung auf Grundlage von § 280 Abs. 1, 311 Abs. 2, 3 BGB aber um eine Vertrauenshaftung handelt, kommt sie neben der spezialgesetzlichen Prospekthaftung in deren Anwendungsbereich demzufolge nicht zur Anwendung. Es würde dem Willen des Gesetzgebers zuwiderlaufen, wenn die detailliert geregelten und sorgfältig austarierten Voraussetzungen der §§ 9 ff. WpPG; § 306 Abs. 1 und 2 KAGB; §§ 20 f. VermAnlG durch die Vorschriften des BGB unterlaufen werden könnten. So wäre beispielsweise eine Haftung für leicht fahrlässiges Verhalten über die bürgerlich-rechtliche Prospekthaftung ieS möglich, was der Gesetzgeber für die spezialgesetzliche Prospekthaftung gerade explizit ausgeschlossen hat.

343 Ob der bürgerlich-rechtlichen Prospekthaftung neben den §§ 9 ff. WpPG; § 306 Abs. 1 und 2 KAGB; §§ 20 f. VermAnlG überhaupt noch Bedeutung zukommt, hängt maßgeblich davon ab, wie weit man den Anwendungsbereich der spezialgesetzlichen Prospekthaftung definiert. Eine Anwendung der bürgerlich-rechtlichen Prospekthaftung ist gem. § 16 Abs. 2 WpPG wegen der abschließenden Wertung der spezialgesetzlichen Prospekthaftung jedenfalls insoweit ausgeschlossen, als Personen – wie insbesondere Garanten (zu ihrer Haftung → Rn. 335 f.) – für fehlerhafte Prospekte iSd Art. 6 ff. ProspektVO; §§ 164, 268 KAGB; §§ 6 ff. VermAnlG in Anspruch genommen werden sollen, die nicht zu den Prospektverantwortlichen iSd §§ 9 ff. WpPG; § 306 Abs. 1 und 2 KAGB; §§ 20 f. VermAnlG zählen.[493] Anders als eine zT in der Literatur vertretene Auffassung[494] lehnt der BGH darüber hinaus die Anwendbarkeit der bürgerlich-rechtlichen Prospekthaftung ieS auch auf Fälle ab, in denen eine spezialgesetzliche Prospektpflicht durch eine ausdrückliche Ausnahmeregelung ausgeschlossen ist. Die mit der Ausnahmeregelung bezweckte Begünstigung bestimmter Emissionen wäre konterkariert, wenn der Emittent für freiwillig erstellte Prospekte nach der strengeren bürgerlich-rechtlichen Prospekthaftung ieS in Anspruch genom-

493 AA Hopt/*Kumpan* WpPG § 16 Rn. 4.
494 So noch *Assmann* in Assmann/Schütze KapAnlR-HdB, 3. Aufl. 2007, § 6 Rn. 3; *Keul/Ertmann* DB 2006, 1664 (1665).

men werden könnte.[495] Für freiwillig erstellte fehlerhafte Prospekte gilt aber die spezialgesetzliche Prospekthaftung analog.[496]

Umstritten ist, ob und inwieweit die bürgerlich-rechtliche Prospekthaftung bei fehlerhaften Kapitalmarktinformationen, insbesondere bei Werbung, greift, die anstelle von oder neben Prospekten iSd Art. 6ff. ProspektVO; §§ 164, 268 KAGB; §§ 6ff. VermAnlG veröffentlicht werden und den weiterreichenden Prospektbegriff des BGB erfüllen. Die Werbung für prospektpflichtige Finanzinstrumente ist in Art. 22 ProspektVO, § 12 VermAnlG sowie § 302 KAGB reguliert. Verstöße haben vor allem aufsichtsrechtliche Folgen. Dass zivilrechtliche Ansprüche nicht vorgesehen sind, ist als ein beredtes Schweigen des Gesetzgebers zu werten,[497] so dass die Anwendung der bürgerlich-rechtlichen Prospekthaftung ausgeschlossen ist (hierzu sogleich Fall 7, → Rn. 345).[498] Damit tendiert die praktische Bedeutung der bürgerlich-rechtlichen Prospekthaftung nunmehr gegen Null.[499] 344

495 BGHZ 203, 1 (29) = NJW 2015, 236 (241) Rn. 71 – Telekom III. Siehe auch OLG Frankfurt a. M. AG 2016, 469 (472) (noch zu § 127 InvG aF). Ebenso *Ellenberger* Prospekthaftung im Wertpapierhandel 108f. AA BeckOGK/*Herresthal* BGB § 311 Rn. 663; *Schlitt/Schäfer* AG 2004, 346 (350); *dies.* AG 2005, 498 (510).

496 BGHZ 203, 1 (29) = NJW 2015, 236 (241) Rn. 71 – Telekom III.

497 AA. *Assmann/Kumpan* in Assmann/Schütze/Buck-Heeb KapAnlR-HdB § 5 Rn. 32.

498 *Assmann/Kumpan* in Assmann/Schütze/Buck-Heeb KapAnlR-HdB § 5 Rn. 32. Nach teilweise vertretener Auffassung scheidet die Anwendung der bürgerlich-rechtlichen Prospekthaftung auf „generische Werbemaßnahmen aller Art" deshalb aus, weil sie nicht „die den Anspruch erhebt, ‚eine das Publikum umfassend informierende Beschreibung der Anlage zu sein.'", also kein Prospekt iSd bürgerlich-rechtlichen Prospekthaftung sei (*Heidelbach*, in: Schwark/Zimmer § 16 WpPG Rn. 16; ebenso *Groß* Kapitalmarktrecht § 25 Rn. 6; Mülbert/Steup in Habersack/Mülbert/Schlitt Unternehmensfinanzierung, 4. Auflage, § 41 Rn. 155).

499 *Assmann/Kumpan* in Assmann/Schütze/Buck-Heeb KapAnlR-HdB § 5 Rn. 30 („praktisch auf null reduziert"); *Habersack* in Habersack/Mülbert/Schlitt, Handbuch der Kapitalmarktinformation, § 29 Rn. 2 („weitgehend verdrängt"); *Mülbert/Steup* in Habersack/Mülbert/Schlitt, Unternehmensfinanzierung, § 41 Rn. 41.17 („verbleiben […] allenfalls Randbereiche"); *Oulds* in Kümpel/Mülbert/Früh/Seyfried, Bank- und Kapitalmarktrecht, 5. Aufl. 2019, Rn. 15.851 („weitgehend zurückgedrängt"); *Schnauder* NJW 2013, 3212 („endgültig abgeschafft").

Prüfung der bürgerlich-rechtlichen Prospekthaftung ieS

I. Anwendbarkeit der bürgerlich-rechtlichen Prospekthaftung im engeren Sinne

II. Haftungsbegründender Tatbestand

1. Prospekt
→ Prospektbegriff der bürgerlich-rechtlichen Prospekthaftung ieS ist weiter als der spezialgesetzliche Prospektbegriff
→ jede marktbezogene schriftliche Erklärung, die die für die Beurteilung der angebotenen Anlage wesentlichen Angaben enthält oder jedenfalls den Anschein eines solchen umfassenden Inhalts erweckt
2. Fehlerhaftigkeit der Prospektangaben
3. Anspruchsverpflichteter
a) Herausgeber des Prospekts;
b) Hintermänner, die wirtschaftlich hinter der Gesellschaft stehen und auf ihr Geschäftsgebaren Einfluss nehmen
c) Garanten: Personen, die mit ihrer beruflichen Stellung oder Eigenschaft als Sachkenner eine Garantenstellung einnehmen (z. B. Rechtsanwälte, Wirtschaftsprüfer, Steuerberater)
4. Haftungsbegründende Kausalität
→ Kausalität der fehlerhaften Prospektangaben für die Anlageentscheidung
→ Vermutung der haftungsbegründenden Kausalität
5. Verschulden
→ § 280 Abs. 1 S. 2 BGB: Nachweis, dass weder Vorsatz noch irgendeine Form der Fahrlässigkeit (§ 276 BGB)

III. Haftungsausfüllender Tatbestand

1. Schaden
2. Haftungsausfüllende Kausalität: Kausalität zwischen Prospektfehler und Schaden
3. Ersatzfähigkeit des Schadens
→ Anwendung der §§ 249 ff. BGB

Fall 7 (nach BGHZ 191, 310): Die Solar-Publikums-KG bietet Nachrangdarlehen an, um das hierdurch eingeworbene Geld in den Betrieb von Solaranlagen zu investieren, und erstellt hierfür unter wesentlicher Mitwirkung ihres Gründers G einen Verkaufsprospekt, den die BaFin vor dem öffentlichen Angebot billigt. In einer zusätzlichen 80-seitigen Produktinformation, die interessierten Anlegern gemeinsam mit dem Verkaufsprospekt zur Verfügung gestellt wird, wird die Anlagestrategie der KG an einigen Beispielen dargelegt und das Unternehmen vorgestellt. Die Produktinformation enthält den ausdrücklichen Hinweis, dass es sich hierbei nicht um einen Verkaufsprospekt handele und eine begründete Entscheidung über die Beteiligung erst nach Kenntnisnahme des Verkaufsprospekts möglich sei. In dieser Produktinformation wirbt der renommierte Professor für Finanzrecht S, der zugleich Beiratsmitglied der Solar-Publikums-KG ist, für die Beteiligung an der KG und lobt die Qualität der Anlage. S hat zwar keinen Einfluss auf den Inhalt des umfangreichen Verkaufsprospekts der KG, erweckt aber den Eindruck, dass er sich persönlich ein genaues Bild über die Struktur der Publikums-KG gemacht hat. Anleger A erwirbt für den Preis von 10.000 EUR eine Beteiligung an der KG. Da die Gewinnaussichten der Solar-Publikums-KG aufgrund eines Rechenfehlers sowohl im Verkaufsprospekt als auch in der zusätzlichen Produktinformation falsch dargestellt wurden und die KG nicht zuletzt deshalb Insolvenz anmelden musste, verlangt A nun von G und S die Rückzahlung des Erwerbspreises iHv 10.000 EUR gegen Übernahme seiner Beteiligung an der KG. Sowohl G als auch S konnten den Rechenfehler nur bei genauerem Hinschauen erkennen. 345

A. Ansprüche des A gegen G 346

I. Anspruch aus § 20 Abs. 1 VermAnlG

A könnte einen **Anspruch gegen G** auf Rückzahlung des Erwerbspreises aus **§ 20 Abs. 1 VermAnlG** haben. Bei den Nachrangdarlehen der Solar-Publikums-KG handelt es sich um **Vermögensanlagen** iSd § 1 Abs. 2 Nr. 4 VermAnlG. Die Solar-Publikums-KG muss daher als Anbieter gem. § 6 VermAnlG einen Verkaufsprospekt erstellen, der mit den fehlerhaften Gewinnaussichten falsche wesentliche Angaben enthält. G ist als **„Hintermann“** mit eigenem wirtschaftlichen Interesse Prospektveranlasser und muss damit gem. § 20 Abs. 1 VermAnlG grundsätzlich für die Fehlerhaftigkeit des Verkaufsprospekts einstehen. Die spezialgesetzliche Prospekthaftung gilt hingegen nicht für die zusätzliche Produktinformation, da diese kein von der BaFin gem. § 8 WpPG gebilligtes Prospekt iSd § 20 VermAnlG ist. Zwar steht die Produktinformation in einem engen Zusammenhang mit dem Verkaufsprospekt, ist aber nicht selbst Bestandteil des gebilligten Prospekts.

Da G den Rechenfehler nicht ohne Weiteres, sondern nur bei genauerem Hinschauen erkennen konnte, handelt er indes nur **leicht fahrlässig,** so dass eine Haftung gem. § 20 Abs. 1, 3 VermAnlG ausscheidet.

II. Anspruch aus bürgerlich-rechtlicher Prospekthaftung ieS

Fraglich ist, ob und inwieweit G aufgrund der **bürgerlich-rechtlichen Prospekthaftung ieS** gem. §§ 280 Abs. 1, 282, 311 Abs. 3 S. 2, 241 Abs. 2 BGB für die Fehlerhaftigkeit des Verkaufsprospekts oder der zusätzlichen Produktinformation einzustehen hat. Nach zutreffender Auffassung der hM und des BGH verdrängt die spezialgesetzliche Prospekthaftung gem. § 20 Abs. 1 VermAnlG in ihrem Anwendungsbereich die bürgerlich-rechtliche Prospekthaftung ieS gem. § 20 Abs. 6 S. 2. Gegen die Anwendbarkeit spricht daher zunächst, dass es um das öffentliche Angebot von Vermögensanlagen geht, das in den sachlichen Anwendungsbereich der spezialgesetzlichen Prospektpflicht und -haftung gem. §§ 6, 20 VermAnlG fällt. Auch der persönliche Anwendungsbereich ist eröffnet.

Daher kommt eine Haftung nach den Grundsätzen der bürgerlich-rechtlichen Prospekthaftung ieS jedenfalls für die Fehlerhaftigkeit des Verkaufsprospekts nicht in Betracht. Fraglich ist jedoch, ob die bürgerlich-rechtliche Prospekthaftung im Hinblick auf die Fehlerhaftigkeit der Produktinformation zur Anwendung kommt, da diese kein durch die BaFin gebilligtes Verkaufsprospekt iSd § 6 VermAnlG ist (s. o.).[500] Nach hM ist die bürgerlich-rechtliche Prospekthaftung ieS auch auf fehlerhafte Werbung nicht anwendbar.[501] Das VermAnlG enthält auch zur Frage der Haftung für zusätzliches Werbematerial eine abschließende Wertung, indem zwar Vorgaben für die Gestaltung der Werbung in § 12 VermAnlG formuliert werden, aber der Gesetzgeber zur zivilrechtlichen Haftung schweigt. Dies ist als ein bewusstes Schweigen zu werten, das durch die Anwendung der bürgerlich-rechtlichen Prospekthaftung ieS nicht unterlaufen würde. Daher sind auch hier die Grundsätze der bürgerlich-rechtlichen Prospekthaftung ieS nicht anwendbar.

A hat daher keinen Anspruch gegen G gem. §§ 280 Abs. 1, 282, 311 Abs. 3 S. 2, 241 Abs. 2, 249 ff. BGB auf Ersatz des Schadens.

B. Ansprüche des A gegen S

I. Anspruch gem. § 20 Abs. 1 VermAnlG

A könnte aber einen **Anspruch gegen Professor S** gem. **§ 20 Abs. 1 VermAnlG** haben. Zwar liegt im Hinblick auf die falsch dargestellten Gewinnaussichten als wesentliche Angaben ein fehlerhafter Verkaufsprospekt iSd § 6 VermAnlG vor. Da S aber weder die Verantwortung für den Inhalt des Prospekts übernommen noch dessen Erstellung veranlasst hat, ist der persönliche Anwendungsbereich von § 20 Abs. 1 VermAnlG nicht eröffnet.

---

500 Vgl. *Assmann/Kumpan* in Assmann/Schütze/Buck-Heeb KapAnlR-HdB § 5 Rn. 247; *Horbach* in Gummert/Weipert MHdB GesR § 69 Rn. 14; *Nobbe* WM 2013, 193 f.

501 *Mülbert/Steup* in Habersack/Mülbert/Schlitt Unternehmensfinanzierung am Kapitalmarkt, § 41 Rn. 160 ff.; *Klöhn* WM 2012, 97 (106); *Assmann/Kumpan* in Assmann/Schütze/Buck-Heeb KapAnlR-HdB § 5 Rn. 24, 30 ff.

II. Anspruch aus bürgerlich-rechtlicher Prospekthaftung ieS

Fraglich ist, ob und inwieweit S aufgrund der **bürgerlich-rechtlichen Prospekthaftung ieS** gem. §§ 280 Abs. 1, 311 Abs. 3 S. 2, 241 Abs. 2 BGB für die Fehlerhaftigkeit des Verkaufsprospekts einzustehen hat. Die Anwendbarkeit der bürgerlich-rechtlichen Prospekthaftung gem. § 16 Abs. 2 WpPG folgt hier nicht bereits daraus, dass es um die Fehlerhaftigkeit von Kapitalmarktinformationen geht, die kein Prospekt iSd VermAnlG darstellen (s. o. A. II).

Nach teilweise vertretener Auffassung ist die bürgerlich-rechtliche Prospekthaftung hier anwendbar, weil der persönliche Anwendungsbereich des § 20 Abs. 1 VermAnlG im Falle des S nicht eröffnet ist (s. o.).[502] Dies kann aber an sich nicht zur Anwendbarkeit der bürgerlich-rechtlichen Prospekthaftung führen, da auf diese Weise die abschließende Regelung der Haftpflichtigen in §§ 20f. VermAnlG umgangen würde. Sie ist jedoch wie oben anwendbar, da die Produktinformation kein durch die BaFin gebilligtes Verkaufsprospekt iSd § 6 VermAnlG darstellt.[503]

A hat mithin auch keinen Anspruch gegen S gem. §§ 280 Abs. 1, 311 Abs. 3 S. 2, 241 Abs. 2, 249ff. BGB auf Ersatz des Schadens.

II. Bürgerlich-rechtliche Prospekthaftung iwS (uneigentliche Prospekthaftung)

Im Gegensatz zur bürgerlich-rechtlichen Prospekthaftung ieS 347
knüpft die bürgerlich-rechtliche Prospekthaftung iwS (**uneigentliche Prospekthaftung**), nicht an das durch den Prospekt hervorgerufene typisierte Vertrauen. Es handelt sich hierbei vielmehr um eine Haftung aus c.i.c. gem. §§ 280 Abs. 1, 3, 282, 311 Abs. 2, 3, 241 Abs. 2 BGB für die Verletzung von Aufklärungspflichten bei der Anbahnung eines Vertragsverhältnisses.[504] Dieser Aufklärungsmangel kann, muss aber nicht, durch ein fehlerhaftes Prospekt begründet sein. Die Bezeichnung als „Prospekthaftung" führt insoweit in die Irre und soll lediglich verdeutlichen, dass der Verstoß der vorvertraglichen

502 Hopt/*Kumpan* WpPG § 16 Rn. 4.

503 Vgl. *Assmann/Kumpan* in Assmann/Schütze/Buck-Heeb KapAnlR-HdB § 5 Rn. 247; *Horbach* in Gummert/Weipert MHdB GesR § 69 Rn. 14; *Nobbe* WM 2013, 193f.

504 Hierzu BGH Urt. v. 16.3.2017 – III ZR 489/16 = NZG 2017, 737; Urt. v. 9.5.2017 – II ZR 344/15 = NZG 2017, 858, II ZR 345/15 = VuR 2018, 26 und II ZR 10/16 = NZG 2017, 1024 (Medienfonds II-IV); Urt. v. 4.7.2017 – II ZR 358/16 = NZG 2017, 1033; Urt. v. 6.2.2018 – II ZR 17/17 = NZG 2018, 705; Urt. v. 17.4.2018 – II ZR 265/16, NZG 2018, 902.

Aufklärungspflicht in der Verwendung des falschen Prospekts bzw. in der falschen Aufklärung über ihn liegt.[505]

Anknüpfungspunkt der Aufklärungspflicht ist, dass der Anleger vor Erwerb einer Kapitalanlage „über alle Umstände, die für seine Anlageentscheidung von wesentlicher Bedeutung sind oder sein können, verständlich und vollständig aufgeklärt werden [muss], wozu auch eine Aufklärung über Umstände gehört, die den Vertragszweck vereiteln können".[506] Die **Aufklärungspflicht** kann gegebenenfalls auch durch die rechtzeitige Übergabe eines Prospekts erfüllt werden. Ist dieser fehlerhaft, haftet der Vertragspartner wegen Verletzung seiner vorvertraglichen Aufklärungspflicht. Beteiligt sich der Anleger beispielsweise an einem als Publikums-KG strukturierten Fonds, erwirbt also eine Kommanditbeteiligung als Anlage, so haften die Gründungs- und Altgesellschafter[507] als Vertragspartner des Aufnahmevertrags gegenüber den neu als Kommanditisten beitretenden Anlegern aus Verschulden bei Vertragsschluss, soweit sie durch fehlerhafte Angaben im Prospekt ihre vorvertraglichen Aufklärungspflichten verletzen.[508]

348 Für den Nachweis der **Kausalität** zwischen Pflichtverletzung und Schaden gilt die „Vermutung des aufklärungspflichtigen Verhaltens", wonach der Anleger bei pflichtgemäßer Aufklärung durch einen zutreffenden Prospekt bzw. die Richtigstellung die Anlage nicht erworben hätte.[509] Die Vermutung ist allerdings widerlegt, wenn der Prospekt beim Vertragsschluss keinerlei Verwendung, auch nicht als Arbeitsgrundlage für Vermittlung und Beratung, gefunden hat. Ob der Anleger den fehlerhaften Prospekt überhaupt zur Kenntnis genommen hat, ist indes unerheblich.[510] Für das **Verschulden** gelten die allgemeinen Bestimmungen gem. §§ 276, 278 BGB. Liegen die Voraussetzungen der bürgerlich-rechtlichen Prospekthaftung iwS vor, kann der Anleger **großen Schadensersatz**, dh Rückabwicklung

505 *Lenenbach* KapMarktR Rn. 12.103 f.
506 BGH NZG 2017, 858 (859).
507 Altgesellschafter sind Gesellschafter, die die KG nicht gegründet, sondern erst später eingetreten sind, aber bei Abschluss des Aufnahmevertrags mit dem Anleger bereits Gesellschafter waren. Sie sind ausnahmsweise gem. § 242 BGB von der Prospekthaftung iwS ausgenommen, wenn sie ebenfalls lediglich kapitalmäßig beteiligte Anleger sind (BGH NZG 2017, 858)
508 BGH NZG 2016, 986 (987); BGH NZG 2013, 980 (982) Rn. 30; BGH NZG 2012, 789 (790) Rn. 6. Das gilt auch für Treuhandkommanditisten, die im Rahmen ihrer vorvertraglichen Aufklärungspflichten zur Richtigstellung unrichtiger Prospektangaben gegenüber den Neukommandisten verpflichtet sind (BGH WuB 2017, 445 ff.).
509 BGH NZG 2017, 737 Rn. 32.
510 BGH NZG 2017, 737 Rn. 32.

des Vertrags verlangen, hat also einen Anspruch auf Rückzahlung seines Anlagebetrags Zug um Zug gegen Rückübertragung der Anlage (zur Begründung des Vertragsabschlusses als Schaden → Rn. 339). Alternativ kann er auch **kleinen Schadensersatz** geltend machen, dh die Anlage behalten und Erstattung des Minderwerts durch Herabsetzung des überhöhten Anlagebetrags auf den tatsächlichen Wert im Zeitpunkt des Vertragsschlusses verlangen.[511]

Da es sich bei der bürgerlich-rechtlichen Prospekthaftung iwS um eine „klassische" c.i.c.-Haftung für Aufklärungsmängel handelt und nur gelegentlich zur notwendigen Aufklärung möglicherweise ein Prospekt verwendet wurde, liegt keine Haftung für die Prospekterstellung als solche vor. Die Haftung knüpft an „persönlich in Anspruch genommene[s] – eben nicht nur typisierte[s] – besondere[s] Vertrauen" an[512] und geht daher über die spezialgesetzliche Prospekthaftung hinaus. Daher bleibt sie gem. § 16 Abs. 2 WpPG, § 20 Abs. 6 S. 2 VermAnlG, § 306 Abs. 6 S. 2 KAGB unberührt.[513] 349

Zur vertiefenden Lektüre: *Bauerschmidt*, Die Prospektverordnung in der europäischen Kapitalmarktunion, BKR 2019, 324; *Fleischer*, Prognoseberichterstattung im Kapitalmarktrecht und Haftung für fehlerhafte Prognosen, AG 2006, 2; *Hanten/Reinholz*, Das Vermögensanlagegesetz, ZBB 2012, 36; *Heidelbach/Preuße*, Die Anwendung des neuen europäischen Prospektregimes in der Praxis – ausgewählte Probleme, BKR 2012, 397; *Kullman/Sester*, Das Wertpapierprospektgesetz (WpPG) – Zentrale Punkte des neuen Regimes für Wertpapieremissionen, WM 2005, 1068; *Lenz/Heine*, Der Nachtrag zum Wertpapierprospekt unter der neuen Prospektverordnung, AG 2019, 451–460; *Schmitt/Bhatti/Storck*, Die neue europäische Prospekt-Verordnung – ein großer Wurf?, ZEuP 2019, 287; *Schulteis*, Das Wertpapier-Informationsblatt gemäß § 3 a WpPG bei öffentlichen Angeboten von Wertpapieren, GWR 2018, 365; *Schultheiß*, Schwerpunktbereichsklausur – Kapitalmarktrecht: Prospekthaftung – Falsches Vertrauen, JuS 2013, 48.

§ 13. Produktfreigabeverfahren (*Product Governance*)

Seit dem 3.1.2018 gelten in Umsetzung der MiFID II mit Inkrafttreten des 2. FiMaNoG für den Primärmarkt, also für das erstmalige Inverkehrbringen von Finanzinstrumenten, neben den Prospektpflichten nun auch Pflichten zur Einrichtung eines Produktfreigabe- 350

511 BGH NZG 2018, 715 Rn. 15.
512 BGH NZG 2012, 744 (745) Rn. 23.
513 Erman/*Kindl* BGB § 311 Rn. 96a mwN; MüKoBGB/*Emmerich* § 311 Rn. 137.

verfahrens und zur Produktüberwachung (*Product Governance*) gem. §§ 63 Abs. 4, 5, 80 Abs. 9 WpHG. Ergänzend sind die europäischen Level 2-Bestimmungen und § 11 WpDVerOV zu beachten. Adressaten der Regelungen zur Produktfreigabe sind in erster Linie die „Hersteller" von Finanzinstrumenten. Das sind Wertpapierdienstleistungsunternehmen iSd § 2 Abs. 10 WpHG (→ Rn. 771), die Finanzinstrumente zum Kauf an Kunden konzipieren (sog Konzepteure), dh neu schaffen, entwickeln, begeben oder gestalten (§ 11 Abs. 1 S. 1 WpDVerOV). Aber auch Vertriebsunternehmen sind in das Produktfreigabeverfahren eingebunden.

I. *Product Governance* bei der Herstellung

351 Der Hersteller muss gem. § 80 Abs. 9 WpHG ein sog **Produktfreigabeverfahren** für jedes einzelne Finanzinstrument und jede wesentliche Anpassung des Finanzinstruments vor der Vermarktung und dem Vertrieb unterhalten, betreiben und überprüfen. Die konkreten Anforderungen richten sich im Einzelfall nach der Komplexität und dem Risikoprofil des Finanzinstruments (§ 11 Abs. 1 S. 2 WpDVerOV; ErwGr 18 DelRL 2017/593). Der Hersteller muss für jedes Finanzinstrument einen **Zielmarkt** festlegen und seine Vertriebsstrategie hierauf abstimmen. Mit dem Zielmarkt wird der Kreis der Endkunden definiert, mit deren Bedürfnissen, Merkmalen und Zielen das Finanzinstrument im Einklang stehen muss. Ebenso sind etwaige Kundengruppen zu benennen, für deren Bedürfnisse, Merkmale und Ziele sich das Finanzinstrument nicht eignet (§ 11 Abs. 7 S. 2, 3 WPDVerOV). Durch die Festlegung des Zielmarktes soll der Vertrieb ungeeigneter Finanzinstrumente verhindert werden. Zu den maßgeblichen Kriterien des Zielmarktes zählen die Kundenkategorie iSd § 67 WpHG (Privatkunde, professioneller Kunde oder geeignete Gegenpartei → Rn. 792 ff.), Kenntnisse und Erfahrungen der Kunden, ihre finanzielle Situation und Risikotragfähigkeit, Risikotoleranz, Anlageziele und Bedürfnisse. Je komplexer und weniger gebräuchlich das Produkt ist, desto detaillierter ist der Zielmarkt zu beschreiben (ErwGr 19 DelRL (EU) 2017/593). Gem. § 63 Abs. 4 WpHG sind die Finanzinstrumente so auszugestalten, dass sie den Bedürfnissen des definierten Zielmarktes entsprechen. Nach § 63 Abs. 4 S. 2 WpHG muss der Hersteller alle zumutbaren Schritte unternehmen, um den Vertrieb innerhalb des Zielmarktes sicherzustellen. Er muss

gem. § 11 Abs. 9 WpDVerOV zudem eine Szenarioanalyse für seine Finanzinstrumente durchführen. Darin ist in Form eines „**Stresstests**“ zu prüfen, ob und unter welchen Umständen das Risiko einer negativen Entwicklung des Finanzinstruments besteht.

Auch nach Inverkehrbringen des Finanzinstruments treffen den 352
Hersteller nachfolgende **Überwachungspflichten**: Er hat gem. § 80 Abs. 10 WpHG regelmäßig zu prüfen, ob die angebotenen oder vermarkteten Finanzinstrumente weiterhin den Bedürfnissen, Merkmalen und Zielen des Zielmarkts entsprechen und ob sie auf dem definierten Zielmarkt vertrieben oder ob auch Kunden außerhalb des Zielmarktes erreicht werden (§ 11 Abs. 13 WPDVerOV). Soweit der Hersteller sein Produkt nicht selbst vertreibt, sondern hierfür Vertriebsunternehmen einsetzt, muss er diese gem. § 80 Abs. 11 WpHG über den von ihm festgelegten Zielmarkt informieren.

II. *Product Governance* beim Vertrieb

Gem. § 64 Abs. 5 WpHG müssen Wertpapierdienstleistungsunter- 353
nehmen, die die Finanzinstrumente vertreiben (Vertriebsunternehmen), zunächst die von ihnen angebotenen oder vermarkteten Produkte verstehen und den vom Konzepteur festgelegten Zielmarkt bei der Erbringung der Wertpapierdienstleistungen berücksichtigen. Außerdem müssen sie ihre Vertriebsstrategie auf den Zielmarkt abstimmen (§ 12 Abs. 4 UAbs. 1 WpDVerOV). Der Vertrieb an Endkunden außerhalb des Zielmarktes ist damit zwar nicht verboten; der Hersteller ist aber über Verkäufe außerhalb des Zielmarktes zu informieren (§ 12 Abs. 9 WpDVerOV; siehe ErwGr 20 DelRL (EU) 2017/593). Da der Hersteller den Zielmarkt häufig nur auf einer abstrakten Grundlage definieren kann, muss der Vertrieb den Zielmarkt im Hinblick auf seine Kunden konkretisieren (§ 12 Abs. 3 WpDVerOV).

5. Teil: Regeln am Sekundärmarkt

354 Sind die Finanzinstrumente zum Handel auf den Sekundärmärkten – insbesondere den organisierten Märkten, aber auch in MTF oder OTF – zugelassen, gelten besondere Regelungen für Emittenten und uU auch für Anleger. Zu den zentralen Marktverhaltensregelungen auf den Sekundärmärkten gehören Informationspflichten sowie Regeln zur Verhinderung von Marktmissbrauch, die das für das Funktionieren des Kapitalmarktes essentielle Vertrauen in seine Integrität sicherstellen sollen. Regeln zur Verhinderung von **Marktmissbrauch** sind insbesondere das Insiderhandelsverbot nach Art. 14 MAR sowie das Marktmanipulationsverbot nach Art. 15 MAR. **Informationspflichten**, also Melde- und Veröffentlichungspflichten, sind in Art. 17 MAR (Ad-hoc-Veröffentlichungspflicht), Art. 19 MAR (Meldepflichten von Führungskräften sowie Veröffentlichungspflichten des Emittenten bei Managers' Transactions), §§ 114 ff. WpHG (Regelpublizitätspflichten) und §§ 33 ff. WpHG (Meldepflicht des Aktionärs und Veröffentlichungspflicht des Emittenten bei der Beteiligungspublizität). Sowohl für Art. 14 MAR als auch für Art. 17 MAR ist der Begriff der Insiderinformation des Art. 7 MAR von zentraler Bedeutung.

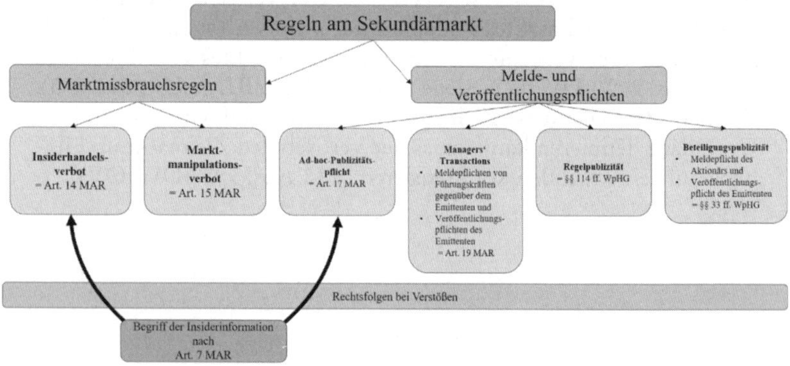

1. Kapitel: Marktmissbrauchsrecht ieS

Das Marktmissbrauchsrecht ieS – das Insiderhandelsverbot und das Verbot der Marktmanipulation – sind seit dem 3.7.2016 in der **MAR** und somit in einer unmittelbar anwendbaren europäischen Verordnung geregelt.[514] Die MAR ist an die Stelle der vorhergehenden Marktmissbrauchsrichtlinie aus dem Jahr 2003 (MAD aF) und der zu ihrer Umsetzung eingeführten §§ 12ff. WpHG aF getreten. Das WpHG enthält nunmehr lediglich Vorschriften, die die MAR ergänzen und vor allem die straf-, verwaltungs- und zivilrechtlichen Rechtsfolgen von Verstößen regeln. Das WpHG verweist hierfür gem. § 1 Abs. 1 Nr. 8 lit. e) WpHG grundsätzlich – mit Ausnahme der Straf- und Bußgeldvorschriften gem. §§ 119, 120 Abs. 14, 15 WpHG (→ Rn. 468, 473) – auf die Vorschriften der MAR in der jeweils geltenden Fassung (**dynamischer Verweis**). 355

Die MAR gilt für Finanzinstrumente, die zum Handel in der EU oder im EWR auf einem **geregelten Markt**, sprich in Deutschland am regulierten Markt der Börse, oder in einem **MTF**, also insbesondere im Freiverkehr, zugelassen sind (Art. 2 Abs. 1 S. 1 lit. a)–c) MAR, ErwGr 8 MAR). Die MAR gilt außerdem für Finanzinstrumente, deren Wert von dem Wert solcher Finanzinstrumente abhängt (Art. 2 Abs. 1 S. 1 lit. d) MAR). Der Zulassung iSd Art. 2 Abs. 1 S. 1 lit. a), b) MAR steht der Antrag auf Zulassung gleich. Zu den **Finanzinstrumenten** iSd MAR gehören übertragbare Wertpapiere, Geldmarktinstrumente, Investmentvermögensanteile und Derivatekontrakte,[515] im Gegensatz zu § 2 Abs. 4 WpHG nicht aber Vermögensanlagen iSd § 1 Abs. 2 VermAnlG.[516] Seit dem 3.1.2018 (siehe Art. 39 Abs. 4 MAR) gilt die MAR zudem auch für den Handel in OTF und mit Emissionszertifikaten iSd RL 2003/87/EG. 356

Der MAR liegt das **Marktortprinzip** zugrunde.[517] Die Handlung, die die genannten Finanzinstrumente betrifft, muss selbst nicht auf einem der genannten Handelsplätze getätigt werden (Art. 2 Abs. 3 MAR), so dass die MAR auch auf Handlungen und Unterlassungen 357

---

514 Vorschlag für eine Verordnung des Europäischen Parlaments und des Rates über Insider-Geschäfte und Marktmanipulation (Marktmissbrauch) KOM (2011) 651.
515 Zum erweiterten Begriff der Finanzinstrumente *Geier/Schmitt* WM 2013, 915 (916).
516 Zum insoweit weitergehenden Begriff des Finanzinstruments gem. § 2 Abs. 4 WpHG → Rn. 62ff.
517 Hierzu in MüKoBGB/*Lehmann* IntFinMR Rn. 139.

Anwendung findet, die außerhalb der EU in einem Drittstaat vorgenommen werden (Art. 2 Abs. 4 MAR, siehe auch § 1 Abs. 2 WpHG). Die MAR schützt die auf europäischen Märkten gehandelten Finanzinstrumente. Wo die Handlung oder Unterlassung vorgenommen wird, muss folglich irrelevant sein, solange sie sich auf Finanzinstrumente auswirkt, die innerhalb der EU gehandelt werden.

358 Art. 5 Abs. 1, 4 MAR nimmt den Handel mit eigenen Aktien im Rahmen von Rückkaufprogrammen und Kursstabilisierungsmaßnahmen generell vom Insider- und Marktmanipulationsverbot aus und gewährt Emittenten einen „sicheren Hafen" (*safe harbour*). **Kursstabilisierungsmaßnahmen** sind Maßnahmen zur Kurspflege, die auf den Preis eines Finanzinstruments einwirken und Kursentwicklungen vermeiden sollen, die nicht in der Geschäftslage des Emittenten oder der allgemeinen Marktentwicklung ihren Grund haben. Solche Maßnahmen haben besondere Bedeutung bei der Neuemission von Aktien und anderen Wertpapieren iSd Art. 2 Abs. 1 lit. a) MAR, deren Kurs unmittelbar nach der Emission bei drohendem Kursverfall gestützt werden muss. Ein gängiges Mittel zur Kursstabilisierung ist die sog Greenshoe-Option (→ Rn. 190). Das Insider- und Marktmanipulationsverbot ist hierauf nicht anwendbar, wenn die Voraussetzungen gem. Art. 5 Abs. 4 MAR eingehalten werden. So muss die Kursstabilisierungsmaßnahme ua zeitlich befristet sein, der Kurs muss sich in angemessenen Grenzen halten und relevante Informationen zur Stabilisierungsmaßnahme müssen offengelegt werden. Die Einzelheiten werden in der DelVO (EU) 2016/1052[518] konkretisiert (Art. 5 Abs. 6 MAR). **Aktienrückkaufprogramme** sind in den in Art. 5 Abs. 1–3 MAR bestimmten engen Grenzen zulässig, wenn sie allein dem Zweck dienen, das Kapital herabzusetzen oder Verpflichtungen aus einem Mitarbeiterbeteiligungsprogramm des Emittenten oder einer Tochtergesellschaft oder aus einem anderen Options- oder Wandlungsrecht zu erfüllen.

518 Delegierte Verordnung (EU) Nr. 2016/1052 der Kommission v. 8.3.2016 zur Ergänzung der Verordnung (EU) Nr. 596/2014 des Europäischen Parlaments und des Rates durch technische Regulierungsstandards für die auf Rückkaufprogramme und Stabilisierungsmaßnahmen anwendbaren Bedingungen, ABl. 2016 L 173, 34.

§ 14. Insiderhandelsverbot gem. Art. 14 MAR

Das zuvor zur Umsetzung der MAD aF in § 14 WpHG aF geregelte Insiderhandelsverbot findet sich nun in Art. 14 MAR. Unter Insiderhandel versteht man das Verwenden von nicht öffentlich bekannten, kursrelevanten Informationen für den Handel mit Wertpapieren. Insider nutzen ihren Wissensvorsprung gegenüber anderen Anlegern aus, um dadurch Kursgewinne zu erzielen bzw. -verluste zu vermeiden. 359

Der Insider erwirbt unterbewertete Finanzinstrumente vor öffentlichem Bekanntwerden einer positiven Information, um diese nach dem Kursanstieg infolge des öffentlichen Bekanntwerdens gewinnbringend zu veräußern. Vice versa veräußert der Insider überbewertete Finanzinstrumente vor dem öffentlichen Bekanntwerden einer negativen Information, um die Kursverluste bei öffentlichem Bekanntwerden der negativen Information zu vermeiden. Alternativ kann er bei Vorliegen einer negativen Insiderinformation in Form von Leerverkäufen auf den Kursverfall wetten und somit einen Gewinn erwirtschaften.

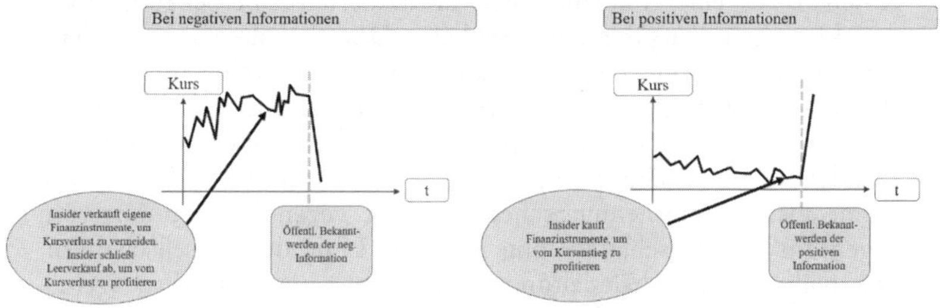

I. Zweck des Insiderhandelsverbots

Ob Insiderhandel regulierungsbedürftig ist, war lange Zeit umstritten. Der bekannteste **Kritiker eines Insiderhandelsverbots** ist der US-Amerikaner Henry G. Manne, der 1966 eine ökonomische Untersuchung zum Insiderhandel veröffentlichte[519] und zu dem Schluss kam, dass Insiderhandel der allokativen Effizienz des Kapitalmarktes 360

519 *Manne* Insider Trading and the Stockmarket 77.

zuträglich sei, da hierdurch Insiderinformationen nach und nach in den Börsen- oder Marktpreis einfließen und so zu einer gerechten Preisbildung beitragen würden.[520] Indem der Insider unterbewertete Finanzinstrumente erwirbt bzw. überbewertete Finanzinstrumente veräußert, trage er dazu bei, dass sich der Marktpreis dem realen Wert annähere und somit die Allokationseffizienz des Kapitalmarktes gesteigert werde: Durch den Erwerb unterbewerteter Finanzinstrumente steigere er die Nachfrage und damit den Marktpreis, bis dieser dem realen Wert des Instruments entspreche. Durch die Veräußerung überbewerteter Finanzinstrumente steigert er das Angebot und senkt damit den Marktpreis, bis dieser dem realen Wert gleichkomme. Dies erscheint jedoch fraglich. So mag man schon zweifeln, ob der einzelne Insider über genügend Finanzinstrumente bzw. Kapital verfügt, um den Marktpreis durch umfassende Veräußerungen oder umfassenden Erwerb auf den realen Wert abzusenken bzw. zu steigern.

361 Auch das Argument, Dritte würden sich aufgrund des Wissensvorsprungs des Insiders dessen Erwerbs- oder Veräußerungsverhalten anschließen, so dass eine umfassende Preisbildung erfolge, überzeugt nicht. Für Dritte ist es nämlich nicht ersichtlich, ob der Insider aufgrund einer Insiderinformation erwirbt bzw. veräußert oder ob er das Geschäft aus einer informationell unfundierten Überzeugung über den künftigen Kurs heraus abschließt. Das Verhalten des Insiders hat für Dritte keine taugliche Signalwirkung, die eine umfassende Preisbildung bewirken könnte. Als Vorteil von Insiderhandel wird auch angeführt, dass hierdurch Anreize für ein gewinnorientiertes Handeln der Geschäftsleitung gesetzt werden könnten.[521] Da die Gewinne aus der unternehmerischen Tätigkeit wegen der Trennung von Eigentum und Geschäftsleitung in erster Linie den Gesellschaftern und nicht der Geschäftsleitung zu Gute kommen (*principal-agent-conflict*), könnte dies mit der Freigabe des Insiderhandels kompensiert werden. Richtig ist, dass der Insider von positiven Insiderinformationen profitiert und so einen Anreiz zur Schaffung positiver Insiderinformationen durch die Herbeiführung positiver Unternehmensentwicklungen hat. Zu beachten ist jedoch, dass der Insider auch mit negativen Insiderinformationen Gewinne erzielen kann, indem er insbesondere durch Leerverkäufe auf den Kursverfall wet-

520 Eine kritische Auseinandersetzung mit diesen Argumenten findet sich bei *Mennicke* Sanktionen gegen Insiderhandel 59ff.; KölnKomm WpHG/*Klöhn* Vorb. §§ 12–14 Rn. 93f.

521 KölnKomm WpHG/*Pawlik* § 14 Rn. 5.

tet.[522] Mit der Freigabe von Insiderhandel würde also nicht nur das Ziel, die Geschäftsleitung im Interesse des Unternehmens zu fördern, verfehlt. Es drohte auch die Gefahr, dass es in sein Gegenteil verkehrt wird.

Auch das Argument, dass Insiderhandel keine Opfer kennt (**victimless crime**), weil der „Outsider" das Geschäft auch dann zu den gleichen Konditionen geschlossen hätte, wenn der Insider nicht aufgrund der Insiderinformation gehandelt hätte, überzeugt nicht.[523] Der tatsächliche oder auch nur mögliche Wissensvorsprung des Insiders senkt das Vertrauen der Anleger in die Integrität des Marktes und damit deren Investitionsbereitschaft. Das Angebot von Kapital durch Anleger droht wegzubrechen und die **Funktionsfähigkeit** des Kapitalmarktes leidet. Von einem victimless crime kann daher keine Rede sein. Im Ergebnis ist die Notwendigkeit eines Insiderhandelsverbots daher heute überwiegend anerkannt.[524] Summa summarum gewährleistet das Insiderhandelsverbot die informationelle **Chancengleichheit** aller Anleger auf dem Kapitalmarkt[525] und stärkt damit das **Vertrauen der Anleger** in den Markt. Es dient damit im Ergebnis der Funktionsfähigkeit des Kapitalmarktes.[526] **362**

II. Begriff der Insiderinformation (Art. 7 MAR)

Der zentrale Begriff der Insiderinformation wird in Art. 7 Abs. 1 lit. a MAR legaldefiniert. Hierbei handelt es sich um eine nicht öffentlich bekannte präzise Information, die direkt oder indirekt einen oder mehrere Emittenten von Finanzinstrumenten oder ein oder mehrere Finanzinstrumente betrifft und die, wenn sie öffentlich bekannt würde, geeignet wäre, den Kurs dieser Finanzinstrumente oder den Kurs damit verbundener derivativer Finanzinstrumente erheblich zu beeinflussen. Die Definition ist nicht nur für das Insiderrecht relevant, sondern gilt weitgehend auch für die ad-hoc-Publizität gem. Art. 17 MAR (→ Rn. 496). **363**

522 Vgl. KölnKomm WpHG/*Pawlik* § 14 Rn. 5.
523 *Lenenbach* KapMarktR Rn. 13.199; Fuchs/*Mennicke* WpHG Vor §§ 12–14 Rn. 115.
524 *Hellgardt* KapMarktDeliktsR 323.
525 *Langenbucher* AktR § 15 Rn. 7f.
526 *Langenbucher* AktR § 15 Rn. 6, 8.

364 Eine zeitweise erwogene „Insiderinformation light", die auf das Kriterium der Präzision verzichtete[527] und das Insiderhandelsverbot, nicht jedoch die ad-hoc-Informationspflicht auslösen sollte, wurde aufgrund ihrer Unbestimmtheit im Schrifttum kritisch betrachtet[528] und fand schließlich auch keinen Eingang in die MAR.

1. Präzise Information (Kursspezifität)

365 Gem. Art. 7 Abs. 2 S. 1 MAR ist eine Information präzise, wenn damit eine Reihe von **Umständen** oder ein **Ereignis** gemeint ist, die bereits gegeben bzw. eingetreten sind oder bei denen man vernünftigerweise erwarten kann, dass sie in Zukunft gegeben sein bzw. eintreten werden. Die Informationen müssen darüber hinaus **spezifisch** genug sein, um einen Schluss auf die mögliche Auswirkung der Umstände oder Ereignisse auf die Kurse der Finanzinstrumente zuzulassen.

366 **a) Präzise Informationen zu Umständen und Ereignissen.** Umstände und Ereignisse sind neben Tatsachen auch sonstige Ereignisse sowie überprüfbare Werturteile und Prognosen, soweit sie auf einem dem Beweis zugänglichen Tatsachenkern beruhen.[529]

Umstände sind beispielsweise Angaben zur Zusammensetzung des Vorstands einer AG, aber auch Gewinnprognosen. Ein Ereignis ist beispielsweise der Rücktritt des Vorstandsvorsitzenden oder die Kündigung des Hauptlieferanten.

367 **Fall 8 (nach BGHSt 48, 373 = BGH NJW 2004, 302):** Der angesehene Börsenguru G berät regelmäßig mehrere Aktienfonds, deren Manager den Anlageempfehlungen des G stets folgen und große Summen anlegen. In diesem Wissen erwirbt G Aktien, die er am nächsten Tag den Fondsmanagern zum Kauf in großem Umfang empfehlen will. Sobald die Kurse durch die Käufe der Fonds gestiegen sind, will er seine Aktien mit dem entsprechen-

527 Vgl. *Koch* BB 2012, 1365 (1366); *Teigelack* BB 2012, 1361 (1362). Kritisch zu dieser Wortschöpfung *Klöhn* ZIP 2012, 1885 (1894), da die Insiderinformation „light" zu einer Erweiterung des Anwendungsbereichs des Insiderhandelsverbots und damit zu einer Verschärfung führt, was dem Begriff „light" nicht entspräche.

528 *Kiesewetter/Parmentier* BB 2013, 2371 (2372); *Viciano-Gofferje/Cascante* NZG 2012, 968 (972). Eine Verschärfung des Insiderhandelsverbots zwar befürwortend, aber die hinreichende Bestimmtheit bezweifelnd *Merkner/Sustmann* AG 2012, 315 (321) sowie *Veil/Koch* WM 2011, 2297 (2300).

529 Assmann/Schneider/Mülbert/*Assmann* MAR Art. 7 Rn. 15; noch zu § 13 WpHG aF in Fuchs/*Mennicke/Jakovou* WpHG § 13 Rn. 39; KölnKomm WpHG/*Klöhn* § 13 Rn. 68; HK-KapMStrafR/*Hilgendorf/Kusche* MAR Art. 7 Rn. 22 ff.; *Buck-Heeb* in Assmann/Schütze/Buck-Heeb KapAnlR-HdB § 8 Rn. 57.

den Kursgewinn wieder verkaufen (sog **Scalping**[530]). Nutzt G unter Verstoß gegen Art. 14 lit. a) iVm 8 MAR bei dem Kauf seiner Aktien Insiderinformationen?

Lösung: G verstößt gegen Art. 14 lit. a) MAR, wenn er bei Erwerb seiner Aktien am Vortag mit der Absicht, diese den Fonds am darauffolgenden Tag zum Kauf zu empfehlen, eine Insiderinformation iSd Art. 7 Abs. 1 MAR nutzt. Das setzt voraus, dass die Absicht des G, die Aktientitel später zum Kauf zu empfehlen, eine Insiderinformation darstellt. Nach dem allgemeinen Tatsachenbegriff – wie er etwa im Strafrecht (§ 263 Abs. 1 StGB) oder im Bürgerlichen Recht (§ 123 Abs. 1 BGB) gebräuchlich ist – gibt es neben äußeren auch selbst geschaffene **innere Tatsachen,** also Absichten, Motive und Kenntnisse.[531] Der **BGH**[532] und die **hL**[533] haben jedoch aus der Formulierung des § 13 WpHG aF „Information über einen Umstand" einschränkend abgeleitet, dass die Information einen Drittbezug aufweisen muss.[534] Davon ist auszugehen bei Kenntnis von fremden Absichten oder Entschlüssen eines Dritten. Eigenen inneren Tatsachen fehlt hingegen der verlangte Drittbezug, da sich eine Person nicht selbst über einen von ihr selbst gefassten Gedanken „informieren" kann.[535] Die Absicht des G beim Erwerb, die Aktien später den Fonds zum Kauf zu empfehlen, stellte daher nach alter Rechtslage für G selbst keine Insiderinformation gem. § 13 WpHG aF dar. Für die MAR kann an dem Erfordernis eines **Drittbezugs** indes mit Rücksicht auf den abweichenden Wortlaut von Art. 7 Abs. 2 MAR nicht mehr festgehalten werden. Dies zeigt auch die Regelung des Art. 9 Abs. 5 MAR, die ansonsten überflüssig wäre.[536] Präzise Informationen iSd Art. 7 Abs. 2 MAR können demnach grundsätzlich auch eigene Absichten und Pläne sein.[537] Da die Absicht des G, die Aktien den Fonds zu empfehlen, auch spezifisch genug ist, liegt eine präzise Information gem. Art. 7 Abs. 2 MAR vor. Allerdings fehlt es den inneren Absichten beim Scalping an der erforderlichen Kursrelevanz, denn der verständige Anleger würde, wenn er alle Umstände, insbesondere 368

530 Siehe zum Begriff *Buck-Heeb* KapMarktR Rn. 358; HK-KapMStrafR/*Zieschang* § 263 StGB Rn. 147.
531 Noch zu § 13 WpHG aF in Assmann/Schneider/Mülbert/*Assmann* Art. 7 MAR Rn. 16 ff.; Fuchs/*Mennicke/Jakovou* WpHG § 13 Rn. 58 mit dem Hinweis, dass die Regierungsbegründung zum WpHG klarstellte, dass die Umsetzung eigener Absichten im Hinblick auf den Kauf oder Verkauf von Wertpapieren kein verbotenes Ausnutzen einer Insidertatsache ist (RegE 2. FFG, BT-Drs. 12/6679, 47).
532 BGHSt 48, 373 = NJW 2004, 302.
533 *Langenbucher* AktR § 15 Rn. 29; *Weber* NJW 2000, 562 (563).
534 Allerdings noch zu § 13 WpHG aF BGHSt 48, 373 = NJW 2004, 302.
535 BGHSt 48, 373 = NJW 2004, 302.
536 Klöhn/*Klöhn* MAR Art. 7 Rn. 26; *Buck-Heeb* in: Assmann/Schütze/Buck-Heeb KapAnlR-HdB § 8 Rn. 81 ff. Zwar sollten nach ErwGr. 54 S. 3 MAR „Informationen über die eigenen Handelspläne und -strategien des Marktteilnehmers […] nicht als Insiderinformationen betrachtet werden". Hierbei handelt es sich aber um ein Redaktionsversehen (siehe auch *Klöhn* Beil. zu ZIP 2016, 44 (46)).
537 Assmann/Schneider/Mülbert/*Assmann* MAR Art. 7 Rn. 17.

auch zum Zustandekommen der Empfehlung, kennen würde, der Empfehlung nicht folgen.[538] Es handelt sich bei der Absicht des G damit nicht um eine **Insiderinformation.**

Allerdings erfüllt das sog Scalping die Voraussetzungen einer Marktmanipulation gem. Art. 12 Abs. 1 lit. b); 15 MAR (→ Rn. 446).

369 **Unwahre Informationen** sind keine Insiderinformationen.[539] Umstritten ist allerdings, aus wessen Perspektive die Unwahrheit zu bestimmen ist. Teilweise wird auf die Perspektive eines allwissenden Beobachters abgestellt; andere stellen auf die Sicht des verständigen Anlegers ab.[540] Für die erste Auffassung spricht der Wortlaut des Art. 7 Abs. 2 S. 1 MAR, wonach eine Information dann als präzise anzusehen ist, wenn damit Umstände oder ein Ereignis gemeint sind, die „bereits gegeben sind" bzw. das „eingetreten ist". Objektiv unwahre Informationen betreffen aber Umstände oder Ereignisse, die nicht gegeben und nicht eingetreten sind, können also keine Insiderinformationen sein.[541] Auch nach dem alltäglichen Sprachgebrauch ist eine „unzutreffende Information" keine Information, sondern eine Fehlinformation, die nicht zu Wissen, sondern zu einem Irrtum führt.[542] Zwar hat der Insider auch bei objektiv unwahren Tatsachen einen gewinnbringenden Informationsvorsprung (siehe ErwGr 23 MAR), wenn der verständige Anleger als personifizierter Markt die Information als wahr einordnet.[543] Unter Berücksichtigung des strafrechtlichen Bestimmtheitsgebots (→ Rn. 64) ist aber ein enges Verständnis vorzusgwürdig. Denkt der Insider, dass die Information wahr ist, kann er sich gleichwohl wegen versuchten Insiderhandels strafbar machen (§ 119 Abs. 4 WpHG).[544]

370 Eine Information ist **„präzise"** iSv Art. 7 Abs. 1 MAR, wenn sie **spezifisch** genug ist, um einen Schluss auf die möglichen Auswirkungen der Umstände oder des Ereignisses auf den Kurs von Finanzin-

538 Klöhn/*Klöhn* MAR Art. 7 Rn. 27; *Klöhn* AG 2016, 423 (426); *Graßl/Nikoleyczik* AG 2017, 49 (58); *Buck-Heeb* KapMarktR Rn 358.

539 Noch zu § 13 WpHG aF in KölnKomm WpHG/*Klöhn* § 13 Rn. 59 ff. mwN.

540 Schwark/Zimmer/*Kumpan/Misterek* MAR Art. 7 Rn. 68.

541 So noch zu § 13 WpHG aF unter Berufung auf Art. 1 Abs. 1 der Richtlinie 2003/124/EG der Kommission v. 22.12.2003 zur Durchführung der Richtlinie 2003/6/EG des Europäischen Parlaments und des Rates betreffend die Begriffsbestimmung und die Veröffentlichung von Insider-Informationen und die Begriffsbestimmung der Marktmanipulation, ABl. 2003 L 339, 70; Schwark/Zimmer/*Schwark/Kruse* WpHG § 13 Rn. 25.

542 HK-KapMStrafR/*Hilgendorf/Kusche* MAR Art. 7 Rn. 47.

543 Schwark/Zimmer/*Kumpan/Misterek* MAR Art. 7 Rn. 75.

544 HK-KapMStrafR/*Hilgendorf/Kusche* MAR Art. 7 Rn. 47.

strumenten zuzulassen. Durch das Merkmal der Kursspezifität werden ersichtlich irrelevante Informationen herausgefiltert, so dass der Rechtsanwender auf eine umfassende Prüfung, insbesondere der Kursrelevanz (→ Rn. 384 ff.), verzichten kann. Nach der Rechtsprechung des EuGH in der Rs. *Lafonta* ist für die Kursspezifität nicht erforderlich, dass es die Information erlaubt, auch bereits die Richtung der Kursbewegung vorherzusagen. Für die Einstufung von Informationen als präzise genügt, dass sich die Information bei Bekanntwerden überhaupt auf den Kurs auswirken wird, auch wenn unklar ist, ob der Markt das Vorhaben positiv oder negativ bewerten wird.[545] Zu den nicht präzisen Informationen gehören insbesondere lediglich vage Vermutungen oder Spekulationen.[546]

Umstritten ist, ob und inwieweit **Gerüchte** präzise Insiderinformationen sein können. Gerüchte sind Informationen über Tatsachen, deren Wahrheitsgehalt unsicher ist und die eine gewisse Verbreitung erfahren haben. Für die Einordnung als Insiderinformation ist zwischen dem Kursieren des Gerüchts als solchem und dessen Inhalt zu differenzieren. Das Kursieren des Gerüchts ist zwar an sich eine präzise Information,[547] sie wird aber regelmäßig öffentlich bekannt oder nicht kursrelevant sein.[548] Umstritten ist allerdings, ob auch der unsichere Gehalt des Gerüchts eine präzise Information sein kann. Dies wird teilweise abgelehnt, da jemand, der Gerüchten folgt, auch wenn sie Tatsachenmitteilungen enthalten, stets nur Börsenspekulation außerhalb des Insiderrechts betreibe.[549] Nach aA der **BaFin** und im Schrifttum können Gerüchte hingegen grundsätzlich Insiderinformationen sein, sofern sie nur spezifisch genug sind.[550] Dass auch Gerüchte grundsätzlich präzise Informationen sein können, klingt in 371

545 EuGH ECLI:EU:C:2015:162 Rn. 38 = NJW 2015, 1663 – Lafonta. AA *Klöhn* ZIP 2014, 945 (951 ff.).

546 Noch zu § 13 WpHG aF in Fuchs/*Mennicke/Jakovou* WpHG § 13 Rn. 23.

547 Schwark/Zimmer/*Kumpan/Misterek* MAR Art. 7 Rn. 68.

548 *Hopt/Kumpan* in Schimansky/Bunte/Lwowski BankR-HdB § 107 Rn. 50; Fuchs/*Pfüller* WpHG § 15 Rn. 144.

549 Assmann/Schneider/Mülbert/*Assmann* MAR Art. 7 Rn. 35. Noch zu § 13 WpHG aF in Assmann/Schneider/*Assmann* WpHG, 6. Aufl. 2012, § 13 Rn. 18; Assmann/Schütze/*Sethe* HdB KapAnlR § 8 Rn. 54; *Diekmann/Sustmann* NZG 2004, 929 (930); *Möllers* WM 2005, 1393 (1394).

550 BaFin Emittentenleitfaden, Modul C, Stand 25.3.2020, I.2.1.4.4, 14 f.; ebenso *Hopt/Kumpan* in Schimansky/Bunte/Lwowski BankR-HdB § 107, Rn. 50; Klöhn/*Klöhn* MAR Art. 7 Rn. 60; Kümpel/Mülbert/Früh/Seyfried/*Meyer/Oulds* Bank- und KapitalmarktR Rn. 12.169; Meyer/Veil/Rönnau/*Krause* HdB Marktmissbrauchsrecht § 6 Rn. 49 ff. Noch zu § 13 WpHG aF Fuchs/*Mennicke/Jakovou* WpHG § 13 Rn. 47 ff; KölnKomm WpHG/*Klöhn* § 13 Rn. 57; NK-AktienKapMR/*Royé/Fischer z. Krambur* WpHG § 13 Rn. 2; Schwark/Zimmer/*Schwark/Kruse* WpHG § 13 Rn. 21 ff.

ErwGr 14 S. 3 MAR an, der die Kursrelevanz von der Vertraulichkeit der Quelle abhängig macht, sowie Art. 17 Abs. 7 UAbs. 2 MAR, der ausdrücklich von „präzisen Gerüchten“ spricht.[551] Dabei ist schon dann von einer präzisen Information auszugehen, wenn das Gerücht über einen objektiven Tatsachenkern verfügt („Angeblich steht der X-AG eine feindliche Übernahme durch die Y-AG unmittelbar bevor!“). Sie beziehen sich auf einen fest umrissenen Sachverhalt und sind daher als präzise Informationen einzuordnen, wenn es sich nicht um bloß vage Hoffnungen oder unsubstantiiertes Gerede („Börsentratsch“) handelt.[552] Genauerer Prüfung bedarf dann allerdings noch die Kursrelevanz des Gerüchts, die in einer Gesamtbetrachtung gem. ErwGr 14 S. 2 maßgeblich durch die **Verlässlichkeit** der Quelle bestimmt wird, sowie von den zugrundeliegenden Tatsachen und dem Marktumfeld abhängt.[553]

372 Auch Informationen zu **zukünftigen Umständen** oder Ereignissen können gem. Art. 7 Abs. 2 MAR bereits vor ihrem Eintritt präzise sein, sobald **vernünftigerweise erwartet** werden kann, dass sie bestehen oder eintreten werden. Hierfür ist auf den Blickwinkel des verständigen Anlegers abzustellen.[554] Es ist zu fragen, ob der verständige Anleger unter Würdigung aller ihm verfügbaren Anhaltspunkte den Eintritt des Umstands erwartet.[555] Erforderlich ist eine realistische Wahrscheinlichkeit (siehe ErwGr 16 MAR). Nach dem EuGH setzt dies eine überwiegende Wahrscheinlichkeit (50 Prozent + ×) des Endereignisses voraus.[556]

373 **b) Kursspezifität von Zwischenschritten.** Die Feststellung, ob und vor allem wann eine Insiderinformation vorliegt, gestaltet sich besonders schwierig bei **zeitlich gestreckten Vorgängen** mit mehreren Zwischenschritten hin zu einem Endereignis (siehe Art. 7 Abs. 3

551 Schwark/Zimmer/*Kumpan/Misterek* MAR Art. 7 Rn. 68.
552 Vgl. BaFin Emittentenleitfaden, Modul C, Stand 25.3.2020, I.2.1.4.4, 14f.; *Hopt* in Schimansky/Bunte/Lwowski BankR-HdB § 107 Rn. 24. Noch zu § 13 WpHG aF Fuchs/*Mennicke/Jakovou* WpHG § 13 Rn. 50ff; KölnKomm WpHG/*Klöhn* § 13 Rn. 57; NK-AktienKapMR/*Royé/Fischer z. Krambur* WpHG § 13 Rn. 2.
553 BaFin Emittentenleitfaden, Modul C, Stand 25.3.2020, I.2.1.4.4, 14f.
554 Vgl. HK-KapMStrafR/*Hilgendorf/Kusche* MAR Art. 7 Rn. 26ff.; zur alten Rechtslage gemäß § 13 WpHG aF in Fuchs/*Mennicke/Jakovou*, WpHG, 1. Aufl. 2009, § 13 Rn. 66; KölnKomm WpHG/*Klöhn* § 13 Rn. 101; *Harbarth* ZIP 2005, 1898 (1901f.). Nach aA setzt eine überwiegende Wahrscheinlichkeit stets voraus, dass der Eintritt des Ereignisses *objektiv* wahrscheinlicher ist als sein Ausbleiben, *Klöhn* ZIP 2012, 1885 (1889).
555 Vgl. ECLI:EU:C:2012:397 Rn. 49 = NJW 2012, 2787 – Geltl/Daimler.
556 Vgl. ECLI:EU:C:2012:397 Rn. 50 = NJW 2012, 2787 – Geltl/Daimler.

MAR). Dies betrifft in erster Linie mehrstufige Entscheidungsprozesse, aber auch sonstige komplexe zeitlich gestreckte Sachverhalte.

Zeitlich gestreckte Vorgänge sind nach ErwGr 17 MAR insbesondere Vertragsverhandlungen, die mit einem Vertrag als Endereignis abschließen und als Zwischenschritte beispielsweise vorläufig vereinbarte Bedingungen umfassen. Dazu gehören M&A-Transaktionen, die über mehrere Zwischenschritte in einen **Unternehmenskauf** oder -zusammenschluss münden (hierzu noch → Rn. 386, 388 f.).[557] Die typischen Zwischenschritte eines Unternehmenskaufs sind der Kaufentschluss, das Führen von Vorgesprächen, der Abschluss einer Vertraulichkeitsvereinbarung, die Abgabe einer Absichtserklärung (*Letter of Intent*), die Durchführung einer *Due Diligence*, der Vertragsschluss, die häufig erforderliche Zustimmung Dritter und schließlich das *Closing*.

Fall 9 („Der amtsmüde Vorstandsvorsitzende" nach BGH NJW 2013, 2114 – Geltl/Daimler): Der Vorstandsvorsitzende V der börsennotierten Aktiengesellschaft A-AG erwägt im Januar, zum Jahresende aus dem Amt auszuscheiden. Im Februar bespricht er dies mit seiner Ehefrau E und fasst sodann im März den entsprechenden Entschluss. Er teilt dies im April dem Aufsichtsratschef A der A-AG mit, signalisiert aber zugleich, dass er sein Amt bis dahin weiterhin gewissenhaft und engagiert ausüben wird. A kündigt im Gegenzug an, dass er dem nach § 108 AktG erforderlichen Aufsichtsratsbeschluss zustimmen wird. Ob auch seine Amtskollegen dem Ausscheiden zustimmen werden, erscheint A – was objektiv zutrifft – äußerst unwahrscheinlich. Sodann beschließt der Aufsichtsrat im Mai das Ausscheiden des V mit den nach der Satzung erforderlichen Stimmen aller Aufsichtsratsmitglieder. Im Juli unterzeichnen die A-AG und V schließlich einen entsprechenden Auflösungsvertrag mit sofortiger Wirkung. Als das Ausscheiden des V öffentlich bekannt wird, steigt der Kurs der A-AG rapide an. Wann ist das Ausscheiden des V eine Insiderinformation? 374

Lösung: Das Ausscheiden des V ist spätestens im Juli als gegenwärtiges Ereignis eine Insiderinformation. Für die Beantwortung der Frage, ob das Ausscheiden bereits zuvor eine Insiderinformation darstellt, ist danach zu fragen, ob und wann das Ausscheiden ex-ante als künftiges Ereignis vernünftigerweise iSd Art. 7 Abs. 2 MAR erwartet werden kann. Der Rechtsanwender muss sich also in einen Zeitpunkt vor dem Ausscheiden versetzen und die Frage beantworten, ob „auf der Grundlage einer Gesamtbewertung der […] vorhandenen Faktoren [eine] **realistische Wahrscheinlichkeit**" (ErwGr 16 S. 2 MAR) bestand, dass V ausscheiden wird. Nach dem von der US-amerikanischen Rechtsprechung verwendeten ***probability-magnitude*-test**[558] hängt der notwendige Wahrscheinlichkeitsgrad von der Kursre- 375

557 *Langenbucher* AktR § 15 Rn. 35.
558 SEC v. Texas Gulf Sulphur Co, 401 f.2d 833, 849 (1968).

levanz des jeweiligen Endereignisses ab. Je bedeutender ein Ereignis aus Sicht der Anleger ist, desto geringere Anforderungen sind demzufolge an dessen Eintrittswahrscheinlichkeit zu stellen. Der *probability-magnitude*-Ansatz hat zur Konsequenz, dass bei sehr kursrelevanten Ereignissen bereits eine geringe Eintrittswahrscheinlichkeit das Vorliegen einer Insiderinformation begründet. Eine geringe Eintrittswahrscheinlichkeit kann hiernach durch eine umfassende Kursrelevanz bei Eintritt des Ereignisses ausgeglichen werden. Man müsste also eine hinreichende Wahrscheinlichkeit bejahen, wenn das Ausscheiden des V aus einer ex-ante Perspektive außerordentliche Kursrelevanz hat. Der EuGH hat sich – im Gegensatz zu den Schlussanträgen des GA Mengozzi[559] – in seiner Antwort auf die vom BGH vorgelegte Frage im Fall „Geltl" für die MAD aF gegen den *probability-magnitude-test* ausgesprochen.[560] Zum einen gab es in den verschiedenen Sprachfassungen der MAD aF keine Anhaltspunkte für eine derartige Auslegung.[561] Zum anderen würden hierdurch die Tatbestandsmerkmale der Kursspezifität und der Kursrelevanz miteinander vermischt.[562] Der Sekundärrechtsgesetzgeber schuf mit der Kursspezifität und der Kursrelevanz zwei unterschiedliche Tatbestandsmerkmale, die unabhängig voneinander erfüllt sein müssen. Zudem verlangt das Gebot der Rechtssicherheit, dass Ereignisse, die zwar außerordentlich kursrelevant sind, deren Eintritt aber „nicht wahrscheinlich ist", nicht als präzise Ereignisse angesehen werden.[563] Dass es für die Eintrittswahrscheinlichkeit auf den *probability-magnitude-test* und damit auf die Kursrelevanz nicht ankommen kann, ist nun ausdrücklich auch in ErwGr 16 S. 3 MAR kodifiziert.

Den notwendigen Wahrscheinlichkeitsgrad definierte der EuGH in seinem Urteil dahingehend, dass *„tatsächlich erwartet werden kann, dass sie* [die zukünftigen Umstände] *in Zukunft existieren oder eintreten werden"*.[564] Hieraus hat der BGH den Schluss gezogen, dass jedenfalls eine **überwiegende Wahrscheinlichkeit** vorliegen muss: Nach den Regeln allgemeiner Erfahrung müsse eher mit dem Eintreten des Umstands als mit seinem Ausbleiben zu rechnen sein.[565] In diese grundsätzlich dem Tatrichter obliegende Beurteilung seien alle tatsächlichen Umstände des jeweiligen Einzelfalles einzubeziehen.[566] Auch ein Großteil der Literatur deutet die Entscheidung des EuGH zu Recht so, dass nur bei einer mindestens überwiegenden Wahrscheinlichkeit der Eintritt des künftigen Ereignisses tatsächlich erwartet wer-

559 Schlussanträge v. 21.3.2012 ECLI:EU:C:2012:153 – Geltl/Daimler.
560 EuGH ECLI:EU:C:2012:397 Rn. 50 = NJW 2012, 2787 – Geltl/Daimler.
561 EuGH ECLI:EU:C:2012:397 = NJW 2012, 2787 Rn. 51 – Geltl/Daimler.
562 EuGH ECLI:EU:C:2012:397 = NJW 2012, 2787 Rn. 52 – Geltl/Daimler.
563 EuGH ECLI:EU:C:2012:397 = NJW 2012, 2787 Rn. 48 – Geltl/Daimler.
564 EuGH ECLI:EU:C:2012:397 = NJW 2012, 2787 Rn. 49 – Geltl/Daimler.
565 BGH NJW 2013, 2114 Rn. 29 – Geltl/Daimler; zuvor schon in Kölner Komm WpHG/*Pawlik*, 1. Aufl. 2007, § 13 Rn. 93.
566 BGH NJW 2013, 2114 Rn. 30 – Geltl/Daimler.

den kann.[567] Überwiegend ist eine Wahrscheinlichkeit nur dann, wenn der Eintritt wahrscheinlicher ist als das Ausbleiben, weshalb eine Mindestwahrscheinlichkeit von „50 Prozent + x" gefordert wird.[568] Nur wenn es wahrscheinlich und nicht bloß möglich ist, darf man vernünftigerweise erwarten, dass das Ereignis in der Zukunft eintreten wird.[569] Jedenfalls steht fest, dass zumindest reines Wunschdenken nicht zu einer konkreten Information führt.[570] In der Lafonta-Entscheidung hat der EuGH festgestellt, dass im Gegensatz zur Wahrscheinlichkeit des Eintritts nicht klar sein muss, wie sich die Kurse nach der Veröffentlichung der Information entwickeln werden.[571]

Eine früher in der Literatur vertretene Ansicht stellte dagegen höhere Hürden auf und verlangte eine **hohe Wahrscheinlichkeit**, dass das Ereignis eintreten wird.[572] Diese restriktive Auffassung, der sich auch die Vorinstanz – das OLG Stuttgart – in seinem ersten Beschluss im Geltl-Verfahren angeschlossen hatte,[573] hat der EuGH zurückgewiesen, da Insider bei einem solchen Verständnis in unrechtmäßiger Weise zu Lasten Dritter Nutzen aus bestimmten Informationen ziehen könnten, ohne dass dies als Insiderhandel eingestuft werden könnte.[574] Das Ausscheiden des V im Juli als künftiger Umstand ist folglich dann eine Insiderinformation, wenn es überwiegend wahrscheinlich ist, denn nur dann kann es vernünftigerweise iSv Art. 7 Abs. 2 S. 1 MAR erwartet werden. Da das vorzeitige Ausscheiden des V den Beschluss des Aufsichtsrats gem. § 108 AktG voraussetzt und ein einzelnes Aufsichtsratsmitglied nach der Satzung Veto einlegen kann, ist das Ausscheiden als Endereignis erst mit dem Beschluss des Aufsichtsrats im Mai überwiegend wahrscheinlich. Im Mai liegt eine präzise Information über das künftige Ausscheiden des V iSd Art. 7 Abs. 2 MAR vor.

Daran schließt sich die lange Zeit umstrittene, sodann vom EuGH geklärte und in der MAR nunmehr ausdrücklich geregelte Frage an, ob und inwieweit auch die **Zwischenschritte** in gestreckten Geschehensabläufen neben dem in der Zukunft liegenden endgültigen Er- 376

567 Vgl. *Bachmann* DB 2012, 2206 (2209); *Bingel* AG 2012, 685 (688); *v. Bonin/Böhmer* EuZW 2012, 694 (696); *Heider/Hirte* GWR 2012, 429 (430); *Hitzer* NZG 2012, 860 (862); *Kocher/Widder* BB 2012, 2837 (2838); *Klöhn* ZIP 2012, 1885 (1889 f.); *Rehahn* GPR 2012, 319 (321); *Schall* ZIP 2012, 1282 (1288); *Wilsing/Goslar* DStR 2012, 1709 (1712).

568 *Klöhn* ZIP 2012, 1885 (1889 f.). AA *Hellgardt* (2013) 50 CMLR 861, 872 f., wonach dieser Formulierung kein Verweis auf die Notwendigkeit einer Wahrscheinlichkeitsbeurteilung entnommen werden kann.

569 *Schall* ZIP 2012, 1282 (1288).

570 *Hellgardt*, (2013) 50 CMLR 861, 873 („This is the case if […] there is real indication […] for the event/set of circumstances, and it is thus not pure fantasy.").

571 EuGH ECLI:EU:C:2015:162 Rn. 30 ff. = NJW 2015, 1163 (1664 f.).

572 Noch zu § 13 WpHG aF Assmann/Schneider/*Assmann* WpHG § 13 Rn. 25. Vgl. zur geltenden Fassung Assmann/Schneider/Mülbert/*Assmann* MAR Art. 7 Rn. 47 f. Dagegen EuGH ECLI:EU:C:2012:397 Rn. 41 ff. = NJW 2012, 2787 – Geltl/Daimler.

573 OLG Stuttgart NZG 2007, 352 (358). Offen gelassen noch von BGH NJW-RR 2008, 865 Rn. 25 – Geltl/Daimler.

574 EuGH ECLI:EU:C:2012:397 Rn. 47 = NJW 2012, 2787 – Geltl/Daimler.

eignis veröffentlichungspflichtige Insiderinformationen über gegenwärtige Umstände oder Ereignisse darstellen können oder ob die spezielle Regelung zu künftigen Ereignissen und Umständen in Art. 7 Abs. 2 S. 1 MAR insofern eine Sperrwirkung entfaltet. Die hM lehnte zunächst im letzteren Sinne eine eigenständige Betrachtung der Zwischenschritte ab,[575] da anderenfalls das Merkmal der Eintrittswahrscheinlichkeit für das künftige Endereignis (jetzt Art. 7 Abs. 2 S. 1 MAR; zuvor § 13 Abs. 1 S. 3 WpHG aF) umgangen würde.

Der **EuGH** hat dagegen in der Rs. Geltl auf Vorlage des BGH auch Zwischenschritte als taugliche Insiderinformationen anerkannt, soweit die sonstigen Voraussetzungen vorliegen, ihnen also insbesondere Kursrelevanz zukommt.[576] Auf die Eintrittswahrscheinlichkeit des endgültigen Ereignisses kommt es hiernach nicht an. Für die eigenständige Betrachtung der Zwischenschritte spricht, dass Insider anderenfalls in Kenntnis eines uU bereits kursrelevanten Zwischenschritts mit Finanzinstrumenten handeln dürften, solange das Endereignis nicht hinreichend wahrscheinlich ist.[577] Das Grundprinzip der informationellen Chancengleichheit wäre so ausgehebelt, da bereits eingeweihte Personen zum Nachteil der uninformierten breiten Öffentlichkeit Nutzen aus ihrem Wissen ziehen könnten.[578] Damit würde das Anlegervertrauen beschädigt.

Die Rspr. des EuGH zur Insiderinformationseigenschaft von Zwischenschritten in gestreckten Vorgängen hat mittlerweile Eingang in **Art. 7 Abs. 2 S. 2 MAR** gefunden: Demnach können in einem zeitlich gestreckten Vorgang, der einen bestimmten Umstand oder ein bestimmtes Ereignis herbeiführen oder hervorbringen soll, sowohl das künftige Endereignis als auch die hiermit verbundenen Zwischenschritte für sich genommen präzise Informationen sein. Auch **künftige Zwischenschritte** können präzise Informationen sein, wenn nach einer Gesamtbewertung aller Faktoren bereits eine realistische Wahrscheinlichkeit besteht, dass sie entstehen bzw. eintreten werden (ErwGr 16 MAR).

---

575 Assmann/Schneider/Mülbert/*Assmann* MAR Art. 7 Rn. 50; noch zu § 13 WpHG aF BGH NJW-RR 2008, 865 Rn. 20 – Geltl/Daimler.
576 EuGH ECLI:EU:C:2012:397 = NJW 2012, 2787 Rn. 38 – Geltl/Daimler. Diesem folgend BGH NJW 2013, 2114 Rn. 13 ff. – Geltl/Daimler.
577 Auf diesen Aspekt hinweisend auch *Möllers/Seidenschwann* NJW 2012, 2762 (2763); vgl. auch *Mennicke* NZG 2009, 1059 (1060).
578 EuGH ECLI:EU:C:2012:397 = NJW 2012, 2787 Rn. 33, 35 – Geltl/Daimler.

Fraglich ist, ob im Fall des „amtsmüden Vorstandsvorsitzenden“ (Fall 9 → Rn. 374 f.) bereits die Zwischenschritte vor dem Aufsichtsratsbeschluss im Mai gem. Art. 7 Abs. 3 MAR präzise Informationen sind und damit als Insiderinformationen in Frage kommen. Die bloß vagen Überlegungen des V im Januar und das Gespräch mit der Ehefrau im Februar sind noch keine präzisen Informationen, da sie noch keine Aussagen über die Kursauswirkungen zulassen. Es fehlt hier also bereits an der Kursspezifität der jeweiligen Zwischenschritte. Dagegen ist die Mitteilung der Rücktrittsabsicht des V gegenüber dem Aufsichtsratsvorsitzenden im April – unabhängig von der Wahrscheinlichkeit des Ausscheidens des V als künftiges Endereignis – als Zwischenereignis eine präzise Information, die Auswirkungen auf den Kurs der Aktie der AG erwarten lässt. Ob dieser Zwischenschritt auch eine Insiderinformation ist, hängt davon ab, ob auch die weiteren Voraussetzungen des Art. 7 Abs. 1 MAR erfüllt sind (→ Rn. 388). 377

2. Bezug zum Emittenten oder Finanzinstrument

Die präzise Information muss sich gem. Art. 7 Abs. 1 lit. a) MAR auf einen oder mehrere Emittenten oder auf die Finanzinstrumente selbst beziehen. 378

Informationen, die sich auf **Finanzinstrumente** beziehen, sind zB Übernahmeangebote eines anderen Unternehmens, die Orderlage an der Börse oder Kurspflegemaßnahmen.

Informationen mit **Emittentenbezug** können sowohl betriebsinterne Vorgänge als auch betriebsextern veranlasste Umstände sein.[579]

Betriebsinterne Informationen mit Emittentenbezug sind zB Quartalszahlen, Gewinnmeldungen oder Personalentscheidungen. Erteilt ein anderes Unternehmen dem Emittenten einen Großauftrag oder verklagt es den Emittenten bzw. ergeht eine für den Emittenten positive oder negative Gerichtsentscheidung, liegen **betriebsexterne** emittentenbezogene Informationen vor.

Ausreichend ist grundsätzlich – anders indes im Fall der ad-hoc-Publizitätspflicht gem. Art. 17 Abs. 1 MAR (→ Rn. 494 f.) – dass sich die Information **mittelbar** auf den Emittenten bezieht. Selbst allgemeine Marktdaten, die den Emittenten nicht direkt betreffen, aber die Rahmenbedingungen für die Tätigkeit des Unternehmens verbessern oder verschlechtern, genügen diesem mittelbaren Emittentenbezug (hM).[580] Häufig sind allgemeine Marktdaten aber auch öffentlich bekannt und daher keine Insiderinformation (→ Rn. 381). 379

579 Noch zu § 13 WpHG aF Fuchs/*Mennicke/Jakovou* WpHG § 13 Rn. 110 f.
580 Noch zu § 13 WpHG aF Fuchs/*Mennicke/Jakovou* WpHG § 13 Rn. 116.

Mittelbare Insiderinformationen, die für den Tatbestand des Art. 8, 14 MAR grundsätzlich genügen können, sind beispielsweise Naturkatastrophen, wie eine Pandemie, Leitzinsentscheidungen der Zentralbanken oder die Änderung von Rohstoffpreisen in der Branche des Emittenten.

380 Eine klare Abgrenzung zwischen Emittenten- und Finanzinstrumentenbezug ist nicht immer möglich (zB bei Informationen über eine Dividendenerhöhung oder die Kaufempfehlung eines Finanzanalysten).[581] Anders als für Art. 17 MAR (→ Rn. 494) kann die Abgrenzung aber im Zusammenhang mit Art. 8, 14 MAR auch offen bleiben. Die Breite an erfassten Umständen lässt zweifeln, ob dem Merkmal überhaupt eine Begrenzungsfunktion für die Anwendung von Art. 8, 14 MAR zukommt. Umstände, die hinreichend konkret und kurserheblich sind, sich aber nicht einmal mittelbar auf den Emittenten oder das Finanzinstrument beziehen, sind kaum denkbar.[582] Teilweise wird daher dafür plädiert, auf dieses Kriterium gänzlich zu verzichten.[583]

3. Fehlende öffentliche Bekanntheit

381 Das Wesen einer Insiderinformation ist, dass sie (noch) nicht öffentlich bekannt ist. Nach § 13 WpHG aF galt eine Information über einen Umstand oder ein Ereignis als öffentlich bekannt, wenn eine unbestimmte Anzahl von Personen Kenntnis von ihr nehmen konnte.[584] Dafür genügte bereits die sog **Bereichsöffentlichkeit**, der alle professionellen Marktteilnehmer angehören.[585] Bei Bereichsöffentlichkeit galt die Information als öffentlich bekannt, unabhängig davon, ob auch Privatanleger Kenntnis von der Information nehmen konnten. Nach geltendem Recht kommt es hingegen auf **die breite Anlegeröffentlichkeit** an.[586] Gemeint ist damit nicht die allgemeine Öffentlichkeit, sondern die Kapitalmarktöffentlichkeit, die allerdings über den Kreis professioneller Marktteilnehmer hinausgeht und sämtliche Anleger des Kapitalmarktes umfasst.[587] Das allgemeine Anlegerpublikum kann jedenfalls dann Kenntnis nehmen, wenn eine In-

581 Noch zu § 13 WpHG aF Fuchs/*Mennicke/Jakovou* WpHG § 13 Rn. 113.
582 Noch zu § 13 WpHG aF Fuchs/*Mennicke/Jakovou* WpHG § 13 Rn. 105.
583 *Assmann* ZGR 1994, 494 (514). Noch zu § 13 WpHG aF KölnKomm WpHG/*Klöhn* § 13 Rn. 123 („gehört […] nicht zum Tatbestand"). Dagegen Fuchs/*Mennicke/Jakovou* WpHG § 13 Rn. 107.
584 *Buck-Heeb* KapMarktR Rn. 372.
585 Noch zu § 13 WpHG aF Fuchs/*Mennicke/Jakovou* WpHG § 13 Rn. 83 f.
586 Art. 2 Abs. 1 lit. a) Ziff. i) DVO (EU) 2016/1055.
587 *Klöhn* ZHR 180 (2016), 707 (714 ff.).

formation durch die überregionale Presse oder sonstige Massenmedien (wie zB Fernsehen oder Internet) allgemein zugänglich verbreitet wird.

Besonders kritisch ist dabei die Frage, ob die Verbreitung in sozia- **382**
len Medien wie Twitter und Facebook ausreicht.[588] Zwar ist nach Art. 17 Abs. 1 UA 1 MAR kein bestimmtes Medium für die Verbreitung vorgeschrieben,[589] allerdings muss die Veröffentlichung gem. Art. 2 Abs. 1 UA 1 lit. a) DVO 2016/1055[590] in nicht diskriminierender Weise in der gesamten Union bekannt gegeben werden – die „follower" eines Emittenten sind aber zumeist nur in einem ausgewählten nationalen Markt ansässig, womit die Veröffentlichung über entsprechende social media-Kanäle derzeit den Vorgaben der DVO nicht genügt.[591] Besonders spricht dagegen, dass dies ausreichend ist, dass die Information nicht aktiv über ein Informationsverbreitungssystem verbreitet wird, sondern lediglich passiv zum Abruf zur Verfügung gestellt.[592] Dadurch ist ein schneller und möglichst gleichzeitiger Zugang aller relevanten Personen nicht garantiert.[593] Ausreichend sein kann aber eine ergänzende Mitteilung über soziale Medien, zB wenn Analysten- oder Pressekonferenzen von einer unbestimmten Vielzahl von Personen (bspw. über einen Livestream bei Facebook) verfolgt werden können und vorher darauf hingewiesen wurde, dass dabei kursrelevante Informationen bekanntgegeben würden.[594]

In der Regel wird die breite Anlegeröffentlichkeit aber auch bereits **383**
per **ad-hoc-Mitteilung** der Emittenten gem. Art. 17 MAR hergestellt, indem diese Mitteilungen von Agenturen, die auf die Verbreitung von Wirtschaftsnachrichten spezialisiert sind (zB *Reuters*), an ihre Kunden elektronisch übermittelt werden (Art. 17 Abs. 10 MAR iVm Art. 2 DVO (EU) 2016/1055). So sind Insiderinformationen unentgeltlich, zeitgleich und möglichst schnell gegenüber „allen Kategorien

588 Dagegen Assmann/Schneider/Mülbert/*Assmann* MAR Art. 7 Rn. 69
589 Vgl. Dazu *Kuntz* ZHR 183 (2019), 190 (225).
590 Durchführungsverordnung (EU) Nr. 2016/1055 der Kommission v. 29.6.2016 zur Festlegung technischer Durchführungsstandards hinsichtlich der technischen Mittel für die angemessene Bekanntgabe von Insiderinformationen und für den Aufschub der Bekanntgabe von Insiderinformationen gemäß Verordnung (EU) Nr. 596/2014 des Europäischen Parlaments und des Rates, ABl. 2016, L 173, 47.
591 *Kuntz* ZHR 183 (2019), 190 (226).
592 Fuchs/*Mennicke/Jakovou* WpHG § 13 Rn. 93.
593 Klöhn/*Klöhn* MAR Art. 7 Rn. 138, Art. 17 Rn. 538. Vergleiche auch *ESMA*, Final Report – Draft technical standards on the Market Abuse Regulation, ESMA/2015/1455 v. 28.9.2015, Nr. 188 (s. 44) und *BaFin*, FAQ‘s Art. 17 MAR, Stand: 29.5.2019, Frage IV. 1. aE).
594 Klöhn/*Klöhn* MAR Art. 7 Rn. 139. Ähnlich auch *Buck-Heeb* KapMarktR Rn. 373.

von Anlegern der Union“ offenzulegen (ErwGr 1 S. 2 DVO (EU) 2016/1055). An der breiten Öffentlichkeit fehlt es, wenn eine Information auf einer Hauptversammlung mitgeteilt wird, da dort nur Aktionäre und nicht potentielle Anleger teilnehmen können.[595] Auch an Pressekonferenzen nimmt nur ein begrenzter Personenkreis teil.[596]

4. Eignung zur erheblichen Kursbeeinflussung (Kursrelevanz)

384 Die Insiderinformation muss außerdem geeignet sein, im Falle ihres öffentlichen Bekanntwerdens den Kurspreis erheblich zu beeinflussen (Art. 7 Abs. 1 lit. a) MAR). Mit dem Merkmal der Kursrelevanz, insbesondere dem Erheblichkeitserfordernis, sollen Bagatellfälle ausgeschieden werden, um den Handel auf Kapitalmärkten nicht unverhältnismäßig durch Insiderhandelsverbote zu beschränken.[597]

385 **a) Begriff der Kursrelevanz.** Informationen sind kursrelevant, wenn sie eine **erhebliche Kursänderung** eines Finanzinstruments erwarten lassen.[598] Wie groß die Kursveränderung sein muss, damit sie als **erheblich** eingestuft werden kann, war lange Zeit umstritten. Die früher **hM** stellte auf **absolute Schwellenwerte** ab. Demnach galt eine Information im Falle von Aktien dann als kursrelevant, wenn sie geeignet war, den Aktienkurs um mindestens 5 Prozentpunkte zu verändern. Bei festverzinslichen Werten, deren Kurse in der Regel weniger stark schwanken, wurde eine Kursveränderung iHv 1,5 Prozent für ausreichend erachtet.[599] Mit Art. 7 Abs. 4 MAR (und zuvor auch schon § 13 Abs. 1 S. 2 WpHG aF) hat sich die Gegenansicht durchgesetzt, wonach die Kursrelevanz nicht mehr absolut festzustellen ist, sondern die Kursbeeinflussung erheblich ist, wenn ein rational handelnder Anleger trotz der Kosten und Risiken zum Kauf oder Verkauf des Finanzinstruments angereizt wird (**Anreiztheorie**).[600]

595 *Buck-Heeb* KapMarktR Rn. 374.
596 Assmann/Schneider/Mülbert/*Assmann* MAR Art. 7 Rn. 69.
597 *Buck-Heeb* KapMarktR Rn. 376.
598 *Klöhn* NZG 2015, 809 (816).
599 Nach den früher geltenden Geschäftsbedingungen der deutschen Wertpapierbörsen mussten die Skontroführer aufgrund vorliegender Aufträge vorhersehbare Kursschwankungen ankündigen, soweit diese Schwankungen bestimmte Schwellenwerte überschritten. Auf diese Schwellenwerte wurde für das Insiderrecht Bezug genommen. Ausführlich noch zu § 13 WpHG aF Assmann/Schneider/*Assmann*, 6. Aufl. 2012, WpHG § 13 Rn. 63. Mittlerweile sind solche Schwellenwerte jedoch nicht mehr maßgeblich, siehe Assmann/Schneider/Mülbert/*Assmann* MAR Art. 7 Rn. 79.
600 Noch zu § 13 WpHG aF KölnKomm WpHG/*Klöhn* § 13 Rn. 163 f.; zuvor schon KölnKomm WpHG/*Pawlik*, 1. Aufl. 2007, § 13 Rn. 74.

Das Erfordernis des Handelsanreizes richtet sich danach, ob ein verständiger Anleger die Information bei seiner Anlageentscheidung berücksichtigen würde. Der Beurteilungshorizont ist die objektivierte Sichtweise eines **verständigen Anlegers,** nicht die subjektive Vorstellung des Insiders.[601] Der verständige Anleger ist mit den Marktgegebenheiten vertraut, also börsenkundig und kennt alle verfügbaren Informationen.[602] Der Wissens- und Erfahrungshorizont dieses Anlegertypus reicht damit über denjenigen des durchschnittlichen Anlegers hinaus, auf den etwa bei der Prospekthaftung abgestellt wird (→ Rn. 272 ff.). Die **Kursrelevanz** ist unter Berücksichtigung aller Umstände des konkreten Einzelfalls, auch des jeweiligen Finanzinstruments, aus einer auf den Zeitpunkt des Insiderhandelns abstellenden **ex-ante-Prognose** heraus zu bestimmen.[603] Maßgeblich ist, ob die Information die Gesamtheit aller öffentlich bekannten Informationen so ändert, dass dies eine andere Bewertung des Fundamentalwertes des jeweiligen Finanzinstruments, also seines wahren Werts, zur Folge hat.[604] Der Wert eines Finanzinstruments wird durch die Höhe der erwarteten Auszahlungen (cash flows) und des erwarteten Risikos bestimmt.[605] Neben den Transaktionskosten entscheidet insbesondere die übliche Marktvolatilität des konkreten Finanzinstruments darüber, ob die prognostizierte Kursschwankung erheblich oder unerheblich ist. Ob sich der Kurs tatsächlich bewegt, ist für die Kursrelevanz unerheblich. Die **tatsächliche** Kursbewegung bei Bekanntwerden der Insiderinformation dient aber regelmäßig als ein gewichtiges **Indiz** für die Kursrelevanz.[606] 386

Vor allem M&A-Transaktionen, also Unternehmenskäufe und -zusammenschlüsse, können den Kurs der beteiligten Unternehmen, des Käufers und Verkäufers, aber auch der Zielgesellschaft je nach wirtschaftlicher Bedeutung erheblich beeinflussen.[607] So ist insbesondere der Bieter für eine erfolgreiche Übernahme häufig bereit, einen über dem aktuellen Aktienkurs liegenden

601 *Buck-Heeb* KapMarktR Rn. 374.
602 Assmann/Schneider/Mülbert/*Assmann* MAR Art. 7 Rn. 84.
603 BGH NJW 2013, 2114 Rn. 22 – Geltl/Daimler mit Verweis auf BGHZ 192, 90 (106 f.) Rn. 41 = NJW 2012, 1800.
604 Klöhn/*Klöhn* MAR Art. 17 Rn. 176 ff.
605 Klöhn/*Klöhn* MAR Art. 17 Rn. 192.
606 Assmann/Schneider/Mülbert/*Assmann* MAR Art. 7 Rn. 88.
607 Vgl. *Frowein/Berger* in Habersack/Mülbert/Schlitt KapMarktInfo-HdB § 10 Rn. 36 ff.; vgl. auch BaFin Emittentenleitfaden, Modul C, Stand 25.3.2020, I.2.1.5.6, 18 f.; Fuchs/*Pfüller* WpHG § 15 Rn. 242 mwN. Kritisch hierzu KölnKomm WpHG/*Klöhn* § 13 Rn. 314.

Preis pro Aktie als „Übernahmeprämie" zu zahlen.[608] Ein verständiger Anleger würde daher bei Kenntnis einer bevorstehenden Übernahme Aktien der Zielgesellschaft zu einem günstigeren Kurs kaufen, um sie anschließend mit der Übernahmeprämie an den Bieter zu veräußern.[609] Während der Kurs der Zielgesellschaft also regelmäßig steigt, können sich die Kurse des Käufers oder des Verkäufers positiv, aber auch negativ entwickeln.[610] Dies ist beispielsweise abhängig davon, wie der Markt die Höhe des Kaufpreises einschätzt oder, aus Sicht des Käufers, wie sinnvoll das Zielobjekt zur Strategie des Unternehmens passt. Die Richtung der Kursbewegung kann daher uU nur schwer vorhergesagt werden.

387 Fraglich ist die Kursrelevanz von Informationen, die zwar spezifisch genug sind, um festzustellen, dass sie sich auf den Kurs der Finanzinstrumente auswirken werden,[611] die aber eine Aussage über die Richtung der Kursbewegung nicht mit hinreichender Sicherheit zulassen. Der EuGH hat in der Rs. **Lafonta** lediglich die Kursspezifität solcher Informationen bejaht und musste sich im Hinblick auf die beschränkte Vorlagefrage, die lediglich die Kursspezifität betraf, mit der Kursrelevanz nicht befassen (→ Rn. 370).[612] Da für die Kursrelevanz von der Insiderinformation ein eindeutiger Kauf- *oder* Verkaufsanreiz ausgehen muss, wird es oft an einem handelsrelevanten Informationsvorsprung und damit an der Kursrelevanz fehlen.[613]

388 **b) Kursrelevanz von Zwischenschritten.** Auch **Zwischenschritte**, die gem. Art. 7 Abs. 2 S. 2 MAR präzise Information sein können (→ Rn. 376 f.), müssen kursrelevant sein, um selbst als Insiderinformation qualifiziert werden zu können (siehe Art. 7 Abs. 3 MAR).[614] Bei der Prüfung von Zwischenschritten auf ihre Kursrelevanz ist zwischen **zwei Arten** von Zwischenschritten zu unterscheiden:[615] Zum

---

608 Vgl. Fuchs/*Pfüller* WpHG, 1. Aufl. 2009, § 15 Rn. 195 mwN. Kritisch hierzu noch zu § 13 WpHG aF KölnKomm WpHG/*Klöhn* § 13 Rn. 314.
609 Fuchs/*Pfüller* WpHG, 1. Aufl. 2009, § 15 Rn. 195.
610 Zu Beispielen siehe *Klöhn* ZIP 2014, 945 (946).
611 Siehe dazu EuGH ECLI:EU:C:2015:162 Rn. 30 = NJW 2015, 1663 – Lafonta.
612 EuGH ECLI:EU:C:2015:162 Rn. 29 = NJW 2015, 1663 – Lafonta.
613 So für den konkreten Fall auch *Klöhn* ZIP 2014, 945 (950 f.) sowie *Klöhn* NZG 2015, 809 (814 ff.).
614 Bereits vor der Klarstellung in Art. 7 Abs. 3 MAR entsprach es der von EuGH, BGH und der hL vertretenen Meinung, dass auch Zwischenschritte als Insiderinformationen qualifiziert werden können, s. EuGH ECLI:EU:C:2012:397= NJW 2012, 2787 – Geltl/Daimler; BGH NJW 2013, 2114 Rn. 24 – Geltl/Daimler; *Brellochs* ZIP 2013, 1165 (1171); *Ihrig/Kranz* AG 2013, 515 (516); *Mennicke* ZBB 2013, 244 (249); *Seibt* EWiR 2013, 433 (434); *Wilsing/Goslar* DStR 2013, 1610 (1611). AA *Herfs* DB 2013, 1650 (1654) mit dem Argument, dass nur im Hinblick auf das Endergebnis gekauft oder verkauft wird.
615 BaFin Emittentenleitfaden, Modul C, Stand 25.3.2020, I.2.1.4.3, 13; *Groß/Royé* BKR 2019, 272 (276); *Habersack* AG 2020, 697 (699 f.); *Merkner/Sustmann/Retsch*

einen existieren Zwischenschritte, die aus sich selbst heraus kursrelevant sind, zum anderen solche Zwischenschritte, die ihre Kursrelevanz einzig aus dem Endereignis ableiten.[616] Zwischenschritte, die aus sich selbst heraus kursrelevant sind, entfalten insiderrechtliche Bedeutung unabhängig vom Endereignis.

Das ist beispielsweise der Fall, wenn die Pläne des Vorstandsvorsitzenden, sein Amt vorzeitig zu beenden (s. Fall 9 → Rn. 374 f.), unabhängig von dem tatsächlichen Ausscheiden des Vorstandsvorsitzenden Ausdruck für dessen Amtsmüdigkeit und damit Signal für eine schon zu diesem Zeitpunkt weniger engagierte oder sorgfältige Ausübung der Geschäftsführung sind[617] oder wenn eine M&A-Transaktion in Gang gesetzt wird, weil sich das Unternehmen in einer wirtschaftlichen oder technologischen Notlage befindet.[618]

Zu der zweiten Gruppe von Zwischenschritten zählen typischer- **389**
weise erste Vorgespräche im Rahmen von M&A-Transaktionen,[619] da diese für sich genommen – also unabhängig vom Endereignis betrachtet – für die Entscheidung des Anlegers noch keine Bedeutung haben. In diesen Fällen muss im Rahmen der Kursrelevanz des Zwischenschritts die **Eintrittswahrscheinlichkeit des Endereignisses** beachtet werden. Umstritten ist allerdings, mit welcher Wahrscheinlichkeit mit dem Eintritt dieses Endereignisses zu rechnen sein muss, damit die Kursrelevanz des Endereignisses auf den Zwischenschritt ausstrahlt.[620] Nach teilweise vertretener Auffassung entfaltet der Zwischenschritt in diesen Fällen nur dann Kursrelevanz, wenn der Eintritt des Endereignisses **überwiegend wahrscheinlich** ist, da der verständige Anleger nur dann seine Anlageentscheidung danach ausrichten würde.[621] Anderenfalls würde die Wertung des Art. 7 Abs. 2 MAR unterlaufen, wonach künftige Ereignisse erst dann eine Insiderinformation auslösen können, wenn ihr Eintritt überwiegend wahrscheinlich ist.[622] Eine eigenständige Betrachtung der Zwischenschritte ist nach diesem Verständnis nur in den Fällen möglich, in denen der Zwischenschritt aus sich selbst heraus kursrelevant ist, da an-

---

AG 2020, 477 (479); *Vetter/Engel/Lauterbach* AG 2019, 160 (164 ff.). Ähnlich auch die Schlussfolgerung von *Kocher/Widder* aus dem *Geltl*-Urteil des EuGH, *Kocher/Widder* BB 2012, 2837 (2840). Krit. zur Terminologie aber *Kraack* ZIP 2020, 1389 (1392 f.).

616 *Habersack* AG 2020, 697 (700 f.); *Vetter/Engel/Lauterbach* AG 2019, 160 (165).
617 Vgl. Klöhn/*Klöhn* MAR Art. 7 Rn. 409.
618 Beispiel nach *Vetter/Engel/Lauterbach* AG 2019, 160 (165).
619 S. *Groß/Royé* BKR 2019, 272 (276); *Habersack* AG 2020, 697 (700).
620 Überblick bei *Bekritsky* WM 2020, 1959 (1961 f.).
621 *Vetter/Engel/Lauterbach* AG 2019, 160 (164 ff.); *Groß/Royé* BKR 2019, 272 (276); *Merkner/Sustmann/Retsch* AG 2019, 621 (625 f).
622 *Groß/Royé* BKR 2019, 272 (276); *Vetter/Engel/Lauterbach* AG 2019, 160 (165).

derenfalls bereits das Endereignis gem. Art. 7 Abs. 2 MAR ein konkretes zukünftiges Ereignis und damit eine präzise Information darstellt (→ Rn. 374 ff.).[623] Diese Auffassung wird vor allem auf den Wortlaut des Art. 7 Abs. 3 MAR („für sich genommen") gestützt.[624]

Nach **aA** ist an dieser Stelle der ***probability-magnitude*-test** anzuwenden, da ein verständiger Anleger neben der Eintrittswahrscheinlichkeit auch die Auswirkungen des Endereignisses bei seiner Anlageentscheidung berücksichtigen wird.[625] Je bedeutsamer das Endereignis ist, desto geringere Anforderungen können an die Eintrittswahrscheinlichkeit des Endereignisses gestellt werden. Der *probability-magnitude*-Ansatz wurde zwar vom EuGH für die Einordnung künftiger Umstände als präzise Information gem. Art. 7 Abs. 2 MAR ausdrücklich abgelehnt, da anderenfalls die Tatbestandsmerkmale der Kursspezifität und der Kursrelevanz miteinander vermischt würden (→ Rn. 375). Das trifft auf die hier in Frage stehende Problematik indes nicht zu, da die Kursrelevanz eines Zwischenschritts lediglich mit der Kursrelevanz des Endereignisses begründet wird und damit keine Tatbestandsmerkmale miteinander vermischt werden. Da der *probability-magnitude*-Test aber bei außerordentlich kursrelevanten Endereignissen dazu führt, dass der Zwischenschritt auch schon bei äußerst geringer Wahrscheinlichkeit des Endereignisses kursrelevant sein kann, wird die *probability-magnitude*-Formel teilweise um das Erfordernis einer **Mindestwahrscheinlichkeit** unter 50 Prozent ergänzt.[626]

390 **Lösung (Fortsetzung Rn. 375):** Fraglich ist, ob im Falle des „amtsmüden Vorstandsvorsitzenden" (Fall 9 → Rn. 374 f.) bereits das Gespräch zwischen V und A im April als Zwischenschritt eine Insiderinformation darstellt. Es handelt sich hierbei um eine präzise Information (→ Rn. 376), die nicht öf-

---

623 Vgl. auch *Kocher/Widder* BB 2012, 2837 (2840).

624 *Habersack* AG 2020, 697 (700 f.); *Vetter/Engel/Lauterbach* AG 2019, 160 (165).

625 *Hitzer* NZG 2012, 860 (862); *Klöhn* ZIP 2012, 1885 (1891); *Schall* ZIP 2012, 1282 (1288). Vgl. auch *Bingel* AG 2012, 685 (690), der zwar grundsätzlich von einem Erfordernis einer überwiegenden Eintrittswahrscheinlichkeit des Endereignisses ausgeht, davon aber Ausnahmen anerkennt, wenn das Ereignis „herausragende Bedeutung" hat oder ein stark gegenwärtiges Element aufweist. In diese Richtung tendiert wohl nunmehr auch die BaFin, die in ihrem neuen Emittentenleitfaden eine Kursrelevanz für diese Art von Zwischenschritten umso eher annimmt „je gewichtiger und wahrscheinlicher das Endereignis ist und eine Gesamtbetrachtung der eingetretenen und zukünftigen Umstände unter Berücksichtigung der jeweiligen Marktsituation" eine Kursrelevanz nahelegt, s. BaFin Emittentenleitfaden, Modul C, Stand 25.3.2020, I.2.1.4.3, 14.

626 *Klöhn* Kapitalmarkt, Spekulation und Behavioral Finance 99; *Fleischer* NZG 2007, 401 (405).

fentlich bekannt ist und die sich auf den Emittenten, die A-AG, bezieht. Fraglich ist damit allein die Kursrelevanz, die gem. Art. 7 Abs. 4 MAR davon abhängt, ob ein verständiger Anleger das Gespräch zwischen V und A bei seiner Anlageentscheidung berücksichtigen würde. Das Gespräch zwischen V und A über das vorzeitige Ausscheiden des V ist aus sich selbst heraus nicht kursrelevant, denn V signalisiert, dass sich an seiner bisherigen sorgfältigen und engagierten Leitung der AG bis zu seinem tatsächlichen Ausscheiden nichts ändern wird. Die Kursrelevanz des Gesprächs im April als Zwischenschritt lässt sich daher nur aus der Kursrelevanz des Endereignisses, dem Ausscheiden im Juli, ableiten. Da der Kurs der A-AG nach Bekanntwerden des Ausscheidens des V tatsächlich anstieg, indiziert dies die Kursrelevanz des Endereignisses. Zu beachten ist jedoch, dass zur Zeit des Gesprächs die Wahrscheinlichkeit des Ausscheidens noch äußerst gering ist. Daher ist die Kursrelevanz des Gesprächs im April als Zwischenschritt jedenfalls abzulehnen, sofern man – wie einige Stimmen im Schrifttum – eine überwiegende Wahrscheinlichkeit des kursrelevanten Endereignisses verlangt. Die geringe Wahrscheinlichkeit des Ausscheidens könnte aber nach dem *probability-magnitude*-Test durch die umfassende Kursrelevanz des Ausscheidens ausgeglichen werden. Allerdings wird der verständige Anleger iSv Art. 7 Abs. 4 MAR Informationen über Ereignisse mit noch so großer Kursrelevanz bei geringsten Wahrscheinlichkeiten nicht als Teil seiner Anlageentscheidung nutzen. Der *probability-magnitude*-test kann daher nur bei Vorliegen einer gewissen Mindestwahrscheinlichkeit Anwendung finden. Eine solche ist hier gerade nicht gegeben, denn das Ausscheiden ist zur Zeit des Gesprächs äußerst unwahrscheinlich. Damit kann die Kursrelevanz des Gesprächs als Zwischenschritt nicht aus der Kursrelevanz des Endereignisses hergeleitet werden. Das im April zwischen V und A stattfindende Gespräch ist folglich keine Insiderinformation.

5. Besondere Insiderinformationen

Eigenständige Definitionen der Insiderinformationen finden sich in Art. 7 Abs. 1 lit. b) MAR für Warenderivate und in Art. 7 Abs. 1 lit. c) MAR für Emissionszertifikate. Insiderinformationen im Zusammenhang mit Warenderivaten (zuvor § 13 Abs. 1 S. 4 Nr. 2 WpHG aF) sind Informationen, die sich auf derartige Warenderivate beziehen und die in Übereinstimmung mit den auf dem Warenmarkt geltenden Rechtsvorschriften, Handelsregeln oder Verträgen offenzulegen sind oder deren Offenlegung erwartet werden kann. **391**

Bei Derivaten auf Strom wären dies beispielsweise Informationen über Kraftwerksausfälle.

Art. 7 Abs. 1 lit. d) MAR enthält einen Sondertatbestand für Personen, die mit der Ausführung von Aufträgen in Bezug auf Finanzin- **392** strumente beauftragt sind, zB Vermögensverwalter oder Anlagenvermittler. Für sie gelten Informationen, die ihnen von einem Kunden mitgeteilt wurden und sich auf die noch nicht ausgeführten Aufträge des Kunden in Bezug auf Finanzinstrumente beziehen, als Insiderinformationen. Nach dem Wortlaut kommt es hierfür zwar nicht darauf an, ob diese Informationen bereits öffentlich bekannt sind. Des Weiteren heißt es in Art. 7 Abs. 1 lit. d) MAR aber: „Informationen (…) die, wenn sie öffentlich bekannt **würden**, geeignet **wären**, den Kurs dieser Finanzinstrumente (…) zu beeinflussen". Wenn die Informationen auch bereits öffentliche Informationen umfassen, müsste man die Kursrelevanz nicht hypothetisch bestimmen, sondern könnte auf die tatsächliche Beeinflussung abstellen.

Von Art. 7 Abs. 1 lit. d) MAR erfasst ist insbesondere, aber nicht nur, das sog **Frontrunning**, dh das Tätigen von Geschäften in Kenntnis von Kundenaufträgen.[627] Nachdem ein Kunde bei seiner Bank beispielsweise den Kauf von Aktien in kursbeeinflussender Höhe in Auftrag gegeben hat, erwirbt die Bank in diesem Wissen vor Ausführung des Kundenauftrags selbst ein Paket dieser Aktien, um so von dem erwarteten Kursanstieg in Folge der Ausführung des Kundenauftrags profitieren zu können.

III. Insidereigenschaft

1. Verfügen über Insiderinformationen

393 Adressaten des Insiderhandelsverbotes gem. Art. 14 MAR sind die in Art. 8 Abs. 4 MAR genannten Personen, die jeweils über Insiderinformationen verfügen. Was das „Verfügen" bedeutet, definieren weder die MAR noch andere europäische Rechtsakte. Jedenfalls kommt es nicht auf den sachenrechtlichen Besitz iSd § 854 BGB an, sondern maßgeblich ist die positive Kenntnis des Inhalts der Insiderinformation.[628]

2. Primär- und Sekundärinsider

394 Für die Adressateneigenschaft kommt es nicht darauf an, warum der Insider über die Insiderinformation verfügt, auf welche Weise er also Kenntnis erlangt hat. Das Insiderrecht gilt sowohl für Primär- als auch

627 *Buck-Heeb* KapMarktR Rn. 357.
628 Klöhn/*Klöhn* MAR Art. 8 Rn. 96; ders. NZG 2017, 1285 (1286); Schwark/Zimmer/*Kumpan/Grütze* MAR Art. 8 Rn. 48.

Sekundärinsider (Art. 8 Abs. 4; 10 Abs. 1 UAbs. 2 MAR). **Primärinsider** zeichnen sich dadurch aus, dass sie auf besonderem Wege Zugang zu Insiderinformationen erhalten. Wer Primärinsider ist, ergibt sich aus Art. 8 Abs. 4 UAbs. 1 MAR. Dazu gehören zunächst **Organinsider**, dh Mitglieder von Verwaltungs-, Leitungs- und Aufsichtsorganen des Emittenten (lit. a)). Nach alter Rechtslage zu § 14 WpHG aF war umstritten, ob und inwieweit die Organstellung kausal für die Erlangung der Information gewesen sein muss.[629] In Art. 8 Abs. 4 MAR ist nun ausdrücklich für alle Primärinsider durch die Formulierung „weil" klargestellt, dass die besondere Stellung des Insiders ursächlich für die Kenntniserlangung gewesen sein muss.[630]

Das Vorstandsmitglied V der börsennotierten AG ist grundsätzlich Primärinsider. Erfährt V aber beispielsweise von einem Verfahren der US-amerikanischen Umweltschutzbehörde gegen die AG bei einem privaten Abendessen mit Freunden, erlangt V nicht in seiner Eigenschaft als Mitglied des Vorstands Kenntnis und ist damit kein Primär-, sondern Sekundärinsider.

Primärinsider sind auch **beteiligungsbedingte Insider**, also Perso- 395
nen, die – wie insbesondere Aktionäre – am Kapital des Emittenten beteiligt sind (lit. b)).

Beteiligungsbedingte Primärinsider sind in der Regel Großaktionäre, da das Anteilseigentum für die Erlangung der Insiderinformation kausal gewesen sein muss. Primärinsider wäre aber auch ein Kleinaktionär, der auf der Hauptversammlung von der Insiderinformation erfährt.[631]

Berufs- und tätigkeitsbedingte Insider sind Personen, die **auf-** 396
grund ihres Berufes, ihrer Tätigkeit oder Aufgabe Zugang zu Insiderinformationen haben. Anders als bei Organinsidern und beteiligungsbedingten Insidern müssen sie die Insiderinformation nicht nur bei Ausübung ihres Berufs, sondern auch **bestimmungsgemäß** erlangt haben („**aufgrund**"; siehe auch Art. 8 Abs. 4 UAbs. 1 lit. c) MAR). Das setzt eine Kenntniserlangung voraus, die notwendigerweise mit der Beschäftigung verbunden ist.[632] Personen, die nur bei Gelegenheit ihrer Berufstätigkeit mehr oder weniger zufällig von der Insiderinformation erfahren, sind dagegen nur Sekundärinsider iSd Art. 8 Abs. 4 UAbs. 2 MAR.

629 Zu § 38 WpHG KölnKomm WpHG/*Altenhain* § 38 Rn. 55.
630 So auch *Buck-Heeb* KapMarktR Rn. 382.
631 EBJS/*Grundmann*, 3. Aufl. 2015, WpHG § 38 Rn. VI 391.
632 KölnKomm WpHG/*Altenhain* § 38 Rn. 68. AA Klöhn/*Klöhn* MAR Art. 8 Rn. 27, *Hopt/Kumpan* in Schimansky/Bunte/Lwowski BankR-HdB § 107 Rn. 126.

Neben Mitarbeitern des Emittenten sind berufsbedingte Insider insbesondere Rechtsanwälte und Wirtschaftsprüfer sowie Wirtschaftsjournalisten oder Finanzanalysten.[633] Ein Taxifahrer, der ein Handygespräch seines Fahrgastes belauscht, ist mangels bestimmungsgemäßer Kenntnisnahme genauso wenig Primärinsider wie der Finanzanalyst, der in der Mittagspause ein Gespräch am Nachbartisch mitbekommt.[634]

397 Schließlich gelten als Primärinsider auch **Kriminalinsider**, dh Personen, die die Informationen erlangt haben, weil sie an einer Straftat beteiligt sind. In Betracht kommen zB Diebstahl oder Unterschlagung von Insiderinformationen gem. §§ 242, 246 StGB oder Delikte gegen den Datenschutz gem. §§ 201 ff. StGB. Es genügen auch Zufallsfunde. Nicht erforderlich ist, dass die Insiderinformation „bestimmungsgemäß" durch die Straftat erlangt wurde.[635]

398 Nach alter Rechtslage zu § 14 WpHG aF war die Differenzierung zwischen Primär- und Sekundärinsider für die Strafbarkeit des Verhaltens gem. § 38 WpHG aF relevant. Unter Geltung der MAR entscheidet die Einordnung als Primär- oder Sekundärinsider über die **subjektiven Voraussetzungen** des Tatbestands. Während sowohl Primär- als auch Sekundärinsider jeweils über die Insiderinformation verfügen (Art. 8 Abs. 1, 4 MAR), sie also positiv kennen müssen,[636] verlangt Art. 8 Abs. 4 MAR für Sekundärinsider zusätzlich, dass sie wissen oder hätten wissen müssen, dass es sich um eine Insiderinformation handelt (siehe Art. 8 Abs. 4 UAbs. 2 MAR).

3. Verantwortlichkeit juristischer Personen

399 Adressaten des Insiderhandelsverbots sind sämtliche Personen, dh gem. Art. 3 Abs. 1 Nr. 13 MAR sowohl natürliche als auch juristische Personen.[637] Da juristische Personen als bloße Rechtsgebilde selbst keine Kenntnis haben und auch sonst nicht selbst handeln können, kommt es für die Frage, ob sie über Insiderinformationen verfügen

---

633 Dazu HK-KapMStrafR/*Hilgendorf/Kusche* § 119 WpHG Rn. 51.

634 Klöhn/*Klöhn* MAR Art. 8 Rn. 27.

635 Klöhn/*Klöhn* MAR Art. 8 Rn. 27; MüKoStGB/*Pananis* WpHG § 38 Rn. 114; Schwark/Zimmer/*Zimmer/Cloppenburg* WpHG § 38 Rn. 9. AA Fuchs/*Waßmer* WpHG § 38 Rn. 45.

636 *Bachmann* Das europäische Insiderhandelsverbot 38.

637 Zu den juristischen Personen iSd MAR gehören sowohl juristische Personen des privaten und des öffentlichen Rechts, aber auch Personengesellschaften (Assmann/Schneider/Mülbert/*Assmann* MAR Art. 3 Rn. 22; Klöhn/*Klöhn* MAR Art. 8 Rn. 13; *Veil*, in Veil/Meyer/Rönnau Hdb des Marktmissbrauchsrechts, § 7 Rn. 52. AA Schwark/Zimmer/*Kumpan/Schmidt* MAR Art. 8 Rn. 18 mit Verweis auf die Differenzierung zwischen juristischen Personen und Personengesellschaften in Art. 3 Abs. 1 Nr. 26 MAR, der allerdings nur klarstellende Bedeutung hat).

und verbotene Insiderhandlungen vornehmen, darauf an, ob und inwieweit ihnen das Wissen und Verhalten natürlicher Personen zugerechnet werden kann. Für die Zurechnung kann es aufgrund des vollharmonisierenden Charakters der MAR nicht (mehr) auf die mitgliedstaatlichen Grundsätze ankommen, sondern die Beurteilung muss nach unionsrechtlichen Grundsätzen erfolgen.[638] Allerdings lassen sich weder der MAR noch den Level-2 oder 3-Rechtsakten konkrete Antworten auf diese Frage entnehmen. So regelt Art. 8 Abs. 5 MAR die umgekehrte Frage, wann die tatsächlich handelnden natürlichen Personen für einen Insiderverstoß durch eine juristische Person verantwortlich sind. Hierbei geht es also um die Ausweitung der Verantwortlichkeit von Verstößen einer juristischen Person auf natürliche Personen. Die Norm beantwortet aber nicht die vorgelagerte Frage, wann die juristische Person selbst gegen die Insidervorschriften verstößt.

Art. 9 Abs. 1 MAR bestimmt, dass Geschäfte, die natürliche Perso- 400
nen im Auftrag einer juristischen Person schließen, nicht als Nutzung von Insiderinformationen gelten, die im Besitz der juristischen Person sind oder waren. Dies setzt voraus, dass die juristische Person ausreichend Maßnahmen ergriffen hat, um zu verhindern, dass die natürliche Person, die den Beschluss zum Erwerb oder zur Veräußerung im Auftrag der juristischen Person gefasst oder diesen beeinflusst hat, nicht an diese Informationen gelangen kann. Die Frage, wann juristische Personen über Informationen verfügen, beantwortet die Vorschrift aber nicht, sondern setzt vielmehr bereits voraus, dass die juristische Person über Insiderinformationen verfügt.

Ebenfalls eine andere, wenn auch verwandte Frage regelt Art. 8 401
CRIM-MAD. Demnach müssen die Mitgliedstaaten sicherstellen, dass juristische Personen für Straftaten natürlicher Personen verantwortlich gemacht werden können. Demnach sollen juristische Personen für Insiderstraftaten gem. Art. 3 f. CRIM-MAD – also für Insiderverstöße gem. Art. 8, 10 MAR, aber auch Marktmanipulationen gem. Art. 12 MAR – verantwortlich sein, die zu ihren Gunsten von einer Person begangen wurden, die allein oder als Mitglied eines Organs (etwa als Vorstandsmitglied einer AG) zur Vertretung der juristischen Person befugt ist, Entscheidungen im Namen der juristischen Person treffen kann oder eine Kontrollbefugnis innerhalb der juristi-

638 Klöhn/*Klöhn* MAR Art. 8 Rn. 86; Schwark/Zimmer/*Kumpan/Schmidt* MAR Art. 8 Rn. 18. AA *J. Koch* AG 2019, 273.

schen Person innehat. Verstoßen hingegen Personen, die diesen natürlichen Personen unterstellt sind, aufgrund unzureichender Überwachung oder Kontrolle gegen das Insiderrrecht, ist die juristische Person gem. Art. 8 Abs. 2 CRIM-MAD auch hierfür verantwortlich. Das betrifft Insiderverstöße aller Beschäftigten der juristischen Personen, wie zB Angestellte.[639]

Die Erfüllung der Vorgaben des Art. 8 CRIM-MAD wird in Deutschland derzeit noch über die § 14 StGB, §§ 30, 130 OWiG gewährleistet.[640] Zukünftig werden in diesem Zusammenhang jedoch die Verbandssanktionen, die in dem jüngst veröffentlichten Regierungsentwurf eines Gesetzes zur Stärkung der Integrität in der Wirtschaft vorgesehen sind, relevant werden.[641]

402 In Zusammenschau all dieser Regelungen lässt sich für die Frage, ob und inwieweit die juristische Person über Insiderinformationen verfügt, Folgendes festhalten: Art. 8 CRIM-MAD zeigt, dass juristischen Personen nach dem Willen des europäischen Gesetzgebers das Verhalten und das Wissen der Organmitglieder und der ihnen unterstellten Personen im Wege der **Zurechnung** zugewiesen werden, sofern dies im Zusammenhang mit der Tätigkeit für die juristische Person und nicht privat steht.[642] Aus Art. 9 Abs. 1 MAR folgt, dass sowohl aktuelles, als auch vergangenes Wissen, dh Kenntnisse aktueller, aber auch ausgeschiedener natürlicher Personen zugerechnet werden können.[643] Damit ist der juristischen Person nicht nur das Wissen der handelnden Personen zuzurechnen, sondern im Wege der **Wissenszusammenrechnung** verfügt die juristische Personen über alle Insiderinformationen, die innerhalb ihrer Organisationsherrschaft mit Bezug zu Tätigkeiten in ihrem Auftrag erlangt wurden.[644]

IV. Verbotstatbestände

403 Art. 14 MAR verbietet **(1) Insidergeschäfte**, dh die Nutzung von Insiderinformationen zum **Erwerb** oder zur **Veräußerung** von

639 Schwark/Zimmer/*Kumpan/Schmidt* MAR Art. 8 Rn. 18.
640 S. BT-Drs. 18/7482, 65.
641 Abrufbar unter https://www.bmjv.de/SharedDocs/Gesetzgebungsverfahren/DE/Staerkung_Integritaet_Wirtschaft.html. Dazu *Knauer* NStZ 2020, 441; *Rotsch/Mutschler/Grobe* CCZ 2020, 169. Kritisch zum Vorhaben insgesamt *Rostalski* NJW 2020, 2087.
642 Klöhn/*Klöhn* MAR Art. 8 Rn. 87; Schwark/Zimmer/*Kumpan/Schmidt* MAR Art. 8 Rn. 18; Art. 9 Rn. 22.
643 Klöhn/*Klöhn* MAR Art. 8 Rn. 87; Schwark/Zimmer/*Kumpan/Schmidt* MAR Art. 8 Rn. 18; Art. 9 Rn. 22.
644 Siehe Schwark/Zimmer/*Kumpan/Schmidt* MAR Art. 8 Rn. 18; Art. 9 Rn. 22.

Finanzinstrumenten (Art. 8 Abs. 1, 14 lit. a) MAR); **(2)** die **Empfehlung** oder **Anstiftung** zum Erwerb oder zur Veräußerung von Finanzinstrumenten auf der Grundlage einer Insiderinformation sowie die Nutzung von Empfehlungen oder Anstiftungen (Art. 8 Abs. 2, 3; 14 lit. b) MAR), und schließlich **(3)** die **unrechtmäßige Offenlegung** von Insiderinformationen (Art. 8 Abs. 3, 14 lit. c) MAR).

1. Insidergeschäfte (Art. 8 Abs. 1; 14 lit. a) MAR)

Art. 14 lit. a) MAR verbietet den Erwerb und die Veräußerung von 404
Finanzinstrumenten unter Nutzung von Insiderinformationen.

a) Erwerb oder Veräußerung. Erfasst sind der Erwerb oder die 405
Veräußerung von Finanzinstrumenten auf eigene oder fremde Rechnung (etwa gem. § 383 HGB) oder für einen anderen iSd §§ 164 ff. BGB. Auch wenn unter „Erwerb" und „Veräußerung" im deutschen Zivilrecht allgemein eine Änderung der dinglichen Rechtslage verstanden wird, so sind diese Begriffe für das europäische Insiderrecht unionsrechtskonform auszulegen.[645] Da in anderen EU-Mitgliedstaaten das in Deutschland geltende Trennungs- und Abstraktionsprinzip fremd ist und die Ausnutzung des Wissensvorsprungs zulasten des Kapitalmarktes und damit der Unrechtsgehalt bereits mit der Verpflichtung verwirklicht ist, ist insoweit der **Abschluss des schuldrechtlichen Geschäfts** ausreichend.[646] Schließt der Insider mit seiner Bank einen Kommissionsvertrag iSd § 383 HGB, ist indes auf den Abschluss des schuldrechtlichen Vertrags der Bank zur Ausführung der Order abzustellen.[647] Seit Inkrafttreten der MAR gilt auch das **Stornieren** und die Änderung eines Auftrags als Insidergeschäft, wenn der Auftrag vor Erlangen der Insiderinformation erteilt wurde (Art. 8 Abs. 1 S. 2 MAR). Für **juristische Personen** kommt es darauf an, ob natürliche Personen in ihrem Auftrag, dh zur Erfüllung von Aufgaben für die juristische Person,[648] Finanzinstrumente erwerben oder veräußern (siehe Art. 9 Abs. 1 MAR). Private Insidergeschäfte

---

645 Für § 14 WpHG aF Fuchs/*Mennicke* WpHG § 14 Rn. 20.

646 Assmann/Schneider/Mülbert/*Assmann* MAR Art. 8 Rn. 18. Nach hM muss allerdings der potenzielle Gewinn für den Insider vertraglich abgesichert sein, der Abschluss eines Optionsgeschäfts, bei dem die Ausübung der Option von dem Willen des Vertragspartners des Insiders abhängig ist, ist damit nicht ausreichend (Assmann/Schneider/Mülbert/*Assmann* MAR Art. 8 Rn. 21; BaFin Emittentenleitfaden, Modul C, Stand 25.3.2020, I.4.2.1, 54).

647 Fuchs/*Mennicke* WpHG § 14 Rn. 22.

648 Klöhn/*Klöhn* Art. 9 Rn. 32; Schwark/Zimmer/*Kumpan/Schmidt* MAR Art. 9 Rn. 19.

von Beschäftigten werden der juristischen Person daher nicht zugerechnet.[649]

406 **b) Nutzung der Insiderinformation.** Die Insiderinformation muss für das Geschäft genutzt werden. Ein gezieltes Ausnutzen (so noch die ursprüngliche Version von § 14 WpHG aF), dh ein zweckgerichtetes Nutzen in der Absicht, einen wirtschaftlichen Sondervorteil zu erzielen,[650] ist hierfür nicht (mehr) erforderlich.[651] Für § 14 Nr. 1 WpHG aF, der statt der ursprünglichen Formulierung „Ausnutzen" den Begriff „Verwenden" enthielt, wurde im Schrifttum diskutiert, welche Anforderungen an das Verwenden zu stellen sind, ob ein Handeln in positiver Kenntnis der Insiderinformation genügt[652] oder ob darüber hinaus mit der damals hL ein **Kausalitätszusammenhang** zwischen Kenntnis der Insiderinformation und dem Erwerbs- bzw. Veräußerungsgeschäft erforderlich ist.[653] Für das Erfordernis eines solchen Kausalitätszusammenhangs spricht auch im Falle des Art. 8 Abs. 1 MAR, dass der Wortlaut die Nutzung der Insiderinformation als eigenständige Voraussetzung neben der Kenntnis der Insiderinformation erwähnt.[654] Maßgeblich ist also, dass die Insiderinformation den Abschluss des Geschäfts beeinflusst hat. Allerdings wird dies bei Kenntnis von der Insiderinformation widerleglich vermutet (siehe ErwGr 24 S. 1, 2 MAR, so bereits EuGH in der **Spector-Photo-Group**-Entscheidung).[655]

---

649 Klöhn/*Klöhn* Art. 9 Rn. 32; Schwark/Zimmer/*Kumpan/Schmidt* MAR Art. 9 Rn. 19.

650 Assmann/Schneider/Mülbert/*Assmann* MAR Art. 8 Rn. 30 f.

651 Siehe zu § 14 Nr. 1 WpHG aF RegE AnSVG, BT-Drs. 15/3174, 34.

652 Diskutiert bei *Cahn* Der Konzern 2005, 5 (8 f.).

653 So die damalige herrschende Lehre, siehe *Buck-Heeb* KapMarktR, 9. Auflage 2017, Rn. 325. Noch zu § 14 WpHG aF Assmann/Schneider/*Assmann* WpHG § 14 Rn. 25; KölnKomm WpHG/*Klöhn* § 14 Rn. 86. Ebenso hat der EuGH für die MAD aF entschieden, dass nicht jeder Insider automatisch Insidergeschäfte tätigt, sondern erst dann, wenn die Kenntnis der Insiderinformation ursächlich für das Geschäft ist, vgl. dazu *Langenbucher* (2010) 5 CMLJ 452, 453.

654 *Buck-Heeb* KapMarktR Rn. 400.

655 EuGH Slg. 2009, I-12073 (I-12088, I-12090) Rn. 54, 62 – Spector Photo Group. Da sich die Entscheidung des *EuGH* in der Rechtssache *Spector Photo Group* auf Primärinsider beschränkt, wurde im Schrifttum die Frage aufgeworfen, ob die Vermutung auch für Sekundärinsider gilt (hierzu etwa noch zu § 14 WpHG aF KölnKomm WpHG/*Klöhn* § 14 Rn. 119 ff.). Davon ist für die MAR mit Rücksicht auf den uneingeschränkten Wortlaut auszugehen, so dass die Nutzung der Insiderinformation auch im Falle von Sekundärinsidern grundsätzlich zu vermuten ist, wenn diese gem. Art. 8 Abs. 4 UAbs. 2 MAR wissen oder jedenfalls hätten wissen müssen, dass es sich um eine Insiderinformation handelt (aA *Zetzsche* in Gebauer/Teichmann Enzyklopädie Europarecht Bd. 6 § 7 Teil C. Rn. 131).

Auch wenn das wesentliche Merkmal von Insidergeschäften nach ErwGr 23 S. 1 MAR darin liegt, dass der Insider einen ungerechtfertigten **Sondervorteil** zum Nachteil Dritter erzielt, ist nach dem Wortlaut des Art. 8 Abs. 1 MAR für das Vorliegen eines Insidergeschäfts nicht erforderlich, dass der Insider tatsächlich einen wirtschaftlichen Vorteil erzielt.[656] Der ungerechtfertige Vorteil auf Seiten des Insiders liegt bereits darin, dass er aufgrund der Information das Geschäft tätigen kann (siehe ErwGr 23 S. 2 MAR). Ob sich das am Ende für den Insider tatsächlich auszahlt, ist für das Vorliegen eines Insidergeschäfts gem. Art. 8 Abs. 1 MAR unerheblich. 407

c) **Legitime Handlungen.** In Art. 9 MAR sind legitime Handlungen kodifiziert, für die die grundsätzliche Vermutung der Nutzung bei Kenntnis der Information als widerlegt gilt und die (teilweise) den bereits durch den EuGH in der *Spector-Photo-Group*-Entscheidung[657] entwickelten Fallgruppen entsprechen.[658] Art. 9 MAR hat tatbestandsausschließende Wirkung[659] sowohl im Verwaltungs- als auch im Strafverfahren (Art. 3 Abs. 8 CRIM-MAD). 408

Art. 9 Abs. 1 MAR gilt speziell für **juristische Personen**: Verfügt die juristische Person über Insiderinformationen (zu den Grundsätzen der Wissenszurechnung → Rn. 399 ff.) und erwirbt oder veräußert eine natürliche Person in ihrem Auftrag Finanzinstrumente, wird die Nutzung durch die juristische Person nach den allgemeinen Grundsätzen vermutet. Die Vermutung gilt jedoch gem. Art. 9 Abs. 1 MAR als widerlegt, wenn die juristische Person wirksame organisatorische Vorkehrungen getroffen haben, um zu verhindern, dass die natürlichen Personen, die den Beschluss zum Erwerb oder zu Veräußerung gefasst oder diesen sonst beeinflusst haben, Kenntnis von der maßgeblichen Insiderinformation erhalten. So können insbesondere Vertraulichkeitsbereiche geschaffen werden, indem mit Hilfe von Informationsbarrieren verhindert wird, dass sensible Informationen aus dem einen Geschäftsbereich (zB dem Kreditgeschäft einer Bank) in 409

---

656 *Hopt/Kumpan* in Schimansky/Bunte/Lwowski BankR-HdB § 107 Rn. 69; *Veil* in Veil Europ. KapMarktR § 13 Rn. 101. AA *Bachmann* Das Europäische Insiderhandelsverbot 50 ff. Für bloß objektive Eignung zur Erzielung eines Sondervorteils Baumbach/Hopt/*Kumpan* HGB, Art. 8 MAR Rn. 3. Einen „zweckgerichteten Einsatz" der Insiderinformation zur Erlangung eines Sondervorteils verlangt Staub HGB/*Grundmann* Band 11/1, 6. Teil Rn. 383.

657 EuGH Slg. 2009, I-12073 (I-12088) Rn. 56 ff. – Spector Photo Group.

658 *Seibt/Wollenschläger* AG 2014, 593 (596).

659 *Veil* ZBB 2014, 85 (91).

einen anderen (zB Investmentgeschäft) gelangen.[660] Außerdem darf die juristische Person nach Art. 9 Abs. 1 lit. b) MAR die natürliche Person, die das Geschäft in ihrem Auftrag getätigt hat, hierzu weder aufgefordert noch ihr Empfehlungen gegeben, sie nicht „angestiftet"[661] oder anderweitig beeinflusst haben.

410 Darüber hinaus stellen gem. Art. 9 Abs. 2 MAR Geschäfte, die **Market Maker** (→ Rn. 166), zugelassene Gegenparteien oder Personen bei der Ausführung von Kundenaufträgen im Zuge der normalen Ausübung ihrer jeweiligen Tätigkeit in Kenntnis von Insiderinformationen abschließen, keine Nutzung von Insiderinformationen dar.[662] Hierdurch soll sichergestellt werden, dass legitime Finanzaktivitäten, die der Marktliquidität nützlich sind, nicht ungewollt verboten werden (ErwGr 29 MAR). Gem. Art. 9 Abs. 5 MAR führt auch das Wissen über den **eigenen Entschluss** zum Erwerb oder zur Veräußerung nicht dazu, dass der Erwerb oder die Veräußerung dann unter Nutzung von Insiderinformationen erfolgen.[663] Dem Erwerb oder der Veräußerung geht notwendigerweise eine entsprechende Entscheidung voraus (ErwGr 31 MAR).

411 Keine verbotenen Insidergeschäfte sind gem. Art. 9 Abs. 3 MAR mangels Kausalität der Insiderinformation auch bloße **Ausführungsgeschäfte**, die lediglich der Erfüllung einer fälligen vertraglichen oder gesetzlichen Verpflichtung dienen, die bereits vor Erhalt der Insiderinformation entstanden ist (vgl. auch ErwGr 30 S. 4 MAR).[664] Art. 9 Abs. 4 MAR privilegiert **öffentliche Übernahmeangebote** und Unternehmenszusammenschlüsse: Erlangen Personen im Zusammenhang hiermit – wie zB typischerweise im Rahmen einer *Due Diligence* – Informationen und nutzen diese ausschließlich, um die Übernahme oder den Zusammenschluss weiterzuführen, liegt demnach

660 Diese Informationsbarrieren werden häufig auch als *Chinese Walls* bezeichnet (hierzu Schwark/Zimmer/Kumpan/Schmidt Art. 9 MAR Rn. 27. Zur politischen Korrektheit des Begriffs und Alternativen (zB „ethical screens") siehe Bainbridge, „Let's retire „Chinese Wall" as corporate, securities, and legal ethics term of art" vom 14.1.2014 (https://www.professorbainbridge.com/professorbainbridgecom/2014/01/lets-retire-chinese-wall-as-corporate-securities-and-legal-ethics-term-of-art.html.

661 Hiermit ist nicht der enge Begriff der Anstiftung gem. § 28 StGB, sondern ein Verleiten wie gem. Art. 8 Abs. 2 MAR gemeint (hierzu → Rn. 415; Klöhn/*Klöhn* MAR Art. 9 Rn. 68; Assmann/Schneider/Mülbert/*Assmann* MAR Art. 9 Rn. 10.).

662 Hierzu EuGH Slg. 2009, I-12073 (I-12088) Rn. 58 – Spector Photo Group.

663 Hierzu EuGH Slg. 2009, I-12073 (I-12089) Rn. 60 – Spector Photo Group.

664 So bereits die hM noch zu § 14WpHG aF auf der Grundlage von ErwGr 30 MAD aF Assmann/Schneider/*Assmann*, 6. Aufl. 2010, WpHG § 14 Rn. 31, 45; KölnKomm WpHG/*Klöhn* § 14 Rn. 22; Schwark/Zimmer/*Schwark*/*Kruse* WpHG § 14 Rn. 23.

kein verbotenes Insidergeschäft vor (hierzu auch ErwGr 30 S. 5 MAR). Voraussetzung ist allerdings, dass die Insiderinformation öffentlich gemacht wird oder auf andere Weise ihren Charakter als Insiderinformation verliert, sobald der Zusammenschluss genehmigt oder das Angebot angenommen wird. Nicht privilegiert sind Geschäfte, die nach Kenntnisnahme der Insiderinformation über den ursprünglichen Plan hinausgehen („weiterzuführen").[665] Die Privilegierung des Art. 9 Abs. 4 MAR gilt nur für öffentliche Übernahmeangebote iSv Art. 2 Abs. 1 lit. a) der Übernahmerichtlinie (siehe ErwGr 27 aE MAR). Der bloße Beteiligungsaufbau, also der einfache Erwerb unterhalb der Kontrollschwelle von 30 Prozent (siehe Art. 1 Abs. 1 Nr. 31 MAR), ist ausdrücklich ausgenommen (Art. 9 Abs. 4 UAbs. 2 MAR). Um einen sicheren Hafen handelt es sich bei den Tatbeständen der Art. 9 Abs. 1–5 MAR allerdings nicht, denn die Aufsichtsbehörden können nach Art. 9 Abs. 6 MAR auch bei Vorliegen legitimer Handlungen ein verbotenes Insidergeschäft annehmen, wenn sich dahinter nachweislich ein rechtswidriger Grund verbirgt, zB *Market Marker* die Insiderinformation tatsächlich genutzt haben.

Art. 9 MAR enthält keine abschließende Aufzählung von Fällen, **412**
die vom Tatbestand der Nutzung von Insiderinformationen ausgeschlossen sind.[666] So sind beispielsweise auch **face-to-face**-Geschäfte vom Insiderhandelsverbot ausgenommen,[667] weil und wenn die beteiligten Parteien denselben Informationsstand haben und insoweit keinen Informationsvorsprung genießen (vgl. dazu Fall 12 → Rn. 443).[668] Ein verbotenes Insidergeschäft liegt ebenfalls mangels Nutzung nicht vor, wenn der Insider nachweislich auch ohne Kenntnis der Insiderinformation das Geschäft in dieser Form und zu diesem Zeitpunkt getätigt hätte,[669] oder wenn der Insider „gegen" die Insiderinforma-

665 So auch *Seibt/Wollenschläger* AG 2014, 593 (598), es sei denn, es handelt sich um ein face-to-face-Geschäft (→ Rn. 400).

666 *Veil* ZBB 2014, 85 (91); *Buck-Heeb* KapMarktR Rn. 401.

667 Vgl. HK-KapMStrafR/*Hilgendorf/Kusche* MAR Art. 14 Rn. 40; so schon EuGH Slg. 2007, ECLI:EU:C:2007:272, I-3759 (I-3772) Rn. 38 f. – Georgakis; EuGH Slg. 2009, ECLI:EU:C:2009:806, I-12073 (I-12087) Rn. 48 – Spector Photo Group; Assmann/Schneider/Mülbert/*Assmann* MAR Art. 8 Rn. 40; noch zu § 14 WpHG aF Fuchs/*Mennicke* WpHG § 14 Rn. 59 ff.; KölnKomm WpHG/*Klöhn* § 14 Rn. 169 f.; Schwark/Zimmer/*Schwark/Kruse* WpHG § 14 Rn. 25; *Poelzig* NZG 2016, 528 (533).

668 *Seibt/Wollenschläger* AG 2014, 593 (598); *Viciano-Gofferje/Cascante* NZG 2012, 968 (976); *Poelzig* NZG 2016, 528 (533).

669 Zur MAR Assmann/Schneider/Mülbert/*Assmann* MAR Art. 8 Rn. 32; HK-KapMStrafR/*Hilgendorf/Kusche* MAR Art. 14 Rn. 28; *Seibt/Wollenschläger* AG 2014, 593 (598); *Veil* ZBB 2014, 85 (91). Noch zu § 14 WpHG aF KölnKomm WpHG/*Klöhn*

tion handelt, also trotz positiver Informationen veräußert oder umgekehrt.[670]

413 **Fall 10:** I ist als Vermögensverwalter für Familienmitglieder verschiedener Vorstände des in Russland ansässigen Rohstoffunternehmens „Rosneft" tätig. Aufgrund seiner persönlichen Kontakte erfährt er aus Unternehmerkreisen, dass erste Probebohrungen eines Explorationsprojekts von Rosneft im Schwarzen Meer auf gewaltige Ölvorkommen hindeuten. Würden sich diese Ergebnisse bestätigen (Chance: 50/50), wäre das Vorkommen bedeutend größer als ursprünglich erwartet. I erkennt die Chance, erheblichen Gewinn durch den möglichen Kursanstieg zu erzielen und kauft Hinterlegungsscheine von Rosneftaktien an der Frankfurter Wertpapierbörse, wo diese im Freiverkehr gehandelt werden. Das Geschäft tätigt er mit den von ihm verwalteten Geldern. I geht versehentlich davon aus, dass Rosneft die Öffentlichkeit über die Probebohrungen in einer Pressemitteilung unterrichtet hat. Als sich das Ergebnis nach weiteren Bohrungen verifiziert, steigt der Kurs der GDRs um 18 Prozent.

Hat I gegen das Insiderhandelsverbot gem. Art. 8, 14 MAR verstoßen?

414 I könnte gegen das Insiderhandelsverbot nach Art. 8 Abs. 1, 14 lit. a) MAR verstoßen haben.

Dafür müsste es sich bei den Hinterlegungsscheinen zunächst um **Finanzinstrumente** iSd Art. 2 Abs. 1, Art. 3 Abs. 1 Nr. 1 MAR handeln. Hinterlegungsscheine sind gemäß Art. 4 Abs. 1 Nr. 15 iVm Anhang I Abschnitt C Nr. 1 iVm Art. 4 Abs. 1 Nr. 44 lit. a) MiFID II übertragbare Wertpapiere und damit Finanzinstrumente iSd Art. 3 Abs. 1 Nr. 1 MAR. Sie werden im **Freiverkehr** gemäß § 48 BörsG gehandelt, wobei es sich um ein multilaterales Handelssystem innerhalb der EU gem. Art. 3 Abs. 1 Nr. 7 MAR iVm Art. 4 Abs. 1 Nr. 22 MiFID II handelt. Dass der Emittent selbst seinen Sitz in Russland und damit nicht in EU/EWR hat, ist für die räumliche Anwendbarkeit der MAR irrelevant. Fraglich ist jedoch, ob I über **Insiderinformationen** iSv Art. 7 Abs. 1 lit. a) MAR verfügt. Dafür muss zunächst eine **präzise Information** vorliegen. In Betracht kommt der Fund eines gewaltigen Ölvorkommens. Zur Zeit des Erwerbs war dies ein künftiger Umstand. Ausweislich Art. 7 Abs. 2 MAR können jedoch auch **künftige Umstände** grundsätzlich Gegenstand präziser Informationen sein, sofern hinreichend wahrscheinlich ist, dass der künftige Umstand eintreten wird. Hier ist mit 50-prozentiger Wahrscheinlichkeit mit einem Ölvorkommen zu rechnen. Dabei handelt es sich weder um eine hohe noch um eine überwiegende Wahrscheinlichkeit. Gleichwohl könnte sich bei Anwendung des ***probabi-***

§ 14 Rn. 160; Schwark/Zimmer/*Schwark/Kruse* WpHG § 14 Rn. 23; *Hopt* in Schimansky/Bunte/Lwowski BankR-HdB § 107 Rn. 41; *Poelzig* NZG 2016, 528 (533).

670 *Bachmann* Das europäische Insiderhandelsverbot 54; *Langenbucher* (2010) 5 CMLJ 452, 460; *Poelzig* NZG 2016, 528 (533).

lity-magnitude-test ergeben, dass die Wahrscheinlichkeit hinreichend hoch ist. Wie die spätere tatsächliche Kursveränderung bei Bekanntwerden des Funds von 18 Prozent zeigt, hatte der künftige Umstand eine hohe Kursrelevanz, so dass auch eine bloße Wahrscheinlichkeit von 50 Prozent genügen könnte. Gegen den *probability-magnitude-test* spricht jedoch, dass das Vorliegen eines Tatbestandmerkmals (präzise Information) nicht vom Vorliegen eines anderen Tatbestandsmerkmals (Kursrelevanz) abhängen kann. Andernfalls könnten auch Informationen über ganz unwahrscheinliche Umstände oder Ereignisse zum Insiderhandelsverbot führen bzw. ad-hoc-informationspflichtig werden, nur weil sie eine hohe Kursrelevanz aufweisen. Daher hat der EuGH den *probability-magnitude-test* abgelehnt. Es besteht mithin keine hinreichende Wahrscheinlichkeit des künftigen Ölfunds.

Eine Insiderinformation könnten jedoch die Probebohrungen selbst sein. Hierbei handelt es sich um **Zwischenschritte** in einem zeitlich gestreckten Vorgang, dessen Endereignis schließlich der Ölfund ist. Gem. Art. 7 Abs. 3 MAR können auch Zwischenschritte grundsätzlich präzise Informationen sein. Die Probebohrungen fanden bereits statt, sind mithin existierende Umstände. Sie sind nicht nur vage, sondern auch spezifisch genug, um Aussagen über ihre Auswirkungen auf den Kurs der Wertpapiere treffen zu können. Es handelt sich damit um **präzise Informationen** (aA vertretbar, weil Aussagekraft der Bohrungen noch relativ unklar). Fraglich ist jedoch, ob sie auch geeignet sind, den Börsen- oder Marktpreis erheblich zu beeinflussen. Nach Art. 7 Abs. 4 MAR ist für die **Kursrelevanz** darauf abzustellen, ob der verständige Anleger aus einer ex-ante-Sicht seine Anlageentscheidung auf diese Information stützen würde. Die Probebohrungen haben aus sich selbst heraus keine eigenständige Bedeutung für den Anleger (→ Rn. 388), sondern leiten ihre Kursrelevanz ausschließlich an dem Endereignis, dem Ölfund, ab (→ Rn. 389). Demnach ist im Rahmen der Kursrelevanz des Zwischenschritts die Kursrelevanz des Endereignisses zu berücksichtigen. Im Hinblick darauf, dass das sehr kursrelevante Endereignis mit einer Wahrscheinlichkeit von 50 Prozent eintreten wird, spricht unter Annahme des an dieser Stelle nun zulässigen *probability-magnitude-test* viel dafür, dass der verständige Anleger – und nicht nur der Börsenspekulant – handeln würde (aA vertretbar). Mithin ist von der Kursrelevanz des Zwischenschritts auszugehen (aA vertretbar). Da die Probebohrungen nicht öffentlich bekannt sind und zudem den Emittenten Rosneft unmittelbar betreffen, handelt es sich um Insiderinformationen.

I hat Kenntnis von dem Inhalt dieser Information. Ob auch **Kenntnis bzw. Kennenmüssen** im Hinblick auf das Vorliegen einer Insiderinformation erforderlich ist, hängt davon ab, ob I **als Primär- oder Sekundärinsider** gem. Art. 8 Abs. 4 MAR gehandelt hat. Primärinsider sind die in Art. 8 Abs. 4 UAbs. 1 lit. a)–d) MAR aufgelisteten Personengruppen. Hier kommt eine aufgaben- oder tätigkeitsbedingte Kenntnisnahme gem. Art. 8 Abs. 4 UAbs. 1 lit. c) MAR in Betracht. Voraussetzung ist allerdings, dass I bestimmungsgemäß Zugang zu den Informationen hat. Dafür reicht es nicht aus, dass die Tätigkeit den Zugang zur Information erleichtert oder die Gelegenheit dazu schafft (hM). Mit dem Beruf des Vermögensverwalters ist ein Kontakt zu Geschäftskreisen nicht zwangsläufig verbunden. Mithin erfolgt die Kenntnisnahme nicht bestimmungsgemäß. I ist lediglich **Sekundärinsider** gem. Art. 8 Abs. 4 UAbs. 2 MAR (aA vertretbar). Zusätzliche Voraussetzung ist daher gem. Art. 8 Abs. 4 UAbs. 2 MAR, dass I weiß oder wissen müsste, dass es sich bei der Information um eine Insiderinformation handelt. Er erkennt die erhebliche Gewinnchance und damit die Kursrelevanz der Information und verkennt fahrlässig, dass die Information nicht öffentlich bekannt ist. Da er demnach jedenfalls wissen müsste, dass es sich um eine Insiderinformation handelt, erfüllt er die subjektiven Voraussetzungen für Sekundärinsider gem. Art. 8 Abs. 4 UAbs. 2 MAR.

Im Weiteren muss I die Insiderinformation zum **Erwerb** genutzt haben. I hat die Wertpapiere als Vermögensverwalter in Stellvertretung für einen anderen und damit für fremde Rechnung erworben. Maßgeblich ist der Abschluss des schuldrechtlichen Geschäfts. Die **Nutzung** der Insiderinformation wird grundsätzlich widerleglich vermutet. Anhaltspunkte für eine legitime Handlung iSd Art. 9 MAR oder sonstige Anhaltspunkte zur Widerlegung der Vermutung sind nicht ersichtlich.

Ergebnis: Daher liegt ein Verstoß gegen Art. 14 lit. a) iVm 8 Abs. 1 MAR vor.

2. Empfehlung und Verleitung (Art. 8 Abs. 2; 14 lit. b) MAR)

415 Verboten ist auch, einem anderen auf der Grundlage der Insiderinformation Insidergeschäfte, dh den Erwerb oder die Veräußerung von Finanzinstrumenten, zu empfehlen oder dazu zu verleiten (Art. 8 Abs. 2; 14 lit. b) MAR). Bei der Empfehlung handelt es sich um eine rechtlich unverbindliche Erklärung, die dem Empfehlungsempfänger ein bestimmtes Verhalten als für ihn vorteilhaft und befolgenswert darstellt, und von der Absicht getragen wird, den Willen des anderen in diese Richtung zu lenken („Tipp").[671] Das Verleiten bildet einen Auffangtatbestand und soll insbesondere die Fälle erfassen, in denen der Willen eines anderen durch beliebige Mittel beeinflusst wird.[672] Seit Inkrafttreten der MAR erfüllt auch derjenige den Tatbestand des Insidergeschäfts, der eine Empfehlung nutzt oder einer Anstiftung folgt. Die Insiderinformation selbst muss er nicht kennen. Er muss er allerdings in der Kenntnis handeln, dass die Empfehlung oder Anstiftung auf einer Insiderinformation beruht.

671 Assmann/Schneider/Mülbert/*Assmann* MAR Art. 8 Rn. 82; noch zu § 14 WpHG aF Fuchs/*Mennicke* WpHG § 14 Rn. 366.
672 *Buck-Heeb* KapMarktR Rn. 410.

3. Unrechtmäßige Offenlegung (Art. 10, 14 lit. c) MAR)

416 Dem Insider, also demjenigen, der über Insiderinformationen verfügt (→ Rn. 393 ff.), ist es schließlich auch verboten, Insiderinformationen einem anderen unrechtmäßig offenzulegen (Art. 14 lit. c) MAR). Dies entspricht im Wesentlichen dem vorhergehenden Weitergabeverbot gem. § 14 Nr. 2 WpHG aF und soll bereits im Vorfeld der Gefahr von Insidergeschäften vorbeugen: Je mehr Personen Kenntnis von einer Insiderinformation haben, desto größer ist die Gefahr von Insiderhandel. Die Zahl der Insider soll daher durch das Offenlegungsverbot möglichst gering gehalten werden.

417 **a) Offenlegung.** Die Offenlegung kann entweder aktiv durch **Mitteilung** einer Insiderinformation an einen Dritten oder passiv durch **Zugänglichmachen** erfolgen. Dafür ist keine Kenntnisnahme erforderlich,[673] sondern es reicht aus wenn der Dritte durch den Insider in die Lage versetzt wird, sich die Insiderinformationen selbst zu verschaffen, zB durch Aushändigen eines Computerpassworts.[674] Im Falle von juristischen Personen kommt es – wie im Falle des Insidergeschäfts (→ Rn. 402) – darauf an, dass eine natürliche Person die Insiderinformation im Auftrag der juristischen Personen offenlegt.

418 **b) Unrechtmäßigkeit.** Gem. Art. 10 Abs. 1 MAR ist die Offenlegung grundsätzlich unrechtmäßig, es sei denn, sie erfolgt im Rahmen der normalen Ausübung einer Beschäftigung oder eines Berufs oder zur normalen Erfüllung von Aufgaben. Die **Unrechtmäßigkeit** ist Tatbestandsmerkmal und nicht bloß Hinweis auf das allgemeine Rechtswidrigkeitserfordernis.[675] Die **hL** hat zunächst auf der Grundlage der gleichlautenden MAD aF jede **betriebsbedingt erforderliche Weitergabe** als rechtmäßig angesehen, sofern sie sich im normalen Rahmen der Berufs- und Geschäftsausübungstätigkeit hält.[676] Jedenfalls die Weitergabe von Informationen innerhalb eines Unternehmens[677] oder an Berufsgeheimnisträger, wie insbesondere Rechtsanwälte,[678] soll damit regelmäßig als befugt anzusehen sein, soweit die Informationen in irgendeiner Weise der Wahrnehmung betrieblicher

---

673 So aber HK-KapMStrafR/*Hilgendorf/Kusche* MAR Art. 14 Rn. 70.
674 Zu § 14 Abs. 1 Nr. 2 WpHG aF RegE 2. FFG, BT-Drs. 12/6679, 47.
675 *Buck-Heeb* KapMarktR Rn. 415.
676 Assmann/Schneider/Mülbert/*Assmann* MAR Art. 10 Rn. 37; noch zu § 14 WpHG aF Fuchs/*Mennicke* WpHG § 14 Rn. 243.
677 Noch zu § 14 WpHG aF Schwark/Zimmer/*Schwark/Kruse* WpHG § 14 Rn. 48.
678 Noch zu § 14 WpHG aF KölnKomm WpHG/*Klöhn* § 14 Rn. 390.

Aufgaben dienen. Der EuGH hat in seiner **Grøngaard&Bang-Entscheidung**[679] indes strengere Maßstäbe angelegt.[680] Da die berechtigte Offenlegung als Ausnahme von dem allgemein geltenden Offenlegungsverbot eng auszulegen ist, muss die Weitergabe demnach für die Ausübung einer Arbeit oder die Erfüllung einer Aufgabe unerlässlich sein und den Grundsatz der Verhältnismäßigkeit wahren.[681] Es bedarf also einer Abwägung zwischen dem Zweck des Offenlegungsverbots und dem Interesse des Insiders an der Offenlegung.[682] Zu berücksichtigen ist hierbei vor allem die Kurssensiblität der jeweiligen Insiderinformation, so dass für außerordentlich kursrelevante Umstände strengere Anforderungen an die Rechtmäßigkeit ihrer Offenlegung zu stellen sind.[683] Diese Rechtsprechung gilt auch für Art. 10 Abs. 1 S. 1 Hs. 2 MAR fort.[684] Zwar sieht der Wortlaut eine solche Einschränkung nicht vor. Damit entspricht die Vorschrift aber Art. 3 MAD aF bzw. Art. 3 der Insiderrichtlinie, auf deren Grundlage die *Grøngaard&Bang*-Entscheidung des EuGH ergangen ist.[685] Die Offenlegung kann insbesondere auch aus rechtlichen Gründen erforderlich sein.[686]

So ist die Offenlegung von Insiderinformationen rechtmäßig, wenn sie gesetzlich zwingend vorgeschrieben ist,[687] zB im Falle der kapitalmarkt- und kartellrechtlichen Mitteilungs- oder Anzeigepflichten gegenüber den Aufsichtsbehörden oder der Pflicht zur Vorlage von Unterlagen beim Abschluss-

679 EuGH Slg. 2005, I-9939 (I-9974) = NJW 2006, 133 (134) Rn. 37 – Grøngaard und Bang.

680 Zur Diskussion über die Interpretation der Entscheidung siehe nur *Sethe* in Assmann/Schütze KapAnlR-HdB, 4. Auflage 2015, § 8 Rn. 128 mwN. Zu dem verbreiteten Verständnis der „Unerlässlichkeit" als „Erforderlichkeit" noch zu § 14 WpHG aF KölnKomm WpHG/*Klöhn* § 14 Rn. 325 ff.; Schwark/Zimmer/*Schwark/Kruse* WpHG § 14 Rn. 47; *Schäfer* in Marsch-Barner/Schäfer Börsennotierte AG-HdB § 14 Rn. 46; *Buck-Heeb* in Assmann/Schütze/Buck-Heeb KapAnlR-HdB § 8 Rn. 243.

681 EuGH Slg. 2005, I-9939 (I-9974) = NJW 2006, 133 (134) Rn. 37 – Grøngaard und Bang.

682 So noch zu § 14 WpHG aF auch die Deutung von Assmann/Schneider/*Assmann* WpHG § 14, 6. Aufl. 2012, Rn. 74a.

683 EuGH Slg. 2005, I-9939 (I-9974) = NJW 2006, 133 (134) Rn. 37 – Grøngaard und Bang.

684 Ebenso *Parmentier/Kiesewetter* BB 2013, 2371 (2373); *Veil* ZBB 2014, 85 (91). AA *Tissen* NZG 2015, 1254 (1255 f.); *Zetzsche* NZG 2015, 817 (819 f.).

685 So auch *Moloney* EU Securities and Financial Markets Regulation 725; *Kiesewetter/Parmentier* BB 2013, 2371 (2373); *Teigelack* BB 2012, 1361 (1362); *Veil/Koch* WM 2011, 2297 (2300); *Poelzig* NZG 2016, 528 (534). AA *Zetzsche* NZG 2015, 817 (819 f.), mit dem Ergebnis, dass es weder auf Unerlässlichkeit noch auf Erforderlichkeit ankommt.

686 Vgl. dazu *Buck-Heeb* KapMarktR Rn. 416.

687 Noch zu § 14 WpHG aF Fuchs/*Mennicke* WpHG § 14 Rn. 223.

prüfer gem. § 320 HGB.[688] Auch die Weitergabe von Informationen innerhalb des Vorstands einer AG und die Unterrichtung des Aufsichtsrats durch den Vorstand sind zulässige Offenlegungen von Informationen.[689] Die Weitergabe von Insiderinformationen durch einen Arbeitnehmervertreter im Verwaltungsrat eines börsennotierten Finanzinstituts an den Gewerkschaftsvorsitzenden ist hingegen in der Regel nicht unerlässlich, um die Gewerkschaftstätigkeit ausüben zu können.[690] Umstritten ist die Rechtmäßigkeit der Preisgabe von Insiderinformationen in der Hauptversammlung auf Anfrage eines Aktionärs.[691] Nach **§ 131 Abs. 1 AktG** haben Aktionäre ein Auskunftsrecht, auf das der Vorstand wahrheitsgemäß zu antworten hat.[692] Vereinzelt wird daher dem Aktionärsinteresse an lückenloser Information der Vorrang gegenüber dem kapitalmarktrechtlichen Offenlegungsverbot eingeräumt, so dass die Weitergabe nach § 131 AktG erforderlich und damit rechtmäßig ist. Nach ganz hM ist aber dem kapitalmarktrechtlichen Offenlegungsverbot als *lex specialis* Vorrang einzuräumen. Hierfür spricht, dass die Offenlegung in der Hauptversammlung der gebotenen informationellen Chancengleichheit aller Anleger widerspricht, da nur die teilnehmenden Aktionäre profitieren, und sich die Gefahr von Insiderhandel um ein Vielfaches erhöhen würde. Gem. § 131 Abs. 3 Nr. 5 AktG kann der Vorstand die Auskunft ausnahmsweise verweigern, wenn er sich andernfalls strafbar machen würde. Dies wäre durch die Offenlegung in der Hauptversammlung als Verstoß gegen Art. 14 lit. c) MAR der Fall (siehe § 119 Abs. 3 Nr. 3 WpHG; → Rn. 471).

Fall 11: Der Geschäftsführer G der Schrauben GmbH plant eine Beteiligung an der börsennotierten Bohrer AG in Höhe von 10 Prozent und ist bereit, für den Erwerb des Pakets einen Zuschlag auf den aktuellen Börsenkurs zu zahlen. Zu diesem Zweck führt er eine umfangreiche *Due Diligence* bei der Bohrer AG durch, in deren Rahmen der Vorstand V Insiderinformationen, wie Finanzdaten, Kennzahlen zur Geschäftsentwicklung und zu operativen Risiken, an G weitergibt. Diese Daten sind geeignet, im Falle ihres öffentlichen Bekanntwerdens den Kurs der Bohrer-Aktien erheblich zu beeinflussen. Im Weiteren entschließt sich die Schrauben GmbH aufgrund der erfolgsversprechenden Zahlen sogar zum Erwerb einer 20 Prozent-Beteiligung. Die Anteile werden von der Investmentgesellschaft FinInvest AG gehalten und der Schrauben GmbH als „Paket" verkauft. **419**

Wurde gegen Art. 14 MAR verstoßen?

---

688 Zur Vorlagepflicht MüKoHGB/*Ebke* § 320 Rn. 4 ff.

689 Noch zu § 14 WpHG aF Fuchs/*Mennicke* WpHG § 14 Rn. 225.

690 EuGH Slg. 2005, I-9939 (I-9976) = NJW 2006, 133 (135) Rn. 48 Leitsatz Nr. 1 – Grøngaard und Bang.

691 Zu diesem Streit ausführlich vgl. HK-KapMStrafR/*Hilgendorf/Kusche* MAR Art. 14 Rn. 90; *Langenbucher* AktR § 6 Rn. 159 ff.; noch zu § 14 WpHG aF Fuchs/*Mennicke* WpHG § 14 Rn. 277 ff. Weitergabe erforderlich und rechtmäßig: *Kiethe* NZG 2003, 401(407 f.); differenzierend aber im Ergebnis auch: Spindler/Stilz/*Siems* AktG § 131 Rn. 50. Für ein Verweigerungsrecht: MüKoAktG/*Kubis* § 131 Rn. 134; Schwark/Zimmer/*Schwark/Kruse* WpHG § 14 Rn. 52.

692 Dazu *Langenbucher* AktR § 6 Rn. 159 ff. mwN.

420 **Lösung: I. Verstoß gegen Art. 14 lit. c) MAR durch die Bohrer AG**
Zunächst könnte die Bohrer AG durch die Weitergabe der Informationen an die Schrauben GmbH wegen einer **unrechtmäßigen Offenlegung** gegen Art. 14 lit. c) MAR verstoßen haben. Dafür müsste die Bohrer AG über Insiderinformationen verfügen, die sie einem Dritten unrechtmäßig offenlegt. Die im Rahmen der Due Diligence von der Bohrer AG an die Schrauben GmbH weitergegebenen Daten erfüllen die Voraussetzungen einer Insiderinformation iSd Art. 7 Abs. 1 MAR. Die AG verfügt als juristische Person über die Insiderinformationen, wenn ihr das Wissen des G nach unionsrechtlichen Grundsätzen zuzurechnen ist. V ist als vertretungsberechtigtes Vorstandsmitglied im Organisationsbereich der AG tätig und hat die Informationen auch in dieser Eigenschaft erlangt (siehe Art. 8 Abs. 1 CRIM-MAD), so dass die AG über die Insiderinformation verfügt (→ Rn. 402). Da V im Rahmen der Due Diligence in Ausübung seiner Vorstandstätigkeit agierte, erfolgt die Offenlegung der Information gegenüber G zudem im Auftrag der Bohrer AG und ist dieser damit ebenfalls zuzurechnen (→ Rn. 399 ff.).

Die Offenlegung von Insiderinformationen ist gem. Art. 10 Abs. 1 Hs. 2 MAR unrechtmäßig, es sei denn, sie geschieht im Zuge der normalen Ausübung einer Beschäftigung oder eines Berufs oder der normalen Erfüllung von Aufgaben. Nach der Rechtsprechung des EuGH muss die Offenlegung für die Ausübung einer Arbeit oder die Erfüllung einer Aufgabe – hier auf Seiten der Bohrer AG – unerlässlich und verhältnismäßig sein. Die Beurteilung der Rechtmäßigkeit von Offenlegungen bei **Unternehmenskäufen** variiert je nach Art des geplanten Beteiligungserwerbs. So ist die Offenlegung von Insiderinformationen durch die Zielgesellschaft jedenfalls dann rechtmäßig, wenn ihre Nutzung durch den Bieter eine legitime Handlung gem. Art. 9 Abs. 4 UAbs. 1 MAR wäre, wenn es also um Übernahmeangebote geht, die auf einen Kontrollerwerb gerichtet sind.[693] Das setzt den Erwerb von mindestens 30 Prozent der Stimmrechte an einer börsennotierten Gesellschaft voraus (vgl. § 29 Abs. 2 WpÜG). Die Schrauben GmbH plante jedoch lediglich einen Beteiligungsaufbau durch den Erwerb von 10 Prozent der Aktien an der Bohrer AG. Die bislang **hM** hält die Offenlegung von Insiderinformationen durch die Zielgesellschaft allerdings auch beim Erwerb einer wesentlichen Beteiligung unterhalb der Kontrollschwelle für zulässig, sofern vernünftige betriebliche oder rechtliche Gründe die Offenlegung erfordern.[694] Unstreitig ist, dass die Informationsweitergabe bei reinen Finanzbeteiligungen ohne unternehmerischen Einfluss unzulässig ist, da es an einem unternehmerischen Interesse an der Kenntnisnahme der Insiderinformationen fehlt, das die Bevorzugung gegenüber dem übrigen Anlegerpubli-

693 *Giering* CCZ 2016, 214 (216); *Krause* CCZ 2014, 248 (252 f.); *Kiesewetter/Parmentier* BB 2013, 2371 (2374).
694 Vgl. Assmann/Schneider/Mülbert/*Assmann* MAR Art. 10 Rn. 56, der auch von dem Erwerber eines Aktienpakets spricht.

kum rechtfertigen könnte.[695] Da die beabsichtigte 10-Prozent-Beteiligung eine bedeutende unternehmerische Beteiligung darstellt, ist die Offenlegung im Rahmen der Due Diligence in den Grenzen betrieblich vernünftiger Gründe rechtmäßig. Das lässt sich mit den überwiegenden unternehmerischen Interessen des Käufers, aber auch der Zielgesellschaft rechtfertigen.

II. Verstoß gegen Art. 14 lit. a) MAR durch die Schrauben GmbH

Die Schrauben GmbH könnte jedoch durch den Erwerb der 20-Prozent-Beteiligung ein verbotenes **Insidergeschäft** getätigt haben (Art. 8 Abs. 1; 14 lit. a) MAR). Voraussetzung hierfür ist, dass die Schrauben GmbH über die Insiderinformationen verfügt, diese also kennt.

G als Geschäftsführer der Schrauben GmbH erhält im Rahmen der Due Diligence nach Offenlegung durch V Kenntnis von der Insiderinformation. Da es sich bei dem Geschäftsführer um eine natürliche Person im Organisationsbereich der Schrauben GmbH handelt, wird ihr das Wissen zugerechnet. Damit verfügt die GmbH im maßgeblichen Zeitpunkt des **Erwerbs** der 20-Prozent-Beteiligung an der Bohrer AG über Insiderinformationen. Die Schrauben GmbH gilt gem. Art. 8 Abs. 4 lit. c) MAR als **Primärinsider,** da sie die Informationen bestimmungsgemäß bei Ausübung einer Aufgabe erhält, so dass es auf die weitergehende Kenntnis des Vorliegens einer Insiderinformation nicht ankommt.

Die **Nutzung der Insiderinformationen** wird widerleglich vermutet. Da es hier nicht um ein Übernahmeangebot geht, das auf den Kontrollerwerb iHv mehr als 30 Prozent an der Bohrer AG gerichtet ist, greift Art. 9 Abs. 4 MAR nicht ein. Allerdings sind die legitimen Handlungen in Art. 9 MAR nicht abschließend, so dass die Vermutung der Nutzung hier gleichwohl widerlegt werden kann, wenn die Insiderinformation nachweislich nicht in den Entschluss zum Erwerb der 20-Prozent-Beteiligung eingeflossen ist. Für den Erwerb der bereits vor der Due Diligence geplanten 10-Prozent-Beteiligung ist die Kausalität der Insiderinformation daher auf Grundlage der sog. Masterplan-Theorie zu verneinen, weil der Entschluss zum Erwerb schon vor der Erlangung der Insiderinformationen gefasst worden ist (siehe ErwGr 30 S. 5 MAR).[696] Allerdings erwirbt die Schrauben GmbH über ihren zuvor gefassten Entschluss hinaus weitere Aktien. Zum Abschluss dieser sog *alongside*-Käufe nutzt die Schrauben GmbH ihr Wissen um die Insiderinformationen in einer Weise, die die Chancengleichheit unter den Anlegern beeinträchtigt. Sie verstößt damit gegen Art. 8 Abs. 1; 14 lit. a) MAR.

Für Journalisten gilt zudem Art. 21 MAR, der der Meinungs- und Pressefreiheit gem. Art. 11 EuGrCh Rechnung trägt (ErwGr 77 MAR).[697] Personen, die Informationen für journalistische Zwecke **421**

695 Noch zu § 14 WpHG aF Fuchs/*Mennicke* WpHG § 14 Rn. 300; *Hasselbach* NZG 2004, 1087 (1088 f.).
696 Assmann/Schneider/Mülbert/*Assmann* MAR Art. 8 Rn. 31.
697 Eingehend hierzu *Klöhn/Büttner* WM 2016, 2241.

oder andere Ausdrucksformen in den Medien offenlegen, handeln unter bestimmten Voraussetzungen rechtmäßig iSd Art. 10 Abs. 1 MAR. Privilegiert sind die bei der Presse oder einem elektronischen Medienunternehmen angestellten Personen, aber auch freie Mitarbeiter oder sich dort gelegentlich äußernde Journalisten.[698] Voraussetzung für die Inanspruchnahme des Privilegs ist die Einhaltung der **journalistischen Berufs- und Standesregeln,** also insbesondere eine hinreichend sorgfältige Recherche oder die Kenntlichmachung von Gerüchten.[699] Das Journalistenprivileg ist hingegen ausgeschlossen, wenn der Journalist oder ihm nahestehende Personen wirtschaftliche Vorteile aus der Offenlegung ziehen (Art. 21 lit. a) MAR) oder der Markt absichtlich in die Irre geführt wird (Art. 21 lit. b) MAR).

422 **c) Marktsondierungen gem. Art. 11 MAR.** Als rechtmäßig gilt seit Inkrafttreten der MAR unter den Voraussetzungen des Art. 11 MAR auch die Offenlegung von Informationen im Rahmen sog Marktsondierungen. Bei Marktsondierungen teilen vor allem Emittenten und Zweitanbieter bestimmte Informationen zu einer geplanten Transaktion einem oder mehreren potenziellen Anlegern mit, um so das Interesse des Marktes an der Transaktion und den Bedingungen, wie Umfang oder Preis, abschätzen und eine erfolgreiche Durchführung absichern zu können.

Ein Emittent wendet sich beispielsweise im Vorfeld einer Aktienemission an potentielle Investoren und teilt ihnen die vollständigen Geschäftsbedingungen mit, um ihr Interesse an einer Beteiligung abzuklären. Eine Bank soll Wertpapiere im großen Umfang im Auftrag eines Anlegers veräußern und erörtert die Bedingungen mit potentiellen Erwerbern (siehe ErwGr 33 MAR).

Da solche Marktsondierungen, insbesondere bei erheblichen Kursschwankungen oder bei Fehlen von Marktreferenzwerten, notwendig sind, um die Funktionsfähigkeit des Kapitalmarktes zu gewährleisten (ErwGr 32 MAR), ist die Offenlegung von Informationen im Rahmen einer Marktsondierung unter den Bedingungen des Art. 11 MAR rechtmäßig.[700]

---

698 Noch zu § 20a WpHG aF Schwark/Zimmer/*Schwark* WpHG § 20a Rn. 33.

699 Vgl. Assmann/Schneider/Mülbert/*Koller* MAR Art. 21 Rn. 6.

700 Um die Attraktivität privater Anleiheplatzierungen zu stärken, sollen mit Wirkung ab dem 1.1.2021 gem. Art. 11 Abs. 1a MAR solche Fälle vom Tatbestand der Marktsondierung ausgenommen werden, in denen ein Emittent, dessen Finanzinstrumente zum Handel an einem KMU-Wachstumsmarkt (→ Art. 3 Nr. 11 MAR) zugelassen sind, qualifizierten Anlegern iSd Art. 2 lit. e) ProspektVO zwecks Aushandlung der vertraglichen Bedingungen ihrer Beteiligung an einer Anleiheemission Informationen übermittelt. Diese Informationsübermittlung gilt dann als rechtmäßige Offenle-

aa) Anwendungsbereich. Art. 11 Abs. 1 MAR privilegiert Anbieter von Finanzinstrumenten, namentlich Emittenten, Zweitanbieter und Teilnehmer am Markt für Emissionszertifikate (Art. 11 Abs. 1 lit. a)–c) MAR), sowie Personen, die in ihrem Auftrag handeln, dh von ihnen schriftlich oder mündlich mit der Vorbereitung der Transaktion beauftragt sind (Art. 11 Abs. 1 lit. d) MAR).[701] Während Art. 11 MAR **Emittenten** bei jeglicher Transaktion unabhängig von der Größenordnung privilegiert, gilt die Vorschrift für **Zweitanbieter** von Finanzinstrumenten nur, wenn sie Inhaber einer wesentlichen Beteiligung sind, dh wenn sie Finanzinstrumente in einer ungewöhnlichen Menge oder zu einem ungewöhnlichen Wert anbieten und eine Verkaufsmethode einsetzen, die eine solche Vorabbewertung voraussetzt (Art. 11 Abs. 1 lit. b) MAR).[702] Geht es um einen Erwerb von Finanzinstrumenten, sind die **Erwerbsinteressenten** gem. Art. 11 Abs. 2 MAR nur privilegiert, wenn sie ein Übernahmeangebot oder ein Angebot für einen Unternehmenszusammenschluss abgeben wollen. Einfache Erwerbsangebote sind nicht erfasst.[703] Hierfür spricht insbesondere ErwGr 27, der den Begriff des Übernahmeangebots im Zusammenhang mit der Übernahmerichtlinie erwähnt. 423

bb) Voraussetzungen. Die Offenlegung gilt gem. Art. 11 Abs. 4 MAR als rechtmäßig iSd Art. 10 Abs. 1 Hs. 2 MAR, wenn die in Art. 11 Abs. 3 und 5 MAR genannten Voraussetzungen erfüllt werden.[704] Der offenlegende Marktteilnehmer muss sich hiernach vorab 424

---

gung gem. Art. 10 Abs. 1 MAR, ohne dass das aufwendige Verfahren gem. Art. 11 Abs. 3 MAR einzuhalten sein wird. Dem Emittenten obliegen aber Informationspflichten zum Schutz des qualifizierten Anlegers (vgl. Art. 11 Abs. 1a S. 3 MAR idF ab dem 1.1.2021).

701 ESMA Final Report – Draft technical standards on the Market Abuse Regulation, 28.9.2015 (ESMA technical standards on Market Abuse Regulation), Rn. 66 (abrufbar unter: https://www.esma.europa.eu/sites/default/files/library/2015/11/2015-esma-1455_-_final_report_mar_ts.pdf).

702 Das Geschäft muss im Vergleich zum durchschnittlichen Volumen oder Wert so erheblich sein, dass dessen Ausführung innerhalb eines normalen Handelstages beeinträchtigt ist, oder die Bekanntgabe des Geschäfts wahrscheinlich einen erheblichen Einfluss auf den Kurs des Finanzinstruments haben wird, vgl. ESMA Final report – Draft technical standards on the Market Abuse Regulation Rn. 69.

703 *Poelzig* NZG 2016, 528 (534); ebenso Assmann/Schneider/Mülbert/*Assmann* MAR Art. 11 Rn. 26; Baumbach/Hopt/*Kumpan* MAR Art. 11 Rn. 3; *Hopt/Kumpan* in Schimansky/Bunte/Lwowski BankR-HdB, § 107 Rn. 112; *Fuhrmann* WM 2018, 593 (597 f.). AA Klöhn/*Klöhn* MAR Art. 11 Rn. 65; *Zetzsche* in Gebauer/Teichmann Enzyklopädie Europarecht Bd. 6 § 7 Teil C Rn. 219; *ders.* AG 2016, 610 (612).

704 Näheres hierzu findet sich auf der Grundlage von Art. 11 Abs. 9, 10 MAR in den von der ESMA entworfenen technischen Standards, die in der Delegierten Verordnung (EU) 2016/960 der Kommission v. 17.5.2016 zur Ergänzung der Verordnung (EU) Nr. 596/2014 des Europäischen Parlaments und des Rates durch technische Regulierungsstandards für angemessene Regelungen, Systeme und Verfahren für of-

vergewissern, ob es im Verlauf der Sondierung zur Weitergabe von Insiderinformationen kommen wird (Art. 11 Abs. 3 S. 1 MAR; siehe auch ErwGr 34 MAR). Das Ergebnis der Prüfung und die Gründe hierfür hat er schriftlich aufzuzeichnen und der BaFin auf Ersuchen vorzulegen (Art. 11 Abs. 3 S. 2, 3 MAR). Das gilt auch, wenn er zu dem Schluss kommt, dass keine Insiderinformation vorliegt (Art. 3 Abs. 4 DelVO (EU) 2016/960[705]). Außerdem muss der offenlegende Marktteilnehmer den Empfänger vor der Offenlegung über die insiderrechtlichen Folgen gem. Art. 14 MAR in Kenntnis setzen und dessen Zustimmung einholen (Art. 11 Abs. 5 UAbs. 1 lit. a)–d) MAR). Art. 11 Abs. 5 UAbs. 2 MAR verlangt zudem Aufzeichnungen über die offengelegten Informationen und die persönlichen Daten der Empfänger und der in ihrem Auftrag handelnden Personen (Art. 4 Abs. 1 DelVO (EU) 2016/960). Die Aufzeichnungen sind jeweils für fünf Jahre aufzubewahren (Art. 11 Abs. 8 MAR). Umstritten ist, ob die Einhaltung der in Art. 11 Abs. 3 und 5 MAR genannten Voraussetzungen für die Rechtmäßigkeit genügt oder ob darüber hinaus die Unerlässlichkeit bzw. **Erforderlichkeit** der Offenlegung iSd *Grøngaard&Bang*-Rechtsprechung gegeben sein muss (→ Rn. 418).[706]

425 Zur Gleichbehandlung der Sondierungsempfänger muss der offenlegende Marktteilnehmer vorab festlegen, welche Informationen offengelegt bzw. eingeholt werden sollen (Art. 3 Abs. 1, 2 DelVO (EU) 2016/960). Vorgaben zur **Form** der Offenlegung gibt es nicht, so dass die Informationen im Rahmen der Marktsondierung grundsätzlich schriftlich per Post, Fax oder E-Mail oder mündlich, dh per Telefon, Videokonferenz oder im persönlichen Gespräch, übermittelt werden können (Art. 2 Abs. 1 DelVO (EU) 2016/960).

426 Art. 11 Abs. 6 MAR verlangt darüber hinaus, dass der offenlegende Marktteilnehmer den Empfänger über den Wegfall der Eigenschaft als

fenlegende Marktteilnehmer bei der Durchführung von Marktsondierungen, ABl. 2016 L 160, 29 (DelVO (EU) 2016/960) und der Durchführungsverordnung (EU) Nr. 2016/959 der Kommission v. 17.5.2016 zur Festlegung technischer Durchführungsstandards für Marktsondierungen in Bezug auf die von offenlegenden Marktteilnehmern zu nutzenden Systeme und Mitteilungsmuster und das Format der Aufzeichnungen gemäß Verordnung (EU) Nr. 596/2014 des Europäischen Parlaments und des Rates, ABl. 2016 L 160, 23 umgesetzt wurden.

705 Delegierte Verordnung (EU) 2016/960 der Kommission v. 17.5.2016 zur Ergänzung der Verordnung (EU) Nr. 596/2014 des Europäischen Parlaments und des Rates durch technische Regulierungsstandards für angemessene Regelungen, Systeme und Verfahren für offenlegende Marktteilnehmer bei der Durchführung von Marktsondierungen, ABl. 2016 L 160, 29.

706 Dafür *Poelzig* NZG 2016, 528 (535); *Veil* ZBB 2014, 85 (92). AA *Krause* CCZ 2014, 248 (254); *Tissen* NZG 2015, 1254 (1255); *Zetzsche* NZG 2015, 817 (820).

Insiderinformation unverzüglich in Kenntnis setzt (sog **Cleansing**). Das ist vor allem sinnvoll, wenn die Eigenschaft als Insiderinformation nicht durch öffentliche Bekanntgabe verloren geht, sondern durch Wegfall des Umstands als solchen, etwa bei unternehmensinternen Vorgängen. Die Rechtmäßigkeit der Offenlegung ist jedoch nicht von der Einhaltung des Art. 11 Abs. 6 MAR abhängig (siehe Art. 11 Abs. 4 MAR).[707]

cc) Pflichten des Sondierungsempfängers. Der Empfänger von 427
Marktsondierungen unterliegt – in der Regel als Primärinsider iSd Art. 8 Abs. 4 UAbs. 1 lit. c) MAR – dem allgemeinen Insiderverbot gem. Art. 14 MAR. Ob und inwieweit eine Insiderinformation vorliegt, hat er selbst in eigener Verantwortung zu beurteilen (Art. 11 Abs. 7 MAR). Die ESMA hat auf der Grundlage von Art. 11 Abs. 11 MAR in rechtlich unverbindlichen Leitlinien Kriterien formuliert, die der Empfänger bei der Beurteilung zu berücksichtigen hat.[708]

V. Subjektiver Tatbestand

Subjektiv verlangt Art. 8 Abs. 4 MAR lediglich, dass der Primär- 428
und Sekundärinsider die Insiderinformation positiv kennen und der Sekundärinsider im Übrigen weiß oder hätte wissen müssen, dass es sich um eine Insiderinformation handelt. Im Übrigen enthält Art. 14 MAR keinen subjektiven Tatbestand.

Zur vertiefenden Lektüre: *Bachmann,* Das europäische Insiderhandelsverbot, 2015; *Bingel*, Die „Insiderinformation" in zeitlich gestreckten Sachverhalten und die Folgen der jüngsten EuGH-Rechtsprechung für M&A-Transaktionen, AG 2012, 685; *Bonin/Böhmer*, Der Begriff der Insiderinformation bei gestreckten Sachverhalten, EuZW 2012, 694; *Bussian*, Die Verwendung von Insiderinformationen, WM 2011, 8; *Fleischer/Schmolke*, Gerüchte im Kapitalmarktrecht – Insiderrecht, Ad-hoc-Publizität, Marktmanipulation, AG 2007, 841; *Hellgardt*, Europarechtliche Vorgaben für die Kapitalmarktinformationshaftung – de lege lata und nach Inkrafttreten der Marktmissbrauchsverordnung, AG 2012, 154; *ders.*, The notion of inside information in the Market Abuse Directive: Geltl, CMLR 2013, 861; *Hopt*, Insiderrecht – Grundlagen, Internationale Entwicklung, ökonomischer Hintergrund, offene Fragen, in: Klöhn, FS 25 Jahre WpHG, 2019, S. 503; *Kiesewetter/Parmentier*, Verschär-

707 So auch *Zetzsche* in Gebauer/Teichmann Enzyklopädie Europarecht Bd. 6 § 7 Teil C Rn. 230 („reine Freundlichkeit […] keine Rechtswirkung").
708 MAR-Leitlinien der ESMA „Personen, die Marktsondierungen erhalten", ESMA/2016/1477 DE.

fung des Marktmissbrauchsrechts ein Überblick über die neue EU-Verordnung über Insidergeschäfte und Marktmanipulation, BB 2013, 2371; *Klöhn*, Das deutsche und europäische Insiderrecht nach dem Geltl-Urteil des EuGH, ZIP 2012, 1885; *ders.*, Lafonta/AMF – die neue cause célèbre des europäischen Insiderrechts?, ZIP 2014, 945; *ders.*, Ad-hoc-Publizität und Insiderverbot im neuen Marktmissbrauchsrecht, AG 2016, 423; *ders.*, Die Regelung legitimer Handlungen im neuen Insiderrecht (Art. 9 MAR), ZBB 2017, 261; *ders.*, Die Spector-Vermutung und deren Widerlegung im neuen Insiderrecht, WM 2017, 2085; *Kocher/Widder*, Die Bedeutung von Zwischenschritten bei der Definition von Insiderinformationen, BB 2012, 2837; *Köpferl/Wegner*, Marktmissbrauch durch einen Sprengstoffanschlag?, WM 2017, 1924; *Krause/Brellochs*, Insiderrecht und Ad-hoc-Publizität bei M&A- und Kapitalmarkttransaktionen im europäischen Rechtsvergleich, AG 2013, 309; *Langenbucher*, Zum Begriff der Insiderinformation nach dem Entwurf für eine Marktmissbrauchsverordnung, NZG 2013, 1401; *dies.*, In Brüssel nichts Neues? – Der „verständige Anleger" in der Marktmissbrauchsverordnung, AG 2016, 417; *von der Linden*, Das neue Marktmissbrauchsrecht im Überblick, DStR 2016, 1036; *Merkner/Sustmann/Retsch*, Insiderrecht und Ad-hoc-Publizität im neuen Emittentenleitfaden der BaFin, AG 2019, 621; *Möllers/Seidenschwann*, Anlegerfreundliche Auslegung des Insiderrechts durch den EuGH, NJW 2012, 2762; *Poelzig*, Insider- und Marktmanipulationsverbot im neuen Marktmissbrauchsrecht, NZG 2016, 528; *Teigelack*, Insiderhandel und Marktmanipulation im Kommissionsentwurf einer Marktmissbrauchsverordnung, BB 2012, 1361; *Veil*, Europäisches Insiderrecht 2.0 – Konzeption und Grundsatzfragen der Reform durch MAR und CRIM-MAD, ZBB 2014, 85; *Weber*, Scalping – Erfindung und Folgen eines Insiderdelikts, NJW 2000, 562; *Vetter/Engel/Lauterbach*, Zwischenschritte als ad-hoc-veröffentlichungspflichtige Insiderinformation, AG 2019, 160; *Zetzsche*, Die Marktsondierung nach Art. 11 MAR, AG 2016, 610.

§ 15. Marktmanipulationsverbot gem. Art. 15 MAR

429 Das zuvor in § 20a WpHG aF geregelte Verbot der Marktmanipulation zur Umsetzung der MAD aF findet sich seit Juli 2016 in Art. 12, 15 MAR. Demnach ist es untersagt, die Marktpreise von Finanzinstrumenten durch betrügerische Praktiken zu manipulieren.

Börsenkursmanipulationen reichen weit zurück: So ist überliefert,[709] dass einige Personen am 21. Februar 1814 als Offiziere verkleidet an der Londoner Börse das falsche Gerücht vom Tod Napoleons streuten. In der Hoffnung auf ein bevorstehendes Kriegsende stiegen die Kurse drastisch an und die verkleideten Offiziere konnten ihre Aktien mit erheblichem Gewinn veräußern.

709 Fall aus *Eichelberger* Marktmanipulation (§ 20a WpHG) 1 f.

Als sich herausstellte, dass Napoleon noch lebte, fielen die Börsenkurse auf das ursprüngliche Niveau. Marktmanipulationen können unterschiedliche Formen annehmen („You know it if you see it.“).

Das Marktmanipulationsverbot soll sicherstellen, dass sich die Preise am Kapitalmarkt aus dem unbeeinflußten Spiel von Angebot und Nachfrage bilden können. Das **Vertrauen der Anleger** in die unverfälschte Preisbildung ist notwendige Voraussetzung für einen funktionierenden Kapitalmarkt. Der Kursbetrug war ursprünglich im BörsG 1896 und dann in § 88 BörsG aF geregelt, blieb allerdings ohne große praktische Bedeutung. Da es sich bei dem Verbot der Marktmanipulation aber nicht um Marktorganisationsrecht, sondern um Marktverhaltensrecht handelt, wurde es später in das WpHG (§ 20a WpHG aF) aufgenommen und schließlich in die MAR überführt.

I. Anwendungsbereich

Erfasst sind zunächst Manipulationen, die **Finanzinstrumente** und 430
Emissionszertifikate betreffen. Art. 2 Abs. 2 MAR erweitert den **sachlichen Anwendungsbereich** für das Marktmanipulationsverbot über Finanzinstrumente hinaus auf **Waren-Spot-Kontrakte** mit Bezug zu Finanzinstrumenten und umgekehrt (Art. 2 Abs. 2 lit. a), b) MAR). Durch die Aufnahme der Waren-Spot-Kontrakte soll der typischen engen Vernetzung von Waren- und Derivatemärkten Rechnung getragen werden (siehe ErwGr 20 MAR). Waren-Spot-Kontrakte sind Kontrakte über die Lieferung von Waren, die an einem Spot- bzw. Kassamarkt (vgl. Art. 3 Abs. 1 Nr. 16 MAR) gehandelt und bei Abwicklung des Geschäfts unverzüglich geliefert werden, sowie physisch abzuwickelnde Warenterminkontrakte, sofern sie nicht bereits Finanzinstrumente sind (Art. 3 Abs. 1 Nr. 15 MAR). Ein mit einem Finanzinstrument verbundener Waren-Spot-Kontrakt liegt vor, wenn die Transaktion, der Auftrag oder die Handlung Auswirkungen auf den Kurs oder auf den Wert eines Finanzinstruments haben kann oder soll (Art. 2 Abs. 2 lit. a) MAR).

Gegenstand von Waren-Spot-Kontrakten sind beispielsweise die Lieferung von Rohöl, Nahrungsmitteln oder Gold.

Als Konsequenz aus den großangelegten Manipulationen der Leit- 431
zinssätze LIBOR und EURIBOR werden zudem auch Handlungen mit Bezug zu **Referenzwerten** dem Marktmanipulationsverbot un-

terstellt (Art. 2 Abs. 2 lit. c) MAR). Im Übrigen erweitert § 25 WpHG in Übereinstimmung mit § 20a Abs. 4 WpHG aF das Marktmanipulationsverbot über die europäischen Vorgaben der MAR hinaus auf Waren, Emissionsberechtigungen und ausländische Zahlungsmittel.[710]

432 Der **persönliche Anwendungsbereich** des Marktmanipulationsverbots umfasst grundsätzlich jedermann. Art. 12 Abs. 4 MAR dient der Klarstellung, dass neben einer juristischen Person parallel auch die für sie handelnden natürlichen Personen – insbesondere also Vorstands- oder Aufsichtsratsmitglieder gem. §§ 78, 111 AktG – für einen Verstoß gegen Art. 12 MAR verantwortlich gemacht werden können.[711]

II. Systematik

433 Die nach Art. 15 MAR verbotenen Tathandlungen sind in Art. 12 Abs. 1 MAR definiert. Die Verordnung differenziert zwischen **handelsgestützten Marktmanipulationen** durch Geschäfte oder Kauf- und Verkaufsaufträge sowie sonstige Handlungen gem. Art. 12 Abs. 1 lit. a), b) MAR einerseits und **informationsgestützten Marktmanipulationen** durch die Verbreitung von Informationen gem. Art. 12 Abs. 1 lit. c) MAR andererseits.[712] Im Zusammenhang mit Art. 12 Abs. 1 lit. c) MAR ist das Journalistenprivileg gem. Art. 21 MAR (zuvor § 20a Abs. 6 WpHG aF) zu beachten (dazu bereits → Rn. 421).

434 Die relativ abstrakt gehaltenen Grundtatbestände werden durch sog. **Indikatoren** in Anhang I der MAR in einer nicht erschöpfenden Aufzählung konkretisiert (Art. 12 Abs. 3 MAR). Es handelt sich hierbei um „Anzeichen", die auf Marktmanipulationen hindeuten, wenn auch nicht zwingend darauf hinauslaufen. Sie sind Anlass für die BaFin, in einer Einzelfallprüfung festzustellen, ob zulässiges oder ver-

710 Begr. RegE 1. FiMaNoG, BT-Drs. 18/7482, 72. Seit dem 3.1.2018 fallen mit Geltung der MiFID II Emissionsberechtigungen iSd § 12 WpHG, die den Emissionszertifikaten im Sinne der Emissionshandelsrichtlinie entsprechen, als Finanzinstrumente in den Anwendungsbereich der MAR gemäß Art. 2 Abs. 1 MAR.

711 Vgl. auch ErwGr (40) S. 1 MAR. Klöhn/*Schmolke* MAR Art. 12 Rn. 394f.

712 So die herkömmliche Differenzierung *Renz/Leibold* CCZ 2016, 157 (165); *Seibt/Wollenschläger* AG 2014, 593 (602); grdl. dazu *Allen/Gale* Review of Financial Studies 5 (1992), 503 (505). Andere Systematisierungen finden sich bei Klöhn/*Schmolke* MAR Vor Art. 12 Rn. 11ff.

botenes Marktverhalten vorliegt.[713] Außerdem nennt Art. 12 Abs. 2 MAR **zwingende Beispiele** für Marktmanipulationen. Die Beispiele sind, sofern sie vorliegen, zwingend. Der Katalog ist aber – insoweit wie bei Regelbeispielen – nicht abschließend.[714]

Neben vollendeten Marktmanipulationen ist gem. Art. 15 MAR **435** auch deren **Versuch** verboten. Eine versuchte Marktmanipulation liegt beispielsweise vor, wenn Handlungen begonnen, aber wegen technischer Probleme nicht vollendet werden oder ein Handelsauftrag nicht ausgeführt wird (vgl. ErwGr 41 MAR).

III. Manipulationstatbestände

1. Handels- und handlungsgestützte Marktmanipulationen (Art. 12 Abs. 1 lit. a), b) MAR)

a) Manipulationsmittel. Tatbestandsmäßig sind gem. Art. 12 **436** Abs. 1 lit. a), b) MAR der Abschluss eines Geschäfts, die Erteilung eines Handelsauftrags und jede andere Handlung bzw. jegliche sonstige Tätigkeit oder Handlung, die geeignet sind, falsche oder irreführende Signale für das Angebot, die Nachfrage oder den Preis von Finanzinstrumenten zu geben oder ein künstliches Kursniveau herbeizuführen (lit. a) bzw. die unter Vorspiegelung falscher Tatsachen oder unter Verwendung sonstiger Kunstgriffe oder Formen der Täuschung den Kurs eines oder mehrerer Finanzinstrumente beeinflussen oder hierzu geeignet sind.

Der Abschluss von **Geschäften** ist weit zu verstehen und erfasst **437** nicht nur Käufe und Verkäufe, sondern auch Sicherungsübereignungen, Sicherungszessionen, Treuhandschaften und Verpfändungen.[715] Anders als gem. § 20a Abs. 1 WpHG aF ist der **Abschluss** des Geschäfts maßgeblich. Auf die Vornahme des Geschäfts und damit auf den Wechsel der wirtschaftlichen Berechtigung[716] kommt es nicht mehr an. Abgeschlossen ist das Geschäft mit dessen Zustandekom-

---

713 So auch Assmann/Schneider/Mülbert/*Mülbert* MAR Art. 12 Rn. 6; Klöhn/*Schmolke* MAR Art. 12 Rn. 68 f.

714 Assmann/Schneider/Mülbert/*Mülbert* MAR Art. 12 Rn. 216; Klöhn/*Schmolke* MAR Art. 12 Rn. 305.

715 Zu § 20a WpHG aF Schäfer/Hamann/*Schäfer* WpHG § 20a Rn. 48; KölnKomm WpHG/*Stoll* § 20a Rn. 219; Assmann/Schneider/*Vogel*, WpHG, 6. Aufl. 2012, § 20a Rn. 145.

716 So noch zu § 20a WpHG aF *Haouache/Mülbert* in Habersack/Mülbert/Schlitt KapMarktInfo-HdB, 2. Aufl. 2013, § 27 Rn. 55; Schäfer/Hamann/*Schäfer* WpHG § 20a Rn. 48; Assmann/Schneider/*Vogel*, WpHG, 6. Aufl. 2012, § 20a Rn. 146.

men, unabhängig davon, ob es nach mitgliedstaatlichem Zivilrecht wirksam oder unwirksam ist oder nachträglich aufgehoben wird,[717] so dass auch gem. § 117 BGB nichtige Scheingeschäfte, ein geradezu exemplarischer Fall der Marktmanipulation, erfasst werden.[718]

Marktmanipulationen iSd Art. 12 Abs. 1 lit. a), b) MAR sind durch **fiktive Geschäfte** möglich, bei denen das wirtschaftliche Risiko nicht übergeht. Typisch hierfür sind Geschäfte zwischen wirtschaftlich identischen Vertragspartnern („Wash Sales"). Fiktive Geschäfte täuschen auf anonymen Märkten Liquidität vor, die wiederum Liquidität anzieht. Sie eignen sich daher zur Herbeiführung eines künstlichen Preisniveaus. Aber auch **effektive Geschäfte**, bei denen der Täter das wirtschaftliche Risiko wie jeder andere Anleger trägt, können uU verbotene Marktmanipulationen sein.[719] Das ist zB der Fall, wenn Geschäfte zu bestimmten Zeitpunkten – insbesondere zum Handelsbeginn oder -schluss – getätigt werden, um auf den Referenzkurs (zB Eröffnungskurs, Schlussnotierung) Einfluss zu nehmen (sog „Marking the Close"). Die Schwierigkeit liegt hier allerdings darin, zwischen erlaubten und verbotenen Transaktionen zu differenzieren.

438 Der Begriff **Handelsaufträge** ist nicht zivilrechtlich, sondern kapitalmarktrechtlich als „Order" zu verstehen.[720] Handelsaufträge sind Kauf- oder Verkaufsorder.[721] Darüber hinaus sind aber auch andere bzw. jegliche sonstige **Handlungen** erfasst. Sonstige Handlungen sind beispielsweise Änderungen, Aktualisierungen und Stornierungen eines Auftrags, siehe hierzu ErwGr 10 DelVO (EU) 2016/522[722] oder auch Leerfahrten von Schiffen (siehe Anhang II Abschnitt 2 Punkt 1 lit. g) DelVO (EU) 2016/522). Umstritten ist, ob auch das **Unterlassen** eine sonstige Handlung darstellt. Dies wird auf Grundlage des weiten Wortlauts teilweise bejaht; überwiegend aber abgelehnt.[723]

717 Klöhn/*Schmolke* MAR Art. 12 Rn. 35.

718 HK-KapMStrafR/*Saliger* §§ 119, 120 WpHG iVm Art. 15, 12 MAR Rn. 72.

719 *Worms* in Assmann/Schütze/Buck-Heeb KapAnlR-HdB § 10 Rn. 57.

720 Zu § 20a WpHG aF Schäfer/Hamann/*Schäfer* WpHG § 20a Rn. 49; KölnKomm WpHG/*Stoll* § 20a Rn. 219; Assmann/Schneider/*Vogel* WpHG, 6. Aufl. 2012, § 20a Rn. 147.

721 Klöhn/*Schmolke* MAR Art. 12 Rn. 37.

722 Delegierte Verordnung (EU) 2016/522 der Kommission vom 17.12.2015 zur Ergänzung der Verordnung (EU) Nr. 596/2014 des Europäischen Parlaments und des Rates im Hinblick auf eine Ausnahme für bestimmte öffentliche Stellen und Zentralbanken von Drittstaaten, die Indikatoren für Marktmanipulation, die Schwellenwerte für die Offenlegung, die zuständige Behörde, der ein Aufschub zu melden ist, die Erlaubnis zum Handel während eines geschlossenen Zeitraums und die Arten meldepflichtiger Eigengeschäfte von Führungskräften, ABl. 2017 L 88, 1. Dazu Klöhn/*Schmolke* MAR Art. 12 Rn. 38.

723 Dagegen Assmann/Schneider/Mülbert/*Mülbert* MAR Art. 12 Rn. 58; *Sajnovits/Wagner* WM 2017, 1189; Staub/*Grundmann* Bd. 2 6. Teil Rn. 445; aA Klöhn/*Schmolke* MAR Art. 12 Rn. 40; *Buck-Heeb* KapMarktR Rn. 638, 644.

Nach überzeugender Auffassung ist das Unterlassen keine sonstige Handlung. Hierfür spricht, dass die deutsche Version der MAR in Art. 2 Abs. 4 ausdrücklich zwischen Handlungen und Unterlassungen differenziert und in Art. 12 Abs. 1 lit. a), b) nur noch von Handlungen spricht.[724] Die Gleichsetzung des Unterlassens mit dem Handeln in Art. 2 Abs. 4 gilt nur für den räumlichen Anwendungsbereich der Verordnung insgesamt und schließt nicht aus, dass die Reichweite des Manipulationsverbots enger gefasst wird.[725] Zudem verlangt auch die englische Sprachfassung allgemein in Art. 12 Abs. 1 MAR für alle Manipulationstatbestände ein aktives Tun (activity).[726] Schließlich finden sich weder in den Indikatoren gem. Art. 12 Abs. 3 iVm Anhang I MAR noch in den zwingenden Beispielen gem. Art. 12 Abs. 2 MAR Fälle, in denen allein an ein Unterlassen angeknüpft wird.[727]

b) Effektbasierte Manipulation (Art. 12 Abs. 1 lit. a) MAR). 439 Art. 12 Abs. 1 lit. a) MAR setzt voraus, dass die Manipulationshandlungen geeignet sind, falsche oder irreführende Signale auszusenden oder ein anormales oder künstliches Kursniveau von Finanzinstrumenten herbeizuführen. Eine Handlung ist geeignet, **Signale** zu senden, wenn ein verständiger Anleger sie (wahrscheinlich) bei seiner Anlageentscheidung berücksichtigen würde.[728] Geschäfte und Handelsaufträge senden stets ein „Signal" für den Preis.[729] **Falsch** ist ein Signal, wenn es objektiv nicht den wahren Gegebenheiten am Markt entspricht.[730] **Irreführend** ist ein Signal, wenn es zu einer Fehlvorstellung bei einem verständigen Anleger führen kann, auch wenn es objektiv richtig ist.[731] Verboten sind außerdem Geschäfte, die geeignet sind, ein künstliches **Preisniveau** herbeizuführen. Es genügt die entsprechende Eignung; auf die tatsächliche Herbeiführung kommt es nicht an.[732] Auch auf eine Erheblichkeitsschwelle hat der Gesetzgeber

724 So insbes. *Bator* BKR 2016, 1 (3); *Sajnovits/Wagner* WM 2017, 1189 (1195 f.).
725 Schwark/Zimmer/*Zimmer/Bator* MAR Art. 12 Rn. 98.
726 Schwark/Zimmer/*Zimmer/Bator* MAR Art. 12 Rn. 98; *Sajnovits/Wagner* WM 2017, 1189 (1192); aA Klöhn/*Schmolke* MAR Art. 12 Rn. 40.
727 Schwark/Zimmer/*Zimmer/Bator* MAR Art. 12 Rn. 98.
728 Klöhn/*Schmolke* MAR Art. 12 Rn. 44.
729 Assmann/Schneider/*Vogel*, WpHG, 6. Aufl. 2012, § 20a Rn. 150 zu § 20a Abs. 1 S. 1 Nr. 2 WpHG a. F.
730 NK-WirtschaftsStrafR/Trüg WpHG § 38 Rn. 59; *Eichelberger* Marktmanipulation 290; Fuchs/*Fleischer* WpHG § 20a Rn. 47.
731 Klöhn/*Schmolke* MAR Art. 12 Rn. 47.
732 *Eichelberger* Marktmanipulation 293; KölnKomm WpHG/*Stoll* § 20a Rn. 226; Assmann/Schneider/*Vogel* WpHG, 6. Aufl. 2012, § 20a Rn. 151.

bewusst verzichtet.[733] **Künstlich** ist ein Preisniveau, wenn es sich nicht mehr als Ergebnis eines unbeeinflussten Marktprozesses darstellt.[734]

440 Zu den **Indikatoren** (→ Rn. 434) für Tathandlungen iSd Art. 12 Abs. 1 lit. a) MAR gehören zB Geschäfte mit einem bedeutenden Anteil am Tagesgeschäftsvolumen (Anhang I A lit. a) MAR), insbesondere, wenn dadurch erhebliche Kursänderungen bewirkt werden. Ein Anzeichen für Marktmanipulationen ist gem. Anhang I A lit. d) MAR auch, wenn umsatzstarke Händler in kurzer Zeit ihre Positionen umkehren, dh zum Beispiel zunächst als Käufer auftreten und den Preis nach oben treiben, um anschließend gewinnbringend zu verkaufen. Auf diesem Wege wird künstliche Handelsaktivität generiert und zugleich auf den Preis eingewirkt, der sich sonst anders entwickelt hätte. Anhang I A lit. c) MAR erfasst vor allem die sog **Wash Sales**, bei denen ein Marktteilnehmer wirtschaftlich mit sich selbst kontrahiert, so dass der falsche Eindruck eines regen Handels erweckt wird (Anhang I A lit. g MAR)).

441 Zwingende Beispiele für Manipulationen iSd Art. 12 Abs. 1 lit. a) sind das sog Cornering bzw. **Abusive Squeeze**,[735] dh die Sicherung einer marktbeherrschenden Stellung in Bezug auf Angebot oder Nachfrage von Finanzinstrumenten durch eine Person oder mehrere in Absprache handelnde Personen, so dass sie tatsächlich oder wahrscheinlich Kaufs- oder Verkaufspreise oder andere unlautere Handelsbedingungen unmittelbar oder mittelbar festsetzen (Art. 12 Abs. 2 lit. a) MAR). Art. 12 Abs. 2 lit. b) MAR definiert als zwingendes Beispiel den Kauf oder Verkauf von Finanzinstrumenten bei Handelsbeginn oder bei Handelsschluss an einem Handelsplatz mit der tatsächlichen oder wahrscheinlichen Folge, dass Anleger, die aufgrund der angezeigten Kurse, einschließlich der Eröffnungs- und Schlusskurse, tätig werden, irregeführt werden. Bei diesem sog **Marking the close** werden Finanzinstrumenten in größerem Umfang gegen Ende des börslichen Handelstages gekauft, um gezielt Kassakurse oder die Schlussnotierung des Tages zu beeinflussen, da hierdurch Anleger in die Irre geführt werden (können), die auf der Grundlage

733 Begr. zum RegE (MaKonV), BR-Drs. 18/05, 13; KölnKomm WpHG/*Stoll* § 20a Rn. 226; Assmann/Schneider/*Vogel* WpHG, 6. Aufl. 2012, § 20a Rn. 151.

734 *Schönhöft* Die Strafbarkeit der Marktmanipulation gem. § 20a WpHG 112; KölnKomm WpHG/*Stoll* § 20a Rn. 226; Assmann/Schneider/*Vogel*, WpHG, 6. Aufl. 2012, § 20a Rn. 151.

735 Hierzu ausführlich *Fleischer/Bueren* ZIP 2013, 1253.

des Schlusskurses im außerbörslichen Handel mit dem betreffenden Papier (weiter)handeln.

Als Gegenstück zu dem weit gefassten Tatbestand des Art. 12 Abs. 1 lit. a) MAR nimmt Art. 13 MAR bestimmte Manipulationen vom Verbot aus, wenn es hierfür legitime Gründe gibt und diese im Einklang mit der zulässigen Marktpraxis stehen. Hierdurch soll den schnelllebigen Änderungen am Kapitalmarkt Rechnung getragen werden. Was eine zulässige Marktpraxis ist, wird von der jeweils zuständigen nationalen Aufsichtsbehörde nach den Kriterien des Art. 13 Abs. 2 MAR festgelegt und den anderen Aufsichtsbehörden und der ESMA mitgeteilt. 442

Fall 12 (nach EuGH, Slg. 2007 I-03741 = NZG 2007, 749 – Georgakis): 443
Georgakis (G) und weitere Mitglieder seiner Familie sind Hauptaktionäre der Parnassos AG. Um den Börsenkurs der Parnassos-Aktie künstlich zu heben, tätigen sie vereinbarungsgemäß Verkäufe und umgehende Rückkäufe von Parnassos-Aktien in großem Umfang, der einen beträchtlichen Teil des Tagesvolumens der Transaktionen mit den Aktien ausmacht. Die Geschäfte werden teils zwischen den Familienmitgliedern, teils über einen ausländischen institutionellen Anleger abgewickelt. Hat sich G kapitalmarktrechtswidrig verhalten?

Lösung: I. Verstoß gegen Art. 8 Abs. 1, 14 lit. a) MAR

G könnte zunächst gegen das Insiderhandelsverbot gem. Art. 8 Abs. 1, 14 lit. a) MAR verstoßen haben. Voraussetzung hierfür ist der Erwerb oder die Veräußerung von Finanzinstrumenten unter Nutzung einer Insiderinformation gem. Art. 8 Abs. 1 MAR. Die Absprache der Familienmitglieder, mehrere Transaktionen durchzuführen, um so den Kurspreis zu erhöhen, ist eine präzise und nicht öffentlich bekannte Information mit Bezug zu der Parnassos-Aktie und mit erheblichem Kursbeeinflussungspotenzial. Es handelt sich damit gem. Art. 7 Abs. 1 lit. a) MAR um eine **Insiderinformation**. Dass es sich dabei um subjektive Absichten handelt, ist hier unproblematisch, da sie durch die gemeinsame Absprache jedenfalls Drittbezug aufweisen (→ Rn. 368). Fraglich ist allerdings, ob G diese Information für seine Geschäfte genutzt hat. Zwar hat G – anders als in den Scalping-Fällen (→ Rn. 368) – nicht nur seine eigene Handelsabsicht, sondern auch die der anderen Familienmitglieder gekannt, so dass keine legitime Handlung iSd Art. 9 Abs. 5 MAR vorliegt (siehe auch ErwGr 31 S. 1, 2 MAR). Hier geht es aber um *face-to-face*-Geschäfte zwischen G und den anderen Familienmitgliedern. Alle an den außerbörslichen Transaktionen Beteiligten hatten gleichermaßen Kenntnis von der Insiderinformation. Die für verbotene Insidergeschäfte typische Situation, dass der Insider Sonderwissen gegenüber dem Vertragspartner nutzt und damit die Chancengleichheit der Marktteil- 444 nehmer verletzt, besteht hier gerade nicht.[736] Nach der Rechtsprechung des EuGH zur MAD aF, die auf Art. 8, 14 MAR zu übertragen ist, muss der Verbotstatbestand um diese Fälle teleologisch reduziert werden, da sich der Insidervorteil nicht auf die Konditionen des Geschäfts auswirkt und eine Beeinträchtigung von Kapitalmarkt und Marktteilnehmern ausgeschlossen ist.[737] Gegen das Insiderhandelsverbot gem. Art. 8 Abs. 1; 14 lit. a) MAR hat G daher nicht verstoßen.

II. Verstoß gegen Art. 15, 12 Abs. 1 lit. a) MAR

G könnte allerdings eine nach Art. 15, 12 Abs. 1 lit. a) MAR verbotene handelsgestützte Marktmanipulation durch Herbeiführung eines künstlichen Kursniveaus begangen haben. Indikatoren hierfür sind gem. Art. 12 Abs. 3 iVm Anhang I A lit. c) MAR zum einen, dass die getätigten Geschäfte als *Wash Sales* oder *Matched Orders* nicht zu einer Änderung des wirtschaftlichen Eigentums der Aktien geführt haben und zum anderen Umkehrungen von Positionen in erheblichem Umfang innerhalb eines kurzen Zeitraums und mit einem beträchtlichen Teil am Tagesvolumen der Transaktionen mit den Aktien (siehe Anhang I A lit. b), c) MAR). G hat damit ein irreführendes Bild über die Handelsaktivitäten gezeichnet, das geeignet war, ein künstliches Kursniveau herbeizuführen, so dass ein Verstoß gegen Art. 15, 12 Abs. 1 lit. a) MAR zu bejahen ist.

445 **c) Täuschungsbasierte Manipulation (Art. 12 Abs. 1 lit. b) MAR).** Tatbestandsmäßig sind gem. **Art. 12 Abs. 1 lit. b) MAR** außerdem der Abschluss eines Geschäfts, die Erteilung eines Handelsauftrags und auch jede andere Tätigkeit oder Handlung an Finanzmärkten, die unter Vorspiegelung falscher Tatsachen oder unter Verwendung sonstiger Kunstgriffe oder Formen der **Täuschung** den Kurs beeinflusst oder hierzu geeignet ist. Notwendig ist also ein Täuschungsverhalten, etwa durch die Vorspiegelung falscher Tatsachen. Nicht mehr erfasst ist hingegen das Verschweigen von Tatsachen als bloßes Unterlassen (→ Rn. 438).[738] Die Handlungen müssen schließlich **geeignet** sein, auf den Kurs eines Finanzinstruments einzuwirken (Art. 12 Abs. 1 lit. b) MAR). Ausreichend ist die Eignung der Handlung zur Preiseinwirkung; ob es zu dieser Einwirkung auch tatsächlich kommt, ist für

736 Noch zu § 14 WpHG aF Fuchs/*Mennicke* WpHG § 14 Rn. 61 f.

737 EuGH Slg. 2007, I-3759 (I-3772) Rn. 38 f. – Georgakis; EuGH Slg. 2009, I-12073 (I-12087) Rn. 48 – Spector Photo Group; Assmann/Schneider/Mülbert/*Assmann* MAR Art. 8 Rn. 40; HK-KapMStrafR/*Hilgendorf/Kusche* MAR Art. 14 Rn. 28; *Poelzig* NZG 2016, 528 (533). Noch zu § 14 WpHG aF Fuchs/*Mennicke* WpHG § 14 Rn. 59 ff.; KölnKomm WpHG/*Klöhn* § 14 Rn. 169 f.; Schwark/Zimmer/*Schwark/Kruse* WpHG § 14 Rn. 25.

738 HK-KapMStrafR/*Saliger* §§ 119, 120 WpHG iVm Art. 15, 12 MAR Rn. 275 ff.; *Sajnovits/Wagner* WM 2017, 1189 (1192). AA Klöhn/*Schmolke* MAR Art. 12 Rn. 196; Staub/*Grundmann* Bd. 11/1 6. Teil Rn. 445; *Buck-Heeb* KapMarktR Rn. 644.

die Tatbestandsverwirklichung irrelevant. Nur die Strafbarkeit setzt diesen Erfolgseintritt voraus (§ 119 Abs. 1 WpHG). Bleibt die Einwirkung auf den Kurs aus, wird die Manipulation als Ordnungswidrigkeit geahndet (§ 120 Abs. 15 Nr. 2, Abs. 2 Nr. 3 WpHG). Anders als beim Insiderhandel muss die (potentielle) Einwirkung auf den Kurs aber nicht notwendigerweise erheblich sein.[739]

Ein Indikator für täuschungsbasierte Manipulationen ist gem. 446 Art. 12 Abs. 3 iVm Anhang I B MAR, wenn vor einem Handelsauftrag oder Geschäft oder im Nachhinein falsche oder irreführende Informationen verbreitet oder unrichtige oder verzerrte oder nachweislich interessengeleitete Anlageempfehlungen erstellt oder weitergegeben werden.

Zwingendes Beispiel für eine solche Marktmanipulation durch Täuschung ist gem. Art. 12 Abs. 2 lit. d) MAR die Ausnutzung eines gelegentlichen oder regelmäßigen Zugangs zu den traditionellen oder elektronischen Medien durch Abgabe einer Stellungnahme zu einem Finanzinstrument oder indirekt zu dessen Emittenten, wobei zuvor Positionen bei diesem Finanzinstrument eingegangen wurden und anschließend Nutzen aus den Auswirkungen der Stellungnahme auf den Kurs dieses Finanzinstruments gezogen wird, ohne dass der Öffentlichkeit gleichzeitig dieser Interessenkonflikt ordnungsgemäß und wirksam mitgeteilt wird. Bei dem sog **Scalping** (dazu bereits Fall 8 → Rn. 367f.) gibt der Täter also eine interessengeleitete Empfehlung für ein Finanzinstrument ab, das er zuvor bereits selbst erworben hat, um es im Anschluss an die Empfehlung unter Ausnutzung der für ihn günstigen Kursentwicklung zu veräußern. Die Täuschung liegt in der Empfehlung, die den falschen Eindruck der Neutralität und Objektivität erweckt.

2. Informationsgestützte Marktmanipulationen (Art. 12 Abs. 1 lit. c) MAR)

Informationsgestützte Marktmanipulationen basieren auf der Ver- 447 breitung von Informationen über Medien oder auf anderem Wege, die falsche oder irreführende Signale hinsichtlich des Kurses eines Finanzinstruments senden oder wahrscheinlich senden können oder ein anormales oder künstliches Kursniveau eines Finanzinstruments herbeiführen oder wahrscheinlich herbeiführen können.

a) Informationen. Der Begriff der Informationen ist – anders als 448 die Angaben iSd § 20a Abs. 1 Nr. 1 WpHG aF – nicht auf nachprüf-

739 Assmann/Schneider/Mülbert/*Mülbert* MAR Art. 12 Rn. 147; noch zu § 20a WpHG aF KölnKomm WpHG/*Mock/Stoll* § 20a Rn. 201. AA Schwark/Zimmer/*Schwark* WpHG § 20a Rn. 27.

bare Tatsachen und Prognosen sowie Bewertungen mit einem Tatsachenkern beschränkt,[740] sondern erfasst auch das Verbreiten von Prognosen ohne Tatsachenkern und von Meinungen, die der Meinung des Handelnden widersprechen (siehe ErwGr 47 MAR). Um eine verbotene Marktmanipulation handelt es sich daher auch bei der Verbreitung von **Gerüchten**, wenn die Person, die diese Information verbreitet, wusste oder hätte wissen müssen, dass sie falsch oder irreführend sind (Art. 12 Abs. 1 lit. c) aE MAR).

449 **b) Verbreitung.** Art. 12 Abs. 1 Buchst. c) MAR erfordert die Verbreitung über Medien oder auf anderem Wege. Zu den Medien gehört ausdrücklich auch das Internet, sodass „die Verbreitung falscher oder irreführender Informationen über das Internet, einschließlich über Websites sozialer Medien oder anonyme Blogs, im Sinne dieser Verordnung als gleichwertig mit der Verbreitung über traditionellere Kommunikationskanäle betrachtet werden sollte" (ErwGr 48 MAR).[741] Umstritten ist, ob eine Verbreitung nur dann vorliegt, wenn die Information der Öffentlichkeit, also einer ausreichend hohen Zahl an Anlegern, zugänglich gemacht wird. Dies war für den Begriff der Kundgabe in § 20a WpHG aF überwiegend angenommen worden.[742] Hierfür sprach insbesondere Art. 1 Nr. 7 Durchführungsrichtlinie 2003/125/EG, wonach die Information „der Öffentlichkeit tatsächlich oder wahrscheinlich zugänglich gemacht wird".[743] Eine solche ausdrückliche Formulierung findet sich in Art. 12 Abs. 1 lit. c) MAR nun nicht mehr. Daher genügt nach teilweise vertretener Auffassung jede Äußerung auch gegenüber einzelnen Personen, etwa bei einem Anlageberatungsgespräch gegenüber einem Bankkunden.[744] Nach überzeugender Auffassung muss die Äußerung (abstrakt) geeignet sein, eine entsprechende Kursreaktion am Markt hervorzuru-

740 Noch zu § 20a WpHG aF Schwark/Zimmer/*Schwark* WpHG § 20a Rn. 13.
741 Ausführlich *Kuntz* ZHR 183 (2019), 191 (222 ff.).
742 Zur alten Rechtslage ausführlich Fuchs/*Fleischer* WpHG § 20a Rn. 18.
743 Siehe Klöhn/*Schmolke* MAR Art. 12 Rn. 246. AA Assmann/Schneider/Mülbert/*Mülbert* MAR Art. 12 Rn. 178; *Buck-Heeb* KapMarktR Rn. 653; Drinhausen/Eckstein/*Horcher* Beck'sches Handbuch der AG § 22 Rn. 73; Meyer/Veil/Rönnau/*Teigelack* Handbuch zum Marktmissbrauchsrecht § 13 Rn. 25; Staub/*Grundmann* Bd. 11/1 6. Teil Rn. 448. Noch zu § 20a WpHG aF Schwark/Zimmer/*Schwark* WpHG§ 20a Rn. 28. AA *BaFin* Emittentenleitfaden 2013, 89; Fuchs/*Fleischer* WpHG § 20a Rn. 18.
744 BaFin Emittentenleitfaden, Modul C, Stand 25.3.2020, III.7.1, 80; *Buck-Heeb* KapMarktR Rn. 653.

fen, und setzt daher eine gewisse Breitenwirkung voraus.[745] Die Information muss daher grundsätzlich über Medien oder in sonstiger Weise an den Kapitalmarkt insgesamt gerichtet sein.[746] Ausnahmsweise erfüllt diese Voraussetzung auch eine Mitteilung an einzelne Personen, zB bei dauerhaften und gleichförmigen Verhaltensweisen einer Bank gegenüber ihren Kunden oder bei Gesprächen mit größeren Investoren.

Anders als in § 20a Abs. 1 S. 1 Alt. 2 WpHG aF, der das pflichtwid- 450
rige Verschweigen von bewertungserheblichen Umständen ausdrücklich als Manipulation bezeichnete, fehlt in Art. 12 Abs. 1 lit. c) MAR eine eigene Tatbestandsalternative für das **Unterlassen von Informationen**. Daher ist umstritten, ob der objektive Tatbestand der Marktmanipulation das Unterlassen von Informationen, etwa durch Verschweigen von Tatsachen, erfasst.[747] Das wird vor allem relevant, wenn kapitalmarktrechtliche Informationspflichten, insbesondere die ad-hoc-Informationspflicht gem. Art. 17 MAR oder §§ 33 ff. WpHG, nicht erfüllt werden. In diesen Fällen wären dann nicht nur Sanktionen wegen Verletzung der Informationspflicht, sondern zudem auch Maßnahmen und Sanktionen, insbesondere strafrechtlicher Natur, wegen Marktmanipulation möglich. Wie die sonstigen Handlungen in Art. 12 Abs. 1 lit. a) und b) MAR (→ Rn. 438, 445) setzt auch das „Verbreiten" ein aktives Tun voraus, so dass das vollständige Unterlassen von Informationen nach überzeugender Auffassung vom Tatbestand nicht erfasst ist. Hierfür spricht der Wortlaut des Art. 12 Abs. 1 lit. c) MAR, der sowohl in der deutschen („Verbreiten") als auch in der englischen Version („disseminating") ein positives Tun verlangt.[748] Damit ist das **Unterlassen von Informationen**, dh die Fälle, in denen Informationen nicht veröffentlicht werden, obgleich eine Rechtspflicht zur Offenlegung besteht, nach zutreffender, wenn

745 Klöhn/*Schmolke* MAR Art. 12 Rn. 248. Vgl. zu § 20a WpHG aF Schwark/Zimmer/*Schwark* WpHG § 20a Rn. 28; zustimmend auch KölnKomm WpHG/*Mock/Stoll* § 20a Rn. 176.

746 Noch zu § 20a WpHG aF Schwark/Zimmer/*Schwark* WpHG § 20a Rn. 28.

747 Dagegen Klöhn/*Schmolke* MAR Art. 12 Rn. 252; Graf/Jäger/Wittig/*Diversy/Köpferl* WpHG § 38 Rn. 117; *Bator* BKR 2016, 1 (3); *Sajnovits/Wagner* WM 2017, 1189 (1195 f.). Dafür BaFin Emittentenleitfaden, Modul C, Stand 25.3.2020, III.7.2, 80. Noch zu § 20a WpHG aF *Eichelberger* Marktmanipulation 255 ff.; Assmann/Schneider/*Vogel*, WpHG, 6. Aufl. 2012, § 20a Rn. 67; abw. Staub/*Grundmann* Bd. 11/1 2. Teil Rn. 449; *Buck-Heeb*, KapitalMarktR, 9. Aufl. 2017, Rn. 593, *Arlt*, Der strafrechtliche Anlegerschutz vor Kursmanipulation, 2004, 176; *Schröder* KapMarktStrafR-HdB Rn. 395; KölnKomm WpHG/*Stoll* § 20a Rn. 178 f.; krit. auch *Claussen/Florian* AG 2005, 745 (761).

748 Klöhn/*Schmolke* MAR Art. 12 Rn. 252.

auch nicht unbestrittener Auffassung, von Art. 12 Abs. 1 lit. c) MAR mangels Verbreitens nicht erfasst.

451 c) **Auswirkungen.** Die Informationen müssen geeignet sein, falsche oder irreführende Signale zu senden oder ein künstliches Preisniveau herbeizuführen. Davon ist jedenfalls bei fehlerhaften Kapitalmarktinformationen auszugehen, die als Insiderinformationen gem. Art. 7 Abs. 1 MAR, Jahres- oder Halbjahresfinanzberichte gem. §§ 114 ff. WpHG oder Informationen über Entscheidungen zur Abgabe eines öffentlichen Angebots und Kontrollerwerbe gem. §§ 10, 35 WpÜG veröffentlicht werden.

Marktmanipulative Informationen sind daher beispielsweise falsche oder irreführende ad-hoc-Mitteilungen oder die Verbreitung gefälschter Bilanzen. Verbotene Marktmanipulationen sind auch Pressemitteilungen, in denen die Vorstände einer SE wider besseren Wissens die tatsächlich bestehende Absicht dementieren, die Beteiligung an einer börsennotierten AG erheblich auf 75 Prozent zu erhöhen.[749]

3. Referenzwertmanipulationen (Art. 12 Abs. 1 lit. d) MAR)

452 Als Konsequenz aus den breit angelegten Manipulationen von Zinssätzen im Interbankenhandel (LIBOR, EURIBOR)[750] hat der europäische Gesetzgeber in Art. 12 Abs. 1 lit. d) MAR die Übermittlung bzw. Bereitstellung falscher oder irreführender Angaben oder Ausgangsdaten zu einem Referenzwert und sonstige Handlungen untersagt, durch die die Berechnung unentgeltlich oder entgeltlich veröffentlichter Referenzwerte oder Indizes (siehe ErwGr 44 S. 3 MAR) manipuliert wird. Um nicht nur Manipulationen zu verhindern, sondern die Bereitstellung und Ermittlung von Referenzwerten und deren Nutzung insgesamt zu verbessern, hat der Gesetzgeber im Jahr 2016 die **Benchmarkverordnung** verabschiedet.[751]

---

749 Zu der straf- und zivilrechtlichen Aufarbeitung dieses Falls OLG Stuttgart AG 2015, 41; AG 2015, 404.

750 Hierzu eingehend *Fleischer/Bueren* DB 2012, 2561 (2563 ff.).

751 Verordnung (EU) 2016/1011 des Europäischen Parlaments und des Rates vom 8. Juni 2016 über Indizes, die bei Finanzinstrumenten und Finanzkontrakten als Referenzwert oder zur Messung der Wertentwicklung eines Investmentfonds verwendet werden, und zur Änderung der Richtlinien 2008/48/EG und 2014/17/EU sowie der Verordnung (EU) Nr. 596/2014, ABl. L 171/1. Mit dem 2. FiMaNoG wurden zur Durchsetzung der Benchmarkverordnung Änderungen im WpHG vorgenommen, so insbesondere die Befugnisse der BaFin in §§ 6 f.; 10 WpHG erweitert, der Bußgeldtatbestand in § 120 Abs. 11 WpHG sowie die Bekanntmachungspflicht der BaFin gem. § 125 WpHG zur Ahndung von Verstößen gegen die Benchmarkverordnung ergänzt.

Referenzwerte sind gem. Art. 3 Abs. 1 Nr. 29 MAR ein Kurs, Index oder Wert, der der Öffentlichkeit zugänglich gemacht oder veröffentlicht wird und periodisch oder regelmäßig durch die Anwendung einer Formel auf den Wert eines oder mehrerer Basiswerte oder -preise, einschließlich geschätzter Preise, tatsächlicher oder geschätzter Zinssätze oder sonstiger Werte, oder auf Erhebungsdaten ermittelt bzw. auf der Grundlage dieser Werte bestimmt wird und auf den bei der Festsetzung des für ein Finanzinstrument zu entrichtenden Betrags oder des Wertes eines Finanzinstruments Bezug genommen wird.

Beispiele für Referenzwerte sind gem. ErwGr 44 MAR Angebotssätze im Interbankengeschäft – wie LIBOR oder EURIBOR, Referenzwerte für Kreditausfall-Swaps und Indizes von Indizes sowie darüber hinaus Aktienindizes – wie der DAX – oder Anleiheindizes.

Referenzwertmanipulationen sind sowohl als handels- als auch als informationsgestützte Manipulation denkbar. Berechnung meint jede Entgegennahme und Bewertung von Daten, die im Zusammenhang mit der Ermittlung von Referenzwerten steht, auch „algorithmische oder urteilsgestützte Referenzwert-Methoden" (ErwGr 44 S. 4 Hs. 2 MAR).

Bei der Klausurbearbeitung können sich Studierende bei der Prüfung des Art. 12 MAR an der Grundregel „Vom Speziellen zum Allgemeinen" orientieren. Zu beginnen ist mit der Prüfung der Regelbeispiele in Abs. 2. Das Verhältnis der Tatbestände des Art. 12 Abs. 1 MAR zueinander ist zwar umstritten,[752] die genannte Grundregel kann aber auch hier herangezogen werden: Die spezielleren lit. d) und lit. c) sind vor den allgemeineren lit. a) und b) zu prüfen.[753]

4. Manipulationen im Hochfrequenzhandel

Art. 12 Abs. 2 lit. c) MAR nennt nicht abschließende Regelbeispiele bestimmter missbräuchlicher Strategien, die im Zuge des algorithmischen Handels und des Hochfrequenzhandels angewandt werden können. **453**

---

752 Meist wird ein Stufenverhältnis angenommen, s. nur *Anschütz/Kunzelmann* in Meyer/Veil/Rönnau Marktmissbrauchs-HdB § 14 Rn. 81 mwN. Für eine Idealkonkurrenz aber Klöhn/*Schmolke* MAR Art. 12 Rn. 15 ff.

753 Für lit. b) als Auffangtatbestand: *Anschütz/Kunzelmann* in Meyer/Veil/Rönnau Marktmissbrauchs-HdB § 14 Rn. 81; *Diversy/Köpferl* in Graf/Jäger/Wittig Wirtschafts- und SteuerstrafR § 38 Rn. 91; *Poelzig* NZG 2016, 528 (536); HK-KapM-StrafR/*Saliger* §§ 119, 120 WpHG iVm Art. 15, 12 MAR Rn. 176; Schwark/Zimmer/*Zimmer/Bator* MAR Art. 12 Rn. 2. Für Art. 12 Abs. 1 lit. a) MAR als Auffangtatbestand: Staub HGB/*Grundmann* Bd. 11/1 6. Teil Rn. 444, 457. Offen lassend: *Buck-Heeb* KapMarktR Rn. 636.

454 Beim Hochfrequenzhandel (*high-frequency trading*) handelt es sich um eine mit Computern betriebene algorithmische **Handelstechnik**, bei der Kapitalmarktteilnehmer unter Nutzung von besonders schnellen Infrastrukturen Latenzzeiten minimieren und ein „hohes untertägiges Mitteilungsaufkommen in Form von Aufträgen, Quotes oder Stornierungen" erreichen können (§ 2 Abs. 44 WpHG).[754] Typischerweise werden Positionen nicht über Nacht gehalten (*no overnight risk*). Hochfrequenzhändler können wenige Millisekunden vor anderen Marktteilnehmern Wertpapiere erwerben und den zeitlichen Vorsprung gewinnbringend ausnutzen. Die pro Transaktion erzielten Erlöse sind zwar gering, können sich aber insgesamt zu erheblichen Beträgen summieren. Der deutsche Gesetzgeber hatte bereits mit dem am 7.5.2013 in Kraft getretenen Gesetz zur Vermeidung von Gefahren und Missbräuchen im Hochfrequenzhandel (Hochfrequenzhandelsgesetz) den Hochfrequenzhandel beschränkt und entschleunigt. In Umsetzung der **MiFID II** gelten seit dem 3.1.2018 eine Erlaubnispflicht für Hochfrequenzhändler (siehe § 1 Abs. 1a S. 2 Nr. 4 lit. d) KWG) und für WpDU, die algorithmischen Handel betreiben, umfassende Organisations-, Anzeige- und Aufzeichnungspflichten (§ 80 Abs. 2 S. 5, Abs. 3–5 WpHG; Art. 17 Abs. 1 und 2 MiFID II; → Rn. 866). Die Betreiber organisierter Märkte, also vor allem die Börsen, sind verpflichtet, effektive Systeme und Maßnahmen zu schaffen, um Störungen zu vermeiden und gegebenenfalls zu beseitigen (§ 26d BörsG; Art. 48 Abs. 6 MiFID II).

IV. Subjektiver Tatbestand

455 Während für § 20a WpHG aF überwiegend angenommen wurde, dass der Täter Vorsatz – jedenfalls dolus eventualis – bezüglich der objektiven Tatbestandsmerkmale haben muss, äußert sich die MAR nicht zu dem subjektiven Tatbestand der Marktmanipulation. Lediglich informationsgestützte Manipulationen iSd Art. 12 Abs. 1 lit. c) MAR und mit Bezug zu Referenzwerten iSd Art. 12 Abs. 1 lit. d) Alt. 1 MAR setzen jeweils voraus, dass die betreffende Person die Unrichtigkeit oder den irreführenden Charakter der Information kannte oder hätte kennen müssen (siehe auch ErwGr 47 aE MAR). Im Übrigen sind die Manipulationstatbestände des Art. 12 Abs. 1 MAR ebenso wie Art. 8, 14 MAR objektiv formuliert. Dem Verbot der Marktmanipulation wohnt auch nicht bereits begrifflich ein Vorsatzelement inne.[755] So stellt etwa ErwGr 23 CRIM-MAD ausdrück-

---

754 Der Schweizer Bestseller-Autor Martin Suter beschreibt in seinem 2011 erschienenen Kriminalroman *Allmen und der rosa Diamant* die Möglichkeiten und Risiken des Hochfrequenzhandels.

755 Assmann/Schneider/Mülbert/*Mülbert* Art. 12 MAR Rn. 173; *Poelzig* NZG 2016, 528 (536). So zu § 20a WpHG aF *Eichelberger* Marktmanipulation 320; KölnKomm

lich fest, dass für Sanktionen nach der MAR jedenfalls kein Vorsatz erforderlich ist. Verschulden ist aber – wie beim Insiderhandelsverbot – uU erforderlich, um Sanktionen zu verhängen.[756] So sind strafrechtliche Sanktionen nur bei Vorsatz und Bußgelder bei Leichtfertigkeit vorgesehen (→ Rn. 934 ff.).

Fortsetzung Fall 8 (→ Rn. 367; nach BGHSt 48, 373 = BGH NJW 2004, 302): Nachdem Börsenguru G in großem Umfang Aktien der A-AG erworben hat, empfiehlt er sie – wie bereits beim Kauf geplant – am nächsten Tag den Managern der von ihm beratenen Aktienfonds zum Kauf. Nach dem erwarteten Kursanstieg der A-Aktien infolge des Erwerbs durch die Fondsmanager, die den Empfehlungen des O gefolgt sind, verkauft O seine A-Aktien – wie erwartet – mit erheblichem Gewinn. Hat O eine Marktmanipulation iSd Art. 12, 15 MAR begangen? 456

Lösung: I. Verstoß gegen Art. 14 MAR 457

Ein Verstoß gegen das **Insiderhandelsverbot** gem. Art. 8 Abs. 1, 14 lit. a) MAR durch den Erwerb der A-Aktien in der Absicht, diese auch den Aktienfonds später zum Erwerb zu empfehlen, liegt nicht vor, da beim Erwerb von Finanzinstrumenten in Kenntnis der eigenen Absichten, die Finanzinstrumente später kurswirksam zu empfehlen, keine Insiderinformation iSd Art. 7 Abs. 1 MAR genutzt wird (dazu bereits → Rn. 368).

II. Verstoß gegen Art. 15 MAR

G könnte jedoch durch die Empfehlung gegenüber den Aktienfonds, die A-Aktien zu erwerben, gegen das **Marktmanipulationsverbot** gem. Art. 15 MAR, hier durch Verwirklichung des **zwingenden Beispiels** gem. Art. 12 Abs. 2 lit. d) MAR verstoßen haben. Voraussetzung ist, dass G einen gelegentlichen oder regelmäßigen Zugang zu den traditionellen oder elektronischen Medien durch Abgabe einer Stellungnahme zu einem Finanzinstrument ausgenutzt hat, er zuvor Positionen bei diesem Finanzinstrument eingegangen ist und anschließend Nutzen aus den Auswirkungen der Stellungnahme auf den Kurs dieses Finanzinstruments gezogen hat, ohne der Öffentlichkeit diesen Interessenkonflikt ordnungsgemäß und wirksam mitzuteilen. Zwar hat G die A-Aktien zunächst erworben, dann diese den Managern der Aktienfonds zum Erwerb ohne Offenlegung des Interessenkonflikts empfohlen und schließlich mit Gewinn aufgrund der Kurssteigerung wieder veräußert. Die Stellungnahme erfolgte jedoch weder im Fernsehen noch per Mail oder über sonstige Medien. Daher sind die Voraussetzungen des zwingenden Beispiels gem. Art. 12 Abs. 2 lit. d) MAR nicht erfüllt.

WpHG/*Stoll* § 20a Rn. 247; Schwark/Zimmer/*Schwark* WpHG, 4. Aufl. 2010, § 20a Rn. 98.

756 *Poelzig* NZG 2016, 528 (536). So bereits zu § 20a WpHG aF EBJS/*Grundmann*, 3. Aufl. 2015, WpHG § 20a Rn. 174 mwN.

Da die Aufzählung der zwingenden Beispiele in Art. 12 Abs. 2 MAR nicht abschließend ist, könnten aber gleichwohl die Voraussetzungen einer verbotenen Marktmanipulation gem. Art. 12 Abs. 1 MAR erfüllt sein. Eine informationsgestützte Marktmanipulation gem. Art. 12 Abs. 1 lit. c) MAR liegt allerdings nicht vor, da die Empfehlung des G weder auf falschen Umständen beruht noch als solche unvertretbar ist und G damit keine falschen oder irreführenden Informationen verbreitet hat. Denkbar ist aber eine manipulative Handlung durch Täuschung gem. Art. 12 Abs. 1 lit. b) MAR. Indem G den eigentlichen Zweck der Empfehlung, einen Wertzuwachs für die eigenen A-Aktien zu erzielen, nicht offenbart hat, hat er die Manager der Aktienfonds über sein Eigeninteresse an der Anlageempfehlung und den bestehenden Interessenkonflikt iSv Art. 12 Abs. 1 lit. b) MAR getäuscht.

Ergebnis: G hat damit gegen das Marktmanipulationsverbot gem. Art. 15, 12 Abs. 1 lit. b) MAR verstoßen.

Zur vertiefenden Lektüre: *Grüger*, Kurspflegemaßnahmen durch Banken – Zulässige Marktpraxis oder Verstoß gegen das Verbot der Marktmanipulation nach § 20a Abs. 1 WpHG?, BKR 2007, 437; *ders.*, Kurspflegemaßnahmen durch den Erwerb eigener Aktien – Verstoß gegen das Verbot der Marktmanipulation nach § 20a WpHG, BKR 2010, 221; *Hammen*, Verfassungsrechtliche Fragen des Marktmissbrauchsstrafrechts, WM 2019, 341; *Hellgardt*, Fehlerhafte Ad-hoc-Publizität als strafbare Markmanipulation – Der Beweis von Taterfolg und Kausalität, ZIP 2005, 2000; *Kert*, Vorschläge für neue EU-Instrumente zur (strafrechtlichen) Bekämpfung von Insiderhandel und Marktmanipulation, NZWiSt 2013, 252; *Kiesewetter/Parmentier*, Verschärfung des Marktmissbrauchsrechts – ein Überblick über die neue EU-Verordnung über Insidergeschäfte und Marktmanipulation, BB 2013, 2371; *Klöhn*, Marktmanipulation auch bei kurzfristiger Kursbeeinflussung – das „IMC Securities"-Urteil des EuGH, NZG 2011, 934; *Köpferl/Wegner*, Marktmissbrauch durch einen Sprengstoffanschlag?, WM 2017, 1924; *Mülbert/Sajnovits*, Short-Seller-Attacken 2.0: der Fall Wirecard, BKR 2019, 313; *Poelzig*, Private enforcement im deutschen und europäischem Kapitalmarktrecht, ZGR 2015, 801; *dies.*, Insider- und Marktmanipulationsverbot im neuen Marktmissbrauchsrecht, NZG 2016, 528; *dies.*, „Shortseller-Attacken" im Aufsichts- und Zivilrecht, ZHR 184 (2020) (im Erscheinen); *Rau*, Private Enforcement bei Referenzwertmanipulationen vor dem Hintergrund des neuen Marktmissbrauchsregimes, BKR 2017, 57; *Schmolke*, Das Verbot der Marktmanipulation nach dem neuen Marktmissbrauchsregime, AG 2016, 434; *Seibt/Wollenschläger*, Revision des Marktmissbrauchsrechts durch Marktmissbrauchsverordnung und Richtlinie über strafrechtliche Sanktionen für Marktmanipulation, AG 2014, 593; *Teigelack*, Insiderhandel und Marktmanipulation im Kommissionsentwurf einer Marktmissbrauchsverordnung, BB 2012, 1361; *Trüg*, Neue Konturen der Rechtsprechung zur strafbaren Marktmanipulation, NJW 2014, 1346; *Vaupel/Oppenauer*, Zur Strafbarkeit eines unterlassenen, verspäteten oder verfrühten Aufschubs von der Ad-hoc-Veröffentlichungspflicht, AG 2019, 502.

§ 16. Rechtsfolgen von Verstößen gegen Art. 14, 15 MAR

Marktmissbräuchliches Verhalten hat sowohl straf- als auch buß- 458
geldrechtliche Sanktionen zur Folge und begründet uU darüber hinaus zivilrechtliche Ansprüche.

	Insiderhandelsverbot	Marktmanipulationsverbot
Verbotstatbestand	Art. 14 MAR	Art. 15 MAR
Zivilrechtliche Durchsetzung	1. § 823 Abs. 2 BGB iVm Art. 14 MAR (str.); 2. § 826 BGB.	1. § 823 Abs. 2 BGB iVm Art. 15 MAR (str.); 2. § 826 BGB.
Öffentlich-rechtliche Durchsetzung	§ 120 Abs. 14 WpHG iVm § 119 Abs. 3 Nr. 1 WpHG (Leichtfertigkeit).	1. § 120 Abs. 2 Nr. 3 WpHG (Vorsatz oder Leichtfertigkeit); 2. § 120 Abs. 15 Nr. 2 WpHG (Vorsatz oder Leichtfertigkeit).
Strafrechtliche Durchsetzung	1. § 119 Abs. 3 WpHG (Vollendung); 2. § 119 Abs. 4 iVm Abs. 3 WpHG (Versuch).	1. § 119 Abs. 1 WpHG (Vollendung); 2. § 119 Abs. 4 iVm Abs. 1 WpHG (Versuch); 3. § 119 Abs. 5 WpHG (Qualifikation); 4. § 119 Abs. 6 WpHG (minder schwerer Fall).

I. Straf- und aufsichtsrechtliche Maßnahmen und Sanktionen

1. Pflichten von Marktteilnehmern zur Verfolgung und Aufdeckung

Da sowohl Marktmanipulationen als auch Insiderhandel häufig im 459
Verborgenen stattfinden, stehen die Straf- und Aufsichtsbehörden vor der Herausforderung, Verstöße aufzudecken und zu ermitteln. Um die straf- und aufsichtsrechtliche Durchsetzung (näher hierzu noch → Rn. 912 ff.) zu erleichtern, werden daher vor allem auch die Marktteilnehmer selbst in die Pflicht genommen.

a) Meldepflichten gem. Art. 16 MAR. So verpflichtet Art. 16 460
Abs. 1, 2 MAR (zuvor §§ 10, 15b, 16 WpHG aF) Betreiber von organisierten Märkten und MTF- oder OTF-Betreiber sowie Personen, die gewerbsmäßig Geschäfte vermitteln oder ausführen, wirksame Vorkehrungen zur Vorbeugung und Aufdeckung von (versuchten) Insidergeschäften und (versuchten) Marktmanipulationen zu treffen und den Verdacht auf solche Verstöße der zuständigen Aufsichtsbe-

hörde, also der BaFin bzw. der Landesaufsichtsbehörde, unverzüglich mitzuteilen bzw. diese darüber zu unterrichten.

461 Ein pflichtwidriges Unterlassen der Mitteilung bzw. Unterrichtung wird als Ordnungswidrigkeit gem. § 120 Abs. 15 Nr. 4, 5 WpHG sanktioniert. Umgekehrt stellt sich die Frage, ob und inwieweit sich der Meldepflichtige durch eine falsche Meldung selbst strafbar macht, etwa wegen übler Nachrede gem. § 186 StGB. Vor Geltung der MAR waren zur Erhöhung der Anzeigebereitschaft gem. § 10 Abs. 3 WpHG aF straf- und ordnungswidrigkeitenrechtliche Sanktionen gegen den Meldepflichtigen grundsätzlich ausgeschlossen, wenn die Anzeige weder vorsätzlich noch grob fahrlässig falsch erstattet wurde. Eine solche ausdrückliche Regelung findet sich in der MAR nicht.

462 **b) Pflicht zur Erstellung von Insiderlisten gem. Art. 18 MAR.** Um die aufsichtsbehördliche Verfolgung und Aufdeckung von Insiderverstößen zu erleichtern und Emittenten die Kontrolle über relevante Insiderinformationen zu ermöglichen,[757] verpflichtet Art. 18 Abs. 1 MAR diese zur Erstellung von Insiderlisten. Neben den Emittenten müssen gem. Art. 18 Abs. 8 MAR auch EAMP, Versteigerungsplattformen, Versteigerer und die Auktionsaufsicht Insiderlisten erstellen. Zusätzlich dazu verpflichtet Art. 18 Abs. 1 UAbs. 1 MAR auch die im Auftrag oder für Rechnung des Emittenten handelnden Personen zur Erstellung von Insiderlisten.[758] Hiervon sind alle Personen erfasst, die im Interesse des Emittenten handeln und aufgrund dieser Tätigkeit typischerweise Kenntnis von Insiderinformationen erlangen.[759] Zwischen dem Emittenten und dem Dritten muss eine gesetzliche oder vertragliche Sonderbeziehung – etwa aufgrund eines Dienst- oder Werkvertrags – bestehen.

Insiderlisten müssen demnach zB Rechtsanwälte, Steuerberater und Unternehmensberater erstellen, sofern ihre Tätigkeit typischerweise mit der Erlangung der Kenntnis von Insiderinformationen verbunden ist.[760] Zu den Normadressaten können auch Kreditinstitute gehören, soweit sie etwa die Vorbereitung eines Börsengangs, einer Kapitalmaßnahme oder einer Akquisi-

757 ESMA Final report – Draft technical standards on the Market Abuse Regulation Rn. 269.

758 Trotz des insoweit missverständlichen Wortlauts „oder" besteht die Pflicht für Emittenten und die im Auftrag oder für Rechnung des Emittenten handelnden Personen nebeneinander. Dies ist ab dem Inkrafttreten der VO (EU) 2019/2115 am 1.1.2021 auch aus dem entsprechend geänderten Wortlaut des Art. 18 Abs. 1 UAbs. 1 MAR ersichtlich.

759 BaFin Emittentenleitfaden, Modul C, Stand 25.3.2020, V.3.1, 89.

760 BaFin FAQ zu Insiderlisten nach Art. 18 der Marktmissbrauchsverordnung (EU) Nr. 596/2014, 13.1.2017 (BaFin FAQ Art. 18 MAR), 2 Frage 4 (abrufbar unter: https://www.bafin.de/SharedDocs/Downloads/DE/FAQ/dl_faq_mar_art_18_insiderlisten.pdf?__blob=publicationFile&v=7).

tion übernehmen. Auch ein Insolvenzverwalter ist nach Art. 18 MAR zur Führung von Insiderlisten verpflichtet, da er zwar nicht im Auftrag des Emittenten, aber jedenfalls für dessen Rechnung und damit in dessen Interesse handelt.[761] Nicht gemäß Art. 18 MAR im Auftrag oder für Rechnung des Emittenten handeln dagegen Behörden – auch nicht die BaFin – oder Gerichte. Sie sind deshalb nicht zur Führung von Insiderlisten verpflichtet.

Von der eigenen Pflicht der Personen, die „im Auftrag oder für Rechnung des Emittenten handeln", zur eigenverantwortlichen Führung „ihrer" Insiderlisten (vgl. Art. 18 Abs. 1 UAbs. 1 MAR) ist die Möglichkeit des Emittenten zu unterscheiden, das Aufstellen „seiner" Insiderlisten an Dritte zu delegieren (vgl. Art. 18 Abs. 2 UAbs. 2 MAR), wobei die Verantwortung weiterhin bei ihm verbleibt.[762] 463

Die Insiderliste muss alle Personen enthalten, die für den Emittenten aufgrund eines Arbeitsvertrags oder anderweitig Aufgaben wahrnehmen und dadurch Zugang zu Insiderinformationen haben. Dazu gehören nicht nur Angestellte, sondern auch selbstständige Personen, die aufgrund anders gearteter Vertragsgestaltung tätig werden, insbesondere Berater, Buchhalter oder Ratingagenturen. Erforderlich ist zudem jeweils ein bestimmungsgemäßer, nicht lediglich zufälliger und tatsächlich bestehender Zugang zu Insiderinformationen.[763] Potentieller Zugang zu Insiderinformationen genügt nicht. Es muss sich um Insiderinformationen handeln, die einen direkten oder indirekten Bezug zum Emittenten haben (vgl. ErwGr 57 S. 1, 4 MAR). 464

In die Liste sind daher aufzunehmen: die Organmitglieder und die höheren Führungskräfte iSd Art. 3 Abs. 1 Nr. 25 lit. b) MAR, aber auch Mitarbeiter der Controlling-, Compliance-, M&A- sowie sonstiger insiderrelevanter Abteilungen.[764] Nicht ausreichend ist jedoch eine zufällige Kenntnisnahme von Insiderinformationen, beispielsweise durch Zugang zum internen E-Mail-Verkehr als IT-Mitarbeiter.[765]

Die Insiderliste umfasst gem. Art. 18 Abs. 3 MAR mindestens die Identität aller Personen, die Zugang zu Insiderinformationen haben, den Grund der Aufnahme in die Insiderliste und das Datum der Erstellung der Insiderliste. Gem. Art. 18 Abs. 3 lit. c) MAR und Art. 2 465

761 Strittig: Assmann/Schneider/Mülbert/*Sethe/Hellgardt* MAR Art. 18 Rn. 22; KölnKomm WpHG/*Heinrich* § 15b Rn. 27; Schwark/Zimmer/*Zimmer* MAR Art. 18 Rn. 22.
762 BaFin FAQ MAR, Art. 18 2f. Frage 2.
763 Assmann/Schneider/Mülbert/*Sethe/Hellgardt* MAR Art. 18 Rn. 40.
764 Assmann/Schneider/Mülbert/*Sethe/Hellgardt* MAR Art. 18 Rn. 46ff.
765 BaFin FAQ Art. 18 MAR S. 4 Frage 12.

Abs. 1 iVm Anhang I DVO (EU) 2016/347[766] muss die Insiderliste insbesondere darlegen, an welchem Tag und zu welcher Uhrzeit die Person den Zugang zu der Insiderinformation erlangt hat. Die Insiderlisten sind für einen Zeitraum von mindestens fünf Jahren aufzubewahren (Art. 18 Abs. 5 MAR), bei Änderungen unverzüglich zu aktualisieren (Art. 18 Abs. 1 lit. b), Abs. 4 MAR) und der zuständigen Behörde auf deren Ersuchen unverzüglich zur Verfügung zu stellen (Art. 18 Abs. 1 lit. c) MAR). Details zu dem notwendigen Format, insbesondere Formulare und Vorgaben zur vollständigen, sicheren und geheimen Übermittlung der Insiderlisten an die zuständige Aufsichtsbehörde, finden sich in der DVO (EU) 2016/347 (siehe Art. 18 Abs. 9 MAR). Die Listen sind elektronisch zu erstellen (Art. 2 Abs. 3–5 DVO (EU) 2016/347) um zu gewährleisten, dass die zuständige Behörde bei Untersuchungen möglichst effektiv vorgehen kann.[767]

466 Die zur Erstellung von Insiderlisten Verpflichteten tragen gem. Art. 18 Abs. 2 UAbs. 1 MAR außerdem dafür Sorge, dass die auf der Insiderliste erfassten Personen die aus den Rechts- und Verwaltungsvorschriften erwachsenden Pflichten und die ihnen drohenden Sanktionen schriftlich anerkennen. Eine Bestätigung in elektronischer Form ist ausreichend, solange die Kenntnisnahme später nachgewiesen werden kann.[768]

2. Strafrechtliche Sanktionen

467 Mit dem 1. FiMaNoG[769] hat der deutsche Gesetzgeber die Vorgaben der CRIM-MAD, die einheitlich in allen Mitgliedstaaten ein Mindestmaß an strafrechtlichen Sanktionen jedenfalls für schwerwiegende und vorsätzliche Marktmanipulationen und Insiderhandel verlangt (Art. 3–5 CRIM-MAD), in § 38 WpHG aF mit Wirkung vom 2.7.2016 und nunmehr in § 119 WpHG umgesetzt.[770] Allerdings beschränkt sich die Strafbarkeit gem. § 119 Abs. 1, 3 WpHG nicht nur

766 Durchführungsverordnung (EU) Nr. 2016/347 der Kommission v. 10.3.2016 zur Festlegung technischer Durchführungsstandards im Hinblick auf das genaue Format der Insiderlisten und für die Aktualisierung von Insiderlisten gemäß der Verordnung (EU) Nr. 596/2014 des Europäischen Parlaments und des Rates, ABl. 2016 L 65, 49.

767 Vgl. ErwGr 7 DVO (EU) 2016/347.

768 BaFin FAQ Art. 18 MAR S. 3 Frage 6.

769 Erstes Gesetz zur Novellierung von Finanzmarktvorschriften aufgrund europäischer Rechtsakte (Erstes Finanzmarktnovellierungsgesetz – 1. FiMaNoG) v. 30.6.2016, BGBl. 2016 I 1514.

770 Zu einer möglichen Strafbarkeitslücke bei Umsetzung der CRIM-MAD am 2.7.2016 *Rothenfußer/Jäger* NJW 2016, 2689 (2691). AA BGH NZG 2017, 236.

auf schwerwiegende Verstöße, sondern erfasst jeden vorsätzlichen Verstoß gegen Art. 14, 15 MAR, unabhängig von der Schwere der Auswirkungen (siehe ErwGr 11, 12 CRIM-MAD). Bei der Anwendung und Auslegung der Straftatbestände sind allgemeine rechtsstaatliche Grundsätze wie der **ne bis in idem** Grundsatz zu beachten.[771] Die Strafbarkeit folgt für vorsätzliche Marktmanipulationen aus § 119 Abs. 1 WpHG und für vorsätzliche Insiderverstöße aus § 119 Abs. 3 WpHG.

Soweit §§ 119 Abs. 1 Nr. 2 iVm 120 Abs. 15 Nr. 2; 119 Abs. 3 WpHG jeweils Art. 14, 15 MAR in Bezug nehmen, ist fraglich, ob es sich hierbei um einen dynamischen Verweis auf die jeweils geltende Fassung der MAR oder einen statischen Verweis handelt. Zwar verweisen die Vorschriften des WpHG zur Ahndung von Verstößen gem. § 1 Abs. 1 Nr. 8 WpHG grundsätzlich auf die MAR in der jeweils geltenden Fassung (dynamischer Verweis). Gleichwohl ist aber im Zusammenhang mit § 119 Abs. 3 WpHG von einem **statischen Verweis** auszugehen, da § 119 Abs. 3 WpHG – anders als noch § 38 Abs. 1 iVm 39 Abs. 3d WpHG[772] – die MAR mit dem genauen Datum der ursprünglichen Fassung nennt.[773] Aus Gründen der Einheitlichkeit muss das auch für § 119 Abs. 1 WpHG gelten. 468

a) Strafbarkeit vorsätzlicher Marktmanipulationen. Die Strafbarkeit gem. §§ 119 Abs. 1 iVm 120 Abs. 15 Nr. 2 WpHG setzt eine vorsätzliche Marktmanipulation voraus, die den Tatbestand des Art. 15 iVm 12 MAR erfüllt. §§ 119 Abs. 1 iVm 120 Abs. 2 Nr. 3 WpHG dehnen die Strafbarkeit zudem auf vorsätzliche Marktmanipulationen iSd § 25 WpHG außerhalb des Anwendungsbereichs der MAR aus. Der Strafrahmen liegt bei einer Freiheitsstrafe von bis zu fünf Jahren und Geldstrafe. Neben der Verwirklichung des Manipulationstatbestands setzt die Strafbarkeit jeweils einen **Einwirkungserfolg** voraus, dh die Manipulation muss den Börsen- oder Marktpreis eines Finanzinstruments, einer Ware oder Emissionsberechtigung bzw. die Berechnung von Referenzwerten tatsächlich beeinflusst haben. Der subjektive Tatbestand verlangt **Vorsatz.** Der Täter muss mindestens mit dolus eventualis gehandelt haben. Die durch Art. 5 CRIM-MAD eröffnete Möglichkeit, auch rücksichtslose oder grob 469

771 Vgl. EuGH ECLI:EU:C:2018:192 = NJW 2018, 1237 – di Puma und Zecca. Vgl. allgemein zu dieser Rechtsfigur in der europarechtlichen Rechtsprechung auch Wegner, HRRS 2018, 205.
772 Hierzu noch Poelzig NZG 2016, 528 (537).
773 BGH WM 2018, 2358; BGH NZG 2017, 236; *Rothenfußer/Jäger* NJW 2016, 2689 (2691 ff.); *Veil* ZGR 2016, 305 (312); vgl. dazu auch *Gaede* wistra 2017, 41 (43); *Klöhn/Büttner* ZIP 2016, 1801 (1807); *Müller/Bülte* NZG 2017, 205 (207); *Söhner* BB 2017, 259 (265).

fahrlässige Marktmanipulationen in den Straftatbestand einzubeziehen und stattdessen auf verwaltungsrechtliche Sanktionen zu verzichten (siehe auch ErwGr 21 CRIM-MAD), wurde nicht umgesetzt. Leichtfertige Marktmanipulationen werden lediglich als Ordnungswidrigkeit geahndet (§ 120 Abs. 15 Nr. 2 WpHG).

470 Unter dem neuen Marktmissbrauchsregime sind Marktmanipulationen als **Verbrechen** mit Freiheitsstrafe von mindestens einem Jahr bis zu zehn Jahren zu bestrafen, wenn sie gewerbsmäßig oder als Bande begangen werden (§ 119 Abs. 5 Nr. 1 WpHG) oder wenn der Täter in Ausübung seiner Tätigkeit für eine inländische Finanzaufsichtsbehörde, ein Wertpapierdienstleistungsunternehmen, eine Börse oder einen Betreiber eines Handelsplatzes handelt (§ 119 Abs. 5 Nr. 2 WpHG). Außerdem ist in Übereinstimmung mit Art. 6 CRIM-MAD auch der **Versuch** von Marktmanipulationen gem. § 119 Abs. 4 WpHG strafbar.

471 **b) Strafbarkeit vorsätzlicher Insiderverstöße.** § 119 Abs. 3 WpHG stellt vorsätzliche Verstöße gegen das Insiderverbot gem. Art. 14 MAR unter Strafe. Für die Strafbarkeit wird nicht mehr – wie noch vor der MAR – zwischen Primär- und Sekundärinsidern differenziert. Nunmehr sind auch Sekundärinsider iSd Art. 8 Abs. 4 UAbs. 2 MAR, Art. 3 Abs. 3 UAbs. 2 CRIM-MAD für die Anstiftung und Empfehlung gem. Art. 8 Abs. 2 MAR und die unrechtmäßige Offenlegung iSd Art. 10 MAR strafbar (siehe dagegen noch § 38 Abs. 1 Nr. 2 WpHG aF). Die Differenzierung ist bereits auf der Tatbestandsebene für die subjektiven Anforderungen relevant, namentlich für das Erfordernis der Kenntnis, dass es sich um eine Insiderinformation handelt (→ Rn. 398). Im Wortlaut des § 119 Abs. 3 WpHG ist im Gegensatz zu § 119 Abs. 1 WpHG ein **Vorsatzerfordernis** zwar nicht vorgesehen. Mit Rücksicht auf § 15 StGB sowie auf § 120 Abs. 14 WpHG und unter Beachtung von Art. 3 Abs. 1 CRIM-MAD gilt allerdings auch hier nur vorsätzliches Verhalten als strafbar. Die Strafbarkeit für leichtfertigen Insiderhandel gem. § 38 Abs. 4 WpHG aF wurde mit dem 1. FiMaNoG aufgehoben.

3. Verwaltungsrechtliche Sanktionen der BaFin

472 Bestimmte Zuwiderhandlungen gegen Art. 14, 15 MAR werden als Ordnungswidrigkeit mit einem Bußgeld geahndet. Die bußgeldrechtlichen Sanktionen wurden nach den Vorgaben von Art. 30, 31 MAR

in § 120 Abs. 14, 15 WpHG im Vergleich zur vorherigen Rechtslage erheblich verschärft.

Im Ergebnis ist auch hier von einem statischen Verweis auf die MAR auszugehen.[774] Dies folgt für § 120 Abs. 14 WpHG bereits aus dem Verweis auf § 119 Abs. 3 WpHG. § 120 Abs. 15 WpHG verweist zwar selbst nicht auf die MAR im Vollzitat, so dass gem. § 1 Abs. 1 Nr. 8 lit. e) WpHG für die Ahndung von Verstößen grundsätzlich auf die jeweils geltende Fassung verwiesen wird. Da der Gesetzgeber aber mit dem 2. FiMaNoG eine einheitliche Verweistechnik schaffen wollte,[775] ist für § 120 Abs. 15 WpHG von einem Redaktionsversehen auszugehen. 473

Leichtfertige Insiderverstöße gem. Art. 14 MAR sind von § 120 Abs. 14 iVm 119 Abs. 3 WpHG und vorsätzlich oder leichtfertig begangene Verstöße gegen das Marktmanipulationsverbot gem. Art. 15 MAR sind von § 120 Abs. 15 Nr. 2 WpHG erfasst. **Leichtfertig** handelt, wer die im Verkehr erforderliche Sorgfalt in grobem Maße außer Acht lässt und einfachste, nahe liegende Überlegungen unterlässt.[776] Natürliche Personen können mit Geldbußen von bis zu 5 Mio. EUR und juristische Personen gar mit Geldbußen von bis zu 15 Mio. EUR oder bis zu 15 Prozent des jährlichen (Konzern-) Gesamtumsatzes rechnen. 474

§ 120 Abs. 2 Nr. 3 WpHG droht Geldbußen für vorsätzliche Marktmanipulationen iSd § 25 WpHG iVm Art. 15 MAR an, die außerhalb des Anwendungsbereichs der MAR liegen. Hierfür können natürliche Personen mit Geldbußen von bis zu 1 Mio. EUR und juristische Personen mit Geldbußen von bis zu 2,5 Mio. EUR oder 2 Prozent des jährlichen (Konzern-) Gesamtumsatzes sanktioniert werden. Die Höchstgrenzen können jeweils überschritten werden, um das Dreifache des erwirtschafteten Vorteils abzuschöpfen.[777] Darüber hinaus ist die BaFin gem. § 125 WpHG nicht nur – wie zunächst gem. § 40b WpHG aF – berechtigt, sondern verpflichtet, jede Entscheidung über die Verhängung von Sanktionen und Maßnahmen zu veröffentlichen und den jeweiligen Verstoß sowie die verantwortliche Person bekannt zu geben (*naming and shaming*). 475

---

774 So die hM bereits zur Fassung vor dem 2. FiMaNoG BGH NZG 2017, 236; *Klöhn/Büttner* ZIP 2016, 1801 (1807); *Rothenfußer/Jäger* NJW 2016, 2689 (2691 ff.); *Veil* ZGR 2016, 305 (312). AA allerdings noch zur alten Fassung vor dem 2. FiMaNoG ohne Vollzitat *Poelzig* NZG 2016, 528 (537).

775 Vgl. Begr. RegE 2. FiMaNoG, BT-Drs. 18/10936, 217.

776 Schwark/Zimmer/*Zimmer/Cloppenburg* WpHG § 39 Rn. 6. Ausführlich hierzu *von Buttlar/Hammermaier* ZBB 2017, 1 (1 ff.).

777 Hierzu ausführlich *Poelzig* NZG 2016, 492 ff.

476 **Fall 13 (nach dem Film „Wall Street" von 1987):** Gordon Gekko überredet den Börsenmakler Bud Fox, ihm Insiderinformationen über die Fluggesellschaft „Bluestar" zu geben. Fox hat die Informationen von seinem Vater Carl, der als Monteur bei dem Unternehmen arbeitet und die Belegschaft der Firma gewerkschaftlich vertritt. Weder Bud noch Carl Fox wussten, dass es sich hierbei um eine kursrelevante Information handelte. Beide hatten das Ausmaß der Information vielmehr versehentlich verkannt. Wäre das Verhalten der beiden nach deutschem Recht strafrechtlich oder ordnungswidrigkeitenrechtlich relevant?

Lösung:

477 **I. Sanktionen gegen Carl Fox wegen Verstoß gegen Art. 10; 14 lit. c) MAR** Carl Fox könnte seinem Sohn Bud Fox eine Insiderinformation unrechtmäßig offengelegt haben (Art. 10, 14 lit. c) MAR). Carl kennt und verfügt damit über eine Insiderinformation gem. Art. 7 Abs. 1 lit. a MAR, die er bestimmungsgemäß im Zusammenhang mit seiner beruflichen Tätigkeit als Gewerkschafter und damit aufgrund seiner beruflichen Funktion erlangt hat. Er ist damit **Primärinsider** iSd Art. 8 Abs. 4 S. 1 lit. c) MAR. Zwar wusste Carl nicht, hätte dies aber erkennen können, dass es sich um eine kursrelevante Information und damit um eine Insiderinformation iSd Art. 7 Abs. 1 handelt. Auf die Frage, ob Carl weiß oder wissen müsste, dass es sich um eine Insiderinformation handelt, kommt es für den Primärinsider aber nicht an (siehe Art. 8 Abs. 4, 10 Abs. 1 UAbs. 2 MAR). Für eine Weitergabe von Informationen an Familienangehörige besteht in der Regel weder eine betriebliche noch eine rechtliche Notwendigkeit. Damit ist die Mitteilung durch Carl an Bud unrechtmäßig iSd Art. 10 Abs. 1 MAR. Objektiv hat Carl damit den Tatbestand des Art. 14 lit. c) MAR verwirklicht.

Strafrechtlich verantwortlich ist Carl allerdings nur, wenn er gem. § 15 StGB vorsätzlich, also jedenfalls mit dolus eventualis, gehandelt hat (§ 119 Abs. 3 Nr. 3 WpHG). Auch wenn die Kenntnis, dass es sich um eine Insiderinformation handelt, keine Voraussetzung für einen Verstoß des Primärinsiders gegen Art. 14 MAR ist, wird dies aber für die Frage nach der Strafbarkeit relevant. Denn der Vorsatz muss auch das Vorliegen einer Insiderinformation umfassen. Carl wusste jedoch nicht, dass es sich um eine kursrelevante Information und damit um eine Insiderinformation iSd Art. 7 Abs. 1 handelt. Daher fehlt es an dem für die Strafbarkeit gem. § 119 Abs. 3 Nr. 3 WpHG erforderlichen Vorsatz. Zwar hätte Carl die Kursrelevanz und damit das Vorliegen einer Insiderinformation erkennen können, er hat die gebotene Sorgfalt aber nicht im groben Maße außer Acht gelassen und handelte daher nicht leichtfertig, so dass auch keine Ordnungswidrigkeit gem. § 120 Abs. 14 iVm § 119 Abs. 3 Nr. 3 WpHG vorliegt.

I. Sanktionen gegen Bud Fox wegen Verstoß gegen Art. 10; 14 lit. c) MAR Bud Fox verfügt nach Offenlegung durch Carl über die Insiderinformation, die er seinerseits an Gekko weitergibt. Auch diese Offenlegung erfolgt unrechtmäßig gem. Art. 10 Abs. 1 MAR. Bud hat Kenntnis von der Information allerdings nicht als Primärinsider iSd Art. 8 Abs. 4 S. 1 MAR, sondern als **Sekundärinsider** gem. Art. 8 Abs. 4 S. 2 MAR erlangt. Daher gilt für ihn das Verbot der unrechtmäßigen Offenlegung von Insiderinformationen gem. Art. 10 MAR nur, soweit er weiß oder wissen müsste, dass es sich um eine kursrelevante Information und damit um eine Insiderinformation gem. Art. 7 Abs. 1 MAR handelt. Bud Fox hat die Kursrelevanz versehentlich falsch eingeschätzt und hätte das Vorliegen einer Insiderinformation kennen müssen. Der Tatbestand der unrechtmäßigen Offenlegung gem. Art. 10 Abs. 1 iVm 8 Abs. 4 UAbs. 2, 14 lit. c) MAR ist damit erfüllt. Allerdings scheidet auch hier das Vorliegen einer Ordnungswidrigkeit mangels Leichtfertigkeit nach § 120 Abs. 14 iVm § 119 Abs. 3 Nr. 3 WpHG aus.

Dieses Beispiel zeigt, dass die Differenzierung zwischen Primär- und Sekundärinsider auf der Tatbestandsebene des Insiderverbots spätestens bei der Frage nach der straf- oder ordnungswidrigkeitenrechtlichen Ahndung nivelliert wird.

II. Zivilrechtliche Folgen von Verstößen

Die MAR schweigt ebenso wie das WpHG zu den zivilrechtlichen 478
Folgen von Marktmanipulationen und Insiderverstößen. Daher sind die zivilrechtlichen Folgen von Verstößen nach den allgemeinen bürgerlich-rechtlichen Vorschriften zu beurteilen.

1. Nichtigkeit der Geschäfte

Bei Verstößen gegen Art. 14, 15 MAR wäre zunächst an die Nich- 479
tigkeitsfolge des **§ 134 BGB** für das unter Nutzung von Insiderinformationen abgeschlossene bzw. das marktmanipulative Geschäft mit einem anderen Anleger zu denken. Gegen Art. 14, 15 MAR verstoßen jedoch nur einseitig der Insider bzw. der manipulierende Marktteilnehmer, in der Regel – mit Ausnahme besonderer Manipulationstrategien – nicht jedoch der jeweilige Vertragspartner. Bei einseitigen Verbotsverstößen tritt die Nichtigkeitsfolge grundsätzlich nicht ein.[778] Hinzu kommt, dass Art. 14, 15 MAR nicht den Inhalt des Vertrags, sondern die Art des Zustandekommens unter Nutzung von Insiderinformationen oder in manipulativer Weise untersagen. Und schließlich wäre es auch nicht im Interesse eines funktionsfähigen Kapitalmarktes, müssten die unwirksamen Geschäfte rückabge-

778 Palandt/*Ellenberger* BGB § 134 Rn. 9.

wickelt werden. Insidergeschäfte und marktmanipulative Geschäfte sind daher wirksam.[779]

2. Schadensersatzanspruch gem. § 823 Abs. 2 BGB

480 Denkbar ist aber eine deliktsrechtliche Haftung aus § 823 Abs. 2 BGB iVm Art. 14, 15 MAR, wenn es sich hierbei um Schutzgesetze handelt. Die Einordnung des Marktmanipulationsverbots gem. Art. 15 MAR als Schutzgesetz iSd § 823 Abs. 2 BGB wird zum Teil befürwortet, zum Teil abgelehnt.[780] Die **hM** zu den Vorgängerbestimmungen von Art. 15 MAR, namentlich § 20a WpHG aF sowie § 88 BörsG aF, verneinte die Schutzgesetzeigenschaft, da der Schutz der individuellen Vermögensinteressen der Kapitalanleger lediglich mittelbare Folge des Funktionenschutzes, also ein bloßer Rechtsreflex, sei. Zudem habe der Gesetzgeber im Gegensatz zur ad-hoc-Informationspflicht (siehe §§ 97 f. WpHG) für Marktmanipulationen keine spezialgesetzliche Haftungsregelung vorgesehen. Insoweit sei von einer bewussten Entscheidung auszugehen, die durch eine Anwendung von § 823 Abs. 2 BGB nicht unterlaufen werden dürfe. Die hM lehnt bislang auch die Schutzgesetzeigenschaft des **Insiderverbots** ab.[781] Zudem ist im Falle von Insiderverstößen die Haftung regelmäßig mit dem Einwand des rechtmäßigen Alternativverhaltens ausgeschlossen, da der Anleger das Geschäft wenn nicht mit dem Insider, dann mit einem Outsider zu demselben Preis abgeschlossen hätte.[782]

481 Für die Schutzgesetzeigenschaft von Art. 14, 15 MAR spricht zunächst, dass Art. 1 MAR neben dem auch schon von der MAD aF erfassten Schutz der Funktionsfähigkeit des Kapitalmarktes und des Anlegervertrauens (siehe ErwGr 12 MAD aF) erstmalig auch den

779 Assmann/Schneider/Mülbert/*Assmann* MAR Art. 14 Rn. 9; Assmann/Schneider/Mülbert/*Mülbert* MAR Art. 15 Rn. 52 (anders hingegen bei beiderseitigem Verstoß); *Buck-Heeb* KapMarktR Rn. 444; Schäfer/Hamann/Schäfer WpHG § 20a Rn. 83; Lenenbach, Kapitalmarktrecht und kapitalmarktrelevantes Gesellschaftsrecht, 2. Aufl. 2010, § 13 Rn. 13.463. AA MüKoHGB/*Ekkenga* Effektengeschäft Rn. 235.

780 Dafür *Hellgardt* AG 2012, 154; *Poelzig* ZGR 2015, 801 (829 f.): spezialgesetzliche Haftung allerdings vorzugswürdig; *Rau* BKR 2017, 57; *Carstens*, Marktmanipulation und zivilrechtliche Haftung, 2020, 27 ff.; *Mattig*, Gleichbehandlung im europäischen Kapitalmarktrecht, 2019, 346. Dagegen *Buck-Heeb* KapMarktR Rn. 680 f.; MüKoBGB/*Wagner* § 823 Rn. 509; *Schmolke* NZG 2016, 721; *Veil* Europ. KapMarktR § 19 Rn. 119.

781 Ausführlich *Buck-Heeb* KapMarktR Rn. 446; *Buck-Heeb* in Assmann/Schütze/Buck-Heeb KapAnlR-HdB § 8 Rn. 307 mwN. AA *Beneke/Thele* BKR 2017, 12.

782 Noch zu § 14 WpHG aF Fuchs/*Mennicke*, 1. Aufl. 2009, WpHG § 14 Rn. 445; *Buck-Heeb* in Assmann/Schütze/Buck-Heeb KapAnlR-HdB § 8 Rn. 307. AA *Beneke/Thele* BKR 2017, 12 (17 f.). Differenzierend im Rahmen des § 826 BGB: *Langenbucher* AktR § 15 Rn. 115.

Anlegerschutz als eigenständiges Regelungsziel nennt. Der Regelungszweck der MAR erfasst damit über den schon bisher weitgehend anerkannten Schutz der Anleger in ihrer Gesamtheit[783] nunmehr auch den Schutz des einzelnen Anlegers. Zudem wird in ErwGr 47 MAR jedenfalls für informationsgestützte Marktmanipulationen ausdrücklich darauf hingewiesen, dass eine solche „Marktmanipulation [...] den Anlegern in besonderer Weise [schadet], weil sie sie dazu veranlasst, ihre Anlageentscheidungen auf unrichtige oder verzerrte Informationen zu stützen". Gleichwohl lehnt die wohl überwiegende Auffassung eine Haftung gem. § 823 Abs. 2 BGB ab, da sich der deutsche und europäische Gesetzgeber auf verwaltungsrechtliche Sanktionen beschränken und mit der vereinzelten Einführung von spezialgesetzlichen Haftungsvorschriften – etwa in §§ 97f. WpHG oder Art. 35a Ratingverordnung (→ Rn. 910) – deutlich den gesetzgeberischen Willen erkennen lassen, dass Verstöße gegen kapitalmarktrechtliche Pflichten nur dann eine zivilrechtliche Haftung begründen sollen, wenn dies ausdrücklich gesetzlich vorgesehen ist.[784]

3. Schadensersatzanspruch gem. § 826 BGB

In Betracht kommt auch eine Haftung nach § 826 BGB. Voraussetzung hierfür ist eine vorsätzliche sittenwidrige Schädigung. Ein Verstoß gegen Art. 14, 15 MAR kann die Sittenwidrigkeit allein noch nicht begründen, da anderenfalls die Wertungen des § 823 Abs. 2 BGB umgangen würden[785] Es müssen zu dem Gesetzesverstoß weitere die Sittenwidrigkeit begründende Umstände hinzutreten, die das Verhalten des Täters als verwerflich, als Verstoß gegen das Anstandsgefühl aller billig und gerecht Denkenden erscheinen lassen.[786] Das Verhalten des Schädigers muss hiernach gegen die Mindestanforderungen des lauteren Rechtsverkehrs auf dem Kapitalmarkt verstoßen, zB wenn das Sekundärmarktpublikum bewusst durch grob unrichtige Informationen in die Irre geführt wird, damit sich ein Vorstandsmitglied bereichern kann. 482

783 Zu dem bekannten Bild von den zwei Seiten einer Medaille *Hopt* ZHR 159 (1995), 135 (159); *ders.* WM 2009, 1873 (1881).
784 Hierzu ausführlich *Schmolke* NZG 2016, 721 ff.
785 *Buck-Heeb* KapMarktR Rn. 447, 682. AA *Langenbucher* AktR § 15 Rn. 113, wonach Insiderhandel im Regelfall als sittenwidrig zu missbilligen ist.
786 MüKoBGB/*Wagner* § 826 Rn. 9.

483 **Fall 14 (nach OLG Stuttgart WM 2015, 875):** Seit einiger Zeit gibt es Gerüchte über die Absicht der Plitzschnell SE (P-SE), die Vielwagen AG (V-AG) zu übernehmen. Zwar stellen einige Vorstandsmitglieder der P-SE solche Überlegungen an, einen konkreten Beschluss des Vorstands hierzu gibt es aber nicht. Die P-SE kommentiert daher die Gerüchte in einer Pressemitteilung, dass es derzeit keine Absichten gebe, den Anteil an der V-AG so aufzustocken, dass eine Übernahme möglich sei. Als Reaktion auf diese Pressemitteilung sinkt der Aktienkurs der V-AG. Hedgefond H tätigt sodann gedeckte Leerverkäufe über 100.000 Stammaktien der V-AG, um von der Kursentwicklung zu profitieren. Einige Monate später kündigt die P-SE in einer Pressemitteilung an, nun doch die Übernahme der V-AG zu verfolgen und bestehende Optionen in Höhe von 75 Prozent der V-Aktien nach und nach auszuüben. Da rund 20 Prozent der V-Aktien vom Großaktionär N gehalten werden, werden die frei verfügbaren Aktien knapp und der Kurs der V-Aktie steigt wegen der großen Nachfrage in der Folge von 200 EUR auf 1.000 EUR. Zu diesem Kurs muss H nun V-Aktien kaufen, um seine ausstehenden Leerverkaufspositionen erfüllen zu können.

Hat der Hedgefond H einen Anspruch auf Ersatz seiner Verluste iHv 80 Millionen EUR gegen die P-SE?

484 H könnte ein Anspruch auf Schadensersatz in Höhe der erlittenen Verluste aus **§ 823 Abs. 2 BGB** iVm Art. 15 MAR zustehen. Dafür müsste es sich bei Art. 15 MAR zunächst um ein Schutzgesetz handeln. Ein **Schutzgesetz** ist eine Rechtsnorm, die nicht ausschließlich den Schutz der Allgemeinheit verfolgt, sondern zumindest auch dem Schutz individueller Rechtsgüter oder Interessen der Geschädigten zu dienen bestimmt ist.[787] Für die Vorgängernormen des Art. 15 MAR, § 20a WpHG aF und § 88 BörsG aF, wurde dies aufgrund fehlender Anhaltspunkte des individualschützenden Charakters von der **hM** abgelehnt.[788] Da Art. 1 MAR nun aber ausdrücklich den Anlegerschutz als eigenständiges Ziel der Verordnung und der durch sie geschaffenen Vorschriften über die Marktmanipulation nennt, kommt Art. 15 MAR nach **aA** zumindest auch individualschützender Charakter iSd § 823 Abs. 2 BGB zu.[789] Andere verneinen aber gleichwohl mit der bisherigen hM auch auf Grundlage der MAR die Schutzgesetzeigenschaft, da der europäische Gesetzgeber zur zivilrechtlichen Haftung bewusst schweigt und damit seinen Willen gegen eine zivilrechtliche Haftung zum Ausdruck bringt.[790]

787 Siehe nur MüKoBGB/*Wagner* § 823 Rn. 498; HK-BGB/*Staudinger* § 823 Rn. 147.
788 BGHZ 192, 90 (99 ff.) = BGH NJW 2012, 1800 (1802 f.) – IKB.
789 *Hellgardt* AG 2012, 154; *Rau* BKR 2017, 57; *Poelzig* ZGR 2015, 801 (829 f.). Noch zu § 20a WpHG aF KölnKomm WpHG/*Mock* § 20a Rn. 473 ff. Dagegen MüKoBGB/*Wagner* § 823 Rn. 509; *Schmolke* NZG 2016, 721 ff.
790 *Schmolke* NZG 2016, 721 (722).

Der Streit über die Schutzgesetzeigenschaft kann hier jedoch dahinstehen, wenn schon nicht gegen Art. 15 MAR verstoßen wurde. Hier könnte eine informationsgestütze Marktmanipulation gem. Art. 15 iVm Art. 12 lit. c) MAR vorliegen, wenn es sich bei der ersten Pressemitteilung um eine Verbreitung von falschen oder irreführenden Informationen handelt und dies dem Verbreitenden auch bewusst war oder hätte bewusst sein müssen. Zwar hatten einige Vorstandsmitglieder der P-SE Überlegungen dieser Art angestellt, einen konkreten Vorstandsbeschluss gab es aber nicht. Damit waren die Informationen nicht falsch oder irreführend (*aA vertretbar*). Es liegt auch keine sonstige Form der Täuschung iSd Art. 12 Abs. 1 lit. b) MAR vor. Damit hat H mangels Marktmanipulation keinen Schadensersatzanspruch gem. § 823 Abs. 2 BGB iVm Art. 15 MAR. Ein Anspruch gem. § 823 Abs. 2 BGB iVm § 263 StGB ist zwar grundsätzlich denkbar. Hier fehlt es aber schon an der erforderlichen Stoffgleichheit zwischen dem Nachteil von H und den möglichen Vorteilen der P-AG.

Einen Anspruch auf Schadensersatz könnte H aus **§ 826 BGB** haben. § 826 BGB setzt die vorsätzliche Schadenszufügung in einer gegen die guten Sitten verstoßenden Weise voraus. Sittenwidrig ist ein Verhalten, das nach seinem Gesamtcharakter, der durch umfassende Würdigung von Inhalt, Beweggrund und Zweck zu ermitteln ist, gegen das Anstandsgefühl aller billig und gerecht Denkenden verstößt.[791] § 826 BGB ist allerdings wegen der Gefahr einer ausufernden Haftung bei Vermögensschäden restriktiv auszulegen. Für die Annahme der Sittenwidrigkeit würde der Verstoß gegen eine gesetzliche Vorschrift als solche daher nicht genügen, sondern es müssten weitere die Sittenwidrigkeit begründende Umstände hinzutreten.[792] Hier fehlt es bereits an einem Verstoß gegen Art. 15 MAR. Auch sonstige die Sittenwidrigkeit begründende Umstände sind nicht erkennbar. Damit hat der H keinen Anspruch auf Schadensersatz gem. § 826 BGB.

§ 17. EU-Leerverkaufs-VO

485 Im engen Zusammenhang mit Art. 14, 15 MAR steht das Verbot von Leerverkäufen, das seit dem 1.11.2012 europaweit in der Leerverkaufsverordnung geregelt ist.[793] Die BaFin ist gem. § 53 WpHG die zuständige nationale Behörde. Daneben hat nach Art. 28 ff. der

791 OLG Stuttgart WM 2015, 875 (876); Palandt/*Sprau* BGB § 826 Rn. 4.
792 OLG Stuttgart WM 2015, 875 (876).
793 BaFin Merkblatt – Anzeigen von Market-Making und Primärhändlertätigkeiten, 15.10.2013, geändert am 19.9.2013 (abrufbar unter: https://www.bafin.de/SharedDocs/Veroeffentlichungen/DE/Merkblatt/WA/mb_130715_eu_market_making.html); ESMA Guidelines Exemption for market making activities and primary market operations under Regulation (EU) 236/12 of the European Parliament and the Council

Leerverkaufsverordnung aber ausnahmsweise auch die ESMA eigene Aufsichtsbefugnisse.

I. Begriff des Leerverkaufs und Regelungszweck

486 Bei einem **Leerverkauf** (sog *Short Selling*) iSd Leerverkaufsverordnung handelt es sich um den Verkauf von **Aktien** oder **öffentlichen Schuldtiteln**, die sich im Zeitpunkt der Verkaufsvereinbarung wirtschaftlich nicht im Eigentum des Verkäufers befinden (Art. 2 Abs. 1 lit. b) Hs. 1 Leerverkaufsverordnung). Öffentliche Schuldtitel sind Schuldtitel der EU, der Mitgliedstaaten sowie deren Bundesländer (nicht: regionale Körperschaften), des EFSF uÄ zwischenstaatlicher Institutionen. Zu unterscheiden ist zwischen ungedeckten Leerverkäufen (*naked short sale*) und gedeckten Leerverkäufen (*covered short sale*). Ein **gedeckter Leerverkauf** liegt vor, wenn der Verkäufer die Wertpapiere zuvor geliehen und sichergestellt hat, dass der Verkauf des Wertpapiers durch die Lieferung der Wertpapiere erfüllt werden kann. Bei einem **ungedeckten Leerverkauf** hat sich der Verkäufer die Wertpapiere im Zeitpunkt des Leerverkaufs weder durch Wertpapierleihe noch anderweitig gesichert und muss deshalb zum Ende der – regelmäßig sehr kurzen – Lieferfrist das Wertpapier am Markt zu dem dann bestehenden Kurs erwerben. In beiden Fällen setzen Leerverkäufer auf fallende Kurse, so dass sie die Wertpapiere später – zur Erfüllung der Rückgabepflicht aus der Wertpapierleihe bzw. der Pflicht aus dem Kaufvertrag – zu einem geringeren Preis als dem vereinbarten Kaufpreis am Markt erwerben können. Leerverkäufe dienen damit vor allem zur Spekulation, aber auch zur Absicherung von Risiken. Gleichwohl handelt es sich bei Leerverkäufen nach **hM** nicht um Derivate, denn die Ansprüche aus einem Leerverkauf sind innerhalb der üblichen Fristen zu erfüllen.[794]

487 Die Bedeutung von Leerverkäufen für die Funktionsfähigkeit des Kapitalmarktes und damit ihre Regelungsbedürftigkeit werden unterschiedlich beurteilt. Zum Teil werden Leerverkäufe **positiv** bewertet, da sie dafür sorgen, dass relevante – in dem Fall negative – Informationen schneller in den Markt eingepreist, so Informationsasymmetrien verringert und die Allokationseffizienz des Kapitalmarktes er-

---

on short selling and certain aspects of Credit Default Swaps, 2.4.2013 (abrufbar unter: https://www.esma.europa.eu/sites/default/files/library/2015/11/2013-74.pdf).

794 *Binder* in Langenbucher/Bliesener/Spindler 37. Kap. Rn. 33; vgl. MüKoHGB/*Ekkenga* Effektengeschäft Rn. 66; Schwark/Zimmer/*Kumpan* WpHG § 2 Rn. 54.

höht werden.[795] Darüber hinaus verbessern Leerverkäufer die Liquidität des Kapitalmarktes, da sie die Wertpapiere zunächst verkaufen und später die entsprechenden Papiere erwerben, um den Leerverkauf zu decken. Insbesondere nach der Finanzkrise wurden jedoch vor allem die **Risiken** von Leerverkäufen in den Vordergrund gerückt. Da Marktteilnehmer insbesondere durch ungedeckte Leerverkäufe jedenfalls theoretisch mehr Wertpapiere verkaufen können, als am Markt tatsächlich verfügbar sind (sog *short squeeze*), besteht das Risiko, dass die Marktpreise zunächst stärker sinken als es ohne die Leerverkäufe der Fall wäre. Hinzu kommt, dass das **Verlustrisiko** auf Seiten des Leerverkäufers unbegrenzt ist, da die Kurse – jedenfalls theoretisch – grenzenlos steigen können. Dies ist dann in erheblichem Maße der Fall, wenn alle Leerverkäufer sich später wiederum mit Wertpapieren eindecken, um ihre Leerverkäufe zu bedienen (siehe bereits Fall 14 → Rn. 483).

Im Oktober 2008 versuchte die Porsche Automobil Holding SE, die Dachgesellschaft des Porsche-Konzerns, die Volkswagen AG, zu übernehmen. Dadurch bestand zwischenzeitlich die Sorge bei den Leerverkäufern, dass nach einer Übernahme der Volkswagen AG durch die Porsche AG nur noch 5 Prozent der VW-Aktien frei handelbar wären. Der Aktienkurs stieg als Reaktion darauf innerhalb weniger Tage von 250 EUR auf über 1.000 EUR.[796]

Hiermit eng verbunden ist ein bei ungedeckten Leerverkäufen gesteigertes **Ausfallrisiko** auch auf Seiten des Käufers, wenn der Leerverkäufer im Extremfall mangels liquider Märkte nicht in der Lage ist, die Wertpapiere zu erwerben und damit den Leerverkauf zu erfüllen. Außerdem eignen sich Leerverkäufe, um sie gezielt zu Zwecken der Marktmanipulation einzusetzen, indem beispielsweise nach Leerverkäufen über Medien Gerüchte gestreut oder belastende Hinweise verbreitet werden. **488**

Ein Verstoß gegen Art. 12, 15 MAR wird allerdings nicht notwendigerweise dadurch ausgeschlossen, dass die Vorgaben der Leerverkaufsverordnung eingehalten werden.[797] Umgekehrt begründet ein Verstoß gegen die Leerverkaufsverordnung nicht zwingend eine Marktmanipulation iSd Art. 12, 15

795 *Findeisen/Tönningsen* WM 2011, 1405 (1405 f.); *Möllers/Christ/Harrer* NZG 2010, 1167 (1168 f.); *Payne* EBOR 2012, 413; *Zimmer/Beisken* WM 2010, 485 (486).
796 *Hackhausen* Handelsblatt v. 28.10.2008, 12.
797 *Europäische Kommission* Commission Staff Working Document v. 15.9.2010, COM (2010) 482 final, 19; Klöhn/*Schmolke* MAR Vor Art. 12 Rn. 156; Gebauer/Lehmann/*Zetsche* Europäisches Privat- und Unternehmensrecht § 7 Kap. C Rn. 252 ff.; KölnKomm WpHG/*Mock* § 20a Rn. 82. Vgl. auch Assmann/Schneider/Mülbert/*Mülbert* MAR Art. 12 Rn. 71 mwN.

MAR.[798] Grundsätzlich gilt, dass eine pauschale Einordnung als Marktmanipulation nicht möglich ist.[799] Entscheidend ist hierfür demnach die **Subsumtion der Einzelfallumstände** unter die Tatbestände des Art. 12 Abs. 1 MAR.[800] Praktisch relevant wird diese Problematik insbesondere bei den in jüngster Zeit vermehrt aufgetretenen Shortseller Attacken. Bei solchen Attacken werden nach dem Tätigen von Leerverkäufen der Aktien börsennotierter Gesellschaften negative Informationen über diese verbreitet, um im Anschluss an den hiermit bezweckten Kurssturz die Shortpositionen gewinnbringend zu schließen.[801]

II. Verbot ungedeckter und Transparenz gedeckter Leerverkäufe

489 Da ungedeckte Leerverkäufe – nicht zuletzt auch für die Gegenpartei des Leerverkäufers – besonders riskant sind, unterscheidet die Verordnung für die Zulässigkeit von Leerverkäufen zwischen **ungedeckten Leerverkäufen** (Art. 2 Abs. 1 lit. b) Alt. 1 Leerverkaufsverordnung) und **gedeckten Leerverkäufen** (Art. 2 Abs. 1 lit. b) Alt. 2 Leerverkaufsverordnung). **Ungedeckte Leerverkäufe** sind gem. Art. 12 Abs. 1 und 13 Abs. 1 Leerverkaufsverordnung grundsätzlich verboten.[802] **Gedeckte Leerverkäufe** sind erlaubt, müssen aber bei Überschreiten bestimmter Schwellenwerte der **BaFin** mitgeteilt werden und sind uU im **Bundesanzeiger** zu veröffentlichen. Gedeckte Leerverkäufe zeichnen sich nach der Verordnung dadurch aus, dass der Leerverkäufer die Wertpapiere entweder geliehen oder alternative Vorkehrungen mit vergleichbarer rechtlicher Wirkung getroffen hat (Art. 12 Abs. 1 lit. a); 13 Abs. 1 lit. a); Leerverkaufsverordnung), einen unbedingt durchsetzbaren Anspruch auf Übertragung des Eigentums an einer entsprechenden Anzahl von Wertpapieren derselben Gattung hat, so dass das Geschäft bei Fälligkeit abgewickelt werden kann (Art. 12 Abs. 1 lit. b); 13 Abs. 1 lit. b) Leerverkaufsverordnung). Ausreichend ist auch eine sog **Lokalisierungsvereinbarung** mit einem

798 Klöhn/*Schmolke* MAR Vor Art. 12 Rn. 156.
799 Schwark/Zimmer/*Zimmer/Bator* MAR Art. 12 Rn. 34.
800 Schwark/Zimmer/*Zimmer/Bator* MAR Art. 12 Rn. 34. Vgl. zu § 20a WpHG aF: *Zimmer/Beisken* WM 2010, 485 (487).
801 Dazu ausf. *Schmolke* ZGR 2020, 291 ff.; *Poelzig* ZHR 184 (2020).
802 Nach Art. 8 lit. b) der Delegierten Verordnung (EU) 2016/1052 der Kommission vom 8. März 2016 zur Ergänzung der Verordnung (EU) Nr. 596/2014 des Europäischen Parlaments und des Rates durch technische Regulierungsstandards für die auf Rückkaufprogramme und Stabilisierungsmaßnahmen anwendbaren Bedingungen nimmt ungedeckte Mehrzuteilungen bei Börsengängen aus.

geeigneten Dritten, zB zentralen Gegenparteien oder Zentralbanken und uU auch Wertpapierfirmen (näher hierzu Art. 6 DVO (EU) 827/2012),[803] wonach die Aktien lokalisiert wurden und an den Leerverkäufer geliefert werden könnten (Art. 12 Abs. 1 lit. c); 13 Abs. 1 lit. c) Leerverkaufsverordnung). Diese Voraussetzungen müssen spätestens bei Abschluss des Leerverkaufs erfüllt sein. Von der Regulierung ausgenommen sind insbesondere **Market Maker** (Art. 17 Abs. 1 Leerverkaufsverordnung), da sie bei der Bereitstellung von Liquidität eine maßgebliche Rolle spielen (→ Rn. 166).[804]

Zur vertiefenden Lektüre: *Gruber*, Leerverkäufe, 2014; *Krüger/Ludewig*, Leerverkaufsregulierung, WM 2012, 1942; *Ludewig*, Leerverkäufe in Deutschland – Verbote, Transparenzpflichten, Verdachtsanzeigen und Überwachung, BaFin Journal 12/2010; *Ludewig/Geilfus*, Europaweite Regulierung von Leerverkäufen, BaFin Journal 02/2012, 10; § 9 ff.; *Mülbert/Sajnovits*, Das künftige Regime für Leerverkäufe und bestimmte Aspekte von Credit Default Swaps nach der Verordnung (EU) 236/2012, ZBB 2012, 266; *dies.*, Short-Seller-Attacken 2.0: der Fall Wirecard, BKR 2019, 313; *Payne*, The Regulation of Short Selling and its reform in Europe, European Business Organization Law Review (2012) 413; *Poelzig*, „Shortseller-Attacken" im Aufsichts- und Zivilrecht, ZHR 184 (2020) 697; *Riedl/von Livonius*, Die neue europaweite Regulierung von Leerverkäufen, RdF 2012, 164; *Schlimbach*, Leerverkäufe, 2015; *Schmolke*, „Leerverkaufsattacken" und Marktmissbrauch, ZGR 2020, 291; *Tritschler*, Die Regulierung von Leerverkäufen als Folge der Finanzkrise, 2014; *Weick-Ludewig/Sajnovits*, Der Leerverkaufsbegriff nach der Verordnung (EU) 236/2012 (EU-LVVO), WM 2014, 1521.

2. Kapitel: Veröffentlichungspflichten

Zur Prävention von Marktmissbrauch sieht die MAR in Kapitel 3 verschiedene Offenlegungsvorschriften vor: Dazu gehören die adhoc-Publizitätspflicht (Art. 17 MAR), die Pflicht zur Führung von 490

---

803 Durchführungsverordnung (EU) Nr. 827/2012 der Kommission v. 29.6.2012 zur Festlegung technischer Durchführungsstandards in Bezug auf die Verfahren für die Offenlegung von Nettopositionen in Aktien gegenüber der Öffentlichkeit, das Format, in dem der Europäischen Wertpapier- und Marktaufsichtsbehörde Informationen zu Netto-Leerverkaufspositionen zu übermitteln sind, die Arten von Vereinbarungen, Zusagen und Maßnahmen, die angemessen gewährleisten, dass Aktien oder öffentliche Schuldtitel für die Abwicklung des Geschäfts verfügbar sind, und die Daten, zu denen die Ermittlung des Haupthandelsplatzes einer Aktie erfolgt, sowie den Zeitraum, auf den sich die betreffende Berechnung bezieht, gemäß der Verordnung (EU) Nr. 236/2012 des Europäischen Parlaments und des Rates über Leerverkäufe und bestimmte Aspekte von Credit Default Swaps, ABl. 2012 L 251, 11.

804 Vgl. auch ErwGr 26 Leerverkaufsverordnung.

Insiderlisten (Art. 18 MAR) und die Pflicht zur Meldung und Veröffentlichung von Eigengeschäften der Führungskräfte (Art. 19 MAR). Die Offenlegungsvorschriften gelten für Emittenten (siehe Art. 3 Abs. 1 Nr. 21 MAR), deren Finanzinstrumente an einem geregelten Markt, in Deutschland etwa am regulierten Markt der Börse, gehandelt werden (Art. 2 Abs. 1 lit. a) MAR), sowie für MTF- und OTF-Emittenten. Voraussetzung ist jeweils, dass der Emittent die Zulassung zum Handel auf einem geregelten Markt oder in einem MTF beantragt oder dieser zugestimmt hat bzw. die Zulassung zum Handel in einem OTF beantragt hat (Art. 17 Abs. 1 UAbs. 3; 18 Abs. 7; 19 Abs. 4 MAR).[805] Unter diesen Voraussetzungen müssen daher künftig auch **Freiverkehrsemittenten** nach Art. 17 MAR ad-hoc-Mitteilungen sowie Eigengeschäfte von Führungskräften veröffentlichen (Art. 19 MAR) und Insiderlisten führen (Art. 18 MAR). Im Rahmen des EU-Aktionsplans zur Finanzierung nachhaltigen Wettbewerbs wurde Ende 2019 die EU-Offenlegungsverordnung (VO (EU) 2019/2088) veröffentlicht, die durch eine Harmonisierung der offengelegten Information mehr Transparenz für Endanleger hinsichtlich einer nachhaltigen Anlageentscheidung schaffen soll.

491 Die Ausweitung des Anwendungsbereichs der MAR auf MTF und OTF bedeutet nicht zuletzt für kleinere und mittlere Unternehmen (**KMU**),[806] dass sie etwa als Freiverkehrsemittenten deutlich weiterreichende Pflichten insbesondere in Form der ad-hoc-Publizität oder der Erstellung von Insiderlisten erfüllen müssen.[807] Dies wird für KMU, deren Finanzinstrumente zum Handel auf einem KMU-Wachstumsmarkt iSd § 76 WpHG; § 48a BörsG (siehe Art. 4 Abs. 1 Nr. 12 MiFID II iVm Art. 3 Abs. 1 Nr. 11 MAR) zugelassen sind, mit Umsetzung der MiFID II seit dem 3.1.2018 (siehe Art. 39 Abs. 4 MAR) durch Sonderregelungen (geringfügig) aufgefangen. So können KMU-Emittenten Insiderinformationen statt auf der eigenen Internetseite gegebenenfalls auch auf der Internetseite des KMU-Wachstumsmarktes veröffentli-

---

805 Die deutsche Übersetzung der MAR weicht insoweit fälschlicherweise von der englischen (und französischen) Version der MAR ab. So heißt es „die eine Zulassung beantragt oder erhalten haben“, in der englischen Version heißt es „have requested or approved admission“.

806 KMU sind gemäß Art. 3 Abs. 1 Nr. 11 MAR iVm Art. 4 Abs. 1 Nr. 13 MiFID II (siehe ErwGr 55 MAR) Unternehmen, deren durchschnittliche Marktkapitalisierung in den letzten drei Kalenderjahren weniger als 200 Mio. EUR betrug. Den größeren Rahmen für die Privilegierung von KMU in der MAR bildet gemäß ErwGr 6 MAR der „*Small Business Act*“ für Europa (SBA) vom 25.6.2008, in dem die zentrale Rolle des Mittelstandes für die europäische Wirtschaft politisch verankert ist und wonach die Gründung und Tätigkeit von KMU gefördert werden sollen. Ausführlich zu den Bemühungen im Rahmen der Kapitalmarktunion, die Finanzierung von KMU am Kapitalmarkt zu erleichtern, *Kumpan* ZGR 2016, 2 (11 ff.).

807 Daher kritisch im Hinblick auf das Ziel der Kapitalmarktunion, KMU die Finanzierung über den Kapitalmarkt zu erleichtern, *Kumpan* ZGR 2016, 2 (22).

chen (Art. 17 Abs. 9 MAR). KMU-Emittenten sind außerdem gemäß Art. 18 Abs. 6 MAR von der Pflicht zur Erstellung von Insiderlisten befreit, wenn sie die Personen, die Zugang zu Insiderinformationen haben, über das Marktmissbrauchsrecht ausreichend in Kenntnis setzen. Da die Emittenten allerdings jederzeit in der Lage sein müssen, der zuständigen Aufsichtsbehörde auf Anfrage eine Insiderliste zur Verfügung zu stellen (Art. 18 Abs. 6 MAR),[808] werden sie im Ergebnis doch eine Insiderliste führen müssen.[809] Zwar gelten für Inhalt und Übermittlung der Liste an die zuständige Aufsichtsbehörde gem. Art. 3 iVm Anhang II DVO (EU) 2016/347 im Vergleich zu anderen Emittenten einige Erleichterungen, diese sind allerdings so geringfügig, dass die erwünschte Entlastung der KMU-Emittenten[810] wohl ausbleiben wird. Allerdings wurde Ende 2019 die KMU-Wachstumsmärkte-VO (VO (EU) 2019/2115) verabschiedet, mit der weitere Änderungen der MAR, der ProspektVO und der MiFID II einhergehen, welche die Nutzung von KMU-Wachstumsmärkten fördern sollen. Mit dieser ist auch eine Änderung des Art. 18 Abs. 6 MAR verknüpft. Nach der Änderung dürfen die Insiderlisten von Emittenten an KMU-Wachstumsmärkten auf Personen beschränkt werden, die aufgrund der Art ihrer Funktion oder Position beim Emittenten stets auf Insiderinformationen zurückgreifen können.

Die Offenlegungsvorschriften knüpfen an den Handel der Finanzinstrumente auf einem Handelsplatz innerhalb der EU an, ohne dass es auf den Sitz des Emittenten ankommt (siehe Art. 3 Abs. 1 Nr. 6–8 MAR). **492**

Da der Begriff der Finanzinstrumente mit Geltung der MiFID II seit dem 3.1.2018 auch Emissionszertifikate iSd Emissionshandelsrichtlinie[811] erfasst.[812] müssen sodann auch die Teilnehmer am Markt für Emissionszertifikate (**EAMP**) die Offenlegungsvorschriften gemäß Art. 17 Abs. 2, 18 Abs. 8 lit. a), 19 Abs. 1 MAR iVm Art. 2 Abs. 1 UAbs. 2 MAR beachten. Bei EAMP handelt es sich gemäß Art. 3 Abs. 1 Nr. 20 MAR um Personen, die Geschäfte mit Emissionszertifikaten (iSv Anh. I Abschnitt C Nr. 11 MiFID II) und anderen darauf beruhenden Auktionsobjekten oder Derivaten betreiben. **493**

808 ESMA Final report – Draft technical standards on the Market Abuse Regulation Rn. 291 ff.
809 *Seibt/Wollenschläger* AG 2014, 593 (601).
810 Siehe ErwGr 56 MAR.
811 Zum erweiterten Begriff der Finanzinstrumente *Geier/Schmitt* WM 2013, 915 (916).
812 Art. 3 Abs. 1 Nr. 1 MAR mit Verweis auf Art. 4 Abs. 1 Nr. 15 iVm Anhang I Abschnitt C MiFID II.

§ 18. Ad-hoc-Publizitätspflicht gem. Art. 17 MAR

494 Emittenten müssen das Anlegerpublikum anlassbezogen (ad-hoc) durch die Veröffentlichung von Insiderinformationen (zu dem Begriff bereits → Rn. 365 ff.) über kursrelevante Ereignisse in Kenntnis setzen. Die ad-hoc-Publizitätspflicht diente ursprünglich vor allem zur Ergänzung der Regelpublizität (§§ 114 ff. WpHG), die in festgelegten Intervallen erfolgt (→ Rn. 592 ff.).[813] Hauptaufgabe der kapitalmarktrechtlichen ad-hoc-Informationspflicht ist heute vor allem die Prävention von Insiderhandel (siehe ErwGr 58 MAR). Je schneller Insiderinformationen gezielt in den Markt gelangen und dem Anlegerpublikum zur Verfügung stehen, desto geringer ist die Gefahr von Insidergeschäften.[814] Darüber hinaus gilt es, Informationsasymmetrien zwischen den Marktteilnehmern abzubauen und so das notwendige Anlegervertrauen zur institutionellen Funktionsfähigkeit des Kapitalmarktes zu stärken.[815] Nicht zuletzt sorgt die unverzügliche und gleichmäßige Veröffentlichung von Insiderinformationen auch dafür, dass sich zutreffende Marktpreise herausbilden.[816] Dies wiederum wirkt sich positiv auf die allokative Effizienz des Kapitalmarktes aus (→ Rn. 25 ff.).

I. Tatbestand der Veröffentlichungspflicht

495 Zur ad-hoc-Veröffentlichung sind gem. Art. 17 Abs. 1 S. 3 MAR nur **Emittenten** verpflichtet, die für ihre Finanzinstrumente eine Zulassung zum Handel an einem geregelten Markt oder in einem multilateralen Handelssystem in einem Mitgliedstaat beantragt, genehmigt bzw. erhalten haben. Es genügt also nicht, dass die Finanzinstrumente des Emittenten auf europäischen Handelsplätzen gehandelt werden (zum Handel von Finanzinstrumenten ohne aktive Beteiligung des Emittenten → Rn. 192 ff.), sondern der Emittent muss hie-

813 *Buck-Heeb* KapMarktR Rn. 460; Empfehlung der Kommission vom 25.7.1977 betreffend europäische Wohlverhaltensregeln für Wertpapiertransaktionen, ABl. 1977 L 212, 37, Ergänzender Grundsatz Nr. 12.
814 *Langenbucher* AktR § 17 Rn. 18.
815 RegE 2. FFG, BT-Drs. 12/6679, 33; *Lutter/Bayer/Schmidt* Europäisches Unternehmens- und Kapitalmarktrecht § 17 Rn. 28.
816 *Langenbucher* AktR § 17 Rn. 1; *Hopt* ZHR 159 (1995), 135 (147).

ran selbst aktiv durch Antrag oder Zustimmung mitgewirkt haben;[817] nur dann ist er auch gem. Art. 17 Abs. 1 UAbs. 1 MAR verpflichtet, **Insiderinformationen** (Art. 7 Abs. 1 MAR) zu veröffentlichen, die ihn unmittelbar betreffen.

1. Den Emittenten unmittelbar betreffende Information

Im Grundsatz knüpfen das Insiderrecht und die ad-hoc-Publizität an den einheitlich verwendeten Begriff der Insiderinformation an (ausführlich dazu → Rn. 363 ff.). Allerdings muss der Emittent nur diejenigen Insiderinformationen veröffentlichen, die ihn **unmittelbar betreffen.** Nicht zu veröffentlichen sind Insiderinformationen, die sich auf die Finanzinstrumente oder lediglich mittelbar auf den Emittenten beziehen. **496**

Informationen, die den Emittenten unmittelbar betreffen, sind alle **unternehmensinternen Entwicklungen**, wie kursrelevante Geschäftsabschlüsse, Strukturmaßnahmen, Vorstands- und Aufsichtsratsbeschlüsse.[818] Auch der Antrag auf ein Delisting ist ein Umstand, der dem Tätigkeitsbereich des Emittenten zugerechnet wird, und daher potenziell veröffentlichungsrelevant ist. Es können aber auch **unternehmensexterne Umstände** ad-hoc-publizitätspflichtig sein. Dazu gehören etwa die Kündigung der vertraglichen Beziehungen durch den Hauptzulieferer oder die Zustellung einer Klage bzw. einer kartellbehördlichen Entscheidung.[819] Auch **Veränderungen der Aktionärsstruktur** oder ein Übernahmeangebot an die Aktionäre des Emittenten können diesen unmittelbar betreffen.[820] Solche Maßnahmen beziehen sich zwar in erster Linie auf die emittierten Finanzinstrumente bzw. ihre Inhaber und nicht unmittelbar auf den Emittenten selbst. Dennoch ist von einer ad-hoc-Publizitätspflicht auszugehen, da der Emittent bzw. dessen Geschäftsleitung auf die Veränderungen der Aktionärsstruktur bzw. ein Übernahmeangebot – etwa durch eine Veröffentlichung gemäß § 40 Abs. 1 WpHG (§ 26 Abs. 1 WpHG aF; → Rn. 644) oder eine Stellungnahme gem. § 27 WpÜG (→ Rn. 711) – reagieren muss und dadurch unmittelbar betroffen ist.

Die meisten Umstände, die außerhalb seines Tätigkeitsbereichs eintreten, betreffen den Emittenten allerdings nur als Teil einer **497**

817 Deutlicher insoweit die englische Sprachfassung von Art. 7 Abs. 1 UAbs. 2 MAR *„issuers who have requested or approved admission of their financial instruments to trading"*.

818 OLG Frankfurt a. M. AG 2015 37 (38); *Buck-Heeb* KapMarktR Rn. 469; *Kocher* NZG 2018, 1410 (1411).

819 Zu diesen Beispielen BaFin Emittentenleitfaden, Modul C, Stand 25.3.2020, I.3.2.2.2, 33 f.

820 Assmann/Schneider/Mülbert/*Assmann* MAR Art. 17 Rn. 47; Schwark/Zimmer/*Kumpan/Grütze* MAR Art. 17 Rn. 67; BaFin Emittentenleitfaden, Modul C, Stand 25.3.2020, I.2.1.5.6, 18 f.

Gruppe.[821] Diese **mittelbare Betroffenheit** löst keine Publizitätspflicht aus. Hierunter fallen insbesondere allgemeine Marktdaten, wie Zinssätze oder Energiepreise, sowie allgemeine Brancheninformationen.[822]

498 Schwierigkeiten bereitet der Umgang mit **Gerüchten** über Umstände, die den Emittenten unmittelbar betreffen.

Es kursiert das Gerücht, dass der Vorstand einer AG amtsmüde ist oder dass ein Konkurrent eine Übernahme in Betracht zieht.[823]

Grundsätzlich können auch Gerüchte Insiderinformationen gem. Art. 7 Abs. 1 MAR sein (→ Rn. 371). Das Kursieren des Gerüchts wird regelmäßig wegen der öffentlichen Bekanntheit nicht veröffentlichungspflichtig sein. Im Übrigen richtet sich die Veröffentlichungspflicht des Emittenten danach, ob sich hinter dem Gerücht Umstände oder Ereignisse verbergen, die ihn unmittelbar betreffen und kursrelevant sind. Ist dies der Fall, muss der Emittent *diese* Information, nicht das Gerücht, gem. Art. 17 MAR veröffentlichen und kann insbesondere nicht die Möglichkeit des Aufschubs gem. Art. 17 Abs. 4 MAR in Anspruch nehmen (zum Einfluss von Gerüchten auf den Aufschub gem. Art. 17 Abs. 4 S. 1 lit. c) MAR → Rn. 512).[824]

2. Kenntnis und Unverzüglichkeit der Veröffentlichung

499 Umstritten ist, ob die Pflicht zur Veröffentlichung bereits mit dem objektiven Vorliegen der Insiderinformation eintritt oder die Kenntnis des Emittenten von der Information verlangt.[825] Der Wortlaut des Art. 17 MAR sieht in keiner Sprachfassung vor, dass die Pflicht zur Veröffentlichung erst bei Kenntnis des Emittenten entsteht. Gegen ein ungeschriebenes subjektives Tatbestandsmerkmal der Kenntnis sprechen zudem Sinn und Zweck der Norm: Da der Emittent die Information als *least cost information provider* am leichtesten und kosteneffizientesten nicht nur veröffentlichen, sondern auch ermitteln kann,[826] soll das *Entstehen* der Veröffentlichungspflicht gem. Art. 17

821 *Langenbucher* AktR § 17 Rn. 24.
822 Eine Aufzählung findet sich im BaFin Emittentenleitfaden, Modul C, Stand 25.3.2020, I.2.1.3, 11 sowie I.3.2.2.2, 33 f.
823 Beispiele nach Klöhn/*Klöhn* MAR Art. 7 Rn. 58.
824 *Langenbucher* AktR § 17 Rn. 29.
825 Für das ungeschriebene Erfordernis der Kenntnis *Ihrig* ZHR 181 (2017), 381 (385); *J. Koch* AG 2019, 273 (276).
826 Dazu *Poelzig/Strobel* Jura 2020, 1082 (1083). S. auch *Klöhn* NZG 2017, 1285, (1286 f.).

Abs. 1 UAbs. 1 MAR nach überzeugender Auffassung unabhängig von subjektiven Voraussetzungen sein.[827]

Die Insiderinformation muss nach Art. 17 Abs. 1 MAR allerdings nicht sofort, sondern „**unverzüglich**" veröffentlicht werden. Eine Auslegung des Tatbestandsmerkmals muss aufgrund des vollharmonisierenden Charakters der MAR unionsrechtsautonom erfolgen, so dass ein Rückgriff auf die mitgliedstaatliche Rechtsdogmatik und somit insbesondere auf den in § 121 Abs. 1 S. 1 BGB legaldefinierten Begriff der Unverzüglichkeit ausscheidet.[828] 500

Der ursprüngliche Wortlaut des Art. 17 Abs. 1 UAbs. 1 MAR lautete „so bald wie möglich". Zwar wurde dies später zu „unverzüglich" korrigiert, eine inhaltliche Änderung war damit aber nicht verbunden, worauf auch die englische Sprachfassung („*as soon as possible*") hindeutet.[829] Ausschlaggebend ist das Vorliegen der Insiderinformation und die objektive Möglichkeit des Emittenten, Kenntnis von der Insiderinformation zu erhalten. Die Veröffentlichung hat hiernach zu erfolgen, sobald der Emittent, bei einer börsennotierten Aktiengesellschaft etwa der Vorstand, die Information bei Vornahme aller erforderlichen und zumutbaren Vorkehrungen hätte erkennen, aufklären, ggf. weiterleiten und aufbewahren, auf ihre ad-hoc-Pflichtigkeit untersuchen und veröffentlichen können.[830] Es ist also der Zeitpunkt maßgeblich, zu dem ein Emittent, der diese notwendigen Vorkehrungen getroffen hat, die fragliche Insiderinformation veröffentlicht hätte.[831] Hat der im konkreten Fall betroffene Emittent die Veröffentlichung erst nach diesem Zeitpunkt vorgenommen, so erfolgte sie nicht mehr unverzüglich iSv Art. 17 Abs. 1 UAbs. 1 MAR. 501

3. Art, Umfang und Form der Veröffentlichung

Art, Umfang und Form der Veröffentlichung sind unmittelbar in Art. 17 Abs. 1 UAbs. 2 MAR sowie ergänzend in Art. 2, 3 DVO (EU) 2016/1055 iVm Art. 17 Abs. 10 lit. a) MAR geregelt (bisher §§ 3a ff. WpAV aF). Emittenten sind gem. Art. 17 Abs. 1 UAbs. 2 502

827 *Klöhn* NZG 2017, 1285 (1286 ff.).
828 S. nur Schwark/Zimmer/*Kumpan/Grütze* MAR Art. 17 Rn. 72; Meyer/Veil/Rönnau/*Veil/Brüggemeier* HdB Marktmissbrauchsrecht § 10 Rn. 17.
829 Vgl. *Klöhn* NZG 2017, 1285 (1286).
830 *Klöhn* NZG 2017, 1285 (1288 f.).
831 Hierdurch werden keine eigenständigen, durchsetzbaren Pflichten zur Wissensorganisation, sondern allenfalls eine Obliegenheit begründet.

S. 1 MAR dafür verantwortlich, dass die Öffentlichkeit schnell auf Insiderinformationen zugreifen und sie vollständig, korrekt und rechtzeitig bewerten kann.[832] Gemäß Art. 2 Abs. 1 lit. a) DVO (EU) 2016/1055 muss die Information mit technischen Mitteln unentgeltlich und nicht diskriminierend an eine möglichst breite Öffentlichkeit in der gesamten EU veröffentlicht werden. Die Veröffentlichung erfolgt in der Praxis regelmäßig über ein **elektronisch betriebenes Informationsverbreitungssystem** (vgl. Art. 2, 3 DVO (EU) 2016/1055), wie sie beispielsweise von Nachrichtenagenturen wie Bloomberg, Reuters oder den Vereinigten Wirtschaftsdiensten (VWD) betrieben werden.[833] An die elektronischen Informationsverbreitungssysteme sind zwar meist nur die professionellen Marktteilnehmer (**sog Bereichsöffentlichkeit**) angeschlossen.[834] Die breite Öffentlichkeit kann aber zeitgleich Kenntnis nehmen, da die Informationen über die Internetseite verbreitet werden müssen.

503 Die Information muss auf der **Internetseite** des Emittenten für mindestens fünf Jahre veröffentlicht bleiben. Art. 3 DVO (EU) 2016/1055 konkretisiert diese Maßgabe dahingehend, dass die Insiderinformation auf der Internetseite des Emittenten gebühren- und diskriminierungsfrei verfügbar, leicht auffindbar – zB unter der Überschrift „Investor Relations" – und mit Datum und Zeit der Veröffentlichung versehen sein muss. In Art. 17 Abs. 1 UAbs. 2 S. 2 MAR wird den Emittenten ausdrücklich untersagt, die Veröffentlichung von Insiderinformationen mit der Vermarktung ihrer Tätigkeiten zu verbinden. Gem. § 26 Abs. 4 Nr. 1 WpHG iVm § 3b Abs. 2 WpAV müssen Emittenten mit Sitz in Deutschland die Informationen in deutscher **Sprache** veröffentlichen, sofern die Finanzinstrumente ausschließlich zum Handel in Deutschland zugelassen sind. Sind die Wertpapiere zusätzlich in anderen EU/EWR-Mitgliedstaaten zum Handel zugelassen, ist die Information in deutscher oder englischer Sprache und nach Wahl des Emittenten in einer von den betroffenen nationalen Aufsichtsbehörden akzeptierten oder in englischer Sprache zu veröffentlichen.

832 ESMA Final report – Draft technical standards on the Market Abuse Regulation Rn. 185 ff.

833 Assmann/Schneider/Mülbert/*Assmann* MAR Art. 17 Rn. 188; *Meyer* in Kümpel/Mülbert/Früh/Seyfried Bank- und KapMR Rn. 12.378; *Söhner* BB 2017, 259. Noch zur alten Rechtslage: Fuchs/*Pfüller* WpHG § 15 Rn. 306.

834 Vgl. *Meyer* in Kümpel/Mülbert/Früh/Seyfried Bank- und KapMR Rn. 12.179; Zur alten Rechtslage: *Arends*, Die Offenlegung von Aktienbesitz nach deutschem Recht, 2013, 98 mwN; Fuchs/*Pfüller* WpHG § 15 Rn. 307.

Vor der Veröffentlichung der Insiderinformationen gem. Art. 17 Abs. 1 MAR hat eine **Vorabinformation** über die ad-hoc-Mitteilung an die BaFin sowie an die Börsengeschäftsführung zu erfolgen (§ 15 Abs. 1 S. 1 WpHG), um dadurch die Überwachung der ad-hoc-Mitteilungen zu erleichtern. Unverzüglich nach der Veröffentlichung sind die Insiderinformationen in dem amtlich bestellten System gemäß Art. 21 Abs. 2 Transparenzrichtlinie, in Deutschland dem **Unternehmensregister** gem. § 8b HGB, zu veröffentlichen (Art. 17 Abs. 1 UAbs. 2 S. 3 MAR; siehe § 26 Abs. 1 WpHG).[835] Dies gilt wegen des beschränkten Anwendungsbereichs der Transparenzrichtlinie allerdings nur für Emittenten, deren Wertpapiere zum Handel am geregelten Markt zugelassen sind.[836] § 26 Abs. 1 WpHG erweitert dies aber auf MTF- und OTF-Emittenten. 504

Fall 15: Mario Göttel (G) ist Stürmer der börsennotierten Borussia Dorstfeld AG (B-AG), deren erste Mannschaft in der Fußballbundesliga spielt. In der laufenden Saison erzielte G zehn Tore, für zwölf weitere lieferte er die Vorlagen. Der sportliche und wirtschaftliche Erfolg der B-AG hängt daher wesentlich von dem Spiel des G ab. Die F-AG – ebenfalls ein Fußballbundesligaverein – übermittelt G am 22.4. ein Angebot zum Vereinswechsel. Es beinhaltet die wesentlichen Vertragskonditionen, einschließlich der Zusage, die gegebenenfalls fällig werdende Transfersumme iHv 37 Millionen EUR zu leisten. Der genaue Inhalt des Arbeitsvertrags soll im Fall der Zusage zwischen G und der F-AG noch ausgehandelt werden. G informiert den Vorstandsvorsitzenden W der B-AG umgehend über das Angebot und dass er gedenke, das Angebot anzunehmen. Als Zeitungen am nächsten Tag über das „Gerücht", dass G zur F-AG wechsle, berichten, bestätigt die B-AG am 23.4. entsprechende Pläne des G per Pressemitteilung. Nachdem G den Vertrag mit der F-AG am 25.4. unterzeichnet hat, verbreitet die B-AG an demselben Tag diese Tatsache als ad-hoc-Mitteilung. 505

Verhält sich die B-AG pflichtgemäß?

Lösung: Die B-AG verhält sich nicht pflichtgemäß, wenn sie bereits vor dem 25.4. zur ad-hoc-Publizität nach Art. 17 Abs. 1 UAbs. 1 MAR verpflichtet ist. So könnte bereits am 22.4. eine publizitätspflichtige **Insiderinformation** vorliegen, die unverzüglich zu veröffentlichen ist. Die B-AG ist als börsennotierte Aktiengesellschaft Adressat der ad-hoc-Publizitätspflicht gem. Art. 17 Abs. 1 MAR. Als Gegenstand einer veröffentlichungspflichtigen Insiderinformation kommt der Wechsel des G zur F-AG als zukünftiges 506

835 Siehe RegE Transparenzrichtlinien-Umsetzungsgesetz, BT-Drs. 16/2498, 54.
836 ESMA Final report – Draft technical standards on the Market Abuse Regulation Rn. 179. Siehe auch RegE 1. FiMaNoG, BT-Drs. 18/7482, 72.

Ereignis in Betracht, wenn dieser am 22.4. bereits hinreichend wahrscheinlich ist (Art. 7 Abs. 2 MAR). G hat bereits ein Angebot mit den wesentlichen Vertragskonditionen erhalten und beabsichtigt dieses anzunehmen, so dass davon auszugehen ist, dass er mit hinreichender, dh nach hL mit überwiegender Wahrscheinlichkeit auch tatsächlich zur F-AG wechseln wird. Daher liegt am 22.4. eine kursspezifische Information über ein zukünftiges Ereignis und damit eine präzise Information vor.[837] Die Information ist lediglich G und W und damit jedenfalls nicht öffentlich bekannt. Da der fußballerische Erfolg der B-AG maßgeblich von G abhängt und ihr unternehmerischer Erfolg wiederum an ihren sportlichen Erfolg gekoppelt ist, kann davon ausgegangen werden, dass der künftige Wechsel des G bei einem verständigen Anleger einen Anreiz zum Verkauf der B-Aktie auslösen wird. Aus einer ex-ante-Perspektive heraus ist das künftige Ereignis kursrelevant (aA vertretbar). Damit liegt am 22.4. eine Insiderinformation iSd Art. 7 Abs. 1 lit. a), Abs. 2 MAR vor.

Die Insiderinformation ist **unverzüglich** (vgl. Art. 17 Abs. 1 UAbs. 1 MAR) zu veröffentlichen (→ Rn. 500). Nach teilweise vertretener Auffassung setzt die Veröffentlichungspflicht nach wie vor als ungeschriebenes Tatbestandsmerkmal bzw. im Rahmen der Unverzüglichkeit voraus, dass der Emittent die Insiderinformation kennt bzw. das Wissen nach mitgliedstaatlichen Grundsätzen zuzurechnen ist.[838] Da die AG als juristische Person selbst kein Wissen haben kann, wird ihr das Wissen des Vorstands zugerechnet, so dass die positive Kenntnis des Vorstandsvorsitzenden W der B-AG zuzurechnen ist. Nach aA ist nach unionsrechtlichen Maßstäben zu bestimmen, wann ein durchschnittlicher Emittent in dieser Situation die Information bei Vornahme aller erforderlichen und zumutbaren Vorkehrungen hätte veröffentlichen können, was jedenfalls ab Kenntnis des Vorstandsvorsitzenden gegeben ist.[839] Allerdings muss die Information nach beiden Auffassungen nicht sofort nach Kenntnisnahme am 22.4. veröffentlicht werden; der B-AG steht vielmehr eine angemessene Zeit zur Prüfung der insiderrechtlichen Relevanz des Umstands zur Verfügung, so dass eine Veröffentlichung grundsätzlich am 23.4. hätte erfolgen müssen. Da beide Auffassungen zu demselben Schluss kommen, kann der Streit hier dahinstehen.

Fraglich ist, ob die B-AG mit der Pressemitteilung am 23.4. ihre ad-hoc-Publizitätspflicht erfüllt hat. Nach Art. 17 Abs. 1 MAR iVm Art. 2 DVO (EU) 2016/1055 und § 4 WpAV muss die **Veröffentlichung** als ad-hoc-Mitteilung so erfolgen, dass die Öffentlichkeit schnell auf sie zugreifen kann. Eine Pressemitteilung – wie die am 23.4. – die nur von Journalisten zur Kenntnis genommen werden kann, genügt diesen Anforderungen nicht.

837 Auf die Frage, ob und inwieweit auch Zwischenschritte selbst Insiderinformationen sein können, musste deshalb nicht näher eingegangen werden.

838 Für positive Kenntnis als ungeschriebenes Tatbestandsmerkmal: Assmann/Schneider/Mülbert/*Assmann* MAR Art. 17 Rn. 34, 50; *Ihrig* ZHR 181 (2017), 381, (385); *Koch* AG 2019, 273 (276f.).

839 Klöhn/*Klöhn* MAR Art. 17 Rn. 116; *Klöhn* NZG 2017, 1285 (1286ff.);

Die ad-hoc-Mitteilung am 25.4. erfolgte hingegen nicht unverzüglich und damit nicht rechtzeitig. Die B-AG war auch nicht berechtigt, die Veröffentlichung nach Art. 17 Abs. 4 MAR aufzuschieben (dazu näher sogleich → Rn. 507 ff.), da bereits Gerüchte kursierten und die B-AG daher die Geheimhaltung der Information nicht mehr sicherstellen konnte (vgl. Art. 17 Abs. 4 lit. c) MAR). Die B-AG hat daher gegen Art. 17 Abs. 1 MAR verstoßen.

4. Aufschub der Veröffentlichung

Praktisch bedeutsam ist die Möglichkeit des Emittenten, die Veröffentlichung der Insiderinformation gemäß Art. 17 Abs. 4, 5 MAR unter bestimmten Voraussetzungen auf eigene Verantwortung aufzuschieben. Das ist insbesondere dann möglich, wenn die unverzügliche Veröffentlichung geeignet wäre, die berechtigten Interessen des Emittenten zu beeinträchtigen. Art. 17 Abs. 5 MAR enthält zudem einen neuen speziellen Aufschubtatbestand für Kredit- und Finanzinstitute zur Wahrung der Stabilität des Finanzsystems. 507

a) Aufschub aus berechtigten Interessen des Emittenten. Der Emittent kann gemäß Art. 17 Abs. 4 UAbs. 1 MAR die Veröffentlichung aufschieben, solange dies zum Schutz seiner berechtigten Interessen erforderlich und keine Irreführung der Öffentlichkeit zu befürchten ist sowie der Emittent die Vertraulichkeit der Insiderinformation gewährleisten kann. Solange diese drei Voraussetzungen kumulativ vorliegen, ist der Emittent von der Veröffentlichungspflicht befreit, ein Antrag bei der BaFin ist hierfür nicht erforderlich.[840] Erst wenn eine der drei Voraussetzungen für den Aufschub entfallen ist, muss der Emittent die Veröffentlichung unverzüglich nachholen und die zuständige Aufsichtsbehörde unmittelbar danach über den Aufschub informieren sowie die Gründe hierfür schriftlich erläutern (Art. 17 Abs. 4 UAbs. 3 MAR).[841] Nach Art. 17 Abs. 3 MAR iVm Art. 6 DelVO (EU) 2016/522 ist grundsätzlich[842] die Aufsichtsbehörde des **Herkunftsmitgliedstaates** zuständig, dh des Staa- 508

840 Anders noch nach § 15 Abs. 1 S. 5 WpHG aF.

841 Welche Informationen die Mitteilung der augeschobenen Offenlegung der Insiderinformation und die schriftliche Erläuterung enthalten müssen, regelt Art. 4 DVO (EU) 2016/1055 ausführlich. Ab dem 1.1.2021 müssen gem. dem neu eingefügten Art. 17 Abs. 4 UAbs. 4 S. 1 MAR nF Emittenten, deren Finanzinstrumente ausschließlich zum Handel an einem KMU-Wachstumsmarkt zugelassen sind, eine solche Erläuterung nur noch auf Verlangen der Behörde vorlegen.

842 Zu weiteren Voraussetzungen und Ausnahmen siehe Art. 6 DelVO (EU) 2016/522.

tes, in dem der Emittent registriert ist, also seinen Satzungssitz hat. Für Emittenten mit Sitz in Deutschland ist dies die BaFin. Dass die Aufschubmöglichkeit auch für die besonders interessanten Fälle zeitlich gestreckter Vorgänge gilt, stellt Art. 17 Abs. 4 UAbs. 1 S. 2 MAR ausdrücklich klar.[843]

509 **aa) Berechtigte Interessen.** Voraussetzung für den Aufschub ist zunächst, dass die Veröffentlichung der Information geeignet ist, die berechtigten Interessen des Emittenten zu beeinträchtigen (Art. 17 Abs. 4 UAbs. 1 lit. a) MAR). Die berechtigten Interessen werden auf der Grundlage von Art. 17 Abs. 11 MAR in den unverbindlichen Leitlinien der ESMA zum Aufschub der Offenlegung von Insiderinformationen konkretisiert (→ Rn. 46 f.).[844] Berechtigte Interessen liegen insbesondere vor, wenn die frühzeitige Veröffentlichung den Fortgang laufender **Verhandlungen** – wie insbesondere bei Verhandlungen zur Sanierung eines sanierungsbedürftigen Emittenten – gefährden oder jedenfalls erheblich beeinträchtigen würde (vgl. ErwGr 50 lit. a) MAR, Nr. 8 lit. a) -MAR-Leitlinien der ESMA zum Aufschub der Offenlegung von Insiderinformationen).[845]

Praktisch relevant wird die Aufschubmöglichkeit vor allem bei **Verhandlungen zur Übernahme** einer börsennotierten Aktiengesellschaft durch eine kapitalmarktorientierte Gesellschaft.[846] Ist das Transaktionsvolumen so groß, dass es Kursrelevanz besitzt, sind die Übernahme als künftiger Umstand oder die jeweiligen Zwischenschritte im Laufe der Verhandlungen uU Insiderinformationen, die die Bietergesellschaft unmittelbar betreffen (→ Rn. 496). Da die Nachfrage nach Aktien der Zielgesellschaft nach Bekanntwerden der Übernahmeabsicht regelmäßig steigt, würde die Veröffentlichung der Information über die laufenden Übernahmverhandlungen mutmaßlich zu einer Kurssteigerung der Aktien der Zielgesellschaft und damit zu einer Verteuerung der Übernahme führen.[847] Die Bieter- und die Zielgesellschaft können daher die Veröffentlichung jeweils aufschieben.[848]

Eine weitere praktische Fallgruppe entstand im Zuge der COVID-19-Pandemie:[849] Infolge der Pandemie geriet eine Vielzahl von Emittenten in eine

843 Damit ist jedoch keine abweichende inhaltliche Beurteilung verbunden, vgl. *Kiesewetter/Parmentier* BB 2013 2371 (2376).
844 MAR-Leitlinien der ESMA „Aufschub der Offenlegung von Insiderinformationen", ESMA/2016/1478 DE (abrufbar unter: https://www.esma.europa.eu/sites/default/files/library/esma-2016-1478_de.pdf).
845 Kritisch zur Verortung in den Erwägungsgründen *Veil* ZBB 2014, 85 (93).
846 *Langenbucher* AktR § 17 Rn. 39; Schwark/Zimmer/*Kumpan/Schmidt* Art. 17 MAR Rn. 215 ff.
847 *Langenbucher* AktR § 17 Rn. 39.
848 *Langenbucher* AktR § 17 Rn. 39.
849 Dazu: *Poelzig/Strobel* Jura 2020, 1082 (1088 f.).

wirtschaftliche Schieflage. Nimmt ein Emittent mit Liquiditätsschwierigkeiten Verhandlungen mit potenziellen Kapitalgebern auf, würde eine ad-hoc-Mitteilung, die auf die wirtschaftlich angespannte Lage hinweist, aller Erfahrung nach zu einem Absinken des Kurses und gegebenenfalls zu einem „Wettlauf der Gläubiger" gegen den Emittenten führen. Damit wäre einem (potenziell überlebensfähigen) Emittenten jede Chance auf wirtschaftliche Erholung genommen. Auf die Verhinderung eines solchen „Dominoeffekts" zielt ErwGr 50 lit. a) MAR ab.

Darüber hinaus nennt ErwGr 50 lit. b) MAR Fälle, in denen Ent- 510
scheidungen eines Geschäftsführungsorgans, etwa des Vorstands einer AG, noch der Zustimmung eines anderen Organs, etwa des Aufsichtsrats, bedürfen (siehe auch § 6 S. 2 WpAV, Nr. 8 lit. c) MAR-Leitlinien der ESMA zum Aufschub der Offenlegung von Insiderinformationen).[850] Die Entscheidung eines Organs, zB der Beschluss des Vorstands einer AG, kann im Einzelfall bereits ausreichend präzise und kursrelevant sein, so dass sie eine Insiderinformation darstellt. Würde man die Information ohne Zuwarten der gesellschaftsrechtlich erforderlichen Zustimmung des anderen Organs veröffentlichen, drohte der gesellschaftsinterne Entscheidungsfindungsprozess beeinträchtigt zu werden, weil von dem bereits öffentlich gewordenen Vorhaben nicht mehr ohne Glaubwürdigkeitsverlust abgerückt werden könnte.[851] Hier hat der Emittent, bis der Aufsichtsratsbeschluss ergangen ist, daher grundsätzlich die Möglichkeit zum Aufschub (vgl. ErwGr 50 lit. b) MAR). Allerdings verlangt Nr. 8 lit. c) MAR-Leitlinien der ESMA zum Aufschub der Offenlegung von Insiderinformationen[852] zusätzlich, dass die Veröffentlichung eine korrekte Bewertung der Entscheidung durch den Anleger beeinträchtigen würde und zudem der Entscheidungsprozess so schnell wie möglich abgeschlossen wird.

Nach den MAR-Leitlinien der ESMA zum Aufschub der Offenlegung von Insiderinformationen ist ein Aufschub darüber hinaus beispielsweise auch dann möglich, wenn die notwendige Genehmigung einer Behörde noch aussteht oder Urheberrechte durch die Veröffentlichung verletzt werden könnten.[853]

850 MAR-Leitlinien der ESMA „Aufschub der Offenlegung von Insiderinformationen", ESMA/2016/1478 DE (abrufbar unter: https://www.esma.europa.eu/sites/default/files/library/esma-2016-1478_de.pdf).
851 *Cahn* ZHR 162 (1998), 1 (25).
852 MAR-Leitlinien der ESMA „Aufschub der Offenlegung von Insiderinformationen", ESMA/2016/1478 DE (abrufbar unter: https://www.esma.europa.eu/sites/default/files/library/esma-2016-1478_de.pdf).
853 MAR-Leitlinien der ESMA „Aufschub der Offenlegung von Insiderinformationen", ESMA/2016/1478 DE, Rn. 8.

511 **bb) Irreführung der Öffentlichkeit.** Die Möglichkeit zum Aufschub besteht nur, soweit keine Irreführung der Öffentlichkeit zu befürchten ist (Art. 17 Abs. 4 UAbs. 1 lit. b) MAR). Von einer Irreführung ist nicht schon allein deshalb auszugehen, weil dem Markt während des Aufschubs eine relevante Information vorenthalten wird, da Art. 17 Abs. 4 MAR anderenfalls leer liefe. Nach den MAR-Leitlinien der ESMA ist der Aufschub wegen einer möglichen Irreführung der Öffentlichkeit insbesondere ausgeschlossen, wenn die Insiderinformation wesentlich von einer früher durch den Emittenten veröffentlichten Information abweicht, wenn nach dem Inhalt der Insiderinformation die zuvor öffentlich vom Emittenten verkündeten finanziellen Ziele nicht erreicht werden oder der Inhalt der Insiderinformation nicht mit den Erwartungen des Kapitalmarktes übereinstimmt, die auf vorhergehenden Signalen des Emittenten beruhen.[854] Der Emittent darf also durch den Aufschub keine widersprüchlichen Signale an den Kapitalmarkt senden.[855]

Kursieren beispielsweise – ad-hoc-publizitätspflichtige – Übernahmegerüchte (→ Rn. 498), so verliert der Emittent die Möglichkeit zum Aufschub, wenn er die **Gerüchte** bereits selbst in irgendeiner Form öffentlich kommentiert, etwa bestätigt oder dementiert hat.[856]

512 **cc) Sicherstellung der Geheimhaltung.** Ein Aufschub der Veröffentlichung setzt des Weiteren voraus, dass der Emittent die Geheimhaltung der Insiderinformation sicherstellen kann (Art. 17 Abs. 4 UAbs. 1 lit. c), Abs. 7 MAR). Konkrete Vorgaben, wie dies zu geschehen hat, sieht die MAR nicht vor. Denkbar ist aber die Schaffung von Vertraulichkeitsbereichen (sog. Chinese Walls), um so die Zahl der Personen, die Zugang zur Insiderinformation erhalten, und damit die Zahl potentieller Insider so weit wie möglich zu beschränken.[857] Kann die Vertraulichkeit nicht mehr gewährleistet werden, muss die Insiderinformation so schnell wie möglich veröffentlicht werden (Art. 17 Abs. 7 MAR). Dafür genügt bereits, dass ein **Gerücht** (siehe bereits → Rn. 498) im Umlauf ist, das sich auf eine Insiderinformation bezieht und so präzise ist, dass die Vertraulichkeit vermutlich nicht

854 MAR-Leitlinien der ESMA „Aufschub der Offenlegung von Insiderinformationen", ESMA/2016/1478 DE, Rn. 9.
855 *Langenbucher* AktR § 17 Rn. 41.
856 *Hopt/Kumpan* in Schimansky/Bunte/Lwowski BankR-HdB § 107 Rn. 156.
857 *Hopt/Kumpan* ZGR 2017, 765 (784); *Meyer* in Kümpel/Mülbert/Früh/Seyfried, Bank- und Kapitalmarktrecht, 5. Aufl. 2019, 12. Teil Rn. 12.358; Schwark/Zimmer/*Kumpan/Schmidt* MAR Art. 17 Rn. 258.

mehr gewährleistet werden kann.[858] Wann dies der Fall ist, hängt vom Einzelfall ab und wird von den ergänzenden Vorschriften der ESMA und Kommission nicht weiter konkretisiert.[859] Um langwierige Ermittlungen zu vermeiden und eine sofortige Offenlegung sicherzustellen, entsteht die Veröffentlichungspflicht – anders als noch die hM zu § 15 Abs. 3 WpHG aF[860] – aber unabhängig davon, ob das Vertraulichkeitsdefizit aus der Sphäre des Emittenten stammt.[861]

b) Aufschub systemrelevanter Insiderinformationen. Mit der 513 MAR wurde ein spezieller Aufschubtatbestand zur Wahrung der Stabilität des Finanzsystems in Art. 17 Abs. 5 MAR eingeführt. **Kredit- und Finanzinstitute** dürfen demnach die Veröffentlichung von Informationen aufschieben, sofern anderenfalls die finanzielle Stabilität des Emittenten und damit des gesamten Finanzsystems gefährdet wäre, der Aufschub im überwiegenden öffentlichen Interesse liegt und die Vertraulichkeit gewahrt werden kann. So kann vor allem die Veröffentlichung vorübergehender Liquiditätsprobleme eines Kredit- oder Finanzinstituts und deshalb notwendiger Zentralbankkredite erhebliche systemische Auswirkungen haben (siehe ErwGr 52 MAR).[862] Der Aufschub ist – im Gegensatz zu Art. 17 Abs. 4 MAR – nur mit vorheriger Zustimmung der zuständigen nationalen Aufsichtsbehörde nach Mitteilung des Emittenten gem. Art. 5 DVO (EU) 2016/1055 zulässig.[863] Wird die Zustimmung nicht erteilt, muss der Emittent die Insiderinformation unverzüglich offenlegen (Art. 17 Abs. 6 UAbs. 3 MAR). Der Aufschub ist gemäß Art. 17 Abs. 6 UAbs. 2 MAR nur solange zu gewähren, wie dies im öffentlichen Interesse erforderlich ist. Zudem muss die zuständige Aufsichtsbehörde wöchentlich prüfen, ob die Voraussetzungen für den Aufschub noch vorliegen.

c) Erfordernis einer Entscheidung. Vor Geltung der MAR war 514 umstritten, ob die Befreiung gem. § 15 Abs. 3 WpHG aF (heute Auf-

---

858 *Langenbucher* AktR 17 Rn. 44.
859 Siehe ESMA Final report – Draft technical standards on the Market Abuse Regulation Rn. 244.
860 Zu § 15 WpHG aF Assmann/Schneider/*Assmann* WpHG, 6. Aufl. 2012, § 15 Rn. 169; KölnKomm WpHG/*Klöhn* § 15 Rn. 311; Schwark/Zimmer/*Zimmer/Kruse* WpHG, 4. Aufl. 2010, § 15 Rn. 72.
861 Hierzu ESMA Final report – Draft technical standards on the Market Abuse Regulation Rn. 243.
862 Eingehend hierzu *Koch* BB 2012, 1356 (1359).
863 Hierzu ESMA Final report – Draft technical standards on the Market Abuse Regulation Rn 252.

schub gem. Art. 17 Abs. 4 MAR) als **Legalausnahme** kraft Gesetzes automatisch eintritt[864] oder ob eine **konkrete Entscheidung** der zuständigen Organe des Emittenten erforderlich ist.[865] Bedeutung erlangt diese Frage insbesondere dann, wenn ein Emittent die Möglichkeit des Aufschubs nicht bedacht oder die Entstehung einer Insiderinformation falsch eingeschätzt hat. Die teilweise in der Rechtsprechung und im Schrifttum vertretene Auffassung, wonach die Selbstbefreiung gem. § 15 Abs. 3 WpHG aF keinen Beschluss des Emittenten voraussetzte, sondern bei Vorliegen der Voraussetzungen automatisch eintreten sollte,[866] wurde vor allem mit dem Wortlaut des § 15 Abs. 3 S. 1 WpHG aF begründet. Die wohl hL verlangte hingegen für die Inanspruchnahme der Selbstbefreiungsmöglichkeit des § 15 Abs. 3 WpHG aF eine bewusste Entscheidung des Emittenten in Form eines Beschlusses[867] und berief sich dafür auf den europarechtlichen Hintergrund der Selbstbefreiungsmöglichkeit.[868] Art. 6 Abs. 2 S. 1 MAD aF sah vor, dass der Emittent die Veröffentlichung „*aufschieben darf*".[869] Auch die BaFin ging in dem von ihr herausgegebenen, allerdings unverbindlichen Emittentenleitfaden davon aus, dass die Befreiung aktiv durch einen ausdrücklichen Beschluss des

864 Dafür Assmann/Schneider/*Assmann* WpHG, 6. Aufl. 2012, § 15 Rn. 165a; KölnKomm WpHG/*Versteegen* § 15 Rn. 223.

865 Dafür *Buck-Heeb* KapMarktR Rn. 489 f.; BaFin Emittentenleitfaden, Modul C, Stand 25.3.2020, I.3.3.1.1, 36.

866 OLG Stuttgart NZG 2009, 624; Assmann/Schneider/*Assmann* WpHG, 6. Aufl. 2012, § 15 Rn. 165a ff.; Erbs/Kohlhaas/*Wehowsky* WpHG § 15 Rn. 11; Schwark/Zimmer/*Zimmer/Kruse* WpHG, 4. Aufl. 2010, § 15 Rn. 54; *Hopt* in Schimansky/Bunte/Lwowski BankR-HdB § 107 Rn. 96; *Bachmann* ZHR 2008, 597; *Ihrig/Kranz* BB 2013, 451; *Hellgardt*, (2013) 50 CMLR, 861 (869 f.); *Kuthe* ZIP 2004, 883 (885); *Nietsch* BB 2005, 785 (786); *Veith* NZG 2005, 254; *Schröder* Selbstbefreiung von der Ad-hoc-Publizitätspflicht 165 ff. Das OLG Frankfurt a. M. (NJW 2009, 1520) hat sich in seiner Bußgeldentscheidung in diesem Verfahren widersprüchlich geäußert. Es bezeichnet einerseits den Befreiungstatbestand als „Legalausnahme", geht jedoch gleichzeitig von einem Ermessen der Emittenten aus, wenn diese über die Aufschiebung „entscheiden".

867 Vgl. Fuchs/*Pfüller*, WpHG, 1. Aufl. 2009, § 15 Rn. 345 ff.; Schäfer/Hamann/*Geibel/Schäfer*, WpHG, 2. Aufl. 2007, § 15 Rn. 127 ff.; *Claussen/Florian* AG 2005, 745 (757); *Harbarth* ZIP 2005, 1898 (1906); *Krämer/Teigelack* AG 2012, 20 (23); *Pattberg/Bredol* NZG 2013, 87; *Schneider/Gilfrich* BB 2007, 53 (54 f.); *Widder* BB 2009, 967 (969 f.); *Groß* FS Schneider 385 (387 ff.); *Klöckner* Informationspflichten und Haftung 277; *Erfinger/Teigelack* in Hopt/Veil/Kämmerer Kapitalmarktgesetzgebung im Europäischen Binnenmarkt 76; *Schröder* Selbstbefreiung von der Ad-hoc-Publizitätspflicht 166 f.; tendenziell auch *Parmentier* NZG 2007, 407 (415) („da der Emittent […] über den Aufschub entscheidet").

868 Vgl. Fuchs/*Pfüller*, WpHG, 1. Aufl. 2009, § 15 Rn. 345; *Pattberg/Bredol* NZG 2013, 87; *Groß* FS Schneider, 2011, 385 (388).

869 *Koch* in Veil Europ. KapMarktR, 2. Aufl. 2014, § 19 Rn. 109, 415. AA *Hellgardt*, (2013) 50 CMLR 861, 869 f.

geschäftsführenden Organs, also etwa des Vorstands einer AG, in Anspruch genommen werden musste.[870]

Im Marktmissbrauchsregime der MAR ist eine förmliche **Entscheidung des Emittenten** über den Aufschub notwendig.[871] Dies folgt für die spezielle Aufschubregelung des Art. 17 Abs. 5 MAR bereits daraus, dass das Kredit- oder Finanzinstitut die zuständige Behörde von der Absicht, die Veröffentlichung aufzuschieben, vorab in Kenntnis zu setzen und deren Zustimmung abzuwarten hat (Art. 17 Abs. 6 MAR).[872] Eine Absicht zum Aufschub setzt eine entsprechende Entscheidung des Emittenten voraus. Aber auch im Falle der allgemeinen Aufschubregelung des Art. 17 Abs. 4 UAbs. 1 MAR ist – in Übereinstimmung mit der hL zu § 15 Abs. 3 WpHG aF[873] – eine förmliche Entscheidung notwendig, denn Art. 17 Abs. 4 MAR erlaubt – in Übereinstimmung mit Art. 6 Abs. 2 MAD aF und der speziellen Aufschubregelung des Art. 17 Abs. 5, 6 MAR – den Aufschub „auf eigene Verantwortung" des Emittenten.[874] Diese Formulierung ist auch nicht – wie bisher zum Teil zu § 15 Abs. 3 WpHG aF argumentiert wurde[875] – als deklaratorischer Hinweis auf die Unabhängigkeit der Befreiung von der Zustimmung der Aufsichtsbehörde zu verstehen, denn auch Art. 17 Abs. 5 MAR, der nach dem Wortlaut 515

870 BaFin Emittentenleitfaden 2013, 59.

871 *ESMA*, Final Report „Draft technical standards on the Market Abuse Regulation" v. 28.9.2015, ESMA/2015/1455 Rn. 239 (abrufbar unter: https://www.esma.europa.eu/sites/default/files/library/2015/11/2015-esma-1455_-_final_report_mar_ts.pdf); BaFin Emittentenleitfaden, Modul C, Stand 25.3.2020, I.3.3.1.1, 36; *Kumpan* DB 2016, 2039 f.; *Meyer* in Kümpel/Mülbert/Früh/Seyfried Bank- und KapMR Rn. 12.361; *Schäfer* in Marsch-Barner/Schäfer Hdb börsennotierte AG Rn. 15.29; *Mülbert/Sajnovits* WM 2017, 2001 (2003); *Poelzig* NZG 2016, 761 (765). Dagegen aber Assmann/Schneider/Mülbert/*Assmann* MAR Art. 17 Rn. 89 ff.

872 Zu dem im Laufe des Gesetzgebungsverfahrens diskutierten Vorschlag, für jeden Aufschub eine vorhergehende Notifikationspflicht einzuführen, *Seibt/Wollenschläger* AG 2014, 593 (600).

873 Zu § 15 Abs. 3 WpHG aF BaFin Emittentenleitfaden 2013, 59; Fuchs/*Pfüller* WpHG § 15 Rn. 343 ff.; JVRB/*Voß* WpHG § 15 Rn. 236 ff.; *Hopt* in Schimansky/Bunte/Lwowski BankR-HdB § 107 Rn. 96; *Koch* in Veil Europ. KapMarktR § 15 Rn. 98 ff.; *Marsch-Barner* in Semler/v. Schenck ArbeitsHdB für Aufsichtsratsmitglieder § 13 Rn. 246; *Harbarth* ZIP 2005, 1906; *Krämer/Teigelack* AG 2012, 20 (23); *Mennicke* NZG 2009, 1059 (1060 f.); *Pattberg/Bredol* NZG 2013, 87; *Schneider/Gilfrich* BB 2007, 54 (54 f.); *Schneider* BB 2005, 897 (900); *Widder* BB 967 (969 ff.); *Petsch* Informationspflichten versus Geheimhaltungsinteressen 126. Im Vordringen befindliche aA Assmann/Schneider/*Assmann* WpHG, 6. Aufl. 2012, § 15 Rn. 165a; KölnKomm WpHG/*Klöhn* § 15 Rn. 315 ff.; Schwark/Zimmer/*Zimmer/Kruse* WpHG, 4. Aufl. 2010, § 15 Rn. 54; *Schäfer* in Marsch-Barner/Schäfer Börsennotierte AG-HdB § 15 Rn. 35c; *Bachmann* DB 2012, 2210; *Ihrig/Kranz* BB 2013, 451 (452 ff.); *Kuthe* ZIP 2004, 883 (885); *Veith* NZG 2005, 254.

874 So auch *Seibt/Wollenschläger* AG 2014, 593 (600); *Veil* ZBB 2014, 85 (93).

875 So etwa Schwark/Zimmer/*Zimmer/Kruse* WpHG, 4. Aufl. 2010, § 15 Rn. 54.

eine Zustimmung der Aufsichtsbehörde verlangt, verwendet diese Formulierung.

516 Des Weiteren setzt **Art. 4 DVO** (EU) **2016/1055**, der eine umfassende Dokumentation des Verfahrens zum Aufschub der Offenlegung verlangt, eine solche Entscheidung ausdrücklich voraus. Gemäß Art. 4 Abs. 1 lit. a) Ziff. ii), Abs. 3 lit. e) DVO (EU) 2016/1055 sind Datum und Uhrzeit der Entscheidung über den Aufschub zu **dokumentieren** und bei der zuständigen Behörde gem. Art. 17 Abs. 3 MAR anzugeben. Im Übrigen kann der Aufschub durch die damit verbundenen Dokumentationspflichten für Emittenten auch Nachteile mit sich bringen, weshalb dem Emittenten die Wahlmöglichkeit über die Inanspruchnahme der Aufschubmöglichkeit verbleiben muss.[876]

517 Eine förmliche Entscheidung und deren Dokumentation ist danach sowohl für den Aufschub gem. Art. 17 Abs. 4 MAR als auch für Art. 17 Abs. 5 MAR notwendig. Demnach hat der Emittent Organisation und Verfahren so einzurichten, dass das Vorliegen einer Insiderinformation festgestellt und über den Aufschub und dessen Dauer entschieden werden kann. Außerdem muss der Emittent Personen benennen, die intern für die Entscheidung über den Aufschub zuständig sind (vgl. Art. 4 Abs. 1 lit. b) Nr. 1 DVO (EU) 2016/1055).[877] Entgegen der bisherigen Auffassung der BaFin und in Übereinstimmung mit der hL zu § 15 Abs. 3 WpHGaF[878] ist diese Entscheidung grundsätzlich delegierbar. Nach der ESMA muss nicht zwingend das geschäftsführende Organ, sondern kann beispielsweise auch ein einzelnes Vorstandsmitglied oder eine Person unmittelbar unterhalb der Organebene, wie etwa der Compliance-Beauftragte, über den Aufschub entscheiden.[879] Ein Beschluss kann auch bereits vorsorglich in einem frühen Stadium eines mehrstufigen Entscheidungsprozesses ge-

876 Vgl. zu diesem Aspekt *Schneider* BB 2005, 897 (900).

877 Durchführungsverordnung (EU) 2016/1055 der Kommission vom 29. Juni 2016 zur Festlegung technischer Durchführungsstandards hinsichtlich der technischen Mittel für die angemessene Bekanntgabe von Insiderinformationen und für den Aufschub der Bekanntgabe von Insiderinformationen gemäß Verordnung (EU) Nr. 596/2014 des Europäischen Parlaments und des Rates, ABl. 2016, L 173, 47.

878 *Hopt* in Schimansky/Bunte/Lwowski BankR-HdB § 107 Rn. 96; *Marsch-Barner* in Semler/v. Schenck ArbeitsHdB für Aufsichtsratsmitglieder § 13 Rn. 246; *Petsch* Kapitalmarktrechtliche Informationspflichten versus Geheimhaltungsinteressen des Emittenten, 126 f.; *Ihrig/Kranz* BB 2013, 451 (456); *Pattberg/Bredol* NZG 2013, 87 (88); *Schneider/Gilfrich* BB 2007, 53 (55); *Schneider* BB 2005, 897 (900); *Widder* BB 2009, 967 (972). AA *Bedkowski* BB 2009, 394 (399).

879 Hierzu ESMA Final report – Draft technical standards on the Market Abuse Regulation Rn. 239. Die DelVO (EU) 2016/1055 behandelt zudem die technischen Mittel für den Aufschub der Bekanntgabe. Sie trifft aber keine Entscheidung darüber, auf welcher Hierarchieebene im Unternehmen die Entscheidung getroffen werden kann.

troffen werden.[880] Vorformulierte „Vorratsbeschlüsse“ ohne Bezug zu einer konkreten Information sind hingegen nach allgemeiner Auffassung unzulässig.[881]

Sind die materiellen Voraussetzungen für den Aufschub erfüllt, 518
fehlt aber eine förmliche Entscheidung, liegt ein Verstoß gegen Art. 17 Abs. 1 MAR vor und der Emittent muss mit verwaltungsrechtlichen Sanktionen, insbesondere mit einer Geldbuße gem. § 120 Abs. 15 Nr. 6 WpHG rechnen. Ein Schadensersatzanspruch gem. § 97 WpHG (→ Rn. 527 ff.) scheidet indes in der Regel mangels Kausalität aus, wenn der Aufschub materiell-rechtlich möglich gewesen wäre und sich der Emittent bei Kenntnis für den Aufschub entschieden hätte. Dann wäre der Schaden auch bei rechtmäßigem Alternativverhalten eingetreten.[882]

Fall 16: Die Schrauben GmbH plant eine strategische Beteiligung durch 519
Erwerb eines größeren Aktienpakets an der angeschlagenen börsennotierten Bohrer AG. Ihre Absicht teilt die GmbH zusammen mit der Bitte um die Durchführung einer *Due-Diligence*-Prüfung dem Vorstand der Bohrer AG mit, der erfreut über den finanzkräftigen Investor in die Verhandlungen eintritt und der Bohrer AG die *Due-Diligence*-Prüfung genehmigt. Schon bald kursieren Gerüchte über die Erwerbsabsichten der Schrauben GmbH und die *Due Diligence*, woraufhin der Aktienkurs der Bohrer AG um 7 Prozent steigt. Um ein Scheitern der Verhandlungen zu vermeiden, veröffentlicht die Bohrer AG eine Pressemitteilung, worin sie wahrheitswidrig erklärt, dass die Gerüchte „absolut substanzlos“ seien. Die Bohrer AG sei und bleibe unabhängig. Muss die Bohrer AG eine ad-hoc Mitteilung veröffentlichen?

Lösung: Die Bohrer AG muss eine ad-hoc-Mitteilung veröffentlichen, 520
falls eine Insiderinformation existiert, die sie unmittelbar betrifft (Art. 17 Abs. 1 UAbs. 1 MAR). Als **Insiderinformation** gem. Art. 7 Abs. 1 lit. a) MAR kommt hier die (künftige) Beteiligung der Schrauben GmbH an der Bohrer AG in Betracht. Hierbei handelt es sich um ein in der Zukunft liegendes Ereignis, das eine präzise Information darstellt, falls der Eintritt des Ereignisses hinreichend wahrscheinlich ist (Art. 7 Abs. 2 S. 1 MAR). Da das Ergebnis der *Due-Diligence* und der Ausgang der anschließenden Verhand-

---

880 Vgl. nunmehr Art. 17 Abs. 4 UAbs. 2 MAR. Vgl. *Frowein/Berger* in Habersack/Mülbert/Schlitt KapMarktInfo-HdB § 10 Rn. 91; *Schäfer* in Marsch-Barner/Schäfer Hdb börsennotierte AG Rn. 15.32; *Buck-Heeb* LMK 2013, 348684; *Ihrig/Kranz* BB 2013, 451 (457); *Kocher/Widder* NZI 2010, 925 (928); *Widder* DB 2008, 1480 (1483); *Ihrig* Gesellschaftsrecht in der Diskussion 2012 VGR-Jahrestagung 113 (132).

881 Assmann/Schneider/Mülbert/*Assmann* MAR Art. 17 Rn. 93; Ihrig/*Kranz* BB 2013, 451 (456) mwN.

882 BGH NJW 2013, 2114 (2118); gegen Erforderlichkeit eines Befreiungsbeschlusses aber OLG Stuttgart NZG 2009, 624 (635).

lungen noch unklar sind, ist der Erwerb weder mit hoher noch mit überwiegender Wahrscheinlichkeit zu erwarten. Der *probability-magnitude-test*, der hier uU eine hinreichende Wahrscheinlichkeit begründen könnte, ist abzulehnen, weil er keine Stütze in der MAR findet (→ Rn. 375, 414). Als Insiderinformationen kommt allerdings die Durchführung der *Due Diligence* durch die Schrauben GmbH in Betracht. Dieses Ereignis ist als Zwischenschritt gem. Art. 7 Abs. 3 MAR eine präzise Information, die nicht öffentlich bekannt ist. Unter welchen Voraussetzungen die *Due-Diligence* als Zwischenschritt ihre Kursrelevanz aus dem Endereignis ableiten kann (ausführlich hierzu → Rn. 388 f.), kann hier offenbleiben, da der kurzzeitige Kursanstieg um 7 Prozent nach Bekanntwerden der *Due Diligence* die Kursrelevanz jedenfalls indiziert.

Die Bohrer AG muss als Emittent von der Insiderinformation **unmittelbar betroffen** sein (Art. 17 Abs. 1 UAbs. 1 MAR). Zwar sind die Erwerbsabsichten der Schrauben GmbH kein Umstand, der im Tätigkeitsbereich der Bohrer AG eintritt. Es handelt sich um eine unternehmensexterne Entwicklung. Als Zielgesellschaft ist die Bohrer AG aber jedenfalls von der *Due-Diligence* individuell und unmittelbar berührt, so dass ein veröffentlichungspflichtiger Umstand vorliegt. Daher hätte die Bohrer AG die Gestattung der *Due-Diligence* unverzüglich veröffentlichen müssen.

Fraglich ist jedoch, ob die Möglichkeit zum **Aufschub** der Veröffentlichung besteht (Art. 17 Abs. 4 MAR). So stellt Art. 17 Abs. 4 UAbs. 2 MAR ausdrücklich klar, dass der Emittent die Veröffentlichung auch bei gestreckten Vorgängen aufschieben kann. Voraussetzung ist, dass die Veröffentlichung berechtigte Interessen der Bohrer AG beeinträchtigen würde, eine Irreführung der Öffentlichkeit nicht zu befürchten ist und die Bohrer AG die Geheimhaltung der Information sicherstellen kann. Würden die laufenden Verhandlungen über den Aktienerwerb frühzeitig bekannt, besteht die Gefahr, dass der Kurs der Bohrer AG steigt, der Aktienerwerb für die Schrauben GmbH teurer wird und der geplante und im Interesse der Bohrer AG liegende Erwerb schließlich scheitern könnte. Insofern bestehen berechtigte Interessen der Bohrer AG an dem Aufschub. Fraglich ist dagegen, ob die weiteren Voraussetzungen von Art. 17 Abs. 4 MAR erfüllt sind. Nach Art. 17 Abs. 4 UAbs. 1 S. 1 lit. c) MAR muss die Bohrer AG die Geheimhaltung der Insiderinformation sicherstellen und anderenfalls, sofern die Vertraulichkeit nicht mehr gewährleistet werden kann, die Information so schnell wie möglich veröffentlichen (Art. 17 Abs. 7 UAbs. 1 MAR). Nach Art. 17 Abs. 7 UAbs. 2 MAR ist zu vermuten, dass die Vertraulichkeit der Information nicht mehr gewährleistet werden kann, wenn bereits ausreichend präzise Gerüchte kursieren. Ob die Gerüchte über die Erwerbsabsichten der Schrauben GmbH bereits ausreichend präzise in diesem Sinne sind, kann hier jedoch dahinstehen, wenn durch den Aufschub eine Irreführung der Öffentlichkeit gem. Art. 17 Abs. 4 lit. b) MAR zu befürchten ist. Dann wäre ein Aufschub jedenfalls aus diesem Grund ausgeschlossen. Die Bohrer AG hat sich in einer Pressemitteilung zu dem Sachverhalt geäußert und die

Erwerbsabsichten wahrheitswidrig dementiert. Diese gegenteilige Äußerung und ihre unterbliebene Korrektur wegen Unterlassens der ad-hoc-Mitteilung lässt eine Irreführung der Öffentlichkeit befürchten, so dass die Bohrer AG die Möglichkeit zum Aufschub verloren hat.

Ergebnis: Die Bohrer AG muss die Öffentlichkeit gem. Art. 17 Abs. 1 MAR unverzüglich über die Durchführung der *Due Diligence* per ad-hoc-Mitteilung informieren. Im Übrigen verwirklicht die Bohrer AG mit der Pressemitteilung den Tatbestand der informationsgestützten Marktmanipulation gem. Art. 15 iVm 12 Abs. 1 lit. c) MAR (→ Rn. 447 ff.).

5. Veröffentlichungstatbestand nach Art. 17 Abs. 8 MAR

Einen **eigenständigen Veröffentlichungstatbestand** enthält 521
Art. 17 Abs. 8 MAR. Emittenten und EAMP sowie Personen, die in ihrem Auftrag oder auf ihre Rechnung handeln, die einem Dritten Insiderinformationen **befugt offenlegen**, müssen die offengelegte Information ad-hoc veröffentlichen. Etwas anderes gilt nur, wenn der Empfänger der Information zur Vertraulichkeit verpflichtet ist. Zweck dieser Regelung ist es, eine selektive, nicht kontrollierbare Informationsweitergabe an Einzelne zu verhindern und so der Chancengleichheit der Marktteilnehmer zu dienen.[883] Art und Weise der Veröffentlichung entsprechen derjenigen nach Art. 17 Abs. 1 MAR (→ Rn. 502 ff.). Art. 17 Abs. 8 MAR geht insoweit über die Veröffentlichungspflicht gem. Art. 17 Abs. 1 MAR hinaus, als hier die Möglichkeit zum Aufschub gem. Art. 17 Abs. 4 MAR entfällt[884] und jede Insiderinformation iSd Art. 7 MAR, auch solche mit nur mittelbarem Emittentenbezug genügen.[885]

Die Insiderinformationen müssen „einem **Dritten**" offengelegt 522
worden sein. Damit sind Personen gemeint, die dem Emittenten weder wirtschaftlich noch rechtlich zuzuordnen sind.[886] Die innerbetriebliche Offenlegung löst damit keine Veröffentlichungspflicht gemäß Art. 17 Abs. 8 MAR aus.[887] Großaktionäre des Emittenten sowie Rechtsanwälte und Wirtschaftsprüfer sind hingegen Dritte iSd

883 Schwark/Zimmer/*Kumpan/Grütze* MAR Art. 17 Rn. 325.
884 Assmann/Schneider/Mülbert/Assmann MAR Art. 17 Rn. 291; Klöhn/Klöhn MAR Art. 17 Rn. 487.
885 Schwark/Zimmer/*Kumpan/Grütze* MAR Art. 17 Rn. 331 ff.; AA Assmann/Schneider/Mülbert/Assmann MAR Art. 17 Rn. 291.
886 Schwark/Zimmer/*Kumpan/Grütze* MAR Art. 17 Rn. 335. Siehe zum alten Recht Fuchs/*Pfüller* WpHG § 15 Rn. 286.
887 Klöhn/*Klöhn* MAR Art. 17 Rn. 476. Siehe zum alten Recht Fuchs/*Pfüller* WpHG § 15 Rn. 287.

Art. 17 Abs. 8 MAR.[888] Nach dem Wortlaut muss der Emittent die Information befugt im Zuge der normalen Ausübung der Arbeit oder des Berufs oder der normalen Erfüllung von Aufgaben gem. Art. 10 Abs. 1 MAR offengelegt haben. Eine unter Verstoß gegen Art. 10 Abs. 1, 14 lit. c) MAR erfolgte und damit unbefugte Offenlegung von Insiderinformationen muss die ad-hoc-Informationspflicht gem. Art. 17 Abs. 8 MAR unter Berücksichtigung von Sinn und Zweck aber erst recht auslösen.[889]

523 Die Veröffentlichungspflicht wird hingegen nicht durch die Offenlegung ausgelöst, wenn der Dritte rechtlich zur Verschwiegenheit verpflichtet ist (Art. 17 Abs. 8 S. 2 MAR). Eine derartige **Verschwiegenheitspflicht** kann sich sowohl aus Gesetz als auch aus einer vertraglichen Vereinbarung ergeben. Insbesondere in den Standesregeln von Rechtsanwälten (§ 43a Abs. 1 BRAO) oder Wirtschaftsprüfern (§ 43 Abs. 1 S. 1 WPO) finden sich derartige gesetzliche Pflichten. Teilweise wird indes bereits das allgemeine Offenlegungsverbot gem. **Art. 14 lit. c) MAR** als rechtliche Verpflichtung zur Vertraulichkeit iSd Art. 17 Abs. 8 MAR anerkannt.[890] Bei einem solch weitgehenden Verständnis liefe die Veröffentlichungspflicht gem. Art. 17 Abs. 8 MAR allerdings faktisch leer.[891] Das für jedermann geltende Offenlegungsverbot genügt daher als zu wenig adressatenspezifisch nicht, um die ad-hoc-Informationspflicht gem. Art. 17 Abs. 8 MAR auszuschließen.[892] Für eine **vertragliche Vertraulichkeitsvereinbarung** wird teilweise eine ausdrückliche Vereinbarung für erforderlich gehalten,[893] teilweise eine konkludent vereinbarte Nebenpflicht für ausreichend erachtet.[894]

888 Klöhn/*Klöhn* MAR Art. 17 Rn. 476. Zum alten Recht Fuchs/*Pfüller* WpHG § 15 Rn. 289 (300).

889 Schwark/Zimmer/*Kumpan/Grütze* MAR Art. 17 Rn. 325; Klöhn/Klöhn MAR Art. 17 Rn. 477 ff. AA Assmann/Schneider/Mülbert/*Assmann* MAR Art. 17 Rn. 285; Buck-Heeb KapMarktR Rn. 567; *Langenbucher* AktR § 17 Rn. 49.

890 Assmann/Schneider/Mülbert/*Assmann* MAR Art. 17 Rn. 294; Zu § 15 Abs. 1 S. 4 WpHG aF Schwark/Zimmer/*Zimmer/Kruse* WpHG, 4. Aufl. 2010, § 15 Rn. 89.

891 Schwark/Zimmer/*Kumpan/Grütze* MAR Art. 17 Rn. 339.

892 Klöhn/*Klöhn* MAR Art. 17 Rn. 284; Schwark/Zimmer/*Kumpan/Grütze* MAR Art. 17 Rn. 339; zu § 15 WpHG aF *Lenenbach* KapMarktR Rn. 13.260; KölnKomm WpHG/*Klöhn* § 15 Rn. 384; Fuchs/*Pfüller* WpHG § 15 Rn. 312; *Schäfer* in Marsch-Barner/Schäfer Börsennotierte AG-HdB § 14 Rn. 32; *Leuering* NZG 2005, 12 (15). AA *Buck-Heeb* KapMarktR Rn. 567; Assmann/Schneider/Mülbert/*Assmann* MAR Art. 17 Rn. 294; *Veil* ZHR 172 (2008), 239 (258).

893 Siehe zum alten Recht Fuchs/*Pfüller* WpHG § 15 Rn. 315.

894 *Simon* Der Konzern 2005, 13 (18). Während die BaFin im Emittentenleitfaden 2013, 54 zu § 15 Abs. 1 S. 4 WpHG aF noch klarstellte, dass die Vereinbarung nicht notwendigerweise mit einer Vertragsstrafe verknüpft sein muss, enthält das neue Modul C des Emittentenleitfadens (Stand 25.3.2020) hierzu keine Aussage mehr.

Ob die Offenlegung absichtlich oder unabsichtlich erfolgt, entscheidet über den Zeitpunkt der Veröffentlichung nach Art. 17 Abs. 8 MAR. Bei absichtlicher Offenlegung gegenüber einem Dritten muss die Veröffentlichung zeitgleich und bei einer nicht absichtlichen Offenlegung unverzüglich, dh ohne schuldhaftes Zögern, erfolgen.[895] 524

Der Vorstandsvorsitzende informiert beispielsweise den Großaktionär über eine positive Gewinnprognose, den Gewerkschaftsvorsitzenden über einen bevorstehenden Personalabbau oder legt einem potentiellen Investor im Rahmen einer *Due-Diligence* kursrelevante Informationen offen. In diesen Fällen muss der Emittent die Informationen grundsätzlich gem. Art. 17 Abs. 8 MAR ad-hoc veröffentlichen, wenn mit dem Dritten keine Vertraulichkeitsvereinbarung abgeschlossen wurde.

II. Rechtsfolgen von Verstößen gegen Art. 17 MAR

1. Bußgeldrechtliche Sanktionen

Verstöße gegen Art. 17 MAR können als Ordnungswidrigkeit gem. § 120 Abs. 15 Nr. 6–11 WpHG mit einem Bußgeld geahndet werden (hierzu noch näher → Rn. 937). Natürliche Personen müssen mit Geldbußen von bis zu 1 Mio. EUR und juristische Personen von bis zu 2,5 Mio. EUR oder 2 Prozent des jährlichen (Konzern-)Gesamtumsatzes rechnen. Darüber hinaus kann das Bußgeld bis zum Dreifachen des aus dem Verstoß erzielten wirtschaftlichen Vorteils betragen und damit die absoluten und umsatzabhängigen Höchstgrenzen gemäß § 120 Abs. 18 S. 1, 2 WpHG noch überschreiten (§ 120 Abs. 18 S. 3 WpHG). Voraussetzung ist **vorsätzliches** oder **leichtfertiges** Verhalten. Leichtfertig handelt, wer die gebotene Sorgfalt in einem außergewöhnlich hohen Maße außer Acht lässt.[896] Einfach fahrlässige Verstöße können durch andere verwaltungsrechtliche Sanktionen und Maßnahmen gemäß § 6 Abs. 1, Abs. 2, Abs. 6 bis 9 WpHG, etwa die Anordnung der Einstellung von Handlungen, Tätigkeitsverbote oder Warnungen, geahndet werden (→ Rn. 921 ff.). 525

2. Schadensersatzansprüche

Geschädigte Anleger können bei Verstößen gegen die ad-hoc-Publizitätspflicht zivilrechtliche Schadensersatzansprüche geltend ma- 526

895 Schwark/Zimmer/*Kumpan/Grütze* MAR Art. 17 Rn. 337.
896 Schwark/Zimmer/*Schwark/Kruse* WpHG § 14 Rn. 68.

chen. Wird eine publizitätspflichtige Insiderinformation nicht oder fehlerhaft veröffentlicht, bildet sich ein „unrichtiger" Kurs heraus, so dass Anleger uU zu teuer kaufen oder zu billig verkaufen. Wird beispielsweise eine negative Information nicht veröffentlicht, erwirbt der Käufer des betreffenden Finanzinstruments zu einem Preis, der über dem tatsächlichen Kurs unter Berücksichtigung der negativen Information liegt. Wird hingegen eine falsche negative Mitteilung veröffentlicht, verkaufen Anleger die Finanzinstrumente zu billig. Dieser Schaden der Anleger kann jeweils im Rahmen von zivilrechtlichen Haftungsansprüchen geltend gemacht werden. Grundsätzlich richten sich die Ansprüche der geschädigten Anleger gegen den Emittenten. Ob und inwieweit darüber hinaus die verantwortlichen Organmitglieder haften, was vor allem bei Insolvenz des Emittenten aus Sicht der Anleger wirtschaftlich interessant ist, wird diskutiert (→ Rn. 562 ff.).

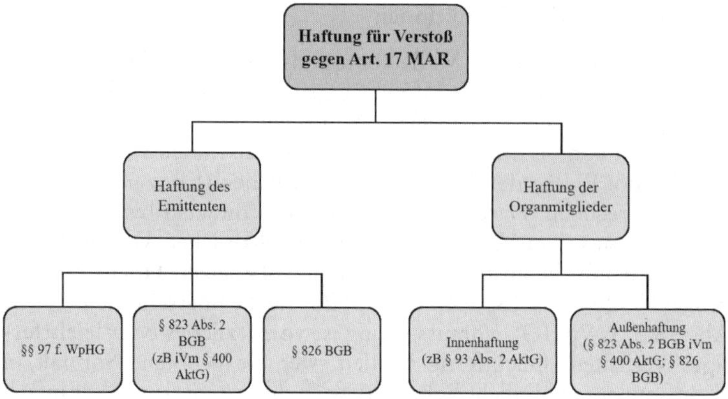

527 **a) Haftung des Emittenten nach §§ 97 f. WpHG.** §§ 97 f. WpHG normieren eine Schadensersatzpflicht des Emittenten gegenüber den Anlegern (§§ 37b, 37c WpHG aF). Während § 97 WpHG die nicht oder nicht rechtzeitige ad-hoc-Mitteilung erfasst, regelt § 98 WpHG die Haftung für die Veröffentlichung von fehlerhaften Informationen.

528 **aa) Normzweck.** Die §§ 37b, 37c WpHG aF (heute §§ 97 f. WpHG) wurden erst 2002 in das WpHG eingefügt. Zuvor beschränkte sich das Gesetz auf ordnungswidrigkeitenrechtliche Folgen von Verstößen gegen die Publizitätspflicht. Mit der Normierung der

Schadensersatzpflicht reagierte der Gesetzgeber insbesondere auf Fehlentwicklungen des Neuen Marktes und dazu ergangene Gerichtsentscheidungen, die eine Anwendung von Schadensersatzansprüchen aus dem BGB ablehnten.[897] Der genaue Zweck der §§ 97f. WpHG ist umstritten. Der diesbezügliche dogmatische Streit ist keineswegs nur theoretischer Natur. Hiervon hängt ab, wie Kausalität und Anspruchsumfang zu bestimmen sind (→ Rn. 537ff., 544ff.).

Nach **hL** dienen §§ 97f. WpHG dem Schutz der **Funktionsfähigkeit des Kapitalmarktes** und dem **Schutz der Anleger** in ihrem Vertrauen auf eine **marktgerechte Preisbildung**.[898] Demnach sind Anleger in ihrem Vertrauen darauf geschützt, Transaktionen zu solchen Kursen vorzunehmen, in die alle kursrelevanten Informationen aufgrund pflichtgemäß erfolgter ad-hoc-Mitteilungen tatsächlich eingeflossen sind, und die nicht durch unzutreffende ad-hoc-Mitteilungen beeinflusst wurden. Nach der Rechtsprechung des **BGH** zu § 15 WpHG aF und Teilen im Schrifttum dient die Haftung gemäß §§ 97f. WpHG darüber hinaus auch dem Schutz des einzelnen Anlegers in seiner **freien Willensbildung**.[899] Die ad-hoc-Publizität und damit auch die §§ 97f. WpHG sollen dazu beitragen, dass die Anleger sachgerechte Anlageentscheidungen treffen können.[900] 529

Da die §§ 97f. WpHG der Durchsetzung der ad-hoc-Publizitätspflicht gem. Art. 17 MAR dienen, lässt sich ihr Normzweck aus dem Sinn und Zweck der ad-hoc-Publizitätspflicht ableiten. Diese dient ausweislich der Erwägungsgründe dazu, Insidergeschäften und der Irreführung von Anlegern vorzubeugen (ErwGr 49 S. 1 MAR). Die Vorbeugung von Irreführungen soll indes nicht die Integrität der Willensbildung der Anleger, sondern das Vertrauen der Anleger in die **richtige Preisbildung** schützen.[901] Normzweck der §§ 97f. WpHG ist daher, den Schaden des Anlegers auszugleichen, der durch 530

---

897 Schwark/Zimmer/*Zimmer/Steinhaeuser* WpHG §§ 97, 98 Rn. 2; Fuchs/*Fuchs* WpHG Vor §§ 37b, 37c Rn. 13ff.

898 Assmann/Schneider/Mülbert/*Hellgardt* WpHG §§ 97, 98 Rn. 44; Fuchs/*Fuchs* WpHG Vor §§ 37b, 37c Rn. 6; *Engelhardt* BKR 2006, 443 (448); *Schäfer* NZG 2005, 985 (991); *Hellgardt* Kapitalmarktdeliktsrecht 504f.

899 BGHZ 192, 90 (111) = NJW 2012, 1800 (1806) – IKB-Urteil. So wohl auch Schwark/Zimmer/*Zimmer/Steinhaeuser* WpHG §§ 97, 98 Rn. 10; KölnKomm WpHG/*Möllers/Leisch* §§ 37b, 37c Rn. 11.

900 BGHZ 192, 90 (113) = NJW 2012, 1800 (1806) – IKB-Urteil.

901 Assmann/Schneider/Mülbert/*Hellgardt* WpHG § 97 Rn. 33; *Buck-Heeb* KapMarktR Rn. 514; *Langenbucher* AktR § 1 Rn. 25ff.; *Mülbert/Sajnovits* ZfPW 2016, 1 (26). Grundlegend *Mülbert/Steup* in Habersack/Mülbert/Schlitt Unternehmensfinanzierung am Kapitalmarkt § 17 Rn. 41.1ff.

die fehlerhafte Preisbildung entstanden ist.[902] Für den weitergehenden Schutz der Willensbildung des einzelnen Anlegers lässt sich auch nicht der Wortlaut des § 98 Abs. 1 WpHG anführen: Demnach ist der Emittent zwar zum Ersatz des Schadens verpflichtet, der dadurch entsteht, dass der Dritte *„auf die Richtigkeit der Insiderinformation vertraut"*. Hierbei geht es aber wiederum nicht um das Vertrauen des Anlegers in die Richtigkeit der unrichtigen Information, sondern um das Vertrauen in die richtige Preisbildung.[903]

531 **bb) Rechtsnatur.** Wie schon für die Prospekthaftung (→ Rn. 260 f.) ist auch die Rechtsnatur der §§ 97 f. WpHG umstritten. Teile im Schrifttum gehen – wie verbreitet auch für die Prospekthaftung – von einer gesetzlichen **Vertrauenshaftung** aus.[904] Durch die fortlaufende Informationspflicht des Emittenten entstehe auch hier eine Sonderverbindung zwischen diesem und dem Anleger. Der Kontakt zwischen Emittent und Anleger ist jedoch auf dem hier allein betroffenen Sekundärmarkt allenfalls gering ausgeprägt, so dass sich die Annahme einer Sonderverbindung nur schwer rechtfertigen lässt.[905] Der Emittent nimmt weder persönliches Vertrauen in Anspruch noch liegen die Voraussetzungen für ein typisiertes Vertrauen – wie etwa ein umfassend informierender Prospekt im Zusammenhang mit der Einwerbung von Kapital durch den Emittenten – vor.[906] Das Vertrauen der Anleger in die Einhaltung von Art. 17 MAR genügt nicht, um ein besonderes Näheverhältnis zu begründen.[907] Daher werden die §§ 97 f. WpHG nach überzeugender Auffassung als **sonderdeliktsrechtliche Haftungstatbestände** eingeordnet, die an eine kapitalmarktrechtliche Verkehrspflicht anknüpfen.[908] Dass auch der Gesetzgeber diese Auffassung teilt, zeigt die systematische Stellung des ausschließlichen Gerichtsstands für Klagen gem. §§ 97 f. WpHG in

902 Assmann/Schneider/*Sethe* WpHG, 6. Aufl. 2012, §§ 37b, 37c Rn. 10; *Hopt/Voigt* in Hopt/Voigt Prospekt- und Kapitalmarktinformationshaftung 131.
903 Assmann/Schneider/*Sethe* WpHG §§ 37b, 37c Rn. 10 ff., 98.
904 Schwark/Zimmer/*Zimmer/Steinhaeuser* WpHG §§ 97, 98 Rn. 13; *Frisch* in Derleder/Knops/Bamberger HdB zum deutschen und europäischen BankR, 3. Aufl. 2017, § 54 Rn. 223; *Casper* BKR 2005, 83 (86); *Mülbert/Steup* WM 2005, 1633 (1637 f.); *Veil* ZHR 167 (2003), 365 (392) *ders.* ZHR 167 (2003), 139, (165 f.); *ders.* BKR 2005, 91 (92).
905 Assmann/Schneider/Mülbert/*Hellgardt* WpHG §§ 97, 98 Rn. 48.
906 Fuchs/*Fuchs* WpHG §§ 37b, 37c Rn. 5.
907 KölnKomm WpHG/*Möllers/Leisch* §§ 37b, 37c Rn. 14.
908 Assmann/Schneider/Mülbert/*Hellgardt* WpHG §§ 97, 98 Rn. 51; Fuchs/*Fuchs* WpHG §§ 37b, 37c Rn. 5; KölnKomm WpHG/*Möllers/Leisch* §§ 37b, 37c Rn. 12 ff.; NK-AktienKapMR/*Bergdolt* WpHG §§ 37b, 37c Rn. 19 bzw. 44; *Hellgardt* Kapitalmarktdeliktsrecht 32 ff.

§ 32b ZPO.[909] Folgt man – wie hier – der Auffassung, die in den §§ 97f. WpHG sonderdeliktsrechtliche Vorschriften erkennt, so können die allgemeinen deliktsrechtlichen Vorschriften des BGB – etwa § 827 BGB – grundsätzlich ergänzend zur Anwendung kommen, soweit das WpHG keine abschließenden Bestimmungen enthält.[910]

cc) Tatbestand. (a) Anspruchsverpflichtete. Anspruchsverpflichtet sind die „**Emittenten** von Finanzinstrumenten". Da §§ 97f. WpHG auf die ad-hoc-Publizitätspflicht gem. Art. 17 MAR Bezug nehmen, entspricht der Kreis der nach §§ 97f. WpHG verpflichteten Emittenten den von der ad-hoc-Publizitätspflicht adressierten Emittenten (→ Rn. 474ff.). Die Ausweitung der anspruchsverpflichteten Personen, insbesondere auf Organmitglieder des Emittenten, durch ergänzende Anwendung von § 830 BGB ist auch bei sonderdeliktsrechtlicher Einordnung der Haftung (→ Rn. 261) ausgeschlossen, da den §§ 97f. WpHG insoweit eine abschließende Wertung zu entnehmen ist.[911] 532

(b) Pflichtverletzung. §§ 97f. WpHG unterscheiden sich durch die Art der haftungsbegründenden Pflichtverletzung. Haftungsvoraussetzung für § 97 WpHG ist das **Unterlassen** der unverzüglichen Veröffentlichung einer Insiderinformation. Das umfasst unterlassene ebenso wie verspätete („unverzüglich") ad-hoc-Mitteilungen.[912] Veröffentlicht der Emittent in einer ad-hoc-Mitteilung eine **unwahre Insiderinformation**, so haftet er nach § 98 WpHG. Unwahr ist die Information, wenn ihr Inhalt im Zeitpunkt der Veröffentlichung nicht den Tatsachen entspricht oder Werturteile oder Prognosen auf falsche Tatsachen gestützt werden bzw. kaufmännisch unvertretbar sind.[913] Der Aussagegehalt der Veröffentlichung richtet sich nach einem einheitlichen objektiven Empfängerhorizont aus Sicht des breiten Anlegerpublikums. Maßgeblich ist daher, wie ein durchschnittlich verständiger Anleger die Information verstehen würde.[914] Die Unwahrheit 533

909 Assmann/Schneider/Mülbert/*Hellgardt* WpHG §§ 97, 98 Rn. 51.
910 Assmann/Schneider/Mülbert/*Hellgardt* WpHG §§ 97, 98 Rn. 51; Fuchs/Fuchs WpHG §§ 37b, 37c Rn. 5f.; KölnKomm/Möllers/Leisch WpHG §§ 37b, c Rn. 16, JVRB/Bruchwitz WpHG §§ 37b, 37c Rn. 15.
911 Ausführlich Assmann/Schneider/Mülbert/*Hellgardt* WpHG §§ 97, 98 Rn. 172ff.
912 Schwark/Zimmer/*Zimmer/Steinhaeuser* WpHG §§ 97, 98 Rn. 48; *Langenbucher* AktR § 17 Rn. 138.
913 Assmann/Schneider/Mülbert/*Hellgardt* WpHG §§ 97, 98 Rn. 99; *Langenbucher* AktR § 17 Rn. 140.
914 Schwark/Zimmer/*Zimmer/Steinhaeuser* WpHG §§ 97, 98 Rn. 48.

kann sich auch daraus ergeben, dass die Information nur unollständig wiedergegeben wird.[915]

534 §§ 97f. WpHG gelten nur für Verstöße gegen Art. 17 MAR und nicht für Verstöße gegen andere Informationspflichten, etwa die Regelpublizitätspflicht gem. §§ 114ff. WpHG. Sie gilt insbesondere auch nur für fehlerhafte Informationen, die in ihrer Form, Bezeichnung und Art als ad-hoc-Mitteilung veröffentlicht werden, und nicht für andere Fälle von fehlerhaften Kapitalmarktinformationen (etwa durch fehlerhafte Pressemitteilungen[916]). Der Gesetzgeber wollte bewusst nur die ad-hoc-Publizität durch Schadensersatzansprüche sanktionieren.[917] Rechtspolitische Erwägungen, eine Haftung für sämtliche fehlerhafte Kapitalmarktinformationen, etwa durch das Kapitalmarktinformationshaftungsgesetz (KapInHaG) einzuführen, sind bislang gescheitert. Eine **analoge** Anwendung der §§ 97f. WpHG auf andere Informationspflichtverletzungen scheidet daher nach hM ebenfalls aus.[918]

535 (c) **Anspruchsberechtigte.** Anspruchsberechtigt sind alle Anleger, die nach der Pflichtverletzung Finanzinstrumente zu teuer erwerben bzw. zu billig veräußern. Voraussetzung ist daher jeweils eine Transaktion des Anlegers. Ausreichend ist nach allgA bereits der Abschluss eines Verpflichtungsgeschäfts, zB eines Kaufvertrags.[919] Ein Anleger, der nach Unterlassung der Veröffentlichung einer negativen Insiderinformation – etwa der Nachricht, dass der Hauptabnehmer gekündigt hat oder der Gewinn eingebrochen ist – das Finanzinstrument kauft und es nach dem Bekanntwerden der Insiderinformation noch besitzt, hat einen Anspruch gem. **§ 97 Abs. 1 Nr. 1 WpHG**. Er hat das Finanzinstrument zu teuer gekauft. Zu teuer kauft auch der Anleger, der nach der Veröffentlichung einer unwahren, positiven Insiderinformation – zB dem Rücktritt eines erfolglosen Vorstandsvorsitzenden oder der Entwicklung eines neuen vielversprechenden Medikaments oder Produkts – das Finanzinstrument erwirbt und

915 Assmann/Schneider/Mülbert/*Hellgardt* WpHG § 97 Rn. 99; *Langenbucher* AktR § 17 Rn. 140.
916 So im Fall der IKB: BGHZ 192, 90 = NJW 2012, 1800 – IKB-Urteil.
917 BGHZ 192, 90 (96f.) = NJW 2012, 1800 (1802) – IKB-Urteil.
918 BGHZ 192, 90 (96f.) = NJW 2012, 1800 (1802) – IKB-Urteil. Zustimmend Assmann/Schneider/Mülbert/*Hellgardt* WpHG §§ 97, 98 Rn. 97; *Langenbucher* AktR § 17 Rn. 144.
919 LG München I Urt. v. 12.6.2009 – 22 O 16205/08 – Rn. 120, BeckRS 2009, 20081; *Langenbucher* AktR § 17 Rn. 147; Assmann/Schneider/Mülbert/*Hellgardt* WpHG § 97 Rn. 72; Fuchs/*Fuchs* WpHG §§ 37b, 37c Rn: 18; KölnKomm WpHG/*Möllers/Leisch* §§ 37b, 37c Rn. 220.

dieses, auch nachdem die Unrichtigkeit der Information bekannt geworden ist, noch besitzt (**§ 98 Abs. 1 Nr. 1 WpHG**).

Umgekehrt verkauft der Anleger während der „Phase der Desin- 536
formation" über einen positiven Umstand **zu billig**. Für den Haftungsanspruch muss er das Finanzinstrument vor dem Eintritt des positiven Ereignisses und damit vor dem Entstehen der Insiderinformation erworben und nach Unterlassung der Veröffentlichung veräußert haben (**§ 97 Abs. 1 Nr. 2 WpHG**). Im Parallelfall muss der Anleger das Finanzinstrument vor der Veröffentlichung einer unwahren negativen Insiderinformation erworben und noch vor Bekanntwerden der Unrichtigkeit der Insiderinformation veräußert haben (**§ 98 Abs. 1 Nr. 2 WpHG**). Folgerichtig sind Anleger, die aufgrund der Unterlassung oder der Fehlinformation von einem Kauf bzw. Verkauf absehen und damit **keine Transaktion** tätigen, nicht durch §§ 97 f. WpHG geschützt.[920] Das gleiche gilt für Anleger, die während der Phase der Des- oder Fehlinformation sowohl das Erwerbs- als auch das Veräußerungsgeschäft getätigt haben, so dass sie im Saldo keinen Schaden erleiden.[921]

(d) Haftungsbegründende Kausalität. Nach allgemeinen scha- 537
densrechtlichen Prinzipien muss zwischen der Pflichtverletzung und der Verletzung des geschützten Rechtsguts ein **Kausalzusammenhang** bestehen. Auf welches Rechtsgut diesbezüglich für §§ 97 f. WpHG abzustellen ist, hängt maßgeblich von dem Verständnis des Normzwecks ab (→ Rn. 529). Geht man mit dem BGH davon aus, dass der einzelne Investor vor einer unlauteren Einflussnahme auf die **Anlageentscheidung** geschützt werden soll, muss die unterlassene oder falsche ad-hoc-Mitteilung ursächlich für die Anlageentscheidung des Anlegers gewesen sein. Der Nachweis, dass der Anleger erworben oder veräußert hat, weil er auf die Richtigkeit oder das Fehlen einer Information vertraut hat, ist für den Anleger in der Praxis indes nicht leicht zu führen. Häufig wird eine Vielzahl von Faktoren maßgeblich für seine Anlageentscheidung sein.

Deshalb werden in der Literatur verschiedene Arten der Beweislas- 538
terleichterung diskutiert, die jedoch allesamt von der Rechtsprechung abgelehnt werden: So wird eine **Analogie** zu § 12 Abs. 2 Nr. 1 WpPG; § 20 Abs. 4 Nr. 1 VermAnlG und § 12 Abs. 3 Nr. 1 WpÜG

920 Schwark/Zimmer/*Zimmer/Steinhaeuser* WpHG §§ 97, 98 Rn. 88; Assmann/Schneider/Mülbert/*Hellgardt* WpHG §§ 97, 98 Rn. 70; *Langenbucher* AktR § 17 Rn. 145.
921 *Langenbucher* AktR § 17 Rn. 145.

erwogen, die jeweils eine Beweislastumkehr für die haftungsbegründende Kausalität bei der Prospekthaftung (→ Rn. 276) bzw. bei der Haftung für eine fehlerhafte Angebotsunterlage (→ Rn. 704) normieren. Allerdings hat sich der Gesetzgeber bei der Gestaltung der §§ 97f. WpHG an der Prospekthaftung orientiert, ohne eine gesetzliche Beweislastumkehr vorzusehen, so dass von einer planwidrigen Regelungslücke kaum ausgegangen werden kann. Eine Analogie wird daher insbesondere vom BGH zu Recht abgelehnt.[922] Vertreten wird darüber hinaus die Übertragung der zuvor in der Rechtsprechung zur Prospekthaftung entwickelten **Theorie der Anlagestimmung**, die einen Anscheinsbeweis für die Ursächlichkeit der Pflichtverletzung für die Anlageentscheidung annimmt (→ Rn. 276). Im Falle der Haftung für unterlassene ad-hoc-Mitteilungen gem. § 97 WpHG fehlt es jedoch schon an einem Anknüpfungspunkt für die Anlagestimmung, da eine Mitteilung an das Anlegerpublikum gerade nicht erfolgt.[923] Aber auch im Falle des § 98 WpHG enthalten die fehlerhaften ad-hoc-Mitteilungen – anders als Prospekte – keine umfassenden Informationen über das jeweilige Finanzinstrument, sondern berichten nur über ein singuläres Ereignis. Die Wirkung von Prospekten auf das Anlegerverhalten auf der einen Seite und von ad-hoc-Mitteilungen auf der anderen Seite ist daher nur bedingt vergleichbar. Anders als ein Prospekt ist die ad-hoc-Mitteilung regelmäßig nicht als alleinige Grundlage einer umfassenden Anlageentscheidung geeignet.[924] Daher ist eine generelle Beweislasterleichterung auf der Grundlage der Theorie der Anlagestimmung für §§ 97f. WpHG abzulehnen.[925] Etwas anderes gilt ausnahmsweise dann, wenn der geschädigte Anleger im Einzelfall darlegen kann, dass die ad-hoc-Mitteilung am Markt eine **konkrete Anlagestimmung**, beispielsweise in Form von Kaufempfehlungen, hervorgerufen hat.[926] Eine Beweislastumkehr nach den Grundsätzen der **Vermutung aufklärungsrichtigen Verhaltens** – wie in Kapitalanlagefällen[927] – lehnt der BGH für §§ 97f. WpHG ab.[928] Teilweise wird die im US-amerikanischen Recht

922 BGHZ 192, 90 (116) = NJW 2012, 1800 (1807) – IKB-Urteil; ebenso KölnKomm WpHG/*Möllers/Leisch* §§ 37b, 37c Rn. 347; *Fleischer* NJW 2002, 2977 (2980).
923 BGHZ 192, 90 (116) = NJW 2012, 1800 (1807) – IKB-Urteil.
924 BGHZ 160, 134 = NJW 2004, 2664 – Infomatec (zu § 826 BGB).
925 BGHZ 192, 90 (116) = NJW 2012, 1800 (1807) – IKB-Urteil.
926 Zu § 826 BGB: BGHZ 160, 134 (147) = NJW 2004, 2664 (2667) – Infomatec; BGH NJW 2008, 76 (77) – Comroad IV; BGH NJW-RR 2007, 1532 (1534) – Comroad V. Ausführlich hierzu KölnKomm WpHG/*Möllers/Leisch* §§ 37b, 37c Rn. 347.
927 Siehe zuletzt BGH NJW 2012, 950 Rn. 27ff.
928 BGHZ 192, 90 (116) = NJW 2012, 1800 (1807) – IKB-Urteil.

entwickelte Theorie eines allgemeinen Marktbetrugs (**fraud-on-the-market-Doktrin**) fruchtbar gemacht, wonach das grundsätzlich notwendige konkrete Vertrauen des geschädigten Anlegers in die Vollständigkeit der Informationen vermutet wird, wenn der Anleger bei seiner Anlageentscheidung abstrakt auf die Integrität der Preisbildung am Kapitalmarkt vertraut hat.[929] Dieser Kausalitätsnachweis ist ungleich leichter zu führen als der Nachweis des konkreten Vertrauens auf Richtigkeit der Informationslage.[930] Die Aufweichung der Anforderungen an die Kausalität der ad-hoc-Informationspflichtverletzung für die Anlageentscheidung in Form der *fraud-on-the-market-theory* hat der BGH jedoch ebenfalls abgelehnt.[931]

Erkennt man hingegen den Zweck der §§ 97f. WpHG darin, dass 539
die Anleger in ihrem Vertrauen in die marktgerechte Preisbildung und nicht in die Integrität ihrer Willensbildung geschützt sind, dann kann es für den Ersatz des demnach nur ersatzfähigen Kursdifferenzschadens nicht auf eine Kausalität der Pflichtverletzung für die Anlageentscheidung des Anlegers ankommen, sondern maßgeblich ist die **Kausalität** der Pflichtverletzung für die **Kurspreisbildung**. Der Anleger muss dann lediglich dartun, dass die Preisbildung aufgrund der Verletzung von Art. 17 MAR fehlerhaft und der Pflichtverstoß insoweit für die Transaktion des Anlegers zu dem tatsächlichen Preis ursächlich war.[932] Wäre es bei pflichtgemäßer Veröffentlichung durch den Emittenten im Zeitpunkt der Vornahme des Geschäfts zu einer anderen, für den Anleger günstigeren Kursentwicklung gekommen, so reicht dies hiernach für den erforderlichen Ursachenzusammenhang zwischen Pflichtverletzung und Schadenseintritt aus.

In der IKB-Entscheidung von 2012 hat der BGH für den notwen- 540
digen Kausalitätsnachweis differenziert und die Kausalität in Abhängigkeit von der konkreten Schadensberechnung bestimmt: Verlangt der Anleger Naturalrestitution durch Rückabwicklung der Anlageentscheidung, muss er die Kausalität zwischen der Pflichtverletzung und seiner Anlageentscheidung nachweisen. Verlangt er hingegen

929 Grundlegend Basic v. Levinson, 485 U.S. 224, 108 S. Ct. 978 (1988) = 99 L.Ed.2d 194; Peil v. Speiser, 806f.2 d 1154, 1160, 1161 (1986). Zuletzt bestätigt und verfeinert in Halliburton Co. v. Erica P. John Fund Inc., 134 S. Ct. 2398, 2401 (2014) = 189 L. Ed. 2d 339.

930 Assmann/Schneider/*Sethe* WpHG, 6. Aufl. 2012, §§ 37b, 37c Rn. 97.

931 Zu § 826 BGB siehe BGH NZG 2007, 269 Rn. 69. Weiterführend zur *fraud on the market*-Doktrin: *Frank*, Marktordnung durch Haftung, 466ff.

932 Assmann/Schneider/Mülbert/*Hellgardt* WpHG §§ 97, 98 Rn. 139. AA Fuchs/*Fuchs* WpHG §§ 37b, 37c Rn. 31f.

den Kursdifferenzschaden lässt auch der BGH die Ursächlichkeit der Pflichtverletzung für die fehlerhafte Preisbildung genügen.[933]

541 (e) **Verschulden.** Der Emittent haftet nicht, wenn er nachweist, dass das Unterlassen nicht auf Vorsatz oder grober Fahrlässigkeit beruht (§ 97 Abs. 2 WpHG) bzw. er die Unrichtigkeit der Insiderinformation nicht gekannt hat und die Unkenntnis nicht auf grober Fahrlässigkeit beruht (§ 98 Abs. 2 WpHG). Voraussetzung für die Haftung ist also, dass der Emittent die ad-hoc-Veröffentlichungspflicht gem. Art. 17 MAR **vorsätzlich** oder **grob fahrlässig** verletzt hat[934] Ähnlich wie im Falle der Prospekthaftung (→ Rn. 290) wird auch hier die Darlegungs- und Beweislast umgekehrt, so dass der Emittent darlegen und beweisen muss, dass ihn kein Verschulden trifft.[935] Ist der Emittent irrtümlich davon ausgegangen, dass die Voraussetzungen des Aufschubs (Art. 17 Abs. 4 MAR) vorliegen, und hat aus diesem Grund keine ad-hoc-Mitteilung veröffentlicht, so muss auch dieser Irrtum mindestens grob fahrlässig verschuldet worden sein, um die Schadensersatzpflicht auszulösen.

542 Da der Emittent gem. Art. 3 Abs. 1 Nr. 21 MAR stets eine **juristische Person** ist, ist fraglich, wessen Verschulden – das seiner Organe oder auch sonstiger Mitarbeiter – ihm zuzurechnen ist (siehe bereits zum Insiderrecht → Rn. 399 ff.). Mangels unionsrechtlicher Vorgaben zur Ausgestaltung der Haftung ist hierbei auf die mitgliedstaatlichen Vorschriften zurückzugreifen, so dass es in entsprechender Anwendung von § 31 BGB auf das Verschulden der Organe, etwa des Vorstands, bei einer AG ankommt.[936]

---

933 BGHZ 192, 90 = NJW 2012, 1800 (1807) Rn. 67 – IKB-Urteil. Hierzu *Klöhn* AG 2012, 345, 356.

934 Schwark/Zimmer/*Zimmer/Steinhaeuser* §§ 97, 98 WpHG Rn. 68; Assmann/Schneider/Mülbert/*Hellgardt* WpHG §§ 97, 98 Rn. 70.

935 Schwark/Zimmer/*Zimmer/Steinhaeuser* §§ 97, 98 WpHG Rn. 75; KölnKomm WpHG/*Möllers/Leisch* §§ 37b, 37c Rn. 173 ff.

936 Nach Auffassung von Assmann/Schneider/Mülbert/*Hellgardt* WpHG §§ 97, 98 Rn. 109 ist bei Verstößen gegen unionsrechtliche Verhaltenspflichten, die – wie im Falle des Art. 17 MAR – einer juristischen Person auferlegt sind, auf das „Unternehmen" als wirtschaftliche Einheit abzustellen, so dass das Verschulden aller Personen zugerechnet wird, die zur rechtzeitigen und zutreffenden Veröffentlichung beitragen können. Hiernach kann auch das Verschulden von Mitarbeitern, die die Insiderinformation kennen und weitergeben können, dem Emittenten zugerechnet werden. Zur Begründung wird auf die kartellrechtliche EuGH-Rechtsprechung (EuGH-Rspr. C-501/11 Rn. 101 f. und C-231/11 Rn. 42) verwiesen. Gegen diese Parallele spricht jedoch, dass das Kapitalmarktrecht im Gegensatz zum Kartellrecht auf juristische Personen und gerade nicht auf das Unternehmen als wirtschaftliche Einheit abstellt.

dd) Rechtsfolge. Nach §§ 97f. WpHG ist der Emittent zum Schadensersatz gem. §§ 249ff. BGB verpflichtet. Gem. §§ 97 Abs. 4, 98 Abs. 4 WpHG bleiben weitergehende Ansprüche nach den Vorschriften des BGB aufgrund von Verträgen oder von vorsätzlich begangenen unerlaubten Handlungen unberührt. 543

(a) Umfang des Schadensersatzes. Der ersatzfähige Schaden kann – wie schon die Frage nach der haftungsbegründenden Kausalität (→ Rn. 537ff.) – nur unter Berücksichtigung des Normzwecks der §§ 97f. WpHG (→ Rn. 529) bestimmt werden. Sieht man – wie hier vertreten – mit der hL die allgemeine Preisbildung bzw. das Vertrauen der Anleger auf die marktgerechte Preisbildung auf dem Kapitalmarkt als geschützt an, so ist im Rahmen der §§ 97f. WpHG der Kursdifferenzschaden ersetzbar, der darin besteht, dass der Anleger zu teuer gekauft bzw. zu billig verkauft hat und kausal durch die ad-hoc-Publizitätspflichtverletzung verursacht sein muss.[937] 544

Der Kursdifferenzschaden ist der Unterschiedsbetrag zwischen dem Preis, zu dem der Anleger tatsächlich erworben bzw. veräußert hat, und demjenigen, zu dem er im Fall pflichtgemäßer ad-hoc-Veröffentlichung der Insiderinformation erworben bzw. veräußert hätte. Hierfür muss der hypothetische Kurs im Zeitpunkt des Erwerbs bzw. der Veräußerung durch den Anleger ermittelt werden, der sich bei pflichtgemäßer Veröffentlichung der Insiderinformation ergeben hätte.[938] Hierfür stehen verschiedene finanztheoretische Methoden zur Verfügung, insbesondere das sog *Capital Asset Pricing Model.* Demnach ist vereinfacht skizziert zunächst vom tatsächlichen Kurs nach dem öffentlichen Bekanntwerden der pflichtwidrig nicht veröffentlichten Insiderinformation bzw. nach Bekanntwerden der wahren Sachlage bei fehlerhaft veröffentlichter Insiderinformation auszugehen. Dieser Kurs ist auf den Zeitpunkt des Erwerbs bzw. der Veräußerung des Finanzinstruments zurückzurechnen. Da ausschließlich der Kurseinfluss der Pflichtverletzung ermittelt werden soll, muss hierbei die Kursveränderung von anderen Einflüssen – wie allgemeinen Marktrisiken oder -anomalien und Branchenentwicklungen – bereinigt werden.[939] Schwierigkeiten bereitet dieses Verfahren jedoch, wenn die wahre Sachlage nicht auf einen Schlag bekannt wird, son- 545

937 *Langenbucher* AktR § 17 Rn. 167; *Fleischer* BB 2002, 1869 (1870ff.); *Reichert/Weller* ZRP 2002, 49 (55).
938 Schwark/Zimmer/*Zimmer/Steinhaeuser* WpHG §§ 97, 98 Rn. 107.
939 Hierzu Assmann/Schneider/Mülbert/*Hellgardt* WpHG §§ 97, 98 Rn. 137.

dern nur nach und nach in die Börsenkurse einfließt. Dann kann der Richter die Höhe gem. § 287 ZPO schätzen.

546 Nach dem BGH kann der Anleger hingegen in erster Linie den **Vertragsabschlussschaden** ersetzt verlangen, dh Erstattung des Entgelts für den Erwerb Zug um Zug gegen Übertragung der Finanzinstrumente bzw. im Falle der Veräußerung die Differenz zwischen dem Wert der veräußerten Finanzinstrumente und dem Verkaufspreis (§ 251 Abs. 2 S. 1 BGB).[940] Das ist konsequent vor dem Hintergrund, dass nach Ansicht der Rechtsprechung die individuelle Anlageentscheidung geschützt wird (→ Rn. 529). Der Schaden liegt demnach bereits in dem Vertragsschluss als solchem und der damit einhergehenden Belastung mit einer Verbindlichkeit unabhängig von deren Werthaltigkeit. Der Schadensersatzanspruch muss dann gem. §§ 249 ff. BGB darauf gerichtet sein, die Anlageentscheidung rückgängig zu machen. Da der haftpflichtige Emittent in der Regel nicht der Vertragspartner ist, kann der Anleger von diesem nicht Aufhebung des Vertrags im eigentlichen Sinne, sondern nur verlangen, dass er so gestellt wird, als habe er den Vertrag nicht geschlossen. Da der Anleger nach der Rspr. des BGH hierfür aber auch den schwierigen und häufig – mangels Beweiserleichterung – erfolglosen Beweis erbringen muss, dass die Fehlinformation ursächlich für die Anlageentscheidung war (zur haftungsbegründenden Kausalität → Rn. 537 ff.), gestattet der BGH alternativ, den Kursdifferenzschaden als „Mindestschaden" geltend zu machen.[941] In diesem Fall hat der Anleger nur zu beweisen, dass die ad-hoc-Pflichtverletzung auf den Kurspreis Einfluss genommen hat. Dem Anleger stehen damit im Grundsatz nach der Rspr. beide Wege der Schadensberechnung, namentlich Vertragsabschlussschaden oder Kursdifferenzschaden offen. Das stößt in der Literatur teilweise auf Kritik.[942] Nimmt man die Sichtweise des BGH ein und erkennt §§ 97 f. WpHG eine doppelte Schutzrichtung zu (→ Rn. 529), erscheint dieser Weg der Schadensberechnung dagegen als jedenfalls konsequent.

547 **(b) Haftungsausfüllende Kausalität.** Der Schadensersatzanspruch gem. §§ 97 f. WpHG setzt zudem voraus, dass die Pflichtverletzung

940 BGHZ 192, 90 (111) = BGH NJW 2012, 1800 (1806) – IKB-Urteil. Zur Berechnung KölnKomm WpHG/*Möllers/Leisch* §§ 37b, 37c Rn. 331; *Casper* Der Konzern 2006, 32 (35).
941 BGHZ 192, 90 (117 f.) = BGH NJW 2012, 1800 (1807) Rn. 67 – IKB-Urteil.
942 *Langenbucher* AktR § 17 Rn. 175 ff.; *Hellgardt* DB 2012 673 (677); *Klöhn* AG 2012 345 (355); *Schmolke* ZBB 2012, 165 (175 f.).

des Emittenten die aus Sicht des Anlegers nachteilige Kursveränderung bewirkt hat. Verlangt der Anleger den Kursdifferenzschaden, erschöpft sich dies bereits in der haftungsbegründenden Kausalität (→ Rn. 539, 544). Die haftungsausfüllende Kausalität spielt daher neben der haftungsbegründenden Kausalität nur für den Ersatz des Vertragsabschlussschadens (→ Rn. 546) eine eigenständige Rolle.

(c) Mitverschulden und Kenntnis. Ähnlich wie im Falle der Prospekthaftung (→ Rn. 284) ist der Anspruch ausdrücklich ausgeschlossen, wenn der Anspruchsteller die Insiderinformation oder deren Unrichtigkeit bei Erwerb bzw. Veräußerung kannte, § 97 Abs. 3, § 98 Abs. 3 WpHG. Da es sich hierbei um eine spezielle und insoweit auch abschließende Regelung zur Berücksichtigung des Mitverschuldens des Anlegers handelt,[943] ist ein etwaiges Mitverschulden des Anlegers, insbesondere dessen fahrlässige Unkenntnis, im Übrigen nicht gem. **§ 254 BGB** anspruchsmindernd zu berücksichtigen.[944] Nach dem Zweck des Art. 17 MAR kann sich der Anleger auf die publizierten Insiderinformationen verlassen und muss keine eigenen Erkundigungen einholen.[945] Auch die bewusste Investition in ein hochspekulatives Finanzinstrument mindert die Schadensersatzpflicht des Emittenten mit dem Hinweis auf ein Mitverschulden des Anlegers nicht, da sich durch die Informationspflichtverletzung ein anderes Risiko realisiert als durch die Aktienspekulation.[946] Bei Bekanntwerden der Pflichtverletzung kann sich uU je nach den konkrete Umständen des Einzelfalls eine Verkaufsobliegenheit aus der allgemeinen Schadensminderungspflicht ergeben (§ 254 Abs. 2 S. 1 BGB), die grundsätzlich nicht von §§ 97 Abs. 3, 98 Abs. 3 WpHG verdrängt wird.[947] 548

(d) Verhältnis zum aktienrechtlichen Kapitalerhaltungsgrundsatz. Handelt es sich bei dem Emittenten um eine Aktiengesellschaft, können die Aktionäre nach der Rechtsprechung des BGH gem. **§§ 97f. WpHG** ihre Anteile an der Gesellschaft Zug um Zug gegen Rückgewähr der Einlage zurückgeben. Die Schadensersatzpflicht 549

943 Ausweislich der Gesetzesmaterialien zur Einführung der Vorgängerregelungen gem. §§ 37b, 37c WpHG (BT-Drs. 14/8017, 94) stellt Abs. 3 jeweils eine gesetzliche Sonderregelung im Hinblick auf das Mitverschulden des Geschädigten in schadensbegründender Hinsicht dar, vgl. auch KölnKomm WpHG §§ 37b, 37c Rn. 259, Assmann/Schneider/Mülbert/*Hellgardt* WpHG §§ 97, 98 Rn. 118.

944 Schwark/Zimmer/*Zimmer/Steinhaeuser* §§ 97, 98 WpHG Rn. 95.

945 Assmann/Schneider/Mülbert/*Hellgardt* WpHG §§ 97, 98 Rn. 118.

946 KölnKomm WpHG/*Möllers/Leisch* §§ 37b, 37c Rn. 439.

947 Assmann/Schneider/Mülbert/*Hellgardt/Möllers/Leisch* WpHG §§ 97, 98 Rn. 147.

nach §§ 97f. WpHG kollidiert insoweit mit dem aktienrechtlichen Kapitalerhaltungsgrundsatz gem. §§ 57, 71 AktG: Demnach sind der Erwerb eigener Aktien (§ 71 AktG) und die Einlagenrückgewähr – mit Ausnahme der §§ 57 Abs. 1 S. 2, 71 AktG – grundsätzlich verboten (§ 57 AktG).[948] Die **hM** löst diesen Normkonflikt zugunsten der kapitalmarktrechtlichen Haftung nach §§ 97f. WpHG, da es sich hierbei nicht um eine Zahlung handelt, die im Hinblick auf die mitgliedschaftliche Stellung des Aktionärs gewährt wird, sondern die aufgrund der Verletzung von anlegerschützenden Vorschriften erfolgt und damit schon vom Tatbestand des § 57 Abs. 1 AktG nicht erfasst ist.[949] Der EuGH hat diese Auffassung als unionsrechtskonform bestätigt.[950] Nach **aA** sind Ansprüche aus §§ 97f. WpHG im Falle einer AG zwar ebenfalls nicht grundsätzlich ausgeschlossen, der von § 57 AktG verfolgte Schutz von Fremdkapitalgebern soll aber durch einen Rangrücktritt der Aktionäre mit ihrem kapitalmarktrechtlichen Anspruch in der Insolvenz der AG Rechnung getragen werden.[951] Die Ansprüche nach §§ 97f. WpHG würden im Falle einer Insolvenz der AG demnach nur nachrangig iSd § 199 InsO befriedigt.

550 **Fall 17 (nach BGHZ 192, 90 = BGH NJW 2012, 1800ff. – IKB):** Die IKB-Bank (IKB) ist eine börsennotierte Aktiengesellschaft und investiert in großem Umfang in großzügig vergebene Hypothekenkredite zweitklassiger Qualität in den USA, sog *Subprime*-Kredite, so dass sie Risiken iHv insgesamt 13 Mrd. EUR zu tragen hat. Am 1.7. wird öffentlich bekannt, dass der Hypothekenmarkt in den USA zusammengebrochen ist. Im Angesicht der erheblichen Investitionen droht damit auch der IKB die Insolvenz, die nur noch durch Maßnahmen der KfW-Bank zur Bonitätssicherung verhindert werden kann. Dies gibt die IKB per ad-hoc-Mitteilung am 30.7., woraufhin der Kurs der IKB-Aktie einbricht. Noch am 15.7. hatte der Vorstandsvorsitzende der IKB allerdings per Pressemitteilung verlautbart, dass die Bank von der US-Hypothekenkrise nicht betroffen sei, da sie als Bank für Mittelstandsfinanzierungen schwerpunktmäßig in nicht von der Krise erfasste Unternehmenskredite investiert habe. Anleger A, der am 20.7. IKB-Aktien ge-

948 Näher hierzu *Langenbucher* AktR § 9 Rn. 6ff.; *Schäfer* GesR § 42 Rn. 10ff.

949 Jüngst *Habersack*, FS 25 Jahre WpHG, 2019, 217 (218ff.); Assmann/Schneider/Mülbert/*Hellgardt* WpHG §§ 97, 98 Rn. 52f.; Schwark/Zimmer/*Zimmer/Steinhaeuser* WpHG §§ 97, 98 Rn. 17ff.; *Fuchs/Dühn* BKR 2002, 1063 (1070); *Renzenbrink/Holzner* BKR 2002, 434 (436). AA für § 71 AktG Fuchs/*Fuchs* WpHG Vor §§ 37b, 37c Rn. 53.

950 EuGH, ECLI:EU:C:2013:856, C-174/12 Rn. 28ff – Alfred Hirmann/Immofinanz = NJW-Spezial 2014, 80.

951 Dafür *Langenbucher* AktR § 17 Rn. 177f.; *Baums* ZHR 167 (2003), 139 (170); *Hopt* WM 2013, 101 (103f.).

kauft hat, verlangt von der IKB Erstattung des Kaufpreises gegen Übertragung der Aktien gem. §§ 97f. WpHG. Zu Recht?

Lösung: A könnte gegen die IKB zunächst einen Anspruch wegen Veröffentlichung einer unwahren Insiderinformation haben (**§ 98 Abs. 1 WpHG**). 551
Hier war die in der Pressemitteilung enthaltene Information zwar offensichtlich unwahr. § 98 WpHG ist aber nur auf Informationen anwendbar, die als ad-hoc-Mitteilungen nach Art. 17 MAR in der entsprechenden Form veröffentlicht werden. Eine analoge Anwendung des § 98 WpHG auf Pressemitteilungen scheidet mangels planwidriger Regelungslücke aus, da der Gesetzgeber trotz entsprechender Vorschläge bewusst davon abgesehen hat, eine allgemeine Haftung für alle Formen von Fehlinformationen auf dem Kapitalmarkt einzuführen.

Die IKB könnte aber nach § 97 Abs. 1 WpHG zum Schadensersatz verpflichtet sein. Die Höhe des *Subprime-Engagements* der IKB ist eine präzise kursrelevante und nicht öffentlich bekannte Information, die die IKB in ihrem Tätigkeitsbereich und folglich unmittelbar betrifft. Es besteht daher grundsätzlich eine **ad-hoc-Publizitätspflicht** der IKB, diese **Insiderinformation** zu veröffentlichen (Art. 17 Abs. 1 UAbs. 1 MAR). Zwar hat die Bank eine ad-hoc-Mitteilung am 30.7. veröffentlicht. Fraglich ist aber, ob dies noch rechtzeitig, dh „unverzüglich" erfolgt ist (Art. 17 Abs. 1 UAbs. 1 MAR). Der konkrete Zeitraum hängt insbesondere davon ab, ob und wieviel Zeit der Emittent zur Prüfung seiner Publizitätspflicht benötigt. Die Öffentlichkeit und damit auch die IKB hat am 1.7. Kenntnis von der Hypothekenkrise erhalten, so dass die Bank ihre ad-hoc-Publizitätspflicht innerhalb weniger Tage hätte prüfen und jedenfalls vor dem 20.7. – dem Tag des Erwerbs der Aktien durch A – veröffentlichen können. Die Voraussetzungen für einen Aufschub gem. Art. 17 Abs. 4, 5 MAR sind nicht erfüllt. Die Mitteilung der Insiderinformation am 30.7. ist damit jedenfalls nicht mehr **„unverzüglich"** erfolgt und die IKB hat daher ihre ad-hoc-Publizitätspflicht durch Unterlassen gem. § 97 Abs. 1 Nr. 1 WpHG verletzt.

A hat die Aktien am 20.7. und damit nach der pflichtwidrigen Unterlassung gekauft, dh **erworben,** und ist noch immer deren Inhaber (§ 97 Abs. 1 Nr. 1 WpHG). Die Pflichtverletzung müsste kausal für den Schaden gewesen sein (**haftungsbegründende Kausalität**). Erkennt man mit dem **BGH** den Zweck der §§ 97f. WpHG auch darin, die freie Willensbildung des Anlegers vor unlauteren Einwirkungen zu schützen, so kann A grundsätzlich den Erwerbsschaden ersetzt verlangen und muss hierfür nachweisen, dass er die Aktien im Falle einer rechtzeitigen ad-hoc-Mitteilung nicht erworben hätte. Beweiserleichterungen kommen A insoweit nicht zugute. So können weder die spezialgesetzlichen Regelungen zur Beweislastumkehr gem. § 12 Abs. 2 Nr. 1 WpPG; § 20 Abs. 4 Nr. 1 VermAnlG bzw. § 12 Abs. 3 Nr. 1 WpÜG analog angewendet noch die Theorie der Anlagestimmung oder die Vermutung des aufklärungsrichtigen Verhaltens herangezogen werden. Da sich aus dem Sachverhalt keine Anhaltspunkte dafür ergeben, dass A die IKB-Aktien im Vertrauen darauf erworben hat, dass die IKB nicht in die Hypothekenkredite investiert hat, fehlt es an der haftungsbegründenden Kausalität für die Anlageentscheidung. In diesem Fall kann A jedoch nach der Rechtsprechung des BGH den Kursdifferenzschaden ersetzt verlangen, wenn er darlegen und beweisen kann, dass der Kurs bei rechtzeitiger Veröffentlichung der ad-hoc-Mitteilung zum Kaufzeitpunkt am 20.7. niedriger gewesen wäre. Insoweit stimmt die Rspr. mit der **hL** überein, die davon ausgeht, dass die §§ 97 f. WpHG nur die Preisbildung auf dem Kapitalmarkt und nicht die Willensbildung der Anleger schützen sollen und daher auch ausschließlich den Kursdifferenzschaden für ersatzfähig erklären. Der Kausalitätsnachweis beschränkt sich dann ebenfalls darauf, dass die Veröffentlichung der Insiderinformation den Kurs negativ beeinflusst hätte. Das wäre hier der Fall gewesen, wie der spätere Kurssturz der Aktie indiziert. Insoweit kommen Rspr. und hL daher zu übereinstimmenden Ergebnissen.

Das Unterlassen der Veröffentlichung durch die IKB müsste auf **Vorsatz** oder grober Fahrlässigkeit beruhen (§ 97 Abs. 2 WpHG). Das Verschulden wird nach dem Wortlaut der Regelung vermutet. Die beschwichtigende Pressemitteilung des Vorstandsvorsitzenden der IKB zeigt, dass ihm die Gefahren aus der Hypothekenkrise und damit wohl auch das Vorliegen einer ad-hoc-Publizitätspflicht bewusst waren und der Verstoß jedenfalls billigend in Kauf genommen wurde. Das Verschulden des V wird der IKB gem. § 31 BGB analog zugerechnet (→ Rn. 542). Der Exkulpationsnachweis gelingt damit nicht.

Sowohl nach dem BGH als auch der hL ist im konkreten Fall nur der **Kursdifferenzschaden** zu ersetzen. Der Anleger erhält daher nur den Schaden ersetzt, den er durch die fehlerhafte Marktpreisbildung erlitten hat. Die **haftungsausfüllende Kausalität** stimmt insoweit mit der haftungsbegründenden Kausalität überein.

Ergebnis: A hat einen Anspruch gegen die IKB auf Zahlung seines Kursdifferenzschadens.

Prüfungsschema §§ 97, 98 WpHG

A. Haftungsbegründender Tatbestand

I. Anspruchsverpflichteter

→ ein Emittent, der für seine Finanzinstrumente die Zulassung zum Handel an einem inländischen Handelsplatz oder organisierten Handelssystem genehmigt oder an einem inländischen regulierten Markt oder multilateralen Handelssystem beantragt hat

→ Emittent: Art. 3 Abs. 1 Nr. 21 MAR

→ Regulierter Markt/geregelter Markt: Art. 3 Abs. 1 Nr. 6 MAR iVm Art. 4 Abs. 1 Nr. 21 MiFID II

→ MTF: Art. 3 Abs. 1 Nr. 7 MAR iVm Art. 4 Abs. 1 Nr. 22 MiFID II

II. Pflichtverletzung

1. § 97 WpHG: Unterlassen der unverzüglichen Veröffentlichung einer Insiderinformation nach Art. 17 MAR
2. § 98 WpHG: Veröffentlichung unwahrer Insiderinformation in Mitteilung nach Art. 17 MAR

III. Anspruchsberechtigter

1. § 97 Abs. 1 Nr. 1 WpHG
   → Erwerb der Finanzinstrumente nach Unterlassung und bei Bekanntwerden der Insiderinformation noch Inhaber der Finanzinstrumente
   → Anleger erwirbt zu teuer
2. § 97 Abs. 1 Nr. 2 WpHG
   → Erwerb der Finanzinstrumente vor dem Entstehen der Insiderinformaiton und Veräußerung nach der Unterlassung
   → Anleger veräußert zu billig
3. § 98 Abs. 1 Nr. 1 WpHG
   → Erwerb der Finanzinstrumente nach Veröffentlichung unwahrer Insiderinformationen und bei Bekanntwerden der Unrichtigkeit noch Inhaber der Finanzinstrumente
   → Anleger erwirbt zu teuer
4. § 98 Abs. 1 Nr. 2 WpHG
   → Erwerb der Finanzinstrumente vor der Veröffentlichung und Veräußerung vor Bekanntwerden der Un-

richtigkeit der Insiderinformation
→ Anleger veräußert zu billig
IV. Haftungsbegründende Kausalität
→ P1: Kausalzusammenhang zwischen Unterlassen der ad-hoc-Veröffentlichung (§ 97 WpHG) bzw. Veröffentlichung unwahrer Insiderinformation (§ 98 WpHG) und
– h. L.: inkorrekter Preisbildung
– BGH: Anlageentscheidung (falls Ersatz des Vertragsabschlussschadens und nicht nur des Kursdifferenzschaden)
→ P2: Beweiserleichterung bei gefordertem Kausalzusammenhang hin zur Anlageentscheidung
– Beweislastumkehr analog § 12 Abs. 2 Nr. 1 WpPG/ § 20 Abs. 4 Nr. 1 VermAnlG/§ 12 Abs. 3 Nr. 1 WpÜG
– Anscheinsbeweis nach Theorie der Anlagestimmung
– Vermutung aufklärungsrichtigen Verhaltens
V. Kein Nachweis fehlenden Verschuldens
→ § 97 Abs. 2 WpHG
B. Haftungsausfüllender Tatbestand
I. Schaden
II. Haftungsausfüllende Kausalität
→ Kausalzusammenhang zwischen der Pflichtverletzung und der nachteiligen Kursveränderung
III. Ersatzfähigkeit des Schadens
– h. L.: Ersatz des Kursdifferenzschadens
– Differenzierung nach BGH:
– Ersatz des Vertragsabschlussschadens bei Nachweis haftungsbegründender Kausalität zwischen Pflichtverletzung und Anlageentscheidung;
– Kursdifferenzschaden bei Nachweis haftungsbegründender Kausalität zwischen Pflichtverletzung und inkorrekter Kurspreisbildung

552 **b) Weitergehende Haftung des Emittenten.** Ähnlich wie § 16 Abs. 2 WpPG zur Prospekthaftung (→ Rn. 296) bestimmen §§ 97 Abs. 4, 98 Abs. 4 WpHG sowie § 26 Abs. 3 WpHG (zuvor § 15 Abs. 6 WpHG aF) das Verhältnis der spezialgesetzlichen Haftung gem. §§ 97, 98 WpHG zu anderen Anspruchsgrundlagen. Gem. § 26 Abs. 3 S. 1 WpHG haftet der Emittent für Verstöße gegen Art. 17

MAR nur auf Grundlage der §§ 97, 98 WpHG. Gem. §§ 97 Abs. 4, 98 Abs. 4 WpHG bzw. § 26 Abs. 3 S. 2 WpHG bleiben aber weitergehende Ansprüche nach den Vorschriften des BGB aufgrund von Verträgen oder vorsätzlichen unerlaubten Handlungen bzw. Ansprüche aus anderen Rechtsgrundlagen von der Sperrwirkung unberührt. In Betracht kommen vor allem allgemeine deliktsrechtliche Ansprüche gem. §§ 823 Abs. 2, 826 BGB.

aa) Haftung nach §§ 823 Abs. 2 iVm 31 BGB analog. Als weitere Anspruchsgrundlage für die Schadensersatzhaftung des Emittenten iSd § 26 Abs. 3 S. 2 WpHG kommen zunächst §§ 823 Abs. 2 iVm 31 BGB in Betracht, die die Verletzung eines Schutzgesetzes voraussetzen. Ob es sich bei **Art. 17 MAR** um ein Schutzgesetz iSd § 823 Abs. 2 BGB handelt, ist umstritten.[952] Die nahezu einhellige Auffassung zur Vorgängernorm des § 15 WpHG aF lehnte dies ab, da die Norm nach dem Willen des Gesetzgebers keinen individualschützenden Charakter besaß.[953] Auch unter Geltung der MAR sprechen die besseren Argumente gegen einen Anspruch aus § 823 Abs. 2 BGB. So haftet der Emittent für Verstöße gegen die ad-hoc-Publizitätspflicht gem. § 26 Abs. 3 S. 1 WpHG ausdrücklich nur unter den Voraussetzungen der §§ 97f. WpHG.[954] Auch der europäische Effektivitätsgrundsatz aus Art. 4 Abs. 3 EUV kann nicht für eine Haftung gem. § 823 Abs. 2 BGB ins Feld geführt werden, da §§ 97f. WpHG sowie die verwaltungs- und strafrechtlichen Sanktionen insoweit genügen, um eine wirksame Durchsetzung der ad-hoc-Publizitätspflicht sicherzustellen.[955] 553

Eine Haftung des Emittenten gem. § 823 Abs. 2 BGB kommt aber in Betracht, wenn ein Verhalten neben Art. 17 MAR auch andere Vorschriften verletzt, die ihrerseits als Schutzgesetz zu qualifizieren sind. Dazu gehört beispielsweise **§ 400 AktG**, der die unrichtige 554

952 Für eine Schutzgesetzqualität *Hellgardt* AG 2012, 154; *Seibt* ZHR 177 (2013), 388. Offen lassend *Krause* CCZ 2014, 248. AA Assmann/Schneider/Mülbert/*Assmann* MAR Art. 17 Rn. 11, 308f.; *Buck-Heeb* KapMarktR Rn. 542; *Seulen* in Habersack/Mülbert/Schlitt KapMarkt-Info-HdB § 29 Rn. 160a; *Schäfer* in Marsch-Barner/Schäfer Börsennotierte AG-HdB § 15 Rn. 15.53.

953 S. nur BGH NJW 2005, 2450 (2451) – EM.TV; Fuchs/*Pfüller* WpHG § 15 Rn. 537; *Rodewald/Siems* BB 2001, 2437 (2439); *Rützel* AG 2003, 69 (72).

954 Zu § 15 WpHG aF BGHZ 160, 134 (138) = BGH NJW 2004, 2664 (2665) – Infomatec I; BGHZ 192, 90 (111) = BGH NJW 2012, 1800 (1806) – IKB; ebenso KölnKomm WpHG/*Möllers/Leisch* §§ 37b, 37c unter Verweis auf Beschlussempfehlung und Bericht des Finanzausschusses zum 2. FFG (BT-Drs. 12/7918, 102).

955 Schwark/Zimmer/*Kumpan/Grütze* MAR Art. 17 Rn. 20. Siehe auch *Poelzig* ZGR 2015, 801 (806f.).

oder verschleiernde Wiedergabe von Gesellschaftsverhältnissen unter Strafe stellt. Allerdings wird die Tauglichkeit von ad-hoc-Mitteilungen, jedenfalls soweit diese nur Einzelumstände enthalten, als Tatmittel des § 400 AktG nach ganz hM abgelehnt.[956] Ähnliches gilt für **§ 264a StGB** (Kapitalanlagebetrug), der grundsätzlich als Schutzgesetz in Betracht kommt, aber eine „Darstellung über den Vermögensstand" erfordert. Die Darstellung müsste demnach ein Gesamtbild über die wirtschaftliche Lage der Gesellschaft ermöglichen,[957] weswegen § 264a StGB nur auf entsprechend umfangreichere ad-hoc-Mitteilungen anwendbar ist.[958] Ein Anspruch aus § 823 Abs. 2 BGB iVm **§ 263 StGB** scheitert meist an der notwendigen Stoffgleichheit von Vermögensvorteil und Schaden.[959] Einen unmittelbaren Vermögensvorteil erlangt nicht der Emittent, sondern nur der Dritte, von dem der Anleger die Finanzinstrumente zu teuer erwirbt oder an den er die Finanzinstrumente zu billig veräußert.[960] Die entstandene Kursdifferenz zugunsten des Emittenten ist kein unmittelbarer Vermögensvorteil.[961]

555 **bb) Haftung nach §§ 826 iVm 31 BGB analog.** Weiterhin kommt als Anspruchsgrundlage **§§ 826 iVm 31 BGB analog** in Betracht. Dessen Anwendbarkeit wird insbesondere durch die §§ 97 Abs. 4, 98 Abs. 4 WpHG gemäß deren Wortlaut nicht gesperrt. Der Anwendung steht auch nicht § 26 Abs. 3 S. 1 WpHG entgegen, da der Gesetzgeber einen Ausschluss von Ansprüchen aus vorsätzlicher sittenwidriger Schädigung explizit nicht beabsichtigte.[962]

---

956 BVerfG BKR 2007, 38 (39); BGHZ 160, 134 (140) = NJW 2004, 2664 (2665) – Infomatec I; Assmann/Schneider/Mülbert/*Hellgardt* WpHG §§ 97, 98 Rn. 159; Fuchs/*Fuchs* WpHG Vor §§ 37b, 37c Rn. 65; KölnKomm WpHG/*Möllers/Leisch* §§ 37b, 37c Rn. 444; JVRB/*Bruchwitz* WpHG §§ 37b, 37c Rn. 101; *Gerber* DStR 2004, 1793 (1795); *Rützel* AG 2003, 69 (73).

957 BGH NJW 2004, 2664 (2665) – Infomatec I.

958 KölnKomm WpHG/*Möllers/Leisch* §§ 37b, 37c Rn. 460; Lackner/Kühl/*Heger* StGB § 264a Rn. 10; LK StGB/*Tiedemann/Vogel* StGB § 264a Rn. 59; Schönke/Schröder/*Perron* StGB § 264a Rn. 18; *Hildner* WM 2004, 1068 (1072). Wohl weiter *Fischer* StGB § 264a Rn. 12. Eine Haftung nach § 823 Abs. 2 BGB iVm § 264a StGB generell ablehnend *Grunewald/Schlitt* KapMarktR 321.

959 *Brellochs* Publizität und Haftung von Aktiengesellschaften 113; *Seulen* in Habersack/Mülbert/Schlitt KapMarktInfo-HdB § 29 Rn. 163; *Krause* ZGR 2002, 799 (817); *Edelmann* BB 2004, 2031 (2032); *Rützel* AG 2003, 69 (73).

960 BGHZ 160, 134 (142) = NJW 2004, 2664 (2666) – Infomatec I; KölnKomm WpHG/*Möllers/Leisch* §§ 37b, 37c Rn. 509. Ausführlich zu den sich im Rahmen der Anwendung des § 263 StGB in diesen Fällen ergebenden Probleme JVRB/*Bruchwitz* WpHG §§ 37b, 37c Rn. 95 ff.

961 BGHZ 160, 134 (142) = NJW 2004, 2664 (2666) – Infomatec I; *Mülbert/Steup* in Habersack/Mülbert/Schlitt Unternehmensfinanzierung am Kapitalmarkt Rn. 14.251.

962 S. die Begründung zum wortlautgleichen § 15 Abs. 6 S. 2 WpHG aF: BT-Drs. 12/7918, 102.

(a) **Sittenwidriges Verhalten.** Das für § 826 BGB erforderliche **sittenwidrige Verhalten** setzt eine besondere Verwerflichkeit des Verhaltens voraus. Diese ist mittels einer Gesamtbetrachtung der Einzelfallumstände, insbesondere des verfolgten Ziels, der eingesetzten Mittel, der zu Tage tretenden Gesinnung oder der eingetretenen Folgen festzustellen.[963] Hierbei orientiert sich der BGH auch an der Frage, ob derart gegen die Mindestanforderungen im Rechtsverkehr auf dem Kapitalmarkt verstoßen worden ist, dass ein Ausgleich der durch die Handlung bei den einzelnen Marktteilnehmern verursachten Vermögensschäden geboten erscheint.[964] Die bloße Nichterfüllung der gesetzlichen Veröffentlichungspflicht gem. Art. 17 MAR allein kann für sich genommen den Vorwurf der Sittenwidrigkeit jedenfalls nicht begründen,[965] da anderenfalls über die Anwendung des § 826 BGB die abschließende Wertung der spezialgesetzlichen Informationsdeliktshaftung umgangen werden würde.[966] So hat der BGH die Sittenwidrigkeit in einem Fall bejaht, in dem es um die Haftung eines Vorstandsmitglied nach § 826 BGB ging, weil es das Anlegerpublikum durch (1) wiederholt grob unrichtige ad-hoc-Mitteilungen (2) vorsätzlich und (3) aus eigennützigen Interessen beeinflusst hat.[967] Ob diese Voraussetzungen, die im sog. Infomatec-Fall in dieser Form zusammentrafen, zwangsläufig immer kumulativ vorliegen müssen, hat der BGH nicht klargestellt.[968] 556

Nach hL kann auch das **Unterlassen** der Veröffentlichung einer nach Art. 17 Abs. 1 UAbs. 1 MAR gebotenen ad-hoc-Mitteilung den Sittenwidrigkeitsvorwurf des § 826 BGB begründen,[969] wenn über das Absehen von der Veröffentlichung hinaus weitere Umstände hinzutreten.[970] Dabei ist vor allem zu berücksichtigen, ob eigennützige 557

---

963 BGH NJW 2004, 2971 (2973) – Infomatec III.
964 BGH NJW 2004, 2971 (2973 f.) – Infomatec III.
965 S. nur BGH NZG 2013, 992 (993); BGH NJW 2001, 3702 f.; *Spindler* WM 2004, 2089 (2091); vgl. *Mülbert/Steup* WM 2005, 1633 (1646 f.).
966 BGHZ 160, 149 = BGH NJW 2004, 2971 – Infomatec III; Assmann/Schneider/Mülbert/*Hellgardt* WpHG §§ 97, 98 Rn. 162; *Spindler* WM 2004, 2089 (2091).
967 BGHZ 160, 149 (157 f.) = BGH NJW 2004, 2971 (2973 f.) – Infomatec III.
968 Nach im Schrifttum vertretener Auffassung ist jedenfalls eigennütziges Handeln der Organmitglieder keine zwingend erforderliche Voraussetzung. Geschädigte Anleger könnten demnach grundsätzlich auch den Vorstand, der keine eigenen Anteile an der Gesellschaft hält, in Anspruch nehmen, wenn dieser wiederholt unrichtige ad-hoc-Mitteilungen veröffentlicht und das Anlegerpublikum vorsätzlich beeinflusst. Vgl. hierzu Assmann/Schneider/Mülbert/*Hellgardt* WpHG §§ 97, 98 Rn. 161; KölnKomm WpHG/*Möllers/Leisch* §§ 37b, 37c Rn. 415.
969 AA *Holtzborn/Foelsch* NJW 2003, 932 (939); wohl auch *Rützel* AG 2003, 69 (73).
970 S. nur BGH NZG 2013, 992 (993); BGH NJW 2001, 3702 f.; Schwark/Zimmer/*Zimmer/Steinhaeuser* WpHG §§ 97, 98 Rn. 139; Fuchs/*Fuchs* WpHG Vor §§ 37b,

Motive vorliegen und das Bestehen einer Veröffentlichungspflicht offenkundig ist.[971]

558 **(b) Ersatzfähiger Schaden.** Schaden iSd § 826 BGB ist „nicht nur jede nachteilige Einwirkung auf die Vermögenslage, sondern darüber hinaus jede Beeinträchtigung eines rechtlich anerkannten Interesses und jede Belastung mit einer ungewollten Verpflichtung".[972] Daher ist für den Anspruch aus § 826 BGB unerheblich, ob die Transaktion wirtschaftlich nachteilig war oder nicht.

559 Während die **Anspruchsberechtigung** für §§ 97 f. WpHG den Erwerb bzw. die Veräußerung durch den geschädigten Anleger voraussetzt (→ Rn. 536), sind nach § 826 BGB mangels Transaktionserfordernis dem Grunde nach auch diejenigen anspruchsberechtigt, die aufgrund der fehlerhaften oder unterlassenen ad-hoc-Mitteilung auf den Erwerb oder die Veräußerung der betroffenen Finanzinstrumente verzichtet haben, die Finanzinstrumente also beispielsweise weiter in ihrem Portfolio halten.[973] In der Praxis wird sich regelmäßig aber nur schwer nachweisen lassen, dass die ad-hoc-Pflichtverletzung ursächlich für die Entscheidung des Anlegers war, auf die beabsichtigte Transaktion zu verzichten.

560 Vor dem Hintergrund des im Vergleich zu den §§ 97 f. WpHG abweichenden Schutzzwecks von § 826 BGB räumt (neben dem BGH) auch die hL dem Anleger konsequenterweise einen Anspruch auf den **Erwerbs-** bzw. **Veräußerungsschaden** ein.[974] Der Anleger kann daher grundsätzlich die Rückabwicklung der Transaktion verlangen,[975] unabhängig davon, ob die Transaktion wirtschaftlich nachteilig ist.[976] Alternativ ist auch der **Kursdifferenzschaden** ersatzfähig.[977] Hat der

---

37 c Rn. 37; *Spindler* WM 2004, 2089 (2091); vgl. *Mülbert/Steup* WM 2005, 1633 (1646 f.).

971 Schwark/Zimmer/*Zimmer/Steinhaeuser* WpHG §§ 97, 98 Rn. 136; Assmann/Schneider/Mülbert/*Hellgardt* WpHG §§ 97, 98 Rn. 162; *Mülbert/Steup* in Habersack/Mülbert/Schlitt Unternehmensfinanzierung am Kapitalmarkt § 41 Rn. 41.243; *Fleischer* DB 2004, 2031, 2034; *Krause* ZGR 2002, 799 (824 f.).

972 S. nur BGHZ 160, 149 (153) = BGH NJW 2005, 2450 (2452) – EM-TV.

973 BGH NJW 2005, 2450 (2453) – EM-TV.

974 Schwark/Zimmer/*Zimmer/Steinhaeuser* WpHG §§ 97, 98 Rn. 135; Assmann/Schneider/Mülbert/*Hellgardt* WpHG §§ 97, 98 Rn. 160; KölnKomm WpHG/*Möllers/Leisch* §§ 37 b, 37c Rn. 465.

975 Skeptisch bzgl. der tatsächlichen Übertragung der Finanzinstrumente wegen des Kapitalerhaltungsgrundsatzes gem. §§ 57, 71 AktG Fuchs/*Fuchs* WpHG Vor §§ 37b, 37c Rn. 53.

976 *Mülbert/Steup* in Habersack/Mülbert/Schlitt Unternehmensfinanzierung am Kapitalmarkt Rn. 41.242.

977 BGH NZG 2005, 672 (675); BGH NZG 2012, 263.

Anleger auf eine Transaktion verzichtet, kann er den entgangenen Gewinn gem. § 252 S. 1 BGB ersetzt verlangen.

(c) **Kausalität.** Der Anleger muss allerdings nach hM stets die **Kausalität** zwischen fehlerhafter oder unterbliebener ad-hoc-Mitteilung und der Anlageentscheidung nachweisen.[978] Es gelten grundsätzlich keine Beweiserleichterungen, nur ausnahmsweise soll unter strengen Voraussetzungen eine „einzelfallbezogene konkrete Anlagestimmung" zur Beweiserleichterung herangezogen werden können.[979] Eine solche Beweiserleichterung käme wohl jedenfalls dann in Betracht, wenn eine fehlerhafte ad-hoc-Mitteilung mit einem Inhalt von erheblicher Tragweite veröffentlicht wurde, die im konkreten Einzelfall eine allgemeine Stimmung am Markt erzeugte, deren Ausmaß mit der einer durch die Veröffentlichung eines Prospekts hervorgerufenen Anlagestimmung bzw. einer entsprechenden Verkaufsstimmung vergleichbar ist.[980] Kann der Anleger die Kausalität des sittenwidrigen Verhaltens für seine Anlageentscheidung nicht nachweisen, so kann er – nach einem Hinweisbeschluss des BGH[981] anders als im Falle der §§ 97f. WpHG – auch nicht alternativ den **Kursdifferenzschaden** ersetzt verlangen.[982] Die Bedingung der Abschlusskausalität erstreckt sich nach den Ausführungen des BGH auch auf den grundsätzlich ersatzfähigen Kursdifferenzschaden, um so „einer uferlosen Ausweitung des ohnehin offenen Haftungstatbe- 561

978 BGH NJW 2005, 2450 (2451) – EM-TV; BGHZ 160, 134 (143f.) = NJW 2004, 2664 (2666) – Infomatec I; BGH NJW 2008, 76 (78); BGH NZG 2008, 385; OLG Düsseldorf CCZ 2010, 77 (79); Assmann/Schneider/Mülbert/*Hellgardt* WpHG §§ 97, 98 Rn. 140; KölnKomm WpHG/*Möllers/Leisch* §§ 37b, 37c Rn. 345; Schwark/Zimmer/*Zimmer/Steinhaeuser* WpHG §§ 97, 98 Rn. 135; *Fleischer* in Assmann/Schütze/Buck-Heeb KapAnlR-HdB § 6 Rn. 25ff.; *Buchta* in van Kann Vorstand der AG Rn. 329; *Grunewald/Schlitt* KapMarktR 321.; *Mülbert/Steup* in Habersack/Mülbert/Schlitt Unternehmensfinanzierung am Kapitalmarkt Rn. 41.244; *Findeisen/Backhaus* WM 2007, 100 (101ff.); *Longino* DStR 2008, 2068 (2073f.); *Möllers* NZG 2008, 413f.; *Schäfer* NZG 2005, 985; *Unzicker* WM 2007, 1596 (1598f.).

979 BGH NZG 2007, 708 (709) – ComROAD IV; BGH NJW 2004, 2664 (2666f.) – Infomatec I; dazu MAH AktR/*Ritter/Schüppen* § 24 Rn. 68ff.; Staub/*Grundmann* Bd. 11/2 8. Teil Rn. 271; *Fleischer* ZIP 2005, 1805 (1807ff.); *Möllers* NZG 2008, 413f. Zum Ganzen *Leuschner* ZIP 2008, 1050.

980 Vgl. BGH NZG 2007, 708 (709f.); BGH NZG 2007, 345; OLG Frankfurt/Main AG 2019, 217 (Rn. 38); *Buck-Heeb* KapMarktR Rn. 549.

981 BGH NZG 2007, 346 (347) – Com ROAD.

982 Schwark/Zimmer/*Zimmer/Steinhaeuser* WpHG §§ 97, 98 Rn. 136; Buck-Heeb WuB I G 7.–2.08. AA Assmann/Schneider/Mülbert/*Hellgardt* WpHG §§ 97, 98 Rn. 164, 166; Fuchs/*Fuchs* WpHG Vor §§ 37b, 37c Rn. 55; KölnKomm WpHG/*Möllers/Leisch* §§ 37b, 37c Rn. 434; *Lenenbach* KapMarktR Rn. 11.553; *Leuschner* ZIP 2008, 1050 (1054ff.). Ausschließlich den Kursdifferenzschaden als ersatzfähig ansehend KölnKomm KapMuG/*Casper* §§ 37b, 37c Rn. 75f.; *Fleischer* BB 2002, 1869 (1872).

standes der vorsätzlichen sittenwidrigen Schädigung“ vorzubeugen.[983] Hierfür spricht, dass § 826 BGB anders als die kapitalmarktdeliktsrechtlichen §§ 97f. WpHG gerade nicht dem Marktschutz und damit in erster Linie der Preisbildung, sondern als bürgerlich-rechtliche Vorschrift dem einzelnen geschädigten Anleger und dessen Entscheidungsfreiheit dient.

562 c) **Haftung der Organmitglieder.** Da in Kapitalanlagehaftungsfällen in der Praxis nicht selten eine Insolvenz des Emittenten droht, ist eine Inanspruchnahme des Emittenten für geschädigte Anleger oft wirtschaftlich wenig aussichtsreich. Daher stellt sich die Frage, ob und inwieweit geschädigte Anleger die Organmitglieder wegen eines Verstoßes gegen Art. 17 MAR direkt in Anspruch (sog. Außenhaftung) nehmen können oder die Gesellschaft bei dem Organmitglied Regress nehmen kann (sog. Innenhaftung).

563 aa) **Außenhaftung.** Der Gesetzgeber hat den Kreis der Haftungspflichtigen gemäß §§ 97f. WpHG eindeutig auf den Emittenten beschränkt. Eine Haftung gem. **§§ 97f. WpHG analog** kommt daher nicht in Betracht,[984] zumal es bereits vor Einführung der §§ 97f. WpHG Schadensersatzprozesse gegen Emittenten und auch Organmitglieder gab und dem Gesetzgeber die Problematik daher durchaus bewusst war.[985] Dass der Gesetzgeber die spezialgesetzliche Haftung gleichwohl auf Emittenten beschränkt hat, ist daher als bewusste Entscheidung anzusehen und das Fehlen einer planwidrigen Regelungslücke hinzunehmen. Darüber hinaus sind weder die spezialgesetzliche Prospekthaftung gemäß §§ 9ff. WpPG noch die allgemeine bürgerlich-rechtliche Prospekthaftung ieS anwendbar, da ad-hoc-Mitteilungen als anlassbezogene Informationen weder unter den kapitalmarktrechtlichen noch den bürgerlich-rechtlichen Prospektbegriff (→ Rn. 279, 331) fallen.[986]

564 In der Praxis steht aber vor allem eine Haftung der Organmitglieder auf der Grundlage des allgemeinen Deliktsrechts, so etwa nach **§ 823 Abs. 2 BGB** und **§ 826 BGB**, im Zentrum. So ist die oben zitierte

983 BGH NZG 2007, 346 (347) – Com ROAD.

984 Schwark/Zimmer/*Zimmer/Steinhaeuser* WpHG §§ 97, 98 Rn. 32; *Buck-Heeb* KapMarktR Rn. 518.

985 Zudem wurde der Entwurf eines „Gesetz[es] zur Verbesserung der Haftung für falsche Kapitalmarktinformationen (Kapitalmarktinformationshaftungsgesetz – KapInHaG)“, der Ersatzansprüche direkt gegen Organmitglieder vorsah, im Laufe des Gesetzgebungsverfahrens fallen gelasssen, s. dazu den Diskussionsentwurf des BMF in NZG 2004, 1042; sowie *Veil* BKR 2005, 91.

986 KölnKomm WpHG/*Möllers/Leisch* §§ 37b, 37c Rn. 390.

Rechtsprechung zu §§ 823 Abs. 2, 826 BGB tatsächlich überwiegend auch nicht zur Haftung des Emittenten, sondern der Organmitglieder ergangen. Für die Anspruchsvoraussetzungen, insbesondere die **haftungsbegründende Kausalität** mit deren Beweiserleichterungen sowie die **Aktivlegitimation** und den Anspruch auf den ersatzfähigen **Schaden**, kann daher auf die obigen Ausführungen zur Emittentenhaftung verwiesen werden (→ Rn. 527 ff.).

bb) Innenhaftung. Verletzen die Vorstandsmitglieder einer AG 565
oder die Geschäftsführer einer GmbH ihre organschaftlichen Pflichten, haften sie darüber hinaus im Innenverhältnis gegenüber der Gesellschaft für den ihr daraus entstandenen Schaden (§ 93 Abs. 2 AktG; § 43 Abs. 2 GmbHG). Verschuldensmaßstab ist die Sorgfalt eines ordentlichen und gewissenhaften Geschäftsleiters (§ 93 Abs. 1 AktG; § 43 Abs. 1 GmbHG). Eine Pflichtverletzung gegenüber der Gesellschaft stellt insbesondere auch der Verstoß gegen die rechtlichen Pflichten der Gesellschaft im Außenverhältnis gegenüber Dritten dar (sog **Legalitätspflicht**). Nach diesen allgemeinen verbandsrechtlichen Grundsätzen sind die zuständigen Organmitglieder also im Regelfall gegenüber der Gesellschaft für schuldhafte Verstöße gegen Art. 17 MAR verantwortlich. Auf diesem Weg kann die Gesellschaft für den ihr nach §§ 97 f. WpHG entstandenen Schaden – insbesondere in Form von Schadensersatzzahlungen an geschädigte Anleger oder Geldbußen – bei ihren Organmitgliedern **Regress** nehmen. Auch Aufsichtsratsmitglieder können, falls sie ihre Kontrollpflicht nach § 111 Abs. 1 AktG verletzen, zum Schadensersatz verpflichtet sein (§ 116 S. 1 AktG).

Eine im Voraus getroffene **Vereinbarung** zwischen Emittent und 566
Organmitglied, auf die Geltendmachung der Regressansprüche (teilweise) zu verzichten, ist unwirksam (§§ 97 Abs. 5, 98 Abs. 5 WpHG). Hierdurch soll verhindert werden, dass sich Organmitglieder im Vorfeld von ihrer Verantwortlichkeit freizeichnen und ohne Risiko kapitalmarktrechtswidrig im Namen des Emittenten agieren. Nach dem Wortlaut sind Vereinbarungen über den Ausschluss der Haftung von Aufsichtsratsmitgliedern hingegen zulässig. Angesichts der vergleichbaren Sachlage und mangels einer beabsichtigten Regelungslücke ist die Vorschrift analog auf Aufsichtsräte anzuwenden.[987]

987 Assmann/Schneider/Mülbert/*Hellgardt* WpHG §§ 97, 98 Rn. 168; KölnKomm WpHG/*Möllers/Leisch* §§ 37 b, 37c Rn. 517; Schwark/Zimmer/*Zimmer/Steinhaeuser* WpHG §§ 97, 98 Rn. 148.

Eine nachträgliche Vereinbarung nach Eintritt des Schadens schließen §§ 97 Abs. 5, 98 Abs. 5 WpHG jeweils nicht aus.

III. Ad-hoc-Publizitätspflicht gem. § 11a VermAnlG

567 Die ad-hoc-Informationspflicht gem. Art. 17 MAR gilt ausschließlich für Finanzinstrumente der MiFID II und damit nicht für Vermögensanlagen iSd § 1 VermAnlG. Seit dem 10.7.2015 verpflichtet allerdings § 11a VermAnlG auch Emittenten von Vermögensanlagen nach Beendigung des öffentlichen Angebots bis zur vollständigen Tilgung der Vermögensanlage zur Veröffentlichung von Insiderinformationen. **Emittent** ist gem. § 1 Abs. 3 VermAnlG die Person oder Gesellschaft, deren Anteile, Genussrechte, Namensschuldverschreibungen oder sonstigen Vermögensanlagen aufgrund eines öffentlichen Angebots im Inland ausgegeben werden.

Emittent sind also zB die AG, deren Genussrechte durch eine Bank öffentlich angeboten werden, oder aber die KG, die ihre Nachrangdarlehen selbst öffentlich anbietet.

568 Nach § 11a VermAnlG muss der Emittent zwischen der Beendigung des Angebots und der vollständigen Tilgung Tatsachen, die sich auf ihn oder die von ihm emittierten Vermögensanlagen unmittelbar beziehen und nicht öffentlich bekannt sind, unverzüglich nach § 11a Abs. 3 S. 1 VermAnlG veröffentlichen. Anders als Art. 17 MAR verpflichtet § 11a VermAnlG allerdings nur zur Veröffentlichung von **negativen Tatsachen**, dh von Tatsachen, die geeignet sind, die Fähigkeit des Emittenten zur Erfüllung seiner Verpflichtungen gegenüber dem Anleger erheblich zu beeinträchtigen. Dadurch sollen Anleger und potentielle Erwerber auf dem Sekundärmarkt über aktuelle Informationen negativer Art zur Vermögens-, Finanz- und Ertragslage unterrichtet werden. Die Ad-hoc-Mitteilungspflicht endet mit der **vollständigen Tilgung** der Vermögensanlage (§ 11a S. 2 VermAnlG), dh wenn alle Haupt- und Nebenforderungen aus der Vermögensanlage erfüllt sind. Die ad-hoc-Mitteilungspflicht wird flankiert durch die **Anzeigepflicht** des Anbieters gem. § 10a VermAnlG. Danach muss der Anbieter der BaFin die Beendigung des öffentlichen Angebots sowie die vollständige Tilgung der Vermögensanlage unverzüglich schriftlich oder elektronisch mitteilen. Hierdurch soll Klarheit darüber geschaffen werden, ab welchem Zeitpunkt die Pflicht zur

Aktualisierung des Verkaufsprospekts gem. § 11 VermAnlG durch die ad-hoc-Publizitätspflicht aus § 11a VermAnlG abgelöst wird und wann diese wiederum endet.[988]

Zur vertiefenden Lektüre: *Bachmann*, Ad-hoc-Publizität nach „Geltl", DB 2012, 2206; *Fleischer*, Ad-hoc-Publizität beim einvernehmlichen vorzeitigen Ausscheiden des Vorstandsvorsitzenden, NZG 2007, 401; *Florstedt*, Fehlerhafte Ad-hoc-Publizität und Anspruchsberechtigung, AG 2017, 557; *Franck*, Marktordnung durch Haftung, 2016; *Harbarth*, Ad-hoc-Publizität beim Unternehmenskauf, ZIP 2005, 1898; *Klöhn*, Die Haftung wegen fehlerhafter Ad-hoc-Publizität gem. §§ 37b, 37c WpHG nach dem IKB-Urteil des BGH, AG 2012, 345; *ders.*, Ad-hoc-Publizität und Insiderverbot im neuen Marktmissbrauchsrecht, AG 2016, 423; *ders.*, Wann ist eine Information öffentlich bekannt iSv Art. 7 MAR?, ZHR 180 (2016), 707; *Koch*, Die Ad-hoc-Publizität: Veröffentlichungs- oder Wissensorganisationspflicht?, AG 2019, 273; *Krämer/Kiefner*, Ad-hoc-Publizität nach dem Final Report des ESMA, AG 2016, 621; *Kumpan*, Ad-hoc-Publizitätspflicht nach der neuen Marktmissbrauchsverordnung – Untersuchung wesentlicher Neuerung und der Auswirkung auf Emittenten, DB 2016, 2039; *Merkner/Sustmann/Retsch*, Insiderrecht und Ad-hoc-Publizität im neuen Emittentenleitfaden der BaFin, AG 2019, 621; *Meschede*, Dieselgate: Denkbare Anspruchsgrundlagen für Schadensersatzansprüche von Porsche-Aktionären und Erwerbern von Derivaten auf VW-Aktien gegen die Volkswagen AG, ZIP 2017, 215; *Poelzig*, Die Neuregelung der Offenlegungsvorschriften durch die Marktmissbrauchsverordnung, NZG 2016, 761; *dies./Strobel*, COVID-19 und Ad-hoc-Publizität, Jura 2020, 1082; *Retsch*, Die Selbstbefreiung nach der Marktmissbrauchsverordnung, NZG 2016, 1201; *Schmolke*, Der Aufschub der Ad-hoc-Publizität nach Art. 17 Abs. 4 MAR zum Schutz der Unternehmensreputation, ZGR 2016, 866; *Scholz*, Ad-hoc-Publizität und Freiverkehr, NZG 2016, 1286; *Teigelack*, Ad-hoc-Mitteilungspflicht bei Zivilprozessen, BB 2016, 1604; *Thomale*, Zum subjektiven Tatbestand der Unterlassungshaftung nach § 97 WpHG, AG 2019, 189; *Vaupel/Oppenauer*, Zur Strafbarkeit eines unterlassenen, verspäteten oder verfrühten Aufschubs von der Ad-hoc-Veröffentlichungspflicht, AG 2019, 502; *Vetter/Engel/Lauterbach*, Zwischenschritte als ad-hoc-publizitätspflichtige Insiderinformation, AG 2019, 160; *Wilsing/Goslar*, Ad-hoc-Publizität bei gestreckten Sachverhalten – Die Entscheidung des EuGH vom 28.6.2012, C-19/11, „Geltl", DStR 2012, 1709; *Zetzsche*, Normaler Geschäftsgang und Verschwiegenheit als Kriterien für die Weitergabe transaktionsbezogener Insiderinformationen an Arbeitnehmer, NZG 2015, 817.

988 RegE Kleinanlegerschutzgesetz, BT-Drs. 18/3994, 44.

§ 19. Managers' Transactions gem. Art. 19 MAR

I. Melde- und Veröffentlichungspflicht

1. Inhalt und Zweck

569 Führungskräfte von Unternehmen verfügen naturgemäß über Insiderinformationen. Um **Insiderhandel** vorzubeugen, sieht Art. 19 Abs. 1 MAR daher Meldepflichten für Eigengeschäfte von Führungskräften vor (*Managers' Transactions*; zuvor *Directors' Dealings*).[989] Führungskräfte haben demnach Geschäfte mit den Finanzinstrumenten des Emittenten iSd Art. 19 Abs. 4 MAR oder EAMP,[990] bei dem sie tätig sind, diesem und der zuständigen Aufsichtsbehörde – in Deutschland der BaFin – unverzüglich und spätestens innerhalb von drei Geschäftstagen nach dem Geschäft zu **melden** (Art. 19 Abs. 1 UAbs. 2 MAR). Um Umgehungen zu vermeiden, gilt die Meldepflicht auch für Personen, die in enger Beziehung zu den Führungskräften stehen. Art. 19 Abs. 10 MAR erstreckt die Regelung auf Versteigerungsplattformen, Versteigerer und die Auktionsaufsicht, die an Auktionen gem. VO (EU) Nr. 1031/2010 beteiligt sind. Emittenten, EAMP und Unternehmen iSd Art. 19 Abs. 10 MAR müssen die Informationen, die ihnen von den Führungskräften bzw. den ihnen eng verbundenen Personen gemeldet wurden, gem. Art. 19 Abs. 3 MAR unverzüglich und spätestens drei Geschäftstage nach dem Geschäft **veröffentlichen.**[991] Die Information entfaltet für Anleger eine erhebliche **Indikatorwirkung,** da diese aus der Tatsache, dass Führungskräfte des Emittenten dessen Finanzinstrumente erwerben oder veräußern, wichtige Rückschlüsse auf die Geschäftslage des Emittenten ziehen können (ErwGr 58 MAR).[992]

---

989 BaFin, FAQ zu Eigengeschäften von Führungskräften nach Art. 19 der Marktmissbrauchsverordnung (EU) Nr. 596/2014 (BaFin FAQ Art. 19 MAR) (abrufbar unter: https://www.bafin.de/SharedDocs/Downloads/DE/FAQ/dl_faq_mar_art_19_DD.pdf?__blob=publicationFile&v=1).

990 So auch BaFin Emittentenleitfaden, Modul C, Stand 25.3.2020, II.2.1, 69.

991 Ab dem 1.1.2021 muss der Emittent oder EAMP innerhalb einer Frist von zwei Geschäftstagen veröffentlichen, s. Art. 1 Nr. 5 VO (EU) 2019/2115.

992 *Langenbucher* AktR § 17 Rn. 107; Assmann/Schneider/*Sethe* WpHG, 6. Aufl. 2012, § 15a Rn. 12.

Veräußern beispielsweise gleich mehrere Vorstandsmitglieder einer AG innerhalb kurzer Zeit in erheblichem Umfang Aktien, kann dies zu einem erheblichen Kurssturz führen.

2. Meldepflichtige Adressaten

Meldepflichtig sind gem. Art. 19 Abs. 1 UAbs. 1 MAR Personen mit Führungsaufgaben. Dazu gehören gem. Art. 3 Abs. 1 Nr. 25 lit. a) MAR Personen, die einem **Verwaltungs-, Leitungs- oder Aufsichtsorgan** eines Emittenten, EAMP oder eines anderen Unternehmens iSd Art. 19 Abs. 10 MAR angehören. Darunter fallen insbesondere Vorstands- und Aufsichtsratsmitglieder einer AG. Gem. Art. 3 Abs. 1 Nr. 25 lit. b) MAR gelten als Personen mit Führungsaufgaben auch höhere Führungskräfte ohne Organstellung, die regelmäßig Zugang zu Insiderinformationen mit Bezug zu diesem Unternehmen haben, und zudem befugt sind, unternehmerische Entscheidungen über zukünftige Entwicklungen und Geschäftsperspektiven dieses Unternehmens zu treffen. Der Streit zu der Vorgängerregelung gem. § 15a Abs. 2 WpHG aF, wie weit der Kreis der Führungskräfte zu ziehen ist, wird durch die Einschränkung auf **„höhere Führungskräfte"** beigelegt. Damit sind nicht mehr sämtliche leitende Angestellte erfasst.[993] „Höhere Führungskräfte" sind vielmehr nur Personen der ersten Führungsebene unterhalb der Organebene, dh nur Personen, die strategische Entscheidungen für das gesamte Unternehmen treffen können.[994] Sonstige mitteilungspflichtige Führungspersonen iSd Art. 3 Abs. 1 Nr. 25 lit. b) MAR sind daher insbesondere Generalbevollmächtigte. 570

Um Umgehungen zu erschweren, sind gem. Art. 19 Abs. 1 UAbs. 1 MAR auch Personen meldepflichtig, die in **enger Beziehung** zu den Führungskräften stehen. Der Gesetzgeber geht davon aus, dass solche Personen von den Informationsvorteilen der Führungskräfte profitieren. Der Kreis der eng verbundenen Personen ist in Art. 3 Abs. 1 Nr. 26 MAR abschließend definiert. Hierzu gehören zB Ehegatten und Lebenspartner (lit. a)), unterhaltsberechtigte Kinder (lit. b)) und andere Verwandte, die seit mindestens einem Jahr im gemeinsamen Haushalt leben (lit. c)). Zu den eng verbundenen Personen gehören auch juristische Personen, Treuhand- oder Personengesellschaften, bei denen Führungskräfte oder in enger Beziehung zu ihnen stehende 571

993 So bislang teilweise zu § 15a WpHG Schwark/Zimmer/*Zimmer/Osterloh* WpHG, 4. Aufl. 2010, § 15a Rn. 62 mwN.
994 *Buck-Heeb* KapMarktR Rn. 577; *Langenbucher* AktR § 17 Rn. 109f.

Personen Führungsaufgaben übernehmen (Art. 3 Abs. 1 Nr. 26 lit. d) Var. 1 MAR). Erfasst hiervon sind insbesondere die Fälle der **Doppelmandate** (Cross-Board-Mitgliedschaft).

Ist M Vorstandsmitglied der börsennotierten X-AG und zugleich Aufsichtsratsmitglied bei der Y-AG, so muss nach dem Wortlaut auch die Y-AG als zur X-AG in enger Beziehung stehende Person melden, dass und wenn sie X-Aktien erworben oder veräußert hat. Insoweit ist der Wortlaut indes zu weit geraten, da die Y-AG hiernach meldepflichtig wäre, obgleich M keinen unmittelbaren Einfluss auf das Geschäft der Y-AG mit X-Aktien nehmen kann und dementsprechend keine Umgehungsgefahr besteht. Daher begründen reine Doppelmandate nur dann eine Meldepflicht der Gesellschaft, wenn die Führungskraft auf Grundlage ihrer Geschäftsführungsbefugnis entweder die Entscheidung der Gesellschaft maßgeblich beeinflussen oder wirtschaftliche Vorteile daraus ziehen kann.[995] Sofern M aus dem Geschäft keinen eigenen wirtschaftlichen Vorteil ziehen kann, weil er etwa mit mehr als 50 Prozent an der Y-AG oder sonst an den Gewinnen beteiligt ist,[996] ist die Y-AG also nicht meldepflichtig nach Art. 19 MAR.

572 Eine juristische Person, Treuhand oder Personengesellschaft ist auch dann eine eng verbundene Person, wenn sie durch eine Führungskraft des Emittenten oder eine Person in enger Beziehung direkt oder indirekt **kontrolliert**, zu deren Gunsten gegründet wird oder ein mit ihr übereinstimmendes wirtschaftliches Interesse verfolgt (Art. 3 Abs. 1 Nr. 26 lit. d) Var. 2, 3 und 4 MAR). Umstritten ist, wie der Begriff der Kontrolle zu verstehen ist. So wird teilweise auf § 290 Abs. 1 HGB in Umsetzung von Art. 22 Bilanzrichtlinie[997] oder auf §§ 22, 29 Abs. 2 WpÜG[998] rekurriert.

3. Meldepflichtige Geschäfte

573 Gegenstand der meldepflichtigen Eigengeschäfte sind **Aktien** des Emittenten und – über § 15a WpHG aF hinaus auch – **Schuldtitel,** etwa Anleihen, sowie jeweils hierauf bezogene Finanzinstrumente. Erfasst sind grundsätzlich auch Anteile oder Aktien an Investment-

995 ESMA Q&A on MAR, ESMA70-145-111, Version 14, 29.3.2019, Q7.7 S. 24f.; BaFin Emittentenleitfaden, Modul C, Stand 25.3.2020, II.1.2.7, 68f. In den FAQ zu Art. 19 MAR hält die BaFin an dieser Rechtsauffassung fest BaFin FAQ Art. 19 MAR, 5f. Frage II.9, 10 (abrufbar unter: https://www.bafin.de/SharedDocs/Downloads/DE/FAQ/dl_faq_mar_art_19_DD.pdf?__blob=publicationFile&v=1).
996 S. Schwark/Zimmer/*Kumpan/Grütze* MAR Art. 19 Rn. 85.
997 So etwa Assmann/Schneider/Mülbert/*Sethe/Hellgardt* MAR Art. 19 Rn. 54; *Schäfer* in Marsch-Barner/Schäfer Hdb börsennotierte AG Rn. 16.12. Vgl. auch BaFin Emittentenleitfaden, Modul C, Stand 25.3.2020, II.1.2.7, 68f.
998 Fuchs/*Pfüller* WpHG § 15a Rn. 103.

vermögen bzw. an einem Portfolio von Vermögenswerten, wenn darin auch Aktien oder Schuldtitel des Emittenten enthalten sind. Etwas anderes gilt, wenn der Anteil an Aktien oder Schuldtiteln des Emittenten 20 Prozent der Vermögenswerte nicht überschreitet (Art. 19 Abs. 1a lit. a), b) MAR) oder dies andernfalls die meldepflichtige Person weder kannte noch erkennen konnte (vgl. Art. 19 Abs. 1a lit. c) MAR). Die meldepflichtige Person muss allerdings alle zumutbaren Anstrengungen unternommen haben, um Kenntnis von der Anlagezusammensetzung zu erhalten.[999] Im Falle von EAMP müssen gemäß Art. 19 Abs. 1 UAbs. 1 lit. b) MAR Eigengeschäfte mit Emissionszertifikaten, darauf beruhenden Auktionsobjekten oder damit verbundenen Derivaten gemeldet werden.

Art. 19 Abs. 6 lit. e) MAR definiert Eigengeschäfte als **Erwerb** oder 574
Veräußerung. Da die überwiegende Zahl der Mitgliedstaaten das Trennungs- und Abstraktionsprinzip nicht kennt, ist in unionsrechtskonformer Auslegung nicht das dingliche Erfüllungsgeschäft, sondern das schuldrechtliche Verpflichtungsgeschäft gemeint.[1000] Nur so können die angestrebte „einheitlichere Auslegung" und „einheitliche Bedingungen" (ErwGr 5 MAR) erreicht und Insiderhandel ausreichend vorgebeugt (ErwGr 58 MAR) werden. Meldepflichtig ist daher insbesondere der Kauf oder (Leer-)Verkauf, aber auch der Tausch. Zu den meldepflichtigen Geschäften gehören gemäß Art. 19 Abs. 7 S. 1 lit. a) MAR auch die Leihe und die **Verpfändung** von Finanzinstrumenten.[1001] Durch die Meldung und anschließende Veröffentlichung der Verpfändung soll der Kapitalmarkt Kenntnis davon erhalten, dass es im Sicherungsfall zu einer Veräußerung und damit uU zu erheblichen Kursänderungen kommen kann (ErwGr 58 MAR). Gem. Art. 19 Abs. 7 lit. b) MAR sind darüber hinaus auch Geschäfte von **Dritten** zu melden, die gewerbsmäßig Geschäfte vermitteln oder ausführen oder sonst im Auftrag der meldepflichtigen Person tätig werden, auch wenn dem Dritten bei Ausführung der Geschäfte ein Ermessen zusteht.[1002] Gem. Art. 10 Abs. 2 lit. o) DelVO (EU) 2016/522

999 Vgl. *Helm* ZIP 2016, 2201.

1000 *Kraack* AG 2016, 57 (66); *Poelzig* NZG 2016, 761, 767; Schwark/Zimmer/*Kumpan/Grütze* MAR Art. 19 Rn. 95; so auch die hM zu § 15a WpHG aF BaFin Emittentenleitfaden 2013, 76; Assmann/Schneider/*Sethe* WpHG, 6. Aufl. 2012, § 15a Rn. 71 mwN.

1001 Assmann/Schneider/*Sethe/Hellgardt* MAR Art. 19 Rn. 80 ff. mwN. Verpfändungen und Sicherheiten im Zusammenhang mit der Hinterlegung in einem Depotkonto zur Kreditsicherung sind hingegen nicht meldepflichtig (Art. 19 Abs. 7 S. 2 MAR).

1002 Assmann/Schneider/*Sethe/Hellgardt* MAR Art. 19 Rn. 85 ff. mwN.

sind damit grundsätzlich auch Portfolio- oder **Vermögensverwalter** erfasst, es sei denn, sie werden für ein Investmentvermögen (OGAW oder AIF) tätig oder verfügen bei der Zusammensetzung des Portfolios über uneingeschränktes Ermessen und nehmen insoweit weder indirekte noch direkte Anweisungen der meldepflichtigen Person entgegen (Art. 19 Abs. 7 UAbs. 3 MAR). Allerdings kann der Erwerb der Anteile oder Aktien an dem Investmentvermögen selbst unter den Voraussetzungen des Art. 19 Abs. 1a MAR meldepflichtig sein (→ Rn. 573).

575 Erfasst sind schließlich auch Geschäfte der meldepflichtigen Personen als Versicherungsnehmer im Rahmen einer **Lebensversicherung**, wenn sie – wie etwa regelmäßig bei fondsgebundenen Lebensversicherungen – das Investitionsrisiko tragen und in Bezug auf spezifische Finanzinstrumente Investitionsentscheidungen treffen oder Geschäfte ausführen können (Art. 19 Abs. 7 lit. c) MAR).[1003]

576 Die erfassten Geschäfte werden in Art. 10 DelVO (EU) 2016/522 iVm Art. 19 Abs. 14 MAR in einer nicht erschöpfenden Liste weiter konkretisiert. Demnach sind aufschiebend **bedingte** Geschäfte nicht schon mit Geschäftsabschluss,[1004] sondern erst mit Eintritt der Bedingung zu melden (Art. 10 Abs. 2 lit. i) DelVO (EU) 2016/522). Zwar differenziert der uneingeschränkte Wortlaut in Art. 10 Abs. 2 lit. i) MAR nicht nach der Art der jeweiligen Bedingung. Nach ErwGr 30 MAR „entsteht die Meldepflicht [aber] bei Eintritt der betreffenden Bedingung/en, dh wenn das fragliche Geschäft tatsächlich stattfindet", so dass der spätere Zeitpunkt des Bedingungseintritts nur für aufschiebend, nicht für auflösend bedingte Geschäfte gilt.[1005] Auflösend bedingte Geschäfte sind daher bereits mit Abschluss des Vertrags zu melden.[1006]

577 Die Definition der meldepflichtigen Eigengeschäfte ist primär durch das Ziel geprägt, Insiderhandel vorzubeugen (siehe ErwGr 58

1003 Ausführlich zu den erfassten Eigengeschäften ESMA's technical advice on possible delegated acts concerning the Market Abuse Regulation 5.4. Ziff. 2, 54 f.

1004 BaFin Emittentenleitfaden, Modul C, Stand 25.3.2020, II.3.9.7.2, 76. AA Assmann/Schneider/Mülbert/*Sethe/Hellgardt* MAR Art. 19 Rn. 76; Fuchs/*Pfüller* WpHG, 2009, § 15a Rn. 120 (Mitteilung bei Geschäftsabschluss und zusätzlich bei Bedingungseintritt).

1005 Unklar ist, ob dies auch bei aufschiebend bedingten Potestativbedingungen, deren Eintritt vom Willen des Meldepflichtigen abhängt. Insoweit wurde zu § 15a WpHG aF eine Meldepflicht bereits bei Abschluss des Geschäfts angenommen (siehe BaFin Emittentenleitfaden 2013 S. 85; KölnKomm WpHG/*Heinrich* § 15a Rn. 54; Schwark/Zimmer/*Schwark/Zimmer* WpHG § 15a Rn. 39; *Schneider* BB 2002, 1917 (1919)).

1006 Assmann/Schneider/Mülbert/*Sethe/Hellgardt* MAR Art. 19 Rn. 76.

MAR) und auch Umgehungen möglichst zu verhindern. Daher wurden die Eigengeschäfte im Vergleich zu § 15a WpHG aF deutlich erweitert, teilweise auch auf Geschäfte, deren Indikatorwirkung (→ Rn. 569) zweifelhaft ist. So sind nunmehr auch **Schenkungen** sowie Spenden meldepflichtige Eigengeschäfte (Art. 10 Abs. 2 lit. k) DelVO (EU) 2016/522) und der Erwerb von Finanzinstrumenten kraft Gesetzes durch **Universalsukzession** gemäß §§ 1922 Abs. 1, 1942 Abs. 1 BGB meldepflichtig. Mitzuteilen sind – entgegen der hM zu § 15a WpHG aF[1007] – zudem die Annahme und Ausübung von **Aktienoptionen**, auch wenn sie Führungskräften oder Arbeitnehmern im Rahmen ihres Vergütungspakets gewährt wurden (Art. 10 Abs. 2 lit. b) DelVO (EU) 2016/522). Meldepflichtig ist auch die automatische und nicht automatische Umwandlung eines Finanzinstruments in ein anderes Finanzinstrument, einschließlich des Austauschs von Wandelschuldverschreibungen in Aktien (Art. 10 Abs. 2 lit. j) DelVO (EU) 2016/522).

578 Gem. Art. 19 Abs. 8 MAR greift die Mitteilungspflicht erst ab dem Zeitpunkt, in dem die Summe der Geschäfte der jeweils meldepflichtigen Person innerhalb eines Kalenderjahrs den **Schwellenwert** von 5.000 EUR erreicht.[1008] Die BaFin hat den Schwellenwert durch Allgemeinverfügung auf 20.000 EUR angehoben (siehe Art. 19 Abs. 9 MAR).[1009] Ein Netting erfolgt hierbei nicht, so dass Kauf und Verkauf „gleicher" Finanzinstrumente addiert und nicht gegeneinander aufgerechnet werden, Art. 19 Abs. 8 S. 2 MAR. Geschäfte von Führungskräften und mit ihnen in enger Beziehung stehenden Personen werden dabei getrennt voneinander berücksichtigt und bei der Berechnung des Schwellenwertes nicht addiert.[1010]

4. Meldung und Veröffentlichung

579 Die meldepflichtige Person hat die Eigengeschäfte **unverzüglich** und spätestens innerhalb von drei Geschäftstagen dem Emittenten bzw. EAMP sowie der BaFin mitzuteilen (Art. 19 Abs. 1 UAbs. 2;

1007 BaFin Emittentenleitfaden 2013, 77, 84; Assmann/Schneider/*Sethe* WpHG, 6. Aufl. 2012, § 15a Rn. 83 mwN.

1008 ESMA's technical advice on possible delegated acts concerning the Market Abuse Regulation Rn. 95.

1009 Allgemeinverfügung der BaFin v. 24.10.2019, Geschäftszeichen WA 25-QB 4100–2019/0035, (abrufbar unter: https://www.bafin.de/SharedDocs/Veroeffentlichungen/DE/Aufsichtsrecht/Verfuegung/vf_191024_erhoehung_schwelle_dd.html).

1010 Vgl. BaFin FAQ Art. 19 MAR 8 f. Frage III.1; *Buck-Heeb* KapMarktR Rn. 587.

Abs. 2 UAbs. 2 MAR).[1011] Emittenten und EAMP müssen die mitgeteilten Eigengeschäfte gem. Art. 19 Abs. 3 MAR spätestens zwei Geschäftstage nach dem Erhalt veröffentlichen.

580 Die Veröffentlichung hat über **Medien** zu erfolgen, bei denen vernünftigerweise davon ausgegangen werden kann, dass sie die Informationen tatsächlich an die Öffentlichkeit in der gesamten Union weiterleiten, so dass die Öffentlichkeit auf die Informationen schnell und diskriminierungsfrei im Einklang mit Art. 2, 3 DVO (EU) 2016/1055 iVm Art. 17 Abs. 10 lit. a) MAR zugreifen kann (Art. 19 Abs. 3 UAbs. 1, 2 MAR). Inlandsemittenten und MTF-Emittenten (zu diesen Begriffen → Rn. 15) müssen die Informationen unverzüglich, jedoch nicht vor ihrer Veröffentlichung, dem Unternehmensregister iSd § 8b HGB zur Speicherung übermitteln und die Veröffentlichung der BaFin mitteilen (§ 26 Abs. 2 WpHG). Von der durch Art. 19 Abs. 3 UAbs. 3 MAR den Mitgliedstaaten anheimgestellten Möglichkeit, an die Stelle der Veröffentlichung durch den Emittenten eine Information der zuständigen Behörde zu setzen, hat der deutsche Gesetzgeber keinen Gebrauch gemacht.

581 Einzelheiten zum **Format** der Meldung und Veröffentlichung sowie eine Vorlage hierzu finden sich in der DVO (EU) 2016/523[1012] iVm Art. 19 Abs. 15 MAR. Gemäß Art. 2 Abs. 1 DVO (EU) 2016/523 iVm § 39 Abs. 3d Nr. 17 und 18 WpHG handelt es sich um eine Ordnungswidrigkeit, wenn die Vorlage nicht für die Meldung oder Veröffentlichung genutzt wird.[1013] Gemäß Art. 19 Abs. 5 MAR müssen Emittenten und EAMP zudem eine Liste über die betroffenen Führungskräfte und nahestehenden Personen führen. Sie müssen die Führungskräfte und diese wiederum die ihnen nahestehenden Personen über die Meldepflichten schriftlich in Kenntnis setzen.

II. Zeitlich begrenztes Handelsverbot

582 Die Melde- und Veröffentlichungspflichten werden durch ein zeitlich begrenztes Handelsverbot (sog *closed periods*) gemäß Art. 19

1011 Im Hinblick auf den Gleichbehandlungsgrundsatz erachtet dies als nicht ausreichend *Veil* ZBB 2014, 85 (94).

1012 Durchführungsverordnung (EU) Nr. 2016/523 der Kommission v. 10.3.2016 zur Festlegung technischer Durchführungsstandards im Hinblick auf das Format und die Vorlage für die Meldung und öffentliche Bekanntgabe der Eigengeschäfte von Führungskräften gemäß Verordnung (EU) Nr. 596/2014 des Europäischen Parlaments und des Rates, ABl. 2016 L 88, 19.

1013 BaFin FAQ Art. 19 MAR 13 Frage 1.

Abs. 11 MAR ergänzt, das allerdings nur für Personen mit Führungsaufgaben iSd Art. 1 Abs. 1 Nr. 25 MAR und nicht für die ihnen nahestehenden Personen gilt. Zweck dieser Regelung ist es, Insiderhandel durch Personen mit Führungsaufgaben innerhalb besonders sensibler Zeitfenster zu verhindern.

Vorbild für ein solches Handelsverbot, das viele börsennotierte Unternehmen auf freiwilliger Basis bereits vorsehen, ist insbesondere der *UK Model Code on Directors' Dealings in Securities* (siehe Anhang 1 zu LR 9 FCA Handbook), der als Maßnahme der Selbstregulierung börsennotierte Gesellschaften dazu anhält, ihren Führungskräften ein entsprechendes Handelsverbot aufzuerlegen. Mit Art. 19 Abs. 11 MAR geht der europäische Gesetzgeber aber einen großen Schritt weiter und ordnet ein gesetzliches Handelsverbot an. Die Einführung eines absoluten oder befristeten gesetzlichen Handelsverbots wurde als Reaktion auf die Skandale am Neuen Markt zu Beginn der 2000er Jahre in Deutschland bereits eingehend diskutiert,[1014] wegen der unverhältnismäßig einschneidenden Folgen für die Personen mit Führungsaufgaben, aber auch wegen der nachteiligen Folgen für die Kapitalmarkttransparenz durch Verzicht auf die Indikatorfunktion in diesen Zeiträumen noch überwiegend abgelehnt.[1015] **583**

1. Inhalt

Personen mit Führungsaufgaben dürfen gem. Art. 19 Abs. 11 MAR während eines Zeitraums von 30 Kalendertagen vor Ankündigung eines Jahresabschlusses oder Zwischenberichts, die nach nationalem Recht oder den Vorschriften des Handelsplatzes vorgeschrieben sind, weder **Eigengeschäfte** noch Geschäfte für Dritte direkt oder indirekt im Zusammenhang mit den relevanten Finanzinstrumenten tätigen. Ein **Geschäft für Dritte** liegt vor, wenn die Person mit Führungsaufgaben im fremden Namen oder auf fremde Rechnung **584**

1014 Siehe etwa Stellungnahme des Deutschen Aktieninstituts zum Entwurf eines Gesetzes zur weiteren Fortentwicklung des Finanzplatzes Deutschland (4. FFG), 9.2001, 4; *Fleischer* Gutachten F z. 64. DJT 2002, F 123.

1015 Kritisch zu Handelsverboten Assmann/Schneider/*Sethe* WpHG § 15a Rn. 16; Fuchs/*Pfüller* WpHG § 15a Rn. 26; *Elster* Europäisches Kapitalmarktrecht 323 ff. Kritisch zum Handelsverbot gemäß Art. 19 Abs. 11 MAR: *Veil* ZBB 2014, 85 (96). Für die Einführung eines gesetzlichen Handelsverbots innerhalb bestimmter Zeitabschnitte allerdings *Baums* ZHR 166 (2002), 375 (378 f.); *Rudolph* BB 2002, 1036 (1040); *v. Rosen* WM 1998, 1810; Deutsches Aktieninstitut Stellungnahme zum 4. FFG, 4; *Grundsatzkommission Corporate Governance* Corporate Governance-Grundsätze („Code of Best Practice") für Börsennotierte Gesellschaften, 7.2000, II. 4. lit. h). Zurückhaltender dagegen *Schuster*, ZHR 167 (2003), 193 (211 f.) („sollte […] den Unternehmen selbst überlassen bleiben").

handelt.[1016] Der Emittent, für den die Führungskraft als Organ oder Vertreter tätig ist, ist kein solcher Dritter.[1017] Anleihe- oder Aktienemissionen während der *closed periods* gem. Art. 19 Abs. 11 MAR, die die Führungskraft als Organ für den Emittenten tätigt, sind daher möglich.

585 Das Handelsverbot gilt in einem Zeitraum von 30 Kalendertagen vor Ankündigung eines Zwischenberichts oder eines Jahresabschlussberichts, zu deren Veröffentlichung der Emittent verpflichtet ist. Es wird ausgelöst durch den Jahresfinanzbericht gem. § 114 WpHG bzw. § 325 HGB und den Halbjahresfinanzbericht gem. § 115 Abs. 1 WpHG, nicht hingegen durch die unterjährige zusätzliche Finanzinformation gem. § 115 Abs. 7 WpHG, da sie nicht verbindlich vorgeschrieben ist. Freiwillige Informationen lösen das Handelsverbot ebensowenig aus wie die ad-hoc-Publizitätspflicht, die Informationen zu punktuellen Ereignissen zu unregelmäßigen und unvorhersehbaren Zeitpunkten verlangt.[1018] Das Handelsverbot wird durch weitere Zwischenberichtspflichten ausgelöst, die sich aus Vorschriften des Handelsplatzes ergeben, auf dem die Anteile des Emittenten zum Handel zugelassen sind. So verpflichten einzelne Börsenordnungen die Emittenten über §§ 114, 115 WpHG hinaus zur Veröffentlichung von Quartalsberichten.[1019] Im Einzelfall kann sich daher das Handelsverbot auf einen Zeitraum von bis zu 120 Tagen im Jahr erstrecken, wenn der jeweilige Handelsplatz neben den gesetzlich vorgeschriebenen Jahres- und Halbjahresberichten auch Quartalsberichte, nicht nur weniger umfangreiche Quartalsmitteilungen zwingend und nicht nur wahlweise (siehe § 53 Abs. 6 BörsO FWB idF v. 27.1.2020) verlangt.[1020]

586 Der Begriff der Ankündigung im deutschen Wortlaut der MAR ist missverständlich: Maßgeblich ist grundsätzlich nicht die bloße Bekanntmachung iSd §§ 114 Abs. 1 S. 2; 115 Abs. 1 S. 2 WpHG), son-

---

1016 Commandeur ZBB 2018, 114 (119); Poelzig NZG 2016, 761 (770); Assmann/Schneider/Mülbert/Sethe/Hellgardt Art. 19 Rn. 159; Meyer/Veil/Rönnau/Stegmaier, HdB Marktmissbrauchsrecht, § 20 Rn. 7 Fn. 20.

1017 BaFin FAQ Art. 19 MAR Frage VII. 4.; Commandeur ZBB 2018, 114 (119); Poelzig NZG 2016, 761 (770); Assmann/Schneider/Mülbert/Sethe/Hellgardt Art. 19 Rn. 155; Meyer/Veil/Rönnau/Stegmaier, HdB Marktmissbrauchsrecht, § 20 Rn. 7.

1018 So im Ergebnis auch *Stüber* DStR 2016, 1221 (1226).

1019 Dies gilt aber nicht für die Quartalsmitteilungen. wie sie bspw. durch § 53 Abs. 1 BörsO FWB idF. 27.1.2020 vorgegeben ist (BaFin FAQ Art. 19 MAR 14f. Frage VI.3).

1020 Siehe auch Schwark/Zimmer/*Kumpan/Grütze* Art. 19 MAR Rn. 222; *Veil* ZBB 2014, 85 (95).

dern die **Veröffentlichung.**[1021] Allerdings genügt auch die Veröffentlichung vorläufiger Geschäftsergebnisse, wenn darin alle Schlüsselinformationen aus dem Zwischenbericht oder Jahresabschluss enthalten sind.[1022] Das Handelsverbot beginnt am 30. Tag vor der Veröffentlichung des relevanten Finanzberichts und endet mit dem genauen Zeitpunkt der Veröffentlichung.[1023]

2. Erlaubnis

Der Emittent darf Eigengeschäfte und Geschäfte für Dritte wäh- 587
rend der *closed periods* ausnahmsweise gemäß Art. 19 Abs. 12 MAR auf Antrag der Führungsperson unter bestimmten Voraussetzungen erlauben.[1024] Zugleich vorliegende Verstöße gegen Art. 14, 15 MAR werden hiervon allerdings nicht berührt (siehe Art. 19 Abs. 12 sowie ErwGr 61 MAR). Gemäß Art. 19 Abs. 12 lit. a) MAR darf der Emittent den Verkauf, nicht jedoch den Kauf, von Anteilen während der *closed periods* erlauben, wenn im konkreten Einzelfall außergewöhnliche Umstände vorliegen, die, wie etwa bei schwerwiegenden finanziellen Schwierigkeiten der Führungsperson, den unverzüglichen Verkauf von Anteilen erforderlich machen. Nach Art. 8 Abs. 2 DelVO (EU) 2016/522 handelt es sich allerdings nur dann um außergewöhnliche Umstände, wenn sie äußerst dringend, unvorhergesehen und zwingend sind und sie nicht von der Person, die Führungsaufgaben wahrnimmt, verursacht werden und sich deren Kontrolle entziehen. Erlaubnisfähig sind gem. Art. 19 Abs. 12 lit. b) MAR zudem Geschäfte, einschließlich des Kaufs, im Rahmen von Belegschaftsaktien- oder Arbeitnehmersparplänen sowie bei Pflichtaktien oder Bezugsberechtigungen auf Aktien oder wenn sich das wirtschaftliche Eigentum an einem einschlägigen Wertpapier durch die Geschäfte nicht ändert (siehe Art. 9 und ErwGr 24, 25 DelVO (EU) 2016/522). Voraussetzung für die Erlaubnis ist jedenfalls, dass das Geschäft nachweislich nicht zu einem anderen Zeitpunkt ausgeführt werden kann (Art. 7

1021 So lassen sich die englische Sprachfassung der MAR („announcement") sowie die spanische („publicar") und die schwedische Sprachfassung („offentliggöra") eher mit Veröffentlichung bzw. Veröffentlichen übersetzen.

1022 ESMA, Questions and Answers on the Market Abuse Regulation (ESMA70–145–111), 14. Version, Stand: 29.3.2019, Q7.2.; BaFin Emittentenleitfaden, Modul C, Stand 25.3.2020, II.3.7, 73; BaFin FAQ zu Eigengeschäften von Führungskräften nach Art. 19 MAR, Version 10, Stand: 23.11.2018, Antwort auf Frage IV.2., 10f.

1023 BaFin FAQ zu Eigengeschäften von Führungskräften nach Art. 19 MAR, Version 10, Stand: 23.11.2018, Antwort auf Frage VI.7., 15.

1024 Näher hierzu Art. 7–9 DelVO (EU) 2016/522; ESMA's technical advice on possible delegated acts concerning the Market Abuse Regulation Rn. 139.

Abs. 1 lit. b)) DelVO (EU) 2016/522). Über die Erlaubnis von Geschäften während der *closed periods* entscheidet der Emittent, dh in einer AG grundsätzlich der Vorstand gemäß § 76 AktG und bei Eigengeschäften des Vorstands der Aufsichtsrat gemäß § 112 AktG.

588 Die Übertragung dieser im System der Selbstregulierung schlüssigen Lösung führt bei einem gesetzlichen Handelsverbot zu systematischen Problemen.[1025] So ist unklar, wer die Folgen einer Erlaubnis trägt, die bei Nichtvorliegen der in Art. 19 Abs. 12 MAR genannten Umstände erteilt wird. Offen ist auch, ob dem Emittenten ein Ermessen zusteht und wie weit die aufsichtsbehördliche bzw. gerichtliche Kontrolldichte reicht. So handelt es sich vor allem bei dem Begriff der außergewöhnlichen Umstände iSd Art. 19 Abs. 12 lit. a) MAR um einen unbestimmten Rechtsbegriff, dessen Feststellung mit Unsicherheiten behaftet ist. Und schließlich stellt sich die Frage, ob und inwieweit die Führungskraft einen Anspruch gegen den Emittenten auf Erteilung der Erlaubnis geltend machen kann, wenn einer der in Art. 19 Abs. 12 MAR genannten Umstände vorliegt.[1026]

III. Rechtsfolgen von Verstößen gegen Art. 19 MAR

589 Vorsätzliche oder leichtfertige Verstöße gegen die Pflicht zur Meldung und Veröffentlichung von Eigengeschäften bzw. gegen das Handelsverbot werden gem. § 120 Abs. 15 Nr. 17–22 WpHG mit einem **Bußgeld** von bis zu 500.000 EUR (natürliche Personen) bzw. 1 Mio. EUR (juristische Personen) geahndet (§ 120 Abs. 18 S. 1, 2 WpHG). Darüber hinaus kann die Ordnungswidrigkeit mit einer Geldbuße bis zum Dreifachen des aus dem Verstoß gezogenen wirtschaftlichen Vorteils sanktioniert werden (§ 120 Abs. 18 S. 3 WpHG).

590 Fraglich ist darüber hinaus, ob Geschäfte, die unter Verstoß gegen Art. 19 Abs. 1 oder 11 MAR getätigt werden, unwirksam gemäß **§ 134 BGB** sind. Bei der MAR handelt es sich zwar als europäische Verordnung grundsätzlich um ein Gesetz iSd § 134 BGB.[1027] Im Weiteren kommt es aber darauf an, ob das Geschäft als solches untersagt werden soll oder ob sich die Meldepflicht bzw. das Handelsverbot als bloße Ordnungsvorschrift lediglich gegen die Umstände seines Zustandekommens richtet.[1028] Gegen die Nichtigkeit gemäß § 134 BGB spricht, dass Art. 19 Abs. 1, 11 MAR einseitig an die Führungskräfte gerichtet ist und die Vertragspartner regelmäßig keine Kenntnis von

1025 *Veil* ZBB 2014, 85 (95) („systemfremd").
1026 Hierzu auch Schwark/Zimmer/*Kumpan/Grütze* Art. 19 MAR Rn. 255ff.
1027 Statt aller MüKoBGB/*Armbrüster* § 134 Rn. 37.
1028 Statt aller MüKoBGB/*Armbrüster* § 134 Rn. 42.

dem Verstoß haben werden. Zudem sollen die Vorschriften Insiderhandel verhindern und damit nicht den Inhalt des Geschäfts, sondern lediglich die Umstände des Zustandekommens untersagen.[1029] Dies wird durch die Bußgeldandrohung ausreichend sanktioniert (siehe § 120 Abs. 15 Nr. 22 WpHG). Geschäfte, die unter Verstoß gegen die Meldepflicht gem. Art. 19 Abs. 1 MAR bzw. entgegen Art. 19 Abs. 11 MAR während der *closed periods* getätigt werden, sind daher wirksam.

Deliktsrechtliche Ansprüche aus **§ 823 Abs. 2 BGB** iVm Art. 19 591
MAR schließt die hM mangels Schutzgesetzeigenschaft aus.[1030] Auch ein bereicherungsrechtlicher Anspruch des Emittenten gem. **§ 812 Abs. 1 S. 1 Alt. 2 BGB** auf Herausgabe der innerhalb der *closed period* erzielten Gewinne[1031] ist abzulehnen, da der Gewinn nicht auf Kosten des Emittenten, sondern auf Kosten des durch die Norm geschützten Kapitalmarktes erzielt wurde.[1032]

Zur vertiefenden Lektüre: *Graßl*, Die neue Marktmissbrauchsverordnung der EU, DB 2015, 2066; *Hitzer/Wasmann*, Von § 15a WpHG zu Art. 19 MMVO: Aus Directors´ Dealings werden Managers‘s Transactions, DB 2016, 1483; *Kumpan*, Die neuen Regelungen zu Directors´ Dealings in der Marktmissbrauchsverordnung, AG 2016, 446; *Maume/Kellner*, Directors´ Dealings unter der EU-Missbrauchsverordnung, ZGR 2017, 273; *Poelzig*, Die Neuregelung der Offenlegungsvorschriften durch die Marktmissbrauchsverordnung, NZG 2016, 761; *Stüber*, Director‘s Dealings nach der Marktmissbrauchsverordnung, DStR 2016, 1221.

§ 20. Regelpublizität gem. §§ 114 ff. WpHG

Inlandsemittenten gemäß § 2 Abs. 14 WpHG (zu dem Begriff 592
→ Rn. 15), die Wertpapiere begeben, sind in Umsetzung der Transparenzrichtlinie verpflichtet, das Anlegerpublikum in Form von Jahres- (§ 114 WpHG) und Halbjahresfinanzberichten (§ 115 WpHG) regelmäßig über den Geschäftsverlauf im vergangenen Zeitraum zu informieren. Manche Börsenordnungen verlangen zusätzliche, allerdngs weniger umfangreiche Quartalsmitteilungen (siehe etwa § 53 BörsO

1029 *Poelzig* NZG 2016, 761, 771; *Commandeur* ZBB 2018, 114 (123); Schwark/Zimmer/*Kumpan/Grütze* Art. 19 MAR Rn. 283.
1030 Commandeur ZBB 2018, 114 (123); Schwark/Zimmer/*Kumpan/Grütze* Art. 19 MAR Rn. 287 mwN auch zur Gegenansicht.
1031 So *Hellgardt* AG 2018, 602 ff.
1032 Im Ergebnis ebenso Schwark/Zimmer/*Kumpan/Grütze* Art. 19 MAR Rn. 288.

FWB idF 27.1.2020: Prime Standard). Im Konzern ist ergänzend § 117 WpHG (§ 37y Nr. 2 WpHG aF) zu beachten. Der Anwendungsbereich der Regelpublizität wird zudem durch § 118 WpHG eingeschränkt.

I. Jahresfinanzbericht

593 § 114 WpHG dient der Umsetzung von Art. 4 Transparenzrichtlinie. Die kapitalmarktrechtliche Pflicht zur Veröffentlichung des Jahresfinanzberichts gilt grundsätzlich für alle Inlandsemittenten (→ Rn. 15), die Wertpapiere iSd § 2 Abs. 1 WpHG begeben. Sie ist jedoch nur anwendbar, sofern nicht bereits eine handelsrechtliche Rechnungslegungspflicht greift (§ 114 Abs. 1 S. 1 aE WpHG). Gemäß § 242 HGB sind alle Kaufleute und gemäß §§ 264, 325 HGB insbesondere alle Kapitalgesellschaften und bestimmte Personenhandelsgesellschaften verpflichtet, einen Jahresabschluss zu erstellen. Durch die **Subsidiarität** der kapitalmarktrechtlichen Regelpublizität sollen Emittenten vor Doppelbelastungen geschützt werden. Da Adressaten der **§§ 264, 325 HGB** Gesellschaften mit Satzungssitz in Deutschland sind, gilt § 114 WpHG daher nur für Inlandsemittenten iSd § 2 Abs. 14 WpHG mit Sitz im Ausland (→ Rn. 15).

594 Im Jahresfinanzbericht sollen die Anleger über die Beurteilung der Geschäftstätigkeit im vergangenen Geschäftsjahr informiert werden. Die Mindestangaben bestimmt § 114 Abs. 2 WpHG: Zum Jahresfinanzbericht gehört demnach der nach dem Recht des Sitzstaates erstellte und geprüfte **Jahresabschluss**, der unter Beachtung der Grundsätze ordnungsmäßiger Buchführung ein den tatsächlichen Verhältnissen entsprechendes Bild der Vermögens-, Finanz- und Ertragslage des Emittenten zu vermitteln hat (siehe § 264 Abs. 2 HGB). Da nach dem Wortlaut der Vorschrift ein geprüfter Jahresabschluss zu veröffentlichen ist, ist ein Bestätigungsvermerk des Abschlussprüfers gem. § 322 HGB notwendig.[1033] Der Jahresfinanzbericht enthält zudem den **Lagebericht** gem. § 289 HGB, der den Geschäftsverlauf in dem Geschäftsjahr darstellt, über das berichtet wird, und die Lage des Emittenten zum Zeitpunkt der Berichterstattung verdeutlicht. Darüber hinaus haben die gesetzlichen Vertreter börsennotierter Kapitalgesellschaften im sog. **Bilanzeid** nach den Vorgaben der §§ 264

1033 Schwark/Zimmer/*Heidelback*/*Doleczik* WpHG § 114 Rn. 30. Ausführlich zum Bestätigungsvermerk MüKoHGB/*Ebke* § 322 Rn. 1 ff.

Abs. 2 S. 3, 297 Abs. 2 S. 4 HGB bzw. 289 Abs. 1 S. 5 HGB, 315 Abs. 1 S. 6 nach bestem Wissen zu versichern, dass die Vorschriften für den (Konzern-)Jahresabschluss und den (Konzern-)Lagebericht eingehalten worden sind. Schließlich ist die Bescheinigung der Wirtschaftsprüferkammer gem. § 134 Abs. 2a WPO über die Eintragung des Abschlussprüfers bzw. die Befreiung erforderlich.

Die **Veröffentlichung** des Jahresfinanzberichts hat – ebenso wie 595 nach §§ 325 Abs. 4 HGB – innerhalb von vier Monaten nach Ablauf des Geschäftsjahres (§ 114 Abs. 1 S. 1 WpHG) zu erfolgen. Vor der Veröffentlichung muss der Emittent außerdem eine Bekanntmachung veröffentlichen und der BaFin mitteilen, wo und wann der Jahresabschluss veröffentlicht wird (§ 114 Abs. 1 S. 2, 3 WpHG). Nähere Bestimmungen hierzu finden sich in §§ 18–20; 3a–3c WpAV (§ 114 Abs. 3 WpHG).

II. Halbjahresfinanzbericht

§ 115 WpHG sieht darüber hinaus eine Pflicht zur Erstellung und 596 Veröffentlichung von Halbjahresfinanzberichten für die ersten sechs Monate des Geschäftsjahres vor. Ursprünglich war in Umsetzung der EG-Zwischenberichtsrichtlinie 82/121/EWG eine solche Pflicht zur Veröffentlichung von Halbjahresfinanzberichten in § 44b BörsG aF, später dann in § 40 BörsG aF und in §§ 53 ff. BörsZulV aF vorgesehen. Der nunmehr geltende § 115 WpHG dient der Umsetzung von Art. 5 Transparenzrichtlinie. Die Pflicht zur Erstellung von Halbjahresfinanzberichten trifft Inlandsemittenten (→ Rn. 15), im Gegensatz zu § 114 WpHG (→ Rn. 593) auch diejenigen mit Sitz in Deutschland, die Aktien oder Schuldtitel iSd § 2 Abs. 1 Nr. 1 und 3 WpHG begeben. Wertpapiere iSd § 2 Abs. 1 Nr. 2 WpHG, dh Aktien vergleichbare Anteile oder Aktien vertretende Zertifikate, sind folglich nicht erfasst. Ausgenommen sind zudem ausdrücklich auch Emittenten solcher Schuldtitel, die – wie Optionsrechte – ein mindestens bedingtes Recht auf den Erwerb der vorgenannten Wertpapiere oder Aktien begründen.

Im Unterschied zum Jahresfinanzbericht gem. § 114 WpHG ist im 597 Rahmen von § 115 WpHG lediglich ein verkürzter Abschluss, ein Zwischenlagebericht und ein Bilanzeid zu veröffentlichen. Der verkürzte Abschluss muss insbesondere nicht durch einen Abschlussprüfer gem. § 317 HGB geprüft sein. Wird allerdings eine Abschlussprüfung gem. § 317 HGB vorgenommen, so ist der Bestätigungsvermerk bzw. der Vermerk über seine Versagung in den Halbjahresfinanzbericht aufzunehmen (§ 115 Abs. 5 S. 5 WpHG). Nach § 115 Abs. 5 S. 1 WpHG ist auch eine prüferische Durchsicht durch einen Abschlussprüfer möglich. An Stelle des Bestätigungsvermerks hat der Abschlussprüfer in diesem Fall eine Bescheinigung über die prüferische Durchsicht gem. § 115 Abs. 5 S. 4 WpHG zu erstellen, wonach der verkürzte Abschluss und Zwischenlagebericht in wesentlichen Belangen den anzuwendenden Rechnungslegungsgrundsätzen entsprechen. Diese Bescheinigung ist sodann mit dem Halbjahresfinanzbericht zu veröffentlichen. Schließlich ist auch das Fehlen einer freiwilligen Prüfung im Halbjahresfinanzbericht anzugeben, § 115 Abs. 5 S. 6 WpHG. Der Halbjahresfinanzbericht ist unverzüglich und spätestens innerhalb von drei Monaten nach Ablauf des Berichtszeitraums zu veröffentlichen (§ 115 Abs. 1 S. 1 WpHG). Wie schon im Falle des Jahresfinanzberichts hat auch hier eine Hinweisbekanntmachung und Übermittlung an die BaFin zu erfolgen (§ 115 Abs. 1 S. 2, 3 WpHG). Nähere Bestimmungen finden sich in §§ 18–20; 3a–3c WpAV (§ 115 Abs. 6 WpHG).

598 Zusätzlich zum Jahres- und Halbjahresfinanzbericht hatten Inlandsemittenten von Aktien bis zum 25.11.2015 außerdem **Zwischenmitteilungen** zu veröffentlichen (§ 37x WpHG aF), um die Anleger auch über den Geschäftsverlauf innerhalb des Halbjahres zu unterrichten. Die Verpflichtung zur Veröffentlichung einer Zwischenmitteilung wurde mit dem Gesetz zur Umsetzung der Transparenzrichtlinie-Änderungsrichtlinie mit Wirkung zum 26.11.2015 gestrichen, da nach Auffassung der Europäischen Kommission zu häufige Finanzmitteilungen Anreize zugunsten kurzfristiger Ergebnisse und zuungunsten langfristiger Investitionen setzten. Durch Abschaffung der Zwischenmitteilungen sollten der Verwaltungsaufwand für kleinere Unternehmen und der „kurzfristige Druck“ der Kapitalmärkte auf Emittenten reduziert werden.[1034] Allerdings verpflichten manche Börsenordnungen zur Veröffentlichung von Quartalsmitteilungen bzw. –berichten (siehe § 53 BörsO FWB idF 27.1.2020).

1034 ErwGr 4 Transparenzrichtlinie-Änderungsrichtlinie 2013/50/EU.

III. Rechtsfolgen von Verstößen gegen §§ 114ff. WpHG

Wird im Zusammenhang mit einem Jahres- oder Halbjahresfinanzbericht (§§ 114, 115 WpHG) vorsätzlich eine falsche Versicherung (**Bilanzeid**) abgegeben, ist dies gem. § 331 Abs. 1 S. 1 Nr. 3a HGB strafbar und es drohen Freiheitsstrafe bis zu drei Jahren oder Geldstrafe. Darüber hinaus handelt es sich bei Verstößen gegen § 114f. nach § 120 Abs. 2 Nr. 2 lit. k)–n), Nr. 4 lit. e)–g), Abs. 12 Nr. 5 WpHG um **Ordnungswidrigkeiten**. Insbesondere wenn der Emittent einen Jahres- oder Halbjahresfinanzbericht entgegen §§ 114 Abs. 1 S. 1, 115 Abs. 1 S. 1 WpHG nicht oder nicht rechtzeitig zur Verfügung stellt, kann dies gem. § 120 Abs. 12 Nr. 5 WpHG mit einer Geldbuße bis zu 2 Mio. EUR geahndet werden (§ 120 Abs. 17 WpHG). 599

Schließlich stellt sich auch hier die Frage nach zivilrechtlichen Sanktionen. Eine spezialgesetzliche Haftungsregelung – wie für Verstöße gegen die ad-hoc-Publizitätspflicht in §§ 97f. WpHG – existiert nicht. Eine analoge Anwendung der §§ 97f. WpHG scheidet mangels planwidriger Regelungslücke aus. Ob Anleger Schadensersatz aus § 823 Abs. 2 BGB iVm §§ 114f.WpHG verlangen können, hängt vom Schutzzweck der Regelpublizität ab. Die hM lehnt einen Schadensersatzanspruch gem. § 823 Abs. 2 BGB ab, da die §§ 114f. WpHG (§§ 37, 37w WpHG aF) der Funktionsfähigkeit des Kapitalmarktes und dem Schutz des Anlegerpublikums, nicht aber dem einzelnen Anleger dienen sollen.[1035] 600

Zur vertiefenden Lektüre: *Altenhain*, Der strafbare falsche Bilanzeid, WM 2008, 1141; *Blöink/Kumm,* Erleichterungen und neue Pflichten – ein Überblick über die Regelpublizität nach der neuen EU-Transparenzrichtlinie, BB 2013, 1963; *Blöink/Kumm,* Überblick über die Regelpublizität nach dem RegE eines Gesetzes zur Umsetzung der Transparenzrichtlinie-Änderungsrichtlinie – Update zu BB 2013, 1963ff., BB 2015, 1515; *Bosse*, Referentenentwurf zur Umsetzung der EU-Transparenzrichtlinie-Änderungsrichtlinie: Änderungen bei periodischer Finanzberichterstattung und Beteiligungstransparenz, BB 2015, 746; *Parmentier*, Die Revision der EU-Transparenzrichtlinie für börsennotierte Unternehmen, AG 2014, 15; *Seibt/Wollenschläger*, Revision des europäischen Transparenzregimes: Regelungsinhalte der TRL 3 und

---

1035 Schwark/Zimmer/*Heidelbach/Doleczik* WpHG § 114 Rn. 43 mwN; iErg auch *Brinckmann* in Veil Europ. KapMarktR § 18 Rn. 77. AA Fuchs/*Zimmermann* Vorb. WpHG §§ 37v–37z Rn. 32; Assmann/Schneider/Mülbert/*Hellgardt* WpHG § 97 Rn. 56 mwN.

Umsetzungsbedarf, ZIP 2014, 545; *Veil*, Auf dem Weg zu einem Europäischen Kapitalmarktrecht: die Vorschläge der Kommission zur Neuregelung der Transparenzregime, WM 2012, 53.

3. Kapitel: Sonderrecht der börsennotierten Aktiengesellschaften

601 Während die vorstehenden Regelungen zur Regulierung des Sekundärmarktverhaltens grundsätzlich den Handel mit allen Finanzinstrumenten erfassen und damit unabhängig von der Rechtsform des Emittenten gelten, gibt es im Weiteren kapitalmarktrechtliche Vorschriften, die ausschließlich Anleger börsennotierter Aktiengesellschaften betreffen. Dazu gehören das Übernahmerecht im **WpÜG** sowie die Beteiligungspublizität gem. **§§ 33 ff. WpHG,** die jeweils an den Erwerb bzw. die Veräußerung von Anteilen an börsennotierten Aktiengesellschaften auf dem Sekundärmarkt anknüpfen. Sonderregelungen für börsennotierte Aktiengesellschaften finden sich zudem auch im **AktG**.

§ 21. Beteiligungspublizität gem. §§ 33 ff. WpHG

602 Die Beteiligungspublizität gilt gem. §§ 33 ff. WpHG ausschließlich für **börsennotierte Aktiengesellschaften** (§ 33 Abs. 2 WpHG). Erfasst sind Emittenten, deren Herkunftsstaat Deutschland ist (§ 33 Abs. 1 S. 1 WpHG). Das sind Aktiengesellschaften mit Sitz[1036] im Inland, deren Aktien an einem organisierten Markt iSd § 2 Abs. 11 WpHG im Inland oder einem anderen EU-Mitgliedstaat zugelassen sind (§ 2 Abs. 13 Nr. 1 lit. a) WpHG), und Aktiengesellschaften mit Sitz in einem Drittstaat außerhalb der EU, deren Aktien zum Handel an einem organisierten Markt im Inland zugelassen sind und die die Bundesrepublik Deutschland als Herkunftsstaat nach § 4 Abs. 1 WpHG gewählt haben (§ 2 Abs. 13 Nr. 1 lit. b) WpHG). Der Erwerb oder die Veräußerung von Aktien an einer börsennotierten Aktiengesellschaft lösen unter bestimmten Voraussetzungen **Mitteilungspflichten** des Erwerbers bzw. Veräußerers gegenüber dem Emittenten und der BaFin sowie sich daran anschließende **Veröffentlichungs-**

1036 Hiermit ist bei richtlinienkonformer Auslegung der Satzungssitz gemeint (Ringe AG 2007, 809, (810 f.).).

pflichten der AG aus. Gem. §§ 33 ff. WpHG müssen Erwerber bzw. Veräußerer von Aktien bzw. Aktien vertretenden Zertifikaten dem Emittenten und der BaFin mitteilen, wenn sie bestimmte Beteiligungsschwellen erreichen bzw. über- oder unterscheiten (§ 33 Abs. 1 WpHG). Der Emittent ist gem. § 40 WpHG (§ 26 WpHG aF) zur Veröffentlichung dieser Informationen verpflichtet.

I. Normzweck und Entstehungsgeschichte

Die §§ 33 ff. WpHG dienen – wie die Regelpublizität gem. 603
§§ 114 ff. WpHG (→ Rn. 592 ff.) – der Umsetzung der **Transparenzrichtlinie**. Regelungszweck der §§ 33 ff. WpHG ist es, die Anleger über die **Aktionärsstrukturen** und **Beherrschungsverhältnisse** in der börsennotierten Aktiengesellschaft zu informieren.[1037] Die Beteiligungsverhältnisse haben uU erhebliche Bedeutung für das Schicksal der Gesellschaft und deren strategische Ausrichtung. So kann etwa ein neuer Großaktionär durch Ausübung seiner Stimmrechte in der Hauptversammlung Einfluss auf die Ausrichtung der Gesellschaft nehmen. Zudem weicht das Abstimmungsverhalten in Gesellschaften mit Blockaktionären von demjenigen in Gesellschaften mit Streubesitz ab. Als Nebeneffekt wirkt die Veröffentlichung von Beteiligungen schließlich auch verbotenem **Insiderhandel** entgegen.[1038]

Die Beteiligungspublizität steht zudem in einem engen Zusammen- 604
hang mit dem Übernahmerecht nach dem WpÜG, das die Übernahme börsennotierter Aktiengesellschaften gesondert regelt (→ Rn. 669 ff.). Von einer Übernahme ist die Rede, wenn ein Aktionär die Kontrolle über die Gesellschaft erwirbt. Davon geht § 29 Abs. 2 WpÜG aus, wenn ein Aktionär mindestens 30 Prozent der Stimmrechte an der Zielgesellschaft hält (dazu näher → Rn. 681). Der schrittweise Aufbau von Stimmrechten an einer AG (sog. Stakebuilding) kann ein mögliches Anzeichen für die geplante Übernahme des Emittenten sein. Aus Sicht des Bieters ist es wirtschaftlich sinnvoll, seine Übernahmepläne möglichst lang geheimzuhalten, da sich die Übernahme für ihn anderenfalls verteuert. Das rührt daher, dass die Nachfrage nach den Aktien an der Zielgesellschaft mit Bekanntwer-

---

1037 Assmann/Schneider/Mülbert/*U. H. Schneider* § 33 Rn. 3; Baumbach/Hopt/*Kumpan* WpHG § 33 Rn. 1; Fuchs/*Zimmermann* WpHG Vor §§ 21–30 Rn. 15 ff.; MüKoAktG/*Bayer* WpHG § 33 Rn. 1.

1038 Emmerich/Habersack/*Schürnbrand/Habersack* WpHG Vor § 33 Rn. 2; Schwark/Zimmer/*v. Hein* WpHG Vor § 33 Rn. 3.

den der bevorstehenden Übernahme typischerweise steigt, da die Aktionäre auf einen relativ hohen Preis für die Veräußerung ihrer Aktien hoffen können, denn der Bieter muss den verkaufsbereiten Aktionären im Rahmen des Übernahmenverfahrens nach dem WpÜG mindestens soviel zahlen, wie er anderen Aktionären im Vorfeld gezahlt hat (näher hierzu → Rn. 727 ff.). Da der Bieter vor allem für den Erwerb größerer Aktienpakete oftmals bereit ist, einen höheren Preis als den Börsenkurs zu zahlen, werden die Aktionäre an diesem sog. Paketzuschlag durch die Vorgaben des WpÜG beteiligt. Mit dem durch die erhöhte Nachfrage einhergehenden Kursanstieg verteuert sich aber die Übernahme für den Bieter, da sich die Mindesthöhe der Gegenleistung nicht nur nach den Vorerwerben, sondern auch nach dem durchschnittlichen Börsenkurs richtet (→ Rn. 727). Da ein unbemerktes „**Anschleichen**" an die Kontrollschwelle durch einen Beteiligungsaufbau für die Aktionäre nachteilig ist, soll dies mit Hilfe der stufenweisen Beteiligungspublizität gem. §§ 33 ff. WpHG in Umsetzung der Transparenzrichtlinie verhindert werden.

605 Unternehmen nutzten in der Vergangenheit immer wieder eine Reihe komplexer Finanzkonstruktionen – etwa durch Übertragung der Stimmrechte auf Dritte – um die Beteiligungspublizität gem. §§ 33 ff. WpHG zu umgehen und eine Übernahmeabsicht so spät wie möglich publik machen zu müssen. Hierdurch kam es zu einem regelrechten Wettlauf zwischen Marktakteuren und Marktregulierern andererseits.[1039] Vor allem die Einführung der Mitteilungspflicht für das Halten von Finanzinstrumenten in § 25 WpHG aF (jetzt §§ 38 f. WpHG) im Jahr 2007, seine mehrmalige Modifikation in den Jahren 2009 und 2012 sowie die Einführung des § 25a WpHG aF sind die Folgen dieses Wettstreits. Zudem sind die §§ 33 ff. WpHG mit dem Gesetz zur Umsetzung der Transparenzrichtlinie-Änderungsrichtlinie am 26.11.2015 noch einmal erheblich geändert worden. Ein wesentliches Merkmal der Transparenzrichtlinie-Änderungsrichtlinie ist der Übergang von dem Regelungskonzept der Mindestharmonisierung zu einer weitgehenden **Vollharmonisierung**, so dass der Spielraum des nationalen Gesetzgebers erheblich eingeschränkt wird.[1040] Die Mitgliedstaaten dürfen weder weniger strenge noch strengere Regelungen als die Richtlinie vorsehen.

1039 Zu den Umgehungsmodellen anlässlich der Continental-Übernahme durch Schaeffler *Fehr/Jahn* FAZ v. 9.8.2008, 13.

1040 *Roth* GWR 2015, 485.

II. Systematik der Mitteilungspflichten

Die Regelungen zur Beteiligungspublizität können danach differenziert werden, wer Adressat der Publizitätspflicht ist und woran die Pflicht anknüpft. Für **Inhaber** von Aktien und Finanzinstrumenten finden sich Pflichten zur Mitteilung gegenüber dem Emittenten und der BaFin in §§ 33 – 39, 43 WpHG, für den **Emittenten** gelten Veröffentlichungspflichten gem. §§ 40, 41, 43 Abs. 2 WpHG. Die Schwellenwerte für die Mitteilungspflichten liegen grundsätzlich bei 3, 5, 10, 15, 20, 25, 30, 50, 75 Prozent der Stimmrechte. Wegen des engen Bezugs zum Übernahmerecht (→ Rn. 669 ff.) verlaufen die Vorschriften zur Berechnung der Beteiligungshöhe gem. §§ 33 ff. WpHG und der Kontrolle gem. §§ 29 ff. WpÜG weitgehend, wenn auch nicht vollständig parallel, so dass insoweit viele Querbezüge und Schnittmengen bestehen, auf die an den betreffenden Stellen näher eingegangen wird. 606

Die Mitteilungspflichten für Inhaber von Aktien und Instrumenten lassen sich folgendermaßen systematisieren: 607

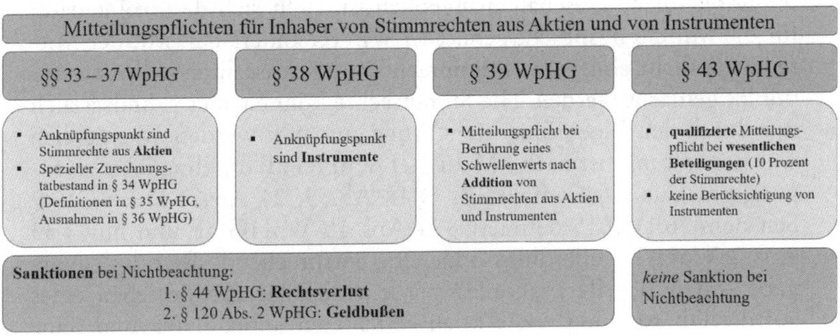

III. Die Mitteilungspflichten nach §§ 33, 38 f. WpHG

§ 33 WpHG verpflichtet zur Mitteilung bei Erwerb und Veräußerung von Stimmrechten aus Aktien und § 38 WpHG bei Erwerb und Veräußerung sonstiger Instrumente. § 39 WpHG formuliert zudem Mitteilungspflichten bei der Zusammenrechnung von Aktien und sonstigen Instrumenten. 608

1. Mitteilungspflicht gem. § 33 WpHG

609 Meldepflichtig ist gem. § 33 WpHG, wer durch Erwerb, Veräußerung oder in sonstiger Weise 3, 5, 10, 15, 20, 25, 30, 50 und 75 Prozent an Stimmrechten aus ihm gehörenden Aktien an dem Inlandsemittenten (→ Rn. 15) erreicht, überschreitet oder unterschreitet. Während §§ 20f. AktG in Anknüpfung an das Konzernrecht nur Aktionäre zur Mitteilung verpflichtet, die selbst Unternehmen sind, kommt es für § 33 WpHG auf die Unternehmenseigenschaft der meldepflichtigen Aktionäre nicht an. Auch Privataktionäre sind danach meldepflichtig, sofern sie entsprechende Schwellenwerte berühren.

610 **a) Erwerb, Veräußerung oder in sonstiger Weise.** Umstritten war lange Zeit – wie auch in anderem Zusammenhang (zu § 9 WpPG → Rn. 267 sowie zu Art. 14 MAR bzw. § 14 Abs. 1 Nr. 1 WpHG aF → Rn. 405) – was unter dem Begriff des **rechtsgeschäftlichen** Erwerbs oder der Veräußerung zu verstehen ist, ob das schuldrechtliche Verpflichtungsgeschäft genügt oder ob es auf das Verfügungsgeschäft, also die Übereignung der Aktien ankommt. Während für §§ 9ff. WpPG und Art. 14 MAR dem Sinn und Zweck entsprechend das schuldrechtliche Geschäft maßgeblich ist, stellt sich die Problematik für die Mitteilungspflicht gem. § 33 WpHG anders dar. Mit der Mitteilungspflicht sollen die Stimmrechtsverhältnisse innerhalb der AG publik gemacht werden. Die Stimmrechte können aber grundsätzlich nur durch den Eigentümer der Aktien ausgeübt werden. Maßgeblich war damit zunächst nach hM zu § 21 WpHG aF das dingliche Verfügungsgeschäft (§§ 929ff. BGB, §§ 18 Abs. 3, 24 Abs. 2 DepotG).[1041] Seit dem 26.11.2015 definiert § 21 Abs. 1b WpHG aF und nun § 33 Abs. 3 WpHG – allerdings ohne eine entsprechende Richtlinienvorgabe – den Begriff „gehören" ausdrücklich als das Bestehen eines auf die Übertragung von Aktien gerichteten unbedingten und ohne zeitliche Verzögerung zu erfüllenden Anspruchs oder einer entsprechenden Verpflichtung. Die Meldepflicht gem. § 33 Abs. 1 WpHG wird demnach bereits mit dem Abschluss des **Kausalgeschäftes** – etwa des Kauf-, Darlehens- oder Schenkungsvertrags – ausgelöst, sofern dieses „**unbedingt** und sofort zu erfüllen" ist. Eine Mitteilungspflicht gem. § 33 WpHG ist ausgeschlossen, wenn der Anspruch auf Übereignung eines Aktienpakets aufschiebend bedingt ist, beispielsweise durch deren kartellrechtliche Freigabe. Maßgebliche Vorausset-

1041 Ausführlich Assmann/Schneider/*Schneider* WpHG § 21 Rn. 73.

zung für die Mitteilungspflicht ist darüber hinaus – neben der Unbedingtheit des Anspruchs – die Tatsache, dass der Anspruch sofort ohne zeitliche Verzögerung zu erfüllen ist. Damit werden in Abgrenzung zu den Termingeschäften iSd § 2 Abs. 2 Nr. 1 WpHG sämtliche börsliche wie außerbörsliche Verpflichtungsgeschäfte erfasst, die in der Regel innerhalb von zwei Handelstagen zu erfüllen sind.[1042] Der Zeitpunkt der dinglichen Übereignung ist nur mitteilungspflichtig, wenn kein mitteilungspflichtiges Kausalgeschäft vorangegangen ist.

Auf **„sonstige Weise"** werden Stimmrechte etwa kraft Gesetzes 611
durch Erbschaft oder andere Formen der Gesamtrechtsnachfolge (z. B. Verschmelzung, § 20 Abs. 1 Nr. 1 UmwG) erlangt.[1043] Erfasst ist zudem die passive Schwellenberührung durch Änderung der Gesamtzahl der Stimmrechte (zur hierauf bezogenen Veröffentlichungspflicht des Emittenten → Rn. 640), etwa durch eine Kapitalerhöhung (siehe § 33 Abs. 1 S. 5 WpHG). Beim erstmaligen Börsengang eines Emittenten haben alle Aktionäre, die mehr als 3 Prozent der Stimmrechte besitzen, ihre Beteiligungshöhe mitzuteilen (**§ 33 Abs. 2 WpHG**).

b) Berechnung der Stimmrechte. aa) Stimmrechte. Maßgeblich 612
sind die Stimmrechte des Meldepflichtigen aus ihm gehörenden Aktien. Durch die Formulierung „ihm gehörenden" wird deutlich, dass es für die Stimmrechtsschwellen in § 33 Abs. 1 S. 1 WpHG auf das **Aktieneigentum** ankommt und nicht bloß auf das Recht zur Ausübung der Stimmrechte. **Legitimationsaktionäre**, die – wie häufig Depotbanken – zur Ausübung der Stimmrechte für die Aktieneigentümer gem. § 129 Abs. 3 AktG ermächtigt sind, unterliegen damit keiner Mitteilungspflicht. Hintergrund für die gesetzgeberische Klarstellung im Jahr 2015 war die Verunsicherung in der Praxis durch ein gegenteiliges Urteil des OLG Köln aus dem Jahr 2012,[1044] das entgegen der Aufsichtspraxis der BaFin und der einhelligen Meinung in der Literatur eine Meldepflicht der Bank nach § 21 WpHG aF (nun § 33 WpHG) bejaht hatte.[1045] Für die Berechnung der Beteiligung kommt es nur auf die Höhe des Stimmrechtsanteils, nicht des Kapitalanteils an. Stimmrechtslose Beteiligungen am Kapital des Emitten-

1042 So sind gemäß Art. 5 Abs. 2 der Verordnung (EU) Nr. 909/2014 Geschäfte mit übertragbaren Wertpapieren, die an Handelsplätzen ausgeführt werden, spätestens am zweiten Geschäftstag nach dem betreffenden Abschluss zu erfüllen (=t+2).

1043 Zu § 21 WpHG aF Assmann/Schneider/*Schneider* WpHG § 21 Rn. 75.

1044 OLG Köln NZG 2012, 946.

1045 Ausführlich zu dieser speziellen Problematik *Pieroth* AG 2015, 10.

ten – wie stimmrechtslose **Vorzugsaktien** gem. § 139 AktG – sind für die Mitteilungspflichten daher nicht mitzuzählen.[1046] Steht den Vorzugsaktionären aber ausnahmsweise gem. § 140 Abs. 2 AktG ein Stimmrecht zu oder wird der Vorzug gem. § 141 Abs. 4 AktG aufgehoben, sind auch diese Stimmrechte zu berücksichtigen. Können die Stimmrechte wegen eines **Stimmrechtsverbots**, zB gem. § 44 WpHG (→ Rn. 684 ff.) oder § 59 WpÜG (→ Rn. 722), vorübergehend nicht ausgeübt werden, sind sie dennoch bei der Berechnung gem. § 33 WpHG zu berücksichtigen, da das Bestehen ausreicht, ohne dass es auf die Ausübbarkeit der Stimmrechte ankommt.[1047]

613 **bb) Zurechnung von Stimmrechten.** Gem. § 34 WpHG (§ 22 WpHG aF) sind – parallel zu § 30 WpÜG (→ Rn. 682) – auch Stimmrechtsanteile, die **Dritten** gehören, dem Meldepflichtigen **zuzurechnen**, wenn dieser unter bestimmten Voraussetzungen tatsächlich oder rechtlich Einfluss auf den Dritten bzw. auf dessen Stimmrechtsanteile nehmen kann. Hierdurch soll einer Umgehung des § 33 WpHG durch Übertragung von Stimmrechten auf Dritte entgegengewirkt werden. Die Zurechnungstatbestände sind abschließend geregelt.

614 **(a) Zurechnung gem. § 34 Abs. 1 WpHG.** § 34 Abs. 1 WpHG erfasst zunächst Fälle, in denen der Meldepflichtige die Ausübung der Stimmrechte Dritter kontrollieren kann. So erfolgt eine vollständige Zurechnung beispielsweise, wenn die Aktien von einem **Tochterunternehmen** des Meldepflichtigen gehalten werden (§ 34 Abs. 1 S. 1 Nr. 1 WpHG). Der Begriff der Tochterunternehmen wird in § 35 Abs. 1 WpHG definiert. Dazu gehören unabhängig von der Rechtsform zum einen Unternehmen, die als Tochterunternehmen gem. **§ 290 HGB** gelten, an denen der Meldepflichtige also die Mehrheit der Stimmrechte hält. Zu den Tochterunternehmen iSd § 35 Abs. 1 WpHG gehören außerdem Unternehmen, auf die der Meldepflichtige einen **beherrschenden Einfluss** ausüben kann. Dafür muss das Einflusspotential seiner Art nach einer Mehrheitsbeteiligung entsprechen, wie etwa bei Minderheitsbeteiligungen mit personellen Verflechtungen oder satzungsmäßigen Sonderrechten des Minderheitsgesellschafters. Eine Ausnahme gilt insoweit jedoch für Stimmrechte, die Wertpapierdienstleistungsunternehmen (zu dem Begriff → Rn. 19, 771 ff.) im Rahmen einer **Finanzportofolioverwaltung** (§ 2 Abs. 8 S. 1 Nr. 7 WpHG) für den Vermögensinhaber halten. Sie

1046 *Langenbucher* AktR § 17 Rn. 64.
1047 Emmerich/Habersack/*Schürnbrand/Habersack* WpHG § 33 Rn. 10 mwN.

gelten unter den Voraussetzungen des § 35 Abs. 2 WpHG nicht als Tochterunternehmen, wenn sie insbesondere die Stimmrechte unabhängig vom Vermögensinhaber ausüben (§ 35 Abs. 2 Nr. 1 WpHG). Da der Vermögensinhaber als Muttergesellschaft in diesen Fällen auf die betreffenden Stimmrechte keinen Einfluss nehmen kann, wäre eine Zurechnung nicht gerechtfertigt. Eine vergleichbare Ausnahme gilt gem. § 35 Abs. 3 WpHG auch für **Kapitalverwaltungsgesellschaften** iSd § 17 KAGB (zu dem Begriff → Rn. 127 ff.).

Nach § 34 Abs. 1 S. 1 Nr. 2 WpHG sind dem Meldepflichtigen **615**
auch die Stimmrechte zuzurechnen, die ein **Dritter für Rechnung des Meldepflichtigen** hält. Damit sind Fälle erfasst, in denen – wie bei einer Treuhand oder mittelbaren Stellvertretung – die rechtliche und wirtschaftliche Eigentümerstellung auseinanderfallen. § 34 Abs. 1 S. 1 Nr. 3 WpHG nimmt auch bei Stimmrechten, die **zur Sicherheit** auf einen Dritten **übertragen** sind, eine wirtschaftliche Betrachtung vor.

Hat ein Kreditnehmer beispielsweise seine Aktien iHv fünf Prozent an der börsennotierten A-AG zur Sicherheit an die Bank übereignet, so sind die Stimmrechte aus den übereigneten A-Aktien gem. § 34 Abs. 1 S. 1 Nr. 3 WpHG dem Sicherungsgeber, also dem Kreditnehmer als „wirtschaftlichen Eigentümer", zuzurechnen. Etwas anderes gilt dann, wenn die Bank ausnahmsweise zur Ausübung der Stimmrechte aus den sicherungshalber übertragenen Aktien befugt ist und die Absicht bekundet, die Stimmrechte unabhängig von den Weisungen des Kreditnehmers auszuüben (§ 34 Abs. 1 S. 1 Nr. 3 Hs. 2 WpHG). Allerdings werden bei einer Zurechnung der Stimmrechte gem. § 34 Abs. 1 S. 1 Nr. 3 WpHG die Stimmrechte nicht bei der Bank absorbiert, sondern sie bleibt als rechtliche Eigentümerin der Aktien nach dem Grundsatz der doppelten Mitteilungspflicht selbst auch zur Mitteilung gem. § 33 WpHG verpflichtet (→ Rn. 612 ff.).

§ 34 Abs. 1 S. 1 Nr. 4 WpHG rechnet die durch **Nießbrauch** auf **616**
einen Dritten übertragenen Stimmrechte dem Meldepflichtigen zu. § 34 Abs. 1 S. 1 Nr. 5 WpHG erlaubt die Zurechnung von Stimmrechten aus Aktien Dritter, die der Meldepflichtige durch Willenserklärung erwerben kann. Jedenfalls **dingliche Optionen**, aufgrund derer der Meldepflichtige durch bloße Annahmeerklärung Eigentümer der Aktien wird, sind hiervon erfasst. Schuldrechtliche Ansprüche auf Übereignung, insbesondere Kaufoptionen, fallen nach ganz hM nicht darunter.[1048] Hierfür spricht der Wortlaut des § 38 Abs. 1 S. 1

1048 Assmann/Schneider/Mülbert/*U. H. Schneider* WpHG § 34 Rn. 34 ff.; Emmerich/Habersack/*Schürnbrand/Habersack* WpHG § 34 Rn. 16. Zu § 22 aF BGH Urt.

Nr. 1 WpHG, der ausdrücklich Instrumente erfasst, die zum Erwerb von Aktien berechtigen. Dies bestätigt auch ein Blick auf den gleichlautenden § 30 Abs. 1 S. 1 Nr. 5 WpÜG (→ Rn. 685): Da § 31 Abs. 6 WpÜG auf Übereignung gerichtete schuldrechtliche Vereinbarungen ausdrücklich einschließt, muss dies im Umkehrschluss für § 30 Abs. 1 Nr. 5 WpÜG und den gleichlautenden § 34 Abs. 1 Nr. 5 WpHG daher bedeuten, dass diese die schuldrechtlichen Ansprüche nicht erfassen, da die Erwähnung in § 31 Abs. 6 WpÜG anderenfalls überflüssig wäre. § 34 Abs. 1 S. 1 Nr. 6 WpHG erfasst Stimmrechte, die dem Meldepflichtigen anvertraut sind, wenn ihm bei deren Ausübung ein eigener Ermessensspielraum zusteht. Dazu gehören schuldrechtliche und gesetzliche **Verwahrverhältnisse** aufgrund elterlichen Sorgerechts, Testamentsvollstreckung, Insolvenzverwaltung usw.

617 Seit 2015 werden dem Meldepflichtigen gem. § 34 Abs. 1 S. 1 Nr. 7 WpHG auch solche Stimmrechte zugerechnet, die ihm vereinbarungsgemäß gegen eine Gegenleistung ohne die damit verbundenen Aktien übertragen werden. Nach deutschem Aktienrecht ist eine solche Vereinbarung wegen des Abspaltungsverbots nicht zulässig.[1049] Da aber ausländische Rechtsordnungen teilweise eine Trennung von Stimmrecht und Aktieneigentum zulassen, sollen in solchen Fällen demjenigen die Stimmrechte zugerechnet werden, der sie aufgrund der Vereinbarung hält. Seit 2015 sind dem Meldepflichtigen gem. § 34 Abs. 1 S. 1 Nr. 8 WpHG auch Stimmrechte aus Aktien zuzurechnen, die bei ihm als Sicherheit verwahrt werden, sofern der Meldepflichtige die Stimmrechte hält und die Absicht bekundet, diese Stimmrechte auszuüben. Da die Sicherungsübereignung auch weiterhin unter § 33 Abs. 1 Nr. 3 WpHG als *lex specialis* fällt, dürfte auch diese Zurechnungsregel vor allem für ausländische Gesellschaften praktisch Bdeutung erlangen.[1050]

618 **(b) *Acting-in-concert* gem. § 34 Abs. 2 WpHG.** Der Zurechnungstatbestand gem. § 34 Abs. 2 WpHG – parallel hierzu § 30 Abs. 2 WpÜG (→ Rn. 682) – soll Umgehungen der Mitteilungspflicht gem. § 33 WpHG bei einem abgestimmten Verhalten (sog *Acting-in-concert*) verhindern, wenn der Meldepflichtige und der Dritte durch

v. 29.7.2014 – II ZR 353/12, BGHZ 202, 180 (194 f.) Rn. 40; Fuchs/*Zimmermann* WpHG § 22 Rn. 65 f.; JVRB/*Michel* WpHG § 22 Rn. 74; Kölner Komm WpHG/*v. Bülow* § 22 Rn. 138; K. Schmidt/Lutter/*Veil* AktG Anh. § 22 WpHG § 22 Rn. 24. Dies war in der bis 2001 geltenden Fassung noch umstritten (s. Nachweise bei *Franck* BKR 2002, 709 (710 f.); *Witt* AG 1998, 171 (176)); ist aber mittlerweile durch die Klarstellung in den Gesetzgebungsmaterialien, BT-Drs. 14/7034, 54, 70 geklärt, Kölner Komm WpHG/*v. Bülow* § 22 Rn. 138. Anders MüKoAktG/*Bayer* WpHG § 34 Rn. 23 („aktuelle Rechtslage […] ungeklärt").

1049 Hierzu *Seibt* ZGR 2010, 795.

1050 So Emmerich/Habersack/*Schürnbrand/Habersack* § 34 Rn. 21. AA Assmann/Schneider/Mülbert/*U. H. Schneider* § 34 Rn. 125.

einvernehmliche Ausübung ihrer Stimmrechte wie ein einzelner Aktionär Einfluss auf die Gesellschaft nehmen können. Gem. § 34 Abs. 2 S. 1 WpHG werden dem Meldepflichtigen daher Stimmrechte eines Dritten aus Aktien der börsennotierten AG in voller Höhe zugerechnet, wenn der Meldepflichtige oder sein Tochterunternehmen und der Dritte ihr Verhalten in Bezug auf diesen Emittenten aufgrund einer Vereinbarung oder in sonstiger Weise abstimmen.

(aa) Verhaltensabstimmung. Ursprünglich war das *Acting-in-concert* auf Vereinbarungen zwischen Aktionären, ihre Stimmrechte in der Hauptversammlung einvernehmlich auszuüben, beschränkt. Das konnte in der Praxis allerdings kaum nachgewiesen werden. Seit 2002 genügt daher eine **Verhaltensabstimmung** aufgrund einer Vereinbarung oder in sonstiger Weise. Während **Vereinbarungen** verbindliche Absprachen sind, ist für den Auffangtatbestand **„in sonstiger Weise"** ein gleichgerichtetes Verhalten aufgrund eines kommunikativen Akts ausreichend und erforderlich, also eine Abstimmung, die zwar keine rechtliche, aber eine gesteigerte wirtschaftliche oder soziale Bindungswirkung aufweist, wie beispielsweise ein rechtlich nicht verbindliches Gentlemen's Agreement.[1051] Ein unbewusstes gleichförmiges Stimmverhalten in oder außerhalb der Hauptversammlung genügt für das *Acting-in-concert* ebensowenig[1052] wie einseitige Weisungen eines Beteiligten. Ein abgestimmtes Verhalten liegt aber vor, wenn der Adressat der Weisung im Vorfeld oder nachträglich zustimmt, gleichgültig, ob die Zustimmung freiwillig oder unfreiwillig erfolgt.[1053] 619

(bb) Gegenstand der Abstimmung. Seit dem Risikobegrenzungsgesetz 2008[1054] ist der **Gegenstand** der Abstimmung ausdrücklich in § 22 Abs. 2 S. 2 WpHG aF (nun § 34 Abs. 2 S. 2 WpHG) definiert: 620

1051 KölnKomm WpHG/*v. Bülow* § 22 Rn. 199; MüKoAktG/*Bayer* WpHG § 34 Rn. 39; Assmann/Schneider/Mülbert/*U. H. Schneider* WpHG § 34 Rn. 141; Schwark/Zimmer/*v. Hein* WpHG § 34 Rn. 31; zu § 30 Abs. 2 WpÜG: *Casper* ZIP 2003, 1469 (1475); *Weiler/Meyer* NZG 2003, 909. AA (Vereinbarung) KölnKomm WpHG/*v. Bülow* § 22 Rn. 219. Fraglich ist aber ohnehin, welche Relevanz die Einordnung allgemein hat, da § 34 Abs. 2 S. 2 WpHG nach ganz hM (s. nur Fuchs/*Fuchs* WpHG § 22 Rn. 86; KölnKomm WpHG/*v. Bülow* § 22 Rn. 226) über den Wortlaut hinaus auch auf beide Alt. des Abs 2 S. 2 bzw S. 1 anzuwenden ist.

1052 OLG Frankfurt a. M. NZG 2004, 865 (868) zu § 30 Abs. 2 WpÜG; Emmerich/Habersack/*Schürnbrand* /Habersack WpHG § 34 Rn. 24; Fuchs/*Zimmermann* WpHG § 22 Rn. 92; Schwark/Zimmer/*v. Hein* WpHG § 35 Rn. 31; Spindler/Stilz/*Petersen* WpHG Anh. § 22 Rn. 52.

1053 KölnKomm WpHG/*v. Bülow* § 22 Rn. 200 f.

1054 Art. 1 Gesetz zur Begrenzung der mit Finanzinvestitionen verbundenen Risiken v. 12.8.2008 BGBl. 2013 I 1666.

Der Meldepflichtige oder sein Tochterunternehmen und der Dritte müssen sich demnach über die Ausübung von Stimmrechten verständigen oder mit dem Ziel einer dauerhaften und erheblichen Änderung der unternehmerischen Ausrichtung des Emittenten in sonstiger Weise zusammenwirken. Das abgestimmte Verhalten kann sich demnach zum einen gem. § 34 Abs. 2 S. 2 1. Alt. WpHG auf die **Stimmrechtsausübung** in der Hauptversammlung beziehen. Erfasst sind folglich insbesondere Stimmrechtsbindungs-, Stimmrechtsüberlassungs- und Poolverträge. Auf weitere qualifizierende Merkmale, insbesondere darauf, dass die gemeinsame Stimmrechtsausübung erhebliche und dauerhafte Änderungen der unternehmerischen Ausrichtung des Emittenten zur Folge hat, kommt es dabei nicht an.[1055]

621 Das abgestimmte Verhalten kann gem. § 34 Abs. 2 S. 2 2. Alt. WpHG darüber hinaus auch auf ein Verhalten außerhalb der Hauptversammlung gerichtet sein, wobei hier aber die Abstimmung auf eine dauerhafte und erhebliche Änderung der unternehmerischen Ausrichtung des Emittenten abzielen muss. Die **unternehmerische Ausrichtung** des Emittenten betrifft dessen Unternehmenspolitik, zB das Geschäftsmodell oder die Finanzierungs- und Ausschüttungspolitik. Der Gesetzgeber hatte vor allem Fälle im Blick, in denen der Emittent zerschlagen oder hohe Sonderdividenden ausgezahlt werden sollten.[1056] Ziel muss eine Änderung der aktuellen unternehmerischen Ausrichtung sein, so dass weder die erstmalige Festlegung der Unternehmenspolitik bei Gründung noch deren Beibehaltung erfasst sind.[1057] Die Änderung ist **erheblich**, wenn sie nicht nur zu graduellen, sondern zu gravierenden Änderungen der Unternehmenspolitik führen soll. Sie ist **dauerhaft**, wenn sie nicht nur kurzfristige, sondern nachhaltige Auswirkungen erwarten lässt. Beide Merkmale müssen **kumulativ** vorliegen. Die Änderung der unternehmerischen Ausrichtung muss beabsichtigt, jedoch nicht notwendigerweise eingetreten sein. Ein Zusammenwirken zur Erhaltung des Status quo reicht jedenfalls nicht aus.[1058]

Um ein *Acting-in-concert* handelt es sich zB bei **Pressekampagnen** oder bei dem Lancieren von Veröffentlichungen, durch die Vorstand und Aufsichtsrat des Emittenten bei den übrigen Aktionären in einem negativen Licht erscheinen sollen, um so die Unternehmenspolitik tiefgreifend zu ändern.

1055 Emmerich/Habersack/*Schürnbrand* WpHG § 34 Rn. 27 mwN.
1056 Begr. RegE BT-Drs. 16/7438, 11.
1057 BGH NZG 2018, 1350.
1058 BGHZ 169, 98 (109) Rn. 26 –WMF zu § 30 Abs. 2 WpÜG; Emmerich/Habersack/*Schürnbrand* WpHG § 34 Rn. 28 mwN.

Nach § 34 Abs. 2 S. 1 Hs. 2 WpHG begründen Vereinbarungen in **Einzelfällen** kein *Acting-in-concert*. Damit stellt sich die Frage, wann ein Einzelfall im Sinne dieser Norm vorliegt. Nach **hM** liegt ein Einzelfall iSv § 34 Abs. 2 S. 1 Hs. 2 WpHG vor, wenn – ohne Betrachtung der materiellen Auswirkungen – eine Abstimmung zu einer einzelnen Maßnahme erfolgt (**formale Betrachtung**). Eine derartige Abstimmung – etwa hinsichtlich eines einzelnen Tagesordnungspunktes oder einer Geschäftsführungsmaßnahme –[1059] führt nicht zur Zurechnung gem. § 34 Abs. 2 S. 1 Hs. 1 WpHG. Für dieses formale Verständnis des Einzelfalls, dem sich der BGH jüngst angeschlossen hat, spricht neben dem Wortlaut („Einzelfall") auch die damit verbundene Rechtssicherheit.[1060] Liegt eine Abstimmung hinsichtlich einer Maßnahme vor, so ist ein Einzelfall iSv § 34 Abs. 2 S. 1 Hs. 2 WpHG gegeben, ohne dass es auf die Auswirkungen der Maßnahme ankommt. Nach **aA** verlangt § 34 Abs. 2 S. 1 Hs. 2 WpHG eine **materielle Betrachtung.**[1061] Danach ist eine einmalige Abstimmung kein Einzelfall iSv § 34 Abs. 2 S. 1 Hs. 2 WpHG, wenn damit weitreichende Folgen für die Gesellschaft bezweckt sind. 622

So stellt beispielsweise die einmalige Abstimmung über die Wahl mehrerer Aufsichtsratsmitglieder[1062] nach der formalen Betrachtungsweise einen Einzelfall iSv § 34 Abs. 2 S. 1 Hs. 2 WpHG dar, da sie nur einen Tagesordnungspunkt in der Hauptversammlung betrifft. Eine Zurechnung nach § 34 Abs. 1 WpHG ist hiernach also nicht möglich. Nach der materiellen Betrachtungsweise liegt hingegen kein Einzelfall iSv § 34 Abs. 2 S. 1 Hs. 2 WpHG vor, denn mit der Abstimmung über die Wahl mehrerer Aufsichtsratsmitglieder gehen idR. weitreichende Folgen für die Gesellschaft einher. Weitere Beispiele, in denen bei Zugrundelegung der materiellen Betrachtungsweise kein Einzelfall iSv § 34 Abs. 2 S. 1 Hs. 2 WpHG vorliegt, sind Abstimmungen hinsichtlich einer tiefgreifenden Änderung der Ausschüttungspolitik, des Verkaufes wichtiger Unternehmensteile, des Austausches eines wesentlichen Teils des Aufsichtsrates oÄ.

(c) Doppelmeldungen und Kettenzurechnungen. Bei der Zurechnung von Stimmrechten sind Doppelmeldungen möglich, und 623

1059 MüKoAktG/*Bayer* WpHG § 34 Rn. 41.

1060 *Kocher* BB 2006, 2436; *Lange* ZBB 2004, 22 (27); *Schockenhoff/Schumann* ZGR 2005, 568 (588); *Sänger/Kessler* ZIP 2006, 837 (840).

1061 Assmann/Schneider/Mülbert/*Schneider* WpHG § 33 Rn. 167 ff.; Casper/Bracht NZG 2004, 839; Louven BB 2005, 1414 (1415). So auch noch BaFin Emittentenleitfaden, Modul B, Stand 30.10.2018, I.2.5.10.2, 28; aber im Anschluss an die BGH-Entscheidung (BGH NZG 2018, 1350) aufgegeben durch BaFin, FAQ zu den Transparenzpflichten des WpHG, Stand: 12.9.2019, 8.

1062 MüKoAktG/*Bayer* WpHG § 34 Rn. 41.

zwar durch den Inhaber der Aktien und denjenigen, dem Stimmrechte zugerechnet werden. Sofern beide jeweils die Schwellenwerte durch die in Frage stehende Transaktion berühren, müssen sie jeweils ihre Mitteilungspflicht erfüllen. Eine Absorbtion erfolgt insoweit nicht. Eine **doppelte Mitteilungspflicht** des Meldepflichtigen und uU bei Überschreiten der Beteiligungsschwelle auch des Dritten gilt grundsätzlich für alle Zurechnungstatbestände des § 34 WpHG.[1063] Eine Ausnahme hiervon sieht § 37 WpHG für Konzernunternehmen vor: Erfüllt das Mutterunternehmen die Mitteilungspflichten, wird das Tochterunternehmen gem. § 37 WpHG ausnahmsweise von seiner Verpflichtung gem. § 33 WpHG frei.

624 Ungeklärt war lange Zeit, ob dem Meldepflichtigen nicht nur Stimmrechte aus dem Dritten gehörenden Aktien, sondern darüber hinaus auch Stimmrechte zugerechnet werden können, die dem Dritten wiederum gem. § 34 WpHG zugerechnet werden können. Eine solche **Kettenzurechnung** hat der Gesetzgeber durch § 34 Abs. 1 S. 2, Abs. 2 S. 3 WpHG auf die darin abschließend genannten Fälle beschränkt.[1064] So werden gem. § 34 Abs. 1 S. 2 WpHG dem Mutterunternehmen auch die Stimmrechte zugerechnet, die dem Tochterunternehmen gem. § 34 Abs. 1 S. 1 Nr. 2–6 WpHG – etwa wegen Nießbrauchs, Sicherungsübereignung oÄ – zugerechnet werden. Eine Kettenzurechnung ist darüber hinaus gem. § 34 Abs. 2 S. 3 WpHG beim *Acting-in-concert* vorgesehen. Im Übrigen beschränkt sich die Zurechnung gem. § 34 WpHG auf die Stimmrechte aus Aktien, die dem Dritten gehören.

2. Mitteilungspflicht gem. § 38 WpHG

625 Um die Mitteilungspflichten gem. § 33 WpHG zu umgehen und um sich insbesondere an börsennotierte Aktiengesellschaften unbemerkt anschleichen zu können, haben Aktionäre kreative Möglichkeiten entwickelt. Hierbei geht es vor allem um die Fälle des sog *Hidden Ownership*, in denen das mitgliedschaftliche Stimmrecht und die Teilhabe an der Wertentwicklung des Unternehmens aufgespalten werden. Dies lässt sich vor allem durch den Einsatz derivativer Finanzinstrumente, zB Optionen, Equity Swaps und Differenzkon-

1063 BGHZ 190, 291 = NZG 2011, 1147 Rn. 27; OLG München NZG 2009, 1386; Schwark/Zimmer/*v. Hein* § 34 Rn. 47; Assmann/Schneider/Mülbert/*Schneider* WpHG § 33 Rn. 18 ff. mwN.

1064 Schwark/Zimmer/*v. Hein* WpHG § 34 Rn. 47.

trakte, bewerkstelligen. Um auch diese Fälle des unbemerkten Anschleichens zu erfassen, hat der Gesetzgeber zunächst in §§ 25, 25a WpHG aF weitere Mitteilungspflichten für **sonstige Instrumente** geschaffen, die mit dem 2. FiMaNoG in §§ 38, 39 WpHG neu geregelt und umstrukturiert wurden und ab einer Beteiligungsschwelle von **5 Prozent** gelten. Die sonstigen Instrumente iSd § 38 Abs. 1 WpHG zeichnen sich dadurch aus, dass sie dem Meldepflichtigen zwar keinen Einfluss auf die Ausübung der Stimmrechte vermitteln, aber den relativ kurzfristigen Erwerb der Aktien ermöglichen. § 38 Abs. 1 WpHG unterscheidet zwischen Instrumenten, bei denen der physische Erwerb der Aktien nur noch vom Inhaber des Instruments oder vom Zeitablauf abhängt (Nr. 1), und Instrumenten mit „vergleichbarer wirtschaftlicher Wirkung" unabhängig davon, ob diese physisch abgewickelt werden oder einen Barausgleich vorsehen (Nr. 2). Als Instrumente kommen gem. § 38 Abs. 2 WpHG insbesondere übertragbare Wertpapiere, Optionen, Terminkontrakte, Swaps, Zinsausgleichsvereinbarungen und Differenzgeschäfte in Betracht. Die ESMA hat eine unverbindliche Liste von meldepflichtigen Instrumenten vorgelegt.[1065]

a) Instrumente mit unbedingtem Recht auf Erwerb von Stimmrechten. § 38 Abs. 1 S. 1 Nr. 1 WpHG erfasst Instrumente, die dem 626
Inhaber – im Unterschied zu § 34 Abs. 1 S. 1 Nr. 5 WpHG – einen schuldrechtlichen Anspruch auf Erwerb der Aktien des Emittenten einräumen. Dazu gehören gem. § 38 Abs. 1 S. 1 Nr. 1 lit. a) WpHG Instrumente, die dem Inhaber bei Fälligkeit ein unbedingtes Recht auf Erwerb mit Stimmrechten verbundener und bereits ausgegebener Aktien eines Emittenten gewähren. Dazu gehören ua Wertpapiere, die bindend zum Erwerb ausgegebener meldepflichtiger Stimmrechtsanteile berechtigen, zB **Festpreisgeschäfte** iSd § 2 Abs. 1 Nr. 3 lit. b) Var. 1 WpHG (Futures) oder nicht börsengehandelte Forwards iSd § 2 Abs. 2 Nr. 1 WpHG. In Abgrenzung zu § 33 Abs. 3 WpHG muss es sich zudem um Ansprüche handeln, die mit zeitlicher Verzögerung – also nicht innerhalb der üblichen zwei Handelstage – erfüllt werden müssen, da sie anderenfalls bereits gem. § 33 Abs. 1, 3 WpHG meldepflichtig sind.[1066]

1065 ESMA, Indicative list of financial instruments that are subject to notification requirements according to Article 13(1b) of the revised Transparency Directive, ESMA/2015/1598.
1066 Emmerich/Habersack/*Schürnbrand/Habersack* WpHG § 33 Rn. 11.

627 § 38 Abs. 1 S. 1 Nr. 1 lit. b) WpHG erfasst außerdem Instrumente, die dem Inhaber ein Ermessen in Bezug auf sein Recht auf Erwerb der Aktien verleihen. Mitteilungspflichtig sind hiernach beispielsweise Aktienoptionsgeschäfte iSd § 2 Abs. 1 Nr. 3 Var. 1 WpHG. Mitteilungspflichtig sind hiernach allerdings nur die Inhaber von **Call-Optionen**, die den Stillhalter bei Ausübung der Option zum Verkauf der Aktien verpflichten. Inhaber von Put-Optionen, die zum Verkauf an den Stillhalter berechtigen, fallen nicht unter § 38 Abs. 1 S. 1 Nr. 1 lit. b) WpHG. Zweck des § 38 WpHG ist die Bekämpfung des verdeckten Beteiligungsaufbaus, nicht des -abbaus. Erfasst sind auch Rückkaufvereinbarungen und Rückforderungsansprüche aus Wertpapierdarlehen, wenn die Rückforderung nur vom Anspruchsinhaber oder Zeitablauf abhängt, da das Gesetz nicht (mehr wie noch § 25 WpHG aF) von Finanzinstrumenten, sondern allgemein von Instrumenten spricht.

628 **b) Instrumente mit „vergleichbarer wirtschaftlicher Wirkung".** § 38 Abs. 1 S. 1 Nr. 2 WpHG erfasst Instrumente, die sich auf Aktien beziehen und eine vergleichbare wirtschaftliche Wirkung entfalten wie die Instrumente des § 38 Abs. 1 S. 1 Nr. 1 WpHG, unabhängig davon, ob sie einen Anspruch auf physische Lieferung einräumen oder nicht. Es handelt sich hierbei um einen **Auffangtatbestand**, um auch noch unbekannte innovative Techniken des verdeckten Beteiligungsaufbaus zu erfassen.

629 Maßgeblich ist, ob das Instrument nach seiner „wirtschaftlichen Logik" geeignet ist, ein unbedingtes Erwerbsrecht jedenfalls zum Teil zu ersetzen.[1067] Von dem Tatbestand sind vor allem **Aktienderivate mit Barausgleich** (sog *Cash Settled Equity Swaps* oder Optionen mit Barausgleich) erfasst. Eine Mitteilungspflicht nach § 38 Abs. 1 S. 1 Nr. 1 WpHG besteht bei diesen Derivatekontrakten in der Regel deshalb nicht, weil sie dem Inhaber keinen rechtlichen Anspruch auf Erwerb der Aktien, sondern lediglich einen Zahlungsanspruch in Geld einräumen, der sich am Kurs der zugrundeliegenden Aktien orientiert. Der Berechtigte kann aber typischerweise davon ausgehen, dass der Aussteller des Instruments zur Absicherung die Aktien vorhalten und diese bei Beendigung zunächst dem Berechtigten andienen wird, so dass der Erwerb der Aktien durch den Inhaber

1067 Begr. RegE AnsFuG, BT-Drs. 17/3628, 20; Schwark/Zimmer/*v. Hein* § 38 WpHG Rn. 16; Emmerich/Habersack/*Schürnbrand/Habersack* WpHG § 38 Rn. 12.

der „wirtschaftlichen Logik“ des Instruments entspricht.[1068] Mitteilungspflichtig sind auch aufschiebend **bedingte Ansprüche** auf Erwerb von Aktien, wenn der Eintritt der Bedingung – wie etwa bei M&A-Transaktionen kartellrechtliche Freigabe – nicht allein vom Willen des Berechtigten abhängt.[1069]

Die Anzahl der Stimmrechte, die für die Berechnung des Stimm- 630
rechtsanteils maßgeblich sind, richtet sich bei Instrumenten iSd § 38 Abs. 1 S. 1 Nr. 1 WpHG gem. § 38 Abs. 3 S. 1 WpHG grundsätzlich nach einer Nominalwertbetrachtung, dh die Anzahl der Stimmrechte entspricht zu hundert Prozent der Anzahl der Aktien, die auf Grundlage des Instruments erworben werden können. Für Instrumente mit Barausgleich gem. § 38 Abs. 3 S. 2 WpHG gilt hingegen eine sog delta-angepasste Berechnung. Dabei wird die nominale Anzahl der zugrundeliegenden Aktien mit dem individuellen Delta des Instruments multipliziert. Das Delta liegt in der Regel zwischen Null und Eins und zeigt an, wie stark sich der Wert eines Finanzinstruments im Fall einer Kursschwankung des zugrunde liegenden Instruments ändert.[1070] Das Produkt aus der Zahl der Bezugsaktien und dem Delta beschreibt, wie viele Aktien die verpflichtete Partei zur Absicherung ihrer Leistungspflicht vernünftigerweise vorhalten würde.

3. Mitteilungspflichten bei Zusammenrechnung gem. § 39 WpHG

Mitteilungspflichtig ist gem. § 39 WpHG auch derjenige, der zwar 631
nicht die einzelnen Schwellenwerte der § 33 WpHG und § 38 WpHG, aber durch Zusammenrechnung der Stimmrechte aus §§ 33 f. WpHG und der Stimmrechte aus Instrumenten iSd § 38 WpHG die Schwellen ab fünf Prozent erreicht, über- oder unterschreitet.

4. Ausnahmen

Nach § 36 WpHG (§ 23 WpHG aF) bleiben uU bestimmte Stimm- 632
rechte aus Aktien für die Berechnung des Stimmrechtsanteils gem. §§ 33 f. WpHG unberücksichtigt, wenn eine Mitteilung die wirklichen Machtverhältnisse innerhalb der Gesellschaft, die einen längerfristigen Einfluss voraussetzen, nicht zutreffend widerspiegeln und

1068 Begr. RegE BT-Drs. 17/3628, 19.
1069 Emmerich/Habersack/*Schürnbrand/Habersack* WpHG § 38 Rn. 12.
1070 ErwGr 10 Transparenzrichtlinie-Änderungsrichtlinie.

damit zu Missverständnissen führen würde.[1071] § 36 WpHG gilt durch Verweis in § 38 Abs. 1 S. 2 WpHG auch für das Halten von Instrumenten. Bei § 36 WpHG handelt es sich um eine Legalausnahme, so dass ein Befreiungsantrag bei der BaFin nicht (mehr) notwendig,[1072] sondern eine Selbstbefreiung durch den Meldepflichtigen möglich ist.

633 So bleiben Stimmrechte von bis zu fünf Prozent der Stimmrechte am Emittenten unberücksichtigt, die Wertpapierdienstleistungsunternehmen iSd § 2 Abs. 10 WpHG und Kreditinstitute als Teil des Handelsbuchs halten.[1073] Hierfür muss sichergestellt sein, dass die Stimmrechte aus den betreffenden Aktien nicht ausgeübt und nicht anderweitig genutzt werden, um auf die Geschäftsführung des Emittenten Einfluss zu nehmen.

634 Hat eine Bank beispielsweise sechs Prozent der Aktien der börsennotierten A-AG zu Anlagezwecken erworben und hält darüber hinaus vier Prozent im Handelsbuch, so hat die Bank mitzuteilen, dass sie die Fünf-Prozent-Schwelle überschritten, nicht aber, dass sie die 10 Prozent-Schwelle erreicht hat. Das Handelsbuch des Wertpaperdienstleistungsunternehmens erfasst ausschließlich eigene, nicht für Rechnung Dritter gehaltene Aktien, über die es frei und kurzfristig disponieren (handeln) kann. Die Aktien gehören zum Umlaufvermögen und sind nicht nicht zur dauerhaften Vermögensanlage der Bank bestimmt.

635 Seit dem 26.11.2015 sind auch Stimmrechte aus Aktien aus der Berechnung ausgenommen, die im Rahmen von Aktienrückkaufprogrammen und Kursstabilisierungsmaßnahmen erworben werden (§ 36 Abs. 2 WpHG). Nicht meldepflichtig sind zudem Stimmrechte und Instrumente, die zur Abrechnung und Abwicklung von Geschäften nicht länger als drei Handelstage gehalten werden (§ 36 Abs. 3 Nr. 1 WpHG) und damit nicht der dauerhaften Anlage dienen sollen. § 36 Abs. 3 Nr. 2 WpHG nimmt Stimmrechte im Verwahrungsbestand aus, wenn der Verwahrer sie nur auf schriftliche oder elektronische Weisung ausüben darf. § 36 Abs. 4 WpHG schließt von der Mitteilungspflicht auch Stimmrechte aus Aktien aus, die den europä-

---

1071 MüKoAktG/*Bayer* WpHG § 23 Rn. 1.

1072 So noch bis zum Transparenzrichtlinien-Umsetzungsgesetz v. 7.1.2007; siehe BegrRegE BT-Drs. 16/2498, 35.

1073 Der bankaufsichtsrechtliche Begriff „Handelsbuch" umfasst den Bestand an Finanzinstrumenten und Waren, die zu kurzfristigen Handelszwecken oder im Eigenbestand zur Erzielung eines Gewinns gehalten werden (Art. 4 Abs. 86 der Verordnung [EU] Nr. 575/2013 des Europäischen Parlaments und des Rates v. 26.6.2013 über Aufsichtsanforderungen an Kreditinstitute und Wertpapierfirmen und zur Änderung der Verordnung [EU] Nr. 646/2012, ABl. 2013 L 176, 1).

ischen Zentralbanken zur Verfügung gestellt oder von ihnen bereitgestellt werden.

Gewährt die Deutsche Bundesbank einem Kreditinstitut einen Kredit und erhält – wie üblicherweise – Aktien zur Sicherheit übertragen oder verpfändet oder im Wege eines Pensionsgeschäfts übertragen, so sind die hiermit verbundenen Stimmrechte aus den Aktien nicht im Rahmen von §§ 33 f. WpHG zu berücksichtigen.

Schließlich gilt gem. § 36 Abs. 5 WpHG eine Ausnahme auch für 636
Aktien und Instrumente, die von einem **Market Maker** (zu dem Begriff → Rn. 166) gehalten werden. Um die Geschäfte im Eigenhandel erfüllen zu können, benötigen *Market Maker* einen eigenen Bestand an Aktien, auf den sie uU zurückgreifen können. Damit sie ihre Aufgabe als *Market Maker* erfüllen können, ohne durch den erheblichen Verwaltungsaufwand beeinträchtigt zu werden, den die Mitteilungen gem. §§ 33 ff. WpHG beim ständigen Bestandswechsel verursachen, werden diese Stimmrechte aus Aktien für die Meldeschwellen von drei und fünf Prozent nicht berücksichtigt.

Die nach § 36 Abs. 1–5 WpHG unberücksichtigten Stimmrechte 637
dürfen grundsätzlich nicht ausgeübt werden (§ 36 Abs. 6 WpHG; mit Ausnahme von § 36 Abs. 3 Nr. 2 WpHG). Da dies aber ohnehin bereits Voraussetzung für die meisten Befreiungstatbestände ist, bleibt die Bedeutung dieser Vorschrift gering. Umstritten ist, ob das Ausübungsverbot des § 36 Abs. 6 WpHG alle Stimmrechte erfasst (sog große Lösung) oder nur diejenigen, mit denen jeweils eine Meldeschwelle berührt wird (sog kleine Lösung).[1074]

Erwirbt ein *Market Maker* sieben Prozent Aktien der börsennotierten A-AG, dürfen nach der sog großen Lösung alle Stimmrechte iHv sieben Prozent nicht ausgeübt werden. Nach der kleinen Lösung erfasst das Stimmverbot nur diejenigen Stimmrechte, die die Meldeschwelle berühren, die also, wenn kein Ausnahmetatbestand vorläge, zu einer Meldepflicht (ab drei Prozent) führen würden. Demnach darf der *Market Maker* Stimmrechte iHv drei Prozent aus Aktien an der A-AG ausüben. Für die kleine Lösung sprechen Systematik sowie Sinn und Zweck der Ausnahmeregelung, die nur für die Fälle gilt, in denen eine Meldepflicht dem Grunde nach besteht.

1074 Für die sog große Lösung KölnKomm WpHG/*Hirte* § 23 Rn. 73; Schwark/Zimmer/*v. Hein* WpHG § 36 Rn. 37. Für die sog kleine Lösung Assmann/Schneider/Mülbert/*Schneider* WpHG § 36 Rn. 79 f.

638 **Fall 18:** Die S-KG plant, die börsennotierte C-AG durch Erwerb einer ausreichend hohen Beteiligung zu übernehmen. Um einen Kursanstieg der C-Aktien durch Bekanntwerden dieses Umstands und damit eine Verteuerung des Erwerbs zu vermeiden, soll dies möglichst lange geheim gehalten werden. Daher erwirbt die S-KG zunächst 2,97 Prozent der C-Aktien sowie Aktienoptionen iHv weiteren 4,95 Prozent. Außerdem schließt sie mit verschiedenen Banken Swap-Geschäfte über 28 Prozent der C-Aktien ab, die einen jederzeitigen Anspruch auf Barausgleich, nicht jedoch auf Realerfüllung einräumen (sog *Cash Settled Equity Swaps*).

Unterliegt die S-KG Meldepflichten?

639 **Lösung:** Die S-KG ist der C-AG nach § 33 Abs. 1 S. 1 WpHG zur Mitteilung verpflichtet, wenn sie durch Erwerb der C-Aktien mindestens 3 Prozent der Stimmrechte aus ihr gehörenden C-Aktien erreicht oder überschritten hat. Maßgeblich ist gem. § 33 Abs. 2 WpHG nicht die dingliche Erfüllung, sondern das Bestehen eines auf die Übertragung von Aktien gerichteten unbedingten und ohne zeitliche Verzögerung zu erfüllenden schuldrechtlichen Anspruchs. Der S-KG gehören indes nur 2,97 Prozent der C-Aktien. Zwar erwirbt die S-KG darüber hinaus auch Aktienoptionen iHv 4,95 Prozent. Da diese aber lediglich einen schuldrechtlichen Anspruch auf Erwerb der Aktien mit zeitlicher Verzögerung einräumen, sind sie weder von § 33 Abs. 3 WpHG noch vom Zurechnungstatbestand des § 34 Abs. 1 S. 1 Nr. 5 WpHG erfasst. Eine Beteiligungsschwelle nach § 33 Abs. 1 WpHG ist damit weder erreicht noch überschritten.

Die S-KG unterliegt aber auch dann einer Mitteilungspflicht, wenn sie Instrumente iSd § 38 Abs. 1 WpHG hält. Von dieser Regelung sind auch schuldrechtliche Erwerbsaussichten umfasst. Die Optionen auf den Erwerb von 4,95 Prozent der C-Aktien sind Instrumente iSd § 38 Abs. 2 Nr. 2 WpHG, die dem Inhaber einen unbedingten Anspruch auf Erwerb der Aktien iSd § 38 Abs. 1 S. 1 Nr. 1 lit. a) WpHG bzw. jedenfalls ein Ermessen in Bezug auf das Recht zum Erwerb iSd § 38 Abs. 1 S. 1 Nr. 1 lit. b) WpHG einräumen. Allerdings beginnen die relevanten Beteiligungsschwellen des § 38 Abs. 1 WpHG nicht bei drei, sondern erst bei 5 Prozent (§ 38 Abs. 1 S. 1 WpHG), so dass die Optionen alleine ebenfalls noch keine Mitteilungspflicht auslösen. Allerdings sind die Instrumente des § 38 Abs. 1 S. 1 WpHG mit den Beteiligungen nach §§ 33 f. WpHG zusammenzurechnen (§ 39 Abs. 1 WpHG).[1075] Addiert man die der S-KG gehörenden Aktien iHv 2,97 Prozent mit den Optionen auf Erwerb der Aktien iHv 4,95 Prozent, so erreicht die S-KG einen Wert von 7,92 Prozent der Stimmrechte. Die 5-Prozent-Schwelle ist damit überschritten, die S-KG ist gem. § 39 Abs. 1 WpHG zur Mitteilung hierüber an die BaFin und die C-AG verpflichtet.

1075 Nach § 25 Abs. 1 S. 3 WpHG aF (vor 2009) fand eine derartige Zusammenrechnung der Stimmrechtsanteile noch nicht statt.

Die S-KG könnte des Weiteren einer Mitteilungspflicht nach § 38 Abs. 1 S. 1 Nr. 2 WpHG unterliegen. Die *Cash-Settled-Equity-Swaps* stellen sonstige Finanzinstrumente iSd § 38 Abs. 1 S. 1 Nr. 2 WpHG dar, da sie eine vergleichbare wirtschaftliche Wirkung haben (→ Rn. 629). Die S-KG ist Inhaberin von Swaps über 28 Prozent der C-Aktien, die relevante Beteiligungsschwelle von 5 Prozent (§ 38 Abs. 1 S. 1 WpHG) und hier konkret – in der Annahme von Delta 1 (§ 38 Abs. 3 S. 2 WpHG) von 25 Prozent ist damit überschritten worden. Durch Zusammenrechnung aller Stimmrechte gem. § 39 Abs. 1 WpHG hat die S-KG zudem die Schwelle von 30 Prozent überschritten.

Ergebnis: Die S-KG wäre zur Mitteilung verpflichtet gewesen, da sie durch den Erwerb der Aktienoptionen iHv 4,95 Prozent durch Zusammenrechnung mit den ihr bereits zuvor gehörenden Aktien gem. § 39 Abs. 1 WpHG die Schwelle iHv 5 Prozent und durch den Abschluss der *Cash Settled Equity Swaps* die Schwelle iHv 25 Prozent gem. § 38 Abs. 1 S. 1 Nr. 2 WpHG sowie durch Zusammenrechnung die Schwelle iHv 30 Prozent gem. § 39 Abs. 1 WpHG überschritten hat.

IV. Erfüllung der Mitteilungs- und Veröffentlichungspflichten

1. Frist, Form und Inhalt

Der Meldepflichtige hat dem Emittenten und der BaFin die Schwellenberührung **unverzüglich**, spätestens aber innerhalb von vier Handelstagen (zu dem Begriff § 47 WpHG) mitzuteilen (§ 33 Abs. 1 S. 1 WpHG). Für die Unverzüglichkeit wird von der hM auf die Definition in § 121 BGB verwiesen, so dass die Meldung ohne schuldhaftes Zögern zu erfolgen hat.[1076] Da der Begriff aus Art. 12 Abs. 2 Transparenzrichtlinie stammt, ist er jedoch unionsrechtskonform auszulegen. Wie in Art. 17 Abs. 1 MAR (→ Rn. 500 f.) kommt es daher darauf an, dass die Mitteilung so bald wie objektiv möglich erfolgt. Bei einer **aktiven Schwellenberührung** durch Erwerb oder Veräußerung beginnt die Frist in dem Zeitpunkt, in dem der Meldepflichtige hiervon Kenntnis genommen hat oder hätte nehmen müssen (§ 33 Abs. 1 S. 3 WpHG). Handelt es sich bei dem Meldepflichtigen um eine juristische Person oder Personengesellschaft, wendet die 640

1076 Siehe nur Schwark/Zimmer/*v. Hein* § 33 WpHG Rn. 48.

hM die mitgliedstaatlichen Grundsätze der Wissenszurechnung an.[1077] Allerdings erscheint es – entgegen der hM – in richtlinienkonformer Auslegung geboten, auch hier (siehe bereits zu Art. 8 MAR → Rn. 399) die unionsrechtlichen Maßstäbe der Wissenszu- und -zusammenrechnung anzuwenden. Nach beiden Auffassungen genügt aber jedenfalls die Kenntnis eines Mitglieds der. Geschäftsleitung. Zwei Handelstage nach der Schwellenberührung wird die Kenntnis des Aktionärs gem. § 33 Abs. 1 S. 4 WpHG unwiderleglich vermutet. Bei einer **passiven Schwellenberührung**, die nicht auf Handelsaktivitäten des Aktionärs, sondern auf einer Veränderung der Gesamtzahl der Stimmrechte – wie beispielsweise bei einer Kapitalerhöhung – beruht, gilt die spezielle Regelung des § 33 Abs. 1 S. 5 WpHG. Da der Meldepflichtige an passiven Schwellenberührungen nicht beteiligt ist, beginnt die Frist gem. § 33 Abs. 1 S. 1 WpHG erst in dem Zeitpunkt zu laufen, in dem der Meldepflichtige positive Kenntnis von der Schwellenberührung erlangt, spätestens aber mit der Veröffentlichung der Gesamtzahl der Stimmrechte durch den Emittenten nach § 41 Abs. 1 WpHG.

641 In der Mitteilung sind Name und Anschrift des Aktionärs, Schwellenzahl, Höhe des Stimmrechtsanteils, Tag des Erreichens, Überschreitens bzw. Unterschreitens der Schwellenwerte anzugeben (siehe § 12 WpAV). Die Mitteilung hat schriftlich oder per Fax, in deutscher oder englischer Sprache zu erfolgen (§§ 14, 15 WpAV). Seit Ende Oktober 2018 werden die Bestimmungen der WpAV von der Stimmrechtsmitteilungsverordnung (**StimmRMV**)[1078] flankiert, die eine elektronische Einreichung der Mitteilungen ermöglicht. Die Regelungen der StimmRMV stehen ausweislich § 1 S. 2 StimmRMV neben den Vorgaben der WpAV. Die Übermittlung der Mitteilung kann demnach schriftlich oder elektronisch erfolgen, § 2 StimmRMV. Während für die schriftliche Mitteilung gemäß § 12 Abs. 1 WpAV das Musterformular aus der Anlage zur WpAV zu verwenden ist,[1079] muss für die elektronische Übermittlung an die BaFin zwingend die Mitteilungs- und Veröffentlichungsplattform der BaFin (MVP) ge-

1077 Siehe nur Schwark/Zimmer/*v. Hein* § 33 WpHG Rn. 47. Ausführlich zu den Grundsätzen der Wissenszurechnung vgl. MüKoBGB/*Schubert* § 166 Rn. 8 ff., 43 ff.

1078 Verordnung zur Mitteilung der Stimmrechte aus Aktien und anderen Instrumenten nach dem Wertpapierhandelsgesetz v. 2.10.2018, BGBl. 2018 I 1723.

1079 Das Formular steht ebenfalls auf der Homepage der BaFin zur Verfügung (abrufbar unter: www.bafin.de/SharedDocs/Downloads/DE/Formular/WA/fo_wphg_33ff_standard_16_08_18.html).

nutzt werden, § 4 Abs. 1 StimmRMV. Für die elektronische Mitteilung an den Emittenten gilt § 6 StimmRMV. Die Mitteilung hat in deutscher oder englischer Sprache zu erfolgen, § 14 WpAV.

2. Konkurrenzen

Problematisch kann uU das Verhältnis zu anderen Publizitätspflichten sein: Ist der Aktionär selbst eine Aktiengesellschaft, deren Aktien an einem organisierten Markt, MTF oder OTF gehandelt werden, und hat der Erwerb bzw. die Veräußerung erhebliche Kursrelevanz, so ist zusätzlich eine **ad-hoc-Mitteilung** zu veröffentlichen. Art. 17 MAR ist neben §§ 33 ff. WpHG anwendbar, da die Regelungen unterschiedliche Zwecke verfolgen.[1080] 642

Gem. **§§ 20 Abs. 1, 21 Abs. 1 AktG** sind Unternehmen verpflichtet, wesentliche Schachtel- und Mehrheitsbeteiligungen an inländischen Aktiengesellschaften mitzuteilen. Die Aktiengesellschaft muss dies gem. §§ 20 Abs. 6; 21 Abs. 6 AktG unverzüglich bekanntmachen. Hierdurch sollen Aktionäre, Gläubiger und die Öffentlichkeit über die Beteiligungsverhältnisse und insbesondere Konzernverbindungen unterrichtet werden.[1081] Für Beteiligungen an Emittenten iSd § 33 Abs. 4 WpHG gelten jedoch kraft Gesetzes ausschließlich die speziellen kapitalmarktrechtlichen Mitteilungspflichten (§§ 20 Abs. 8, 21 Abs. 5 AktG). 643

3. Veröffentlichungspflichten des Emittenten

Der Inlandsemittent iSv §§ 2 Abs. 14, 33 Abs. 4 WpHG ist gem. **§ 40 Abs. 1 S. 1 WpHG** iVm § 15 WpAV zur Veröffentlichung der Mitteilung des Aktionärs nach §§ 33, 38 f. WpHG verpflichtet. Die Veröffentlichung hat in deutscher und gegebenenfalls in englischer Sprache in Medien mit europaweiter Verbreitung (§§ 16 iVm 3a, 3b WpAV) und unverzüglich zu erfolgen, spätestens aber drei Tage nach Zugang der Mitteilung beim Inlandsemittenten. Zusätzlich hat der Emittent für die Übermittlung an das Unternehmensregister iSd § 8b HGB und Mitteilung der Veröffentlichung an die BaFin zu sorgen (§ 40 Abs. 2 WpHG). 644

§ 40 Abs. 1 S. 2 WpHG verpflichtet Inlandsemittenten darüber hinaus zur Veröffentlichung, wenn sie in Bezug auf **eigene Aktien** fünf 645

1080 Assmann/Schneider/Mülbert/*Schneider* WpHG § 33 Rn. 62 f.
1081 *Hüffer/Koch* AktG § 20 Rn. 1, § 21 Rn. 1.

oder zehn Prozent durch Erwerb, Veräußerung oder in sonstiger Weise erreichen, über- oder unterschreiten. Für Emittenten, deren Herkunftsstaat die Bundesrepublik ist (§ 2 Abs. 13 WpHG), gilt die zusätzliche Schwelle von 3 Prozent. Zu berücksichtigen sind Aktien, die dem Emittenten, einem Tochterunternehmen iSd § 35 WpHG oder einem Dritten für Rechnung des Emittenten gehören. Die Veröffentlichung hat insoweit unverzüglich, spätestens aber innerhalb von vier Handelstagen iSd § 47 WpHG zu erfolgen.

646 Da der Meldepflichtige zur Berechnung seines Stimmrechtsanteils die für ihn nicht ohne Weiteres erkennbare Gesamtzahl der Stimmrechte benötigt, verpflichtet **§ 41 WpHG** Inlandsemittenten iSd §§ 2 Abs. 14, 33 Abs. 4 WpHG, die aktuelle Gesamtzahl der Stimmrechte unverzüglich und spätestens innerhalb von zwei Handelstagen zu veröffentlichen, wenn es zu einer Zu- oder Abnahme gekommen ist. Der Meldepflichtige ist gem. § 12 Abs. 3 WpAV verpflichtet, seinen Stimmrechtsanteil auf Grundlage der nach § 41 WpHG veröffentlichten Gesamtzahl zu berechnen.

V. Rechtsfolgen bei Verstößen gegen §§ 33 ff. WpHG

1. Bußgeldrechtliche Sanktionen

647 Verstöße gegen die §§ 33 ff. WpHG werden als **Ordnungswidrigkeit** mit einem Bußgeld gem. § 120 WpHG sanktioniert. Durch die Umsetzung der Transparenzrichtlinie-Änderungsrichtlinie zum 26.11.2015 wurden die Bußgelder für Verstöße gegen die §§ 33 ff. WpHG deutlich angehoben. Wer als Meldepflichtiger eine Mitteilung entgegen § 33 Abs. 1 S. 1, 2 oder Abs. 2 WpHG nicht oder nicht ordnungsgemäß vornimmt, muss nun nach § 120 Abs. 2 Nr. 2 lit. d), f), Abs. 17 WpHG mit einem Bußgeld bis zu zwei Mio. EUR rechnen. Gleiches gilt gem. § 120 Abs. 2 Nr. 4 lit. a), b), Abs. 17 WpHG für Emittenten, die ihre Pflicht zur Veröffentlichung nach §§ 40 Abs. 1 S. 1, 41 Abs. 1 S. 1 WpHG verletzen. Gem. § 120 Abs. 17 S. 2 WpHG kann darüber hinaus gegenüber **juristischen Personen** und Personengesellschaften eine deutlich höhere Geldbuße verhängt werden. Die Höchstgrenze liegt – je nachdem, welcher Betrag im konkreten Einzelfall der höchste ist – bei 10 Mio. Euro, 5 Prozent des (Konzern-)Gesamtumsatzes der Gesellschaft im letzten Geschäftsjahr oder dem Zweifachen des aus dem Verstoß hervorgegangenen wirtschaftlichen Vorteils, § 120 Abs. 17 S. 2, 3 WpHG. Wird eine Mitteilung an die BaFin durch Emittenten entgegen § 40 Abs. 2, 41 Abs. 1 S. 1 WpHG nicht oder nicht richtig vorgenommen, so sieht § 120 Abs. 2 Nr. 2 lit. f), g), Abs. 24 WpHG immerhin noch eine Geldbuße iHv bis zu 500.000 EUR vor. Dieser Bußgeldrahmen gilt gem. § 120 Abs. 24 iVm Abs. 2 Nr. 10 WpHG auch für eine fehlende oder fehlerhafte Veröffentlichung nach §§ 40 Abs. 1 S. 1, 41 Abs. 1 S. 2 WpHG. Seit dem 26.11.2015 hat die BaFin zudem gem. § 124 WpHG (§ 40c WpHG aF) Maßnahmen und Sanktionen wegen Verstößen gegen die §§ 33 ff. WpHG grundsätzlich bekannt zu machen (sog. **Naming-and-Shaming).**

2. Rechtsverlust nach § 44 WpHG

Da die verwaltungsrechtlichen Mittel in der Vergangenheit häufig **648**
nicht ausreichten, um die Einhaltung der §§ 33 ff. WpHG sicherzustellen, weil für den Meldepflichtigen nicht selten erhebliche wirtschaftliche Interessen von der Entscheidung über eine Meldung berührt werden, ist in § 44 WpHG eine weitergehende zivilrechtliche Sanktion vorgesehen. Danach gehen in der Zeit der Nichterfüllung der Meldepflicht die Rechte aus den betroffenen Aktien verloren.

a) Verstoß gegen Mitteilungspflichten gem. §§ 33, 38 f. WpHG. **649**
Voraussetzung ist ein Verstoß gegen die Mitteilungspflicht gem. § 33 Abs. 1, Abs. 2 WpHG. § 44 WpHG verlangt insoweit auch die Beachtung aller Zurechnungstatbestände des § 34 WpHG (bis zum 26.11.2016 nur § 22 Abs. 1 Nr. 1 und 2 WpHG aF). § 44 Abs. 2 WpHG erstreckt den Rechtsverlust zudem auf Verstöße gegen §§ 38 Abs. 1; 39 Abs. 1 WpHG. Seinem Wortlaut nach („für welche die Mitteilungspflichten (…) nicht erfüllt werden“) erfasst § 44 WpHG nur diejenigen Fälle, in denen die Mitteilung vollständig unterlassen wird, nicht aber Fälle, in denen die Mitteilung zwar erfolgt, aber unvollständig oder unrichtig ist. So gesehen hätte der Meldepflichtige, der – möglicherweise sogar bewusst – eine fehlerhafte Mitteilung macht, die die tatsächliche Anzahl der Stimmrechte nicht wiedergibt, keine gesellschaftsrechtlichen Folgen zu befürchten. Um Umgehungen zu verhindern, geht die hM davon aus, dass auch bei inhaltlich unvollständigen oder unrichtigen Mitteilungen der Rechtsverlust nach § 44 WpHG eintritt.[1082] Dies lässt sich auch mit dem Wortlaut des § 44

1082 S. nur OLG Köln Urt. v. 6.6.2012 – 18 U 240/11, NZG 2012, 946 (949); LG Köln AG 2008, 336 (337); Assmann/Schneider/Mülbert/*U. H. Schneider* WpHG § 44

WpHG vereinbaren, da mit der fehlerhaften Mitteilung die erforderliche richtige Mitteilung nicht erfolgt und damit die Mitteilungspflicht auch nicht erfüllt wird. Bloß unwesentliche formale Mängel, die keine falschen Vorstellungen über die Stimmverhältnisse wecken können, genügen hingegen nicht für einen Verstoß gegen die Mitteilungspflicht iSd § 44 WpHG.[1083] Davon ist beispielsweise bei falschen Adressangaben oder inhaltlichen Ungenauigkeiten auszugehen.

650 § 44 WpHG setzt voraus, dass eine Mitteilungspflicht besteht, so dass falsche Mitteilungen bei **Fehlen einer Mitteilungspflicht** keinen Rechtsverlust auslösen.[1084]

Hat sich beispielsweise ein Aktionär verrechnet und teilt der AG mit, er halte 10,42 Prozent der Stimmrechte, obwohl er tatsächlich lediglich mit 1,042 Prozent an der AG beteiligt ist, tritt mangels Mitteilungspflicht auch kein Rechtsverlust gem. § 44 WpHG ein.

Auch wenn fehlerhafte Mitteilungen ohne Rechtspflicht und ihre anschließende Veröffentlichung die Informationseffizienz des Kapitalmarktes uU erheblich beeinträchtigen können, ist **§ 44 WpHG** nach hM nicht **analog** auf diese Fälle anwendbar.[1085] Auf die Frage, ob eine analoge Anwendung und damit eine gespaltene Auslegung der §§ 33 ff. WpHG überhaupt möglich ist, kommt es hierbei nicht an (hierzu näher → Rn. 64), da bereits die für eine Analogie notwendige vergleichbare Interessenlage fehlt. Mit § 44 WpHG wollte der Gesetzgeber in erster Linie die „bösen Buben" zur Mitteilung motivieren, dh Anreize schaffen, damit die Meldepflichtigen ihrer Mittei-

---

Rn. 17; Kölner Komm WpHG/*Kremer/Oesterhaus* § 28 Rn. 30 ff.; MüKoAktG/*Bayer* § 44 Rn. 9; Emmerich/Habersack/*Schürnbrand/Habersack* WpHG § 44 Rn. 8; Schwark/Zimmer/*v. Hein* WpHG § 44 Rn. 5.

1083 So auch die Rspr. OLG Köln Beschl. v. 1.4.2009 – 18 U 134/08, BeckRS 2013, 04438; OLG Köln Urt. v. 6.6.2012 – 18 U 240/11, NZG 2012, 946 (949); KG AG 2009, 30 (38); OLG Düsseldorf Urt. v. 29.12.2009 – I-6 U 137/04; OLG Frankfurt a. M. Beschl. v. 5.11.2007 – 5 W 22/07, NZG 2008, 78; Kölner Komm WpHG/*Kremer/Oesterhaus* § 28 Rn. 31. Welche Anforderungen konkret an die Wesentlichkeit eines Fehlers der Mitteilung zu stellen sind, ist aber noch unklar, einen Überblick über den Streitstand bietet Assmann/Schneider/Mülbert/*U. H. Schneider* WpHG § 44 Rn. 18 ff.

1084 Schwark/Zimmer/*v. Hein* WpHG § 44 Rn. 5; K. Schmidt/Lutter/*Veil* AktG Anh. § 22 WpHG § 28 Rn. 4; Fuchs/*Zimmermann* WpHG § 28 Rn. 9; Spindler/Stilz/*Petersen* WpHG §§ 33–47 ff. Rn. 105; diff. Emmerich/Habersack/*Schürnbrand/Habersack* WpHG § 44 Rn. 6; MüKoAktG/*Bayer* WpHG § 44 Rn. 10.

1085 Assmann/Schneider/Mülbert/*Schneider* WpHG § 44 Rn. 13; Schmidt/Lutter/*Veil* AktG Anh. § 22 WpHG § 44 Rn. 4; Fuchs/*Zimmermann* WpHG § 28 Rn. 9; Spindler/Stilz/*Petersen* AktG Anh. § 22 Rn. 200; differenzierend Emmerich/Habersack/*Schürnbrand/Habersack* WpHG § 44 Rn. 6; MüKoAktG/*Bayer* WpHG § 28 Rn. 8.

lungspflicht nachkommen.[1086] Den hier interessierenden Fall, dass jemand gewillt ist, die Überschreitung einer der genannten Meldeschwellen mitzuteilen, obgleich tatsächlich kein mitteilungspflichtiger Sachverhalt vorliegt, hat der Gesetzgeber indes nicht im Blick gehabt. Um Irreführungen der Anleger zu verhindern, genügt in diesen Fällen das Marktmanipulationsverbot gem. Art. 15 MAR (zur informationsgestützten Marktmanipulation → Rn. 447 ff.). Darüber hinaus kann die BaFin uU gem. § 6 Abs. 1 WpHG die Berichtigung der Mitteilung verlangen. Daher besteht für die analoge Anwendung von § 44 WpHG auf unrichtige Mitteilungen ohne Rechtspflicht grundsätzlich kein Bedürfnis. Etwas anderes gilt ausnahmsweise dann, wenn eine rechtlich nicht gebotene Mitteilung den Informationsgehalt einer vorhergehenden (gebotenen) Mitteilung in relevanter Weise verändert.[1087]

Im obigen Beispiel erwirbt der Aktionär tatsächlich 10,42 Prozent der Aktien der AG und teilt daher zunächst zutreffend das Überschreiten der 10 Prozent-Schwelle mit. Danach meldet er unrichtigerweise das Unterschreiten der 10 Prozent-Schwelle.[1088]

Zwar setzt § 44 WpHG nach seinem Wortlaut kein **Verschulden** 651
voraus, gleichwohl beschränkt die **hM** den Rechtsverlust unter Berufung auf das allgemeine Schuldprinzip aber auf Vorsatz und Fahrlässigkeit.[1089] Das Verschulden wird widerleglich vermutet[1090] und muss sich auch auf die rechtliche Einordnung beziehen.[1091] Ein unverschuldeter Rechtsirrtum, der sich vor allem bei Berücksichtigung der komplizierten Zurechnungstatbestände und durch fachkundige Beratung ergeben kann, schließt daher einen Rechtsverlust gem. § 44 WpHG

1086 Fuchs/*Zimmermann* WpHG § 28 Rn. 1.
1087 MüKoAktG/*Bayer* WpHG § 28 Rn. 10.
1088 Angelehnt an MüKoAktG/*Bayer* WpHG § 28 Rn. 10.
1089 OLG München NZG 2009, 1386 (1388); LG Köln AG 2008, 336 (337); Assmann/Schneider/Mülbert/*U. H. Schneider* § 44 Rn. 22; Emmerich/Habersack/*Schürnbrand/Habersack* WpHG § 44 Rn. 10; Fuchs/*Zimmermann* § 28 Rn. 16; Kölner Komm WpHG/*Kremer/Osterhaus* § 28 Rn. 35; MüKoAktG/*Bayer* § 44 Rn. 13; Schwark/Zimmer/*v. Hein* § 44 Rn 7; *Kocher/Widder* ZIP 2010, 1326 (1328 f.); *Merkner/Sustmann* AG 2013, 243 (244); übergreifend *Verse* BKR 2010, 328 (330 f.); aA zu § 20 Abs. 7 AktG für versammlungsbezogene Verwaltungsrechte: OLG Schleswig ZIP 2007, 2214 (2216).
1090 MüKoAktG/Bayer WpHG § 44 Rn. 17; Kölner Komm WpHG/Kremer/Oesterhaus § 28 Rn. 37; Emmerich/Habersack/*Schürnbrand/Habersack* § 44 Rn. 10.
1091 Fuchs/*Zimmermann* WpHG § 28 Rn. 16; Emmerich/Habersack/*Schürnbrand/Habersack* WpHG § 44 Rn. 11; Kölner Komm WpHG/*Kremer/Oesterhaus* § 28 Rn. 35.

aus.[1092] Das Vorliegen eines Rechtsirrtums ist allerdings an strenge Voraussetzungen geknüpft.[1093]

652 **b) Rechtsfolge.** § 44 WpHG ordnet den vollständigen **Verlust** aller Rechte aus den Aktien an, solange die Mitteilungspflicht nicht erfüllt wird. Die Rechte ruhen nicht nur, sie erlöschen vorübergehend und leben mit Nachholung der Mitteilungspflicht bzw. bei dem verlängerten Rechtsverlust sechs Monate danach ex-nunc wieder auf.[1094]

653 **aa) Erfasste Aktien.** Bei Verstößen gegen die Mitteilungspflicht gem. **§ 33 Abs. 1 WpHG** werden von dem Rechtsverlust sowohl Aktien erfasst, die dem Meldepflichtigen gem. § 33 Abs. 1 WpHG gehören, als auch Aktien Dritter, aus denen dem Meldepflichtigen gem. § 34 WpHG Stimmrechte zugerechnet werden. Der Dritte verliert insoweit seine Rechte aus den Aktien, auch wenn er selbst nicht gegen die Mitteilungspflichten verstoßen hat.[1095]

Erfüllt bei einem *Acting-in-Concert* gem. § 34 Abs. 2 WpHG ein beteiligter Aktionär seine Meldepflicht gem. §§ 33 Abs. 1, 34 Abs. 2 WpHG nicht, gehen alle an dem abgestimmten Verhalten beteiligten Aktionäre ihrer Stimmrechte verlustig, auch wenn sie sich selbst pflichtgemäß verhalten, weil sie entweder nicht meldepflichtig sind oder ihre eigene Mitteilungspflicht erfüllt haben.

Dieser weitreichende Rechtsverlust entspricht zwar den Vorgaben der Transparenzrichtlinie, ist aber unter Berücksichtigung des Schuld- bzw. Verhältnismäßigkeitsgrundsatzes (Art. 103 Abs. 2 GG; Art. 49 EuGrCh) äußerst bedenklich, da rechtstreue Aktionäre unabhängig von einem eigenen Verschulden für fremdes Fehlverhalten sanktioniert werden.[1096] Daher wird der Rechtsverlust von zugerechneten Stimmrechten teilweise teleologisch auf erhebliche Verstöße beschränkt.

654 Bei Verstößen gegen die Mitteilungspflicht bei Instrumenten gem. **§§ 38 f. WpHG** ordnet § 44 Abs. 2 WpHG den Rechtsverlust für die dem Meldepflichtigen gehörenden Aktien an demselben Emittenten an, auch wenn sie zu einem früheren Zeitpunkt erworben wurden als die Instrumente, deren Erwerb die Mitteilungspflicht auslöst. Die be-

1092 Kölner Komm WpHG/*Kremer/Oesterhaus* § 28 Rn. 38.

1093 OLG München Urt. v. 9.9.2009 – 7 U 1997/09, NZG 2009, 1386; LG Köln AG 2008, 336; Happ/Groß/*Bednarz* AktR Kap 7.35 Rn. 12.7 f.; Emmerich/Habersack/*Schürnbrand/Habersack* WpHG § 44 Rn. 11; K. Schmidt/Lutter/*Veil* AktG Anh. WpHG § 22 § 28 Rn. 7; *v. Bülow/Petersen* NZG 2009, 481 (483 f.). Zu der daraus erwachsenden Rechtsunsicherheit *Veil* ZHR 175 (2011), 83 (93 ff.).

1094 Assmann/Schneider/Mülbert/*Schneider* WpHG § 44 Rn. 57; Emmerich/Habersack/*Schürnbrand/Habersack* WpHG § 44 Rn. 17; KölnKomm WpHG/*Kremer/Oesterhaus* § 28 Rn. 42.

1095 Emmerich/Habersack/*Schürnbrand/Habersack* WpHG § 44 Rn. 14.

1096 Emmerich/Habersack/*Schürnbrand/Habersack* WpHG § 44 Rn. 14.

reits gehaltenen Aktien werden durch den Verstoß gegen §§ 38 f. WpHG „infiziert". Da in § 44 Abs. 2 WpHG im Unterschied zu § 44 Abs. 1 WpHG nicht auf § 34 WpHG verwiesen wird, sind Aktien, aus denen dem Meldepflichtigen Stimmrechte zugerechnet werden, nicht vom Rechtsverlust erfasst.[1097] Aktien, auf die sich die Instrumente iSd §§ 38 f. WpHG beziehen, sind von § 44 Abs. 2 WpHG ebenfalls nicht erfasst. Hält der Meldepflichtige ausschließlich Instrumente iSd § 38 WpHG und gehören ihm im Übrigen keine Aktien an dem Emittenten, trifft ihn die Sanktion des § 44 WpHG also nicht.

bb) Betroffene Rechte. Der Rechtsverlust erfasst sowohl Vermö- **655** gens- als auch Mitverwaltungsrechte aus den Aktien, so dass der Meldepflichtige und der Dritte in dieser Zeit weder Anspruch auf Zahlung der Dividende gem. § 58 Abs. 4 AktG haben noch ihre Stimmrechte auf der Hauptversammlung ausüben können. Ausgeschlossen sind auch das Recht auf Teilnahme an der Hauptversammlung (§ 118 Abs. 1 AktG), das Auskunftsrecht (§ 131 AktG) oder die Befugnis zur Anfechtung von Hauptversammlungsbeschlüssen (§ 243 AktG). Gem. § 44 Abs. 1 S. 2 WpHG bleibt der Anspruch auf Dividendenzahlung (§ 58 Abs. 4 AktG) und auf Verteilung des Vermögens unter den Aktionären (§ 271 AktG) ausnahmsweise bestehen, wenn der Meldepflichtige ohne Vorsatz handelt und die Mitteilung nachholt.

Übt der Meldepflichtige entgegen § 44 WpHG seine Vermögens- **656** rechte gleichwohl aus und wird etwa die Dividende ausgezahlt, so steht der Gesellschaft ein Rückzahlungsanspruch gegen den Aktionär nach § 62 AktG zu.[1098] Bei Ausübung des Stimmrechts entgegen § 44 WpHG ist die Stimmabgabe gem. § 134 BGB nichtig. Der Hauptversammlungsbeschluss ist gem. § 243 Abs. 1 AktG anfechtbar, wenn die betroffenen Stimmen hierfür kausal waren, der Beschluss ohne sie also nicht zustande gekommen wäre.[1099] Der Meldepflichtige selbst ist allerdings wegen des Rechtsverlustes gem. § 44 WpHG nicht anfechtungsbefugt.

1097 Emmerich/Habersack/*Schürnbrand/Habersack* WpHG § 44 Rn. 15.

1098 Ganz hM, LG München BeckRS 2009, 01663; statt aller MüKoAktG/*Bayer* WpHG § 44 Rn. 34.

1099 BGH Urt. v. 29.4.2014 – II ZR 262/13, GWR 2014, 367; BGHZ 189, 32 Rn. 24 = NZG 2011, 669; BGHZ 167, 204 Rn. 26 = NZG 2006, 505; Assmann/Schneider/Mülbert/*U. H. Schneider* WpHG § 44 Rn. 61 f.; Kölner Komm WpHG/*Kremer/Oesterhaus* WpHG § 28 Rn. 59; Fuchs/*Zimmermann* WpHG § 28 Rn. 39; Schwark/Zimmer/*v. Hein* WpHG § 44 Rn. 17.

657 (cc) **Ende des Rechtsverlustes.** Sobald die Mitteilungspflicht gegenüber der BaFin und der AG erfüllt wird, endet grundsätzlich der Rechtsverlust und die Rechte leben *ex nunc* wieder auf. Abweichend davon verlängert sich der Rechtsverlust um sechs Monate, wenn (1) durch den Verstoß gegen die Mitteilungspflicht die Höhe des Stimmrechtsanteils betroffen ist und (2) die Mitteilungspflicht vorsätzlich oder grob fahrlässig verletzt wurde (§ 44 Abs. 1 S. 3 WpHG). Die Nachwirkung des Rechtsverlustes soll insbesondere das unbemerkte „Anschleichen“ verhindern, indem der Meldepflichtige gezielt Aktien zwischen zwei Hauptversammlungen erwirbt und die Mitteilung erst kurz vor der Hauptversammlung erfüllt.[1100] Voraussetzung für die Verlängerung ist, dass die „Höhe des Stimmrechtsanteils“ betroffen ist, also Stimmrechte des Meldepflichtigen oder ihm nach § 34 WpHG zuzurechnende Stimmrechte pflichtwidrig nicht oder nicht korrekt angegeben werden oder die angegebene Meldeschwelle unrichtig ist. Sonstige Verstöße gegen die Mitteilungspflicht, insbesondere andere fehlende oder fehlerhafte Angaben gem. § 12 Abs. 1 iVm Anlage WpAV (→ Rn. 641), sind von der Nachwirkung nicht erfasst.[1101] Das gilt nach der **Bagatellklausel** des § 44 Abs. 1 S. 4 WpHG ebenso, wenn die Abweichung der Höhe der angegebenen Stimmrechte weniger als 10 Prozent des tatsächlichen Stimmrechtsanteils beträgt und keine Mitteilung über das Berühren einer Meldeschwelle unterlassen wird.

658 **Fall 19:** Die Adler AG (A-AG) mit Sitz in München ist eine an der Frankfurter Wertpapierbörse notierte Gesellschaft. Pleitegeier P hält 8 Prozent des Kapitals der A-AG. Kurz vor der jährlichen Hauptversammlung erwirbt P, ohne jemanden darüber zu informieren, 75 Prozent der Diebische-Elster-GmbH (D-GmbH). Die D-GmbH hält ebenfalls 4 Prozent an der A-AG. Auf der Hauptversammlung der A-AG wird eine Satzungsänderung mit der erforderlichen Mehrheit beschlossen. Hätten P und die D-GmbH nicht mitgestimmt, wäre die nach §§ 133, 179 Abs. 2 AktG notwendige Mehrheit nicht erreicht worden. Aktionär Specht (S) wundert sich über die Beschlussfassung und fragt, ob der Beschluss wirksam ist.

1100 Emmerich/Habersack/*Schürnbrand/Habersack* WpHG § 44 Rn. 22; Fuchs/*Zimmermann* WpHG § 28 Rn. 23a.

1101 *v. Bülow/Petersen* NZG 2009, 481 (482); MüKoAktG/*Bayer* § 44 Rn. 61; Emmerich/Habersack/*Schürnbrand/Habersack* WpHG § 44 Rn. 22.

Lösung: Aktionär S könnte den Beschluss wegen der Mitwirkung von P und der D-GmbH mittels Anfechtungsklage gem. § 243 Abs. 1 AktG anfechten. Die Satzungsänderung fällt in die Zuständigkeit der Hauptversammlung nach § 119 Abs. 1 Nr. 5 AktG. Hauptversammlungsbeschlüsse, an denen Aktionäre trotz Stimmrechtsverlusts gem. § 44 WpHG mitgewirkt haben und deren Stimmabgabe unwirksam gem. § 134 BGB ist, sind zwar nicht gem. § 241 Nr. 3 AktG nichtig, aber gem. § 243 Abs. 1 AktG grundsätzlich anfechtbar.[1102] Das Gericht erklärt die Beschlussfassung für nichtig, wenn die unzulässig abgegebenen Stimmen für das Zustandekommen des Hauptversammlungsbeschlusses kausal sind.[1103] Da ohne die Stimmen von P und der D-GmbH die erforderliche Mehrheit nicht erreicht worden wäre, hängt die Anfechtbarkeit des Beschlusses davon ab, dass die Stimmrechte von P und der D-GmbH im Zeitpunkt der Hauptversammlung nach § 44 WpHG erloschen waren. Dies setzt voraus, dass P und die D-GmbH gegen eine Mitteilungspflicht nach § 33 WpHG verstoßen haben. 659

Die A-AG ist Emittent, für den die Bundesrepublik Deutschland der Herkunftsstaat ist, § 2 Abs. 13 WpHG, und dessen Aktien zum Handel an der Börse zugelassen sind (§ 33 Abs. 4 WpHG), so dass der Anwendungsbereich von § 33 WpHG grundsätzlich eröffnet ist. Fraglich ist jedoch, ob P durch den Erwerb von 75 Prozent an der D-GmbH eine der Beteiligungsschwellen in § 33 Abs. 1 WpHG mit Bezug zur A-AG erreicht oder überschritten hat. Da P nicht unmittelbar Aktien an der A-AG, sondern 75 Prozent der Anteile an der D-GmbH erworben hat, kommt hier nur in Betracht, dass ihr durch die Beteiligung an der D-GmbH die Stimmrechte der D-AG aus den ihr gehörenden Aktien der A-AG nach § 34 WpHG zugerechnet werden. In Betracht kommt eine Zurechnung nach § 34 Abs. 1 S. 1 Nr. 1 WpHG. Dafür muss die D-GmbH ein Tochterunternehmen des P sein. Dies bestimmt sich gem. § 35 Abs. 1 Nr. 1 WpHG nach § 290 HGB. Hier hat P mit 75 Prozent die Mehrheit der Stimmrechte an der D-GmbH erworben, so dass die D-GmbH Tochterunternehmen des P nach § 290 Abs. 2 Nr. 1 HGB geworden ist. Mithin werden die Stimmrechte, die der D-GmbH aus ihr gehörenden Aktien an der A-AG zustehen, dem P in voller Höhe von 4 Prozent und nicht lediglich anteilig nach seiner Beteiligung an der D-GmbH iHv 3 Prozent zugerechnet. P hat daher durch Erwerb der Mehrheitsbeteiligung an der D-GmbH mit 12 Prozent der Stimmrechte aus Aktien an der AG die Meldeschwelle von 10 Prozent überschritten. Durch Unterlassen der gebotenen unverzüglichen Mitteilung an die A-AG und die BaFin gem. §§ 33 Abs. 1, 34 Abs. 1 S. 1 Nr. 1 WpHG hat P gegen die Meldepflicht verstoßen.

Da P die Mitteilung auch nicht nachgeholt hat, bestehen zur Zeit der Hauptversammlung weder die Stimmrechte aus den P gehörenden Aktien iHv 8 Prozent noch aus den Aktien der D-GmbH iHv 4 Prozent, die E zugerechnet werden (§ 44 Abs. 1 S. 1 WpHG). Da die notwendige Mehrheit

1102 BGH Urt. v. 29.4.2014 – II ZR 262/13, GWR 2014, 367.
1103 BGH Urt. v. 29.4.2014 – II ZR 262/13, GWR 2014, 367.

ohne die Stimmen von E und der D-GmbH nicht erreicht wird, ist die fehlerhafte Berücksichtigung der Stimmrechte von P und der D-GmbH auch kausal.

Ergebnis: Die Anfechtungsklage des S gem. § 243 Abs. 1 AktG wäre folglich begründet.

3. Schadensersatzansprüche

660 Als Schadensersatzansprüche kommen lediglich solche aus Delikt, also §§ 823 Abs. 2, 826 BGB in Betracht. Ob die Mitteilungspflichten gem. §§ 33 ff. WpHG Schutzgesetze iSd **§ 823 Abs. 2 BGB** sind, ist umstritten. Der Gesamtzusammenhang der §§ 33 ff. WpHG und die Parallele zu §§ 20 f. AktG sprechen zunächst dafür, dass die Beteiligungspublizität auch den Individualschutz der Anleger bezweckt.[1104] Zudem fehlt eine § 26 Abs. 3 S. 1 WpHG (→ Rn. 552 f.) entsprechende Regelung, die den Schutzgesetzcharakter der Normen ausdrücklich ausschließt. Dagegen wird jedoch eingewendet, dass die Interessen der Handelsteilnehmer und Anleger durch die §§ 33 ff. WpHG zwar mitgeschützt seien,[1105] diese „Janusköpfigkeit", die allen kapitalmarktrechtlichen Informationspflichten zu Eigen sei, aber allein eine Norm noch nicht als Schutzgesetz qualifiziere.[1106] Der Gesetzgeber habe vielmehr die überindividuelle Schutzrichtung des Kapitalmarktrechts betont und Ausnahmen hiervon ausdrücklich geregelt.[1107] Gegen die Schutzgesetzeigenschaft der §§ 33 ff. WpHG spricht aber vor allem, dass eine deliktsrechtliche Haftung nicht in das „haftpflichtrechtliche Gesamtsystem" passt, denn mit den bußgeldrechtlichen Sanktionen gem. § 120 WpHG, den weitreichenden Eingriffsbefugnissen der BaFin gem. § 6 WpHG und dem Rechtsverlust gem. § 44 WpHG sind ausreichend Sanktionen vorhanden, um die Mitteilungspflichten effektiv durchzusetzen.[1108]

1104 Assmann/Schneider/Mülbert/*U. H. Schneider* WpHG § 33 Rn. 21; Kölner Komm WpHG/*Hirte* § 21 Rn. 4; Heidel/*Heinrich* AktR § 21 AktG Rn. 2; MüKoAktG/*Bayer* WpHG § 44 Rn. 75; *Hellgardt*, Kapitalmarktdeliktsrecht, 2008, 267.

1105 Emmerich/Habersack/*Schürnbrand/Habersack* WpHG Vor §§ 33 ff. Rn. 16; Schwark/Zimmer/*v. Hein* WpHG § 33 Rn. 35; Spindler/Stilz/*Petersen* §§ 33–47 ff. Rn. 16; Kölner Komm-WpHG/*Kremer/Oesterhaus* § 28 Rn. 102 f.; JVRB/*Michel* WpHG § 21 Rn. 90; Schäfer/Hamann/*Opitz* WpHG § 21 Rn. 42 f.; Fuchs/*Zimmermann* WpHG Vor § 21 ff. Rn. 22; *Fleischer* DB 2009, 1335 (1340); *Riegger/Wasmann* FS Hüffer, 2010, 823 (842).

1106 Schwark/Zimmer/*v. Hein* WpHG § 33 Rn. 35.

1107 *Langenbucher* AktR § 17 Rn. 183.

1108 Fuchs/*Zimmermann* WpHG Vor §§ 21–30 Rn. 21 f.; Schwark/Zimmer/*v. Hein* WpHG § 33 Rn. 35.

Unstreitig ist dagegen, dass sich Schadensersatzansprüche grundsätzlich aus § 823 Abs. 2 BGB iVm § 263 StGB und **§ 826 BGB** ergeben können. Auch hier genügt aber der bloße Verstoß gegen die §§ 33 ff. WpHG als solcher noch nicht, um die Sittenwidrigkeit iSd § 826 BGB zu begründen. 661

VI. Inhaber wesentlicher Beteiligungen, § 43 WpHG

Beim Erwerb wesentlicher Beteiligungen verlangt § 43 WpHG (§ 27a WpHG aF) über die Meldung der Beteiligungshöhe gem. § 33 WpHG hinaus eine qualifizierte Mitteilung an den Emittenten über die mit dem Aktienerwerb verfolgten Ziele sowie über die Herkunft der für den Erwerb verwendeten finanziellen Mittel. Die Norm wurde mit dem Risikobegrenzungsgesetz v. 12.8.2008 in Reaktion auf die politische „Heuschreckendebatte" in § 27a WpHG aF eingeführt und soll nach dem Vorbild des U.S.-amerikanischen Sec. 13(d) SEA 1934 und des französischen Art. L 233–7 Abs. 6 Code de Commerce die Transparenz für Anleger und Arbeitnehmer erhöhen und unerwünschte Aktivitäten von Finanzinvestoren erschweren oder verhindern.[1109] 662

1. Adressaten

Adressaten der Regelung sind **Inhaber wesentlicher Beteiligungen**, dh alle Meldepflichtigen nach § 33 WpHG, die durch Erwerb oder in sonstiger Weise die Beteiligungsschwelle von 10 Prozent erreichen oder überschreiten (§ 43 Abs. 1 S. 1 WpHG). Inhaber wesentlicher Beteiligungen müssen demnach mitteilen, welche Ziele sie mit dem Erwerb der Stimmrechte verfolgen und woher die hierfür verwendeten finanziellen Mittel stammen. Die Stimmrechte werden nach den §§ 33 f. WpHG berechnet → Rn. 612 ff.). Instrumente iSd § 38 WpHG sind für die Berechnung in § 43 WpHG ohne Belang. Dies ergibt sich aus dem eindeutigen Wortlaut des § 43 WpHG, der 663

1109 Gem. Sec. 13(d) SEA 1934 haben diejenigen, die das „wirtschaftliche Eigentum" (beneficial ownership) von mehr als 5 Prozent der Anteile an einer börsennotierten Gesellschaft erwerben, nähere Angaben zur Person des Erwerbers, zur Finanzierung des Erwerbs, zu den mit dem Erwerb verbundenen Absichten etc. offenzulegen (näher hierzu *Cox/Hazen*, Treatise on the Law of Corporations § 24:2.).

ausschließlich auf die §§ 33 und 34 WpHG und nicht – wie etwa § 44 Abs. 2 WpHG – auch auf § 38 WpHG verweist.[1110]

2. Inhalt der Mitteilung

664 Inhaber wesentlicher Beteiligungen haben nach § 43 Abs. 1 S. 2 WpHG ihre mit dem Erwerb der Stimmrechte verbundenen **Absichten** mitzuteilen. Dazu gehört im Einzelnen das **Investitionsziel**, also ob der Investor strategische Ziele oder nur die Erzielung von Handelsgewinnen verfolgt (Nr. 1). Während strategische Ziele mittel- oder langfristig angelegt sind und mit Umbau oder Sanierung des Unternehmens einhergehen, sind Handelsgewinne durch jederzeitige – auch kurzfristige – Veräußerung des Emittenten möglich und nicht notwendigerweise mit dem Umbau des Unternehmens verbunden. Mitzuteilen ist auch, ob die **Aufstockung** um weitere Stimmrechte innerhalb der nächsten 12 Monate beabsichtigt ist (Nr. 2). Hierdurch sollen ein geplanter Ausbau der Beteiligung und ein möglicher Kontrollerwerb (§ 29 WpÜG) aufgedeckt werden. Nach § 43 Abs. 1 S. 2 Nr. 3 WpHG müssen auch Angaben gemacht werden, ob auf die **Besetzung des Aufsichtsrates** und/oder auf die des **Vorstands** unmittelbar oder mittelbar – zB durch gezielte Pressekampagnen – Einfluss genommen werden soll. Zu den mitteilungspflichtigen Angaben gehört auch die Absicht einer wesentlichen Änderung der **Kapitalstruktur** oder der **Dividendenpolitik** der Gesellschaft (Nr. 4). So arbeiten Hedge Fonds oder andere Investoren, die zur Finanzierung des Beteiligungserwerbs hohe Kredite aufnehmen müssen, häufig auf eine Änderung der Kapitalstruktur des Emittenten (Reduzierung von Eigenkapital und Ausbau der Fremdfinanzierung) oder eine erhebliche Steigerung der Gewinnausschüttung hin, um auf diese Weise ihre Erwerbskosten zu finanzieren.[1111] An die mitgeteilten Ziele ist der Inhaber wesentlicher Beteiligungen nicht gebunden, er kann hiervon also später abweichen, ist dann allerdings zur Aktualisierung der Mitteilung verpflichtet (§ 43 Abs. 1 S. 2 WpHG).

1110 JVRB/*Becker* WpHG § 27a Rn. 9; Staub/*Grundmann* Bd. 11/2 6. Teil Rn. 862; Kölner Komm WpHG/*Heinrich* § 27a Rn. 26; Emmerich/Habersack/*Schürnbrand/Habersack* WpHG § 43 Rn. 2; Fuchs/*Zimmermann* WpHG § 27a Rn. 4; *Ulmrich*, Investorentransparenz, 2013, 117 f. Nach aA sind Instrumente hingegen gem. § 39 WpHG hinzuzurechnen, da das Risikobegrenzungsgesetz eine höhere Meldedichte zu erreichen bezweckt, s. K. Schmidt/Lutter/*Veil* AktG Anh. § 22 WpHG § 27a Rn. 5; *Fleischer* AG 2008, 873 (876); *Heusel* WM 2012, 291 (296 f.); *König* BB 2008, 1910 (1912 f.); Assmann/Schneider/Mülbert/*U. H. Schneider* WpHG § 43 Rn. 4.

1111 Schwark/Zimmer/*v. Hein* WpHG § 43 Rn. 9.

Nach § 43 Abs. 1 S. 4 WpHG müssen Inhaber wesentlicher Beteiligungen schließlich über die Herkunft der für den Erwerb verwendeten Mittel informieren, insbesondere über die Art der Finanzierung durch Eigen- oder Fremdkapital und die Anteile der jeweiligen Finanzierungsform an der Gesamtfinanzierung.[1112] Damit die Mitteilungspflicht nach § 43 Abs. 1 WpHG nicht zu Wettbewerbsnachteilen für den Investor führt, besteht jedoch keine Pflicht zu weitergehenden Erläuterungen (etwa über die Namen der beteiligten Kreditgeber, die Höhe und die Konditionen des einzelnen Kredits).[1113] 665

Die Angaben sind dem Emittenten mitzuteilen. Die **Frist** hierfür beträgt 20 Handelstage (§ 43 Abs. 1 S. 1 WpHG), was vergleichsweise lang ist. Die Frist beginnt, sobald der Meldepflichtige Kenntnis vom Erreichen der 10-Prozent-Schwelle hat oder haben musste (§ 43 Abs. 1 S. 3 WpHG). Der Emittent hat die Mitteilung anschließend **unverzüglich**, spätestens drei Handelstage nach Zugang zu **veröffentlichen** (§ 43 Abs. 2 iVm § 40 Abs. 1 WpHG) und dem Unternehmensregister gem. § 8b HGB unverzüglich, aber nicht vor der Veröffentlichung zur Speicherung zu übermitteln. 666

3. Befreiung

Die qualifizierte Mitteilungspflicht für wesentliche Beteiligungen entfällt, wenn der Schwellenwert aufgrund eines öffentlichen Erwerbs- oder Übernahmeangebots nach **§ 2 Abs. 1 WpÜG** erreicht oder überschritten wurde (§ 43 Abs. 1 S. 5 WpHG). Hintergrund der Ausnahmeregelung ist, dass in diesem Fall Emittent und Aktionäre bereits durch die Angebotsunterlage nach § 11 WpÜG umfänglich informiert werden.[1114] Zudem haben die Emittenten die Möglichkeit des **Opt-out** und können die Mitteilungspflicht des § 43 WpHG in ihrer Satzung ausschließen (§ 43 Abs. 3 WpHG). Die Ausnahme von der Mitteilungspflicht und damit auch der Veröffentlichungspflicht gem. § 43 Abs. 2 WpHG ist durch Beschluss der Hauptversammlung mit einer qualifizierten Mehrheit von mindestens drei Viertel des vertretenen Grundkapitals (§ 179 Abs. 1, 2 AktG) und der einfachen Stimmenmehrheit (§ 133 Abs. 1 AktG) in die Satzung 667

1112 RegE Risikobegrenzungsgesetz, BT-Drs. 16/7438, 12; *Buck-Heeb* KapMarktR Rn. 608.

1113 RegE Risikobegrenzungsgesetz, BT-Drs. 16/7438, 12; Schwark/Zimmer/*v. Hein* WpHG § 43 Rn. 11.

1114 K. Schmidt/Lutter/*Veil* AktG Anh. § 22 WpHG § 27a Rn. 15; *Greven/Fahrenholz* BB 2009, 1487 (1490); *Pluskat* NZG 2009, 206 (207).

aufzunehmen.[1115] Die Möglichkeit der Gesellschaft, die Mitteilungspflicht unter diesen Voraussetzungen auszuschließen, wird im Hinblick auf den kapitalmarktrechtlichen Schutzzweck kritisiert.[1116] Denn zwar dient § 43 WpHG auch, aber nicht ausschließlich dem Emittenten. Insbesondere mit der Veröffentlichung durch den Emittenten sollen nicht zuletzt auch die Anleger informiert werden.

4. Sanktionen

668 Der deutsche Gesetzgeber hat für eine Verletzung des § 43 WpHG **keine Sanktionen** – weder den Rechtsverlust gem. § 44 WpHG noch Bußgelder – vorgesehen, sondern es bei einer Vorschrift mit „Appellcharakter" belassen[1117] Kommt der Inhaber wesentlicher Beteiligungen seiner Mitteilungspflicht nicht nach, so muss diese Tatsache lediglich durch den Emittenten veröffentlicht werden (§ 43 Abs. 3 WpHG). Wird die Mitteilungspflicht gem. § 43 Abs. 1 WpHG nicht ordnungsgemäß erfüllt, drohen folglich – abgesehen von einem möglichen Reputationsverlust – keine negativen Folgen. Zweifelhaft ist, ob so eine wirksame Durchsetzung der Vorschrift zum Schutz vor aggressiven (Finanz-)Investoren sichergestellt ist.[1118]

Zur vertiefenden Lektüre: *Brellochs,* Die Neuregelung der kapitalmarktrechtlichen Beteiligungspublizität – Anmerkungen aus Sicht der M&A- und Kapitalmarktpraxis, AG 2016, 157; *Brouwer,* Stimmrechtsverlust de lege ferenda bei unterlassener Meldung potentieller Stimmrechte (§§ 25, 25a WpHG), AG 2012, 78; *Burgard/Heimann,* Beteiligungspublizität nach dem Regierungsentwurf eines Gesetzes zur Umsetzung der Transparenzrichtlinie-Umsetzungsrichtlinie, WM 2015, 1445; *Fleischer,* Rechtsverlust nach § 28

1115 KölnKomm WpHG/*Heinrich* § 27a Rn. 56; Schwark/Zimmer/*v. Hein* WpHG § 27a Rn. 13.

1116 Zur rechtspolitischen Kritik MüKoAktG/*Bayer* WpHG § 43 Rn. 25; *Fleischer* AG 2008, 873 (880); Emmerich/Habersack/*Schürnbrand/Habersack* WpHG § 43 Rn. 4; K. Schmidt/Lutter/*Veil* AktG Anh. WpHG § 22 § 27a Rn. 21.

1117 Assmann/Schneider/Mülbert/*Schneider* WpHG § 43 Rn. 30 („Symbolgesetzgebung"); Emmerich/Habersack/*Schürnbrand/Habersack* WpHG § 43 Rn. 14; MüKoAktG/*Bayer* WpHG § 43 Rn. 21; Schwark/Zimmer/*Schwark* WpHG § 27a Rn. 13; DAV-Handelsrechtsausschuss NZG 2008, 60 (62); Fleischer AG 2008, 873 (881) („symbolisches Gesetz mit Appellcharakter"); *Fleischer* ZGR 2008, 168 (210); *Langenbucher* AktR § 17 Rn. 90. *Möllers/Holzner* NZG 2008, 166 (170); *Schneider* FS Nobbe, 2009, 754; zweifelnd an der Effizienz der Norm *Timmann/Birkholz* BB 2007, 2749 (2752); *Wilsing/Goslar* DB 2007, 2467 (2470).

1118 Siehe aber die Reformüberlegungen im Rahmen der Konsultation des BMF v. 24.7.2019 (https://www.bundesfinanzministerium.de/Content/DE/Gesetzestexte/Gesetze_Gesetzesvorhaben/Abteilungen/Abteilung_VII/19_Legislaturperiode/Konsultationen/2019-07–26-Werttpapierhandelsgesetz/2019-07-26-Konsultation-43-Wertpapierhandelsgesetz.html).

WpHG und entschuldbarer Rechtsirrtum des Meldepflichtigen, DB 2009, 1335; Fleischer, Mitteilungspflichten für Inhaber wesentlicher Beteiligungen (§ 27a WpHG) AG 2008, 873; *Gegler*, Zur Reformbedürftigkeit des § 44 WpHG – ex-lege-Rechtsverlust oder Anordnungsbefugnis der BaFin?, ZBB 2018, 126; *Greven/Fahrenholz*, Die Handhabung der neuen Mitteilungspflichten nach § 27a WpHG, BB 2009, 1487; *Habersack*, Schranken des Verlusts von Rechten aus zugerechneten Aktien nach § 20 Abs. 7 AktG, § 44 Abs. 1 WpHG, § 59 WpÜG, AG 2018, 133; *Horcher/Kovács*, Die Reichweite der Stimmrechtszurechnung wegen Acting in Concert nach dem BGH-Urteil v. 25.9.2018 (II ZR 190/17), DStR 2019, 388; *Heusel*, Der neue § 25a WpHG im System der Beteiligungstransparenz, WM 2012, 291; *Korch/Lang*, Schwerpunktbereichsklausur – Aktien- und Kapitalmarktrecht, JuS 2019, 1088; *Kraack*, Beteiligungspublizität bei Erwerbs- und Übernahmeangeboten, AG 2017, 677; *Krause*, Eigene Aktien bei Stimmrechtsmitteilung und Pflichtangebot, AG 2015, 553; *Merkner*, Das Damoklesschwert des Rechtsverlusts – Vorschlag für eine Neufassung von § 28 WpHG, AG 2012, 199; *Parmentier*, Die Revision der EU-Transparenzrichtlinie für börsennotierte Unternehmen, AG 2014, 15; *Paudtke/Glauer*, Nachforschungspflichten der Emittenten hinsichtlich der Richtigkeit der Meldungen nach §§ 21 ff. WpHG, NZG 2016, 125; *Schneider*, § 25a WpHG – die dritte Säule im Offenlegungsrecht, AG 2011, 645; *Seibt*, Der (Stimm-)Rechtsverlust als Sanktion für die Nichterfüllung kapitalmarktrechtlicher Mitteilungspflichten im Lichte des Vorschlags der Europäischen Kommission zur Reform der Transparenzrichtlinie, ZIP 2012, 797; *ders./Wollenschläger*, Revision des Europäischen Transparenzregimes: Regelungsinhalte der TRL 2013 und Umsetzungsbedarf, ZIP 2014, 545; *Teichmann/Epe*, Die neuen Meldepflichten für künftig erwerbbare Stimmrechte (§§ 25, 25a WpHG), WM 2012, 1213; *Ulmrich*, Investorentransparenz, 2013, *Veil*, Beteiligungstransparenz im Kapitalmarktrecht – Rechtsentwicklungen und Reformperspektiven, ZHR 177 (2013), 427; *ders./Dolff*, Kapitalmarktrechtliche Mitteilungspflichten des Treuhänders – Grundsätze und Grenzen der Zurechnung von Stimmrechtsanteilen nach § 22 WpHG, AG 2010, 385.

§ 22. Übernahmerecht

Mit der Beteiligungspublizität eng verbunden ist das Übernahme- **669** recht (→ Rn. 602 ff.): Es regelt das Verfahren bei einem öffentlichen Angebot des Bieters an die Aktionäre einer börsennotierten Aktiengesellschaft, ihre Aktien zu erwerben. Besondere Regelungen gelten für den Fall, dass der Bieter Aktien an der börsennotierten Zielgesellschaft in einem solchen Umfang erwirbt, dass er zentrale Entscheidungen der Gesellschaft, insbesondere durch Ausübung seiner Stimmrechte auf der Hauptversammlung, beeinflussen und so die Kontrolle über die Zielgesellschaft ausüben kann (sog Übernahme).

I. Grundlagen

1. Sinn und Zweck

670 Nach der in den USA in den 1960er Jahren entwickelten **Theorie des Marktes für Unternehmenskontrolle**[1119] ist eine Zielgesellschaft als Übernahmeobjekt für Bieter attraktiv, wenn ihr Wertschöpfungspotential aus Sicht des Marktes nicht ausgeschöpft wird.[1120]

Daniel Düsentrieb (D), der als Ingenieur an der Entwicklung selbstfahrender Autos beteiligt ist, ist der Auffassung, dass die börsennotierte Motorwerke-AG (MW-AG) durch die Produktion selbstfahrender Autos deutlich mehr Gewinn erwirtschaften könnte und das Management insoweit bislang unter den wirtschaftlichen Möglichkeiten der MW-AG bleibt. Um das Geschäftsmodell der MW-AG auf den besonders gewinnversprechenden Vertrieb von selbstfahrenden Autos zu erweitern und hiervon als Aktionär zu profitieren, bietet B den Aktionären der MW-AG öffentlich an, ihre Aktien zu erwerben. Um so Stimmrechte in der für die Kontrollausübung erforderlichen Zahl zu erwerben, ist B auch bereit, einen Aufpreis auf den aktuellen Börsenkurs, einen sog **Paketaufschlag**, zu zahlen (siehe bereits → Rn. 604).

671 Erfolgt die Übernahme gegen den Willen von Vorstand und Aufsichtsrat der Zielgesellschaft, ist häufig von einer **feindlichen Übernahme** die Rede. In einem solchen Fall muss die amtierende Geschäftsleitung der Zielgesellschaft nicht selten fürchten, dass der Bieter sie nach erfolgreicher Übernahme durch eine ihm opportune Geschäftsleitung austauschen wird, um seine eigenen Vorstellungen verwirklichen zu können. Der Bieter ist hierzu nach erfolgreicher Übernahme typischerweise in der Lage, da er er mit Erreichen der Kontrollschwelle in der Regel über die notwendige Stimmenmehrheit verfügt (→ Rn. 681), um zunächst gem. § 101 Abs. 1 AktG durch entsprechenden Hauptversammlungsbeschluss den Aufsichtsrat nach seinen eigenen Vorstellungen zu besetzen. Der Aufsichtsrat bestellt dann gem. § 84 AktG wiederum den gewünschten Vorstand.

672 Übernahmen können **positive (volkswirtschaftliche) Effekte** haben: Steigt der Gewinn der Zielgesellschaft nach der Übernahme wegen des besseren Konzepts des Bieters, profitieren hiervon die Zielge-

---

1119 Vgl. *Langenbucher* AktR § 18 Rn. 1 mwN; *Posner* Economic Analysis of Law 533 ff.; *Hopt* ZGR 1993, 534 (544 f.); *ders.* ZHR 161 (1997), 368 (370); *Leyens* JZ 2007, 1061 (1068 ff.); *Manne* 73 Journal of Political Economy 110 (1965).

1120 Ausführlich hierzu *Langenbucher* AktR § 18 Rn. 1; KölnKomm WpÜG/*Hirte*/*Heinrich* Einl. Rn. 4.

sellschaft und dadurch wiederum neben dem Bieter auch alle anderen Aktionäre sowie uU auch die Arbeitnehmer. Der Bieter kann zudem durch die Übernahme eines geeigneten Unternehmens Synergien mit bereits bestehenden Geschäftsfeldern erreichen.[1121] Die Übernahmemöglichkeit hat aber auch einen disziplinierenden Einfluss auf die Geschäftsleitung der Zielgesellschaft, da diese in erster Linie nur durch effektives Wirtschaften eine Übernahme und damit ihre eigene „Abberufung durch den Markt" verhindern kann.[1122] Übernahmen können allerdings auch **negative Auswirkungen** haben, insbesondere auf die Zielgesellschaft und deren Aktionäre, besonders wenn der Bieter kein wirtschaftlich sinnvolles Konzept verfolgt, sondern die Übernahme gar auf ein übersteigertes Selbstbewusstsein oder die Profilierungssucht des Bieters zurückzuführen ist oder zur Zerschlagung der Gesellschaft genutzt werden soll.[1123]

Insgesamt ist die Möglichkeit von Unternehmensübernahmen da- 673
her zwar volkswirtschaftlich grundsätzlich erwünscht, erforderlich ist aber ein geordnetes Verfahren. Ein solches Verfahren muss einerseits ausreichend Transparenz schaffen, so dass die Aktionäre sachgerecht entscheiden können, ob sie das Angebot des Bieters annehmen und die Möglichkeit zum Ausstieg nutzen oder ob sie in der Gesellschaft verbleiben wollen. Außerdem muss sichergestellt werden, dass der Bieter die Anonymität und die damit fehlende Koordinationsmöglichkeit der Aktionäre nicht zu seinen Gunsten ausnutzt, indem er etwa manchen Aktionären ein verlockendes Angebot macht und sodann nach Erwerb eines ihm genügenden Prozentsatzes der Anteile die restlichen Gesellschafter vor die Wahl stellt, ein schlechteres Angebot anzunehmen oder aber als Minderheitsaktionäre in der Zielgesellschaft zu verbleiben. Andererseits muss in einem solchen Verfahren aber auch opportunistischen Verhaltensweisen der Geschäftsleitung der Zielgesellschaft vorgebeugt werden. So kann die Geschäftsleitung der Zielgesellschaft aus Furcht vor der eigenen Abberufung nach einer feindlichen Übernahme geneigt sein, eine für die Zielgesellschaft und deren Aktionäre wirtschaftlich sinnvolle Übernahme zu verhindern. Diese Aufgaben übernimmt das WpÜG, das **Leitlinien** für ein faires und geordnetes **Angebotsverfahren** aufstellen soll, ohne dabei Unternehmensübernahmen besonders zu fördern

1121 Vgl. *Langenbucher* AktR § 18 Rn. 3; KölnKomm WpÜG/*Hirte/Heinrich* Einl. Rn. 12; *Schanz* NZG 2000, 337 (338).
1122 *Langenbucher* AktR § 18 Rn. 1; vgl. *Schanz* NZG 2000, 337 (338).
1123 *Langenbucher* AktR § 18 Rn. 3 f.

oder zu beschränken.[1124] Hierdurch sollen die **Transparenz** für die Aktionäre der Zielgesellschaft verbessert, die rechtliche Stellung von **Minderheitsaktionären** bei Unternehmensübernahmen **gestärkt** und das Verfahren an **international** übliche **Standards** angepasst werden.

2. Anwendungsbereich

674 Nach § 1 Abs. 1 WpÜG ist das WpÜG anwendbar auf alle öffentlichen Angebote zum Erwerb von Wertpapieren der Zielgesellschaft, die zum Handel an einem organisierten Markt zugelassen sind.[1125] Damit bildet das Übernahmerecht das Gegenstück zum Wertpapierprospektrecht nach der ProspektVO, die beim öffentlichen Angebot zur Veräußerung von Wertpapieren zur Anwendung kommt (→ Rn. 230 ff.). **Wertpapiere** iSd WpÜG sind Aktien, mit diesen vergleichbare Wertpapiere und Aktien vertretende Zertifikate sowie andere Wertpapiere, die den Erwerb dieser Papiere zum Gegenstand haben, § 2 Abs. 2 Nr. 1, 2 WpÜG. Die Wertpapiere der Zielgesellschaft müssen am **organisierten Markt** iSd BörsG oder an einem geregelten Markt des EWR gehandelt werden, § 2 Abs. 7 WpÜG. Nicht darunter fällt der Freiverkehr, bei dem es sich um ein multilaterales Handelssystem handelt (→ Rn. 157).[1126] Das WpÜG regelt also ausschließlich den Erwerb von Beteiligungen an einer börsennotierten AG, KGaA oder SE, nicht aber an anderen Unternehmen, also etwa einer nicht-börsennotierten AG oder einer GmbH. Die **Zielgesellschaft** ist eine Gesellschaft mit Sitz im Inland oder eine Gesellschaft mit Sitz in einem anderen EWR-Staat (§ 2 Abs. 3 WpÜG). Für Zielgesellschaften mit Sitz im Inland, deren Aktien nicht im Inland, aber in einem anderen EWR-Staat zum Handel an einem organisierten Markt zugelassen sind, gelten jedoch nur bestimmte Vorschriften des WpÜG (siehe § 1 Abs. 2 WpÜG).

675 Voraussetzung für die Anwendung des WpÜG ist im Weiteren ein öffentliches Angebot eines Bieters. Hierbei handelt es sich um freiwillige oder pflichtgemäße öffentliche Kauf- oder Tauschangebote zum Erwerb von Wertpapieren einer Zielgesellschaft. Der Begriff des **Angebots** erfasst über § 145 BGB hinaus zwar grundsätzlich auch eine unverbindliche *invitatio ad offerendum* sowie ein bedingtes oder befristetes Angebot; sie sind im Übernahmeverfahren nach dem WpÜG

1124 Begr. RegE BT-Drs. 14/7034, 28.
1125 Vgl. *Lenenbach* KapMarktR Rn. 16.5 ff.
1126 KölnKomm WpÜG/*Versteegen* § 2 Rn. 233.

aber durch §§ 17 bzw. 18 Abs. 2 WpÜG untersagt. Das Angebot ist auf den Erwerb der Wertpapiere gerichtet. Im Falle eines **Kaufangebots** ist die versprochene Gegenleistung eine Geldzahlung und im Falle eines **Tauschangebots** die Übertragung anderer Aktien, häufig solche des Bieters, wenn dieser selbst eine Aktiengesellschaft ist.

Der Begriff der **Öffentlichkeit** ist im WpÜG nicht legaldefiniert. **676**
Orientierung bietet die wertpapierprospektrechtliche Definition des öffentlichen Angebots in Art. 2 lit. d) ProspektVO, wonach eine Mitteilung an das Publikum erforderlich ist. Bei der Übertragung dieser Definition auf § 2 Nr. 1 WpÜG sind allerdings die Besonderheiten des Übernahmerechts zu berücksichtigen.[1127] Während die ProspektVO das Angebot zur Veräußerung von Wertpapieren an künftige Wertpapierinhaber regelt, erfasst das WpÜG das Angebot zum Erwerb von Wertpapieren durch den Bieter, das von vornherein auf einen beschränkten Kreis an Wertpapierinhabern trifft.

Jedenfalls nicht unter den Begriff des öffentlichen Angebots fällt die individuelle Ansprache einzelner Aktionäre. Öffentlich ist das standardisierte Angebot, wenn es über potentiell jedermann zugängliche Medien (zB Internet, Zeitung) verbreitet wird und sich an eine Vielzahl von Wertpapierinhabern richtet.[1128] Im Gegensatz zum öffentlichen Angebot nach Art. 2 lit. d) ProspektVO liegt ein öffentliches Angebot iSd § 2 Nr. 1 WpÜG aber auch dann vor, wenn im Internet ein Erwerbsangebot veröffentlicht wird, das nur an institutionelle Aktionäre gerichtet ist.[1129] Der Erwerb über einen **organisierten Markt** – wie die Börse – ist kein öffentliches Angebot.[1130]

3. Grundsätze

In § 3 WpÜG werden allgemeine Grundsätze aufgestellt, die auch **677**
bei der Auslegung der Normen des WpÜG zu beachten sind.[1131] Nach dem **Gleichbehandlungsgebot** (Abs. 1) sind Inhaber derselben Gattung von Wertpapieren der Zielgesellschaft gleich zu behandeln. Spezielle Ausprägungen dieses Grundsatzes finden sich in den §§ 19, 31 Abs. 3; 32 WpÜG.

1127 Vgl. Angerer/Geibel/Süßmann/*Angerer* WpÜG § 1 Rn. 21; ausführlich Assmann/Pötzsch/Schneider/*Pötzsch/Favoccia* WpÜG § 2 Rn. 25 ff.
1128 Schwark/Zimmer/*Noack/Holzborn* WpÜG § 2 Rn. 9.
1129 Assmann/Pötzsch/Schneider/*Pötzsch/Favoccia* WpÜG § 2 Rn. 25; *Lenenbach* KapMarktR Rn. 16.6.
1130 Schwark/Zimmer/*Noack/Holzborn* WpÜG § 2 Rn. 12; Assmann/Pötzsch/Schneider/*Pötzsch/Favoccia* WpÜG § 2 Rn. 25.
1131 Vgl. hierzu *Lenenbach* KapMarktR Rn. 16.59 ff.; Angerer/Geibel/Süßmann/*Louven* WpÜG § 3 Rn. 1; KölnKomm WpÜG/*Versteegen* § 3 Rn. 1 ff. AA FK-WpÜG/*Schüppen* § 3 Rn. 1 ff.

Unzulässig sind beispielsweise unterschiedlich lange Annahmefristen für institutionelle Anleger und Privatanleger. Inhaber von Vorzugsaktien dürfen aber uU anders als Inhaber von Stammaktien behandelt werden, da es sich um unterschiedliche Aktiengattungen handelt.[1132]

678 Nach dem **Transparenzgebot** (Abs. 2) müssen die Wertpapierinhaber über genügend Zeit und Informationen verfügen, um in Kenntnis der Sachlage über das Angebot des Bieters entscheiden zu können. Spezielle Ausprägungen dieses Gebots sind die Pflicht zur Veröffentlichung der Angebotsunterlage gem. § 11 WpÜG iVm WpÜG-AV (→ Rn. 694 ff.) sowie die Mindestannahmefrist von vier Wochen nach § 16 Abs. 1 S. 1 WpÜG (→ Rn. 713 ff.). Die **Interessenswahrungspflicht** (Abs. 3) meint die Pflicht von Vorstand und Aufsichtsrat der Zielgesellschaft, im Interesse ihrer Gesellschaft zu handeln. Damit wird klargestellt, dass die Geschäftsleiter der Zielgesellschaft auch während einer Übernahmesituation an die allgemeinen aktienrechtlichen Verpflichtungen gebunden sind und im Interesse der Gesellschaft handeln müssen.[1133] Eine spezielle Ausprägung dieses Grundsatzes ist das Verhinderungsverbot des Vorstands der Zielgesellschaft gem. § 33 WpÜG: Da die erfolgreiche Übernahme im Interesse der Zielgesellschaft und der Aktionäre liegen kann, soll diese daher grundsätzlich nicht durch Maßnahmen der Geschäftsleitung der Zielgesellschaft vereitelt werden (→ Rn. 736 ff.). Das **Gebot der raschen Durchführung** (Abs. 4) des Übernahmeverfahrens soll sicherstellen, dass die Zielgesellschaft durch das öffentliche Erwerbsangebot nicht unnötig lang in ihrer Geschäftstätigkeit behindert wird.

Daher gelten im Übernahmeverfahren enge Fristen. So unterliegt die BaFin einer zehn- bzw. ausnahmsweise 15-tägigen Prüfungsfrist der Angebotsunterlage, nach deren Ablauf der Bieter die Angebotsunterlage unverzüglich zu veröffentlichen hat (§ 14 Abs. 2 WpÜG). Zum Schutz der Zielgesellschaft vor der übermäßigen Einschränkung der Geschäftstätigkeit durch Übernahmeverfahren gilt gem. § 26 WpÜG zudem eine Sperrfrist von einem Jahr nach einem untersagten oder gescheiterten öffentlichen Angebot für die Abgabe eines neuen Angebots.[1134]

1132 Assmann/Pötzsch/Schneider/*Stephan* WpÜG § 3 Rn. 10.

1133 Angerer/Geibel/Süßmann/*Louven* WpÜG § 3 Rn. 22; MüKoAktG/*Wackerbarth* WpÜG § 3 Rn. 21; NK-AktienKapMR/*Glade* WpÜG § 4 Rn. 6.

1134 Im Bieterwettstreit um die OSRAM Licht AG (OSRAM) hatte der Erstbieter, dessen öffentliches Angebot mangels ausreichender Annahmen gescheitert ist, eine eigene Bietergesellschaft gegründet, die das neue Angebot innerhalb der Sperrfrist abgab (hierzu Lüßmann/Kraut, Gesetzeslücke im Übernahmerecht – dank Osram eilig gestopft?, LTO v. 5. Dezember 2019; https://www.lto.de/recht/kanzleien-unternehmen/k/osram-asm-uebernahmeangebot-uebernahmerecht-gesetzesluecke/).

Schließlich sind gem. § 3 Abs. 5 WpÜG Marktverzerrungen beim Handel mit den Wertpapieren der Zielgesellschaft, der Bietergesellschaft oder anderer durch das Angebot betroffener Gesellschaften zu vermeiden (**Marktverzerrungsverbot**). Das Marktverzerrungsverbot ist konkretisiert in §§ 10 Abs. 1 S. 3; 33 Abs. 1 S. 1 WpÜG.[1135] 679

Demnach darf der Bieter beispielsweise Aktien der Zielgesellschaft nicht verkaufen, um so den Kurs der Aktien unter Druck zu setzen und dadurch die übrigen Wertpapierinhaber zur Annahme seines öffentlichen Angebots zu veranlassen.[1136]

4. Regelungssystematik des WpÜG

Welche Regelungen des WpÜG einzuhalten sind, richtet sich nach der Art des konkreten Angebots. Das WpÜG differenziert drei Angebotsarten je nachdem, ob der Bieter hierdurch die Kontrolle über die Zielgesellschaft übernehmen kann bzw. übernommen hat und damit zentrale Entscheidungen der Gesellschaft, insbesondere durch Ausübung seiner Stimmrechte auf der Hauptversammlung, beeinflussen kann. 680

a) Übernahmerechtlicher Begriff der Kontrolle. 681

aa) Kontrolle gem. § 29 Abs. 2 WpÜG. Die übernahmerechtliche Kontrolle definiert § 29 Abs. 2 WpÜG – im Gegensatz zum materiellen Abhängigkeitsbegriff im Aktienrecht (siehe § 17 AktG) – formal als das Halten von mindestens 30 Prozent der Stimmrechte an der Zielgesellschaft. Zwar kann der Aktionär grundsätzlich erst mit der einfachen Stimmenmehrheit in der Hauptversammlung, dh mit mehr als 50 Prozent der auf der Hauptversammlung anwesenden Stimmrechte Beschlüsse – wie etwa die Bestellung der Aufsichtsratsmitglieder – allein fassen (§ 133 Abs. 1 AktG; siehe auch § 17 Abs. 2 AktG). Der Gesetzgeber geht aber für börsennotierte Gesellschaften nach § 29 Abs. 2 WpÜG bereits beim Halten von mindestens 30 Prozent der Stimmrechte von der Kontrolle aus. Hintergrund für die niedrige

---

Hierauf reagierte der Gesetzgeber kurzfristig, indem er den Personenkreis in § 26 WpÜG auf mit dem Erstbieter verbundene Personen erweiterte (Gesetz zur Umsetzung der geänderten Geldwäscherichtlinie, BT-Drs. 598/19 vom 15.11.2019, 43 f. (in Kraft seit 20.12.2019).

1135 Angerer/Geibel/Süßmann/*Louven* WpÜG § 3 Rn. 41; MüKoAktG/*Wackerbarth* WpÜG § 3 Rn. 31; NK-AktienKapMR/*Glade* WpÜG § 3 Rn. 8.

1136 Assmann/Pötzsch/Schneider/*Assmann/Stephan* WpÜG § 3 Rn. 67; KölnKomm WpÜG/*Versteegen* § 3 Rn. 51; Steinmeyer/*Steinhardt* WpÜG § 3 Rn. 20; *Assmann* AG 2002, 114 (116) mit Fn. 13. AA Schwark/Zimmer/*Noack/Holzborn* WpÜG § 3 Rn. 26.

übernahmerechtliche Kontrollschwelle ist, dass in der Praxis regelmäßig nicht mehr als 60 Prozent der Aktionäre an den Hauptversammlungen teilnehmen, so dass die erforderliche einfache Mehrheit der auf der Hauptversammlung anwesenden Stimmen regelmäßig bereits mit 30 Prozent der Stimmrechte erreicht ist. Während sich die aktienrechtliche Abhängigkeit gem. § 17 Abs. 1 AktG daran orientiert, ob ein Unternehmen tatsächlich im Einzelfall beherrschenden Einfluss auf ein anderes Unternehmen ausüben kann, insbesondere durch Kapital- oder Stimmenmehrheit gem. § 17 Abs. 2 AktG, gilt die **formelle Kontrollschwelle** des WpÜG unabhängig von den materiellen Beherrschungsmöglichkeiten iSd § 17 AktG. Der Bieter hat mit 30 Prozent der Stimmrechte auch dann die Kontrolle iSd § 29 WpÜG, wenn daneben ein anderer Aktionär mehr als 50 Prozent der Stimmrechte hält und der Bieter tatsächlich keine Kontrolle ausüben kann.[1137] Dass der Bieter im konkreten Einzelfall tatsächlich keinen beherrschenden Einfluss ausüben kann, wird nicht im Rahmen des Kontrollerwerbs gem. § 29 Abs. 2 WpÜG, sondern erst bei der Befreiung von dem Pflichtangebot gem. § 37 Abs. 1 WpÜG berücksichtigt (→ Rn. 720).

682 **bb) Berechnung der Stimmrechte.** Die Berechnung der Stimmrechte erfolgt nach ähnlichen Vorgaben wie für die Beteiligungspublizität gem. §§ 33 f. WpHG (→ Rn. 612 ff.). Maßgeblich für das Erreichen der Kontrollschwelle gem. § 29 WpÜG sind zum einen die Stimmrechte aus dem Bieter gehörenden Aktien an der Zielgesellschaft und zum anderen Stimmrechte aus Aktien, die dem Bieter nach § 30 WpÜG zugerechnet werden. Im Unterschied zu § 33 Abs. 3 WpHG (→ Rn. 610) genügt allerdings für das Halten iSd § 29 Abs. 2 WpÜG nicht schon das Bestehen eines auf die Übertragung von Aktien gerichteten unbedingten und ohne zeitliche Verzögerung zu erfüllenden Anspruchs, sondern es kommt auf das dingliche Verfügungsgeschäft an.[1138] Ebenso wie § 34 WpHG rechnet § 30 WpÜG unter bestimmten Voraussetzungen Stimmrechte Dritter dem Bieter zu, um einer Umgehung der §§ 31 ff. WpÜG vorzubeugen.[1139] Die Tatbestände von § 30 Abs. 1 WpÜG entsprechen daher inhaltlich § 34 Abs. 1 WpHG; die Zurechnung wegen eines abgestimmten Verhaltens (*Acting-in-concert*) ist parallel zu § 34 Abs. 2 WpHG in § 30

1137 *Langenbucher* AktR § 18 Rn. 35.
1138 Begr. RegE Gesetz zur Umsetzung der Transparenzrichtlinie-Änderungsrichtlinie, BT-Drs. 18/5010, 45.
1139 *Lenenbach* KapMarktR Rn. 16.21 ff.

Abs. 2 WpÜG geregelt (→ Rn. 618 ff.). Zwar sind die Zurechnungstatbestände des § 30 WpÜG und des § 34 WpHG nach dem ausdrücklichen Willen des Gesetzgebers übereinstimmend auszulegen.[1140] Im konkreten Einzelfall kann aber unter Berücksichtigung der unterschiedlichen Regelungszwecke der beiden Zurechnungsnormen, insbesondere für das *Acting-in-concert*, eine abweichende Auslegung geboten sein.[1141] Da die weitreichende Rechtsfolge eines Pflichtangebots gem. § 35 WpÜG nur gerechtfertigt ist, wenn die Möglichkeit zum Ausscheiden zum Schutz der Minderheitsaktionäre erforderlich ist, sollte § 30 Abs. 2 WpÜG eher restriktiv gehandhabt werden. Im Vergleich hierzu sind die §§ 33 ff. WpHG weiter zu verstehen, da sie größtmögliche Transparenz herstellen sollen.[1142]

Im Unterschied zur Beteiligungstransparenz des WpHG fehlen im WpÜG den §§ 38 f. WpHG vergleichbare Vorschriften. Daher sind **sonstige Instrumente** iSd § 38 WpHG, die die Mitteilungspflicht gem. § 33 WpHG uU auslösen (→ Rn. 625 ff.), für die Berechnung der Kontrollschwelle iSd § 29 WpÜG unerheblich. Instrumente, die dem Inhaber – wie insbesondere Festpreisgeschäfte – einen unbedingten Anspruch auf den Erwerb von Aktien der Zielgesellschaft einräumen oder – wie Aktienoptionen – ein Ermessen in Bezug auf sein Recht zum Erwerb dieser Aktien verleihen, oder – wie Aktienderivate mit Barausgleich – eine vergleichbare wirtschaftliche Wirkung haben, sind daher bei der Berechnung im WpÜG nicht zu berücksichtigen. 683

Fortsetzung Fall 18 (→ Rn. 638): Muss die S-Gruppe den Aktionären der C-AG ein Pflichtangebot gem. § 35 Abs. 2 WpÜG unterbreiten? 684

Die S-KG muss den Aktionären der C-AG ein Pflichtangebot nach § 35 Abs. 2 S. 1 WpÜG unterbreiten, wenn sie die Kontrolle erlangt hat. Kontrolle iSd § 29 WpÜG ist das Halten von mindestens 30 Prozent der Stimm- 685

1140 Begr. RegE BT-Drs. 14/7034, 53, 70 sowie Begr. RegE Risikobegrenzungsgesetz BT-Drs. 16/7438, 8, 11; Fuchs/*Zimmermann* WpHG § 22 Rn. 4; *Liebscher* ZIP 2002, 1005 (1009); *Möller* AG 2002, 170 (174); *Schockenhoff/Schumann* ZGR 2005, 568 (609).

1141 Assmann/Schneider/Mülbert/*Schneider* WpHG Vorb. § 33 Rn. 40, WpHG § 34 Rn. 12; KölnKomm WpÜG/*v. Bülow* § 30 Rn. 8; MüKoAktG/*Bayer* WpHG § 34 Rn. 36; *Casper* ZIP 2003, 1469 (1472); *Drinkuth* ZIP 2008, 676 ff.; *Seibt* ZIP 2004, 1829 (1831).

1142 Assmann/Schneider/Mülbert/*Schneider* WpHG § 34 Rn. 13 mwN; MüKoAktG/*Bayer* WpHG § 34 Rn. 2. Wegen des ausdrücklichen gesetzgeberischen Willens aA *Langenbucher* AktR § 18 Rn. 39.

rechte an der Zielgesellschaft. Die S-KG hält 2,97 Prozent der C-Aktien. Fraglich ist, ob der S-KG weitere Stimmrechte aus den Call-Optionen iHv 4,97 Prozent zuzurechnen sind. Eine Zurechnung nach **§ 30 Abs. 1 S. 1 Nr. 2 WpÜG** scheidet aus, da die S-KG als Optionsberechtigte weder die wirtschaftlichen Chancen und Risiken aus den Aktien trägt noch die Möglichkeit zur Stimmrechtsausübung hat. Sowohl das Dividendenrecht als auch sonstige Chancen und Risiken bleiben bis zur Ausübung der Optionsrechte grundsätzlich beim Stillhalter. Eine Zurechnung nach **§ 30 Abs. 1 S. 1 Nr. 5 WpÜG** setzt voraus, dass die Aktien durch Willenserklärung erworben werden können. Das könnte bei einem Optionsrecht der Fall sein, da durch Willenserklärung des Inhabers der Option ein Kaufvertrag zustande kommt, der sodann einen Anspruch auf Erwerb der Aktien begründet. Nach zutreffender hM genügt die Begründung eines schuldrechtlichen Anspruchs durch Willenserklärung allerdings nicht für § 30 Abs. 1 S. 1 Nr. 5 WpÜG. Erforderlich ist vielmehr, dass es mit der Willenserklärung bereits zum Abschluss des dinglichen Verfügungsgeschäfts kommt, dass also ein Anwartschaftsrecht auf Übereignung der Aktien besteht. Hierfür spricht ein Vergleich mit den parallelen Vorschriften der Beteiligungspublizität: Neben § 34 Abs. 1 S. 1 Nr. 5 WpHG, der § 30 Abs. 1 Nr. 5 WpÜG inhaltlich entspricht, enthält § 38 WpHG eine zusätzliche Mitteilungspflicht für Instrumente, wie insbesondere auch Optionsrechte (→ Rn. 627). Außerdem stellt § 31 Abs. 6 WpÜG für bestimmte Fälle Vereinbarungen, aufgrund derer die Übereignung von Aktien verlangt werden kann, dem Erwerb gleich. Eine solche spezielle Regelung wäre nicht erforderlich, wenn Erwerb iSd WpÜG immer auch das schuldrechtliche Geschäft mitumfassen würde. Nicht zuletzt ergibt sich auch aus den Gesetzesmaterialien, dass der Gesetzgeber mit dem Erwerb in § 30 Abs. 1 Nr. 5 WpÜG ausschließlich den dinglichen Erwerb – die Übereignung der Aktien – erfassen wollte. Eine § 38 Abs. 1 Nr. 1 WpHG vergleichbare Regelung für Instrumente sieht das WpÜG nicht vor.

Zwar ist die S-KG Inhaberin von Swaps über 28 Prozent der C-Aktien. Da es aber im WpÜG an einer Regelung fehlt, wonach Instrumente iSd §§ 38 Abs. 1 Nr. 2, 39 WpHG hinzugerechnet werden, hat die S-KG mit lediglich 2,97 Prozent der C-Aktien die Kontrollschwelle iSd § 29 Abs. 2 WpÜG nicht überschritten und ist nicht zur Abgabe eines Pflichtangebots gem. § 35 Abs. 2 WpÜG verpflichtet.

686 **b) Angebotsarten. aa) Einfaches Erwerbsangebot.** Als einfaches Erwerbsangebot wird ein öffentliches Kauf- oder Tauschangebot bezeichnet, das nicht auf den Erwerb von Stimmrechten zur Übernahme der Kontrolle gerichtet ist. Das ist der Fall, entweder weil das Angebot auf den Erwerb von weniger als 30 Prozent der Stimmrechte beschränkt ist (**beschränkte Einstiegsbeteiligung**)[1143] oder der

1143 *Langenbucher* AktR § 18 Rn. 22.

Bieter bereits bei Abgabe des Angebots mehr als 30 Prozent der Stimmrechte hält und damit die Kontrollschwelle überschritten hat (**Aufstockungsangebot**). Auf einfache Erwerbsangebote sind nur die §§ 10–28 WpÜG anwendbar. Der Bieter ist daher hier insbesondere nicht verpflichtet, eine angemessene Gegenleistung gem. § 31 WpÜG anzubieten (→ Rn. 725 ff.).

bb) Freiwilliges Übernahmeangebot. Ein freiwilliges Übernahme- 687
angebot ist ein Angebot, das darauf gerichtet ist, mit dem Erwerb der Stimmrechte die 30 Prozent-Schwelle zu erreichen oder zu überschreiten, also die Kontrolle zu erlangen. Eine subjektive Absicht der Kontrollerlangung ist insoweit nicht erforderlich. Es genügt, dass das Angebot bei einer ex-ante-Betrachtung objektiv geeignet ist, den Kontrollwechsel bei vollständiger Annahme des Angebots herbeizuführen.[1144] Das ist bei einem **unbedingten Angebot** auf eine **Einstiegsbeteiligung** grundsätzlich immer der Fall, da jedenfalls theoretisch alle Aktionäre das Angebot annehmen könnten und der Bieter schlussendlich 100 Prozent der Anteile halten würde.[1145] Soll ein nur einfaches Erwerbsangebot abgegeben werden, so muss dies durch die Abgabe eines bedingten Teilangebots zum Erwerb von weniger als 30 Prozent der Stimmrechte (vgl. § 19 WpÜG) geschehen. Kommt es dann zu einer Überzeichnung, bei der mehr Aktien angeboten werden, als der Bieter erwerben möchte, erfolgt eine anteilige Zuteilung nach § 19 WpÜG. Auf das freiwillige Übernahmeangebot sind zusätzlich zu den §§ 10–28 WpÜG auch die §§ 29–34 WpÜG anzuwenden. Von zentraler Bedeutung ist vor allem die Vorschrift des § 31 WpÜG, wonach der Bieter das Angebot mit einer angemessenen Gegenleistung verbinden muss und insoweit in seiner Privatautonomie eingeschränkt wird (ausführlich → Rn. 725 ff.).

cc) Pflichtangebot. Ein Pflichtangebot muss nach § 35 Abs. 1 S. 1 688
WpÜG abgegeben werden, wenn der Bieter unmittelbar oder mittelbar die Kontrollschwelle erreicht hat, ohne zuvor ein öffentliches Übernahmeangebot abgegeben zu haben. Da ein Kontrollwechsel uU und häufig zu einer Neuausrichtung der Zielgesellschaft führen kann (→ Rn. 670 ff.), sollen die verbliebenen Minderheitsaktionäre die Möglichkeit erhalten, ihre Anteile an der Zielgesellschaft zu einer angemessenen Gegenleistung zu veräußern. Auf Pflichtangebote sind

1144 *Langenbucher* AktR § 18 Rn. 26.
1145 MüKoAktG/*Wackerbarth* WpÜG § 29 Rn. 3; Schwark/Zimmer/*Noack* WpÜG § 29 Rn. 4; Steinmeyer/*Steinmeyer* WpÜG § 29 Rn. 5.

daher zusätzlich zu den allgemeinen Vorschriften für einfache Erwerbsangebote (§ 39 iVm §§ 10–28 WpÜG) und den Vorschriften für freiwillige Übernahmeangebote (§ 39 WpÜG iVm §§ 29–34 WpÜG) außerdem die §§ 35–39 WpÜG anwendbar.

II. Das Angebotsverfahren gem. §§ 10–28 WpÜG

689 Die Vorschriften zum Ablauf des Angebotsverfahrens gem. §§ 10–28 WpÜG gelten prinzipiell für alle drei Angebotsarten.

1. Entscheidung zur Angebotsabgabe

690 Hat der Bieter die Entscheidung zur Abgabe eines öffentlichen Angebots iSd § 1 Abs. 1 WpÜG getroffen, muss er diese gem. § 10 Abs. 1 WpÜG unverzüglich im Internet und über ein elektronisch betriebenes Informationsverbreitungssystem veröffentlichen. Vor der Veröffentlichung hat der Bieter die Entscheidung der BaFin und den Geschäftsführungen der Börsen, an denen Wertpapiere des Bieters und der Zielgesellschaft gehandelt werden, mitzuteilen (§ 10 Abs. 2 WpÜG). Nach der Veröffentlichung iSd § 10 Abs. 1 WpÜG muss gem. § 10 Abs. 5 S. 1 WpÜG die Entscheidung dem Vorstand der Zielgesellschaft unverzüglich mitgeteilt werden. Die Pflicht zur Veröffentlichung der Entscheidung gem. § 10 Abs. 1 WpÜG ist eine spezielle Ausprägung der ad-hoc-Publizitätspflicht.[1146] Die Vorschrift soll, ebenso wie die ad-hoc-Publizitätspflicht, die Verwendung von Insiderwissen verhindern und die Transparenz und Funktionsfähig-

1146 *Riehmer/Binder* in Habersack/Mülbert/Schlitt KapMarktInfo-HdB § 14 Rn. 2.

keit der Kapitalmärkte sichern.[1147] Ist der Bieter selbst eine börsennotierte Gesellschaft oder ein Freiverkehrsemittent und daher an Art. 17 MAR gebunden, muss er die Entscheidung zur Abgabe eines öffentlichen Angebots nicht zusätzlich ad-hoc-publizieren.[1148] § 10 Abs. 1 WpÜG verdrängt insoweit als *lex specialis* die ad-hoc-Publizitätspflicht (§ 10 Abs. 6 WpÜG).

Problematisch ist, wann von einer „Entscheidung“ iSd § 10 WpÜG gesprochen werden kann. Maßgeblich hierfür ist eine Abwägung zwischen dem Geheimhaltungsinteresse des Bieters und dem Informationsinteresse der Aktionäre.[1149] Handelt es sich bei dem Bieter um eine natürliche Person, ist auf den Abschluss der Meinungsbildung und die objektive Kundgabe gegenüber Dritten abzustellen. Eine unausgesprochene Entscheidung löst keine Veröffentlichungspflicht aus.[1150] Bei **juristischen Personen** ist auf den Beschluss des jeweils geschäftsführenden Organs abzustellen, da hiermit die interne Entscheidungsfindung abgeschlossen ist.[1151] Bei einer AG genügt hierfür grundsätzlich der Vorstandsbeschluss, es sei denn die Zustimmung des Aufsichtsrats ist gesellschaftsrechtlich notwendig (zB § 111 Abs. 4 S. 2 AktG).[1152] Dann sollen Meinungsverschiedenheiten zwischen Vorstand und Aufsichtsrat nicht durch die Preisgabe an den Kapitalmarkt vorentschieden werden. Ein ggf. erforderlicher Beschluss der Gesellschafterversammlung des Bieters, etwa der Hauptversammlung einer AG, darf gem. § 10 Abs. 1 S. 2 WpÜG grundsätzlich nicht abgewartet werden (Ausnahme: § 33 Abs. 1 S. 3 WpÜG). Um sich gegen den Vorwurf nicht rechtzeitiger Veröffentlichung abzusichern, wird der Prozess der Entscheidungsfindung in der Praxis zu Beweiszwecken häufig genau dokumentiert.[1153] 691

Mit der Veröffentlichung gem. § 10 Abs. 1 WpÜG werden insbesondere die Frist für die Veröffentlichung der Angebotsunterlage gem. § 11 WpÜG in Gang gesetzt (hierzu sogleich → Rn. 693) und das Verhinderungsverbot des Vorstands gem. § 33 WpÜG ausgelöst (→ Rn. 736 ff.). Bei der Veröffentlichung handelt es sich indes nicht 692

1147 KölnKomm WpÜG/*Hirte* § 10 Rn. 2; *Riehmer/Binder* in Habersack/Mülbert/Schlitt KapMarktInfo-HdB § 14 Rn. 2.
1148 MüKoAktG/*Wackerbarth* WpÜG § 10 Rn. 80 ff.
1149 MüKoAktG/*Wackerbarth* WpÜG § 10 Rn. 25.
1150 MüKoAktG/*Wackerbarth* WpÜG § 10 Rn. 25.
1151 *Langenbucher* AktR § 18 Rn. 43.
1152 Assmann/Pötzsch/Schneider/*Assmann* WpÜG § 10 Rn. 15.
1153 *Riehmer* in Habersack/Mülbert/Schlitt KapMarktInfo-HdB § 14 Rn. 18.

um eine rechtsgeschäftlich verbindliche Willenserklärung.[1154] Wird später kein Angebot abgegeben, löst dies daher keine Schadensersatzpflicht wegen Verletzung einer vertraglichen oder vorvertraglichen Pflicht gem. § 280 Abs. 1 S. 1 BGB (iVm § 311 Abs. 2 BGB) aus.

2. Veröffentlichung der Angebotsunterlage

693 Innerhalb von vier Wochen nach der Veröffentlichung iSd § 10 WpÜG muss der Bieter eine Angebotsunterlage erstellen und veröffentlichen, § 11 Abs. 1 S. 1 WpÜG.

694 **a) Inhalt der Angebotsunterlage.** Die Angebotsunterlage enthält zum einen das verbindliche Angebot iSv § 145 BGB mit der versprochenen Gegenleistung. Das Angebot muss gem. § 18 WpÜG bindend sein, dh unbedingt und ohne Widerrufs- oder Rücktrittsvorbehalt formuliert. Es enthält zum anderen die für die Entscheidung zur Annahme des Angebots notwendigen Informationen und dient mithin der **Transparenz**. Die Angebotsunterlage bildet das informative Kernstück des Verfahrens nach dem WpÜG zum Erwerb der Wertpapiere.[1155] Spiegelbildlich zum **Wertpapierprospekt**, der eine informierte Anlage- bzw. Investitionsentscheidung der Anleger ermöglichen soll (→ Rn. 249), soll die Angebotsunterlage die Aktionäre in die Lage versetzen, eine informierte Verkaufs- und damit Desinvestitionsentscheidung zu treffen.[1156] Die Nähe zum Prospektrecht kommt auch in verschiedenen Regelungen im WpÜG zum Ausdruck, die denjenigen im Prospektrecht zum Teil ähneln (siehe etwa die Regelungen zur Haftung für die fehlerhafte Angebotsunterlage gem. § 11 WpÜG → Rn. 699 ff.). Daher kann insoweit immer wieder auf die dortigen Überlegungen zurückgegriffen werden (siehe etwa zu dem Streit um die Rechtsnatur der Haftung für die fehlerhafte Angebotsunterlage gem. § 11 WpÜG → Rn. 699). Die bestehenden Unterschiede dürfen dabei aber nicht aus dem Blick verloren werden.

695 Der Bieter muss die Angebotsunterlage innerhalb von vier Wochen nach der Entscheidung zur Abgabe eines Angebots (§ 10 WpÜG) der BaFin übermitteln, § 14 Abs. 1 S. 1 WpÜG. Innerhalb von zehn bzw. maximal 15 Tagen (§ 14 Abs. 2 WpÜG) hat die BaFin eine Entschei-

---

1154 Assmann/Pötzsch/Schneider/*Assmann* WpÜG § 10 Rn. 53.

1155 Assmann/Pötzsch/Schneider/*Meyer* WpÜG § 11 Rn. 1; *Riehmer/Binder* in Habersack/Mülbert/Schlitt KapMarktInfo-HdB § 15 Rn. 2.

1156 *Langenbucher* AktR § 18 Rn. 51; *Riehmer/Binder* in Habersack/Mülbert/Schlitt KapMarktInfo-HdB § 15 Rn. 2.

dung über die Gestattung oder Untersagung des Angebots zu treffen. Gestattet die BaFin das Angebot oder lässt sie die Frist ohne Entscheidung verstreichen, muss der Bieter die Angebotsunterlage unverzüglich veröffentlichen (§ 14 Abs. 3 WpÜG) und dem Vorstand der Zielgesellschaft übermitteln (§ 14 Abs. 4 WpÜG). Ähnlich wie im Falle des Wertpapierprospekts gem. Art. 24 Abs. 1 ProspektVO (→ Rn. 251) gilt der sog Europäische Pass, wonach Angebotsunterlagen, die von der zuständigen Aufsichtsbehörde eines anderen EWR-Staates gebilligt wurden, im Inland ohne Billigungsverfahren anerkannt werden, vgl. § 11a WpÜG.

Die Angebotsunterlage muss gem. § 11 Abs. 1 S. 2 WpÜG alle für **696** eine sachgerechte Entscheidung der Aktionäre über das Angebot notwendigen Informationen enthalten. Zu den Mindestangaben gehören gem. § 11 Abs. 2 WpÜG:

- eine Darstellung der Bieterin, inklusive ihrer Absichten in Bezug auf die Zielgesellschaft,
- eine Auflistung der getätigten Vorerwerbe und der Bedingungen des Angebots,
- die Erläuterung der Angemessenheit des Angebotspreises und die Darlegung der Finanzierung sowie
- Informationen über die Abwicklung und die Auswirkungen des Angebots.

Die Angaben müssen richtig und vollständig sein, § 11 Abs. 1 S. 3 **697** WpÜG. Der Bieter muss gem. § 11 Abs. 1 S. 4 WpÜG die Angebotsunterlage unterzeichnen. Wie auch bei einem Prospekt (vgl. → Rn. 263 ff.) müssen die für den Inhalt der Angebotsunterlage verantwortlichen Personen erkennbar gemacht werden, § 11 Abs. 3 WpÜG, um den Aktionären gegebenenfalls die Durchsetzung ihrer Haftungsansprüche zu erleichtern (dazu sogleich → Rn. 699 ff.).[1157] Weitere Bestimmungen für den Inhalt der Angebotsunterlage enthält § 2 WpÜG-AV. Bei Fehlen, Unvollständigkeit oder offensichtlicher Rechtswidrigkeit der Angebotsunterlage kann die BaFin das **Angebot untersagen,** § 15 Abs. 1 WpÜG. Untersagt die BaFin das Angebot und wird die Angebotsunterlage gleichwohl entgegen § 15 Abs. 3 WpÜG veröffentlicht, stellt dies eine bußgeldbewehrte Ordnungswidrigkeit nach § 60 Abs. 1 Nr. 6 WpÜG dar.

1157 Angerer/Geibel/Süßmann/*Geibel/Süßmann* WpÜG § 11 Rn. 89.

698 Strittig ist, ob die AGB-rechtlichen Vorschriften gem. **§§ 305 ff. BGB** auf die Angebotsunterlage ergänzend **anwendbar** sind.[1158] Zwar enthält die Angebotsunterlage für eine unbestimmte Vielzahl von Verträgen einseitig vorformulierte Vertragsbedingungen iSd § 305 Abs. 1 BGB und auch die Bereichsausnahme des § 310 Abs. 4 BGB greift nicht. Die besseren Argumente sprechen aber gleichwohl gegen eine Anwendung der §§ 305 ff. BGB.[1159] So verhalten sich die kapitalmarktrechtlichen Regeln als *lex specialis* zu den allgemeinen zivilrechtlichen Vorschriften. Die Aktionäre werden durch die verfahrensrechtlichen und inhaltlichen Vorgaben des WpÜG ausreichend geschützt.[1160]

699 **b) Haftung wegen fehlerhafter Angebotsunterlage.** Ist die Angebotsunterlage fehlerhaft, sind also wesentliche Angaben unvollständig oder unrichtig, haftet der Bieter nach § 12 WpÜG. Dies gilt für alle Arten öffentlicher Angebote iSd WpÜG. Parallel zur Prospekthaftung gem. §§ 9 ff. WpPG (→ Rn. 262 ff.) kann man auch hier darüber diskutieren, ob es sich um eine **vertragsähnliche Vertrauenshaftung** handelt, insbesondere mit der Folge, dass § 278 BGB Anwendung findet,[1161] oder um eine sonderdeliktsrechtliche Haftung.[1162] Mit denselben Argumenten wie im Falle der Prospekthaftung (→ Rn. 260) ist auch hier von einer sonderdeliktsrechtlichen Haftung auszugehen, die an eine in erster Linie kapitalmarktorientierte Verhaltenspflicht, namentlich die Pflicht zur Veröffentlichung fehlerfreier Informationen, anknüpft. Nach § 12 WpÜG wird für die Fehlerhaftigkeit der **Angebotsunterlage**, nicht aber für fehlerhafte freiwillige Zusatzinformationen[1163] oder für Aktualisierungen und Ergänzungen der Angebotsunterlage gehaftet.

700 **aa) Anspruchsverpflichtete und -berechtigte.** Anspruchsverpflichtet sind – ähnlich wie im Falle der Prospekthaftung – diejenigen, die die Verantwortung für die Angebotsunterlage übernommen

---

1158 *Lenenbach* KapMarktR Rn. 16.82 mwN.
1159 Assmann/Pötzsch/Schneider/*Meyer* WpÜG § 11 Rn. 27 ff. IErg auch MüKoAktG/*Wackerbarth* WpÜG § 11 Rn. 6 ff.; Schwark/Zimmer/*Noack/Holzborn* WpÜG § 11 Rn. 31. AA Angerer/Geibel/Süßmann/*Geibel/Süßmann* WpÜG § 11 Rn. 3; KölnKomm WpÜG/*Seydel* § 11 Rn. 23; *Oechsler* NZG 2001, 817 (821).
1160 MüKoAktG/*Wackerbarth* WpÜG § 11 Rn. 8.
1161 KölnKomm WpÜG/*Möllers* § 12 Rn. 107; MüKoAktG/*Wackerbarth* WpÜG § 12 Rn. 27.
1162 Die Anwendung von § 278 BGB ablehnend Assmann/Pötzsch/Schneider/*Assmann* WpÜG § 12 Rn. 52.
1163 Vgl. OLG Frankfurt a. M. BeckRS 2007, 08978.

haben, § 12 Abs. 1 Nr. 1 WpÜG (Angebotsverantwortliche), sowie diejenigen, von denen der Erlass der Angebotsunterlage ausgeht, § 12 Abs. 1 Nr. 2 WpÜG (Angebotsveranlasser). Zu den **Angebotsverantwortlichen** zählen insbesondere der Bieter als Unterzeichner (§ 11 Abs. 1 S. 5 WpÜG) sowie sonstige Personen, die nach § 11 Abs. 3 WpÜG die Verantwortung für den gesamten Inhalt übernommen haben. **Angebotsveranlasser** sind diejenigen, die als eigentliche Urheber und sog „Hintermänner" ein eigenes wirtschaftliches Interesse an dem Angebot haben, wie zB die Konzernmutter.[1164] Ebenso wenig wie bei der Prospekthaftung haften diejenigen nach § 12 WpÜG, die lediglich das Material für die Erstellung der Angebotsunterlage zur Verfügung stellen, also zB Rechtsanwälte, Investment- oder Steuerberater.[1165] **Anspruchsberechtigt** sind alle Aktionäre, die das öffentliche Angebot angenommen haben. Aktionäre, die das öffentliche Angebot nicht angenommen und ihre Aktien aufgrund einer fehlerhaften Angebotsunterlage behalten haben, können keinen Anspruch aus § 12 WpÜG geltend machen.[1166]

bb) Fehlerhaftigkeit der Angebotsunterlage. Die Haftung gem. § 12 WpÜG setzt eine von der BaFin gem. § 14 Abs. 2 WpÜG gestattete und veröffentlichte **Angebotsunterlage** voraus.[1167] Für den Fall, dass der Bieter eine von der BaFin nicht gebilligte Angebotsunterlage veröffentlicht, wird in der Literatur teilweise die Anwendung der bürgerlich-rechtlichen Prospekthaftung oder eine Haftung nach § 12 WpÜG analog erwogen.[1168] 701

Für eine Haftung nach § 12 Abs. 1 WpÜG müssen **wesentliche Angaben** der Angebotsunterlage **fehlerhaft**, dh unrichtig oder unvollständig, sein. Nach teilweise vertretener Auffassung bestimmt sich die Fehlerhaftigkeit – wie im Falle der Prospekthaftung – aus der Sicht eines börsenkundigen bzw. Beratung einkaufenden Aktionärs.[1169] Nach **hM** ist hingegen stets auf einen sorgfältig handelnden Kleinaktionär abzustellen.[1170] Für den abweichenden Beurteilungsho- 702

1164 Schwark/Zimmer/*Noack/Holzborn* WpÜG § 12 Rn. 6.
1165 Angerer/Geibel/Süßmann/*Louven* WpÜG § 12 Rn. 20.
1166 Assmann/Pötzsch/Schneider/*Assmann* WpÜG § 12 Rn. 41; KölnKomm WpÜG/*Möllers* § 12 Rn. 83; MüKoAktG/*Wackerbarth* WpÜG § 12 Rn. 11.
1167 Angerer/Geibel/Süßmann/*Louven* WpÜG § 12 Rn. 3.
1168 Assmann/Pötzsch/Schneider/*Assmann* WpÜG § 12 Rn. 7 mwN.
1169 *Langenbucher* AktR § 18 Rn. 61.
1170 Angerer/Geibel/Süßmann/*Louven* WpÜG § 12 Rn. 6; Assmann/Pötzsch/Schneider/*Assmann* WpÜG § 12 Rn. 23; KölnKomm WpÜG/*Möllers* § 12 Rn. 34 f.; Schwark/Zimmer/*Noack/Holzborn* WpÜG § 12 Rn. 9.

rizont im Vergleich zur ProspektVO spricht, dass im Unterschied zum Erwerb von Wertpapieren bei der Entscheidung über die Annahme des öffentlichen Angebots regelmäßig kein Finanzintermediär, dh insbesondere kein börsenkundiger Anlageberater dazwischen geschaltet ist, so dass es auf Bilanzkenntnisse des Aktionärs nicht ankommen darf.[1171] Da es nach aktueller Rechtsprechung aber auch bei der Prospekthaftung darauf ankommt, an wen der Prospekt im konkreten Einzelfall adressiert ist (→ Rn. 274), ist insoweit eine Annäherung des maßgeblichen Beurteilungshorizonts erkennbar. Entscheidend ist sowohl bei Prospekten als auch bei Angebotsunterlagen, an wen sich die Information richtet. Ist die Information – wie typischerweise bei der Angebotsunterlage, aber uU auch beim Wertpapierprospekt für öffentliche Angebote gem. Art. 3 Abs. 1 ProspektVO (→ Rn. 234 f.) – (auch) an Kleinaktionäre gerichtet, bilden diese den maßgeblichen Beurteilungshorizont. **Wesentliche** Angaben sind solche, die ein durchschnittlicher, verständiger Aktionär der Zielgesellschaft „eher als nicht" bei seiner Entscheidung berücksichtigen würde.[1172]

703 Maßgeblicher **Zeitpunkt** für die Fehlerhaftigkeit ist grundsätzlich die Veröffentlichung der Angebotsunterlage.[1173] Problematisch sind die Fälle, in denen die Unrichtigkeit nach Veröffentlichung der Angebotsunterlage, aber noch während der Annahmephase entsteht, etwa weil sich in diesem Zeitraum Tatsachen ändern. Für vergleichbare Konstellationen bei Wertpapierprospekten sieht Art. 23 Abs. 1 ProspektVO eine **Aktualisierungspflicht** vor. Eine solche Regelung fehlt allerdings im Zusammenhang mit § 11 WpÜG.[1174] Die nach § 23 WpÜG vorgeschriebenen „Wasserstandsmeldungen" (→ Rn. 716) erfassen nur beschränkte Informationen über die Änderung von Stimmrechten. Auch aus § 12 Abs. 3 Nr. 3 WpÜG, wonach die Haftung bei Berichtigung der Angebotsunterlage vor Annahme des Angebots ausgeschlossen ist, folgt keine Aktualisierungspflicht bei nach Veröffentlichung entstehenden Unrichtigkeiten, da die Vorschrift nur den Fall regelt, dass die Unterlage von Anfang an unrichtig war. Daher wird in der Literatur zT eine allgemeine Aktualisierungspflicht in

---

1171 Im Ergebnis auch Angerer/Geibel/Süßmann/*Louven* WpÜG § 12 Rn. 6.
1172 Assmann/Pötzsch/Schneider/*Assmann* WpÜG § 12 Rn. 11.
1173 Steinmeyer/*Steinhardt* WpÜG § 12 Rn. 8. AA Schwark/Zimmer/*Noack/Holzborn* WpÜG § 12 Rn. 15 („Annahme des Angebots").
1174 Assmann/Pötzsch/Schneider/*Meyer* WpÜG § 11 Rn. 48; MüKoAktG/*Wackerbarth* WpÜG § 11 Rn. 17.

Bezug auf die Angebotsunterlage abgelehnt.[1175] Nach aA besteht eine Aktualisierungspflicht gem. Art. 23 ProspektVO analog.[1176] Gegen eine analoge Anwendung von Art. 23 ProspektVO spricht jedoch, dass der Gesetzgeber in Kenntnis der Aktualisierungspflichten in Art. 23 ProspektVO (zuvor § 16 WpPG aF) bzw. § 11 VermAnlG auf die ausdrückliche Anordnung einer solchen Pflicht im WpÜG verzichtet hat und daher von einer bewussten Regelungslücke auszugehen ist.[1177] Auch wenn eine Aktualisierungspflicht rechtspolitisch wünschenswert erscheinen mag, ist eine entsprechende Regelung daher eine Angelegenheit des Gesetzgebers. Auch dem Wortlaut des § 11 Abs. 1 S. 2 WpÜG lässt sich nichts anderes entnehmen.[1178]

cc) Haftungsausschlussgründe gem. § 12 Abs. 3 WpÜG. § 12 704
Abs. 2, 3 WpÜG sieht – ähnlich wie § 12 WpPG – Gründe vor, die die Haftung ausschließen und die vom Anspruchsgegner zu beweisen sind. Nach § 12 Abs. 3 Nr. 1 WpÜG besteht der Anspruch nach § 12 Abs. 1 WpÜG etwa nicht, wenn die Annahme des Angebots nicht auf Grund der Angebotsunterlage erfolgt ist. Der Anspruchsgegner kann nachweisen, dass die fehlerhafte Angebotsunterlage nicht kausal für die Annahme des Angebotes wurde, und den Anspruch nach § 12 Abs. 1 WpÜG hierdurch zu Fall bringen. Da es der Zielgesellschaft als Anspruchsgegnerin idR. nicht möglich ist, den Nachweis zu führen, dass die Annahmeerklärung auf Grund der fehlerhaften Angebotsunterlage erfolgte, gelten nach der Gesetzesbegründung die zu § 12 Abs. 2 Nr. 1 WpPG entwickelten Grundsätze der Anlagestimmung entsprechend.[1179] Bei § 12 Abs. 3 Nr. 1 WpÜG kommt es allerdings auf eine Verkaufsstimmung an, da die Angebotsunterlage insbesondere im Falle eines Barangebots nicht die Grundlage für eine Anlage-, sondern für eine Verkaufsentscheidung bildet.[1180] Der Nachweis der fehlenden Kausalität der Angebotsunterlage für die Annahme des Angebots der Zielgesellschaft kann also auch dadurch er-

1175 Für Barangebote: Angerer/Geibel/Süßmann/*Louven* WpÜG § 12 Rn. 12; FK-WpÜG/*Renner* § 11 Rn. 33.
1176 Assmann/Pötzsch/Schneider/*Assmann* WpÜG § 12 Rn. 31 f.; Assmann/Pötzsch/Schneider/*Meyer* § 11 WpÜG Rn. 48.
1177 Angerer/Geibel/Süßmann/*Louven* WpÜG § 12 Rn. 12; FK-WpÜG/*Renner* § 12 Rn. 33.
1178 AA KölnKomm WpÜG/*Möllers* § 12 Rn. 50 ff.; MüKoAktG/*Wackerbarth* WpÜG § 11 Rn. 17.
1179 RegE BT-Drs. 14/7034, 43; Assmann/Pötzsch/Schneider/*Assmann* WpÜG § 12 Rn. 45; Angerer/Geibel/Süßmann/*Louven* WpÜG § 12 Rn. 32; Baums/Thoma/*Thoma* WpÜG § 12 Rn. 59.
1180 Kritisch hierzu *Langenbucher* AktR § 18 Rn. 65 ff.

bracht werden, dass der Aktionär das Angebot zu einer Zeit angenommen hat, in der keine Verkaufsstimmung bestand.[1181] Gem. § 12 Abs. 3 Nr. 2, 3 WpÜG ist der Nachweis der fehlenden Kausalität der fehlerhaften Angebotsunterlage für die Annahme des Angebots insbesondere auch dann erbracht, wenn der Anspruchsberechtigte die Fehlerhaftigkeit der Angebotsunterlage bei Annahme des Angebots **positiv kannte** oder die Fehlerhaftigkeit der veröffentlichten Angebotsunterlage vor der Annahme des Angebots in einer deutlich gestalteten ad-hoc-Mitteilung nach Art. 17 Abs. 1 MAR **berichtigt** wurde.

705 Das **Verschulden** wird gem. § 12 Abs. 2 WpÜG ebenfalls widerleglich vermutet. Demnach kann sich der Anspruchsgegner exkulpieren, wenn er nachweist, dass er keine Kenntnis von der Fehlerhaftigkeit hatte und die Unkenntnis auch nicht auf grober Fahrlässigkeit beruht. Anders als die Prospekthaftung nach dem WpPG, die (nunmehr) nach den allgemeinen Vorschriften gem. §§ 195, 199 BGB verjährt (→ Rn. 284), greift für die Haftung nach § 12 WpÜG weiterhin eine spezialgesetzliche **Verjährungsfrist**: Diese beträgt gem. § 12 Abs. 4 WpÜG ein Jahr, nachdem der Anspruchsberechtigte Kenntnis von der Fehlerhaftigkeit genommen hat.

706 **dd) Rechtsfolge.** Art und Umfang des Schadensersatzes bestimmen sich nach den allgemeinen schadensrechtlichen Vorschriften gem. **§§ 249 ff. BGB.** Es ist demnach der hypothetische Zustand wiederherzustellen, der bestehen würde, wenn das schädigende Ereignis – hier die Veröffentlichung der fehlerhaften Angebotsunterlage – nicht eingetreten wäre. In Anlehnung an die §§ 9 ff. WpPG ist der Anspruch grundsätzlich auf Rückübertragung der Wertpapiere an den Anspruchsberechtigten Zug um Zug gegen Rückgewähr der erhaltenen Gegenleistung sowie auf Erstattung der Aufwendungen gerichtet, die der Aktionär im Vertrauen auf die Wirksamkeit des Vertrags getätigt hat.[1182] Ist eine Wiederherstellung der ursprünglichen Lage – wie in der Regel – nicht möglich, da sich die Zusammensetzung der Zielgesellschaft durch die Übernahme verändert hat und der Aktionär in eine „andere" Zielgesellschaft zurückkehren würde, bleibt nur eine Entschädigung in Geld (§ 251 BGB).[1183]

1181 KölnKomm WpÜG/*Möllers* § 12 Rn. 111 ff.; Schwark/Zimmer/*Noack/Holzborn* WpHG § 12 Rn. 27; MüKoAktG/*Wackerbarth* WpHG § 21 Rn. 28.
1182 KölnKomm WpÜG/*Möllers* § 12 Rn. 132.
1183 *Langenbucher* AktR § 18 Rn. 78.

Gem. § 12 Abs. 6 WpÜG sind neben der Haftung aus § 12 WpÜG weitergehende bürgerlich-rechtliche Ansprüche aufgrund von Verträgen oder vorsätzlicher unerlaubter Handlungen gem. §§ 823 Abs. 2; 826 BGB anwendbar. Ob die bürgerlich-rechtliche Prospekthaftung neben § 12 WpÜG zur Anwendung kommen kann, ist wie im Falle der spezialgesetzlichen Prospekthaftung umstritten[1184] und nach zutreffender Auffassung wie dort im Anwendungsbereich von § 12 WpÜG ausgeschlossen (→ Rn. 296 ff.). 707

3. Finanzierungsbestätigung

Bei Barangeboten muss der Bieter die Bestätigung eines Wertpapierdienstleistungsunternehmens vorlegen, dass er alle notwendigen Maßnahmen ergriffen hat, damit die zur Erfüllung des Anspruchs auf die Geldleistung erforderlichen finanziellen Mittel zur Verfügung stehen, § 13 Abs. 1 S. 2 WpÜG. Es muss die vollständige Erfüllung des Angebots zum Zeitpunkt der Fälligkeit der Gegenleistung gewährleistet sein. 708

Kann der Bieter die Ansprüche auf Geldleistung aus den abgeschlossenen Verträgen nicht erfüllen, weil ihm die notwendigen finanziellen Mittel fehlen, so können die Aktionäre, die das Angebot angenommen haben, gem. § 13 Abs. 2 WpÜG von dem WpDU, das die schriftliche Bestätigung erteilt hat, den aus der Nichterfüllung entstandenen Schaden ersetzt verlangen. Voraussetzung für den Anspruch auf Ersatz des **Nichterfüllungsschadens** ist, dass der Bieter die notwendigen Maßnahmen zur Finanzierung nicht vorgenommen hat, die finanziellen Mittel zur Erfüllung der Gegenleistung bei Fälligkeit des Anspruchs fehlen (Erfüllungsunfähigkeit) und die Erfüllungsunfähigkeit auf dem Unterlassen der notwendigen Finanzierungsmaßnahmen beruht („aus diesem Grunde"). Die Kausalität zwischen der Erfüllungsunfähigkeit und der Nichtvornahme der notwendigen Maßnahmen muss der Geschädigte beweisen; sie wird nicht vermutet. Die Haftung des WpDU ist ausgeschlossen, wenn es nachweisen kann, dass es die Unrichtigkeit der Finanzierungsbestätigung nicht gekannt hat und die Unkenntnis auch nicht auf grober Fahrlässigkeit beruht (§ 13 Abs. 3 iVm § 12 Abs. 2 WpÜG). 709

Anders als § 12 Abs. 1 WpÜG ist § 13 Abs. 2 WpÜG auf Ausgleich des **positiven Interesses** an der ordnungsgemäßen Erfüllung gerich- 710

1184 Näher hierzu Assmann/Pötzsch/Schneider/*Assmann* WpÜG § 12 Rn. 68 sowie KölnKomm WpÜG/*Möllers* § 12 Rn. 148 ff.

tet. Liegen die Voraussetzungen des § 13 Abs. 2 WpÜG vor, muss das WpDU den Geschädigten so stellen, als hätte der Bieter ordnungsgemäß erfüllt, also den Angebotspreis vollständig gezahlt. Die besondere Verjährungsregel des § 12 Abs. 4 WpÜG ist entsprechend anwendbar, § 13 Abs. 3 WpÜG.

4. Stellungnahme der Zielgesellschaft

711 Als „Antwort" auf die Angebotsunterlage des Bieters müssen Vorstand und Aufsichtsrat der Zielgesellschaft getrennt oder gemeinsam[1185] eine begründete Stellungnahme abgeben, in der sie das Angebot bewerten, § 27 WpÜG. Die Aktionäre der Zielgesellschaft sollen auf diese Weise beide Seiten hören und so auf einer umfassenden und allseitigen Informationsgrundlage über das öffentliche Angebot entscheiden können. Vorstand und Aufsichtsrat müssen sich gem. § 27 Abs. 1 S. 2 WpÜG in der Stellungnahme insbesondere mit Art und Höhe der Gegenleistung, den wahrscheinlichen Folgen eines erfolgreichen Angebots und den Zielen des Bieters auseinandersetzen. Sie müssen zudem darüber Auskunft geben, ob sie gegebenenfalls selbst das öffentliche Angebot bzgl. ihrer Wertpapiere an der Zielgesellschaft annehmen wollen oder nicht. Die Stellungnahme der Zielgesellschaft stellt vor allem bei **feindlichen Übernahmeangeboten** gegen den Willen von Vorstand und Aufsichtsrat der Zielgesellschaft – wegen der im Übrigen geltenden Neutralitätspflicht gem. § 33 WpÜG – ein wichtiges Instrument zur Abwehr der Übernahme dar.[1186] Die Stellungnahme muss veröffentlicht werden und zwar **unverzüglich** nach Eingang der Angebotsunterlage bei der Zielgesellschaft, § 27 Abs. 3 S. 1 WpÜG. Gleichzeitig haben Vorstand und Aufsichtsrat die Stellungnahme dem Betriebsrat bzw. den Arbeitnehmern zu übermitteln, § 27 Abs. 3 S. 2 WpÜG, und der BaFin die Veröffentlichung unverzüglich mitzuteilen, § 27 Abs. 3 S. 3 WpÜG.

712 Vorsätzliche oder leichtfertige Verstöße gegen die Veröffentlichungspflicht (§ 27 Abs. 3 S. 1–3 WpÜG) können als Ordnungswidrigkeiten gem. § 60 Abs. 1 Nr. 1 lit. b), Nr. 2 lit. c) und Nr. 5, Abs. 3 WpÜG mit einer Geldbuße bis zu 500.000 EUR geahndet werden. Zudem kann die BaFin bei Verstößen eine Anordnung nach § 4 Abs. 1 S. 3 WpÜG erlassen. Eine zivilrechtliche Haftung der Organ-

---

1185 Begr. RegE BT-Drs. 14/7034, 52.
1186 *Lenenbach* KapMarktR Rn. 16.73.

mitglieder gegenüber den Aktionären wird überwiegend abgelehnt.[1187]

5. Annahme des Angebots

Die **Annahmefrist** wird in der Angebotsunterlage von dem Bieter festgelegt, muss aber gem. § 16 Abs. 1 WpÜG mindestens vier und darf in der Regel höchstens zehn Wochen betragen. Die Aktionäre sollen einerseits ausreichend Zeit für ihre Entscheidung haben, ohne dass andererseits das Verfahren unnötig verzögert wird.[1188] Die Frist beginnt mit der Veröffentlichung der Angebotsunterlage. Wird im Zusammenhang mit dem öffentlichen Angebot eine Hauptversammlung der Zielgesellschaft einberufen, so beträgt die Frist zwingend zehn Wochen gem. § 16 Abs. 3 S. 1 WpÜG. 713

Bei einem **Übernahmeangebot** iSd § 29 Abs. 1 WpÜG gibt es nach Ablauf der ursprünglichen Annahmefrist gem. § 16 Abs. 2 S. 1 WpÜG eine **weitere Annahmefrist** von zwei Wochen für Aktionäre der Zielgesellschaft, die das Angebot bis dahin nicht angenommen haben. Diese sog **„Zaunkönigregelung“**[1189] dient dem Schutz der (Klein-)Aktionäre, die sich untereinander kaum absprechen können und sich deshalb in einer dem sog „Gefangenendilemma“[1190] vergleichbaren Situation befinden: So werden Aktionäre häufig nur bei einem Kontrollwechsel ihre Anteile veräußern und im Übrigen in der Zielgesellschaft verbleiben wollen. Da der einzelne Aktionär aber bis zum Ablauf der Annahmefrist nicht weiß, ob tatsächlich soviele andere Aktionäre das Angebot annehmen werden, dass es zu einem Kontrollwechsel kommt, sieht § 16 Abs. 2 S. 1 WpÜG eine weitere Annahmefrist von zwei Wochen nach Ablauf der ersten Annahmefrist vor. Ungeschriebene Voraussetzung für die weitere Annahmefrist ist nach hM, dass der Kontrollerwerb während der ursprünglichen Annahmefrist tatsächlich eingetreten ist.[1191] Denn nur dann befinden sich die Aktionäre in dem soeben beschriebenen Dilemma, das die Verlängerung der Annahmefrist erst rechtfertigt. 714

1187 Zur strittigen Frage der zivilrechtlichen Haftung für fehlerhafte Stellungnahmen vgl. Assmann/Pötzsch/Schneider/*Krause/Pötzsch* WpÜG § 27 Rn. 139ff.; *Ebke* FS Hommelhoff, 2012, 161.

1188 Angerer/Geibel/Süßmann/*Louven* WpÜG § 16 Rn. 7.

1189 Hierzu *Langenbucher* AktR § 18 Rn. 86.

1190 Vgl. dazu die Darstellung in *Langenbucher* AktR § 18 Rn. 48ff.; ausführlich *Rapoport/Chammah* Prisoner's Dilemma 1965.

1191 *Langenbucher* AktR § 18 Rn. 86; Assmann/Pötzsch/Schneider/*Seiler* WpÜG § 16 Rn. 34f.

Würde die Verlängerung auch für erfolglose Übernahmeangebote gelten, die bis zum Ablauf der regulären Annahmefrist nicht zum Kontrollwechsel geführt haben, besteht die theoretische Möglichkeit, dass die Übernahme nach Ablauf der weiteren Annahmefrist eintritt und die verbliebenen Aktionäre erst dann in das Dilemma geraten, dann aber keine weitere Austrittsmöglichkeit mehr besteht. Hat der Bieter das Übernahmeangebot von dem Erwerb eines Mindestanteils an Aktien, etwa 50 oder 75 Prozent, abhängig gemacht, gilt die Zaunkönigregel nur für den Fall, dass der Bieter den Mindestanteil nach Ablauf der ersten Annahmefrist tatsächlich erreicht hat (§ 16 Abs. 2 S. 2 WpÜG). Wird der Mindestanteil nicht erreicht, wird die weitere Annahmefrist nicht in Gang gesetzt. Zudem ordnet § 26 Abs. 1 S. 2 WpÜG eine einjährige Sperrfrist für ein erneutes Angebot des Bieters an (siehe bereits → Rn. 678).

715 Die Annahmefrist verlängert sich für alle Arten öffentlicher Angebote gem. § 21 Abs. 5 WpÜG um zwei Wochen, wenn der Bieter innerhalb der letzten zwei Wochen der ursprünglichen Annahmefrist das Angebot zugunsten der Aktionäre zulässigerweise nach § 21 Abs. 1 WpÜG **abändert.** Die Annahmefrist wird auch dann kraft Gesetzes verlängert, wenn ein anderer Bieter während der Annahmefrist ein **konkurrierendes Angebot** abgibt. In diesem Fall endet die Annahmefrist des ersten Angebots nach § 22 Abs. 2 WpÜG frühestens mit Ablauf der Annahmefrist des konkurrierenden Angebots. Dadurch treten die Bieter in einen unmittelbaren Wettbewerb um die Aktionäre, was zu einem höheren Angebotspreis führen kann und so insbesondere den Minderheitsaktionären der Zielgesellschaft zugute kommt. Aktionäre, die das erste Angebot bereits vor Veröffentlichung der Angebotsunterlage des konkurrierenden Angebots angenommen haben, können gem. § 22 Abs. 3 WpÜG bis zum Ablauf der (verlängerten) Annahmefrist vom Vertrag zurücktreten, um zB das konkurrierende Angebot anzunehmen.

716 Während der Angebotsphase, also bis zum Ablauf der Annahmefrist, muss der Bieter nach § 23 Abs. 1 S. 1 Nr. 1 WpÜG wöchentlich und in der letzten Woche täglich die Anzahl der ihm zustehenden und zuzurechnenden Anteile an der Zielgesellschaft veröffentlichen und der BaFin mitteilen. Außerdem sind die entsprechenden Angaben unverzüglich nach Ablauf der Annahmefrist und der weiteren Annahmefrist gem. § 16 Abs. 1, 2 WpÜG zu veröffentlichen (§ 23 Abs. 1 S. 1 Nr. 2, 3 WpÜG). Diese **„Wasserstandsmeldungen“** sollen den Wertpapierinhabern, der Zielgesellschaft und dem Kapitalmarkt

allgemein einen Überblick über den möglichen Erfolg des Angebots und das Verhalten der anderen Wertpapierinhaber verschaffen.[1192] Von besonderer Relevanz sind die Wasserstandsmeldungen für Aktionäre, die ihre Aktionärsstellung grundsätzlich behalten wollen, sie im Falle eines Kontrollwechsels aber lieber aufgeben würden als in die Minderheitsposition zu geraten.[1193]

Mit der Annahme des Angebots durch die Wertpapierinhaber kommt ein Kauf- bzw. Tauschvertrag mit dem Bieter zustande, §§ 433, 453 Abs. 1 bzw. 480 BGB. Hat der Bieter ein **Teilangebot** abgegeben, also ein Angebot, das nur auf den Erwerb eines bestimmten Teils der Aktien gerichtet ist, und wird das Angebot von mehr Aktionären angenommen, so sind die Annahmeerklärungen nach § 19 WpÜG grundsätzlich anteilig zu berücksichtigen. Teilangebote sind nur bei einfachen Erwerbsangeboten zulässig, also insbesondere unterhalb der Kontrollschwelle von 30 Prozent (§§ 32, 39 WpÜG).[1194] 717

III. Besonderheiten bei Übernahme- und Pflichtangeboten

Bei freiwilligen Übernahmeangeboten und Pflichtangeboten gelten 718 im Hinblick auf den Kontrollwechsel durch Überschreiten der 30 Prozent-Schwelle Besonderheiten für das Angebotsverfahren, die vor allem dem Schutz der Minderheitsaktionäre dienen.

1. Pflicht zur Abgabe eines öffentlichen Angebots gem. § 35 Abs. 2 WpÜG

Erlangt der Bieter die Kontrolle über die Zielgesellschaft gem. § 29 719 Abs. 1 WpÜG durch Erwerb von 30 Prozent der Stimmrechte auf andere Weise als durch ein öffentliches Angebot nach dem WpÜG, also zB durch Paketerwerb oder an der Börse, gelten die §§ 35 ff. WpÜG. Nach § 35 WpÜG ist der Bieter verpflichtet, das Erreichen der Kontrollschwelle zu veröffentlichen (Abs. 1). Außerdem muss er ein **Pflichtangebot** abgeben, dh eine Angebotsunterlage erstellen und ein Angebot zum Erwerb der restlichen Aktien veröffentlichen (Abs. 2), so dass die Minderheitsaktionäre durch Annahme des Pflichtangebots die Möglichkeit haben, ihre Anteile bei einem Kon-

1192 Angerer/Geibel/Süßmann/*Louven* WpÜG § 23 Rn. 1.
1193 Vgl. *Langenbucher* AktR § 18 Rn. 48 ff.
1194 Vgl. dazu *Langenbucher* AktR § 18 Rn. 81 ff.

trollwechsel zu einem angemessenen Preis an den Bieter zu veräußern. Für die Berechnung der Kontrollschwelle sind grundsätzlich sämtliche Stimmrechte nach §§ 29, 30 WpÜG zu berücksichtigen (→ Rn. 681 ff.).

Daniel Düsentrieb (D) hält 10 Prozent der Aktien an der börsennotierten Motorwerke-AG (MW-AG) und ist Alleingesellschafter der Erfinder-GmbH (E-GmbH), die ebenfalls 10 Prozent der Aktien der MW-AG hält. D erwirbt von dem Großaktionär G ein Paket von weiteren 10 Prozent der Aktien an der MW-AG. Da D 10 Prozent der Aktien an der MW-AG gehören und ihm die Beteiligung der E-GmbH an der MW-AG gem. § 30 Abs. 1 Nr. 1 WpÜG zugerechnet wird, erreicht D durch den Erwerb des Aktienpakets von G die 30 Prozent-Schwelle iSd § 29 WpÜG. Daher muss D den anderen Aktionären der MW-AG ein öffentliches Angebot zum Erwerb ihrer Aktien unterbreiten.

720 **Stimmrechte**, die der Aktionär durch Erbgang, Zuwendungen unter Eheleuten oder anlässlich einer Scheidung, durch Rechtsformwechsel oder Umstrukturierungen innerhalb eines Konzerns erworben hat, lässt die BaFin auf Antrag bei der Berechnung des Stimmrechtsanteils für § 35 WpÜG **unberücksichtigt**, § 36 WpÜG. Nach § 37 Abs. 1 WpÜG kann die BaFin den Bieter zudem auf dessen Antrag von den Pflichten gem. § 35 Abs. 1, 2 WpÜG befreien, wenn dies unter Berücksichtigung der Interessen des Antragstellers und der Inhaber der Aktien der Zielgesellschaft gerechtfertigt erscheint. Während die Nichtberücksichtigung von Stimmrechten gem. § 36 WpÜG eine gebundene Entscheidung darstellt, verfügt die BaFin bei der Befreiung gem. § 37 WpÜG über Ermessen.

Eine **Befreiung** nach § 37 Abs. 1 WpÜG ist beispielsweise möglich, wenn der Aktionär die Kontrolle ohne sein Zutun erlangt, weil sich die Gesamtzahl der Stimmrechte an der Zielgesellschaft verringert, oder wenn er die Kontrollschwelle unbeabsichtigt überschreitet und nach Antragstellung unverzüglich wieder unterschreitet (§ 9 S. 1 Nr. 5, 6 WpÜG-AV). Eine Befreiung ist auch möglich, wenn ein Dritter über einen höheren Stimmrechtsanteil als der Bieter verfügt (§ 9 S. 2 Nr. 1 WpÜG-AV) und den Bieter daher blockieren kann. Da die Kontrolle gem. § 29 Abs. 2 WpÜG rein formal und nicht materiell nach dem tatsächlichen Einfluss bestimmt wird, scheidet in diesem Fall die Pflicht zur Abgabe eines Pflichtangebots nicht bereits mangels Kontrolle aus.

721 Vor allem durch die Zurechnung von Stimmrechten nach § 30 WpÜG können uU mehrere Aktionäre die Kontrollschwelle erreichen. Dies ist beispielsweise der Fall, wenn eine Tochtergesellschaft Aktien der Zielgesellschaft in entsprechender Höhe erwirbt, da die

Stimmrechte aus den Aktien auch der Muttergesellschaft zugerechnet werden (§ 30 Abs. 1 Nr. 1 WpÜG). Das ist auch bei einem *Acting-in-concert* der Fall, da die Stimmrechte der beteiligten Aktionäre gegenseitig zugerechnet werden (§ 30 Abs. 2 WpÜG). Grundsätzlich ist in diesen Fällen jeder Aktionär zur Veröffentlichung nach § 35 Abs. 1 WpÜG und auch zur Abgabe eines Pflichtangebots verpflichtet. Erfüllt aber ein Aktionär die Pflicht aus § 35 Abs. 2 WpÜG, entfällt die Angebotspflicht des anderen (**Absorption**).[1195] Hierfür spricht, dass den Minderheitsaktionären nach dem Regelungszweck eine und nicht notwendigerweise mehrere Veräußerungsmöglichkeiten zur Verfügung stehen müssen. Bei Konzerngesellschaften ist hiernach allein die Muttergesellschaft; bei abgestimmten Verhaltensweisen iSd § 30 Abs. 2 WpÜG der Aktionär mit der höchsten Beteiligung zur Abgabe eines Pflichtangebots verpflichtet. Die Aktionäre können aber auch ein gemeinsames Angebot abgeben, so dass sie dann als Gesamtschuldner gem. §§ 421 ff. BGB Erfüllung schulden.

Wird entgegen § 35 Abs. 2 WpÜG kein Pflichtangebot abgegeben, 722
kann die BaFin dies mit einer **Geldbuße** nach § 60 Abs. 1 S. 1, Abs. 3 WpÜG in Höhe von bis zu einer Mio. EUR ahnden. Außerdem kann die BaFin ein Angebot, das den Anforderungen an ein Pflichtangebot gem. § 35 Abs. 2 WpÜG nicht genügt, nach § 39 WpÜG iVm § 15 WpÜG untersagen. Parallel zu § 44 WpHG ordnet § 59 WpÜG darüber hinaus den **Verlust aller Rechte** aus den Aktien an, die dem Bieter gehören bzw. ihm zugerechnet werden. Der Rechtsverlust gilt, solange der Verstoß andauert. Eine Verlängerung des Rechtsverlusts wie in § 44 Abs. 1 S. 3 WpHG ist nicht vorgesehen (→ Rn. 657). Schließlich haben die Aktionäre der Zielgesellschaft gem. § 38 Abs. 1 WpÜG einen Anspruch auf Zahlung von **Zinsen** auf die Gegenleistung (näher → Rn. 724).

1195 Schwark/Zimmer/*Noack/Zetzsche* WpÜG § 35 Rn. 19; KölnKomm WpÜG/*Hasselbach* § 35 Rn. 229; Assmann/Pötzsch/Schneider/*Krause/Pötzsch* WpÜG § 35 Rn. 58; MüKoAktG/*Schlitt/Ries* WpÜG § 35 Rn. 50. AA (Befreiungsmöglichkeit nach § 37 WpÜG) Ehricke/Ekkenga/Oechsler/*Ekkenga/Schulz* WpÜG § 35 Rn. 49; FK-WpÜG/*Hommelhoff/Witt* § 35 Rn. 71; KölnKomm WpÜG/*v. Bülow* § 35 Rn. 132; *Harbarth* ZIP 2002, 321 (323); Hopt/Mülbert/Kumpan AG 2005, 109 (113). AA (Angebotpflicht jedes einzelnen Aktionärs) Geibel/Süßmann/*Meyer* WpÜG § 35 Rn. 39.

	WpÜG	WpHG	AktG
Pflicht zur Information	§ 35 Abs. 1, 2 WpÜG	§ 33 WpHG	§ 20 Abs. 1, 4, § 21 Abs. 1, 2 AktG
Sanktionierung durch Rechtsverlust	§ 59 S. 1 WpÜG	§ 44 WpHG	§ 20 Abs. 7, § 21 Abs. 5 AktG

723 **Fall 20 (vereinfacht nach BGH NZG 2013, 939 – BKN und BGHZ 202, 180 – Postbank):** Groß erwirbt am 1. Juni 29,75 Prozent der Aktien an der börsennotierten B-AG. Daneben hält Groß schuldrechtliche Call-Optionen zum Erwerb der B-Aktien iHv 2,5 Prozent. Darüber hinaus hat er sich mit dem Hedgefonds H, der Aktien iHv 10 Prozent an der B-AG hält, darauf verständigt, in der Hauptversammlung gemeinsam abzustimmen. Kurze Zeit später wird über das Vermögen der B-AG das Insolvenzverfahren eröffnet. Klein ist ebenfalls Aktionär der börsennotierten B-AG und fordert von Groß die Zahlung einer Gegenleistung nach den Maßgaben des § 31 Abs. 1 WpÜG Zug um Zug gegen Überlassung der Aktien an der B-AG. Hilfsweise begehrt er Zinszahlung nach § 38 WpÜG. Zu Recht?

724 **Lösung:** Ein Anspruch des Klein gegen Groß auf Zahlung einer angemessenen Gegenleistung Zug um Zug gegen Übertragung seiner Aktien auf Groß könnte sich aus §§ 35 Abs. 2 iVm 31 Abs. 1 WpÜG ergeben.

1. Pflicht zur Abgabe eines Pflichtangebots gem. § 35 Abs. 2 WpÜG

Gem. § 35 Abs. 2 WpÜG muss Groß ein Pflichtangebot zum Erwerb der B-Aktien veröffentlichen, wenn er die Kontrolle durch Erwerb von Stimmrechten iHv 30 Prozent an der B-AG erlangt hat. Am 1. Juni kam es zur Übereignung von 29,75 Prozent der Aktien an der B AG.[1196] Die Kontrollschwelle wäre demnach in diesem Zeitpunkt nur überschritten, wenn eine Zurechnung weiterer Stimmrechte nach § 30 WpÜG vorzunehmen wäre. Die Stimmrechte aus den Aktien, auf die sich die Call-Optionen iHv 2,5 Prozent beziehen, werden weder nach § 30 Abs. 1 S. 1 Nr. 2 WpÜG noch gem. § 30 Abs. 1 S. 1 Nr. 5 WpÜG zugerechnet (→ Rn. 685). Vorliegend könnte es sich allerdings um einen Fall des ***Acting-in-concert*** gem. § 30 Abs. 2 WpÜG handeln. Groß und H haben sich über ihr gemeinsames Stimmverhalten in der Hauptversammlung verständigt. Hierin liegt ein abgestimmtes Verhalten iSd § 30 Abs. 2 WpÜG, so dass die Stimmrechte des H an der B-AG iHv 10 Prozent Groß zugerechnet werden und dieser am 1. Juni die Kontrollschwelle gem. § 29 Abs. 2 WpÜG überschritten hat. Demnach hätte Groß am 1. Juni ein Pflichtangebot abgeben müssen.

1196 Auf den Zeitpunkt der Übereignung und nicht auf den Abschluss des Verpflichtungsgeschäfts kommt es für § 29 WpÜG an (KölnKomm WpÜG/*v. Bülow* § 29 Rn. 94 f. mwN).

2. Anspruch des Klein auf Abgabe des Pflichtangebots und Zahlung der Gegenleistung

Fraglich ist allerdings, ob der einzelne Aktionär Klein einen eigenen Anspruch auf Abgabe eines Pflichtangebots geltend machen kann.

a) Anspruch aus § 35 Abs. 2 WpÜG

Ein Anspruch könnte sich unmittelbar aus § 35 Abs. 2 WpÜG ergeben. Seinem Wortlaut nach regelt die Norm zunächst lediglich die Pflicht des Bieters zur Abgabe eines Pflichtangebots. Gegen einen Anspruch der Aktionäre auf Abgabe des Pflichtangebots und Zahlung der angemessenen Gegenleistung spricht, dass das WpÜG dem ordnungsgemäßen Ablauf von Unternehmensübernahmen und damit grundsätzlich dem Schutz der Funktionsfähigkeit des Kapitalmarktes dient[1197] (siehe § 1 Abs. 1 WpÜG). Die Anleger werden allenfalls reflexartig geschützt (vgl. § 4 Abs. 2 WpÜG). Im Falle der Nichtabgabe eines Pflichtangebots sieht das WpÜG zudem eine Reihe zivil- und aufsichtsrechtlicher Sanktionen vor: den Stimmrechtsverlust nach § 59 WpÜG, das Bußgeld nach § 60 WpÜG und die Pflicht zur Verzinsung nach (verspäteter) Abgabe des Pflichtangebots (§ 38 WpÜG). Hierbei handelt es sich mit der hM um einen abschließenden Katalog an Sanktionen. Mit diesen systematischen Erwägungen hat der II. Zivilsenat des BGH daher einen Anspruch einzelner Aktionäre abgelehnt.[1198] Hierfür spricht auch ein Blick in das KapMuG, das ua für Klagen auf Zahlung aus einem Vertrag anwendbar ist, der auf einem Angebot nach dem WpÜG beruht. Würde sich ein Zahlungsanspruch auch ohne ein entsprechendes Angebot unmittelbar aus § 35 Abs. 2 WpÜG ergeben, müsste das KapMuG naheliegenderweise auch diesen Fall erwähnen. Im Ergebnis ist daher mit dem BGH und der hL ein Anspruch der Aktionäre auf Abgabe des Pflichtangebots und Zahlung einer angemessenen Gegenleistung abzulehnen.

b) Anspruch aus § 823 Abs. 2 BGB iVm § 35 Abs. 2 WpÜG

Ein Anspruch lässt sich auch nicht **§ 823 Abs. 2 BGB** iVm § 35 Abs. 2 WpÜG entnehmen, da § 35 Abs. 2 WpÜG in erster Linie dem öffentlichen Interesse an der Funktionsfähigkeit des Kapitalmarktes dient und Verstöße mit verschiedenen zivil- und aufsichtsrechtlichen Sanktionen geahndet werden können (s. o.). Hierbei handelt es sich um ein ausreichendes und in sich stimmiges System, das durch die Anerkennung der Schutzgesetzeigenschaft gem. § 823 Abs. 2 BGB unterlaufen würde. Da sich ein deliktischer Scha-

1197 Emmerich/Habersack/*Habersack* Vorb. BGB § 311 Rn. 10, 25; *Kleindiek* ZGR 2002, 546 (558 ff.). AA *Altmeppen* ZIP 2001, 1073 (1082). Vermittelnd *Hopt* ZHR 166 (2002), 383 (386).

1198 Grundlegend BGH NZG 2013, 939 (940) Rn. 13 ff. – BKN. Hieran festhaltend BGHZ 202, 180 (189) Rn. 27 – Postbank. So auch die hL *Mülbert/Schneider* WM 2003, 2301 (2308); *Seibt* ZIP 2003, 1865 (1876); *Wagner* NZG 2003, 718 (719). AA Assmann/Pötzsch/Schneider/*Krause/Pötzsch* WpÜG § 35 Rn. 252; KölnKomm WpÜG/*Hasselbach* § 35 Rn. 275; Schwark/Zimmer/*Noack/Zetzsche* WpÜG § 35 Rn. 54; *Schnorbus* WM 2003, 657 (658).

densersatzanspruch nicht sinnvoll und tragbar in das Gesamtsystem einfügen ließe, ist § 35 Abs. 2 WpÜG kein Schutzgesetz iSd § 823 Abs. 2 BGB.[1199]

3. Anspruch auf Zinszahlung gem. § 38 Nr. 2 WpÜG

K könnte einen Anspruch auf Zinszahlung nach § 38 Nr. 2 WpÜG haben. Umstritten ist allerdings, ob es sich hierbei um eine bloße Nebenpflicht handelt, die einen bestehenden Hauptanspruch auf die Gegenleistung aus einem Vertrag und damit die Abgabe eines (verspäteten) Pflichtangebots voraussetzt,[1200] oder ob § 38 Nr. 2 WpÜG einen eigenständigen Anspruch begründet, der unabhängig von einem Anspruch auf die Gegenleistung und damit einem abgegebenen Pflichtangebot besteht.[1201] Nach dem Wortlaut der Norm sind Zinszahlungen zwar „für die Dauer des Verstoßes" (§ 38 WpÜG) geschuldet, so dass hiernach ein Verstoß gegen § 35 WpÜG genügte, um die Zinszahlungspflicht in Gang zu setzen.[1202] Die Zinsen sind aber ausdrücklich „auf die Gegenleistung", also in Abhängigkeit von einem bestehenden Vertrag zu zahlen. Zudem wären anderenfalls auch Aktionäre anspruchsberechtigt, die das Angebot nicht annehmen wollten.[1203] Der Anspruch auf Zinszahlung ist daher ein akzessorischer Anspruch, der nur greift, soweit der Anspruch auf die Gegenleistung aus einem Vertrag besteht. Hier wurde kein Pflichtangebot abgegeben und folglich besteht kein Vertrag zwischen Klein und Groß, so dass Klein der Zinszahlungsanspruch nach § 38 WpÜG nicht zusteht.

2. Das Gebot der angemessenen Gegenleistung gem. § 31 WpÜG (iVm § 39 WpÜG)

725 Nach § 31 WpÜG muss der Bieter sowohl bei **freiwilligen Übernahmeangeboten** als auch bei **Pflichtangeboten** (vgl. § 39 WpÜG) den Aktionären der Zielgesellschaft eine angemessene Gegenleistung anbieten. Sinn und Zweck der Regelung ist es, den Minderheitsaktio-

---

1199 BGH NZG 2013, 939 (942) Rn. 37 – BKN; BGHZ 202, 180 (189) Rn. 27 – Postbank; Angerer/Geibel/Süßmann/*Tschauner* WpÜG § 59 Rn. 85 f.; FK-WpÜG/*Hommelhoff/Witt* § 35 Rn. 118; Assmann/Pötzsch/Schneider/*Krause/Pötzsch* WpÜG § 35 Rn. 253; Schwark/Zimmer/*Noack/Zetzsche* WpÜG § 4 Rn. 28; Steinmeyer/*Steinmeyer* WpÜG § 35 Rn. 112. AA Baums/Thoma/*Baums/Hecker* WpÜG § 35 Rn. 297; Ehricke/Ekkenga/Oechsler/*Ekkenga/Schulz* WpÜG § 35 Rn. 75; KölnKomm WpÜG/*Hasselbach* § 35 Rn. 278; *Ihrig* ZHR 167 (2003), 315 (349).

1200 BGH NZG 2013, 939 (942) Rn. 27 – BKN. Noch offen lassend BGHZ 169, 98 (109 f.) Rn. 9 ff. – WMF: Jedenfalls ohne Anspruch bleiben „diejenigen Aktionäre der Zielgesellschaft, deren Stimmrechte dem Bieter gemäß § 30 Abs. 2 S. 1 WpÜG dergestalt zuzurechnen sind, dass sie selbst als Bieter anzusehen und damit ihrerseits angebotspflichtig wären" (Rn. 12). Ebenso für akzessorischen Anspruch Assmann/Pötzsch/Schneider/*Assmann* WpÜG § 38 Rn. 7; FK-WpÜG/*Hommelhoff/Witt* § 38 Rn. 31 f.; KölnKomm WpÜG/*Kremer/Oesterhaus* § 38 Rn. 1, 25.

1201 Angerer/Geibel/Süßmann/*Meyer* WpÜG § 38 Rn. 2; *Heusel* AG 2014, 232 (240 f.).

1202 So auch MüKoAktG/*Schlitt/Ries* WpÜG § 38 Rn. 2.

1203 BGH NZG 2013, 939 (942) Rn. 27 – BKN.

nären bei einem Kontrollwechsel die Möglichkeit zu geben, nicht nur ihre Anteile an der Zielgesellschaft zu veräußern, denn das ginge grundsätzlich jederzeit auch über die Börse, sondern sie sollen auch zu einem angemessenen Preis veräußern können.[1204] Bei einem einfachen Erwerbsangebot ist der Bieter hingegen grundsätzlich frei in der Art und Höhe der Gegenleistung. Insoweit bleibt es den Aktionären überlassen, ob sie das Angebot auch bei einer unangemessen niedrigen Gegenleistung annehmen oder nicht. Die Möglichkeit zum Austritt zu angemessenen Bedingungen muss insoweit mangels Kontrollwechsels nicht gewährt werden.

a) **Anwendungsbereich.** Das Gebot der angemessenen Gegenleistung gem. § 39 iVm § 31 WpÜG gilt in Umsetzung von Art. 5 Übernahmerichtlinie zunächst für die Abgabe eines **Pflichtangebots gem. § 35 Abs. 2 WpÜG.**[1205] Der deutsche Gesetzgeber hat darüber hinaus in überschießender Umsetzung der Übernahmerichtlinie das Gebot der angemessenen Gegenleistung in § 31 WpÜG ausdrücklich auch für freiwillige Übernahmeangebote vorgesehen. Bei einem freiwilligen Übernahmeangebot wird der Bieter aber regelmäßig auch ohne eine gesetzliche Pflicht bemüht sein, ein möglichst attraktives Angebot mit einer angemessenen Gegenleistung abzugeben, da ein verständiger Aktionär das Angebot anderenfalls nicht annähme und das freiwillige Übernahmeangebot somit erfolglos bliebe. Daher wird § 31 Abs. 1–3 WpÜG im Schrifttum zum Teil **teleologisch reduziert** und in Übereinstimmung mit der Übernahmerichtlinie auf Pflichtangebote iSd § 35 WpÜG beschränkt, da die Pflicht zur angemessenen Gegenleistung für freiwillige Übernahmeangebote ein nicht erforderlicher und damit verfassungsrechtlich bedenklicher Eingriff in die durch Art. 2 Abs. 1 GG geschützte Privatautonomie des Bieters sei.[1206] Die **hM** lehnt eine solche teleologische Reduktion indes mit guten Gründen ab.[1207] Gegen die Einschränkung spricht zunächst die systematische Stellung des § 31 WpÜG. Zudem ist der Bieter bei einem erfolgreichen freiwilligen Übernahmeangebot durch § 35 Abs. 3 WpÜG vom Zwang zu einem nachfolgenden Pflichtangebot 726

1204 Angerer/Geibel/Süßmann/*Süßmann* WpÜG § 31 Rn. 1; Assmann/Pötzsch/Schneider/*Krause* WpÜG § 31 Rn. 4; Schwark/Zimmer/*Noack* WpÜG § 31 Rn. 2.
1205 Assmann/Pötzsch/Schneider/*Krause* WpÜG § 31 Rn. 6; MüKoAktG/*Wackerbarth* WpÜG § 31 Rn. 1; Schwark/Zimmer/*Noack/Zetzsche* WpÜG § 31 Rn. 5; *Krause* NZG 2000, 905 (908).
1206 MüKoAktG/*Wackerbarth* WpÜG § 31 Rn. 9.
1207 Für eine Befreiung gem. § 37 WpÜG und eine Beschränkung *de lege ferenda* Assmann/Pötzsch/Schneider/*Krause* WpÜG § 31 Rn. 13 mwN.

befreit. Ohne § 31 WpÜG könnte „die Mindestpreisregelung bei Pflichtangeboten durch ein freiwilliges Übernahmeangebot [mit unangemessener Gegenleistung] unterlaufen werden".[1208] Da sich Aktionäre nicht immer rational verhalten und jedenfalls vereinzelt uU auch bei einem schlechten Angebot zum Verkauf bereit sein werden, kann auch ein freiwilliges Übernahmeangebot mit unangemessener Gegenleistung bei geschicktem Agieren des Bieters zu einem (knappen) Überschreiten der Kontrollschwelle führen. Ist dann nach § 35 Abs. 3 WpÜG wegen des erfolgreichen freiwilligen Übernahmeangebots kein Pflichtangebot mehr notwendig, bleibt der weitere Hinzuerwerb ohne „Paketzuschlag" möglich. Daher gilt die Pflicht zur angemessenen Gegenleistung auch bei freiwilligen Übernahmeangeboten.

727 **b) Angemessenheit der Gegenleistung.** Die Angemessenheit der Gegenleistung richtet sich gem. § 31 Abs. 1 WpÜG erstens nach den Vorerwerben von Aktien der Zielgesellschaft durch den Bieter (sog. Gleichpreisregel) und zweitens dem durchschnittlichen Börsenkurs der Aktien (sog. Börsenpreisregel).

728 **aa) Gleichpreisregel.** Gem. § 31 Abs. 1 S. 2, Abs. 7 S. 1 WpÜG iVm § 4 WpÜG-AV muss die Gegenleistung des Übernahmeangebots mindestens so hoch sein wie der höchste Preis, den der Bieter, mit ihm gemeinsam handelnde Personen oder Tochterunternehmen für den Erwerb von Aktien der Zielgesellschaft in den letzten sechs Monaten vor Veröffentlichung der Angebotsunterlage gezahlt haben. Erwerb idS meint das dingliche Verfügungsgeschäft.[1209] § 31 Abs. 6 WpÜG stellt bestimmte Vereinbarungen, wonach der Bieter die Übereignung von Aktien verlangen kann, dem Erwerb gleich. Durch die **Gleichpreisregel** soll dem Gleichbehandlungsgrundatz nach § 3 Abs. 1 WpÜG Rechnung getragen werden: Da der Bieter häufig bereit ist, für den Erwerb eines größeren Aktienpakets mehr zu zahlen als den Börsenkurs, sollen alle anderen Aktionäre an diesem sog. Paketzuschlag partizipieren können. Auch Parallel- und Nacherwerbe außerhalb der Börse sind für die Bemessung der Gegenleistung relevant: Erwirbt der Bieter nach der Veröffentlichung der Angebotsunterlage iSd § 11 WpÜG, aber vor der Veröffentlichung der Wasser-

1208 So die Gesetzesbegründung zum WpÜG BT-Drs. 14/7034, 30.
1209 Begr RegE BT-Drs. 14/7034; 57; Assmann/Pötzsch/Schneider/*Krause* WpÜG § 31 Rn. 69, MüKoAktG/*Wackerbarth* WpÜG § 31 Rn. 84. Zur Erfassung von Wandelanleihen OLG Frankfurt a. M. NZG 2016, 269 (270) Rn. 24.

standsmeldung nach Ablauf der Annahmefrist gem. § 23 Abs. 1 S. 1 Nr. 2 WpÜG außerhalb des Börsenhandels Aktien der Zielgesellschaft (**Parallelerwerbe**) und vereinbart oder gewährt hierfür eine wertmäßig höhere Gegenleistung als nach der Angebotsunterlage (→ Rn. 694), so erhöht sich die geschuldete Gegenleistung des Übernahme- oder Pflichtangebots *ex lege* um den Unterschiedsbetrag (§ 31 Abs. 4 WpÜG). Nach § 31 Abs. 5 WpÜG sind **Nacherwerbe** außerhalb der Börse innerhalb eines Jahres nach Veröffentlichung iSd § 23 Abs. 1 S. 1 Nr. 2 WpÜG, also nach Ablauf der Annahmefrist, zu berücksichtigen. Demnach haben Aktionäre, die das Übernahme- oder Pflichtangebot zum Zeitpunkt des Nacherwerbs bereits angenommen haben, Anspruch auf Nachbesserung, dh Zahlung des entsprechenden Unterschiedsbetrags.

bb) Börsenpreisregel. Darüber hinaus muss der Wert der Gegen- 729
leistung mindestens dem gewichteten durchschnittlichen Börsenkurs der Aktien der Zielgesellschaft in den letzten drei Monaten vor Veröffentlichung der Entscheidung gem. § 10 WpÜG entsprechen, § 5 WpÜG-AV. Die **Börsenpreisregel** soll sicherstellen, dass die Minderheitsaktionäre zu einem marktgerechten Preis aus der Gesellschaft ausscheiden können. Anders als im Falle der Gleichpreisregel kommt es für den Referenzzeitraum nicht auf die Veröffentlichung der Angebotsunterlage an, sondern auf die Veröffentlichung der Entscheidung iSd § 10 WpÜG. Da der Börsenkurs bereits zu diesem Zeitpunkt durch die mögliche Übernahme beeinflusst wird, bleibt die nachträgliche Entwicklung des Börsenkurses bei der Beurteilung der Angemessenheit der Gegenleistung unberücksichtigt.

cc) Folgen einer unangemessenen Gegenleistung. Bei einem Ver- 730
stoß gegen die Mindestpreisregelung untersagt die BaFin das Angebot gem. § 15 Abs. 1 Nr. 2 WpÜG. Zudem haben die Aktionäre einen **zivilrechtlichen Anspruch** gegen den Bieter auf eine angemessene Gegenleistung. Dies folgt für die speziellen Fälle der Parallel- und Nacherwerbe gem. § 31 Abs. 4, 5 WpÜG aus dem Wortlaut des Gesetzes.[1210] Demnach erhöht sich die geschuldete Gegenleistung bzw. ist der Bieter zur Zahlung einer höheren Gegenleistung verpflichtet. Für das allgemeine Gebot einer angemessenen Gegenleistung gem.

1210 Angerer/Geibel/Süßmann/*Süßmann* WpÜG § 31 Rn. 50, 56; Assmann/Pötzsch/Schneider/*Krause* WpÜG § 31 Rn. 120, 144; KölnKomm WpÜG/*Kremer/Oesterhaus* § 31 Rn. 76, 92; Schwark/Zimmer/*Noack/Zetzsche* WpÜG § 31 Rn. 84, 92.

§ 31 Abs. 1 WpÜG ist das Bestehen eines zivilrechtlichen Anspruchs hingegen umstritten (dazu sogleich der Fall).

731 c) **Art der Gegenleistung.** Bei einem Übernahme- oder Pflichtangebot muss die Gegenleistung in Geld oder bei einem Tauschangebot in liquiden, an einem organisierten Markt gehandelten Aktien bestehen (§ 31 Abs. 2 WpÜG). Die als Gegenleistung angebotenen Aktien können Aktien der Bietergesellschaft selbst und nach hM[1211] auch solche anderer Gesellschaften sein, wenn es sich hierbei um liquide Wertpapiere handelt, die zum Handel an einem organisierten Markt zugelassen sind. Gem. § 31 Abs. 3 WpÜG ist zwingend eine Geldleistung anzubieten, sofern der Bieter sechs Monate vor Veröffentlichung der Entscheidung zur Abgabe eines Angebots iSd § 10 WpÜG mindestens 5 Prozent der Aktien der Zielgesellschaft gegen eine Geldleistung erworben hat.

732 **Abwandlung Fall 20** (→ Rn. 723; vereinfacht nach BGH NZG 2013, 939 und BGH NZG 2014, 985 [991]): Im obigen Ausgangsfall hat Groß am 1. Juni die 30 Prozent-Schwelle überschritten, ohne unverzüglich ein Pflichtangebot zu veröffentlichen. Erst am 1. Oktober veröffentlicht er ein (freiwilliges) Übernahmeangebot iHv 12 EUR pro Aktie an der börsennotierten B-AG. Dieses Angebot nimmt Klein am 5. Oktober für 10 B-Aktien an und erhält hierfür vereinbarungsgemäß 120 EUR. Im Nachhinein erfährt Klein, dass Groß bereits am 12. Januar ein Aktienpaket vom damaligen Aktionär Z zum Preis von 15 EUR pro B-Aktie erworben hat, und hält deshalb die ihm angebotene und gezahlte Gegenleistung iHv 12 EUR pro Aktie für zu niedrig und verlangt die Zahlung des Differenzbetrags iHv 30 EUR.

733 **Lösung:** Fraglich ist, ob Klein in diesem Fall einen zivilrechtlichen Anspruch auf Zahlung der Differenz zwischen dem angemessenen und dem in dem Übernahmevertrag aufgrund des freiwilligen Übernahmeangebots des Groß am 1. Oktober vereinbarten Preis für die B-Aktien iHv 30 EUR hat. Im Unterschied zum Ausgangsfall hat Groß ein Angebot zum Erwerb der Aktien abgegeben, das Klein angenommen hat, so dass ein Kaufvertrag über die Aktien zwischen Klein und Groß zustande gekommen ist.

A. Anspruchsgrundlage

Zum Teil wird auch hier – wie für § 35 Abs. 2 WpÜG auf Abgabe des Pflichtangebots (→ Rn. 724) – ein Anspruch aus § 31 Abs. 1 WpÜG abgelehnt, was mit dem Wortlaut der Norm und dem anderenfalls für den Bieter

1211 Angerer/Geibel/Süßmann/*Süßmann* WpÜG § 31 Rn. 9.

entstehenden unkalkulierbaren Risiko begründet wird.[1212] Demnach hat der Aktionär lediglich einen vertraglichen Anspruch auf die tatsächlich vereinbarte Gegenleistung und die Möglichkeit des Schadensersatzes nach § 12 WpÜG bei fehlerhafter Angebotsunterlage.[1213] Die **hM** geht indes von einem Anspruch auf eine angemessene Gegenleistung gem. § 31 Abs. 1 WpÜG aus. Der Anspruch wird zT unmittelbar auf § 31 Abs. 1 WpÜG selbst[1214] oder aber auf den abgeschlossenen Kaufvertrag zwischen Bieter und Aktionär gem. §§ 433 Abs. 2, 453 BGB gestützt, wobei § 31 Abs. 1 WpÜG im letzteren Sinne „vertragsinhaltsgestaltende Wirkung"[1215] beigemessen wird.[1216] Zwar lässt sich dem Wortlaut des § 31 Abs. 1 WpÜG selbst nicht entnehmen, ob Aktionäre, die das Angebot angenommen haben, Anspruch auf Zahlung der angemessenen Gegenleistung haben. Für das Bestehen eines Anspruchs spricht aber der systematische Zusammenhang mit § 31 Abs. 4 und Abs. 5 WpÜG, wonach der Bieter bei Parallel- oder Nacherwerben ausdrücklich verpflichtet ist, die Differenz zwischen dem Angebotspreis und dem bei Parallel- oder Nacherwerben erzielten Preis an die Aktionäre zu zahlen. Zudem wird das Angebot einer unangemessenen Gegenleistung – anders als die Nichtabgabe eines Pflichtangebots gem. § 35 Abs. 2 WpÜG – nicht umfassend, etwa durch § 59 WpÜG, sanktioniert, so dass der zivilrechtliche Anspruch auch aus Gründen der effektiven Durchsetzung des § 31 Abs. 1 WpÜG notwendig ist.[1217] Schließlich geht auch der Gesetzgeber von einem Anspruch auf Zahlung der angemessenen Gegenleistung aus, denn § 1 Abs. 1 Nr. 3 KapMuG erfasst allgemein Erfüllungsansprüche aus Verträgen, die auf einem Angebot nach dem WpÜG beruhen.[1218] Erfasst sind damit nicht nur Ansprüche aus § 31 Abs. 4, 5 WpÜG, sondern auch aus § 31 Abs. 1 WpÜG.[1219] Anders als die Frage nach dem Anspruch auf Abgabe eines Pflichtangebots, die die Rechtsprechung und hM verneinen (→ Rn. 724), wird der Anspruch auf Zahlung einer angemessenen Gegenleistung nach Abgabe eines freiwilligen Übernahmeangebots bzw. eines Pflichtangebots mit der hM im Ergebnis daher zutreffend bejaht. Ob § 31 Abs. 1 WpÜG dabei selbst als (zivilrechtliche) **Anspruchsgrundlage** in Betracht

1212 Schwark/Zimmer/*Noack/Zetzsche* WpÜG § 31 Rn. 105; Assmann/Pötzsch/Schneider/*Krause* § 31 Rn. 166a ff.; *Krause* AG 2014, 833 (834 ff.); *Lappe/Stafflage* BB 2002, 2185 (2189 f.).

1213 Assmann/Pötzsch/Schneider/*Krause* WpÜG § 31 Rn. 166a; Schwark/Zimmer/*Noack/Zetzsche* WpÜG § 31 Rn. 100 ff.

1214 *Verse* ZIP 2004, 199 (202 ff.).

1215 *Hecker* ZBB 2004, 503 (506); *Mülbert/Schneider* WM 2003, 2301 (2302); *Seibt* ZIP 2003, 1865 (1876).

1216 BGHZ 202, 180 (189) Rn. 27– Postbank; BGH AG 2018, 105 Rn. 11 (juris) – Celesio; *Ihrig* ZHR 167 (2003), 315 (346); *Hecker* ZBB 2004, 503 (506); *Mülbert/Schneider* WM 2003, 2301 (2302); *Seibt* ZIP 2003, 1865 (1876); *Verse* ZIP 2004, 199 (202 ff.).

1217 BGHZ 202, 180 (189) Rn. 27– Postbank.

1218 Begr. RegE BT-Drs. 15/5091, 20.

1219 BGHZ 202, 180 (189) Rn. 26 – Postbank.

kommt[1220] oder sich der Anspruch aus dem Kaufvertrag zwischen dem Aktionär und dem Bieter gem. §§ 433 Abs. 2, 453 BGB ergibt und § 31 WpÜG eine „vertragsgestaltende Wirkung" hat, kann hier offen bleiben, da Klein das Angebot angenommen und damit einen Vertrag über die Aktien geschlossen hat. Im Ergebnis steht Klein daher ein zivilrechtlicher Anspruch auf eine angemessene Gegenleistung zu.

B. Angemessenheit der Gegenleistung

Fraglich ist daher, ob die gezahlte Gegenleistung iHv 12 EUR pro Aktie angemessen iSd § 31 Abs. 1 WpÜG ist. Eine Geldleistung ist jedenfalls ihrer Art nach eine zulässige Gegenleistung (siehe § 31 Abs. 2 WpÜG). Dass eine höhere Gegenleistung als 12 EUR hätte gezahlt werden müssen, könnte hier aus dem Vorerwerb der Aktien durch Groß von Z zum Preis von 15 EUR am 12. Januar folgen. Nach der Gleichpreisregel gem. §§ 4, 5 WpÜG-AngVO kommt es prinzipiell für die Berücksichtigung von Vorerwerben auf den Referenzzeitraum von sechs Monaten vor der Veröffentlichung des Übernahmeangebots am 1. Oktober an, hier also auf den Zeitraum rückwirkend zum 1. April. Der Vorerwerb der Aktien durch Groß von Z für 15 EUR am 12. Januar wäre demnach für die Beurteilung der Angemessenheit der Gegenleistung des Übernahmeangebots am 1. Oktober unerheblich. Allerdings hat Groß bereits am 1. Juni die Kontrollschwelle von 30 Prozent überschritten, ohne entgegen § 35 Abs. 2 WpÜG ein Pflichtangebot abzugeben. Maßgeblich für die Berechnung der Referenzzeiträume zur Feststellung der angemessenen Gegenleistung des freiwilligen Übernahmeangebots ist daher der Zeitpunkt, in dem die Pflicht zur Abgabe eines öffentlichen Angebots gem. § 35 Abs. 2 WpÜG entsteht, dh also die Kontrolle erlangt wird. Anderenfalls wäre es ein Leichtes, die Regelungen zum Pflichtangebot durch Abgabe eines verspäteteten freiwilligen Übernahmeangebots zu umgehen.[1221] Der für §§ 4, 5 WpÜG-AV maßgebliche Zeitpunkt ist daher der 1. Juni, so dass der Vorerwerb von Z iHv 15 EUR für die Bestimmung der angemessenen Gegenleistung des freiwilligen Übernahmeangebots zu berücksichtigen ist.

C. Ergebnis

Im Ergebnis hat Klein einen Anspruch gegen Groß gem. § 31 Abs. 1 WpÜG (iVm §§ 433 Abs. 2, 453 BGB) auf Zahlung einer Gegenleistung iHv 15 EUR pro Aktie. Der Anspruch auf Zahlung einer angemessenen Gegenleistung kann prozessual im Wege des KapMuG durchgesetzt werden (siehe § 1 Abs. 1 Nr. 3 KapMuG).

734 Hat der Bieter ein freiwilliges Übernahmeangebot unter Beachtung der §§ 29–34 WpÜG abgegeben, das zu einem Überschreiten der Kontrollschwelle geführt hat, muss er bei einer weiteren Aufstockung

1220 Ehricke/Ekkenga/Oechsler/*Oechsler* WpÜG § 31 Rn. 26; *Verse* ZIP 2004, 199 (202 ff.).

1221 BGHZ 202, 180 (192) Rn. 35 – Postbank; siehe auch Angerer/Geibel/Süßmann/*Süßmann* WpÜG § 31 Rn. 84.

seiner Beteiligung gem. § 35 Abs. 3 WpÜG kein Pflichtangebot mehr abgeben. Dies können Bieter im Rahmen des sog **„Creeping in"** ausnutzen:[1222] Hierbei erwirbt der Bieter zunächst knapp unter 30 Prozent der Aktien an der Zielgesellschaft. Dann gibt er ein freiwilliges Übernahmeangebot ab, sobald der Börsenkurs über längere Zeit niedrig genug war,[1223] um eine nach § 31 Abs. 1 WpÜG möglichst geringe Gegenleistung anbieten zu können. Überschreitet der Bieter infolge des Übernahmeangebots die 30 Prozent-Schwelle, kann er seine Beteiligung im Nachgang weiter ausbauen, ohne dann noch ein Pflichtangebot abgeben zu müssen (§ 35 Abs. 3 WpÜG). Bei geschicktem Agieren des Bieters ist so eine Übernahme ohne Kontrollprämie bzw. Paketaufschlag möglich. Rechtspolitische Bemühungen, dies zu ändern, sind bislang gescheitert.[1224]

3. Pflichten des Vorstands der Zielgesellschaft

Mit Veröffentlichung der Entscheidung zur Abgabe eines Übernahme- oder Pflichtangebots iSd § 10 WpÜG unterliegt auch die Geschäftsleitung der Zielgesellschaft besonderen Pflichten. 735

a) Verhinderungsverbot gem. § 33 WpÜG. Da der Vorstand vor allem nach einer feindlichen Übernahme nicht selten mit seiner Abberufung rechnen muss (→ Rn. 671), besteht in solchen Fällen die Möglichkeit, dass er die Übernahme zu verhindern sucht. Da die Übernahme aus Sicht der Zielgesellschaft und der Aktionäre aber wirtschaftlich sinnvoll sein kann, soll die Entscheidungsfreiheit der Aktionäre nicht durch Abwehrmaßnahmen des Vorstandes beeinträchtigt werden. Die Aktionäre sollen gem. § 3 Abs. 2 WpÜG in Kenntnis der Sachlage frei über das Angebot entscheiden können.[1225] Daher verbietet § 33 (iVm § 39) WpÜG dem Vorstand Maßnahmen zur Verhinderung eines Übernahme- oder Pflichtangebots.[1226] Dane- 736

1222 *Baums* ZIP 2010, 2374; *Baums* Low Balling, Creeping in und deutsches Übernahmerecht S. 7.
1223 Längere Zeit deshalb, da sich die angemessene Gegenleistung gem. § 31 WpÜG iVm § 5 WpÜG-AV an dem gewichteten inländischen Börsenkurs der letzten drei Monate orientiert.
1224 Siehe der Gesetzesvorschlag der SPD-Fraktion BT-Drs. 17/3481, 1. Näher hierzu *Baums* ZIP 2010, 2374.
1225 MüKoAktG/*Schlitt/Ries* WpÜG § 33 Rn. 6.
1226 Assmann/Pötzsch/Schneider/*Krause/Pötzsch/Stephan* WpÜG § 33 Rn. 7; Ehricke/Ekkenga/Oechsler/*Ekkenga* WpÜG § 33 Rn. 9; MüKoAktG/*Schlitt/Ries* WpÜG § 33 Rn. 8; *Cahn* ZHR 167 (2003), 262 (283); *Maier-Reimer* ZHR 165 (2001), 258 (260 f.); *Altmeppen* ZIP 2001, 1073.

ben hat der Vorstand sein Verhalten auch in der Übernahmesituation weiterhin an den allgemeinen aktienrechtlichen Vorstandspflichten, insbesondere der Pflicht zur sorgfältigen Geschäftsführung gem. §§ 93, 76 AktG, auszurichten.[1227]

737 **aa) Tatbestand.** § 33 Abs. 1 S. 1 WpÜG verbietet dem Vorstand der Zielgesellschaft nach Veröffentlichung der Entscheidung zur Abgabe eines Pflicht- oder Übernahmeangebots gem. § 10 WpÜG Handlungen, durch die der Erfolg der Übernahme verhindert werden könnte. Auf **einfache Erwerbsangebote** findet § 33 WpÜG nach hM keine Anwendung.[1228]

Adressat des Verhinderungsverbots ist ausdrücklich nur der **Vorstand** der Zielgesellschaft. Da der **Aufsichtsrat** keine Erwähnung findet, ist § 33 WpÜG auf ihn als Kontrollorgan grundsätzlich weder direkt noch analog anwendbar.[1229] Handelt der Aufsichtsrat jedoch ausnahmsweise als Verwaltungsorgan – etwa bei der Festsetzung der Vorstandsbezüge gem. § 87 AktG – muss auch er § 33 WpÜG beachten.[1230] Durch Ausschluss des § 33 WpÜG in der Satzung kann die Gesellschaft zudem gem. § 33a Abs. 1 WpÜG das europäische Verhinderungsverbots zur Anwendung bringen, das auch den Aufsichtsrat erfasst (→ Rn. 747).

738 Das Verhinderungsverbot beginnt mit der Veröffentlichung der Entscheidung zur Abgabe eines Angebots gem. § 10 WpÜG und endet mit der Veröffentlichung des Ergebnisses am Ende der (weiteren) Annahmefrist gem. § 23 Abs. 1 S. 1 Nr. 2, 3 WpÜG. Präventive Maßnahmen vor der Veröffentlichung iSd § 10 WpÜG sind daher aus ka-

---

1227 Die Pflicht des Vorstands zur Neutralität wird aber durch § 33 WpÜG als lex specialis und lex posterior abschließend geregelt, so dass sich aus §§ 76, 93 AktG keine weitergehenden aktienrechtlichen Neutralitätspflichten ableiten lassen (Assmann/Pötzsch/Schneider/Krause/Pötzsch/*Stephan* WpÜG § 33 Rn. 50; MüKoAktG/*Schlitt/Ries* WpÜG § 33 Rn. 51; *Martens* FS Beusch, 1993, 529, 542 ff.; *Hüffer/Koch* § 76 AktG Rn. 40; GK-AktG/Kort Rn. 146 ff.; Angerer/Geibel/Süßmann/*Bondi* § 33 WpÜG Rn. 12 ff.; aA GK-AktG/*Hopt/Roth* Rn. § 93 Rn. 213 ff.; KölnKomm-AktG/*Mertens/Cahn* Rn. 26; KölnKomm WpÜG/Hirte § 33 WpÜG Rn. 26; *Hopt* ZGR 1993, 534 (545 ff.); *Merkt* ZHR 165 (2001), 224, 236 ff.).

1228 MüKoAktG/*Ries/Schlitt* WpÜG § 33 Rn. 78. AA *Baums/Thoma/Grunewald* WpÜG § 33 Rn. 19; KölnKomm WpÜG/*Hirte* § 33 Rn. 30 f.; Hirte ZGR 2002, 623 (626).

1229 Assmann/Pötzsch/Schneider/*Krause/Pötzsch/Stephan* WpÜG § 33 Rn. 77; KölnKomm WpÜG/*Hirte* § 33 Rn. 51; MüKoAktG/*Schlitt/Ries* WpÜG § 33 Rn. 61; Schwark/Zimmer/*Noack/Zetzsche* WpÜG § 33 Rn. 19; *Friedl* NZG 2006, 422.

1230 Baums/Thoma/*Grunewald* WpÜG § 33 Rn. 20; Ehricke/Ekkenga/Oechsler/*Ekkenga* WpÜG § 33 Rn. 24, 100; KölnKomm WpÜG/Hirte § 33 Rn. 49 f.; MüKoAktG/*Schlitt/Ries* WpÜG § 33 Rn. 61 f.; *Ekkenga* Bankrecht und Kapitalmarktrecht in der Entwicklung, 2003, 95. AA Assmann/Pötzsch/Schneider/*Krause/Pötzsch/Stephan* WpÜG § 33 Rn. 78 f.

pitalmarktrechtlicher Sicht grundsätzlich unbedenklich.[1231] Die aktienrechtlichen Vorstandspflichten, insbesondere die §§ 76, 93 AktG, sind allerdings zu beachten (siehe → Rn. 736).[1232]

Zu typischen Maßnahmen, die die Übernahme der Zielgesellschaft im Vorfeld des § 10 WpÜG zulässigerweise iSe „Übernahmeprophylaxe"[1233] erschweren, gehören beispielsweise Vereinbarungen mit Vorstandsmitgliedern oder anderen wichtigen Schlüsselpersonen über hohe Abfindungen für den Fall einer erfolgreichen Übernahme (sog **Golden Parachutes**).[1234] Allerdings müssen die Bezüge der Vorstandsmitglieder gem. § 87 Abs. 1 S. 1 AktG in einem angemessenen Verhältnis zur Lage der Gesellschaft stehen, so dass dies nur eingeschränkt zur Abwehr eingesetzt werden kann.[1235] Die Übernahme erschweren auch sog **Change of Control Klauseln** in Finanzierungsverträgen der Zielgesellschaft oder in Anleihebedingungen, wonach die Verträge bei einem Kontrollwechsel beendet werden, die Zielgesellschaft sodann zur Rückzahlung des Fremdkapitals verpflichtet ist und der Bieter die Finanzierung selbst abdecken muss.[1236]

Bei einem akuten Übernahmeversuch, also nach Veröffentlichung gem. § 10 WpÜG, gilt § 33 Abs. 1 WpÜG. Verboten sind dann alle Handlungen des Vorstands, die objektiv geeignet sind, das Übernahme- oder Pflichtangebot zu verhindern. Weder eine Verhinderungsabsicht noch ein Verhinderungserfolg sind hierfür erforderlich.[1237] Maßnahmen sind objektiv zur Verhinderung geeignet, wenn der Vorstand im Erfolgsfall der Maßnahme den Aktionären der Zielgesellschaft die Möglichkeit zur Entscheidung nimmt.[1238] Das ist insbesondere der Fall, wenn der Eintritt einer aufschiebenden Bedingung des Bieterangebots verhindert oder der Eintritt einer auflösenden Bedingung herbeigeführt werden kann. Zur Verhinderung geeig- 739

1231 MüKoAktG/*Schlitt/Ries* WpÜG § 33 Rn. 77.
1232 Emmerich/Habersack/*Habersack* Vorb. AktG § 311 Rn. 15; KölnKomm WpÜG/*Hirte* § 33 Rn. 44; *Stohlmeier* in Semler/Volhard ArbeitsHdB für die Hauptversammlung § 40 Rn. 16.
1233 Zu diesem Begriff *v. Falkenhausen* NZG 2007, 97 (98).
1234 Assmann/Pötzsch/Schneider/*Krause/Pötzsch/Stephan* WpÜG § 33 Rn. 116; KölnKomm WpÜG/*Hirte* § 33 Rn. 175; MüKoAktG/*Schlitt/Ries* WpÜG § 33 Rn. 115.
1235 Assmann/Pötzsch/Schneider/*Krause/Pötzsch/Stephan* WpÜG § 33 Rn. 116; Angerer/Geibel/Süßmann/*Brandi* WpÜG § 33 Rn. 31.
1236 Angerer/Geibel/Süßmann/*Brandi* WpÜG § 33 Rn. 74; Assmann/Pötzsch/Schneider/*Krause/Pötzsch/Stephan* WpÜG § 33 Rn. 116; MüKoAktG/*Schlitt/Ries* WpÜG § 33 Rn. 114.
1237 Begr RegE BT-Drs. 14/7034, 57; Angerer/Geibel/Süßmann/*Brandi* WpÜG § 33 Rn. 18; Assmann/Pötzsch/Schneider/*Krause/Pötzsch/Stephan* WpÜG § 33 Rn. 83 f.; Baums/Thoma/*Grunewald* WpÜG § 33 Rn. 22; KölnKomm WpÜG/*Hirte* § 33 Rn. 55; MüKoAktG/*Schlitt/Ries* WpÜG § 33 Rn. 60; Steinmeyer/*Steinmeyer* WpÜG § 33 Rn. 16.
1238 Angerer/Geibel/Süßmann/*Brandi* WpÜG § 33 Rn. 18.

net sind auch solche Maßnahmen, die die wirtschaftlichen oder rechtlichen Gegebenheiten so wesentlich verändern, dass der Bieter von dem Angebot Abstand nimmt.[1239]

In der Übernahmesituation unzulässig, weil objektiv zur Verhinderung geeignet, ist zB die Auslagerung wertvoller Unternehmensteile (sog. **Crown Jewels**), da die Zielgesellschaft für den Bieter hierdurch weniger attraktiv wird, der dann möglicherweise von seinem Angebot Abstand nimmt.[1240] Die Zielgesellschaft wird für potentielle Bieter im Weiteren unattraktiv, wenn sie eine Unternehmensgröße – etwa durch Zusammenschlüsse – erreicht, die zwar noch nicht kartellrechtsrelevant ist, bei einer erfolgreichen Übernahme aber für die **Fusionskontrolle** nach §§ 35ff. GWB oder der EU-Fusionskontrollverordnung[1241] relevant wird.[1242] Hierdurch werden potentielle Bieter abgeschreckt, da die Kartellbehörden die Übernahme untersagen oder Auflagen, zB sich von einem anderen Unternehmensteil zu trennen, erteilen könnten. Unzulässig nach § 33 WpÜG ist grundsätzlich auch die **Ausgabe** „eines nicht unerheblichen Anteils" von Aktien, wodurch die Zahl der zu erwerbenden Aktien erhöht und damit der Erwerb erheblich verteuert würde.[1243] Zu den nach § 33 WpÜG verbotenen Maßnahmen gehört zudem die Emission **vinkulierter Namensaktien** (§ 68 Abs. 2 AktG), deren Übertragung nur mit Zustimmung der Zielgesellschaft, vertreten durch den Vorstand, möglich ist.[1244] Zu den unzulässigen Verhinderungsmaßnahmen gehört im Weiteren eine Kapitalerhöhung durch Ausnutzung genehmigten Kapitals gem. § 202 AktG, um die neuen Aktien auf einen **befreundeten Aktionär** zu übertragen, der sich zur Ablehnung von Übernahme- oder Pflichtangeboten verpflichtet.[1245] Schließlich kann sich die Eignung zur Verhinderung der Übernahme auch aus einer **Gesamtschau** von Einzelmaßnahmen ergeben, wie etwa durch kostenintensive Abwehrkampagnen[1246] oder durch aggressive Anschuldigungen.[1247]

1239 Angerer/Geibel/Süßmann/*Brandi* WpÜG § 33 Rn. 18.

1240 BT-Drs. 14/7034, 58; Assmann/Pötzsch/Schneider/*Krause/Pötzsch/Stephan* WpÜG § 33 Rn. 103ff.; KölnKomm WpÜG/*Hirte* § 33 Rn. 58.

1241 Verordnung (EG) Nr. 139/2004 des Rates v. 20.1.2004 über die Kontrolle von Unternehmenszusammenschlüssen, ABl. 2004 L 24, 1.

1242 BT-Drs. 14/7034, 58. So auch Angerer/Geibel/Süßmann/*Brandi* WpÜG § 33 Rn. 30; Assmann/Pötzsch/Schneider/*Krause/Pötzsch/Stephan* WpÜG § 33 Rn. 106; Baums/Thoma/*Grunewald* WpÜG § 33 Rn. 43; Ehricke/Ekkenga/Oechsler/*Ekkenga* WpÜG § 33 Rn. 105; MüKoAktG/*Schlitt/Ries* WpÜG § 33 Rn. 101.

1243 BT-Drs. 14/7034, 57.

1244 Angerer/Geibel/Süßmann/*Brandi* WpÜG § 33 Rn. 64; Assmann/Pötzsch/Schneider/*Krause/Pötzsch/Stephan* WpÜG § 33 Rn. 252; MüKoAktG/*Schlitt/Ries* WpÜG § 33 Rn. 261.

1245 Angerer/Geibel/Süßmann/*Brandi* WpÜG § 33 Rn. 67; Assmann/Pötzsch/Schneider/*Krause/Pötzsch/Stephan* WpÜG § 33 Rn. 282ff.; MüKoAktG/*Schlitt/Ries* WpÜG § 33 Rn. 206; *Krause* BB 2002, 1053 (1055).

1246 MüKoAktG/*Schlitt/Ries* WpÜG § 33 Rn. 120f.; *Schanz* NZG 2000, 337 (341).

1247 MüKoAktG/*Schlitt/Ries* WpÜG § 33 Rn. 120; *Beisel/Klumpp* Der Unternehmenskauf § 14 Rn. 40.

bb) Ausnahmen vom Verhinderungsverbot. Wären jedoch sämtliche Maßnahmen verboten, die den Erfolg des Übernahme- oder Pflichtangebots verhindern könnten, wäre eine wirtschaftlich sinnvolle Geschäftstätigkeit der Zielgesellschaft durch den Vorstand ab der Veröffentlichung gem. § 10 WpÜG nahezu ausgeschlossen. Daher sehen § 33 Abs. 1 S. 2 und Abs. 2 WpÜG Ausnahmen vom übernahmerechtlichen Verhinderungsverbot vor. Die aktienrechtlichen Regelungen bleiben hiervon indes wiederum unberührt. Insbesondere die allgemeine Pflicht des Vorstands, stets im Interesse der Gesellschaft zu handeln, besteht fort, vgl. §§ 93 Abs. 1 S. 2 AktG. 740

§ 33 Abs. 1 S. 2 Var. 1 WpÜG nimmt Handlungen eines **ordentlichen und gewissenhaften Geschäftsleiters** vom Verhinderungsverbot aus. Der Vorstand soll in einer Übernahmesituation Maßnahmen durchführen können, die auch ohne ein Übernahmeangebot vorgenommen worden wären. Möglich ist demnach vor allem die Fortsetzung des Tagesgeschäfts, insbesondere auch die Erfüllung von bereits begründeten vertraglichen oder gesetzlichen Pflichten. Vom Verbot ausgenommen sind aber auch außergewöhnliche Maßnahmen – wie zB die Veräußerung wesentlicher Vermögenswerte, der Erwerb von Beteiligungen an anderen Unternehmen oder eine Kapitalerhöhung – sofern diese bereits vor der Veröffentlichung des Übernahme- oder Pflichtangebots in Gang gesetzt oder geplant waren.[1248] Insoweit trifft den Vorstand die Beweislast. Gem. § 33 Abs. 1 S. 2 Var. 2 WpÜG ist auch die Suche nach einem konkurrierenden freundlichen Angebot zulässig (sog **white knight-defense**). Dies liegt im Interesse der Minderheitsaktionäre der Zielgesellschaft, da ihre Wahlmöglichkeiten durch das zusätzliche Angebot erweitert und die Chance auf einen höheren Preis erhöht werden. Erlaubt ist es hiernach, zB Berater einzuschalten oder bestimmte Investoren direkt anzusprechen, nicht hingegen, das konkurrierende Angebot darüber hinaus finanziell zu fördern.[1249] 741

§ 33 Abs. 1 S. 2 Var. 3 WpÜG erlaubt Maßnahmen mit **Zustimmung des Aufsichtsrats** der Zielgesellschaft. Die Zustimmung muss vor der Maßnahme vorliegen. Nicht ausreichend ist jedoch eine Blanketterklä- 742

1248 BT-Drs. 14/7034, 58; Angerer/Geibel/Süßmann/*Brandi* WpÜG § 33 Rn. 46; Assmann/Pötzsch/Schneider/*Krause/Pötzsch/Stephan* WpÜG § 33 Rn. 148; Baums/Thoma/*Grunewald* WpÜG § 33 Rn. 60; KölnKomm WpÜG/*Hirte* § 33 Rn. 70; MüKoAktG/*Schlitt/Ries* WpÜG § 33 Rn. 134; Schwark/Zimmer/*Noack/Zetzsche* WpÜG § 33 Rn. 15.

1249 Angerer/Geibel/Süßmann/*Brandi* WpÜG § 33 Rn. 49.

rung, wonach der Aufsichtsrat seine Zustimmung zu sämtlichen Abwehrmaßnahmen erklärt, da hierdurch die gebotene inhaltliche Kontrolle nicht gewährleistet wäre.[1250] Im Unterschied zur ersten Variante des § 33 Abs. 1 S. 2 WpÜG muss die Maßnahme nicht der Umsetzung einer bereits eingeschlagenen Unternehmensstrategie dienen.[1251] Soweit der Vorstand nur mit dem Aufsichtsrat einig ist, scheinen daher nach dem Wortlaut uneingeschränkt alle Verhinderungsmaßnahmen möglich.[1252] Die Möglichkeiten von Vorstand und Aufsichtsrat werden jedoch durch die Vorgaben des **AktG** eingeschränkt. Voraussetzung für die Zulässigkeit der Maßnahme ist insbesondere, dass die gesellschaftsrechtliche Kompetenzverteilung zwischen Vorstand, Aufsichtsrat und Hauptversammlung eingehalten wird.[1253] Sofern eine Maßnahme in die Zuständigkeit der Hauptversammlung fällt, kann diese auch nicht aufgrund von § 33 Abs. 1 S. 2 Var. 3 WpÜG allein durch Vorstand und Aufsichtsrat verwirklicht werden.

Zur Abwehr der Übernahme können beispielsweise öffentliche Werbemaßnahmen – wie im Fall Vodafone/Mannesmann – eingesetzt werden. Sofern man diese nicht bereits vom Tatbestand der Abwehrmaßnahme ausnimmt, sind sie (jedenfalls) mit Einverständnis des Aufsichtsrats gem. § 33 Abs. 1 S. 3 WpÜG als zulässig anzusehen.[1254]

743 Gem. § 33 Abs. 2 WpÜG sind auch **Vorratsermächtigungen der Hauptversammlung** zu Abwehrmaßnahmen möglich. Danach kann die Hauptversammlung den Vorstand ohne konkreten Anlass dazu ermächtigen, Abwehrmaßnahmen im Falle eines Übernahme- oder Pflichtangebots vorzunehmen. Voraussetzung hierfür ist, dass die Hauptversammlung aktienrechtlich zuständig ist und die Maßnahme auf den Vorstand delegiert werden kann.[1255]

Die Hauptversammlung kann den Vorstand beispielsweise zum Erwerb eigener Aktien ermächtigen, wodurch dem Bieter wiederum zum Erwerb ver-

---

1250 Angerer/Geibel/Süßmann/*Brandi* WpÜG § 33 Rn. 58; Assmann/Pötzsch/Schneider/*Krause/Pötzsch/Stephan* WpÜG § 33 Rn. 180; Baums/Thoma/*Grunewald* WpÜG § 33 Rn. 74; MüKoAktG/*Schlitt/Ries* WpÜG § 33 Rn. 172. AA KölnKomm WpÜG/*Hirte* § 33 Rn. 87.

1251 *Lenenbach* KapMarktR Rn. 16.134.

1252 Wegen dieser bedenklich weiten Formulierung wird diese Regelung auch als „Sündenfall" bezeichnet (*Hopt* ZHR 166 [2002], 383 [427]).

1253 Schwark/Zimmer/*Noack/Zetzsche* WpÜG § 33 Rn. 21.

1254 Hierzu Assmann/Pötzsch/Schneider/*Krause/Pötzsch/Stephan* WpÜG § 33 Rn. 121 f.

1255 Angerer/Geibel/Süßmann/*Brandi* WpÜG § 33 Rn. 81; Assmann/Pötzsch/Schneider/*Krause* WpÜG § 33 Rn. 206 f.; KölnKomm WpÜG/*Hirte* § 33 Rn. 96 f.; MüKoAktG/*Schlitt/Ries* WpÜG § 33 Rn. 203 f. AA Steinmeyer/*Steinmeyer* WpÜG § 33 Rn. 37 ff.; *Schneider* AG 2002, 125 (131).

fügbare Aktien entzogen werden und somit das Erreichen der Kontrollschwelle erschwert wird. Dabei müssen jedoch wiederum die aktienrechtlichen Voraussetzungen beachtet werden, wonach der Rückerwerb auf 10 Prozent des Grundkapitals begrenzt ist gem. § 71 Abs. 1 Nr. 8, Abs. 2 AktG.[1256]

Da die Aktionäre durch den Ermächtigungsbeschluss im Voraus auf ihre Entscheidungsmöglichkeit verzichten, ohne dass sie den Inhalt des konreten Angebots oder den Bieter kennen, stellt § 33 Abs. 2 WpÜG weitere Bedingungen für die Vorratsermächtigung zum Schutz der Aktionäre auf: So muss der Beschluss auf maximal **18 Monate** beschränkt werden und bedarf einer **qualifizierten Mehrheit** von drei Viertel des auf der Hauptversammlung vertretenen Grundkapitals, § 33 Abs. 2 S. 2, 3 WpÜG. Außerdem müssen die zulässigen Maßnahmen gem. § 33 Abs. 2 S. 1 WpÜG der Art nach in dem Beschluss bestimmt werden. Wird von der Ermächtigung tatsächlich Gebrauch gemacht, muss der Aufsichtsrat zustimmen, § 33 Abs. 2 S. 4 WpÜG, um so eine einzelfallbezogene Kontrolle des Vorstands im konkreten Übernahmefall sicherzustellen. 744

cc) Sanktionen. Wird gegen das Verhinderungsverbot des § 33 WpÜG verstoßen, stellt dies eine **Ordnungswidrigkeit** iSv § 60 Abs. 1 Nr. 8, Abs. 3 WpÜG dar und kann mit einer Geldbuße von bis zu einer Mio. EUR geahndet werden. Da der Vorstand mit dem Verstoß gegen § 33 Abs. 1 WpÜG zugleich eine Pflicht gegenüber der Zielgesellschaft verletzt, kommt darüber hinaus ein Schadensersatzanspruch der Zielgesellschaft gegen den Vorstand nach **§ 93 Abs. 2 AktG** in Betracht, etwa auf Ersatz der Kosten für die unzulässigen Abwehrmaßnahmen.[1257] 745

Einen Schaden durch unzulässige Abwehrmaßnahmen erleiden uU auch die Aktionäre der Zielgesellschaft, wenn sie ihre Aktien nicht an den Bieter veräußern können. Daher stellt sich die Frage, ob ihnen zivilrechtliche Unterlassungs- oder Schadensersatzansprüche gegen den Vorstand zustehen. Da § 33 Abs. 1 WpÜG nicht dem Schutz veräußerungswilliger Aktionäre zu dienen bestimmt und damit kein Schutzgesetz ist, lässt sich weder ein Anspruch auf Schadensersatz auf **§ 823 Abs. 2 BGB** noch ein vorbeugender Unterlassungsanspruch der Aktionäre gegen Handlungen des Vorstands auf §§ 1004, 823 746

1256 Vgl. dazu Angerer/Geibel/Süßmann/*Brandi* § 33 WpÜG Rn. 71; MüKoAktG/*Schlitt* § 33 WpüG Rn. 144 ff.
1257 Angerer/Geibel/Süßmann/*Brandi* WpÜG § 33 Rn. 95.

Abs. 2 BGB analog stützen.[1258] Ein Anspruch aus **§ 823 Abs. 1 BGB** wegen des Eingriffs in das Mitgliedschaftsrecht der Aktionäre als absolutes Recht scheidet ebenfalls grundsätzlich aus, da jedenfalls die bloße Vereitelung einer Veräußerungschance keinen Eingriff in das Mitgliedschaftsrecht der Aktionäre darstellt.[1259] Etwas anderes gilt aber uU dann, wenn zugleich ein Verstoß gegen die aktienrechtliche Kompetenzverteilung vorliegt, zB bei Fehlen einer erforderlichen Beschlussfassung der Hauptversammlung.[1260] Möglich ist zudem ein Anspruch aus **§ 826 BGB**, falls im Ausnahmefall die Schwelle zur vorsätzlichen sittenwidrigen Schädigung überschritten ist.

747 **dd) Europäisches Verhinderungsverbot und Durchbrechungsregel.** Im Vergleich zu § 33 WpÜG sieht Art. 9 Abs. 2, 3 Übernahmerichtlinie ein weitergehendes und damit übernahmefreundliches Verhinderungsverbot vor. Der deutsche Gesetzgeber hat jedoch von der in Art. 12 der europäischen Übernahmerichtlinie eröffneten Möglichkeit Gebrauch gemacht, in § 33 WpÜG weniger strenge Anforderungen an die Organe der Zielgesellschaft vorzusehen (Opt-out-Modell). Den Zielgesellschaften steht es aber nach § 33a WpÜG in Übereinstimmung mit Art. 12 Abs. 2 der Übernahmerichtlinie frei, die Anforderungen an ihre Organe im Vergleich zu § 33 WpÜG durch Satzungsänderung zu verschärfen und die Anwendung des übernahmefreundlicheren europäischen Verhinderungsverbots anzuordnen (Opt-In-Modell).

748 Das europäische Verhinderungsverbot gem. § 33a WpÜG ist nicht nur an den Vorstand, sondern auch an den **Aufsichtsrat** adressiert. Es gibt zudem keine Möglichkeit von Vorratsbeschlüssen durch die Hauptversammlung wie nach § 33 Abs. 2 WpÜG. Ermächtigungen durch die Hauptversammlung sind vielmehr erst nach Veröffentlichung der Entscheidung gem. § 10 WpÜG möglich (§ 33a Abs. 2 S. 2 Nr. 2 WpÜG). Es sind im Weiteren nicht alle Handlungen eines ordentlichen und gewissenhaften Geschäftsleiters erlaubt. Neben Maßnahmen des normalen Geschäftsbetriebs sind Handlungen au-

1258 Angerer/Geibel/Süßmann/*Brandi* WpÜG § 33 Rn. 94; Assmann/Pötzsch/Schneider/*Krause/Pötzsch/Stephan* WpÜG § 33 Rn. 304 f.; Schwark/Zimmer/*Noack/Zetzsche* WpÜG § 33 Rn. 42. Für einen vorbeugenden Unterlassungsanspruch *Langenbucher* AktR § 18 Rn. 118; KölnKomm WpÜG/*Hirte* § 33 Rn. 147.

1259 Schwark/Zimmer/*Noack/Zetzsche* WpÜG § 33 Rn. 44. AA KölnKomm WpÜG/*Hirte* § 33 Rn. 159.

1260 Baums/Thoma/*Grunewald* WpÜG § 33 Rn. 109; Steinmeyer/*Steinmeyer* WpÜG § 33 Rn. 62; wohl auch MüKoAktG/*Schlitt/Ries* WpÜG § 33 Rn. 240. AA Angerer/Geibel/Süßmann/*Brandi* WpÜG § 33 Rn. 97.

ßerhalb des normalen Geschäftsbetriebs nur möglich, wenn sie der Umsetzung von Entscheidungen dienen, die vor der Veröffentlichung des Angebots gefasst und bereits teilweise umgesetzt wurden (§ 33a Abs. 2 S. 2 Nr. 2, 3). Ebenso wie bei § 33 WpÜG ist allerdings auch die Suche nach einem konkurrierenden Angebot („*white knight*") zulässig, § 33a Abs. 2 S. 2 Nr. 4 WpÜG.

Nach der **europäischen Durchbrechungsregel** gem. § 33b WpÜG 749
kann die Zielgesellschaft in ihrer Satzung bestimmen, dass Übertragungsbeschränkungen, wie zB bei vinkulierten Aktien (§ 68 Abs. 2 S. 1 AktG), sowie Stimmbindungsverträge im Falle eines Übernahmeangebots iSd WpÜG nicht gegenüber dem Bieter gelten.

b) Das Bestechungsverbot gem. § 33d WpÜG. Um die Neutrali- 750
tät der Geschäftsleitung der Zielgesellschaft zu sichern, unterliegt der Bieter einem Bestechungsverbot. Nach § 33d WpÜG darf der Bieter Vorstands- und Aufsichtsratsmitgliedern der Zielgesellschaft im Zusammenhang mit dem Übernahmeangebot keine ungerechtfertigten Geldleistungen oder sonstigen ungerechtfertigten geldwerten Vorteile gewähren oder versprechen. Hierdurch sollen Interessenkonflikte und Zweifel an der Unabhängigkeit des Vorstands bzw. des Aufsichtsrats vermieden werden.[1261] **Ungerechtfertigt** sind solche Leistungen, durch die die Organe der Zielgesellschaft im Sinne des Bieters zu Maßnahmen veranlasst werden sollen, die nicht dem Interesse der Zielgesellschaft und der Aktionäre entsprechen, oder von der Zielgesellschaft selbst nicht gewährt werden dürften.[1262]

Darunter fallen zB unangemessen hohe Abfindungen für das Ausscheiden nach der Übernahme. Zulässig ist nach der Gesetzesbegründung hingegen die Zusage, den Vorstand nach der Übernahme weiter zu beschäftigen.[1263] Das muss jedenfalls dann gelten, wenn die Übernahme nur bei Weiterbeschäftigung des Vorstandes der Zielgesellschaft wirtschaftlich sinnvoll ist.[1264]

Bei § 33d WpÜG handelt es sich um ein Verbotsgesetz iSd **§ 134 BGB**, so dass die Vereinbarung über die Vorteilsgewährung nichtig ist.

1261 Angerer/Geibel/Süßmann/*Brandi* WpÜG § 33d Rn. 1; Assmann/Pötzsch/Schneider/*Krause/Pötzsch/Stephan* WpÜG § 33d Rn. 1; Baums/Thoma/*Kiem* WpÜG § 33d Rn. 1; Steinmeyer/*Steinmeyer* WpÜG § 33d Rn. 1.
1262 Angerer/Geibel/Süßmann/*Brandi* WpÜG § 33d Rn. 3.
1263 Angerer/Geibel/Süßmann/*Brandi* WpÜG § 33d Rn. 3; Assmann/Pötzsch/Schneider/*Krause/Pötzsch/Stephan* WpÜG § 33d Rn. 19; KölnKomm WpÜG/*Hirte* § 33d Rn. 13; MüKoAktG/*Schlitt/Ries* WpÜG § 33d Rn. 12.
1264 Vgl. *Lenenbach* KapMarktR Rn. 16.138.

4. Der übernahmerechtliche Squeeze-out

751 Gehören dem Bieter nach einem Übernahme- oder Pflichtangebot Aktien in Höhe von **mindestens 95 Prozent** des stimmberechtigten Grundkapitals der Zielgesellschaft, kann er gem. § 39a Abs. 1 S. 1 WpÜG die Übertragung der übrigen stimmberechtigten Aktien gegen eine **angemessene Abfindung** verlangen (sog **Squeeze-out**). Spiegelbildlich dazu können die verbliebenen Minderheitsaktionäre unter diesen Umständen nach § 39c WpÜG ihre Anteile dem Bieter gegen eine angemessene Abfindung andienen. §§ 39a–39b WpÜG dienen der Umsetzung von Art. 15 f. bzw. 21 der Übernahmerichtlinie.

752 **a) Squeeze-out gem. § 39a WpÜG.** Der übernahmerechtliche *Squeeze-out* ist an den aktienrechtlichen *Squeeze-out* gem. §§ 327a ff. AktG angelehnt, soll dem Bieter aber ein einfacheres und schnelleres Ausschlussverfahren im Anschluss an ein Übernahme- oder Pflichtangebot zur Verfügung stellen. Der Bieter kann grundsätzlich zwischen dem *Squeeze-out* nach § 327a AktG und nach § 39a WpÜG frei wählen. Hat er sich aber für den übernahmerechtlichen Ausschluss entschieden, verdrängt dieser nach § 39a Abs. 6 WpÜG den aktienrechtlichen *Squeeze-out* nach §§ 327a ff. AktG. Ebenso wie § 327a AktG greift § 39a WpÜG in die verfassungsrechtlich gem. **Art. 14 Abs. 1 GG** garantierte Eigentumsfreiheit in Form der Mitgliedschafts- und Vermögensrechte der ausgeschlossenen Minderheitsaktionäre ein.[1265] Die Interessen der verbliebenen Minderheitsaktionäre beschränken sich allerdings typischerweise auf die Vermögensrechte, sprich Dividenden- und Bezugsrechte. Das Interesse an der Ausübung von Verwaltungsrechten ist in diesen Fällen hingegen allenfalls gering ausgeprägt. Das wirtschaftliche Interesse des Bieters, in ökonomischen Entscheidungen nicht durch kosten- und zeitintensive Maßnahmen zum Schutz der Minderheitsaktionäre beeinträchtigt zu werden, wird hierbei höher gewichtet als die Vermögensinteressen der Minderheitsaktionäre.[1266] Voraussetzung für die Rechtfertigung des Eingriffs in das verfassungsrechtlich geschützte Vermögensrecht der Minderheitsaktionäre ist aber, dass sie durch eine angemessene Abfindung wirtschaftlich entschädigt werden und die Möglichkeit haben, die Ange-

---

1265 Zur Anwendbarkeit des deutschen Verfassungsrechts MüKoAktG/*Grunewald* WpÜG § 39a Rn. 12.
1266 BVerfG NJW 2007, 3268.

messenheit der Abfindung durch eine unabhängige Institution überprüfen zu lassen.[1267]

aa) Voraussetzungen. Der übernahmerechtliche Squeeze-out erfolgt durch Gerichtsbeschluss auf **Antrag des Bieters**. Sachlich und örtlich ausschließlich zuständig ist das LG Frankfurt a.M. (§ 39a Abs. 5 WpÜG). Ein Hauptversammlungsbeschluss der Zielgesellschaft wie in § 327a AktG ist nicht erforderlich. Der Antrag des Bieters hat gem. § 39a Abs. 4 WpÜG innerhalb einer **Frist** von drei Monaten nach Ablauf der (weiteren) Annahmefrist gem. § 16 WpÜG zu erfolgen. Der Bieter kann den Antrag aber bereits vor Ablauf der Annahmefrist stellen, sobald das Angebot in der erforderlichen Höhe angenommen wurde (§ 39a Abs. 4 S. 2 WpÜG). Voraussetzung ist, dass dem Bieter nach einem Übernahme- oder Pflichtangebot iSd WpÜG Aktien iHv mehr als **95 Prozent** des stimmberechtigten Grundkapitals an der Zielgesellschaft gehören. Maßgeblich hierfür ist die dingliche Rechtslage. Etwaige Stimmrechtsverbote (etwa gem. § 44 WpHG) sind unbeachtlich.[1268] Der Bieter kann darüber hinaus auch die Übertragung der stimmrechtslosen Vorzugsaktien verlangen, wenn er zugleich Aktien in Höhe von 95 Prozent des Grundkapitals hält, § 39a Abs. 1 S. 2 WpÜG. Die Berechnung der Beteiligung erfolgt gem. § 39a Abs. 2 WpÜG iVm § 16 Abs. 1 AktG. Die 95-prozentige Beteiligung muss nicht allein durch Erwerbe aufgrund des Übernahme- oder Pflichtangebots erreicht werden.[1269] Es kommen etwa auch Paketerwerbe oder andersartige Zukäufe in Betracht. 753

Umstritten ist, bis zu welchem **Zeitpunkt** der Bieter die 95 Prozent-Schwelle des § 39a WpÜG erreicht haben muss, damit ihm ein Ausschlussrecht zusteht. Diese wichtige Frage ist im Gesetz nicht ausdrücklich geregelt und wird daher in Schrifttum und Rechtsprechung kontrovers diskutiert. Die hierzu vertretenen Auffassungen reichen vom Ablauf der (weiteren) Annahmefrist[1270] über einen engen zeitlichen Zusammenhang mit dem Ablauf der Annahmefrist[1271] und dem Ende der dreimonatigen Antragsfrist gem. § 39a Abs. 3 S. 1 754

1267 BVerfG NZG 2012, 907 (909) Rn. 20 ff.
1268 Angerer/Geibel/Süßmann/*Süßmann* WpÜG § 39a Rn. 8.
1269 Angerer/Geibel/Süßmann/*Süßmann* WpÜG § 39a Rn. 9.
1270 OLG Frankfurt a. M. AG 2012, 635; Angerer/Geibel/Süßmann/*Süßmann* WpÜG § 39a Rn. 10; *Meyer* WM 2006, 1135 (1142); *Seibt/Heiser* AG 2006, 301 (308).
1271 NK-AktienKapMR/*Heidel/Lochner* WpÜG § 39a Rn. 19; Steinmeyer/*Santelmann* WpÜG § 39a Rn. 10; *Johannsen-Roth/Illert* ZIP 2006, 2157 (2159).

WpÜG (so die **hL**)[1272] bis hin zum Zeitpunkt der gerichtlichen Entscheidung.[1273] Der **BGH** hat sich für die Berücksichtigung von Erwerben bis zum Ablauf der Annahmefrist entschieden.[1274] Er begründet dies systematisch damit, dass die Frist für die Ausübung des spiegelbildlichen Andienungsrechts der Minderheitsaktionäre gem. § 39c WpÜG, das ebenfalls an das Erreichen der 95 Prozent-Schwelle anknüpft (→ Rn. 758), bereits mit Ablauf der Annahmefrist zu laufen beginnt.[1275] Zudem solle der übernahmerechtliche *Squeeze-out* nur den erfolgreichen Bieter begünstigen. Erfolgreich sei der Bieter aber nur, wenn er die Schwelle im Übernahmeverfahren, also bis zum Ablauf der Annahmefrist, erreicht hat. Dieser Auslegung steht die Übernahmerichtlinie nicht entgegen, die in Art. 15 Abs. 2, 3 iVm ErwGr 24 lediglich einen zeitlichen Zusammenhang mit dem Übernahmeangebot verlangt. Nach der Rechtsprechung des BGH sind daher für die Berechnung der Anteile im Rahmen des § 39a WpÜG jedenfalls Aktienerwerbe nach Ablauf der weiteren Annahmefrist iSd § 16 Abs. 2 WpÜG nicht mehr zu berücksichtigen.[1276] Ob weiter einschränkend sogar nur Erwerbe innerhalb der (ursprünglichen) Annahmefrist maßgeblich sind, konnte der BGH im konkreten Fall offen lassen. Für die Antragsfrist bis zum Ablauf der weiteren Annahmefrist iSd § 16 Abs. 2 WpÜG spricht, dass das Übernahmeverfahren bis dahin andauert.[1277] Einem Bieter, der die 95-prozentige Beteiligungsschwelle bis zum Ablauf der weiteren Annahmefrist nicht erreicht, steht daher das Recht zum Ausschluss der Minderheitsaktionäre nach § 39a WpÜG nicht zu. Möglich bleibt aber der aktienrechtliche *Squeeze-out* gem. § 327a AktG.

755 **bb) Rechtsfolgen.** Liegen die Voraussetzungen des § 39a WpÜG vor, hat der Bieter einen Anspruch auf Übertragung der Aktien. Die Aktien der Minderheitsaktionäre gehen kraft Gesetzes auf den Bieter über, wenn das LG Frankfurt a.M. dem Antrag durch Beschluss statt-

1272 OLG Frankfurt a. M. AG 2012, 635 (638); Assmann/Pötzsch/Schneider/Seiler WpÜG § 39a Rn. 49; Baums/Thoma/*Merkner/Sustmann* WpÜG § 39a Rn. 18; KölnKomm WpÜG/*Hasselbach* § 39a Rn. 46; Schwark/Zimmer/*Noack/Zetzsche* WpÜG § 39a Rn. 9; *Ott* WM 2008, 384 (387); *Paefgen* WM 2007, 765 (766).

1273 MüKoAktG/*Grunewald* WpÜG § 39a Rn. 22.

1274 BGH NZG 2013, 223 (224) Rn. 20ff.; sich anschließend OLG Frankfurt a. M. NZG 2014, 543; so bereits Bork NZG 2011, 650 (651).

1275 BGH NZG 2013, 223 (224) Rn. 23.

1276 BGH NZG 2013, 223 (224) Rn. 20; sich anschließend OLG Frankfurt a. M. NZG 2014, 543; so bereits *Bork* NZG 2011, 650 (651).

1277 Zu § 39c WpÜG Angerer/Geibel/Süßmann/*Süßmann* WpÜG § 39c Rn. 4. AA NK-AktienKapMR/*Heidel/Lochner* WpÜG § 39c Rn. 8.

gibt und der Beschluss in Rechtskraft erwächst (§ 39b Abs. 5 S. 3 WpÜG). Wie bei § 327a AktG muss der Bieter den ausgeschlossenen Minderheitsaktionären eine **angemessene Abfindung** zahlen. Die Bestimmung der angemessenen Abfindung erfolgt jedoch gem. § 39a Abs. 3 WpÜG nach anderen Grundsätzen als nach § 327a AktG: So richtet sich die **Art** der Abfindung nach der Gegenleistung im Übernahme- bzw. Pflichtangebot und muss stets wahlweise in Form einer Geldleistung bestehen (§ 39a Abs. 3 S. 1, 2 WpÜG). Die Angemessenheit der Abfindung wird im Übrigen vermutet, wenn sie der Gegenleistung im vorangegangenen Übernahme- oder Pflichtangebot entspricht und der Bieter mindestens 90 Prozent der Aktien „aufgrund des Angebots" erhalten hat. Unter diesen Umständen geht der Gesetzgeber davon aus, dass der Markt die Gegenleistung als einen angemessenen Ausgleich für die Übertragung der Aktien an der Zielgesellschaft akzeptiert hat. Nicht zu berücksichtigen sind Erwerbe, die der Bieter vor der Veröffentlichung der Entscheidung zur Abgabe eines Angebots iSd § 10 WpÜG und damit gerade nicht aufgrund des öffentlichen Angebots getätigt hat.[1278] An dieser Stelle – im Hinblick auf die Vermutung der Angemessenheit – ist das übernahmerechtliche *Squeeze-out*-Verfahren im Vergleich zu § 327a AktG aus Sicht des Bieters günstiger. Es soll einen raschen und kostengünstigen Ausschluss ermöglichen und langandauernde Gerichtsverfahren vermeiden.

Umstritten ist, ob die Vermutung widerlegbar ist. Hierfür spricht, **756**
dass die im Übernahmeverfahren gezahlte Gegenleistung nicht zwingend dem wirklichen Marktwert entsprechen muss, insbesondere wenn etwa Publizitätspflichten wie Art. 17 MAR nicht erfüllt oder wenn die Kurse manipuliert wurden.[1279] Für eine unwiderlegliche Vermutung streitet indes, dass Gründe, die die Vermutung widerlegen, uU erst lange Zeit nach Abschluss des *Squeeze-out* aufgedeckt werden. Könnte die Angemessenheit auch dann noch in Frage gestellt werden, wäre dies für die ordnungsgemäße Abwicklung des Verfahrens erforderliche Rechtssicherheit abträglich.[1280] Liegen die relativ strengen Voraussetzungen für die Vermutung nicht vor, wird die angemessene Höhe der Abfindung nach den gleichen Grundsätzen wie

---

1278 Schwark/Zimmer/*Noack/Zetzsche* WpÜG § 39a Rn. 24.
1279 OLG Frankfurt a. M. NZG 2014, 543.
1280 Angerer/Geibel/Süßmann/*Süßmann* WpÜG § 39a Rn. 18; Assmann/Pötzsch/Schneider/*Seiler* WpÜG § 39a Rn. 89; *Austmann/Mennecke* NZG 2004, 846 (850); *Seibt/Heiser* AG 2006, 301 (319); *Seibt/Heiser* ZGR 2005, 200 (244).

die Gegenleistung gem. § 31 WpÜG iVm §§ 3 ff. WpÜG–AV ermittelt (→ Rn. 727 ff.).

757 **cc) Ausschlussverfahren gem. § 39b WpÜG.** Das Ausschlussverfahren findet nach § 39b Abs. 1 WpÜG vor dem LG Frankfurt statt, das über die Rechtmäßigkeit gem. § 39a WpÜG, einschließlich der Angemessenheit der Abfindung gem. §§ 39a iVm 31 WpÜG befindet. An dieser Stelle ist der aktienrechtliche *Squeeze-out* aus Sicht des Bieters günstiger, da der Ausschluss der Aktionäre ohne Prüfung der Abfindung auf ihre Angemessenheit rechtswirksam wird und über die Frage der Angemessenheit im ausgelagerten Spruchverfahren gesondert zu entscheiden ist (§ 1 Nr. 3 SpruchG iVm §§ 327e, 327f AktG). Gegen die Entscheidung des LG Frankfurt a.M. ist Beschwerde vor dem OLG Frankfurt a.M. und Rechtsbeschwerde zum BGH gem. § 39b Abs. 3, 4 WpÜG möglich.

758 **b) Andienungsrecht der Minderheitsaktionäre gem. § 39c WpÜG.** Spiegelbildlich zum Ausschlussrecht des Bieters gem. §§ 39a, 39b WpüG gewährt § 39c WpÜG denjenigen Aktionären ein Andienungsrecht, die ein vorausgegangenes Übernahme- oder Pflichtangebot nicht angenommen haben, wenn die Voraussetzungen für den übernahmerechtlichen *Squeeze-out* vorliegen, dem Bieter also insbesondere Aktien der Zielgesellschaft iHv mindestens 95 Prozent des stimmberechtigten Grundkapitals gehören, und nicht mehr als drei Monate seit Ablauf der (weiteren) Annahmefrist vergangen sind. Die Aktionäre können dann das Angebot noch im Nachgang des Übernahmeverfahrens annehmen.[1281]

Zur vertiefenden Lektüre: *Altmeppen*, Neutralitätspflicht und Pflichtangebot nach dem neuen Übernahmerecht, ZIP 2001, 1073; *Baums*, Low Balling, Creeping in und deutsches Übernahmerecht, ZIP 2010, 2374; *Borges*, Acting in Concert – Vom Schreckgespenst zur praxistauglichen Zurechnungsnorm – Zugleich Besprechung BGH v 18–9-2006 – II ZR 137/05, ZIP 2006, 2077 (WMF), ZIP 2007, 357; *Cascante/Tyrolt*, 10 Jahre WpÜG – Reformbedarf im Übernahmerecht?, AG 2012, 97; *Diekmann*, Änderungen im Wertpapiererwerbs- und Übernahmegesetz anlässlich der Umsetzung der EU-Übernahmerichtlinie in das deutsche Recht, NJW 2007, 17; *Ekkenga*, Neuere Entwicklungen zur Preisverantwortung des Bieters im Übernahmerecht – das Postbank-Urteil des BGH, ZGR 2015, 485; *Frehse*, Die Angebotsänderung nach § 21 WpÜG – Erfolgsgarant oder doch nur hinausgezögertes Scheitern des öffentlichen Erwerbs- oder Übernahmeangebots?, BB 2018, 2312; *Fritz-*

1281 Vgl. *Ott* WM 2008, 384.

sche/Hupka, Schwerpunktbereichsklausur – Kapitalmarkt- und Börsenrecht: Neutralitätspflichten des Vorstands der Zielgesellschaft bei feindlicher Übernahme – Die Übernahmeschlacht, JuS 2009, 721; *Habersack*, Angemessene Gegenleistung (§ 31 WpÜG) versus angemessene Abfindung (§§ 305, 327 b AktG) nach „BKN“ und „Postbank“, NZG 2019, 881; *ders.*, Verhinderungsverbot und Pflichtangebotsregel – Eckpfeiler des europäischen Übernahmerechts?, ZHR 181 (2017), 603; *Harbarth*, Europäische Durchbrechungsregel im deutschen Übernahmerecht, ZGR 2007, 37; *Hasselbach/Stepper*, Aktuelle Rechtsfragen bei konkurrierenden Übernahmeangeboten, NZG 2020, 170; *Hippeli/Boucsein*, Aktenvortrag – Wirtschaftsrecht: Öffentliches Übernahmerecht – Befreiung vom Pflichtangebot, JuS 2016, 546; *Hitzer/Düchting*, Flankierung des Übernahmerechts durch weitere Reformen der Beteiligungstransparenz im WpHG?, ZIP 2011, 1084; *Hopt*, Grundsatz- und Praxisprobleme nach dem Wertpapiererwerbs- und Übernahmegesetz, ZHR 166 (2002), 383; *Johannsen-Roth/Illert*, Paketerwerbe und öffentliche Übernahmeangebote im Lichte des neuen übernahmerechtlichen Squeeze out nach § 39a WpÜG, ZIP 2006, 2157; *Kleindiek*, Funktion und Geltungsanspruch des Pflichtangebots nach dem WpÜG, ZGR 2002, 546; *Kocher*, Gemeinsam handelnde Personen im Übernahmerecht, AG 2018, 308; *Kraft/Redenius*-Hövermann, Einführung in die Regelungen zum Squeeze-out, Jura 2013, 1; *Krause*, Übungsfall: Windige Unternehmensanleihen, ZJS 2014, 658; *Leyendecker-Langner*, Die Stellungnahme nach § 27 WpÜG bei Interessenkonflikten von Organmitgliedern, NZG 2016, 1213; *Merkt*, „Creeping in“ aus internationaler Sicht, NZG 2011, 561; *Merkt*, Verhaltenspflichten des Vorstands der Zielgesellschaft bei feindlichen Übernahmen, ZHR 165 (2001), 224; *Meyer*, Änderungen im WpÜG durch die Umsetzung der EU-Übernahmerichtlinie, WM 2006, 1135; *Ott*, Der übernahmerechtliche Squeeze-out gem. §§ 39af. WpÜG, WM 2008, 384; *Paefgen*, Zum Zwangsausschluss im neuen Übernahmerecht, WM 2007, 765; *Schanz*, Verteidigungsmechanismen gegen feindliche Übernahmen nach Umsetzung der Übernahmerichtlinie im deutschen Recht, NZG 2007, 927; *Schulze De la Cruz/Schmoll*, Tauschangebote nach WpÜG im Lichte der neuen Prospektverordnung, WM 2020, 630; *Wolf*, Der Mythos „Neutralitätspflicht“ nach dem Übernahmerichtlinien-Umsetzungsgesetz, ZIP 2008, 300.

IV. Exkurs: Übernahmesonderrecht im KAGB

Spezielle Transparenzpflichten, die § 35 Abs. 2 WpÜG und den **759**
§§ 33 ff. WpHG ähneln, gelten gem. §§ 287–292 KAGB für den Fall, dass geschlossene inländische Spezial-AIF (zu dem Begriff → Rn. 98 ff.) die Kontrolle über nicht börsennotierte Unternehmen, § 287 Abs. 1 KAGB (sog **Private-Equity-Fonds**), oder zum Teil über börsennotierte Unternehmen, § 287 Abs. 3 KAGB, beabsichtigen.

1. Anwendungsbereich

760 Die §§ 287 ff. KAGB finden auf AIF-KVG Anwendung, die Spezial-AIF verwalten, die allein oder gemeinsam aufgrund einer Vereinbarung einen **Kontrollerwerb** iSd § 288 Abs. 1 KAGB über ein nichtbörsennotiertes Unternehmen anstreben (§ 287 Abs. 1 Nr. 1 KAGB) oder mit einer anderen AIF-KVG zusammenarbeiten, die einen solchen Kontrollerwerb bezweckt (§ 287 Abs. 1 Nr. 2 KAGB). Anders als § 29 WpÜG lässt § 288 Abs. 1 KAGB für die Kontrolle über nicht börsennotierte Unternehmen nicht schon das Erreichen der 30 Prozent-Schwelle genügen, sondern verlangt, dass dem oder den AIF mehr als die Hälfte der Stimmrechte an dem Zielunternehmen zustehen. Dies ist konsequent, da hier – anders als im Falle der börsennotierten Gesellschaften (zum dortigen formellen Kontrollbegriff → Rn. 681) – grundsätzlich davon auszugehen ist, dass sämtliche Gesellschafter an der Versammlung teilnehmen und daher grundsätzlich 50 Prozent + × für das Zustandekommen von Beschlüssen erforderlich ist. Gem. § 288 Abs. 2 KAGB werden bei der Berechnung der Stimmrechte neben den Stimmrechten aus Anteilen, die der betreffende AIF direkt hält, auch Stimmrechte Dritter berücksichtigt. Hierfür muss es sich – insoweit enger als nach § 34 WpHG und § 30 WpÜG – bei den Dritten um Unternehmen handeln, die von dem AIF kontrolliert werden, oder um natürliche oder juristische Personen, die zwar im eigenen Namen, aber im Auftrag des AIF oder eines von dem AIF kontrollierten Unternehmens handeln. Grundsätzlich ausreichend für die Anwendung der §§ 287 ff. KAGB ist die Absicht der Kontrollerlangung; ein tatsächliches Erreichen der Kontrollschwelle ist demnach nicht erforderlich.

761 Zielunternehmen muss grundsätzlich ein **nicht börsennotiertes Unternehmen** sein, dh ein Unternehmen, das seinen satzungsmäßigen Sitz in der EU hat und dessen Anteile nicht zum Handel an einem geregelten Markt im Sinne von Art. 4 Abs. 1 Nr. 21 MiFID II (siehe § 2 Abs. 11 WpHG) zugelassen sind (§ 1 Abs. 19 Nr. 27 KAGB). Dazu gehören auch Aktiengesellschaften, deren Aktien ausschließlich in den Handel im Freiverkehr einbezogen sind. Ausgenommen sind ua KMU, dh Unternehmen mit weniger als 250 Mitarbeitern und einem Jahresumsatz von höchstens 50 Mio. EUR oder einer Jahresbilanzsumme von höchstens 43 Mio. EUR, § 287 Abs. 2 KAGB. Ist das Zielunternehmen ein Emittent, dessen Wertpapiere zum Handel an einem regulierten Markt zugelassen sind, gelten

gem. § 287 Abs. 4 KAGB lediglich die §§ 290 Abs. 1–3, 292 KAGB und im Falle einer börsennotierten AG darüber hinaus die §§ 33 ff. WpHG (→ Rn. 602 ff.) sowie das WpÜG (→ Rn. 669 ff.).

2. Beteiligungstransparenz

§ 289 KAGB verpflichtet die KVG – ähnlich wie die §§ 33 ff. WpHG für börsennotierte Aktiengesellschaften – zur Beteiligungstransparenz. Die Beteiligungspublizität gilt demnach auch für AIF, die lediglich eine Minderheitsbeteiligung erlangen, § 287 Abs. 3 KAGB. So hat die AIF-KVG gem. § 289 Abs. 1 KAGB der BaFin das Erreichen, Über- oder Unterschreiten der Schwellen von 10 Prozent, 20 Prozent, 30 Prozent, 50 Prozent oder 75 Prozent der Stimmrechte an einem nicht börsennotierten Unternehmen mitzuteilen. Das gilt allerdings nicht für den Erwerb von Beteiligungen an börsennotierten Aktiengesellschaften (siehe § 287 Abs. 3 KAGB), da insoweit die allgemeine Beteiligungspublizität gem. §§ 33 ff. WpHG zur Anwendung kommt. 762

3. Pflichten bei Kontrollerwerb

Erlangt ein AIF tatsächlich allein oder gemeinsam mit anderen AIF die Kontrolle über ein nicht börsennotiertes Unternehmen, gelten gem. §§ 290 ff. KAGB weitergehende Pflichten. Im Fall der Kontrollerlangung muss die KVG dem Unternehmen, dessen Anteilseignern und der BaFin Einzelheiten der Kontrollerlangung **mitteilen**, § 289 Abs. 2, 3 KAGB, und die in § 290 KAGB genannten Informationen **offenlegen**. Darüber hinaus ist der Vorstand des Zielunternehmens zu ersuchen, die Arbeitnehmervertreter oder notfalls die Arbeitnehmer selbst von der Kontrollerlangung und den offengelegten Informationen in Kenntnis zu setzen, §§ 289 Abs. 4; 290 Abs. 3, 4 KAGB. Die Mitteilungen gem. § 289 KAGB haben innerhalb von zehn Arbeitstagen nach dem Erreichen, Über- oder Unterschreiten der jeweiligen Schwelle zu erfolgen, § 289 Abs. 5 KAGB. Außerdem müssen der Jahresabschluss bzw. Lagebericht des Zielunternehmens und der Anhang des Jahresabschlusses bzw. des Jahresberichts der AIF um die in § 291 Abs. 1, 2 KAGB genannten Informationen ergänzt werden. Vorsätzliche oder leichtfertige Verstöße gegen die Mitteilungs- und Offenlegungspflichten gem. §§ 289 Abs. 1, 2, 5; 290 Abs. 1, 5 KAGB sind gem. § 340 Abs. 2 Nr. 26, 27, Abs. 5 KAGB als Ordnungswidrigkeit mit einer Geldbuße bis zu 100.000 EUR sank- 763 tioniert. Um eine Zerschlagung und ein Ausschlachten („*asset stripping*“) des Zielunternehmens zu verhindern bzw. hinauszuzögern und vor allem die weit verbreitete Finanzierung des Kontrollerwerbs aus dem Vermögen des Zielunternehmens zu erschweren, sieht § 292 KAGB zudem eine spezielle **Ausschüttungssperre** für die ersten 24 Monate nach Kontrollerlangung vor. §§ 290 Abs. 1–3 und 292 KAGB gelten auch, wenn die Kontrolle über eine börsennotierte Gesellschaft erlangt wird.

Zur vertiefenden Lektüre: *Koch*, Das Kapitalanlagegesetzbuch: Neue Rahmenbedingungen für Private-Equity-Fonds – Transparenz, gesellschaftsrechtliche Maßnahmen und Finanzierung, WM 2014, 433; *Schröder/Rahn*, Das KAGB und Private-Equity-Transaktionen – Pflichten für Manager von Private-Equity-Fonds und deren Verwahrstellen, GWR 2014, 49; *Söhner*, Neuer Rechtsrahmen für Private Equity – AIFM Umsetzungsgesetz, Aktienrechtsnovelle 2014 und weitere Vorschriften, WM 2014, 2110; *Viciano-Gofferje*, Neue Transparenzanforderungen für Private Equity Fonds nach dem Kapitalanlagegesetzbuch, BB 2013, 2506; *Weitnauer*, Übernahmesonderrecht des KAGB und seine Auswirkungen auf die Private-Equity-Branche, AG 2013, 672.

§ 23. Sonderaktienrecht für börsennotierte Aktiengesellschaften

764 Sonderregelungen für börsennotierte Aktiengesellschaften finden sich auch im AktG (vgl. **§ 3 Abs. 2 AktG**), so etwa zur Vergütung der Vorstandsmitglieder börsennotierter Gesellschaften in §§ 87 Abs. 1 S. 2 AktG. Der Publizität am Kapitalmarkt und damit dessen Funktionsfähigkeit dienlich sind vor allem die Pflicht zur Abgabe einer Entsprechenserklärung gem. § 161 AktG sowie die durch das ARUG II zum 1.1.2020 eingeführten Transparenzpflichten gem. §§ 134b ff. AktG.

I. Entsprechenserklärung gem. § 161 AktG

765 Vorstand und Aufsichtsrat einer börsennotierten AG müssen gem. § 161 AktG eine sog. Entsprechenserklärung zum **Deutschen Corporate Governance Kodex (DCGK)** abgeben.[1282] Bei dem DCGK han-

1282 Dazu auch *Windbichler* GesR § 25 Rn. 40 ff.

delt es sich um eine Selbstregulierungsmaßnahme der Wirtschaft (sog *soft law*), um die Stärkung des Vertrauens in eine erfolgsorientierte und verantwortliche Unternehmensführung und damit in den Kapitalmarkt zu stärken. Er enthält Regelungen zur Unternehmensleitung und -überwachung mit unterschiedlichem Verbindlichkeitsgrad: Neben der Wiederholung zwingenden Gesetzesrechts („muss") sind unverbindliche Empfehlungen („soll") sowie bloße Anregungen („sollte/kann") enthalten. § 161 AktG verpflichtet Vorstand und Aufsichtsrat börsennotierter Aktiengesellschaften zur Abgabe einer Entsprechenserklärung, worin darzulegen ist, ob die Empfehlungen des DCGK („soll") eingehalten werden, und wenn nicht, warum nicht (*comply-or-explain*-Regelung). Das gilt auch für Aktiengesellschaften, deren Aktien in multilateralen Handelssystemen iSd § 2 Abs. 3 Nr. 8 WpHG, zB im Freiverkehr, gehandelt werden, wenn andere Wertpapiere, zB Schuldverschreibungen oder Optionsscheine, mit ihrer Zustimmung zum Handel an einem organisierten Markt iSd § 2 Abs. 11 WpHG zugelassen sind. Mit der Entsprechenserklärung soll ein Anreiz zur Einhaltung des DCGK geschaffen werden,[1283] indem vor allem Investoren auf ein erklärtes Abweichen vom Kodex ablehnend reagieren und sich so die Kapitalkosten für die AG erhöhen.[1284] Dies ist allerdings nur bei einer wahrheitsgemäßen Entsprechenserklärung gewährleistet. Die Abgabe einer unwahren Erklärung ist als solche nicht sanktioniert, begründet aber die Anfechtbarkeit der Entlastungsbeschlüsse der Hauptversammlung[1285] und ist bei Aufnahme in den Lagebericht (§ 289a Abs. 2 Nr. 1 HGB) strafbar (§ 331 Abs. 1 Nr. 1 HGB).

II. Transparenzpflichten

Mit dem Gesetz zur Umsetzung der Aktionärsrechterichtlinie (EU) 2017/828 (ARUG II) wurden den in § 134a AktG genannten institutionellen Anlegern, Vermögensverwaltern und Stimmrechtsbe- 766

1283 *Hüffer/Koch* AktG § 161 Rn. 1.
1284 So stützen sich Stimmrechtsberater (sog Proxy Advisor) bei ihren Empfehlungen ua auf die Einhaltung des DCGK. Die Empfehlungen der Stimmrechtsberater haben in der Praxis überragende Bedeutung, vgl. als Beispiel den Streit um die Wahl von Wolfgang Mayrhuber als neuen Aufsichtsratsvorsitzenden der Lufthansa AG. ISS hatte die Wahl wegen zu vieler Aufsichtsratsmandate entgegen des DCGK abgelehnt, siehe *Klooß* Mayrhubers Erblast, 6.5.2013 (abrufbar unter: http://www.spiegel.de/wirtschaft/unternehmen/wolfgang-mayrhuber-die-altlasten-des-ex-lufthansa-chefs-a-898408.html).
1285 BGHZ 182, 272.

ratern kapitalmarktrechtliche Transparenzpflichten in §§ 134b ff. AktG auferlegt.[1286] Durch die Transparenzpflichten soll sichergestellt werden, dass die Aktionäre ihren Einfluss auf eine gute Unternehmensführung (Corporate Governance) durch Ausübung des Stimmrechts sachgerecht wahrnehmen können.[1287] **Institutionelle Anleger** (zu dem Begriff → Rn. 17) und **Vermögensverwalter** (zu dem Begriff → Rn. 18 f.) müssen gem. § 134c AktG ihre Mitwirkung in den Portfoliogesellschaften beschreiben (Mitwirkungspolitik), etwa Ausführungen zur Ausübung von Aktionärsrechten oder zum Umgang mit Interessenkonflikten, und gem. § 134d AktG ihre Anlagestrategie offenlegen. **Stimmrechtsberater** (sog Proxy Advisor) sind Unternehmen, die– wie etwa die ISS (International Shareholder Services) – vor allem institutionelle Investoren beraten und Empfehlungen zur Ausübung des Stimmrechts aussprechen.[1288] Da ihre Empfehlungen in der Praxis erheblichen Einfluss haben, sind sie nunmehr gem. § 134c Abs. 1 AktG – ähnlich wie börsennotierte Gesellschaften gem. § 161 AktG (→ Rn. 765) – verpflichtet, jährlich zu erklären, ob und inwieweit sie einem näher bezeichneten Verhaltenskodex entsprechen oder hiervon abweichen. Außerdem verpflichtet § 134d Abs. 2 AktG Stimmrechtsberater, bestimmte Informationen insbesondere zum Analyseverfahren zu veröffentlichen.

1286 Näher hierzu *Koch* BKR 2020, 1 ff. Kritisch zur Verortung der kapitalmarktrechtlichen Regelungen im AktG *Baums* ZHR 183 (2019), 605 (606 f.); *Freitag* AG 2014, 647 (655); *Tröger* ZGR 2019, 126 (147 ff.); *Zetzsche* NZG 2014, 1121 (1125).

1287 *Koch* BKR 2020, 1.

1288 Näher zur Rolle und Funktion von Stimmrechtsberatern *Schockenhoff/Nußbaum* ZGR 2019, 163 (164 f.); *Klöhn/P. Schwarz* ZIP 2012, 149 ff.; *Langenbucher* FS Hoffmann-Becking, 2013, 733 ff.; monographisch *P. Schwarz*, Institutionelle Stimmrechtsberatung, 2013.

6. Teil: Finanzintermediäre

Auf dem anonymen Kapitalmarkt sind Institutionen notwendig, die als Intermediäre den Handel zwischen Emittenten und Anlegern auf dem Primärmarkt bzw. den Handel zwischen den Anlegern auf dem Sekundärmarkt ermöglichen oder jedenfalls erleichtern. So erwerben Anleger Finanzinstrumente häufig nicht unmittelbar von einem Emittenten etwa im Rahmen eines Börsengangs oder von einem anderen Anleger am Sekundärmarkt, sondern wenden sich regelmäßig an einen Finanzintermediär in Gestalt einer Bank oder eines Finanzdienstleistungsinstituts. Diese Wertpapierdienstleistungsunternehmen unterliegen wegen ihrer herausragenden Bedeutung ebenfalls besonderen Pflichten gem. §§ 63 ff. WpHG. 767

Entsprechend der amtlichen Überschrift des 11. Abschnitts des WpHG lassen sich die Pflichten der Wertpapierdienstleistungsunternehmen gem. §§ 63 ff. WpHG in Verhaltens- und Organisationspflichten unterteilen. Die ebenfalls genannten Transparenzpflichten finden sich nunmehr vornehmlich in der MiFIR (→ Rn. 223 f.). Die §§ 63 ff. WpHG sollen als kapitalmarktrechtliche Vorschriften des öffentlichen Rechts allgemein **die Funktionsfähigkeit des Kapitalmarktes** sicherstellen und die Anleger als Publikum schützen. Ob sie daneben auch eine **individualschützende Funktion** zum Schutz des einzelnen Anlegers haben, ist auch hier umstritten.[1289] Dieser Streit hat für die Einordnung als Schutzgesetz iSd § 823 Abs. 2 BGB und für die Konkretisierung der zivilrechtlichen Vertragspflichten Bedeutung (dazu Fall 25 → Rn. 852). 768

Die Normen sind ebenfalls europarechtlich vorgeprägt, ihre Aufnahme in §§ 31 ff. WpHG aF durch das Zweite Finanzmarktförderungsgesetz 1994 (2. FFG)[1290] diente der Umsetzung der Wertpapierdienstleistungsrichtlinie 1993 (WpD-RL)[1291]. Grundlegende Änderungen hat der Abschnitt im Jahr 2007 durch das Finanzmarkt- 769

1289 *Lenenbach* KapMarktR Rn. 5.20.

1290 Gesetz über den Wertpapierhandel und zur Änderung börsenrechtlicher und wertpapierrechtlicher Vorschriften (Zweites Finanzmarktförderungsgesetz) v. 26.7.1994, BGBl. 1994 I 1749.

1291 Richtlinie 93/22/EWG des Rates über Wertpapierdienstleistungen v. 10.5.1993, ABl. 1993 L 141, 1.

richtlinie-Umsetzungsgesetz (FRUG)[1292] erfahren. Der Anwendungsbereich wurde erweitert und die Pflichten der Wertpapierdienstleistungsunternehmen gegenüber ihren Kunden wurden erheblich verschärft. Auch hier war der europäische Gesetzgeber federführend **(MiFID).** Die Wohlverhaltenspflichten wurden weiterhin durch das 2. FiMaNoG zur Umsetzung der **MiFID II** mit Wirkung zum 3.1.2018 geändert. Das war mit inhaltlichen Änderungen und einer Neunummerierung in den §§ 63 ff. WpHG verbunden. Zuletzt wurde die RL (EU) 2021/338 am 16.2.2021 im Rahmen des Capital Markets Recovery Markets Recovery Package zur Erholung der Kapitalmärkte nach der COVID-19-Pandemie verabschiedet. Die hiermit verbundenen Änderungen der MiFID II haben die Mitgliedstaaten bis zum 28.11.202 umzusetzen und ab dem 22.2.2022 anzuwenden.

770 Die §§ 63 ff. WpHG werden durch die unmittelbar anwendbare DelVO (EU) 2017/565 und durch eine Vielzahl technischer Regulierungsstandards (RTS) konkretisiert (Level 2, → Rn. 45).[1293] Die nationale Verordnung zur Konkretisierung der Verhaltensregeln und Organisationsanforderungen für Wertpapierdienstleistungsunternehmen (**WpDVerOV**) wird zum Teil durch die DelVO (EU) 2017/565 ersetzt (§ 63 Abs. 13; 64 Abs. 9 WpHG).[1294] Im Übrigen wird die WpDVerOV zur Umsetzung der europäischen DelRL (EU) 2017/593[1295] neu gefasst.

Auf **Level 3** sind die Leitlinien der ESMA zu berücksichtigen; so etwa in Bezug auf die Anforderungen zur Geeignetheit.[1296] Diese stellen keine rechtlich verbindlichen Regelungen dar,[1297] geben aber die Praxis der europäischen

---

1292 Finanzmarktrichtlinie-Umsetzungsgesetz (FRUG) v. 16.7.2007, BGBl. 2007 I 1330.

1293 Delegierte Verordnung (EU) 2017/565 der Kommission vom 25. April 2016 zur Ergänzung der Richtlinie 2014/65/EU des Europäischen Parlaments und des Rates in Bezug auf die organisatorischen Anforderungen an Wertpapierfirmen und die Bedingungen für die Ausübung ihrer Tätigkeit sowie in Bezug auf die Definition bestimmter Begriffe für die Zwecke der genannten Richtlinie.

1294 Begr. RegE BT-Drs. 18/10936, 234.

1295 Delegierte Richtlinie (EU) 2017/593 der Kommission vom 7. April 2016 zur Ergänzung der Richtlinie 2014/65/EU des Europäischen Parlaments und des Rates im Hinblick auf den Schutz der Finanzinstrumente und Gelder von Kunden, Produktüberwachungspflichten und Vorschriften für die Entrichtung beziehungsweise Gewährung oder Entgegennahme von Gebühren, Provisionen oder anderen monetären oder nicht-monetären Vorteilen.

1296 ESMA, Consultation Paper, Guidelines on certain aspects of the MiFID II suitability requirements, vom 13. Juli 2017, ESMA35–43–748, 36 ff („Annex III – Guidelines“); siehe auch MAR-Leitlinien der ESMA „für die Beurteilung von Kenntnissen und Kompetenzen“ (ESMA/2015/1886 DE (rev).

1297 ESMA, Consultation Paper, Guidelines on certain aspects of the MiFID II suitability requirements, vom 13. Juli 2017, ESMA35–43–748, 38 („Guidelines do not reflect absolute obligations“).

Aufsichtsbehörde wieder und haben insoweit jedenfalls wichtige praktische Bedeutung. Darüber hinaus sind die Q&As der ESMA zu beachten.[1298]

Rechtlich unverbindlich sind auch die Rundschreiben der BaFin zu den Mindestanforderungen an die Compliance-Funktion und die weiteren Verhaltens-, Organisations- und Transparenzpflichten nach §§ 63 ff. WpHG (**MaComp**).[1299] Es handelt sich hierbei nicht um materielles Recht, sondern um eine norminterpretierende Verwaltungsvorschrift, welche zwar die BaFin selbst, nicht aber die Gerichte bindet.[1300]

§ 24. Wertpapierdienstleistungsunternehmen

I. Wertpapierdienstleistungsunternehmen

Die §§ 63 ff. WpHG richten sich an Wertpapierdienstleistungsunternehmen (zu dem Begriff bereits oben → Rn. 19), dh Kreditinstitute, Finanzdienstleistungsinstitute und nach § 53 Abs. 1 S. 1 KWG tätige Unternehmen, die Wertpapierdienstleistungen allein oder zusammen mit Wertpapiernebendienstleistungen gewerbsmäßig oder in einem Umfang erbringen, der einen in kaufmännischer Weise eingerichteten Geschäftsbetrieb erfordert (§ 2 Abs. 10 WpHG). Keine Wertpapierdienstleistungsunternehmen sind gem. § 3 WpHG ua Versicherungsunternehmen oder die Schuldenverwaltung des Bundes (§ 3 Abs. 1 Nr. 4 und 5 WpHG). Für sie gelten spezielle Vorschriften. Vertreiben beispielsweise **Versicherungsunternehmen** sog Versicherungsanlageprodukte – wie etwa fondsbezogene Lebensversicherungen – gelten nach Umsetzung der Versicherungsvertriebsrichtlinie (IDD) ähnliche Regelungen wie für den Vertrieb von Finanzinstrumenten durch Wertpapierdienstleistungsunternehmen. 771

Selbstständige Finanzanlagenvermittler, die nicht für ein Unternehmen im og Sinne tätig sind, fallen nicht unter den Begriff der Wertpapierdienstleistungsunternehmen. Um auch hier ausreichenden Anlegerschutz zu gewährleisten, bedürfen selbstständige **Vermittler von Finanzanlagen** seit dem 772

1298 Siehe ESMA, Questions and Answers on MiFID II and MiFIR investor protection and intermediaries topics, 10. Juli 2017, ESMA35–43–349.

1299 BaFin Rundschreiben 05/2018 (WA) – Mindestanforderungen an die Compliance-Funktion und weitere Verhaltens-, Organisations-und Transparenzpflichten (MaComp), 19.4.2018, geändert am 29.4.2020 (BaFin MaComp) (abrufbar unter: https://www.bafin.de/SharedDocs/Veroeffentlichungen/DE/Rundschreiben/2018/rs_18_05_wa3_macomp.html;jsessionid=4CD1D7DBE63B08477A38965728307C39.1_cid394).

1300 Schwark/Zimmer/*v. Hein* § 82 WpHG Rn. 12.

1.1.2013 einer gewerberechtlichen Erlaubnis für ihre Tätigkeit (§ 34f GewO) und unterliegen nach der **Finanzanlagevermittlungsverordnung** (§ 11ff. FinVermV) ähnlichen Verhaltenspflichten wie Wertpapierdienstleistungsunternehmen. Die Aufsicht über diese Dienstleister obliegt je nach Bundesland den Gewerbeaufsichtsämtern oder den Industrie- und Handelskammern.

II. Wertpapierdienstleistungen

773 Der Begriff der Wertpapierdienstleistung stellt den zentralen Anknüpfungspunkt für die in den §§ 63ff. WpHG geregelten Wohlverhaltenspflichten dar. Die Wertpapierdienstleistungen werden in § 2 Abs. 8 WpHG enumerativ aufgezählt und definiert.[1301] Gemeinsam ist allen Wertpapierdienstleistungen, dass Finanzinstrumente iSd § 2 Abs. 4 WpHG (zu dem Begriff → Rn. 66ff.) Gegenstand der jeweiligen Dienstleistung sind. Bei der Auslegung der aufsichtsrechtlichen Definitionen stellt sich immer wieder die Frage, ob und inwieweit auf zivilrechtliche Begriffe zurückgegriffen werden kann.

1. Finanzkommissionsgeschäft, § 2 Abs. 8 S. 1 Nr. 1 WpHG

774 Praktisch erhebliche Bedeutung kommt dem Finanzkommissionsgeschäft zu.[1302] Hierbei handelt es sich nach § 2 Abs. 8 S. 1 Nr. 1 WpHG um die „Anschaffung oder Veräußerung von Finanzinstrumenten im eigenen Namen für fremde Rechnung". Mit Anschaffung oder Veräußerung ist hier das schuldrechtliche Rechtsgeschäft zwischen dem Wertpapierdienstleistungsunternehmen (sog Kommissionär) und dem Dritten gemeint, das auf den entgeltlichen Erwerb bzw. die gegen Entgelt erfolgende Übertragung der Inhaberschaft, nicht notwendigerweise des Eigentums an den entsprechenden Finanzinstrumenten gerichtet ist.[1303] Ein Finanzkommissionsgeschäft liegt insbesondere vor, wenn die Bank für Rechnung des Kunden Wertpapiere an der Börse kauft oder verkauft.[1304] Erfasst sind aber auch der Tausch von Wertpapieren oder die Wertpapierleihe für den Kunden. Bei der Wertpapierleihe handelt es sich zivilrechtlich um ein Sachdarlehen iSd §§ 607ff. BGB, da der Entleiher nicht die ursprünglich entgegengenommenen Finanzinstrumente zurückzugeben hat,

1301 Assmann/Schneider/Mülbert/*Assmann* WpHG § 2 Rn. 96f.
1302 KölnKomm WpHG/*Baum* § 2 Rn. 150.
1303 Assmann/Schneider/Mülbert/*Assmann* WpHG § 2 Rn. 99.
1304 KölnKomm WpHG/*Baum* § 2 Rn. 151.

sondern sich die zurückzugebenden Finanzinstrumente der gleichen Gattung zuvor am Markt beschafft.[1305]

Die Anschaffung oder Veräußerung der Finanzinstrumente durch das WpDU als Kommissionär erfolgt im eigenen Namen für fremde Rechnung. Ein Handeln **im eigenen Namen** entfällt bei offener Stellvertretung nach §§ 164 ff. BGB. Umstritten war lange, wann ein Handeln **für fremde Rechnung** vorliegt. Nach Auffassung der BaFin kam es hierfür ursprünglich darauf an, dass die wirtschaftlichen Vor- und Nachteile den Kunden als Auftraggeber (sog Kommittenten) treffen.[1306] Diese rein wirtschaftliche Betrachtungsweise hat das BVerwG als zu weit verworfen: Das aufsichtsrechtliche Finanzkommissionsgeschäft orientiert sich demnach an dem zivilrechtlichen Begriff des Kommissionsgeschäfts iSv **§§ 383 ff. HGB.**[1307] Typische Merkmale des Kommissionsgeschäfts iSv §§ 383 ff. HGB sind die Weisungsbefugnis des Kommittenten (§ 384 Abs. 1 HGB), die Benachrichtigungs- und Rechenschaftspflicht des Kommissionärs und dessen Pflicht, das Eigentum an den angeschafften Finanzinstrumenten auf den Kommittenten zu übertragen (§ 384 Abs. 2 HGB).[1308] 775

2. Eigenhandel und Eigengeschäfte, § 2 Abs. 8 S. 1 Nr. 2 und S. 7 WpHG

§ 2 Abs. 8 S. 1 Nr. 2 WpHG umfasst vier Tatbestandsvarianten des Eigenhandels: Der Eigenhandel wird allgemein in **lit. c)** definiert: Eigenhandel ist demnach das Anschaffen oder Veräußern von Finanzinstrumenten für eigene Rechnung als Dienstleistung für andere. Darunter fallen alle Transaktionen, bei denen das WpDU, anders als beim Finanzkommissionsgeschäft, nicht für Rechnung des Kunden, sondern für **eigene Rechnung** tätig wird und sich WpDU und Kunde als Verkäufer und Käufer, zB im Rahmen eines **Festpreisgeschäfts**, gegenüberstehen. Die anderen Tatbestandsvarianten enthalten besondere Formen des Handelns auf eigene Rechnung: Die erste Tatbestandsvariante (**lit. a)**) definiert das **Market Making** (→ Rn. 166) als das „kontinuierliche Anbieten des An- und Verkaufs von Finanzin- 776

1305 KölnKomm WpHG/*Baum* § 2 Rn. 151.
1306 Anders nun BaFin Merkblatt Finanzkommissionsgeschäft, 18.3.2010, zuletzt geändert am 4.5.2017, Nr. 1 lit. d) (abrufbar unter: https://www.bafin.de/SharedDocs/Veroeffentlichungen/DE/Merkblatt/mb_100318_tatbestand_finanzkommgeschaeft.html).
1307 BVerwGE 130, 262 (264) Rn. 24 ff.; BVerwG NVwZ-RR 2009, 980 (981) Rn. 30.
1308 Schwark/Zimmer/*Kumpan* WpHG § 2 Rn. 63.

strumenten an den Finanzmärkten zu selbst gestellten Preisen für eigene Rechnung unter Einsatz des eigenen Kapitals".[1309] Die zweite Variante (**lit. b)**) umschreibt die **systematische Internalisierung** (siehe bereits → Rn. 220ff.) als Wertpapierdienstleistung. Die vierte Variante (**lit. d)**) wurde mit Wirkung zum 15.5.2013 durch das Hochfrequenzhandelsgesetz[1310] in das WpHG eingefügt, um so auch Eigenhandel im autonomen rechnergestützten algorithmischen **Hochfrequenzhandel** gesondert zu erfassen.[1311] Näheres zum algorithmischen Handel regelt Art. 18f. DelVO (EU) 2017/565.

777 Das **Eigengeschäft** wird in § 2 Abs. 8 S. 7 WpHG den Wertpapierdienstleistungen nach § 2 Abs. 8 S. 1 WpHG gleichgestellt. Eigengeschäfte sind die „Anschaffung oder Veräußerung von Finanzinstrumenten für eigene Rechnung, die keine Dienstleistung für andere iSv § 2 Abs. 8 S. 1 Nr. 2 WpHG darstellt". Bei einem Eigengeschäft kauft oder verkauft das WpDU Finanzinstrumente für eigene Rechnung, ohne dass ein entsprechender Kundenauftrag vorliegt oder sonst ein Handelsbezug für einen potentiellen Kunden zu erkennen ist.[1312] Das Eigengeschäft unterscheidet sich also vom Eigenhandel iSd § 2 Abs. 3 S. 1 Nr. 2 lit. c) WpHG durch den fehlenden Dienstleistungscharakter.

3. Anlagevermittlung, § 2 Abs. 8 S. 1 Nr. 4 WpHG

778 Gem. § 2 Abs. 8 S. 1 Nr. 4 WpHG gehört auch die Anlagevermittlung zu den Wertpapierdienstleistungen. Darunter ist nach der gesetzlichen Definition die „Vermittlung von Geschäften über die Anschaffung und die Veräußerung von Finanzinstrumenten" zu verstehen. Die Literatur hat den aufsichtsrechtlichen Begriff der Anlagevermittlung zunächst unter Rückgriff auf den Begriff der Vermittlung im allgemeinen Maklerzivilrecht (insbes. §§ 652ff. BGB für den Zivilmakler) ausgelegt und daher nur solche Fälle erfasst, in denen der Vermittler entweder mit beiden Parteien des beabsichtigten Geschäfts in Verbindung tritt und dadurch einen Beitrag zum Vertragsschluss leistet oder zwei zum Geschäft bereits entschlossene Par-

1309 Vgl. auch die Definition in Art. 4 Abs. 1 Nr. 7 MiFID II.
1310 Gesetz zur Vermeidung von Gefahren und Missbräuchen im Hochfrequenzhandel (Hochfrequenzhandelsgesetz) v. 7.5.2013, BGBl. 2013 I 1162.
1311 KölnKomm WpHG/*Baum* § 2 Rn. 159a.
1312 BaFin Merkblatt – Hinweise zu den Tatbeständen des Eigenhandels und des Eigengeschäfts, 22.3.2011, geändert am 24.10.2014, Nr. 1 lit. e) (abrufbar unter: https://www.bafin.de/SharedDocs/Veroeffentlichungen/DE/Merkblatt/mb_110322_eigenhandel_eigengeschaeft_neu.html); Assmann/Schneider/*Assmann* WpHG § 2 Rn. 117 mwN.

teien zusammenführt.[1313] Mit Urteil vom 30.10.2014 hat der BGH jedoch das aufsichtsrechtliche Verständnis der Anlagevermittlung von dem zivilrechtlichen Begriff der Vermittlung in § 652 BGB abgegrenzt.[1314] Das Gericht versteht die Anlagevermittlung in § 2 Abs. 8 S. 1 Nr. 4 WpHG bzw. § 1 Abs. 1a S. 2 Nr. 1 KWG[1315] weiter als den zivilrechtlichen Begriff der Vermittlung und zwar als „jede final auf den Abschluss von Geschäften über die Anschaffung und die Veräußerung von Finanzinstrumenten gerichtete Tätigkeit" (hierzu noch Fall 24, → Rn. 843).[1316]

Strittig war, ob die **Vermittlung einer Finanzportfolioverwaltung** (zu dem Begriff → Rn. 785 f.) eine Anlagevermittlung darstellt oder nicht.[1317] Dies hängt maßgeblich davon ab, ob man in einem Vermögensverwaltungsvertrag ein Geschäft über die Anschaffung oder Veräußerung von Finanzinstrumenten erkennt. Während die BaFin das zunächst bejahte,[1318] lehnte die hL dies ab, weil sich die Geschäfte über die Anschaffung oder Veräußerung auf „bestimmte" Finanzinstrumente beziehen müssten.[1319] Nach Vorlage dieser Frage durch den BGH hat der EuGH eine Anlagevermittlung abgelehnt und den Streit damit zugunsten der hL entschieden (→ Rn. 844).[1320] 779

4. Abschlussvermittlung, § 2 Abs. 8 S. 1 Nr. 3 WpHG

Bei der Abschlussvermittlung nach § 2 Abs. 8 S. 1 Nr. 3 WpHG 780
handelt es sich um die „Anschaffung oder Veräußerung von Finanzinstrumenten in fremdem Namen und für fremde Rechnung". Die Bezeichnung als Abschlussvermittlung ist insofern etwas unglücklich, als der Finanzdienstleister den Abschluss anders als bei der Anlagevermittlung nicht nur vermittelt, sondern den Vertrag im Namen des Kunden schließt.[1321] Nr. 3 erfasst alle Ausführungen von Kundenaufträgen in offener **Stellvertretung** nach § 164 Abs. 1 S. 1 BGB, nicht aber Geschäfte aufgrund organschaftlicher oder gesetzlicher Vertre-

1313 Statt aller KölnKomm WpHG/*Baum* § 2 Rn. 161.
1314 NJW-RR 2015, 365 (367) Rn 35.
1315 BGH NJW-RR 2015, 365 1. Leitsatz.
1316 BGH NJW-RR 2015, 365 (367) Rn. 36.
1317 Vgl. dazu auch *Bast/Bauerfeind* GWR 2016, 77.
1318 BaFin Merkblatt Anlagevermittlung, 17.5.2011, geändert am 24.7.2013 (BaFin Anlagevermittlung), 1. b) dem folgend VG Frankfurt a. M. WM 2005, 1028 (1030 f.), inzwischen aufgegeben, vgl. BaFin Merkblatt Anlagevermittlung, 17.5.2011, geändert am 13.7.2017, 1 b) (abrufbar unter: https://www.bafin.de/SharedDocs/Veroeffentlichungen/DE/Merkblatt/mb_091204_tatbestand_anlagevermittlung.html).
1319 Siehe nur *Bast/Bauerfeind* GWR 2016, 77; *v. Livonius* EWiR 2005, 739 (740); *Schwintek* EWiR 2006, 125 (126).
1320 EuGH, ECLI:EU:C:2017:451, C-678/15 = BB 2017, 1554 Rn. 40 – 44. Siehe auch Assmann/Schneider/Mülbert/*Assmann* WpHG § 2 Rn. 128.
1321 KölnKomm WpHG/*Baum* § 2 Rn. 160.

tungsmacht.[1322] Die Tätigkeit von Vermögensverwaltern würde zwar grundsätzlich unter Nr. 3 fallen, § 2 Abs. 8 S. 1 Nr. 7 WpHG enthält aber eine speziellere Regelung, sofern der Vermögensverwalter einen eigenen Entscheidungsspielraum hat.[1323]

5. Anlageberatung, § 2 Abs. 3 S. 1 Nr. 9 WpHG

781 Die Anlageberatung wurde mit Umsetzung der MiFID I durch das FRUG 2007 von einer Wertpapiernebendienstleistung (→ Rn. 790) zu einer Wertpapierdienstleistung hochgestuft. Daher sind seither die Verhaltenspflichten auch auf Unternehmen anwendbar, die ausschließlich Anlageberatung erbringen.[1324] Die Anlageberatung ist in § 2 Abs. 8 S. 1 Nr. 9 WpHG und in Art. 9 DelVO (EU) 2017/565 legaldefiniert. Das zentrale Merkmal der Anlageberatung ist die Abgabe einer persönlichen Empfehlung in Bezug auf bestimmte Finanzinstrumente.[1325]

782 Um eine **persönliche Empfehlung** handelt es sich gem. Art. 9 Abs. 2 DelVO (EU) 2017/565, wenn sie auf der Prüfung der persönlichen Verhältnisse des Kunden basiert (Alt. 2) oder als für ihn geeignet dargestellt wird, auch wenn tatsächlich keine Überprüfung stattgefunden hat (Alt. 1). Dabei kommt es weder darauf an, ob der Anleger diese Empfehlung tatsächlich umsetzt, noch darauf, ob die Empfehlung aus eigener Initiative des Finanzdienstleisters oder auf ausdrücklichen Wunsch des Kunden erfolgt.[1326]. Das Gesetz stellt auch nicht darauf ab, ob die Empfehlung aufgrund einer vertraglichen Verpflichtung aus einem (konkludent geschlossenen) Beratungsvertrag oder unabhängig von einer solchen Pflicht erfolgt. Vielmehr kommt es darauf an, wie sich die Erklärung aus Sicht des Erklärungsempfängers darstellt.[1327] Keine persönliche Empfehlung sind unaufgefordert zugesandte generelle Anlagetipps, auch wenn sie über individuelle Kommunikationsmittel (persönlich gehaltene Postsendung, E-Mail) verbreitet werden.[1328] Das gilt auch für Kapitalanlagemagazine, Börsenbriefe oÄ, wobei es sich hierbei in aller Regel um Anlage(strategie)empfehlungen iSv § 2 Abs. 9 S. 1 Nr. 5 WpHG und damit um

---

1322 Assmann/Schneider/Mülbert/*Assmann* WpHG § 2 Rn. 122.
1323 Schwark/Zimmer/*Kumpan* WpHG § 2 Rn. 68.
1324 KölnKomm WpHG/*Baum* § 2 Rn. 185.
1325 KölnKomm WpHG/*Baum* § 2 Rn. 186.
1326 Assmann/Schneider/Mülbert/*Assmann* WpHG § 2 Rn. 169.
1327 Assmann/Schneider/Mülbert/*Assmann* WpHG § 2 Rn. 169.
1328 Assmann/Schneider/Mülbert/*Assmann* WpHG § 2 Rn. 174.

Wertpapiernebendienstleistungen handelt.[1329] Sobald aber konkrete Anlagetipps, im Wege individueller Kommunikationsformen, wie Post, Fax, E-Mail oder Telefon, an einen bestimmten Personenkreis kommuniziert werden, der nach den persönlichen Verhältnissen der jeweiligen Personen gebildet wird, liegt eine Anlageberatung vor, auch wenn sich die Empfehlung inhaltlich mit den über Hörfunk, Fernsehen, Presse oder Internet veröffentlichten Empfehlungen deckt.[1330]

Die empfohlenen Geschäfte müssen außerdem **bestimmte Finanzinstrumente** betreffen. Hierfür ist allerdings ausreichend, wenn der Anlageberater dem Kunden mehrere konkrete Anlagevorschläge unterbreitet und diesem dann die Auswahl zwischen den genannten Vorschlägen überlässt.[1331] Es fehlt dagegen an einer konkreten Empfehlung, wenn der Finanzdienstleister lediglich Geschäfte über bestimmte Gattungen oder Arten von Finanzinstrumenten empfiehlt.[1332] 783

Anlageberatung durch Banken findet in der Praxis häufig aus Sicht des Kunden unentgeltlich statt. Der Kunde zahlt erst für den Erwerb des empfohlenen Produkts. Gewinn erwirtschaftet die Bank regelmäßig dadurch, dass sie für die Empfehlung Provisionen von dem Emittenten des empfohlenen Finanzinstruments erhält (**Provisionsanlageberatung**). Dieses Geschäftsmodell ist allerdings anfällig für Interessenkonflikte auf Seiten der anlageberatenden Bank. Es besteht die Gefahr, dass die Bank ein Finanzinstrument nicht deshalb empfiehlt, weil es das für den Kunden iSd § 64 Abs. 3 WpHG am besten geeignete Produkt ist, sondern weil sie hierfür die höchsten Provisionen erhält. Daher gilt ein grundsätzliches Zuwendungsverbot gem. § 70 WpHG (→ Rn. 808 ff.). Zudem hat der Gesetzgeber mit dem Honoraranlageberatungsgesetz[1333] im Jahr 2014 eine Vielzahl von Regelungen eingeführt, die als Alternative zur Provisionsanlageberatung die bislang praktisch kaum relevante unabhängige **Honoraranlageberatung**, dh die Anlageberatung gegen Zahlung eines Ent- 784

1329 KölnKomm WpHG/*Baum* § 2 Rn. 190.
1330 Assmann/Schneider/Mülbert/*Assmann* WpHG § 2 Rn. 176.
1331 KölnKomm WpHG/*Baum* § 2 Rn. 188.
1332 Schwark/Zimmer/*Kumpan* WpHG § 2 Rn. 97.
1333 Gesetz zur Förderung und Regulierung einer Honorarberatung über Finanzinstrumente (Honoraranlageberatungsgesetz) v. 15.7.2013 BGBl. 2013 I 2390.

gelts durch den Kunden, stärken sollen (siehe nun § 64 Abs. 5 und 6 WpHG; dazu noch → Rn. 845 ff.).[1334]

6. Finanzportfolioverwaltung, § 2 Abs. 8 S. 1 Nr. 7 WpHG

785 Finanzportfolioverwaltung ist gem. § 2 Abs. 8 S. 1 Nr. 7 WpHG die „Verwaltung einzelner oder mehrerer in Finanzinstrumenten angelegter Vermögen für andere mit Entscheidungsspielraum". Verwaltung bedeutet die laufende Überwachung und Anlage von Vermögen.[1335] Eine einmalige Anlageentscheidung reicht hierfür nicht aus, sondern die Tätigkeit muss auf eine gewisse Dauer angelegt sein.[1336] Die **Vermögensverwaltung** kann zivilrechtlich als fremdnützige Treuhand oder als offene Stellvertretung konzipiert sein.[1337] Bei dem „Treuhandmodell" überträgt der Anleger sein Vermögen auf den Vermögensverwalter, der hierüber dann im eigenen Namen verfügen kann.[1338] Der Regelfall in Deutschland ist aber das „Vertretermodell", wonach der Anleger Inhaber des Vermögens bleibt und dem Vermögensverwalter eine Vollmacht zur Verfügung über sein Vermögen erteilt.[1339]

786 Durch das Merkmal des **Entscheidungsspielraums** des Verwalters unterscheidet sich die Finanzportfolioverwaltung zum einen von der Anlageberatung (Nr. 9), bei der die Umsetzung der Anlageempfehlung dem Kunden obliegt, und zum anderen von der Anlagevermittlung (Nr. 4), bei der die Entscheidung für oder gegen ein bestimmtes Finanzprodukt ebenfalls beim Kunden liegt.[1340] Zudem muss die Verwaltung **„für andere"** erbracht werden, dh es muss sich um eine Dienstleistung auf Einzelkundenbasis handeln.[1341] Damit fällt die Verwaltung von Investmentvermögen durch Kapitalverwaltungsgesellschaften nach § 18 KAGB für eine Vielzahl von Anlegern (→ Rn. 127) nicht unter § 2 Abs. 8 S. 1 Nr. 7 WpHG.[1342] Die Einord-

---

1334 Besondere Probleme bereiten sog FinTechs, die die Digitalisierung zur Erbringung von Wertpapierdienstleistugen nutzen, zB sog Robo Advisoy (näher hierzu *Baumanns* BKR 2016, 366 ff.)
1335 BVerwGE 122, 29 = BVerwG NZG 2005, 265 (267).
1336 KölnKomm WpHG/*Baum* § 2 Rn. 173.
1337 KölnKomm WpHG/*Baum* § 2 Rn. 173.
1338 Schwark/Zimmer/*Kumpan* WpHG § 2 Rn. 80; vgl. auch Assmann/Schneider/Mülbert/*Assmann* WpHG § 2 Rn. 154.
1339 Assmann/Schneider/Mülbert/*Assmann* WpHG § 2 Rn. 154; Schwark/Zimmer/*Kumpan* WpHG § 2 Rn. 80.
1340 Schwark/Zimmer/*Kumpan* WpHG § 2 Rn. 81.
1341 RegE PfandbriefFG vom 1.12.2008 BT-Drs. 16/11130, 43.
1342 Mit dieser Begründung zu § 6 InvG KölnKomm WpHG/*Baum* § 2 Rn. 176 mwN.

nung sog „Family Offices“, die große Privatvermögen verwalten, ist aufgrund der Vielzahl der Erscheinungsformen eine Frage des Einzelfalls. In der Regel kommt eine Qualifizierung als Finanzportfolioverwaltung oder als Anlageberatung in Betracht.[1343]

§ 2 Abs. 8 S. 3 WpHG stellt die Anlageverwaltung nach § 1 Abs. 1a S. 2 Nr. 11 KWG punktuell insbesondere für die Anwendung der §§ 63 ff. WpHG der Finanzportfolioverwaltung gleich. Der Tatbestand der Anlageverwaltung ist subsidiär, so dass er nur in Frage kommt, wenn eine Tätigkeit nicht bereits als Wertpapierdienstleistung iSv § 2 Abs. 8 S. 1 WpHG eingeordnet werden kann.[1344] Anlageverwaltung ist „die Anschaffung und die Veräußerung von Finanzinstrumenten für eine Gemeinschaft von Anlegern, die natürliche Personen sind, mit Entscheidungsspielraum bei der Auswahl der Finanzinstrumente, sofern dies ein Schwerpunkt des angebotenen Produktes ist und zu dem Zweck erfolgt, dass diese Anleger an der Wertentwicklung der erworbenen Finanzinstrumente teilnehmen“. Mit dieser Regelung wollte der Gesetzgeber Schutzlücken schließen, die aus der restriktiven Rechtsprechung des BVerwG zum Begriff des Finanzkommissionsgeschäfts entstanden sind.[1345] Im Gegensatz zum Finanzkommissionsgeschäft erfolgt die Anlageverwaltung nicht für einen einzelnen Kunden, sondern für eine Gemeinschaft, dh für mindestens zwei Anleger.[1346] 787

7. Emissions- und Platzierungsgeschäft, § 2 Abs. 3 S. 1 Nr. 5 und Nr. 6 WpHG

Anders als die in § 2 Abs. 8 S. 1 Nr. 1–4, 7–9 WpHG aufgeführten Tätigkeiten, handelt es sich beim Emissions- und Platzierungsgeschäft nicht um eine Dienstleistung des WpDU für Anleger, sondern um eine Dienstleistung für den Emittenten eines Finanzinstruments am Primärmarkt. Nach § 2 Abs. 8 S. 1 Nr. 5 WpHG ist unter Emissionsgeschäft die „Übernahme von Finanzinstrumenten für eigenes Risiko zur Platzierung oder die Übernahme gleichwertiger Garantien“ zu verstehen. Von dieser Definition wird lediglich die **Fremdemission**, nicht aber die Selbstemission (zu diesem Begriff bereits → Rn. 180) umfasst.[1347] Das Fehlen einer festen Übernahmeverpflichtung des Unternehmens unterscheidet das Platzierungsgeschäft, § 2 Abs. 8 S. 1 Nr. 6 WpHG, vom Emissionsgeschäft nach Nr. 5.[1348] Übernahmekon- 788

1343 Assmann/Schneider/Mülbert/*Assmann* WpHG § 2 Rn. 149. Näheres zu Family Offices bei *Waclawik* ZIP 2007, 1341.
1344 Fuchs/*Fuchs* WpHG § 2 Rn. 124; Schwark/Zimmer/*Kumpan* WpHG § 2 Rn. 101.
1345 RegE PfandbriefFG, BT-Drs. 16/11130, 43; siehe zu dem Urteil oben → Rn. 741.
1346 Schwark/Zimmer/*Kumpan* WpHG § 2 Rn. 102.
1347 KölnKomm WpHG/*Baum* § 2 Rn. 168.
1348 KölnKomm WpHG/*Baum* § 2 Rn. 172.

sortien (→ Rn. 183) fallen daher regelmäßig unter § 2 Abs. 8 S. 1 Nr. 5 WpHG und Begebungskonsortien (→ Rn. 184) unter § 2 Abs. 8 S. 1 Nr. 6 WpHG.

8. Betrieb eines multilateralen oder organisierten Handelssystems, § 2 Abs. 8 S. 1 Nr. 8, 9 WpHG

789 Der Betrieb eines multilateralen Handelssystems (**MTF**) (→ Rn. 214) wurde durch das FRUG 2007 in das WpHG aufgenommen. Dabei handelt es sich gem. § 2 Abs. 8 S. 1 Nr. 8 WpHG um den „Betrieb eines multilateralen Systems, das die Interessen einer Vielzahl von Person am Kauf und Verkauf von Finanzinstrumenten innerhalb eines Systems und nach festgelegten Bestimmungen in einer Weise zusammenbringt, die zu einem Vertrag über den Kauf dieser Finanzinstrumente führt". Ein Beispiel für ein MTF ist der **Freiverkehr** gem. § 48 BörsG. Mit dem 2. FiMaNoG wurden die Wertpapierdienstleistungen mit Wirkung ab dem 3.1.2018 in § 2 Abs. 8 S. 1 Nr. 9 WpHG um den Betrieb eines organisierten Handelssystems (**OTF**) ergänzt. Das ist „der Betrieb eines multilateralen Systems, bei dem es sich nicht um einen organisierten Markt oder ein multilaterales Handelssystem handelt und das die Interessen einer Vielzahl Dritter am Kauf und Verkauf von Schuldverschreibungen, strukturierten Finanzprodukten, Emissionszertifikaten oder Derivaten innerhalb des Systems auf eine Weise zusammenführt, die zu einem Vertrag über den Kauf dieser Finanzinstrumente führt" (siehe bereits → Rn. 219).

Sowohl bei OTF als auch MTF handelt es sich jeweils um ein multilaterales System, in dem der Betreiber den Marktteilnehmern bzw. Anlegern die Möglichkeit zum Vertragsschluss bietet, selbst aber nicht Vertragspartei wird.[1349] Folglich sind bilaterale Systeme, bei denen der Systembetreiber selbst Vertragspartei jedes über das System abgeschlossenen Vertrags wird, nicht erfasst.[1350] MTF und OTF sind privat betriebene Handelsplätze (bereits → Rn. 213), keine öffentlich-rechtlich organisierten Börsen.[1351] Börsenträger sowie Betreiber organisierter Märkte, die neben dem Betrieb der Börse bzw. des Marktes keine anderen Wertpapierdienstleistungen erbringen, gelten gem. § 3 Abs. 1 Nr. 13 WpHG nicht als Wertpapierdienstleistungsunternehmen.

1349 Schwark/Zimmer/*Kumpan* WpHG § 2 Rn. 85.
1350 Kölner Komm WpHG/*Baum* § 2 Rn. 180.
1351 Schwark/Zimmer/*Kumpan* WpHG § 2 Rn. 85.

III. Wertpapiernebendienstleistungen, § 2 Abs. 9 WpHG

790 Die §§ 63 ff. WpHG richten sich an Wertpapierdienstleistungsunternehmen iSv § 2 Abs. 10 WpHG. Hierunter fallen nur solche Unternehmen, die zumindest auch Wertpapierdienstleistungen iSv Abs. 8 erbringen. Die Erbringung von Wertpapier*neben*dienstleistungen allein reicht dagegen nicht aus. Sofern aber ein Unternehmen als WpDU zu qualifizieren ist, weil es Wertpapierdienstleistungen erbringt, muss es die Wohlverhaltensregeln der §§ 63 ff. WpHG auch bei der Erbringung von Wertpapiernebendienstleistungen iSd § 2 Abs. 9 WpHG beachten. Die in § 2 Abs. 9 WpHG als Wertpapiernebendienstleistung definierten Tätigkeiten werden typischerweise im Zusammenhang mit Wertpapierdienstleistungen iSv § 2 Abs. 8 WpHG erbracht.[1352] Zwingend erforderlich ist ein solcher Zusammenhang allerdings nur dort, wo es das Gesetz ausdrücklich vorschreibt (zB in § 2 Abs. 9 S. 1 Nr. 2, 4, 6, 7 WpHG).[1353]

791 Wertpapiernebendienstleistungen sind gem. § 2 Abs. 9 WpHG das **Depotgeschäft** (Nr. 1), die Gewährung von Krediten und Darlehen für die Durchführung von Wertpapierdienstleistungen nach § 2 Abs. 8 WpHG (Nr. 2), die Beratung von Unternehmen bezüglich bestimmter Aspekte von Unternehmenskäufen und -zusammenschlüssen (Nr. 3), Devisengeschäfte, die im Zusammenhang mit Wertpapierdienstleistungen stehen (Nr. 4), das Erstellen oder Verbreiten von Anlagestrategieempfehlungen iSv Art. 3 Abs. 1 Nr. 34 MAR und **Anlageempfehlungen** iSv Art. 3 Abs. 1 Nr. 35 MAR (Nr. 5, hierzu ausführlich → Rn. 887 ff.), Dienstleistungen im Zusammenhang mit dem Emissionsgeschäft (Nr. 6) und Dienstleistungen, die sich auf derivative Geschäfte beziehen (Nr. 7).

IV. Kundenkategorisierung (§ 67 WpHG)

792 Der Umfang der Pflichten bei der Erbringung von Wertpapier(neben)dienstleistungen variiert je nach Schutzbedürftigkeit des Anlegers. Das Gesetz unterscheidet verschiedene Arten von Kunden: Privatkunden, professionelle Kunden und geeignete Gegenparteien (§ 67

1352 Schwark/Zimmer/*Kumpan* WpHG § 2 Rn. 105.
1353 KölnKomm WpHG/*Baum* § 2 Rn. 202.

WpHG; zuvor § 31a WpHG aF). Die Kunden sind gem. Art. 45 DelVO (EU) 2017/565 über ihre Kundeneinstufung zu informieren (näher hierzu § 2 WpDVerOV).

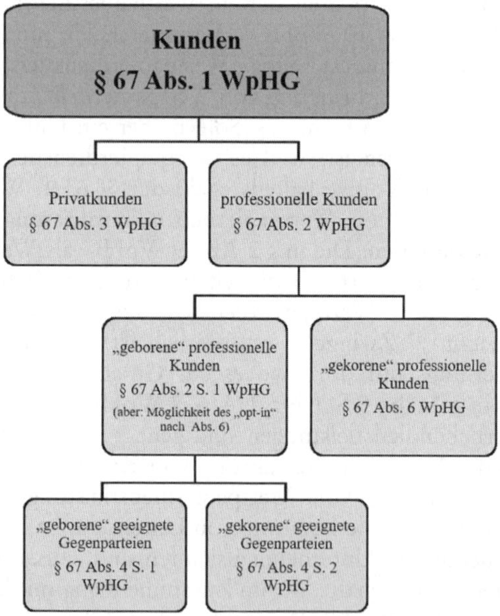

793 Bei **professionellen Kunden** kann das Wertpapierdienstleistungsunternehmen davon ausgehen, dass sie über ausreichende Erfahrungen, Kenntnisse und Sachverstand verfügen und daher in der Lage sind, ihre Anlageentscheidungen zu treffen und die damit verbundenen Risiken angemessen zu beurteilen (§ 67 Abs. 2 S. 1 WpHG). Die gegenüber ihnen geltenden Wohlverhaltenspflichten sind daher weniger umfangreich als bei Privatkunden. So kann das WpDU gem. Art. 54 Abs. 3 DelVO (EU) 2017/565 grundsätzlich davon ausgehen, dass ein professioneller Kunde für bestimmte Geschäfte über die erforderlichen Kenntnisse und Erfahrungen verfügt und die Anlagerisiken finanziell tragen kann (→ Fall 23 Rn. 836). Das WpDU muss daher beispielsweise bei der Anlageberatung gem. § 64 Abs. 3 WpHG professionelle Kunden – anders als Privatkunden – nicht zu ihren finanziellen Verhältnissen sowie Kenntnissen und Erfahrungen, sondern lediglich zu den Anlagezielen befragen (→ Rn. 833). In die Kategorie der **„geborenen" professionellen Kunden**, die in § 67 Abs. 2

S. 2 WpHG abschließend aufgezählt sind, fallen vor allem institutionelle Anleger.

Zu den **professionellen Kunden** gehören ua Wertpapierdienstleistungsunternehmen, Versicherungsunternehmen, Investmentfonds bzw. Kapitalverwaltungsgesellschaften iSd KAGB, Börsenhändler, bestimmte finanzstarke Unternehmen, nationale und regionale Regierungen oder Zentralbanken, die Weltbank, der Internationale Währungsfonds, die Europäische Zentralbank, die Europäische Investmentbank und andere vergleichbare internationale Organisationen.

Alle anderen Kunden sind grundsätzlich **Privatkunden** (§ 67 794
Abs. 3 WpHG). Professionelle Kunden können sich durch vertragliche Vereinbarung ebenfalls als Privatkunden einstufen lassen und so die umfangreicheren Verhaltenspflichten zur Anwendung bringen (§ 67 Abs. 5 S. 1 WpHG). Umgekehrt kann ein Privatkunde unter bestimmten Voraussetzungen auf Antrag oder durch Feststellung als professioneller Kunde hochgestuft werden (§ 67 Abs. 6 S. 1 WpHG iVm § 2 Abs. 2 WpDVerOV). Es handelt sich dann um einen **„gekorenen" professionellen Kunden**. Voraussetzung hierfür ist allerdings, dass der Kunde tatsächlich weniger schutzbedürftig ist. Deshalb muss das WpDU gem. § 67 Abs. 6 S. 2 WpHG bewerten, ob der Kunde aufgrund seiner Erfahrungen, Kenntnisse und seines Sachverstandes in der Lage ist, generell oder für eine bestimmte Art von Geschäften eine Anlageentscheidung zu treffen und die damit verbundenen Risiken angemessen zu beurteilen. Jedenfalls muss der Kunde zwei der drei in § 67 Abs. 6 S. 3 WpHG genannten Kriterien – geschäftliche oder berufliche Erfahrungen auf dem Kapitalmarkt und ausreichende finanzielle Mittel – erfüllen. Im Übrigen können Privatkunden auf den Schutz durch die §§ 63 ff. WpHG nicht verzichten.[1354]

Aus dem Kreis der professionellen Kunden iSd § 67 Abs. 2 WpHG 795
ordnet § 67 Abs. 4 WpHG einige – zB Wertpapierdienstleistungsunternehmen, Versicherungen, Regierungen oder Zentralbanken – als sog **geeignete Gegenparteien** ein. Diese Kundengruppe ist im Hinblick auf ihre Professionalität am wenigsten schutzbedürftig. Der Gesetzgeber schränkt die Wohlverhaltenspflichten daher bei bestimmten Geschäften, die als weniger riskant gelten und mit geeigneten Gegenparteien getätigt werden, noch weiter ein. Gem. § 68 Abs. 1 WpHG sind WpDU daher bei Finanzkommissionsgeschäften, der Anlage- und Abschlussvermittlung sowie dem Eigenhandel gegenüber geeig-

1354 *Weichert/Wenninger* WM 2007, 627 (629).

neten Gegenparteien von den Pflichten gem. §§ 63 Abs. 1, 3, 5–7, 9 und 10; 64 Abs. 3, 5 und 7; 69 Abs. 1; 70; 82; 83 Abs. 2; 87 Abs. 1 und 2 WpHG befreit. Gem. § 68 Abs. 1 S. 3 WpHG müssen WpDU mit geeigneten Gegenparteien aber jedenfalls redlich, eindeutig und nicht irreführend kommunizieren.

§ 25. Verhaltensregeln gem. §§ 63 ff. WpHG

796 Besonders zentral für den Vertrieb von Finanzinstrumenten durch WpDU sind die Verhaltensregeln. Das Gesetz teilt die Verhaltensregeln seit dem 3.1.2018 in die allgemeinen Verhaltensregeln, die für sämtliche Wertpapier(neben)dienstleistungen gelten (insbes. §§ 63, 70 WpHG), und die besonderen Verhaltensregeln, die ausschließlich für die Anlageberatung und Finanzportfolioverwaltung zu beachten sind (insbes. § 64 WpHG).

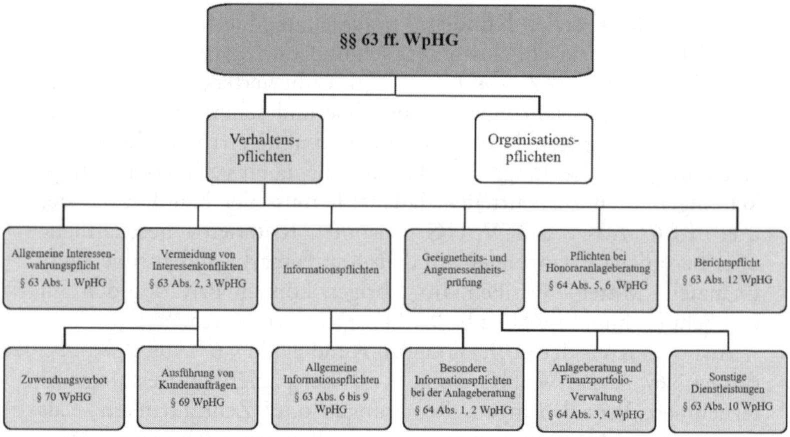

I. Allgemeine Interessenwahrungspflicht (§ 63 Abs. 1 WpHG)

797 Die WpDU sind zunächst verpflichtet, sämtliche Wertpapier(neben)dienstleistungen ehrlich, redlich und professionell im **bestmöglichen Interesse** ihrer Kunden zu erbringen (§ 63 Abs. 1 WpHG). Dies

erfordert eine Berücksichtigung der individuellen Interessen des Kunden, die im Zweifelsfall durch Befragung des Kunden **(Exploration)** zu ermitteln sind („*know your customer*"; siehe insbes. §§ 63 Abs. 10; 64 Abs. 3 und 4 WpHG; → Rn. 832 ff.; 841).[1355]

Fall 21: Anneliese möchte ihren mit 40.000 EUR gut gefüllten Sparstrumpf in Aktien der börsennotierten Stocking AG anlegen. Sie beauftragt die B-Bank, die Aktien im eigenen Namen und auf Rechnung der Anneliese zu erwerben. Die B-Bank erwirbt die Aktien an der FWB. Im Nachhinein stellt Anneliese fest, dass der Erwerb der Stocking-Aktien an der Stuttgarter Börse für sie günstiger gewesen wäre. 798

Lösung: Die B-Bank ist ein WpDU, das für Anneliese ein Finanzkommissionsgeschäft iSd § 2 Abs. 8 S. 1 Nr. 1 WpHG erbringt. Da es sich hierbei um eine Wertpapierdienstleistung handelt, muss die B-Bank ehrlich, redlich und professionell im bestmöglichen Kundeninteresse handeln. Dies hätte es in diesem Fall erforderlich gemacht, die Aktien zu den bestmöglichen Bedingungen und zwar an einem Handelsplatz zu erwerben, der für den Kunden die besten Konditionen bietet (siehe Art. 64 Abs. 1 lit. d) DelVO (EU) 2017/565). Weil die B-Bank dies versäumt hat, hat sie gegen § 63 Abs. 1 WpHG verstoßen. 799

Das individuelle Interesse des Kunden ist maßgeblich, objektive Kriterien spielen hierbei keine Rolle.[1356] Das bestmögliche Interesse kann daher uU auch objektiv unvernünftig sein, sofern es eindeutig dem Interesse des Kunden entspricht.[1357] 800

Fall 22: Student S, der bisher noch keine Erfahrungen mit Kapitalanlagegeschäften sammeln konnte, ist seit zwei Wochen Abonnent des Magazins „Wirtschaftswoche" und ganz begeistert von den dort geschilderten zahlreichen Möglichkeiten der Geldanlage. Insbesondere Optionsscheine klingen für S sehr verlockend. Da er zudem gerade 30.000 EUR von seiner Großmutter geerbt hat, geht er zur B-Bank, um Optionsscheine zu erwerben. Dort wird er ordnungsgemäß darüber informiert, wie Optionsscheine funktionieren und welche Risiken mit dieser Geldanlage verbunden sind. Die Bank weist S auch darauf hin, dass Optionsscheine für S, der bisher noch nicht einmal Aktien oder Anleihen und auch sonst keinerlei Finanzinstrumente besessen hat, keine angemessene Anlageform darstellen. Dennoch und entgegen einer wiederholten Warnung der Bankmitarbeiter, erwirbt S über die B-Bank für 30.000 EUR Optionsscheine. Bei der späteren Aus- 801

1355 *Buck-Heeb* KapMarktR Rn. 854.
1356 *Buck-Heeb* KapMarktR Rn. 854.
1357 Schwark/Zimmer/*Rothenhöfer* WpHG § 63 Rn. 35.

übung der Optionen macht S 20.000 EUR Verlust. Hat die B-Bank eine Verhaltenspflicht verletzt?

802 **Lösung:** Die B-Bank hat den S ausreichend gem. § 63 Abs. 7 WpHG über die Risiken der nachgefragten Art von Finanzinstrumenten, von Optionsscheinen als solchen, informiert, und ihn zugleich gem. § 63 Abs. 10 S. 3 WpHG darauf hingewiesen, dass Optionsscheine für S mangels ausreichender Erfahrungen nicht angemessen sind. Möchte der Kunde gleichwohl ein für ihn nicht angemessenes Geschäft trotz erfolgter Aufklärung durchführen, so braucht die Bank dies nach ganz überwiegender Ansicht nicht im bestmöglichen Interesse des Kunden gem. § 63 Abs. 1 WpHG abzulehnen.[1358] Dass die Bank der Anlageentscheidung ihres Kunden letztlich sogar Folge leisten muss, resultiert nicht nur aus der zivilrechtlichen Pflichtenstellung der Bank (zumeist besteht im Verhältnis zum Kunden ein Kommissionsvertrag mit entsprechender Weisungsbefugnis; vgl. § 384 Abs. 1 aE HGB), sondern auch aus der Funktion der aufsichtsrechtlichen Verhaltenspflichten: Diese wollen den Anleger vor Schlecht- und Falschberatung der Bank, nicht aber vor sich selbst schützen. Eine paternalistische Kundenbevormundung ist nicht intendiert.[1359] Mithin liegt keine Pflichtverletzung auf Seiten der B-Bank vor.

II. Pflichten zur Vermeidung von Interessenkonflikten

803 Dem Wirtschaftsleben sind Interessenkonflikte immanent. So verfolgen beispielsweise Verkäufer und Käufer typischerweise gegenläufige Interessen, denn der Verkäufer will möglichst teuer verkaufen und der Käufer möglichst günstig kaufen. Auch Wertpapierdienstleistungsunternehmen, wie Banken, handeln prinzipiell gewinnorientiert und insoweit in erster Linie im eigenen Interesse. Anders als beispielsweise Auto- oder Teppichhändler müssen sie aber als Finanzintermediäre gem. § 63 Abs. 1 WpHG vorrangig im bestmöglichen Interesse ihres Kunden tätig werden. Das damit grundsätzlich vorrangige Kundeninteresse ist jedoch gefährdet, wenn das Interesse des Wertpapierdienstleisters gegenläufig ist. Das ist insbesondere in der Praxis der provisionsbasierten Anlageberatung der Fall.

1358 BGH NJW-RR 2004, 484 (485); BGHZ 147, 343 (349); KölnKomm WpHG/*Möllers* § 31 Rn. 121; Schwark/Zimmer/*Rothenhöfer* WpHG § 63 Rn. 35; *Buck-Heeb* KapMarktR Rn. 855. Differenzierend Fuchs/*Fuchs* WpHG § 31 Rn. 40: „[…] mithin darf es im Einzelfall objektiv unvernünftige, weil völlig sinnlose und selbstschädigende Aufträge nicht ausführen."

1359 BGHZ 147, 343 (349) = NJW 2002, 62.

So ist beispielsweise denkbar, dass die B-Bank für den Vertrieb von A-Aktien Provisionen von der A-AG erhält. In einem solchen Fall besteht die Gefahr, dass die B-Bank ihrem Kunden K die A-Aktie im Rahmen einer Anlageberatung empfiehlt, um die entsprechend hohen Provisionen zu erhalten, auch wenn die Aktie für K ungeeignet ist.

Müssen Anleger mit solchen für sie nicht erkennbaren Interessenkonflikten auf Seiten der WpDU rechnen, werden sie ihr Vertrauen in die bestmögliche Erbringung der Wertpapierdienstleistung verlieren und vermutlich auf die Anlage ihres Vermögens in Finanzinstrumente verzichten, so dass die Funktionsfähigkeit des Kapitalmarktes langfristig leidet. Daher sind WpDU verpflichtet, Interessenkonflikte möglichst zu vermeiden bzw. jedenfalls offenzulegen.

1. Pflicht zur Vermeidung bzw. Offenlegung von Interessenkonflikten (§ 63 Abs. 2 und 3 WpHG)

Um Anleger zu schützen und die Funktionsfähigkeit des Kapital- 804
marktes sicherzustellen, verpflichtet § 63 Abs. 2 WpHG WpDU daher, die allgemeine Art und Herkunft von Interessenkonflikten und die Maßnahmen zur Begrenzung der Risiken für den Kunden offenzulegen. Vorrangig ist jedoch die Pflicht des WpDU gem. § 80 Abs. 1 S. 2 Nr. 2 WpHG (→ Rn. 856), Interessenkonflikte durch organisatorische Maßnahmen möglichst zu vermeiden. Die organisatorischen Pflichten im Umgang mit Interessenkonflikten sind konkretisiert in Art. 33 ff. DelVO (EU) 2017/565, speziell in Art. 41 für Beratung, Vertrieb und Eigenplatzierung. Soweit diese nach gebotenen organisatorischen Vorkehrungen nicht ausreichen, um nach vernünftigem Ermessen das Risiko der Beeinträchtigung von Kundeninteressen zu vermeiden (siehe ErwGr 48 S. 2 DelVO (EU) 2017/565), dient die Offenlegung als *ultima ratio*.

Potentielle Interessenkonflikte sind in § 80 Abs. 1 S. 2 Nr. 2 805
WpHG sowie ErwGr 48 S. 2 DelVO (EU) 2017/565 näher definiert: Interessenkonflikte können demnach im **horizontalen Verhältnis** zwischen verschiedenen Kunden des Unternehmens untereinander entstehen.

Das ist zB bei gleichlaufenden Kaufaufträgen verschiedener Kunden der Fall, sofern weniger Wertpapiere vorhanden als nachgefragt sind.

Vertikale Interessenkonflikte treten auf, wenn die Kundeninteressen den gegenläufigen Interessen des WpDU selbst, einschließlich seiner Geschäftsleitung, seiner Mitarbeiter, seiner vertraglich gebundenen Vermittler und mit ihm verbundener Personen gegenüberstehen.

Vertikale Interessenkonflikte entstehen beispielsweise bei wiederholten Umschichtungen durch das WpDU im Depot des Kunden, um so die jeweils fällig werdenden Gebühren zu erzielen (sog **Churning**).[1360] Einen aufklärungsbedürftigen vertikalen Interessenkonflikt hat der BGH auch bei Abschluss eines Zins-Swap-Vertrags zwischen dem Kunden und seiner anlageberatenden Bank erkannt, da die Bank in die Formel zur Berechnung der variablen Zinszahlungspflicht des Kunden einen **negativen Marktwert** zulasten des Kunden einstrukturiert hatte und die Bank als Vertragspartnerin der Zinswette zwangsläufig gegen das Interesse des Kunden handeln musste.[1361] Der BGH hat die Aufklärungspflicht der Bank allerdings nicht auf die aufsichtsrechtliche Vorschrift des § 31 Abs. 1 Nr. 2 WpHG aF (nun § 63 Abs. 2 WpHG) gestützt, sondern zivilrechtlich mit der vertraglichen Pflicht zur anleger- und objektgerechten Beratung begründet. Bejaht man einen Interessenkonflikt, besteht die Pflicht zur Offenlegung aber auch aufsichtsrechtlich gem. § 63 Abs. 2 WpHG. Die Pflicht zur Offenlegung des Interessenkonflikts besteht allerdings nur, wenn die Bank selbst Vertragspartnerin des Zins-Swap-Vertrags ist, nicht hingegen, wenn das Swap-Geschäft mit einem Dritten abgeschlossen und von der Bank nur vermittelt wird.[1362]

Ein WpDU verstößt grundsätzlich nicht gegen §§ 63 Abs. 2, 80 Abs. 1 S. 2 Nr. 2 WpHG, wenn es ausschließlich bank-, konzern- oder **institutsgruppeneigene Finanzinstrumente**, nicht aber vergleichbare Produkte konkurrierender Banken oder Institutsgruppen in das Anlageprogramm aufnimmt und im Rahmen der Anlageberatung empfiehlt (anders aber für unabhängige Honorar-Anlageberater gem. § 64 Abs. 5 Nr. 1 lit. b) WpHG; → Rn. 845 ff.).[1363] Der Anleger muss ebenso wie ein Kreditnehmer, der sich von einer Bank beraten lässt, vernünftigerweise damit rechnen, dass die Bank im eigenen Gewinninteresse handelt und nicht von sich aus Konkurrenzprodukte empfiehlt.[1364] Etwas anderes gilt nur dann, wenn die Bank gegenüber dem Kunden damit hervortritt, auch über die Produkte konkurrierender Banken zu beraten, oder aber wenn der Anlageinteressent erkennbar die berechtigte Erwartung zum Ausdruck bringt, auch über Konkurrenzprodukte beraten zu werden.

1360 *Lenenbach* KapMarktR Rn. 5.333.

1361 BGHZ 189, 13 (26 f.) = BGH NJW 2011, 1949 (1952) Rn. 31, 33.

1362 BGH NJW 2015, 1095 (1097) Rn. 31.

1363 BGH NJW 2007, 1876 (1877) (zum Zivilrecht); Fuchs/*Fuchs* WpHG § 31 Rn. 79; *Schäfer/Schäfer* BKR 2007, 163 (164); kritisch *Koller* ZBB 2007, 197 (198).

1364 So zu den zivilrechtlichen Aufklärungspflichten BGHZ 170, 226 (232) = NJW 2007, 1876.

Die Offenlegung hat gem. § 63 Abs. 2 S. 2 WpHG auf einem dauerhaften Datenträger zu erfolgen. Sie muss zudem je nach Einstufung des Kunden iSd 67 WpHG so detailliert sein, dass der Kunde seine Entscheidung über die Dienstleistung in Kenntnis der Sachlage treffen kann. Je nachdem, ob es sich um professionelle Kunden oder Privatkunden handelt, sind daher insoweit unterschiedlich detaillierte Informationen notwendig. 806

Interessenkonflikte können auch durch besondere Vertriebsanreize auf Seiten der Mitarbeiter entstehen. Daher haben WpDU gem. § 63 Abs. 3 WpHG sicherzustellen, dass sie die Leistungen ihrer Mitarbeiter nicht in einer Weise vergüten, die mit der Pflicht gem. § 63 Abs. 1 WpHG, im bestmöglichen Interesse der Kunden zu handeln, kollidiert. Zu vermeiden sind daher insbesondere Vergütungsregeln, etwa gezielte Provisionen, die die Mitarbeiter dazu veranlassen, Finanzinstrumente zu empfehlen, obgleich für den Kunden besser geeignete Finanzinstrumente möglich wären (§ 63 Abs. 3 S. 2 WpHG). 807

2. Verbot der Annahme von Zuwendungen (§ 70 WpHG)

Eine spezielle Pflicht zur Vermeidung von Interessenkonflikten formuliert § 70 WpHG (§ 31d WpHG aF), wonach die Annahme von Zuwendungen bei allen Wertpapier(neben)dienstleistungen grundsätzlich verboten und nur unter bestimmten Voraussetzungen erlaubt, dann aber offenzulegen ist. Zweck des § 70 WpHG ist es, den Anleger davor zu schützen, dass die Personen, die seine Investitionsentscheidung beeinflussen oder umsetzen, von eigenen finanziellen Interessen an dem Erhalt von Zuwendungen geleitet werden. Es geht also um die Vermeidung und hilfsweise Offenlegung von speziellen Interessenkonflikten. Der Regelung liegt die Vorstellung zugrunde, dass Geschäftsbanken neben den nicht entgeltpflichtigen Wertpapierdienstleistungen andere kostenpflichtige Dienstleistungen für den Kunden (zB die Führung eines Girokontos) erbringen, der Kunde deshalb von der Kostenfreiheit der Wertpapier(neben)dienstleistung ausgeht und sich der typischen Existenz von Provisionszahlungen oder anderen Zuwendungen sowie der damit verbundenen Interessenkonflikte häufig nicht bewusst ist.[1365] 808

1365 Davon geht auch der BGH für das Zivilrecht aus, vgl. BGHZ 185, 185 (188 ff.) = BGH NJW-RR 2010, 1064 Rn. 12; BGH NJW 2012, 2952 Rn. 14; BGH NJW-RR 2012, 372 Rn. 11.

809 **a) Begriff der Zuwendung.** Unter den **Begriff der Zuwendung** fallen Provisionen, Gebühren oder sonstige Geldleistungen sowie alle nicht-monetären Vorteile (§ 70 Abs. 2 WpHG). Grundsätzlich verboten sind demnach vor allem monetäre Zuwendungen Dritter, insbesondere **Provisionen** des Emittenten oder Produktanbieters für den Vertrieb ihrer Produkte. In der zivilrechtlichen Rechtsprechung des BGH, die parallel zum Aufsichtsrecht verläuft, wurde für Provisionen lange Zeit vor allem zwischen Rückvergütungen und Innenprovisionen differenziert.

810 Der BGH hat durch seine Rechtsprechung ein umfassendes zivilrechtliches Aufklärungspflichtenregime neben dem öffentlich-rechtlichen Aufsichtsrecht (insbesondere § 70 WpHG) entwickelt. So folgte die Einführung des aufsichtsrechtlichen § 31d WpHG aF (nun § 70 WpHG) einer Entscheidung des XI. Zivilsenats des BGH aus dem Jahr 2006 zeitlich unmittelbar nach.[1366] Darin hatte das Gericht aus der allgemeinen Interessenkonfliktvermeidungspflicht gem. § 31 Abs. 1 Nr. 2 WpHG aF (heute § 63 Abs. 2 WpHG) für Rückvergütungen weitgehende zivilrechtliche Aufklärungspflichten hergeleitet. Diese wurden in einer Folgeentscheidung des XI. Zivilsenats des BGH im Jahr 2009 auf Rückvergütungen bei Anlageprodukten außerhalb des Anwendungsbereichs des WpHG – im konkreten Fall auf Immobilien – ausgeweitet.[1367] Um **Rückvergütungen** oder auch *„Kick-Backs"* handelt es sich, wenn Verwaltungsgebühren bzw. Ausgabeaufschläge, die der Kunde (über die Bank) an den Emittenten oder Produktanbieter zahlt, (teilweise) an die Bank vom Emittenten oder Produktanbieter hinter dem Rücken des Kunden umsatzabhängig wieder zurückfließen.[1368] Dies gleicht einer „schmiergeldartigen Zuwendung".[1369] Auch wenn die Werthaltigkeit der Anlage hierdurch nicht gemindert wird, ist für den Anleger so nicht erkennbar, ob die Wertpapierdienstleistung allein in seinem bestmöglichen Interesse oder im Gewinninteresse der Bank erfolgt.

811 Innenprovisionen sind dadurch gekennzeichnet, dass das WpDU sie vom Emittenten oder Produktanbieter aus dem Anlagebetrag erhält bzw. selbst entnimmt. Für Innenprovisionen nimmt der III. Senat des BGH für freie Anlageberater und -vermittler eine zivilrechtliche Aufklärungspflicht erst bei einer relevanten Höhe – ab 15 Prozent – an, weil sie die Werthaltigkeit der Anlage für den Kunden nicht erkennbar gefährden.[1370] Nach überzeugender Rechtsprechung des XI. Senats des BGH[1371] liegt jedoch auch hier das zentrale

1366 BGHZ 170, 226 = NJW 2007, 1876.
1367 BGH NJW 2009, 1416.
1368 BGHZ 185, 185 (188) = NJW-RR 2010, 1064 Rn. 13.
1369 *Nittel/Knöpfel* BKR 2009, 411 (412); *Nobbe* WuB I G 1. – 5.10 (125).
1370 BGHZ 158, 110 = NJW 2004, 1732; BGH, NJW-RR 2006, 685; BGH NJW-RR 2011, 913; BGH NJW-RR 2014, 559; BGH NJW 2016, 3024; BGH NJW-RR 2017, 1520.
1371 BGHZ 201, 310 (321) = NJW 2014, 2947 Rn. 37.

Problem in dem nicht offenkundigen Interessenkonflikt, so dass über Innenprovisionen nunmehr unabhängig von der konkreten Höhe genauso aufzuklären ist wie über andere Provisionen.

Für § 70 WpHG ist diese Differenzierung zwischen Rückvergütungen und Innenprovisionen seit jeher irrelevant, da beide Arten von Provisionen gleichermaßen eine Zuwendung eines Dritten iSd § 70 Abs. 2 S. 1 WpHG darstellen. Damit laufen insoweit die aufsichtsrechtlichen Pflichten des § 70 WpHG und die zivilrechtlichen Aufklärungspflichten – jedenfalls nach der Rspr. des XI. Senats des BGH – inzwischen parallel. Fraglich ist aber, wie sich im Übrigen die aufsichtsrechtlichen Pflichten gem. §§ 63 ff. WpHG zu den zivilrechtlichen Pflichten – etwa aus einem Anlageberatungsvertrag –verhalten. Dies ist umstritten (ausführlich hierzu im Fall 25 → Rn. 852). 812

Veräußert die Bank Finanzinstrumente auf eigene Rechnung, etwa im Rahmen eines Festpreisgeschäfts, ist die **Gewinnmarge**, dh die Differenz zwischen Einkaufs- und Verkaufspreis, keine Zuwendung von einem „Dritten“. Gewinnmargen fallen damit nicht in den Anwendungsbereich von § 70 Abs. 2 S. 1 WpHG. Eine Ausweitung des Zuwendungsverbots auf Gewinnmargen wurde mit dem 2. FiMaNoG zwar erwogen, aber fand keinen Eingang in die Gesetzesfassung, denn es handelt sich hierbei um eine klassische Käufer-Verkäufer-Konstellation, bei der das Gewinninteresse der Bank auch für den durchschnittlichen Anleger offensichtlich ist und keinen „schmiergeldähnlichen Charakter“ aufweist. In Umsetzung der MiFID II ist allerdings seit dem 3.1.2018 der Einkaufspreis im Rahmen der Kostenaufstellung offenzulegen (siehe § 63 Abs. 7 S. 4 WpHG iVm ErwGr 76 DelVO (EU) 2017/565; → Rn. 823). 813

Verbotene **nicht-monetäre Zuwendungen** (hierzu ErwGr 27 ff. DelRiLi 2017/593) sind insbesondere Researchdienstleistungen durch die kostenlose Bereitstellung von Finanzanalysen (siehe § 70 Abs. 2 S. 2, Abs. 3 WpHG; § 7 WpDVerOV). Nicht-monetäre Zuwendungen sind auch zB die Erbringung von sonstigen Dienstleistungen, das Überlassen von Software oder die Durchführung von Schulungen. Vom Verbot ausgenommen sind gem. **Abs. 5** Gebühren und Entgelte, die die Wertpapierdienstleistung erst ermöglichen oder für diese notwendig sind. Hierunter sind nur solche Posten zu fassen, die wesensbedingt keine Interessenkonflikte entstehen lassen können, also insbesondere gesetzlich vorgesehene Gebühren.[1372] 814

1372 RegE FRUG, BT-Drs. 16/4028, 68.

815 **b) Ausschluss des Zuwendungsverbots.** Zuwendungen sind ausnahmsweise erlaubt, wenn sie darauf ausgelegt sind, die Qualität der für den Kunden erbrachten Dienstleistung zu verbessern, und wenn sie der ordnungsgemäßen Erbringung der Dienstleistung im bestmöglichen Kundeninteresse nicht entgegen stehen (§ 70 Abs. 1 S. 1 Nr. 1 WpHG). Existenz, Art sowie Umfang der Zuwendung müssen zudem unmissverständlich offengelegt werden (§ 70 Abs. 1 S. 1 Nr. 2 WpHG).

816 **aa) Qualitätsverbesserung.** § 6 Abs. 2 WpDVerOV bestimmt in Umsetzung von Art. 11 DelRiLi 2017/593, wann die Voraussetzungen für eine Qualitätsverbesserung vorliegen. Die Zuwendung muss demnach insbesondere durch die Erbringung einer zusätzlichen oder höherwertigen und im Verhältnis zum Umfang der Zuwendung angemessenen Dienstleistung für den jeweiligen Kunden gerechtfertigt sein. Da Art. 11 Abs. 2 S. 1 lit. a Hs. 1 DelR 2017/593, dessen Umsetzung § 70 WpHG dient, von dem „jeweiligen Kunden" spricht, wird überwiegend verlangt, dass die Zuwendung der Qualitätsverbesserung der dem Kunden konkret erbrachten Dienstleistung zugutekommt.[1373] Die zunächst in § 31d Abs. 4 WpHG aF vorgesehene Vermutung der Qualitätsverbesserung bei Zuwendungen im Zusammenhang mit bestimmten Wertpapierdienstleistungen wurde gestrichen. Nach § 70 Abs. 1 S. 2 WpHG muss das WpDU nachweisen können, dass sämtliche Zuwendungen zur Qualitätsverbesserung bestimmt sind.

Eine Qualitätsverbesserung kann gem. § 6 Abs. 2 S. 1 Nr. 1 lit. a) WpDVerOV beispielsweise darin bestehen, dass der Wertpapierdienstleister den Anleger auf Basis einer breiteren Palette an Anlageprodukten berät und dem Anleger Zugang zu diesen Anlageprodukten gewährt. Gem. § 6 Abs. 2 S. 1 Nr. 1 lit. d) WpDVerOV dient der Qualitätsverbesserung aber auch die Bereitstellung eines weitverzweigten Filialberaternetzwerkes, das für den Kunden die Vor-Ort-Verfügbarkeit qualifizierter Anlageberater auch in ländlichen Regionen sicherstellt.[1374] Ein Ausbau der Dienstleistungsqualität war bisher nicht zwingend erforderlich, so dass auch eine bloße **Qualitätssicherung** genügte. Ob dies auch künftig noch ausreichend ist, bleibt abzuwarten.[1375] Jedenfalls ist ein angemessenes Verhältnis zwischen den zusätzlichen oder höherwertigen Dienstleistungen und den Zuwendungen erforderlich.

1373 Assmann/Schneider/Mülbert/*Koller* WpHG § 70 Rn. 31; Schwark/Zimmer/*Koch/Harnos* WpHG § 70 Rn. 56.

1374 Kritisch zur Vereinbarkeit dieses Beispiels mit Art. 11 Abs. 2 S. 1 DelRL 2017/593 Assmann/Schneider/Mülbert/*Koller* WpHG § 70 Rn. 41.

1375 *Buck-Heeb/Poelzig* BKR 2017, 485 (488).

Wenn die Zuwendung darauf ausgelegt ist, die Qualität der Dienstleistung zu verbessern, so ist sie gleichwohl verboten, falls sie der **ordnungsgemäßen Erbringung** der Dienstleistung im Kundeninteresse **entgegensteht**, § 70 Abs. 1 S. 1 Nr. 1 Var. 2 WpHG. Mit diesem Verweis auf das Kundeninteresse iSd § 63 Abs. 1 WpHG sollen Zuwendungen verhindert werden, die evident interessenwidriges Verhalten fördern, etwa aufgrund ihrer Art oder ihrer außergewöhnlichen Höhe.[1376] 817

bb) Offenlegung. Essentielle Voraussetzung für die Zulässigkeit einer Zuwendung ist schließlich die **umfassende Offenlegung** gegenüber den Kunden nach § 70 Abs. 1 S. 1 Nr. 2 WpHG. Hierbei ist über Existenz, Art und Umfang der Zuwendung aufzuklären und jedenfalls die Art der Berechnung offenzulegen, sofern eine konkrete Höhe nicht angegeben werden kann. Um die Warnfunktion gegenüber dem Kunden erfüllen zu können, muss die Zuwendung nach dem Wortlaut der Vorschrift vor Erbringung der Dienstleistung und nach zutreffender Ansicht noch vor einer vertraglichen Bindung des Kunden[1377] in umfassender, zutreffender und verständlicher Weise unmissverständlich offengelegt werden. Steht die konkrete Höhe der Zuwendung zum maßgeblichen Zeitpunkt noch nicht fest, ist diese nachträglich offenzulegen. Die Offenlegung ist schriftlich oder mündlich möglich.[1378] Eine Offenlegung in Allgemeinen Geschäftsbedingungen ist ebenfalls ausreichend.[1379] 818

Eine Besonderheit gilt seit 2014 für die unabhängige **Honorar-Anlageberatung** (zu dem Begriff bereits → Rn. 784): Hierfür gilt gem. § 64 Abs. 5 S. 1 Nr. 2, S. 2 WpHG ein striktes Zuwendungsverbot ohne Ausnahme, da der Kunde ein Entgelt für die Beratung zahlt und insoweit berechtigterweise davon ausgehen darf, dass keine Zuwendungen fließen (dazu näher → Rn. 846). Nicht-monetäre Zuwendungen – wie beispielsweise Informationsmaterial oder -schulungen – dürfen demnach keinesfalls angenommen werden. Monetäre Zuwendungen dürfen angenommen werden, wenn das Produkt ohne Zuwendung nicht erhältlich ist; müssen aber jedenfalls unverzüglich nach Erhalt und ungemindert an den Kunden ausgekehrt werden. 819

1376 *Lenenbach* KapMarktR Rn. 5.448.
1377 Assmann/Schneider/Mülbert/*Koller* WpHG § 70 Rn. 43; Schwark/Zimmer/*Koch/Harnos* WpHG § 70 Rn. 76; *Assmann* ZBB 2008, 21 (28).
1378 Schwark/Zimmer/*Koch/Harnos* WpHG § 70 Rn. 74.
1379 Schwark/Zimmer/*Koch/Harnos* WpHG § 70 Rn. 74. AA Assmann/Schneider/*Koller* WpHG § 31d Rn. 46; KölnKomm WpHG/*Möllers/Wenninger* § 31d Rn. 54.

Auch für die **Finanzportfolioverwaltung** gilt seit Januar 2018 eine strengere Regel als für sonstige Wertpapier(neben)dienstleistungen: Gem. § 64 Abs. 7 S. 1 WpHG sind Annahme und Behalten von Zuwendungen Dritter für die Finanzportfolioverwaltung grundsätzlich verboten. Monetäre Zuwendungen sind gem. § 64 Abs. 7 S. 4 WpHG so schnell wie nach vernünftigem Ermessen möglich nach Erhalt und in vollem Umfang an den Kunden auszukehren. § 64 Abs. 7 S. 2 WpHG enthält eine Bagatellausnahme für geringfügige nicht-monetäre Zuwendungen: Diese sind gestattet, wenn sie geeignet sind, die Qualität der Dienstleistung zu erhöhen, und die so gering sind, dass die Pflicht zum Handeln im besten Kundeninteresse davon voraussichtlich nicht beeinträchtigt würde.[1380] Zulässige nicht-monetäre Zuwendungen sind gem. § 6 Abs. 1 WpDVerOV beispielsweise allgemeine Informationen oder die Teilnahme an Konferenzen zu einem bestimmten Finanzinstrument.

820 **c) Freie Anlageberater und-vermittler.** Ähnliche Vorgaben gelten seit dem 1.1.2013 auch für **freie Anlageberater und -vermittler** iSd § 34f. GewO. Sie müssen gem. § 34g GewO iVm **§§ 11 ff. FinVermV** Verhaltenspflichten beachten. Demnach sind sie gem. **§ 17 FinVermV** insbesondere zur **Offenlegung von Zuwendungen** verpflichtet. Eine Qualitätsverbesserung ist hierbei nicht erforderlich. Der großzügigere Maßstab im Vergleich zu WpDU rechtfertigt sich dadurch, dass freie Anlageberater oder -vermittler keine anderen Geschäfte oder Dienstleistungen tätigen, durch die sie sich – wie etwa eine Bank mit Kreditverträgen oder Kontoführung – finanzieren können. Sofern der Kunde für die Anlageberatung bzw. -vermittlung keine gesonderte Vergütung zahlt, muss er hier davon ausgehen, dass Provisionen die einzige Finanzierungsquelle des freien Anlageberaters bzw. -vermittlers darstellen. Gleichwohl ist eine Offenlegung notwendig, da für die Anlageentscheidung des Kunden Art und Umfang der Provision relevant ist.

3. Ausführung von Kundenaufträgen (§ 69 WpHG)

821 Die allgemeine Interessenkonfliktvermeidungspflicht wird im Hinblick auf horizontale Interessenkonflikte durch spezielle Vorgaben zur Ausführung von Kundenaufträgen in § 69 WpHG konkretisiert. Gem. § 69 Abs. 1 Nr. 1 und 2 WpHG sind WpDU insbesondere zur

1380 Ausführlich hierzu *Kurz* DB 2014, 1182 (1184).

unverzüglichen und redlichen Ausführung nach der Reihenfolge des Eingangs verpflichtet. Näheres zur Bearbeitung von Kundenaufträgen regeln Art. 67–70 DelVO (EU) 2017/565.

III. Informationspflichten

Damit Anleger eine eigenverantwortliche und **sachgerechte Anlageentscheidung** auf einer ausreichenden Informationsgrundlage treffen können,[1381] gelten auch für WpDU neben der Interessenwahrungs- und Interessenkonfliktvermeidungspflicht Informationspflichten (zum Kapitalmarktinformationsmodell → Rn. 32 ff.). 822

1. Allgemeine Informationspflichten (§ 63 Abs. 6–9 WpHG)

Die Informationspflichten gem. § 63 Abs. 6–9 WpHG gelten für alle Wertpapier(neben)dienstleistungen. Demnach müssen WpDU alle Informationen, die sie (potentiellen) Kunden zugänglich machen, redlich, eindeutig und nicht irreführend formulieren (§ 63 Abs. 6 S. 1 WpHG; siehe auch Art. 44 DelVO (EU) 2017/565). Ob Informationen irreführend sind, hängt von der Sicht eines „durchschnittlichen Angehörigen der Gruppe, an die sie gerichtet sind bzw. zu der sie wahrscheinlich gelangen" ab (Art. 44 Abs. 2 lit. d) DelVO (EU) 2017/565). Werbung muss insbesondere als solche erkennbar sein (§ 63 Abs. 6 S. 2 WpHG). Darüber hinaus sind dem Kunden angemessene Informationen über das Unternehmen, seine Dienstleistungen, die Finanzinstrumente, die vorgeschlagenen Anlagestrategien, die Ausführungsplätze sowie alle Kosten und Nebenkosten zur Verfügung zu stellen, damit dieser nach vernünftigem Ermessen die Art und die Risiken der ihm angebotenen oder von ihm nachgefragten Arten von Finanzinstrumenten oder Wertpapierdienstleistungen verstehen und auf dieser Grundlage seine Anlageentscheidung treffen kann (§ 63 Abs. 7 S. 1 WpHG). Die Information muss rechtzeitig und in verständlicher Form erfolgen. Die Rechtzeitigkeit und Verständlichkeit der Informationserteilung richten sich nach der Komplexität des Finanzinstruments und der Einstufung des Kunden als Privatkunde, professioneller Kunde oder geeignete Gegenpartei (siehe aber auch § 68 Abs. 1 WpHG). Die Information hat aber in jedem Fall vor Vertragsschluss zu erfolgen (siehe aber Art. 46 Abs. 1 823

1381 Fuchs/*Fuchs* WpHG § 31 Rn. 95.

DelVO (EU) 2017/565). Sie ist auch in standardisierter Form möglich (§ 63 Abs. 7 S. 2 WpHG).

824 Die angemessene Information muss nach § 63 Abs. 7 S. 3 Nr. 1 WpHG insbesondere geeignete Leitlinien zur Anlage in solche Finanzinstrumente und Warnhinweise zu den Risiken und Angaben dazu enthalten, ob die Finanzinstrumente für Privatkunden oder professionelle Kunden bestimmt sind. Dabei ist auch der Zielmarkt des Produkts zu berücksichtigen (→ Rn. 351). Der Inhalt der Information beschränkt sich insoweit jeweils auf die **„Art des Finanzinstruments"**, also zB über Aktien oder Optionsscheine als solche, und ihre Risiken im Allgemeinen. Der Kunde soll den speziellen Typ des Finanzinstruments verstehen. Nicht erforderlich sind daher Informationen zu dem konkreten Anlageobjekt, also etwa zur A-Aktie und ihren konkreten Risiken. Näheres hierzu regeln Art. 47–49 DelVO (EU) 2017/565. Danach muss das WpDU den Kunden etwa in Bezug auf öffentlich angebotene Finanzinstrumente, für die ein Prospekt existiert, auch rechtzeitig darüber informieren, wo der Prospekt erhältlich ist (Art. 48 Abs. 3 DelVO (EU) 2017/565).

Seit dem Inkrafttreten des 2. FiMaNoG am 3.1.2018 schuldet das WpDU vor allem auch eine umfassende **Kostentransparenz**. Gem. § 63 Abs. 7 S. 3 Nr. 2 WpHG sind sowohl die Kosten der Dienstleistung, etwa der Beratung, als auch der empfohlenen Finanzinstrumente, insbesondere die Erwerbs- und Veräußerungskosten, sowie die Zahlungsmöglichkeiten darzulegen. Anders als in Nr. 1 beziehen sich die Angaben insoweit auf die konkret empfohlenen oder vermarkteten Finanzinstrumente. Damit der Kunde die Gesamtkosten erkennen und die Wirkung der Kosten auf seine Rendite verstehen kann, müssen die Kosten und Nebenkosten in zusammengefasster Form dargestellt werden (§ 63 Abs. 7 S. 4 WpHG). Der Kunde kann darüber hinaus gem. § 63 Abs. 7 S. 5 WpHG eine Aufstellung der einzelnen Kostenbestandteile (siehe Art. 50 iVm Annex II DelVO (EU) 2017/565) verlangen. Die Informationen sind regelmäßig und mindestens jährlich während der gesamten Laufzeit zur Verfügung zu stellen. Bei Querverkäufen, dh gebündelten Paketen von Produkten oder Dienstleistungen, ist der Kunde darüber zu informieren, ob und zu welchen Konditionen die Produkte auch getrennt erworben werden können (§ 63 Abs. 9 S. 1 WpHG). Sobald sich beim Querverkauf eine Risikoabweichung im Vergleich zum Vertrieb von Einzelprodukten ergibt, ist der Kunde entsprechend zu unterrichten (§ 63 Abs. 9 S. 2 WpHG).

2. Besondere Informationspflichten bei der Anlageberatung (§ 64 Abs. 1 und 2 WpHG)

Spezielle Informationspflichten gelten darüber hinaus für die Anlageberatung (§ 2 Abs. 8 S. 1 Nr. 9 WpHG, → Rn. 781 ff.). Gem. § 64 Abs. 1 S. 1 WpHG ist der Anleger vor Beginn einer Anlageberatung darüber zu informieren, ob es sich um eine unabhängige **Honorar-Anlageberatung** oder um eine Beratung auf Provisionsbasis handelt (siehe auch Art. 52 DelVO (EU) 2017/565). Außerdem muss darüber informiert werden, ob sich die Anlageberatung auf eine enge Produktpalette mit „Hausprodukten" des WpDU und eng verbundener Unternehmen beschränkt oder sich auch auf Produkte anderer Anbieter erstreckt. Die Information ist auch in standardisierter Form möglich (§§ 64 Abs. 1 S. 2 iVm 63 Abs. 7 S. 2 WpHG). 825

Das WpDU muss einem Privatkunden darüber hinaus seit 2011 gem. § 31 Abs. 3a WpHG aF und nunmehr gem. § 64 Abs. 2 WpHG ein **Produktinformationsblatt** rechtzeitig vor dem Abschluss eines Vertrags aushändigen. Das umgangssprachlich auch als „Beipackzettel" bezeichnete Schriftstück soll vor dem Hintergrund der Gefahr eines *information overload* (→ Rn. 40) in knapper (maximal zwei DIN-A-4-Seiten) und verständlicher Form über die Chancen, Risiken und Kosten der zum Kauf empfohlenen Finanzinstrumente aufklären (vgl. § 4 WpDVerOV). Das Produktinformationsblatt bezieht sich im Unterschied zur allgemeinen Informationspflicht nach § 63 Abs. 7 WpHG nicht nur auf die Art des Finanzinstruments, sondern auf die **konkreten** Finanzinstrumente, auf die sich die Kaufempfehlung bezieht. Die Pflicht gilt nur gegenüber **Privatkunden**. Professionellen Kunden muss diese Kurzdarstellung nicht ausgehändigt werden. 826

Das Produktinformationsblatt ist für grundsätzlich alle Finanzinstrumente zu erstellen. Ausgenommen sind lediglich „verpackte Anlageprodukte", etwa Versicherungsanlageprodukte, für die nach der PRIIP-VO[1382] ein Basisinformationsblatt zu erstellen ist. Mit diesem weiten Anwendungsbereich geht § 64 Abs. 2 WpHG über das europäische Recht hinaus, das die Erstellung von Produktinformationsblättern nach der PRIIP-VO und der AIFM-RL lediglich für den Vertrieb von „verpackten Anlageprodukten" bzw. Investmentvermö- 827

1382 Verordnung (EU) Nr. 1286/2014 des Europäischen Parlaments und des Rates vom 26. November 2014 über Basisinformationsblätter für verpackte Anlageprodukte für Kleinanleger und Versicherungsanlageprodukte (PRIIP) (ABl. L 352 vom 9. Dezember 2014, 1).

gen verlangt. Eine solche überschießende nationale Regelung, die außerhalb des Anwendungsbereichs europäischer Rechtsakte liegt und diese daher lediglich ergänzt (siehe ErwGr 7 PRIIP-VO), ist jedoch grundsätzlich zulässig (siehe ErwGr 8 PRIIP-VO). Sofern nach speziellen Vorschriften für bestimmte Finanzinstrumente – wie etwa nach §§ 164, 166, 268, 270 KAGB für Investmentvermögensanteile – Kurzinformationsblätter erstellt werden müssen, treten diese an die Stelle des Informationsblattes (§ 64 Abs. 2 S. 4 WpHG).

828 Für **Aktien**, die zum Zeitpunkt der Anlageberatung an einem **organisierten Markt** gehandelt werden, kann anstelle eines produktspezifischen Informationsblattes zu jedem einzelnen empfohlenen Aktienwert nach Satz 1 ein standardisiertes Produktinformationsblatt über den Typus von Aktien insgesamt verwendet werden. Damit sollen WpDU von den erheblichen Kosten entlastet werden, die bei der Erstellung von produktspezifischen Informationsblättern für Privatkunden entstehen.[1383] Auch die besonders schutzbedürftigen Privatanleger bedürfen bei der Anlageberatung in Aktien, die an einem organisierten Markt gehandelt werden, weniger Informationen: So sind zum einen die Variationsmöglichkeiten der Aktiengesellschaft als Emittent wegen des Gebots der Satzungsstrenge gem. § 23 Abs. 5 AktG begrenzt und zum anderen sind die an organisierten Märkten gehandelten Aktien Gegenstand einer Reihe von kapitalmarktrechtlichen Informationspflichten (zB ad-hoc-Publizitätspflicht gem. Art. 17 MAR, Beteiligungs- und Regelpublizität gem. §§ 33 ff., 114 ff. WpHG). Insoweit beschränkt sich das Informationsbedürfnis der Anleger im Wesentlichen auf die Risiken, Chancen und Rechte, die allgemein mit Aktien als Finanzinstrumenten und nicht mit dem konkret empfohlenen Einzelwert verbunden sind.

829 Die Option eines standardisierten Informationsblatts besteht nicht, soweit sich die Anlageberatung auf Aktien bezieht, die nicht an organisierten Märkten, sondern etwa ausschließlich im **Freiverkehr** oder auf anderen Handelsplätzen gehandelt werden. Zwar wurden die Pflichten zur ad-hoc-Mitteilung und Meldung von Eigengeschäften von Führungskräften durch die MAR über die organisierten Märkte hinaus auch auf andere Handelsplätze erweitert (→ Rn. 490). Gleichwohl bestehen aber Unterschiede im Informationsniveau im Vergleich zu organisierten Märkten (keine Beteiligungs- und Regelpublizität), so dass dementsprechend die Option eines standardisierten

1383 BT Drs. 18/11775, 649.

Informationsblatts für Aktien, die an anderen Handelsplätzen gehandelt werden, nicht besteht.[1384]

IV. Exploration und Geeignetheits- bzw. Angemessenheitsprüfung (§ 63 Abs. 10; 64 Abs. 3 und 4 WpHG)

Bevor das WpDU eine Wertpapierdienstleistung erbringt, muss es die Geeignetheit bzw. Angemessenheit des Produkts für den (potentiellen) Kunden prüfen (§§ 63 Abs. 10; 64 Abs. 3 WpHG). Für den konkreten Pflichtenumfang unterscheidet das Gesetz zwischen der Anlageberatung und Finanzportfolioverwaltung (§ 64 Abs. 3 WpHG) einerseits und sonstigen Wertpapierdienstleistungen andererseits (§ 63 Abs. 10 WpHG). Die speziellen Regelungen für die Anlageberatung und Finanzportfolioverwaltung sind dadurch begründet, dass das WpDU hier in größerem Maße Verantwortung für die Entwicklung des Vermögens des Anlegers übernimmt und daher weiterreichenden Pflichten unterliegen muss.[1385] 830

1. Geeignetheitsprüfung bei Anlageberatung und Vermögensverwaltung

Im Falle einer Anlageberatung (§ 2 Abs. 8 S. 1 Nr. 9 WpHG, → Rn. 781 ff.) oder einer Finanzportfolioverwaltung (§ 2 Abs. 8 S. 1 Nr. 7 WpHG, → Rn. 785 ff.) muss das WpDU nach § 64 Abs. 3 WpHG alle erforderlichen Informationen einholen (Exploration), um dem Kunden ein Finanzinstrument empfehlen zu können, das für ihn geeignet ist und insbesondere seiner Risikotoleranz und seiner Fähigkeit, Verluste zu tragen, entspricht. Das WpDU darf dem Kunden nur Finanzinstrumente oder Wertpapierdienstleistungen empfehlen oder im Rahmen der Finanzportfolioverwaltung Geschäfte tätigen, die für den Kunden geeignet sind. Erfolgt die Anlageberatung ganz oder teilweise über ein voll- oder halbautomatisches System (zB. **Robo-Advice**), sieht Art. 54 Abs. 1 UAbs. 2 DelVO (EU) 2017/565 zur Klarstellung[1386] vor, dass die Verantwortung für die Geeignet- 831

1384 Siehe BT-Drs. 18/11775, 392.
1385 KölnKomm WpHG/*Möllers* § 31 Rn. 335.
1386 Vgl. ErwGr 86 DelVO (EU) 2017/565; ausführlich zum Robo-Advice *Baumanns* BKR 2016, 366 ff; *Möslein/Lordt* ZIP 2017, 793 ff; *Oppenheim/Lange-Hausstein* WM 2016, 1966 ff.; *Roth/Blessing* CCZ 2016, 258 (265).

heitsprüfung bei dem diese Dienstleistung erbringenden WpDU liegt. Die ESMA hat in ihren Leitlinien ua auch Anforderungen für sog Robo-Advisor entwickelt.[1387]

832 Die Geeignetheit einer Empfehlung beurteilt sich im Wesentlichen anhand von drei Kriterien:

- das empfohlene Produkt soll den **Anlagezielen** des Kunden, insbesondere dem Anlagezweck und seiner Risikotoleranz entsprechen,
- die Anlagerisiken sollen für den Kunden **finanziell tragbar** sein und
- der Kunde soll die Anlagerisiken mit seinen **Kenntnissen und Erfahrungen** verstehen können.

833 **a) Explorationspflichten.** Das WpDU muss dementsprechend die Anlageziele des Kunden, einschließlich seiner Risikotoleranz, seine finanziellen Verhältnisse, einschließlich seiner Fähigkeit, Verluste zu tragen, und seine Kenntnisse und Erfahrungen in Bezug auf Geschäfte mit bestimmten Arten von Finanzinstrumenten oder Wertpapierdienstleistungen erfragen (Explorationspflicht). Die Anforderungen an die Erkundigung werden inhaltlich durch Art. 54 f. DelVO (EU) 2017/565 konkretisiert. Die einzuholenden Informationen über die finanziellen Verhältnisse des (potentiellen) Kunden umfassen – soweit relevant – Informationen über Herkunft und Höhe seines regelmäßigen Einkommens, seine Vermögenswerte einschließlich der liquiden Vermögenswerte, Anlagen und Immobilienbesitz sowie seine regelmäßigen finanziellen Verpflichtungen (Art. 54 Abs. 4 DelVO (EU) 2017/565). Die Anlageziele decken den Zeitraum ab, in dem der Kunde die Anlage zu halten gedenkt, seine Präferenzen hinsichtlich des einzugehenden Risikos, sein Risikoprofil und den Zweck der Anlage (Art. 54 Abs. 5 DelVO (EU) 2017/565).

834 Sofern sich die Dienstleistung an einen **professionellen Kunden** iSv § 67 Abs. 2 WpHG richtet, sind die Erkundigungspflichten wegen der geringeren Schutzbedürftigkeit des Kunden eingeschränkt: Gem. Art. 54 Abs. 3 DelVO (EU) 2017/565 darf bei diesen Kunden davon ausgegangen werden, dass sie über die erforderlichen Kenntnisse und Erfahrungen verfügen, um die mit dem Geschäft verbundenen Risiken zu verstehen. Daher muss das WpDU bei professionellen Kunden lediglich die Anlageziele und die finanziellen Verhältnisse erfragen.

1387 ESMA, Guidelines on certain aspects of the MiFID II suitability requirements, 285.2018, ESMA35–43–869.

Gem. § 64 Abs. 3 S. 2 WpHG dürfen nur solche Finanzinstrumente und Wertpapierdienstleistungen empfohlen bzw. im Rahmen der Finanzportfolioverwaltung nur solche Geschäfte getätigt werden, die nach den eingeholten Informationen für den Kunden geeignet sind. Diese Pflicht betrifft jedoch nur die Empfehlung: Das WpDU darf dem Kunden auf dessen Wunsch hin trotzdem auch Finanzinstrumente veräußern, die für ihn ungeeignet sind. Kann das WpDU die erforderlichen Informationen nicht einholen, darf es keine Empfehlung aussprechen, Art. 54 Abs. 8 DelVO (EU) 2017/565. 835

Die aufsichtsrechtliche Geeignetheitsprüfung nach dem WpHG deckt sich weitgehend mit der zivilrechtlichen **Bond-Rechtsprechung** des BGH,[1388] wonach der Anlageberater aus dem Beratungsvertrag verpflichtet ist, **anleger- und objektgerecht** zu beraten.[1389] Die Ausgestaltung der zivilrechtlichen Beratungspflicht und insbesondere die Vertretbarkeit der Empfehlung hängen demnach im konkreten Einzelfall von der Person des Kunden einerseits und dem Anlageprojekt andererseits ab. Auf Seiten des Anlegers sind demnach Wissensstand, Risikobereitschaft und Anlageziel zu berücksichtigen. Hinsichtlich des Anlageobjekts spielen die allgemeinen Marktrisiken, zB die Konjunkturlage und die Entwicklung des Kapitalmarktes, sowie die Risiken des jeweiligen Anlageprodukts eine zentrale Rolle.

Seit dem 3.1.2018 müssen WpDU gem. § 65 Abs. 1 WpHG vor der Vermittlung eines Vertragsschlusses über Vermögensanlagen iSd § 2a VermAnlG (sog **Schwarmfinanzierungen**) eine Selbstauskunft des Kunden über sein frei verfügbares Vermögen bzw. sein monatliches Einkommen einholen, sofern der Gesamtbetrag der Vermögensanlagen desselben Emittenten 1.000 EUR übersteigt (§ 65 Abs. 1 S. 2 WpHG). Von dem Vermögen bzw. monatlichen Einkommen des Kunden hängt namentlich die Befreiung solcher Schwarmfinanzierungen gem. § 2a Abs. 3 VermAnlG ab (→ Rn. 137). Gem. § 65 Abs. 2 WpHG darf das WpDU hierbei auf die Richtigkeit der vom Kunden gemachten Angaben vertrauen, es sei denn ihm ist die Unrichtigkeit bekannt oder grob fahrlässig unbekannt. 836

Fall 23 (nach BGHZ 189, 13 = BGH NJW 2011, 1949): Die A-GmbH ist ein kleines Unternehmen, das Sanitäreinrichtungsgegenstände herstellt. Zur Absicherung von Zinsrisiken lässt sie sich von der D-Bank beraten und schließt sodann einen sog CMS Spread Ladder Swap-Vertrag mit ihr ab. Hiernach verpflichtet sich die D-Bank, einen festen Zinssatz iHv 2,25 Prozent Zinsen bezogen auf einen fiktiven Grundbetrag iHv 1 Mio. EUR zu 837

1388 Schwark/Zimmer/*Rothenhöfer* WpHG § 31 Rn. 227.
1389 BGHZ 123, 126 (129) = NJW 1993, 2433 – Bond.

zahlen. Umgekehrt soll die A-GmbH einen variablen Zinssatz iHd LIBOR auf denselben Grundbetrag iHv 1 Mio. EUR zahlen. Je nach Entwicklung des variablen Zinssatzes LIBOR erzielt dabei entweder die D-Bank oder die A-GmbH einen Gewinn. Wirtschaftlich handelt es sich bei dem Zinsswap also um eine Wette auf eine bestimmte Zinsentwicklung. Die A-GmbH muss den Differenzbetrag an die D-Bank zahlen, falls die variablen Marktzinsen steigen und der von ihr zu zahlende Zinssatz in der Folge über dem von der D-Bank geschuldeten festen Zinssatz iHv 2,25 Prozent liegt. Umgekehrt muss die D-Bank zahlen, wenn die variablen Marktzinsen unter den festen Zinssatz iHv 2,25 Prozent fallen. Die D-Bank strukturiert den Swap-Vertrag allerdings so, dass ihre Kosten und eine Gewinnmarge durch die Zahlungspflicht des Kunden abgedeckt werden. Der Kunde muss zunächst die einstrukturierte Bruttomarge erwirtschaften, um seinerseits in die Gewinnzone zu gelangen. Das Produkt weist aus Sicht des Kunden daher einen anfänglich negativen Marktwert auf, so dass er bei sofortiger Lösung vom Vertrag einen Verlust in dieser Höhe tragen müsste.

Da die A-GmbH durch die Mitarbeiterin M, eine ausgebildete Diplom-Volkswirtin, vertreten wird, unterlässt es die D-Bank, die Kenntnisse und Erfahrungen zu erfragen und über die Konstruktionsweise des Zinsswaps aufzuklären. Sie begnügt sich mit dem allgemeinen Hinweis, das Verlustrisiko sei „theoretisch unbegrenzt". Fraglich ist, ob die D-Bank ihre Verhaltenspflichten gem. §§ 63 ff. WpHG verletzt hat.

838 **Lösung:** Die D-Bank ist ein WpDU gem. § 2 Abs. 10 WpHG und hat eine Anlageberatung iSd § 2 Abs. 8 S. 1 Nr. 9 WpHG gegenüber der A-GmbH erbracht, so dass die §§ 63 ff. WpHG zu beachten sind. Die D-Bank könnte zunächst ihre Aufklärungspflicht gem. § 63 Abs. 1 WpHG verletzt haben, indem sie M als Vertreterin der A-GmbH nicht über den negativen Marktwert des empfohlenen CMS Spread Ladder Swap-Vertrags aufgeklärt hat. Nach § 63 Abs. 1 WpHG ist ein WpDU iSd § 2 Abs. 10 WpHG – wie hier die Bank – verpflichtet, Interessenkonflikte möglichst zu vermeiden und anderenfalls dem Kunden vor Durchführung des Geschäfts die allgemeine Art und Herkunft der Interessenkonflikte eindeutig darzulegen. Als Vertragspartnerin der Zinswette übernimmt die D-Bank eine Rolle, die den Interessen des Kunden entgegengesetzt ist. Der Tausch der Zinszahlungen ist für die D-Bank nur dann von Vorteil, wenn der Kunde im Gegenzug einen Verlust erleidet. Als Anlageberaterin ist die D-Bank gem. § 63 Abs. 1 WpHG allerdings verpflichtet, im bestmöglichen Interesse des Kunden zu handeln. Sie muss daher auf einen möglichst hohen Gewinn der A-GmbH bei ausreichender Sicherheit bedacht sein.[1390] Da bei dem CMS Spread Ladder Swap-Vertrag der Gewinn der einen Seite jedoch der spiegelbildliche Verlust der anderen Seite ist, befindet sich die D-Bank in einem Interessenkonflikt. Um

1390 Zum Zivilrecht BGHZ 189, 13 (27 f.) = BGH NJW 2011, 1949 Rn. 34.

mit dem Produkt Gewinne zu erzielen, hat sie ihre Kosten und Gewinnmarge in die Formel zur Berechnung der variablen Zinszahlungspflicht der A-GmbH einstrukturiert. Der damit für den Anleger verbundene negative Marktwert ist Ausdruck eines schwerwiegenden Interessenkonflikts.[1391] Da die Bank darüber den Kunden, hier vertreten durch M, vor der Durchführung der Anlageberatung nicht aufgeklärt hat, hat sie gegen § 63 Abs. 1 WpHG verstoßen.

Der BGH hat diesen Fall im Rahmen eines Anspruchs auf Schadensersatz gem. § 280 Abs. 1 BGB wegen fehlerhafter Anlageberatung entschieden und eine entsprechende zivilrechtliche Pflicht zur Aufklärung auf die allgemeine Pflicht zur anleger- und objektgerechten Beratung (→ Rn. 834) gestützt.[1392] In einer späteren Entscheidung hat das Gericht klargestellt, dass die zivilrechtliche Aufklärungspflicht über einen negativen Marktwert im Rahmen des Anlageberatungsvertrags mit der Bank wegen eines Interessenkonflikts nur besteht, wenn die Bank selbst auch Vertragspartnerin des empfohlenen Swap-Vertrags ist.[1393]

Fraglich ist im Weiteren, ob die D-Bank ihre Explorationspflicht erfüllt hat. Da es um eine Anlageberatung geht, ist die spezielle Vorschrift des § 63 Abs. 3 WpHG anwendbar. Um der A-GmbH ein nach ihrer Risikobereitschaft, ihren Anlagezielen sowie Kenntnissen und Erfahrungen geeignetes Finanzinstrument empfehlen zu können (§ 64 Abs. 3 S. 2 WpHG), muss sich das WpDU grundsätzlich über alle Umstände, die für die Empfehlung eines geeigneten Finanzinstruments erforderlich sind, bei dem Kunden informieren (§ 64 Abs. 3 S. 2 WpHG). Hier könnte die Erkundigungspflicht durch das vorherige Anlageverhalten und die Berufsausbildung der für die Kundin handelnden Vertreterin entfallen. Einschränkungen der Explorationspflichten gelten nach Art. 54 Abs. 3 DelVO (EU) 2017/565 für professionelle Kunden iSd § 67 Abs. 2 WpHG. Kunde ist derjenige, für den das WpDU Dienstleistungen erbringt oder anbahnt, mithin die A-GmbH als Vertragspartnerin. Fraglich ist allerdings, auf wen für die Explorationspflicht im konkreten Fall abzustellen ist, auf die A-GmbH als Kundin oder die M als handelnde Vertreterin. In seiner zivilrechtlichen Entscheidung hat der BGH für die maßgeblichen Kenntnisse und Erfahrungen auf die M als Vertreterin abgestellt.[1394] Dies ist insoweit konsequent, da es im Zivilrecht gem. § 166 BGB auf die Kenntnisse des Vertreters ankommt. Für das Aufsichtsrecht bestimmt Art. 54 Abs. 6 UAbs. 2 DelVO (EU) 2017/565, dass für die finanzielle Lage und Anlageziele auf den vertretenen Kunden und für die Kenntnisse und Erfahrungen auf den Vertreter abzustellen ist. Weder die A-GmbH noch M erfüllen jedoch die Kriterien eines professionellen Kunden iSd § 67 Abs. 2 WpHG. Im Übrigen ist auch die berufliche Qualifikation der M alleine nicht ausreichend, um Kenntnisse und Erfahrungen im Zusam-

1391 Zum Zivilrecht BGHZ 189, 13 (28 f.) = BGH NJW 2011, 1949 Rn. 36.
1392 BGHZ 189, 13 (27) = BGH NJW 2011, 1949 Rn. 33.
1393 BGH NJW 2015, 1095 Rn. 31 f.
1394 BGHZ 189, 13 (23 f.) = BGH NJW 2011, 1949 Rn. 25.

menhang mit Finanztermingeschäften zu unterstellen.[1395] Allein aus der beruflichen Tätigkeit der M lässt sich nicht notwendigerweise ableiten, dass sie zusätzliche Erfahrungen mit Swapgeschäften dieser Art erworben hat. Die D-Bank hätte somit die Kenntnisse und Erfahrungen der M erfragen müssen und hat daher auch gegen § 64 Abs. 3 S. 1 Nr. 1 WpHG verstoßen.

839 **b) Geeignetheitserklärung gem. § 64 Abs. 4 WpHG.** Bis Ende 2017 war bei einer Anlageberatung gegenüber einem **Privatkunden** ein spezielles Beratungsprotokoll über das Anlageberatungsgespräch anzufertigen (§ 34 Abs. 2a WpHG aF). Hierdurch sollten die Anlageberater zu ordnungsgemäßer Beratung diszipliniert und der Nachweis einer Fehlberatung erleichtert werden.[1396] Der Kunde hatte gem. § 34 Abs. 2b WpHG aF einen zivilrechtlichen Anspruch auf Herausgabe des Protokolls und uU ein Rücktrittsrecht gem. § 34a Abs. 2 S. 4 WpHG aF. Mit dem 2. FiMaNoG zur Umsetzung der MiFID II, das am 3.1.2018 in Kraft trat, wurde das Beratungsprotokoll abgeschafft und durch die sog **Geeignetheitserklärung** ersetzt. Gem. § 64 Abs. 4 WpHG muss dem Kunden nach einer Anlageberatung und vor dem Abschluss eines Vertrags eine Geeignetheitserklärung ausgehändigt werden (siehe Art. 25 Abs. 6 UAbs. 2, 3 MiFID II). Anders aber als beim Beratungsprotokoll wird bei der Geeignetheitserklärung nicht der Gesprächsverlauf festgehalten, sondern ein Überblick über die erteilten Ratschläge gegeben und erläutert, inwiefern die abgegebene Empfehlung den Präferenzen, Anlagezielen und sonstigen „Merkmalen des Kunden" entspricht (§ 64 Abs. 4 S. 2 WpHG nF. und Art. 54 Abs. 12 UAbs. 1 DelVO (EU) 2017/565). Dem Kunden soll hierdurch vor Augen geführt werden, ob und inwieweit die abgegebene Empfehlung tatsächlich für ihn geeignet ist. Inhalt, Form und Gestaltung der Geeignetheitserklärung werden durch Art. 54 Abs. 2 DelVO (EU) 2017/565 verbindlich geregelt („Eignungsbericht") und durch die Q&A der ESMA (ESMA/2016/1444) konkretisiert.

840 § 64 Abs. 4 S. 1 WpHG bestimmt, dass dem Kunden die Geeignetheitserklärung grundsätzlich **vor Vertragsschluss**, dh dem Abschluss der schuldrechtlichen Vereinbarung über den Kauf oder Verkauf eines Finanzinstruments, zur Verfügung gestellt werden muss. Damit wird der Eindruck erweckt, nur wenn das Ergebnis der Anla-

1395 Allerdings wiederum zu den vertraglichen Pflichten und nicht explizit zum Aufsichtsrecht BGHZ 189, 13 (23 f.) = BGH NJW 2011, 1949 Rn. 25.
1396 BR-Drs. 180/09, 42.

geberatung die Empfehlung eines Vertragsschlusses, also des Kaufs oder Verkaufs, ist, soll eine Geeignetheitserklärung ausgehändigt werden müssen. Lautet die Empfehlung aber, auf einen Kauf oder Verkauf zu verzichten, fehlt es an einem Vertragsschluss. Gleichwohl ist unter Berücksichtigung der MiFID II auch in diesen Fällen eine Geeignetheitserklärung geboten, denn nach ErwGr 87 DelVO (EU) 2017/565 sollen Wertpapierfirmen die Eignungsbeurteilung nach Art. 25 Abs. 2 MiFID II „nicht nur in Bezug auf die Empfehlungen zum Kauf eines Finanzinstruments [...] vornehmen [...], sondern für alle Handelsentscheidungen, einschließlich der Frage, ob eine Anlage erworben, gehalten oder verkauft werden soll oder nicht". Wird der Vertrag über den Kauf oder Verkauf eines Finanzinstruments mittels eines **Fernkommunikationsmittels** – zB Telefon oder Internet – geschlossen, das die vorherige Übermittlung der Geeignetheitserklärung nicht erlaubt, darf die Geeignetheitserklärung ausnahmsweise unmittelbar nach dem Vertragsschluss zur Verfügung gestellt werden (§ 64 Abs. 4 S. 4 WpHG). Der Kunde muss zugestimmt haben und ihm muss angeboten worden sein, den Abschluss der Vereinbarung zu verschieben. Anders als für das Beratungsprotokoll gem. § 34 Abs. 2a S. 4 WpHG aF sieht die neue Regelung für diese Fälle kein Rücktrittsrecht des Kunden mehr vor.

Die Pflicht zur Erstellung der Geeignetheitserklärung ist eine primär aufsichtsrechtliche Pflicht (→ Rn. 62). Fraglich ist hier insbesondere, welche **zivilprozessrechtliche Bedeutung** sie bei einer Klage eines Anlegers auf Schadensersatz gem. § 280 Abs. 1 BGB wegen einer Pflichtverletzung aus dem Anlageberatungsvertrag (→ Fall 25 Rn. 852) haben kann. Der Kunde ist als Anspruchsteller für das Vorliegen einer Pflichtverletzung im Rahmen des Anlageberatungsvertrags grundsätzlich beweispflichtig. Die Geeignetheitserklärung kann dem Kunden im Streitfall daher als Beweismittel dienen,[1397] wenn sich hieraus beispielsweise ergibt, dass das empfohlene Finanzinstrument nicht den Anlagezielen des Kunden entspricht. Für § 34 Abs. 2a WpHG aF wurde aber darüber hinaus bei einer Verletzung der Protokollpflicht eine **Beweislastumkehr** zugunsten des Kunden angenommen, so dass demnach – ähnlich wie im Arzthaftungs- oder Versicherungsvertragsrecht – ein Beratungsfehler zu vermuten war, wenn insbesondere kein Protokoll erstellt wurde. Die wohl überwiegende Auffassung zu § 34 841

1397 So jedenfalls die Gesetzesbegründung zum Beratungsprotokoll gem. § 34 Abs. 2a WpHG aF BR-Drs. 180/09, 42.

Abs. 2a WpHG aF lehnte eine solche Beweislastumkehr zugunsten des Kunden hingegen ab, da die Regelung ausschließlich aufsichtsrechtliche und keine zivil- oder zivilprozessrechtlichen Zwecke verfolgte.[1398] Selbst der zivilrechtliche Herausgabeanspruch gem. § 34 Abs. 2b WpHG aF und das Rücktrittsrecht sollten hieran nichts ändern. An dieser Auffassung ist auch für die Geeignetheitserklärung festzuhalten, denn auch sie ist – im Gegensatz zum Arzt- oder Versicherungsvertragsrecht – eine ausschließlich aufsichtsrechtliche Vorschrift, zumal die zivilrechtliche Verstärkung des Beratungsprotokolls durch das Rücktrittsrecht des Kunden nun nicht mehr gilt. Etwas Anderes lässt sich auch nicht aus dem Unionsrecht ableiten. Zwar muss es nach ErwGr 82 MiFID II und der gleichlautenden Gesetzesbegründung zum 2. FiMaNoG „angemessene Schutzmechanismen geben um sicherzustellen, dass dem Kunden keine Verluste daraus entstehen, dass in der Erklärung die persönliche Empfehlung unzutreffend oder unfair dargestellt wird, einschließlich der Frage, wie sich die abgegebene Empfehlung für den Kunden eignet sowie der Nachteile der empfohlenen Vorgehensweise".[1399] Hieraus folgt aber nicht, dass eine Beweislastumkehr zugunsten des Anlegers bei einer Verletzung der Pflicht zur Geeignetheitserklärung unionsrechtlich geboten ist.[1400] Die Maßgabe des ErwGr 82 MiFID II beschränkt sich lediglich auf den umgekehrten Fall, dass die Geeignetheitserklärung einen tatsächlich begangenen Beratungsfehler gerade nicht offenbart. In diesem Fall sind ausreichende Schutzmechanismen erforderlich, um eine Verwendung der Geeignetheitserklärung *zuungunsten* des Anlegers etwa durch eine Vermutung der fehlerfreien Beratung auszuschließen. Eine Beweislastumkehr *zugunsten* des Anlegers ist aber damit aus unionsrechtlichen Gründen nicht erforderlich.

2. Angemessenheitsprüfung bei sonstigen Wertpapierdienstleistungen

842 Für andere Wertpapierdienstleistungen (nicht: Nebendienstleistungen) als Anlageberatung und Finanzportfolioverwaltung gelten demgegenüber reduzierte Erkundigungspflichten. Demnach sind nur die **Kenntnisse und Erfahrungen** des Kunden mit bestimmten Arten von Finanzinstrumenten oder Wertpapierdienstleistungen zu erfragen

1398 Assmann/Schneider/*Koller*, WpHG, 6. Aufl. 2012, § 34 Rn. 4f.
1399 BT-Drs. 18/10936, 236 unten.
1400 So aber *Freitag* ZBB 2016, 1.

(§ 63 Abs. 10 WpHG), soweit die Informationen notwendig sind, um die Angemessenheit der Finanzinstrumente bzw. Wertpapierdienstleistungen für den Kunden beurteilen zu können. Anlageziele und finanzielle Verhältnisse sind indes nicht zu ermitteln. Anhand der Informationen ist zudem nicht die Geeignetheit, sondern lediglich die **Angemessenheit** einer bestimmten Art von Finanzinstrumenten oder Wertpapierdienstleistungen für den Kunden zu ermitteln. Erweist sich nach diesen Grundsätzen ein Finanzinstrument oder eine Wertpapierdienstleistung als für den Kunden unangemessen, muss dieser darauf hingewiesen werden, § 63 Abs. 10 S. 3 WpHG. Entscheidet sich der Kunde trotzdem für das Geschäft, so darf die Bank dieses auch ausführen.[1401]

Keinerlei Erkundigungspflichten bestehen, falls die Bank **reine** 843
Ausführungsgeschäfte (sog „execution-only"-Geschäfte), also Finanzkommissionsgeschäfte, Eigenhandel, Abschluss- oder Anlagevermittlung, über nicht-komplexe Finanzinstrumente gem. Art. 57 DelVO (EU) 2017/565 auf Veranlassung des Kunden vornimmt (§ 63 Abs. 11 Nr. 1 WpHG) und dabei über den Verzicht auf die Angemessenheitsprüfung aufklärt (§ 31 Abs. 11 Nr. 3 WpHG). Zu den **nicht komplexen Finanzinstrumenten** gehören vor allem grundsätzlich Aktien und Schuldverschreibungen, die an geregelten Märkten oder MTF gehandelt werden. Die execution-only-Geschäfte dürfen zudem gem. § 63 Abs. 11 Nr. 2 WpHG regelmäßig nicht durch ein Darlehen finanziert sein, da die Verbindung mit einem Darlehen die Komplexität des Geschäfts erhöht und damit die Einschätzung des Risikos für den Kunden erschwert.[1402]

Fall 24: Der vermögende Anleger A vereinbart einen „Beratungstermin" 844
bei der B-Bank. Der Mitarbeiter (M) der B-Bank weist A im Laufe eines ausführlichen Kundengesprächs darauf hin, dass das Vermögen des A bisher nicht optimal angelegt ist. M empfiehlt A daher den Abschluss eines Vermögensverwaltungsvertrags mit der VV-Dienstleistungs-GmbH, die nach Ansicht des M wegen ihrer hervorragenden Marktkenntnis und Kundenfreundlichkeit für A besonders geeignet ist. A weiß indes nicht, dass die B-Bank eine hundertprozentige Tochtergesellschaft der VV-Dienstleistungs-GmbH ist und beide Unternehmen zudem eine Provisionsvereinbarung für die Vermittlung von Neukunden getroffen haben. Vor der Empfehlung hat M zwar den A zu seinen Kenntnissen und Erfahrungen mit Vermögensverwaltungen befragt, aber keine Informationen über die Anlageziele und finanziellen Ver-

1401 KölnKomm WpHG/*Möllers* § 31 Rn. 385 mwN.
1402 Näheres bei *Buck-Heeb* ZBB 2014, 221 (232).

hältnisse des A eingeholt. A kontaktiert kurz darauf – ohne weiteres Zutun der B-Bank – die VV-Dienstleistungs-GmbH und schließt mit ihr einen Vermögensverwaltungsvertrag. Bisher wurde noch keine Vermittlungsgebühr von der VV-Dienstleistungs-GmbH an die B-Bank ausgezahlt. Nachdem die Vorgesetzte (V) des M von dem Kundengespräch zwischen A und M erfährt, befürchtet sie, die BaFin könne wegen einer Ordnungswidrigkeit nach § 120 WpHG ein Bußgeld gegen die B-Bank verhängen. Ist diese Sorge berechtigt?

845 **Lösung:** Da M als Vertreter der B-Bank weder Informationen zu den Anlagezielen noch zu den finanziellen Verhältnissen des A eingeholt hat, könnte eine Ordnungswidrigkeit nach **§ 120 Abs. 8 Nr. 39 WpHG** vorliegen. Voraussetzung hierfür ist ein Verstoß gegen § 64 Abs. 3 S. 1 WpHG, der für Anlageberatung und Finanzportfolioverwaltung weitreichende Explorationspflichten vorsieht. Voraussetzung für die Anwendung der Explorationspflichten gem. § 64 Abs. 3 WpHG ist jedoch, dass es sich bei der von M gegenüber A erbrachten Dienstleistung um eine **Anlageberatung** iSv § 2 Abs. 8 S. 1 Nr. 9 WpHG handelt (→ Rn. 781 ff.). M hat den Abschluss eines Vermögensverwaltungsvertrages mit der VV-Dienstleistungs-GmbH als für A vorteilhaft dargestellt und damit eine **persönliche Empfehlung** iSv Art. 9 Abs. 2 DelVO (EU) 2017/565 abgegeben. Ob dies auf eigene Initiative des M oder auf Veranlassung durch den Kunden A erfolgt, ist hierbei unbeachtlich (→ Rn. 782). Die Vermögensverwaltung durch die VV-Dienstleistungs-GmbH wurde von M auch ausdrücklich als für den Kunden A geeignet dargestellt. Die Empfehlung müsste aber gem. § 2 Abs. 8 S. 1 Nr. 9 WpHG auch in Bezug auf Geschäfte **mit bestimmten Finanzinstrumenten** abgegeben worden sein. Die Empfehlung eines bestimmten zugelassenen Vermögensverwalters, der Kundenvermögen in noch nicht näher bestimmte Finanzinstrumente anlegt, ist hierfür zu vage und damit nicht ausreichend.[1403] Es handelt sich hierbei um die Empfehlung einer bestimmten Wertpapierdienstleistung, nicht aber um die Empfehlung eines bestimmten Finanzinstruments. Mithin liegt keine Anlageberatung vor, so dass § 64 Abs. 3 WpHG keine Anwendung findet und eine Geldbuße auf der Grundlage von § 120 Abs. 8 Nr. 39 WpHG ausscheidet.[1404]

Möglicherweise droht der B-Bank aber eine Geldbuße nach **§ 120 Abs. 8 Nr. 46 WpHG**, wenn gegen § 63 Abs. 10 S. 1 WpHG verstoßen wurde, wonach weniger strenge Explorationspflichten für sonstige Wertpapierdienstleistungen gelten. Die Dienstleistung des M gegenüber A könnte eine **Anlagevermittlung** iSv § 2 Abs. 8 S. 1 Nr. 4 WpHG darstellen. Nach der Legaldefinition des WpHG muss sich die Vermittlung auf Geschäfte über die Anschaffung und die Veräußerung von Finanzinstrumenten beziehen.

1403 BaFin/Bundesbank Gemeinsames Informationsblatt zum Tatbestand der Anlageberatung s. unter Nr. 2.
1404 Vgl. dazu auch BGH BKR 2016, 116 (117) Rn. 11.

Dafür müsste eine **Vermittlung** durch die B-Bank vorliegen. Dies könnte zweifelhaft sein, wenn man zur Auslegung des Begriffs „Vermittlung" die **Kriterien des Zivilrechts** in § 652 BGB heranzieht. Danach liegt keine vergütungspflichtige Vermittlung vor, wenn der Makler mit dem Vertragspartner seines Auftraggebers gesellschaftsrechtlich oder auf andere Weise „verflochten" ist.[1405] Genau das ist hier aber der Fall, da die B-Bank eine hundertprozentige Tochtergesellschaft der VV-Dienstleistungs-GmbH ist. Jedoch hat der BGH mit Urteil vom 30.10.2014 klargestellt, dass sich der zivilrechtliche Begriff der Anlagevermittlung von dem öffentlich-rechtlichen Begriffsverständnis im WpHG und KWG deutlich unterscheidet.[1406] Das Gericht definiert die Anlagevermittlung iSd WpHG und KWG als „jede final auf den Abschluss von Geschäften über die Anschaffung und Veräußerung von Finanzinstrumenten gerichtete Tätigkeit".[1407] Von diesem weiten Begriffsverständnis ist das Handeln des M erfasst. M hat mit seiner Empfehlung gerade auf den Abschluss eines Vermögensverwaltungsvertrages zwischen A und der VV-Dienstleistungs-GmbH hingewirkt und nicht lediglich den Kontakt zwischen A und der VV-Dienstleistungs-GmbH hergestellt. Eine Anlagevermittlung iSd WpHG liegt demnach auch dann vor, „wenn der Vermittler den Abschluss eines konkreten Geschäfts bereits so umfassend vorbereitet und abgewickelt hat, dass der Kunde den Auftrag nur noch zu unterschreiben und abzusenden hat oder wenn der Vermittler nach einer Anlageberatung die vom Kunden unterschriebenen Orderbelege weiterleitet".[1408] Für eine Anlagevermittlung spricht insbesondere auch, dass die B-Bank eine Provisionsvereinbarung mit der VV-Dienstleistungs-GmbH geschlossen hat.[1409]

Im Weiteren muss der vermittelte Vermögensverwaltungsvertrag ein **Geschäft über die Anschaffung und die Veräußerung von Finanzinstrumenten** sein (→ Rn. 779). Der vermittelte Vermögensverwaltungsvertrag führt als solcher noch nicht unmittelbar den rechtlichen Erwerb des Finanzinstruments herbei, sondern dies erfolgt erst in einem zweiten Schritt. Zwar lässt sich dem Gesetzeswortlaut („Geschäfte über") nicht entnehmen, dass zwingend nur die Vermittlung desjenigen Rechtsgeschäfts erfasst ist, durch das der rechtliche Erwerb des Finanzinstruments unmittelbar bewirkt wird.[1410] Daher könnte nach dem Wortlaut der Norm für die Anlagevermittlung bereits genügen, dass ein Vermögensverwaltungsvertrag allgemein da-

1405 Siehe nur BGH NJW 1985, 2743; 1976, 45. Ausführlich *Medicus/Lorenz* Schuldrecht BT Rn. 21.
1406 BGH NJW-RR 2015, 365 Rn. 35.
1407 BGH NJW-RR 2015, 365 Rn. 36.
1408 BGH NJW-RR 2015, 365 Rn. 36.
1409 BaFin Merkblatt Anlagevermittlung Nr. 2: „Derjenige, der einem Anleger solche Geschäfte vorstellt, weil er mit dem vorgesehenen Vertragspartner eine Provisionsvereinbarung geschlossen hat, wird in der Regel bewusst und final die Abschlussbereitschaft des Anlegers herbeizuführen versuchen."
1410 VG Frankfurt a. M. ZIP 2005, 1316.

rauf gerichtet ist, Finanzinstrumente in offener oder verdeckter Stellvertretung des Anlegers anzuschaffen und zu veräußern.[1411] Wie für den Anlageberatungsbegriff ist jedoch auch hier mit der **hL** eine enge Auslegung zu befürworten und die Anlagevermittlung auf die Entgegennahme und Übermittlung von Aufträgen zu beschränken, die sich auf die Anschaffung und Veräußerung von „konkreten" Finanzinstrumenten beziehen.[1412] Hierfür spricht in richtlinienkonformer Auslegung der Wortlaut des zugrundeliegenden Art. 4 Abs. 1 Nr. 2 iVm Anhang I Abschnitt A Nr. 1 MiFID II („Annahme und Übermittlung von Aufträgen, die ein oder mehrere Finanzinstrument(e) zum Gegenstand haben"). Nach Vorlage dieser Frage durch den BGH hat der **EuGH** die Auffassung der hL, dass es sich bei der Vermittlung einer Finanzportfolioverwaltung nicht um eine Anlagevermittlung handelt, nun auch bestätigt.[1413]

Damit handelt es sich bei der Empfehlung des M an A nicht um eine Anlagevermittlung gem. § 2 Abs. 8 S. 1 Nr. 4 WpHG, so dass bereits mangels Wertpapierdienstleistung keine Erkundigungen einzuholen waren. Doch auch wenn man der, inzwischen aufgegeben[1414], extensiven Auffassung der BaFin folgt und eine Anlagevermittlung bejaht, fehlt es an dem für eine Ordnungswidrigkeit nach § 120 Abs. 8 Nr. 46 WpHG notwendigen Verstoß gegen § 63 Abs. 10 S. 1 WpHG. M hat die notwendigen Informationen über die Kenntnisse und Erfahrungen des A mit Vermögensverwaltungen eingeholt und musste den A daher nicht darüber informieren, dass eine Angemessenheitsprüfung nicht möglich ist.

Denkbar wäre schließlich noch – bei Bejahung einer Anlagevermittlung – ein Bußgeld gem. **§ 120 Abs. 8 Nr. 53 WpHG** wegen eines Verstoßes gegen § 70 Abs. 1 S. 1 WpHG. Jedoch ist bisher noch keine Vermittlungsprovision von der VV-Dienstleistungs-GmbH an die B-Bank geflossen, so dass der Tatbestand von § 70 Abs. 1 S. 1 WpHG (bislang) nicht erfüllt ist. Sollte die B-Bank allerdings noch eine Provision für die Vermittlung des A erhalten, dürfte sie diese nur unter den kumulativen Voraussetzungen des § 70 Abs. 1 S. 1 Nr. 1 und 2 WpHG annehmen.

Ergebnis: Der B-Bank droht damit keine Geldbuße aufgrund der Dienstleistung des M gegenüber A.

1411 BaFin Merkblatt Anlagevermittlung Nr. 1 b).

1412 Assmann/Schneider/Mülbert/*Assmann* WpHG § 2 Rn. 128; Boos/Fischer/Schulte-Mattler/*Schäfer* KWG § 1 Rn. 122b; JVRB/*Ritz* WpHG § 2 Rn. 160; KölnKomm WpHG/*Baum* § 2 Rn. 162; Schäfer/Hamann/*Schäfer* WpHG § 2 Rn. 71; Schwark/Zimmer/*Kumpan* WpHG § 2 Rn. 70; *Bast/Bauerfeind* GWR 2016, 77; *v. Livonius* EWiR 2005, 739 (740); *Schwintek* EWiR 2006, 125 (126).

1413 EuGH, ECLI:EU:C:2017:451, C-678/15 = BB 2017, 1554 Rn. 40–44.

1414 BaFin Merkblatt Anlagevermittlung, 17.5.2011, geändert am 13.7.2017, 1. b) (abrufbar unter: https://www.bafin.de/SharedDocs/Veroeffentlichungen/DE/Merkblatt/mb_091204_tatbestand_anlagevermittlung.html).

V. Besondere Pflichten bei der Unabhängigen Honorar-Anlageberatung (§ 64 Abs. 5 und 6 WpHG)

Da das herkömmliche Vergütungssystem der Anlageberatung auf der Grundlage von Provisionen (dazu bereits → Rn. 784) in der Praxis häufig dazu führt, dass dem Anleger Geschäfte empfohlen werden, die mit hohen Provisionen für den Anlageberater verbunden sind und nicht zwingend im bestmöglichen Interesse des Anlegers liegen, gibt es Bestrebungen, die Honorar-Anlageberatung als Alternative zu stärken. Die Honorar-Anlageberatung unterliegt ebenso wie die provisionsbasierte Anlageberatung grundsätzlich den allgemeinen Bestimmungen zur Anlageberatung (insbesondere §§ 63, 64 Abs. 1–4 WpHG), was zur Klarstellung in § 64 Abs. 5 S. 7 WpHG ausdrücklich erwähnt ist. Vorrangig sind die **besonderen Verhaltenspflichten** aus § 64 Abs. 5 und 6 WpHG (§ 31 Abs. 4c, 4d WpHG aF; zu den speziellen Organisationspflichten aus § 80 Abs. 7 und 8 WpHG → Rn. 864) zu beachten. Gem. § 64 Abs. 5 Nr. 1 WpHG ist der Honorar-Anlageberater zu einer besonders unabhängigen Beratung verpflichtet, indem er eine ausreichend **breite Palette** von auf dem Markt angebotenen Produkten berücksichtigt (§ 64 Abs. 5 S. 1 Nr. 1 WpHG). Das bedeutet im Einzelnen, dass die Produkte hinsichtlich ihrer Art und des Emittenten hinreichend gestreut (Nr. 1) und nicht auf Produkte beschränkt sind, die das WpDU selbst oder mit ihm eng verbundene Personen emittieren oder anbieten (Nr. 2). Empfiehlt das WpDU Geschäftsabschlüsse in Finanzinstrumenten, die es selbst oder mit ihm verbundene Unternehmen emittieren oder anbieten, muss es den Kunden hierauf hinweisen (§ 64 Abs. 6 S. 1 WpHG; § 3 WpDVerOV). Das WpDU hat auch auf das Bestehen eines eigenen Gewinninteresses hinzuweisen. In welcher Höhe ein Gewinninteresse besteht, muss dagegen nicht offengelegt werden.[1415] § 64 Abs. 6 S. 2 WpHG untersagt dem WpDU Geschäftsabschlüsse, die auf einer Honorar-Anlageberatung beruhen, als Festpreisgeschäfte auszuführen (zu diesem Begriff → Rn. 784). 846

Bei der Honorar-Anlageberatung darf sich das WpDU zudem gem. § 64 Abs. 5 S. 1 Nr. 2 WpHG allein vom Kunden vergüten lassen und muss nach § 64 Abs. 5 S. 2 WpHG auf Zuwendungen von Seiten Dritter grundsätzlich verzichten (→ Rn. 818). Die Annahme 847

1415 Kritisch insoweit Kölner Komm WpHG/*Möllers* §§ 36c, 36d Rn. 43.

monetärer Drittzuwendungen ist demnach verboten, sofern diese nicht unverzüglich und ungemindert an den Kunden herausgegeben werden und das Finanzinstrument oder ein gleich geeignetes Finanzinstrument ohne Zuwendung nicht erhältlich ist. **Nicht-monetäre Zuwendungen**, wie etwa Informationsmaterialien und Produktschulungen, dürfen in keinem Fall angenommen werden.

Gem. § 94 WpHG darf sich ein WpDU nur dann als „Unabhängiger Honorar-Anlageberater" bezeichnen, wenn die konstitutive Eintragung in das **Register** Unabhängiger Honorar-Anlageberater nach § 93 WpHG erfolgt ist. Um in dieses Register eingetragen zu werden, muss ein Dienstleister lediglich formelle Eintragungsvoraussetzungen erfüllen, dh es müssen der BaFin die in § 93 Abs. 2 S. 1 Nr. 1–3 WpHG bestimmten Nachweise vorgelegt werden. Eine materiellrechtliche Prüfung, ob das WpDU tatsächlich Honorar-Anlageberatung erbringt und die in § 64 Abs. 5 und 6 WpHG statuierten Pflichten erfüllt, findet nicht statt.

848 Nicht nur für WpDU, sondern auch für **freie Anlageberater** hat der Gesetzgeber Regelungen zur Honoraranlageberatung getroffen. Für sog Honorar-Finanzanlagenberater gelten nach § 34h GewO und § 17a FinVermV ebenfalls besonders strenge Verhaltensregeln, insbesondere ein striktes Zuwendungsverbot.

VI. Berichtspflichten (§ 63 Abs. 12 WpHG)

849 Gem. § 63 Abs. 12 WpHG hat jedes WpDU die Pflicht, ihren Kunden in geeigneter Weise über die ausgeführten Geschäfte auf einem dauerhaften Datenträger zu berichten. Berichtet werden muss insbesondere über den Ort des ausgeführten Geschäfts und die angefallenen Kosten. Im Falle einer Finanzportfolioverwaltung und bei regelmäßiger Beurteilung der Geeignetheit iSd § 64 Abs. 1 S. 1 Nr. 3 WpHG sind regelmäßig Berichte gegenüber Privatkunden erforderlich, die vor allem erklären müssen, wie die Anlage den Präferenzen, den Anlagezielen und den sonstigen Merkmalen des Kunden entspricht (§ 64 Abs. 8 WpHG). Der notwendige Inhalt des Berichts und die Berichtspflicht werden in Art. 59–63 DelVO (EU) 2017/565 konkretisiert.

VII. Rechtsfolgen von Verstößen

Verstöße gegen die §§ 63 ff. WpHG werden in erster Linie mit ordnungswidrigkeitsrechtlichen Sanktionen durch die BaFin geahndet (§§ 120 Abs. 8 Nr. 27–96; 126 WpHG). Verstößt ein WpDU vorsätzlich oder leichtfertig gegen eine Verhaltenspflicht aus den §§ 63 ff. WpHG, drohen **Bußgelder** gem. § 120 Abs. 8 Nr. 27–96 iVm Abs. 20 WpHG (bis zu fünf Mio. EUR und darüber hinaus bei juristischen Personen und Personenvereinigungen bis zu zehn Prozent des Gesamtumsatzes im letzten Geschäftsjahr bzw. bis zum Zweifachen des aus dem Verstoß erzielten Vorteils, → Rn. 936 ff.). Die BaFin hat zudem Entscheidungen bei Verstößen gegen die §§ 63 ff. WpHG bekanntzumachen (§ 126 WpHG; → Rn. 942 ff.). Daneben kann die BaFin ihre allgemeinen Aufsichtsbefugnisse gem. § 6 WpHG wahrnehmen (→ Rn. 922 ff.). 850

Umstritten ist dagegen, welche **zivilrechtlichen Auswirkungen** Verstöße gegen die §§ 63 ff. WpHG entfalten, insbesondere ob der Verstoß gegen eine Verhaltenspflicht **vertragliche** oder **deliktsrechtliche Schadensersatzansprüche** auslösen kann. Diese dogmatisch und praktisch wichtigen Fragen sollen im Folgenden anhand eines Übungsfalles zur Anlageberatung erläutert werden. 851

Fall 25: Anton Anleger (A) erbt Anfang des Jahres überraschend eine größere Geldsumme und möchte daher einen Betrag von 50.000 EUR gewinnbringend anlegen. Im Frühjahr sucht A die Leipziger Filiale der B-Bank KG (B-Bank) auf, um sich über verschiedene Anlagemöglichkeiten zu informieren. Dort kommt es zu einem Gespräch zwischen A und dem Mitarbeiter Martin Meier (M), in dem M verschiedene Finanzinstrumente vorstellt, die zu der von A dargelegten Risikobereitschaft und seinen finanziellen Verhältnissen passen. A entscheidet sich schließlich für den Erwerb von Anteilen an einem geschlossenen Investmentvermögen, der „Medienfonds-KG" (MF-KG) iHv 50.000 EUR, und schließt hierüber mit der Bank einen Finanzkommissionsvertrag. Die B-Bank erhält von der MF-KG eine Provision für die erfolgreiche Vermittlung ihrer Fonds-Anteile iHv 2.500 EUR. Dieser Betrag wird nicht aus den im Verkaufsprospekt offen ausgewiesenen Ausgabeaufschlägen und Verwaltungsgebühren entnommen, sondern aus dem von A investierten Anlagevermögen fließen 5 Prozent „versteckt" an die B-Bank. Über all dies klärt M den A nicht auf. 852

Aufgrund allgemeiner Konjunkturschwankungen entwickelt sich der Fonds nicht wie erhofft. Im Herbst haben die von A erworbenen Fonds-Anteile nur noch einen Wert von 30.000 EUR. Aus Medienberichten erfährt A kurz darauf von den Provisionszahlungen zwischen der MF-KG und der B-Bank. A ist sauer und verlangt von der B-Bank Schadensersatz. Zu Recht?

853 **Lösung: A. Anspruch aus dem Anlageberatungsvertrag gem. § 280 Abs. 1 BGB**

A könnte gegen die B-Bank einen Anspruch auf Schadensersatz wegen fehlerhafter Beratung gem. §§ 280 Abs. 1; 311 Abs. 1; 241 Abs. 2; 249 BGB aus dem Anlageberatungsvertrag haben. Die B-Bank ist als Kommanditgesellschaft nach §§ 161 Abs. 2, 124 Abs. 1 HGB grundsätzlich taugliche Anspruchsgegnerin.

I. Schuldverhältnis

§ 280 Abs. 1 BGB setzt zunächst ein Schuldverhältnis zwischen der B-Bank und A voraus. In Betracht kommt ein ungeregelter **Anlageberatungsvertrag** gem. § 311 Abs. 1 BGB. Ausdrücklich haben A und M als Vertreter der B-Bank keinen Beratungsvertrag geschlossen. Jedoch nimmt der BGH in ständiger Rechtsprechung an, dass in dem Herantreten des Anlageinteressenten an die Bank ein konkludenter Antrag auf Abschluss eines Beratungsvertrages liegt, den die Bank durch die Aufnahme der Beratungstätigkeit sodann ebenfalls **konkludent** annimmt.[1416] Das zwischen A und M geführte Beratungsgespräch in der Filiale der B-Bank erfüllt diese Voraussetzungen, so dass zwischen A und der B-Bank, vertreten durch M, § 164 Abs. 1 S. 1 BGB, ein Beratungsvertrag geschlossen wurde. Dieser konstituiert selbstständig Rechte und Pflichten der Parteien,[1417] so dass es hier auf den Kaufvertrag über die Medienfonds-Anteile nicht ankommt.

II. Pflichtverletzung

Außerdem müsste die B-Bank eine Pflicht gem. § 241 Abs. 2 BGB aus dem Beratungsvertrag verletzt haben. Die B-Bank hat als KG selbst nicht gehandelt. Ihr ist aber das Verhalten des Erfüllungsgehilfen M gem. § 278 S. 1 Alt. 2 BGB zuzurechnen. Hier kommt als Pflichtverletzung iSd § 241 Abs. 2 BGB in Betracht, dass A nicht über den Erhalt der Provision von der MF-KG aufgeklärt wurde. Hierin könnte eine Verletzung von **§ 70 Abs. 1 WpHG** liegen.

1. Verhältnis von Aufsichtsrecht und Zivilrecht

Sofern ein Verstoß gegen die aufsichtsrechtlichen Regelungen der §§ 63 ff. WpHG vorliegt, stellt sich die Frage, ob und inwieweit diese Normen auch im Rahmen der zivilrechtlichen Beratungshaftung zu berücksichtigen sind. Zum Teil wird vertreten, dass die §§ 63 ff. WpHG sowohl aufsichtsrechtlicher als auch zivilrechtlicher Natur sind (**Doppelnatur**) und damit auch das

---

1416 BGHZ 205, 117 Rn. 23; entscheidend ist nach der BGH-Rspr., ob „im Zusammenhang mit einer Anlageentscheidung tatsächlich eine Beratung stattfindet" (BGH NJW 2002, 3695 (3697) = BGHZ 152, 114 (insoweit nicht abgedr.); WM 2004, 422 (423); BKR 2008, 199 Rn. 12; ebenso der III. Zivilsenat BGH NJW-RR 2010, 349 Rn. 13).

1417 *Hilke* JuS 2010, 800 (801).

Pflichtenregime des Beratungsvertrages direkt und zwingend regeln.[1418] Der strikte Dualismus zwischen den Rechtsgebieten sei überholt, im Kapitalmarktrecht stünden private und öffentliche Interessen ohnehin in einer gegenseitigen Wechselwirkung.[1419] Hiergegen sprechen jedoch die klassischen Qualifikationstheorien (Interessen-, Subordinations- oder modifizierte Subjektstheorie), nach denen die beiden Rechtsgebiete in einem Alternativverhältnis zueinander stehen.[1420] Die originäre Zuständigkeit der Verwaltungsbehörde BaFin und die Gesetzesmaterialien des FRUG sowie die verwaltungsrechtlichen Vorgaben in der MiFID sprechen für die öffentlich-rechtliche Natur der Normen.[1421] Nach der überwiegenden Ansicht in Rechtsprechung und Literatur sind die §§ 63 ff. WpHG daher allein **öffentlich-rechtlicher Natur.**[1422] Gleichwohl sind die §§ 31 ff. WpHG nicht ohne Bedeutung für das Vertragsrecht.

In der **Literatur** wird überwiegend vertreten, dass dem Aufsichtsrecht eine **Ausstrahlungswirkung** auf die zivilrechtlichen Pflichten gem. § 241 Abs. 2 BGB zukommt, so dass die §§ 63 ff. WpHG auch auf Inhalt und Reichweite der vertraglichen Aufklärungspflichten einwirken.[1423] Der **BGH** erkennt ebenfalls grundsätzlich an, dass die aufsichtsrechtlichen Vorschriften für Inhalt und Reichweite der vertraglichen Aufklärungspflichten von Bedeutung sein können, lehnt aber eine eigenständige Bedeutung der §§ 31 ff. WpHG aF in seinem Urteil vom 17.9.2013 ausdrücklich ab.[1424] Auch eine richtlinienkonforme Auslegung der §§ 63 ff. WpHG führe nicht zu einer zivilrechtlichen Haftung für Verstöße gegen § 31d WpHG aF (jetzt § 70 WpHG).[1425] Im Urteil vom 3.6.2014 betont der BGH zwar zunächst, an dieser Rechtsprechung festzuhalten, kommt aber dann für das Zuwendungsverbot gem. § 31d WpHG aF (jetzt § 70 WpHG) zu dem Schluss, dass diese Vorschrift bei der Bestimmung des Inhalts des Beratungsvertrages zu berücksichtigen ist.[1426] Dies stützt das Gericht darauf, dass das aufsichtsrechtliche Transparenzgebot in Bezug auf Zuwendungen „als Ausdruck eines allgemeinen – nunmehr nahezu flächendeckenden – Rechtsprinzips bei der Auslegung der (konkludenten) Vertragserklärungen zu berücksichtigen" ist.

1418 KölnKomm WpHG/*Möllers* § 31 Rn. 24; *Veil* WM 2007, 1821 (1825); *Weichert/Wenninger* WM 2007, 627 (635).
1419 *Lang* ZBB 2004, 289 (293).
1420 Fuchs/*Fuchs* WpHG Vor §§ 31 ff. Rn. 79.
1421 BGH NZG 2013, 1226 (1228).
1422 Assmann/Schneider/Mülbert/*Koller* WpHG Vor § 63 Rn. 1 f.; Fuchs/*Fuchs* WpHG Vor §§ 31 ff. Rn. 77; MüKoHGB/*Ekkenga* WpHG § 31 Rn. 72; Schwark/Zimmer/*Schwark* WpHG Vor §§ 31 ff. Rn. 14 f.; *Ellenberger* in ESCL PraktikerHdB Wertpapier- und Derivatengeschäft Rn. 1099 ff.; *Mülbert* WM 2007, 1149 (1155); *Rothenhöfer* FS Hopt, 2010, 55 (63).
1423 Assmann/Schneider/*Koller* WpHG § 63 Rn. 9; Schwark/Zimmer/*Schwark/Kruse* WpHG Vor §§ 31d Rn. 16; *Hilke* JuS 2010, 800 (802); *Rothenhöfer* FS Hopt, 2010, 55 (70).
1424 BGH NZG 2013, 1226 Rn. 20.
1425 BGH NZG 2013, 1226 Rn. 25 ff. Zu den europarechtlichen Aspekten *Poelzig* JZ 2014, 256 (257 ff.).
1426 BGHZ 201, 310 (321) = NJW 2014, 2947 Rn. 36.

Hier sind allen voran §§ 31 und 31d WpHG aF zu nennen, sowie die Regelung in § 17 FinVermV, die solche Transparenzpflichten auch für bankunabhängige Anlageberater und -vermittler aufstellt. Nach dem BGH kann der Anleger „zwar nicht erwarten, dass sich die beratende Bank im gesamten Umfang ihrer öffentlich-rechtlichen Pflichten ohne Weiteres auch im individuellen Schuldverhältnis gegenüber dem jeweiligen Anleger verpflichten will. Er kann aber voraussetzen, dass die beratende Bank die tragenden **Grundprinzipien des Aufsichtsrechts** beachtet".[1427] Demnach darf der Kunde vor dem Hintergrund des umfassenden öffentlich-rechtlichen Zuwendungsverbots auch im Rahmen seines individuellen Schuldverhältnisses mit der Bank gem. §§ 133, 157 BGB redlicherweise erwarten, dass keine Zuwendungen fließen bzw. die Bank über Zuwendungen aufklärt. Und das gilt selbst dann, wenn die Beratung sich nicht auf ein Finanzinstrument iSd § 2 Abs. 4 WpHG erstreckt und somit nicht in den Anwendungsbereich von § 70 WpHG fällt. Im konkreten Fall ging es namentlich um die Empfehlung einer Immobilie als Kapitalanlage. Die Entscheidung wirft jedoch viele Fragen aus: So begründet der BGH beispielsweise nicht, warum sich die berechtigten Erwartungen des Kunden auf die Einhaltung der tragenden Grundprinzipien des Aufsichtsrechts beschränken und nicht die Einhaltung aller aufsichtsrechtlichen Vorgaben umfassen sollen.[1428] Der BGH lässt auch offen, unter welchen Voraussetzungen und zu welchem Zeitpunkt sich eine aufsichtsrechtliche Vorschrift zu einem solchen tragenden Grundprinzip verdichtet.[1429] Jedenfalls für den hier relevanten Verstoß gegen § 70 WpHG ist aber davon auszugehen, dass die Einhaltung der aufsichtsrechtlichen Pflicht Bestandteil des Beratungsvertrags zwischen der B-Bank und A geworden ist. Zu diesem Ergebnis kommt man mangels Anhaltspunkte für einen abweichenden Parteiwillen auch auf der Grundlage der hL, die von einer Ausstrahlungswirkung der aufsichtsrechtlichen Regelungen der §§ 63ff. WpHG ausgeht.

2. Fehlende Aufklärung über die Provisionszahlung unter Verstoß gegen § 70 WpHG

Um auf die zivilrechtlichen Pflichten aus dem Beratungsvertrag Einfluss nehmen zu können, müsste § 70 WpHG anwendbar sein und ein Verstoß gegen diese Vorschrift vorliegen.

§ 70 WpHG ist anwendbar, wenn die B-Bank ein **Wertpapierdienstleistungsunternehmen** nach § 2 Abs. 10 WpHG und A Kunde iSv § 67 Abs. 1 WpHG ist und auch die Anteile an einem geschlossenen Medienfonds im sachlichen Anwendungsbereich des WpHG liegen. Die B-Bank erfüllt die Voraussetzungen von § 2 Abs. 10 WpHG. Da die B-Bank für A eine Anla-

1427 BGHZ 201, 310 (321) = NJW 2014, 2947 Rn. 36f.

1428 *Buck-Heeb* WM 2014, 1601 (1605).

1429 Kritisch auch *Balzer/Lang* BKR 2014, 377 (379f.); *Buck-Heeb* WM 2014, 1601 (1605); *Freitag* ZBB 2014, 357; *Omlor* LMK 2014, 361191; *Poelzig* ZBB 2015, 108 (115).

geberatung iSv § 2 Abs. 8 S. 1 Nr. 9 WpHG erbringt, ist A auch Kunde nach § 67 Abs. 1 WpHG. Zu den **Finanzinstrumenten** nach § 2 Abs. 4 WpHG zählen unter anderem „Anteile an Investmentvermögen im Sinne des § 1 Abs. 1 des KAGB" und damit auch Anteile an geschlossenen Fonds wie der MF-KG. Der Anwendungsbereich von § 70 WpHG ist also eröffnet.

Zuwendungen sind nach der Legaldefinition in § 70 Abs. 2 WpHG Provisionen, Gebühren oder sonstige Geldleistungen sowie alle nicht-monetären Vorteile. Die von der MF-KG an die B-Bank für die Empfehlung der Fondsanteile gezahlte Provision ist von dieser weiten Definition erfasst.

Nach der „*Kick-Back*"-Rechtsprechung des III. Senats des BGH muss für die vertraglichen Pflichten zwischen Rückvergütungen und Innenprovisionen unterschieden werden (hierzu → Rn. 810). Über Innenprovisionen ist nach der „Schwellenwert-Rechtsprechung" des III. Senats des BGH erst ab einer Höhe von 15 Prozent der Anlagesumme aufzuklären, da sie ab einer gewissen Höhe eine Fehlvorstellung des Anlegers über die Werthaltigkeit seiner Anlage hervorrufen.[1430] Vorliegend wurde die Provision der B-Bank aus dem Anlagevermögen des A entnommen. Mithin handelt es sich hier um eine Innenprovision. Da diese lediglich 5 Prozent des Anlagevermögens ausmacht, wäre die Provision nach der Rechtsprechung des III. Senat des BGH nicht aufklärungsbedürftig, so dass eine Pflichtverletzung zu verneinen wäre. Diese Sonderbehandlung von Innenprovisionen wird in der Literatur erheblich kritisiert, da auch hier die Gefahr für den Anleger im Interessenkonflikt auf Seiten der Bank liegt, der unabhängig von der Höhe der Provision besteht. Mit seinem Urteil vom 3.6.2014 und der Berücksichtigung des umfassenden Zuwendungsverbots gem. § 31d WpHG aF (§ 70 WpHG) als aufsichtsrechtliches Prinzip hat der XI. Senat des BGH jedoch eine generelle zivilrechtliche Aufklärungspflicht über Innenprovisionen unabhängig von ihrer Höhe statuiert.[1431]

Die Zulässigkeit von Zuwendungen im Zusammenhang mit Wertpapierdienstleistungen wird in § 70 WpHG an drei Voraussetzungen geknüpft, die kumulativ erfüllt sein müssen: Die Zuwendung muss darauf ausgelegt sein, die Qualität der für den Kunden erbrachten Dienstleistung zu verbessern (§ 70 Abs. 1 S. 1 Nr. 1 Alt. 1 WpHG), sie darf der ordnungsgemäßen Erbringung der Dienstleistung im Interesse des Kunden nicht entgegenstehen (§ 70 Abs. 1 S. 1 Nr. 1 Alt. 2 WpHG) und sie muss dem Kunden gegenüber offengelegt werden (§ 70 Abs. 1 S. 1 Nr. 2 WpHG). Zwingende Voraussetzungen für die Zulässigkeit einer Zuwendung ist damit die **Offenlegung** gegenüber dem Kunden. Diese ist hier gegenüber A nicht erfolgt. Folglich greift schon deshalb das von § 70 WpHG als Grundsatz statuierte Verbot der Annahme von Zuwendungen. Es liegt also ein Verstoß gegen § 70

1430 BGHZ 158, 110 = NJW 2004, 1732; BGH, NJW-RR 2006, 685; BGH NJW-RR 2011, 913; BGH NJW-RR 2014, 559; BGH NJW 2016, 3024; BGH NJW-RR 2017, 1520.

1431 BGHZ 201, 310 (321) = NJW 2014, 2947 Rn. 37.

WpHG vor. Vor diesem Hintergrund ist der B-Bank ein Beratungsfehler vorzuwerfen, da sie den A im Beratungsgespräch pflichtwidrig nicht über die von der MF-KG gezahlte Innenprovision aufgeklärt hat.

3. Zwischenergebnis

Die B-Bank hat ihre zivilrechtliche Pflicht zur Aufklärung über Innenprovisionen verletzt, die sich jedenfalls über ein allgemeines Transparenzgebot auch aus dem Aufsichtsrecht, insbesondere § 70 WpHG, ergibt.

III. Vertretenmüssen

Die B-Bank müsste diese Pflichtverletzung zu vertreten haben. Es gilt die Verschuldensvermutung des § 280 Abs. 1 S. 2 BGB die hier nicht widerlegt ist. Das Verschulden des Erfüllungsgehilfen M ist der B-Bank gem. § 278 S. 1 Alt. 2 BGB zuzurechnen.

IV. Rechtsfolge

Es liegen folglich alle Tatbestandsmerkmale von § 280 Abs. 1 BGB vor. Die Rechtsfolge des Anspruchs richtet sich nach den Vorschriften der §§ 249 ff. BGB.

1. Schaden

A müsste zunächst einen Schaden erlitten haben, dh eine Einbuße an seinen Rechtsgütern.[1432] Dabei ist nach der Differenzhypothese ein Vermögensschaden gegeben, wenn der tatsächliche Wert des Vermögens geringer ist als der Wert, den das Vermögen ohne das schädigende Ereignis hypothetisch haben würde.[1433] Im Falle eines Aufklärungsfehlers muss der Schaden nicht in einem Minderwert des Anlageprodukts liegen, sondern der Anleger wird durch den Erwerb des Anlageprodukts als solchen geschädigt (sog **Vertragsabschlussschaden**). Der Schaden wird bereits darin gesehen, dass der Anleger durch die vertragliche Verpflichtung in seiner wirtschaftlichen Dispositionsfreiheit nachhaltig beeinträchtigt wird.[1434] Der Schaden des A beträgt damit 50.000 EUR, also die Höhe der von ihm investierten Anlagesumme.

2. Kausalität

Die Pflichtverletzung der B-Bank müsste für den genannten Schaden auch kausal gewesen sein. Hier hat der BGH zugunsten des geschädigten Anlegers eine Beweislastumkehr in Form der **„Vermutung aufklärungsrichtigen Verhaltens"** aufgestellt.[1435] Demjenigen, der vertragliche Aufklärungspflichten verletzt hat, obliegt der Beweis dafür, dass der Schaden auch eingetreten wäre, wenn er sich pflichtgemäß verhalten hätte, der Geschädigte den Rat oder Hinweis also unbeachtet gelassen hätte. Voraussetzung für das Eingreifen dieser Beweislastumkehr ist lediglich, dass eine Aufklärungspflichtverletzung feststeht. Dies ist hier der Fall, so dass die „Vermutung aufklärungsrichtigen Verhaltens" zur Anwendung kommt. Die B-Bank hat das Gegenteil vorliegend nicht bewiesen, so dass auch die haftungsausfüllende Kausalität vorliegt.

1432 Palandt/*Grüneberg* BGB Vor § 249 Rn. 9.
1433 Palandt/*Grüneberg* BGB Vor § 249 Rn. 10.
1434 *Fullenkamp* NJW 2011, 421 (426) mwN.
1435 Zum Folgenden BGHZ 193, 159 Rn. 28 ff. = NJW 2012, 2427.

3. Schadensumfang

Gem. § 249 Abs. 1 BGB ist der Geschädigte A so zu stellen, wie er ohne die Pflichtverletzung durch die B-Bank stünde (Naturalrestitution). Im Falle einer ordnungsgemäßen Aufklärung der B-Bank über die erhaltene Innenprovision hätte A diese konkrete Anlage nicht gezeichnet (s. o. unter 2.). Dem A ist also der gezahlte Kaufpreis von 50.000 EUR gegen Rückübertragung der von ihm erworbenen Fondsanteile zu erstatten.[1436]

V. Ergebnis

A kann von der B-Bank aufgrund der Nichtoffenlegung der Innenprovision durch die MF-KG Schadenersatz nach §§ 280 Abs. 1, 249 Abs. 1 BGB iHv 50.000 EUR Zug um Zug gegen Rückgabe der Anteile verlangen.

B. Anspruch aus § 823 Abs. 1 BGB

Möglicherweise könnte sich auch aus §§ 823 Abs. 1, 249 BGB ein Schadensersatzanspruch in gleicher Höhe ergeben. Ein solcher scheitert jedoch schon an der Verletzung eines absolut geschützten Rechtsguts, da hier lediglich das Vermögen des A verletzt wurde, welches nicht zu den nach § 823 Abs. 1 BGB geschützten Rechtsgütern gehört.

C. Anspruch aus §§ 831, 823 Abs. 2 BGB iVm § 70 WpHG

A könnte gegen die B-Bank aber einen Anspruch auf Schadensersatz aus §§ 831, 823 Abs. 2; 249 BGB wegen der Verletzung eines Schutzgesetzes haben. Als Schutzgesetz kommt hier § 70 WpHG in Betracht, gegen den die B-Bank durch ihren Verrichtungsgehilfen M verstoßen hat (siehe A. II. 2.). Ein **Schutzgesetz** ist jedes Gesetz iSv § 2 EGBGB, das ein Ge- oder Verbot enthält und zumindest auch den Schutz des verletzten Rechtsgutes sowie seines Inhabers bezweckt.[1437] § 70 WpHG ist eine Rechtsnorm und damit Gesetz iSd § 2 EGBGB und stellt das grundsätzliche Verbot der Annahme von Zuwendungen durch WpDU auf. Für die Schutzgesetzeigenschaft spricht, dass § 70 WpHG den Anlegerschutz bezweckt, da die Verhaltensregeln gem. §§ 63ff. WpHG gerade im Verhältnis zum einzelnen Kunden zu beachten sind.[1438] Voraussetzung für die Annahme eines Schutzgesetzes ist darüber hinaus aber auch, dass ein deliktischer Schadensersatzanspruch „sinnvoll und im Lichte des haftungsrechtlichen Gesamtsystems tragbar erscheint".[1439] Hierbei ist zu prüfen, „ob es in der Tendenz des Gesetzgebers liegen konnte, an die Verletzung des geschützten Interesses die deliktische Einstandspflicht des dagegen Verstoßenden mit allen damit zugunsten des Geschädigten gegebenen Beweiserleichterungen zu knüpfen".[1440] Gegen die Einordnung als

---

1436 Hat der Anleger jedoch auf der Grundlage eines einheitlichen Beratungsgesprächs mehrere verschiedene, aber strukturell gleichartige Anlagemodelle gezeichnet und dabei eine auf demselben Beratungsfehler beruhende einheitliche Anlageentscheidung getroffen, so sind ihm bei der Rückabwicklung eines der Geschäfte die Gewinne aus den anderen Anlagegeschäften anzurechnen, s. BGH Urt v. 18.10.2018 – III ZR 497/16, NJW 2018, 215.

1437 Staudinger/*Hager* BGB § 823 Rn. G 9 und G 19.

1438 So auch noch BGH NZG 2013, 1226 Rn. 23; Fuchs/*Fuchs* WpHG § 31d Rn. 60.

1439 BGH NZG 2013, 1226 Rn. 23 unter Verweis auf BGHZ 175, 276 Rn. 18.

1440 BGH NZG 2013, 1226 Rn. 23.

Schutzgesetz iSd § 823 Abs. 2 BGB spricht daher nach dem BGH, dass dies nicht nur die Grundlage für die Haftung des Unternehmens schaffen, sondern auch eine persönliche Haftung der Mitarbeiter für leicht fahrlässig herbeigeführte Vermögensschäden begründen würde.[1441] Zudem werde dem Anlegerschutz über die Haftung aus dem (konkludent geschlossenen) Beratungsvertrag bereits ausreichend Rechnung getragen, so dass es einer Qualifizierung von § 70 WpHG als Schutzgesetz nicht bedürfe.[1442] Damit lehnt der BGH die Schutzgesetzeigenschaft von § 70 WpHG im Ergebnis ab.[1443] Ein Anspruch aus § 823 Abs. 2 BGB iVm § 70 WpHG scheidet demnach aus.

D. Anspruch aus §§ 831, 826 BGB

A könnte aber einen Schadenersatzanspruch gegen die B-Bank gem. §§ 831 iVm 826 BGB haben. Hierfür müsste M als Verrichtungsgehilfe der B-Bank iSd § 831 BGB dem A in einer gegen die guten Sitten verstoßenden Weise Schaden zugefügt haben. Die mangelnde Aufklärung über die von der MF-KG erhaltene Innenprovision durch M müsste hierfür als sittenwidrig anzusehen sein, also gegen das Anstandsgefühl aller billig und gerecht Denkenden verstoßen.[1444] Hierbei ist es nicht ausreichend, dass die Handlung allein gegen vertragliche Pflichten oder das Gesetz verstößt, unbillig erscheint oder einen Schaden hervorruft, sondern es muss eine **besondere Verwerflichkeit** des Verhaltens hinzutreten.[1445] Es sind keine Hinweise im Sachverhalt dafür zu finden, dass M eine über das bloße gewinnorientierte Verhalten hinausgehende Verwerflichkeit vorzuwerfen ist. Die fehlende Aufklärung darüber, dass die B-Bank von der MF-KG eine Innenprovision erhalten hat, reicht für die Haftung nach § 826 BGB nicht aus.

E. Anspruch aus § 812 Abs. 1 S. 1 Var. 1 BGB iVm § 134 BGB

Ein Anspruch des A gegen die B-Bank auf Zahlung von 50.000 EUR aus §§ 812 Abs. 1 S. 1 Var. 1; 818 Abs. 1 BGB setzt voraus, dass die Nichtigkeitsfolge des § 134 BGB den Kaufvertrag über den Erwerb der Fondsanteile zwischen A und der B-Bank betrifft. Das Zuwendungsverbot des § 70 WpHG untersagt aber dem WpDU Zuwendungen im Verhältnis zu dem zuwendenden Dritten. Selbst wenn § 70 WpHG also ein Verbotsgesetz wäre, würde sich daraus keine Nichtigkeit des Vertrages zwischen dem Anleger A und der beratenden B-Bank ergeben, sondern allenfalls die Nichtigkeit der Vereinbarung zwischen der B-Bank und der MF-KG.[1446] Damit kann hier

1441 Zu § 32 WpHG aF BGHZ 175, 276 Rn. 14, 16 = NJW 2008, 1734 (1735). AA *Freitag* ZBB 2014, 357 (363 f.).
1442 Siehe bereits *Hilke* JuS 2010, 800 (804).
1443 AA Schwark/Zimmer/*Koch/Harnos* WpHG § 70 Rn. 114. Zu § 31d WpHG aF Fuchs/*Fuchs* WpHG § 31d Rn. 60; *Koller* ZBB 2007, 197 (200).
1444 Palandt/*Sprau* BGB § 826 Rn. 4.
1445 Palandt/*Sprau* BGB § 826 Rn. 4.
1446 Vgl. dazu BGH NZG 2013, 1226 Rn. 35.

dahingestellt bleiben, ob § 70 WpHG ein Verbotsgesetz ist.[1447] Ein Anspruch des A aus § 812 Abs. 1 S. 1 Var. 1 BGB besteht nicht.

F. Gesamtergebnis zu Teil I

A hat gegen die B-Bank einen Schadensersatzanspruch iHv 50.000 EUR Zug um Zug gegen Rückübertragung der Fondsanteile aus §§ 280 Abs. 1; 249 Abs. 1 BGB.

Zur vertiefenden Lektüre: *Buck-Heeb*, Vom Kapitalanleger- zum Verbraucherschutz – Befund und Auswirkungen auf das Recht der Anlageberatung, ZHR 176 (2012), 66; *dies.*, Verhaltenspflichten beim Vertrieb – Zwischen Paternalismus und Schutzlosigkeit der Anleger, ZHR 177 (2012), 310; *dies.*, Der Anlageberatungsvertrag – Die Doppelrolle der Bank zwischen Fremd- und Eigeninteresse, WM 2012, 625; *dies.*, Die „Flucht“ aus dem Anlageberatungsvertrag, ZIP 2013, 1401; *dies.*, Verhaltenspflichten beim Vertrieb, ZHR 177 (2013), 310; *dies.*, Entwicklung und Perspektiven des Anlegerschutzes, JZ 2017, 279; *Buck-Heeb/Poelzig*, Die Verhaltenspflichten (§§ 63 ff. WpHG n. F.) nach dem 2. FiMaNoG – Inhalt und Durchsetzung, BKR 2017, 485; *Einsele*, Anlegerschutz durch Information und Beratung – Verhaltens- und Schadensersatzpflichten der Wertpapierdienstleistungsunternehmen nach Umsetzung der Finanzmarktrichtlinie (MiFID), JZ 2008, 477; *dies.*, Verhaltenspflichten im Bank- und Kapitalmarktrecht, ZHR 180 (2016), 233; *Harnos*, Die Reichweite und zivilrechtliche Bedeutung des § 31d WpHG – zugleich eine Besprechung des BGH-Urteils v. 17.9.2013 – XI ZR 332/12, BKR 2014, 1; *Heusel*, Die Haftung für fehlerhafte Anlageberatung, JuS 2013, 109; *Koller*, Zu den Grenzen des Anlegerschutzes bei Interessenkonflikten – Zugleich eine Besprechung von BGH Urt. v. 19.12.2006 – XI ZR 56/05, ZBB 2007, 197; *Kurz*, MiFID II – Auswirkungen auf den Vertrieb von Finanzinstrumenten, DB 2014, 1182; *Lang*, Doppelnormen im Recht der Finanzdienstleistungen, ZBB 2004, 289; *ders.*, Die Beweislastverteilung im Falle der Verletzung von Aufklärungs- und Beratungspflichten bei Wertpapierdienstleistungen, WM 2000, 450; *Loff/Hahne*, Vermögensverwaltung und Anlageberatung unter MiFID II, WM 2012, 1512; *Mülbert*, Anlegerschutz bei Zertifikaten – Beratungspflichten, Offenlegungspflichten bei Interessenkonflikten und die Änderungen durch das Finanzmarkt-Richtlinie-Umsetzungsgesetzt (FRUG), WM 2007, 1149; *Nobbe*, Anmerkung zu einer Entscheidung des BGH (Beschluss vom 9.3.2011 – XI ZR 191/10, BKR 2011, 299) zur Änderung der Rechtsprechung zu vergütungsbezogenen Aufklärungspflichten, BKR 2011, 302; *Podewils/Reisich*, Haftung für Schrott-Zertifikate? – Aufklärungs- und Beratungspflichten nach BGB und WpHG beim Erwerb von Zertifikaten, NJW 2009, 116; *Poelzig*, Anmerkung zu einem Urteil des BGH vom 17.9.2013 – XI ZR 332/12 (JZ 2014, 252) – Zur Ableitung zivilrechtlicher Ansprüche aus der Fi-

1447 Für eine Einordnung als Verbotsgesetz *Assmann* ZBB 2008, 21 (31) und *Mülbert* ZHR 172 (2008), 170 (201). Dagegen *Buck-Heeb* KapMarktR Rn. 935; Fuchs/*Fuchs* WpHG § 31d Rn. 58; KölnKomm WpHG/*Möllers/Wenninger* § 31d Rn. 67; Schwark/Zimmer/*Koch/Harnos* WpHG § 70 Rn. 124 f.

nanzmarktrichtlinie und zur Aufklärungspflicht der beratenden Bank über Gewinnspanne beim Verkauf von Lehman-Zertifikaten, JZ 2014, 256; *Schäfer*, Sind die §§ 31 ff. WpHG nF Schutzgesetze iSv § 823 Abs. 2 BGB?, WM 2007, 1872; *Schönemann*, BaFin konkretisiert Tatbestand der Anlageverwaltung, BKR 2010, 130; *Toussaint*, Anmerkung zum Beschluss des BGH vom 19.7.2011, Az. XI ZR 191/10 – Zur aufklärungspflichtigen Rückvergütung, EWiR 2011, 623; *Veil*, Der Schutz des verständigen Anlegers durch Publizität und Haftung im europäischen und nationalen Kapitalmarktrecht, ZBB 2006, 162; *ders.*, Anlageberatung im Zeitalter der MiFID – Inhalt und Konzeption der Pflichten und Grundlagen einer zivilrechtlichen Haftung, WM 2007, 1821.

§ 26. Organisationspflichten

854 Neben den bei der Erbringung einer konkreten Wertpapierdienstleistung geschuldeten Verhaltenspflichten stellen die §§ 80–84, 87 WpHG (§§ 33–34a, 34d WpHG aF) sowie Art. 21–29 DelVO (EU) 2017/565 grundsätzliche Anforderungen an die Unternehmensorganisation auf.

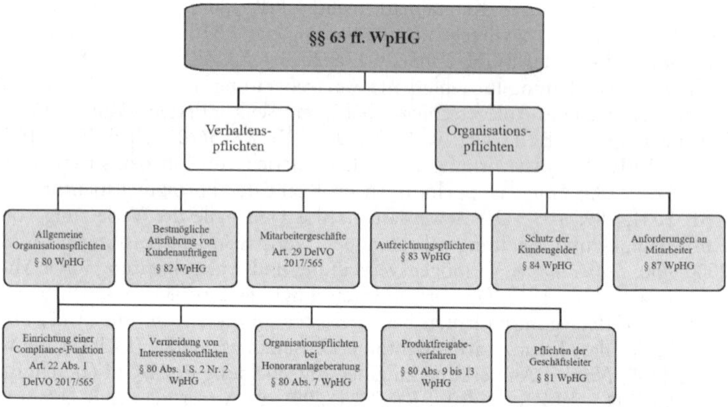

I. Allgemeine Organisationspflichten (§§ 80 WpHG; Art. 21–29 DelVO (EU) 2017/565)

855 Den Nukleus der Organisationspflichten bildet § 80 WpHG, der durch Art. 21–29 DelVO (EU) 2017/565 ergänzt wird. § 80 Abs. 1 WpHG verweist für die organisatorischen Pflichten zunächst auf die

bankaufsichtsrechtlichen Pflichten der Kredit- und Finanzdienstleistungsinstitute gem. **§ 25a KWG.** Durch den Verweis sollen doppelte Anforderungen an die Geschäftsorganisation vermieden werden.[1448] Zu den bankaufsichtsrechtlichen Pflichten nach § 25a KWG gehören ua die Festlegung von Strategien, insbesondere von auf Nachhaltigkeit gerichteten Geschäfts- und Risikostrategien, die Einrichtung interner Kontrollverfahren, eine angemessene personelle und technisch-organisatorische Ausstattung des Instituts, die Festlegung eines angemessenen Notfallkonzepts, insbesondere für IT-Systeme, sowie angemessene, transparente und auf eine nachhaltige Entwicklung des Instituts ausgerichtete Vergütungssysteme für Geschäftsleiter und Mitarbeiter. Darüber hinaus müssen WpDU sicherstellen, dass die gesetzlichen Vorschriften des WpHG im Unternehmen eingehalten werden (Art. 22 Abs. 1 DelVO (EU) 2017/565). Das soll vor allem die **Einrichtung einer Compliance-Funktion** gewährleisten, also einer unabhängigen Stelle, die über die Rechtmäßigkeit der Geschäftsabläufe wacht (Art. 22 Abs. 2 DelVO (EU) 2017/565).

1. Vermeidung von Interessenkonflikten

Weiter sind von den Unternehmen Vorkehrungen zu treffen, um **856**
Interessenkonflikte bei der Erbringung von Wertpapierdienstleistungen zu erkennen und zu vermeiden (§ 80 Abs. 1 S. 2 Nr. 2 WpHG; Art. 33 ff. DelVO (EU) 2017/565). Zu den Interessenkonflikten gehören insbesondere solche, die durch die Annahme von Zuwendungen oder die Vergütungsstruktur entstehen (§ 80 Abs. 1 S. 2 Nr. 2 WpHG aE). Daher besteht eine organisatorische Pflicht, Interessenkonflikte durch die Annahme von Zuwendungen zu vermeiden. Im Weiteren sind die Vertriebsvorgaben für Mitarbeiter so zu gestalten, dass Kundeninteressen nicht beeinträchtigt werden (§ 80 Abs. 1 S. 2 Nr. 2 aE WpHG). Eine solche Beeinträchtigung drohte lange Zeit vor allem durch Absatzvorgaben für bestimmte Anlageprodukte und Bonussysteme für Vertriebsmitarbeiter. Gem. Art. 27 Abs. 1 UAbs. 2 DelVO (EU) 2017/565 dürfen die vom Unternehmen festzulegenden Vergütungsgrundsätze und -praktiken keine Interessenkonflikte oder Anreize schaffen, die die relevanten Personen möglicherweise dazu verleiten könnten, ihre eigenen Interessen oder die Interessen des Unternehmens zum potenziellen Nachteil eines Kunden zu begünsti-

1448 BT-Drs. 16/4028, 70.

gen. Zu den notwendigen Maßnahmen gehören gem. § 80 Abs. 1 Nr. 4 WpHG auch solide Sicherheitsmechanismen, um ua die Vertraulichkeit von Informationen innerhalb des Unternehmens zu gewährleisten (häufig auch als Chinese Walls bezeichnet).[1449] Durch die Schaffung von Vertraulichkeitsbereichen soll vor allem unerwünschter Informationsfluss zwischen den verschiedenen Abteilungen innerhalb des Unternehmens verhindert und den Gefahren von Insiderhandel oder Marktmanipulationen durch Mitarbeiter vorgebeugt werden. Zu separieren sind insbesondere die Abteilungen für den Eigenhandel von den Abteilungen für den Kundenhandel oder die Emissions- von den Analyseabteilungen.

857 Die Einrichtung von Vertraulichkeitsbereichen kann jedoch dazu führen, dass sich das WpDU nach außen hin widersprüchlich verhält. So veröffentlichte die Research-Abteilung der Deutschen Bank zum Beispiel im Sommer 2001 eine Kaufempfehlung für Aktien der Deutschen Telekom AG. Kurz zuvor erhielt sie den Auftrag eines Kunden, ca. 44 Mio. Telekom-Aktien zu veräußern, den sie am Tag nach Veröffentlichung der Kaufempfehlung ausführte. In der Folge fiel der Kurs der Telekom-Aktien um ca. 20 Prozent.[1450]

2. Beschwerdemanagement

858 Einzurichten ist außerdem ein wirksames und transparentes **Beschwerdemanagementsystem** (Art. 26 DelVO (EU) 2017/565), um die Beschwerden von Kunden oder potenziellen Kunden unverzüglich abzuwickeln. Die Wertpapierfirmen haben Aufzeichnungen über die eingegangenen Beschwerden zu führen und Maßnahmen zu deren Lösung zu ergreifen. Die Grundsätze für das Beschwerdemanagement müssen eindeutige, genaue und aktuelle Informationen über das Verfahren zur Abwicklung von Beschwerden enthalten. Diese Grundsätze müssen von dem Leitungsorgan des WpDU bestätigt werden.

1449 Zur politischen Korrektheit des Begriffs und Alternativen (zB. „ethical screens") siehe Bainbridge, „Let's retire „Chinese Wall" as corporate, securities, and legal ethics term of art" vom 14.1.2014.

1450 Vgl. *Leyens* Informationsintermediäre, 660 Fn. 534; *Hopt* ZGR 2002, 333, 368 f.; siehe auch FAZ v. 10.8.2001 (44 Mio. Aktien) (abrufbar unter: https://www.faz.net/aktuell/wirtschaft/telekom-streit-deutsche-bank-droht-klage-128864.html), börse.de spricht dagegen von ca. 35 Mio. Aktien (abrufbar unter: https://www.boerse.de/nachrichten/Die-Telekom-Story-September-2001-/5433507).

3. Pflicht zur Verhinderung von Mitarbeitergeschäften Art. 28, 29 DelVO (EU) 2017/565)

Die zuvor in § 33b WpHG aF enthaltene Pflicht, bestimmte Mitarbeitergeschäfte, insbesondere bei Interessenkonflikten oder aufgrund von Insiderinformationen, zu verhindern, wurde mit dem 2. FiMaNoG gestrichen. Vorschriften zu den persönlichen Geschäften von sog relevanten Personen finden sich nunmehr in Art. 28f. DelVO (EU) 2017/565. Das WpDU soll gem. Art. 29 Abs. 1 DelVO (EU) 2017/565 angemessene Vorkehrungen treffen und einhalten, um relevante Personen daran zu hindern, persönliche Geschäfte insbesondere unter Verstoß gegen Art. 14 MAR oder gegen die §§ 63ff. WpHG zu schließen. 859

Der Begriff der **relevanten Person** ist in Art. 2 Nr. 1 DelVO (EU) 2017/565 definiert. Neben den persönlich haftenden Gesellschaftern und den Mitgliedern der Geschäftsleitung des Unternehmens oder vertraglich verbundener Vermittler sind relevante Personen demnach vor allem auch Angestellte sowie jede andere natürliche Person, deren Dienste dem Unternehmen oder einem vertraglich gebundenen Vermittler zur Verfügung gestellt und von dieser/diesem kontrolliert werden und die an den erbrachten Wertpapierdienstleistungen und Anlagetätigkeiten beteiligt ist. 860

Relevante Personen sind also beispielsweise Arbeitnehmer, freie Mitarbeiter, Leiharbeitnehmer, Zeitarbeitskräfte und Praktikanten sowie andere in einem Ausbildungsverhältnis stehende Personen, die bei der Erbringung von Wertpapierdienstleistungen gem. § 2 Abs. 8 WpHG für das WpDU neben den Organmitgliedern und persönlich haftenden Gesellschaftern tätig werden[1451] oder sonst durch begleitendes oder kontrollierendes Handeln unterstützen, insbesondere Mitarbeiter der Research-, der Compliance- oder der IT-Abteilung.[1452]

Art. 28 DelVO (EU) 2017/565 definiert, wann ein **persönliches Geschäft** vorliegt. Hierunter sind Geschäfte über Finanzinstrumente iSv § 2 Abs. 4 WpHG zu verstehen, die eine relevante Person entweder außerhalb des ihm zugewiesenen Aufgabenbereichs (lit. a) oder im Rahmen des ihm zugewiesenen Aufgabenbereichs für eigene Rechnung oder für Rechnung von nahestehenden Personen tätigt. Nahestehende Personen sind Personen, zu denen die relevante Per- 861

1451 Schwark/Zimmer/*Fett* WpHG § 80 Rn. 122.
1452 Schwark/Zimmer/*Fett* WpHG § 80 Rn. 122. Noch zu § 33b WpHG aG KölnKomm WpHG/*Meyer/Paetzel* § 33b Rn. 28.

son eine familiäre Bindung oder enge Verbindungen hat, oder bei denen sie ein direktes oder indirektes wesentliches Interesse am Ausgang des Geschäfts hat (lit. b). Das Interesse in einer Gebühr oder Provision für die Abwicklung des Geschäfts genügt hierfür allerdings nicht.

862 Das WpDU ist gem. Art. 29 Abs. 1 DelVO (EU) 2017/565 verpflichtet, angemessene organisatorische Vorkehrungen zu treffen, die verhindern, dass relevante Personen, deren Tätigkeiten Anlass zu einem Interessenkonflikt geben könnten oder die aufgrund von Tätigkeiten, die sie im Namen der Firma ausüben, Zugang zu Insider-Informationen iSv Art. 7 MAR oder zu anderen vertraulichen Informationen über Kunden oder über Geschäfte haben, die mit oder für Kunden getätigt werden, persönliche Geschäfte iSv Art. 28 DelVO (EU) 2017/565 tätigen, die gegen die §§ 63 ff. WpHG oder das Insiderhandelsverbot nach Art. 14 MAR verstoßen könnten oder mit dem Missbrauch von vertraulichen Daten verbunden sind (Art. 29 Abs. 2 DelVO (EU) 2017/565). Die organisatorischen Maßnahmen müssen darüber hinaus bezwecken zu verhindern, dass relevante Personen außerhalb ihres Aufgabenbereichs anderen derartige Geschäfte empfehlen (Art. 29 Abs. 3 DelVO (EU) 2017/565). Auch müssen die Maßnahmen geeignet sein zu verhindern, dass relevante Personen Dritten außerhalb ihres Aufgabenbereichs Meinungen oder Informationen weitergeben und sie dadurch zu oben genannten Geschäften veranlassen können (Art. 29 Abs. 4 DelVO (EU) 2017/565). Zu beachten ist auch Art. 29 Abs. 6 DelVO (EU) 2017/565, der bestimmte Fälle vom Anwendungsbereich des Art. 29 DelVO (EU) 2017/565 ausnimmt, bei denen keine Gefahr eines Interessenkonflikts besteht, weil sie dem persönlichen Einfluss der relevanten Person entzogen sind.[1453]

4. Algorithmischer Handel

863 WpDU, die **algorithmischen Handel** betreiben, müssen zusätzlich die in § 80 Abs. 2–5 WpHG genannten Bestimmungen beachten. § 80 Abs. 6 WpHG sowie Art. 30–32 DelVO (EU) 2017/565 regeln die Auslagerung von Aktivitäten und Prozessen durch WpDU.

1453 Schwark/Zimmer/*Fett* WpHG § 80 Rn. 144. Zu § 33b aF WpHG aF Fuchs/*Zimmermann* WpHG § 33b Rn. 43.

5. Honoraranlageberater

Für **Honoraranlageberater** gelten neben den besonderen Verhaltenspflichten gem. § 64 Abs. 5 und 6 WpHG (→ Rn. 847 ff.) auch besondere Organisationspflichten. Gem. § 80 Abs. 7 S. 1 WpHG darf ein WpDU Anlageberatung nur dann in Form der Unabhängigen Honorar-Anlageberatung erbringen, wenn es daneben keine provisionsbasierte Beratung anbietet oder die Honorar-Anlageberatung organisatorisch, funktional und personell von der übrigen Anlageberatung trennt (hierzu auch § 8 WpDVerOV). Nach § 8 S. 1 WpDVerOV ist in Abhängigkeit von Größe und Organisation sowie Art, Umfang und Komplexität der Geschäftstätigkeit sicherzustellen, dass von Seiten der Provisions-Anlageberatung kein Einfluss auf die Honorar-Anlageberatung genommen werden kann. So dürfen insbesondere nicht einzelne Berater sowohl für die Honorar- als auch die Provisionsanlageberatung zuständig sein.[1454] § 80 Abs. 7 S. 2 WpHG untersagt Vertriebsvorgaben, die Interessenkonflikte auslösen können und geht damit über § 80 Abs. 1 S. 2 Nr. 3 WpHG hinaus, der das Entstehen von Interessenkonflikten grundsätzlich akzeptiert, solange sichergestellt ist, dass die Kundeninteressen nicht beeinträchtigt werden.[1455] § 80 Abs. 8 WpHG verpflichtet WpDU sicherzustellen, dass monetäre Zuwendungen, die sie im Zusammenhang mit Honorar-Anlageberatung oder Finanzportfolioverwaltung von Dritten angenommen haben, an die jeweiligen Kunden weitergegeben werden. 864

6. Produktfreigabeverfahren

Bestandteil der Organisationspflichten ist auch die seit dem 3.1.2018 geltende Pflicht von WpDU, ein **Produktfreigabeverfahren** (Product Governance) durchzuführen (hierzu bereits → Rn. 350 ff.).[1456] Mit dem Kleinanlegerschutzgesetz von 2015 waren Regelungen zum Produktfreigabeverfahren bereits in das WpHG integriert worden (§§ 33b–33d WpHG aF), die ab dem Tag des Ablaufs der MiFID II-Umsetzungsfrist gelten sollten. Diese organisatorischen Regelungen finden 865

1454 BT-Drs. 17/12295, 16. Siehe auch Schwark/Zimmer/*Fett* § 80 WpHG Rn. 203; Assmann/Schneider/Mülbert/*Koller* § 80 Rn. 125.
1455 Schwark/Zimmer/*Fett* § 80 WpHG Rn. 205 mwN.
1456 Ausführlich dazu *Bergmann* in Langenbucher/Bliesener/Spindler 36. Kap. Rn. 81 ff.; *Buck-Heeb* CCZ 2016, 2 ff.

sich nunmehr in § 80 Abs. 9–13 WpHG. Sie werden ergänzt durch § 11 WpDVerOV und die Leitlinien der ESMA.[1457]

866 a) **Pflichten des Konzepteurs.** Adressaten sind WpDU, die Finanzinstrumente zum Verkauf konzipieren (**Konzepteur**), was gem. § 11 WpDVerOV das „Neuschaffen, Entwickeln, Begeben oder die Gestaltung von Finanzinstrumenten" umfasst. Das WpDU hat beim Konzipieren von Finanzinstrumenten mögliche **Interessenkonflikte** zu analysieren und sicherzustellen, dass mit Interessenkonflikten, insbesondere unter dem Aspekt der Vergütungsstruktur, ordnungsgemäß umgegangen wird (§ 11 Abs. 2, 3 WpDVerOV). Das Produktfreigabeverfahren ist damit Teil des Interessenkonfliktmanagements. Die Pflicht zur Geeignetheits- oder Angemessenheitsprüfung nach § 64 Abs. 4, 4a, 5 WpHG entfällt dadurch nicht.[1458]

867 Außerdem muss gem. § 80 Abs. 9 S. 2 WpHG jeweils ein **Zielmarkt** bestimmt werden. Damit soll sichergestellt werden, dass die Finanzinstrumente den Bedürfnissen der Endkunden im festgelegten Zielmarkt entsprechen. Der Produkthersteller muss den Zielmarkt anhand von Kriterien wie Kundenkategorie, Kundenkenntnisse und -erfahrungen, deren Finanzsituation, Risikotragfähigkeit, Risikotoleranz, Anlageziele und Bedürfnisse bestimmen. Nach §§ 80 Abs. 9 S. 4 WpHG muss die Vertriebsstrategie dem vom Emittenten zu bestimmenden Zielmarkt entsprechen.

868 Das WpDU hat außerdem zu jedem Finanzinstrument gem. § 11 Abs. 9 S. 1 WpDVerOV (s. Art. 9 Abs. 10 DelRL 2017/593) sog. **Szenarioanalysen** durchzuführen, die beurteilen, welche Risiken des Produkts im Hinblick auf ein schlechtes Ergebnis bestehen und unter welchen Umständen dieses Ergebnis eintreten kann. § 11 Abs. 9 S. 2 WpDVerOV (vgl. Art. 9 Abs. 10 S. 2 lit. a–d DelRL 2017/593) bestimmt, dass die Entwicklung der Finanzinstrumente unter negativen Bedingungen durchgespielt werden muss, insbesondere für den Fall, dass sich das Marktumfeld verschlechtert (Nr. 1), der Konzepteur oder ein Dritter, der an der Herstellung oder der Funktionsweise des Produkts beteiligt ist, in finanzielle Schwierigkeiten gerät oder ein anderes Gegenparteirisiko auftritt (Nr. 2), sich das Produkt als kommerziell nicht rentabel erweist (Nr. 3) oder sich die Nachfrage

---

1457 ESMA35–43–620, Guidelines on MiFID II product governance requirements, v. 5.2.2018 (abrufbar unter: https://www.esma.europa.eu/sites/default/files/library/esma35-43-620_guidelines_on_mifid_ii_product_governance_requirements_0.pdf).

1458 Erwgr. 71 MiFID II; Begr. RegE Kleinanlegerschutzgesetz BT-Drs. 18/3994, 54; vgl. *Lercara/Kittner* RdF 2018, 100 (103).

nach dem Produkt als viel höher als erwartet erweist, sodass eine Belastung für die Ressourcen des WpDU und/oder für den Markt entsteht (Nr. 4). Die Bewertung beschränkt sich damit auf das Finanzinstrument und lässt andere Faktoren, wie etwa das Geschäftsmodell des Emittenten oder den Bedarf an bestimmten Produkten oder Ressourcen außer Betracht.[1459]

Die Compliance-Funktion des Konzepteurs hat das Produktfreiga- 869
beverfahren zu überwachen und dem Leitungsorgan zu berichten. Das WpDU ist gem. § 11 Abs. 5 WpDVerOV verpflichtet sicherzustellen, dass die an der Konzeption beteiligten Mitarbeiter über die erforderliche Sachkenntnis verfügen, um die Merkmale und Risiken der zu konzipierenden Finanzinstrumente zu verstehen.

Das WpDU hat gem. § 80 Abs. 10 iVm § 11 Abs. 13, 14 WpDVerOV 870
eine **Produktüberwachungspflicht**, wonach die einzelnen konzipierten Finanzinstrumente regelmäßig, dh in zeitlich wiederkehrenden Abständen, auf ihre Funktionalität zu überprüfen sind. Zu beurteilen ist, ob die Zielmarktbestimmung zu korrigieren ist (§ 80 Abs. 10 WpHG). Zusätzlich sollen WpDU gem. § 11 Abs. 15 WpDVerOV besondere Ereignisse definieren, die zum Anlass genommen werden, bestimmte Finanzinstrumente einer anlassbezogenen Prüfung zu unterziehen.

b) Pflichten des Vertriebsunternehmens. Sofern der Konzepteur 871
das Produkt nicht selbst vertreibt, hat er gem. § 80 Abs. 11 WpHG den Unternehmen, die die Produkte vertreiben (Vertriebsunternehmen), alle erforderlichen **Informationen** zum Produkt und zum Produktfreigabeverfahren zur Verfügung zu stellen, sodass sie in die Lage versetzt werden, das Finanzinstrument richtig zu verstehen, zu empfehlen oder zu verkaufen (§ 11 Abs. 12 WpDVerOV). Dazu gehören Informationen über geeignete Vertriebskanäle, das Produktgenehmigungsverfahren sowie die Beurteilung des Zielmarktes. Die-Vertriebsunternehmen müssen Vorkehrungen treffen, um sich diese Informationen zu verschaffen und zu verstehen (§ 80 Abs. 11 S. 2 WpHG).

Ähnlich wie Konzepteure haben auch Vertriebsunternehmen ein 872
Produktfreigabeverfahren ein- und durchzuführen, indem sie einen sorgsamen Umgang mit Interessenkonflikten sicherstellen, den Zielmarkt für die angebotenen und empfohlenen Finanzinstrumente un-

1459 *Lohmann/Gebauer* BKR 2018, 244 (253).

ter Berücksichtigung des Zielmarktes des Konzepteurs bestimmen und die angebotenen oder empfohlenen Finanzinstrumente regelmäßig überprüfen (§ 80 Abs. 12, § 12 WpDVerOV). Ist das WpDU Konzepteur und Vertriebsunternehmen zugleich, ist gem. § 12 Abs. 8 WpDVerOV nur eine Zielmarktbestimmung erforderlich.

II. Geschäftsleiterpflichten (§ 81 WpHG)

873 § 81 WpHG regelt die Pflichten der Geschäftsleiter von WpDU im Rahmen von § 25c Abs. 3 KWG (s. Art. 9 MiFID II iVm Erwägungsgrund 53 MiFID II). Demnach sind sie insbesondere zur Festlegung, Umsetzung und Überwachung der Organisation zur Erbringung der Dienstleistungen, des Personals, der Geschäftspolitik sowie der Vergütungsregeln (§ 81 Abs. 1 WpHG), zur Überwachung und Überprüfung der strategischen Ziele, der Unternehmensführungsregeln und der Unternehmensstrategie (§ 81 Abs. 2), zur Sicherstellung einer angemessenen Informationsgrundlage (§ 81 Abs. 3) und zur Überwachung des Produktfreigabeverfahrens (§ 81 Abs. 4 WpHG) verpflichtet. Da die kapitalmarktrechtlichen Geschäftsleiterpflichten die allgemeinen gesellschaftsrechtlichen Legalitäts- bzw. Legalitätskontrollpflichten der Geschäftsleiter konkretisieren,[1460] drohen diesen bei einem Verstoß nicht nur Geldbußen nach § 120 WpHG, sondern vor allem auch die gesellschaftsrechtliche Haftung gegenüber der Gesellschaft etwa aus § 93 Abs. 2 AktG oder § 43 Abs. 2 GmbHG. Eine persönliche Außenhaftung gegenüber geschädigten Kunden greift hingegen mangels Pflicht im Verhältnis zu den Kunden nicht.[1461]

III. Pflicht zur bestmöglichen Kundenausführung (§ 82 WpHG, Art. 64–66 Delegierte VO (EU) 2017/565)

874 **§ 82 WpHG** (zuvor § 33a aF in Umsetzung von Art. 19 und 21 MiFID I) verpflichtet zu organisatorischen Vorkehrungen, die allgemein die bestmögliche Ausführung der Kundenaufträge gewährleisten sollen. Die Vorschrift dient der Umsetzung von Art. 24, 27 MiFID II und wird durch die Art. 64–66 Delegierte VO (EU) 2017/565 kon-

1460 Staub/*Binder* Bd. 11/2 7. Teil Rn. 89.
1461 Staub/*Binder* Bd. 11/2 7. Teil Rn. 90.

kretisiert. Ergänzend gelten die Regelungen der MaComp.[1462] Die Pflicht zur bestmöglichen Kundenausführung dient der organisatorischen Absicherung der allgemeinen Interessenwahrungspflicht gem. § 63 Abs. 1 WpHG (→ Rn. 797).[1463] Die Pflichten aus § 82 WpHG sind nur einschlägig bei der Erbringung einer in § 2 Abs. 8 S. 1 Nr. 1–3 WpHG genannten Wertpapierdienstleistung, namentlich dem **Finanzkommissionsgeschäft**, **Eigenhandel** und der **Abschlussvermittlung**. Führt ein WpDU im Rahmen einer **Finanzportfolioverwaltung** die Anlageentscheidung selbst aus, so gelten die Anforderungen des § 82 WpHG entsprechend.[1464]

Das WpDU trifft gem. § 82 Abs. 1 WpHG die Pflicht zur **Aufstellung** und praktischen **Umsetzung** von Grundsätzen für die Ausführung der Kundenaufträge, um das bestmögliche Ergebnis für seine Kunden zu erreichen. Die Norm verpflichtet nicht zur tatsächlichen Herbeiführung des bestmöglichen Ergebnisses, sondern lediglich zur Festlegung der hierfür erforderlichen Maßnahmen und ihrer Einhaltung bei Abwicklung der einzelnen Kundenaufträge, dh zur ordnungsgemäßen Vornahme der gebotenen Leistungshandlungen.[1465] § 82 Abs. 7 WpHG verpflichtet das WpDU auf Anfrage des Kunden zur Darlegung, ob und inwieweit die Ausführungsgrundsätze bei Ausführung des Auftrags beachtet wurden. Soweit sich das WpDU an ausdrückliche Kundenanweisungen hält, gelten die Ausführungsgrundsätze gem. § 82 Abs. 4 WpHG als eingehalten und die Pflicht zur Umsetzung gem. § 82 Abs. 1 Nr. 2 WpHG als erfüllt (s. ErwGr 102 DelVO (EU) 2017/565). 875

Die Ausführungsgrundsätze haben die in § 82 Abs. 5 S. 1 WpHG normierten Mindestangaben zu enthalten, gem. § 82 Abs. 5 S. 1 Nr. 2 WpHG insbesondere Angaben zu den Ausführungsplätzen, an denen das WpDU Aufträge zu den bestmöglichen Bedingungen platzieren kann. Die Anforderungen an die aufzustellenden Grundsätze unterscheiden sich für Aufträge von Privatkunden gem. § 67 Abs. 3 876

1462 *BaFin*, Rundschreiben 05/2018 (WA) – Mindestanforderungen an die Compliance-Funktion und weitere Verhaltens-, Organisations- und Transparenzpflichten – MaComp, 19.4.2018, zuletzt geändert am 29.4.2020 (abrufbar unter: https://www.bafin.de/SharedDocs/Veroeffentlichungen/DE/Rundschreiben/2018/rs_18_05_wa3_macomp.html).

1463 Staub/*Binder* Bd. 11/2 7. Teil Rn. 94.

1464 BT-Drs. 16/4028, 72; dazu Assmann/Schneider/Mülbert/*Koller* § 82 Rn. 4; Fuchs/*Zimmermann* WpHG § 33a Rn. 4.

1465 MüKoHGB/*Ekkenga* Effektengeschäft Rn. 444; Schwark/Zimmer/*v. Hein* § 82 WpHG Rn. 5; *Busch* Capital Market L.J. 12 (2017), 340, 371; Staub/*Binder* Bd. 11/2 7. Teil Rn. 94.

WpHG und professionellen Kunden gem. § 67 Abs. 2 WpHG. Die Grundsätze für die Ausführung von Aufträgen von **Privatkunden** müssen sich gem. § 82 Abs. 3 S. 1 WpHG am bestmöglichen Gesamtentgelt, also dem Ergebnis aus dem Preis für das Finanzinstrument und den Transaktionskosten (§ 82 Abs. 3 S. 2 WpHG), orientieren. Bei professionellen Kunden sind über den Preis der Finanzinstrumente und die Transaktionskosten hinaus gem. § 82 Abs. 2 WpHG auch die Geschwindigkeit und Wahrscheinlichkeit der Ausführung und Abwicklung des Auftrags sowie der Umfang und die Art des Geschäfts zu berücksichtigen und unter Berücksichtigung der Merkmale des Kunden, des Kundenauftrags, des Finanzinstrumentes und des Ausführungsplatzes in Abwägung zu bringen.

877 Das WpDU hat Kunden gem. § 82 Abs. 6 WpHG vor der erstmaligen Erbringung von Dienstleistungen über die Ausführungsgrundsätze zu informieren und ihre Zustimmung einzuholen sowie wesentliche Änderungen mitzuteilen. Außerdem sind die Grundsätze mindestens einmal jährlich zu überprüfen und ihre Wirksamkeit regelmäßig zu überwachen (Art. 65 Abs. 7, 66 Abs. 1 DelVO (EU) 2017/565). Die Ausführungsgrundsätze werden als AGB in Form der Sonderbedingungen für Wertpapiergeschäfte Bestandteil des Vertrags zwischen dem WpDU und dem Kunden.[1466]

878 Neu ist die in § 82 Abs. 9 nF enthaltene Pflicht, den Kunden einmal jährlich für jede Gattung von Finanzinstrumenten die wichtigsten fünf Handelsplätze zu nennen. Die aufgrund der erforderlichen Detailliertheit vermutlich sehr umfangreichen Informationen sollen der Öffentlichkeit auf der Webseite zum Download bereitgestellt werden. Hierfür bedürfen die WpDU der Daten der Ausführungsplätze, die diese nach § 82 Abs. 10 f. WpHG zu veröffentlichen haben.

IV. Aufzeichnungspflichten (§ 83 WpHG)

879 Damit die BaFin die Einhaltung der Verhaltenspflichten nach §§ 63 ff. WpHG besser überwachen kann, sind die WpDU zudem gem. § 83 Abs. 1 WpHG; § 9 WpDVerOV zur **Aufzeichnung** der erbrachten Wertpapier(neben-)dienstleistungen und der getätigten Geschäfte verpflichtet (siehe bereits § 34 Abs. 1 WpHG aF). Außerdem müssen WpDU nach § 83 Abs. 2 S. 2 WpHG nF. iVm Art. 58 DelVO

1466 Schwark/Zimmer/*v. Hein* § 82 WpHG Rn. 27.

(EU) 2017/565 (vgl. § 34 Abs. 2 WpHG aF)[1467] vor Erbringung einer Wertpapierdienstleistung eine schriftliche **Rahmenvereinbarung** mit ihren Kunden schließen, in der die wesentlichen Rechte und Pflichten des WpDU und des Kunden niedergelegt sind. Dies dient der Rechtssicherheit und soll den Kunden ein besseres Verständnis für die Art der erbrachten Dienstleistungen ermöglichen (ErwGr 90 DelVO (EU) 2017/565).[1468] Für die Anlageberatung (Art. 58 UAbs. 1 S. 2 DelVO (EU) 2017/565) ist eine Rahmenvereinbarung hingegen nur dann notwendig, wenn im Hinblick auf die empfohlenen Produkte oder Dienstleistungen „regelmäßige Eignungsbeurteilungen" (vgl. § 64 Abs. 1 S. 1 Nr. 3 WpHG) vorgenommen werden.

Darüber hinaus hat das WpDU seit Anfang 2018 beim Handel auf 880
eigene Rechnung und bei Dienstleistungen zur Annahme, Übermittlung und Ausführung von Kundenaufträgen auch **Telefongespräche** und **elektronische Mitteilungen** (E-Mails, SMS, Chats oder Messenger-Dienste), aufzuzeichnen und zu speichern (sog Taping). Dies soll der Beweissicherung dienen (§ 83 Abs. 3 S. 1 WpHG). Konkretisiert wird die Aufzeichnungspflicht in Art. 76 DelVO (EU) 2017/565. Zu berücksichtigen sind zudem die Q&A der ESMA.[1469] Aufzuzeichnen sind nach § 83 Abs. 3 S. 2 WpHG insbesondere die Erörterung von Risiken, Ertragschancen und die Ausgestaltung von Produkten und Dienstleistungen. Hier stellt sich in der Praxis die schwierige Frage, ab wann mit der Aufzeichnung zu beginnen ist, also ab wann sich ein Gespräch auf den Eigenhandel oder die Entgegennahme, Weiterleitung oder Ausführung von Kundenaufträgen bezieht.[1470] Die Aufzeichnungspflicht entfällt nicht dadurch, dass tatsächlich kein Geschäft zustande kommt (§ 83 Abs. 3 S. 4 WpHG; s. Art. 16 Abs. 7 UAbs. 1 DelVO (EU) 2017/565). Datenschutzrechtlichen Bedenken trägt § 83 Abs. 5 WpHG dadurch Rechnung, dass der Kunde über die Aufzeichnung und Speicherung vorab zu informieren ist (vgl. Art. 76 Abs. 8 DelVO (EU) 2017/565). Außerdem enthält § 83 Abs. 3 S. 3 WpHG eine ausdrückliche Erlaubnis zur Erhebung, Verarbeitung und Nutzung von personenbezogenen Daten. Wider-

1467 Für § 34 Abs. 2 WpHG aF war es noch streitig, ob es sich hierbei um eine Pflicht zum Vertragsschluss handelt oder lediglich um eine Dokumentationspflicht, siehe nur etwa Fuchs/*Fuchs* WpHG § 34 Rn 18; KölnKommWpHG/*Möllers* WpHG § 34 Rn 72.

1468 So ErwGr 90 DelVO (EU) 2017/565.

1469 ESMA, Questions and Answers on MiFID II and MiFIR investor protection and intermediaries topics, 10. Juli 2017, ESMA35–43–349, 31 ff.

1470 Hierzu *Roth/Blessing* CCZ 2017, 8, 10 ff.

spricht der Kunde, darf das WpDU keine telefonische oder mittels elektronischer Kommunikation veranlasste Wertpapierdienstleistung erbringen (§ 83 Abs. 5 S. 2 WpHG). Der Kunde kann verlangen, dass ihm die Aufzeichnung oder eine Kopie zur Verfügung gestellt werden (§ 83 Abs. 6 WpHG). Werden **persönliche Gespräche** geführt, sind diese zu dokumentieren (§ 83 Abs. 6 WpHG; Art. 76 Abs. 9 DelVO (EU) 2017/565).

881 Die Aufzeichnungen sind fünf Jahre aufzubewahren und dann zu löschen bzw. zu vernichten (§ 83 Abs. 8 WpHG). Der Anleger hat gem. § 83 Abs. 7 WpHG einen Anspruch auf Zugang zu den Aufzeichnungen. Wird die Aufzeichnungspflicht verletzt, folgen daraus aber keine Schadensersatzansprüche oder Beweiserleichterungen. Da die Aufzeichnungspflicht gem. § 83 Abs. 1 WpHG allein die Kontroll- und Aufsichtstätigkeit der BaFin erleichtern soll, wird sie von der überwiegenden Ansicht nicht als Schutzgesetz iSv **§ 823 Abs. 2 BGB** eingeordnet.[1471] Aus den gleichen Gründen führt ein Verstoß gegen § 83 WpHG nach überwiegender Auffassung auch nicht zu **Beweiserleichterungen** zugunsten des Kunden im Zivilprozess, etwa in Form einer Beweislastumkehr (siehe bereits → Rn. 840).[1472]

V. Schutz der Kundengelder (§ 84 WpHG; Art. 49, 63 DelVO (EU) 2017/565)

882 WpDU haben die Gelder von Kunden vor deren Verwendung für eigene Rechnung oder für Rechnung einer anderen Person ohne Zustimmung des Kunden zu schützen (§ 84 Abs. 1 WpHG) und getrennt zu verwahren, so dass für jeden Kunden ein eigenständiges Konto zu führen ist (§ 84 Abs. 2 WpHG). Zweck der Vorschrift (zuvor § 34a WpHG aF) ist die Sicherung der Kundengelder vor der In-

---

1471 Assmann/Schneider/Mülbert/*Koller* WpHG § 83 Rn. 1; Fuchs/*Fuchs* WpHG § 34 Rn. 2; Kölner Komm WpHG/*Möllers* § 34 Rn. 136 ff.; Schwark/Zimmer/*Fett* WpHG § 83 Rn. 4; *Balzer* ZBB 2007, 333 (345); *Lang* WM 2000, 450 (456); *Schäfer* WM 2007, 1872 (1879). AA Staub/*Grundmann* Bd. 11/2 8. Teil Rn. 275; *Roller* VuR 2007, 441 (444). Wohl ebenfalls für einen (jedenfalls auch) individualschützenden Charakter Staub/*Binder* Bd. 11/2 7. Teil Rn. 110.

1472 Schwark/Zimmer/*Fett* WpHG § 83 Rn. 5; *Balzer* ZBB 1997, 260 (268); *Buck-Heeb/Poelzig* BKR 2017, 485 (495); *Schäfer* WM 2007, 1872 (1879). AA Staub/*Grundmann* Bd. 11/2 8. Teil Rn. 275; *Einsele* JZ 2008, 477 (486); *Roller* VuR 2007, 441 (444). Differenzierend Kölner Komm WpHG/*Möllers* § 34 Rn 155 ff.

solvenz des Finanzinstituts[1473] und vor sonstigen zweckwidrigen Einwirkungen.[1474] Da WpDU mit Erlaubnis für das Einlagengeschäft gem. §§ 1 Abs. 1 S. 2 Nr. 1, 32 KWG bereits dem Bankenaufsichtsrecht unterliegen, sind sie ausdrücklich von der Vorschrift ausgenommen.[1475]

VI. Anforderungen an Mitarbeiter (§ 87 WpHG)

§ 87 WpHG (bis zum 2.1.2018 § 34d WpHG aF) sieht Qualitätsanforderungen für Mitarbeiter vor, die in der Anlageberatung, im Vertrieb oder als Compliance-Beauftragte tätig sind (§ 87 Abs. 1–5 WpHG). Zur Umsetzung der MiFID II wurde dies um entsprechende Anforderungen für Mitarbeiter in der Finanzportfolioverwaltung erweitert. § 87 WpHG wird konkretisiert durch die WpHG-Mitarbeiteranzeigeverordnung (WpHGMaAnzV; siehe § 87 Abs. 9 WpHG). Mitarbeiter dürfen mit den genannten Tätigkeiten nur dann betraut werden, wenn sie sachkundig sind und über die für die jeweilige Tätigkeit erforderliche Zuverlässigkeit verfügen. In der Anlageberatung kann die Sachkunde beispielsweise durch eine Berufsausbildung zum Bankkaufmann nachgewiesen werden (§ 4 S. 1 Nr. 2 d iVm § 1 WpHGMaAnzV). Darüber hinaus führt die BaFin über die Mitarbeiter ein zentrales **Register** (§ 87 Abs. 7 WpHG). WpDU müssen zu diesem Zweck die Namen der Mitarbeiter und eingehende Beschwerden über diese dorthin weiterleiten. Dies soll dazu dienen, die Zuverlässigkeit der Mitarbeiter besser kontrollieren zu können. Erfüllt ein Mitarbeiter die Sachkunde- und Zuverlässigkeitsvoraussetzungen nicht, drohen Verwarnungen und sogar Tätigkeitsverbote (§ 87 Abs. 6 WpHG). 883

VII. Rechtsfolgen von Verstößen

Ebenso wie bei den Verhaltenspflichten handelt es sich auch bei den Organisationspflichten um aufsichtsrechtliche Regelungen. Verstößt das WpDU gegen die Pflichten aus § 80ff. WpHG, drohen da- 884

1473 Assmann/Schneider/Mülbert/*Koller* WpHG § 84 Rn. 1; Schwark/Zimmer/*Fett* WpHG § 84 Rn. 2; Fuchs/*Fuchs* WpHG § 34a Rn. 1; Kölner Komm WpHG/*Möllers* § 34a Rn. 1.

1474 BVerwG ZIP 2002, 1569 (1573).

1475 Assmann/Schneider/Mülbert/*Koller* WpHG § 84 Rn. 3; Fuchs/*Fuchs* WpHG § 34a Rn. 4; Schwark/Zimmer/*Fett* WpHG § 84 Rn. 4.

her in erster Linie verwaltungsrechtliche Sanktionen, wie **Bußgelder** gem. § 120 Abs. 8 Nr. 97–136 iVm Abs. 20 WpHG (bis zu 5 Mio. EUR bzw. bei juristischen Personen und Personenvereinigungen bis zu zehn Prozent des Gesamtumsatzes bzw. bis zum Zweifachen des erzielten Vorteils) und die Bekanntmachung gem. § 126 WpHG. Ein Verstoß gegen die organisatorischen Pflichten im Hinblick auf persönliche Geschäfte relevanter Personen nach Art. 29 DelVO (EU) 2017/565 ist dagegen kein Bußgeldtatbestand. Gleiches gilt für die seit dem 3.1.2018 geltende Pflicht zur Einführung eines Produktfreigabeverfahrens gem. § 80 Abs. 9–13 WpHG. Hier kommen nur die allgemeinen Aufsichtsbefugnisse der BaFin nach §§ 6 ff. WpHG in Betracht (→ Rn. 922 ff.).

Es herrscht weitgehend Einigkeit darüber, dass die Organisationspflichten gem. §§ 80 ff. WpHG nicht zum Kreis der **Schutzgesetze iSv § 823 Abs. 2 BGB** zu zählen sind.[1476] Anders als die Verhaltensregeln dienen sie zwar auch dem Funktions- und Anlegerschutz, wirken sich aber nicht unmittelbar im Verhältnis von Bank und Kunde aus.[1477] Aus diesem Grund können die §§ 80, 81 WpHG auch nicht zur Begründung von Vertragspflichten herangezogen werden.[1478] Eine **vertragliche Haftung** des Unternehmens kommt nur in Betracht, wenn die Verletzung der Organisationspflicht mit einem Verstoß gegen Verhaltenspflichten gem. §§ 63 ff. WpHG einhergeht.[1479] Lässt sich so eine vertragliche Pflichtverletzung durch Verstoß gegen Verhaltensregeln begründen, kann ein gleichzeitiger Verstoß gegen die §§ 80, 81 WpHG, die die Einhaltung der Verhaltenspflichten absichern sollen, für ein Verschulden iSd § 280 Abs. 1 S. 2 BGB sprechen.[1480]

Zur vertiefenden Lektüre: *Buck-Heeb/Poelzig*, Die Verhaltenspflichten (§§ 63 ff. WpHG n. F.) nach dem 2. FiMaNoG – Inhalt und Durchsetzung, BKR 2017, 485; *Franck*, Unionsrechtliche Regulierung des Wertpapierhandels und mitgliedstaatliche Gestaltungsspielräume: Dokumentation der Anlageberatung als Paradigma, BKR 2012, 1; *Freitag*, Die Verteilung der Beweislast für Fehler in der Anlageberatung de lege lata und de lege ferenda – Gedanken zur privatrechtlichen Bedeutung von Beratungsprotokoll und Geeignetheits-

1476 Assmann/Schneider/Mülbert/*Koller* § 80 WpG Rn. 1; Staub/*Binder* Bd. 11/2 7. Teil Rn. 40; Schwark/Zimmer/*Fett* § 80 WpHG Rn. 19; *Buck-Heeb* KapMarktR Rn. 950; Fuchs/*Fuchs* WpHG § 33 Rn. 6; KölnKomm WpHG/*Meyer/Paetzel/Will* § 33 Rn. 276 *Schäfer* WM 2007, 1872 (1876).

1477 Staub/*Binder* Bd. 11/2 7. Teil Rn. 40. Zu § 33 aF Fuchs/*Fuchs* § 33 Rn. 186.

1478 Fuchs/*Fuchs* § 33 Rn. 188.

1479 Fuchs/*Fuchs* § 33 Rn. 188; vgl. *Schwennicke* WM 1998, 1101 (1102); ähnl. auch Staub/*Binder* Bd. 11/2 7. Teil Rn. 41.

1480 Staub/*Binder* Bd. 11/2 7. Teil Rn. 41.

erklärung, ZBB 2016, 1; *Lohmann/Gebauer*, Der Zielmarkt nach MiFID II: Wer muss Was für Wen?, BKR 2018, 244; *Schäfer*, Beschwerde, Beschwerdebearbeitung und Beschwerdeanzeigen – ein Beitrag zur Auslegung der §§ 33 Abs. 1 Satz 2 Nr. 3 und 34d Abs. 1 Satz 4 und Abs. 5 WpHG, WM 2012, 1157.

§ 27. Regulierung der kollektiven Vermögensverwaltung

Während die individuelle Vermögensverwaltung für einen Kunden 885
in § 2 Abs. 8 S. 1 Nr. 7 WpHG als Wertpapierdienstleistung definiert und daher durch die §§ 63 ff. WpHG geregelt wird (→ Rn. 785 ff.), werden Kapitalverwaltungsgesellschaften als Finanzintermediäre zur kollektiven Vermögensverwaltung für eine Vielzahl von Anlegern tätig (→ Rn. 127). §§ 26 ff. KAGB sehen daher parallel zu den §§ 63 ff. WpHG auch für Kapitalverwaltungsgesellschaften Verhaltens- und Organisationspflichten vor. Demnach haben KVG die **Verhaltenspflichten** gem. §§ 26 f. KAGB einzuhalten: Sie müssen ihrer Tätigkeit ehrlich, mit der gebotenen Sachkenntnis, Sorgfalt und Gewissenhaftigkeit und redlich nachgehen (§ 26 Abs. 2 Nr. 1 KAGB), im besten Interesse des verwalteten Investmentvermögens oder der Anleger und der Integrität des Marktes handeln (§ 26 Abs. 2 Nr. 2 KAGB) sowie Interessenkonflikte vermeiden bzw. Maßnahmen treffen, damit sich unvermeidliche Interessenkonflikte nicht nachteilig für die Anleger auswirken (§ 26 Abs. 2 Nr. 3, § 27 KAGB). KVG müssen außerdem unangemessene Kosten und Gebühren (§ 26 Abs. 5 KAGB), Beeinträchtigungen der Marktstabilität und Marktintegrität sowie kurzfristige systematische Spekulationen durch Ausnutzung von Kursdifferenzen (Arbitrage) vermeiden (§ 26 Abs. 6 KAGB).

Die **Organisationspflichten** sind in §§ 28 ff. KAGB geregelt: Die 886
KVG muss demnach über eine ordnungsgemäße **Geschäftsorganisation** verfügen, die die Einhaltung der von der KVG zu beachtenden gesetzlichen Bestimmungen gewährleistet, § 28 Abs. 1 KAGB. Dazu gehören vor allem ein angemessenes Risiko- (§ 29 KAGB) und Liquiditätsmanagementsystem (§ 30 KAGB). Es gelten darüber hinaus Regelungen für persönliche Geschäfte der Mitarbeiter. Die Geschäfte sind nach Gegenpartei, Art, Zeit und Ort zu dokumentieren und ein angemessenes Kontrollverfahren (interne Revision) ist vorzusehen. Gem. § 28 Abs. 1 S. 3 KAGB gelten die Organisationspflichten bei algorithmischem Handel gem. § 80 Abs. 2 und 3 WpHG entsprechend.

OGAW-KVG müssen zudem gem. § 28 Abs. 2 KAGB über geeignete Verfahren und Vorkehrungen zum angemessenen Umgang mit Anlegerbeschwerden und für die uneingeschränkte Wahrnehmung der Rechte durch Anleger und Aktionäre verfügen. **AIF-KVG** müssen ein Vergütungssystem festlegen, das den Anforderungen des § 37 KAGB sowie Anhang II der AIFM-RL entspricht. Dazu hat die ESMA Leitlinien veröffentlicht.[1481]

1481 ESMA Leitlinien für solide Vergütungspolitiken unter Berücksichtigung der AIFMD, ESMA/2016/579 DE; hierzu *Klebeck/Boxberger* BKR 2013, 441.

7. Teil: Informationsintermediäre

Der Gesetzgeber bekämpft die zwischen Anlegern und Emittenten bestehende und die Funktionsfähigkeit des Kapitalmarktes gefährdende Informationsasymmetrie, indem er vor allem den Emittenten Informationspflichten auferlegt. Das Kapitalmarktinformationsmodell stößt jedoch bei der Bekämpfung der Informationsasymmetrie an seine Grenzen: Einerseits besteht die Gefahr des *information overload*. Der Anleger ist uU mit der Flut an Informationen überfordert. Andererseits erscheint es zweifelhaft, ob die Informationen durch den Emittenten genügen. Daher gibt es Informationsintermediäre, wie Finanzanalysten, Ratingagenturen oder Datenbereitsstellungsdienste, die als Dritte die für eine fundierte Anlageentscheidung relevanten Informationen ermitteln, auswerten, aufbereiten und verbreiten. Sie nehmen als sog. *Gatekeeper* eine wichtige Funktion auf dem Weg zur Anlageentscheidung wahr. In der Vergangenheit haben sich hier Missstände gezeigt, etwa durch zu optimistische Ratings oder Finanzanalysen ohne ausreichende Informationsbasis und gravierende Interessenkonflikte bei der Erstellung von Ratings, Finanzanalysen oder der Datenbereitstellung. Daher gelten Vorschriften, die vor allem auf eine objektive und sachgemäße Erstellung der Informationen zielen. 887

§ 28. Anlageempfehlungen

Besondere Regeln gelten für Personen, die hauptberuflich bzw. gewerblich oder in sonstiger Weise Anlageempfehlungen oder andere Informationen, durch die eine Anlagestrategie empfohlen oder vorgeschlagen wird, erstellen oder verbreiten (Art. 20 Abs. 1 MAR; vgl. zuvor §§ 34b, 34c WpHG aF).[1482] Da diese Personen als Informationsintermediäre die Anlageentscheidung beeinflussen, statuiert Art. 20 Abs. 1 MAR Vorgaben zur Qualität und Transparenz der Anlage 888

1482 Allerdings ist dieser Begriff des Finanzanalysten nicht deckungsgleich mit dem vor Inkrafttreten der MAR verwendeten Begriff des Finanzanalysten nach §§ 34b, 34c WpHG aF, sondern geht über diesen hinaus, indem er insbesondere auch nichtprofessionelle Analysten erfasst.

(strategie)empfehlungen. Daneben sehen §§ 85f. WpHG Organisations- und Anzeigepflichten vor. Wertpapierfirmen müssen außerdem Art. 36f. DelVO (EU) 2017/565 beachten.

I. Anlageempfehlungen und Anlagestrategieempfehlungen

889 Der sachliche Anwendungsbereich des Art. 20 MAR erfasst Anlageempfehlungen und die Empfehlung oder den Vorschlag einer Anlagestrategie. **Anlagestrategieempfehlungen** sind gem. Art. 3 Abs. 1 Nr. 34 MAR Informationen, die direkt oder indirekt einen bestimmten Anlagevorschlag zu einem Finanzinstrument oder einem Emittenten darstellen. **Anlageempfehlungen** sind gem. Art. 3 Abs. 1 Nr. 35 MAR Informationen mit expliziten oder impliziten Empfehlungen oder Vorschlägen zu Anlagestrategien in Bezug auf ein oder mehrere Finanzinstrumente oder Emittenten, die für Verbreitungskanäle oder die Öffentlichkeit vorgesehen sind. Anlageempfehlungen müssen demnach – anders als Anlagestrategieempfehlungen – dringend für die Öffentlichkeit bestimmt sein.[1483] Da anders als zuvor nicht mehr von einer „Analyse“ die Rede ist, ist nicht zwingend erforderlich, dass der Eindruck vermittelt wird, dass eine inhaltliche Auseinandersetzung mit dem betreffenden Finanzinstrument oder dessen Emittenten stattgefunden hat.[1484]

Daher ist auch bereits die bloße Aussage „Wir empfehlen die XYZ-Aktie zum Kauf.“ eine Anlageempfehlung, auch wenn sie nicht den Eindruck vermittelt, dass eine inhaltliche Auseinandersetzung mit dem Finanzinstrument oder dessen Emittenten stattgefunden hat.

890 Der **persönliche Anwendungsbereich** ist in Art. 3 Abs. 1 Nr. 34 MAR definiert. Zu den Adressaten des Art. 20 Abs. 1 MAR gehören Personen iSd Art. 3 Abs. 1 Nr. 34 Ziff. i MAR, dh unabhängige Analysten, Wertpapierfirmen, Kreditinstitute oder sonstige Personen, deren Haupttätigkeit in der Erstellung von Anlage(strategie-)empfehlungen besteht, oder die bei den genannten Einrichtungen im Rahmen eines Arbeitsvertrags oder anderweitig tätig sind. Diese qualifizierten Personen müssen Art. 20 MAR beachten, wenn sie direkt

---

1483 Schwark/Zimmer/*Kumpan/Schmidt* Art. 20 MAR Rn. 53.

1484 *Rothenhöfer* in Meyer/Veil/Rönnau MarktmissbrauchsR-HdB, § 21 Rn. 29. AA Assmann/Schneider/Mülbert/*Koller* Art. 20 MAR Rn. 11. Siehe auch noch zu §§ 34b, 34c WpHG aF Fuchs/*Fuchs* WpHG § 34b Rn. 20ff.; JVRZ/*Bruchwitz* WpHG § 34b Rn. 22.

oder indirekt einen bestimmten Anlagevorschlag zu einem Finanzinstrument oder einem Emittenten erstellen. Andere Personen, die – wie insbesondere Sachverständige und Journalisten – nicht hauptsächlich mit der Erstellung von Anlageempfehlungen befasst sind – haben Art. 20 MAR nur dann zu beachten, wenn sie direkt eine bestimmte Anlageentscheidung zu einem Finanzinstrument iSv Art. 4 Abs. 1 Nr. 15 iVm Anhang I Abschnitt C MiFID II vorschlagen. Diese Differenzierung zwischen qualifizierten und nicht-qualifizierten Personen beruht auf der Annahme des europäischen Gesetzgebers, dass das Vertrauen der Anleger in Empfehlungen qualifizierter Personen wegen ihrer besonderen Sachkunde grundsätzlich größer und schutzwürdiger ist.[1485]

Eine **direkte Anlage(strategie-)empfehlung** liegt vor, wenn ein 891
konkretes Kursziel definiert oder ausdrücklich zum Kauf, Verkauf oder Halten eines Finanzinstruments geraten wird. Um eine **indirekte Anlage(strategie-)empfehlung**, die nur für die in Art. 3 Abs. 1 Nr. 34 Ziff. i MAR genannten qualifizierten Personen relevant ist, handelt es sich, wenn die Äußerung bei einer Gesamtbetrachtung aller Umstände hinreichend deutlich zum Ausdruck bringt, wie der aktuelle oder zukünftige Kurs bzw. der Wert eines Finanzinstruments beurteilt wird, ohne dass eine direkte Empfehlung ausgesprochen wird.[1486]

Indirekte Anlage(strategie-)empfehlungen sind beispielsweise: „Die Aktie ist überbewertet.“; „Underperformer“ oder „Bullische Aktien“. **Keine Anlage(strategie-)empfehlungen** sind: allgemeine Analysen zum volkswirtschaftlichen oder politischen Marktumfeld; Musterdepots ohne nähere Informationen zu den darin enthaltenen Finanzinstrumenten oder deren Emittenten, die Portfolioempfehlung, die sich auf Regionen oder Branchen bezieht und keine einzelnen Finanzinstrumente oder deren Emittenten anspricht; die bloße Beschreibung eines Anlageprodukts oder eines Unternehmens.[1487]

II. Verhaltenspflichten

Art. 20 Abs. 1 MAR formuliert besondere Verhaltenspflichten bei 892
der Erstellung und Verbreitung von Anlage(strategie-)empfehlungen. Demnach müssen die Informationen **objektiv** dargestellt und Interessen oder **Interessenkonflikte** in Bezug auf die vorgeschlagenen Fi-

1485 Schwark/Zimmer/*Kumpan/Schmidt* Art. 20 MAR Rn. 23.
1486 Schwark/Zimmer/*Kumpan/Schmidt* Art. 20 MAR Rn. 47.
1487 Assmann/Schneider/Mülbert/*Koller* Art. 20 MAR Rn. 12; Schwark/Zimmer/*Kumpan/Schmidt* Art. 20 MAR Rn. 37.

nanzinstrumente **offengelegt** werden. Diese allgemeinen Vorgaben werden durch die DelVO (EU) 2016/958[1488] konkretisiert. So müssen nach Art. 2 DelVO (EU) 2016/958 bestimmte Angaben zur Identität der für die Empfehlung verantwortlichen Person gemacht werden. Darüber hinaus legt Art. 3 DelVO (EU) 2016/958 Anforderungen für eine objektive Darstellung der Empfehlungen fest: Insbesondere müssen Tatsachen deutlich von Bewertungen und Schätzungen unterschieden und alle wesentlichen Informationsquellen angegeben werden. **Qualifizierte Personen** iSd Art. 3 Abs. 1 Nr. 34 Ziff. i MAR müssen zudem die zusätzlichen Vorgaben aus Art. 4 DelVO (EU) 2016/958 beachten. Diese zusätzlichen Anforderungen gelten auch für andere Personen, die durch ihr Verhalten den Eindruck erwecken, über Erfahrungen oder Sachkenntnis im Finanzbereich zu verfügen (sog **Sachverständige** iSv Art. 1 lit. a) DelVO (EU) 2016/958).

893 Art. 5 DelVO (EU) 2016/958 stellt Bedingungen für die **Offenlegung** von Interessen und **Interessenkonflikten** auf. So müssen insbesondere alle Beziehungen und Umstände offengelegt werden, die die Objektivität der Empfehlung beeinträchtigen können. Auch in Bezug auf die Offenlegung von Interessenkonflikten gibt es in Art. 6 DelVO (EU) 2016/958 weitergehende Angabepflichten für qualifizierte Personen iSd Art. 3 Abs. 1 Nr. 34 Ziff. i MAR und für Sachverständige. Art. 7–10 DelVO (EU) 2016/958 regeln schließlich die Weitergabe von Empfehlungen durch den Ersteller und durch Dritte.

894 Art. 20 Abs. 3 UAbs. 4 und 21 MAR sehen Ausnahmen für **Journalisten** vor. So ist die Rechtmäßigkeit der Weitergabe oder Verbreitung von Empfehlungen in den Medien für journalistische Zwecke oder andere Ausdrucksformen unter Berücksichtigung der Pressefreiheit, der Meinungsfreiheit und der journalistischen Berufs- und Standesregeln zu beurteilen (Art. 21 MAR).

895 § 85 Abs. 1 S. 1, 2 WpHG ergänzt die europarechtlichen Pflichten von Finanzanalysten um eine Organisationspflicht zur Vermeidung von Interessenkonflikten (so schon § 34b Abs. 1 WpHG aF). Außerdem verpflichtet § 86 WpHG beruflich oder gewerblich tätige Finanzanalysten, die nicht unter § 2 Abs. 10 WpHG oder das KAGB

1488 Delegierte Verordnung (EU) Nr. 2016/958 der Kommission v. 9.3.2016 zur Ergänzung der Verordnung (EU) Nr. 596/2014 des Europäischen Parlaments und des Rates im Hinblick auf die technischen Regulierungsstandards für die technischen Modalitäten für die objektive Darstellung von Anlageempfehlungen oder anderen Informationen mit Empfehlungen oder Vorschlägen zu Anlagestrategien sowie für die Offenlegung bestimmter Interessen oder Anzeichen für Interessenkonflikte, ABl. 2016 L 160, 15.

fallen, zur Anzeige ihrer Tätigkeit bei der BaFin. Bei den §§ 85f. WpHG handelt es sich jeweils um über die MAR hinausgehende Regelungen, die nicht notwendigerweise europarechtskonform auszulegen sind.

III. Sanktionen

Im WpHG sind ausschließlich **ordnungswidrigkeitenrechtliche Sanktionen** vorgesehen (§ 120 Abs. 2 Nr. 14, Abs. 15 Nr. 23 iVm Abs. 18, 24 WpHG). Wie für die §§ 63ff. WpHG stellt sich aber auch für die Pflichten von Finanzanalysten die Frage, ob und inwieweit eine Pflichtverletzung **zivilrechtliche Rechtsfolgen** nach sich zieht. Zwischen dem Anleger und der Person, die die Anlage(strategie-)empfehlung erstellt oder verbreitet, wird idR keine (vor-)vertragliche Beziehung bestehen, so dass (vor-)vertragliche Ansprüche gem. § 280 Abs. 1 BGB wegen Verletzung der in Art. 20 MAR vorgesehenen Pflichten typischerweise ausscheiden. 896

Deliktsrechtlich stellt sich die Frage nach der **Schutzgesetzeigenschaft** (823 Abs. 2 BGB) von Art. 20 Abs. 1 MAR. Die **hM** zu § 34b WpHG aF lehnte den Schutzgesetzcharakter ab,[1489] da die Finanzanalyse „entpersonalisiert, standardisiert und ausschließlich objektbezogen ist“ und daher den Anlegern als Publikum, nicht hingegen dem einzelnen Anleger zu dienen bestimmt war.[1490] Ob und inwieweit die Schutzgesetzeigenschaft unter Berücksichtigung der ausdrücklichen Nennung des Anlegerschutzes als eigenständiges Regelungsziel der MAR (→ Rn. 481) zu bejahen ist, ist nach wie vor umstritten.[1491] Theoretisch sind auch Schadensersatzansprüche aus § 826 BGB denkbar. 897

1489 Assmann/Schneider/*Koller* WpHG 6. Aufl. 2012, § 34b Rn. 186; Fuchs/*Fuchs* WpHG § 34b Rn. 3; Schwark/Zimmer/*Fett* WpHG, 4. Aufl. 2010, § 34b Rn. 49. AA *Spindler* NZG 2004, 1138 (1147).

1490 Assmann/Schneider/*Koller*, WpHG, 6. Aufl. 2012, § 34b Rn. 103; KölnKomm WpHG/*Möllers* § 34b Rn 284; Fuchs/*Fuchs* WpHG § 34b Rn. 3f.; *Seibt* ZGR 2006, 501 (529).

1491 Gegen die Anwendung von § 823 Abs. 2 BGB *Rothenhöfer* in Meyer/Veil/Rönnau MarktmissbrauchsR-HdB, § 21 Rn. 3.

§ 29. Ratingagenturen

898 Ratingagenturen gleichen Informationsasymmetrien zwischen Emittenten und Anlegern dadurch aus,[1492] dass sie die Bonität von Unternehmen und Staaten bewerten und Anlegern so die Einschätzung des Risikos einer Kapitalanlage erleichtern und ihnen eine fundierte Anlageentscheidung ermöglichen.[1493] Insbesondere institutionelle Anleger sind zudem bei ihren Investitionsentscheidungen häufig an Mindestratings gebunden.[1494] Die Ratingbranche wird von einem Oligopol aus drei weltweit tätigen Ratingagenturen (S&P, Moody's und Fitch) beherrscht. Fehlerhafte Ratings wegen falscher Annahmen, mangelnder Durchdringung kompliziert strukturierter Finanzinstrumente oder auch Interessenkonflikten werden nicht zuletzt auch für die Finanzmarktkrise mitverantwortlich gemacht. Daher wurde die **Ratingverordnung** erlassen, die im Dezember 2009 in Kraft getreten ist. Die Ratingverordnung verfolgt drei grundlegende Ziele: Die Vermeidung von Interessenkonflikten sowie die Verbesserung der Ratingtransparenz und der Ratingqualität (ErwGr 1, 10, 75 Ratingverordnung). Maßgeblich geändert wurde die Ratingverordnung durch die VO (EU) Nr. 462/2013.[1495]

I. Rating und Ratingagenturen

899 Ratingagenturen sind gem. Art. 3 Abs. 1 lit. b) Ratingverordnung Rechtspersönlichkeiten, deren Tätigkeit die gewerbsmäßige Abgabe von Ratings umfasst. Ein Rating ist gem. Art. 3 Abs. 1 lit. b) Ratingverordnung ein **Bonitätsurteil** in Bezug auf Unternehmen, Staaten und Finanzinstrumente, das anhand eines festgelegten Einstufungsverfahrens für Ratingkategorien abgegeben wird. Der Anwendungsbereich der Ratingverordnung erstreckt sich auf öffentlich abgege-

---

1492 Vgl. *Möllers* JZ 2009, 861.

1493 Arbeitsdokument der Kommissionsdienststellen zum Vorschlag für eine Verordnung des Europäischen Parlaments und des Rates über Ratingagenturen, KOM(2008)704 endg., 2.

1494 Vgl. *v. Schweinitz* WM 2008, 953.

1495 VO (EU) Nr. 462/2013 des Europäischen Parlaments und des Rates v. 21.5.2013 zur Änderung der Verordnung (EG) Nr. 1060/2009 über Ratingagenturen, ABl. 2013 L 146, 1.

bene Ratings und Rating-Outlooks[1496], die von Ratingagenturen mit Sitz in der EU abgegeben werden (Art. 2 Abs. 1 Ratingverordnung). Private Ratings fallen nicht in den Anwendungsbereich (Art. 2 Abs. 2 lit. a) Ratingverordnung).

Ratings werden je nach Ratingobjekt in Emissions- und Emitten- 900
tenratings unterteilt. Bei **Emissionsratings** wird die relative Wahrscheinlichkeit beurteilt, dass Zahlungsverpflichtungen aus handelbaren Schuldverschreibungen erfüllt werden.[1497] **Emittentenratings** ermitteln insbesondere die Wahrscheinlichkeit einer Insolvenz des Emittenten. Weiter ist zu differenzieren zwischen beauftragten und unbeauftragten Ratings: Ratingagenturen werden gewöhnlich von dem Emittenten beauftragt, der sich gegen Bezahlung bewerten lässt (beauftragtes Rating bzw. **„issuer-payment-system“**), um seine Bonität gegenüber Investoren und Anlegern unter Beweis zu stellen. Emittent und Ratingagentur schließen hierzu regelmäßig einen Ratingvertrag ab, der als Werkvertrag (§§ 631 ff. BGB) zu qualifizieren ist.[1498] Interessenkonflikte sind nach dem „issuer-payment-system“ unvermeidbar, wenn der zu bewertende Emittent zahlender Kunde ist, ein möglichst gutes Ergebnis erzielen und seine gute Bewertung auf Dauer erhalten will.[1499] Länderratings erfolgen demgegenüber **ohne Auftrag** und unregelmäßig.

Die **Ratingtätigkeit** besteht in der Analyse von Daten und Infor- 901
mationen sowie der Bewertung, Genehmigung, Abgabe und Überprüfung von Ratings (Art. 3 Abs. 2 lit. o) Ratingverordnung). Bei der Bonitätsbewertung berücksichtigen Ratingagenturen wirtschaftliche sowie finanz- und unternehmensspezifische Faktoren. Dazu zählen neben Länder- und Branchenrisiken auch Absatzmarkt, Management, Wettbewerbsposition sowie finanzielle Stabilität und zukünftige Marktprognosen. Die daraus resultierenden Ergebnisse werden in **Ratingkategorien** für jeden Anleger unabhängig von seiner Sachkenntnis verständlich durch Ratingsymbole dargestellt. Diese reichen von „AAA“ (höchste Bonitätsnote) bis hin zu „D“ (Zahlungsausfall) und beschreiben das relative Ausfallrisiko. Erfolgt eine Aufwertung des Ratings, spricht man von einem „Upgrade“. Erfolgt eine Herabstufung der Bonität, wird von einem „Downgrade“ gesprochen.

1496 Rating-Outlooks sind Stellungnahmen bezogen auf die Richtung, in die sich ein Rating kurz- oder mittelfristig wahrscheinlich bewegt (vgl. *Bauer* BB 2013, 363).
1497 *Kumpan* FS Hopt, 2010, 2157 (2159).
1498 *Lenenbach* KapMarktR Rn. 13.596; *v. Schweinitz* WM 2008, 953.
1499 *Bauer* Regulierung der Rating-Agenturen, 27.

II. Pflichten nach der Ratingverordnung

902 Die Ratingverordnung formuliert in Art. 6ff. Bedingungen für die Abgabe von Ratings und legt Verhaltens- und Organisationsregeln für Ratingagenturen fest. Ein Rating gilt gem. Art. 4 Abs. 2 Ratingverordnung als abgegeben, wenn es auf der Website der Ratingagentur oder auf anderem Wege veröffentlicht wird.

1. Vermeidung von Interessenkonflikten

903 Gem. Art. 6 Abs. 1 Ratingverordnung sollen Ratingagenturen alle erforderlichen Schritte unternehmen, um bestehende oder potentielle **Interessenkonflikte** zu vermeiden. Eine Auflistung detaillierter organisatorischer, operationeller und mitarbeiterbezogener Vorschriften findet sich in **Anhang I** der Ratingverordnung. So muss gem. **Abschnitt A** (organisatorische Anforderungen) die Risikobewertung von Produkten und Emittenten durch solide interne Verwaltungs- und Kontrollmechanismen garantiert sein.

904 **Abschnitt B** (operationelle Anforderungen) ergänzt die organisatorischen Anforderungen durch die Pflicht zur Aufklärung, Verhinderung und Beseitigung von Interessenkonflikten, Veröffentlichungspflichten, bestimmte Ratingverbote sowie Dokumentations- und Aufbewahrungspflichten. Außerdem ist die Abgabe von Ratings untersagt, soweit die Ratingagentur oder ihre Mitarbeiter direkt oder indirekt einen Bezug zu Finanzinstrumenten des zu bewertenden Emittenten haben. Auch muss nachvollziehbar sein, von welchem Ratinganalysten die Bonitätsbewertungen stammen, um mögliche Interessenkonflikte besser verfolgen zu können.

905 Die mitarbeiterbezogenen Vorschriften in **Abschnitt C** sehen ua vor, dass neben einem internen Vergütungssystem ein mandantenbezogenes Rotationssystem für die Betreuung bestehen muss, um die Abhängigkeit von Einkünften durch Emittenten zu mindern.

2. Qualitätsanforderungen

906 Art. 7f. Ratingverordnung sollen sicherstellen, dass die Ratingqualität in methodischer und personeller Hinsicht ausreichend hohe Standards erfüllt.[1500] Ratinganalysten sowie die am Rating beteiligten

---

1500 *Deipenbrock* WM 2009, 1165 (1171).

Personen müssen daher über angemessene Fachkenntnisse in den ihnen zugewiesenen Aufgabenbereichen verfügen. Nach Art. 8 Abs. 3 Ratingverordnung müssen die Ratingmethoden auf Erfahrungswerten basieren und streng, beständig sowie systematisch erstellt werden. Gem. Art. 8 Abs. 2 Ratingverordnung müssen alle verwendeten Informationen in das Ratingergebnis einfließen, einer gründlichen Analyse unterzogen werden, von hoher Qualität sein und nach Art. 8 Abs. 5 Ratingverordnung einer laufenden Überprüfung (mindestens einmal jährlich) unterzogen werden. Außerdem müssen Ratingagenturen ihre **Methoden** und Modelle zur Ermittlung der Bonitätsbewertungen sowie Änderungen **offenlegen**. Besonderheiten gelten gem. Art. 8a Ratingverordnung für **Länderratings**, dh für Ratings, bei denen ein Staat, eine regionale bzw. lokale Gebietskörperschaft eines Staates oder von diesen emittierte Finanzinstrumente bewertet werden (Art. 3 Abs. 1 lit. v) Ratingverordnung). In Art. 10 Ratingverordnung ist die **Bekanntgabe** und **Präsentation** von Ratings geregelt.

III. Rechtsfolgen von Verstößen

1. Beaufsichtigung der Ratingtätigkeit durch ESMA

Dass die Anforderungen der Ratingverordnung durch die Ratingagenturen eingehalten werden, wird unmittelbar von der **ESMA** beaufsichtigt (siehe unten → Rn. 914ff.). Damit ist die Ratingverordnung eine der wenigen kapitalmarktrechtlichen Vorschriften, die unmittelbar von der ESMA durchgesetzt werden.[1501] Will eine Ratingagentur in der EU tätig werden, muss sie sich daher zunächst bei der ESMA registrieren lassen. Mit der **Registrierung** sind die in der Ratingverordnung genannten Voraussetzungen zu erfüllen. Gem. Art. 21 Abs. 5 und 6 Ratingverordnung legt die ESMA jährlich Berichte über Aufsichtsmaßnahmen, verhängte Sanktionen und die Anwendung der Ratingverordnung vor. Einfluss auf Ratingergebnisse 907

1501 Die zuständigen nationalen Aufsichtsbehörden gem. Art. 22 Ratingverordnung überwachen allerdings insbesondere die rechtmäßige Verwendung der Ratings gem. Art. 4 Ratingverordnung durch beaufsichtige Institutionen und Emittenten (siehe Art. 25a Ratingverordnung). Nach § 17 Abs. 1 WpHG ist die zuständige nationale Behörde der Bundesrepublik die BaFin. Ihr sind nach § 17 Abs. 2 WpHG die in der Verordnung genannten, durch die ESMA übertragenen Befugnisse erteilt, vgl. Art. 1 Ausführungsgesetz zur Verordnung (EG) Nr. 1060/2009 des Europäischen Parlaments und des Rates vom 16.9.2009 über Ratingagenturen (Ausführungsgesetz zur EU-Ratingverordnung) v. 14.6.2010, BGBl. 2010 I 786.

und Methoden darf sie nicht nehmen (vgl. Art. 23 Ratingverordnung). Mit der zweiten Änderungsverordnung wurde der „Europäische Rating Index" (EURIX) eingeführt, worin die der ESMA von den Agenturen zu übermittelnden Ratingergebnisse veröffentlicht werden (Art. 11a Ratingverordnung).

908 Die **Ermittlungs- und Aufsichtsbefugnisse** der ESMA sind in Art. 22aff. Ratingverordnung geregelt. Bei Verstößen kann die ESMA die Agentur auffordern, das rechtswidrige Verhalten zu unterlassen (Art. 24 Abs. 1 lit. d) Ratingverordnung). Darüber hinaus kann das Fehlverhalten öffentlich bekannt gemacht werden (Art. 24 Abs. 1 lit. e) Ratingverordnung) Auch der Widerruf der Registrierung (Art. 20 iVm Art. 24 Abs. 1 lit. a) Ratingverordnung) oder eine vorübergehende Aussetzung der Ratingtätigkeit sind bei Fehlverhalten möglich (Art. 24 Abs. 1 lit. b) Ratingverordnung).

909 Die aufsichtsrechtlichen **Sanktionen** sind in Art. 36ff. Ratingverordnung geregelt. Gem. Art. 36 Ratingverordnung müssen Verstöße bei der Abgabe von Ratings mit wirksamen, verhältnismäßigen und abschreckenden Sanktionen geahndet werden. In Betracht kommen Geldbußen (Art. 36a Ratingverordnung) und Zwangsgelder (Art. 36b Ratingverordnung). Anhang III legt bei fahrlässigen oder vorsätzlichen Verstößen im Zusammenhang mit Interessenkonflikten, organisatorischen und operationellen Anforderungen sowie Aufsichtsmaßnahmen und Offenlegungspflichten konkrete **Bußgelder** fest. Vorsatz liegt vor, wenn die ESMA objektive Anhaltspunkte dafür findet, dass die Agentur oder ihre Geschäftsleitung absichtlich einen Verstoß begangen hat (Art. 36a Abs. 1 Ratingverordnung). **Zwangsgelder** können zur Beendigung von Verstößen oder zur Durchsetzung von Ermittlungsbefugnissen gem. Art. 36b Ratingverordnung verhängt werden. Dem **EuGH** steht die Befugnis zur uneingeschränkten Nachprüfung aller Sanktionen zu. Diese können durch gerichtliche Entscheidung aufgehoben, herabgesetzt oder auch erhöht werden (Art. 36e Ratingverordnung).

2. Zivilrechtliche Sanktionen

910 Nach Art 35a Abs. 1 Ratingverordnung haftet eine Ratingagentur zudem für vorsätzliche oder grob fahrlässige Verstöße gegen bestimmte Regelungen der Verordnung. Art. 35a Abs. 5a Ratingverordnung verweist jedoch für die Auslegung bestimmter Termini auf die nationalen Rechtsordnungen. Art. 35a Ratingverordnung führt somit

lediglich die Haftung als solche ein, ohne die Haftungsvoraussetzungen umfassend zu harmonisieren.

Zur vertiefenden Lektüre: *Ackermann/Jäckle*, Ratingverfahren aus Emittentensicht, BB 2006, 878; *Bauer*, Strengere Anforderungen für Ratingagenturen nach der neuen ÄnderungsVO, BB 2013, 363; *Berger/Stemper*, Haftung von Ratingagenturen gegenüber Anlegern, WM 2010, 2289; *Deipenbrock*, Die notwendige Schärfung des Profils – das reformierte europäische Regulierungs- und Aufsichtsregime für Ratingagenturen, WM 2011, 1829; *Heuser*, Die zivilrechtliche Haftung von Ratingagenturen nach Art. 35a Rating-VO (EU) Nr. 462/2013, 2019; *Leyens*, Informationsintermediäre des Kapitalmarkts, 2017; *Möllers/Wecker*, Regulierung von Ratingagenturen in der Europäischen Union, ZRP 2012, 106; *Schroeter*, Ratings – Bonitätsbeurteilungen durch Dritte im System des Finanzmarkt-, Gesellschafts- und Vertragsrechts, 2014; *ders.*, Die regulatorische Verwendung von Ratings an deutschen Börsensegmenten für „Mittelstandsanleihen“: Bestandsaufnahme und Bewertung, ZIP 2016, 703; *Seibold*, Die Haftung von Ratingagenturen nach deutschem, französischem, englischem und europäischem Recht, 2016; *Vetter*, Rechtsprobleme des externen Ratings, WM 2004, 1701; *Zeitler*, Vergessene Ursachen der Banken- und Finanzkrise, WM 2012, 673.

§ 30. Datenbereitstellungsdienste (§§ 58 ff. WpHG)

Seit dem 3.1.2018 werden in §§ 58 ff. WpHG die sog Datenbereitstellungsdienste iSd § 2 Abs. 40 WpHG (→ Rn. 24) geregelt. Datenbereitstellungsdienste sind gem. § 2 Abs. 40 WpHG[1502] genehmigte Veröffentlichungssysteme (Approved Publication Arrangement – APA; § 2 Abs. 37 WpHG), Bereitsteller konsolidierter Datenticker (Consolidated Tape Provider – CTP; § 2 Abs. 38 WpHG) und genehmigte Meldemechanismen (Approved Reporting Mechanism – ARM; § 2 Abs. 39). Die §§ 58 ff. WpHG werden durch die DelVO 2017/571 ergänzt, die die technischen Regulierungs- und Durchführungsstandards der ESMA (RTS 13) aufnimmt (§§ 58 Abs. 7, 59 Abs. 6, 60 Abs. 6 WpHG).[1503] Da auch Datenbereitstellungsdienste Informationen für den Kapitalmarkt aufbereiten und veröffentlichen, haben sie besondere Organisationspflichten einzuhalten, um die Richtigkeit 911

1502 Vgl. Art. 1 Abs. 1 MiFID II.
1503 Delegierte Verordnung (EU) 2017/571 der Kommission vom 2.6.2016 zur Ergänzung der Richtlinie 2014/65/EU des Europäischen Parlaments und des Rates durch technische Regulierungsstandards für die Zulassung, die organisatorischen Anforderungen und die Veröffentlichung von Geschäften für Datenbereitstellungsdienste.

der Informationen zu gewährleisten. So finden sich in den §§ 58 ff. WpHG Vorgaben zu Art, Inhalt und Geschwindigkeit der Information (§§ 58 Abs. 1; 59 Abs. 1; 60 Abs. 1 WpHG). APA und CTP sind zur Verbreitung der Information in einer Weise verpflichtet, die einen raschen diskriminierungsfreien Zugang sicherstellt (§ 58 Abs. 2; 59 Abs. 2 WpHG). Alle Datenbereitstellungsdienste haben außerdem dafür zu sorgen, dass Interessenkonflikte vermieden (§§ 58 Abs. 3; 59 Abs. 3; 60 Abs. 2 WpHG) und Mechanismen zur sicheren Informationsübermittlung eingerichtet werden (§§ 58 Abs. 4; 59 Abs. 4; 60 Abs. 3 WpHG). APA und ARM müssen schließlich Vorkehrungen treffen, um die Informationen auf Vollständigkeit überprüfen und Lücken sowie offensichtliche Fehler erkennen und korrigieren zu können.

8. Teil: Durchsetzung des Kapitalmarktrechts

§ 31. Kapitalmarktaufsichtsrechtliche Durchsetzung

Damit die kapitalmarktrechtlichen Regeln nicht zum „zahnlosen Papiertiger" werden, bedarf es wirkungsmächtiger Aufsichtsbehörden, die die Einhaltung der Normen überwachen und durchsetzen.[1504] Dies ist eine der zentralen Lehren aus der Finanzmarktkrise 2008, die zu zahlreichen Neuregelungen geführt hat. 912

I. Aufbau der Kapitalmarktaufsicht

Die Spitze der „Aufsichtspyramide" bildet seit dem 1.1.2011 die **Europäische Kapitalmarktaufsichtsbehörde** (European Securities and Markets Authority, **ESMA**), die Bestandteil des Europäischen Systems der Finanzaufsicht (European System of Financial Supervision, ESFS) ist. Sie ist allerdings im Wesentlichen auf eine **„Aufsicht über die Aufsicht"** durch die nationalen Behörden beschränkt. Letztere übernehmen grundsätzlich – mit wenigen Ausnahmen – die unmittelbare Rechtsdurchsetzung gegenüber den Marktteilnehmern.[1505] So überwacht die **Bundesanstalt für Finanzdienstleistungsaufsicht (BaFin)** die Einhaltung der kapitalmarktrechtlichen Normen, insbesondere der MAR und des WpHG, in Deutschland. Die Einhaltung der börsenrechtlichen Vorschriften wird hingegen durch die zuständigen obersten Landesbehörden überwacht (§ 3 Abs. 1 BörsG – Börsenaufsichtsbehörde). Für den Handel an der Frankfurter Wertpapierbörse ist zum Beispiel das Hessische Wirtschaftsministerium zuständig. 913

Für Wertpapierfirmen gelten zudem besondere Anforderungen hinsichtlich Kapitalausstattung und Liquidität. Ab Mitte 2021 werden als systemrelevant eingestufte Wertpapierfirmen gemäß VO (EU) 2019/2033 (Investment Firm Regulation) und RL (EU) 2019/2034 (Investment Firm Directive) der einheitlichen europäischen

---

1504 *Lenenbach* KapMarktR Rn. 15.1.
1505 *Walla* BKR 2012, 265 (267).

Bankenaufsicht durch die Europäische Zentralbank im Rahmen des einheitlichen Aufsichtsmechanismus unterworfen.

1. Europäische Wertpapier- und Marktaufsichtsbehörde (ESMA)

914 **a) Organisation der ESMA.** Bis zum 1.1.2011 gab es auf europäischer Ebene keine eigenen Strukturen zur Überwachung des Kapitalmarktes. Mit dem Committee of European Securities Regulators (CESR) bestand zwar ein institutionalisiertes Gremium zur Zusammenarbeit der nationalen Finanzmarktaufsichtsbehörden. Entscheidungen, die getroffen wurden, waren aber unverbindlich.[1506] Die Finanzmarktkrise, die die Notwendigkeit effektiver supranationaler Koordination offenbarte, führte schließlich zur Bildung eines Europäischen Systems der Finanzaufsicht (ESFS), worin die ESMA eingebettet ist.[1507] Das ESFS besteht nach Art. 2 Abs. 2 ESMA-VO aus den nationalen Finanzaufsichtsbehörden sowie dem Europäischen Ausschuss für Systemrisiken (ESRB); den drei europäischen Finanzaufsichtsbehörden, also der Bankenaufsichtsbehörde (EBA), der Versicherungsaufsichtsbehörde (EIOPA) und der Wertpapier- und Marktaufsichtsbehörde (ESMA); sowie dem Gemeinsamen Ausschuss der Europäischen Finanzaufsichtsbehörden. Unter den drei europäischen Finanzaufsichtsbehörden ist die ESMA für den Kapitalmarkt zuständig. Sie hat ihren Sitz in Paris. Die ESMA ist eine EU-Einrichtung mit eigener Rechtspersönlichkeit (Art. 5 ESMA-VO). Sie ist gegenüber den EU-Institutionen und den Mitgliedstaaten weisungsunabhängig (Art. 1 Abs. 5 UAbs. 4 ESMA-VO). Oberstes Entscheidungsgremium ist der **Rat der Aufseher (Board of Supervisors)**, dem die Leiter der mitgliedstaatlichen Aufsichtsbehörden angehören (Art. 43 ESMA-VO). Die laufenden Geschäfte führt der **Verwaltungsrat** (Art. 45 ESMA-VO), der sich aus den Mitgliedern des Rats der Aufseher, dem Vorsitzenden und dem Exekutivdirektor der ESMA sowie einem Vertreter der EU zusammensetzt. Die Sitzungen des Rats der Aufseher und des Verwaltungsrats leitet jeweils der Vorsitzende der ESMA (Art. 48 ESMA-VO). Die Behördenleitung obliegt ihrem **Exekutivdirektor** (Art. 51 ESMA-VO).

915 **b) Aufgaben und Befugnisse der ESMA.** Die ESMA soll die **Stabilität und Funktionsfähigkeit des Finanzsystems** sicherstellen

1506 *Baur/Boegl* BKR 2011, 177.
1507 *Baur/Boegl* BKR 2011, 177.

(Art. 1 Abs. 5 ESMA-VO). Ihre Aufgabe besteht darin, gemeinsame Regulierungs- und Aufsichtsstandards zu entwickeln, so dass sich eine gemeinsame europäische Aufsichtskultur entwickeln und „Aufsichtsarbitrage" verhindert werden kann (Art. 8 Abs. 1 lit. a), b) ESMA-VO). Daneben soll ua auch der Anlegerschutz verbessert werden (Art. 8 Abs. 1 lit. h) ESMA-VO).

Zur Erfüllung ihrer Aufgaben erlässt die ESMA insbesondere **technische Regulierungs- und Durchführungsstandards** auf der 916 zweiten Stufe des Lamfalussy-Verfahrens (Art. 10 und 15 ESMA-VO). Diese müssen von der Kommission gebilligt und mittels Verordnung oder Beschluss anerkannt werden (→ Rn. 45). Die ESMA erstellt außerdem **Leitlinien** und Empfehlungen für die Marktteilnehmer sowie die zuständigen nationalen Behörden (Art. 16 ESMA-VO). Leitlinien und Empfehlungen entfalten zwar keine rechtliche, aber eine faktische Bindungswirkung (sog *soft law*).[1508] Die nationalen Behörden haben unter Angabe von Gründen gegenüber der ESMA anzuzeigen, wenn sie von den Leitlinien oder Empfehlungen abweichen (Art. 16 Abs. 3 UAbs. 2 ESMA-VO). Die ESMA ist außerdem befugt, die Verletzung und Nichtanwendung von Unionsrecht von Amts wegen zu untersuchen (Art. 17 ESMA-VO).

Unmittelbare **Aufsichts- und Eingriffsbefugnisse** gegenüber den 917 Marktteilnehmern stehen der ESMA nur ausnahmsweise zu: So ist sie für die Registrierung und Überwachung der Ratingagenturen zuständig (→ Rn. 907).[1509] Außerdem sieht die Leerverkaufsverordnung unmittelbare Eingriffsbefugnisse der ESMA in Ausnahmefällen vor (Art. 28 Leerverkaufs-VO, → Rn. 485 ff.). Weiterhin kann die ESMA unter bestimmten Voraussetzungen die Vermarktung und den Vertrieb bestimmter Finanzinstrumente und Wertpapierdienstleistungen (Art. 40 MiFIR) bzw. Finanztätigkeiten verbieten oder beschränken (vgl. Art. 9 Abs. 5 ESMA-VO). Gegen Beschlüsse der ESMA sind die Beschwerde nach Art. 60 ESMA-VO sowie die Klage vor dem EuGH nach Art. 61 EMSA-VO statthafte Rechtsbehelfe.

1508 In der ESMA-VO heißt es dazu, die Behörden und Marktteilnehmer sollten „alle erforderlichen Anstrengungen [unternehmen], um diesen Leitlinien und Empfehlungen nachzukommen" (Art. 16 Abs. 3 UAbs. 1 ESMA-VO); näher zur Rechtsnatur und möglichen Auswirkungen *Walla* BKR 2012, 265 (267).

1509 Art. 21 Verordnung (EU) Nr. 513/2011 des Europäischen Parlaments und des Rates v. 11.5.2011 zur Änderung der Verordnung (EG) Nr. 1060/2009 über Ratingagenturen, ABl. 2011 L 145, 30.

2. Bundesanstalt für Finanzdienstleistungsaufsicht (BaFin)

918 **a) Organisation der BaFin.** Anders als die europäischen Aufsichtsbehörden ist die BaFin seit dem 1.5.2002 als „Allfinanzaufsicht" gleichzeitig für die Aufsicht über Banken, Versicherungen und den Kapitalmarkt zuständig (§§ 1 Abs. 1 S. 1, 4 Abs. 1 S. 1 FinDAG). Zuvor waren diese Aufgaben auf unterschiedliche Behörden verteilt, namentlich das Bundesaufsichtsamt für das Kreditwesen (BAKred), das Bundesaufsichtsamt für den Wertpapierhandel (BaWe) und das Bundesaufsichtsamt für das Versicherungswesen (BAV). Mit der Einführung der Allfinanzaufsicht reagierte der Gesetzgeber auf die zunehmende Verschmelzung der Märkte für Versicherungen, Banken und andere Finanzdienstleister zu einem integrierten Finanzmarkt, um so die größtmögliche Effizienz der Aufsicht und die Stabilität des Finanzmarkts zu sichern.[1510] Die BaFin ist eine bundesunmittelbare Anstalt des öffentlichen Rechts iSv Art. 87 Abs. 3 S. 1 GG (vgl. § 1 Abs. 1 FinDAG). Während sich ihr Hauptsitz in Bonn befindet, wird die Aufsicht über den Kapitalmarkt von Frankfurt a.M. aus durchgeführt.

919 **b) Aufgaben der BaFin.** Nach § 4 Abs. 1 FinDAG nimmt die BaFin die ihr in den kapitalmarktrechtlichen Vorschriften übertragenen Aufgaben wahr: Dazu gehört insbesondere die Zuständigkeit nach § 6 WpHG: Demnach übt die BaFin die Aufsicht über die Einhaltung der Vorschriften des **WpHG** aus (§ 6 Abs. 1 S. 1 WpHG), insbesondere zur Beteiligungstransparenz (§§ 33 ff. WpHG) und zu den Pflichten der WpDU nach §§ 63 ff. WpHG. Außerdem hat sie Missständen entgegenzuwirken, die den Handel mit Finanzinstrumenten (§ 2 Abs. 4 WpHG), Wertpapier(neben-)dienstleistungen (§ 2 Abs. 8 und 9 WpHG) oder Datenbereitstellungsdiensten (§ 2 Abs. 40 WpHG) beeinträchtigen oder erhebliche Nachteile für den Finanzmarkt bewirken können (§ 6 Abs. 1 S. 1 WpHG). Die BaFin ist außerdem die nach Art. 22 MAR zuständige Behörde zur Durchsetzung des Marktmissbrauchsrechts nach der **MAR** (§ 4 Abs. 3b WpHG) und zur Aufsicht nach dem **KAGB** (§ 5 Abs. 6 KAGB). Sie übt die Aufsicht über die öffentlichen Erwerbsangebote nach dem **WpÜG** aus, insbesondere die Prüfung und Gestattung bzw. Untersagung der Veröffentlichung einer Angebotsunterlage (§ 14 Abs. 2 S. 1

1510 Vgl. Begr. RegE Gesetz über die integrierte Finanzdienstleistungsaufsicht, BT-Drs. 14/7033, 31.

WpÜG), die Entscheidung über Befreiungsanträge (§§ 20, 24, 36, 37 WpÜG) und die Überprüfung von Werbung in Zusammenhang mit Angeboten (§ 28 WpÜG). Und schließlich nimmt die BaFin Aufgaben im Zusammenhang mit den **Prospektpflichten** nach der ProspektVO, VermAnlG und KAGB wahr, dh die Billigung der Prospekte nach Art. 20 ProspektVO, § 8 VermAnlG und die Tätigkeit als Hinterlegungsstelle für Prospekt und Informationsblätter nach § 4 WpPG, § 14 Abs. 1 VermAnlG, § 164 Abs. 4 KAGB sowie die Genehmigung von Anlagebedingungen nach §§ 163, 267 KAGB. Daneben ist die BaFin auch zum Schutz der **kollektiven Verbraucherinteressen** verpflichtet (§ 4 Abs. 1a FinDAG).

II. Aufsicht des Kapitalmarktes durch BaFin nach dem WpHG

Um ihre Aufgaben erfüllen zu können, verfügt die BaFin über Ermittlungs- und Aufsichtsbefugnisse sowie Befugnisse zur Sanktionierung, die ihr die jeweiligen Gesetze einräumen. Dies soll im Folgenden anhand des **WpHG** näher veranschaulicht werden. 920

1. Ermittlungs- und Aufsichtsbefugnisse gem. §§ 6 ff. WpHG

Zur Erfüllung ihrer Aufgaben verfügt die BaFin über weitreichende Ermittlungs- und Aufsichtsbefugnisse gem. §§ 6 ff. WpHG. Daneben gibt es einige **Spezialbefugnisse** zur Erfüllung bestimmter Aufgaben. So kann die BaFin beispielsweise gegenüber Mitarbeitern von WpDU Verwarnungen und Tätigkeitsverbote aussprechen (§ 87 Abs. 6 S. 1 Nr. 2 WpHG) oder bestimmte Arten von Werbung untersagen, § 92 WpHG.[1511] 921

a) Missstandsbeseitigung und -verhinderung gem. § 6 Abs. 1 und 2 WpHG. Im Rahmen ihrer Missstandsaufsicht gem. § 6 Abs. 1 S. 1 WpHG ist die BaFin allgemein ermächtigt, zur Beseitigung und Verhinderung von Missständen Handlungen, Duldungen und Unterlassungen zu verfügen (§ 6 Abs. 1 und 2 WpHG). Existiert keine Spe- 922

1511 Auf dieser Grundlage hat die BaFin beispielsweise das sog „cold calling" untersagt, dh die telefonische Kontaktaufnahme mit Privaten ohne deren vorherige Zustimmung. Dies geschah durch eine Allgemeinverfügung des Bundesaufsichtsamts für den Wertpapierhandel, siehe Allgemeinverfügung v. 27.7.1999 gem. § 36 Abs. 1b WpHG aF (abrufbar unter https://www.bafin.de/SharedDocs/Veroeffentlichungen/DE/Aufsichtsrecht/Verfuegung/vf_990727_coldcalling.html).

zialbefugnis (siehe zB §§ 42, 88 Abs. 1 und 2, 89 Abs. 3, 92 Abs. 1 WpHG), kann die BaFin auf die Generalbefugnisnorm gem. § 6 Abs. 1 und 2 WpHG zurückgreifen.[1512] Die **allgemeine Befugnis zur Missstandsbeseitigung und -verhinderung (§ 6 Abs. 1 S. 2 WpHG)** umfasst die Befugnis, gegen Missstände vorzugehen, die die ordnungsgemäße Durchführung des Handels mit Finanzinstrumenten oder von Wertpapier(neben)dienstleistungen oder Datenbereitstellungsdienstleistungen beeinträchtigen oder erhebliche Nachteile für den Finanzmarkt bewirken können. Der Begriff des Missstands wird als Gefahr für die öffentliche Sicherheit und Ordnung verstanden.[1513] Da davon nach allgemeinen polizeirechtlichen Maßgaben auch und vor allem dann auszugehen ist, wenn ein Verstoß gegen gesetzliche Ver- oder Gebote vorliegt oder droht,[1514] deckt sich dies weitgehend mit der **allgemeinen Überwachungsbefugnis (§ 6 Abs. 2 WpHG)**, die bei jedwedem (drohenden) Verstoß gegen eine Verbots- oder Gebotsnorm des WpHG ein Einschreiten ermöglicht.[1515] Die BaFin kann Anordnungen treffen, die geeignet und erforderlich sind, diese Missstände zu beseitigen oder zu verhindern (§ 6 Abs. 1 S. 3 WpHG). § 6 Abs. 2 S. 3, 4 WpHG erlaubt zudem ausdrücklich auch die öffentliche Warnung auf der Internetseite der BaFin sowie die vorübergehende Untersagung oder Aussetzung des Handels, soweit dies zur Durchsetzung der Ver- und Gebote des WpHG oder zur Beseitigung oder Verhinderung von Missständen nach § 6 Abs. 1 WpHG geboten ist. Die BaFin verfügt jeweils über ein **Auswahl- und Entschließungsermessen** (vgl. § 6 Abs. 2 S. 2 WpHG: „kann Anordnungen treffen“).

Außerdem kann die BaFin zum Schutz der kollektiven Verbraucherinteressen nach § 4 Abs. 1a FinDAG Anordnungen treffen, die geeignet und erforderlich sind, um **verbraucherschutzrelevante Missstände** zu verhindern oder zu beseitigen. Missstände sind gem. § 4 Abs. 1a S. 2 FinDAG erhebliche, dauerhafte oder wiederholte Verstöße gegen Gesetze zum Schutz der Verbraucher, wenn dabei aufgrund der Art und des Umfangs des Verstoßes nicht bloß die Interessen einzelner Verbraucher beeinträchtigt oder gefährdet werden.[1516]

1512 Assmann/Schneider/Mülbert/*Döhmel* WpHG § 6 Rn. 1; Fuchs/*Schlette/Bouchon* WpHG § 4 Rn. 30; Schwark/Zimmer/*Zetzsche/Lehmann* WpHG § 6 Rn. 38.
1513 Schwark/Zimmer/*Zetzsche/Lehmann* WpHG § 6 Rn. 24.
1514 Schwark/Zimmer/*Zetzsche/Lehmann* WpHG § 6 Rn. 38.
1515 Schwark/Zimmer/*Zetzsche/Lehmann* WpHG § 6 Rn. 24.
1516 Näher hierzu *Rott* WM 2019, 1189 ff.

Die BaFin kann nach § 6 Abs. 3 WpHG **Auskünfte**, die Vorlage von Unterlagen und die Überlassung von Kopien verlangen sowie Personen laden und vernehmen, um die Einhaltung des WpHG und kapitalmarktrechtlicher EU-Verordnungen zu überwachen. Die Bediensteten der BaFin können gem. § 4 Abs. 4 WpHG zur Wahrnehmung ihrer Aufgaben Grundstücke und Geschäftsräume während der üblichen Arbeitszeiten **betreten**. Wegen Art. 13 Abs. 7 GG ist das Betreten von Geschäftsräumen in Wohnungen sowie außerhalb der üblichen Arbeitszeit ohne Einverständnis des Betroffenen nur zulässig, wenn dies zur Verhütung von dringenden Gefahren für die öffentliche Sicherheit und Ordnung erforderlich ist und bei der auskunftspflichtigen Person Anhaltspunkte für einen Verstoß gegen das WpHG vorliegen (§ 6 Abs. 11 S. 2 WpHG). Ebenso wie nach § 152 Abs. 2 StPO müssen hierfür „zureichende tatsächliche **Anhaltspunkte**" vorliegen, die einen Anfangsverdacht begründen.[1517] 923

b) Weitere Befugnisse gem. § 6 Abs. 5–10, Abs. 12 WpHG. In § 6 Abs. 5–10 sowie Abs. 12 WpHG sind spezielle Befugnisse geregelt, die insbesondere zur Durchsetzung der **MAR** (sowie §§ 12ff. WpHG), **MiFIR** und **MiFID II** (sowie §§ 54ff.; 58ff.; 63ff. WpHG), aber auch der Benchmarkverordnung dienen. Sie setzen die detaillierten Vorgaben in den jüngeren europäischen Rechtsakten zu den verwaltungsrechtlichen Maßnahmen und Sanktionen (siehe Art. 69ff. MiFID II; Art. 30ff. MAR) um. § 6 Abs. 5 WpHG ordnet zunächst die Zuständigkeit der BaFin als nationale Aufsichtsbehörde für die Überwachung dieser Regelungsbereiche an. 924

Die BaFin kann im Falle eines in § 6 Abs. 6 WpHG genannten Verstoßes gegen die og Vorschriften die **Einstellung** des rechtswidrigen Verhaltens verlangen und nach § 6 Abs. 9 WpHG **Warnungen** auf ihrer Internetseite unter Nennung der verantwortlichen Person und der Art des Verstoßes veröffentlichen. Im Weiteren kann die BaFin Mitarbeitern beaufsichtigter Unternehmen bei vorsätzlichen Verstößen gegen bestimmte Vorschriften ein **Berufsverbot** für einen Zeitraum von bis zu zwei Jahren auferlegen (§ 6 Abs. 8 WpHG). Bei Verstößen gegen die MAR kann den verantwortlichen natürlichen Personen nach § 6 Abs. 7 WpHG der Abschluss von Eigengeschäften für bis zu zwei Jahre untersagt werden. 925

Über das allgemeine **Betretungsrecht** gem. § 6 Abs. 11 WpHG hinaus können die Bediensteten der BaFin zur Verfolgung von In- 926

1517 Fuchs/*Schlette/Bouchon* WpHG § 4 Rn. 37.

siderhandel und Marktmanipulationen gem. Art. 14, 15 MAR auch außerhalb der üblichen Arbeitszeit sowohl Geschäfts- als auch Wohnräume betreten, soweit dies zur Verfolgung der Verstöße erforderlich ist (§ 6 Abs. 12 WpHG). Außerdem können sie unter den Voraussetzungen des § 6 Abs. 12 S. 4, 5 WpHG selbst **Beschlagnahmen** grundsätzlich nach Anordnung durch das AG Frankfurt a. M. vornehmen. Im Übrigen kann die BaFin Beschlagnahmen nach § 6 Abs. 13 WpHG beantragen.

927 Im Weiteren kann die BaFin Aufzeichnungen von Telefongesprächen, elektronischen Mitteilungen und Verkehrsdaten von **WpDU** und Finanzinstituten herausverlangen, soweit dies auf Grund von Anhaltspunkten für die Überwachung der Einhaltung der Art. 14, 15 MAR; §§ 54 ff.; 58 ff.; 63 ff. WpHG bzw. MiFIR erforderlich ist (§ 7 Abs. 2 WpHG). Begründen bestimmte Tatsachen den Verdacht, dass gegen diese Vorschriften verstoßen wird, können auch **Telekommunikationsunternehmen** zur Herausgabe von Verkehrsdaten verpflichtet werden (§ 7 Abs. 1 WpHG). Die Herausgabe der Verkehrsdaten steht unter einem Richtervorbehalt gem. § 100b StPO.[1518] Darüber hinaus kann die BaFin von Börsen und **Betreibern von Märkten** gem. § 8 Abs. 1 WpHG die Übermittlung gesetzlich verlangter marktbezogener Daten verlangen (siehe zB Art. 4 MAR).

928 Außerdem müssen die Betreiber von Handelsplätzen und Personen, die gewerblich Geschäfte vermitteln oder ausführen, zur Vorbeugung und Aufdeckung von Marktmissbrauch die zuständige Aufsichtsbehörde – wie bisher gem. § 10 WpHG aF – über mögliche (versuchte) Verstöße gegen das Insiderrecht oder Marktmanipulationsverbot unverzüglich, dh grundsätzlich ohne nicht gerechtfertigte zeitliche Verzögerung (zum Zeitpunkt Art. 6 DelVO (EU) 2016/957),[1519] unterrichten (Art. 16 Abs. 1, UAbs. 2, Abs. 2 S. 2 iVm Abs. 3 MAR).[1520] Eine Pflicht zur Anzeige von Verdachtsfällen begründet auch § 23 WpHG für Verstöße gegen die Leerverkaufsverordnung. § 23 Abs. 3 WpHG bestimmt, dass die Meldepflichtigen

---

1518 Begr. RegE 1. FiMaNoG, BT-Drs. 18/7482, 38.

1519 Delegierte Verordnung (EU) 2016/957 der Kommission vom 9. März 2016 zur Ergänzung der Verordnung (EU) Nr. 596/2014 des Europäischen Parlaments und des Rates im Hinblick auf technische Regulierungsstandards für die geeigneten Regelungen, Systeme und Verfahren sowie Mitteilungsmuster zur Vorbeugung, Aufdeckung und Meldung von Missbrauchspraktiken oder verdächtigen Aufträgen oder Geschäften, ABl. 2016 L 160, 1. Siehe auch ESMA Final report – Draft technical standards on the Market Abuse Regulation Rn. 142.

1520 Zu den Einzelheiten DelVO (EU) 2016/957.

wegen gutgläubiger falscher Anzeigen nicht zur Verantwortung gezogen werden können. Eine vergleichbare Regelung sieht Art. 16 MAR nicht vor.

c) Produktintervention gem. Art. 40–42 MiFIR; § 15 WpHG. 929
Seit dem 3.1.2018 regeln Art. 40–42 MiFIR unionsweit einheitlich das Produktinterventionsrecht der nationalen Aufsichtsbehörden (siehe bereits zuvor § 4b WpHG aF) und der ESMA oder EBA. Demnach kann die BaFin die Vermarktung, den Vertrieb oder den Verkauf von Finanzinstrumenten iSv Art. 4 Abs. 1 Nr. 15 MiFID II (vgl. Art. 2 Abs. 1 Nr. 9 MiFIR) oder strukturierten Einlagen (Art. 4 Abs. 1 Nr. 43 MiFID II) und bestimmte Formen der Finanztätigkeit bzw. -praxis verbieten oder beschränken. Die ESMA und EBA können subsidiär intervenieren, wenn eine oder mehrere zuständige nationale Aufsichtsbehörden keine oder nur unzureichende Maßnahmen ergriffen haben, um der Bedrohung zu begegnen (Art. 40 Abs. 2 UAbs. 1 lit. c); Art. 41 Abs. 2 UAbs. 1 lit. c) MiFIR). § 15 WpHG dehnt das Produktinterventionsrecht der BaFin auf Vermögensanlagen iSd § 1 VermAnlG aus; diese sind keine Finanzinstrumente iSd Art. 4 Abs. 1 Nr. 15 MiFID II und daher nicht von Art. 40–42 MiFIR erfasst.

Die Voraussetzungen des Produktinterventionsrechts der BaFin 930
sind im Einzelnen in Art. 42 Abs. 2 MiFIR normiert. Danach sind unter anderem erhebliche Bedenken für den **Anlegerschutz** oder eine Gefahr für das ordnungsgemäße Funktionieren und die **Integrität der Finanz- oder Warenmärkte** oder für die Stabilität des gesamten Finanzsystems bzw. eines Teils in der EU erforderlich (Art. 42 Abs. 2 UAbs. 1 lit. a) Ziff. i) MiFIR). Alternativ ist ein Einschreiten der BaFin nach Art. 42 Abs. 2 UAbs. 1 lit. a) Ziff. ii) MiFIR auch möglich, wenn negative Auswirkungen eines Derivats auf den Preisbildungsmechanismus des Marktes das Verbot oder die Beschränkung rechtfertigen.

Nach Art. 42 Abs. 2 UAbs. 1 lit. a) MiFIR kann insbesondere der Vertrieb von Produkten untersagt werden, die wegen ihrer Komplexität, unzureichenden Transparenz oder erheblichen Diskrepanz zwischen dem Verlustrisiko und der Renditeerwartung Bedenken im Hinblick auf den Anlegerschutz hervorrufen. So haben die ESMA und die BaFin beispielsweise den Vertrieb sog. binärer Optionen an Kleinanleger untersagt.[1521]

1521 Siehe die Allgemeinverfügung der BaFin v. 1.7.2019, Geschäftszeichen VBS 7-Wp 5427–2018/0046 (abrufbar unter: https://www.bafin.de/SharedDocs/Veroeffentlichungen/DE/Aufsichtsrecht/Verfuegung/vf_190701_allgvfg_Binaere_Optionen.html).

Erforderlich ist im Weiteren, dass die anwendbaren regulatorischen Anforderungen nach dem Unionsrecht die Gefahr nicht abwenden können, und die Produktintervention geeignet und verhältnismäßig ist (Art. 42 Abs. 2 UAbs. 1 lit. b), c) MiFIR).

Bei prospektpflichtigen riskanten Finanzinstrumenten genügt oftmals ein sichtbarer und eindeutiger Hinweis auf die bestehenden Risiken für Anleger im Prospekt.

Das Produktverbot oder die -beschränkung kann nach, aber auch bereits vor Beginn der Vermarktung, des Vertriebs oder Verkaufs ausgesprochen werden, Art. 42 Abs. 2 UAbs. 2 MiFIR. Mit der paternalistischen Produktintervention zum Schutz der Anleger bricht der Gesetzgeber mit dem Kapitalmarktinformationsmodell, dem die Prämisse zugrundeliegt, ein informierter Anleger würde als *homo oeconomicus* eine sachgerechte Anlageentscheidung treffen (→ Rn. 39ff.).

931 **d) Zusammenarbeit mit anderen Aufsichtsbehörden (§§ 17–20 WpHG).** Da das Kapitalmarktrecht enge Bezüge zu anderen wirtschaftsverwaltungsrechtlichen Vorschriften aufweist, regelt § 17 WpHG (§ 6 WpHG aF) die Zusammenarbeit der BaFin mit anderen **inländischen Aufsichtsbehörden**, namentlich den Börsenaufsichtsbehörden, aber auch der Deutschen Bundesbank. Da kapitalmarktrechtswidriges Verhalten zudem nicht selten grenzüberschreitend begangen wird, sind in § 18 WpHG (§ 7 WpHG aF) besondere Regelungen zur Kooperation und Koordination der BaFin mit **ausländischen Aufsichtsbehörden** vorgesehen. Der BaFin obliegt gem. §§ 18 Abs. 1; 19 WpHG die Zusammenarbeit mit den mitgliedstaatlichen Aufsichtsbehörden anderer EU/EWR-Staaten und der ESMA. Da kapitalmarktrechtswidriges Verhalten aber auch an den Außengrenzen von EU und EWR keinen Halt macht, kann die BaFin nach § 18 Abs. 10 WpHG mit den zuständigen Stellen von Drittstaaten entsprechend § 18 Abs. 1–9 WpHG zusammenarbeiten und Vereinbarungen über den Informationsaustausch abschließen.

932 **e) Hinweisgeber (Whistle blower).** Um Verstöße gegen kapitalmarktrechtliche Vorschriften besser aufdecken zu können, sollen Dritte und insbesondere Mitarbeiter der beaufsichtigten Unternehmen der BaFin Verstöße melden können (*whistle blowing*), ohne dass sie Repressionen, etwa arbeits- oder strafrechtliche Konsequenzen oder sonstige Vergeltungsmaßnahmen, fürchten müssen. Seit Inkrafttreten des 1. FiMaNoG im Juli 2016 sieht § 4d FinDAG daher in

Umsetzung europäischer Vorschriften, etwa von Art. 32 MAR oder Art. 73 MiFID II, besondere Vorschriften zur Meldung von potentiellen oder tatsächlichen Verstößen gegen kapitalmarktrechtliche Vorschriften durch Dritte vor. Ziel des § 4d FinDAG ist es, „Informanten zur Unterrichtung der zuständigen Behörden über mögliche Verstöße gegen diese Verordnung zu befähigen und sie vor Vergeltungsmaßnahmen zu schützen" (siehe zB ErwGr 74 MAR, ErwGr 174 MiFID II). Auf der Grundlage von § 4d Abs. 1 FinDAG hat die BaFin ein System errichtet, damit Verstöße gegen sämtliche Vorschriften sowie Verordnungen und Richtlinien der EU im Zuständigkeitsbereich der BaFin gemeldet werden können. Um die Hinweisgeber zu schützen, sind Meldungen auch anonym möglich (§ 4d Abs. 1 S. 2 FinDAG). Im Übrigen wird die Identität der Hinweisgeber gem. § 4d Abs. 3 FinDAG geschützt. § 4d Abs. 5 FinDAG schließt darüber hinaus den allgemeinen Informationsanspruch nach dem IFG für Meldungen nach § 4d Abs. 1 FinDAG aus.

Außerdem schützt § 4 d Abs. 6 FinDAG Mitarbeiter, die bei beauf- 933
sichtigten Marktteilnehmern oder von diesen beauftragten Unternehmen oder Personen beschäftigt sind, vor straf- und arbeitsrechtlichen Folgen sowie vor Schadensersatzansprüchen, wenn sie gutgläubige, also nicht grob fahrlässige oder vorsätzliche unwahre Meldungen abgeben. Dies kann nicht durch vertragliche Vereinbarung abbedungen werden (§ 4d Abs. 7 FinDAG). Den Schutz vor nachteiligen rechtlichen Konsequenzen gewährt das Gesetz ausschließlich Mitarbeitern, dh Arbeitnehmern (s. Art. 32 Abs. 2 lit. b) MAR). Sonstige Hinweisgeber, zB Vorstandsmitglieder[1522] oder geschädigte Anleger, die gutgläubig unwahre Meldungen erstatten, sind vor rechtlichen Konsequenzen, etwa wegen übler Nachrede gem. § 186 StGB, nicht geschützt.[1523]

Die den Mitgliedstaaten gem. Art. 32 Abs. 4 MAR eingeräumte Option, Hinweisgebern einen finanziellen Anreiz für neue wichtige Informationen zu gewähren, wenn die Meldung freiwillig und nicht in Erfüllung einer Informationspflicht erstattet wird und zur Verhängung von verwaltungs- oder strafrechtlichen Sanktionen beiträgt,[1524] hat der deutsche Gesetzgeber nicht wahrgenommen.

1522 *Fleischer/Schmolke* WM 2012, 1013 (1014).
1523 *Poelzig* NZG 2016, 492 (494).
1524 Ausführlich zu diesem Vorschlag und zu der Vorbildfunktion des U.S.-amerikanischen *Dodd-Frank Act* von 2010 *Fleischer/Schmolke* NZG 2012, 361.

2. Sanktionen

934 Nach den letzten Änderungen des WpHG durch das 2. FiMaNoG finden sich die strafrechtlichen Sanktionen seit dem 3.1.2018 in § 119 WpHG (§ 38 WpHG aF) und die verwaltungsrechtlichen Sanktionen in den §§ 120ff. WpHG (§§ 39ff. WpHG aF).

935 a) **Strafrechtliche Sanktionen.** Strafbar sind gem. §§ 119 Abs. 1 iVm 120 Abs. 2 Nr. 3; Abs. 15 Nr. 2 WpHG vorsätzliche Marktmanipulationen (§ 38 Abs. 3 WpHG aF) und gem. § 119 Abs. 3 WpHG vorsätzliche Insiderverstöße (→ Rn. 467ff.). Dabei wird in § 119 Abs. 3 bzw. §§ 119 Abs. 1 Nr. 2 iVm § 120 Abs. 15 Nr. 2 WpHG auf die Art. 14, 15 MAR verwiesen. Hierbei handelt es sich um einen **statischen Verweis** auf die konkret benannte Fassung der MAR (→ Rn. 468).[1525] Der **Strafrahmen** beträgt nach § 119 Abs. 1, 3 WpHG Freiheitsstrafe bis zu fünf Jahren oder Geldstrafe. Damit steht die Regelung im Einklang mit den von Art. 7 Abs. 2, 3 CRIM-MAD verlangten Höchststrafen für Marktmanipulationen und Insiderhandel von mindestens vier bzw. zwei Jahren Freiheitsstrafe. Bei der **Strafzumessung** sind im Rahmen des § 46 StGB vor allem die Höhe der erzielten Gewinne bzw. der vermiedenen Verluste, der Schaden anderer Personen, des Kapitalmarktes oder der Wirtschaft im weiteren Sinne zu berücksichtigen (s. ErwGr 24 CRIM-MAD).[1526] Strafbar sind ausschließlich natürliche Personen. Art. 8 Abs. 1 CRIM-MAD fordert zwar eine Verantwortlichkeit juristischer Personen für Marktmissbrauch. Hierfür ist aber nicht zwingend die Einrichtung eines in Deutschland bislang (noch) unbekannten Unternehmensstrafrechts notwendig.[1527] Nach Art. 9 Abs. 1 CRIM-MAD genügen hierfür auch Geldbußen, die in § 120 Abs. 14, 15 iVm Abs. 18 WpHG geregelt sind. Daher steht das Fehlen einer Unter-

---

1525 BGH WM 2018, 2358.

1526 So auch *von Buttlar* BB 2014, 451 (454).

1527 Ungeachtet der unionsrechtlichen Vorgaben wird im deutschen Schrifttum die Einführung eines Unternehmensstrafrechts derzeit wieder (siehe bereits Verhandlungen zum 40. DJT 1954, Bd. 1, 85ff.) intensiv diskutiert. Das Land Nordrhein-Westfalen hat im September 2013 einen Gesetzentwurf für ein Unternehmensstrafrecht erarbeitet, wonach auch juristische Personen für ein strafbares Handeln zur Verantwortung gezogen werden können, indem sie mit Geldstrafen bis zu einem Jahresgewinn oder zehn Prozent des Jahresumsatzes belegt werden, die Verurteilung veröffentlicht wird, sie von öffentlichen Aufträgen ausgeschlossen oder gar aufgelöst werden (hierzu statt aller *Haubner* DB 2014, 1358; *Hoven/Wimmer/Schwarz/Schumann* NZWiSt 2014, 161; *Jahn/Pietsch* ZIS 2015, 1. Allgemein zur Diskussion *Böse* ZStW 126 (2014), 132; *Heuking/v. Coelln* BB 2014, 3016; *Hoven* ZIS 2014, 19; *Kubiciel* ZRP 2014, 133; *Mansdörfer* ZIS 2015, 23; *Rogall* GA 2015, 260; *Schünemann* ZIS 2014, 1).

nehmensstrafbarkeit im deutschen Kapitalmarktrecht im Einklang mit Art. 8, 9 CRIM-MAD.

b) Bußgeldrechtliche Sanktionen. Die bußgeldrechtlichen Sanktionen finden sich in § 120 WpHG. Die BaFin ist gem. § 121 WpHG iVm § 36 Abs. 1 Nr. 1 OWiG die sachlich zuständige Behörde zur Verfolgung und Ahndung der Ordnungswidrigkeiten. Nachdem zunächst § 39 Abs. 4 WpHG aF für Bußgelder eine Höchstgrenze von 1 Mio. Euro vorsah, wurden die zulässigen Bußgeldhöchstgrenzen in den vergangenen Jahren erheblich angehoben und erreichen nun die aus dem Kartellrecht bekannten Größenordnungen. 936

aa) Bußgeldhöchstgrenzen. Die Bußgeldhöchstgrenzen sind in § 120 Abs. 17–22 und 24 WpHG festgelegt. Anders als in § 120 Abs. 24 WpHG, wird in § 120 Abs. 17–22 WpHG zwischen natürlichen und juristischen Personen unterschieden.[1528] Das höchste Bußgeld, mit dem natürliche Personen rechnen müssen, beträgt im Falle eines Verstoßes gegen **Art. 14, 15 MAR** fünf Mio. EUR oder darüber hinaus bis zum Dreifachen des aus dem Verstoß gezogenen wirtschaftlichen Vorteils (§ 120 Abs. 18 S. 1, 3 WpHG). Gegenüber juristischen Personen sind jeweils höhere Bußgelder möglich: So sind bei Marktmanipulationen und Insiderhandel Bußgelder von bis zu 15 Mio. EUR oder bis zu 15 Prozent des jährlichen (Konzern-)Gesamtumsatzes möglich, § 120 Abs. 18 S. 2 Nr. 1 WpHG. Bei Verstößen gegen die ad-hoc-Publizitätspflicht gem. **Art. 17 MAR** sind gegenüber juristischen Personen nach § 120 Abs. 15 Nr. 6–11, Abs. 18 S. 2 Nr. 2 Geldbußen bis zu 2,5 Mio. EUR oder 2 Prozent des (Konzern-)Gesamtumsatzes möglich, wohingegen entsprechende Verstöße natürlicher Personen mit bis zu einer Mio. EUR geahndet werden (§ 120 Abs. 18 S. 1 WpHG). Wenn gegen die Vorschrift des **Art. 19 MAR** verstoßen wird, sind Bußgelder in § 120 Abs. 15 Nr. 17–22, Abs. 18 S. 1, 2 Nr. 3 WpHG vorgesehen. Diese Bußgelder betragen gegenüber natürlichen Personen bis zu 500.000 EUR, gegenüber juristischen Personen bis zu einer Mio. EUR. Darüber hinaus kann bei allen in § 120 Abs. 18 S. 1 WpHG genannten Verstößen von juristischen oder natürlichen Personen die Geldbuße nach § 39 Abs. 4a S. 3 WpHG bis zum Dreifachen des erlangten Vorteils erhöht werden. 937

1528 Zur Differenzierung zwischen juristischen und natürlichen Personen unter grundrechtlichen Gesichtspunkten *Ackermann* ZHR 179 (2015), 538 (550 f.).

Sofern gegen die Vorschriften in den Abschnitten 9–11, insbesondere die Pflichten der Datenbereitstellungsdienste gem. §§ 58 ff. WpHG, die Verhaltenspflichten gem. **§§ 63 ff. WpHG** sowie die Organisationspflichten gem. §§ 80 ff. WpHG, oder die MiFIR verstoßen wird, sind Geldbußen nach § 120 Abs. 8 und 9 WpHG möglich. Diese betragen nach § 120 Abs. 20 WpHG bis zu 5 Mio. EUR oder bei juristischen Personen darüber hinaus bis zu zehn Prozent des (Konzern-)Gesamtumsatzes. Über diese Beträge hinaus kann auch hier eine Geldbuße bis zum Zweifachen des aus dem Verstoß gezogenen wirtschaftlichen Vorteils verhängt werden. Bei Verstößen gegen die Regelpublizitätspflicht (**§§ 114 f. WpHG**) finden sich Bußgeldtatbestände in § 120 Abs. 2 Nr. 2 lit. k–n), Nr. 4 lit. e–g), Nr. 15, Abs. 12 Nr. 12 WpHG. In den schwerwiegenderen Fällen des § 120 Abs. 2 Nr. 4 lit. e–g) und Abs. 12 Nr. 12 WpHG können die Bußgelder gegenüber natürlichen Personen bis zu zwei Mio. EUR und gegenüber juristischen Personen bis zu zehn Mio. EUR oder 5 Prozent des Gesamtumsatzes betragen (§ 120 Abs. 17 S. 1, 2 WpHG). Darüber hinaus ist nach Abs. 17 S. 3 eine Erhöhung der Geldbuße bis zum Zweifachen des aus dem Verstoß gezogenen wirtschaftlichen Vorteils möglich. Bei Verstößen gegen § 120 Abs. 2 Nr. 2 lit. k–n) und Nr. 24 WpHG liegen die Geldbußen dagegen deutlich niedriger, nämlich für natürliche und juristische Personen gleichermaßen bei bis zu 200.000 EUR bzw. bis zu 500.000 EUR (§ 120 Abs. 24 WpHG).

938 Sind für juristische Personen und Personenvereinigungen sowohl absolute als auch umsatzabhängige Höchstgrenzen vorgesehen (§ 120 Abs. 17–22 WpHG), ist der im konkreten Einzelfall jeweils höhere Wert maßgeblich (siehe § 120 Abs. 17 S. 2 Hs. 2, Abs. 18 S. 2 Nr. 1, 2, Abs. 19 S. 2 Hs. 2 WpHG: „den höheren der Beträge“). Für die umsatzabhängigen Höchstgrenzen meint **Umsatz** grundsätzlich gem. § 120 Abs. 23 S. 1 Nr. 3 WpHG den weltweiten Nettoumsatzerlös des vorausgehenden Geschäfts-, nicht unbedingt Kalenderjahres.[1529] Bei Konzernunternehmen, also Mutter- oder Tochtergesellschaften, ist anstelle des Gesamtumsatzes der juristischen Person oder Personenvereinigung der jeweilige **Konzerngesamtumsatz** maßgeblich (§ 120 Abs. 23 S. 2, 3 WpHG).

Die BaFin geht in ihren aktuellen Bußgeldleitlinien von einem Unternehmen mit einem Gesamtumsatz von 50 Mrd. EUR aus; die umsatzabhängige Bußgeldhöchstgrenze von 15 Prozent liegt bei einem solchen Unternehmen

---

1529 Ausführlich *Poelzig* NZG 2016, 492 (498 f.).

für Verstöße gegen das Marktmanipulationsverbot gem. Art. 15 MAR bei 7,5 Mrd. EUR. Handelt es sich um einen Konzern, sind damit Bußgelder gegen jede einzelne Mutter- und Tochtergesellschaft von bis zu 7,5 Mrd. EUR denkbar. Das sind Größenordnungen, die bisher so nur aus dem Kartellrecht bekannt sind. So hat das Bundeskartellamt jüngst gegen Google ein Rekordbußgeld iHv 2,25 Mrd. EUR verhängt. Zwar hat die BaFin bereits angekündigt, die Bußgeldhöchstgrenzen nur in besonders schwerwiegenden Ausnahmefällen auszuschöpfen. Gleichwohl ist aber künftig mit deutlich höheren Bußgeldern zu rechnen.

Alternativ ist darüber hinaus eine Abschöpfung des erlangten wirtschaftlichen Vorteils, also der erzielten Gewinne und der vermiedenen Verluste in dreifacher bzw. zweifacher Höhe möglich. Hintergrund dieser **mehrfachen Vorteilsabschöpfung** ist, dass Sanktionen eine ausreichende abschreckende Wirkung nur dann entfalten, wenn der Adressat ernsthaft damit rechnen muss, dass er die durch das rechtswidrige Verhalten erzielten Vorteile nicht behalten kann und Verstöße sich daher nicht lohnen. Da kapitalmarktrechtswidrige Verhaltensweisen in vielen Fällen aber tatsächlich nicht aufgedeckt und die erwirtschafteten Vorteile nicht abgeschöpft werden, hat der Gesetzgeber zum Ausgleich eine drei- bzw. zweifache Vorteilsabschöpfung durch Geldbußen für eine abschreckende Wirkung für notwendig erachtet. Die in § 17 Abs. 2 OWiG für fahrlässig begangene Ordnungswidrigkeiten grundsätzlich vorgesehene Halbierung der Bußgeldhöchstgrenze ist ausdrücklich ausgeschlossen (§ 120 Abs. 25 WpHG). 939

Unklar ist, ob es sich bei den Bußgeldhöchstgrenzen um Kappungsgrenzen oder um **Obergrenzen** handelt. Bei einer Kappungsgrenze wäre es zulässig, bei der Bußgeldberechnung für die Feststellung von Zwischenbeträgen die umsatzabhängige Höchstgrenze zu überschreiten und die Zwischenbeträge dann ggf. auf die in § 120 Abs. 17–22, 24 WpHG genannten Höchstgrenzen zu reduzieren. Eine Obergrenze, wie sie allgemein im deutschen Ordnungswidrigkeitenrecht angenommen wird, steckt den Bußgeldrahmen ab, innerhalb dessen das Bußgeld nach den maßgeblichen Kriterien – je nach Schwere und Dauer – zu bestimmen ist. Eine Kappungsgrenze – wie sie etwa im europäischen Kartellrecht durch den EuGH angenommen wird[1530] – führt tendenziell zu höheren Bußgeldern als eine 940

1530 EuGH, ECLI:EU:C:2005:408, Slg. 2005, I-5425, 5587 Rn. 278 – Dansk Rørindustri = BeckEuRS 2005, 404073. Anders jedoch für das deutsche Kartellbußgeldrecht BGHSt 58, 158 = NJW 2013, 1972 – Grauzementkartell.

Obergrenze, da die maßgeblichen Kriterien für die Bemessung des Bußgeldes innerhalb eines nach oben hin offenen Rahmens zu gewichten sind und der so berechnete Betrag dann gegebenenfalls zu kappen ist, so dass nicht nur die denkbar schwersten Zuwiderhandlungen, sondern auch weniger gravierende Verstöße mit dem höchstmöglichen Bußgeld verfolgt werden.[1531] Für eine Obergrenze spricht, dass dies dem ordnungswidrigkeitenrechtlichen Grundsatz entspricht. Zudem darf eine Sanktion nach dem Bestimmtheitsgrundsatz, „selbst wenn sie keinen strafrechtlichen Charakter besitzt, nur dann verhängt werden […], wenn sie auf einer klaren und unzweideutigen Rechtsgrundlage beruht".[1532] Das ist bei einer Obergrenze eher der Fall als bei einer Kappungsgrenze.

941 **bb) Bußgeldbemessung.** Die maßgeblichen Kriterien zur Bußgeldbemessung sind auf der Grundlage von § 17 Abs. 3 OWiG in Übereinstimmung mit den WpHG-Bußgeldleitlinien der BaFin[1533] zu bestimmen.[1534] Zu berücksichtigen sind außerdem die unionsrechtlichen Vorschriften (zB Art. 31 Abs. 1 MAR). Demnach ist bei der Bußgeldbemessung neben Schwere und Dauer der Tat eine Reihe an weiteren Kriterien zu berücksichtigen: die Finanzkraft der verantwortlichen Person, also Gesamtumsatz bzw. die Jahreseinkünfte, die durch den Verstoß erzielten Gewinne und vermiedenen Verluste, die Bereitschaft, mit der Aufsichtsbehörde zu kooperieren und das Vorliegen früherer Verstöße. Auch nachträgliche Maßnahmen zur Verhinderung wiederholter Verstöße können bußgeldmindernd berücksichtigt werden.

942 **c) Bekanntmachung von Entscheidungen.** Die allgemeine Ermächtigungsgrundlage für Bekanntmachungen findet sich in § 123

1531 Zu dieser Frage *Veil* ZGR 2016, 305, 316; *Poelzig* NZG 2016, 492 (498 f.).

1532 EuGH ECLI:EU:C:1984:288 Rn. 11 – Könecke/Bundesanstalt für landwirtschaftliche Marktordnung.

1533 BaFin WpHG-Bußgeldleitlinien, Leitlinien zur Festsetzung von Geldbußen bei Verstößen gegen Vorschriften des Wertpapierhandelsgesetzes (WpHG), 11.2013, 4 f. (abrufbar unter: https://www.bafin.de/SharedDocs/Downloads/DE/Leitfaden/WA/dl_bussgeldleitlinien_2013.pdf?__blob=publicationFile&v=9). Ergänzt werden diese durch BaFin WpHG-Bußgeldleitlinien II, Leitlinien zur Festsetzung von Geldbußen im Bereich des Wertpapierhandelsgesetzes (WpHG), 2.2017 (abrufbar unter: https://www.bafin.de/SharedDocs/Downloads/DE/Leitfaden/WA/dl_bussgeldleitlinien_2016.pdf;jsessionid=C400279EF54B546F2E72432CC3CD2AD2.1_cid372?__blob=publicationFile&v=5), welche konkrete Maßgaben zur Bußgeldbemessung für Verstöße bei ad-hoc-Mitteilungen, Stimmrechtsmeldungen sowie der Finanzberichterstattung festlegen.

1534 *Seibt/Wollenschläger* AG 2014, 593 (603).

Abs. 1 S. 1 WpHG. Demnach kann die BaFin unanfechtbare verwaltungsrechtliche Entscheidungen über Maßnahmen und Sanktionen wegen Verstößen gegen das WpHG bekanntmachen, wenn die Bekanntmachung zur Beseitigung von Missständen nach § 6 Abs. 1 S. 2 WpHG geeignet und erforderlich ist und die Funktionsfähigkeit des Finanzmarktes nicht erheblich gefährdet oder den Beteiligten einen unverhältnismäßigen Schaden zufügen würde. Während die Bekanntmachung nach § 123 WpHG grundsätzlich im Ermessen der BaFin liegt, ist die BaFin in bestimmten Fällen zur Bekanntmachung verpflichtet. Das gilt zum einen für die Bekanntmachung der Untersagung oder Aussetzung des Handels gem. § 6 Abs. 2 S. 4 WpHG (§ 123 Abs. 1 S. 2 WpHG). Ebenso besteht gem. § 124 WpHG eine **Bekanntmachungspflicht** der BaFin für Verstöße gegen die §§ 33 ff., 114, 115 WpHG, die die Transparenzrichtlinie umsetzen. Bei Verstößen gegen die Vorschriften der MAR, etwa Marktmanipulationen, Insiderhandel oder pflichtwidrig unterlassene ad-hoc-Mitteilungen, sowie gegen die Vorschriften des Abschnitts 9–11, insbesondere die §§ 63 ff. WpHG, sowie die MiFIR sind die Entscheidungen der BaFin gem. §§ 125 f. WpHG ebenfalls grundsätzlich bekanntzumachen, ohne dass der BaFin ein Ermessensspielraum zusteht.

Dabei sind jeweils die Entscheidung selbst, die verletzte Vorschrift **943**
und die Identität der verantwortlichen Personen für einen Zeitraum von fünf Jahren bekanntzumachen (§§ 124 Abs. 2 S. 1; 125 Abs. 2 S. 1; 126 Abs. 2 S. 1 WpHG).[1535] Nur ausnahmsweise kann im Falle von §§ 124–126 WpHG die Bekanntmachung anonymisiert erfolgen oder aufgeschoben werden, wenn die Bekanntmachung unverhältnismäßig wäre oder laufende Ermittlungen oder die Stabilität der Finanzmärkte gefährden würden. Dann schiebt die BaFin die Bekanntmachung auf oder verzichtet auf die Bekanntmachung der Identität oder personenbezogener Daten (§§ 124 Abs. 3; 125 Abs. 3 S. 1 Nr. 1, 2; 126 Abs. 3 S. 1 Nr. 1, 2 WpHG). Bei der Entscheidung über den Aufschub oder die Anonymisierung handelt es sich um eine gebundene Entscheidung.[1536] Nur für den Fall, dass die Aufschiebung oder die Anonymisierung nicht ausreicht, um die Stabilität der Finanz-

---

1535 Die Bekanntmachung wird nach fünf Jahren gelöscht; personenbezogene Daten werden gelöscht, sobald ihre Bekanntmachung nicht mehr erforderlich ist (§§ 124 Abs. 4; 125 Abs. 5; 126 Abs. 5 WpHG).

1536 So die Gesetzesbegründung zu dem gleichlautenden § 40c WpHG aF (Begr. RegE BT-Drs. 18/5010, 54); siehe auch *Burgard/Heimann* WM 2015, 1445 (1453); *Nartowska/Knierbein* NZG 2016, 256 (259).

märkte zu gewährleisten oder die Verhältnismäßigkeit zu wahren, verzichtet die BaFin ausnahmsweise auf die Bekanntmachung (§ 124 Abs. 3 S. 1 Nr. 3; 125 Abs. 3 S. 1 Nr. 3; 126 Abs. 3 S. 1 Nr. 3 WpHG). Auch hierbei handelt es sich um eine gebundene Entscheidung.

944 Während § 123 WpHG nur die Bekanntmachung bereits unanfechtbarer Maßnahmen erlaubt, verlangen §§ 124 Abs. 2 S. 2, 3; 125 Abs. 4 S. 1; 126 Abs. 4 S. 1 WpHG auch die Bekanntmachung von **nicht bestands- oder rechtskräftigen Entscheidungen**. Zwar hat die BaFin in der Bekanntmachung jeweils auf die fehlende Bestands- oder Rechtskraft und ggf. auf die Tatsache eines eingelegten Rechtsbehelfs und dessen Ausgang unverzüglich hinzuweisen (§§ 124 Abs. 2 S. 3; 125 Abs. 4 S. 2; 126 Abs. 4 S. 2 WpHG). Gleichwohl entfaltet aber eine solche Bekanntmachung bereits eine erhebliche „Prangerwirkung" mit Reputations- und Vermögensschäden, die in der Regel auch nicht durch die nachträgliche Bekanntmachung eines erfolgreichen Rechtsbehelfs wieder vollständig kompensiert werden kann.[1537] Das Fehlen der Bestands- oder Rechtskraft kann zwar allein den Aufschub oder die Anonymisierung der Bekanntmachung nicht rechtfertigen, sollte aber bei der Prüfung eines Ausnahmefalls gem. §§ 124 Abs. 3; 125 Abs. 3; 126 Abs. 3 WpHG im Rahmen der Verhältnismäßigkeit der Bekanntmachung ausreichend berücksichtigt werden.[1538]

945 **d) Verbot der Doppelbestrafung.** Kapitalmarktrechtliche Verstöße können mit einer Vielzahl an straf- und verwaltungsrechtlichen Sanktionen geahndet werden, um eine möglichst abschreckende Wirkung zu erzielen (s. ErwGr 71 MAR sowie ErwGr 7 CRIM-MAD aE). Das zulässige Maß an Sanktionen ist aber durch das Verbot der Doppelbestrafung und damit den ne bis in idem-Grundsatz gem. Art. 4 des 7. Protokolls zur EMRK begrenzt (siehe auch ErwGr 23 CRIM-MAD).[1539] Der maßgebliche Begriff der Strafe richtet sich nicht ausschließlich nach der formalen Bezeichnung der Sanktion als Strafe, sondern ist nach der Rechtsprechung des EGMR auch unter Berücksichtigung materieller Kriterien – wie der Art der Zuwider-

---

1537 *Seibt* ZHR 177 (2013), 388 (421).

1538 *Nartowska/Knierbein* NZG 2016, 256 (259); *Seibt/Wollenschläger* ZIP 2014, 545 (553); *Poelzig* NZG 2016, 492 (500).

1539 Hierzu *Veil/Brüggemeier* in Fleischer/Kalss/Vogt Enforcement im Gesellschafts- und Kapitalmarktrecht 277 (281).

handlung oder dem Schweregrad der Sanktion – auszulegen.[1540] Als Strafen iSd ne bis in idem-Grundsatzes sind daher neben den strafrechtlichen Sanktionen iSd CRIM-MAD bzw. des § 119 WpHG grundsätzlich auch die verwaltungsrechtlichen Sanktionen gem. §§ 120 ff. WpHG einzuordnen (s. ErwGr 23 CRIM-MAD).[1541] Insbesondere die uU gravierenden Geldbußen können weitreichende Folgen für die verantwortliche Person haben, die denjenigen von Geldstrafen im eigentlichen Sinne mindestens vergleichbar sind. So handelt es sich nach dem EGMR um einen Verstoß gegen das Verbot der Doppelbestrafung, wenn nach Verhängung eines Bußgeldes wegen ein und desselben Verhaltens zusätzlich noch ein Strafverfahren angestrengt wird.[1542]

3. Verordnungs- und Richtlinienbefugnis

Im WpHG ist dem Bundesministerium der Finanzen an einigen Stellen die Befugnis eingeräumt, Rechtsverordnungen zu erlassen, um die Aufsichtstätigkeit der BaFin zu konkretisieren. Die Verordnungsbefugnis gilt beispielsweise für die Zusammenarbeit mit ausländischen Stellen (§ 18 Abs. 12 WpHG), Anzeige von Verdachtsfällen (§§ 23 Abs. 4 WpHG) oder die Übermittlung von Insiderinformationen, Eigengeschäften und Insiderlisten gem. § 26 Abs. 4 WpHG. Diese Ermächtigung kann das Bundesministerium durch Rechtsver- 946

1540 Hierzu bereits EGMR Urt. v. 8.6.1976, 5100/71, EGMR-E 1, 178 (190) Rn. 82 – Engel and Others/The Netherlands. Speziell zur MAD aF EGMR Urt. v. 4.3.2014 –18640/10, 18647/10, 18663/10, 18668/10 und 18698/10, BeckRS 2014, 21796 – Grande Stevens and Others/ Italy. In der Entscheidung nahm der EGMR auch Stellung zu dem Recht auf *fair trial* gem. Art. 47 GrCh, das demnach zwar durch das untrennbare Zusammenfallen von Ermittlungen und Sanktionierung in einer Behörde – wie auch der BaFin – berührt ist (EGMR Urt. v. 4.3.2014 –18640/10, 18647/10, 18663/10, 18668/10 und 18698/10, BeckRS 2014, 21796 Rn. 31 – Grande Stevens and Others/ Italy), aber durch die Möglichkeit nachträglichen verwaltungsrechtlichen Rechtsschutzes geheilt wird (EGMR Urt. v. 27.9.2011 – 43509/08, BeckRS 2012, 80668 – Menarini /Italy).

1541 So auch zum italienischen Recht EGMR Urt. v. 4.3.2014 –18640/10, 18647/10, 18663/10, 18668/10 und 18698/10, BeckRS 2014, 21796 Rn. 22 – Grande Stevens and Others/Italy. Für das Kartellrecht bereits EGMR Urt. v. 27.9.2011 – 43509/08, BeckRS 2012, 80668 – Menarini /Italy.

1542 EGMR Urt. vom 4.3.2014 – 18640/10, 18647/10, 18663/10, 18668/10 und 18698/10, BeckRS 2014, 21796 Rn. 219 – Grande Stevens and Others v. Italy. Siehe auch GA *Kokott* Schlussanträge v. 23.12.2009 Slg. 2009, I-12076 (I-12097) Rn. 103 – Spector-Photo-Group („Die Frage, ob in einem später durchgeführten Strafverfahren eine zuvor verhängte Verwaltungssanktion berücksichtigt werden müsste, ist möglicherweise nicht nur vor dem Hintergrund der Verhältnismäßigkeit der Sanktion, sondern auch wegen des Verbots des ne bis in idem von Bedeutung."). Ausführlich zu dieser Entscheidung, auch unter Berücksichtigung des Zivilrechts *Ventoruzzo* EBOR 2015, 145.

ordnung auf die BaFin übertragen. Darüber hinaus gibt es einige eigens der BaFin zugewiesene Richtlinienbefugnisse, siehe §§ 45; 88 Abs. 4 WpHG.

4. Rechtsschutz

947 Bei den Maßnahmen der BaFin handelt es sich im Regelfall – mit Ausnahme der Richtlinien (→ Rn. 946) – um Verwaltungsakte gem. § 35 VwVfG, so dass der Widerspruch gem. § 68 VwGO und die **Anfechtungsklage** gem. § 42 VwGO statthafte Rechtsbehelfe sind. Gegen Maßnahmen nach § 6 Abs. 1–14 und §§ 7–10 WpHG haben sie keine aufschiebende Wirkung, § 13 WpHG.

Nach § 1 IFG (**Informationsfreiheitsgesetz**) kann zudem grundsätzlich jedermann Zugang zu den aufsichtsbehördlichen Informationen, etwa Auskunft oder Einsicht in die Ermittlungsakten der BaFin verlangen. Auskunftsersuchen von Anlegern, die die Informationen aus aufsichtsbehördlichen Ermittlungsverfahren zur Durchsetzung ihrer Ansprüche nutzen wollen, lehnt die BaFin aber regelmäßig – unterstützt durch das BVerwG – ab und beruft sich hierfür auf die Verschwiegenheitspflicht gem. § 21 WpHG iVm § 3 Nr. 4 IFG. Sowohl das BVerwG[1543] als auch der EuGH[1544] stützen diese Praxis.

948 **Fall 26:** Anleger A erwirbt Aktien der E-AG im Zuge eines Börsengangs. Kurz darauf stellt sich heraus, dass der von der BaFin gebilligte Prospekt falsche Angaben zum Geschäftskapital der E-AG enthält. Darüber hinaus fehlen im Prospekt einzelne der nach Art. 6, 13 ProspektVO iVm Anhang III der Prospektverordnung erforderlichen Angaben. Das Billigungsverfahren wurde von dem Mitarbeiter M der BaFin durchgeführt, der die Akte unsorgfältig bearbeitet hat. A sieht die Schuld bei der BaFin, die solche Prospekte doch wohl gründlich prüfen muss. Wären die Angaben im Prospekt vollständig und richtig gewesen, hätte A die Aktien, deren Wert sich inzwischen

1543 BVerwG NVwZ 2011, 1012; VG Frankfurt NVwZ 2008, 1384, 1385; VG Frankfurt ZIP 2013, 2377, 2379.

1544 Gemäß Art. 54 Abs. 2 MiFID soll die Weitergabe vertraulicher Informationen nur ausnahmsweise in einem zivil- oder handelsrechtlichen Verfahren zulässig sein, wenn gegen ein Wertpapierunternehmen das Konkursverfahren eröffnet oder die Zwangsabwicklung eingeleitet wurde und die Informationen für das betreffende Verfahren erforderlich sind. Nach dem EuGH handelt es sich bei dem Verfahren nach dem IFG indes nicht um ein zivil- oder handelsrechtliches Verfahren, so dass sich die BaFin nach dem EuGH zu Recht auf ihre Verschwiegenheitspflicht beruft (EuGH Urt. v. 12.11.2014, Rs. C-140/13 – Annett Altmann, ECLI:EU:C:2014:2362 = ZIP 2014, 2307, Rn. 39).

halbiert hat, nicht erworben. Kann A die BaFin auf Ersatz des Schadens in Anspruch nehmen?

Lösung: A könnte ein Anspruch auf Schadensersatz gegen die Bundesrepublik Deutschland aus Amtshaftung wegen einer Pflichtverletzung der BaFin aus **§ 839 BGB iVm Art. 34 GG** haben. Dafür müsste der handelnde Mitarbeiter M ein **Beamter im haftungsrechtlichen Sinne** sein. Dieser Begriff ist weiter zu verstehen als der Beamtenbegriff im statusrechtlichen Sinne und setzt nur voraus, dass der handelnden Person von der zuständigen Stelle die Ausübung eines öffentlichen Amtes anvertraut worden ist.[1545] Die BaFin ist bundesunmittelbare, rechtsfähige Anstalt des öffentlichen Rechts und M wurde von dieser ordnungsgemäß mit einer Aufgabe betraut, die im Zusammenhang mit ihrer Aufsichtstätigkeit steht. Damit ist M Beamter im haftungsrechtlichen Sinne. Die mögliche Pflichtverletzung des M durch Billigung des Prospekts geschah auch **in Ausübung eines öffentlichen Amtes** und nicht nur bei Gelegenheit der Amtstätigkeit. 949

Fraglich ist aber, ob eine Amtspflicht schuldhaft verletzt wurde. Eine **Amtspflichtverletzung** könnte zum einen darin zu sehen sein, dass M die falschen Angaben zum Geschäftskapital im Prospekt übersehen und beim Prospektveranlasser nicht auf eine Korrektur hingewirkt hat. Gem. Art. 20 Abs. 4 iVm 31 Abs. 1 ProspektVO iVm § 17 WpPG nimmt die BaFin im Rahmen des Billigungsverfahrens eine Vollständigkeitsprüfung, einschließlich einer Prüfung der Kohärenz und Verständlichkeit, vor. Die Richtigkeit der Angaben im Prospekt hat die BaFin nach hM nicht zu prüfen (→ Rn. 251).[1546] Zudem war die Unrichtigkeit auch nicht aufgrund allgemein zugänglicher Quellen oder anderweitig erkennbar, so dass auch nach aA[1547] im Übersehen der Falschangabe keine Pflichtverletzung auf Seiten der BaFin vorliegt. Gem. § 13 Abs. 1 WpPG muss die BaFin jedoch prüfen, ob der Prospekt vollständig ist. Da einzelne gem. Art. 6, 13 ProspektVO notwendige Mindestangaben eines Wertpapierprospekts fehlten, war der Prospekt unvollständig und hätte nicht gebilligt werden dürfen. Damit liegt ein Verstoß gegen Art. 6, 13 ProspektVO vor, da M den Prospekt trotz Unvollständigkeit gebilligt hat. M handelte zumindest leicht fahrlässig, so dass auch ein **Verschulden** nach §§ 839 Abs. 1 S. 1, 276 BGB zu bejahen ist.

Für einen Amtshaftungsanspruch muss die verletzte Amtspflicht darüber hinaus aber auch **drittbezogen** sein, dh nicht nur dem Schutz der Allgemeinheit, sondern zumindest auch dem Schutz von Individualinteressen des Geschädigten zu dienen bestimmt sein.[1548] Einen solchen Drittbezug hat der

1545 MüKoBGB/*Papier/Shirvani* § 839 Rn. 130.
1546 Erbs/Kohlhaas/*Wehowsky* WpPG § 13 Rn. 4; *Groß* KapMarktR WpPG § 13 Rn. 8; Schwark/Zimmer/*Heidelbach* WpPG § 13 Rn 13. AA wohl *Crüwell* AG 2003, 243 (250 f.).
1547 Hierzu Schwark/Zimmer/*Heidelbach* WpPG § 13 Rn. 14.
1548 Palandt/*Bassenge* BGB § 839 Rn. 43.

BGH zunächst für die Aufsichtspflichten des Bundesaufsichtsamts für Kreditwesen, dem Vorgänger der BaFin (→ Rn. 918), und damit eine Amtshaftung dieser Aufsichtsbehörde bejaht.[1549] Der Gesetzgeber hat jedoch bestimmt, dass die BaFin ausschließlich im öffentlichen Interesse tätig wird (früher § 6 Abs. 4 KWG aF und heute **§ 4 Abs. 4 FinDAG**) und damit eine Amtshaftung der BaFin gegenüber Anlegern für Fehler bei der Kapitalmarktaufsicht ausgeschlossen.[1550] Diese Beschränkung des Aufsichtszwecks auf öffentliche Interessen hat der EuGH für europarechtskonform erklärt.[1551] Mithin sind eine Drittbezogenheit der Pflicht zur Prüfung des Prospekts auf Vollständigkeit und Kohärenz gem. Art. 20 Abs. 4 ProspektVO und damit auch eine Amtshaftung abzulehnen.

Ergebnis: A hat keinen Schadenersatzanspruch gegen die BaFin aus § 839 BGB iVm Art. 34 GG.

950 **Abwandlung 1 zu Fall 26:** A möchte nun jedenfalls Prospekthaftungsansprüche nach § 9 Abs. 1 S. 1 Nr. 1 WpPG gegen die E-AG als Emittentin der Aktien geltend machen. Diese wendet ein, der AG könne keine grobe Fahrlässigkeit in Bezug auf die Prospektfehler vorgeworfen werden, da die BaFin den Prospekt immerhin gebilligt habe. Wie ist dieser Einwand zu beurteilen?

951 **Lösung:** Gem. § 12 Abs. 1 WpPG entfällt ein Anspruch aus § 9 Abs. 1 WpPG, wenn die E-AG als Anspruchsgegner nachweist, dass ihr weder Vorsatz noch grobe Fahrlässigkeit bezüglich der Unrichtigkeit oder Unvollständigkeit der Angaben des Prospekts vorgeworfen werden können. Möglicherweise ist hier zugunsten der E-AG zu berücksichtigen, dass die BaFin ihre Prüfungspflicht durch Billigung des Prospekts trotz Unvollständigkeit verletzt hat (siehe Ausgangsfall). Der Emittent kann sich jedoch nicht mit dem Verweis auf die fehlerhafte Billigung der BaFin exkulpieren.[1552] Die BaFin wird gem. § 4 Abs. 4 FinDAG ausschließlich im öffentlichen Interesse und demzufolge auch nicht im Interesse der Emittenten tätig.

Ergebnis: Der von der E-AG eingebrachte Einwand der Exkulpation hat daher keinen Erfolg.

952 **Abwandlung 2 zu Fall 26:** Die E-AG hatte mit dem Angebot der Aktien von Beginn an nur Ärger. Sie hatte den Prospekt rechtzeitig beim zuständigen BaFin-Mitarbeiter M eingereicht, doch die Billigung des Prospekts er-

1549 BGHZ 74, 144 – Wetterstein; BGHZ 75, 120 – Herstatt.
1550 Schwark/Zimmer/*Noack/Zetzsche* WpHG § 4 Rn. 11.
1551 EuGH Slg. 2004, ECLI:EU:C:2004:606, I-9425 = NJW 2004, 3479 – Peter Paul (zur Vorgängernorm § 6 Abs. 4 KWG). Hierzu auch BGHZ 162, 49 = NJW 2005, 742.
1552 Siehe auch OLG Frankfurt a. M. Urt. v. 1.2.1994 – 5 U 213/94 WM 1994, 291 (297) – Bond.

folgte wegen der chaotischen Arbeitsweise des M erst nach 5 Wochen (30 Werktage). Die E-AG möchte, dass die BaFin ihr den durch die verspätete Billigung entstandenen Schaden ersetzt. Die BaFin wendet ein, dass ein Anspruch schon deshalb ausgeschlossen sei, weil die E-AG den Schadenseintritt nicht durch Einlegung von Rechtsmitteln verhindert habe. Hat die E-AG wegen der verspäteten Billigung durch die BaFin einen Amtshaftungsanspruch?

Lösung: Fraglich ist, ob der E-AG ein Anspruch auf Schadensersatz gem. **§ 839 BGB iVm Art. 34 GG** zusteht. Wie oben gezeigt (→ Rn. 949) handelte M als **Beamter im haftungsrechtlichen Sinne.** Darüber hinaus müsste M eine **drittbezogene Amtspflicht** verletzt haben. Eine solche Pflichtverletzung könnte in der nicht rechtzeitigen Billigung des Prospekts der E-AG liegen. Gem. Art. 20 Abs. 3 UAbs. 1 ProspektVO beträgt die Billigungsfrist 20 Werktage, wenn es um Wertpapiere geht, die noch nicht zum Handel an einem organisierten Markt im EWR zugelassen sind und dessen Emittent zuvor keine Wertpapiere öffentlich angeboten hat. Diese Voraussetzungen treffen auf die E-AG zu, so dass die Billigung nach 5 Wochen jedenfalls verfristet war.[1553] Nach dem Grundsatz der Gesetzmäßigkeit der Verwaltung (Art. 20 Abs. 3 GG) muss die BaFin als Verwaltungsbehörde die gesetzliche Verfahrensfrist des Art. 20 Abs. 3 UAbs. 1 ProspektVO auch gerade zum Schutz des Adressaten des Verwaltungsakts einhalten. Die Pflicht zum rechtmäßigen Verhalten gegenüber den von der Aufsichtsmaßnahme unmittelbar betroffenen Personen wird auch nicht durch § 4 Abs. 4 FinDAG ausgeschlossen.[1554] Durch die Überschreitung der Billigungsfrist in Art. 20 ProspektVO um 10 Werktage hat M somit eine drittbezogene Amtspflicht verletzt. Der Grund für die Verspätung liegt in der chaotischen Arbeitsweise des M, so dass auch ein **Verschulden** gem. §§ 839 Abs. 1 S. 1, 276 BGB vorliegt. 953

Zudem ist der E-AG durch die verspätete Billigung des Prospekts ein **adäquat kausaler Schaden** entstanden. Dies insbesondere deshalb, weil die Billigung – anders als nach früherer Rechtslage – nicht nach Fristablauf fingiert wird (→ Rn. 251). Der E-AG ist der entstandene Schaden grundsätzlich gem. § 251 Abs. 1 Var. 1 BGB zu ersetzen. Der Anspruch der E-AG auf Schadenersatz könnte jedoch nach **§ 839 Abs. 3 BGB** ausgeschlossen sein. Dies ist dann der Fall, wenn die E-AG den Schaden durch das Einlegen eines Rechtsmittels gegen die pflichtwidrige Handlung der Behörde hätte verhindern können und der E-AG diesbezüglich zumindest Fahrlässigkeit vorzuwerfen

1553 Ein späterer Fristbeginn gem. Art. 20 Abs. 4 ProspektVO wegen der fehlenden Mindestangabe im Prospekt ist nicht anzunehmen, da die BaFin gem. S. 1 lit. a nach spätestens 10 Werktagen auf die Unvollständigkeit des Prospekts hätte hinweisen müssen.

1554 Begr RegE BT-Drs. 10/1441, 20; Assmann/Schneider/Mülbert/*Döhmel* WpHG Vor § 6 Rn. 54. AA Fuchs/*Schlette/Bouchon* WpHG § 4 Rn. 13.

ist. Nach Ablauf der Billigungsfrist hätte die E-AG entweder einstweiligen Rechtsschutz nach § 123 VwGO ersuchen oder eine Verpflichtungsklage in Form der Untätigkeitsklage nach § 42 Abs. 1 VwGO erheben können. Diese Maßnahmen wären zumindest geeignet gewesen, die Bearbeitung der Prospektbilligung durch die BaFin zu beschleunigen (sei es als Druckmittel gegenüber der Behörde oder durch ein entsprechendes Gestaltungsurteil bzw. eine einstweilige Anordnung des Verwaltungsgerichts) und damit den tatsächlichen Schadenseintritt zu mindern (aA vertretbar). Die E-AG unterließ diese Maßnahmen jedenfalls fahrlässig, da sie sich im Zweifel hierüber Rechtsrat hätte einholen müssen.

Ergebnis: Der Amtshaftungsanspruch der E-AG gegen die BaFin ist entstanden, aber nach § 839 Abs. 3 BGB ausgeschlossen.

III. Aufsicht über Börsen und Handelsplätze

1. Börsenaufsichtsbehörden

954 Für die Börsenaufsicht sind die Aufsichtsbehörden der Länder zuständig (§ 3 Abs. 1 BörsG). In der Regel sind das die Wirtschaftsministerien des jeweiligen Bundeslandes. Sie überwachen die Einhaltung der börsenrechtlichen Vorschriften und Anordnungen sowie die ordnungsgemäße Erfüllung der Börsengeschäfte (§ 3 Abs. 1 S. 3 BörsG). Neben dem Handel auf dem **regulierten Markt** überwachen die Börsenaufsichtsbehörden auch den **Freiverkehr** (§ 48 Abs. 2, 3 BörsG). Die Überwachung der WpHG-Vorschriften ist indes allein der BaFin vorbehalten. Auch die sonstigen privatrechtlich betriebenen multilateralen Handelssysteme iSd § 2 Abs. 3 Nr. 8 WpHG werden im Hinblick auf § 31 f. WpHG von der BaFin überwacht. Bis zum Zweiten Finanzmarktförderungsgesetz beschränkte sich die Börsenaufsicht auf eine reine **Rechtsaufsicht.**[1555] Kontrolliert wurde lediglich die Gesetzmäßigkeit und Rechtmäßigkeit der Börsenselbstverwaltung. Neben der Rechtsaufsicht existiert nun auch eine **Marktaufsicht**, in deren Rahmen der Börsenhandel, die Handelsteilnehmer und die elektronischen Hilfseinrichtungen der Börse beaufsichtigt werden.[1556] So soll die Ordnungsmäßigkeit des Börsenhandels und der Abwicklung der Börsengeschäfte gewährleistet werden (§ 3 Abs. 1 S. 3 BörsG). Die Börsenaufsichtsbehörden haben eine Generalbefugnis zum Erlass von Anordnungen, wenn **Rechtsverstöße oder Miss-**

1555 *Groß* KapMarktR BörsG § 3 Rn. 9.
1556 *Groß* KapMarktR BörsG § 3 Rn. 9.

stände festgestellt werden (§ 3 Abs. 5 BörsG). Ebenso stehen der Börsenaufsicht zur Erfüllung ihrer Aufgaben **Auskunfts- und Betretungsrechte** zur Verfügung (§ 3 Abs. 4 BörsG). Die Aufgaben werden auch hier nur im öffentlichen Interesse wahrgenommen, § 3 Abs. 3 BörsG. Widerspruch und Anfechtungsklage haben keine aufschiebende Wirkung, § 3 Abs. 9 BörsG.

2. Handelsüberwachungsstelle

Die Börsen haben gem. § 7 Abs. 1 BörsG zudem eine Handelsüberwachungsstelle als eigenständiges **Börsenorgan** einzurichten, die den Handel an der Börse und die Börsengeschäftsabwicklung überwacht. Hierdurch soll die Selbstverwaltung der Börse gestärkt und insbesondere die Überwachung vor Ort schneller und wirksamer werden.[1557] Die Handelsüberwachungsstelle wertet Handelsdaten aus und führt notwendige Ermittlungen durch (§ 7 Abs. 1 S. 2 BörsG). Ihr stehen weitgehend die gleichen Befugnisse wie der staatlichen Börsenaufsichtsbehörde zu, insbesondere ein Auskunftsrecht nach § 7 Abs. 3 iVm § 3 Abs. 4 S. 1–5 BörsG. Sofern die Handelsüberwachungsstelle Tatsachen feststellt, die die Annahme rechtfertigen, dass die ordnungsmäßige Durchführung des Handels an der Börse oder die Börsengeschäftsabwicklung beeinträchtigt werden könnten, muss sie die Börsenaufsichtsbehörde und die Geschäftsführung unverzüglich unterrichten, damit diese weitere Maßnahmen ergreifen, § 7 Abs. 5 S. 1–3 BörsG. Werden ihr Tatsachen bekannt, die für die Aufgaben der BaFin relevant sind, muss sie auch diese unterrichten, § 7 Abs. 5 S. 4 und 5 BörsG. Der Leiter der Handelsüberwachungsstelle muss zudem der Börsenaufsichtsbehörde regelmäßig berichten, § 7 Abs. 2 S. 1 BörsG. Die Börsengeschäftsführung kann der Handelsüberwachungsstelle gem. § 7 Abs. 1 S. 6 BörsG Weisungen erteilen. Die Handelsüberwachungsstellen handeln wie BaFin und Börsenaufsichtsbehörden ausschließlich im öffentlichen Interesse, § 7 Abs. 6 BörsG. 955

Zur vertiefenden Lektüre: *Baur/Boegl*, Die neue europäische Finanzmarktaufsicht –Der Grundstein ist gelegt, BKR 2011, 177; *Becker*, Eingriffsbefugnisse und Sanktionierungsmöglichkeiten: Handlungsspielräume der Wertpapieraufsicht nach den Vorschriften des WpHG, in: Klöhn, FS 25 Jahre WpHG, 2019, S. 425; *Gurlit*, Handlungsformen der Finanzmarktaufsicht,

1557 Baumbach/Hopt/*Kumpan* WpÜG § 7 Rn. 1.

ZHR 177 (2013), 862; *Walla,* Kapitalmarktaufsicht in Europa, in: Veil (Hrsg.), Europäisches Kapitalmarktrecht, § 11, 2. Aufl. 2014.

§ 32. Kapitalmarktzivilprozessrecht (KapMuG)

956 Nach dem Kurssturz der Telekom-Aktie im Jahr 2000 brach eine wahre Welle an Anlegerklagen über die Telekom AG herein, in denen es um Ansprüche aus Prospekthaftung wegen eines fehlerhaften Börsenzulassungsprospekts ging. Die Vielzahl an Verfahren war von der gem. § 48 BörsG aF allein zuständigen 7. Kammer für Handelssachen des LG Frankfurt a. M. kaum zu bewältigen, so dass viele Kläger auch noch drei Jahre nach Klageerhebung auf einen ersten Termin zur mündlichen Verhandlungen warteten. Nach einer erfolglosen Verfassungsbeschwerde, in der die Kläger die lange Verfahrensdauer vor dem Hintergrund des verfassungsrechtlich gewährleisteten Rechts auf effektiven Rechtsschutz rügten,[1558] brachte der Gesetzgeber im Jahr 2005 das auch häufig als **Lex Telekom** bezeichnete **Kapitalanlegermusterverfahrensgesetz** (KapMuG) auf den Weg. Das Gesetz war zunächst auf fünf Jahre befristet, wurde dann verlängert und schließlich mit Wirkung vom 1.11.2012 neu gefasst.[1559] Die derzeitige Fassung gilt bis 31.12.2023, § 28 KapMuG.

I. Regelungszweck und Rechtsnatur

957 Im Musterverfahren nach dem KapMuG werden einzelne rechtliche und tatsächliche Fragen durch das OLG mit bindender Wirkung für eine Vielzahl von Klagen beantwortet, die Anleger zur Durchsetzung ihrer Ansprüche vor dem zuständigen LG eingereicht haben. Zweck des KapMuG ist die einheitliche und gebündelte Entscheidung von gleichgerichteten Fragen für mehrere Klagen, um so die **Verfahrensdauer** abzukürzen und die Prozesskosten für den einzelnen Kläger zu verringern.[1560] Zwar hat das KapMuG bereits prakti-

---

1558 Die Verfassungsbeschwerde der elf Kläger, die ihre Rechtsschutzgarantie dadurch verletzt sahen, dass die Kammer nach fast drei Jahren noch keinen Termin zur mündlichen Verhandlung bestimmt hatte, hat das BVerfG indes nicht zur Entscheidung angenommen (BVerfG NJW 2004, 3320).

1559 BT-Drs. 17/8799, 29.

1560 Begründung der Bundesregierung BT-Drs. 15/5091, 1, 19.

sche **Anwendung** erlangt, beispielsweise im Geltl/Daimler-Fall[1561] und im Telekom-Verfahren,[1562] es gilt aber teilweise noch immer als zu ineffizient.[1563]

Das Musterverfahren nach dem KapMuG entzieht sich den bekannten prozessrechtlichen Kategorien. Es unterscheidet sich von Verbandsklagen (siehe etwa §§ 33 Abs. 1, 4; 34a GWB; §§ 8 Abs. 3, 10 UWG), da keine Verbraucher- oder Wirtschaftsverbände klagen, sondern jeder einzelne Anleger seine eigenen Ansprüche klageweise durchsetzt. Im Gegensatz zu den Gruppenklagen, wie sie mit der US-amerikanischen *class action* oder der englischen *representative action* im anglo-amerikanischen Rechtskreis verbreitet sind, sieht es zudem keine automatische Rechtskrafterstreckung des Musterentscheids auf am Verfahren unbeteiligte Dritte vor.[1564] Die Bindungswirkung des Musterverfahrens ähnelt vielmehr der Streitverkündungs- bzw. Interventionswirkung nach § 74 Abs. 3, § 68 ZPO. 958

II. Anwendungsbereich (§ 1 KapMuG)

Anwendbar ist das KapMuG auf alle bürgerlichen Rechtsstreitigkeiten, die die in § 1 Abs. 1 KapMuG genannten Ansprüche zum Gegenstand haben. Das KapMuG findet auf Schadensersatzansprüche wegen falscher, irreführender oder unterlassener **öffentlicher Kapitalmarktinformationen** Anwendung (§ 1 Abs. 1 Nr. 1 KapMuG). Unter Kapitalmarktinformationen sind nach der gesetzlichen Legaldefinition alle Informationen über Tatsachen, Umstände, Kennzahlen und sonstige Unternehmensdaten zu verstehen, die für eine Vielzahl von Kapitalanlegern bestimmt sind und einen Emittenten von Wertpapieren oder einen Anbieter von sonstigen Vermögensanlagen betreffen (§ 1 Abs. 2 S. 1 KapMuG). Als Regelbeispiele nennt der Gesetzgeber ua Verkaufsprospekte, ad-hoc-Mitteilungen und die Angebotsunterlage nach § 11 WpÜG auf (§ 1 Abs. 2 S. 2 KapMuG). 959

Gegenstand eines Kapitalanlegermusterverfahrens können nach § 1 Abs. 1 Nr. 1 KapMuG beispielsweise Ansprüche gem. §§ 97, 98 WpHG; §§ 9 ff. WpPG; §§ 20 ff. VermAnlG sein. Auch wenn § 1 Abs. 1 Nr. 1 KapMuG Anbieter von Investmenvermögen nicht ausdrücklich erwähnt, fallen auch An-

1561 BGH NJW 2013, 2114.
1562 BGH NJW 2015, 236.
1563 Beispiel für Kritik aus der Richterschaft *Stackmann* NJW 2010, 3185.
1564 Begr. RegE BT-Drs. 15/5091, 16.

sprüche wegen öffentlicher Kapitalmarktinformationen über Investmentvermögen, insbesondere aus § 306 KAGB, in den Anwendungsbereich des KAGB.[1565] Das KapMuG gilt zudem für Ansprüche wegen fehlerhafter Kapitalmarktinformationen aufgrund gesetzlicher Vorschriften außerhalb des Kapitalmarktrechts, etwa gem. § 823 Abs. 2 iVm § 400 AktG,[1566] und für Ansprüche gegen den Emittenten bzw. Prospektverantwortliche und -veranlasser sowie gegen persönliche haftende Organmitglieder.

960 Seit 2012 erfasst § 1 Abs. 1 Nr. 2 KapMuG auch Schadensersatzansprüche wegen Verwendung einer falschen oder irreführenden öffentlichen Kapitalmarktinformation oder wegen Unterlassung der gebotenen Aufklärung darüber, dass eine öffentliche Kapitalmarktinformation falsch oder irreführend ist. Damit sind auch Klagen musterverfahrensfähig, die auf einen vertraglichen Anspruch, etwa wegen **fehlerhafter Anlageberatung** oder -vermittlung oder einen Anspruch aus §§ 241 Abs. 2, § 311 Abs. 2 und 3 BGB gestützt werden. Voraussetzung ist aber ein Bezug zu einer öffentlichen Kapitalmarktinformation iSd § 1 Abs. 2 S. 2 KapMuG.[1567]

Damit sollen insbesondere die Fälle der Prospekthaftung iwS erfasst werden, in denen sich die Haftung aus der Verwendung eines fehlerhaften Prospekts im Zusammenhang mit einer Beratung oder einer Vermittlung ergibt (→ Rn. 347).[1568]

961 Schließlich erfasst § 1 Abs. 1 Nr. 3 KapMuG auch Erfüllungsansprüche aus Verträgen, die auf einem Angebot nach dem **WpÜG** beruhen; seit 2015 auch Abfindungsansprüche nach einem Delisting gem. § 39 Abs. 3 S. 3 und 4 BörsG (→ Rn. 209).

Hiermit sind vor allem Ansprüche aus § 31 Abs. 1, 4 oder 5 WpÜG auf eine angemessene Gegenleistung erfasst.

962 Nach der Rechtsprechung des BGH gilt das KapMuG nicht nur für Leistungsklagen, sondern auch für positive Feststellungsklagen, die auf Feststellung der in § 1 Abs. 1 KapMuG genannten Ansprüche gerichtet sind.[1569]

1565 Siehe Beschlussempfehlung und Bericht des Rechtsausschusses des Deutschen Bundestages, BT-Drs. 15/5695, 23.

1566 BT-Drs. 15/5091, 20; *Buck-Heeb* KapMarktR Rn. 1279; KölnKomm KapMuG/*Kruis* § 1 Rn. 70.

1567 BT-Drs. 17/8799, 26; BGH NGZ 2019, 1108 (1109).

1568 BT-Drs. 17/8799, 26.

1569 BGH NZG 2016, 67.

III. Zuständigkeit des Ausgangsgerichts

1. Sachliche Zuständigkeit

Für Schadensersatzansprüche gem. § 1 Abs. 1 Nr. 1, 2 KapMuG im Zusammenhang mit fehlerhaften Kapitalmarktinformationen ist gem. § 71 Abs. 2 Nr. 3 GVG das **Landgericht** sachlich zuständig. Die in § 1 Abs. 1 Nr. 3 KapMuG genannten Erfüllungsansprüche, insbesondere aus Vertrag auf Grundlage eines öffentlichen Angebots nach dem WpÜG, werden in § 71 Abs. 2 Nr. 3 GVG hingegen nicht genannt. Daher ist insoweit grundsätzlich das Amtsgericht gem. § 23 GVG für Erfüllungsansprüche gem. § 1 Abs. 1 Nr. 3 KapMuG zuständig, sofern es keine abdrängende Sonderzuweisung gibt.[1570] Eine solche sieht aber § 66 WpÜG vor: Zwar handelt sich nicht um Ansprüche „aus" dem WpÜG, wie es § 66 Abs. 1 S. 1 WpÜG verlangt, sondern aus dem Vertrag. Aber § 66 Abs. 1 S. 2 WpÜG ordnet die ausschließliche Zuständigkeit des Landgerichts an, sofern die Entscheidung des Rechtsstreits ganz oder teilweise von einer Entscheidung abhängt, die nach dem WpÜG zu treffen ist. Das wäre beispielsweise der Fall, wenn (auch) die Angemessenheit der Gegenleistung im Sinne von § 31 Abs. 1 WpÜG in Streit steht. Geht es bei dem Erfüllungsanspruch aber ausschließlich um Rechtsfragen außerhalb des WpÜG, bleibt es bei der Zuständigkeit der Amtsgerichte nach der allgemeinen Regel des § 23 GVG. 963

2. Örtliche Zuständigkeit

Mit der Einführung des KapMuG wurde zur Verbesserung des Anlegerschutzes[1571] in § 32b ZPO ein **ausschließlicher Gerichtsstand** für Klagen geschaffen, in denen Ansprüche iSd § 1 Abs. 1 KapMuG geltend gemacht werden können. Die ausschließliche örtliche Zuständigkeit besteht für das Gericht am inländischen Sitz des betroffenen Emittenten, Anbieters sonstiger Vermögensanlagen oder der Zielgesellschaft iSd WpÜG.[1572] Gem. § 32b Abs. 2 ZPO können die Landes- 964

1570 MüKoAktG/*Kreße* § 66 WpÜG Rn. 4. AA KapMuG/*Hess* § 32b ZPO Rn. 2; Zöller/*Althammer* § 32b Rn. 2.

1571 Vgl. Gesetz zur Einführung von Kapitalanleger-Musterverfahren v. 16.8.2005, BGBl. 2005 I 2437; BT-Drs. 15/5695, 1; 15/5091, 1.

1572 Zu den Begriffen „Emmitent" und „Anbieter von sonstigen Vermögensanlagen" in kritischer Würdigung der Auslegung durch den BGH: *Korth/Kroymann/Suilmann* NJW 2016, 1130 (1132).

regierungen durch Rechtsverordnung einem Landgericht die Bezirke mehrer Landgerichte zuweisen. Die Beweggründe für § 32b ZPO waren zum einen prozessökonomischer Natur, insbesondere ging es dem Gesetzgeber jedoch darum, einer Zersplitterung der örtlichen Zuständigkeit aufgrund verschiedener Gerichtsstände und damit potentiell widersprüchlichen Entscheidungen über dieselbe fehlerhafte öffentliche Kapitalmarktinformation vorzubeugen („ein Prospekt – ein Gericht“[1573]).[1574] Die Zuständigkeit setzt gem. § 32b Abs. 1 2. Hs. ZPO einschränkend voraus, dass die Klage jedenfalls auch gegen den Emittenten, Anbieter oder die Zielgesellschaft gerichtet ist. Diese Einschränkung wurde vor allem im Hinblick auf § 32b Abs. 1 Nr. 2 ZPO für Klagen gegen Anlageberater und -vermittler eingeführt. Da sich der Anlageberater oder -vermittler typischerweise in örtlicher Nähe zum geschädigten Anleger befindet, ist ein ausschließlicher Gerichtsstand durch Anknüpfung etwa an den Sitz des Emittenten an einem möglicherweise weit entfernten Ort nur geboten, wenn zugleich auch der Emittent verklagt wird.[1575]

Der ausschließliche Gerichtsstand gilt zunächst gem. § 32b Abs. 1 Nr. 1 ZPO für Klagen auf Schadensersatz wegen **falscher, irreführender oder öffentlicher Kapitalmarktinformationen** gegen Emittenten und Anbieter der Produkte, aber auch gegen sonstige Prospektverantwortliche, etwa Initiatoren, Gründer oder Manager der Gesellschaft (→ Rn. 959). Nach dem Wortlaut des § 32b Abs. 1 Hs. 2 ZPO wäre bei einer Klage gegen Letztere der ausschließliche Gerichtsstand am Sitz des Emittenten jedoch nur begründet, wenn die Klage auch gegen ihn oder den Anbieter gerichtet ist. Unter Berücksichtigung der Entstehungsgeschichte und des Normzwecks gilt die Einschränkung aber nur für § 32b Abs. 1 Nr. 2 ZPO, so dass der ausschließliche Gerichtsstand nach § 32b Abs. 1 Nr. 1 ZPO bei einer isolierten Klage gegen sonstige Prospektverantwortliche ohne zusätzliche Klage gegen eine der benannten Personen begründet ist.[1576] Für Klagen zur Durchsetzung der Erfüllungsansprüche nach dem WpÜG gem. § 32b Abs. 1 Nr. 3 ZPO gilt die Einschränkung des § 32b Abs. 1 Hs. 2 ZPO entgegen des Wortlauts ebenfalls nicht.

1573 *Korth/Kroymann/Suilmann* NJW 2016, 1130 (1131)
1574 BT-Drs. 15/5091, 33
1575 BT-Drs. 17/8799, 27.
1576 BGH NJW-RR 2013, 1302 (1303 f.) Rn. 16, 24–28; *Buck-Heeb* KapMarktR Rn. 1283.

§ 32b Abs. 1 ZPO wurde durch das KapMuGRefG von 2012 um die Nr. 2 erweitert, so dass auch Prozesse mit mittelbarem Bezug zu öffentlichen Kapitalmarktinformationen erfasst sind, etwa gegen **Anlageberater und -vermittler.**[1577] Hier gilt die Einschränkung des § 32b Abs. 1 Hs. 2 ZPO, so dass der ausschließliche Gerichtsstand bei Klagen gegen Anlageberater und -vermittler nur begründet ist, wenn die Klage zumindest auch gegen den Emittenten oder Anbieter gerichtet ist. Isolierte Klagen gegen Anlagevermittler und -berater gem. § 32b Abs. 1 Nr. 2 ZPO richten sich daher nach den allgemeinen Zuständigkeitsvorschriften der ZPO.[1578] Soweit neben dem Anlageberater und -vermittler lediglich ein sonstiger Prospektverantwortlicher gem. § 32b Abs. 1 Nr. 1 ZPO und keine der in § 32b Abs. 1 Hs. 2 ZPO benannten Personen beklagt ist, wäre Nr. 2 dem Wortlaut nach nicht anwendbar. Hier ist der Anwendungsbereich mit Verweis auf den Normzweck auf den Kreis möglicher Anspruchsgegner gem. § 32b Abs. 1 Nr. 1 ZPO bzw. § 1 Abs. 1 Nr. 1 KapMuG zu erweitern.[1579] Wenn ein Anleger neben einem Verantwortlichen gem. § 32b Abs. 1 Nr. 1 ZPO auch den Anlagevermittler bzw. -berater gem. § 32b Abs. 1 Nr. 2 ZPO mitverklagt, besteht für Letzteren ein **zusätzlicher**, nicht abdingbarer **gemeinsamer Gerichtsstand der Streitgenossenschaft.**[1580] 965

IV. Verfahrensablauf nach dem KapMuG

Das Verfahren nach dem KapMuG setzt sich aus dem Vorlageverfahren vor dem Prozessgericht und dem eigentlichen Musterverfahren vor dem OLG zusammen. Die Anspruchsberechtigten müssen demnach zunächst ihre Ansprüche klageweise vor dem gem. §§ 23, 71 Abs. 2 Nr. 3 GVG; § 32b ZPO zuständigen AG oder LG im **Ausgangsverfahren** geltend machen. Durch einen Musterverfahrensantrag des Prozessgerichts wird ein **Vorlageverfahren** in Gang setzt (§§ 2–8 KapMuG), an das sich das **Musterverfahren** vor dem OLG anschließt (§§ 9–21 KapMuG). Das Musterverfahren endet mit dem **Musterentscheid** bzw. einem Vergleich, an deren Inhalt das Prozessgericht sodann bei seiner Entscheidung im Ausgangsverfahren gebunden ist (§§ 22 ff. KapMuG). 966

1577 BT-Drs. 17/8799, 27.
1578 Zöller/*Vollkommer* ZPO § 32b Rn. 7.
1579 BGH NJW-RR 2013, 1302 (1304) Rn. 28.
1580 Zöller/*Vollkommer* ZPO § 32b Rn. 3, 7.

1. Vorlageverfahren vor dem Prozessgericht (§§ 2–8 KapMuG)

967 Das Vorlageverfahren wird durch einen Musterverfahrensantrag nach § 2 KapMuG durch den Kläger oder Beklagten vor dem zuständigen Prozessgericht des Ausgangsverfahrens eingeleitet.

968 **a) Statthaftigkeit und Zulässigkeit des Musterverfahrensantrags.** Der Musterverfahrensantrag ist **statthaft**, um das Vorliegen oder Nichtvorliegen anspruchsbegründender oder anspruchsausschließender Voraussetzungen oder die Klärung von Rechtsfragen (sog **Feststellungsziele**) feststellen zu lassen. Das Feststellungsziel des Musterverfahrensantrags kann sowohl auf Rechts- als auch auf Tatsachenfragen gerichtet sein.[1581] Diese Fragen müssen sich auf einzelne anspruchsbegründende oder anspruchsausschließende Voraussetzungen der jeweiligen Anspruchsgrundlage beziehen, die für den Ausgang des jeweiligen Verfahrens entscheidungserheblich sind.[1582] Gem. § 2 Abs. 3 S. 2 KapMuG muss der Antragsteller zudem darlegen, dass der Entscheidung über die Feststellungsziele im Musterverfahren (Musterentscheid) über den einzelnen Rechtsstreit hinaus Bedeutung auch für andere gleichgelagerte Rechtsstreitigkeiten zukommen kann.

Feststellungsziele können daher zB die Feststellung der Fehlerhaftigkeit eines Prospekts oder einer ad-hoc-Information oder der Art und Weise der Schadensberechnung sein.[1583] Das Bestehen eines Schadensersatzanspruchs als solches ist hingegen kein zulässiges Feststellungsziel eines Musterverfahrensantrags. Auch nicht verallgemeinerungsfähige Tatsachen oder Rechtsfragen wie der individuelle Schaden eines Anlegers, individuelle Fragen der Kausalität oder das Mitverschulden eines Anlegers können nicht Gegenstand eines Musterfeststellungsverfahrens sein.[1584] Das gilt auch für die Verjährung, da der Fristbeginn von der Kenntnis bzw. grob fahrlässigen Unkenntnis des Gläubigers gem. § 199 Abs. 1 Nr. 2 BGB und damit von nicht verallgemeinerungsfähigen Fragen abhängt.[1585]

969 Im Musterverfahrensantrag müssen gem. § 2 Abs. 3 S. 1 KapMuG die zur Begründung dienenden Tatsachen und Beweismittel (Streitpunkte) angegeben werden.

1581 *Söhner* ZIP 2013, 7.
1582 Vorwerk/Wolf/*Vorwerk* KapMuG § 1 Rn. 28; s. auch BT-Drs. 15/5091, 20.
1583 Vgl. *Buck-Heeb* KapMarktR Rn. 1287.
1584 BT-Drs. 15/5091, 20; BGHZ 177, 88; Vollkommer NJW 2007, 3094 (3096).
1585 BGHZ 177, 88.

Feststellungsziel ist beispielsweise die Unrichtigkeit eines Börsenzulassungsprospekts; Streitpunkte sind verschiedene falsche Angaben im Prospekt.[1586]

Die Voraussetzungen für die **Zulässigkeit** eines Musterverfahrensantrags regelt § 3 KapMuG. Demnach verwirft das Prozessgericht den Antrag durch unanfechtbaren Beschluss als unzulässig, soweit die Feststellungsziele für den zugrundeliegenden Rechtsstreit nicht entscheidungserheblich sind. Das wäre beispielsweise der Fall, wenn der Rechtsstreit unabhängig von den Rechts- und Tatsachenfragen entscheidungsreif ist. Der Antrag ist im Weiteren unzulässig, wenn die angegebenen Beweismittel zum Beweis der geltend gemachten Feststellungsziele ungeeignet sind; die Bedeutung für andere Rechtsstreitigkeiten nicht ausreichend dargelegt ist oder der Musterverfahrensantrag zur Prozessverschleppung gestellt wurde. Ist der Musterverfahrensantrag nicht statthaft oder gem. § 3 Abs. 1 KapMuG bzw. nach allgemeinen zivilprozessrechtlichen Vorschriften unzulässig, weist das Prozessgericht den Antrag durch unanfechtbaren Beschluss als unzulässig zurück (§ 3 Abs. 1 KapMuG). Anderenfalls macht das Prozessgericht den Musterverfahrensantrag im Bundesanzeiger unter der Rubrik „Klageregister nach dem Kapitalanleger-Musterverfahrensgesetz" (**Klageregister**) bekannt (§ 3 Abs. 2 KapMuG). Das Verfahren wird kraft Gesetzes gem. § 5 KapMuG unterbrochen. Dies soll innerhalb von sechs Monaten nach Eingang des Antrags geschehen (§ 3 Abs. 3 KapMuG). Gleichgerichtete Musterverfahrensanträge werden gem. § 4 Abs. 1 KapMuG im Klageregister in der Reihenfolge ihrer Bekanntmachung erfasst. Es handelt sich um gleichgerichtete Anträge, wenn ihnen der gleiche Lebenssachverhalt zugrundeliegt (§ 4 Abs. 1 KapMuG). Mit der Bekanntmachung wird das Ausgangsverfahren vor dem Prozessgericht unterbrochen iSd § 249 ZPO (§ 5 KapMuG).[1587] 970

b) Vorlagebeschluss. Werden innerhalb von sechs Monaten nach der ersten Bekanntmachung eines Musterverfahrensantrags mindestens neun weitere gleichgerichtete Musterverfahrensanträge im Klageregister bekanntgemacht, ist durch Vorlagebeschluss eine Entscheidung des übergeordneten OLG über die Feststellungsziele herbeizuführen (§ 6 Abs. 1 S. 1 KapMuG). Für den Vorlagebeschluss ist 971

1586 BT-Drs. 15/5695, 23; siehe auch Gegenäußerung der Bundesregierung zur Stellungnahme des Bundesrates, BT-Drs. 15/5091, 49.
1587 Vorwerk/Wolf/*Fullenkamp* KapMuG § 5 Rn. 6.

gem. § 6 Abs. 2 KapMuG dasjenige Prozessgericht zuständig, bei dem der erste bekanntgemachte Musterverfahrensantrag gestellt wurde. Der Vorlagebeschluss enthält die Feststellungsziele sowie eine knappe Darstellung des dem Vorlagebeschluss zugrundeliegenden Lebenssachverhalts (§ 6 Abs. 3 KapMuG). Der Vorlagebschluss ist gem. § 6 Abs. 1 S. 2 KapMuG unanfechtbar und für das OLG grundsätzlich bindend.[1588] Er ist wiederum im Klageregister des elektronischen Bundesanzeigers bekannt zu machen (§ 6 Abs. 4 KapMuG) und entfaltet **Sperrwirkung** für eine weitere Einleitung eines Musterverfahrens (§ 7 KapMuG). Sobald der Vorlagebeschluss im Klageregister bekannt gemacht ist, sind alle weiteren bereits rechtshängigen Verfahren, deren Entscheidung von den Feststellungszielen des Musterverfahrens abhängt, von Amts wegen durch Beschluss desjeweiligen Prozessgerichts auszusetzen (§ 8 Abs. 1 KapMuG). Das gilt auch für Verfahren, die nach dem Vorlagebeschluss bis zur rechtskräftigen Entscheidung des Musterverfahrens anhängig gemacht werden. Die Aussetzung erfolgt unabhängig davon, ob in diesen Verfahren ein Musterverfahrensantrag gestellt wurde (§ 8 Abs. 1 S. 2 KapMuG). Ausgangsverfahren, die unabhängig vom Ausgang des Musterverfahrens entscheidungsreif sind, sind jedoch von der Aussetzung nicht betroffen.[1589]

Soll im Musterverfahren beispielsweise festgestellt werden, ob der auf Schadensersatz gem. § 9 WpPG in Anspruch genommene Emittent einen fehlerhaften Börsenzulassungsprospekt iSd Art. 3 Abs. 3 ProspektVO veröffentlicht hat und war dem Anleger nach dem unstreitigen Sachverhalt die Fehlerhaftigkeit beim Erwerb gem. § 12 Abs. 2 Nr. 3 WpPG bekannt, ist das Feststellungsziel nicht entscheidungserheblich, so dass das Verfahren nicht auszusetzen ist.[1590]

972 Ungeschriebene Voraussetzung für die **Aussetzung** ist neben der Entscheidungserheblichkeit auch, dass dem Ausgangsverfahren derselbe Lebenssachverhalt wie dem Vorlagebeschluss zugrundeliegt.[1591] Der kapitalmarktrechtliche Begriff des Lebenssachverhalts unterscheidet sich von dem zivilprozessualen Begriff. Den Lebenssachverhalt steckt der jeweilige Informationsträger ab. So bildet ein Wertpa-

1588 Zu den Ausnahmen BGHZ 190, 383 (385) Rn. 7 ff. = NZG 2011, 1117.
1589 Zu den Anforderungen BGH NZG 2019, 1108 (1109 f.); Vorwerk/Wolf/*Fullenkamp* KapMuG § 5 Rn. 11.
1590 Ähnlich Vorwerk/Wolf/*Fullenkamp* KapMuG § 5 Rn. 11; Maier-Reimer/Wilsing ZGR 2006, 79 (98).
1591 Vorwerk/Wolf/*Fullenkamp* KapMuG § 5 Rn. 7.

pierprospekt einen einheitlichen Lebenssachverhalt iSd KapMuG. Sind Mutter- und Tochtergesellschaft aufgrund desselben tatsächlichen Geschehens, zB wegen der Verwendung von Manipulationssoftware, zur ad-hoc-Publizität gem Art. 17 MAR verpflichtet, handelt es sich gleichwohl bei den einzelnen Pflichten der Mutter- und Tochtergesellschaft um verschiedene Lebenssachverhalte.[1592] Gegen die Entscheidung zur Aussetzung ist die sofortige Beschwerde zulässig, §§ 252, 567 ff. ZPO.[1593]

Wird die erforderliche Mindestzahl von zehn Musterverfahrensanträgen nicht erreicht, wird der Musterverfahrensantrag vom jeweiligen Prozessgericht zurückgewiesen und das ursprüngliche Verfahren fortgesetzt, § 6 Abs. 5 KapMuG. 973

2. Musterverfahren vor dem OLG (§§ 9–21 KapMuG)

Im Anschluss an den Vorlagebeschluss findet das Musterverfahren statt. Für das Musterverfahren ist das OLG sachlich zuständig, das dem vorlegenden Prozessgericht im Rechtszug übergeordnet ist (§ 6 Abs. 1 KapMuG). 974

Existieren in einem Bundesland mehrere OLG, können die jeweiligen Landesregierungen nach § 6 Abs. 6 S. 1 KapMuG die Zuständigkeit einem OLG durch Rechtsverordnung zuweisen. Nach § 6 Abs. 6 S. 2 KapMuG können die Landesregierungen die Verordnungsermächtigung auf die Justizverwaltungen delegieren, nach S. 3 können durch Staatsvertrag einem OLG auch Bezirke in anderen Bundesländern zugewiesen werden.

Auf die Durchführung des Musterverfahrens finden die Regelungen der ZPO für das Verfahren vor dem Landgericht weitgehend entsprechende Anwendung, § 11 Abs. 1 S. 1 KapMuG.

a) Beteiligte des Musterverfahrens. An dem Musterverfahren sind nicht alle antragstellenden oder gar alle anspruchsberechtigten Anleger aktiv beteiligt. Das zuständige OLG bestimmt vielmehr nach eigenem billigen Ermessen aus den Klägern, deren Ausgangsverfahren nach § 8 KapMuG ausgesetzt wurde, einen Musterkläger (§ 9 Abs. 2 S. 1 KapMuG). Hierbei berücksichtigt das OLG gem. § 9 Abs. 2 S. 2 KapMuG die Eignung des Klägers zur Führung des Musterverfahrens, eine Einigung mehrerer Kläger auf einen Musterkläger und die Höhe des individuellen Anspruchs des Klägers. In der Praxis ist häu- 975

1592 BGH BKR 2020, 658 (660 f.).
1593 *Buck-Heeb* KapMarktR Rn. 1292.

fig derjenige Musterkläger, der den höchsten individuellen Anspruch verfolgt.[1594] Die übrigen Kläger nehmen gem. § 9 Abs. 3 KapMuG als Beigeladene iSd § 9 Abs. 1 Nr. 3 KapMuG an dem Musterverfahren teil. Führt der Musterkläger das Verfahren nicht angemessen, kann er durch das OLG auf Antrag eines Beigeladenen wieder abberufen werden (§ 9 Abs. 4 KapMuG). **Musterbeklagte** sind alle Beklagten der ausgesetzten Verfahren (§ 9 Abs. 5 KapMuG). Sie sind einfache Streitgenossen.[1595] Musterkläger und Musterbeklagter werden durch das OLG im Klageregister öffentlich bekanntgemacht (§ 10 Abs. 1 KapMuG).

976 **b) Anmeldung von Ansprüchen.** Innerhalb von sechs Monaten ab dieser Bekanntmachung können diejenigen, die bis dahin noch keine Klage erhoben haben, ihre Ansprüche zum Musterverfahren anmelden (§ 10 Abs. 2 KapMuG), um so die Verjährung ihrer Ansprüche gem. § 204 Abs. 1 Nr. 6a BGB zu hemmen, ohne Klage erheben zu müssen. Bei der **Anmeldung** besteht gem. § 10 Abs. 2 S. 3 KapMuG Anwaltszwang. Die Anmeldung muss die in § 10 Abs. 4 KapMuG genannten Angaben enthalten und ist den darin bezeichneten Musterbeklagten zuzustellen (§ 10 Abs. 5 KapMuG). Die Zustellung führt zur **Hemmung** der **Verjährung** gem. § 204 Abs. 1 Nr. 6a BGB, soweit den angemeldeten Ansprüchen der gleiche Lebenssachverhalt zugrunde liegt wie den Feststellungszielen des Musterverfahrens und wenn innerhalb von drei Monaten nach dem rechtskräftigen Ende des Musterverfahrens die Klage auf Leistung oder Feststellung der in der Anmeldung bezeichneten Ansprüche erhoben wird. Die Anmeldung führt indes nicht dazu, dass sich die Bindungswirkung des Musterentscheids gem. § 22 Abs. 1 KapMuG auch auf die anmeldenden Anspruchsteller erstreckt. Zudem ist die Anmeldung erst nach der Bekanntmachung iSd § 10 Abs. 1 KapMuG und damit bei einer ausreichenden Zahl an Musterverfahrensanträgen möglich, so dass uU zur Unterbrechung der Verjährung doch eine eigene Klage notwendig ist.

977 **c) Beendigung des Musterverfahrens.** Das Musterverfahren wird grundsätzlich durch Beschluss des OLG, den **Musterentscheid**, beendet (§ 16 Abs. 1 KapMuG). Die im Musterverfahren entstandenen **Kosten** gelten als Kosten des ersten Rechtszugs des jeweiligen Aus-

1594 KölnKomm KapMuG/*Reuschle* § 9 Rn. 56.
1595 Begr. RegE KapMuG, BT-Drs. 17/8799, 21.

gangsverfahrens vor dem Prozessgericht (§ 24 Abs. 1 KapMuG). Über die im Musterverfahren angefallenen Kosten entscheidet daher das Prozessgericht (§ 16 Abs. 2 KapMuG). Gegen den Musterentscheid ist **Rechtsbeschwerde** zum BGH statthaft (§ 20 Abs. 1 KapMuG, §§ 574 ff. ZPO), ohne dass die grundsätzliche Bedeutung nach § 574 Abs. 2 Nr. 1 ZPO geprüft werden muss (§ 20 Abs. 1 S. 2 KapMuG).[1596] Die übrigen Beteiligten des Musterverfahrens gem. § 9 Abs. 1 KapMuG werden über den Eingang einer Rechtsbeschwerde informiert und können dieser beitreten, § 20 Abs. 2, 3 KapMuG.

Das Musterverfahren kann auch durch einen **Vergleich** beendet 978 werden. Hierfür unterbreiten Musterkläger und Musterbeklagter dem OLG einen Vergleichsvorschlag oder nehmen einen Vergleichsvorschlag des Gerichts an, § 17 Abs. 1 S. 1 KapMuG. Der Vergleichsvorschlag soll jeweils auch die Verteilung der Kosten des Musterverfahrens auf die Beteiligten regeln (§ 17 Abs. 2 Nr. 4 KapMuG) Das OLG muss den Vergleich genehmigen, §§ 17 Abs. 1 S. 2, 18 KapMuG. Der genehmigte Vergleich wird den Beigeladenen (§ 9 Abs. 1 Nr. 3, Abs. 3 KapMuG) zugestellt, die innerhalb von einem Monat nach Zustellung ihren Austritt aus dem Vergleich erklären können. Der Vergleich wird nur wirksam, wenn nicht mehr als 30 Prozent der Beigeladenen ihren Austritt fristgemäß erklärt haben, § 17 Abs. 1 S. 4 KapMuG.

3. Bindungswirkung im Ausgangsverfahren

Nach Beendigung des Musterverfahrens werden die Ausgangsver- 979 fahren vor den Prozessgerichten mit Einreichung des Musterentscheids fortgesetzt (§ 22 Abs. 4 KapMuG). Der **rechtskräftige Musterentscheid** entfaltet jeweils Bindungswirkung für die Prozessgerichte der nach § 8 Abs. 1 KapMuG ausgesetzten **Ausgangsverfahren** (§ 22 Abs. 1 KapMuG), also der Verfahren, die bis zur rechtskräftigen Entscheidung des Musterverfahrens rechtshängig waren oder wurden und deren Entscheidung von den geltend gemachten **Feststellungszielen** abhängt. Der Musterentscheid ist gem. § 22 Abs. 2 KapMuG der Rechtskraft insoweit fähig, als über die Feststellungsziele des Musterverfahrens entschieden ist. Soweit die Feststellungsziele im Ausgangsverfahren entscheidungserheblich sind, kann das Prozessgericht keine inhaltlich von dem Musterentscheid abwei-

1596 *Buck-Heeb* KapMarktR Rn. 1297.

chende Entscheidung treffen. Das gilt unabhängig davon, ob der jeweils Beteiligte einen Musterverfahrensantrag gestellt oder alle im Musterverfahren festgestellten Tatsachen selbst ausdrücklich geltend gemacht hat (§ 22 Abs. 1 S. 2 KapMuG). Die Bindungswirkung erfasst nicht nur den Tenor, sondern auch die im Musterentscheid festgestellten Tatsachen.[1597] Wird das Musterverfahren durch Vergleich beendet, wirkt der Inhalt für und gegen alle Beteiligten des Musterverfahrens iSd § 9 Abs. 1 KapMuG, die nicht ausgetreten sind, § 23 Abs. 1 S. 3 KapMuG.

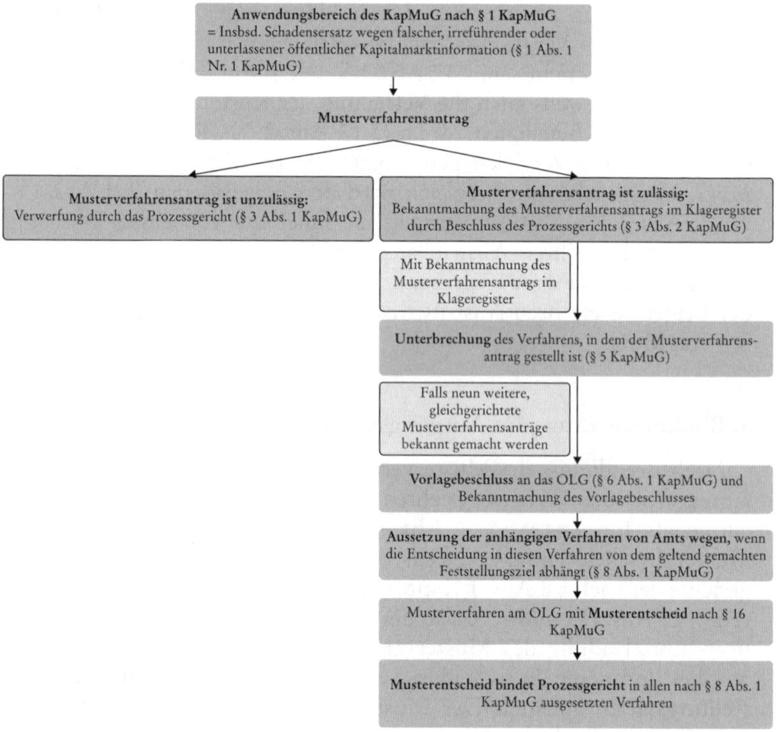

1597 *Buck-Heeb* KapMarktR Rn. 1301.

Fall 27 (nach OLG Frankfurt a. M. NZG 2012, 747): Am 27. Mai veröffentlicht die D-Bank als Konsortialführerin im Rahmen eines Börsengangs der T-AG, die ihren Sitz in Bonn hat, einen Börsenzulassungsprospekt zur Platzierung der T-Aktien an der Frankfurter Wertpapierbörse. Der Ausgabepreis liegt bei 63,50 EUR. Zu diesem Preis erwerben die Anleger A und B jeweils T-Aktien. Später sinkt der Börsenkurs auf 8,42 EUR. Grund hierfür sind ua Wertberichtigungen, die das im Prospekt fehlerhaft bewertete Immobilienvermögen der T-AG betreffen. Anleger A klagt daraufhin vor dem LG Bonn auf Schadensersatz wegen des fehlerhaften Börsenzulassungsprospekts. Das sog Clusterverfahren, nach dem die Immobilienbewertung in dem Prospekt vorgenommen wurde, sei fehlerhaft gewesen. Mit demselben Begehren reicht einige Monate später auch der Rechtsanwalt des B Klage auf Schadensersatz ein. Da er den Sachverhalt für allgemein relevant hält, stellt der Rechtsanwalt des B außerdem einen Musterverfahrensantrag mit dem Feststellungsziel „Die Bewertung des Immobilienvermögens der T-AG war fehlerhaft." Richter R, der bei dem LG für beide Klagen zuständig ist, will wissen, was er jetzt zu tun hat. 980

Lösung: A. Verfahren des B 981

R hat den Musterverfahrensantrag des B, vertreten durch seinen Rechtsanwalt, im Klageregister bekannt zu machen, wenn der Antrag zulässig ist (§ 3 Abs. 2 S. 1 KapMuG). Der Musterverfahrensantrag ist zulässig, wenn er statthaft iSd §§ 1, 2 KapMuG ist und die allgemeinen Prozesshandlungsvoraussetzungen sowie die besonderen Zulässigkeitsvoraussetzungen nach § 3 Abs. 1 KapMuG erfüllt.

I. Statthaftigkeit gem. §§ 1, 2 KapMuG

Der Musterverfahrensantrag ist gem. § 2 Abs. 1 KapMuG statthaft, soweit (1) ein rechtshängiges Ausgangsverfahren existiert, in dem (2) über eine Rechtsstreitigkeit nach § 1 Abs. 1 KapMuG zu entscheiden ist und (3) Feststellungsziele iSd § 2 Abs. 1 KapMuG angegeben sind. Die Klage des B ist mit Klageerhebung rechtshängig geworden (vgl. § 261 Abs. 1 ZPO). Als Prozessgericht ist das LG Bonn nach § 32b Abs. 1 Nr. 1 ZPO, § 71 Abs. 2 Nr. 3 GVG örtlich und sachlich zuständig. Gegenstand des Verfahrens ist ein Schadensersatzanspruch gem. § 9 Abs. 1 WpPG wegen fehlerhafter Angaben im Börsenzulassungsprospekt, mithin ein Anspruch wegen einer fehlerhaften Kapitalmarktinformation iSd § 1 Abs. 1 Nr. 1; Abs. 2 S. 2 Nr. 1 KapMuG. Die Beantwortung der Frage, ob die Bewertung der Immobilien fehlerhaft durchgeführt worden ist, entscheidet über die Fehlerhaftigkeit des Prospekts und damit über eine anspruchsbegründende Voraussetzung des § 9 Abs. 1 WpPG. Es handelt sich damit um ein Feststellungsziel iSd § 2 Abs. 1 KapMuG. Der Musterverfahrensantrag ist somit statthaft.

II. Zulässigkeit gem. § 3 Abs. 1 KapMuG

Der Musterverfahrensantrag ist vom Prozessgericht gem. § 3 Abs. 1 KapMuG als unzulässig zu verwerfen, soweit die darin genannten Gründe vorliegen. Die Entscheidung über die Klage des B hängt von der Feststellung des Prospektfehlers in Form der fehlerhaften Immobilienbewertung und damit von dem angegebenen Feststellungsziel ab (vgl. § 3 Abs. 1 Nr. 1 KapMuG). Die Zulässigkeit des Antrags setzt des Weiteren voraus, dass das Feststellungsziel auch für andere Rechtsstreitigkeiten Bedeutung haben könnte (§ 3 Abs. 1 Nr. 3 KapMuG). Der Börsenzulassungsprospekt der T-AG bildete die Grundlage für die Investitionsentscheidungen einer Vielzahl von Anlegern, so dass dessen Richtigkeit für mehrere potentielle Klagen Relevanz hat. Anhaltspunkte für andere Gründe, die zur Unzulässigkeit des Antrags nach § 3 Abs. 1 KapMuG führen könnten, liegen nicht vor.

III. Allgemeine Prozesshandlungsvoraussetzungen

Die Wirksamkeit des Antrags setzt ferner die Postulationsfähigkeit des Antragstellers voraus. Der Rechtsanwalt des B ist vor dem LG nach § 78 Abs. 1 ZPO postulationsfähig.

IV. Ergebnis

Da der Musterverfahrensantrag des B zulässig ist, hat R den Musterverfahrensantrag im Klageregister bekannt zu machen (§ 3 Abs. 2 S. 1 KapMuG). Mit der Bekanntmachung wird das Ausgangsverfahren des B unterbrochen (§ 5 KapMuG). Außerdem muss R durch Vorlagebeschluss eine Entscheidung des OLG Köln[1598] über die Feststellungsziele des Musterverfahrensantrags herbeiführen, wenn innerhalb von sechs Monaten nach der Bekanntmachung des Musterverfahrensantrags des B neun weitere gleichgerichtete Musterverfahrensanträge im Klageregister bekannt gemacht werden. Die Gleichgerichtetheit setzt voraus, dass die nachfolgenden Anträge den gleichen Lebenssachverhalt betreffen, also ebenfalls im Zusammenhang mit dem fehlerhaften Zulassungsprospekt zum Börsengang der T-AG stehen.

B. Verfahren des A

Gem. § 8 Abs. 1 KapMuG muss R nach der Bekanntmachung des Vorlagebeschlusses im Klageregister das Verfahren des A von Amts wegen aussetzen, wenn diesem Verfahren derselbe Lebenssachverhalt zugrundeliegt wie dem Vorlagebeschluss und die Entscheidung von den Feststellungszielen des Vorlagebeschlusses abhängt. Da auch die Klage des A auf Ansprüche wegen des fehlerhaften Zulassungsprospekts der T-AG im Rahmen des Börsengangs gerichtet ist, betrifft es denselben Lebenssachverhalt. Zwar hat A selbst keinen Musterverfahrensantrag gestellt, die Entscheidung seines Rechtsstreits hängt aber ebenso von der Frage nach der Fehlerhaftigkeit der Immobilienbewertung und damit von den geltend gemachten Feststellungszielen ab (vgl. § 8 Abs. 1 KapMuG). Nach der Bekanntmachung des Vorlagebeschlusses muss R daher das Verfahren des A aussetzen.

1598 Siehe auch Art. 2 der NRW-Verordnung über die Konzentration der Verfahren nach § 32b der Zivilprozessordnung und nach dem Gesetz über Musterverfahren in kapitalmarktrechtlichen Streitigkeiten.

Fortsetzung Fall 27 (→ Rn. 980): Anleger C, ebenfalls Aktionär der T-AG, erfährt, dass das OLG Köln das Musterverfahren gegen die T-AG zur Klärung der Frage nach der Fehlerhaftigkeit des Börsenzulassungsprospekts im Klageregister bekanntgemacht hat. Er fragt daher die Jurastudentin J, wie er jetzt am besten vorgehen solle, um „auch noch auf den Zug aufzuspringen". Insbesondere befürchtet er die baldige Verjährung seiner Ansprüche aus Prospekthaftung, falls er untätig bleibt. Welchen Rat wird J erteilen? 982

Lösung: Der Anspruch des C aus § 9 Abs. 1 WpPG auf Schadenseratz wegen des fehlerhaften Börsenzulassungsprospekts verjährt innerhalb der allgemeinen Verjährungsfrist von drei Jahren gem. §§ 195, 199 BGB. Um die Verjährung des Prospekthaftungsanspruchs des C aus § 9 Abs. 1 WpPG zu hemmen, kommen grundsätzlich zwei Möglichkeiten in Betracht: C kann entweder Klage erheben (§ 204 Abs. 1 Nr. 1 BGB) oder seine Ansprüche nach § 10 Abs. 2 KapMuG anmelden (§ 204 Abs. 1 Nr. 6a BGB). Indem C selbst **Klage** bei dem gem. § 32b ZPO; § 71 Abs. 1 Nr. 3 GVG zuständigen LG Bonn einlegt, würde er zum einen die Verjährung hemmen (§ 204 Abs. 1 Nr. 1 BGB), aber zum anderen auch an der Bindungswirkung des Musterentscheids partizipieren. Das Prozessgericht, das LG Bonn, wäre in diesem Verfahren an die Feststellung eines Prospektfehlers durch das OLG Köln gebunden (§ 22 Abs. 1 S. 1 KapMuG). Die Bindungswirkung erstreckt sich auf die gem. § 8 Abs. 1 KapMuG ausgesetzten Verfahren (§ 22 Abs. 1 KapMuG), die alle bis zur rechtskräftigen Entscheidung über die Feststellungsziele im Musterverfahren noch anhängig geworden sind. Damit wäre eine Klage des C auch nach Bekanntmachung des Musterverfahrens noch möglich. Allerdings trägt C in diesem Fall auch das Risiko einer für ihn nachteiligen Musterentscheidung, an die das Prozessgericht im Ausgangsverfahren gem. § 22 Abs. 1 KapMuG ebenfalls gebunden wäre. Eine **Anmeldung** der Ansprüche nach § 10 Abs. 2 KapMuG hemmt mit deren Zustellung ebenfalls die Verjährung der angemeldeten Ansprüche (§ 204 Abs. 1 Nr. 6a BGB), ohne dass der „Anmelder" aber von der Bindungswirkung des Musterentscheids erfasst wird. Die Bindungswirkung des Musterentscheids erstreckt sich lediglich auf die ausgesetzten Verfahren nach § 8 KapMuG (§ 22 Abs. 1 S. 1 KapMuG). Um seinen Anspruch durchzusetzen, müsste C noch Klage erheben, ohne allerdings darauf vertrauen zu können, dass das zuständige LG den Inhalt des Musterentscheids berücksichtigt. Eine Klage empfiehlt sich für C daher, wenn eine Entscheidung des OLG im Musterverfahren zu Gunsten des C sehr wahrscheinlich und die Bindungswirkung damit sinnvoll ist. Kommt es C ausschließlich darauf an, die Verjährung seiner Ansprüche zu hemmen, sollte er die Anmeldung wählen. 983

Fortsetzung Fall 27 (→ Rn. 980): C hat sich dafür entschieden, nach Bekanntmachung des Musterverfahrens im Klageregister Klage vor dem zuständigen LG Bonn zu erheben, um so auch von der Bindungswirkung des 984

Musterentscheids profitieren zu können. Ihn ärgert allerdings, dass sich die Feststellungsziele im Vorlagebeschluss nur auf die Feststellung der Fehlerhaftigkeit der Immobilienbewertung im Börsenzulassungsprospekt beschränken. C hätte darüber hinaus gern festgestellt, dass die Nichterwähnung der geplanten Übernahme eines US-amerikanischen Unternehmens ebenfalls einen Prospektfehler darstellt. Wie kann er das erreichen?

985 **Lösung:** Fraglich ist, ob C das Musterverfahren auf weitere Feststellungsziele erweitern kann. Voraussetzungen hierfür sind gem. § 15 Abs. 1 S. 1 KapMuG, dass C Beteiligter des Musterverfahrens gem. § 9 Abs. 1 KapMuG ist, die Erweiterung für den Individualrechtsstreit des C entscheidungsrelevant ist, die neuen Feststellungsziele den gleichen Lebenssachverhalt betreffen und das OLG die Erweiterung für sachdienlich erachtet. Beteiligte des Musterverfahrens sind gem. § 9 Abs. 1 Nr. 3 KapMuG die Beigeladenen, dh alle Kläger, deren Ausgangsverfahren nach § 8 Abs. 1 KapMuG ausgesetzt wurden und die nicht Musterkläger sind (§ 9 Abs. 3, 2 KapMuG). Zwar hat C erst nach Bekanntmachung des Musterverfahrens Klage erhoben. Nach § 8 Abs. 1 KapMuG werden aber alle Verfahren ausgesetzt, die bis zur rechtskräftigen Entscheidung über die Feststellungsziele im Musterverfahren noch anhängig gemacht werden. Mit Erhebung der Klage gem. § 261 ZPO ist C daher Beigeladener des Musterverfahrens und damit auch Verfahrensbeteiligter. C begehrt Schadensersatz aufgrund des fehlerhaften Börsenzulassungsprospekts der T-AG. Das Feststellungsziel, dass die Nichterwähnung der geplanten Unternehmensübernahme die Fehlerhaftigkeit des Prospekts begründet, ist für den Rechtsstreit daher entscheidungserheblich. Da es jeweils um den Börsenzulassungsprospekt der T-AG geht, liegt dem ursprünglichen Vorlagebeschluss und dem neuen Feststellungsziel des C ein identischer Lebenssachverhalt zugrunde. Anhaltspunkte, die der Sachdienlichkeit der Erweiterung entgegenstehen, sind nicht ersichtlich. C kann daher die Feststellungsziele im Musterverfahren um die Nichterwähnung der geplanten Übernahme im Prospekt erweitern. Das OLG Köln macht sodann die Erweiterung des Musterverfahrens im Klageregister bekannt (§ 15 Abs. 2 KapMuG).

Zur vertiefenden Lektüre: *Halfmeier*, Zur Neufassung des KapMuG und zur Verjährungshemmung bei Prospekthaftungsansprüchen, DB 2012, 2145; *Korth/Kroymann/Suilmann*, Der ausschließliche Gerichtsstand bei fehlerhaften öffentlichen Kapitalmarktinformationen, NJW 2016, 1130; *Rathmann*, KapMuG-Verfahren bei fehlenden oder fehlerhaften Ad-hoc-Mitteilungen sowie bei Prospektangaben, ZBB 2018, 259; *Reuschle* 15 Jahre KapMuG, BKR 2020, 605; *Söhner*, Das neue Kapitalanleger-Musterverfahrensgesetz, ZIP 2013, 7.

Sachverzeichnis

Die Zahlen verweisen auf die Randnummern des Buches.